怀化市鹤城区志

1991—2010

《怀化市鹤城区志》编纂委员会　编

方志出版社
Publishing House of Local Records

图书在版编目（CIP）数据

怀化市鹤城区志：1991—2010 /《怀化市鹤城区志》编纂委员会编. -- 北京：方志出版社, 2020.12
ISBN 978-7-5144-4673-9

Ⅰ. ①怀… Ⅱ. ①怀… Ⅲ. ①区(城市) - 地方志 - 怀化 - 1991-2010 Ⅳ. ①K296.44

中国版本图书馆CIP数据核字(2021)第009557号

怀化市鹤城区志（1991—2010）

编　　者：《怀化市鹤城区志》编纂委员会
责任编辑：梅中英

出 版 者：方志出版社
地址　北京市朝阳区潘家园东里9号（国家方志馆4层）
邮编　100021
网址　http://www.zgfzcb.cn
发　　行：方志出版社图书经销中心
电话　(010) 67110500
经　　销：各地新华书店
印　　刷：怀化市新型印务有限公司

开　　本：889 × 1194　　1/16
印　　张：50
字　　数：1656千字
版　　次：2020年12月第1版　　2020年12月第1次印刷
印　　数：0001 ~ 3000册

ISBN 978-7-5144-4673-9　　定价：628.00元

怀化市鹤城区志（1991—2010）编纂委员会

第一届编纂委员会（2006年12月至2011年12月）

顾　问：张兴尧　周有庚

主　任：邓小建

副主任：饶经理　毛运鸿　石　兵

委　员：邓求君　尹　云　张致才　赵　毅　陈小松　王连聪　唐汇凯

戴业驹　陈义强　向玉湘　张中喜　杨国珍　谭　勇　张军明

郭自安　付　华　李松柏　刘晓云　向绪平

第二届编纂委员会（2012年1月至2013年12月）

顾　问：蒙　汉　黄远华　周有庚

主　任：印宇鹰

副主任：丁　琼　张克宽　冯贵友

委　员：梁利铁　马　源　张举信　李利朝　王连聪　唐　平　袁　靖

谢玉庆　田纪荣　刘育军　尹安伟　戴若晖　邓友佳　谭毅军

李远长　舒代亮　赵志坚　阙　勇　杨　昊　张世海　张　军

张建华　杨中武　宋恩坤　彭开铁　陈承清　杨富亮　杨理建

邓启明

第三届编纂委员会（2014年1月至2020年3月）

第四届编纂委员会（2020年4月至2021年7月）

《怀化市鹤城区志（1991—2010）》编辑部

主　　编：舒代亮

副 主 编：宋爱腾　刘　婕

编　　辑：杨廉明　杨茂林　尹秀岩　刘　闯　刘恕仁　刘锡文

工作人员：张晓清　汤明红　周军华

《怀化市鹤城区志（1991—2010）》审稿人员

湖南省地方志编纂院审稿验收人员：陈远平　邓建平　杨　帆　李章进　蔡向阳　徐　志　谭文美　阳雍悦

中共怀化市党史研究室（怀化市地方志编纂室）审稿验收人员：舒象忠　周正宇　肖艳君　唐宏辉　苗建辉　杨文斌

鹤城区初审人员：张　强　冯贵友　周有庚　杨秋元

城市生态

鹤鸣洲风光（2010年摄）

钟坡春景（2010年摄）

怀化学院东校区樱花园
（2010年摄）

黄岩凉山湖全景图
（1998年摄）

城市建设

2010年宏宇新城一期

2010年主城区一角

2000年改造后的东兴街

2010年五溪广场夜景

1992年主城区鸟瞰图

2008年区政府搬迁新址

潕水河畔夜景

2010年怀化经开区

嫩溪垅改造后的怀化国际商贸城（2010年摄）

2010年太平溪改造工程

商贸

1993年9月，湖南省西部地区第七届商品贸易会

2010年动工的嫩溪垅商业街改造工程

1996年7月，国贸商场花市

1999年8月，佳惠超市第一家店在怀化开业

2002年怀化飞达商业广场开业

2006年，步步高百货怀化店开业

兴建于2008年的通程商业广场

2010年，怀化金都陶瓷广场

2010年的湖南西部第二届汽车节

狮子岩物流园

兴建于21世纪初的新型物流仓储中心

交通

2010年开工建设的怀化绕城高速互通

1992年南站货运编组站

新建的乡村公路

1995年5月28日潕水一桥通车典礼

20世纪90年代的公交车停车场

2007年，重新修建的火车站新站房及站前广场

2010年的城市街道

农村农业

2010年农村新貌

山地鸡养殖场

天鹅养殖场

坨院街道双村村四季果园基地

芦坪乡江龙湾村荷花种植产业

机器收割效率高

2010年乡村农庄

城郊农业

林业

250年树龄的黄连木

国家一级保护野生植物——趴坡千年银杏树

国家二级保护野生植物——秤砣树

黄岩丛林

国家二级重点保护野生动物——白鹇

国家二级保护动物——长耳鸮

国家二级保护动物——游隼

国家二级保护野生动物——红腹锦鸡

国家二级重点保护野生动物——领角鸮

文化旅游

旅游扶贫示范项目——黄岩石林花海

2008年11月建区十周年大型演唱会

国家非物质文化遗产——阳戏《侗山红》剧照

荩远古村

2009年6月兴建的怀化图书馆

教育

怀化学院东校区

怀化医学高等专科学校

怀化职业技术学院

怀化四中内景

怀化市第一中学

怀化市第二中学

医疗卫生

黄金坳乡镇卫生院

2007年2月，怀化市第二人民医院鹤城院区开诊运行

数字化接种门诊

怀化市第三人民医院门诊楼落成

怀化市中医院

鹤城区妇幼保健院

工业

华亚数控机床生产线

湘鹤电缆

正清制药

恒裕钢构

怀仁健康产业园

序

欣逢盛世，社会变革波澜壮阔，经济社会变化翻天覆地。背负历史使命，《怀化市鹤城区志（1991—2010）》应运而生，付梓面世，捧读细览，欣慰诚贺。

鹤城，地处武陵地区中心，自古有“滇黔门户”“全楚咽喉”之称，历来为战略要地，中华人民共和国成立之后，成为交通枢纽，人口迁徙频繁，遂成典型的多方人士混居城市。移民文化与本土文化的碰撞整合，历练了鹤城人海纳百川、开放包容的博大胸怀，铸就了鹤城人敢为天下先、勇于求变创新的精神特质，成就了一个又一个经济发展的奇迹和辉煌，吸引了一次又一次世界目光的聚焦和青睐。鹤城从1990年10余万人口、18平方公里的“山区小镇”，到2010年，成长为城市建成区面积近54平方公里、市区常住人口55万人的五省市边区区域性中心城市，物流中心初具规模，生态城市态势良好，立体交通已经形成，城市功能日臻完善，人民生活蒸蒸日上，正朝着“双百”（主城区人口100万，主城区面积100平方公里）中大型城市迈进。

盛世修志，志载盛世。自上次修志至今二十余载，撤地设市、区县分设，行政变迁，境内万千变化，新事物层出不穷，修志记之，以资鉴往启今。中共怀化市鹤城区委、怀化市鹤城区人民政府顺应时势，聘有识之士，集各方之力，历五载寒暑，数易其稿，始成新志。其工程之浩繁，工作之艰辛，诚非常人所力及；全体编纂人员治学之严谨，各部门配合之密切，社会贤达相助之踊跃，令人钦佩。在此，一并表示敬意与感谢！

《怀化市鹤城区志（1991—2010）》二十二篇，洋洋百万余言。统揽全志，内容厚实，结构严谨，体例完备，行文流畅。志书理历史沿革之脉络，叙山川地理之特征，记政治风云之变化，书经济文化之盛衰，展风土人情之变革，起伏嬗变，是非曲直，皆不讳言；经验教训，成败得失，秉笔直书。既有宏观鸟瞰，一区概况，尽收眼底；又有微观透视，沧桑变化，尽现志中。溯本探源，彰显地方特色；略古详今，突出时代风貌。全志条分缕析，主次有序，简洁晓畅，文图并茂。一志在手，让治学者读之为史，专艺者阅之为文，从政者览之为镜。

我们适逢履职鹤城，能亲历这一盛世宏举，甚感欣慰。修志工作者续先人之余脉，补断章之空缺，勤奋耕耘，无私奉献，功德可彰。诚望全区人民承先辈壮志，尚拼搏精神，聚集体智慧，尽民众之力，施发展大计，绘小康蓝图。人尽其才，物尽其用，货畅其流，紫气惠泽，业态万芳，鹤城明天更美好！

是为序。

中共怀化市鹤城区委书记　熊安台

怀化市鹤城区人民政府区长　向秀亮

2016 年 8 月

目　录

第四篇　工业

第五篇　农业与农村经济

第六篇　商贸服务　旅游

第七篇　财政　税务　金融　保险

第八篇　经济综合管理

第九篇　中国共产党地方组织

第十篇　人民代表大会

第十一篇　人民政府

第十二篇　人民政协

第十三篇　民主党派　社会团体

第十四篇　编制　人事　劳动　民政

第十五篇 法治 军事

第十六篇 教育

第十七篇 科技 卫生

第十八篇 文化 体育

第十九篇 社会生活

人 物

文献辑录

索　　引

概　述

鹤城区地处湘、鄂、桂、黔、渝五省（市、区）边境地带中心区域，居湖南省西部，怀化市中部，是全国重要交通枢纽之一，是怀化市政治、经济、文化、教育、金融、通信信息中心。东与中方县接壤，南与中方县、洪江市相连，西北与芷江县、麻阳县毗邻，北与麻阳县、辰溪县划界。地理坐标为北纬27°26′38″~27°47′59″，东经109°47′08″~110°05′27″。全区面积722.8平方千米。1991年城区建成面积20平方千米，1998年达28平方千米，2010年城区建成面积达53.8平方千米。1998年户籍总人口301482人，城区常住人口38万人，2010年户籍总人口357565人，城区常住人口55万余人。地区生产总值311.57亿元，城镇居民可支配收入16249元，农村居民人均纯收入6557元。

鹤城秦属黔中郡，汉属无阳县，后无阳并入辰阳县。唐长安四年（704）分沅州夜郎、渭溪二县置舞州，开元十三年（725）改舞州为鹤州，鹤城源此。开元二十年（732），改舞州为业州，大历五年（770），改业州为蒋州，其治所位于现鹤城区盈口乡狮子岩村西南。五代废县，鹤城属叙州，境内向氏蛮自立鹤州制史，驻鹤州村，即太平溪（原名丰溪）与㵲水河交汇处。北宋熙宁七年（1074），置沅州，鹤城属沅州地，元明仍属沅州地。清乾隆元年（1736），沅州置府，并置芷江县，且于榆市设县丞。嘉庆二十二年（1817），芷江县编为三十二里，鹤城属怀化八里、公坪七里中的一部分。民国31年（1942），成立怀化县，鹤城属怀化县一部分。中华人民共和国成立之后，置怀化县人民政府，1975年成立怀化镇，怀化县与怀化镇在1983年合并为怀化市。1997年，撤销怀化地区，设立地级怀化市，怀化市（县级）分设鹤城区和中方县，鹤城区辖5个街道和8个乡镇1个旅游度假区。后将鸭嘴岩镇改置城南街道，新置河西街道。2010年辖7个街道、7个乡镇及1个旅游度假区。共辖有57个社区，91个行政村。

基础设施日臻完善。1990年城市建成面积18平方千米，共有街、巷道29条，总长44余千米。20世纪90年代，怀化人深刻认识到山区城市要得到长足发展，必须“筑巢引凤”，对城区功能整合完善，不断推进怀化作为国家山区综合改革试验区建设步伐，促进城市建设快速发展。首先，对城市建设总体规划进行修编，按现代城市功能进行建设。1992—1997年，先后修建、改建、扩建21条城区主次干道。分别于1992年、1995年启动湖天经济技术开发区和河西新区建设。为了推进新区与老城区连成一体，先后修建了㵲水一桥、湖天大桥。1998年，城区建成面积达28平方千米。撤地设市、区县分设后，鹤城作为怀化主城区，在打造五省市区边境地区中心城市、物流中心等战略目标的实施过程中，加快城市扩容步伐。城市建设按照“两水四山、五桥三环、六横八纵、东文西商、南延北扩、靓河纳山”进行布局。1998年后，建设城东新区、老城区进行改造，城区街道按照七横八纵进行改造和新建，拉开城市骨架。城市按照8大组团进行建设：城中综合功能区；河西经开区商贸物流基地；迎丰行政、文化娱乐区；湖天金融商务、文化体育、信息服务新兴区；铁北铁路服务、居住功能区；城东高新技术孵化、高效农业示范区；杨村生活居住、山水景观区；鸭嘴岩新型工业区。2010年，城区建成面积增加到54平方千米，以城区主街道构成的城市骨架，展开面积达到80平方千米。

交通建设与城市建设同步推进。鹤城处于国家西南交通枢纽建设重要地位，沪昆、焦柳、渝怀3条铁路及沪昆高铁、怀邵衡高铁呈“米”字形在城区交会，与铁路相配套的有火车客运站、货运编组东站和南站。公路方面有209国道、320国道、上瑞高速、包茂高速交会于城区，另有吉怀高速、溆怀高速、绕城高速。连接高速公路的有怀化东互通、杨村互通、城南互通、怀化西互通、怀化北互通。还有省道223线、312线和国防公路过境城区。连接各乡村公路共计500多千米，交通网络密集、便捷。铁路年发送旅客从1990年144.24万人次，增长到2010年895.6万人次；货运年运输量从1990年的165万吨，增长到2010年的341.7万吨；汽车1990年发送旅客584万人次，上升到2010年发送1432.48万人次，货运量从1990年889.75万吨，上升到2010年的1482.23万吨。城区公交线路由1990年11条，上升到2010年的41条，运营里程2374万千米，营运车辆由1998年的46辆上升到2010年的375辆。出租车由1990年115辆上升到2010年800余辆。

不断满足居民享受生活的需要。为了改善居住环境，被污染的太平溪、潕水河首先纳入治理，太平溪于2000年开始，2007年完成一期2千米，铺设排污管道28.3千米，修建防洪堤4.29千米，沿线建各类园林建筑及小品126处，其中河洲公园2处，广场6处，廊、亭、阁10处，古诗词碑群4处，碑林80块。2008年9月对潕水河进行治理，清理沿河各类垃圾，关闭污染企业，建设污水处理系统，两岸建设防洪工程、截污管道、道路工程、景观工程。在治理环境的同时修建文化休闲设施，提质改造钟坡公园，改扩建迎丰公园，兴建市民休闲广场10余处。城市绿化达到移步即景，以片区为特色，住宅小区为点缀；以休闲广场为节点，沿路、沿溪布局置景。

20世纪90年代初，看到沿海地区迅速崛起，怀化人通过对自身条件优劣分析，认识到只有充分利用交通优势，大力发展商贸服务业，以三产带动二产发展，才能促进本地经济迅速发展。这一期间，进行国有商业改革，划小核算单位，调动经营积极性。1992年出台《关于加速发展个体、私营经济决定》，制止三乱，推出“三让一优”优惠政策，1997年底，个体工商户发展到24954户，比1990年增长465.9%。在发展商贸服务中，通过各类展会活动，促进商贸发展。1990—1997年每年都举办一次“湖南西部商品交易会”或“湖南怀化商品交易暨洽谈会”，推介商品，进行贸易和招商洽谈等活动。大搞市场建设，为商贸发展提供平台。20世纪80年代末至1997年先后修建了中心市场、迎丰市场、太平桥市场、城东市场4个综合市场，建设服装纺织品、建材、家电等18家专业市场，1998年底，商贸服务业总产值5.47亿元。

1998年，市、区职能重新划分，城区商贸服务业面临着两级必须同心协办才能得到良性发展的局面。随着“区域性中心城市”发展目标的确立，“商贸立区”和老城区“退二进三”战略的实施，城区商贸服务业得到快速发展，一大批专业市场、物流仓储业纷纷落户城区，形成了五省（市、区）周边地区物流集散地，商品辐射周边44个县（市、区），形成中央商务区、狮子岩物流园、鸭嘴岩工业物流园、阳塘物流园和河西商贸区等分工明确的专业市场。建成西部物流中心，共有50余家物流公司，其货物远抵甘肃兰州，近及周边地区。在大力发展物流业的同时，大力发展其他商贸业，大型超市、医药销售连锁店兴起。2010年各类酒店196家，各类饭店、饮食店共计779家，三星级以上宾馆7家，休闲服务内容丰富多彩。金融、保险、证券业等得到快速发展。2010年，鹤城第三产业地区生产总值174.76亿元，其中，交通运输邮电业16.94亿元，商品批零、住宿、餐饮业总额46.31亿元，租赁和商务服务业8.35亿元，金融业9.12亿元。在开发当地旅游资源的同时，大力发展旅游服务，开展外向型旅游业，2010年有旅行社31家。

工业一直是落后地区的心病，苦于人才、技术、资本、资源等要素的制约，得不到快速成长。改革开放后，怀化市（县级）通过大力发展乡镇、街道企业和地方国有企业，大力推进国有企业改革、大力发展私营和“三资”企业。到1997年，按行业细分，建成包含39个行业，398家企业，其中市属企业53家，工业总产值26.18亿元，三资产业占比61.5%。区县分设后，1998年鹤城工业总产值仅为4.62亿元。面对如此薄弱的工业基础，鹤城区加快国有企业改革进程，盘活存量资产。通过2003年实施“工业强区”及2007年“工业经济跨越发展”战略措施的实施和工业园区建设，大力培育壮大民营企业。通过招商引资，引进境外投资，2010年国有及年销售收入500万元以上工业企业，由1998年32家上升到56家，全区工业总产值达128.48亿元，三次产业占比31.4%。

建筑业是伴随着城市建设不断发展壮大起来的产业。1991年怀化市有大小建筑企业40余家，2003年经资质审定，鹤城区达到资质标准的施工企业38家。这些企业除了在境内进行工程建设外，还有部分企业参加国家级大型建设工程。2010年建筑业产值16.59亿元。在建筑业发展中，房地产随即得到快速发展，1991—1997年房屋建筑面积共6万平方米，2001—2010年，境内开发房地产小区47个，各类房地产建筑面积1508.3万平方米。2010年在建和新建项目共20个，总建筑面积246.66万平方米，总投资32.78亿元。2001—2010年销售房屋面积共计770.21万平方米。

改革开放前，怀化市是典型的山区农业经济，人均耕地1.2亩。1990年农业总产值4.32亿元，三次产业占比67%。随着全国山区综合试点县市改革的推进，实行“山上建基地，山下建市场”，发展庭院经济等一系列农村改革措施，1997年，全市农业总产值共计4.76亿元。全区在发展农业经济中推进高效农业、城郊农业、现代农业示范园建设，发展规模种植养殖业，不断引进新技术、新品种，提高生产率，改善农村农业基础设施。2010年农业总产值达8.25亿元，农民人均纯收入6557元（比1998年增加2823元），三次产业占比3.6%，16个村成为新农村建设示范村。

教育、科技、医疗卫生等社会事业发展发生巨大变化。

1991—1997年，实施“科技兴市”战略，贯彻中央、省教育改革，推进“两基”教育，改善办学条件，教育经费1991—1997年共计投入15975.8万元，占同期财政总支出的22.8%。1998—2010年，继续实施“科教兴区”战略，继续推进“两基”达标工作，实行办学主体多元化，借助社会力量办学，基础教育和职业技术教育得到巩固和发展。财政投入教育经费从1998年1862万元，增长到2010年19903万元，增长近10倍，分别占当年财政总支出的近38%和24.6%。1998年共有在校小学生28317人，2010年共有在校小学生62604人。1998年鹤城区共有在校初中生9662人，2010年共有在校初中生18104人，1998年初中毕业生合格率为99.8%，高中毕业生升入高等院校占30.89%。2010年初中毕业生合格率达99%以上，区属高中毕业生升入高等院校占25%。1998年，全区各类基础教育学校总面积76.8万平方米，校舍建筑总面积22.89万平方米；2010年全区各类基础教育学校总面积115万多平方米，校舍建筑总面积为35万平方米，教学设备达到上级规定标准。

医疗卫生事业快速增长。1990年，怀化市（县级）共有各级医疗卫生机构145个，卫生医务人员2648人，每千人中有医卫人员5.42名；病床2019张，每千人4.13张。从1991年始，为保障人们身体健康，大力改善基层医疗条件，发挥交通优势，大力提升城区医疗技术水平。2010年城区有三甲医院3家，二甲医院1家，各级各类医疗卫生机构（含村卫生室）500余个。全区共有医卫技术人员2769人（不含市直医院），其中，主任医师31人，副主任医师58人，主治医师237人；执业医师313人，执业助理医师476人。

科技不断取得进步，2010年，拥有各类中、高级专业技术人员3838人。其中高级职称292人，中级职称912人；获专利成果201项，科技进步项目109项。特别是现代通信技术的发展，人们与外部世界的联系广泛而快捷，推进了当地科技的发展，全区2010年移动用户近70万户。

20世纪90年代，境内兴起舞厅、歌厅、录像厅等群众文化娱乐场所，电视普及，在发挥文化主阵地的同时，给人们带来各种科技、经济、社会等多样信息。进入21世纪，各类电子游戏、网吧、KTV等娱乐场所开始流行，群众文化生活丰富多彩。1991—2010年，境内的文化工作者创作了大量的文艺作品，地市级以上发表的作品4667件，获地市级以上荣誉的作品共计2196件。“怀化上河阳戏”2006年被列为湖南省第一批非物质文化遗产保护名录，随后，被国家列为国家级非物质文化遗产保护名录。

档案、史志、体育等方面社会事业取得可喜成果，特别是体育培养出世界级冠军，群众体育活动丰富多彩。

二十年间，鹤城区政通人和，人们安居乐业。中国共产党地方党委因地制宜，人大、政府、政协共谋发展大计，在贯彻中央和国务院政策中创造性提出许多符合当地实际的发展策略。中国特色社会主义法治精神深入人心，依法治理经济社会环境取得令人满意的成效，人们在稳定的社会环境中创业，享受改革开放成果。

二十年，鹤城的建设者们在这片热土上立足当地，鼎新革故，勇立改革潮头，经济得以快速发展，城市得以快速扩展，社会得以不断进步，人们生活得以不断提升。梳理过往，人们看到还有许多不尽人意的地方，支撑城市发展的产业不平衡，工业经济不强；城市管理脱节，显得滞后；各类人才不配套，活力和后劲令人担忧。

二十年，在人类历史的长河中，仅是弹指一挥间。作为人的一生，可以见证一段辉煌的历史，可以任意挥洒自己的人生，可以创造可歌可泣人生，特别处于中华儿女在追求中华民族伟大复兴这样的时代，涌现了许多时代的弄潮儿，创造了无愧于时代事迹。

大　事　记

1991 年

2月1日　红星大理石厂进行合资签约，怀化出资524.16万元，香港威明发展有限公司出资349.44万元（折合67.2万美元），成立湖南省蓝宝石有限公司。

4月17日　湖南省卫生厅副厅长刘爱华考察怀化市人民医院科技兴院和聂家村乡的合作医疗工作。

4月21—29日　全国贫困山区研讨会在怀化举行。国务院贫困地区经济开发领导小组组长杨钟、中顾委委员李昌、生态经济学家石山参加会议并讲话。省政府顾问杨江、汇泉等参加会议。

4月23日　湖南省体改委批复怀化行署，同意湖南省维尼纶兼并怀化市林化厂，兼并后怀化市林化厂隶属关系划归湖南省纺织工业厅。

5月10日　湖南省副省长刘亚南到怀化英才学校考察。

5月13日　国务院将怀化市列为全国农村改革试验区，同时成立怀化农村改革试验区办公室，龙宗荣任办公室主任，副市长潘仁升具体负责试验区工作，并正式开展工作。

6月　怀化市在全省拥军优属、拥政爱民工作会议上，被授予全省“双拥模范先进市（县）”称号，获铜质奖牌。

7月7—9日　省经协办、怀化行署、怀化市政府联合举办的湖南省第五届商品交易会在怀化市农贸中心市场举行。正式参会代表来自全国16个省（市、区）共1460名。交易会首次设立科技馆，科技成果进入交易会场，交易额3.2亿元。

8月17—19日　《人民日报》《解放军报》《战士报》及中央电视台等8家新闻单位到怀化市人民武装部，采访军人家属和怀化籍战士培养教育工作情况，并作为先进典型在《人民日报》《解放军报》和中央电视台进行连续报道。

10月　启动城镇住房制度改革。制定住房改革方案，基本思路是：小步提租，分步到位；定额租房、超标加租；优惠售房，集资建房，建立住房基金。1992年停止财务拨款和政府建福利住房。1993年取消住房分配。1995年成立怀化市住房公积金管理中心，住房分配实现货币化，进入市场运作。到1997年完成住房由实物分配向货币分配的过渡。

11月1日　市政府召开红星路拓宽改建动员大会。市委书记吴宗源作动员报告，改建工程总投资1000万元。经市政府报请第一届市人大常委会议讨论通过，将1991—1992年两年在职职工的300万元肉食补贴用于改造红星路建设资金，红星路总长3370米，宽43米。改建工程于11月1日破土动工。

11月18日　市政府批准成立怀化市小水电公司，为国有企业。

11月25日　市长李铁岩、副市长孙超从怀化启程，前往泰国及中国香港地区等地进行为期半个月的考察。

12月24日　市体委宋宗清被国家体委评为“全国农民体育积极分子”。

是年　全市实验区办理新区居民户口3512人，吸取新区居民生活保障基金和建设费2300多万元。引进办厂投资3000多万元，引进各类专业人才100余人。

是年　张秋萍的母亲丁美珍，被国家体委评为全国明星“十佳”优秀家长。

1992年

1月22日　怀化市被命名为全国“双拥模范城”发布大会，在怀化市委大礼堂举行。“双拥模范城”由民政部和解放军总政治部联合评选命名，怀化市是湖南省第一个国家级“双拥模范城”。

1月23日　怀化地委、怀化行署、怀化军分区作出《关于表彰党管武装工作先进单位和先进人武部、先进人武干部的决定》，中共怀化市委、怀化市人民政府获评怀化地委党管武装先进单位。

2月12日　商业系统各企业、物资系统各企业、粮食系统、国有粮食经营企业、供销社各企业及怀化市建材公司、怀化轻纺大楼推进经营“四放开”（即经营、价格、分配、用工）改革方案实施。

2月26日　市工商、物价、标准计量局、卫生防疫站、烟草局、公安局等部门共62人，在全市范围内突击清查假冒伪劣商品为主的市场整顿活动，共查商品39种，查出假冒伪劣商品价值31万元，立案14起，收缴封存各种酒类124664瓶、酱油5080瓶、各种饮料6752瓶、食品1365袋、味精5吨、进口旧服装215件，捣毁1家生产假冒凤牌酱油的工厂。

4月17日　中共怀化市委、怀化市人民政府决定授予申小青等17位科技工作者“怀化市科技拔尖人才”称号。

4月30日　全国围棋“华宝杯”千人百团大战在怀化举行。来自全国21个省（市、区）165个团体，近1000名运动员参赛，该次团体赛5月3日结束。

6月1日　设立怀化市湖天经济技术开发区，范围：太平溪绿化保护带以东、以南，锦溪路以西，井坪垄以北，区域面积9.5平方千米。

6月17日　怀化地委行署研究决定，成立怀化湖天经济技术开发区，同时成立管委会和开发总公司。

6月28日　集商品交易与居民居住、经商与娱乐为一体的多功能、远辐射、大流通、高效益的全省最大的综合性市场，怀化中心市场开业。市场建设，历时三年多，占地70余亩，建筑面积7万平方米，商业门面1000余间，各种摊位3000个，投资2.2亿元。国家体改委农村改革司张路雄、国家工商局市场司副司长谢林、湖南省山区开发领导小组副组长吴彦凡、怀化地委书记戚和平、怀化市市长李铁岩为中心市场剪彩，云南、贵州、湖北等省嘉宾及全省各地、州、市4000余名客商云集，1万多种商品亮相，开业当天成交额达280余万元。

7月1日　怀化湖天经济开发区管委会和开发总公司，正式挂牌成立。

7月15日　市工商局在公安局、烟草专卖局的配合下，将价值50万元的假烟、假酒及劣质食品在湖天野外销毁。

8月18日　完成怀化至大龙堡段铁路电气化工程（1990年7月动工），该段长115.6千米，车站11个。

9月1日　怀化市委、怀化市政府举行湖天经济技术开发区开工典礼。全国政协常委周同普、雷天觉，省政协副主席张德仁以及怀化地、市党政军领导等出席奠基典礼。

9月19—22日　全国创伤修复外科新进展学术研讨会在怀化市人民医院举行。

10月1日　下午，举行“军民共建红星路”通车典礼。多名党政军领导为通车典礼剪彩。

10月7日　迎丰市场再次被命名为“全国文明集市”，城北市场被评为地级文明集市。

10月8日　全国卫生系统科教处长会议在怀化市召开，市人民医院、泸阳中心医院和花桥镇卫生院被作为现场参观点，受到与会代表的赞扬。

10月8—10日　湖南西部地区第六届商品交易会在怀化市召开。省人大常委会副主任谢新颖、吴运昌，省政协副主席张德仁，省长助理潘贵玉以及地委领导出席开幕式。

10月19—21日　怀化地区台、港、澳同胞联谊会暨经贸洽谈会在怀化市举行。洽谈会签约引进项目30个，其中合同8个，协议7个，意向15个，项目总额10.38亿元。

10月20日　怀化市被省政府命名为“湖南省体育先进市”。

10月23日　中泰合作经营的怀化正大有限公司，泰国正大集团资深执行副总裁李绍庆与怀化市市长方新琪在怀化市丽都正式签约。泰方投资780万美元，中方提供“三通一平”场地，生产和销售家禽家畜及水产的浓缩饲料，年产饲料18万吨，年产值3.247亿元。该项目是湖南省饲料工业引进的大项目之一。

10月28—30日　中共怀化市第四次代表大会在榆树湾举行，出席大会的代表有271人，代表全市1.6万多名党员。大会选举产生27名委员、2名候补委员，同时产生了怀化市纪律检查委员会。

11月9日　市政府作出《关于加速发展个体、私营经济的决定》，进一步放开经营范围，简化办照（证）手续，统筹安排经营场地。

12月4日　怀化市被国家体委命名为“全国体育先进市”。

12月9日　市政府批准成立嫩溪垅自贸区和宝庆经济互助会。

是月　经湖南省人民政府批准，在怀化市（县级）林业科学研究所的基础上组建省级森林公园——钟坡森林公园。

1993年

1月12日　怀化铁路分局有线电视台成立。

1月15日　怀化市人民医院杨寿松获“全国县级医院优秀院长”称号。

1月28日　凌晨3时许，一名男子手持尖刀在怀化火车站广场追杀旅客，5人先后倒在血泊中。铁路警察李滴辉与同事即时赶到现场，将行凶者当场击毙，避免了更为严重后果发生。当年李滴辉获“全国优秀人民警察”称号。

2月5日　批准设立怀化富通经济互助会。

2月8日　原怀化铁路分局更名为“怀化铁路总公司”，原分局长更名为总经理。

2月12—14日　怀化行署在怀化召开试验区工作会议。代市长唐波作《坚持扩大对外开放，加速怀化经济发展》的经验交流报告。

3月12日　怀化行署作出授予怀化市供销社贸易中心等10个单位为1992年度商业“十佳企业”。

3月20日　市政府作出决定，对全市乡镇企业实行目标管理。

3月22日　粮食系统各企业开始实行转换企业经营机制改革。

3月26日　湖南丽都商贸实业股份有限公司成立。该公司是怀化市第一家规范化的股份制企业。

4月28日　市政府批准成立怀化市政通发展有限公司，总股本4000万元，主发起人为怀化市建委工程总承包公司、湖南丽都商贸实业股份有限公司、工商银行怀化湖天支行金融发展公司3家企业法人，出资2400万元，占总股本60%，其余1600万元由其他企业法人和自然人认购。

7月20日　怀化市当时最大的市政基础工程——怀化市二水厂在溓水河边的双利坪破土动工兴建。工程概算总投资6830万元（后调整为10343.3万元），整个工程分为两期完成，到1998年底完成总投资的93.96%，于1999年国庆前运行投产，供水人口达16万多人，全部竣工投产后规模为日产水20万吨，可供水人口达25万人。

8月1日　在三角坪路段举行溓水一桥和溓水路改造开工典礼。溓水桥长251.3米，宽20米，连通城区与河西。

8月26日和9月28日　国家体改委在深圳和山东分别召开的农村城市化改革试验座谈会招商引资核数据，全面推介怀化市城镇开发改革试验经验。

9月10—11日　市政府副市长王身杰出席北京召开的全国体育先进县市表彰大会。

9月19日　全省首家自由贸易区——怀化自由贸易区开业。自由贸易区位于怀化火车站两侧，总面积4.5万平方米，是全省以及湘、鄂、川、黔边区最大的综合批发市场，共有店面300多个，摊位1200多个。

9月25—27日　湖南省西部地区第七届商品交易会在怀化举行。来自广东、广西、上海、浙江、江苏、河北、湖北、四川、湖南等20余个省（市、区）58个县（市）349家工商企业和个体工商户8000多名代表参加了交易会。

9月29—30日　湘、鄂、川、黔毗邻地区民委协作会第六次年会在怀化举行。

11月2日　市政府通报怀化针织总厂“10·11”交通安全事故情况，要求全市各企业认真吸取教训，加强企业安全防范工作。

12月1日　全省婚姻管理体制改革现场经验交流会在怀化市召开。市委副书记、代市长唐波在会上介绍了怀化市的经验。

12月13日　怀化市业余体校被国家体委评为“全国群众体育先进单位。”

是年　共查处各类工商违章违法案件61起，结案61起，罚款114.27万元，为企业挽回经济损失48.5万元。查处走私进口汽车47辆，煤炭4000吨，各类假冒酒1253瓶，捣毁1家酒厂，收缴假烟8287条，罚款141.5万元。

是年　全市治理“三乱”，即乱收费、乱罚款、乱摊派等。颁布《关于制止乱收费的通令》。共取消114个非法违规项目，重点清查收费单位253个，查出乱收费行为单位58个，检查收费项目2216项，查出违纪金额269.99万元，减轻企业和农民负担150余万元。

是年　怀化市参加湖南省第四届“商品交易会”，签订合同13份，总金额2.275亿元，利用外资3530万美元。

1994年

1月7日　湖南省国土厅批准河西征用土地497.75亩，用于综合开发。

1月18日　怀化市被列入湖南省县级综合改革试点县（市）。

3月15日　怀化市工商局在公安局、烟草专卖局的配合下将价值100余万元的假冒、伪劣商品在河西野外销毁。

4月20日　怀化地委、怀化行署作出《关于表彰全区发展个体私营经济先进单位和模范户的决定》。对怀化市等11个“发展个体私营经济先进单位”、曹荣树等31名“发展个体私营经济模范户”予以表彰。

5月1—7日，全国业余围棋、象棋“健力宝”杯第三届千人百团大赛在怀化市阳光娱乐中心举行，来自全国22个省（市、区）178个代表团，近1000名棋手参赛，其中年龄最大的71岁，最小的10岁。

5月31日　怀化铁路总公司《孩子眼中的湘西》学生画展，在北京中国美术馆开展。《人民日报》《光明日报》《解放军报》《中国教育报》《湖南日报》《市场信息报》等7家报社记者现场采访。

6月2日　市委、市政府决定在中方镇、泸阳镇进行农村城镇化、工业化综合改革和开发建设试点。

6月3日　怀化地委、怀化行署作出《关于表彰发展乡镇企业先进单位和先进个人的决定》，给怀化市等8个县（市）乡镇经济委员会集体记大功一次。

6月25日　市政府批准成立怀化天天经济互助联合会，为入会会员代管资金，调剂余缺，为民间借贷提供中介服务。

6月28日　怀铁总公司党委被中组部授予“全国先进基层党组织”称号。

6月30日凌晨1点到7月2日下午6点，降雨量高达208毫米，加之沅水、㵲水河上游地区暴雨，㵲水河最高水位达220.88米，超过上年最高水位1.88米，洪峰流量达8226立方米/秒，出现历史上罕见的灾情，造成巨大的损失。

7月12—14日　全国人大民族委员会主任王朝文在省人大常委会副主任郭俊秀等陪同下到怀化考察工作。察看了莱孚铝厂、火车站广场、中密度纤维板厂、正清集团、杨村万亩果园基地。

7月18日　市政府出台《怀化市出售公有住房办法》《怀化市住房公积金暂行办法》和《怀化市住房制度改革实施办法》，境内铺开优惠售房、集资建房的房改工作，停止公房分配。

7月19日　怀化军分区政委和怀化市市长唐波参加在北京召开的全国双拥模范城命名大会。怀化市第二次被授予“全国双拥模范城”。

7月20日　怀化市公安局民警欧阳太国被公安部评为“全国优秀人民警察”。

7月24日　怀化市小川型弧菌引起的霍乱（二号病）暴发流行，流行时间长达44天。

8月4日　部分个体运输户强行运输，阻塞交通，与怀化市泸阳磷肥厂执行公务人员发生严重冲突，导致发生枪击事件，受伤3人，死亡1人。在该事件中，一些不法分子对泸阳磷肥厂进行了打、砸、抢，造成该厂经济损失达39.12万元。

8月16日　颁布并实施怀化市城镇土地“五统一”管理暂行规定。

8月22日　全国两系杂交稻栽培示范经验交

流现场会在怀化召开，国家科委、农业部、中国生物工程开发中心、省政府有关领导和南方省（市、区）农业科研、农技推广单位专家、教授和袁隆平院士共128人到交流现场。

8月23日　湖南省卫生厅《关于公布一九九四年全省“二甲”医院评审结果通知》颁布，怀化市人民医院被评为“二级甲等”医院。

10月8日　怀化中心市场被湖南省人民政府授予“文明市场”称号。

10月16—20日　湖南省第三届少数民族传统体育运动会在怀化举行。全省17个少数民族县和14个地（州、市）共37支代表团参加抢花炮、木球、射弩、秋千、武术、高脚马、跳鼓、打陀螺等项目的比赛及霸王鞭和绝杖表演。

10月25—29日　湖南省丘岗山地开发现场会在怀化市召开。

10月26日　省政协主席刘正，考察怀化市山地开发现场。先后到杨村万亩果园、怀化中心市场、正大公司、大钟坡、排楼、桐木的林果示范场、中方农业综合开发示范地考察。

11月8日　成立怀化市利用外资工作领导小组，市长唐波任组长，谭军、潘仁升、钟益生、蒋尚卿为副组长。

12月11—17日　省人大常委会副主任朱东阳率全国人大代表视察怀化市，考察怀化市农业生产和农村经济发展情况，并就农（林）成片开发、农（林）产品加工利用等问题，提出意见和建议。

12月25日　怀化市在全省人口与计划生育工作评估中被评为一类县（市）。

是日　怀化市炉亭坳乡中学被国家教委授予“全国农村教育综合改革先进单位”称号。

12月26日　湖南省卫生厅专家评审组到怀化市实地评审验收，怀化市初级卫生保健工作达标。

是年　怀化华丽服装批发市场开业，占地面积5400平方米，经营面积1.2万平方米，从业人员达1400人，年营业额达337万元。

1995年

1月5日　实施国务院对0~4岁儿童脊灰糖丸投服活动。并确定每年1月5日、12月5日实施两轮脊灰糖丸投服。

1月18日　省爱卫办行文授予怀化市1994年度省级“文明卫生单位”称号。

1月23日　怀化市公安局通信科被公安部授予“全国公安通信系统优秀集体”称号。

2月3日　怀化市河西开发区举行开工典礼。

3月15日　怀化行署授予怀化市人民政府1994年度“招商引资综合考评先进单位”称号。

3月18日　怀化地委、行署研究决定设立怀化市河西新区开发建设管理委员会。

3月23日　怀化市人武部被省政府授予“县（市）人民武装部全面建设先进单位”称号。

5月9日　国家体改委同意怀化市列为全国县级综合改革试点县，同意《怀化市国家经济改革试点方案》。

是日　市委、市政府从实际出发，从七个方面进行改革试点：建立现代企业制度；农村城镇化综合改革试验；建立新型的社会保障体制；培育和发展市场体系；内陆山区城市小区股份制建设；农村集体土地使用制度改革试验；对泸阳镇、中方镇进行农村城镇化工业化综合改革和开发建设试点。

6月28日　潕水一桥举行通车典礼。

8月3日　实行职工住房制度改革后，将公有住房正式出售给职工。

8月22日　全国两系法杂交稻现场会在怀化市召开，国家科委、农业部等有关领导和袁隆平院士等国内外专家代表现场参观黄金坳乡仇家和汪家两个村的两系法杂交稻。

9月1日　怀化市人武部被省军区授予“正规化建设先进单位”称号。

9月7日　对政府划拨土地使用权管理体制进行改革，制定怀化市国有土地使用权管理暂行规定。

9月9—10日　全地区培养选拔年轻干部、党外干部座谈会在怀化市召开。怀化市在会上介绍经验。

9月9—10日　国际红十字会联合会、中国红十字会总会、香港红十字会、湖南省红十字会备灾网络试点第二次研讨会的代表一行45人抵达怀化市，对怀化市红十字会备灾中心的建设及工作开展情况进行检查验收。

9月16日　贯彻国务院《国家公务员暂行条例》和《关于印发〈国家公务员制度实施方案〉的通知》，怀化市开始推行公务员制度。将原在编的行政干部，通过学习过渡为国家公务员。

1996年

1月16日　怀化行署作出《关于表彰1995年全区优秀企业、优秀企业家的决定》，授予怀化市装饰织品厂厂长米庆有为怀化地区“优秀企业家”。

1月20日　市政府决定撤区并乡。撤销铁坡、铜湾、泸阳、黄金坳、中方、盈口6个区公所，暂改为经济联络处，作为自我发展的经济实体，财政负担3年后，完全脱钩，自负盈亏。盈口乡与榆树乡合并为盈口乡，乡政府驻原盈口乡政府，辖21个行政村，杨村乡与黄岩乡合并为杨村乡，乡政府驻原杨村乡政府，辖11个行政村。

1月30日至2月2日　全国计划免疫第三个85%评审检查组一行4人，于1月30日抵达怀化，对怀化市计划免疫工作进行评审。从全市30个乡镇、5个街道中抽出聂家村乡为检查点，通过检查“卡、站、册”，三点一线符合要求。通过听汇报、查资料、走访、抽样调查等方式，怀化市计划免疫工作各项指标均达到卫生部规定标准，消灭脊灰糖丸登记率、投服率达到“2个100%”。

2月3日　中医院通过省卫生厅专家评审达到“二级甲等医院”标准。

2月7—9日　怀化地区首届农民运动会在怀化市举行。

3月3—4日　全地区组织工作会议在怀化市召开。授予怀化市委组织部为“组织工作先进单位”。

3月4日　怀化市商业网点建设股份合作公司成立，公司总股本40万元，其中国有股10万元。

3月15—19日　省委书记王茂林对怀化市农村工作、山地开发、工业生产进行考察。

3月20日至4月20日　全市进行第3次村委会换届选举。

4月12日　上午11时20分，前往钟坡山春游的三完小三年级三班师生43人乘坐的中巴车行驶到青年湖处，不慎翻到20米深的山沟下，死亡2人，伤37人，其中重伤6人，受伤学生在12时30分前分别送到市区各医院抢救。事故发生后，市教育局领导高度重视，在市委、市政府领导的组织指挥下，果断采取抢救措施，在各部门的通力配合下，使整个事故的损失降到最低点。

5月20日　怀化地委、怀化行署作出《关于表彰19个发展乡镇企业先进单位的决定》，授予怀化市石门乡等8个乡（镇）“发展乡镇企业模范乡镇”称号，怀化市盈口乡榆树村“发展乡镇企业模范村”称号。

5月22日　市政府制定进一步发展民营经济的若干规定及其配套措施。

6月　为加强对国有企业国有资产管理工作，采取公开招考的方式，择优录用11名财务总监派驻全市33家重点国有企业开展财务管理监督和国有资产管理工作。

7月14日　怀化市连续普降特大暴雨，降雨达325毫米，㵲水河水位高达221.49米，造成山体滑坡，道路被毁，稻田被淹没，城乡严重受灾。

7月20日　中国人民解放军169医院到怀化市支援抗洪救灾防病治病工作。

7月23日　怀化市公安局纪检书记罗光忠被中共湖南省委授予“优秀党务工作者”称号。

是月　开展国有企业破产试点，怀化市食品总厂、怀化市床单总厂、怀化市一轻工业公司、怀化市皮革塑料公司、怀化市湘绣服帽厂、怀化市金属材料总公司、怀化市日用玻璃厂依法实施破产。市人民法院指导成立相应的破产清算组接收各企业，开展清产核资，资产评估，清理债权债务，筹备债权人会议，制定破产财产分配方案，研究破产企业职工安置方案。

8月21日　上午9时，花桥镇小湾煤矿发生瓦斯爆炸。井下5名工人全部救出，没有发生死亡事故。

8月31日　副省长唐之享考察市“三资”企业。

9月22—23日　湖南省省长杨正午带领省直有关单位负责人考察怀化农业、工业和乡镇企业发展情况。

10月11日　省政府批复：建立怀化康龙自然保护区，保护区总体建设规划，报省林业主管部门审批。

10月11—13日　在怀化市河西宝庆路商贸城举办'96秋季交易会暨经贸洽谈会。来自全国20个省市的代表，入会商品15828个，入会人员达10万人次，总成交额3.2亿元。

10月16日　市政府批准成立怀化市供销社贸易中心集体财产管理委员会。

12月10日　市长办公会议专题研究，同意湖南民生农业发展有限公司出资180万元，收购怀化市日用玻璃厂破产资产，另征用10亩土地，建设湖南怀化向阳农产品加工厂。

12月10—12日　湖南省教育厅专家组，对怀铁一中进行重点中学验收，评委会全票通过。

12月16日　怀化市阳戏剧团改编演出的戏剧小品《斗酒》获全国专业剧团小戏小品调演二等奖。

12月21日　怀化市在港交会上，与外商签订4份合同，协议外资金额1.02亿美元。

12月26日　进行全国第一次基本单位普查。

12月29日　22时40分，中心市场四栋一住室发生爆炸案，死5人，并发生火灾。市领导及时赶到现场指挥，火情得到及时控制，未造成重大灾害。

1997年

1月15日　怀化行署发出《关于表彰1996年全区工业生产目标管理、扭亏增盈和技术改造工作先进单位的通报》，怀化市被授予技术改造先进县市。

1月15—16日　驻军部队政治部主任与市长唐波出席在北京人民大会堂召开全国双拥模范城（县）命名大会。怀化市连续三次获全国双拥模范城称号。

1月28日　下午2时30分，怀化市在阳光娱乐中心举行双拥模范城第三次命名庆祝大会。地委、行署、军分区、驻怀部队主要领导及怀化市四大家全体领导、市直各单位党政主要负责人共800余人参加会议。

3月18日　麻阳路（钟坡路段）举行改扩建开工典礼，市四大家主要领导及市直各单位主要负责人参加剪彩仪式。

3月19日　怀化市委、市政府研究决定，成立怀化市国有资产管理委员会。主任唐波，副主任邹志强、李先胜。

3月25—26日　省委书记王茂林在地委领导陪同下，到怀化市工厂、市场和开发基地考察。

4月4日　设立怀化市董事管理办公室，为副局级事业单位，定编5人。

4月5日　成立怀化市商业批发集团有限责任公司，公司总股本667万元。

4月22日—5月1日　怀化市首届杜鹃节在黄岩旅游度假区举行，省、地有关领导及怀化市四大家主要领导出席开幕式。

5月16日　成立怀化市商业零售集团有限责任公司。

5月24日　林业部、中国农业发展银行总行及湖南省农业发展分行领导组成的全国山区综合开发示范县（市）项目检查团一行11人，考察怀化市利用国家农业发展银行贷款5500万元兴建的8个项目开发进展情况。

6月13日　怀化行署发出《关于表彰1996年农业综合开发先进县（市）、先进集体和先进个人的通报》，授予怀化市三等奖，授予董绍祥“先进个人”称号。

7月7日　怀化市人民政府批准同意白云山正清制药股份有限公司收购怀化市食品总厂破产资产。

7月16—18日　全国综合改革试点县市南方片区工作会议在怀化市丽都大酒店召开，会议由市委、市政府举办，怀化市体改委具体承办。来自国家、省、地体改部门及四川、贵州、重庆、湖北、湖南等地共80名代表参加会议。会议对怀化市综合改革试点方面，重点是国有企业股份制改造、小城镇综合改革与开发建设、农业产业化建设等方面所取得的成绩给予充分肯定。与会代表参观怀化正大有限公司、河西新区开发建设、杨村花卉苗木产业化建设基地。

8月22日　市政府批准怀化磷化工总厂改组为股份合作制企业。股份全部由企业职工持有，不设国有股，职工以一次性买断国有身份后的经营性净资产折价计算股份。

9月1日　怀化行署发出《关于学习怀化市炉

亭坳中学办学经验的决定》，要求各县（市）人民政府在认真普及农村九年义务教育进程中，坚持走农科教相结合的道路，为培养更多的当地经济建设人才创造新的经验。

10月1—3日 '97湖南怀化商品交易暨洽谈会在怀化市湖天开发区举行。来自广东、广西、上海等10个省、市、区78个县（市）的432家工商户共6000名代表参加交易会，商品交易总额达3.62亿元，洽谈招商引资意向性项目26个，总金额6000万元。

10月8日 举办首届民营经济金秋商品交易会。

10月19日 怀化市宝庆商贸城在河西建成开业，占地142.8亩，总投资1.8亿元，总建筑面积8000平方米，门面1051个。

11月1日 湖南正清制药集团股份有限公司正式挂牌成立。

11月8—9日 全国人大常委、中国科学院副院长滕藤率团31人，在怀化地委领导的陪同下，8日下午考察四季果园、中心市场及河西宝庆商贸城，9日上午考察正清制药及天龙公司。

11月29日 国务院《关于同意湖南省撤销怀化地区 设立怀化市及洪江市与黔阳县合并设立县级洪江市的批复》，批复如下：⑴同意撤销怀化地区和县级怀化市，设立地级怀化市，市人民政府驻所设鹤城区迎丰中路。⑵怀化市新设鹤城区和中方县。新设鹤城区人民政府驻府星路，中方县人民政府驻中方镇。⑶同意撤销洪江市和黔阳县，合并设立新的洪江市（县级）。新设的市人民政府驻黔城镇。⑷新设立的洪江市由省直辖。

是年 怀化市体委、怀化市第二中学被国家体委评为“全国群众体育先进单位”，禹佐光、陈宏开、唐德益、陈建民、邱荣杰被国家体委评为“全国群众体育先进工作者”。

是年 刘奇珍编剧，方晓慧导演，张世一、田晓明表演的小品《夜聊》获全国第七届“群星奖”铜奖。

是年 根据国务院《关于同意湖南省撤销怀化地区设立怀化市及洪江与黔阳合并设立（县级）洪江市的批复》，怀化市（县级）行政区域一分为二，分设鹤城区和中方县。鹤城区辖怀化市（县级）的5个街道及石门、鸭嘴岩、盈口、杨村、凉亭坳、芦坪、贺家田、黄金坳8个乡（镇），黄岩旅游度假区。辖区人口30万人，辖区面积773平方千米，城区面积28平方千米。

是年 湖南莱孚铝业有限公司出资8500万元，收购怀化市三角滩水电站。

1998年

1月6日 湖南天龙医药化工实业有限公司兼并怀化饮片加工厂。兼并方出资140万元支付给怀化市医药公司，取得7.1亩土地使用权及地上附着物产权。

2月5日 中共怀化地委，批准成立鹤城区经济工作领导小组，组长杨冬英，副组长张晓洪，成员饶经理、潘平凡、汪辉、王争鸣、张必长、张华兴、李友月、杨华枚、黄昭荣。在建区筹备工作中代行政府职能，工作至鹤城区第一届人民政府成立后解散。

是月 地级怀化市成立之后，怀化磷化总厂、怀化磷矿、怀化肉类联合加工厂、怀化市烟草公司、怀化市肉联水产公司、怀化市医药公司等上收地级怀化市人民政府管理。

3月27—29日 中共怀化市鹤城区第一次代表大会召开，出席大会的代表共220人，大会听取中共怀化市鹤城区第一次代表筹备工作委员会的工作报告，选举产生了中共怀化市鹤城区第一届委员会和中共怀化市鹤城区第一届纪律检查委员会。

3月29日 中共鹤城区第一届委员会举行第一次全体（扩大）会议，傅刚球当选为区委书记，杨冬英、李毅、舒长喜、杨正坤、马俊哲、王怡乐6人当选为区委副书记，傅刚球、杨冬英等14人当选为区委常委。同日，在鹤城宾馆召开区纪委一届一次全会，选举张兴尧、梅裕国、张化喜、杨远光、刘亚丽、曾宝竹、谭平景、吴河茂、赵毅、杨玲、李晓玲、文双春、刘运正13人为纪委委员。选举张兴尧为区纪委书记，梅裕国、张化喜、杨远光为副书记，刘亚丽、曾宝竹、谭平景为常委。

4月2日 中共怀化地委决定将怀化河西新区上收地区管理，归口地计委。

4月11日　依照湖南省招商局关于湖南莱孚公司申请扩大经营范围和兼并三角滩电站作为自备电站经营的批复，同意湖南莱孚铝业有限公司以承担债务方式兼并怀化市（县级）三角滩水电站。

4月16日　全国政协常委、中国科学院院士叶大年等人考察河西建设。

4月21日　由鹤城区经济工作领导小组和地区旅游局联合主办的'98中国怀化黄岩杜鹃节开园。此次杜鹃节是'98全国华夏城乡游湖南十大项目。叶大年、杨志一等一大批知名人士和省、市、区政府领导，以及怀化民营企业家等各界人士共600余人出席开园仪式。游园活动历时1个月。

4月21—23日　中国人民政治协商会议怀化市鹤城区第一届委员会第一次会议举行。会议选举产生了政协怀化市鹤城区第一届委员会常务委员会、主席、副主席、秘书长。霍苏华当选区政协第一届委员会主席，杨秋元、杨隆海、梁之高、李传贵、申小青、李忠阳等6人当选副主席，喻伟为秘书长，陈春生等27人为政协常委。

4月25—27日　鹤城区第一届人民代表大会第一次会议在阳光娱乐中心召开。会议选举产生了第一届人大常委会主任邓建文，副主任黄昭荣、谭顺都、谢召连、孙叙孝、罗日顺、陶自珍；区人民政府区长1人，副区长6人，区人民法院院长1人，区人民检察长1人，选举44名出席第一届一次会议怀化市人大代表。

4月28日　鹤城区一届人大一次会议选举产生鹤城区人民政府区长杨冬英，副区长张晓洪、马俊哲、饶经理、潘平凡、王争鸣。自此，区经济工作领导小组解散。

5月25日　株洲至六盘水铁路复线电气化湖南段开工典礼在怀化车站广场举行，全长1141千米，其中怀化铁路总公司管内娄底至大龙段长425千米，新建复线（含电气化）330千米，车站37个。总工期4年，建成后将实现湘黔全线复线电气化，年运输能力提高到7000万吨，旅客列车增加到25对。

5月31日至6月2日　区教育局首届中小学、职业学校田径运动会在怀化一中召开，来自区属28所中心完小以上学校和10所驻鹤城的市直、厂矿及民办学校共419名运动员参赛。比赛中，怀化二中2人达国家二级田径运动员标准。

6月18—19日　鹤城区第一次妇女代表大会在鹤城宾馆召开。参加会议的正式代表126人，特邀代表8人。大会选举产生李金华为主席，胡昌兰、刘丽娥为副主席，选举23人组成鹤城区第一届执行委员会。

6月5日至8月23日　鹤城区5个街道及紧邻城区的盈口、石门、鸭嘴岩等3个乡镇先后暴发小川血清型霍乱弧菌感染引起的霍乱（二号病），历时80天。区委、区政府通过采取一系列防治措施，有效地控制霍乱的暴发流行。

8月1日　湖南省科委转发国家科学技术委员会文件，授予鹤城区“全国科教先进县（市）”称号。

8月5—6日　鹤城区总工会第一次代表大会在鹤城宾馆召开。出席大会的正式代表共133人。柳少牧当选为主席，杨进、梁庆发当选为副主席。选举柳少牧等12人出席怀化市总工会第一次代表大会。

8月12日　湖南省政府办公厅批准，怀化市河西新区被列为省级开发区。

8月28日　鹤城区工商业联合会召开第一届会员代表大会，会员代表共105人。大会代表听取并审议鹤城区工商联工作报告，大会选举37人组成第一届执行委员会。李传贵当选会长，丁忠海、李绍彪、谭参军、张举治、彭召才、伍作兴、向东辉等14人当选副会长，丁忠海兼秘书长。

8月31日至9月1日　共青团鹤城区第一次代表大会召开，出席大会代表共117人。大会选举产生新一届团委领导班子，选出20名委员，毛建华当选书记，宋立平、贺庆玲当选为副书记。

9月18日　怀化市二中被省体委授予湖南省体育重点学校称号。

9月28—29日　怀化市科学技术协会第一次代表大会在鹤城宾馆召开。与会代表共63人，选举产生鹤城区第一届委员会委员25人，常委11人，大会选举滕代军为主席，岳捷、杨隆泰（兼）、杨锦业（兼）为副主席。

10月9日　河西家电城开业，该市场占地61亩，建筑面积6万平方米，总投资800万元，共有180个门面。

10月28—29日　湖南省西部地区第十届商品交易会在怀化市河西新区举行。会议期间市领导与出席西交会各代表团团长举行怀化周边经济合作座谈会。

11月1—4日　'98湖南省“中保人寿保险杯”中学生田径赛，在怀化二中新建的运动场举行，共有来自全省14个地、州、市的349名运动员参赛，设75枚金牌。

11月7日　省委常委、省纪委书记孙载夫一行，在怀化市纪委书记张进成的陪同下，到鹤城区指导纪检监察和反腐倡廉工作。

11月16日　上午9时48分，鹤城区重点工程——怀化副食品批发城举行开业典礼。

11月23日　经怀化市委、市政府批准，成立怀化市城东新区管委会。

是年　国务院批准省以下工商行政管理体制改革，工商行政管理系统实行省以下垂直管理。

是年　鹤城区94个行政村，村村实施村务公开，村务公开率达100%。

是年　开始启动太阳能建设工程。

是年　计划生育工作被省委、省政府授予“计划生育先进单位”称号。

是年　开始实施城市居民最低生活保障制度，每人每月发放120元的最低生活保障金。

是年　湖南莱孚铝业有限公司因湿法生产电解铝造成环境严重污染，对附近新家庄及芷江县公坪镇部分村组生产生活造成严重损害，村民作出强烈反应，要求莱孚公司赔偿经济损失并关闭生产车间，区农改办积极参与协调处理纠纷，化解矛盾。次年4月，莱孚公司为化解污染危机，对氧化铝生产线进行升级改造，改湿法为干法，使污染排放达到环保部门的标准。同时开工建设铝材加工生产线，提高产品附加值。

是年　焦柳铁路复线全线开通。

1999年

1月4日　7时40分左右，一名歹徒携带菜刀等凶器和作案工具，闯进鹤城区盈口信用社新街分社实施抢劫，女营业员申爱莲、曾碧玉不惧个人安危，与歹徒搏斗，后在鹤城区农业局副局长朱业福的帮助下，将歹徒擒拿，保护71万元财产。1月5日，怀化市公安局对申爱莲、曾碧玉临危不惧、勇斗歹徒的事迹进行通报表扬。

1月7日　广东、湖南红十字会赈灾考察一行6人，在市红十字会的陪同下，考察鹤城区黄金坳中心卫生院，经过实地考察后，决定从赈灾募集的救灾资金中捐赠30万元（广东省20万元、湖南省10万元）新建卫生院。该院新建一栋三层1800平方米的住院、门诊大楼。

1月15—19日　全省营林工作会议暨造林现场会在怀化市鹤城区召开，国家林业局造林司副司长赵良平、中南规划设计院院长包招华、省林业厅厅长刘永寿参观了鹤城区造林现场。

是月　城东新区挂牌运作。

2月11日　全区推行厂务公开制度。区委、区政府，印发《关于在全区推行厂务公开的若干规定》的通知，就厂务公开的内容和做法作出具体规定。

3月4日至5月5日　鹤城区卫生局对全区206家医疗卫生机构和药品经营单位的药品质量、药品购进渠道、麻醉药品管理等进行拉网式清理整顿。累计检查药品1200种次，查处伪药268种次，收缴过期药品110种次，并对违反规定者依法进行处置。

3月21日　投资48万多元，占地3200多平方米，新扩建的鹤城区蔬菜专业批发市场开业。

4月9日　根据国办和省、市的统一部署，鹤城区对农村合作基金会实行停业，开展全面清理整顿。

5月8日　国务院批准省以下工商行政管理体制改革，鹤城区工商局领导干部进行移交，干部档案一律交怀化市工商局统一管理，处级以上干部档案交省工商局管理。

5月21日　鹤城区发生一起暴力抗税案件，依法执行公务的税收人员遭围攻殴打，致4人受伤，其中2人重伤住院。5月29日，怀化市公安局鹤城公安分局在西南宾馆公开宣布对抗税殴打税官的雷某阳、雷某洋、雷某武、甘某波4人提请逮捕。

6月29日　怀化“爱我中华，爱我家乡”少儿书法、美术大奖赛在国际大酒店举行，共有5876名少儿参赛。经评委严格评定，129幅作品获一、二、三等奖，160幅作品获优秀奖，红星路小学、跃进路小学、人民路小学、铁一小获优秀组织奖，潕水路小学荣获最佳组织奖。

7月10日　怀化城东新区第一个大型基础设施项目，新区主干道——泸林路举行奠基开工典礼。

7月12—13日　省委常委、省军区领导检查鹤城区人武部工作。

7月16日　由鹤城区交通综合服务中心组建的全国第二家货运出租车公司——鹤城“货的”出租车公司正式挂牌营运，首批投放20辆“货的”。

7月20日　鹤城区少儿图书馆被文化部正式授予国家二级图书馆称号，成为全省最大的县级少儿图书馆。

8月2日　成立以分管工业的副区长为组长，由纪委、组织部、总工会、监察局、劳动和社会保障局、经济局、教育局、卫生局等为成员的区推行厂务公开工作协调小组，办公室设在区总工会，主任由总工会负责人担任。

8月8日　区政府与香港同胞在鹤城宾馆举行希望工程签证仪式，该希望工程共捐资21.6万元，在黄岩旅游管理处修建致德希望学校，21.6万元中21.1万元修建教学大楼，5000元用于蒲天垅完小维修。

8月22日　湖南佳惠百货有限公司成立，佳惠生活超市同时开业，该超市是首家导入现代商业管理模式的新型业态百货零售经营企业，怀化百货业从此进入现代超市时代。

9月9日　全国第一家私人地质博物馆——刘金山地质博物馆在鹤城区潕水路正式开馆，展馆面积428平方米，分5个部分10个展室。

11月6—8日　湘西西部建材市场在河西开发新区举办怀化市第二届经贸洽谈会暨'99中国中西部地区建筑材料博览会。来自全国12个省、市、区代表团、客商和全市40多个商贸代表团会聚于此。省政协副主席、省总商会会长方毓棠讲话，市长吴宗源致辞，市委书记杨泰波宣布“博览会”开幕。这次活动商品交易额5.62亿元，合同引资6.38亿元。

11月9日　怀化百货大楼发生火灾，造成经济损失达80万元。

11月20日　鹤城区侨务外事办公室获“全省侨务工作先进单位”称号。

是月　德天集团投资1.5亿元，新建湖南西部建材市场，占地124.43亩，建筑面积12万平方米，门面380个，全部投入使用。

12月22日　鹤城区第一届归侨侨眷代表大会在区政协会议室召开。大会选举产生15名委员、7名常委，朱普吉当选主席、金劲松当选副主席。会议通过了《鹤城区归国华侨联合章程》。

是年　鹤城区被省委、省政府授予“1999年度人口与计划生育先进单位”称号。

是年　国家工商总局、国家计量局授予迎丰市场为“全国计量先进单位”。

是年　根据中央的农业政策和区委、区政府的要求，按照“政策引导、政府组织、市场运作、能人带动、群众参与、全面发展”的原则，创建石门高效农业科技示范园。该园共投入资金1800多万元，占地5000亩，先后引进12个项目，建成花卉、盆景、优质水果、苗木和绿化草皮为主的现代高效农业示范科技基地。

2000年

1月2日　凌晨1时，迎丰市场二楼小商品大厅因电器起火，发生重大火灾，一人从迎丰市场住宅4楼逃生时，不幸坠楼遇难。此次火灾造成经济损失达100余万元。

1月25日　国务院颁发关于开展第五次全国人口普查令，鹤城区第五次次全国人口普查拉开帷幕。

2月19日　环城公路开工。

2月23日　明城电子仪器厂、天龙医药化工实业有限公司、正清制药有限公司，被省政府授予“湖南省明星民营科技企业”称号。

是月　鹤城区怀化一公司（已破产）火车站营业大楼门面用电不慎引起火灾，1—4楼被烧，致1人死亡，直接经济损失过100万元。

3月6日　成立鹤城区“府安工程”开发建设领导小组，办公室设区建设局。小区规划占地35亩，建筑面积5.5万平方米，修建高标准住宅13栋。一期工程高标准、高速度地建好5栋住宅楼，完成商品房193套，建筑面积2.8万平方米，是鹤城区第一个住宅小区。

是日　鹤城区第一届残疾人代表大会在鹤城宾馆召开，与会代表69人，其中残疾人代表39人。

3月15日　凌晨1时30分，嫩溪垅华丽市场治安队长彭宏刚，在值勤时，擒拿小偷，被小偷连刺数刀，壮烈牺牲。

是日　河西粮油市场开工，同年12月竣工开业。总建筑面积2.8万平方米，拥有130个门面，总投资3000万元。

是月　区政府组织体改、劳动、财政、国资及企业主管部门赴常德市、长沙市、衡阳市考察国有企业产权制度改革工作，研究区属国有企业改革改制工作。决定借鉴常德市的经验，推进国有企业产权制度改革，采用经济补偿的方式全面置换国有企业职工的身份，把企业和职工全面推向市场。

4月3日　确定怀化汽车零部件总厂、怀化化工厂作为推进企业产权制度改革试点单位。

4月22日　成立由区纪委书记张兴尧为组长的鹤城区廉政档案工作领导小组，从监察局、教育局等单位抽调专门人员组成廉政档案工作室，为全区副科以上干部建立领导干部廉政档案。当年建档1274卷。

5月1日　鸭嘴岩举行撤乡建镇挂牌仪式。

5月23日　蔬菜办，筹集200万元资金，在湖天大道修建无公害蔬菜监测所。监测所化验室的检测系统全部采用国内较先进的设备，精确度达到国内同行领先水平。

6月1日　省委常委、省政法委书记李贻衡在鹤城区了解“打拐”斗争情况。

6月7日　区政府启动城东新区的开发建设工作。

6月16日至8月23日　根据中央精神和省委部署，在区级四套班子和纪委、组织部、宣传部、检察院、法院、公安分局6个部门的领导班子和领导干部中开展“讲学习、讲政治、讲正气”的“三讲”教育活动。

6月22—24日　省委书记、省人大常委会主任杨正午到怀化考察“三讲”教育活动，在区委、区政府领导陪同下，考察天龙公司，听取天龙公司的生产、运行情况汇报。

7月4日　区委组织部档案工作顺利通过中组部检查验收，被评为“干部人事档案工作目标管理一级单位”，颁发一级档案证书。

7月12日　市委、市政府作出《关于表彰1999年度发展乡镇企业先进单位的决定》，授予鹤城区目标管理二等奖。

8月11日　推行政务公开制度，设立政务公开栏、政务公开薄和政务公开意见箱。做到办事机构示意图上墙、办事依据上墙、办事程序上墙、办事结果上墙的政务公开活动。

8月19日　省委常委、副省长周伯华率省直有关部门负责人，到鹤城区考察交通、城市建设。

8月23—27日　中央“三讲”教育检查组在省委“三讲”办有关领导的陪同下，对鹤城区“三讲”教育工作进行检查，检查组对鹤城区“三讲”教育取得的成效给予了较高的评价。

9月19日　城中信用社实行停业整顿。

9月22—24日　首届西南（怀化）电脑节在怀化银河电脑城举行。

9月24日　省政协副主席游碧竹，省政协副主席、中科院院士姚守拙，省政协常委、省军区副政委等视察团一行28人，到鹤城区旅游景点进行旅游产业开发专题调研，并就旅游发展及开发思路等问题作了重要指示。

11月16日　怀化大酒店举行三星级酒店开业庆典。

11月20—22日　湘、鄂、渝、黔、桂五省（市、区）周边地区经济发展战略研究课题报告座谈会在怀化召开。

11月22日　溡水二桥奠基开工，由中铁第十一局集团第四工程有限公司设计施工，该桥长260米，宽24米。

是年　龙泉雅苑一期工程开工。

是年　计生委被省委、省政府授予“2000年度人口与计划生育先进单位”称号。

是年　鹤城辖区内达标排放限期工业污染源共19个，其中市控5个、区控14个。大大降低了对溡水河及城区大气的环境污染。

是年　河西农产品市场竣工开业，占地23.56亩，建筑面积1.2万平方米，总投资1500万元，有摊位门面120个。

是年　鹤城公安分局组织开展打击拐卖妇女儿童犯罪活动的专项斗争。7个月内共破获拐卖妇女儿童犯罪案件7起，打击人贩子17人。解救被拐卖儿童44人，解救妇女112人。其中本地儿童14人，外地儿童30人，本地妇女36人，外地妇女76人。

2001年

1月5—7日　党内开展“三个代表”重要思想集中学习教育活动，分3批进行，共有学教对象9395人，为期1年时间。

1月7日　市委副书记、代市长陈志强带领市直有关部门及鹤城区领导到其建整扶贫联系点，鹤城区芦坪乡壮丁村访贫问苦，共商脱贫计划。

2月6日　中外合作湖南莱孚铝业有限公司，因其采用的60KA旁插自焙阳极电解槽落后工艺，排放废气对周围环境造成污染。在区委、区政府督促下，该公司投资4300万元，新建一套烟气系统，2001年6月，技改设施投入运作，经省环境监测中心检测，所有排放物均达到国家标准。

3月8日　上午，省委副书记胡彪考察城东新区开发、石门高效农业示范园。

是日　上午9时48分，鹤城区妇联社区服务部举行挂牌仪式。区委书记、区长、副书记、市妇联副主席等领导出席挂牌剪彩仪式。

3月23—24日　鹤城区农村税费改革领导小组及办公室成立。全区召开农村税费改革暨业务培训大会，在鸭嘴岩镇试点，全区取消农业税、农业特产税、乡统筹、村提留、屠宰税和教育集资等共955万元，人均87元，改革后征收总额526万元，人平46元，全区减负总额为429万元，农民人平减负44元，人均减负比例为45%。

4月27日　在长沙举行全省庆祝“五一”国际劳动节暨颁奖大会上，鹤城区科技局高级工程师曾昭亮获“全国五一劳动奖章”和“全省劳动模范”荣誉。

5月9日　市委常委、市委宣传部部长李年青主持召开专题会议，在怀化电视台时政频道设立《鹤城之窗》时报，播报鹤城区内大事、新闻，并定名为《今日鹤城》。

5月16日　市委领导欧阳斌、陈志强等考察鹤城区环城高效生态农业园“一线一圈”建设项目，要求把其作为怀化市现代高效生态农业的重点示范工程。

6月　全区3600多名企业离退休人员的养老保险金全部纳入社会化发放，确保企业离退休老人老有所养。

7月30日　《今日鹤城》栏目在市人民影剧院举行开播仪式，区委书记、区长为《今日鹤城》栏目组授牌。

8月8日　省人大常委会副主任罗海藩到鹤城区考察。罗海藩一行，徒步察看怀化城东新区的开发建设情况。

8月9日　上午，广州军区政治部副主任全面考察鹤城区国防建设情况。

8月14—16日　省委常委、省委政法委书记李贻衡深入鹤城区检查指导工作，对政治稳定工作给予了肯定。

8月23日　国家领导人考察鹤城区城东新区和石门高效农业示范园建设情况。

9月4日　省委副书记、副省长张云川在省有关部门领导和市委书记欧阳斌、市长陈志强的陪同下，考察石门高效农业示范园、城东新区和鸭嘴岩畜牧示范小区。

是月　鹤城区政务服务中心成立。大厅总面积约900平方米，中心下设办公室、督查科、业务科和24个办事窗口。政务中心是区政府“一站式审批，一条龙服务”的综合办事机构。办理方法是“五公开”：将所有办理事项的“服务内容、办事程序、申报材料、办理时限、收费标准”编成《服务指南》予以公开。

10月17日　区政府将兴建鸭嘴岩镇自来水厂列入2001年政府六大实事工程之一。

10月26日　晚，在城东新区金海广场举行中央电视台《同一首歌》“走进怀化侗乡苗寨”大型演唱会。

10月26—28日　在怀化河西新开区举办“2001湖南怀化首届民俗生态旅游节暨第三届经贸洽谈会”。

10月29日　怀化市第五中学依法治校、依法治教、依法治学成效明显，被省未成年人保护委员会授予“湖南省青少年法制教育示范基地”称号。

11月12日　省教育督导评估团对鹤城区推行素质教育和巩固提高普及九年义务教育工作进行

检查评估。

11月26日　上午，省委副书记文选德，省委常委、省委宣传部部长黄建国一行，考察城东新区。

12月22日　全区机构改革进入全面实施阶段。区直有63个、乡镇有144个行政事业单位纳入机构改革，共归并26个行政事业单位。

12月28日　上午，鹤城区首家乡镇政务服务中心在鸭嘴岩镇政府挂牌成立。

是年　在鹤城区委、区政府实施“科教兴区、教育为本”战略基础上，连续第三年被评为湖南省“普九”工作先进单位，其中，2000年被评为“全国‘两基’先进区”。

是年　鹤城区公安分局组织开展治爆缉枪专项行动。公安机关共出动警力1817人，车辆312台次，清查重点部位1213处，发现隐患180处，整顿180处，发出整改通知书102份，收缴各类枪支、炸药、雷管、子弹、导火索。查处涉爆涉枪案件7起，抓获违法犯罪嫌疑人12人。其中提请批捕6人，刑拘6人，治安拘留3人，其他处罚3人。

是年　凉亭坳乡党委、政府与怀化三阳公司达成联合开发竹林湖协议。

是年　全区社会治安综合治理工作被省委、省政府，市委、市政府评为先进县（市、区）。

2002年

1月14日　省委副书记、常务副省长周伯华，省委常委、省委秘书长谢康生，分别到城东新区和怀化机床总厂考察、慰问。

2月12日　鹤城区获评湖南省巩固提高普及九年义务教育工作先进县（区）。

2月20日　黄岩龙岩江水电站正式竣工发电。

3月15日　中国民主同盟怀化市鹤城区支部召开成立大会。

4月20日　鹤城区举行“科教、文体、法律、卫生”进社区活动启动仪式。

6月17日　副省长庞道沐考察鹤城区石门高效农业示范园。

6月18日　怀黔高等级公路建成通车。

6月20—21日　省委常委、省委组织部部长戚和平带领省委组织部、省水利厅有关人员检查鹤城区的防汛救灾工作。戚和平强调，防汛救灾工作要思想高度重视，措施落实到位，做到不垮一堤一坝，确保人民群众生命财产安全。

6月28日　凌晨零时起，怀化市开展取消机动三轮车和二轮摩托载客运营。

是月　根据市纪委、组织部、宣传部部署，鹤城区开展“改进作风、拒腐防变”主题教育活动。

7月2日　怀化至新建公路改建工程开工典礼在鹤城区杨村举行。

8月14日　湘黔两省16县（市、区）政府办联系会第十四次会议召开，会期2天。

8月23—25日　中共怀化市鹤城区第二次代表大会召开，出席大会的代表281人，列席代表20人。会议选举产生了中共鹤城区第二届委员会委员26人，候补委员3人，选举产生了中共鹤城区纪律检查委员会委员13人，选举产生出席中共怀化市第二次代表大会代表24人。8月25日下午，举行中共怀化市鹤城区二届委员会第一次全体（扩大）会议。会议选举杨冬英为书记，李毅、杨正坤、唐勇、任六生、贺远友、黄跃卿、黄远华7人为副书记，杨冬英、李毅等15人为区委常委。8月25日，鹤城区第二次党代会选举产生新一届纪律检查委员会，组成人员为贺远友、梅裕国、张化喜、杨远光等13人。当日，新一届纪委召开第一次全会，选举产生贺远友为区纪委书记，梅裕国、张化喜、杨远光为副书记，刘亚萍、袁勇国、向元荣为常委的新一届纪委班子。

8月20日　省教育厅授予怀化市一中等6所学校为“省级重点高中”。

是月　下旬，省严打整治综合治理工作督查小组到鹤城区，重点督查严打整治工作。

9月10日　鹤城区人民政府在三角坪电影院隆重举行怀化市一中、怀化市二中为“湖南省重点中学”挂牌仪式。

9月29日　渝怀铁路铺轨仪式在怀化举行。

是月　石门乡清水井村将1300亩田地，按300千克1亩稻谷收入标准由村里承租下来，通过规范化的田园建设返租给农户，建立无公害蔬菜基地。

10月2日　鹤城区在凉坳乡竹林湖成功举办首届鱼文化节，有钓鱼、抓鱼、烹鱼、品鱼等大型群众性文化体育活动。

是月　区委研究决定，成立区民营经济指导协调办公室，隶属区委办管理。具体负责对民营企业的指导、协调、监督、服务工作。

11月4日　“市青年文明号”牌匾落户信用联社鹤城中心分社，该社成为鹤城众多金融单位中唯一获此殊荣的单位。

11月20日　区委下发《关于深入学习贯彻党的十六大精神的通知》。

11月23日　石门乡动工将原山塘改建成一座小(2)型水库，用来灌溉清水井村的无公害蔬菜生产基地并兼顾水产养殖、水土保持及生态农业旅游，取名清水井水库。

12月4日　湖天大道二期工程开工暨湖天开发区成立10周年庆典。杂交水稻之父、中国工程院士、省政协副主席袁隆平教授应邀出席，市委书记欧阳斌出席讲话，市委副书记、市长陈志强主持。

12月7日　下午，省计委主任徐宪平在嫩溪垅旧城改造指挥部考察工作。

12月20日　鹤城区的重点开发建设项目——飞达时代广场开业。该项目是私营企业家向东晖以530万元整体收购怀化市福利布鞋厂，总投资4500万元，建筑面积1.5万平方米、经营面积1.1万平方米的综合商场，经营金银首饰、皮件箱包、化妆品、文化用品、床上用品等。

12月28—31日　政协鹤城区二届一次会议在铁道宾馆召开，选举产生二届政协常委31人、正副主席7人。

12月28日至2003年1月1日　鹤城区第二届人民代表第一次会议在鹤城宾馆召开。

是年　石门乡金海村实施的“科技示范村富民计划”顺利通过省农业厅专家组验收，成为全省7个重点“科技示范村”之一。

是年　省级钟坡森林公园升格为国家级森林公园。

是年　街道办事处和社区实行“一站式办公、一条龙服务”的综合办事方法，方便群众、解决办事难的困局。

2003年

3月3日　召开全区“非典”防治工作会议，成立了“非典”防治指挥部，先后制定了《鹤城区“非典”防治处理预案》等32个“非典”诊断标准。

4月16日　邵怀高速公路怀化段征地拆迁动员会议在鹤城召开，市长陈志强强调，沿线各级各有关部门要迅速行动起来，加大工作力度，切实搞好征地拆迁工作，确保工程顺利开工。

4月16—28日　省委常委、省委组织部部长戚和平在市委领导欧阳斌、陈志强等陪同下，检查鹤城区“非典”防治工作。

4月27—28日　省委、省政府“非典”防治督查组在市领导陈志强等陪同下，督查鹤城区“非典”防治工作。

6月2日　怀化城区武陵北路维修改造工程开工典礼在城北举行，市领导欧阳斌、陈志强及怀铁总公司负责人员出席。

7月18日　湖南“西大门”怀化巡礼大型采访新闻座谈会召开。市领导欧阳斌、陈志强等出席。采访团由16家中央驻湘、省直新闻媒体组成，21—26日赴市直部门及鹤城等地采访。

7月28—31日　怀化市首届民营企业经贸洽谈会暨湖南西部糖酒交易会在怀化举行。洽谈会共签订外来投资合同（协议）项目53个，项目总金额27.87亿元，引进资金达20.57亿元。

8月1日　区政府决定区直行政机关办公场地搬迁城东新区，提请区人大常委会审议。

8月10—13日　省委常委、省委宣传部部长李江一行考察鹤城等地，听取经济社会发展和宣传思想工作情况汇报。市领导欧阳斌、陈志强等陪同考察。李江强调，怀化要立足实际，追求实效，切实推进宣传思想工作。

8月18日　湖南德天投资集团在河西举行挂牌庆典仪式。

9月2日　全国政协委员、人口资源委副主任王克英在市领导欧阳斌等陪同下，考察怀化城东新区、怀化学院、怀化汽车贸易城、河西新区等地。

9月12日　全市打击“六合彩”赌博活动专项行动会议在鹤城区召开。市委书记欧阳斌强调，整治地下“六合彩”要态度坚决，注意方法，讲究效果。

10月10日　湖南怀化2003年（秋季）房地产业展示交易会举行。100家房地产企业、中介公司、物业管理公司参展，共设展位420余个，面积近2万平方米，参观洽谈人数达10万人次以上。

10月28日　湖南省医药行业第一个博士后科研工作站在湖南正清集团挂牌。市委书记欧阳斌、省人事厅助理巡视员刘垂瑶授牌，市领导陈志强等出席。

11月29日　“西部飞歌”大型文艺晚会在鹤城演出。

11月29日至12月4日　首届湖南西部农业博览会在怀化汽车贸易市场举行。省委副书记戚和平、省政协副主席王汀明、省人大常委会原副主任赵培义、省农办主任武吉海及省直有关部门领导等出席，贵州铜仁、重庆黔江和湖南省14市州代表团负责人、知名企业和澳大利亚丘比大学代表等参加开幕式。

12月28日　怀化至新建公路改造工程通车典礼在鹤城分水坳隧道口举行。

12月30日　市电影公司新建金鹰文化广场，引进资金3000万元。

是年　濉水二桥（天星桥）正式通车，连通城区的天星中路。桥长260米，宽24米。

是年　包茂高速公路邵怀段开工修建，经过花背、溪坪、李公湾、黄家山、凤坪5个村，过境长7.7千米。

2004年

1月2日　怀化市农村党员干部远程专用频道在鹤城区盈口乡中心小学举行开通仪式。市领导欧阳斌、刘宗林、王志群、李军等出席祝贺。

1月2—3日　副省长杨泰波在省政府副秘书长陈吉芳、省农办主任武吉海等陪同下，走访慰问鹤城区特困企业和农村贫困群众，开展“察民情、送温暖”活动。

2月10—11日　鹤城区召开三级干部会议暨区委经济工作会议。会上，市委常委、区委书记王志群围绕加快鹤城经济发展作《坚持“商贸立区、工业强区”发展战略，努力实现鹤城经济跨越式发展》的重要讲话。

2月15—20日　省委副书记、常务副省长于幼军率省委办公厅、省委政研室、省计委等11个部门负责人员组成“湘西地区”开发调研组到怀化城区等地就城市、交通、企业生产、农村经济、文化教育发展情况进行考察调研。

是月　怀化市机构编制委员会同意怀化河西新区管理委员会行政级别定为正处级。

4月14日　邵怀、怀新高速公路（怀化段）优化建设环境督查会在怀化城区召开，省纪委、省高管局领导，市领导陈志强、杨方明等出席。

6月26—27日　2004湖南中医药现代博览会在鹤城区召开。科技部、国家食品药品监督管理局领导，副省长甘霖、省政协副主席王汀明，省科技厅、省食品药品监督管理局、省卫生厅、湖南中医学院、省中医药研究院相关人员参加，市领导欧阳斌、陈志强、卜功富、肖志良、张进成、彭安沙等出席开幕式。开幕式由省科技厅党组书记、厅长王柯敏主持，科技部党组成员、纪检组组长吴忠泽宣布开幕。开幕式后，举行“正清之夏”文艺演出。

7月14—15日　省委常委、省委统战部部长石玉珍一行考察鹤城等地。

7月18日　德天家具广场竣工。该项目总建筑面积1.1万平方米。

7月18—19日　省人大常委会副主任颜永盛考察五溪文化广场、怀化学院及钟坡森林公园。

7月18—19日　省政协主席胡彪一行考察鹤城等地经济社会发展工作，并听取情况汇报。胡彪指出，怀化要以工业化为核心，大力推进“三化进程”。

7月18—21日　濉水河遭特大洪水，水位高221.81米，超警戒线水位3.86米，流量为6890立方米/秒，濉水河沿岸低洼农田被淹。

7月18—24日　湖南西部经贸洽谈会暨家居用品装饰材料博览会在鹤城区河西召开。该次西部洽谈会项目签约35个，合同引资13.4亿元，贸易成交1.9亿元，外贸出口订单1000万美元。

7月28日　省委副书记戚和平一行考察德天家具广场、怀化正好制药有限公司GDM异地投改工程、万和灯饰城、城东五溪文化广场、鹤城花卉苗木生态基地等新建项目。

7月29至12月4日　第二届湖南西部（泰格林纸）农产品博览会在鹤城区举行。省委副书记戚和平出席并宣布开幕，市委书记欧阳斌主持开幕式，市长陈志强致欢迎词。该届博览会现货成交达6600万元，农产品订单9个，金额1.03亿元，签约重点项目19个，总投资12.2亿元。

12月20日　怀化中国轻纺城奠基仪式在河西举行，由浙江中国建设集团兴建，占地107亩，总建筑面积1.8万平方米。

是年　私人投资3000万元在李公湾成立旭丰锰业有限公司，修建年产5000吨锰合金生产线。

是年　私人投资520万元，在白岩村修建红岩硅业有限公司。

2005年

1月28日　中共鹤城区委成立“保持共产党员先进性教育活动领导小组”，下设办公室。区委印发实施方案，在全区开展保持共产党员先进性教育活动。该次教育活动，安排一年半时间，分3批进行，每批半年左右，从2005年1月开始，到2006年6月结束。

2月7—13日　全国政协常委、经济学家厉以宁教授先后考察怀化城东新区、河西开发区等地，厉以宁认为，怀化要在林业、畜牧、旅游、商贸和城市化等方面做文章，以科学发展观加快推进经济结构调整和经济增长方式的转变。

2月26日　海联投资集团与河西经济开发区在明珠大酒店签约，在㵲水二桥西头，征地480亩，兴建湖南西部商贸物流中心，总投资5.5亿元。第一期工程于9月动工，2008年8月开业，建筑面积30万平方米。

3月16—17日　副省长郑茂清率发改委、经委、劳动和社会保障厅、交通厅等部门负责人考察怀化生态工业园、正清制药有限公司、正好医药有限公司、怀化市劳动力市场、鹤城区劳动力市场。

4月6日　渝怀铁路全线铺设完成，渝怀铁路全长624.523千米，其中怀化境内67千米，总投资198亿元，西起重庆，止于湖南怀化，为一级单线，预备复线条件，一次建成电气化铁路。

是月　怀化市首家外商独资房地产开发企业——怀化富达房地产开发有限公司成立，并于同年10月通过挂牌交易方式取得原“三厂”（针织厂、床单厂、毛纺厂）128亩土地开发权，首期开发高档住宅富达·雍景豪庭。

6月28日　鹤城区行政中心奠基典礼举行。市领导陈志强、刘宗林、肖志良、陈善美、王志群等出席。

7月5—6日　副省长杨泰波一行就打造“湖南西部中药谷”项目到怀化调研。先后考察正好医药有限公司、湖南正清制药厂、鹤城区杨村鱼腥草基地，杨泰波强调，怀化要抢抓湘西地区开发机遇，做大做强“湖南西部中药谷”。

7月5日　省长周伯华、副省长许云昭一行到鹤城区企业、邵怀高速、环城公路建设工地考察怀化设点、湘西地区开发项目进展情况，周伯华指出，要抓住机遇，加快发展。

7月12—16日　“二十三冶杯”怀化市第二届运动会暨第二届少数民族运动会在鹤城区举行开幕式。此次运动会有17人打破怀化市青少年田径、游泳、举重纪录，其中1人打破3项怀化市游泳纪录。

11月28日　湖南西部第二届农业博览会、第二届经贸洽谈会暨“湖天一色”商品展销会举行开幕式。副省长杨泰波出席并宣布开幕。

是年　五金建筑型材大市场和天凯综合大市场开业。

2006年

2月14—16日　副省长杨泰波、省政府副秘书长陈吉芳带领省农办、省移民局、省扶贫办等部门负责人考察怀化市社会主义新农村建设。

6月1—10日　省委书记、省人大常委会主任张春贤在省委常委、省委秘书长于来山及省直有关部门负责人员，在市委书记、市长等陪同下，到鹤城区等县市区实地考察。张春贤强调，要抓机遇、打基础，以新型工业化带动“三化”。

6月25—26日　省委副书记、省长周伯华、副省长徐宪平率省直有关部门负责人，在怀化市委书记、市长的陪同下，深入怀化农村、工厂和城市考察。周伯华指出，要坚定信心，落实科学发展观，继续发扬勤俭奋斗、不甘落后的精神，突出“四个扎实”，加快怀化发展。

9月　中共湖南省委书记张春贤到河西考察湖南西部商贸物流中心的项目。

12月8日　怀化市人民政府、省商务厅、省农村工作办公室共同举办“2006年湖南西部经洽会·农博会暨湖南西部现代商贸物流园区开工庆典”。省政协副主席阳宝华宣布开幕，市委书记主持，代市长致辞。中国物流与采购联合会副会长戴定一，省商务厅厅长毛叙保，市领导肖志良、廉世界、石希欣出席会议。

12月25日　湖南省省长周强一行考察河西市场建设。对河西市场建设给予高度评价。

是年　五金水暖机电大市场、西南陶瓷洁具城开业。其中五金水暖机电大市场一、二期工程，占地123亩，总建筑面积19万平方米，总投资1.68亿元，拥有门面460个。

2007年

2月　市政府发布公告，决定启动火车站广场改造工程。

3月23日　举行怀化国道绕城公路第一期开工典礼。市级相关领导出席庆典仪式。省交通厅厅长欧阳斌宣布开工。

3月31日　鹤城区召开“千名干部下基层‘问民意、帮发展、促和谐’”动员大会。

4月18日　举行怀化市全民健身与奥运同行启动仪式暨“银湾杯”钟坡登山比赛。

5月18日　怀化新闻网暨红网怀化站正式开通。市委常委、市委宣传部部长熊春菊在开通典礼上讲话。

6月21日　红星路及城市五个出口改造工程开工。

6月25日　市体育中心建设项目签约仪式举行。怀化市城建局与广东泰业实业投资有限公司签约，按合同约定，怀化市体育中心项目将于是年10月正式开工建设。

7月5—7日　中共鹤城区第三次代表大会召开。正式代表279人，代表全区1.6万多名党员。会议听取、审议和通过中共鹤城区第二届委员会工作报告、区纪律委员会工作报告，大会选举产生中共鹤城区第二届委员会委员27人、候补委员4人、区纪律检查委员会委员15人。

7月7日　中共鹤城区第三届委员会举行第一次全体会议选举产生区委常委13人，选举产生书记1人，副书记2人。

7月20日　河西新区管理委员会批准修建新园社区服务中心，总投资80万元，占地0.936亩，建筑面积760平方米，为五层楼框架结构。

8月4日　市领导刘莲玉、廉世界、石希欣等出席太平溪综合治理开工仪式。

8月18—19日　鹤城区在黄岩旅游度假区召开区委委员（扩大）会议（黄岩务虚会议），会上提出“一个目标（力争财政收入年均增长20%），二个跨越（商贸和工业）、三个加速推进（加强推进城东新区建设、加速推进社会经济农村建设、加速堆进社会事业发展）”的发展战略。

9月5日　怀化市举行“爱我城市，从我做起”万人承诺签名活动。市委常委、市委宣传部部长熊春菊出席启动仪式。

10月1日　鹤城区社会最低保障金提升为每人每月175元。

11月1日　鹤城区召开学习贯彻中共十七大精神大会。区级领导、离退休老干部及各乡镇、街道、区直副科级以上单位党政一把手等300余人参加大会，会上，市委党校副校长黄贻修作辅导报告，区委书记作重要讲话。

11月6日　怀化经济开发区正式挂牌成立。

11月10日　沪瑞高速公路中的湖南邵怀段、怀新段正式通车。沪瑞高速公路邵怀段，是怀化第一条高速公路。

12月16日　举行湖天南路通车典礼。

12月28日　举行省道223线沅陵三角坪至怀化石门的公路工程开工建设典礼。

是年　怀化经开区（河西）获中国物流采购协会授予的“中国物流实验基地”称号。

是年　市委、市政府为提高怀化城市形象，决定对火车站站前广场进行改造，项目占地8.19

万平方米，其中建设用地1.35万平方米，城市道路用地2.81万平方米，站前广场、公交停车场用地1.35万平方米，城市绿化广场2.63万平方米。

2008年

1月14日至2月10日　怀化境内出现连续27天冰冻，气温降至零下10℃，造成部分地方交通中断，供水管道冻坏、供电线路损坏。

1月29日　省人大常委会副主任、市委书记刘莲玉深入鹤城区的企业和农村，看望受灾群众，要求各级党委、政府发动广大干部群众，齐心协力，抗冰救灾，共渡难关。

2月22日　水利部水电局局长田中闪等组成的水利部赴湘调研冰灾工作组一行抵达怀化，了解、察看灾情，指导救灾工作。省水利厅副厅长廉世界、副市长谢宏有等陪同调研。

3月1日　怀化铁路枢纽城市公用设施配套改造工程和投资合作签约仪式在长沙华天大酒店总部举行。根据中地投资有限公司与怀化城市建设投资有限公司的签约协议，中地投资有限公司投资12.8亿元对怀化火车站外集散广场进行改造。

3月13日　钟坡山发生山体滑坡，地基下沉，兰苑村发生了重大险情，威胁79户280余人的生命财产。城北街道立即采取应急预案，将群众疏散，处理塌方泥土，开支抢险经费20余万元。

是月　怀化火车站站前广场改造工程启动。项目总建筑面积308907.8平方米，包括英泰商场、沃尔玛超市、通程百货、香港大地娱乐传媒、麦当劳、必胜客美食城、酒店公寓、写字楼和2000个车位的大型停车场。2栋高30层楼房，地上27层，总投资20亿元。

4月14日　鹤城区召开创建省级卫生城市动员大会。

4月18日　第三届怀化房地产交易博览会开幕。

是日　怀化城南入城线在湖天路与环城路交叉口处举行开工典礼。

4月30日　鹤城区委在全区范围内开展科技思想大讨论活动。

6月3日　下午3时，鹤城区体育局局长肖大勇作为北京奥运圣火传递的184棒选手，参加了北京奥运圣火在湖南汨罗沿江大道的激情传递。

7月15日　非法传销人员进入执法机关暴力抗法，鹤城工商分局执法人员周东升、张池、李滨、魏清辉等英勇抵抗，负伤住院，市委常委、副市长王志群，省工商局负责人，市公安局局长汪华，市工商局局长谢永惠等领导到市三医院看望慰问伤员。此次事件经调查，8名非法传销人员被刑事拘留，2人被追究刑事责任。

9月10日　河西学校建成投入使用，由凯源锋房地产开发有限公司周必成垫资6000万元而修建，以解决河西城乡居民子女就学难问题。

10月19日　城北街道，在怀铁工人文化宫举办首届老龄运动会，入会群众达6000多人。

10月30日　怀化国道绕城公路一期工程举行通车典礼。

12月15日　根据省、市工商局要求，鹤城工商分局“12315”与消保股分开办公，决定成立“12315”申诉举报中心。

12月18日　湖南省民政厅《关于从鹤城区盈口乡、城中街道析置河西街道的批复》，从盈口乡析出黄家山建制村，团结村六、七村民小组，从鹤城区城中街道析出新园、舞阳两个社区居委会，设立鹤城区河西街道。新设的河西街道辖新园社区和舞阳社区2个社区居委会，黄家山建制村，总面积10.29平方千米，总人口5.38万人。

12月27日　鹤城区委、区政府、区人大、区政协、区纪委及区直机关搬迁至城东金海。

是年　四川汶川发生8.0级特大地震，城区有震感。灾情发生后，鹤城区广大党员和干部职工发扬“一方有难，八方支援”的传统美德，一个多月时间内，4155名党员自愿交纳“特殊党费”958705元。截至11月18日，全区共捐赠棉被318床、棉衣670件，捐款6万余元，以实际行动支援灾区。

是年　湖南西部小商品市场和河西浙闽物资城开业。

2009年

4月7—8日　省政协主席胡彪深入鹤城区等

6个县（区），就如何应对金融危机，加快区域经济社会发展进行调研，省政协秘书长欧阳斌、人口资源环境委员会主任胡伟林、省政协常委、省发改委副主任欧阳彪，市委相关领导陪同考察。

4月11日　街道实行机构改革，将原“七站八所”人员改设“三办一站三中心”。

4月22日　举行太平溪综合治理第二期工程开工典礼。太平溪综合治理工程东起迎丰路力普吉油库，西至井坪村枝柳铁路桥处，全长14.18千米，治理面积246.5公顷，其中二期工程2.5千米长，总投资3亿元。

4月26日　舞阳大道开工仪式在怀化经济开发区黄家山村举行，该工程道路全长5001.9米，规划宽度42米，沥青路面，配套建设人行道、绿化带、路灯等。总投资1.5亿元。

5月　香港红十字会捐赠20万元修建黄岩卫生院。

7月22日　湖南省民政厅关于怀化市鹤城区、中方县部分行政区划调整的批复，同意撤销鹤城区鸭嘴岩镇，设立城南街道。将鹤城区原鸭嘴岩镇的鸭嘴岩、长远2个村成建制划归中方县中方镇管辖。

8月8日　怀化市城南社会综合停车场建设举行开工典礼。

8月13日　怀化市中小企业信用担保有限公司开业。

9月16日　怀化市第三届运动会开幕式在怀化市体育中心举行，鹤城区组团参加运动会。该届运动会比赛设田径、游泳、举重、跆拳道、摔跤、柔道、羽毛球、武术、乒乓球、篮球10个大项，329个小项，329枚金牌。

9月29日　怀化经济开发区㵲水五桥正式开工建设，项目设计桥梁总长320米，宽24米，预算投资6500万元。

10月25日　中国建筑有限公司与怀化市政府在君源华天大酒店签署战略合作协议，拟投资16.9亿元对㵲水河城区段进行综合治理。

11月10日　湖南佳惠百货与国际SPAR（荷兰批发零售连锁公司）正式签署加盟协议，市委主要领导会见国际SPAR总裁GORDON。

是年　鹤城区获“全国老年体育先进单位”及“全国体育先进单位”等称号。

是年　怀化市城区环城路河西段开始修建，自㵲水四桥入境，经过黄家山村，德善社区，于㵲水三桥出境，路段长3.2千米，宽60米。

是年　德天商业广场开业。占地54亩，建筑面积75475平方米，总投资1.2亿元。

2010年

1月4日　中共怀化市鹤城区委经济工作会议在区行政中心会议室召开。

1月25日　怀化新汽车南站举行运营仪式。

1月30日　怀化市2010年道路交通安全春运工作启动仪式在怀化新汽车南站举行。

2月1—3日　省人大常委会副主任、省总工会主席刘莲玉，到鹤城区走访慰问困难企业和职工。

2月8日　湖天北路通车。

3月31日　鹤城区组织千名干部下基层“问民意、帮发展、促和谐”活动。

4月12日　召开2010年创建国家卫生城市工作会议，会上发布《怀化市创建国家卫生城市工作考核奖励办法》。

4月16日　湖南西部第三届汽车展销节在怀化市体育中心举行。

4月27日　石门乡小鸡冲二号采石场坍塌，造成相邻通达石料有限责任公司民工1人死亡、2人受伤。事故发生后，区政府组织专门事故调查小组进行处理。

4月29日　怀化榆树湾棚户区及周边区域整体改造项目举行签约仪式。市长在协议上签字。

5月1日　五溪文化广场一期工程竣工开园，工程总投资3000余万元。成功举办“五溪文化周”和“消防之夜”大型活动。

5月6日　区政府召开常务会议部署落实省委、省政府为民办八件实事任务，成立以李毅为组长的八件实事领导小组，对完成情况进行检查督查。

5月10日　怀化市城区“菜篮子”工程启动仪式在鹤城区石门乡清水井村举行。

是日　鹤城区非物质文化精品展暨阳戏剧团汇报演出在省委党校、湖南行政学院举行。

是日　下午，鹤城区在区行政中心召开全区创先争优活动动员大会，正式拉开创先争优活动序幕。

5月25日　解放军某部政委带领官兵到鹤城区贺家田乡枫木潭村开展对口帮扶活动，区委主要领导参加活动。

6月23日　中国西部汽车物流产业城开工典礼在鹤城区杨村举行。省委政法委副书记林勇、湖南永通汽车集团董事长蒋宗平、湖南省汽车商会会长马湘宾，市相关领导出席。

是日　迎丰路改造工程开工典礼在怀化火车站广场举行。市领导杨方明、王志群、向建平等出席。

8月16日　盈口乡和黄金坳镇经区人民政府批准，分别申报"湖南省生态乡镇"。

8月30日　举行 㵲水河怀化城区段综合治理工程投资建设签约仪式。中建五局有限公司党委书记周勇、怀化市市长讲话，市相关领导出席。

是日　省林业厅厅长邓三龙到鹤城调研。

9月8日　召开怀化城区中小学校长座谈会，市领导田平楚、熊富珍及26名城区中小学校长参加座谈会。

9月23日　开展农村金融服务中心建设试点工作，成立鹤城区芦坪乡农村金融服务中心。

11月17日　举行城南廉租房小区入园仪式。

11月26日　鹤城区边城小额贷款公司获得省政府金融办核准成立。

11月30日　湖南国鼎担保公司、怀化市成泰投资担保公司获得省政府金融办核准，取得担保业务经营许可证。12月28日，两家公司正式开业。

12月3日　鹤城区举行怀化绕城高速公路开工动员大会。副省长韩永文下达开工令。

12月10日　中共怀化市鹤城区委三届四次全体会议在区行政中心举行。区委提出了今后五年要坚定不移地实施"商贸主导、工业支撑、城乡一体、和谐富裕"的发展战略。

是年　鹤城区政府推进农业产业化规划建设七大农业产业基地。即优质超级稻基地10000亩，新建蔬菜基地2000亩，新增休闲农庄3个，工业原料林基地建设13000亩，优质油茶基地建设10792亩，生猪标准化养殖场4个，中药材基地建设5000亩，并将任务分解到7个乡镇、黄岩管理处及河西、城南2个街道，要求农民人均纯收入达到4482元，制定工作责任状。

是年　鹤城区以争创国家级卫生城市和国家级环保模范城市为契机，打造"碧水青山蓝天"工程，取得初步成效，对水利局、环保局等先进单位，彭先庆等先进个人进行表彰。

是年　鹤城区组织社区志愿者队伍，按照"自愿参与、无偿服务、乐在奉献"的原则，以服务群众为目的，通过宣传发动报名登记，考核备案，共组织12支2500余人队伍。

是年　由湖南省新金鸿置业有限公司投资35亿元，将怀化榆树湾棚户区及周边区域整体改造。该项目东起鹤洲路，西接东兴步行街，北连迎丰西路，南至人民南路。总面积约334亩，总建筑面积100万平方米。分两期建设，其中商业面积70万平方米，计划建成集大型商场、酒店、餐饮、写字楼、休闲娱乐为一体的大型城市商业广场。

第一篇　政区　环境　人口

第一章　政　区

2010年，鹤城区城区设7个街道，44个社区；农村设7个乡镇1个管理处，91个行政村。区委、区人大常委会、区政府、区政协驻金海路148号。

第一节　位置面积

鹤城区位于湖南省西部，怀化市中部，北纬27°26′38″~27°47′59″，东经109°47′08″~110°05′27″之间。东南毗邻中方县，西南连接芷江县，西北与麻阳接壤，东北与辰溪县搭界。南北长51千米，东西宽66千米，总面积722.8平方千米。1991年城区建成面积20平方千米，1998年城区建成面积28平方千米，2010年城区建成面积53.8平方千米。

第二节　建置沿革

鹤城历史悠久，新石器时代前即有人类活动。

先秦时期属黔中郡。

西汉属荆州无阳县，无阳县治所设“东南唐越山”（一说为荆坪村踉天）。

唐长安四年（704），分沅州二县置舞州；开元十三年（725）改舞州为鹤州，鹤城名源此。开元二十年（732），改鹤州为业州；天宝元年（742），改业州为龙标郡；乾元元年（758），复为业州；大历五年（770），改业州为蒋州，其治所位于鹤城区盈口乡狮子岩村西南。

五代废县，鹤城属叙州，境内向氏蛮自立鹤州，治所鹤州村，即丰溪（太平溪）与㵲水交汇处。

宋初，鹤城属羁縻懿州地。宋熙宁七年（1074），撤羁縻懿州，置沅州及卢阳县（今芷江），并改“蛮砦”为怀化砦。翌年，卢阳县设八铺，改怀化砦为怀化铺，鹤城为卢阳县的一部分。

元至元十二年（1275），改沅州潭阳郡为沅州路（随后改为沅州安抚司），鹤城属沅州路之卢阳县地。

明洪武元年（1368），怀化铺改置怀化驿，之后又设递运所，成化七年（1471），所并于驿，隶属沅州。

清乾隆元年（1736），沅州改府，并置芷江县，且于榆市驻县丞，嘉庆二十二年（1817），芷江县编为三十二里，鹤城属怀化八里、公坪七里各一部分。

民国31年（1942）1月20日，成立怀化县，鹤城境内属怀化县所辖。

1949年10月2日怀化解放，11月1日成立怀化县人民政府，驻榆树湾飞山庙，鹤城属怀化县的一部分，隶属会同专区，1952年8月会同专区改为芷江专区，同年12月，与沅陵专区合并为黔阳专区。1968年黔阳专区改为黔阳地区，鹤城亦随之。1975年1月25日，划出怀化县的榆树湾镇和盈口公社，设立怀化镇，鹤城属怀化镇及怀化县的一部分。1979年4月23日，撤销怀化镇，设置怀化市（县级）。1983年3月7日，经国务院批准，撤销怀化县，实行市县合并，鹤城为其中一部分。1997年11月29日，经国务院批准，撤销怀化地区和怀化市（县级），设立地级怀化市，怀化市（县级）一分为二，分设为中方县和鹤城区。1998年4月，中共鹤城区委、区政府、区人大、区政协驻府星路1号，2008年12月迁入金海路148号。

第三节　行政区划

1997年11月29日国务院批准设立鹤城区，管辖城中、城北、红星、迎丰、坨院5个街道、黄金坳镇和盈口、杨村、石门、贺家田、凉亭坳、芦坪、鸭嘴岩7个乡及黄岩旅游度假区；1998年5月市编委批复设立鹤城区正科级直属事业机构黄岩旅游度假区管理处；2000年鸭嘴岩乡改为鸭嘴岩镇；2008年12月设立河西街道，从城中划出新园、舞阳2个居委会，从盈口乡析出黄家山建制村和团结村六、七两个村民小组，组成河西街道。2009年7月撤销鸭嘴岩镇，设立城南街道，将鸭嘴镇的鸭嘴岩、长远两个村成建制划归中方县中方镇管辖；将李公湾、溪坪、花背、坳背4个村划归河西街道，同时将盈口乡凤坪、白岩、方石坪、板坡4个村划入河西；将红星街道武陵、湖天桥2个社区划入城南街道。2010年末鹤城区下设城中、红星、迎丰、城北、坨院、河西、城南7个街道，黄金坳镇，盈口、杨村、石门、贺家田、凉亭坳、芦坪6个乡；管辖黄岩旅游度假区。

行政村　1997年12月区县分设时，鹤城区管辖92个行政村，2002年4月区人民政府批准芦坪乡包家村分为大门溪和水沙溪2个村，2009年7月原鸭嘴岩镇的鸭嘴岩村和长远村划归中方县中方镇管辖，2010年底，鹤城区共设91个行政村，下设944个村民小组。

社区　1991年初，怀化市（县级）5个街道、5镇1乡下设45个居民委员会（其中城区33个），2010年末，鹤城区7个街道和黄金坳镇共辖45个社区居民委员会（其中城区44个），下设534个居民小组。

2010年鹤城区行政村一览表

表1-1-1

街道、镇（乡）名称	行政村名称	行政村数量（个）
坨院街道	桐形村、坨院村、犀牛村	3
河西街道	黄家山村、李公湾村、溪坪村、板坡村、凤坪村、方石坪村、白岩村、花背村、坳背村	9
城南街道	池回村、龙形村	2
黄岩旅游度假区	田家村、大坪村、南家坪村、白马村	4
黄金坳镇	黄金坳村、败泥冲村、谭家村、里山元村、水环口村、江口院村、沙溪村、汪家村、仇家村、岩冲村	10
盈口乡	井坪村、盈丰村、赵家山村、新垦村、潭口村、炉天冲村、朱溪村、岩头村、新家庄村、榆市村、湖天桥村、胜利村、红星村、团结村、西冲村、狮子岩村	16
杨村乡	杨村村、桥梁村、长泥坡村、禾塘村、铺天垅村、水垅村、趴坡村	7
石门乡	新街村、塘底村、犁头园村、岩添村、大桥村、阳塘村、金海村、双村村、山下村、清水井村、板山村、月塘村、四方田村	13
贺家田乡	贺家田村、高桥村、老寨溪村、屋家溪村、板栗坪村、皂泥溪村、枫木潭村	7
凉亭坳乡	杨潭村、尹家岭村、曹家坡村、邓家冲村、蒿菜坪村、杨地坪村、罗家溪村、大竹林村	8
芦坪乡	芦坪村、张家村、尽远村、坪星村、楼城坳村、壮丁村、远垅村、长潭村、刘家村、江垅湾村、大门溪村、水沙溪村	12

2010 年鹤城区社区一览表

表 1-1-2

街道、镇	社区名称	社区数量
城中街道	东兴社区、西兴社区、茶园社区、铁树湾社区、新街社区、人民路社区、文化山社区、天星坪社区、鹤洲社区、芷江路社区、三角坪社区、仙人桥社区	12
城北街道	龙塘社区、中坡社区、嫩溪垅社区、茅谷社区、火车站社区、宝家山社区、育林社区	7
红星街道	红星桥社区、红星路社区、湖天社区、杨村社区、塘冲社区、武陵社区、香洲社区、湖天桥社区、南站社区	9
迎丰街道	太平桥社区、团结社区、长湾里社区、天生塘社区、迎丰社区、板桥铺社区、锦溪社区	7
坨院街道	学院岭社区、军民社区、城东社区	3
河西街道	舞阳社区、新园社区	2
城南街道	狮子岩社区、新桥社区、西冲社区、湾潭社区	4
黄金坳镇	清水溪社区	1

第四节 乡(镇)、街道概况

城中街道 东与迎丰、红星街道办事处相邻，南与城南街道接壤，西濒㵲水河与河西街道及盈口乡部分村毗邻，北与城北街道相邻。街道驻三角坪社区㵲水路 241 号。辖区东西最大距离 5.5 千米，南北最大距离 6 千米，总面积 12.8 平方千米，人口密度每平方千米 8008.5 人。辖东兴、西兴、茶园、文化山、天星坪、人民路、新街、铁树湾、仙人桥、三角坪、鹤洲、芷江路 12 个社区居委会，121 个居民小组。1991 年 2 月辖 10 个居委会，116 个居民小组。三角坪、鹤洲、芷江路三个居委会，系 2007 年新成立的，2009 年 12 月将 2007 年成立的新园、舞阳两个社区划归河西街道管辖。

地形原貌自北向南渐高，呈狭长地带，地势以丘陵、小盆地结合为主。境内有大小河溪 3 条，小型水库 1 座，主要河流为㵲水河。

1991 年辖区有人口 60411 人，常住人口 50297 人，流动人口 10114 人。其中男性 32123 人，女性 28288 人。1997 年共有 74203 人，常住人口 59362 人，流动人口 14841 人。2010 年人口增至 96102 人，其中流动人口 29451 人。常住人口中，男性 33609 人，占 50.43%，女性 33042 人，占 49.57%，14 岁以下 11422 人，占 17.14%，15~64 岁 50445 人，占 75.69%，65 岁以上 4784 人，占 7.17%。以汉族为主，占 92.99%，侗族、苗族、土家族、回族等少数民族共有 4673 人，其中侗族人口 1468 人，苗族 1121 人。

境内有主干街道 12 条，次干道和小巷道 129 条，系城区商业核心区。2010 年建成综合商场有中心市场、西站市场、步行街等 8 个，商业网点 3000 余个，就业人数 24100 多人，年销售额 29.2 亿元。商贸物流企业有佳惠、海联、飞达、德天等企业。佳惠 2006 年被评为全国 100 强连锁零售企业。中国移动、联通、电信等企业均建在境内。连锁超市、物流配送、电子商务、第三方物流、餐饮、文化娱乐等行业都有相当程度发展。星级饭店 11 家，其中三星级 7 家，二星级 2 家，其他宾馆、旅社招待所 57 家，共有床位 2247 张。

境内有民办幼儿园 23 所，在园幼儿 4000 余人，专任教师 400 余人；中小学 13 所，在校学生 9000 多人，专任教师 300 多人，高职（专科）院校 1 所，在校生 1500 多人。辖区内有图书批发市场、新华书店、电影院、图书馆、文化馆等各类文化场所，有 KTV、美容美发等各种休闲娱乐场所。国际国内旅行社 6 家，其中国际旅行社 1 家，国内旅行社 5 家。各类医疗机构 140 余家，其中三级甲等医院 1 家，乙等医院 2 家，专科医院 5 家，疾病控制中心 2 个，卫生院 1 所，病床 1600 张，其中公立医疗机构床位 1400 张。

2010 年，城镇最低生活保障户数 3554 户，

3870人，共支出1266万元，月人均158元。城市医疗救助130人次，民政部门资助参加合作医疗10人次；城市生活无着落人员救助10人次，国家抚恤、补助各类优抚对象171人，设有经常性救助站和慈善点17个。2010年新增就业1920人，帮助118户零就业家庭至少一人就业。

城北街道　东与迎丰街道相邻，南与城中街道接壤，西至中坡公园后山环城路，北与盈口乡炉天冲村毗邻。辖区东西最大距离2千米，南北最大距离6.4千米，总面积10平方千米。办事处驻茅谷冲社区茅谷冲巷18号。辖龙塘、中坡、茅谷冲、宝家山、嫩溪垅、育林、火车站、瑞丰路、怀北路9个社区，54个居民小组。

境内主要是侵蚀、溶蚀构造低山丘陵地貌，南低北高，最高海拔（穹顶峰）638.6米，最低海拔233.1米。土壤为山地红壤和黄红壤，土层肥厚疏松，适合多种植物生长。境内植被丰富，特别是钟坡公园有林地面积1588.4公顷，森林覆盖率94.1%，有木本植物695种，国家一级保护树种有银杏、南方红豆杉、珙桐等6种，二级保护树种有香果树、榉木、楠木、木莲、鹅掌楸、刺楸等15种。野生动物100余种，国家一级保护动物有白颈长尾雉、黑麂、蟒和二级保护动物白鹇、穿山甲、白冠红尾雉和腹角雉等。

1990年底境内共有人口18350人，其中男性10244人，女性8106人。2010年底总人口54235人，其中城镇常住人口42599人，流动人口11636人。总人口中，男性27751人，占51.1%，女性26484人，占48.9%，14岁以下9027人，占16.64%，15~64岁42679人，占78.69%，65岁以上2529人，占4.67%。以汉族为主，占96.16%，少数民族有苗族、侗族、土家族、瑶族、满族等18个，共1632人，其中苗族人口591人，侗族521人。

1990年，人均消费1345元，每百户拥有自行车72辆，缝纫机62台，手表284只，电风扇130台，洗衣机68台，收录机42台。2010年，人均住房从1986年的5.9平方米上升到30~40平方米，平均10户均拥有1辆小车，车价低的10万元，高则50万元。2010年，境内城镇最低生活保障户数627户，人数1175人，年人均补助1455元。国家抚恤、补助优抚对象56人。

辖区内共有5条主街道，39条巷道。怀化火车客运站建于辖区内，商贸繁荣发达。火车站房总面积12830平方米，站前广场16.63万平方米。因其得天独厚的条件，周边聚有大小企业、酒店宾馆131家，各类小吃店3314家，各类休闲场所应有尽有。

2010年，民办幼儿园13所，在园幼儿2060余人，专任教师228人；小学3所，在校学生5532人，专任教师253人，初中2所，在校生4214人，专任教师351人，高中1所，教职员工178名，在校生2125人，成人中等专业学校1所，在校生150人。各类文化艺术团体10个，人数100人，电影院1座，座位600个，文化宫1个，建筑面积1500平方米，3100座位。各类医疗卫生机构3个，其中三级乙等综合医院1家，社区卫生室及私人诊所51处。病床570张，专业医务人员484人，其中执业医师212人，注册护士180人。体育馆面积1500平方米，3100座，新建住宅小区均建有健身设施，经常健身锻炼的占常住人口的30.8%。

红星街道　东与杨村乡相邻，南与城南街道、盈口乡接壤，西与城中街道毗邻，北与迎丰街道相连。街道驻武陵社区锦园路正旺巷48号。东西最大距离2.3千米，南北最大距离3.6千米，总面积7.5平方千米。辖香洲、武陵、杨村、湖天、塘冲、红星桥、红星路、南站、湖天桥9个社区。2010年总人口38820人，其中常住人口28598人，流动人口10222人，人口中，男性20189人，占52%，女性18631人，占48%，14岁以下3893人，占10.02%，15~64岁10391人，占26.77%，65岁以上6252人，占16.1%。汉族人口占95%，少数民族有苗族、侗族、土家族、瑶族、白族、蒙古族、满族、布依族、壮族、回族、仡佬族等11个，共1778人，超过200人的有4个民族，苗族472人，侗族458人，土家族394人，瑶族232人。人口密度为每平方千米7730人。居民人口平均寿命80岁，其中男性79岁，女性81岁。

街道经济发展较快，1996年，工业产值8553.53万元，1999年上升到13000万元，利税由1996年626.67万元增加到742万元。2010年末，辖区规模以上工业企业2家，职工1440人，实现工业增加值173625万元，销售收入达到亿元以上的2家，其中1家达到10亿元以上。商业由过去的零星小店发展到2010年末的235家，营业人员3760人，社会商品销售总额达11亿元。

2010年，辖区内幼儿园22所，在园幼儿3168余人，专任教师278人；小学5所，在校学生6992人，专任教师327人；初中1所，在校生1510人，专任教师63人；普通高中1所，专任教师221人，在校生1700人，成人中等专业学校1所，在校生50人，专任教师40人。各级各类医疗卫生机构8个，其中二级甲等医院1所，卫生所5所。病床868张，公立医院拥有病床800张，每千人拥有医疗床位22张，专业卫生人员653人，其中执业医师185人，执业助理医师52人，注册护士268人，平均每千人拥有执业医师（含助理）1人，每千人拥有注册护士6人。境内有体育场地17处，体育社团9个，44%的城市社区建有健身设施，经常健身锻炼的人员占常住人口的25%。

社会工作，为安置下岗职工，1998年地方设法引进资金创办神力搬运公司和榉木板厂等四家企业，安排下岗职工再就业100多人。2006年至2010年间，办事处积极拓宽就业渠道，新增就业和再就业人员共700余人，并安置14名残疾人就业。2010年末，参加城镇居民社会养老保险共计1000余人，其中60周岁以上（已领保险金对象）人员800人，缴纳社会养老保险金11万余元，参加城镇居民基本医疗保险4900多人。城镇最低生活保障户数600余户，共1200人，月人均152元。城市医疗救助149人次，国家抚恤、补助各类优抚对象26人，并安置士官。

迎丰街道 怀化市委、市政府及市直属机关和中央、省直属企业大部分驻辖区。东与坨院街道相邻，南与红星街道、杨村乡接壤，西与城北街道毗邻，北与盈口乡为邻。办事处驻迎丰社区迎丰中路302号。辖天生塘、锦溪、长湾里、板桥铺、团结、迎丰、顺天、学林9个社区。东西最大距离4.5千米，南北最大距离2.7千米，总面积12.4平方千米。人口密度为每平方千米6543人。2010年区内总人口81139人，其中常住人口70486人，流动人口10653人，总人口中，男性43056人，占53%，女性38083人，占47%，14岁以下21879人，占26.97%，15~64岁47802人，占58.91%，65岁以上11458人，占14.12%。以汉族为主，达70174人，占86.49%，少数民族有苗族、侗族、土家族、瑶族、白族、蒙古族、满族、布依族、壮族、回族、仡佬族、朝鲜族、土族、傣族、彝族、哈尼族等26个民族，共10965人，占13.51%，少数民族中，超过200人有4个民族，其中苗族4387人，占少数民族人口的40%，侗族3494人，占31.87%，土家族1528人，占13.93%，瑶族847人，占7.73%。人口出生率7.52‰，死亡率0.58‰，自然增长率6.93‰。

境内有5条主要街道，即迎丰中路、顺天北路、锦溪北路、紫东路、锦园路、湖天北路。境内有盛世嘉园、教师新苑、长乐天城、迎丰新苑、学林雅园、大汉龙城、银湾小区等10余处功能齐备、环境优美的高品质商住小区。辖区内有7家国有大型企业（都已改制），商业网点198家，10余家大中型超市，宾馆、旅社、招待所97家，骨干农贸市场有太平桥、迎丰、城东3处。

2010年末，辖区内有民办幼儿园17所，在园幼儿3168人，专任教师406人；小学5所，在校学生8299人，专任教师423人；初中4所，在校生8248人，专任教师651人；重点高中1所，专任教师241人，在校生2600人；成人中专学校4所，在校生4005人，其中民办1所，公办3所；普通高等院校1所，其中，中专在校生1159人，大专在校生8896人，专任教师481人；电大1所，在校生8160人。辖区内有文化艺术团体4个，会员440余人，博物馆建筑面积7000平方米，有网吧、电游室等各类休闲场所。建于2010年11月的三中文化墙，全长200米，高5.3米，突出“求知、励志”主题的《沅江上河图》，展示了怀化13个县市的风土人情、习俗，浓缩五溪各族人民所特有的历史文化。景宏书社出售各类图书。有线电视用户27602户，其中数字电视用户25073户，电视综合覆盖率100%。有体育场地23处，国家级体育后备人才基地1处，每年定期举办体育活动70余次，80%的社区建有健身场所，经常参加体育活动的人员占常住人口的32%。

2010年末，有各级各类医疗卫生机构7个，其中三级甲等医院1所，卫生院3所，妇幼保健院1所，体检中心1所，病床1410张，其中公立卫生机构床位1355张，每千人拥有医疗床位17

张，专业卫生人员711人，其中，执业医师253人，注册护士869人，平均每千人拥有卫生技术人员9人，平均千人拥有执业（助理）医师3人，平均每千人拥有注册护士11人。2010年末，城镇最低生活保障户数1469户，人数3224人，月人均102元。城市医疗救助194人次，共支出29.17万元，国家抚恤、补助各类优抚对象36人。新增就业893人，有461名下岗失业人员实现再就业，就业困难人员再就业161人。2010年末，城镇登记失业人数2205人，失业率为4.1%，年内共帮助33户零就业家庭实现每户至少1人就业。参加城镇居民社会养老保险共计316人，参加城镇居民基本医疗保险23126人。

坨院街道　东、南、北三面与石门乡接壤，西与盈口乡、迎丰街道毗邻，街道驻学院岭社区怀东路118号。辖城东、学院岭、军民3个社区和桐形、犀牛、坨院3个村民委员会，辖区东西最大距离3.7千米，南北最大距离2.4千米，总面积7.9平方千米。人口密度为每平方千米4841人。地势属丘陵地带，东高西低，由坡度不大的小山平地组成，平均海拔237米。地表结构属黄黏土和粉砂岩，天然林木不多，多为植株低矮的混交林和稀疏的灌木。地下属碳酸钙喀斯特地貌，地质复杂，地下水资源丰富。

2010年末，辖区总人口45000人，其中农业人口4800人，流动人口8700人，城镇常住人口31500人。总人口中，男性26814人，占59.6%，女性18186人，占40.4%，14岁以下6235人，占13.9%，15~64岁26723人，占59.4%，65岁以上12143人，占26.7%。少数民族有苗族、侗族、土家族、瑶族、蒙古族、壮族、回族等7个民族，共1979人，占4%，超过200人有苗族732人、侗族357人。

辖区耕地面积0.19万亩，人均0.39亩；林地面积0.165万亩，畜牧业以猪、牛、鸡、鸭为主，2010年，农民人均纯收入5584元。境内有规模以上工业企业3家，职工1832人。其中五新钢模公司，中国模板行业一级资质企业。商业网点158个，批发零售198家。农产品市场有桐形、城东(石门)、怀化学院东校门口等。餐饮业140余家，宾馆以家庭宾馆居多，功能齐备的有煌族国际大酒店。

2010年末，区内有幼儿园5所，在园幼儿1200余人，专任教师61人；小学3所，在校学生2009人，专任教师120人，初中1所，在校生1208人，专任教师88人，高等学校2所。2010年，有文化专业户、文化站6个，文化从业人员8人。群众文化生活主要社区广场舞，与驻地部队联谊活动为主。辖区内有五溪文化广场、金海广场等大型活动场所。有各级各类医疗卫生机构4个，其中，卫生院2所，病床1060张，其中公共卫生机构820张，每千人拥有医疗床位22张，固定总资产达7.2亿元。专业卫生人员570人，其中执业医师150人，执业助理医师120人，注册护士300人。农村饮用水普及率100%，农村卫生厕所普及率70%，新型医疗参保人数4960人，参保率100%，居民人平期望寿命80岁，其中男性79岁，女性81岁。

城镇最低生活保障户数323户，人数609人，支出81万元，月人均132元，城市医疗救助62人次，五保集中供养17人、散养17人。

河西街道　地处鹤城区西端南部，东与城中街道、城南街道隔 㵲水河相望，南与中方县中方镇接壤，西与芷江县公坪镇、水宽乡相邻，北濒㵲水河与城中街道相连，街道驻新园社区神龙路。东西最大距离10.4千米，南北最大距离10.8千米。总面积82.15平方千米，水域面积19平方千米。2010年辖新园、舞阳两个社区居委会和黄家山、凤坪、白岩、方石坪、板坡、李公湾、花背、溪坪、坳背9个行政村，下设86个村民小组。2010年总人口61163人，人口密度为每平方千米745人。

辖区有耕地面积1.07万亩，人均0.8亩，林地面积7.72万亩。粮食作物以水稻、玉米为主，2010年粮食产量为6341吨，人均472.4千克，其中稻谷6121吨，玉米220吨。经济作物有油料和蔬菜，年产菜油608吨，茶油304吨，生猪年出栏7000头，家禽出笼10万余羽，牛出栏30头。水果种植主要有杨梅、西瓜、柑橘，年产杨梅2560吨，西瓜1250吨，柑橘1020吨，水产养殖主要以养鱼为主，年出产各种鱼90余吨。

辖区有德天、宝鑫、海联、天凯、神龙、天庆等规模以上民营企业50余家，建成家电、副食、五金、百货、建材、农产品、家具、灯饰、干货等27个大中型专业批发市场，市场营业面积70多万平方米，商品辐射周边144个县1200万人口，年成交额达90亿元。1998年相继兴建制药产业园、小商品加工园和印刷企业。代表企业有生物制药、正好制药有限公司、龙源药业有限公司，鸿裕彩色印刷有限责任公司、新型印务有限公司、海德堡彩色印刷公司和明珠镀锌厂、钛合金厂、海联果蔬食品加工厂等。

2010年末，建有幼儿园9所，在园幼儿2078余人，专任教师214人；小学5所，在校学生1484人，专任教师76人，初中1所，在校生2206人，专任教师120人；怀化职业技术学院（系1997年安江迁入，后于2004年与怀化农机学校合并），占地面积887亩，建筑面积14.3万平方米，在校生6000余人。学院设高职专业30个，有教职员工429人，专任教师中有教授、副教授114人，博士、硕士74人。辖区建有各级各类医疗卫生机构17个，其中卫生所13所，病床121张，专业卫生人员57人，其中，执业医师22人，执业助理医师8人，注册护士24人。农村安全饮用水普及率70%，卫生厕所普及率40%，新农村合作医疗参保人数11905人，参保率100%，居民人平期望寿命80岁，其中，男性79岁，女性81岁。农村最低生活保障户数423户，人数939人，月人均提供保障金60元。五保户集中供养30人，分散供养68人。城镇最低生活保障户数102户，人数236人，月均保障金141元。新增就业人员613人，有261名下岗失业人员实现再就业，全年共帮助350户零就业家庭实现每户至少一人就业。

城南街道 东、东南与杨村乡相邻，南与中方县中方镇接壤，西、西南与河西街道隔 㵲水河相望，西北与城中街道相邻，北、东北与红星街道相连。街道驻西冲社区。东西最大距离2.67千米，南北最大距离6.35千米。总面积13.3平方千米，人口密度为每平方千米610人，2010年总人口8120人。1991年为鸭嘴岩乡，辖10村民委员会，1997年区县分设，将长塘、房溪两村及铜锣1—8组划归中方县中方镇。2000年乡改镇，2009年改为城南办事处，将鸭嘴岩、长远2个村成建制划规中方，将李公湾、花背、坳背、溪坪4个村划归河西街道。2010年辖狮子岩、新桥、湾潭、西冲4个社区，龙形、池回2个村。

辖区有耕地1300亩，2010年生产粮食390吨，主要经济作物有蔬菜、西瓜、柑橘等，畜牧业以养猪为主，2010年饲养量为12000头，渔业以淡水四大家鱼养殖为主，可用于水产养殖的水域面积达7.5平方千米。辖区有规模工业企业17家，占全区规模工业企业总产值65%，有大康牧业、恒裕实业、顺天塑业、华亚数控、化工助剂等知名企业。商贸有佳惠农产品批发物流中心、农资物流园、博士康物流、春茂汽贸、德远汽贸、雪佛兰4S店、华桥钢材、鸿瑞农机、天星商品星城等各类商贸企业，形成以现代物流、钢材交易、工程机械销售、房地产开发五大类为主的聚集区。

2010年末，辖区内有幼儿园3所，小学1所。卫生院1所，有床位20张，专业卫生人员18人，执业助理医师8人，注册护士2人，有线电视用户2107户，其中，数字电视用户1870户，电视覆盖率95.4%。

农村最低生活保障户数147户，人数389人，保障金月人均60元。城镇最低生活保障户数690户，人数1511人，月人均保障金136元。

黄岩旅游度假区 东与中方县新建乡相连，南与洪江市岔头乡，西南与中方县中方镇相邻，西、西北与杨村乡毗邻，黄岩管理处地处南家坪村与田家村交界的缓利山，距城区21千米。辖区东西最大距离5千米，南北最大距离15千米，总面积55.86平方千米，人口密度为每平方千米55人。1995年，黄岩乡与杨村乡合并为杨村乡，1998年8月又与杨村分开，设立黄岩旅游度假区管理处，负责黄岩旅游资源开发、基础设施建设、管理服务和行使乡一级行政事务管理职能。辖南家坪、大坪、田家、白马4个村民委员会，下设36个村民小组。辖区总人口3147人，其中，城镇人口198人，流动人口237人。总人口中，男性1648人，女性1499人，分别占比为52.4%和47.6%。

黄岩属高山丘陵地带，平均海拔850米，最高峰凉山海拔1173.9米，最低处龙岩江谷地海拔410米，有大坪、南家坪两个山间盆地。境内岩层分变质岩和灰岩两类，灰岩分布区溶洞、陡岩地形多见，境内有千姿百态的岩块。海拔较高，较同区域内其他乡镇具有冬寒、夏凉特征。境内溪流纵横，水系较发达，大小溪流流域长52千米。

已探明的矿藏有煤等。另有硫黄矿及建筑用岩石，石料日产已达千吨。

境内已建成三座小型水力发电站，总装机容量达1500千瓦，年发电量60万千瓦时，兴建农家用沼气池48座。有耕地7630亩，林地面积72334亩。种植水稻4500亩，总产量2000吨以上，种植各类蔬菜1500亩，总收入800万元，另外种植中华猕猴桃200亩、金银花10000亩和适宜该地种植的高山葡萄、杨梅、金秋梨等水果。该地森林覆盖率达95%（含灌木林）。养殖主要是牛、猪及鸡、鸭，水产养殖除家鱼外，养有黄鳝和甲鱼。

2010年末，有中心学校1所，涵盖学前教育、九年义务制教育，有教职工26人，在校学生210余人。全处有大专以上学历的161人，25%的青年进入高等院校就读。卫生院共有卫生专业人员7人，助理医师1人，注册护士1人。新型农村合作医疗参保人数2955人，农村最低生活保障户数95户，人数225人。五保集中供养10人，分散供养2人。

黄岩系省级风景名胜区，集天然溶洞、石林、原始次森林于一体，有天然氧吧之称，年均气温18.9℃，常年比城区低5℃~6℃，其旅游设施有休闲山庄2处，农家乐12家，可接纳200~300人的培训、餐饮住宿。

黄金坳镇 位于鹤城西北部，距城区15千米，东与中方县泸阳镇相连，南与盈口乡毗邻，西与贺家田接壤，北与芦坪乡、凉亭坳乡交界，辖1个居委会，10个行政村130个村民小组，全镇总面积76平方千米，其中耕地面积18698亩，山地78092亩，水面面积5217亩，其他11993亩。2010年，全镇总人口16181人，其中，农村人口15268人，男8312人，女6956人。

境内属低山丘陵，四周高，中部低。东南面有鸣雷坡山脉，东北面有青云山脉，西北部有锡里坡山脉，境内最高峰位于鸣雷坡，海拔695米，最低谷海拔142米。通灵坡山脉将全镇分为东南和西北两个不同类型地质带，东南部属于岩浆岩地质，西北属沉积岩地质。境内有煤矿、铁矿、石灰石和陶泥，石英砂储量约1000万吨，含二氧化硅98%。

境内铁路与公路并济，枝柳铁路过境30千米，渝怀铁路过境18千米。209国道南北向贯穿全境，全镇有乡道118千米，路网密度每平方千米1.2千米，2009年开通公交车连接城区。

1990年该镇粮食总产量802.7万千克，企业总产值527.84万元，农民人均纯收入471.5元，建镇初期的1997年粮食总产量达4353.4万千克，企业总产值527.84万元，农民人均纯收入1830元。2010年，粮食总产量达9034吨，农民人均纯收入4955元。全镇有村级以上园艺场11个，养殖业有生猪专业户20多户，家禽孵化厂4个，孵化鸡、鸭、鹅苗数十万羽。全镇有工矿企业近百家，以机制页岩砖厂、陶器厂、服装厂、保温材料厂、石料厂为主，其中机制页岩砖厂13座，石料厂2座，企业总产值7587万元。

1997年，撤乡建镇。1999年5月，省政府正式批准黄金镇为“湖南省山区综合开发与改革试点镇”。2005年12月，省政府将黄金坳镇列为“全省第二轮城镇建设重点镇”。2008年建成建筑面积4000平方米、500个摊位的综合农贸市场，改变以路为市而形成的“肠梗阻”，兴建600米的街道，30000平方米的商住楼。开通3.5万伏供电系统，镇内建有2座通信发射塔，通信信号覆盖全境。2006年建成供水130吨的自来水厂。2010年3月，该镇被纳入创省级卫生镇范围，卫生设施逐步装配，沿新街两旁，安装路灯40多盏。

镇内有中学、中心完小各1所和学龄前教育学校2所，建有农科教中心、文化服务中心和广播电视站。中心卫生院一所，每个村均有村卫生室，各村都有农家书屋，各类图书达18000册。

盈口乡 地处怀化城区接合部，属“城中村”地带。东与石门乡、杨村乡、坨院街道相邻，南与城南街道接壤，西与芷江侗族自治县公坪镇相连，北与黄金坳镇毗邻，辖区东西最大距离13.63千米，南北最大距离16.13千米，总面积114.99平方千米。1996年1月撤销榆树乡，并入盈口乡，辖21个行政村，180个村民小组，总面积141.4平方千米，乡人民政府驻红星路，2006年迁驻府星路103号。2008年12月，成立河西街道时，黄家山村和团结村6、7组划入河西街道管辖。2010年，辖团结、井坪、西冲、榆市、湖天桥、赵家山、狮子岩、胜利、朱溪、新垦、岩头、炉天冲、潭口、新家庄16个村民委员会。

2010年，辖区总人口35871人，流入人口17501人。总人口中，男性15734人，占49.37%，女性16170人，占50.63%；14岁以下6068人，占19.04%，15岁至64岁23955人，占75.16%，65岁以上1848人，占5.8%。

全乡有耕地面积9161亩，人均0.29亩，林地面积68000亩，粮食作物以水稻为主，经济作物主要有油菜等。2010年木材总蓄积量209万立方米，森林覆盖率72%。2010年农民纯收入4600多元。2010年境内有商业网点164个，职工1335人，社会商品销售总额6660万元。

境内有民办幼儿园1所，在园幼儿90人，专任教师6人。小学6所，在校学生3626人，专任教师199人，小学适龄儿童入学率100%，初中适龄人口入学率100%，小升初100%，九年义务教育覆盖率达100%。有各类艺术表演团170人，公共图书室1个，藏书10000余册，乡级档案室1个。1991年10月开通调频广播电台，1993年10月开通有线电视，2010年电视覆盖率100%。乡卫生院共有病床22张，每千人拥有医疗床位1.4张，固定资产127万元，专业医卫人员44人。居民人口平均寿命76岁，其中男性73岁，女性78岁。2010年城镇最低生活保障户267户，人数519人，支出76.5万元。农村最低生活保障298户，人数627人，支出37.5万元，医疗救助20万元，新增就业365人。

2009年实施城中村改造，采用商住或异地安置等方式，安置5776户，共计13208人，占总户数的73%。

杨村乡 东与泸阳林场、中方县新建乡接壤，南与黄岩旅游管理度假区交界，西与盈口乡毗邻，北与石门乡相连。乡政府驻杨村村，辖禾塘、蒲田垅、水垅、趴坡、桥梁、长泥坡7个村民委员会，72个村民小组。辖区总面积43.67平方千米，陆地面积40.91平方千米，水域面积42.076平方千米。人口密度每平方千米249人，总人口9989人，常住人口8631人。总人口中，男性5047人人，占50.5%，女性4942人，占49.5%。14岁以下2160人，占21.6%，15岁至64岁6595人，占66%，65岁以上1234人，占12.4%，总人口以汉族为主。

地势东南高、西北低，中部平坦。东南有凉山山脉，形成杨村垅小盆地，有真林山、背山、龙灯雁山、帽子山等山峰。

境内矿藏主要有磷矿、石灰石等。

耕地面积8662.81亩，人均0.87亩，其中水田7675.7亩，林地面积43931亩。粮食作物主要以水稻为主，粮食产量4100余吨，人均410千克。经济作物主要有鱼腥草、大棚蔬菜等，2010年，鱼腥草种植面积达2000亩，产量770吨。大棚蔬菜种植面积1800亩，年产蔬菜7600吨。2010年末，辖区累积造林近1.5万亩，均为保护林，森林覆盖率55%。2000年始，辖区内规模种植葡萄，2010年种植面积达1050亩，产量510吨。畜牧业以生猪、家禽为主，2010年，全乡共有生猪养殖场16家，生猪饲养量4812头，出栏3270头；牛存栏357头，出栏34头；山羊存栏246只，出栏121只；家禽养殖场7家，饲养量7500羽。有企业9家，其中，肉牛屠宰场2家，年屠宰肉牛上万头。砖瓦厂7家，工业产值达3500万元。建有6000平方米集贸市场。农民人均纯收入6323元。

2010年，有幼儿园3所，在园幼儿312人，教师22人。中心小学1所，在校学生755人，教师47人。中学1所，在校学生340人，教师26人。卫生院有病床21张，固定资产300余万元，专业医务人员16人。文化站建筑面积290平方米，农家书屋7家，共有藏书15000余册。1989年，开通调频广播电台，广播综合覆盖率达94%，后被电视取代。1997年10月，开通有线电视，电视综合覆盖率96%。数据电视用户占67%，能收看60个频道。村通邮率100%。中国移动在杨村设有营业部，有1个服务网点。

2010年，农村最低生活保障户数120户，人数194人，支出12万余元。城市低保88户，132人，支出18万余元。农村五保户集中供养40人，支出19万元。农村五保户分散供养50人，支出30万元。农村医疗救助120人次，支出7万元，其中大病救助35人次，支出65000余元。新增就业人员210人，参加新农保人数为6309人。

石门乡 地处鹤城区东部。东与中方县泸阳镇相邻，南与杨村乡接壤，西与盈口乡和坨院街道相连，北与黄金坳镇为邻。乡政府驻怀东路257号。辖金海、双村、新街、月塘、阳塘、大桥、塘底、山下、板山、四方田、犁头园、岩天、清水井13个村民委员会，其中规划区内6个村，共146个村民小组。辖区东西最大距离11千米，南北最大距离16千米，总面积78.63平方千米，其中陆地75.96平方千米，水域2.67平方千米，人口密度每平方千米246人。2010年底，辖区共有6801户，总人口19620人，实有人口20138人，其中农业人口18650人，非农业人口970人，另有流动人口852人。总人口中，男性10070人，占50.1%，女性10068人，占49.9%。14岁以下3134人，占16%，15岁至64岁14620人，占74.9%，65岁以上1751人，占8%。

属山地丘陵地貌，四周高，中部低平，主要山峰有麻子寨、尖坡等。平均海拔250米，境内最高峰麻子寨，海拔750米，最低点新街、岩背，海拔230米。矿藏主要是煤炭。

耕地面积28110亩，人均1.46亩，盛产水稻和旱粮作物。2010年粮食播种面积18754亩，总产10314吨，人均529千克。主要经济作物有油菜、蔬菜、鱼腥草等。畜牧业以生猪、家禽为主，2010年生猪存栏1.4万头，耕牛存栏566头，家禽存笼8.6万羽。全乡有农民合作社4个。辖区有林地面积58340亩，其中用材林47415亩，经济林6000亩，木材总蓄积量0.8万立方米，森林覆盖率65%，有3个省级生态村，4个市级生态村。水果品种有杨梅、葡萄、西瓜、金秋梨、草莓，其中杨梅1000亩，产量800吨，葡萄600亩，西瓜500亩，金秋梨300亩。有大小企业家20余家，其中，混凝土搅拌站3家，采石场4家，烟花爆竹厂2家，工业总产值2亿元。2008年，怀化市工业园鹤城分园——阳塘科技·物流园开始建设，2010年10月，云箭集团棚户区改造异地安置项目落户石门。农民人均年纯收入5469元。

2010年，辖区内有幼儿园1所，中心小学15所，在校学生1896名，专任教师93人；中学1所，在校学生1468人，专任教师118人。卫生院1家，村级诊所13个，共有专业医务人员39人，病床66张。综合文化站1个，建筑面积200平方米，建有村级农家书屋8家，共有藏书2万余册。数字电视用户1060户，电视综合覆盖率100%。乡敬老院、双村村级活动场所置办有健身器材。

2010年农村最低生活保障371户，人数786人，支出64.97万元。农村五保户集中供养30人，支出9万元，分散供养59人，支出8.8万元。农村医疗救助52人次，民政部门资助参加合作医疗859人次，农村临时救济80人次，支出7万元。新增就业人员200余人。新型农村社会养老保险5520人参保，缴费55.6万元，参保率达到98.5%.新型农村合作医疗参保人数17615人，参保额88.07万元，参保率94.4%。全乡13行政村完成村级公路硬化，总长64.8千米，村民小组都通公路。其中四方田、新街、金海、双村、犁头园、山下、阳塘7个村已开通公交线路，通车总里程达35千米。

贺家田乡 地处鹤城区西北边缘，东接黄金坳镇，北接凉亭坳乡，南与芷江县交界，西与麻阳县相邻。辖高桥、老寨溪、屋家溪、枫木潭、潮泥溪、贺家田、板栗坪7个行政村68个村民小组。总面积105.8平方千米，有水田面积6700亩，旱地面积1400亩，林地13.5万亩，森林覆盖率达85%。2010年人口总数5089人，乡人民政府驻贺家田村豹溪处，距鹤城城区30千米。

地貌为丘陵，群山延绵，地势较缓，平均海拔230米，主要山脉有东井山、西王山、岩坡等。境内最高峰为与芷江侗族自治县公坪乡接壤的抱木坳，海拔594米。

经济以种养殖业为主，2010年农作物面积8100亩，产粮2500吨，油料作物300吨，生猪饲养量1000头。当地村民，依托自然优势，大力发展“绿色、生态”种养生产。生态香菇于2010年注册“贺家田香菇”商标，获湖南省“第五届西部农博会”农产品类金奖；规模养鸡场1家，存笼量15000只，特种养殖有竹鼠、黄羊、生态土鸡、豪猪、野鸡和贵妃鸡。开发油茶基地3000亩。

1999年，开始修建渝怀铁路过境该乡的高桥、贺家田两村。2008年，包茂高速公路过境高桥、老寨溪两村。2008年，建农村客运站，全乡6个行政村公路都已实现水泥硬化。全乡68个组，组组通简易公路，高桥村组级公路全硬化。农村电网改造全面完成。联通、电信、移动通信信号覆盖全乡。2010年，全乡共有广播电视“村村通”用户85户，卫星电视用户1071户。境内设有农村信用合作社、邮政储蓄网点、医疗卫生院、连锁药店，小超市、南杂店、小吃店等，一应俱全。建有1所小学，校内建400米长全塑胶跑道，建有全市第一个乡镇青少年活动中心，建有农家书屋7家。

凉亭坳乡 位于区境西北部，东与芦坪乡相连，南与黄金坳相邻，西南与贺家田接壤，西北与麻阳县兰里镇毗邻，东北与辰溪县大水田乡搭界，是鹤城区的北大门。乡政府位于杨潭街99号，距怀化城区32千米。辖杨潭、邓家冲、尹家岭、罗家溪、杨地坪、蒿菜坪、曹家坡、大竹林8个行政村，103个村民小组。2010年辖区总人口11174人，男性6145人，占55%，女性5029人，占45%；14岁以下1980人，占17.7%，15岁至64岁6548人，占58.6%，65岁以上2646人，占23.7%。辖区东西最大距离8千米，南北最大距离16千米，总面积86.6平方千米。其中陆地78.3平方千米，水域8.3平方千米，人口密度每平方千米136人。2010年农民纯收入3250元。

属低山丘陵，海拔在180.2~502米，地势西北高，东南低，山密成群，而不成脉。已探明的矿藏有煤、铁、硅石、石灰石、陶泥。其他资源有林场9.9万亩，耕地8600亩，林地面积19.9万亩，森木总蓄积量209万立方米，森林覆盖率72%。2010年水果种植面积1200亩，产量1220吨，主要品种有金秋梨、柑橘、葡萄、西瓜、香瓜，其中，金秋梨21吨，柑橘41吨。畜牧业以养猪为主，2010年，猪出栏4716头，耕牛存栏1510头，家禽饲养39800羽，围栏养鱼100多个，产鱼68482尾。五座水力发电站，总装机容量1940千瓦，年总发电量400万千瓦时。建有容量1万人的集贸市场。

建有民办幼儿园1所，在园幼儿205人，教师13人；中心小学1所，在校学生545人。卫生院有病床12张，专业医务人员12人。八个村开通有线电视，有线电视普及率75%。纳入农村最低生活保障284户，人数594人，支出34万元，月人均60元。农村五保户集中供养支出2.5万元，分散供养24人，支出1.8万元。新型农村合作保险，新型农村社会养老保险等项事业逐年增长。

209国道过境17千米，枝柳铁路、包茂高速公路过境。村级公路8条，总长41千米，实现村村通，4个村开通客运。村通邮率达100%，移动电信用户1081户，宽带用户30户。

芦坪乡 地处鹤城区北部，东与中方县聂家村乡相邻，南与中方县泸阳镇接壤，西与黄金坳镇相连，北与辰溪县头溪乡、大水田乡毗邻。乡人民政府驻芦坪村。辖张家、水沙溪、大门溪、坪星、壮丁、刘家、长潭、尽远、远垄、楼城坳、江垄湾、芦坪12个行政村，129个村民小组。总面积81.13平方千米，其中陆地78.26平方千米，占96.5%，水域2.87平方千米，占3.5%，东西最大距离9.7千米，南北最大距离11.56千米。总人口15116人，其中集镇常住人口1203人，男性8578人，占57.7%，女性6538人，占42.7%；14岁以下2611人，占17.3%，15岁至64岁6238人，占67.9%，65岁以上2436人，占14.8%。人口密度每平方千米185人。农民人均年纯收入4260元。

典型的低山丘陵地区，东西部群山起伏，沟壑纵横，境内最高峰位于八角界，海拔725米。已探明的地下矿藏有煤、铁、硅石、石灰岩、陶泥。其中，煤储量为420万吨。拥有林地8.5万亩，森林覆盖率67%。

全乡有耕地19651亩，人均1.3亩，林地面积85000亩，农业总产值7426万元。粮食种植面积11520亩，水稻亩产超700千克，粮食总产量9707.04吨，人均642千克。油菜种植面积4120亩，产量659.2吨。无公害蔬菜基地3个，总面积2600亩，鱼腥草种植面积300亩，金银花1000亩。畜牧业以猪、牛为主，全乡共有规模养殖场5家，生猪年出栏11060头；家禽饲养量32420羽，有规模养殖场6家，山羊饲养量806只。特种养殖场1家，主要养殖果子狸、蛇等。境内有砖厂2家，煤矿1家，碎石场1家。集贸市场可容纳3000人，每逢农历每月一、六赶集，年交易额2820万元。

2010年末，有幼儿园4所，在园幼儿486人，教师32人。村级小学6所，在校学生157人，教师17人。中心小学1所，在校学生420人，教师33人。文化站建筑面积600平方米，农家书屋6所，共有藏书12000册。有体育活动场1处，群众休闲文化广场一处，每年举办一次“礼品西瓜节”。境内有古村落——尽远村，属省级文化保护单位。

卫生院有病床20张，固定资产80万元，专业医务人员13人。新型农村合作医疗参保人数14002人，参合率95.6%。2005年，实行农村最低生活保障，2010年，境内享有低保395户，共计845人，每月领取低保金人均75元。农村五保户集中供养40人，支出19万元，月人均62元。农村五保户分散供养7人，支出7000元。敬老院1所，集中供养42人。农村医疗救助、新农保等项事业得到快速发展。启动保障性安居房建设，2011年已建成27户。

全乡行政村村级公路建成水泥硬化路面。邮政投递点15人，村通邮率100%，移动电话用户2676户，宽带接入用户67户。

第二章　自然环境

第一节　地质地貌

一、地层

鹤城区境内最老地层为元古界板溪群五强溪组，最新为新生界第四系。其上元古界板溪群，震旦系以及古生界寒武系中统以浅变质碎屑岩为主，偶夹碎屑岩和页岩；中生界三叠上统为泥灰岩、灰岩，侏罗系、白垩系下统为碎屑岩；新生界第四系为沙砾岩，其他地层缺失。境内未见岩浆岩出露。

二、构造

境内地处雪峰山北西麓，在漫长的地质历史中，经历了加里东、雪峰、印支、燕山等多次构造运动，其中以雪峰运动和燕山运动反映最为强烈。使得区内构造甚为复杂，形迹多样。按其力学特征，展布方向，属新华夏构造体系，构造形迹主要为北东向构造，北北东向和北东东向，以北东向构造比较发育，北东东向构造次之，北北东向不发育。

境内第三纪以来，一直处于差异升降阶段，在老的构造基础上发育的，表现为南北端侵蚀山区隆起，地表切割强烈，山坡多凸形，纵割面多阶地状，同一河流常有缓坡、峡谷交替出现的现象，树枝状冲沟发育，沟谷呈“V”字形，地形坡度变化大。与此相反，周围盆地表现为丘陵低矮，河谷开阔，地势起伏小。上述山地与盆地强烈对照的景观为新构造运动突出表现之一。第四纪以来，河谷地区至少有四、五次间歇性上升，全新世早期，曾一度下降，复又上升，明显反映在 㵲水河谷及各支流水系中。境内差异升降运动和断裂运动均有明显表现，活动迹象普遍存在，垂直运动和水平运动伴生，不少新的构造断层在位置、方向上继承老的断层。

三、地貌

境内地貌类型多样，以低山丘陵为主。城区四周群山环绕，峰峦挺秀，林壑幽深，群山中有小盆地发育。地势南东高，北西低，一般标高400~800米，相对高差100~400米。丘陵、低山面积约461.5平方千米，占全区面积的67.31%，主要分布在西北部和中部、南西部等地段。城区附近中部地段，碳酸盐岩分布区域，大多为溶丘、洼地、谷地地貌，面积约121.51平方千米，占总面积的17.72%（不包括 㵲水河面积）。南东部及中部的部分地段为中、低山地，面积约102.65平方千米，占总面积的14.97%。东南部的凉山顶峰海拔1173.9米，为境内最高点，最低点为北部的凉亭坳乡毛州二号电站大坝处，海拔180.2米，平均海拔208米。

第二节 气候水文

鹤城区属中亚热带季风性湿润气候，其特点是四季分明，气候温和，夏季炎热，常有干旱发生，雨水相对集中，时有暴雨山洪灾害发生，全年雨水充足，但时空分布不均。年平均气温17.0℃，1月份平均气温5.1℃，7月份平均气温27.8℃，极端最低气温-5.4℃（1991年12月29日），极端最高气温39.3℃（2010年8月5日）。年平均降水总量1415.2毫米，≥0.1毫米年平均降水日数162天。年平均日照时数1401.3小时。年平均无霜期290天。

一、气候

四季特征 四季依据气温变化，作为自然季节划分，当候平均气温低于10℃作为冬季的标志，高于22℃作为夏季的标志，10℃~22℃为春、秋季。鹤城区年平均四季转换日期即入季日期，春季为3月21日，夏季为5月3日，秋季为9月22日，冬季为11月25日；春、秋季较短，夏季最长，春季为70天，夏季为142天，秋季为66天，冬季为86天；春季最短年份为41天（1994年），最长年份为94天（2007年）；夏季最短年份为118天（2000年），最长年份为162天（1996年）；秋季最短年份为34天（2009年），最长年份为88天（2007年）；冬季最短年份为47天（1998年），最长年份为116天（1999年）。

1991—2010年历年鹤城区各季入季日期与天数一览表

表1-2-1

年份	入季日期				季节天数（天）			
	春	夏	秋	冬	春	夏	秋	冬
1991	3月4日	5月16日	9月23日	11月25日	73	130	63	90
1992	2月23日	4月28日	9月16日	12月10日	65	141	85	56
1993	2月4日	4月27日	9月29日	11月18日	82	155	50	121
1994	3月19日	4月29日	9月11日	12月3日	41	135	83	85
1995	2月26日	5月8日	9月27日	11月20日	71	142	54	101
1996	2月29日	4月27日	10月6日	11月13日	58	162	38	104
1997	2月25日	5月11日	9月14日	11月27日	65	136	74	75
1998	2月10日	4月21日	9月26日	12月2日	70	158	86	47
1999	2月6日	5月10日	9月17日	11月17日	93	130	61	116
2000	3月12日	5月11日	9月6日	11月10日	60	118	65	98
2001	2月16日	5月11日	10月3日	12月3日	84	145	61	93
2002	3月6日	5月14日	9月22日	12月6日	69	131	75	75
2003	2月19日	5月2日	9月20日	11月26日	72	141	67	77
2004	2月11日	4月28日	9月21日	12月5日	67	146	75	91
2005	3月6日	4月27日	10月3日	11月15日	52	159	43	108
2006	3月3日	5月1日	9月8日	11月24日	59	130	77	69
2007	2月1日	5月6日	9月8日	12月5日	94	125	88	85
2008	2月28日	4月30日	9月25日	11月22日	62	148	59	75
2009	2月5日	5月9日	10月8日	11月11日	93	152	34	103
2010	2月22日	4月29日	9月22日	12月12日	66	146	81	55
平均	2月21日	5月3日	9月22日	11月25日	70	142	66	86
最早（少）	2月11日	4月21日	9月6日	11月10日	41	118	34	47
最晚（多）	3月19日	5月16日	10月8日	12月12日	94	162	88	116

气候资源 热量资源全年日平均气温17.0℃，比历年（1958—1990年）平均16.4℃偏高0.6℃；年日平均气温最高为17.9℃，出现在1998年，年日平均气温最低为16.2℃，出现在1993年；最冷月一月，日平均气温5.1℃，最热月七月，日平均气温27.8℃；日极端最高气温39.3℃，出现在2010年8月5日；日极端最低气温-5.4℃，出现在1991年12月29日。冬季日平均气温低于0℃的严寒期天气日数，年平均为2天，最多年份出现在2008年，时间长达18天，其中有9年日平均气温都高于0℃；夏季日平均气温≥30℃的酷热天气日数，年平均为13天，一般出现在7月、8月两月，最早出现在5月23日（1991年），最晚出现在9月20日（2010年），最少的年份只有一天（1996年），最多的年份有31天（2010年）。日平均气温稳定≥10℃的年平均日数为244天，最少年份为220天（2009年），最多年份为277天（2001年）；开始日期年平均为3月22日，最早出现在2月28日（2008年），最晚出现在4月16日（2010年）；结束日期年平均为11月21日，最早出现在11月7日（2003年），最晚出现在12月21日（2001年）；活动积温年平均为5335.9℃，最少年份为4978.2℃（1996年），最多年份为5760.4℃（2001年）。全年无霜期平均为290天，最短年份为249天（2008年），最长年份为326天（2000年）。

1958—1990年、1991—2010年各月平均气温一览表

表1-2-2 单位：℃

平均＼月	1	2	3	4	5	6	7	8	9	10	11	12	年
1991—2010年	5.1	7.6	11.3	17.2	21.6	25.1	27.8	27.2	23.7	18.0	12.6	7.4	17.0
1958—1990年	4.5	5.8	10.6	16.4	20.9	24.7	27.8	27.1	23.2	17.4	11.9	6.8	16.4

二、气象

降水 境内全年平均降水量1415.2毫米，比历年（1958—1990年）平均偏多34.3毫米；最多年份为1791.0毫米（2002年）；最少年份为1155.3毫米（2009年）。降水主要集中在4—7月，占全年降水量的57%。日降水量≥0.1毫米的降水日数，年平均162天；最多年份为195天（2002年）；最少年份为143天（2009年）。日降水量≥50.0毫米（暴雨）的降水日数，年平均4.2天；最多年份为9天（1999年）；有两年未出现（1993年和2009年）。出现的时间一般在5—7月，最早出现在2月（2005年2月16日），最晚出现在11月（2008年11月6日）。一日最大降水量（20时至20时）191.9毫米，出现在2004年7月19日。年最长连续降水日数为16天，出现在1991年1月16日至31日；最大过程降水量为357.1毫米，出现在1996年7月13日至17日；最长连续无降水日数为27天，出现在1994年10月20日至11月15日。

1958—1990年、1991—2010年累年各月平均降水量一览表

表1-2-3 单位：毫米

平均＼月	1	2	3	4	5	6	7	8	9	10	11	12	全年
1991—2010年	63.2	70.7	110.8	160.7	211.4	238.5	195.8	106.7	53.4	86.7	67.1	45.2	1415.2
1958—1990年	51.2	65.4	95.7	185.9	230.0	203.7	114.0	120.8	75.5	114.8	80.1	43.9	1380.9

日照 全年平均日照时数1401.3小时，比历年（1958—1990年）平均偏少82.0小时；最多年份为1633.9小时（1992年）；最少年份为1255.8小时（1997年）。

1958—1990年、1991—2010年累年各月平均日照时数一览表

表1-2-4

单位：小时

月 平均	1	2	3	4	5	6	7	8	9	10	11	12	全年
1991—2010年	50.3	52.9	76.0	104.9	130.2	133.8	205.1	202.2	158.2	110.0	102.4	75.4	1401.3
1958—1990年	57.5	47.4	68.7	102.9	122.8	151.5	253.6	227.6	166.7	117.2	90.9	76.5	1483.3

蒸发量　年平均蒸发量为1239.5毫米，比历年（1958—1990年）平均偏少101.9毫米。最多年份为1491.8毫米（2006年）；最少年份为1016.6毫米（2002年）。

1958—1990年、1991—2010年累年各月平均蒸发量一览表

表1-2-5

单位：毫米

月 平均	1	2	3	4	5	6	7	8	9	10	11	12	全年
1991—2010年	35.9	45.9	69.3	101.4	127.2	134.6	198.0	186.6	146.3	81.9	62.1	42.6	1239.5
1958—1990年	42.0	44.4	73.9	106.3	125.2	152.0	234.1	206.8	155.6	97.9	64.3	50.6	1341.4

风　年平均风1.6米/秒，年最多风向以东北风和东北偏北为主，年最多风向频率为13%。大风日数共出现42天，年平均为2天，其中5月份最多，出现11天，其次为4月、7月和3月，分别出现了8天、7天和6天；1月、11月和12月没有出现过大风。

冰雪　年平均降雪日数为9.6天，最多年份为22天（2008年）；最少年份为3天（1994年）。降雪主要出现在每年的1月、2月、3月和12月，以1月份最多，年平均为4.6天，其他各月分别为2.5天、0.8天和1.7天。最大积雪深为25厘米，出现在1991年12月28日。

雷暴　年平均雷暴日数为41.4天，最多年份为51天（2002年）；最少年份为31天（1999年、2000年）。雷暴各月都可能出现，但主要集中在春、夏两季，以4月和7月最多，年平均分别为7.0天和7.2天；以12月最少，年平均为0.2天。

三、气象工作

大气探测　1957年12月1日开始观测。1991年每天有8、12、20时3次定时观测和11、17时2次补充观测，夜间不守班。从2007年1月1日起，每天有2、8、14、20时4次定时观测和5、11、17、23时4次补充观测，24小时守班。观测项目在原有的基础上增加了电线积冰、深层低温（40、80、160、320厘米）。2004年1月1日起，建成的自动气象站与人工站进入平行观测阶段。自动气象站观测的项目有气压、气温、湿度、风向风速、地温（0~320厘米）、降水、闪电定位（2008年1月1日开始）。

开始编发天气报日期为1959年6月1日。1991年起时次每天为8、14、20时3次。2007年1月1日开始每2、5、8、11、14、17、20、23时共8次编发天气报。1984年1月1日开始编发重要天气报。1986年地面观测业务采用PC-1500计算机代替人工计算和编报；1998年以后，地面观测记录数据计算、统计、报表制作、编发报文全部由计算机自动处理。

气象服务　从1996年开始，鹤城地方气象事业财政投入逐年加大，建设自动气象站，到2010年建有19个自动气象站，11套DAB预警广播，8个农村气象服务站，多功能大电子显示屏1个。

人工影响天气　人工影响天气主要目的是基于农业抗旱实施的人工增雨活动。1978年6月13日至14日在怀化召开全地区人工降雨组织领导会议。同年怀化县也参加高炮人工降雨试验（全地区有5个县）。1979年怀化市继续参加高炮人工降雨试验。1980年7月进入推广应用阶段。

随着科学技术的进步和发展，“三七”高炮逐渐被车载式移动火箭所取代。2003年除鹤城、中方、洪江区外，其他县市都购置了车载式移动

火箭。2001年10月26日，中央电视台《同一首歌》首次到怀化演出。实施“人工消雨”来保障演出。

2010年境内出现严重的夏季干旱，特别是黄岩旅游度假管理处旱情最为严重，从靖州县借来车载式移动火箭，于7月25日下午在黄岩进行人工增雨作业，发射火箭弹3枚，顷刻间大雨降临，作业点降雨量达10多毫米，有效地缓解旱情。

四、水文

地表水 境内有沅水一级支流㵲水河自西向南穿过。区内有50平方千米以上流域面积溪河4条，总流域面积555千米。

㵲水河属沅江一级支流，发源于贵州省瓮安，鹤城境内25.5千米，坡降1.2‰，㵲水河流域多年平均降雨量1423.9毫米，年平均流量140亿立方米，年产水量51亿~58亿立方米，汛期一般出现在4月至9月，洪水期5月至7月历年洪峰最大值6890立方米/秒，最高水位21.52。

太平溪，源自中方县下坪乡状稻村，于石门乡金海村进入鹤城境内，总流长46公里，境内流长21.7公里，总流域面积358平方公里，境内流域面积169平方公里。于鹤城区城南街道狮子岩社区流入㵲水河。

鸬鹚江，源自芦坪乡张家村，总流长59公里在，境内流长48.1公里，总流域面积302平方公里，境内流域面积246平方公里。于凉亭坳乡罗家溪村入麻阳县境，入辰水。

瀑溪，源自黄金坳镇汪家村，总流长40公里，境内流长31.4公里，总流域面积172平方公里，境内流域面积135平方公里。于贺家田乡枫木潭村入麻阳县境，入辰水。

地下水 地下水受地貌、岩性、地质构造及地下水的补给所控制。地下水的补给以降水为主，水量随季节而变化，雨季丰富，旱季贫乏。岩石的裂隙及岩溶的发育强度决定岩组富水性，碎屑岩中裂隙发育的比不发育的富水性强。多年平均地下水资源总量4.36亿立方米，地下径流量2.18亿立方米。按地下水的成因，区内地下水均为浅层地下水，可分三类。

碳酸盐若溶水，又称为喀斯特溶洞水，含水岩组多为中上石炭系壶天群，其次为灰岩、白云岩。是境内主要地下水源水，化学类型为碳酸钙型和碳酸钙镁型，总硬度2.47德度~19.57德度，pH值6.9~7.3。

基岩裂隙水，分为水量中等的碎屑岩裂隙水和水量贫乏的岩浆岩裂隙水二亚类。前者出露较广，分布于石门、盈口、杨村、黄岩等地。

红层裂隙孔隙水，又称松散岩类孔隙水，主要分布于市郊、黄金坳、凉亭坳、芦坪等乡镇。岩性为下白统沙砾岩，富水强度中等。地下水化学类型为碳酸钙型和碳酸钙镁型，可化度0.12~0.28克升，总硬度5.69~15.37德度，pH值6.8~7.5。

第三节 土壤植被

一、土壤

境内成土母质、母岩主要以石灰岩、板页岩、紫色砂页岩、砂岩、近代河流冲击物为主。以红壤、紫色土为主，有少量的黄壤，其中红壤土占52.3%，主要分布在盈口、石门、杨村、城南、河西等5个乡（街道）。紫色土占33.7%，主要分布在黄金坳、芦坪、贺家田、凉亭坳等4个乡镇。黄壤主要分布在海拔较高的黄岩旅游管理处，且该区土壤矿物质含量高。

二、植被

全境林地面积52049.8公顷，占土地总面积的70.8%，其中灌木林5245.4公顷，占7.13%，森林覆盖率64.23%。城市绿地面积1746.5公顷，绿地率25.3%，绿化覆盖率为30.7%，森林总面积290.2公顷。

境域属中亚热带西部常绿阔叶林亚林带，植被种类繁多，全区植物资源225科900属3716种。主要树种有79科、193属、476种，其中裸子植物有8科、16属、28种。被子植物有71科、177属、448种。药用植物1000余种。此外，有淀粉和含糖植物60种、芳香植物40种、纤维植物50种、饲料植物48科225种以及草本植物

150种。

第四节 野生动植物

一、植物

植物主要常见的乔木树种有杉木、马尾松、湿地松、香樟类、楠木类、青冈类、栎类、槭树类、黄檀、香椿、栲类、柏木类、枫杨、喜树、桤木、漆树、泡桐、杨树、马褂木、刺楸、枫香、梧桐、山核桃、厚朴、桂皮、银杏等135种。其中，列入国家级一类保护植物8种，如珙桐、水杉、银杏、红豆杉等；二类保护植物20种，如怀化秤锤树、榉木、文母、水青冈、罗汉树、香樟等。

有挂牌古树536株，共有50个树种，其中枫香、柏木和黄连木304株，占总数的56.7%，国家重点保护树种银杏、榉树，省级重点保护树种赤皮青冈，仅占总数的7%。

主要竹类植物有毛竹、诺竹、斑竹、甜竹、凤尾竹、烟竹、杂竹等12种。已开发利用的主要是毛竹、烟竹、凤尾竹。

主要灌木经济树种有油茶、油桐、柑橘、板栗、枣、李、梨、柿子、杨梅、桃、枇杷、乌柏、盐胡木、桂花、紫薇、檵木、柃木、山樱桃、胡枝子、乌饭等145种。

主要常见藤本植物有紫藤、血藤、凌霄、爬山虎、爬墙虎、劈荔藤、两面针、钩藤、羊蹄甲、金银花、刺葡萄、巨峰系列葡萄等50余种。

主要常见草本植物有马鞭草、扎根草、铁线草、五节芒、白茅、笔节草、铁芒箕、蕨类、狗尾草、三菱草、石蒜、百合、铁马鞭等380余种。

二、动物

域内有陆栖野生动物167种，昆虫115科641种，其中属国家一级保护动物的有白颈长尾雉、种蟒；属国家二级保护动物的有穿山甲、大灵猫、小灵猫、红腹角雉、鹰、大鲵、虎纹蛙、叉犀金龟、双尾褐凤蝶和三尾褐凤蝶；属湖南省重点保护动物的有刺猬、豪猪、野猪、鼬獾、猪獾、黄鼬、中华竹鼠、银星竹鼠、鹌鹑、山斑鸡、翠鸟、乌梢蛇、滑鼠蛇、灰鼠蛇、黑眉锦蛇、王锦蛇、舟山眼、晴蛇、银环蛇、尖吻蝮、中华蟾蜍、棘胸蛙和黑斑蛙。

第五节 自然灾害

一、气象灾害

主要有干旱、暴雨洪涝、大风、冰雹、冰冻等。

干旱 干旱是境内常见的气象灾害之一，影响范围广、一年四季都有可能发生，以盛夏、秋季和冬季为多，以夏季干旱危害最重，因夏季是主要粮食作物水稻的生长期。从1991—2010年，20年中只有2002年1年无明显干旱发生，其他年份均有不同程度的干旱发生，尤以1992年、1995年、2003年、2009年最为严重。因轻度灾情未记录，绝大部分年份均无灾情记录。

2001年8月14日至9月30日，48天只有14.9毫米降水，全区106个村受灾，水稻受灾9450亩，农作物受灾6450亩。

2003年，区境发生严重的夏、秋、冬连旱。从7月11日到9月6日，58天内无明显降水，总降水量仅有17.7毫米；紧接着9月22日至10月8日，17天无降水；12月12日至29日，18天也无降水。据年报记载，夏秋连旱，造成境内各乡镇受灾，共2.4万人饮水困难，农业受灾面积8.29万亩，减产1200万千克；20条溪水断流，1座水库、490座山塘干枯，投入抗旱劳力4.1万人次，机械1001台，总经济损失达300万元。

2010年7月27日至8月15日20天基本无雨，全区受旱面积9.23万亩，重旱2.69万亩。

暴雨、洪涝 暴雨洪涝是鹤城区城内的主要气象灾害，危害最严重，1991—2010年暴雨（日降水量≥50.0毫米）天数共83天，只有2年未出现（1993年、2009年），出现最多的是1999年，出现9天。从月份来看，主要出现在5月、6月和7月，分别为17天、23天和18天。造成的损失也以5月至7月最为严重。

1991—2010年怀化市鹤城区干旱情况表

表1-2-6

年份	起止日期	天数（天）	降水量（毫米）	起止日期	天数（天）	降水量（毫米）	起止日期	天数（天）	降水量（毫米）
1991	8月15日至9月22日	39	18.9	—	—	—	—	—	—
1992	7月7日至8月13日	38	12.4	11月8日至12月5日	28	无	—	—	—
1993	12月17日至1月6日	21	无	—	—	—	—	—	—
1994	10月20日至11月15日	27	无	—	—	—	—	—	—
1995	7月3日至8月2日	31	5.5	8月21日至9月26日	37	4.4	—	—	—
1996	9月15日至10月2日	18	无	12月20日至1月5日	17	无	—	—	—
1997	8月8日至9月12日	36	10.9	—	—	—	—	—	—
1998	9月17日至10月7日	21	无	12月7日至12月23日	17	无	—	—	—
1999	9月20日至10月9日	20	无	11月28日至1月5日	39	0.7	—	—	—
2000	8月23日至9月18日	27	0.7	—	—	—	—	—	—
2001	8月14日至9月20日	48	14.9	11月11日至12月11日	31	无	12月21日至2002年1月15日	26	0.4
2002	无	—	—	—	—	—	—	—	—
2003	7月11日至9月6日	58	17.7	9月22日至10月8日	17	无	12月12日至12月29日	18	无
2004	10月2日至10月28日	27	2.8	12月2日至12月16日	15	无	—	—	—
2005	12月4日至12月23日	20	0.3	—	—	—	—	—	—
2006	9月10日至10月5日	26	0.8	10月31日至11月16日	17	无	—	—	—
2007	9月15日至10月27日	43	7.8	10月30日至12月4日	36	0.8	—	—	—
2008	9月5日至9月23日	19	0.4	—	—	—	—	—	—
2009	7月7日至7月23日	17	无	7月31日至8月23日	24	0.1	8月31日至10月8日	39	2.2
2010	7月27日至8月15日	20	1.6	—	—	—	—	—	—

说明：1. ≥15天，无降水，作干旱统计；

2. ≥20天，有少量降水，无日降水量≥10.0毫米，作干旱统计

1996年7月15日、16日连续大暴雨（日降水分别为135.2毫米、180毫米），造成怀化市（县级）境内特大洪涝灾害，损坏房屋18500间，毁坏耕地11400亩，死亡6人，牲畜5460头，损坏大中型水库1座，小型水库4座，造成全市工矿企业停产159个。这次洪涝灾害直接经济损失73000万元。

1998年6月16日出现大暴雨（日降水为169.6毫米），造成境内32个乡镇，59万人受灾，小型水库垮坝2座，小（2）型水库垮坝3座，公路中断32千米，冲毁公路桥20座，损坏电线36千米，损坏房屋416间，造成直接经济损失1.5亿元。同年7月23日出现大暴雨（日降水量155.7毫米），造成3.8万人受灾，毁坏耕地769亩，造成绝收面积3766亩，经济损失达1870万元。

1999年6月30日出现暴雨（日降水量89.6毫米），造成境内7个乡镇47个村4万人受灾，农作物受灾面积达580公顷，造成直接经济损失719万元。

2001年6月18日至20日连降大到暴雨（日降水量分别为58.8毫米、70.4毫米、31.8毫米），全区有5个乡镇受灾，渠道塌方153处，溪堤塌方141处，淹没稻田23000亩，成灾1300亩，农作物受灾面积3450亩，其中，绝收250亩，芦坪乡楼城坳村山体滑坡3000立方米，这次经济损失600万元。

2002年4月23日14时至24日12时，22小时降水量达113.2毫米，为大暴雨天气，引起山洪暴发和山体滑坡，造成人员伤亡和农作物受灾，水利设施受损，造成经济损失660万元。同年6

月13日和28日出现暴雨和大暴雨（日降水量分别为73.4毫米和107.5毫米），造成境内农作物受灾面积达3.5万亩，公路、水利及水电设施多处损坏，经济损失达600万元。同年7月24日降大暴雨（日降水量为146.4毫米），使境内农作物和水利设施受灾，造成直接经济损失148万元。

2003年7月6日出现大暴雨（日降水量104.9毫米）。稻田受灾1.25万亩，减产425万千克，经济作物受灾0.3万亩，房屋被冲毁12间，冲垮堤坝1200处，渠道塌方1100处，造成经济损失380万元。

2004年4月23日出现暴雨（日降水量74.1毫米），使境内部分乡镇水利设施、公路桥梁、堡坎受灾，经济损失约200万元。同年6月23日至24日出现大到暴雨（日降水量分别为35.7毫米和96.1毫米），使9个乡镇受灾，公路、房屋被毁，农牧渔业遭灾，经济损失480万元。同年7月18日至19日连降暴雨和大暴雨（日降水量分别为51.8毫米、191.9毫米），是有气象记录以来最大的一次降水，造成洪涝、泥石流等灾害，境内受灾人口8.19万人，被洪水围困0.77万人，转移0.86万人，淹没房屋0.45万间，倒塌0.41万间，市区多处商店、街道、公路淹水，水深最深处2.6米，341个工矿企业停产、粮食作物受灾5.01万亩，成灾3.01万亩，绝收2万亩，减产1.1万吨，损失水电站3座，排水设施6千米，水利设施228处，冲毁渠道740条，26.8千米，渠道决口267处，3.1千米，损坏机电井90眼，护岸432处，水闸135座，毁坏公路13.1千米，铁路0.1千米，中断铁路2条次、公路交通29条次，损坏输电线路3.45万米，累计停电56小时，造成直接经济损失17882万元。

2005年6月1日出现大暴雨（日降水量为106.9毫米），使境内8.1万人受灾，农作物受灾面积7.65万亩，成灾3.27万亩，绝收1.296万亩，损坏房屋15间，倒塌房子2栋，铁路损坏0.08千米，公路损坏12.4千米，电力通信损坏7.5千米，直接经济损失4500万元。同月18日出现大暴雨（日降水量125.9毫米），区3840人受灾，转移安置200人，农作物受灾2700亩，倒塌房子10栋，直接经济损失80万元。

2006年5月5日出现大暴雨（日降水量为124.6毫米）。使境内2万人受灾，倒塌房子300余间，直接经济损失140万元。

2007年6月1日出现大暴雨（日降水量为112.7毫米），形成洪涝，3.14万人受灾，倒塌房子2间，农作物受灾1.94万亩，绝收3405亩，损坏渠道116处，堤防决口30处，公路中断8条次，直接经济损失1372万元。同年7月12日、13日连降暴雨（日降水量分别为72.8毫米和60.3毫米），25日再降86毫米，造成区内3个乡镇受灾，农作物受灾240亩，直接经济损失2.3万元。

2010年6月23日8时至24日8时，境内出现暴雨（降水量为97.6毫米），8个乡镇3.76万人受灾，直接经济损失达0.21亿元。

冰雹 1991—2010年域内出现冰雹天气24天，多发生在1月至3月，无灾情记录。

大风 1991—2010年区内共出现大风天气42天，其中有2年未出现，以春夏两季较多。灾情记录很少。

雷电 雷电一年四季都发生，以春夏两季多，年平均41天。雷电造成的危害和损失每年有不同程度的发生，没有统计记录。

冰冻灾害 1991—2010年发生冰冻天气共44天，其中有8年未出现，最多是2008年，出现17天。

2008年1月中下旬出现长时间的雨雪、冰冻天气；连续冰冻时间长达14天，是自1957年建站以来从未有过的，给全区工农业生产、交通、供电、供水及人民生活造成了严重影响和损失。全区共有33847户，118926人受灾，农村受灾户数及人口达98%。因道路冰冻导致摔伤及冰块伤人数达482人，各类直接经济损失达31605万元。其中，工业方面，全区45家规模企业中有41家因原料方面运输困难被迫停产，经济损失达4984万元。农业方面，经济作物受灾面积9.203万亩（其中，蔬菜5.5073万亩，油菜3.546万亩，其他作物0.15万亩），水果3.7019万亩（其中，柑橘2.1569万亩，杨梅等1.545万亩），经济林90.843万亩（其中，成林地75.2万亩，未成林地15.62万亩，苗木0.023万亩），养殖业10.68653只（羽、头），其中，家禽9.816万只（羽），大宗牲畜（猪、牛、羊）0.8705万头，直接经济损失19916万元。基础设施方面，185千米道路受损，塌方6处，所有返乡客运中断，41190米渠道受损，农村2.2万多人饮水困难，倒塌房屋31栋。供电方面，压断电杆845根，48240米电线受损。贺家田、芦坪、黄金坳、凉亭坳、石门、杨村、黄岩等乡镇连续停电达10多天。城区大面积停电停水时常发生，城区4小区电信中断。物资供应方面，因道路结冰，农产品流通严重受阻，柑橘等水果滞销，经济损失达6535万元。

二、地质灾害

境内地质灾害限于崩塌、泥石流、地面塌陷。滑坡较为发育，1991年后，共发生14处滑坡，主要出现在2001年以后，尤以每年汛期出现较为频繁，14处滑坡均系强降雨引发，滑坡体积都小于10000立方米，为小型。地面塌陷2处，变形面积为中型。产生均系人为形成，一处为采空区地面塌陷，一处为施工诱发的岩溶地面塌陷。截至2010年，区内没有因地质灾害造成人员死亡的情况，受地质灾害威胁的人口共有1256人，因地质灾害造成的直接经济损失共85.5万元，潜在经济损失1715万元。

区内地质灾害发育有其显著特征，区内分布着从元古界到新生界20多个不同地质时代，不同岩性的地层，16处地质灾害集中分布在6个地质时代的9个地层中，14处滑坡均发生在沉积碳酸盐岩石中。滑坡发生在上述地层（或其残坡积层）中，除了地层岩性本身的原因外，还与岩土体结构及其含水性有很大的关系，滑坡均沿残坡积层与下伏基岩接触面发生，14处滑坡中有8处岩石节理裂隙非常发育，发生滑坡的岩石都含有比较丰富的裂隙水。两处塌陷均发生在碳酸盐中，由这类岩碳溶较发育所决定的。充沛的降水是引发滑坡灾害的主要因素，据统计，发生滑坡的平均降水量在175.5毫米。在空间分布中，主要集中在标向为250~300米的丘陵和500~700米的低山地貌上，地形为40°~60°的陡坡地段。人类活动对滑坡产生一定的影响，14处滑坡中，铁路附近有3处，公路边2处，水渠渗漏1处，取土制砖引发1起，基建切坡过陡2处。2处塌陷1处与采煤有关，另1处与基建中扰动有关。

地质灾害发生地，除少数达到基本稳定外，大多数处于暂时的、相对的稳定阶段。

地震灾害，据（GB 18306—2001）《湖南省地震动峰值加速度分区图》划定鹤城区属弱震区，鹤城区位于湘西南较稳定至稳定区。2008年5月12日，汶川特大地震发生时，鹤城区有明显震感。

第三章　人　口

1990年第四次全国人口普查，怀化市（县级）有120168户、总人口488343人，平均每平方千米223人。1991年户籍人口为498953人。

1991—2010年，境内人口变化总体情况是：人口出生处于高峰期，前期人口增长较快，后期人口过快增长的势头降低；人口流动性大，大批农村和外地人口流入鹤城辖区，特别是城市街道，人口的机械增长远大于自然增长；九年义务教育的普及，中高等教育的快速发展，人口文化素质显著提高；医疗卫生及生活条件的改善，人口身体素质越来越高，人口平均寿命延长；人口分布和人口结构在变化中自然调整。

第一节　人口规模与变动

一、人口数量及其发展

1991年，怀化市（县级）辖5个街道和6个区 32 个乡镇。户籍人数 498953 人，出生人口 7474 人，出生率 14.98‰，死亡人口 2451 人，死亡率 4.91‰，人口自然增长率 10.07‰。1998 年鹤城区成立，户籍人口 301482 人，当年出生 3300 人，出生率 10.95‰；当年死亡 1095 人，死亡率 3.63‰，人口自然增长率 7.32‰。2000 年第五次全国人口普查，鹤城区常住人口有 107232 户，总人口 346522 人。其中男性 178221 人，占总人口的 51.43%；女性 168301 人，占总人口的 48.57%，性别比为 105.89（女性为 100）。与 1990 年第四次人口普查相比，鹤城区管辖的 5 个街道、1 个镇、7 个乡、一个旅游度假管理处（黄岩）共有人口 236907 人，其中男性 124829 人，女性 112078 人。总人口、男性人口、女性人口，“第五次人口普查”比“第四次人口普查”时分别增长了 46.27%、42.77%和 50.16%。10 年鹤城区人口净增长 109615 人，平均每年净增 10961 人，年递增 3.88%。2010 年第六次全国人口普查，鹤城区常住人口有 171274 户，552622 人，其中男性 281659 人，占总人口 50.97%，女性 270963 人，占总人口 49.03%，性别比 103.95。总人口、男性人口、女性人口，“第六次人口普查”比“第五次人口普查”分别增长了 59.48%、58.04%和 61.00%。

1991—1997 年怀化市（县级）人口出生、死亡情况统计表

表 1-3-1　　单位：人

年份	年末总人数	出生		死亡		自然增长	
		人数	‰	人数	‰	人数	‰
1991	498953	7474	14.98	2451	4.91	5023	10.07
1992	508141	5219	10.27	2561	5.04	2658	5.23
1993	516380	4462	8.64	2383	4.61	2079	4.02
1994	527541	4383	8.31	2438	4.62	1945	3.69
1995	535671	4608	8.60	2451	4.58	2157	4.02
1996	542922	4862	8.96	2452	4.52	2410	4.44
1997	549634	5467	9.95	2383	4.33	3084	5.61

说明：表中数据系公安局年报资料

1998—2010 年鹤城区人口出生、死亡情况统计表

表 1-3-2　　单位：人

年份	年末总人数	出生		死亡		自然增长	
		人数	‰	人数	‰	人数	‰
1998	301482	3300	10.95	1095	3.63	2205	7.32
1999	306911	3529	11.50	946	3.08	2583	8.42
2000	313901	3954	12.60	1228	3.91	2726	8.69
2001	319724	3540	11.07	954	2.98	2586	8.09
2002	326468	3513	10.76	1194	3.66	2319	7.10
2003	333763	3591	10.76	948	2.84	2643	7.92
2004	335808	3743	11.15	1793	5.34	1946	5.81
2005	341429	3640	10.66	827	2.42	2813	8.24
2006	347713	4202	12.08	1145	3.29	3057	8.79
2007	351020	3435	9.79	1329	3.79	2106	6.00
2008	352386	4022	11.41	1115	3.16	2907	8.25
2009	356671	6222	17.44	4925	13.81	1297	3.63
2010	357565	4526	12.66	1564	4.37	2962	8.29

说明：表中数据系公安局年报资料

2000年“第五次人口普查”（1999年11月至2000年10月）合计出生3944人；其中，男2148人，女1796人，男女出生性别比为119，出生率11.38‰。总和生育率1428.57‰。与1990年相比，出生率降低13.2‰；死亡1879人，死亡率5.42‰，比1990年降低了0.24‰。人口自然增长率为5.96‰，比1990年“第四次人口普查”降低13.6‰。从“第四次人口普查”到“第五次人口普查”的10年间，全区净增人口109615人，平均每年净增10961人。平均年递增率3.88‰。

2010年“第六次人口普查”（2009年11月至2010年10月）合计出生4619人，其中男2553人，女2066人，男女出生性别比为123.6，出生率8.38‰。与“第五次人口普查”相比，出生率降低3.02‰，死亡718人，死亡率1.30‰。死亡率比“第五次人口普查”降低4.12‰。

二、人口机械变动

从1991—2010年的户籍迁移情况看，20年间净增74589人，平均每年净增3729.5人，大于自然增长数，除2008年负增长外，其余都是净增长。人口机械增长是人口增长的主因。从外来人口看，2010年，有240408人，其中，省外有49249人，占整个外来人口的20.49%，因其交通枢纽、物流中心的形成，吸引外地人员到怀化经商居家养老。

1991—1997年怀化市（县级）人口机械变动统计表

表1-3-3　　单位：人

年份	迁入	迁出	净增	‰
1991	16770	9873	6897	14.02
1992	16314	10854	5460	10.84
1993	18220	12211	6009	11.73
1994	19222	11125	8097	15.51
1995	21675	16183	5492	10.32
1996	15416	10886	4530	8.40
1997	16828	13288	3540	6.48

1998—2010年鹤城区人口机械变动统计表

表1-3-4　　单位：人

年份	迁入	迁出	净增	‰
1998	16669	11439	5230	17.29
1999	29736	27087	2649	8.71
2000	20767	16428	4339	13.98
2001	9857	6640	3217	10.15
2002	11237	6759	4478	13.86
2003	12027	6822	5205	15.76
2004	9436	8965	471	1.41
2005	8751	6209	2542	7.51
2006	9862	7225	2637	7.65
2007	7667	7334	333	0.949
2008	7829	9901	−2072	−5.89
2009	12363	7422	4941	13.85
2010	9848	9254	5941	16.64

第二节 人口结构

一、自然结构

性别结构 鹤城区人口性别结构总的情况是男性多于女性。2000年，境内有346522人，其中，男性178221人，占总人口51.43%；女性168301人，占总人口48.57%，性别比105.89。2010年总人口552622人，男性281659人，占总人口50.97%，比2000年下降0.46个百分点；女性人口270963人，占总人口49.03%，比2000年增长0.46个百分点，性别比103.95，比2000年下降1.94个百分点。分年龄组列表比较，可以看出，总性别比和“0~9”岁组、“10~19”岁组两次普查，男性多于女性，“20~29”岁组，2000年基本持平，女性稍多3人。而2010年女性多男性5885人，性别比为89.41，而这一年龄组正是高校求学和就业的年龄组。80~89岁组，2000年女比男少，2010年基本持平。90岁以上组“第五次人口普查”和“第六次人口普查”女性均多于男性，说明女性存活期高于男性。

年龄结构 2010年，境内人口总平均年龄为34.94岁，比2000年的30.93岁，提高了4.01岁，比1990年的27.86岁提高了7.08岁。2010年的年龄中位数为34.57岁，比2000年的30.04岁后移了4.53岁，比1990年的24.37岁后移了10.2岁，老龄化步伐加快。2010年85岁以上老人共有15人，去世的老人中有6位达到100岁。

鹤城区第五、六次人口普查年人口年龄组性别比（常住人口）一览表

表1-3-5

年龄分组（岁）	2000年			2010年		
	男性人口	女性人口	男女性别比	男性人口	女性人口	男女性别比
总计	178221	168301	105.59	281659	270963	103.95
0~9	18997	16354	116.16	29974	25078	119.52
10~19	37121	36406	101.96	34096	32252	105.72
20~29	32033	32036	99.99	49702	55587	89.41
30~39	38891	35579	109.31	52337	52014	100.62
40~49	22280	21505	103.60	53768	49290	109.09
50~59	14803	13126	112.7	30158	28763	104.85
60~69	9269	8283	112.23	19854	17282	114.88
70~79	4148	3957	104.83	9341	8212	113.75
80~89	618	940	65.57	2248	2229	100.85
90以上	61	115	53.04	181	256	70.70

注：以女为100计算比例

1990—2010年怀化市（县级）、鹤城区历次人口普查年龄构成指标表

表1-3-6

年份	平均年龄（岁）	年龄中位数（岁）	老年人口系数 %	少年人口系数 %	老少比 %	负担系数 %
1990	27.86	24.37	4.20	27.22	15.43	45.81
2000	30.93	30.04	5.05	19.05	26.50	31.75
2010	34.94	34.57	6.80	15.34	44.32	29.96

鹤城区五、六次人口普查人口年龄结构表（常住人口）

表 1-3-7　　　　单位：人

年龄分组	2000 年				2010 年			
	男性人口	女性人口	合计	占总人口%	男性人口	女性人口	合计	占总人口%
总计	178221	168301	346522	100	281659	270963	552622	100
0~9	18997	16354	35351	10.20	29974	25078	55052	9.96
10~19	37121	36406	73527	21.22	34096	32252	66348	12.01
20~29	32033	32036	64069	18.49	49702	55587	105289	19.05
30~39	38891	35579	74470	21.49	52337	52014	104351	18.88
40~49	22280	21505	43785	12.64	53768	49290	103058	18.65
50~59	14803	13126	27929	8.06	30158	28763	58921	10.66
60~69	9269	8283	17552	5.07	19854	17282	37136	6.72
70~79	4148	3957	8105	2.34	9341	8212	17553	3.18
80~89	618	940	1558	0.44	2248	2229	4477	0.81
90 以上	61	115	176	0.05	181	256	437	0.08

2000 年“第五次人口普查”人口众数组是“30~39 岁”年龄组，人数为 74470 人，占总人口 21.49%。2010 年“第六次人口普查”人口众数组是“20~29 岁”年龄组，人数为 105289 人，占总人口的 19.05%。人口第二多的组，2000 年“第五次人口普查”是“10~19 岁”年龄组，人数为 73527 人，占总人口 21.22%。而到 2010 年“第六次人口普查”时，同一年龄组人数为 66348 人，占总人口的 12.01%，“第六次人口普查”比“第五次人口普查”同一年龄组人口减少 7179 人，比重下降 9.21 个百分点。2010 年“第六次人口普查”人口数第二多的组是“30~39 岁”年龄组，人数为 104351 人，占总人口的 18.88%。40 岁以上各组的人口比重，2010 年“第六次人口普查”比 2000 年“第五次人口普查”都要提高，其中最显著的是“40~49 岁”年龄组人口，2010 年占总人口的比重为 18.65%，比 2000 年“第五次人口普查”的 12.64%，提高 6.01 个百分点。其他各组均有不同程度的增长，也正是上述各年龄组的比重变异，导致 2010 年“第六次人口普查”比 2000 年“第五次人口普查”的平均年龄的提高和年龄中位数的后移。

2010 年境内 0~14 岁少儿人口 84746 人，占总人口的比重（即少儿系数）为 15.34%，比 2000 年少儿系数 19.05%降低 3.71 个百分点，比 1990 年的少儿数 27.22%降低 11.88 个百分点。2010 年 65 岁以上人口为 37559 人、占总人口的比重（即老年人口系数）6.80%，比 2000 年的 17493 人、老年人口系数 5.05%，分别增长 20066 人，1.75 个百分点。65 岁及以上人数 2010 年比 2000 年增长了 1.15 倍。2010 年和 2000 年老年人口系数分别比 1990 年的 4.20%增长 2.6 个百分点和 0.85 个百分点，2010 年，60 岁及以上者有 31624 人，占总人口的 10.79%，65 岁及以上人口占总人口的 6.80%，已经进入老龄社会。劳动人口总负担系数持续降低，从 1990 年的 45.81%至 2000 年的 31.75%，再到 2010 年的 29.96%，劳动年龄人口比重大。2010 年 70 岁及以上者 22467 人、占总人口 4.07%，比 2000 年的 9839 人、2.83%，分别增长 12628 人、1.24 个百分点。2010 年和 2000 年 70 岁及以上者占总人口比重分别比 1990 年的 2.40%，提高了 1.67 个百分点和 0.85 个百分点。2010 年平均预期寿命为 75.65 岁，其中男性平均预期寿命为 73.42 岁，女性平均预期寿命为 77.83 岁。比 2000 年本区人口平均预期寿命 71.65 岁、男性平均预期寿命 69.59 岁、女性平均预期寿命 71.81 岁，分别增长了 4 岁、3.83 岁和 6.02 岁。

2000 年和 2010 年，鹤城区百岁老人均有男女各1名。

二、社会结构

民族结构 2000年，鹤城区共有34个民族，其中，汉族314124人，占总人口90.65%，其他少数民族32398人，占总人口的9.35%；比1990年分别增加21436人，提高7.11个百分点。少数民族个数比1990年增加了9个，人口上千的由3个增加到4个，是苗族13077人，侗族10370人、土家族5200人、瑶族1710人。其他按人口多少排列：回族487人、白族361人、满族284人、蒙古族193人、壮族150人、布依族110人、仡佬族106人、彝族73人、土族64人、维吾尔族32人、朝鲜族31人、藏族29人、哈尼族12人、水族9人、锡伯族9人、佤族7人、仫佬族6人、达尔族4人；畲族、羌族、鄂温克族、塔塔尔族、傣族各2人，哈萨克族、高山族、塔吉克族、撒拉族和俄罗斯族各1人。其他未识别的民族有17人。

2010年，全区共有33个民族，比2000年减少1个。其中汉族505758人、占总人口91.52%，分别比2000年增加191634人和提高0.87个百分点。少数民族46856人、占总人口8.48%，分别比2000年增加14458人和减少0.87个百分点。少数民族千人以上的依然有4个，分别是苗族19542人，侗族12722人，土家族7270人，瑶族3771人。其他按人数多少排列是壮族892人、回族566人、白族418人、土族377人、满族319人、布依族217人、蒙古族111人、彝族107人、傣族105人、黎族86人、哈尼族60人、仡佬族58人、羌族51人、藏族50人、朝鲜族34人、维吾尔族26人、纳西族17人、畲族11人、水族11人、仫佬族9人、锡伯族8人、毛南族5人、京族5人、怒族4人、景颇族3人、佤族2人、高山族1人，撒拉族1人。其他未识别民族8人。

在业人口职业结构 2000年“第五次人口普查”和2010年“第六次人口普查”对在业人口的职业结构，抽取10%的人口进行抽样调查。2000年抽取到有工作人员16186人，2010年抽取到有工作人员40264人。

2000年有工作人口分布在16个行当，其就业人口和所占比例分别为：农林牧渔业5195人，占32.10%；采掘业50人，占0.3%；制造业1793人，占11.08%；电力煤气及水的生产和供应业371人，占2.3%；建筑业813人，占5.02%；地质勘查业、水利管理业371人，占2.3%；交通运输、仓储及邮电通信业1519人，占9.38%；批发和零售贸易、餐饮业2649人，占16.4%；金融保险业335人，占2.07%；房地产业61人，占0.38%；社会服务业831人，占5.13%；卫生、体育和社会福利业527人，占3.26%；教育、文化艺术及广播电视业795人，占4.91%；科学研究和综合技术服务业52人，占0.32%；国家机关、政党机关和社会团体1063人，占6.57%；其他行业90人，占0.56%。

2010年有工作人口分布在19个行业，有的因人数太少列在其他行业，综合计算：公共管理和社会组织1425人，占3.54%；建筑业830人，占2.06%；交通运输、仓储、邮政业1425人，占3.5%；教育业1143人，占2.84%；金融业540人，占1.34%；居民服务和其他服务业600人，占1.49%；农林牧渔业22622人，占56.18%；批发零售业5241人，占13.02%；卫生和社会保障福利业761人，占1.89%；制造业1656人，占4.11%；住宿餐饮业1168人，占2.90%；其他（采矿30人）等1774人，占4.41%。

农业人口与非农业人口 2000年“第五次人口普查”有农业户人口160786人，占总人口的46.40%；非农业户人口184875人，占总人口的53.35%；其他户口未定和无户口人口861人，占总人口的0.25%。与1990年比较，农业人口增加了34220人，增加27.08%，非农业户口人口增加了75939人，增加69.71%。非农业人口比重高于农业人口。

2010年“第六次人口普查”有农业人口263879人，占总人口的47.75%，非农业人口287183人，占总人口的52.00%。其他户口未定或无户口1560人，占总人口的0.25%。因外来农业人口迁入城区打工经商者增多，与2000年相比，农业人口增加了103093人，比重上升1.35%；因外来农业人口迁入城区打工经商者增多，非农业人口2010年比2000年增加102308人，比重下降了1.35%。

2000 年、2010 年鹤城区人口普查年人口密度一览表（常住人口）

表 1-3-8　　单位：人/平方千米

地区别	2000 年	2010 年
全区	457	715
城中街道	7270.4	12903.0
城北街道	4023.3	6181.3
红星街道	4886.2	8283.9
迎丰街道	6263.6	7806.0
坨院街道	2227.0	4478.85
河西街道	（未成立）	583.1
城南街道	（未成立）	580.6
黄金坳镇	165.7	153.8
鸭嘴岩镇	652.0	（撤销）
盈口乡	441.7	686.6
杨村乡	198.3	222.3
石门乡	229.4	259.2
贺家田乡	41.4	30.2
凉亭坳	96.9	74.3
芦坪乡	156.7	112.3
黄岩旅游度假区	49.1	50.4

三、地理结构

鹤城区成立后，由于行政区划在陆续调整中，个别地方已无法比较。2010 年全区平均每平方千米 715 人比 2000 年的 457 人多 258 人，比 1990 年的 223 人多 492 人；这主要是机械增长所致，特别是流动人口增多。本区域内的人口密度也极不平衡，人口密度最大的是城中街道，2000 年是 7270.4 人/平方千米，2010 年是 12903.0 人/平方千米；人口密度最小的是贺家田乡，2000 年 41.4 人/平方千米，2010 年减少至 30 人/平方千米。城中街道这两年分别是贺家田乡的 175.6 倍和 427.3 倍。

第三节　人口素质

一、身体素质

1990 年，第四次人口普查平均预期寿命为 68.24 岁，其中男性平均预期寿命为 67.24 岁，女性平均预期寿命为 72.1 岁。2000 年，第五次人口普查平均预期寿命为 71.65 岁，其中，男性平均预期寿命为 69.59 岁，女性平均预期寿命为 71.81 岁。2010 年第六次人口普查平均预期寿命为 75.65 岁，其中，男性平均预期寿命为 73.42 岁，女性平均预期寿命为77.83 岁。

二、文化素质

2000 年，“第五次人口普查”全区具有小学及以上文化程度的人口共 210120 人，占全区总人口的 89.5%，占 6 岁及以上人口的 95.07%；与 1990 年“第四次人口普查”相比，分别提高 18.93%和 14.27%。2010 年“第六次人口普查”，全区具有小学及以上文化程度的人口共 505560 人，占总人口 91.48%，占 6 岁及以上者 99.17%，分别比 2000 年均增加 2.21%。

2010 年，拥有小学文化程度 104686 人，占 6 岁及以上人口（520263 人）20.12%，比 2000 年的 86575 人、26.54%，分别增加 1811 人，降低 6.42 个百分点。2010 年，拥有初中文化程度

176799人，占6岁及以上人口的33.98%。比2000年的110713人、33.94%，分别增加66080人，增加0.04个百分点，比1990年增加10.3个百分点。2010年拥有高中（含中专）文化程度126716人，占6岁及以上人口24.36%，比2000年的84734人、25.98%，分别增加41982人，和降低1.62个百分点；与1990年的12.74%，比重增加近1倍。2010年，拥有大专及以上文化97359人，占6岁及以上人口18.71%，比2000年28098人、8.61%，分别增加69261人，提高10.1个百分点；比1990年大专及以上文化人口占6岁及以上人口的比重2.23%，增加了7.4倍。2010年，大专及以上文化的人数是2000年人数的3.5倍，文化结构中大专及以上文化程度者无论是绝对数还是比重增幅较大。

2010年，每万人拥有大专及以上文化程度人数是1762人，比2000年的811人增加了1.17倍；2010年每万人拥有高中（含中专）文化程度人数是2293人，比2000年减少152人；2010年每万人拥有初中文化程度人3199人，比2000年增加4人。

2010年，全区人均受教育年限10.07年，比2000年的9.08年提高近1年，比1990年的6.55年提高4.15年。

2010年，全区共有15岁以上文盲人口11702人，占全区总人口的2.11%，占15岁及以上人口的2.5%，文盲中男性3828人，占男性15岁以上人口的1.62%，女性7874人，占女性15岁以上人口的3.39%。文盲中女性的绝对量和比重均大于男性。

第四节　生育服务

1990年，经“第四次人口普查”和省计生委评估，怀化市（县级）人口出生率27.26‰，怀化市（县级）计划生育工作名列全省108个县（市）的80位，被列入“黄牌”警告的三类重点管理后进县（市）。1991年提出“奋战三年，一年打基础，两年上台阶，三年争先进”的奋斗目标。采取措施，从人力、物力、财力和政策上予以倾斜，动员全市上下，各个部门配合，齐抓共管。是年底，经省计生年检，人口出生率为17.085‰。1991年计划生育工作排队居全省49位，上升为二类县（市）。1992年，人口出生率15.71‰，计划生育工作居全省61位，亦稳定在二类县（市）行列。1993年，人口出生率12.91‰，居全省30位。走出了低谷，跨入一类先进县（市）行列。此后，除1996年，以微弱分数降至二类县（市）外，其余年份均属一类县（市）。

截至2010年，连续12年保持在全省“一类”县（市、区）行列，连年被省委、省政府评为人口与计划生育工作先进单位。

一、机构队伍

市（区）级机构　1991—1998年，怀化市（县级）计划生育委员会，设主任1人，副主任若干人，机关编制33人，内设办公室、计划统计股、政策法规信访股、宣传教育股、财会股、计划生育药具站和计划生育技术服务站，总编制33人，局机关设在潕水路。1998年，鹤城区计生委设主任1人，副主任若干人，内设办公室、财会股、人事股、统计股、政策法规信访股、宣传教育股、计划生育服务站、行政编13名，事业编23名。2001年底更名为鹤城区计划生育局，设办公室（加挂财务股牌子）、政策法规信访股、计划统计股、人事宣传教育股、科技股和计划生育服务站，行政编制11名，机关后勤服务人员事业编1名。2002年11月，成立鹤城区计划生育流动人口管理站，核定事业编3名。2004年2月，设立怀化市鹤城区计划生育避孕药具管理站，核定事业编2名。区计生局2004年底更名为鹤城区人口和计划生育局，2010年11月，成立计划生育行政执法局，挂靠人口和计划生育局，核定行政编5人。

基层机构　1990年，乡镇、街道临时雇请一批行政专干，管理计划生育日常工作。从1991年起陆续转为事业编制。1991年，从卫校毕业生中招聘培训了55名计划生育技术专干进行培训，后经结业考核录用50人转为正式计划生育技术专干，后又陆续招聘转正了8名技术专干。行政、技术专干由区、乡两级共同管理，人事调配权在区计生委（局）。1998年，成立鹤城区后，全区各乡镇街道计生办设事业编58名。

从1991年起，各村（居民）委员会都设立计生机构，计生专干由妇女主任兼任，待遇相当于村副支书或村副主任。各村（居）民小组由妇女小组长兼任计生指导员，从而进一步完善计划生育工作格局。2010年，录用60名大专毕业生担任城市社区计划生育专干，充实计生队伍，提高基层计生队伍素质。

计生协会　1989年，召开怀化市（县级）第一届计划生育协会代表大会，成立怀化市（县级）计划生育协会。会员主要有计生部门工作人员和相关部门领导，无专职工作人员，工作人员由计生委干部兼任。1991年6月，怀化市（县级）召开计划生育协会第二次会员代表大会，会长由市领导兼任，开始聘任常务副会长和秘书长，定事业编2名。

从1991年起，各乡镇街道、村（居民）委员会普遍成立计生协组织，各乡镇开始聘用计生协专职副会长，秘书长由计生助理员或行政专干兼任。村（居委会）均成立由村支“两委”干部和“五老”人员为主干的计生协会。紧紧围绕人口计生工作，坚持以服务群众为根本，以服务经济发展为大局，全面推进计生协会各项工作深入开展。

二、管理措施

领导责任制　1991年，市直各部办委局分别与各乡镇建立后盾联系点，村（居）级计生专干（妇女主任）明确待遇。建立党委、政府班子计生工作联系点制度，对计生工作既负总责，又亲自抓。采取分片、分类指导、整体推进的工作方法，分排一、二、三类乡（镇）。

1998年，鹤城区成立后，制定《鹤城区计划生育优质服务方案》；2000年，出台计划生育亲属的计划生育工作管理办法。全区计划生育工作由乡镇为主的行政管理型，向村级为主的优质服务型转化；计生业务由乡镇包揽向村干部自觉负责，独立承担转化；计生措施由乡镇突击抓向以村为主开展经常性工作转化；逐渐形成和完善“区领导、乡负责、村为主、组配合、户落实”的工作格局。通过办点、开现场会，以点带面，促进后进单位的转变。建区后，相继推出长远、胜利、清水井、蒿菜坪等一批计生村民自治先进典型，带动和促进全区的计生村（居）民自治工作，夯实基层基础工作。

人口计划管理　认真贯彻《湖南省计划生育条例》。一胎准生证由乡镇、街道办事处签发，二胎准生证由市计生委（区人口计生局）签发，并由计生专干将“准生证”送达生育夫妇手中。

1999年，鹤城区实现孕前管理合同化，工作形成制度，并全面推行计划生育优质服务的试点工作。1999年实行了账卡电子软件系统；2000年后，针对流动人口日益增多的现象，加强对流动人口管理和生育管理工作。2008年启用全省统一的乡镇智能客户端，所有计生数据全省共享，统计数据网上上报，实现了网上办理婚育证明、独生子女证、一孩生育证等，提高人口信息共享。

宣传教育　1991年初，怀化市（县级）计生委机关开展形式多样的宣传《湖南省计划生育条例》活动。通过开会、上街宣传、发放资料、出墙报、悬挂条幅，向广大干部群众宣传该《条例》精神；乡镇、街道成立计划生育学校，培训乡镇计生工作人员；对广大育龄群众分层次分阶段系统性地进行基本知识教育和“五期”（青春期、新婚期、孕产期、育儿期、更年期）教育。是年，培训乡镇、街道计生专干5期，300人次，村级专干1200人次，育龄群众15000人次。宣传中采用宣传车、演讲、知识竞赛等方式。

1998年起，鹤城区电视台每月制作一期计生电视专题片定期进行宣传播放，1998年，还开展“婚育新风进万家”活动。2000年以后，全区各机关单位每年至少出一期专刊，至少悬挂一幅计生宣传标语。鹤城区充分利用“5·29”计生协会会员日、“7·11”世界人口日、“10·28”男性健康日、“12·1”国际艾滋病日、“12·4”全国法制宣传日等纪念日和元旦、春节、“三八”、“五一”、国庆节进行人口与计划生育宣传教育。编演文艺节目，组织专家上街进行义务宣传咨询；对贫困母亲、女孩、留守儿童送慰问品；开办计生热线电话。实行“阳光计生”，全区136个村、社区，全面实现计生村（居）务公开。

流动人口计划生育管理　1991年，县级怀化市计生委成立“流动人口清查队”，共清查、服务流动人口3000余户。1992年3月，颁布《关于切实加强流动人口计划生育管理工作》的通告，

1992年4月，县级怀市计生委下发《关于统一使用湖南省流动人口计划生育证的通知》《关于进一步加强对流动人口清查的通知》，决定成立市流动人口清查队；同时撤销各街道的流动人口清查队，流动人口清查、服务工作统一归市计生委管理。1993年8月，颁布《怀化市人民政府关于加强暂住人口管理的通告》。

1998年，建区始，针对区域内城镇人口多，流动人口管理难的问题，创新管理机制，实现全区流动人口管理“一盘棋”，对流动人口坚持属地管理原则。进一步健全“以房管人，以房找人，以合同约束人”的“属地管理、单位负责、居民自治、社区服务”的城区人口计生工作管理机制。对流入人口进行市民化服务；对流出人口实行主动式管理，互动式服务；把流动人口育龄对象管理落实到小区和楼栋，建立流出人口跟踪服务、管理和信息反馈机制。

三、政策法规

1998年后，对怀化市（县级）计生政策文件进行清理，对过时的文件一律废止，并制定《怀化市鹤城区计划生育管理办法》，使计划生育政策规范具体，更具有可操作性。1999年，《湖南省人口与计划生育条例》进行了修改。2003年，为了贯彻落实《中华人民共和国人口与计划生育法》和新修改的《湖南省人口与计划生育条例》，2005年3月1日起，认真执行《湖南省禁止非医学需要鉴定胎儿性别和选择性终止妊娠规定》。截至2010年，通过开展阳光计生活动，计划生育政策法规和执法工作逐步迈入健康、有序的轨道。

四、技术服务

1991年，市各大医院抽调60多名医疗技术人员到各乡镇开展计生技术服务。由市技术服务站按照各乡镇育龄人数进行统一调配指挥；市政府拨付15万元配备一台救护车给计生服务站；各乡镇自筹5000元，市里补5000元筹建乡镇计划生育服务所。由此各乡镇普遍建立了计划生育技术服务所，并将计划生育服务所达标纳入考核指标。在市（区）计划生育服务站的指导下普遍开展技术服务。市（区）计划生育服务站对基层技术专干每年培训一次以上。

1998年，鹤城区开展了生育优质服务活动，对生育对象进行孕前保健、对不育的夫妇进行诊治。从2009年开始，每年对三分之一的育龄妇女开展生殖健康普查；从孕后补救向孕前服务转变，有力地保护了育龄妇女的身体健康。

开展婚前健康检查，1991年，对办理结婚登记的男女青年进行婚前健康检查，主要由市、区妇幼保健站和市中医院及乡（镇）卫生院担任检查工作。2003年10月，颁布实施的《中华人民共和国婚姻法》，取消强制性婚前检查，参加婚检人数显著减少。

第二篇 城乡建设与环境保护

鹤城走过小镇、小城、初具规模的城市的发展历程。1990年，城市建成面积18平方千米，城区常住人口11.8万人，房屋建筑面积428.7万平方米，城区有主干道15条，次干道14条，绿化面积308万平方米。随着全国县级综合改革试点市和中部崛起等一系列全国性改革开放战略的实施，城市建设速度得以加快。

城区加速拓展。1992年，开始建设湖天经济技术开发区，规划面积9.5平方千米，至2003年末，完成投资21.6亿元，建成面积3.7平方千米，建成并投入运营项目320个，房屋建筑面积100万平方米。1993年启动河西开发区项目，继而开通潕水一桥及后续2—5桥，至2010年，建成专业批发市场24家，总建筑面积151万平方米，市场营业面积36万平方米，从事商贸物流经营户3200多户。撤地设市后，城市向四周延伸，继而展开了城东新区、鸭嘴岩工业园、阳塘工业园建设。

基础设施，东西向天星路与南北向湖天大道呈十字中轴线，环城公路，五条出城路及河西主次干道和城东主次干道均已贯通，对原有的迎丰路、潕水路、红星路及100多条背街小巷进行提质改造，形成城市路网。与之配套的强电入地、给排水工程相应建设到位。城市照明、绿化及人行道等其他设施配套到位。

2010年底，城市骨架已拉开到80平方千米，建成面积53.8平方千米，城市居民达55万人，居民住宅小区达100多个。

第一章 城乡规划

第一节 城区建设规划

怀化市（县级）城市规划是在实施和调整1982年规划的基础上展开的，鹤城区对城市规划进行重新编制并增加远景构想。

1997年之前，县级怀化规划部门属市建设局内的一个科室，没有设立单独的规划局。1998年，怀化撤地设市，公安、国土、城建等整体上收地级怀化市。鹤城区保留建设局，规划职能上收。

一、城市总体规划

1990年5月至1991年9月对《怀化城市建设总体规划》进行修编，1993年2月，湖南省政府批准该《规划》。《规划》确定的城市性质为国家铁路交通枢纽，湘、鄂、川、黔、桂五省边界地区的物质集散地，以电子、轻纺工业为先导的湘西中心城市。城市规模为近期（1995年）17.5万人，用地21平方千米，中期（2010年）34万人，用地42平方千米，远期50万人，用地55平方千米，将总体布局改为，“一片两翼”，即市区片，坨院连接市区为东北翼，鸭嘴岩连接市区为南翼。

城市规划区 范围为东起阳塘，与泸阳交界；西至新家庄与芷江搭界；北起新垦；南至中方。周围以山岭分水岭为界，规划区面积309.4平方千米。中心城区：东至娄怀高速公路东南连接线；西到怀化职业技术学院南围墙；西南至赤子坪水库居住区；北至绕城线北侧居住区；南至绕城线南段，最南端至三角难水电站，围合区域内总面积约115.6平方千米。至2030年，中心城区建设用地面积达到85平方千米。

城市发展目标 近期，按照建设“五省（市）边区中心城市”战略目标的总体部署。建成西南五省边区中心城市，构建现代商贸物流城市的基本构架。中期，建成“五省（市）边区”及“成渝—怀化—珠三角经济带”的物流业节点乃至经济中心。远期，建成经济、社会、生态全面协调可持续发展的城市；成为五省（市）边区中心城市，功能完善、山水生态、文明和谐的现代宜居城市。实现上述目标采用“一体两翼”发展战略。

城市性质与规模 全国重要的综合交通枢纽，湘、桂、黔、渝、鄂五省（自治区、市）边区的中心城市。城市人口规模：近期人口达50万人，其中，常住人口约42万人，暂住人口8万人，建成面积50平方千米。中期人口达60万人，其中，常住人口约48万，暂住人口12万人，建成面积65万平方千米。远期人口达100万人，建成面积85平方千米。

城市扩容发展方向 发展方向“以南向拓展为主，北延东进西提”。主要发展方向依托经济开发区向南拓展，在建成区的基础上沿环城路、湖天南路向南形成湖天新区。次要方向是依托新建市行政中心和市民服务中心，绕城路、湖天北路、迎丰区向北延伸；沿外环路、天星路向东发展形成杨村居住片区；依托铁路东站、外环路、迎丰路东进完善城东新区；西面是老城区（包括城中区的一部分、铁北区、现状的河西新区），主要是依托城市向南拓展和区域交通建设的机遇，进行城市功能的完善提升和居住社区的改造更新。

工业用地规划布局 工业用地主要为一类无污染工业，或为物流业配套的物流加工业。规划四个工业小区：鹤城区工业园区，工业用地2.7平方千米。布局在城东新区外环路以东，结合火车东站的仓储业发展物流加工、食品加工业和轻型制造业。湖天工业物流园区，用地21.5公顷。布局在南环路与湖天大道西南地块。以物流业为依托，发展物流加工产业，同时对现有产业进行深层次发展和延伸；鸭嘴岩工业小区，工业用地38.9公顷。以发展新材料、光、机、电一体化产业、林产品深加工产业、健康食品产业为主导；经济开发区加工工业用地，建成区工业小区（加工园区）：北起河西大道，南到绕城路，东接舞阳大道，面积为59.7公顷。招商引资形成加工园区，结合建成区现有的医药、食品加工进行产业升级和规模化集群，形成一处现代化、功能化、环保化的一类工业区。

远期工业小区（物流及加工园区） 规划面积为3.2平方千米，集中发展精细加工业和小型制造业。

商贸物流仓储区 新建物流园区，位于李家湾南、舞阳大道东、滨河大道西地块，用地2.45平方千米，规划建设成为集加工业、仓储、商品交易、货物联运、货物配送为一体的现代化物流园区，主要以商贸服务的物流为主。规划结合远期的工业用地和建成区的商贸用地布置货物配送中心，在经济开发区的河西大道、神龙东路路西北地块、城东新区绕城路东部地块、湖天区湖天南路绕城路北部地块规划三个大型物流配送中心。把湖天组团仓储区作为经济开发区物流中心和城中组团仓储区的备用地，注重园区的整体开发，高标准、高起点建设。

综合交通 增加新的交通干线及大型对外交通设施与区域交通发展战略接轨；建立与现代化城市相适应的，完善、协调、高效的综合交通运输体系，提高公共交通服务水平，改善交通组织。对外交通以怀化为中心，构建市域90分钟、组合城镇60分钟、核心区30分钟以内通达的综合交通体系，简称“90—60—30”交通系统。对外交通用地419.9公顷，占城市建设总用地的4.9%，人均4.9平方米。公路建设联系娄怀高速、沪昆高速与包茂高速的连接线，规划为城市绕城高速。除高速公路外，构成怀化市城市对外交通的公路网主要有320国道、209国道，312、224省道。形成连接市域内各县市以及省内外的公路交通枢纽。远期，320国道和209国道不从城市中心通过，远期沿外环快速路，将所有过境交通均组织到城区外围。长途汽车客站，规划五处，即黄花坪汽车站、汽车东站、汽车北站、汽车西站、高铁汽车站。长途汽车货运站，结合城市主要出入口和物流中心规划三处长途汽车货运站，分别位于经济开发区物流中心靠近绕城公路处、城中区红星南路与绕城公路交叉口西侧、城东新区石门路阳塘路东侧。

铁路　沪昆铁路通道实现客货分线；怀邵衡高铁线利用既有沪昆线引入怀化站，与渝怀线一起构成渝怀邵衡铁路通道；修建货车外绕线及怀化辅助编组站，枢纽最终形成客货分线、客内货外的环形枢纽格局。南解编组站和东解编组站在原东南编组站的基础上，东编解站货场规模100万吨，远期建成为一级三场的直达货物列车直接进入怀化东直通场，修建枝柳和湘黔线东北联络线和东南联络疏解线。

城区道路　城市道路广场用地1009.93公顷，占城市总用地的11.92%，人均11.92平方米；其中主干道道路网密度为1.91千米/平方千米，次干道道路网密度为1.65千米/平方千米。城市道路分为快速路、主干路、次干路、支路四级。道路系统形成“内外三环、六横八纵”的干道网系统。外环：联系国道、高速公路与城市内部过境道路的快速通道。中环：为正在兴建的绕城路（四方路—东环路—南环路—西环路）西接武陵路、芷江路、潕水路形成的主要组团的联系通道。内环：迎丰路、潕水路—舞阳路、天星东路、湖天路组成的老城区发展疏散环。南北向主干道：武陵路—潕水路—舞阳路、湖天路、顺天路、江秀路、卢林路、红星南路、锦溪路、东环路。东西向主干道：四方路—紫东路—坨院路—阳塘路、芷江路—迎丰路、鹤洲路—正清路、天星路—南环路。次干道板山路、月池路、金海路、人民路、花溪路、潘家田路、刘塘路、凉山路、园头路、大山坡路、青龙路、红星路、锦园路、锦溪南路、岩马路、板山路、安江路、通平路、金都路、神龙北路、紫园路、宝庆路—武陵路—武陵东路、滨河路、南寨路、山河路。

跨河、跨铁路通道　铁路涵洞增加3处，分别是江秀路、红星路、绕城南路立交。

跨河桥梁增加绕城南路、安江路、舞阳大道中方方向三座跨潕水大桥。停车场规划，2030年，公共停车场用地控制在75万平方米。城市中心区等用地紧张地段建设停车楼（库），服务半径为200米。各级中心区建设专业集中停车场，共8万平方米。规划公共停车场10处，每处占地面积1.5~5公顷。主要布置在行政区、商业区、城市出入口及城市汽车客运站等处。

按标准配置加油站，在市区范围内，其布点服务半径为0.9~1.2千米，服务面积为4~7平方千米，每处用地面积为0.4~1.0公顷。建设11个城市广场。

公共交通中心区规划的公共交通线路网密度应达到3~4千米/平方千米，市区公共汽车主要线路长度为8~12千米，规划公交线路在30条左右。设公交枢纽站五处，分别位于经济开发区舞阳大道与神龙路交叉口广场、火车站交通集散广场、市民服务中心广场、城东汽车站北侧、湖天大道与南环路交叉口东南侧。

二、单体规划编制

1999年，怀化市启动城市总体规划修编，组织规划设计专业技术力量，9月底完成单体规划修编并上报省政府审批，2000年1月，通过评审，2001年湖南省政府批准实施。围绕《怀化市城市总体规划（1998—2020）》，组织编制市政、环卫、园林绿化、公交、给排水、消防、燃气等专业规划及重点工程规划。2000年，路网规划通过省规划专家第一轮初评，湖天、河西、坨院、铁北、城中分区规划报省初评。完成沿河路、天星路、迎丰路、环城路、钟坡路、城东新区等修建性详规和控制性详细规划及防洪、消防等专业性规划编修和评审。2001年，编制完成河西、迎丰、湖天、坨院组团分区规划控制性详规，调整完善城中西兴街、斜水塘等详控编制。完成修建性详规20个，先后编制了城市道路网、环卫、太平溪绿化风貌及钟坡公园近期建设等规划。迎丰市场、天星广场、五溪文化广场、河西新世纪广场、火车站广场规划设计。

2002年，编制迎丰、湖天、河西、城东四大组团36.5平方千米的控制性详规编制并报批。编制了全市石油加油站行业规划；完成了迎丰中路街景设计，天星东路、锦溪南路、市政广场等重点工程规划设计和施工设计，以及市福利院、金鹰广场、市第一人民医院等30个修建性详规。2003年，重新编制迎丰、湖天、河西、城东四大组团41.8平方千米的控制性详规，报市政府批准实施，市区详规覆盖率达到80%。完成城市近期建设规划、明确了城市近期建设重点、建设规模和发展方向。编制了中方生态工业园详规以及潕水河、太平溪水系景观和火车站广场改造规划。2004年，编制完成城中、铁北15平方千米的控制性详规，生态市建设规划，经国家环保总局评审通过。50余个修建性详规中包括鹤城区鸭咀岩工业园、龙泉雅苑二三期、市人大院落、教师新苑、太平溪排污及香州休闲广场等和12宗政府储备用地规划。完成神龙路、金海路、平安路等主次干道规划设计工作，对城市近期建设提供了科学依据。审查审批了人口和用地规模论证报告，怀化钟坡山等风景名胜区保护区规划。

2005年，完成了湖南西部商贸物流规划编制工作，编制了市域城镇体系规划，编制了湘西地区城镇体系规划，明确怀化市为湘西地区一级中心城市的发展目标。组织编制天龙御园、学林雅园、怀电新苑、新源里等54个修建性详规。2006年，城中、城北控制性详规通过，迎丰路、人民路、潕水路、芷江路、鹤州路改造规划和街景规划，太平溪生态综合整治规划以及城市环卫、市场、停车场等一大批专业性规划，建成区控详规覆盖率达90%。编制和审批华天大酒店、富达·雍景豪庭、潕水生态家园、鸿瑞国际广场等20多个上规模、上档次的住宅小区和城市标志性建筑。

2007年，编制怀化市城市发展战略规划暨城市总体规划调整，“两路两水”控制范围城市设计。对天星东路、湖天大道、环城路化机厂至象鼻子段、太平溪综合治理、火车站站前广场改造、停车场建设、市区五个入城口改造、市区管道燃气建设、第二垃圾处理场、市污水处理厂、市体育中心、市公共图书馆等“十二大”城建重点项目的规划编制工作。组织编制了怀化市区住房建设、失地少地农民安置区建设规划，及时完成了市民服务中心、红星路改造、城东及怀化学院排污工程等所有开工项目的规划计划书。2008年，组织编制了城区教育发展，五大商贸物流区等专项规划，完成了体育中心、市民休闲广场、城南路、湖天北路、火车站广场改造等12大城建工程建设规划，以及城市主干道美化亮化等一批市庆项目建设规划，确保了重点工程建设的顺利实施。

2009年，投入1000多万元资金，组织编制了市域商业网点规划、商贸物流规划、加油站行业发展规划（调整）、医疗卫生行业发展规划、精神病医院发展规划、教育发展规划和三年行动纲要；“菜篮子”工程规划、生鲜超市专业规划、社区管理用房专业规划、城市公共交通专业规划、城市绿地系统专业规划、城市广告专业规划、太平溪改造景观规划、新商业步行街规划等一大批专业规划。相继启动了棚户区改造规划、潕水河综合治理规划设计、迎丰路美化亮化景观规划等专业规划的编制工作。邀请上海同济城市规划研究院对怀化整个城区进行了城市设计。启动完成迎丰、湖天、城中三大组团控制性详细规划的修编工作和经开区、鹤城区的城市街道规划及城东、经开区组团控制性详细规划的编制和修编。2010年，湖天、迎丰、城中、城东、经开区、铁北、杨村七个功能组团控制性详细规划修编全面完成，市本级城市规划区控详规实现全覆盖。组织编制了城市公园规划、城市社区规划、城市人防规划等专项规划以及迎丰路改造、潕水河综合整治、高铁怀化火车南站等重点项目修建性详细规划。通过规划对城市建设的调控和引导，进一步提升城市品位。

三、中心城区规划

住宅建设主要集中在迎丰组团、湖天组团，新区住宅建设以完整的居住小区及组团进行建设，城中区、城北区进行局部改造。

公共设施建设 建设怀化城市商业中心、文化行政中心和商务中心，包括建设市级行政中心和象征城市文化水准和档次的大型标志性文化设施，包括市博物馆、科技馆、市歌剧院、图书馆等，使之成为全市的文化中心；在湖天组团沿湖天大道建设商务办公、金融中心；城东新区建设五溪文化广场中心商业、文化副中心，包括区级图书馆、1座1000座规模的综合性多功能影剧院以及青少年宫等文化娱乐设施。老城对现有的公共设施挖潜改造改善外部环境，进一步提高使用效益。

绿地建设结合旧城改建和太平溪的整治，在有条件的河道两侧开展街头绿地；在迎丰行政文化中心结合市民广场建设适宜活动的公共绿地。绿地建设与城市文化建设有机结合起来，体现山水文化，体现城市特色，完善“三轴、两沿、三连”绿色城市开敞空间系统。“三轴”为 㵲水、太平溪绿化景观轴、城市中心意向轴。“两沿”，即“沿河、沿山”。三连为“连接、连片、联动”，把公园绿带连接起来，形成整体环境效益，建设上也能承前启后，滚动发展。

加快老城区内原有工业企业的搬迁。

建设出城快速道路 建设绕城线、包茂高速、长怀高速及连接线。

城市道路 建设湖天北路、天星东路、顺天南路、金海路、紫东路、黄古园路、花溪路、锦溪大道。穿（越）铁路隧道：鹤州路—正清路隧道、湖天北路隧道、顺天南路隧道。

中心城区远景发展设想用地规模 2040年升至200万人，用地规模达150平方千米。

产业的基本发展方向技术密集型的高新技术产业占主导地位。三大主导产业（食品、造纸、纺织）稳步发展，但所占比重和地位下降。加大第三产业比重，努力成为区域的信息、金融、技术创新中心。

用地发展方向主要在迎丰北部和杨村南部拓展，其生态价值更加凸现。

城市布局结构组团型山水城市的框架进一步深化，完善各个组团的配套服务功能。形成“四心主导，多心辅助，八片生长”的城市结构。

第二节 乡镇、村规划

1989年《中华人民共和国城市规划法》颁布实施以后，城市规划建设与小城镇及村镇规划建设同步进行。1991年，怀化市辖22个乡，5个建制镇，5个街道。1992年，桐木乡村镇规划建设达标，1993年，通过省建委检查验收合格。在此基础上，集中抓中方、排楼两个新型集镇的规划建设工作。排楼镇还被列为怀化地区小城镇建设的试点。

1995年，集中力量抓集镇建设。安排人力、物力和工程技术人员，完成中方、泸阳、铜湾、黄金坳、桐木5个镇和下坪、黄岩2个旅游区的总体规划和详控规划。

1997年，完成石门乡金海文明样板村16.88公顷，鸭咀岩农民新村4公顷的详规编制工作。完善中方、铜湾、黄金坳3个建制镇人口、用地规模的分析论证。编制泸阳镇总体规划，泸阳镇小城镇规划，总人口2.6万人，总用地面积2.9平方千米。调整5个建制镇的总体规划，着手编制中方、排楼2个镇的详细规划和小区规划。桐木乡的集镇建设先行示范，树立样板，推动全市集镇建设。建立5个建制镇和石门、盈口、杨村等7个乡的建设管理站，配备建管站助理员，加强对小城镇和村庄规划建设的领导和管理。

1998年撤地设市后，规划上收市里。市规划局设鹤城分局为派出机构。只负责鹤城区8个乡镇和城东新区的规划建设联系工作。2000年区建设局和规划分局完成了鸭咀岩集镇的总体规划和详细规划，并在同年10月，经省人民政府批准鸭咀岩撤乡建镇。

2007年新的城市规划区调整后，鹤城在乡村规划建设中集中力量，第3次完善编制黄金坳小城镇总体规划和详细规划。对石门乡金海村、双村村按照省政府批准的建设社会主义新农村样板村的要求，进行了多次总体规划和详细规划。双村村，被省政府命名为“社会主义新农村建设示范点”。根据国土资源部和建设部的要求，对辖区乡村的耕地进行普查保护。对集中联片的重点农田区，竖立碑牌。确立“基本农田保护区”的位置、范围和红线图，防止和扼制村民建房中乱占耕地、乱占农田的现象。

城市规划区内城镇发展黄金坳镇、贺家田乡、凉亭坳乡、芦坪乡，远景发展成为城郊新城。

第三节　规划管理与执法

一、规划管理

1993年，在落实《中华人民共和国城市规划法》，开展“城管年”活动，治理城市脏乱差状态，规划管理中受理建设项目，并予以处理。

1995年4月17日，全市城乡建设工作会议召开，确定未来几年城市规划建设管理工作的奋斗目标，印发《怀化市人民政府关于城市规划管理的规定（暂行）》。规定列了六章共四十六条，对规划编制与审批、建设用地规划管理、建筑规划管理、奖励与处罚均作专章规定。1995年4月份定为宣传月，在火车站广场、中心汽车站前、影剧院前坪、三角坪电影院前坪等繁华地段进行宣传咨询活动，将怀化市编制的总体规划图、部分小区详图及办理“一书两证”和“建筑施工手续”的程序向社会公开，让市民知晓。咨询活动持续一周时间。边宣传边治理，治理中采取两个手段：

行政手段　按照城市规划和必要程序，坚持各项建设活动核发“一书两证”（选址意见书、建设用地规划许可证、建设工程规划许可证）制度，保证合理用地、依法建设，确保城市规划的实施。1995年上半年共核发规划用地许可证98份，规划用地面积18.28万平方米。其中，单位36份，面积15.74万平方米，占总面积84.6%；核发建设工程规划许可证146份，建筑总面积16.51万平方米，其中单位85份，建筑面积12.92万平方米。对历年来违章违法占地和建房继续进行清查处理，对其中不影响城市规划的，先按规定进行处理，再给予补办有关手续；对城市规划有影响的，不补办手续。1—7月，清查补办规划用地许可证29份，用地面积1.16万平方米。其中，单位4份，用地0.22万平方米。清查补办建设工程规划许可证170份，建筑面积12.77万平方米。其中，单位73份，建筑面积10.96万平方米。共收取市政配套费347.2万元，规划管理费17.86万元，零星测量费8.73万元，道路押金71.45万元。

法制手段　即加强批后管理以及对违法违章建设的查处工作。城市规划监察和城建行政案件执行室采取分片负责的办法，实行一案一卷的文书制度和三级审批的程序制度。狠抓“两违”建筑整治，使规划监察工作逐步纳入规范化、法制化的有序管理轨道，并取得突破性的成效。1—7月份，规划监察共查获违法违章建筑187起，立案187卷，其中，158起受到经济处罚，罚款33.42万元。对严重影响城市规划的“两违”建筑申请法院强制拆除的有29处，同时改变以往“以罚代管”为“一管到底”。督促催补有关手续，补交各种规费33万余元，城区的“两违”建筑查处率达100%。城建行政案件执行室共受理“两违”案件20起，其中，申请法院强制执行1起，追缴城市配套费41.51万元，人防结建费5万元，无一件错案。其中，怀化地区制革厂异地改造工程，违章建筑面积达3.1万平方米，历经数年悬而未结。执行室从1994年10月份正式立案调查，1995年5月，经行署领导批示，责令该厂补办建设手续，并处罚款，此案终得了结。

充实和加强规划管理队伍　1996年，内设机构：规划设计12人，规划管理24人，规划监察队33人，城建案件执行室9人，合计78人。人员素质和业务技术能力也不断提高，四个机构集中统一管理，既有具体的职责、职能分工，又有协调配合。提高工作效率和管理水平，保证规划工作的顺利进行。

1997年城市控制性详细规划合格率达70.68%，共核发规划用地许可证67份（本），用地面积25.68万平方米。核发建设工程许可证175份（本）。

1998—2010年，规划管理中坚持集中、统一原则，积极协调开发区、重大建设项目的规划管理。实行规划动态管理，建立数字化管理系统，提高规划管理水平。2000年，出台《怀化市城市规划行政技术规定》《地形图使用管理办法》《装饰装修工程规划审批报建规定》《城市户外广告规划审查规定》，进一步完善城市规划管理制度和技术规程。2002年实行规划评审制度，是年召开规划评审会议26次，完成规划设计评审会议34项、建筑设计方案评审202项。2003年，建立快捷办事制度，限时办结、责任追究，规费减免、集体审批、现场办公等管理制度，实行规划技术评审、建筑设计方案评审制度。是年，共召开规划技术审查会议31次，评审规划设计项目80个，进一步优化规划设计方案，提升城市规划水平。2004年，统一上收鹤城区建设局乡镇建管站人员，进一步理顺市本级与鹤城区规划管理体制。全面推行政务公开，“阳光”规划，提高行政效能。建立健全规划审批公示牌、正副本发放、项目竣工综合验收备案等管理制度。2007年，相继在经开区城东设置规划分局，实现城区规划集中统一管理。2008年制定《建设工程批后管理暂行办法》《建设工程规划验收管理规定》《行政审批过错责任追究制度》。

2009年5月，《怀化市城市规划管理技术规定》正式颁布实施，规划管理实施、规划管理技术有章可循。2010年，建立“一项规定、十个程序”标准化管理体系，建立健全规划和建设工程设计方案招投标、规划和设计方案招投标办法。

二、规划执法

1991—1998年，依据《中华人民共和国城市规划法》和地方性规定，建立城市规划监察室和城建行政案件执行室，对严重影响城市规划建筑，申请法院强制拆除。1999年始重点是查处“两违（违法用地、违法建设）”建筑，是年共查处17起、面积1500平方米。其中，强制拆除2起、面积120平方米，申请法院强制执行1起、面积60平方米，此后严厉查处“两违”建筑。2003年，市人大城环委、市政府城建办、市建设局、市规划局联合组织开展全市规划执法大检查活动，共查处未报先建、少报多建、变更设计方案等违章建筑52起，其中，拆除严重影响城市规划的违法建设15起，建筑面积1490平方米。2004年，建立违章建筑控制体系，出台规划执法“六条禁令”和“六个不准”。2007年，职能调整，将规划批前管理划出到新成立的城市管理行政执法局。2009年，开始实行规划技术鉴定，是年出具规划技术鉴定85宗。2010年，制定《关于加强规划执法的若干规定》，实施案例集体审查制度和对重要地段批前违法建筑提前介入制度。采取违法建设项目法人约谈方式，坚持“严管、严罚、严拆”的方针。

2000—2010年，鹤城区查处违反规划审批内容的建设项目1205起，违章总面积49.78万平方米，其中拆除305起，面积8.02万平方米，罚款1811万元(不完全统计)。

第二章　城市交通

第一节　城区道路

1990年，城区共有各类道路29条，总长44.84千米。经过20年建设，城区主次干道发展到163条，总长近150千米，背街小巷323条。

城市道路建设在1990年后，有两个快速发展阶段，第一阶段：20世纪90年代初，湖天、河西两个开发区相继开工建设，城区道路得到快速发展。第二阶段：1998年撤地设市后，城区急速扩张，城区道路建设快速扩张。

一、城区老街道

人民路　从天星大厦至迎丰路与铁北路相接，南北走向，南通沿河路，北通宝家山，全程1738米。是怀化城区最古老、人流量最大的一条商业主干道。1963年开始修建，1972年，全线接通，路幅宽12米。1980年，拓宽中心汽车站至铁北路300米，路幅宽28米（称人民北路），1990年，人民南路全面改造，路面拓宽至40米，为三块板造型，是市区第一条设置绿色隔车带的繁华商业街道。人民路两侧有中心市场、飞达商业广场、佳惠超市、人民影院、大润发购物广场、新天地广场、凯邦万象城、怀化大厦等大型商贸购物中心，商楼林立，每天人流量在10万人以上，人称怀化第一街。

迎丰路 是怀化市区东西方向最长的一条城市主干道，全长8279米，西起麻阳路口，连通 㵲水路、芷江路、武陵路，东过石门城东汽车站，接通芦林路及城东新区，是320国道在城区的一段，并连通209国道。1972年兴修，挖山填沟，搬运土石方6万多立方米，打通火车站东西出口。通过了3次改修，1985年，建成迎丰西路和迎丰中路，全长4150米。1988年拉通板桥至石门汽车东站的迎丰东路，全长4129米。至此，迎丰路总长8279米，成为怀化城市的脊梁骨，迎丰西路靠近火车站、汽车站和嫩溪垅自贸区，是人流物流和商贸繁华地带。迎丰中路是（地）市委和各大机关、三中、三完小、四中和工行、建行等各大单位驻地，迎丰东路为安江纱厂、03厂等工厂和怀化学院、五三五医院等院区，并连接城东新区。

红星路 北起太平桥，南至湖天桥，全长3470米。1972年新建，当时路宽仅8米，为一块板造型。是怀化城区连接北四县（沅陵、辰溪、麻阳、溆浦）和南四线（洪江、会同、靖州、通道）的唯一道路，也是209国道的城区段，并连通320国道，过往车辆多，人流拥挤。1991年9月，对红星路进行全面拓宽改造，总投资1870万元，怀化市的居民和部队，以两年的副食补贴近1 000万元，支援修路，1992年10月1日，建成通车。路面宽42米，为三块板造型，建时有绿化隔离带，高温沥青路面，命名为“军民共建红星路”。

㵲水路 北起麻阳路，南到 㵲水一桥，全长1100米，1993年，动工拓宽改建，路面宽80米，双向8车道，3块板构造。㵲水路北接武陵路、迎丰西路、芷江路、南接 㵲水一桥，是通往河西经济开发区的主要通道。㵲水路西接三角坪榆市路，与人民路、迎丰西路，组成怀化老城区核心商贸圈的内环线（一环），沿线有纺织品市场、副食批发城、东兴商贸步行街、中心市场、蔬菜批发市场、水果批发市场等。每天商贾云集，车流人流如织，是怀化城区最繁华的街道。

武陵路 南起麻阳路口，北至象鼻子立交桥，连通209国道，全程2970米。始建于1960年，后经多次改造。武陵路沿线有嫩溪垅自由贸易区和怀化铁路分局机关等单位，是进入钟坡山公园的主通道。由于房屋修建时，道路预留路面太窄，若重修拓宽，拆迁面积大，改造成本太高；此路成为怀化城区最窄最堵的一条路，对铁北区域5万多居民出行造成较大的不便。

芷江路 东起麻阳路口，西止盈口大米厂，连通320国道，全长2441米。1995年进行第一次改造，中间留有隔车带花台，路面狭窄。1998年，进行拓宽造，路面双向6车道，三块板结构。芷江路是通往芷江机场和云贵两省过城通道，车流量高，交通压力大。2008年，沪昆高速开通后，情况有所改观。沿线设有怀化汽车西站，从芷江路可上怀化西高速出入口，直通包茂、沪昆高速。

正清路 西起红星桥，接通红星路，东至杨村，全长4020米。1988年建成，1992年，红星桥改建，正清路拓宽至60米，双向8车道，沿途有正清制药厂、化工厂、市中医院等单位，并与湖天大道呈十字相交，将成为接通高铁怀化南站的城市主干道。

锦溪路 南起怀化医专连接正清路，北至迎丰公园接通湖天北大道，在迎丰市场与迎丰路呈“十字”交会，全长3077米。锦溪桥至医专为锦溪中路，沿线有第一人民医院、怀化医专、五〇七厂等单位。迎丰市场至迎丰公园为锦溪北路。沿线有武警支队、怀化电大等单位。1998年建成，路面较窄，仅4车道。后经多次改造，但路幅无法拓宽，交通比较拥堵。

榆市路 西起三角坪接 㵲水路，东至天星坪接天星西路、㵲水二桥、府星路，全长1300米。榆市路是怀化最早的公路，1938年，修建怀黔公路，榆树湾三角坪是连接芷江、辰溪、通往黔阳安江的交通枢纽。榆树湾、三角坪是怀化城市发展的起源地。县级怀化（县）市委、武装部、市一中、一完小、市三医院、中心市场、东兴商业步行街、和原床单厂、针织厂等企事业单位分布榆市路沿线。人口密度大，是怀化老城区的中心。但此路路幅仅4车道，路面窄，车流人流量大，是怀化老城区的交通瓶颈。

鹤洲路 是市区修建和定型最早的街道之一。

因怀化历史上曾为鹤洲之名，为纪念这一历史，故将这一街道定名为鹤洲路。北接火车站广场，南经人民路至梨园路口，长1550米。双向4车道，路幅宽度25米，其中车行道宽15米，人行道宽10米，沥青路面。1981年动工建设，1983年建成。1989年完成首次改造。鹤洲路建成后即为主要商街。沿街商铺林立，以门面租金高、品牌商品多而吸引大批购物者。

府星路　南起天星坪，北至市政府（怀化市（县级））与人民路交会，全长1300米。1986年拉通660米，1995年全线通车。是潕水二桥、天星坪进入中心市场的便捷通道。路幅为双向四车道，人民路小学、鹤城区人民医院、盈口乡政府等单位分布于沿线。

铁北路　南起市环卫处，接通人民路、迎丰西路，北至铁路医院连通武陵路，全长2500米。路面窄，仅2—4车道，是铁路分局连接机务段、水电段、车辆段和铁一中、铁一小的区内次干道。1980年建成，社会车辆很少进入，仅开通108路公交车。

沿河路　始建于1991年。东起红星南路，西至潕水三桥，长6330米，道路宽24米，其中，车行道宽14米，两边人行道宽各10米。是城西与城南重要交通要道。

以上13条城市老街道构成老城区主次干道，由怀化市（县级）修建、改建完成。形成怀化城区核心商贸圈的交通网络。人流、车流流量较大，形成了怀化老城区城市交通的骨架。

二、环城路

内环，老城区疏散环，由湖天南路、迎丰路、潕水路、舞阳大道、天星路构成，是城市中心区。2007年12月成形。

中环，由国道320绕城公路闭合圈，由四方田经杨村、黄花坪、河西、钟坡后山、城北至四方田，联通城区各组团，全长23.2千米，1999年开工建设，2011年6月完成。

外环，城区绕城高速公路，2010年开工，全长58千米。

三、五横七纵主街道

1999年，重新调整城市规划后，城市道路布局进行了重大调整，形成五横七纵街道格局。

“五横”，系东西向主街道，分别是紫东路—坨院路—阳塘路、芷江路—迎丰路，鹤洲路—正清路、天星路、南环路，其中芷江路—迎丰路、鹤洲路—正清路在1997年前建成。

天星路2006年动工兴建，2007年建成，西起天星坪，东至杨村环城东路，全长4775米，路幅宽80米，双向8车道。

紫东路—坨院路—阳塘路，其中，紫东路起点为迎丰东路，终点湖天北路，总长2391.63米，路幅宽45米，双向8车道，于2008年开工建设，2010年10月建成通车；阳塘路，全长2191米，路幅宽42米，双向6车道，2011年开工。整体街道另一段坨院路正拟建中。

南环路，东起环城东路南端，西止兴业大道，长约4800米。

“七纵”，城区南北向街道，分别是泸林路、东环路、顺天大道、锦溪路、湖天大道、红星路、武陵路（原麻阳路）—潕水路—舞阳大道，其中，武陵路、潕水路、红星路、锦溪北路在1997年前成型，后经提质改造。

湖天大道，1996年，修建连接迎丰中路与正清路段，2007年4月，将该段向南延伸至南环路，2008年从迎丰路向北延伸至北环路，全长6563米，路幅宽80米，双向8车道，总投资4.4亿元，2010年2月建成通车。

顺天大道，全长5802米，由顺天北路和顺天南路两段组成。顺天北路起于迎丰东路，止于北环路，长3134.92米，2009年开工建设，2011年10月竣工。顺天南路起于天星东路，止于迎丰东路，全长2666.95米，2008年5月开工，2010年12月竣工。全线路幅宽45米，双向8车道。

泸林路，全长3083米，其中，南端1727米，路幅宽100米，双向8车道，2000年开工建设，2002年建成，总投3726万元。北端1346米，2011年开工建设，双向8车道。

东环路，怀化环城路中的一段，从迎丰路立交桥至怀化医专，全长6250米，双向6车道，

1999年2月动工，2005年9月建成。

锦溪南路，全长2800多米，北起怀化医专，南止于高堰路。

除了上述主干道外，各片区建有相应的主干道。紫东片区有紫东路、府前路、平安路；城南片区有刘塘路、高堰路；城东片区有金海路、船林路、富发路、顺意路；河西片区有环城西路、神龙路、德善路、顺达路、吉祥大道、如意大道等。沿㵲水河西岸有滨江路，东岸有沿河路。

在街道建设中，为使其整齐规范，新建过街地下通道。

2010年末怀化市鹤城区街道地下通道及设施一览表

表2–2–1

序号	通道名称	所在道路	长度（米）	人行道结构	人行道宽（米）	人行道面积（平方米）
1	湖天北通道	湖天北路	35.40	麻石板	4.0	141.60
2	天星路通道	天星东路	217.20	麻石板	5.9	1281.48
3	火车站通道	迎丰路	30.30	麻石板	4.1	124.23
4	步步高通道	迎丰路	280.00	地面砖	4.0	1120.00
5	太平桥通道	迎丰路	30.30	麻石板	4.1	124.23
6	三中通道	迎丰路	30.30	麻石板	4.1	124.23
7	四中通道	迎丰路	30.3	麻石板	4.1	124.23

第二节　城市交通

一、公共交通

1990年，怀化城区共有公共汽车46辆，开行营运线路11条，总里程50千米，年客运量2396.7万人次。

随着城市的发展，人口的增长，公共交通得到不断的发展。1998年，公共交通总公司划归地级怀化市建设局管理，是年共开通营运线路20条，营运车辆203辆。2000年，公交营运线路增加到23条，营运车辆达252辆，司乘人员、管理人员达1000多人。为便于管理，提高运营效益，根据运营线路，将总公司拆分为4家分公司，各分公司单独核算，上缴税收和利润。为节约人员开支，试行运营一条无人售票线路，随着无人售票试运营成功，该线路采用无人售票车，为配合无人售票车，2003年推出公交IC卡，并逐步开行空调车。至2008年，运营线路达39条，运营车辆350台，总营运收入6519万元，总营运里程为2436万千米，是年试行GPS系统进行管理和调度，次年全面实行GPS系统管理。2010年营运线路增至41条，营运车辆达375台，所经站点1062个，营运总里程2374万千米，客流量7339万人次，总收入6605万元。

二、出租车

20世纪80年代中期，城区出现私家车跑出租，1990年城区有115辆出租车。此后，从事客运的三轮车（俗称慢慢游）、摩托车、中巴车增多，街道随处可见三轮车、载客摩托车，中巴车也任意停车上下客，在给居民出行带来方便的同时，给城市交通秩序也带来极大的影响，1994年，对上述载客车辆进行整治，取消三轮车、摩托车载客，中巴并入相关公司管理，城区交通秩序好转。1996年8月，对出租车客运进行整顿，要求所有车辆必须持证经营，不得乱收费、乱抬票价、必须实行打表计程收费、统一安置顶灯标志，后来实行“六统一”（统一专用号牌、统一车身颜色、统一营运标志、统一安装计价器、统一安装安全隔离护栏、统一公示投诉和监督电话号码），300余辆出租车，通过规范管理，各种乱象得到扭转。为加强对出租车行业管理，交通局于2001年10月成立客运出租汽车管理办公室。通过规范稳定发展，2010年出租车运输企业共有5家，车辆800多辆。

第三章　市政设施

第一节　供水排水防洪

一、供水及管理

1990年，成立水资源管理机构，将铁路分局、建南机器厂等93家企业单位自有供水设施纳入市建委统一管理。自来水公司敷设供水干管，300毫米以上主干管增加到21千米。随着城区面积不断扩大，经济社会不断发展，自来水供需矛盾逐步增大。

新建第二自来水厂，建于1979年豹子湾水厂，设计日供水能力为5.2万吨，1981年，日供水最高达到7.2万吨，处于超负荷运行，于是决定新建第二自来水厂。1993年，选址在离城区5千米的㵲水河上游，盈口乡凤坪村境内，使取水口避开了城市污染。征地175.4亩，规划设计日生产能力20万吨（分两期建设），一期工程于1993年7月21日破土动工，设计日供水量10万吨，总投资1.28亿元。投产后，市区供水范围扩大到18平方千米，占城区面积的78.26%，用水人口达16万人，占总人口的60%。在建设过程中，由于国家投资资金有限，市政府财政不堪重负。1995年，全市企事业单位、机关、学校、社会各界发行二水厂建设债券1200万元。截至2010年底，二水厂有技术骨干和工程技术管理人员59人。

管网建设　1994年初，开始铺设二水厂至城区供水管道，双管DN1200毫米，全长7.3千米，其中，跨㵲水河管道长155.3米，管重47吨。此后，对主城区管线进行改造。1999年，迎丰中路铺设DN600球墨铸铁管675米，完成红星桥跨桥，新街路口至红星桥、湖天开发区、正清路等地DN1200管线的铺设，城东建设临时加压站。2001年，为了加快城市管网配套工程建设步线，申请国债1000万元，当年完成投资600万元，建成沿河路、府星路、河西路、芷江路、城东新区等各种输配水管线几十条，总长度达5千米。2002—2005年，各年分别申请国债500万元以上，铺设DN100~800管线，共长10.2千米。

2006年，市供水公司由市建设局管理划归市公用事业管理局。城市供水管网得以加速建设，2007年，完成2000万元投资，完成15.49千米的铺设，2008年分别完成450米DN600、3370米DN400、1040米DN300，各型管道铺设。是年10月，新建华天加压站，装机容量30千瓦。2009年完成4000多万元投资，拉通湖天路、天星东路等9条主要管道工程铺设。2010年完成各类管线铺设10条，总长12.2千米，总投资2021万元。

供水公司　1998年撤地设市后，上收为市建设局管辖，2006年归市公用事业局主管。公司从1991年的150名干部职工，发展到2010年的375名，由13个下设部门构成（1995年已上升到15个）。生产经营主要以水质综合合格率、修漏及时率、水费回收率作为主要考核指标，长期坚持质量标准。

2010年，城区日供水综合生产能力（包括自备水源）为31.40万吨，年供水量共计4861万吨。

城区水价。1999年，水价分类从二类调整为五类，2010年仍按五类定价，即居民生活用水、行政事业用水、工商企业用水、经营服务用水、特种行业用水，水价分别为每吨1.65元、1.73元、1.82元、2.97元、6.60元。

1991—2010年城区供水公司生产情况表

表2-3-1

年份	供水量（万吨）	产值（万元）	合格率%
1991	1270	387	98
1992	1500	460	99.2
1993	1647.4	553.9	98.6
1994	1666.8	585	98.6
1995	1764.47	628.87	98.6
1996	1764.47	628.87	98.6
1997	1543.5	649.44	98.6
1998	1570.12	791.71	97.6
1999	1642.34	935	97.6
2000	1604.178	2368.3	98
2001	1666.1	2372	98.8
2002	1667	2262.58	99.6
2003	1752	2700	99.4
2004	1872.7	2642	98
2005	1908	2752	98
2006	2125	3501	99.7
2007	2125	3501	99.7
2008	2312.3	4022	99.5
2009	2401.9	4787.82	98.3
2010	2508	5298.97	99.4

二、排水

1990年前，城区各类排水设施孔径不大，还有部分陶土管，大部分街道还是雨、污混合排放。1991年始，对原有排水管道进行更新，至1995年，街道排污与排水大都实行分离，仅有迎丰东路、锦溪路、正清路、沿河路、府星南路还采用雨污混流排放。随着城市快速发展，原有的排水系统局限性逐步显现，原以小街小巷设计的排水规模，难与人口和经济增长相适应，尤其是1996年特大洪水，因排水不畅，造成12条街积水。针对上述情况，1997年始，对城市排水系统进行改造，并要求新建街道要按50年一遇的特大洪水安装排水设施。截至2005年底，城区新建更换Φ400毫米以内排水管道17.36千米，Φ400毫米以上排水管道98.84千米，下水道拱涵14.21千米。2006—2010年，新建排污管道103千米，增铺排水管道79千米。2010年底，城区共有各种排水主管道60条，排水管涵总长340千米，其中，雨水、污水、污水混流管道180千米。各类排水检查井8300余座，雨水井6200座。

三、防洪

市区平均海拔约220米，部分机关学校、居民小区、公共设施分布于210米以下的低洼地域。流经市区的㵲水河、太平溪，每逢春夏多雨季节，水位便会暴涨。1978年至20世纪80年代，维修加固市区水河的部分堤岸。但抗洪能力仍低。1994年10月，遭受特大洪灾，市区㵲水河水位上升8.98米，超历史实测水位1.35米。洪水冲垮施工中的㵲水大桥立拱支架，毁坏二水厂、怀芷路、迎丰西路等基础，直接经济损失超过500万元。水上乐园全园被冲毁，损失达220万元。洪水过后，对损坏堤岸维修加固，并开始着手规划实施新一轮堤防工程。1999年9月至2001年5月，市水利局组织实施太平溪一期（左岸香洲大桥–湖天大桥段）和二期堤防工程（太平溪左岸锦溪桥–香洲桥段、岩偃溪出口段）堤身采用浆砌石挡墙型式，顶部宽1.5米，底部宽7.0米，高11.4米，长946米，总投资950万元。设计防洪标准为50年一遇。

2004年7月19日，因强降雨，市区三分之一面积受淹，最高水位深达6米。灾后，市政部门购置防洪排水联合疏通车及防洪排水管道清淤抓斗车各一辆，对防洪排水设施重新清理和疏通。是年8月，市水利局组织建设太平溪三期堤防工程（太平溪左岸湖天桥上游华夏湖天地段），施工标准与一期、二期相同，全长327米，投资400万元。此后，市城建投资公司分别在2006年、2010年同步实施太平溪、㵲水河综合治理工程。其中，太平溪左右岸防洪工程（红星桥下游至老湖天桥段）为亚行贷款项目，防洪标准为五十年一遇，㵲水河左右岸防洪工程(㵲水一桥至㵲水四桥)，防洪标准为100年一遇。2010年底，市区防洪堤总长27千米。主城区左右两岸两个保护圈已基本形成。

第二节　供电供气

一、供电

1991年，三角滩电站首台机组投产并网发电，供电范围涵盖河西经济开发区及市区部分区域。1998年4月，鹤城区供电公司成立，负责河西新区、黄金坳镇、石门乡、鸭嘴岩镇、芷江路、沿河路及城南部分区域供电。2002年5月，怀化电力集团新建城中供电分公司、城东供电站、鹤城供电分公司，其中，城中供电分公司下辖长泥坡、湾潭、城中三个变电站，10千伏供电线路18条，总长144.7公里在，供电营业区域占市区面积的七成。城东供电站负责城区湘黔铁路以东、迎丰东路、锦溪北路、城北区、城东新区、石门乡等区域供电。鹤城供电分公司负责29个自然村及市二水厂。是年，市区用电总发电量11.29亿千瓦时。其中，工业用电6.17亿千瓦时。居民（含部分农村居民）生活用电2.91亿千瓦时。2004年11月，建成110千伏长泥坡综合自动化变电站，为全市首座无人值守电站。

2006年6月，开始实施供电管线全面入地计划，共斥资1.1亿元，改造芷江路、舞水路、人民路3条主干道管线，翌年2月完成入地，铺设强电电缆27公里，安装高压分接箱109个、高压器71个。此后管线入地延伸至所有主次干道。至2010年底，12条主干道10千伏输电线路全部下地。当年城区用电总量21.35亿千瓦时，其中，工业用电9.34亿千瓦时，居民生活用电2.54亿千瓦时。

二、路灯

20世纪90年代，城区路灯都是电力寄杆灯，全都是贡灯、白灼灯。为了扮靓城市夜晚，90年代成立路灯管理所，专司路灯安装、维护之职。1993年底，在人民天桥中心竖起高30米的星球式高杆灯；1994年，将火车站广场高杆灯更换为32米的伸降式电杆。1995年，在各主要街道新装路灯2000余盏，随后每年在各街道安装上千盏灯。1998年，主要街道新置专用水泥路灯电杆。2000年，迎丰路首置10米专用金属路灯电杆，随后几年，新增街区、老街道全都安装或更新统一标准金属电杆，至2005年，城区共有公用路灯5580盏，电缆线路共长96.91千米，架空线路6.98千米，开关箱78台，总功率2257千瓦。在建设照明路灯的同时，将城区景观灯纳入城区设施建设内容，先后建设了五溪文化、天星广场、香洲广场及沿河路、滨江路等大型公共景观灯。景观灯以钠灯、金卤灯、礼花灯为主，造型各异，每到夜晚城区各处流光溢彩。至2010年，城区道路装灯率达98%，共有路灯9000余盏，路灯电缆总长490千米，路灯控制箱160余台，路灯检查井4100余口，总功率2600千瓦。

与路灯建设相配套，为路灯管理所配套高空作业车3辆、巡查车1辆、检修车1辆，以确保城区路灯得到及时维修和抢修。

三、供气

1986年5月，怀化铁路总公司液化气站竣工投产，为市区首家液化石油供应站，开始仅向内部职工供气。

1991年，湖南（怀化）中民燃气有限公司（前身为原国有企业怀化市燃料总公司所属液化气分公司液化气站）成立，当年燃气储罐总容量为600立方米。1994年，怀化铁路总公司液化气站投资1400万元，建大湘西地区（怀化、张家界、湘西自治州）最大的液化气储备库，储罐总容量911立方米，拥有铁路专线，开始对外经营，供气用户从5万户逐步发展至10万户，年供气量从2500吨增至6000吨。1995年，怀化行署成立燃气管理站，负责全区生产的燃气、燃具质量检测。1996年，行署召开第一次全区燃气管理工作会议，开始整体规划区内燃气事业发展，城区开始逐步淘汰原煤燃料，推广使用罐装液化气。1999年，市区气化率达80%以上。

2000年，怀化市人民政府启动管道液化气项目试点前期工作。引进重庆华帮能源科技有限公司、北京中民燃气有限公司、新奥（中国）燃气投资有限公司等外来投资企业。2001年，市区燃气（液化石油气）供应总量9048吨，2004年回落至6500吨，2007年增至18400吨。2008年组建怀化新奥燃气有限公司，开始推广使用更加洁净的管道燃气。2010年，完成城南青山溪储配站建设，以及红星路、正清路、香洲路等城区输配管网配套。是年10月1日，市区瓶装燃气行业通过合资、重组、收购等方式进行整合，由怀化中民燃气有限公司统一经营管理，74家供气网点优化为7家。当年市区液化石油气供气总量18880吨。其中，家庭用量11870吨，占用气总量的62.87%。建有液化石油气管道6670米、天然气供气管道1.65千米。

第三节　环卫设施

一、机构设置

1979年5月，怀化市始设怀化市环境卫生管理所，1983年9月，更名为怀化市环境卫生管理站，1985年更名为怀化市环境卫生管理处，1997年8月，环境卫生管理处更名为怀化市市容环境卫生管理处。

1997年12月，撤地设市，环卫处上收市里隶属市建委管理，由正科级升格为副处级事业单位，恢复怀化市（县级）环境卫生管理处的名称。内设机构有办公室、计财科、人教科、设施建设科、业务科、科研室、渣土管理办共7个科室，二级机构有城中、迎丰、红星3个所和环卫监察中队等。

2006年，怀化市环境卫生管理处改属市公用事业管理局管理。内设机构：办公室、人教科、计财科、业务科、设施科、法制监察科、科研室、纪检监察室。下设城中所、红星所、迎丰所、城北所、湖天所、清运大队、监察大队、第二垃圾场、城市生活垃圾处理费征收办公室。2010年3月，增设环卫清洗大队。

鹤城区环卫所　鹤城区环卫所，为鹤城区城管局的下属机构。全所成立时有职工35人，后增至63人。业务范围：负责城东片区的大道清扫、垃圾清运工作，清扫面积为80万平方米，日清运垃圾35吨。协调各办事处的背街小巷的清扫保洁工作，清扫保洁工共有500多人。

湖南怀化经济开发区环卫所　全所有职工211人，业务范围：负责河西范围的清扫保洁、垃圾清运工作。清扫面积为110万平方米，日清运垃圾70吨。

二、环卫基础设施建设

垃圾场建设　1998年，随着城市的发展和人口的增加，垃圾量急剧增长，投资200多万元对杨村垃圾场进行改造和扩建，增修挡土墙和污水处理池，对垃圾进行清运填埋和覆盖黄土等无害化处理。

2000年后，杨村垃圾场垃圾堆放已经饱和，2001年开始筹建第二垃圾处理场——池回垃圾处理场。投资3674万元，征地281.5亩，其中，填埋场地225亩，进场道路42亩，垃圾场工作场地14.5亩。建成后，第二垃圾场总容量500万立方米。工程于2001年8月31日正式破土动工，到2005年7月主体工程竣工，开始场内配套设施建设，铺设防渗膜12.5万平方米，铺设HDPE管500米，收集导排垃圾渗滤，修建排洪沟2200米。修建垃圾挡渣坝。计划分三期进行，2007—2009年完成第一、第二期工程，可容积垃圾2.1万立方米。第三期修建渗滤液处理站，购置生化处理系统设备。2010年12月，对渗滤液系统进行改造升级，设备安装完工。完成气体导排工程，修建垃圾计量磅房。

公厕建设　1984年前，城区火车站、汽车站、工厂、商场、宾馆、医院、学校、电影院、剧院、文化广场、公园等建有公共厕所几百处，都对外开放，免费使用。1984年，市政府拨款2.4万元，在三角坪新华书店旁修建怀化市第一座水冲式公共厕所，面积80平方米，蹲位18个。此后，采取政府拨款、单位捐款和在怀化基建队捐建等措施先后修建23座（不含社会上其他厕所）水冲式公共厕所，分布在人口密集和流动人口较多的各街道。2006年后，先后新建公厕21座，2010年共有公厕32座，共有男女蹲位205个，其中，男105个，女100个，河西开发区5座，城东新区1

座。每座公厕配备2人管理，负责厕所清洁，收取卫生费。

环卫设备　1979年，环卫所购置2台手扶拖拉机作为清运垃圾之用；1983—1985年购置4台解放牌翻斗车，实现装卸垃圾自动化。1991年后，市环卫处添置湘江牌吉普车、桑塔纳小轿车。到2005年，全处共有环卫专用车辆和执法用车32辆。其后政府投入大量资金采购一批洒水车、扫地车等专用车辆，分别配置于10个环卫所，至2010年共新添置各类车辆62辆。

1986年起，市环卫处开始在公共场所或主干道设置垃圾箱、果皮箱，每年更换一次，2005年购置垃圾箱300个，2010年果皮箱每年新购1500个。

垃圾中转站　1979—2005年，建7座垃圾中转站，真正投入使用仅1座，后在道路改造中拆除。2006—2010年，新建垃圾中转站36座，分布在居民集中居住区。

三、环卫业务管理

道路清扫　怀化市的街道清扫始于1976年，1991年清扫面积到28万平方米，清扫范围扩大到人民（南北）路、站前路、鹤州路、天星路、迎丰路（麻阳路口—四中）、红星路、㵲水路和市委路等三条支线。清扫道路全长约37.5千米，面积118.63万平方米。

2005年，全城道路清扫面积为115.98万平方米（其中，河西、鹤城为38.92万平方米），人行道面积8.11万平方米（其中，河西、鹤城环卫所为3.82万平方米）。

经过将近10年的发展变化，城区道路逐年延伸，环卫处的道路清扫面积也在不断扩大，到2010年，由市环卫处负责清扫面积已近400万平方米，河西经开区清扫面积为110万平方米，鹤城区环卫所为90万平方米（鹤城区环卫所清扫的背街小巷面积没有统计）。

新设立水上环卫所，负责太平溪四方田—㵲水河入口段14千米的水上垃圾打捞工作，日均打捞垃圾70吨，并对㵲水河城区“㵲水三桥至一水厂段”的垃圾清理工作进行监督。

垃圾清运　怀化市在建市前由于基础设施差，垃圾一般都是就近倾倒处理，由于当时居住分散，空坪隙地多，垃圾乱倒对环境影响不是很严重。1990年，年产垃圾上升到37000多吨，年清运垃圾1万多吨。2000年后年产垃圾和清运将近10万吨。2005年，年产垃圾和清运垃圾16.6万多吨，基本做到日产日清。2010年，垃圾清运量达21万吨。

垃圾处理　自2005年，第二垃圾场投入使用后，采用填埋方式进行处理，夏天，对进场垃圾每天进行一次喷洒消毒，减少二次污染。

污水处理　污水处理厂自2008年投入运行以来，采用二投式生物膜接触氧化法对污水进行净化，每日有近8000吨污水进入工厂进行处理。

洒水、清洗和物业管理　2008年，开始实行主次干道每天洒水降尘和清洗（包括人行道）作业。以保持城市道路干净整洁、无灰尘，道路清洗由机械化作业大队承担。

物业管理清洗的范围：负责全市果皮箱的垃圾清理和箱体的清洁卫生工作，全市配电箱外体的清洁卫生，9个地下通道的地面卫生和墙面、雨阳棚的抹洗工作。物业管理清洗全用手工清洗。

垃圾中转站和公厕管理　全市共有垃圾中转站37座，公厕32座。每座中转站和公厕都配专人负责打扫卫生，保证垃圾入箱，完成垃圾的灭蚊灭蝇工作，保持公共厕所干净整洁。

四、环卫监察与渣土管理

环卫监察　1980年，成立城市管理办公室，负责管理环境卫生、市容市貌，特别是乱倒垃圾等不良倾向。1985年，正式成立怀化市城市管理监察大队，负责环境卫生的管理工作。1994年，成立城市管理监察大队环卫监察中队，配备三轮摩托三辆和对讲机。1996年，撤销环卫中队，收归市监察大队统一管理，1997年，撤地设市后，重新设立环卫监察中队。

2003年，环卫监察中队升格为环卫监察大队。

城市建筑工程日益增多，渣土管理成为环卫管理的一项重要内容，从1995年，设立渣土管理办公室，负责渣土管理和办理渣土运输车辆的相关手续。

立法管理　1982年2月实施《怀化市环境卫

生管理办法》。1985年7月发布《关于城市环境卫生管理通告》，1992年国务院颁布《城市市容和环境卫生管理条例》以后，怀化市于1992年12月制定《怀化市城市生活垃圾管理办法》，1993年颁布《怀化市背街小巷环境卫生管理办法》。1994年6月制定《怀化市渣土管理条例》。1996年湖南省颁发《湖南省环境卫生管理办法实施条例》。1997年怀化市人民政府发出《关于城区生活垃圾实行袋装化有偿上门收集的通知》。1997年撤地设市后，怀化市人民政府于2000年重新颁布《怀化市环境卫生管理办法》。

依法管理 环卫管理部门每年与各临街门面和单位签订门前三包责任书。实行上门收集垃圾，城市主次干道的环境卫生面貌有明显的改观。火车站广场，通过严格执法，实行清扫保洁与罚款相结合，广场的卫生面貌得以改观。

渣土运输造成沿途撒漏现象非常严重，1995年成立渣土管理办公室以后，严格执行怀化市渣土管理办法，对沿途运输渣土的车辆漏撒现象实行严管重罚，基建工地必须围栏施工，出场车辆必须清洁轮胎，运输渣土车辆必须到环卫处渣土管理办公室办理渣土准运手续。实行上述措施后，运输渣土车辆沿途漏撒现象大大减少，基建工地临街面基本上做到干净整洁。

有偿服务 环卫处有偿服务工作始于1982年，为了加强有偿服务工作，1992年成立有偿服务办公室。为规范收费的范围和标准，市物价局于1993年下发《关于调整市容环卫有偿服务的收费范围和标准的通知》。1995年4月政府印发《怀化市城市垃圾、渣土管理办法》，实行渣土管理收费。同年4月，市建委下发《关于实行上门收垃圾有偿服务实施办法》。同年5月下发《关于确定怀化市城区环境卫生有偿服务收费标准和收费办法》的通知。到1997年，收费金额突破百万元。

为了解决环卫有偿服务收费项目繁杂等弊端，怀化市政府于2004年下发《怀化市城市生活垃圾处理费征收管理暂行办法》，随后市物价局下发《关于怀化市城市生活垃圾处理费收费标准》的批复。文件下发以后，将环卫有偿服务收费项目统称为“生活垃圾处理费”。有效地防止乱收费或多头收费。截至2005年底，有偿服务范围遍及城区，服务对象达285家行政、企事业单位，5000多家门店（均不含铁路辖区及湖天、河西、城东等区域），收费员55人，收费金额从1982年的2000多元到2005年的139万元，缓解环卫经费紧张状况。

第四节 城市绿化

1995年提出创建“山水园林城市”的目标。撤地设市后，市、区两级加大对园林绿化投入，逐步减少，至停止向单位和个人收取绿化经费。采用形成城市绿化规划建设和管理新模式，政府牵头，单位及个人全民参与；园林专业队伍经常性工作与全民义务植树，爱绿、护绿相结合；以城市道路、广场、公园、山头、河岸、风景区等公共绿地为龙头；以单位庭院、住宅小区、苗圃等专用绿地为纽带。要求新建区绿化用地面积不低于30%，旧城改建绿化用地面积不低于25%。至2010年道路绿化普及率已达95%。单位住宅小区、庭院绿化美化工作普遍开展，“花园式单位”“园林式单位”“绿化先进单位”，累计达97个。居民个人也积极开展庭院、阳台、屋顶、墙面和室内“见缝插绿”的绿化美化活动。湖南省市政设施普查和全省“湘城杯”绿化竞赛评比鉴定，鹤城被评为“全省园林绿化先进市（区）”。2005年开始提出把怀化建成“国家生态示范城市”的目标，对城市绿地全面系统规划，对城区绿地建设的投入加大。2008年，鹤城区获“国家生态示范县（区）”称号。

城区绿化 城区绿化工作，分为两个部分。在道路绿化方面，长期遵循“路修到哪里，树栽到哪里”的方针。1991年后，对街道改扩建时，清除过去街中绿带和观赏性较差的法国梧桐，街两旁更换适宜南方气候的香樟树为绿化主体树；新建街道以高大乔木下植金叶女贞、红桎木、杜鹃等灌木作为车道与人行道隔离带，后引入广玉兰、桂花、雪松和杜英树作为部分街道的绿化树种。街道边角土面种植草皮和意大利杜鹃灌木、红桎木、海桐球、火棘等灌木。据不完全统计，20年间栽种各种树木20余万株，小苗130多万株，绿化边角空坪闲地近7万平方米。

城市园林建设 城区四面环山，东南有凉山森林公园，有湘西最大溶洞群72洞，钟乳石千奇百怪；西北有侗文化城，坐落于㵲水沿岸，森林面积6万亩，林水辉映，每日有侗族文化艺术表演，还有骑马、拔河、划龙船、垂钓、球赛等体育竞赛；西有黄屏坡，森林覆盖率达80%以上。北有泸阳国有林场，森林面积5.9万亩，属省级森林公园。

城市公园、街心花园，绿化建设按照《公园设计规范》要求，先后规划迎丰公园、天仙公园、钟坡山森林公园、怀铁公园、河西舞阳公园和潇湘公园，建成且具规模的仅有迎丰公园和钟坡风景名胜区（现为钟坡山国家级森林公园）。

迎丰公园 迎丰公园占地445.62亩。1983年开始规划设计，于1985年10月1日起开园纳游。园内主峰有“怀青亭”，双层六角，亭内有胡耀邦题写的“赣湘闽粤四省的县载”石碑，园内分为儿童、水上、动物、风景、休憩和花卉6个游览区。

1990年9月19日，市园林处与迎丰公园合并。1991年扩建人工湖，并添置游船5只，在建党70周年庆典时开游。1992年8月，儿童乐园扩建，新征迎丰村二组荒地2.71亩，新购儿童电动飞机等项目，并在园林苗圃的支持下主办了首期菊花展览，共展出菊花3000多盆，接待游客近万人。1993年3月，对迎丰公园进行第二次分三部分进行绿化：沿路绿化，在动物园主环路两旁栽植桂花树130株，广玉兰68株，其他乔木227株；在主峰亭周围及沿路两旁栽植罗汉松120株、女贞100株、龙柏60株，共栽各种乔木605株，花灌木376株，增强园林景观的艺术效果。水边绿化，根据水面地形地势和功能要求，在湖边和湖心岛栽植垂柳50株，紫薇100株、迎春100株。为使水面空间层次多变在湖心岛新建凉亭一座，拱桥一座与岸相连；植物园花坛栽植两季草花一万余株，草皮一万平方米，盆景园生产各类盆花一万余盆，其中菊花7500盆、一串红1000株、月季1200盆。

1995年，引进外来资金100多万元新增游乐项目12个，丰富公园游玩内容。特别是春节期间与四川自贡灯展团共同举办首届大型灯会20天，接待游客10多万人次。经济效益双丰收。“五一”、“十一”期间公园举行花展。

至1996年底，全园有正式职工278人，公园总面积462亩。1998年7月撤地设市，公园机构上收。2005年，建设湖天北大道，从迎丰公园穿过。2011年对园区进行改造。

天仙公园 天仙公园位于怀化市北郊209国道鹤城区盈口乡新垦村木修湾组与黄金坳镇仇家村岩头组交界处，距市中心7千米。属地下大型天然溶洞群为主要景点的公园。

1981年9月，征地筹建。1982年征用位于溶洞的南面山坡地46.81亩。1985年春季义务植树近千株，进行洞外绿化。到1989年底，已基本达到开园纳游的初步条件。

1990年1月开发旅游，1991年3月，市园林处在天仙洞外围，栽植樟树、桂花、广玉兰等乔木4000余株，1992年，市园林处投资4万多元，打通溶洞间的通道，全长2000米，过道高1.9米，宽0.9米，道路路面采用3厘米厚的水泥铺设，形成整体的溶洞群景和路网，于当年10月1日复游。洞景由三个成品字形的石灰岩溶洞组成，面积1800余平方米，呈南北分布。南洞最大为主洞高6~10米，宽25~30米，长70~90米，洞顶前部有一穿通地面的天然小孔，光线直射洞内，形成洞内星光闪烁的奇妙景观。北有两洞，左洞较大，高2~6米，宽15~20米，长约100米，洞内钟乳石林立，千姿百态。右洞高5米，宽15米，长约30米，洞口虽因过去采石受到破坏，但洞天飞瀑奇观仍在。后因权属纠纷而搁置开发。

迎丰西路三线桥街心花园 迎丰西路三线桥街心花园位于迎丰西路与人民东路交叉北侧。该土地原由怀化镇修路指挥部根据迎丰路改造的需要，于1978年11月17日给怀化镇红星管理处胜利大队一生产队（又名向阳生产队）按政策补偿1004.28元后，共征地10.1亩，经迎丰西路改造后剩下这一块三角凹地。1984年，怀化市（县级）城建局规划把这块地建成街心公园，1991年3月，园林处栽植一串红、月季、白日红等花木2400多株。鲜花盛开时节，宛如红色地毯嵌镶在迎丰西路和人民东路的交会处，极大地丰富街景，美化市容。

钟坡山国家森林公园 钟坡国家森林公园属雪峰山脉西北面延伸带，为云贵高原向湘桂丘陵过渡的中低山区。地形以钟坡山为中心，向四面延伸，境内群山叠嶂、山峦起伏。最高海拔钟坡山顶636米，为怀化城区近郊最高峰；最低海拔246米，平均海拔450米；平均坡度20°左右，少数地段达50°。

园内动植物种类繁多、有各类野生动物100余种；木本植物93科690余种，国家一、二级保护树种多达30余种。公园内自然景观众多，主要有穹顶峰、牛头寨、花龙寨、母子峰、扁坡峰等10余处。园内除杉木、马尾松、楠竹、油茶、柑橘、板栗、桃子等常见树种外，还收集栽植了大量珍贵树种，如银杉、珙桐、雪松、深山含笑、鹅掌楸、南方红豆杉、刺揪、金叶白兰、红花油茶、楠木、铁尖杉、乐昌含笑、鳌蕨梣等。灌木树种有映山红、桎木、胡枝子、白栎等。地被物除地衣、苔藓外，五节芒、蕨、莎草生长非常紧密。四周是天然原始次森林和人工林，还有一块绿海竹林，四季常青。

钟坡国家森林公园修有自城区直达钟坡山顶的盘山公路7.5千米，在山顶上建有怀化电视转播台，转播台竖起2座80米高的铁塔。林内分布林道53千米，大小林道相互贯通，形成网络。

1992年，省政府批准为省级森林公园，2002年升级为国家级森林公园。

第四章　旧城改造与村镇建设

第一节　旧城改造

老城区依山傍水而建，20世纪70年代，修建湘黔、枝柳铁路，居民急剧增加，当时没有长远规划的引导，大部分单位自由选址，造成城区散、乱、街巷狭窄，旧城难以承载日益增大的人流、车流，矮旧的房屋与现代城市风貌不相匹配。改造旧城势在必行。

一、旧街巷改造

首先提上改造日程是东兴街，是旧城最古老一段街道。1998年8月，市政府召开专题会议研究制定东兴街改造计划，将该区域建成商贸广场，会议决定改造工作由鹤城区全权负责。1999年12月，召开项目招标会，怀化市建筑工程公司中标。2000年1月，改造范围内开始拆迁，共拆除房屋61419平方米，2001年5月，就地安置拆迁户及门面58170平方米，货币安置9750平方米。改造范围共计100亩，投入资金1.5亿元，修建总体建筑26栋12万平方米，商用门面340个，主次街巷14条。2002年2月，改造工程完工，东兴商贸广场正式开业，属城区第一条商业步行街。

2004年4月，决定对嫩溪垅进行改造。嫩溪垅紧邻火车站，商贸及人流极为密集。2004年开始，分三期进行改造。第一期68亩，第二期22亩，第三期31亩。2005年改造完成，嫩溪垅成为商业、娱乐为主体的商贸区。

2006年，火车站广场及周边改造提上议事日程，改造范围东起团结巷，南至迎丰路，西接鹤洲北路，北至火车站，占地面积106.85亩，改造涉及拆迁户220户，房屋85500平方米。改造后，建筑面积30.89万平方米，站前广场及公交停车场占地14005平方米，绿化广场26318平方米，地下设商场和大型停车站，广场建6杆高杆华灯。花坛种植桂花、樱花、梨花、桎木、茶花等名贵树木，并安置精美景观灯。

2007年8月，启动对西兴街改造，改造面积约30亩，共有房屋127栋，2011年9月正式开工。

在改造影响市容市貌重点地段同时，将同样影响市容市貌和市民出行的背街小巷纳入改造的重点工作。2005年，首先从茶园路改造开始，至

2009 年，共完成 121 条背街小巷的硬化、亮化、绿化工作，至后期共完成 323 条背街小巷的改造工程。

二、城中村改造

城市总体规划范围内共有杨村、狮子岩、红星等 33 个城中村，总人口 5.8 万人。2009 年始实施城中村改造。

相继出台《关于加快实施怀化城市规划区城中村改造的决定》和《怀化市鹤城区城中村改造实施细则》配套工作方案，就城中村改造工作的具体操作，以及市政府的《怀化市城市规划区城中村改造暂行办法》未予明确的内容和环节作明确的规定，进一步明确相关内容，规范工作程序。

先后成立鹤城区城中村改造工作领导小组，驻村工作组，各相关乡镇（街道办事处）成立相应的城中村改造工作协调领导小组。组织区直相关部门，分别召开城中村村支“两委”及村民代表座谈会。座谈会就城中村改造政策的主要内容，采取政策讲解、座谈沟通、问卷调查的方式向座谈对象进行宣讲，并广泛听取村支“两委”和村民的意见。2010 年 11 月 26 日，全体区级领导、副科以上区属行政事业单位负责人、规划区内 33 个城中村的村支“两委”人员参加了动员大会。盈口、杨村乡递交了城中村改造目标责任状。是年 12 月 4 日，区委、区政府主要领导又召集相关区直部门和乡镇召开专题会议，进一步明确城中村改造试点工作目标和工作职责。把红星村、团结村、杨村村作为试点村，对试点村进行调查，掌握城中村人口状况、各类建筑物构成。继而对城中村改造的拆迁补偿、土地征收及报批，小区基础设施及公共配套等相关成本，并会同市建设局、规划、国土、房产及中介评估、造价咨询机构，逐一进行了核实。完成各改造村的用地规模初步测算。其中，红星村用地规模为 138.3 亩，团结村用地规模为 282.4 亩，杨村村用地规模为 487.7 亩。对各村的改造项目，结合各村的实际情况，按照相关政策法规，拟定项目招标文件及招商公告，对中标单位的资质、信誉度、资金筹措、产业发展规划拟定技术评审标准，确保有实力的社会资本依法依规参与改造项目，报上级审定。

三、棚户区改造

2010 年，启动榆树湾棚户区、紫东片区、火车站广场、市民休闲广场、湖天大道、市公交公司、太平溪棚户区改造。是年底，完成拆迁面积 109 万平方米，涉及 12839 户，完成投资 7.4 亿元。榆树湾棚户区地处老城区，范围为东至鹤州北路、西至东兴步行街、北至迎丰东路、南至人民南路，总面积 333.42 亩。此区域居民建筑老旧且杂乱无章，对中央商务区建设影响极大，将此区域列为首要改造之地。

第二节　村镇建设

一、乡镇建设

乡（镇）建设是围绕乡（镇）政府所在地基础设施展开。20 世纪 90 年代，主要进行农贸市场、中小学校、餐饮住宿等方面的建设。进入 21 世纪，则在卫生院、街道硬化、便民服务中心等方面进行建设。以黄金坳为例，1996 年，批准为建制镇，镇城规划面积 11.85 平方千米。至 2007 年修建经营面积 4000 平方米的农贸市场，2009 年，对 105 亩规划范围内进行征地拆迁和三通一平，2010 年，开始兴建长 500 米镇内主街道——黄金大道。与此同时兴建镇政府办公大楼、计生服务站等办公场地。

二、乡村建设

农村基础设施建设，21 世纪初，主要以“建整扶贫”模式开展。2002—2003 年，全区分别建设乡村基础设施项目：维修、新修村级公路 13 条 92 千米，架桥 5 座，兴修水利工程 37 处，改造输电线路 100 多千米，完成农村饮水工程 43 处，另外，有 2 个村恢复村级医疗卫生室，新建村小校舍 2 处。

21 世纪初期，乡村建设以当地小吃、景观、风貌等特色为基础，兴办各类农家乐，乡（镇）

政府所在地附近村庄，都办有规模、档次不等，集娱乐、休闲、饮食为一体的农家乐。

2003年，鹤城区在石门乡金海村启动样板村建设，规范道路、下水道、房屋建筑式样。2007年，开始实施新农村建设，怀化市委、市政府将石门乡双村村作为全市新农村示范点，双村至2009年筹资400万元，修建环村组宽8米标准化水泥路10余千米，先后新建村部、村小学、村养老院等公用设施。2003年，金海村作为全市文明样板村进行建设，村道、民居建设都有新的式样。

2008—2010年，重点对凉亭坳乡的杨潭村，贺家田乡的贺家田村、黄岩旅游度假区管理处的南家坪村、田家村及芦坪乡的尽远村、芦坪村、张家村等7个村的村庄整治规划。其中，2009年完成杨潭村、贺家田村、南家坪村、尽远村等4个村的村庄整治规划。2010年完成田家村、芦坪村、张家村3个村的整治规划。

第五章 建 筑

第一节 建筑设计

一、设计机构

1991年，怀化市（县级）建设委员会所辖建筑设计机构有勘测建筑设计室、规划设计室2个事业单位。

怀化市（县级）规划设计室 位于人民南路65号，1983年12月，从怀化市勘测建设设计室分离出来，为市建委职能股室，称市规划办公室。1988年1月，更名为怀化市规划设计室，分为设计、管理2个职能室。成立后，主要完成城市总体规划编修方案、火车站广场改造、茶园垅小区规划、环卫规划、市二水厂选址和红星路、潕水路、芷江路（后更名为怀西路）、迎丰路的设计等，其中茶园垅小区规划获1993年省佳作奖。

怀化市（县级）建筑设计院 位于人民南路65号，于1980年5月成立。1981年6月，改名为怀化市基本建设委员会规划设计室，1983年，与建委测量队和县基建局设计室合并，成立怀化市规划勘测设计室，人员增至36人。1985年3月，更名为怀化市建筑勘测设计室，1989年8月，更名怀化市建筑设计院，隶属市建委领导。建院初期有规划、市政、园林、建筑设计四个专业。1983年县、市合并，在原有专业的基础上增加测绘、勘测、试验三个专业，成为综合性行政事业单位。1985年后，设计室完全走向市场，成为勘测建筑设计专业技术服务单位。1987年，由丁级设计单位升格为丙级设计单位，业务范围扩大。设计能力，1994年，已提高到建筑面积9万平方米，出施工图540张，自建院至1994年，年均收入38万元，年均上缴利税3.9万元。1994年末，设计院内设办公室、财务室、档案室、设计一室、设计二室、钻探队、测量队，有全民职工46人，总资产91万元。

鹤城设计单位 1998年10月，设立怀化市鹤城区建筑设计院，为副局级事业单位，核编50人，经费来源为自收自支。负责工业与民用建筑设计。1998年12月，设立怀化市鹤城区规划设计室，核编3人，财政全额拨款，人员从建设局机关在职干部中调剂解决，隶属于区建设局管理，主要职责为负责市政府授权的东兴街、城东新区的规划设计管理以及区政府确定的其他建设项目和辖内乡镇建设的规划设计管理工作。

2007年6月，区规划设计室更名为怀化市鹤城区城镇规划办公室，核定全额拨款事业编制5名（从区规划设计室划入3名），其级别不变，人员从建设局内部调剂。区城镇规划办公室的主要职责是负责城乡规划工作，依照城乡总体规划和详控规划，做好规划区以外的规划管理工作；负责背街小巷以及村民建房的规划管理工作；做好道路、管线、拱涵等建筑物、构筑物的规划管理工作。

1991—1999年，怀化市（县级）、鹤城区设计部门，先后完成城市总体规划修编，市政施工设计等。至2010年，据不完全统计共完成勘测、设计600余项，其中，迎丰、河西、城东、湖天四大功能组团设计获省优秀规划设计三等奖。

城区内还有下列设计单位：怀化市（地级）建筑设计研究院、怀化市（地级）水利电力勘测设计院、湖南省建设工程勘察设计院、怀化（地级）电力勘测设计院。

怀化市建筑设计研究院 位于怀化市迎丰中路160号，前身为黔阳地区建筑设计室。于1983年、1992年、1998年，分别更名为怀化地区建筑设计院、怀化地区规划建筑勘察设计院、怀化市建筑设计研究院。设计院具有甲级建筑工程设计资质，乙级勘察（岩土工程）资质，三级房屋建筑工程施工总承包资质，省级建材产品质量监督检测资质。2007年8月，取得ISO质量体系论证。有职工170人，各类专业技术人员80余人，其中高级工程师15人，工程师42人，国家一级注册建筑师3人，国家一级注册结构师5人，国家二级注册建筑师5人，国家二级注册结构师2人，国家注册工程监理师5人，国家注册公用设备师1人。固定资产300万元。近年来完成华厦湖天1号、2号楼（33层、3万平方米），鲁班雅苑1、2、3号楼（33层，4万平方米），德天家具广场（6万平方米），怀化市政协办公楼（世纪广场，11万平方米），怀化市人大办公楼（1.2万平方米），湖南金大地日产2500吨水泥生产线，西南陶瓷城（6.7万平方米），麻阳体育馆（1.5万平方米），怀化学院东、西校区（20万平方米），怀化医专综合教学楼（2.7万平方米）等一批重点工程及英泰国际、怀化大厦、国际名品城、银湾小区、福兴数码城、长乐天城、瑞丰园住宅小区、鹤城区人民法院、怀化市图书馆、市委市政府大院改造等一批大中型工业与民用建筑项目的设计。1987年设计的怀化体育馆获优秀设计奖；1989年“商品房住宅”设计方案竞赛中获省级三等奖；1990年创作的《南方AT》幼儿园设计方案先后获全国和地区二等奖等。怀化市三中图书馆、溆浦一中教学楼、怀化市妇幼保健院综合楼的勘察设计分获2003年度湖南省优秀勘察设计二、三等奖；怀化市教师新苑获2006年度怀化市优秀勘察设计一等奖，2006年度湖南省优秀勘察设计三等奖。其业务已覆盖至贵州、广西、湖北等地。

怀化市水利电力勘测设计研究院 位于怀化市迎丰中路431号，系副处级事业单位。1993年，被评定为国家乙级勘测设计研究单位，是湖南省唯一同时具有水利和电力两个乙级设计资质的勘测设计院，是中国水利电力勘测设计协会理事和湖南省勘测设计协会常务理事单位，也是湖南省水利系统文明单位。主要从事水利、电力和建筑工程的勘测、设计和工程总承包业务。具有水利行业、电力行业乙级设计资质，同时具有工程勘察、工程测绘、工程咨询、水文水资源调查评价、水资源论证、水土保持方案编制、地质灾害评估、地质灾害治理设计等多项乙级资质。全院有专业技术人员62人，其中高级职称23人，中级职称25人，注册执业工程师16人。设计完成50余处总装机近80万千瓦的中小型水电站工程，600多处中小型水利工程勘测设计，其中获省级优秀设计、咨询和科技成果奖32项。溆浦县刘家坪水电站压力管、麻阳县铜信溪水电站、新晃县城防洪工程获省优秀设计二等奖等。

湖南省建设工程勘察设计院 位于怀化市芷江路186号。该院具有岩土工程、水文地质专业类甲级资质，地质灾害治理工程勘查、地质灾害治理工程评估、地质灾害治理工程设计甲级资质，地质灾害防治工程监理和工程测量乙级资质。该院有15个工程勘察处，在册职工326人。其中，共有工程技术人员102人，有机械设备和仪器260多台。完成并提交各类勘察及测绘成果500多项，获得省部级工程地质勘查成果和技术进步奖31项，2007年被评为全国勘察诚信单位。

怀化电力勘测设计院 怀化电力勘测院成立于1985年12月，前身为湖南省怀化电业局设计室。1993年为加强自身建设和更好开拓业务，设计室从经济上脱离怀化电业局，成为经济独立、自负盈亏的企业，具备独立法人资格，并改名为怀化电力勘察设计室。1999年，为便于内部机构设置和对外开展业务，更名为怀化电力勘测设计院，并于2002年7月通过ISO 9001：2000质量体系认证。设计院属电力行业丙级设计、咨询单位，具有电力工程设计和电力工程咨询资质，设计范围：110千伏及以下电压等级送变电工程勘察设计及配套建筑设计。咨询范围：（电力行业）编写建议书、编写可行性研究报告、招标咨询、投产后咨询。设计院机构设置为：技经综合室、变电室和线路室。在职员工15人（设计人员10人，管理人员5人），高级工程师1人，工程师7人，助理工程师4人；注册二级建筑师3人。配有台式计算机24台、电气CAD设计软件2套（3个软件狗）、土建PKPM设计软件1套（8个软件狗）、线路CAD设计软件2套、变电概预算软件2套（1个软件狗）、线路概预算软件2套（1个软件狗）、土建概预算软件2套（1个软件狗）。设计院以电力工程设计和咨询为主，其特点是人才密集、技术含量高。成立22年来，先后完成500多项大小输变电工程设计，多次被怀化电业局评为先进单位，线路室、变电室多次被评为先进班组和安全生产班组；梅子湾变电站工程设计项目被省电力设计协会评为2003年度工程设计优秀奖，黔会110千伏线路工程获2003年度优秀工程设计二等奖。建院理念“提供高质量成品、为电力建设事业服务”。业务要求：工作细心严谨、耐心负责，严格遵守设计法规，确保设计成品质量，为怀化电力建设事业奉献自己的全部。

二、设计管理

设计批复 1991年10月26日，怀化市建委印发《关于工程设计报批的有关规定》。该《规定》明确要求各单位的建设设计必须经建委审查批复同意后才能实施建设。是年先后对怀化市电线厂技改项目的初步设计、怀化市建筑装饰制品厂的初步设计、怀化市社会客运车辆停车场的初步设计，对怀化市人民医院门诊大楼的初步设计进行审查批复。此后对城东市场商品住宅开发初步设计方案，潕水大桥（即潕水一桥）等大小型项目进行审查批复。后将审查批复改为设计审查。

设计审查 重点工程设计方案经过集体审查后再正式实施设计，审查由党政领导和技术人员共同参与。1995年9月28日，怀化市政府召开专题会议，由市长唐波主持，市委书记方新琪，市人大常委会主任曹子璋，常务副市长潘仁升以及在家的四大家领导，会同市建设局、国土局等有关单位的相关人员就迎丰路三完小、人民南路与府星路交叉口“人行天桥设计方案”进行讨论。经过反复论证，达成共识，从设计原则、技术标准、结构形式及注意事项等方面提出设计意见。此后，对设计方案进行专家评审。2002—2007年共审查124个设计方案。在2008年，先后召开13次评审会，对49个方案进行审查，原则通过41个，修改调整后通过4个。对火车站站前广场拆迁安置房、怀化工业学校实训楼建筑设计、怀化五交化商业中心、怀化市图书馆规划设计暂不符合有关技术规范的4个方案进行否决。设计审查走上科学规范管理的流程。

为规范设计管理，采用工程初步设计审批制度。2003年3月19日，怀化市建设局为进一步加强勘察设计市场管理，确保工程建设质量，根据《湖南省建设工程初步设计审批管理办法》，结合怀化市实际，制定《怀化市建设工程初步设计审批管理实施办法》。该《办法》共15条，规定凡在本市行政区域内从事建设工程（建筑、能源、交通、工厂等）初步设计及其相关活动的单位和个人均须遵守本办法。

2003年4月11日，怀化市建设局下发《关于开展建设工程初步设计审批工作的通知》。要求各建设工程的项目单位及勘察设计单位应按照《怀化市建设工程初步设计审批管理实施办法》的要求，备齐建设项目有关基础资料，编制好初步设计文件，到建设行政主管部门办理审批手续，并通过初步设计专家审查及行政审批后，方能进行施工图设计。

设计招投标 2003年4月16日，怀化市建设局，印发《招标投标管理办法》。《办法》分总则；招、投标的条件和要求；招标、开标、评标和中标；监督与处罚和附则共5章40条。《办法》规定，凡在本市行政区域内建设的工程项目符合下列条件之一的，必须实行设计招标：项目总投资在200万元以上的城市基础设施，公用事业等公共利益、公共安全的项目；二级及二级以上的建筑项目及建筑装修工程；按国家工程勘察设计收费管理规定单项设计合同设计费在10万元以上的；城市主干道两侧临街建设项目；重要的纪念性建筑及风景旅游区和文物保护区范围内的建设项目。对于采用特定专利或专有技术，国家有保密要求或对建筑艺术造型有特殊要求的，由业主单位提出申请，经建设行政主管部门批准，可以不进行设计招标。规定建筑工程设计招标实行分级管理。设计招标可以采取公开招标（由招标人通过报刊、广播、电视、网上或其他方式发布招标广告）和邀请招标（由招标人直接向具备承担该项工程设计能力的单位发出招标邀请书）两种形式。不论采取何种形式招标，必须有三个以上单位参加投标，方可进行评标、开标。依法必须进行招标的项目，系全部使用国有资金投资或国有资金投资占控股或者主导地位的。国家重点项目和省人民政府确定的地方重点项目不宜公开招标的，经国家发展计划部门或省人民政府批准，可以进行邀请招标。《办法》对建筑工程设计招、投标的条件和要求，设计招标投标的程序及注意事项，设计开标、评标和中标做法，设计招投标的监督及违规处罚等做具体规定。

第二节　建筑施工

一、建筑企业

1991年，境内本地建筑企业有怀化市第一、第二建筑工程公司。1992年，分别成立工程建设集团公司、工程建设总公司、第三建筑工程公司、建筑工程公司。1991年，怀化市建设委员会公布保留外地来怀的建筑施工企业29家（详见第四节建筑企业资质管理）；1997年4月，怀化市建设委员会公布保留外地来怀的建筑施工企业21家（详见第四节建筑企业资质管理）；1997年6月，怀化市建设局公布保留外地来怀的建筑施工企业18家（详见第四节建筑企业资质管理）。

1991—2010年，除怀化市（县级）、鹤城区管属的建筑企业外，还有怀化地区工程公司、省建七公司（后改为省建三公司）、怀化铁路工程公司、怀化地区建筑工程有限公司等建筑施工企业。

二、公司简介

怀化市第一建筑工程公司　公司位于人民南路与府星路的交叉处，占地34273平方米，是隶属于市建委（1995年为市建设局）领导的集体所有制企业。公司的前身是怀化县修建办公室，成立于1958年12月。1973年12月，更名为怀化县建筑工程公司。1983年4月，怀化县、市合并，更名为怀化市第一建筑工程公司。1988年，企业资质复查定为三级建安企业。1994年底，公司有干部职工194人，固定资产362万元。公司可承担12层以下的房屋，50米以下的水塔、烟囱，25米跨度以下桥梁的建筑施工，并能承担振动灌注桩、人工挖孔桩、建筑装饰、预制构件等工程业务。修建的代表性建筑有地区教委办公楼、地区粮食局办公楼、地区冶金局办公楼、市委办公大楼、迎丰公园主峰亭、鹤州宾馆、80504部队综合楼、市建设银行综合楼、市五交化大楼、怀荣宾馆、市政府办公大楼、市人民医院门诊大楼等。

怀化市第二建筑工程公司　位于潕水路茶园东1号。公司成立于1980年5月，初名怀化市住宅建筑公司，有干部职工37人。1981年10月，更名为怀化市建筑工程公司。1983年，县市合并时，改名为怀化市第二建筑工程公司，内设5室3股3车间。公司主要以建筑安装为主，可承建12层以下的房屋，50米以下水塔、烟囱的建筑施工，以及混凝土制构件，基础打桩施工等。1994年末，有职工93人，固定资产160万元，系市属大集体三级建安企业，隶属于市建委（1995年后为市建设局）领导。自成立至1994年，共完成建安产值1955.25万元，上缴税利61.23万元（1994年后企业统计数据缺失）。

怀化市第三建筑工程公司　位于迎丰东路三眼桥头。1992年12月，由杨村乡、榆树乡、泸阳区、泸阳镇4支建筑队组建成立怀化市第三建筑工程公司。下设办公室、工程技术科、质量检验科、安全科、生产经营科、财务科、材料科；辖6个工处，1个预制构件厂。公司经营范围：承担8层以下的民用建筑，18米跨度的建筑物，高度30米以下的构筑物。1994年末，公司有职工218人，固定资产321万元，国家4级建筑施工企业，集体所有制单位，隶属于怀化市乡经委（乡镇企业局）领导。

怀化市工程建设集团公司 1992年9月，将一建公司、二建公司、市政公司、市设计院合并为怀化市工程建设集团公司，为全民所有制预算外企业，实行独立核算、自负盈亏，隶属市建委领导管理。主要经营范围：工业、民用、市政设施等建设项目的规划设计和施工，以及房地产开发等。1999年6月，更名为怀化市鹤城区工程建设总公司。

湖南省怀化地建工程有限公司 前身为湖南省怀化勘察施工公司，于2002年1月22日，改建成立湖南省怀化地建工程有限公司。具有房屋建筑总承包三级资质，地基与基础专业承包三级资质，土石方工程三级资质，地质灾害治理工程施工甲级资质，直属于湖南省地质矿产勘查开发局。2010年，有职工321人，管理人员141人，工程技术人员132人；有14个科室及部门，11个分公司和1个修造厂及1个制图中心。公司占地面积20多万平方米，总资产3500多万元，注册资金2516万元，各类大中型工程施工机械设备350多台。公司承建的工程涉及房屋建筑施工、地基与基础工程施工、地质灾害防治工程、土石方工程施工、水上建筑物基础处理等领域。2000—2001年被评为“重合同守信用”单位，2003年被授予“全国守合同重信用”企业等称号。

怀化市城市建设投资有限公司 公司是怀化市人民政府于2000年4月批准成立的承担城市建设、城市经营及重大社会发展项目建设的独立法人机构，与市城建投资管理中心实行“两块牌子，一套人马”。公司注册资本为36000万元。公司法人代表由市政府党组成员担任，公司总经理由市政府委派专人担任，董事会由发改委、财政局、建设局、国土局等部门领导组成。市城建投资公司的主要职责是：根据政府要求，会同有关部门制订城市基础设施具体项目的规划；参与制定城市规划和土地利用规划；承接政府交办的城市基础设施建设项目的资金筹集、资本运作、还贷账户管理；承担政府交办的城市基础设施和重大社会发展项目的建设任务；负责经营政府配置给市城建投资公司的土地；负责筹资参股建设相关企业和项目管理；负责政府交办的其他建设任务。2006年，政府采取措施，坚持集中资源、集中手段、实行“一个池子蓄水，一个龙头放水”，将市城市投资有限公司与市土地储备中心实行工作捆绑，统管土地一级市场。截至2010年，市城建投资公司资产总额达132亿元，负债总额为55亿元，资产负债率为41.7%，债务比例适中，财务结构合理，长期偿债能力强。自成立后，城建投资有限公司共取得土地资产25000余亩，其中4800亩土地用于城市公用基础设施建设。2010年，公司土地挂牌出让合同价款15亿元。市城建投资公司先后累计投入建设资金200余亿元，在城区范围内实施了100多个城市基础设施项目建设。包括实施天星东路、湖天南路、城南入城线、环城路、体育中心主场馆、市民休闲广场一期工程、太平溪综合治理一期工程、城东及城西综合停车场、正清路改造、沿河路维修、迎丰路改造东延、平安路东延、火车站站前广场改造、体育中心二期、市民休闲广场二期、怀化报业中心及图书馆、刘塘路及刘塘桥、紫东片区基础设施、市民服务中心、江秀片区基础设施、太平溪综合治理二期、居民安置区、湖天北路、城南停车场、城区管道燃气等重大项目建设。随着城市建设项目的相继竣工，完善城市功能，扩大城区规模。到2010年，城市建设区面积由39平方千米扩大到56平方千米，城市道路骨架已拉开到85平方千米，人均城市道路面积达9.38平方米，城市城镇化水平由18.6%提高到37.6%，人均占有公园绿地面积8.12平方米，建成绿地率达28.1%。

鹤城区城市建设投资有限公司 2007年1月5日，市政府同意成立鹤城区城市建设投资有限公司和城市建设投资有限公司董事会。即后鹤城区政府组建鹤城区城市建设投资有限公司，公司由怀化市（县级）城东新区经济技术开发有限公司变更产生，注册资金由城东新区基础设施固定资产、城东新区和鸭嘴岩工业园土地存量资产、区政府安排用于城市建设项目的资本金组成。公司由建设、财政、发改、国土等部门有关人员组成董事会，区政府常务副区长任董事长，为公司法人。公司总经理由董事长提名，报区政府决定。公司监事会由区纪检、审计等部门有关人员组成。归口区政府管理，其职责和主要经营范围：作为区政府唯一综合融资平台和区人民政府参与投资的产权代表，受区政府授权组织国有资本运营和行使国有资本投资主体职能，并对区人民政府综合平台贷款的借入与偿还实行管理。对鹤城区城市基础设施建设项目进行举债建设，并承担现有城东新区及鸭嘴岩工业园债权和城市建设基础设施等国有资产的管理。开展多种经营，通过房地产开发、建设物资贸易、建筑业开发、小城镇建设和招商引资，广泛筹集积累城市建设资金。管理和使用政府城市建设资本金，对市政基础设施、建筑业、房地产业和小城镇建设进行有偿投入和有偿服务，实现“依法经营，增值积累，滚动发展”。组织城东新区扩容、征地拆迁、清收欠款、清偿债务。处理城东新区和鸭嘴岩工业园遗留问题。

鹤城区城市建设投资有限公司第一届董事会，董事长：饶经理，董事：杨国珍、戴业驹、唐汇凯、潘伯红。公司总经理由董事长提名，报区人民政府决定。

2007 年，公司先后投资 6750 万元，实施“电力新苑”等项目建设和军民路等基础设施建设。其中电力新苑、顺意家园和鹤城工商分局搬迁工程投资 5100 万元；开挖土石方 4 万立方米，投资 1500 万元；顺意路路基工程，投资 50 万元；军民北路路基土石方投资 100 万元。根据城东项目开发建设需要，从省里批回土地 217 亩。

2008 年，公司先后投资 2555 万元，实施城东新区基础设施建设。其中城东新区人行道板铺设 4 万平方米，投资 440 万元；金海路、泸林路的铺油，投资 1000 万元，路灯 185 盏，投资 130 万元；船林南路、党校西路路基改造 500 万元；城东新区滲电入地 2000 米，投资 300 万元。按照怀化市城市总体规划要求，实施安置区规划建设，总占地 561 亩，安置 1013 户，长泥坡、西冲、斜水塘、迎丰、炉天冲等五个安置区的场地已平整。按照区委、区政府要求，实施背街小巷的改造共 13 条、总面积 16935 平方米，投资 693 万元。经济适用房建设 10872 平方米，占年计划的 217%。

三、建筑工艺

建筑结构　20 世纪 80 年代后，境内建设工程多采用砖混结构，少数高层建筑采用框架结构（又称钢架结构），由立柱、框架主架、次梁、连系梁组成框架结构体系。1991 年后，市区高层建筑工程（房地产开发商修建的电梯楼）多采用框架结构。在农村，农民建房仍以砖混结构为主。

建筑材料　墙体多使用普通 240×115×53 毫米黏土火砖，框架结构建筑，有的使用水泥空心砖，其规格有 400×190×190 和 400×150×150 两种；2002 年，全省城市建设工程中逐步限时禁止使用实心黏土砖，怀化市在 2004 年 12 月 31 日前实现禁止使用实心黏土砖，要求使用新品种，非黏土砖：孔洞率大于 25%非黏土烧结多孔砖、空心砖；混凝土空心砖；烧结页岩砖。砌砖：普通混凝土小型空心砌砖；轻集料混凝土小型空心砌砖；蒸压加气混凝土砌砖；石膏砌砖。板材：GRC 板；纤维水泥板；蒸压加气混凝土板；轻集料混凝土条板；钢丝网架夹芯板；石膏墙板；金属面夹芯板；复合墙板。

自 1995 年后，域内建设工程随着新型建筑材料的问世，大力推广使用早强剂、引进使用全套真空吸水设备、推广使用新型墙体材料和塑钢门窗、推广使用 PVC 管材、路灯地下电缆线路全面改用二孔砼管和单芯电缆。

建筑技术　1991 年后，域内建设工程施工技术有较大突破，采用搅拌机进行搅拌。预制构件采用吊车或小型起重牵引机起吊进行安装（2000 年后，多数房地产开发企业及施工队采用塔吊）。挖基础采用挖机进行开挖。粉刷墙体及安贴瓷砖造架的材料弃杉木、楠竹，用钢管。工程水、电设施多采用墙体内安装，电路明线、供水明管安装的方法除农村建筑中有少数工程使用外，在城区建筑中均不采用此方法。

四、施工管理

施工管理机构　建设工程质量监督站。1985 年，成立工程质量管理站，为建委的二级机构，与建工股一个机构、两个牌子，质监站定编 8 人，由建工股股长兼任副站长，主持日常工作，建委副主任兼站长，对质监站实行企业管理。1989 年质监站建立实验室，人员编制扩大到 15 人。质监站成立后，于 1985 年 7 月，开始受理业务，到

1994年末，共受理监督工程871项，建筑面积123.41万平方米，总投资3.51亿元，工程合格率1994年达100%；工程优良率10年共创11项；查处各项工程事故隐患80多起。并义务为教育部门、文化部门查处危房140栋，建筑面积5万多平方米，处理事故8起，为国家挽回经济损失30多万元。在执行监督的过程中，多次对设计单位不尽合理的设计提出修正建议，仅市工服厂、皮件厂综合楼工程，根据地质条件将标下条基改为深井，基础一项节约15万多元。

1993年10月成立“怀化市建设工程安全监察站”，设专职安全监察员2人，同建筑管理站合署办公，实行一个机构、两块牌子。

城市建设管理监察大队。1986年4月，成立怀化市城市管理监察队，股级机构，人员由市属各单位抽调组成，设队长和指导员各1人，全队共58人。1993年2月，怀化市城市管理监察队升级为副局级单位，改名为怀化市城市建设管理监察大队。大队内设办公室、财务室，统辖规划监察中队、铁路区域监察中队、市容监察中队、园林监察中队、市政监察中队、水政监察中队、供水监察中队和湖天经济开发区监察中队。其中规划监察中队直属于监察大队管理，铁路区域监察中队由监察大队和铁路房地产管理部共管，其余中队的人事安排均由各主管单位负责。城市建设管理监察大队的主要工作职责是：对《中华人民共和国城市规划法》《城市市容和环境卫生管理条例》《城市绿化条例》《中华人民共和国水法》和市政法律、法规的贯彻实施进行监察，依法实行综合管理。1995年7月，城市建设管理监察大队隶属于市建设局领导，为财政全额拨款的事业单位，人员编制为原城建监察的在编人员。市监察大队下设办公室、监察管理中队（含原铁路区域中队）、湖天开发区监察中队、城建行政案件审判联络站（由建设局委托监察大队代管）等机构。新的城建监察管理机制从1995年8月1日开始正式运作。

怀化市建设工程管理站。1991年5月成立，业务上受建设局建工科统管，行使建筑市场、建筑施工安全以及工程招投标工作管理等职能。1996年9月，印发建设工程管理站管理办法，明确建设管理职责：贯彻执行党和国家有关村镇规划、建设、管理的法律、法规和方针政策；负责编制和修订村镇规划并监督实施；负责村镇的建筑设计、建筑施工、工程质量和安全生产管理，以及乡村建筑市场管理；负责乡镇建设统计和乡镇建设档案管理；负责辖区内的建设行政执法，按职能范围严格查处违法违章建设（包括施工），对违法违章建筑负责立项和调查取证；协调乡镇规划和建设中的各种关系，调解纠纷。

鹤城区建筑施工管理站。1998年12月，设立怀化市鹤城区建筑施工管理站，二级事业单位，核编10人，财政全额拨款。主要职责，负责有关法律赋予鹤城区建设局职能内建设工程报建和建筑施工管理。

质量管理 建设工程质量的管理主要由建设工程质量监督站、工程监理公司、怀化市城市建设监察大队履责。管理的主要方法是：对工程质量、预制构件质量进行检查，加强工程监理等，促使建设施工企业采取措施确保工程质量。

1991年8月14—29日，怀化市建委会同市劳动局、工商局、税务局、建设银行等单位，对在怀化建设施工单位进行工程质量和安全生产综合检查，共检查建设单位55个，施工队伍45个，施工工程91个，总建筑面积14.43万平方米，工程总投资6058万元。检查发现，工程质量合格率达100%，较1990年提高40个百分点，工程隐患大大下降。

1992年，在检查中，发现在施工安全，工程转包、分包，乡镇建筑市场管理方面存在的问题较多，特别是乡镇工程项目12个，只有5个项目有正规图纸，1个正规施工队伍，多数是无计划、无图纸、无正规施工队伍的“三无工程”，普遍存在着砂浆等级低，蜂窝麻面现象严重，工艺粗糙等问题。根据检查发现的问题，检查组提出整改意见，特别强调各工程项目质量与施工安全必须同时抓好。此后几年，依据规定对辖区内建设工程质量实时跟踪检查。

1997年3月20—24日，怀化市建设局对迎丰等6家预制构件厂的钢筋砼预制构件产品质量进行检查，发现杨村明聪预制构件厂生产的钢筋砼构件质量低劣，生产中偷工减料，没有任何材料试验资料，生产的4.2米长空心板其板厚发现多处只有10厘米，最低的只有9.5厘米，空心板麻面，烂头现场严重。据此，市建设局提出整改意见：责令停业整顿，整改后写出书面报告，待建设局验收合格后再恢复生产；6家预制构件厂必须同市工程质量监督站签订质量监督合同，务必在4月下旬前办好质量检验手续，严格履行合同，将整个生产过程中的质量保证体系置于市工程质量监督站的监督之下，以保证产品质量，否则，不得持续生产。各施工企业不得使用没有资质或未经批准认可的预制厂的产品，质监人员必须严格审查建筑工程中所使用的预制构件的合格证，没有合格证的预制构件一律不得使用。

1999年4月下旬至5月下旬，市工程管理局组织河西、湖天建设分局、市质监站、市建委设计科共22名专业技术人员参加的建筑工程质量政府监察活动，分4个片对市本级规划区内在建工程的施工质量、安全生产、工程招投标、报建手续、施工资质、设计资质、施工队伍准入、五大员和项目经理持证上岗，工程监理、工程技术资料等进行全面检查。共检查在建工程项目156个，建筑面积55.1万平方米。其中，质量好的工程5个，占3.2%；存在一般质量隐患的工程62个，占40%；存在严重质量隐患的工程14个，占9%；未办报建的工程有68个，占43%；无证施工的项目有43个，占27.7%；资质证书不全的有33个，占21.3%；22家预制构件厂（场）有资质的只有8家，占36%。在检查中，对14个施工质量低劣，且主体结构存在严重安全隐患的“三无工程”，在7月2日《怀化日报》予以曝光，并责令其停工整顿，限期进行整改，对河西开发区小百货批发市场5号楼质量低劣的部分楼层作拆除重建处理。

是年，开展装饰装修市场专项治理。共检查装饰装修工程项目30个，其中，在建工程9个，已竣工工程21个，建筑面积1.6万平方米。通过检查，属报建手续齐全、质量好的工程有3个，手续不全的有5个，未办理任何手续的工程有22个。根据装饰装修工程的特殊性，建工局对已竣工但未报建的工程项目，认真进行质量检查，对确无隐患的，补办手续；对存在隐患的，提出整改意见，限期进行整改。10月下旬，开展对市本级建筑市场进行为期一个月的全面复查，复查的重点是检查工程建设中存在的严重违法违纪和不正当竞争行为及上半年督查行动中被查处的存在严重质量隐患的工程项目的整改落实情况。共检查土木建筑工程195个（包括湖天、河西），总面积67.17万平方米，总投资3.3585亿元（其中，在鹤城区报建的项目46个，建筑总面积7.2万平方米）。立案查处违法、违规建筑工程7起，结案5起，执法罚款6万余元。

2000—2001年，重点开展加强建筑工程报建、工程招投标、工程监理工作。两年建筑工程报建率达100%；工程投标率达95%；工程建设监理覆盖率达81.2%；工程质量优良率38%。开展建设领域专项治理力度。检查建设工程项目156个，其中，21项违章工程项目被指令停工整顿。对建筑施工企业资质清理整顿，施工总承包企业和专业承包企业由整顿前的164家减少到88家，建筑企业队伍结构得到优化，竞争能力得到提高，建筑工程质量有了坚实基础。

其后几年，在境内全面推行建设工程项目法人、公开招投标、工程监理、工程质量监督、工程合同、工程质量终身负责等工程建设制度，狠抓建设工程质量管理，每年组织4次拉网式质量、安全大检查，检查在建工程219项次，对工程质量、安全方面存在的问题限期整改，促进建设工程质量提高。严格执行《湖南省建筑市场责任主体不良行为记录公示制度》，对5家违规施工企业、4名项目经理、6家违规建设单位的不良行为上报省建设厅，分别给予一般不良行为记录和严重不良行为记录认定。通过拉网式质量、安全、执法大检查，借助新闻媒体、举办工程质量、安全知识抢答赛等多种形式，加大《建设工程安全生产条例》《建设工程质量条例》的宣传贯彻力度，有力保证建筑质量和安全生产。市本级工程项目监督覆盖面达到98%，7项违规违章工程被责令停工整顿，22项不符合建设规范的限期整改。

2007年，开展以建设工程质量、安全生产、两违建筑、招投标管理为主线的四项专项督查活动，共抽查工程项目262个，发出《执法建议书》25份，下发停工整改通知书10份，依法对天星东路、湖天“洗浴中心”、鹤洲路公房9栋及1家餐馆等两违建筑进行强制拆除。

2008年始，建设部门建立健全建筑工程质量监管长效机制，先后出台《工程项目管理制度》《工作纪律制度》等制度，确保建筑工程质量、安全工作落到实处，违章施工情况大幅减少。翌年，开展“安全生产年”“三项行动”“安全生产隐患集中整治”等工作，严格落实质量安全责任，加大质量、安全隐患排查治理力度，建筑工程质量稳步提高，受监工程报建率、投标工程招标率、建设监理覆盖面、工程质量合格率均达100%，工程优良率达60%，创市优工程25个，省优工程3个。

2010年，开展建筑市场“打非治违”专项整治活动，受理工程报建率、应招标工程招标率、工程质量合格率均达100%。全面推行使用预拌商品混凝土，建设工程的混凝土质量明显提高。切实加强建筑施工现场管理，严把材料质量关，严格工序报验程序和工程计量申报制度，加强工程质量安全的督促检查，全年检查在建工程项目133个，查处违章建筑55个。市住建局被省住房城乡建设厅评为“2010年建筑工程安全生产目标管理考核先进单位”。

安全管理 1993年4月19日，怀化市建委印发《关于加强建筑企业施工安全生产的管理规定》，明确要求：各施工企业必须认真贯彻执行党和国家的安全生产方针，建立健全安全生产责任制、安全生产教育制度、安全生产技术措施制度、安全生产检查制度、职工伤亡报告制度，不定期的组织对施工单位安全生产的领导及安全员进行安全生产法规考试。企业在发生安全事故后，应立即停工整顿，整顿期间不得再承担施工任务。1993年5月27日至6月2日，省建委组织的建筑施工安全生产检查组对怀化市建筑施工安全进行检查。十九家施工企业（其中，一级一家、二级二家、三级八家、四级八家）的三十一个在建项目和二家砼预制品厂的安全生产情况进行全面检查。受检的31个项目，只有三个项目达到合格（即省三建怀化分公司承建的怀化市医药大厦，地机电公司红星路综合楼；地区建筑工程公司承建的中心市场综合楼），合格率仅占受检项目的9.68%，检查组对无任何管理资料，施工现场管理混乱，安全隐患严重的地区设计院建设公司给予黄牌警告处分。对施工现场问题多、安全隐患严重的市二建公司施工的本单位综合楼，辰溪一建施工的怀铁机务段调度楼，邵阳市古典建筑公司施工的市人防市场8号楼等三个工地给予停工整改的处分。检查中发现存在主要的共性问题是：多数施工企业的主要领导，对安全生产工作重视不够，安全意识淡薄。只注重经济效益和工程质量，忽视安全生产工作，多数施工企业既没有安全生产管理制度和安全生产责任制，也没有设置安全管理机构和配备专职安全员。有些虽配有安全员，有其名，无其实。安全教育和安全管理还没有得到普及。绝大多数单位安全管理资料很不齐全，工程开工无安全措施和安全技术交底；脚手架、井字架（龙门架）各种设备安装无验收制度和验收记录；无安全检查制度和记录；无新工人入场教育制度；无班前活动制度和记录等。外脚手架搭设普遍不符合要求。施工现场临时用电比较混乱，多数工地存在着电源线乱接乱搭，机械设备多机一闸，导线无支架和绝缘子到处乱挂，配电箱不按规定高度随意挂设，用铜丝、铝丝代保险丝的现象普遍存在，各种机械设备不按规定接地或接零。“三室”“四口”“五临边”防护较差。施工现场管理混乱，文明施工差，污水乱流，材料乱堆，垃圾乱撒的现象普遍存在。工地各种警语、色标很少，对上岗工人宣传、提示工作很差。

采用收取安全生产押金的办法，促进施工安全。1995年11月12日，怀化市建设局下发《关于收取建筑施工安全生产押金的通知》。凡在辖区内施工的工程项目，在报建时收取安全生产押金，收取标准：单位工程总造价100万元（含100万元）以下的按5‰收取；总造价100万~500万元（含500万元）按4‰收取；总造价500万元以上按3‰收取。押金由安全监察站在工程报建时统一收取。押金使用范围：为施工单位在工程施工时添置必需的安全防护用品；施工安全违章罚款。押金管理办法：收取的押金专户储存；由安监站为施工单位添置必需的安全防护用品；施工单位负责人（或指定人）验收物品并在票证上签字；工程竣工后由施工单位负责人到安监站结算，一次性返回（多退少补）。

1996年1月，开展建设施工多发性伤亡事故专项治理工作，要求各施工企业切实加强对安全生产工作的领导，狠抓各项制度的建立健全和各种措施的落实，要求施工企业建立安全管理机构，配备管理人员。要求各施工企业加强对广大职工遵章守纪的安全教育，严格按照各工种安全技术操作规范施工。全年组织 4 次安全大检查，对每次检查评比好的工地，授予“安全文明生产合格工地”并给予适当的经济奖励，对每次检查评比差的工地，悬挂“安全文明生产不合格工地”黄牌，并给予经济处罚。

1996 年 3 月，印发《怀化市建筑安全管理奖罚规则》，其主要内容有：对违反安全生产法规、标准和规定的建筑企业，视情节轻重可给予罚款、警告、停产整顿、降低资质等级或吊销施工许可证等处罚，构成犯罪的，由司法机关依法追究刑事责任。每季度定期组织有关人员对全市在建工程进行安全生产大检查，检查中严格按《建筑施工安全监察评分标准》评分。对于违反技术操作规程，具有安全隐患的工程，其工程负责人在接到市建筑工程安全监督主管部门签发的《停工整顿通知单》后，逾期不进行整改，继续施工的，则对其栋号长、施工员、安全员及其他责任人处以 50 元至 200 元的罚款，并对造成重伤或多人轻伤事故，尚未触犯刑律的有关责任者，伤亡事故隐匿不报或故意拖延不报的，对施工现场管理混乱，文明施工差，无安全标志牌，或受“安全文明生产不合格工地”黄牌警告的工地，进行罚款。

1997 年 12 月，实行冬雨季施工管理，施工单位要做好以下几项工作：建立健全冬雨季施工的各项安全生产规章制度；编制冬雨季施工安全技术措施；从事深基础施工时，应按规定比例放坡和设置挡土支撑，不得将土方堆积在沟、坑边沿，且上、下通道有防护栏和防护措施；搭设脚手架时应按要求设置扫地杆、斜道，施工操作层以及卸料平台等处有消防安全防护措施；严禁穿硬底鞋、带钉的鞋施工，遇到风、霜、雨、雪天气时，应有绝对可靠的安全防护措施和质量保证措施，否则，应停止施工；抓好施工人员冬雨季安全防护工作，按规定发放劳保用品；抓好宿舍区、厨房、工棚等易燃物品防火灾工作。

五、工程监理

1991—1996 年，怀化市建设工程监理工作由怀化市建设委员会（以下简称建委）辖属的建设工程质量监督站履责。1997 年 7 月，成立怀化地区工程建设监理公司怀化分公司，负责全市建设工程监理工作。据 1991—1997 年部分年度的不完全统计，怀化市建设工程质量监督站受监工程项目 383 个，受监工程建筑面积 53.92 万平方米，受监工程总投资 21256.25 万元，工程监理覆盖率平均达 87.5%，受监工程合格率均达 100%。其中受监的太平桥（湖天区内）试验学校教学楼、怀化电业局老年活动中心、市政府办公大楼，怀荣宾馆等工程在 1992 年为优良工程。

1998 年，鹤城区设立后，怀化地区建设工程监理公司怀化分公司更名为怀化市鹤城分公司。公司有高级工程师 6 名，工程师 5 名，助工 1 名，设备 27 件（套）。负责辖内建设工程监理工作。当年受监工程项目 133 个，受监工程总投资达 1.7 亿元，受监工程合格率达 100%。

由于鹤城区建设局职能的调整，建设工程的监理工作大部归市建委管辖。

1999 年，怀化市建委工程监理部门重点对 1998 年以来竣工和 1999 年在建及新开工的装饰装修工程项目的立项、报建、招投标、工程质量、竣工验收等方面进行全面清理。共检查装饰装修工程项目 30 个，建筑面积 1.6 万平方米，其中报建手续齐全、质量好的有 3 个，手续不全的有 5 个，未办任何手续的工程项目 2 个。针对检查发现的问题，提出整改意见，限期整改。其后几年中，监理上主抓监理到位率。2009 年 7 月，怀化市建设局下发《关于开展建设工程监理合同备案工作的通知》。整顿监理秩序，规范建设监理合同签订，遏制竞相压价的不良行为。自 2009 年 8 月 1 日起，凡在怀化市行政区域内，建设工程依法签订监理合同。自 2005—2010 年末，连续 6 年实现受监工程无三级以上质量安全事故。

第三节　建筑工程

20 世纪 90 年代，随着改革开放的深入，怀化市城市建设日新月异。1992 年 7 月，市委、市政府在市区太平溪以南区域划地 9.5 平方千米，建设湖天经济开发区。1995 年 3 月，怀化市河西新区成立，河西新区面积 9.5 平方千米。1995 年，连接城东老城区与河西新区的潕水一桥建成通车，为加快河西经济开发区打下良好基础。1998年9月，面对老城区发展空间有限，且是商业发展的黄金地带，决定向城东拓展，以腾笼换鸟思路向市委、市政府呈报《关于建设鹤城城东新区的报告》，市委、市政府批复同意成立怀化市鹤城区城东新区，其规划面积6.4平方千米。湖天、河西、城东三个新区的相继开发建设，拉动了城中、铁北、红星、迎丰的改、扩建。由此，各种商业市场、物流园区建设、城区道路建设、房地产开发建设、文化广场等建设如火如荼。

1991—2010年，怀化市城区先后建成中心市场及蔬菜水果批发市场、沿河路蔬菜水果批发市场、湖天桥佳惠农产品批发市场、嫩溪垅金帝商业批发市场、嫩溪垅华丽服装批发市场、怀化副食批发城（潕水路）、河西副食批发城、河西建材批发市场、怀南中转库供销水果批发市场、河西粮油批发市场、城南华桥钢材批发市场、河西家电批发市场、河西百货小商品批发市场、潕水路鞋帽批发市场，烟草、酒类批发市场及怀仁大药房药品、药械配送中心等16大批发市场。建成了湖南西部商贸物流中心（位于河西 潕水二桥西头天星西路北面，占地480亩，总投资5.5亿元），物流中心有50多家物流公司和经营户，较大的物流公司有海驿、安丽、康龙、湘都、顺鑫、中和等16家。

基础设施建成城东新区泸林路、金海路、军民路，拓展了湖天大道，新建顺天南路、环城公路、天星东路、天星西路、河西舞阳大道、河西宾江路、德善路、紫东片区紫东路、府前路、应民路、顺天北路以及城南入城线等城区道路。修建了 潕水一桥、二桥、四桥（三桥、五桥分别于2006年、2009年动工建设，2010年在建中），顺天路跨铁路桥、刘塘桥、新湖天桥等桥梁；改扩建了迎丰市场处、绿源宾馆处的铁路跨公路立交桥。

文化休闲建成城东五溪文化广场、市民休闲广场、香州广场、天星广场、金海广场、体育中心、广电中心、图书馆等。

行政办公场地建成鹤城区行政服务中心，鹤城区检察院，怀化市行政服务中心，怀化市人大机关（城东三眼桥），怀化市政协机关办公楼等行政机关。

文化医卫设施建成了怀化学院东校区，河西学校，怀化职业技术学院，怀化市实验学校，怀化市第二人民医院等。

一、住宅建设

怀化市（县级）、鹤城区境内商品住宅建筑始于怀化市城镇住房制度改革启动之时。1991年10月，怀化市制定住房制度改革方案，基本思路是：小步提租，分步到位；定额租房，超标加租；优惠售房，集资建房；建立住房公积金。1992年，怀化市停止财政拨款和政府统建福利住房，1993年，怀化市取消住房分配。1994年7月18日，国务院作出《关于深化城镇住房制度改革的决定》，依照国务院《决定》精神，先后出台《怀化市住房制度改革实施办法》《怀化市出售公有住房办法》《怀化市住房公积金管理办法》，在全市铺开以优惠售房、集资建房为主要内容的房改工作。在此大环境下，境内单位建房、个人集资建房、经济适用（安居）建房等各种形式的住宅建设迅速发展。据统计，自1991—1997年，境内累计新建住房3820套，面积23.84万平方米，总投资38491万元。解决住房困难户1526户，集资房、经济适用房占全市已售公房建筑面积的44.26%。实现了住房建设由国家、集体、单位统包的体制向国家、单位、个人三者分别负担体制转变，顺利完成了住房由实物分配向货币分配的过渡。

1998—2010年，境内房地产公司开发建设各式商品房住宅小区，据迎丰街道统计，自2000年后，辖内房地产业迅速发展，先后建起盛世家园、银湾小区、教师新苑、迎丰新苑、长乐天城、东方新城、学林雅苑、藏龙水岸等10多个住宅小区。城区最具代表的小区有：

迎丰新苑 迎丰新苑由怀化金顺房地产开发有限公司建设的一个集住宅、商业、酒店、宾馆、写字楼、公寓于一体的新型小区。2010年建成，共4栋楼房，建筑面积17600平方米。

银湾小区 银湾小区是根据高层电梯楼房的户型设计，充分体现“以人为本”的原则，2007年建成。高层楼房为8栋29层双电梯钢筋砼架剪力墙结构，总建筑面积16万平方米。高层电梯实行双电源变频式供电，24小时全天候闭路电视监控系统，楼宇对讲系统，IC卡门系统；楼房底层为车库，小区中心近3000平方米的休闲广场配置园林景观、健身器具。

大汉龙城 大汉龙城位于怀化市紫东片区(新市政府西侧)。由大汉龙城怀化市大汉置业有限公司投资开发，占地面积1300余亩，总建筑面积200万平方米。一期工程兴龙府占地面积170亩，总建筑面积38万平方米，该工程2010年时处于在建中。

1998年始至2010年、河西房地产业随着各类市场的快速发展而同步发展，先后建设了滨江花园、紫园别墅、怀电新苑及河西新村、羊合冲安置小区等住宅小区。

滨江花园 位于潕水二桥西头，东临潕水河，西临神龙路，北临滨江大道，南临天星西路。占地80亩，总建筑面积7.52万平方米，有14栋7层住宅楼，5栋20套小洋楼，1栋12层写字楼和1栋豪华会所，可住320户，户型以120~260平方米的错层及复式为主。园内配置1700平方米的独立会所，有游泳池、球场、超市、健身中心等设施。

紫园别墅小区 位于潕水二桥与潕水三桥之间，东临潕水河，西靠河西公园，北邻潕水二桥，南临潕水三桥。占地169.6亩，建筑面积19万平方米，有联排，单独，电梯等结构的中、高档别墅62栋，住宅面积13.7万平方米。有商业配套建筑3.1万平方米，其他公用配套设施3000平方米，停车位900个。

怀电新苑小区 位于潕水二桥西头，东邻神龙东路，西靠河西公园，北临河西大道，南临滨江路。占地130.6亩，建筑面积13.35万平方米，绿化面积2.65万平方米，绿化率39%，入驻684户，有停车位357个。小区内实施全方位、一体化、专业化的物业管理。

龙泉雅苑 龙泉雅苑地处钟坡森林公园山脚，占地208亩，建成住宅16栋，978套住房，总建筑面积15万平方米。小区在武陵路。一期工程于2000年12月开工，2002年4月20日向住户交付。2002年，该区工程荣获湖南省康居示范工程小区、湖南省优秀物业管理小区和湖南省首批“最受欢迎楼盘”称号。铁道部副部长蔡庆华、湖南省建设厅厅长向世林曾到龙泉雅苑视察。

绿海明珠小区 绿海明珠住宅小区，位于钟坡国家森林公园山边，因其依托公园2.5万亩郁郁青青的森林，而命名绿海明珠。小区总建筑面积13万平方米，其中住宅面积10.2万平方米，有27栋住宅楼，835套住房。该工程由怀化世雄集团投资2亿元所建。

梅园新村 梅园新村住宅小区位于钟坡公园山下，因小区内广种靖州杨梅而得名。属育林社区辖地。第一期工程是铁路福利用房，始建于2000年，占地面积246亩，总建筑面积8.08平方米，住宅面积3.12万平方米，绿地覆盖率为32%。住宅楼10栋，27个单元，住户为324户。第二期工程始于2002年，占地20亩，总建筑面积2.23万平方米，住宅面积3717平方米，绿地覆盖率58.99%，住宅楼8栋，14个单元，住户185户。

1998—2010年鹤城区城区住宅建设情况表

表2-5-1

年份	投资（万元）	竣工面积（万平方米）	备注
1998	2070	4.4	
1999	17800	410	
2000	12000	1.29	
2001	—	6.09	
2002	188960	2.5448	
2003	7300	484	
2004 2005	8300	134.9	另有职工集资建房5.62万平方米
2006	—	142.55	是年人均住房面积达29.5平方米
2007	148000	—	
2008	130000	89.3	
2009	320000	—	
2010	145000	—	

瑞丰园 瑞丰园位于瑞丰路258号，毗邻怀铁一中，2002年开发长丰·瑞丰园项目，规划7栋多层建筑和3栋高层建筑，建筑面积近10万平方米。在城北片区建29层楼房，成为“闹市中的世外桃源”，并突出文化主题，斥巨资邀请全国知名书法家、雕刻家将“唐诗三百首”以不同风格完整地展现小区内，使用户能享受独有的“文化生活”，2009年度，被列为鹤城区重点工程项目。

河西新村和羊合冲安置小区，属安置团结村7组和黄家山村羊合冲组村民，另有桐木坳、舞阳大道、环城西路、滨江新村安置区。分别安置82户，256人；392户，1199人；207户，682人；25户，156人。

湖天开发区自开发建设始至2010年，先后建设牡丹花园、湖天一色、天龙御园近20个住宅小区，其中较大的住宅小区有天龙御园。位于湖天开发区香州广场旁，由湖南三龙房地产开发有限公司开发建设，由5栋32层的高层建筑组成，建筑总面积13万平方米。

城北辖内铁路系统及房地产开发商建有住宅1309栋，其中：宝家山186栋，茅谷冲160栋，钟坡山脚207栋，瑞丰路112栋，嫩溪龙101栋，龙塘117栋，怀北路226栋。

自房产业兴起后，境内共建设102个住宅小区。

二、公共建筑

交通环卫设施建成怀化汽车南站、东站，城东、城西社会综合停车场，垃圾处理厂和市污水处理厂，市二水厂，太平溪综合治理，舞水河绿化带建设。自1991—2010年，短短20年时间，公共设施日臻完善。

境内公共建筑自1991年后，逐步增加，较为突出的有怀化市市民服务中心大楼，鹤城区行政服务中心，体育中心，广播电视中心，五溪文化广场，香州广场等。

鹤城区行政中心 位于鹤城区城东新区金海路（148号），2005年6月28日，动工建设。规划用地面积85.58亩，建筑面积53478平方米，三栋楼，有主楼，附楼，会议中心，主楼高12层。总投资3500万元，绿化面积24782平方米，道路面积9114平方米，广场7454平方米，露天停车场面积3479平方米。2008年12月27日竣工交付使用，有66家机关事业单位进驻中心办公。

怀化市市民服务中心 位于怀化市鹤城区紫东片区，占地面积100亩，建筑面积7.94万平方米，入住单位60个，人员编制4004人。市政大楼远远看去就像怀化的怀字的首写字母“H”，主楼后副楼就像一个巨人张开的臂膀，寓意“怀抱天下，服务人民”之意。工程2007年12月动工，总投资17.17亿元，2010年9月竣工，10月3日召开落成典礼暨部分市直单位搬迁动员大会。

金海广场 位于鹤城区泸林路以东，金海路以北，占地80亩，2001年5月动工建设，总投资2536万元。2001年10月竣工，是怀化市第一个集休闲、娱乐、集会于一体的综合性休闲绿化广场。

五溪文化广场 位于鹤城区沪林路以西，怀化市第二人民医院对面，占地320亩，2003年7月，动工建设，总投资4900万元。整个广场以五溪流域历史和民族文化为背景，以人工湖和植物园为主要内容，分为三大功能区，北面为儿童娱乐区，中间为下沉式公共活动广场区（音乐喷泉），南面为人工湖及湖岸休闲娱乐区。广场以其独特的自然生态、人文景观和现代气息水乳交融的特点，深受市民青睐。广场景点设计倚山就势，曲直随态，点土成景，环土成带。广场内的五溪柱、千鹤湖、音乐等喷泉、五溪人物墙、大型电子显示屏、水幕亭等大型人文景观相互映衬，相得益彰，构成一幅融湖光山色、民族风情、自然生态为一体的城市文化画卷。整个广场注重“人性化”设计，广场内的主要通道都安装盲板，修建无障碍通道，卫生间安装残疾人专用卫具。整个广场体现“以人为本，道法自然，天人合一”的理念。2004年4月30日，广场一期工程竣工开园，5月1日至4日，怀化城东文化周活动在广场举行，活动期间，丰富多彩的文艺演出，别开生面的万人歌咏比赛吸引10千米以外的老城区市民蜂拥而至，壮观无比。

香洲广场 广场东至岩堰溪、南临花溪路、西连香州路、北接太平溪防洪堤。用地面积34.69亩，总投资2800万元（含征地拆迁）。2005年1月16日动工建设。广场设计突出环保生态和文化休闲定位。广场西部以30米直径的下沉式音乐喷泉广场为中心，沿四周环形相呼应的6个休闲中心节点构成聚会、娱乐的整体景观，同时在四周设计建造12根杂交水稻文化柱，记录以杂交水稻之父袁隆平为首的农业科学家在怀化成功发明杂交水稻的光辉历史。广场东部以健身器材和树林构成休闲景观。整个广场设计种植各类树木40余类，绿化面积7000平方米，绿化率控制在46%以上。广场于2006年建成开放。

市民休闲广场　位于怀化市委大门处（迎丰中路），该项目总占地78.4亩，共分两期实施建设，其中一期占地39.25亩，二期占地38.79亩。市民休闲广场设计以现代风格的选景手法塑造充满活力、开阔舒展、简洁优美、气韵连贯的景观环境。以体现怀化现代、开放的城市氛围，既庄严又休闲放松的整体环境。分为绿化休闲区、雕塑小品购物、公共停车区，亮化、绿化为一体。据地型高差设置地下商场，商场占地面积8000平方米。配套建设安置区一个，位于市委大院北侧（市计生委大院），用地面积1.5万平方米，总建筑面积7.2万平方米，共拆迁房屋2.17万平方米。其中安置楼4栋，总楼层33层，地下一层为车库，地上32层为住房，一层4户，总共512户。广场一期工程于2008年7月22日公开招标，由长沙市建设工程集团公司中标承建。2008年8月1日动工，11月竣工。广场二期工程由怀化市刘霖集团中标承建，于2010年竣工。

怀化体育中心　位于天星东路与锦溪南路交叉处的西南角。项目用地230亩，项目建设内容为：主体育场工程、综合训练馆工程、室外运动广场工程、配套道路工程等，项目总投资2.8亿元。2008年4月动工建设。11月主体育场完工，建筑面积3.07万平方米，场内座位17845个，场内可容纳观众2万人，室外运动广场3.3万平方米。主体育场及室外运动广场由上海宝冶建设有限公司中标承建。主馆场建筑设计为现代风格，采用圆弧形钢屋架，折线型拉膜屋顶，立面造型美观大方，线条简洁流畅，主体育场建成验收之日，有千余飞燕绕场翻飞，被老百姓称为怀化的“鸟巢”，是怀化城市的标志性建筑之一。一期完成投资2亿元。是年11月10日，主场及周边环道、园林景观绿化工程全面完成并交付使用。11月11日，中央电视台“欢乐中国行—魅力怀化”暨10周年市庆大型文艺晚会在落成的体育中心主场馆举行。二期综合训练馆工程2009年7月11日动工建设，总建筑面积1.22万平方米，场内座位3600个，概算投资8000万元，建筑高度23.86米，功能以游泳、跳水为主，兼顾篮球、羽毛球、网球、排球等项目。综合馆设计线条圆润，结构轻盈，人流交通组织科学畅通。

怀化市图书馆　位于湖天大道（湖天南路）以西，怀化报业集团以南的区域。总用地面积25亩（包括公用道路和绿化用地），净用地18亩，总投资3700万元。2009年7月开工建设，2010年年底竣工交付使用。该工程为五层框架结构，一层相对独立，为单独开放的公共区域及采编设备用房，二层至四层为各种类型的阅览室，五层为计算机中心。图书馆总建筑面积8300平方米，可藏书100万册，是集借、阅为一体的图书中心。

怀化日报社　又称怀化报业集团，坐落在湖天南路，占征地60亩，引资3亿元，修建集报业大楼、印务中心、酒店公寓于一体的文化实体。该项目分两期工程，第一期印刷车间的建设，由报社独立实施建设，自2009年4月30日开工，8月10日完工，投资800万元。8月12日，报社搬迁进住。二期工程是报业大楼，五星级酒店和酒店公寓的建设，由凯通公司出资开发。8月12日，顺利实现报社的整体搬迁。2010年2月3日，报业传媒中心奠基。报业大楼、五星级酒店进行支扶工程建设；住宅楼部分已全面进行桩基工程施工，是年底，完成6000万元的投资目标。

怀化学院东校区　位于金海路以北，怀化学院从2004年开始，怀化学院校园建设确立“西稳东扩”的战略发展思路。西校区安排音乐、美术、艺术设计、体育、物理与电子信息、生命科学、化学与化学工程7个教学系。东校区安排中文、数学、外语、教育、人文教育、政法、计算机技术与科学、工商管理、经济学、预科等10个教学系（部），总占地面积580多亩。2004年5月，学校请湖南大学设计研究院对东校区建设布局进行了科学规划。2005年，投入1520.73万元建成了第二教学楼。2007年，投入602.36万元，对第二教学楼进行扩建，使用面积达到14872.5平方米。2007年，投入2351.61万元建成图书馆，使用面积

15675平方米。同时投入3058.35万元，建成了6栋学生公寓，使用面积30444.82平方米。2004—2010年，学校投入2000多万元，建成教学辅助用房、行政用房、生活用房及其他建筑设施7万多平方米，对教学楼门前广场（铭志广场、励志广场）进行建设美化，学院东区已发展为一所现代化的朝气蓬勃的高等学府。

怀化市第二人民医院 怀化市第二人民医院始建于1944年，前身为湖南省洪江医院，现已发展成为拥有怀化总院、洪江医院、靖州医院的现代化医院集团。2005年，由洪江迁怀化，新院址位于城东新区3号小区（泸林路以东，五溪文化广场对面），占地面积195亩，投资5.15亿元。一期工程含住院楼、门诊楼、医技楼、肿瘤治疗中心、锅炉房和医疗附属用房等，投资3.65亿元，2003年开工建设，2005年10月1日投入使用。其中，肿瘤治疗中心设备投资2.15亿元。医院固定资产3.5亿元，设病床1080张；有医护人员1005名，其中，高级职称100人，博士1人，硕士9人。医院科室设置齐全，共有40多个临床医技科室，设有ICU、层流洁净手术室和体检中心。普外科、口腔科、中西医结合肿瘤科、检验科是怀化市重点学科。医院以肿瘤防治为特色，是全市唯一一所现代化的肿瘤治疗中心。中心拥有世界先进的肿瘤诊疗设备。如头部伽马刀、氩氦刀、直线加速器、高能聚焦超声刀、高能聚焦微波热疗机、近距离后装放射治疗机等。医院还有市内先进的乳腺钼钯机、螺旋CT、核磁共振、四维彩超等。医院以建设五省周边地区最大肿瘤医院为目标，努力服务于湘、黔、桂、渝、鄂五省周边地区的广大肿瘤患者。经省卫生厅、市卫生局批准，2010年6月12日加挂怀化市肿瘤医院，成为湖南省肿瘤医院技术指导医院，中国人民解放军总医院远程指导医院，中国扶贫基金会肿瘤“天使工程”项目医院，中国生物医学工程学会肿瘤靶向治疗分会怀化协作治疗中心，怀化市抗癌协会挂靠单位。是全国“文明医院”、国家“健康快车”基础医院、省“医德医风示范医院”、南华大学临床教学医院、怀化市120紧急救援中心网络医院及各县（市、区）农保、职工医保、居民医保定点医院。

英泰国际商城 2007年，火车站站前广场进行彻底改造。2008年3月，引进香港英泰公司——香港著名工业家麦雄投资开发的“怀化火车站站前广场改造工程”，在怀化投资创办英泰公司。英泰国际商城建设项目，东起团结巷、西接鹤洲北路、南临迎丰西路、北至怀化火车站。占地8.19万平方米，其中建设用地1.35万平方米，城市道路用地2.81万平方米，站前广场和公交停车场用地1.4万平方米，城市绿化广场用地2.63万平方米。项目总建筑面积30.89万平方米。建筑分为A区：英泰商城，为西南湘、黔、渝、桂、鄂五省周边一级批零市场，内设2000个独立商铺；B区：国际著名大型超市——沃尔玛超市、通程百货城、香港大地娱乐传媒、麦当劳、必胜客美食城、酒店式公寓、商务写字楼和五星级酒店。同时修建有2000车位的大型停车场，2栋高楼，每栋为30层楼房。项目总投资20亿元，建成后成为怀化市标志性建筑和形象“窗口”，集休闲、购物、娱乐、美食、集会等功能为一体。

琼天广场 怀化琼天广场是由怀化琼天房地产开发有限公司投资兴建的大型综合商业广场。于2004年动工，2006年10月1日正式投入使用。总投资1.5亿元。总建筑面积88000多平方米。总高度99米高。裙楼5层，写字楼主楼25层，住宅28层。地下一层为停车场及地下商场，最高为29层；1~5层为步步高商业，广场每层7000余平方米；6层为大型游乐场及自由商场，6层设有大型的健身馆；7~17层为专业写字楼；18~22层为琼天大酒店；23~24层为休闲区；25层为琼天办公楼。

怀化君源华天大酒店 怀化君源华天大酒店，位于迎丰西路与铁北路交汇处，它是在怀化市电影公司的金鹰文化广场的基础新建的。2005年由天鹏房地产开发有限公司开发，投资近2亿元，按五星级标准建造的酒店。主楼高27层，地下2层，总建筑面积近6万平方米。2008年4月2日正式对外营业，后易为怀化和成发国际大酒店，有员工400余人。设有地下地上停车场，同时，可容纳车辆300余辆，豪华客房399间，可同时容纳1000余人用餐的大型宴会厅。有美容、美发、健身中心、游泳池及其他休闲娱乐项目及成套的消防、人防设施等，是怀化市内的标志性建筑。

第四节　建筑市场管理

一、管理机构

管理机构　1991—1997年，怀化市（县级）建筑市场管理由建设委员会（1995年5月更名为建设局）履责。

1998年7月11日，中共怀化市委（地级），对建委系统职能进行调整，市建委负责城市规划区的规划、建设、管理、执法。具体包括：编制、申报、实施市委、市政府所在地城市的总体规划、各项目专业规划、详细规划，统一管理规划区内的建筑物、构造物等工程建设和建筑市场，核发建设项目“一书两证”（选址意见书和建设用地许可证、建设工程规划许可证）；负责建筑行业资质、设计行业资质和城市勘测资质管理；负责城市规划区的市政设施、公用事业、园林绿化、风景名胜区、市容环卫（包括城市街道、公共场所和市属单位的环境卫生）及其管理和燃气行业管理，城市公共客运交通管理；根据水电部门城市地下水资源的开发规划，负责城市地下水资源的分配利用、管理和城市供水工作；负责市、区房地产业、房地产市场和产权产籍、住房抵押贷款及城市房屋拆迁的管理和市属单位住房制度改革、住房公积金、经济适用住房及物业管理等工作；负责城区建设执法工作。

鹤城区建设局负责城市规划区外所辖乡村的建设工作。具体包括：编制、申报、实施、管理规划区外乡、集镇及村庄规划；负责城市规划区外建筑物、构筑物等工程建设、建筑市场的管理；协助做好市政管理工作，搞好建设法规政策宣传，在市建设部门的统一管理下，做好背街小巷和区属单位的环境卫生工作；负责区属单位住房制度改革和政策性住房资金（公有住房出售款、住房租金、住房公积金及货币分配的住房补贴）的归集管理工作。为了既发挥鹤城区参与市区建设的积极性，又有利于城市的统一管理，结合湘黔铁路建设，在坨院辖区内规划一个5平方千米左右的新开发区。开发区除总体规划和建设行政执法由市建委统一管理外，其余职能全部委托区建设局管理，规费收入留鹤城区用于新区建设。

2001年11月，鹤城区机构改革仍保留鹤城区建设局职能。职能作相应调整。划出城市地下水资源的管理和城市防洪，交区水利局。主要负责全区的重点项目施工阶段计划调度，协调建设工期、工程质量、安全生产等综合管理工作。贯彻执行国家有关工程建设、村镇建设、建筑业、勘察设计咨询业务的方针、政策、规章和管理细则，研究提出实施意见和办法，研究提出相关的发展战略、中长期规划及年度计划并指导实施，进行行业管理。指导管理集镇、村镇规划的编制、审查、报批工作，组织村镇建设设点，搞好统一开发、综合建设；负责建设项目的选址定点工作，核发“一书两证”，贯彻执行《湖南省建筑市场管理条例》，负责区属范围内和在区发展计划局立项工程项目建筑施工的管理，并核发“建筑工程施工许可证”，监督管理建筑从业资格，规范区建筑市场。负责区属单位建设工程招投标管理工作。协同有关部门做好历史文化、自然资源、文物古迹的审查报批和保护工作，协助参与城区建设、管理、监察、城区建设综合开发、城镇建设档案工作。协调指导区辖范围内城镇土地开发利用、土地使用权有偿转让、房地产开发、经营工作；指导区辖范围内城镇房屋产权产籍，房屋商品化工作；指导和推进区属范围内城镇住宅建设，负责全区安居工程建设的组织、协调、督促落实房政政策。研究制定区辖范围内城镇建筑物，构筑物的抗震防灾规划，综合管理乡镇建设及工业与民用建筑的抗震设防和加固，以及附建式人防工程建设的技术工作。制定行业科技发展规划和技术政策；组织重大科技项目攻关和新技术开发利用，管理行业科技成果。人员编制和领导职数。区建设局机关行政编制7名，其中：局长1名，副局长2名，纪委书记1名，（股）室领导职数3名。离退休人员管理服务事业编制1名，实行单列。属于行政性质，管理人员实行公务员制度。机关后勤服务人员事业编制1名。2010年12月17日，更名为怀化市鹤城区住房和城乡建设局（简称住建局）。

乡、镇管理机构　1996年4月，设立乡镇建设管理站。主要职能：协助主管部门搞好村镇规划、设计及报批工作；协助主管部门抓好乡镇的各项工程建设、配合质监部门监督工程质量，特别要抓好乡镇重点工程建设，负责乡镇建设项目的报批工作；抓好文明村镇建设工作，及时总结、推广文明村镇建设的经验。负责村镇建设的统计年报工作。

1997 年怀化市（县级）乡镇建管站一览表

表 2-5-2

站　名	定编(个)	管辖范围
盈口乡建设管理站	8	盈口乡
铁坡建设管理站	4	铁坡乡、活水乡、接龙乡、嵩古平乡、石宝乡、锦溪乡
坨院建设管理站	5	坨院办事处
泸阳镇建设管理站	4	泸阳镇、下坪乡、聂家村乡
花桥建设管理站	2	花桥镇、龙场乡
石门乡建设管理站	3	本乡辖区
鸭咀岩建设管理站	4	本乡辖区
中方建设管理站	4	中方镇、炉亭坳乡
牌楼坳镇建设管理站	2	本镇辖区
桐木乡建设管理站	2	本乡辖区
杨村乡建设管理站	2	本乡辖区
铜湾建设管理站	6	铜湾镇、铜丁乡、丁家乡、新路河乡、新建乡、袁家乡、蒋家乡
黄金坳建设管理站	3	黄金坳乡、芦坪乡、贺家田乡、凉亭坳乡
合　计	48	

区县分设后，1999 年 1 月，鹤城区建设局为进一步加强村镇规划建设管理，理顺乡镇建管站的归口管理，规范乡镇建管站的办证和规费收取，搞好村庄、集镇规划建设和其他配套建设管理工作，决定成立“乡镇规划建设管理总站”。管理辖区内盈口、坨院、石门、杨村、鸭咀岩、黄金坳 6 个乡镇建管站，工作人员 34 人。各建管站编制分别为：盈口建管站 10 名，石门建管站 3 名，鸭咀岩建管站 3 名，杨村建管站 3 名，坨院建管站4 名。

二、建筑企业资质管理

1991 年，怀化市建委根据上级建委对施工企业进行资质复查的要求，对 1990 年底以前注册登记的施工队伍按照资质要求的标准，进行全面清理。通过清理，责令整改 11 个，清退 11 个，当年新登记注册的施工队伍 2 个，保留 29 家施工企业。

1997 年 2 月，怀化市建设局为进一步规范业主、承包方、中介方的市场行为，杜绝无资质、越级承包、转包、非法挂靠等不法行为，对外来施工队伍落户注册资格重新进行审查。经审查，留用 21 家企业（见附表），并明确企业应遵循的基本原则。

1997年2月怀化市（县级）外来建筑施工企业名册

表 2-5-3

施工企业名称	性质	等级
湘潭县环山建筑工程公司	集体	4
湖南省湘乡市龙藤建筑工程公司	集体	4
福建省土木建筑开发工程公司	集体	2
涟源市宏达建安公司	全民	3
湘乡毛田建筑工程公司	集体	3
湘潭县三胞建筑工程公司	集体	3
宁乡县东务山建筑工程公司	集体	3
长沙北山建筑工程公司	集体	1
湖南省邵东县建筑工程公司	全民	2
长沙雷锋建筑工程公司	集体	2
湘乡市枚桥镇建筑公司	集体	4
湘潭县乌石建筑工程公司	集体	3
湘乡市新研建筑工程公司	集体	3
衡阳县第十一建筑工程公司	集体	3
湖南省双峰县建筑总公司	全民	3
湖南省湘乡建筑安装公司	全民	2
湘乡市虞塘建安公司	集体	3
湘潭市石潭镇建筑工程公司	集体	3
湖南省湘乡市崇山建筑工程公司	集体	4
宁乡老粮仓建筑公司	集体	4
宁乡县朱石桥建筑公司	集体	3

1997年6月，外来施工队伍落户注册资格审查留用的施工企业18家。

1999年审查留用施工企业名册

表2-5-4

施工企业名称	性质	等级
隆回金石桥	集体	4
洪江三建	集体	3
湘潭三建	集体	3
常德市鼎城区嵩子港	集体	4
涟源白马建筑安装公司	集体	4
邵东县廉桥镇工程公司	集体	3
邵东县团山建筑公司	集体	3
隆回二建	集体	3
邵东四建	集体	暂3
双峰县花门建筑公司	集体	3
新邵县寺前建筑公司	集体	4
昊川二建	全民	2
武岗五建	集体	3
洞口水东	集体	暂3
溆浦二建	全民	3
新邵县建筑公司	集体	3
溆浦三建	集体	4
湖南省维尼纶厂	全民	3

根据市、区职能划分，鹤城区建设局负责城市规划区外的区辖乡村建设工作，负责规划区外建筑物、构筑物等工程建设，建筑市场管理。

1999年，市建设系统管理机关利用企业资质年检契机，重点对全市132家建筑企业进行一次全面的考核和清理，注销13家有名无实或施工条件、技术条件差的施工队伍和施工企业，建立和完善施工企业“准入”制度，严把施工企业质量关。年内对36家企业（其中预制构件生产企业8家，非等级企业3家），从企业业绩、人员素质、工程质量、装备水平、资金情况、施工安全和市场行为及企业改制等方面的内容进行全面考核。经考核合格的企业13家（其中，预制构件企业8家），基本合格企业19家，不合格被降级的企业4家。并针对市本级规划区施工队伍总量相对过剩，建筑市场无序竞争的状况，于4月对施工企业进行全面清理，一方面结合资质年检，注销一批有名无实的皮包公司以及资质严重不实、管理混乱、工程质量低劣、违法经营、社会反映强烈的施工企业13家；另一方面制定并实施《外省、本地县市施工企业进怀化市本级城市规划区承包工程管理办法》，建立承包许可证的红绿卡制度，允许在市本级规划区内承包工程的本地施工企业31家，外来施工企业18家。

2003年9月，怀化市建设局公布全市经建设部、省建设厅审定批准97家（含劳务）建筑企业资质就位等级审定结果，其中鹤城38家。

2003年鹤城域内建筑企业资质等级审定结果表

表2-5-5

序号	企业名称	核定资质等级	
		主项	增项
1	怀化公路桥梁建设总公司	公路一级	路基一级，路面一级，桥梁一级
2	怀化铁路工程总公司	铁路二级	房建二级，桥梁二级，电气三级，构件三级
3	怀化东兴市政建设有限公司	市政二级	房建三级，构件三级
4	怀化市水利水电工程总队	水利二级	
5	怀化市建筑工程公司	房建二级	构件二级，地基三级，装饰装修三级，土石方三级
6	怀化德天建筑工程有限公司	房建二级	
7	怀化兴业建设有限责任公司	房建二级	
8	怀化武陵城建筑安装工程有限公司	房建三级	
9	湖南省楚集建设工程公司	房建三级	
10	怀化市工程建设总公司	房建三级	

续表 2-5-5

序号	企业名称	核定资质等级	
		主项	增项
11	怀化市第一建筑工程公司	房建三级	构件三级
12	怀化市第二建筑工程公司	房建三级	构件三级
13	怀化市工程建设公司	房建三级	
14	怀化市第四建筑工程公司	房建三级	
15	怀化市东联建设有限公司	房建三级	
16	怀化市昌顺建筑工程有限公司	房建三级	
17	怀化银厦房产建设工程有限公司	房建三级	
18	怀化审市政工程公司	市政三级	
19	怀化市机械化施工公司	土石方二级	路基二级
20	怀化市公路工程有限公司	路基二级	路面二级
21	怀化市公路机械化施工有限公司	路面三级	
22	怀化新天地建筑装饰工程有限公司	装修三级	
23	怀化建南建筑装饰工程公司	装修三级	构件三级
24	怀化市宏惠工程安装装饰有限公司	机电设备三级	装修三级
25	怀化市锅炉机电设备安装总公司	机电设备三级	
26	怀化恒光送变电安装有限公司	送变电三级	
27	怀化沅能电力工程有限公司	送变电三级	
28	怀化市给排水安装工程有限责任公司	管道（暂）三级	
29	怀化市明聪预制构件厂	构件（暂）三级	
30	怀化市新家庄预制构件有限公司	构件（暂）三级	
31	怀化市迎丰预制厂	构件（暂）三级	
32	怀化市城中预制厂	构件（暂）三级	
33	怀化市金海预制构件制品厂	构件（暂）三级	
34	怀化市庆金预制构件厂	构件（暂）三级	
35	怀化市怀林预制厂	构件（暂）三级	
36	怀化市东兴建筑劳务有限公司	砌筑作业二级	
37	怀化市平泰电力安装有限公司	架线工程作业	
38	怀化市城誉水电安装有限公司	水暖电安装	

三、招标投标管理

1992 年 5 月，怀化市成立建设工程投标领导小组。1996 年 7 月，设立怀化市建设工程招标投标管理办公室，为副局级事业单位，定事业编制 5 名，人员经费自收自支，隶属建设局。

1996 年，怀化市把招标投标列为建设工程项目执法监察的一项重要工作。严格把住招标资质审查关和加强条件审查及标底审定关，“两加强”即加强招标工程的跟踪管理、加强招投标工作的指导与服务。是年 9 月底，全市应招标工程 22 项，实行招标的 18 项，招标率 81.8%，对 90%以上的工程项目进行了回访和跟踪管理，招标工程优良率有所提高。推行建设工程的招标投标，体现了建设工程承发包过程的公开性、公平性和公正性，有效地抵制了拉关系、搞垄断、拿回扣、收信息费、行贿受贿等腐败现象和不正之风。翌年，共办理报建工程项目216个，建筑面积6.15万平方米，投资总额3364万元，办理招标项目14个，总面积3.45万平方米，总投资2525.1万元，招投标率93.3%。

1998年，鹤城区设立，区建设局仍设建设工程招投标管理办公室，负责辖内建设工程招投标管理，并对违犯招投标管理的，予以处罚。

1999年，鹤城区建设局对单位工程未实行公开招标的，区招标投标管理办公室可视情况向区纪委、区监察局反映，请求监督。1999年4月22日，区日杂公司未经招标私自发包工程，区招投标办公室在多次上门制止未果的情况下，向区纪委、区监察局写出书面报告，纪委纠风办下发工程招投标督办通知书督促该公司纠正错误。

2000年开始，工程招投标严格按规定程序。为加强建设工程招标投标监督力度，市级充实专家评委库，评委由30人增加到80人。2007年，开始进行网上招投标，颁布了网站招投标实施细则及查询网站。2010年鹤城区印发了《鹤城区招标投标管理办法》，共七章五十一条。提高招投标透明度，降低造价，缩短工期。从2001–2010年，城区应公开招标工程的公开招标率达100%。

四、违章建筑查处

怀化市违章建筑查处，由怀化市建设委员会辖属的城市建设管理监察队履责。

1991年，怀化市查处违章违法建筑450起，建筑面积6.5万平方米，其中作处理的415起，建筑面积6.2万平方米，分别占92.2%和95.4%。在处理的建筑中，给予拆除处理的89处，停工建设处理的25处，共处罚款7.8万余元。自是年始到2010年，每年查处一批违章建筑，在查处违章建筑的过程中，依据实际情况出台相关的政策。

1995年10月26日，怀化市建设局下发《怀化市城市建设管理监察行政执法权限的暂行规定》。《规定》对执法机构、处罚内容及标准予以明确。

1998年，鹤城查处违法违章建筑工程85项，建筑面积32.6万平方米，工程总造价1.64亿元，补交各项规费279.5万元。

2000年，对严重违法建设申请法院强制执行，是年对20起严重违法建设申请法院强制执行，执行到位率80%。2001年，对34起严重违法建设申请法院强制执行，执行到位率80%。2001–2006年共强制拆除违规违章建筑13.17万平方米，对355起违规违章建筑采用拆除、责令停工整顿、限期整改。2007年，鹤城区为主拆除“两违”建筑7起，面积0.18万平方米，组织力量，拆除新街、团结巷、湖天桥、城东市场等地300多处近万平方米的乱搭乱建摊棚。自6月至年底，共立案和查处“两违”建设案件138起，查处“两违”建筑面积12.9万平方米，其中执法局拆除的“两违”建筑为3.4万平方米，实施拆除1.98万平方米。

2008年，市长办公会议决定，城区新增违法建设的查处全部交给鹤城区，城管执法局重点负责抓好重点工程和市领导交办“两违”案件的查处。职能委托后，鹤城区会同市局查处“两违”建设，共同拆除10栋4418.6平方米的违法建筑。全年共查处“两违”建筑案件179起，涉案面积8.3万平方米，需强制拆除面积2.75万平方米，实施拆除的2.46万平方米。其后两年中，认真开展2008年3月1日以前“两违”建筑清理，积极稳妥地处理遗留问题，扎实开展强制拆除工作。围绕城市绿化、亮化工程，对沿街、沿河、重点工程内违章建筑集中整治，共拆除房屋75栋，共计2.21万平方米。2009年先后拆除 潕水河三桥处一违章建筑，市第一人民医院29号家属楼4户违法建筑、市妇幼保健院北面一违法建筑、盈口乡狮子岩村违章屋棚等42处违法建筑，共拆除违法违章建筑面积4400余平方米。2010年全力拆除“两违”建筑，全年共拆除违法建筑63处，面积2.07万平方米，其中处理领导交办的违章建筑事项8件，受理群众投诉“两违”建筑33件。

第六章　城区住房建设

第一节　房地产开发

一、土地开发

怀化市（县级）土地开发始于20世纪80年代末期，1989年，怀化市房地产综合开发联营公司在城区天星坪征地54.98亩，在潕水路征地3.13亩，进行住宅建设，在迎丰东路原省建七公司与安江纺织厂怀化分厂中间田垅征地31.19亩（开发建设城东市场），总计征地89.3亩。随着城市建设各种用地需求不断增大，土地开发随之不断扩大。

1991年，怀化市城市建设开发公司经省国土局批准，在中心市场征地66亩，进行市场扩建。是年办理建设用地许可证77份，批准用地268.35亩。随后，伴随湖天开发区、河西开发区、城东新区和各项工商业及房地产用地需求日益增大。1992年，湖天开发区道路建设及住宅小区和正大公司、首钢怀化食品罐头厂、自来水二厂等项目共办理186份建设用地许可证，用地面积2897.8亩。

1998年5月25日，地级怀化市国土管理局成立。新成立的怀化市国土局接管河西、湖天两个国土分局，接管怀化市主城区土地审批管理业务，负责城市规划区（不含坨院办事处辖区）全部国有土地（包括中央、省、市及鹤城区、中方县在主城区内的单位和湖天开发区、河西新区的全部）的统一规划、统一征用、统一开发、统一管理、统一出让和统一发证；审批、管理城市规划区（不含坨院办事处辖区）集体土地中非农业建设用地。

1998年9月，鹤城区委、区政府向市委、市政府呈报《关于建设鹤城城东新区的报告》，市委、市政府先后两次批复同意成立怀化市城东新区，规划面积6.4平方千米。12月，鹤城区获市委、市政府批准，同意在城东金海路修建怀化市城东新区管委会办公室。2003年8月，鹤城区人大二届常委五次会议通过将鹤城区行政中心机关迁址城东新区的决议，自始，城东新区的开发建设步入快车道。自1999—2005年，城东新区先后征用土地2345.11亩，其中，鹤城区行政中心占地300亩，怀化市广播电视中心占地100亩，怀化市第二人民医院占地195亩，五溪文化广场占地320亩，金海路占地329.67亩，泸林路占地208.44亩及怀化学院东校区占地500亩，金海广场等工程先后开工建设。

1991—1997年部分年度怀化市（县级）土地开发统计表

表2-6-1

年度	面积			办理建设用地许可证件数
	公顷	平方米	折合成亩	
1991	17.89	—	268.35	77
1992	—	1930000	2897.8	186
1993	—	285194	428.2	150
1997	127.15	—	1907.25	67
合计	145.04	2215194	5501.75	480

1998—2010年鹤城区主城区土地开发统计表

表2-6-2

年度	单位	面积			备注
		平方米	公顷	折合亩	
1999—2005	鹤城区	—	—	2345.1	表内土地，包括耕地和山地
1999	市本级	—	—	2363	
2000	市本级	1201534	—	1804.1	
2001	市本级	—	460.6738	6910.1	
2002	鹤城区	—	51.84	777.6	
2003	市本级	—	991.1964	14867.9	
2005	市本级	—	810	12150	
2005	湖天开发区	—	—	1768	
2006	市本级	—	97.1737	1457.6	
2007	市本级	—	—	1300	
2008	市本级	—	396	5942.9	
2009	鹤城区	—	—	205	
2010	鹤城区	—	—	115.94	
2010	市本级	—	472.77	7090.8	
合计		1201534	3279.6539	59098.04	

1998—2010年，市、区（含经开区）城市规划区内土地开发总面积为59098.04亩。用地初始用途，大都开发市场和相关的产业园区及公用设施，而用于房地产开发仅占三分之一。

二、房产开发

怀化市房产开发起步较晚，境内房产开发始于1989年，是年，怀化市房地产综合开发联营公司在原省建七公司与安江纱厂怀化分厂交界处征地31.19亩，开发建设新城集贸市场（后为城东市场）及商品房，当年商品房施工面积5520平方米，竣工面积3120平方米。

1991—1997年，此期间大都是单位集资建房及私人建房，为房产开发起步阶段，房产开发面积仅6万平方米。主要开发小区有城东市场商品房，湖天开发区内的牡丹花园、世纪花园、湖天一色、在水一方、南湖花园等。

1998年后，境内房产开发步入快车道。2001年后，境内房地产企业竞相挂牌成立，房地产开发遂成高峰。境内东起城东新区，西至河西开发区，北起铁北区，南至湖天开发区（包括杨村垅），加上城中区、紫东片区的四面八方，各地段大兴房产开发。自2001—2010年，境内开发房产小区有47个。

1991—2010年鹤城主城区主要房地产企业房产开发一览表

表2-6-3

房产开发企业名称	开发房产小区名称
怀化市华团房地产开发集团有限公司	牡丹花园、南湖花园
湖南武陵城集团房地产开发有限公司	湖天一色、世纪花园、在水一方、顺天花园
湖南德天集团有限公司	河西建材市场等
怀化市景丽房地产开发有限公司	景丽商住楼、教师新苑

续表 2-6-3

房产开发企业名称	开发房产小区名称
湖南东星建设集团公司	银湾小区、英泰国际
怀化市天凯房地产公司	潕水嘉园、湖南天名源楼
怀化刘霖房地产开发有限公司	湘铭苑、黄金新苑、锦溪新苑、国税新村、电力新苑、宏丰大厦、香洲小区
怀化市天源房地产开发有限公司	天源小区、左岸春天
湖南福兴房地产集团有限公司	福兴·水岸蓝城、福兴·鸿运华庭、福兴·钢锣湾、福兴·舞溪新城
星旗房地产建设有限公司	
湖南世雄房地产集团有限公司	师专后花园、湖天新苑、绿海明珠、云华苑、学府花苑、都市春天
湖南三龙房地开发有限公司	天龙御园
怀化电力集团五溪房地产公司	电力新苑、五溪电力雅苑、新外滩·电力水苑
湖南京城房地产开发有限公司	秀水明山、华清楼、枫林小区、金碧御贺、龙港湾小区
怀化宏宇房地产开发有限公司	宏宇新村
怀化北辰房地产开发有限公司	迎丰新苑居民安置区
怀化市冠宇房地产开发有限公司	香州水郡
怀化友盛电联房地产开发有限公司	紫园别墅
怀化柒星房地产开发有限公司	柒星国瑞住宅小区
怀化第浩天房地产开发有限公司	怀化电器大市场
怀化市海通房地产开发有限公司	潕水名居

1998—2009年鹤城区房产开发小区街道分布一览表

表 2-6-4

城东新区	广电花园、金溪房都、金盾花园、顺意家园、生源之春、阳光山水城、君悦公寓、金海花园、东方云天
迎丰东路	博雅苑、东方新城、盛世家园
迎丰中路	迎丰新苑、学林雅园、长乐天城
顺天路	藏龙水岸
顺天路与紫东路交界处	大汉龙城
环城路（四方田）	经纬·丽江佳园
怀北路	龙泉雅苑、钟坡新村
城北瑞丰路	新源里小区、世锦轩、辰丰·瑞丰园、菁华园、铁道新苑、幸福家园、金丰家园、百姓家园、翰林鑫苑
红星路	爵世风华
天星中路	雍景雅庭
河西德善路	滨江新村
沿河路	天福广场、教师新村
天星东路	鸿涛·翡翠湾、盛世华都、天星·浅水湾、大成·湖天名居
湖天南路	金茂花园、尚龙名苑
正清路	锦绣山河、天龙世家·风栖园、天星·新嘉坡、锦绣五溪
湖天南路	云龙花园、随珠苑、碧海苑、金穗花园
府星路	府安花园

2003—2009年，境内房产开发建筑面积1261.6万平方米。

2010年，鹤城区房地产在建或新建项目20个，总建筑面积246.661万平方米，总投资32.7802亿元。

2010年鹤城区房地产在建或新建项目表

表2–6–5

序号	项目名称	建设性质	建设地点	建设规模及内容	建设年限	总投资（万元）
1	京御名都一期	新建	鹤城区府星路钟坡巷29号	总用地面积12亩，总建筑面积3700平方米，工期为2年，共建3栋28层高层庭院组团式楼房	2009—2010	4800
2	水岸蓝城	续建	机床总厂内	占地73.69亩，总建筑面积23万平方米	2010—2013	40000
3	碧水新城住宅区	新建	坨院犀牛村	占地292亩，总建筑面积50万平方米	2010—2014	50000
4	钟坡园艺场和茅谷冲	续建	钟坡园艺场处	占地600亩，总建筑面积53.8万平方米	2009—2013	63000
5	阳光华庭二期	续建	梨园路	占地48.96亩，总建筑面积8万平方米	2009—2010	8000
6	新源永盛世家	续建	天星东路	修建3栋小高层，1栋高层住房	2009—2010	5800
7	山水·阳光城	续建	城东新区	占地面积178亩，总建筑面积36万平方米	2009—2010	
8	天星·浅水湾	新建	天星东路	占地面积134亩，总建筑面积29万平方米	2010—2013	50000
9	得美华园（服帽湘绣厂危房改建工程）	续建	服帽厂内	占地面积14.03亩，总建筑面积2.6万平方米	2009—2011	20000
10	柒星国瑞	新建	正清路与环城路交汇处	总建筑面积11万平方米	2010—2011	20000
11	怀仁公寓	新建	怀化市天星东路	总建筑面积33287平方米	2009—2011	2160
12	老街新区	新建	怀化市西兴街，鹤城区木材公司大院内	总建筑面积6400平方米（其中职工安置房37套），为3栋6层砖混结构住宅楼	2009—2010	550
13	水岸康城	新建	天星东路以南	为住宅小区建设项目；占地5.22亩，总建筑面积12040平方米	2009—1010	813
14	山水桃园居	新建	绕城线以北	为住宅小区建设项目；项目占地18.66亩，总建筑面积17388平方米	2009—2010	1403
15	听溪花苑	新建	太平溪以西、听溪阁以南	项目占地47.75亩，总建筑面积33160平方米	2009—2010	2597
16	山水都市	新建	湖天北路以西，迎丰公园旁	占地22.35亩，总建筑面积32790平方米	2009—2010	2305
17	奥体新村	新建	怀化体育中心以东	占地47.5亩，总建筑面积75554平方米	2009—2010	6200
18	锦绣南城	新建	绕城线一期北面	项目占地38.96亩，总建筑面积45121平方米	2009—2010	3268
19	景华楼	新建	湖天开发区锦园路以东、正清路以北	总建筑面积19870平方米，工期为2年；拟建25层高层高级商住楼一栋，整体功能为综合性服务小区	2009—2010	2206
20	五溪家园一期工程	新建	城东规划区	总建筑面积2万平方米	2010	1000
合计				246.661万平方米		327802

三、房地产开发企业

域内房地产开发始于20世纪80年代初，到1990年，有国有、集体企业3家，2010年底上规模的企业达31家。

中房集团怀化房地产开发公司 公司前身为怀化市建设开发公司，成立于1984年11月，位于怀化市人民东路22号，占地面积9733.2平方米，有职工55人，固定资产1000万元，隶属于怀化市建设局，副局级事业单位。1985年3月，加入中国房屋建设开发公司怀化公司。1988年，更名为中国房地产开发公司怀化公司。1989年11月，改为企业实体，同年12月，获二级城市综合开发资质等级。1990年3月，兼并怀化市房地产综合开发联营公司。1991年，公司由企业单位改为事业单位（实行企业管理)。1993年，更名为中房集团怀化房地产开发公司，后在市场竞争大潮冲击下，日渐退出房地产开发。

怀化市房地产综合开发联营公司 公司成立于1988年6月，由市建设银行，怀化市第一建筑公司，第二建筑公司组成，公司为股份联营公司，总股本金为60万元，其中，市建设银行30万元，第一、二建筑公司各15万元。公司经营范围主要是土地开发，商品房开发，房屋代建，房地产租赁等业务。1990年3月，被中国房地产开发公司怀化公司兼并。

怀化市华团房地产开发集团有限公司 公司始创于1989年，是以房地产开发为龙头，集建筑施工、路桥施工、建筑设计、南湖置业、物业管理于一体的集团公司。具备房地产开发和建筑二级资质，有职工近千人，其中，各类工程技术人员300多人，获中、高级技术职称人员，注册建筑师、结构师、监理工程师150多人，年生产能力达亿元。公司曾在境内开发“牡丹花园”“南湖花园”等，其中“牡丹花园”为第一个省级文明小区。

湖南武陵城集团房地产开发有限公司 公司是武陵城集团公司（1992年成立）辖属的子公司。公司注册资金2.168亿元，是国家一级开发资质企业。城区开发建筑总面积30万平方米，主要开发项目有湖天一色、银河电脑城、世纪花园、在水一方、顺天花园，武陵城家居建材广场。

湖南德天投资集团有限公司 成立于1998年8月。是湖南省一家优秀的民营企业，具有国家二级房地产开发资质、国家二级建筑资质和国家二级物业资质，拥有国内外贸易自由进出口权。拥有注册资金2.088亿元，员工300多人，集团下设8家子公司和1家分公司，主要从事房地产开发，工程建筑、物资贸易、物业管理、休闲农业、金融典当、文化艺术、旅游服务等行业的经营。12年中，共投资开发了怀化德天广场，桂林德天商业广场，芷江日月湖旅游度假区。德天集团先后荣获“全国商业质量效益型先进企业”“中国消费者放心单位”“全国学习型组织先进单位”“湖南省优秀企业”“湖南省优秀非公有制企业”“湖南省私营企业100强”“农行湖南省分行AAA级信用企业”“广西百企入桂优秀企业”等诸多荣誉称号。

怀化市景丽房地产开发有限公司 公司始建于1999年，开发资质为三级，注册资金818万元，是经湖南省建设厅批准成立经营房地产的民营企业，公司地址在怀化市迎丰东路与顺天南路交汇处，有员工118人。公司成立后，先后开发建设了市编委住宅楼、市劳动局住宅区、景丽商住楼。2004年公司投资8000余万元，成功开发总建筑面积11万平方米的市重点工程“教师新苑”。

湖南东星建设集团有限公司 公司前身为怀化市东兴房地产开发有限公司，成立于1999年7月。2000年6月组建集团公司，注册资金8800万元。2010年末，在职员工1200余人。其中，各类专业技术人员400余人，总资产16亿元，年经营收入10亿余元。公司主要经营房地产开发、工程施工、水泥产销、酒业产销、物业管理。自成立后，先后成功创办了怀化东兴步行街、怀化东兴购物广场。开发建设的项目有“怀化电脑城”“怀化车辆配件市场”“怀化迎丰东路改造工程”“锦溪南路改造工程”“顺天大道工程”“银湾小区”“英泰国际”等。

怀化市天凯房地产公司 公司成立于2001年初，是经湖南省建设厅批准成立从事房地产开发经营的非公有制企业。公司位于怀化市河西舞阳大道天凯装饰材料洁具城内，注册资金810万元，固定资产8000万元，拥有大中型机械设备120余台（件），总功率4000千瓦，公司有各类专业技术人员40名。先后开发建设了怀化鞋类批发大市场，怀化河西百货城、潕水路综合大楼、湖南天名源楼、天凯装饰材料城等项目，总建筑面积40余万平方米。2006年投资1.5亿元开发怀化市河西新区五金、水暖、机电大市场和仓储、物流于一体的专业市场、潕水嘉园及吉首市湘西物资大市场。

怀化刘霖房地产开发有限公司　公司是2001年3月1日经湖南省建设厅批准成立的国家二级房地产开发企业。位于湖天开发区玉溪路湘铭苑，注册资金2618万元，拥有各类专业技术管理人员215人，其中建筑工程师16人，经济师2人，会计师4人，其他专业技术人员86人。2008年刘霖房地产开发有限公司已经壮大为刘霖房地产集团公司，子公司有刘霖建筑工程有限公司、刘霖物业管理有限公司、刘霖房地产中介有限公司。到2008年末，公司成功开发的商用楼房，住宅小区各类房产达40多万平方米，其中，开发的湘铭苑、黄金新苑、锦溪星苑、宏丰大厦、国税新村、电力新苑、香州小区等一批小区，建设工程合格率100%，优良率80%。

怀化市天源房地产开发有限公司　公司成立于2001年5月，注册资本金816万元，注册地址为正清路157号，办公地址在迎丰东路177号(市气象局办公楼二楼)。公司是怀化市房地产开发企业协会会员股份制企业，初成立时为开发三级企业，后晋升为二级。2008年，有职工78人，具有初、中、高级职称的工程技术人员21人。先后开发建设的项目有天源小区、左岸春天及新晃教师新村等，总开发建设面积20万平方米。左岸春天在2007年被省建设厅评为“最佳生态楼盘”。

湖南省福兴房地产集团有限公司　公司前身为怀化市福兴房地产开发有限公司，创建于2002年1月，具有国家二级房地产开发资质，注册资金5180万元，总资产3亿元，是怀化市房地产企业十强之一。先后开发建设怀化福兴数码广场、怀化车辆配件市场、怀化福兴花园小区、锦江雅苑、裕兴花园及麻阳城北中心市场等名优工程，建筑总面积达60万平方米。2008年后，规划建设福兴商业广场，福兴·水岸蓝城、福兴·鸿运华庭、福兴·铜锣湾别墅小区，福兴·舞溪新城等生态宜居工程项目，规划建筑面积120万平方米。福兴·水岸蓝城是湖南省福兴房地产集团有限公司秉承生态城市、生态住宅的全新理念开发建设的高档住宅小区，建筑面积30万平方米，总投资5亿元，小区位于鹤城区红星南路太平溪风光带。福兴·铜锣湾小区是湖南省福兴房地产集团有限公司自创立后开发历程的巅峰之作，2010年尚在建设之中，建筑总面积45万平方米，总投资14亿元，小区位于中方生态城铜锣湾、三面环水。

星旗房地产开发建设有限公司　公司是怀化市人民政府于2002年从福建招商入驻怀化的民营企业，总资产1.27亿元，具有三级房地产开发资质。自2002年始，先后投资修建怀化河西新区的市政基础设施建设两条主要干道，即神龙北路和河西大道，投资总造价5200万元。公司投资1.8亿元在河西开发建设西南陶瓷洁具装饰城，占地面积151亩，建筑面积14.68万平方米。

湖南世雄房地产集团有限公司　公司前身是怀化市世雄房地产开发有限公司。成立于2002年1月，因其规模不断发展壮大，2005年12月，晋升为湖南世雄房地产集团有限公司。注册资金6000万元，具有国家二级房地产开发企业资质，是怀化仅有的4家省级房地产集团公司之一。公司拥有员工166人，其中，具有专业技术职称的有98人。公司集房地产项目开发、经纪、物管、贸易、旅游和星级大酒店等业务为一体的大型房地产企业集团。公司自成立后，先后完成师专后花园、湖天新苑、绿海明珠、云华苑、学府花苑、都市春天、溆浦桃源新村等项目的开发建设，其中绿海明珠住宅小区面积达到11万平方米。

湖南西都房地产集团有限公司　成立于2003年3月，具有三级房地产开发资质，注册资金5030万元。公司成立后，投资2亿多元，开发建设西都银座。

怀化天庆房地产开发有限公司　成立于2003年7月，注册资金1000万元，其前身为涟源市第二建筑公司怀化分公司，2006年末，累计开发建设工程面积15万平方米，投资1.3亿元。天庆商贸广场系公司2005年开发，占地2.5万平方米，共有商铺和仓库272间，住房288套。2006年投资9600万元开发建设天庆大厦。

湖南三龙房地产开发有限公司　公司成立于2005年4月，由知名民营企业湖南天龙医药化工有限公司投资组建，注册资本2000万元，有员工40余人，是一家以开发城市优质住宅产品为主业的房地产开发企业。公司成立后，开发建设天龙御园，项目地处鹤城区香州广场旁，由五栋32层的商住建筑组成，总建筑面积13万余平方米。

怀化金帝集团 集团创建于2005年，注册资金3000万元，拥有固定资产1000万元，员工120人，其中大专以上学历60人。金帝集团辖金帝房地产开发有限公司，回成贸易公司，众里服饰有限公司，阳光物业公司4家子公司。经营开发项目有房地产开发、商业贸易、物业管理。集团成立后，先后开发建设鹤城区嫩溪坨商业广场、鹤城区行政中心等市、区重点工程。其贸易经营辐射广西、贵州、四川、重庆及湖北等周边地区。

怀化电力集团五溪房地产有限公司 公司成立于2005年8月，是经湖南省建设厅批准具有三级开发资质的房地产开发公司，注册资金1000万元。公司成立后，已成功开发建设鹤城区红星路电力新苑，总建筑面积4.19万平方米，工程质量优良，销售率100%；开发建设五溪电力雅苑，小区位于鹤城区城东新区，与五溪文化广场隔路想望，总投资近亿元，占地面积8760平方米，总建筑面积4.8万平方米；开发建设河西潕水二桥桥头标志性建筑新外滩·电力水苑，占地面积2.54万平方米，总建筑面积4.47万平方米，由综合楼、高层电梯住宅、地下停车车库等构成，总投资2.2亿元。

湖南京城房地产开发有限公司 公司是经湖南省工商管理局登记注册、经湖南省建设厅批准成立的国家三级房地产开发企业，公司注册资金1000万元。自2007—2008年、公司先后开发建设秀水明山、华清楼、枫林小区、金碧御贺等小区，总开发建筑面积15万余平方米，合格率100%。2009年，公司投资1.13亿元，开发鹤城区锦溪南路龙港湾小区。

湖南天泓房地产开发有限公司 公司于2006年8月经湖南省建设厅批准成立。公司开发建设的主要项目是独资开发的怀化大厦国际名品城，该名品城是商业裙楼率先采用当今国际流行经营模式“店中店”，从而开创怀化商业走向国际化的先河。国际、国内一流品牌商家麦当劳，国美电器等商家入驻，提升国际名品城商业核心竞争力，更提升鹤城中央商业圈的商业品位，同时也创造和提升怀化鹤城区的城市价值。2008年12月国际名品城荣获湖南省房地产十年最具创造力城市价值名盘大奖。

怀化海联房地产开发投资（集团）公司 成立于2000年，具有国家二级房地产开发资质。2005年组建怀化海联投资集团公司。主营业务为房地产开发、食品产销、物流、农业产业化，延伸产业有商贸、医院、广告策划营销、物业管理，集团注册资金10800万元。自2000—2010年，累计完成房地产开发面积300多万平方米，主要工程有湖南西部物流中心（占地550亩，总投资5.5亿元，2008年竣工开业）、潕水名居、西南汽车城及中方县景溪园商业中心、中方农业产业园等项目。

怀化市冠宇房地产开发有限公司 拥有固定资产5000万元，先后开发建设湖天香州绿化广场、城东金海广场、怀化市人才大厦、怀化学院基础实验楼、怀化医专综合教学楼。公司修建的香州水郡占地5万多平方米，总建筑面积10.8万平方米，由11栋多层，2栋高层楼房以及1栋5层多功能综合会所组成。

怀化友盛电联房地产开发有限公司 公司成立于2003年11月，注册资金3800万元，是一家房地产开发的专营企业，具有开发资质三级（二级资质申请已上报省厅待批）。公司在怀化经济开发区开发的紫园别墅项目，占地面积231.76亩，总建筑面积24.41万平方米，停车位900个。依地势起伏进行规划布局，保持原有地形，形成背靠怀化市生态公园包括两个山顶公园、一个矮山公园、一个峡谷及入口公园的宏大设计，山顶别墅视野开阔，水岸洋房优雅唯美。紫园别墅将法兰西人的浪漫情致充分运用到设计中，展示地中海欧陆风情，融合罗马和西班牙的建筑风格，在山地建筑空间采用提勒、筑台、悬挑、架空和吊角等手法，展示欧美建筑的唯美气质；借鉴意大利台地花园的建筑理念，用错层、跌落、掉层、附岩等方法，使台阶勾勒出优雅形态；顺应地势起伏变化，让建筑与山体完美融合。

怀化柒星房地产开发有限公司 成立于2006年6月，注册资金6027万元，具有三级房地产开发资质。2005年在河西开发的浙闽物资城，现已成为周边五省最大的机电物资交流平台。2008年6月开发柒星大酒店。2009年开发建设柒星国瑞住宅小区。2010年开发柒星广场二期工程，总投资4527万元。湖南西部小商品加工园正在建设，项目占地17.67万平方米，计划总投资3.14亿元。

怀化浩天房地产开发有限公司　成立于2008年11月，注册资金2000万元，具有房地产开发企业三级资质。公司组织机构健全，有员工40多人。公司开发建设怀化电器大市场和会同县裕丰园住宅小区两个项目。其中怀化电器大市场，占地58.9亩，总投资3.23亿元，该项目位于河西天星西路与舞阳大道交会处，拟建销售展示、仓储、配送、商务服务于一体，主营电器、家电、音响、数码产品。

怀化市海通房地产开发投资有限公司　成立于2004年，主要经营房地产投资，注册资金3000万元，有员工40人，其中高级职称2人，中级职称10人。公司先后被评为怀化市保护消费者合法权益先进单位、守合同重信用单位、全市房地产开发优秀企业等多种殊荣。2010年正在开发 溆水名居项目，项目位于 溆水二桥西岸。

大汉集团怀化市置业公司　大汉集团属本省娄底市房地产开发企业，创立于1992年。2003年到溆浦县开发，先后开发建设大盛步行街，屈原大道，太阳城、月亮湾、星星苑、银河巷、警予广场等商业、住宅和基础设施等项目。2007年，成立怀化市大汉置业公司，投资取得1300亩土地的开发权。大汉·龙城项目应运而生，2010年1月15日，大汉·龙城奠基。整个项目规划分为8个地块，分别命名为兴龙府、旺龙府、华（发）龙府、达龙府、腾龙府、飞龙府、吉龙府、祥龙府。意为“兴旺发达，腾飞吉祥”。2010年在建的兴龙府一期工程项目占地170亩，总建筑面积达38万平方米。

第二节　房地产经营

一、土地交易

1993年上半年和1994年秋，先后两次在怀化市芷江路口选择两宗国有划拨土地约500平方米公开挂牌竞买，分别以1578元/平方米和1756元/平方米成交，自此，初步建立土地市场。截至1998年底，政府先后竞卖、挂牌拍卖、协议出让城镇国有土地1800余宗，面积达37500亩，收取土地出让金10多亿元。

1999年1月14日，鹤城区政府为规范城东新区建设和用地管理，加速其开发建设进程，以利高起点、高标准建设好城东新区，决定将城东新区内经省政府批准建设的金海路以南、船林路以东、黄山路以西、昌门路以北，总面积691.11亩中的9.11亩土地划拨给城东新区，由其负责进行土地出让和开发管理。随后两年，城东新区引进项目19个，出让土地613亩，融资8400余万元。

2002年，鹤城区处置改制企业土地资产24宗，面积895.2亩，资产总值13624.4万元。2003年，通过市场化运作方式，处置改制企业国有土地资产26宗，面积472.95亩，筹集安置下岗职工资金7000多万元。

2003年11月12日，怀化市首次国有土地使用权拍卖于上午10时鸣槌，此次拍卖的宗地位于鹤城区府星路飞鹤巷，出让土地面积10.19亩，其规划用途为商业用地。经过激烈竞争，由创大房地产公司以217万元人民币竞得。此次拍卖会是怀化市土地储备中心成立后第一次成功拍卖国有土地。2003年，河西新区累计出让土地18宗，出让面积658亩，土地出让收入5538万元。

2004—2005年，怀化市本级进一步规范土地交易市场，经营性国有土地使用权全部按规定实行招标拍卖挂牌出让，实现土地有偿净收益9500万元，缴财政国有资源收益2835万元（开发区除外），比上年增长19.03%。处置改制企业土地资产面积1797.3亩，筹集安置下岗职工资金19202.24万元。还积极开展土地市场秩序治理整顿工作，市本级以湖天、河西、城东三个开发园区用地和各类重点工程用地为重点，进行土地市场专项清理，共清理出闲置用地21宗，面积151.5亩；违法用地9宗，面积296.55亩；村民违法用地361宗，面积65.4亩；经营性土地未采取招拍挂方式出让土地2宗，面积267.15亩；清理出划拨土地出租欠交土地收益金单位19个，欠交额121.66万元。2004年，河西新区收取土地出让金6605万元。

2006年12月21日，经市国土局挂牌，委托怀化市中星拍卖公司对市水电学校和湘运怀化大修厂共计面积87.68亩（其中，水电学校79.12亩，大修厂8.56亩）进行拍卖，拍卖总值2185万元，该地被湖南生源房地产有限公司竞买成功。

2007年，怀化市本级依法整顿土地市场秩序，规范土地交易行为，大力实施收购储备制度，全面推进国有土地使用权招标、拍卖、挂牌出让，全年出让土地212宗，面积4260亩，土地出让总价款7.9亿元。

2008年，怀化市国土部门认真落实国家建设部、省政府有关加强土地经营管理规定，切实执行市政府《关于加强怀化市规划区土地管理的通知》的有关规定，实施对土地统一管理。对市本级规划区内土地严格实行“收支两条线”管理，经营性土地使用权出让100%实行招标、拍卖、挂牌出让。是年，市本级共出让土地141宗，总面积5170.95亩，土地出让总价款22.1384亿元。是年，鹤城区境内还为改制企业处理出让土地3宗，面积36.71亩，土地资产441.63万元，全部用于改制企业职工安置。

2009年始，怀化市本级继续搞活土地经营，做好土地资源的开发和经营工作，进一步完善土地收购储备制度与市土地储备管理中心工作捆绑机制，规范土地资产运行，实现土地资源的优化配置和保值增值。2009—2010年两年间招、拍、挂出让土地322宗，面积10746.15亩，土地出让收入55.05亿元。

二、房屋交易

1990年前，怀化市由于没有建立房产交易管理机构，房产交易基本处于无人管理的混乱状态，私下交易（黑市交易）、变相出卖房屋基地，哄抬物价，隐价瞒租，偷漏税费现象严重。黑市交易达200多起，偷漏税费6万多元。1990年10月初成立房地产交易所，加强房地产交易管理，当年共办理房屋交易手续18起，成交金额700多万元，代征契税20901元。

1992—1993年，办理房屋交易手续上百起，房屋交易面积26759平方米，成交金额960万元，收取规费3.08万元，代收各类税款25.92万元。

随着住房制度改革深入，建立和完善以经济适用住房为主的住房供应体系，形成以房地产开发企业为主的商品房供应体系。

2000—2006年，办理交易面积438.92万平方米，交易金额23.39亿元，抵押面积266.67万平方米，抵押金额27.79亿元。2001年始代征契税共5329.9万元。房屋交易量最多的一年是2002年，交易面积139.27万平方米，其他年份都在几十万平方米。

2007—2010年，怀化城区商品住宅均价1450元/平方米升至2319元/平方米；市本级协征（代征）契税1.47亿元，征收各项规费8564.1万元。

第三节　房地产管理

一、管理机构

怀化市（县级）房地产管理局的前身为怀化镇房地产公司，成立于1978年3月，归口怀化镇城建局管理，为全民事业单位，有工作人员3人。1979年改名怀化市房地产公司，1983年11月，事业性质改为企业性质，1985年11月，改名房地产管理处，又由企业性质改为事业性质。1988年底办公地点由人民路迁往迎丰西路72号。1989年10月，改名为市房地产管理局，为副局级事业单位。随着房地产业务的扩大，1989年11月，成立怀化市房地产交易所，独立核算的预算外事业单位；1992年11月，成立房地产开发经营公司，与房地产管理局一个机构、两个牌子，全民事业单位，增设湖天、中方、泸阳3个房地产交易管理所（1993年6月成立，独立核算的全民事业单位）。1995年4月，升格为正局级单位，内设产权产籍管理股、危房拆迁管理股、经营业务股、财务股、办公室、档案室、房地产评估所，下辖市房地产开发经营公司、房地产交易所和湖天、中方、泸阳房地产交易管理所。自1978年成立房地产公司到1987年，房地产管理局共接受国家投资300万元，先后建成人民路、潕水路、鹤州路、迎丰西路等直管公有住房建筑面积2.2万平方米，共400余套。业务包括城镇房屋产权产籍管理、拆迁管理、维修管理、安全鉴定和房地产交易、租赁、抵押、评估管理以及房地产综合开发等。拥有固定资产143万元，有全民职工56人，属市政府一级机构。1998年，整体上收到新设立的地级怀化市房地产管理局。

怀化市鹤城区房产管理站。1998年12月设立，为二级事业单位，核定编制3名，隶属于建设局管理。主要负责市政府授权的东兴街旧城改造、城东新区开发及农村乡镇的房屋产权登记、房屋评估、房产交易、发放房产证等工作。

怀化市房产管理局。怀化市房产管理局成立于1998年，由撤地设市时成建制上收的怀化市（县级）房产局与原怀化地区房地产局、怀化地区住房制度改革领导小组办公室合并而成，为怀化市（县级）建设委员会系统的副处级事业单位，设立局党组。

2004年6月，经市人民政府批准，怀化市房产管理局升格为正处级单位。怀化市房产管理局6个科室和8个二级机构，机关科室有办公室、人事科、计划财务科、房政管理科、物业管理科、房改政策法规科。二级机构有市房屋产权产籍服务中心，房地产交易所、房屋租赁管理所、城市房屋拆迁事务所、白蚁防治所和湖天、河西、城东房产管理所。

在职干部职工219人，其中，财政全额拨款人员41人，自收自支人员178人。2004—2008年，全局完成规费收入6800多万元，代征契税8800余万元，连续五年超额完成房产规费收入和代征契税任务。先后被湖南省委、怀化市委评为文明红旗单位、文明单位，市房屋产权产籍服务中心被评为湖南省“文明窗口”单位；湖天房管所、经开区房管所、白蚁防治所被评为市级“文明窗口”单位。

二、房屋权属登记发证

1986年12月，城镇房屋普查结束，1987年3月，全市进行房屋所有权登记发证工作，1987—1988年对全市城镇房屋权属集中进行一次总登记，以房屋普查成果为依据，颁发房屋所有权证21万余本，登记发证的房屋建筑面积约288万平方米，城镇房屋确权发证率达87%。1989年10月，成立房地产管理局后，开展经常性的确权发证工作，办理各类房屋权属初始登记和转移变更登记，到1997年12月，据登记簿自然顺序号显示，共颁发房屋所有权证47050本，发证房屋建筑面积达478.4万平方米，整理产权产籍资料归档约4万卷。

1991年始，开展签发产权证书、变更证书及租赁相关业务。

1998年始，房屋产权登记发证等业务，由市房管局办理。

三、房屋安全鉴定

1990年前，怀化市房屋安全鉴定工作由建设系统质量监督部门负责。1990年1月1日起，根据建设部第4号令《城市危险房屋管理规定》第五条第二款“县级以上地方人民政府房地产行政主管部门负责本辖区的城市危险房屋管理工作”规定，其职能划归房产管理部门，成立房屋安全鉴定办公室，核定编制3人，与拆迁事务管理所合署办公，一个机构、两个牌子。房屋安全鉴定标准为城乡建设环境保护部《危险房屋鉴定标准》（CJ 13–86），该标准自1986年9月1日起试行至2000年2月28日止。自2000年3月1日起试行《危险房屋鉴定标准》（JGJ 125–99）。按此标准，至2010年鉴定所有权人危房727栋，面积40.62万平方米。

四、物业管理

2000年2月，怀化市房产局物业管理办公室挂牌成立。国有企业先后成立转型的物业公司，房地产开发商也派生物业公司。是年6月，召开了怀化市物业管理研讨会，10月，怀化市第一家物业公司——怀化蓝世纪物业管理有限公司成立，首个委托物业企业实施物业管理的“世纪花园小区”交付。2001年12月，成立怀化市房地产协会物业专业委员会。

2002年，怀铁新宇物业被评为“湖南省物业管理20强企业”。

2004年3月，蓝世纪物业晋升为国家二级物业资质（怀化市第一家二级物业企业）。

2005年12月末，怀化市城区拥有物业管理企业43家，其中，二级物业管理企业有蓝世纪物业、怀铁物业、怀化东晨物业3家。从业人员达2200余人，物业管理面积达300万平方米。

2007年，市房管局与各物业企业签订物业企业目标管理责任状。同年，经年度考评，湖南蓝世纪物业服务有限公司等10家企业被评为目标考核先进单位。从此该项考评工作每年坚持一次。

2010年，对全市物业企业的资质状况进行审验。物业企业108家，经审验，二级物业资质企业5家，其他103家为三级物业资质企业。全市归集房屋维修基金4620.3万元，其中，市本级2631万元，累计归集1.14亿元，其中，市本级6332万元，为房屋维修提供资金保障。全市物业管理面积1089万平方米，安置下岗人员4000余人，取得经济效益和社会效益双丰收。

第四节　住房制度改革

一、机构及改革方案

1995年1月，正式设立怀化市房改领导小组办公室，挂靠政府办，核定行政编制3名。

1995年4月，成立住房公积金管理中心，为二级事业单位，定编3名。

住房制度改革政策，机关住房制度改革始于1988年。1991年，怀化市制定《怀化市公有住房统一租金标准实施方案》，委托建设银行、工商银行怀化市支行承办全市房改金融业务。1994年根据上级政策结合怀化市实际，出台一系列办法，《怀化市深化城镇住房制度改革实施方案》和《怀化市职工住房公积金实施办法》《怀化市公有住房提租和房租汇交实施细则》《怀化市公有住房出售办法》《怀化市集资建房暂行办法》《怀化市住房资金管理暂行办法》《怀化市单位和职工个人住房抵押（委托）贷款》。1995年4月，经省房改领导小组批准，于1995年5月全面实施，6月7日正式启动，并进入实质性运行阶段。

1996年4月，颁发《怀化市1995年房改实施方案》。同年9月30日，颁发《怀化市1996年度房改实施方案》。根据房改规定，1995年实行1994年方案，1996年实行1995年方案，以此类推。

自住房制度改革始至1997年，全市累计出售公有住房11567套，建筑面积64.35万平方米，回收售房款5642.8万元。每平方米月租金从房改初的0.2元提高到1.19元。全市85%的公有住房已出售，人均居住面积达12.6平方米。住房资金的管理工作进入规范化运行轨道。全市住房公积金交纳单位达394个，总人数达3.28万人，住房公积金归集率达82%，累计归集住房公积金3252.41万元。单位建房、经济适用（安居）房等各种形式的住宅建设发展迅速。累计新建住房3820套、面积23.84万平方米，总投资38491万元。解决住房困难户1526户，集资房、经济适用（安居）房占全市已售公房建筑面积的44.26%，实现住房建设投资由国家、集体、单位统包的体制向国家、单位、个人三者合理负担的投资体制的转变，顺利完成住房由实物分配向货币分配的过渡。怀化市1995、1996、1997年连续3年获得全省房改工作先进单位称号。

2000—2003年，进一步完善公租房的管理，建立租金台账，安排专人审核及催收。全区出租公房4.3万平方米，730套，归集租金13万元。根据中央、省、市关于调整住房公积金管理体制文件精神，从2003年2月开始，怀化市住房公积金中心筹备工作组，组织人员对鹤城区住房公积金中心的资产、债权债务、人员状况进行清理，并对资产、账务封存冻结，然后进行财产及责任审计造册移交。撤销鹤城区住房公积金管理中心，设立怀化市住房公积金管理中心鹤城区管理部。在机构人员调整的同时，经审查认定，鹤城区住房公积金管理中心向市住房公积金管理中心移交全部资产共1453.4万元。

2004—2007年，鹤城区落实离休人员住房货币补贴共43人，补贴金额33.1万元。2008年落实副处级退休人员住房货币补贴共57人，补贴金额28.1万元。2009年，对全区科级以下退休干部的住房补贴进行调查摸底，退休干部人数1047人，补贴金额631.32万元。

二、住房公积金制度

1994年，怀化市政府为建立适应社会主义市场经济体制要求的新的城镇住房制度，形成稳定的住房资金来源，提高职工解决自住住房能力，根据《怀化市深化城镇住房制度改革实施方案》制定《怀化市职工住房公积金实施办法》。凡属怀化市城区内党政机关、群众团体、事业单位和企业的固定职工、劳动合同制职工以及三资企业内的中方职工，在其工作期间，由职工所在单位按职工个人工资和职工工资总额的一定比例逐月交纳，归职工个人所有。作为职工个人住房基金，专户储存、统一管理、专项使用。离退休职工以及临时工、三资企业外方职工暂不缴纳住房公积金。房改办下设住房公积金管理中心（以下简称中心），负责住房公积金的归集、支付、核算和编制使用计划等管理工作，负责单位住房基金的管理。中心单独核算、自求平衡、自求积累。

《办法》对住房公积金的缴存、支付、使用、管理等作了具体规定。1995 年 1 月 1 日起实行。住房公积金的缴存标准：1995 年单位和个人公积金缴交率各定为 5%，经济特别困难的单位，经房改办批准可适当降低公积金缴交比例，以后随着经济发展和职工工资收入的增长，逐步对缴交比例进行调整，具体的缴交比例由房改办会同财政、劳动、人事等部门共同核定，报经省房改领导小组批准。1995—1997 年，单位和职工个人住房公积金缴交率均各定为 5%，即月平均 0.7 元一平方米。职工个人交纳住房公积金，在单位发放工资时统一从职工工资中扣交。单位为职工交纳住房公积金的资金来源：企业从提取的住房折旧以及其他划转资金（包括单位住房基金）中解决，不足部分经同级财政部门核定，在成本、费用中列支。行政事业单位首先应在原有住房资金中划转，不足部分，全额预算的行政事业单位由财政预算拨付，差额预算的事业单位按差额比例同财政预算拨付和从单位自有资金中解决。财政负担的经费，按财政体制和单位隶属关系，由各级财政分别分担。自收自支的事业单位比照企业开支渠道列支。金融业务委托银行房地产信贷部承办，并与受托银行房地产信贷部签订住房公积金金融业务委托协议，健全住房公积金的管理体制。受托银行按照委托协议，保证住房公积金及时、足额到位，负责住房公积金贷款的发放和回收，并向住房公积金管理中心报送报表和交割原始凭证，接受住房公积金管理中心的监督。财政、税务部门核定为严重亏损企业，经企业职工代表大会讨论通过（或职工大会），可申请暂缓交纳住房公积金或降低住房公积金缴交率，但须经市房改办审批。职工个人确因家庭生活特别困难，经单位同意，可暂缓交纳住房公积金，职工个人暂缓交纳住房公积金期间，单位暂停为其交纳住房公积金。职工停薪留职期间，可不交纳住房公积金，但不得支取，其个人账号暂时封存，待重新工作后再行启封。职工个人住房公积金只能用于家庭购、建自住房以及家庭自住房大修理支出，不得用个人住房内部装修、认购住房建设债券和交纳租金、租赁保证金等费用。

职工离退休、离职或出国定居时，可由本人提取住房公积金本息余额；职工在调动工作单位时，其住房公积金本息余额转入新单位该职工名下的住房公积金账户；在职期间去世的职工，由其合法继承人或受赠人提取住房公积金本息余额。

住房公积金可用于职工购买、建造、大修理自住房抵押贷款；城镇经济适用住房贷款；单位购建、大修住房抵押贷款；经委托人同意余额可用于购买国家债券。住房公积金管理中心按上述范围和顺序编制年度使用计划，并报经房改领导小组审定后执行。单位按时为职工交纳住房公积金的，可向住房公积金管理中心申请购、建住房贷款，但贷款额度一般不超过本单位职工名下住房公积金余额的 80%，个人贷款额度最高不得超过购、建住房所需资金的 70%。运用住房公积金发放政策性抵押贷款，单位和职工个人住房贷款利率，在职职工个人住房公积金存款利率基础上加规定利差，其具体规定按中国人民银行总行《政策性住房信贷业务管理暂行规定》办理。

1995 年 1 月实行住房公积金始至 2003 年 2 月止，全市（区）共归集住房公积金的单位 322 个，归集总金额 1669 万元，根据《住房公积金管理条例》规定，共支取 51 万元，1999 年 10 月向中方县转公积金 102 万元，向大市转公积金 207 万元，实有余额 1309 万元。

住房公积金制度实施后，住房公积金管理中心按照房改的有关规定，将所有归集的资金按《住房公积金管理条例规定》存入指定的工行、农行、建行，并建立总账、单位账和个人明细账三级账户。将存折发到个人手中（个别单位由财务保管或委托中心代管），同时对三家银行的资金分别建立专账，并在三家银行设立存款专户、结算户和增值收益专户，按人民银行公布的利率计息。2003年2月28日，住房公积金存入各银行的存款分别为：工行280万元，农行100万元，建行929万元，合计1309万元。此后鹤城区住房公积金由怀化市住房公积金管理中心统一管理。

三、公房租金改革

怀化市公房租金改革始于住房制度改革后，为了改革低租金住房制度，促进公有住房出售，1994年，怀化市房改办根据《怀化市深化城镇住房制度改革实施方案》总体原则，制定《怀化市公有住房提租和房租汇交实施办法》。公房租金提高的范围，包括市房管部门直接管理（以下简称直管）和各单位自行管理（以下简称自管）的公有住房。分步提高房租支出占职工家庭收入的比重。租金改革目标到1995年住房租金应达到占双职工家庭平均工资的5%，今后每两年提租一次，到1997年，住房租金达到占双职工家庭平均工资的8%，到1999年，住房租金达到占双职工家庭平均工资的12%，到2000年，住房租金原则上应达到占双职工家庭平均工资的15%。1995年公有住房提租幅度不能少于0.43元/平方米，月租金每平方米低于0.7元的，一律按0.7元计租。提租标准：各单位自管公有住房、直管公有住房的租金均按市房改实施方案中提租标准计租。住房一律按使用面积计算租金。

住房标准一般应按户常住人口的人均住房使用面积，并结合分室原则和省规定的有关住房标准确定。公职人员承租人住房是否超标以户计算职工租住公有住房面积控制标准：地厅级干部为82平方米、市处级干部为65平方米、科级干部为56平方米、一般干部职工为50平方米。企事业单位中具有专业技术职称的高、中级知识分子租住公房面积控制标准按省有关规定执行。企业管理人员、职工租住公有住房面积控制标准比照相应的行政职务面积标准控制。夫妻双方租住公有住房面积控制标准可按职务高的一方确定（含专业技术职务）。分室原则：年满13岁以上的子女和其他单身成员，可按异性分室，同性不分室的原则掌握。住房结构标准：公有住房按标准套房，非标准套房，非标准住房三种结构分类。标准套房结构：平顶屋面或瓦面；砖石外墙和内墙；钢、木质普通门窗；水泥地面、抹灰墙面和顶棚；水、电到户；厨房、卫生间到户。非标准套房结构：由标准套房前五项因素构成，卫生间或厨房不到户，住房不成套。住房租金采取“基本租金加减法”，确定各类公有住房的基本租金，按照住房的居住条件，对超过基本租金住房标准的，按项目增加租金，对达不到基本租金住房标准的，按住房增减租金表和楼层调节系数表规定的项目减少租金。

单位新建住宅楼房和腾空的旧楼房（以下统称新房）先售后租。单位出租新房须按新的标准向承租人收取租金。在租金水平未达到成本租金以前，新建公有住房（1992年1月1日后交付使用的公有住房）和腾空旧住房月租金每平方米加收50%。

家庭人均使用面积低于10平方米的，符合分室原则超过住房面积的，可不作超面积处理；一户有多处住房的包括有私房又租住公房的合并面积计租。单位出租的公有住宅楼房，一律对超标面积实行加租，超标面积部分的租金标准，以折旧费、修理费、管理费、利息、税金5项因素计算。对过去超标准住房未实行加租的单位，应依照此规定执行。1995年成本租金为2.57元/平方米，标准成本租金为1.27元/平方米。

提高房租后而增加支出较多的住户和生活困难户，对增加的租金在一定时期内实行减、免、补助。红军时期参加工作的离休干部，住房租金增加额全免，本人去世后，其配偶可继续享受全免；抗日战争时期参加工作的离休干部，住房新增房租减免50%；解放战争时期参加工作的离休干部，住房租金增加部分减免30%。享受抚恤待遇的烈士遗属，单独居住者，住房租金增加部分全免。与亲属同住者，按当地职工住房面积增加部分减免。享受遗属以及市民政局确定的社会救济户、社会救济对象，范围按《关于社会救济对象和非职优抚对象住房租金减免问题的通知》确认。对退休职工新增房租支出过多造成生活困难的，可酌情减免。不享受减免补助，或停止减免补助后有特殊困难者（指租金支出占家庭收入12%以上者），经产权单位同意，市房改办批准房租增加部分可由其所在单位适当给予补助。企业和自收自支的事业单位的补助金可在单位住房基金中列支，行政事业单位的补助金先在单位住房基金中列支，不足部分经同级财政部门核定，城市住房基金（未建立城市住房基金的，在同级财政预算中）列支。也可以由单位按正常福利补助解决。离休职工、社会救济对象和非在职优抚对象租金减免、补助均须由本人持有关部门确认的凭证，房屋产权单位按规定给予减免。其他减免补助均由本人所在单位解决，报市房改办审批。1992年1月1日后租住公有住房（包括租住新房）的住户，一律不实行减免补助。

实际租金计算方式，以住宅类型等级基本租金乘标准内使用面积、加增加项目租金、减减少项目租金（包括政策性减、免、补）再加（减）楼层差价租金加超面积或附属面积租金。

直管公房由公房产权单位委托承租人所在单位代扣租金，双方共同签订委托代扣租金合同，承租人所在单位是公有住房产权单位委托代扣租金的代理人。承租人凭公房产权单位提供的租金额明细表，逐月对承租人应交纳的租金在发放工资时统一扣缴，并解入银行账户。无工作单位的承租人，应变更为有工作单位的家庭成员为承租人，承租人及家庭成员均无工作单位的，由住房权单位与承租人建立租约产权单位，按租约直接收取租金。出租给本单位职工的单位自管住房，由单位按月直接从承租人工资中扣缴租金。并从发工资日起5日之内（遇节假日顺延）存入受托银行的住房公积金管理中心专户。调离产权单位的职工租住产权单位的公房，由职工逐月给产权单位自行付租。房租汇交的内部划帐由房管部门和自管住房单位自行制定办法。公有住房租金收入归产权单位，纳入单位住房基金，存入住房公积金管理中心专户，用于住房维修管理。租金管理坚持专款专用原则，严格报批手续，由单位申请报告，经住房公积金管理中心批准，方可动用。

四、城镇公有住房出售

怀化市城镇公有住房出售始于住房制度改革后。为鼓励职工个人购买住房，逐步实现住房商品化、社会化。1994年，在制定《怀化市深化城镇住房制度改革实施方案》的同时，制定《怀化市城镇公有住房出售办法》。《办法》规定：凡属本市城市规划区拥有合法产权的公有住房，除《方案》中规定不能出售的外，由产权单位报经市房改办批准后，均可向职工出售。凡具有本市城镇常住户口的固定职工、合同制职工、离退休职工，可向所在工作单位申请购买一套公有住房；凡在本市城市规划区内有私房的，30岁以下的未婚职工，配偶为农村户口的单身职工暂不能以成本价购买公有住房。

向职工出售的公有住房，一律按建筑面积计价。住房建筑面积按国家有关规定计算，并以实际丈量的面积为准。职工购房建筑面积控制标准：地厅级110平方米，县处级85平方米，科级75平方米，一般干部职工65平方米，具有中高级技术专业职称的知识分子，购房面积控制标准按省有关规定执行。企业管理人员购房标准，企业原确定了行政级别的按各类组织行政人员控制标准执行，企业没有行政级别的，由企业职工代表大会讨论决定。阳台、楼梯间：按有关规定计算面积。柴、杂房不予出售，只能使用。其柴房的租金标准按《怀化市公有住房提租办法》执行。各类新房成本价：钢混结构配套住房：一等房523元/平方米，二等房471元/平方米。砖混结构配套住房：一等房403元/平方米，二等房383元/平方米。砖木结构配套住房：一等房363元/平方米，二等房345元/平方米。旧房折旧：以成本价出售旧公有住房，按新房成本价给予成新折扣，年折旧率为2%。住房使用年限超过30年的按30年计算，经过大修的，按有关规定进行评估确定。

公有住房售价计算方式，以新旧住房的室内装修标准确定，内墙普通涂料粉刷，卧室油漆地面，厕所马赛克，纱门纱窗。超过上述装修标准，一律单独计算人工费和材料费。成本价售房应付房价等于[成本价×(1±调节因素之和)－年工龄折扣额×职工夫妻双方工龄之和×(1－住房使用年限×2%)]×本套住房建筑面积－(新购住房成本价－年工龄折扣额×65)×现住房折扣率×本套住房建筑面积+设施项目及装修价。超面积加价：职工成本价购房，超过控制面积部分实行超面积加价办法。其超过控制标准面积15平方米以内的按成本价全价计价，15平方米以上的按市场价全价计价。

售房折扣及付款办法：1994年实行成本价售房的，每年每建筑平方米的工龄折扣额为3.10元。职工购买现已住用的住房：1994年现住房折扣率为所购住房标准价中负担价或成本价的5%，实行成本价购房的，现住房折扣额为（新购住房成本-年工龄折扣额×65）×现住房折扣率。职工购房一次性付清房款者：1994年度给予应付房款20%的一次性付款折扣。分期付款者，首次付款不低于应付房款的30%，首次付款高于30%的（不含30%），按每增付10%，折扣2%。购房户也可向受托银行房地产信贷部申请贷款，以房产作抵押，职工贷款偿还期限新房不超过10年，旧房不超过7年。购房户每月还本付息额不低于家庭收入的15%。职工购买公有住房，凭市房改办的通知和监证，免交房产税和一次性契税，产权单位的售房收入免征营业税，成本价出售新建住房，固定资产投资方向调节税按零税率给予照顾。职工按成本价购买公有住房，产权归个人所有，5年后可依法进入市场，在补交土地使用权出让金或所含土地收益和按规定交纳有关税费后，收入归个人所有。职工以市场价购买的住房，产权归个人所有，可以依法进入市场，按规定交纳有关税费后，收入归个人所有。职工家庭属本地区跨县、市迁移，凡按本实施方案规定的售房政策购买公有住房，并按退房时成本价退交原单位的（扣除原享受的各种折扣款），可在迁入新单位按成本价购买一套公有住房。职工未付清房款或贷款，因工作调动或逝世，属调动的，由职工原工作单位或产权单位负责收回欠房款，否则，劳动人事部门不得办理调动手续；职工在职期间去世的可由法定继承人继续履行付款合同；如无法定继承人或法定继承人申明不愿继续履行付款合同，由原产权单位或房管部门收回房屋，原购房人所欠债务由收回房屋单位偿付；有法定继承人的，原已付房款扣除各种折扣后，余额退回法定继承人。

公有住房出售的程序：单位向职工售房前，先向市房改办写出售房报告，写清建筑竣工年代及建筑面积，栋数、套数，由市房屋评估机构进行实地审查，丈量测算、定价。需购房者向单位申请，经单位审查购房资格并签出意见后，产权单位与购房职工签订“怀化市公有住房买卖协议书”（一式三份），报市房改办，职工持购房协议书和有关证件，到市房产局申请产权登记，领取“房屋所有权证”并到国土部门办理“国有土地使用证”手续。

出售公有住房回收资金的管理：各单位出售公有住房回收的资金，必须全额存入市政府指定的专业银行房地产信贷部，进入住房资金专户，专项用于住房建设和维修，严禁挪作他用。国有住房的出售收入按住房产权关系和一定的比例上交同级财政和留归单位，分别纳入城市住房基金和单位住房基金。市房产管理部门、市属行政机关和实行全额预算管理的事业单位，其国有住房出售收入85%上交市财政；实行差额预算管理的事业单位，其国有住房出售收入60%上缴财政；实行自收自支预算管理的事业单位，其自管的国有住房出售收入30%上缴财政；企业自管国有现有住房出售收入10%上缴财政，纳入城市住房基金。市属其他公有住房的出售收入，归单位所有，纳入单位住房基金。城市住房基金年度使用计划由财政部门会同房改部门编制，报经市政府批准后执行。单位住房基金年度使用计划，需报经市房改办批准。

公有住房出售后，由原产权单位对房屋修缮，由经营单位统一管理和维修保养，提供各种社会服务，收取合理的费用。职工购房后，户门以内的自用部位，自用设备的维修、养护，由购房人承担，经费自理；住宅的公用部位，公用设备的维修或更新，由产权单位负责。其资金来源从售房款中提取15%作为维修基金。其利息用于支付维修费用，不足部分按户分摊。

1995年和1997年，怀化市房改实施方案，对公有住房出售成本价和售房折扣作出适当调整，调整情况如下。

怀化市1995年度公有住房出售价：各类新房成本价：钢混结构配套住房，一等房624元/平方米，二等房562元/平方米。砖混结构配套住房，一等房480元/平方米，二等房456元/平方米，三等房432元/平方米。砖木结构配套住房，一等房432元/平方米。二等房410元/平方米。三等房389元/平方米。售房折扣：旧房成新折扣：以成本价出售旧公住房，年折扣率为2%。工龄折扣：

1995 年度实行成本价售房，每年每建筑平方米的工龄折扣额为 3.74 元。现住房折扣：1995 年度现住房折扣率为 4%。一次性付款折扣：1995 年度给予应付房款的 20%一次性付款折扣。

1997 年调整为公有住房出售价。各类新房成本价：钢混结构配套住房，一等房 650 元/平方米，二等房 585 元/平方米。砖混结构配套住房，一等房 500 元/平方米，二等房 475 元/平方米，三等房 450 元/平方米。砖木结构配套住房，一等房 450 元/平方米，二等房 428 元/平方米，三等房 405 元/平方米。配套住房出售的市场价为 650 元/平方米。售房折扣：旧房成新折扣：以成本价出售旧公住房，年折扣率为 2%。工龄折扣：1997 年度实行成本价售房，每年每建筑平方米的工龄折扣额为 3.8 元。现住房折扣：1997 年度现住房折扣率为 2%。一次性付款折扣：1997 年给予应付房款的 15%一次性付款折扣。

1995—2005 年，辖内共有 242 个（党政企事业）单位参加了房改，累计售房面积 776330.31 平方米，出售公房 10633 套，应收房价款 2.98 亿元，扣除优惠折扣后，实收房价款 1.83 亿元。其中，上缴财政 65%，单位留用 35%。

2010 年，市直单位审批公有住房出售 235 套，建筑面积 2393.81 平方米，住房资金 65.93 万元。为 19 个单位 568 户中低收入家庭解决原房改遗留问题。

第七章　环境保护

第一节　环境状况

一、生态环境

鹤城属中亚热带季风湿润气候，域内四季分明，严寒酷暑期短。有大小溪流 22 条，主要水系有沅水的一级支流 㵲水河及其二级支流和辰水的二级支流。自然条件极适宜林木生长，森林资源丰富，在全区土地面积中，2010 年森林面积为 61.55 万亩，森林覆盖率为 60.33%。

水环境　㵲水是沅水的主要支流之一，是怀化市城区 50 多万人民的母亲河。怀化市一水厂、怀化市二水厂和铁路水厂的取水口均设置在 㵲水河畔，不仅供给城乡生活用水、生产用水和承担航运交通，还是全区生活污水和工业废水的排泄通道。

㵲水河水环境质量评价 1991—2000 年执行《地面水环境质量标准》(GB 3838—88)，2001 年后执行 GB 3838—2002，将水质按污染浓度值划分为Ⅰ、Ⅱ、Ⅲ、Ⅳ、Ⅴ5 个类，执行Ⅲ类标准。

1991—1995 年，除总大肠菌群项目某些年份、个别断面含量年平均值超过Ⅲ类水质标准外，其他监测项目符合Ⅰ—Ⅱ类水质标准。其中，红岩电站至 㵲水一桥之间为清洁水质，可作为饮用水源；㵲水一桥至太平溪入河口处为轻度污染，可作为游泳用水和农业灌溉用水；太平溪入河口处以下为中度污染，可作为工业用水及人体非直接接触的娱乐用水。

1996—2000 年，除总大肠菌群和石油类项目个别断面含量年平均值超过Ⅲ类水质标准外（其中，1999 年池回断面总大肠菌群年平均值为 170000 个/升，超过Ⅲ类水质标准 16 倍，年超标率为 100%；石油类超过Ⅲ类水质标准 11 倍)，其他监测项目符合Ⅰ—Ⅱ类水质标准。其中，红岩电站至 㵲水一桥之间为清洁水质，可作为饮用水源；㵲水一桥至太平溪入河口处为轻度污染，可作为游泳用水和农业灌溉用水；太平溪入河口处以下为中度污染，可作为工业用水及人体非直接接触的娱乐用水。

2001—2005年，除总大肠菌群项目某些年份、个别断面含量年平均值超过Ⅲ类水质标准外（其中，2002年池回断面总大肠菌群年平均值超过Ⅲ类水质标准12.6倍），其他监测项目符合Ⅰ—Ⅲ类水质标准。其他河段水质无变。太平溪入河口处以下为重度污染，可作为农业用水及一般景观用水。

2006—2010年，怀化市二水厂、池回断面两个监测断面的23个监测项目，均符合GB 3838—2002的Ⅲ类标准，水质达标率100%（化学需氧量、总氮、大肠菌群不参与评价）。

太平溪为潕水河一级支流，发源于怀化市中方县下坪乡倒鹰洞，流经鹤城区石门乡、部分城区和盈口乡。太平溪流域涵盖怀化市城区70%以上的面积，接纳全市60%以上的工业和生活废水，水质污染较为严重，下游水域中鱼虾基本绝迹。

20世纪90年代，太平溪水质呈逐年恶化趋势，1991—2000年，太平溪水质达到GB 3838—88中Ⅲ—Ⅴ类标准。2001—2008年为GB 3838—2002中的Ⅴ类标准，个别项目为劣Ⅴ类。2006年以后，随着太平溪环境综合整治等工程的实施，太平溪水质有所改善，达到Ⅳ类标准。

2006—2010年，林化桥断面监测项目23项，水质达到GB 3838—2002的Ⅳ类标准（化学需氧量、总氮、粪大肠菌群不参与评价）。受城市生活污水影响，氨氮和总磷出现超标。

大气环境 怀化城区大气污染物监测因子主要为二氧化硫、二氧化氮、可吸入颗粒物、降尘及硫酸盐化速率。

大气环境质量评价标准，1991—1995年执行GB 3095—82，以大气污染物浓度限值划分一、二、三级按二级标准，1996起执行GB 3095—1996，以大气污染物浓度限值划分一、二、三级按二级标准，降尘规定值为9.09吨/平方千米·月。

1991—1995年，二氧化硫5年日均浓度为0.061毫克/立方米，超过大气二级标准0.001毫克/立方米；总悬浮颗粒物5年日均浓度为0.174毫克/立方米，超过大气二级标准；降尘5年平均值为4.41吨/平方千米·月，达标；氮氧化物5年日均浓度为0.015毫克/立方米，达到一级标准；降水5年pH均值为5.07，酸雨频率平均值为84.5%。

1996—2000年，二氧化硫5年日均浓度为0.052毫克/立方米，达到二级标准；总悬浮颗粒物5年日均浓度为0.258毫克/立方米，超过大气二级标准；降尘5年平均值为4.62吨/平方千米·月，达标；氮氧化物5年日均浓度为0.022毫克/立方米，达到一级标准；降水5年pH均值为4.90，酸雨频率平均值为78.7%。

2001—2005年，二氧化硫5年日均浓度为0.056毫克/立方米，达到二级标准；总悬浮颗粒物5年日均浓度为0.181毫克/立方米，超过大气二级标准；降尘5年平均值为4.69吨/平方千米·月，达标；氮氧化物5年日均浓度为0.034毫克/立方米，达到一级标准；降水5年pH均值为4.42，酸雨频率平均值为87.2%。1991—2005年，全区降水pH值季节性变化规律为冬季最低，酸雨污染最严重；夏季最高，污染最轻，春、秋季节居中。

2006-2010年，怀化城区二氧化硫共获有效数据4192个，5年日均浓度范围为0.005~0.185毫克/立方米，年均值为0.042毫克/立方米，达标率为99.88%；二氧化氮共获有效数据4192个，5年日均浓度范围为0.002~0.137毫克/立方米，年均值为0.032毫克/立方米，达标率为99.98%；可吸入颗粒物共获有效数据4192个，5年日均浓度范围为0.004~0.245毫克/立方米，年均值为0.058毫克/立方米，达标率为98.6%；降尘5年共获有效数据180个，月均浓度范围为0.961~7.36吨/平方千米·月，年均值为2.85吨/平方千米·月，达标率为100%；硫酸盐化速率共获有效数据368个，5年降水5年月均浓度范围为0.154~3.17毫克三氧化硫/100平方厘米·碱片，年均值为0.919毫克三氧化硫/100平方厘米·碱片，超标率为86.9%；pH值5年年均浓度范围为5.53~5.63，酸雨率为37.1%~44.2%。

二、声环境

20世纪90年代初期，全区环境噪声污染以交通噪声为主，其次是工业噪声。随着城市建设的蓬勃发展，市区内机动车辆的急剧增加和第三产业的兴起，由建筑施工、文化娱乐、集市贸易、商贸营业等社会生活噪声逐渐成为城市声环境的重要污染源。

声环境质量评价标准，1994年前执行GB 3096—82，城市区域环境噪声执行二类混合区、商业中心区标准，交通噪声执行“交通干线道路两侧”标准；1994年后执行GB 3096—93，城市区域环境噪声执行其中2类标准，交通噪声执行其中4类标准。

区域环境噪声　1991—1995年，全区以250米×250米网格布点288个，覆盖面积15.5平方千米，连续5年进行昼、夜间区域环境噪声监测，平均等效声级为53.84分贝（A），符合二类标准。声源结构为交通源占37.47%，工业源4.7%，生活源37.2%，施工源0.98%，其他源18.65%。

1996—2000年，全区以500米×500米网格布点188个，覆盖面积30.5平方千米，进行昼、夜间区域环境噪声监测，平均等效声级为54.54分贝（A），符合二类标准。声源结构为交通源占15.3%，工业源3.74%，生活源72.4%，施工源0.82%，其他源7.74%。

2001—2005年，城区区域环境噪声平均等效声级为56.20分贝（A），超过二类标准。声源结构为交通源占23.5%，工业源1.1%，生活源73.4%，施工源1.8%，其他源0.20%。

2006—2010年，“十一五”期间怀化市区域噪声声源是由生活声源、交通声源、其他声源、工业声源和施工声源等五种声源构成。其中，生活声源占69.2%，居各声源之首。区域环境噪声平均等效声级为52.4分贝（A），达到国家1类标准。

交通噪声　随着城市的发展和人民生活水平的提高，全区车辆保有量逐年增多，汽车禁鸣未落实，城区路网设计不合理，主要路段车流量趋于饱和，致使城市交通噪声超标严重。

1991—2005年，全区城市的车流量为628辆/小时，交通噪声5年平均值为70.6分贝（A），超过国家4类标准。

1996—2000年，全区城市的车流量为1332辆/小时，交通噪声5年平均值为70.9分贝（A），超过国家4类标准。

2001—2005年，全区城市的车流量为1430辆/小时，交通噪声5年平均值为72.1分贝（A），超过国家4类标准。

2006—2010年，怀化市区道路干线噪声监测共布设24个点，控制12条主干道，全长26.62千米。“十一五”期间怀化市城市交通干线噪声平均等效声级范围为66.0~68.3分贝（A），平均等效声级为66.7分贝（A），达到4a类标准。

建筑施工和社会生活噪声　20世纪90年代开始，全区建筑施工噪声和社会生活噪声越来越突出，主要表现在建筑工地的打桩、混凝土搅拌和餐饮娱乐营业产生的噪声。

1991—1995年，全区建筑施工噪声5年平均值为54.6分贝（A），社会生活噪声5年平均值为50.4分贝（A），均达到二类标准。

1996—2000年，全区建筑施工噪声5年平均值为59.4分贝（A），超过二类标准。社会生活噪声5年平均值为51.1分贝（A），达到二类标准。

2001—2005年，全区建筑施工噪声5年平均值为59.0分贝（A），超过二类标准。社会生活噪声5年平均值为50.6分贝（A），达到二类标准。

2010年怀化市城区施工声源平均等效声级为56.4分贝（A），社会生活声源平均等效声级为53.6分贝（A）。

2006年始对放射源与射线装置进行调查，放射性污染纳入管理范围。

第二节　环境监测

环境监测站成立于1979年，为怀化市（县级）环境保护局的二级机构，环境监测站总建筑面积600平方米，其中，化验室面积400平方米，办公室200平方米。1992年有工作人员8人，2004年6人。站内设监测分析室、质量保证室、仪器检修室三个室。2005年鹤城区环保局整体上收至怀化市环保局后，鹤城区环境监测工作移交给怀化市环境监测站，鹤城区环保分局没有保留监测机构，不再承担环境监测职能。

一、环境监测点位和项目设置

水环境监测断面设置　境内地表水主要为㵲水河和太平溪，1982年8月17—23日，开始对其进行水质监测。㵲水河设置了白岩、池回、中方镇3个监测断面，采样点27个；太平溪设置锦溪桥、湖天桥和玻璃厂3个监测断面（1996年后调整为锦溪桥、湖天桥、林化桥）。1992年以前每年分四期（3月、6月、9月、12月）采样，每期采样3次。1992—1999年，采样频次按省环境监测站的规定，调整为每年按丰、枯、平分三期采样，每期3次（天），1999年再次调整为每期2次（天）。1989年后，水环境监测项目主要有pH值、SS（悬浮物）、COD（化学需氧量）、BOD（生化需氧量）等24个。

大气监测点位设置 大气环境质量监测项目包括二氧化硫、氮氧化物、总悬浮颗粒物、降尘、降水和硫酸盐化速率。1989年设置3个大气环境质量监测点位，分别在市政府（县级）、7702台和林科所（钟坡山清洁点）。1991年根据国家环保总局要求，对点位进行优化，调整为市政府（县级）、地区环境监测站和林科所（清洁点）。1996—2000年，监测点位调整为区政府、市环境监测站、精神病医院、林科所（清洁点）。2001年起精神病医院点位更名为湖天医院点。2002年开始，市环境监测站楼顶大气自动监测系统启动，大气中的二氧化硫、氮氧化物、可吸入颗粒物采样频次为全年365天，每天24小时连续采样，每天向省环境监测站上报鹤城区城区环境空气质量。

噪声监测点位设置 噪声环境监测项目有区域噪声、交通噪声。1991—1995年，交通噪声每年平均监测道路长度12.33千米，测点数20个，平均声级值70.05分贝（A）；区域环境噪声按250米×250米网格布点，测点数288个，监测面积18平方千米。1996—2000年，交通噪声每年平均监测道路长度26.62千米，测点数24个，平均声级值71.8分贝（A）；区域环境噪声按250米×250米网格布点，测点数188个，监测面积30.5平方千米。2001—2005年，交通噪声每年平均监测道路长度26.62千米，测点数24个，平均声级值68.3分贝（A）；区域环境噪声按500米×500米网格布点，测点数122个，监测面积32.8平方千米。

二、环境监测报告

监测站最早的环境监测报告是1985年出的一期月报，1986年出6期月报，1987年出12期。此后每月都出月报。1987年开始，每年出4期季报，截至2005年底，共出222期月报，74期季报，环境监测年报始于1989年，到2005年底，共出16期。环境质量报告最早产生于1989年，当年做了3期水质监测报告，到2004年底，共出环境监测质量报告138份。污染源监测报告包括污染源监测季报、年报、竣工验收报告以及环评报告，从1990年开始编写，当年就完成4份，到2004年底共完成污染源监测报告130份。

三、环境管理服务

基础资料 监测站1982年筹建化验室，并开展监测工作。当时只开展地表水监测。随着降水监测、噪声监测、硫酸盐化速率监测、降尘监测、大气TSP（总悬浮颗粒物）、NOX（氮氧化合物）、SO_2（二氧化碳）监测的开展，为社会提供比较全面的基础数据。截至2005年，共获有效数据108271个，其中，水质44509个，大气34869个，噪声7797个。1989年，开始每年编写环境状况公报，通过广播电视等媒介向社会公众公布环境质量状况。截至2004年底，共编写月报222份，季报74份，公报19份，环境质量报告138份。1986年对辖区内的141个工业污染源进行一次全面调查，取得数据1368个，并写出调查报告，同时对砖瓦行业作出专门调查报告。

排污收费监测和监视性监测 1984年始，监测站每年都要对排污企事业进行一次排污收费监测，环境管理部门均以监测站提供的污染物监测数据为依据，根据企事业单位的实际情况，依法征收排污费。在开展排污收费监测的同时，针对污染较重的企业，每年还开展1~2次的监视性监测。依靠监测对污染治理设施运转进行监督管理。截至2004年底，共查处擅自停用治理设施事件120余起，有效地促进企业自觉守法，加强内部管理，充分发挥现存环保治理设施的作用。

治理设施竣工验收监测 在实施“三同时”和“限期治理”制度中，承担本辖区内环境保护治理设施竣工验收工作。环境管理部门根据监测提供的监测数据，对环保设施工程进行严格的质量把关，对未能达到预期治理效果的，环境管理部门不予验收。截至2004年底，监测站共完成52个污染治理设施工程的竣工验收工作。

污染事故与污染纠纷监测、仲裁监测　开展环境监测，正确处理污染纠纷和污染事故，监测站参与处理了65起污染纠纷和仲裁监测，涉及废水、废气、噪声等污染因子。监测站通过实地采样为纠纷双方提供权威数据，从而妥善解决污染纠纷。

建设项目环评监测　在实施建设项目环境影响评价制度中，依靠监测数据分析评价建设项目及环保设施的可行性，为工程的立项和选址提供科学依据。至2004年底，监测站共完成36个单位的环评监测，提供有效分析数据2663个。

委托监测　监测站除了完成常规监测，排污收费监测，管理性监测的任务外，积极拓展业务，接受企事业单位或个人的委托，为他们提供数据。截至2004年底，委托监测共获有效数据1294个。

第三节　污染治理

一、水污染整治

生产和生活废水整治　1991—1995年，开始对生产、生活废水采用无害化处理，部分生产企业运用先进技术达标排放。1991年怀化市造纸厂和1995年怀化市湘源纸板厂实施造纸废水治理项目，建设生产废水处理沉淀池，实现达标排放。1991年1月怀化市针织厂生产废水采用电化学综合处理法，将混凝、曝气、电解以及炉灰吸附联结为一体，经处理的废水达标排放。1991年怀化地区铁合金厂建设生产废水处理池，实现达标排放。1991年3月，怀化磷肥厂黄磷车间生产废水采用2级沉淀、中和过滤法治理，投资7万元，处理能力2.4万吨，经治理的废水循环利用，实现废水不外排。1995年7月怀化铁道宾馆厨房污水采用隔油、2级沉淀法治理，投资3.4万元，年处理能力0.64万吨，治理后除化学耗氧量超标外，其他3项指标达标排放。

1996—2000年，这一期间对水环境加大治理力度，1996年10月怀化市怀铁站前宾馆厨房废水采用隔油、气浮法治理，投资9.5万元，年处理能力4.38万吨，治理后的废水经监测实现达标排放。1997年11月，怀铁客运段生活污水采用CT型双级气浮净水器治理，投资14.5万元，实现达标排放。1997年怀化市第一人民医院对锅炉消烟除尘废水治理设施进行改造维护，减轻废水污染。1999年7月怀化市第三人民医院医疗病毒污水采用JW型无动力医疗污水处理装置治理，投资16万元，年处理能力14.6万吨，经监测四项指标达标排放。1999年1月，华峰电子集团有限责任公司的电镀含氰、含铬、酸碱废水采用化学法处理，处理能力30.27万吨/年，处理后的废水经监测达标排放。1999年11月，林都森工股份有限责任公司投资95万元，建设木材漂洗废水中和锅炉烟气废水治理工程，年处理能力66万吨，减轻污染；怀铁客运段建设锅炉消烟除尘废水处理池，减轻废水污染。

2000年12月，林都中密度纤维板厂采用曝气—絮凝—多级沉淀处理生产废水，实现达标排放，减轻了污染。

2001—2005年在跟踪已开展治理的企业达标排放外，新上了一批治理项目，2001年7月，怀化市第一人民医院实施锅炉烟气除尘脱硫废水池治理项目，投资7万元，实现达标排放，大幅度减少废水排放，基本实现无废水排放；怀化市火电厂对5号锅炉消烟除尘废水治理设施进行维护改造，减轻污染。2003年怀化市泰生纸板有限责任公司实施造纸废水治理项目，建设网筛过滤沉淀池，实现达标排放。2002年6月鹤城区林丰人造板厂和2003年6月鹤城区翰林人造板厂建设生产废水循环利用系统，降低新鲜用水消耗，减少废水排放量。2004年天园医疗仪表厂建设生产废水循环利用设施，实现废水零排放。2003年5月鹤城区正清制药集团公司生产废水治理设施扩建，采用电渗析、生物、气浮、沉淀法治理，投资47.2万元，年处理能力0.78万吨，实现达标排放。2004年9月正好制药厂生产废水采用水解酸化、接触氧化、沉淀吸附法治理，投资37.5万元，年处理能力12万吨，实现达标排放。2004年3月市妇幼保健院病毒污水采用生化、消毒、脱氯法治理，投资16万元，年处理能力8万吨，实现达标排放。2004年6月鹤城区人民医院医疗病毒污水采用HSW型全自控医疗病毒污水治理设施，投资15万元，年处理能力7.7万吨，实现达标排放。

2006—2010年，制定“十一五”环境保护规划，在此期间环境保护总的目标是“强化执法监督，提高监管能力，严格污染物排放总量控制，促进社会经济和环境协调发展”。在新建项目环境“三同时”（环境保护同时设计、同时施工、同时投入使用）率、执行率达标100%。2006年环保局与商务局联合发文要求定点的屠宰场污染治理达标排放，2007年，80%以上屠宰场通过市级验收。“十一五”期主要任务是污染物减排，为达减排任务关停怀化火电厂，兴建三医院、瑞邦森工、怀化机务段污水排污口，新建处理10万吨污水的污水厂。2011年二氧化硫、化学需氧量排放量为2986吨和4065.71吨，分别比2005年减少1070吨、4979.29吨。

㵲水河（饮用水源保护区）污染整治 怀化市二水厂、一水厂和铁路水厂取水口均设在㵲水河，㵲水河水体环境质量事关广大人民群众身体健康和社会稳定。以创建生态鹤城为目标，以整治饮用水源保护区为重点，以保证全市人民饮用水的安全卫生、预防水污染事故为核心，将红岩电站至㵲水一桥之间的水域作为全区水环境保护工作的重点，不断加大执法监管力度，开展卓有成效的工作。

2006年，为了保证全市饮用水源安全和卫生，投资50多万元，分别在二水厂、铁路水厂、一水厂附近设置了6块饮用水源保护碑和界碑，在㵲水河沿岸设立垃圾围20多个，挡土墩200多个，有力的遏止车辆往河岸处倾倒垃圾、污染水体水质的现象；同年11—12月，对洞门口采石厂、金鹭豆奶厂、华美食品厂、乐天食品厂、胡启新塑料厂等5家非法排污企业进行了强制关停，洞门口采石厂于2006年11月由电力部门停电拉闸、公安部门停供炸药关闭到位；金鹭乳品饮料厂、乐天食品厂、河西华美食品厂和胡启新塑料加工厂等四家违法排污企业，于2006年12月13日在怀化市鹤城区政府的组织下，由公安、环保、工商、电力、水利等有关单位组成的联合执法队伍按法定程序实施关停，消除了危害全市人民饮用水源的安全卫生的隐患。

2007年，针对怀化市二水厂取水口附近水域大肠菌群超过国家Ⅱ类水质标准的问题，展开了科学调查，发现主要原因是二水厂周边的凤坪村、宣水塘、现公湾、余家院子、满家、马家、牛栏山、凤坡、上干田等村组和怀化市旌旗牧业、凤坪养猪场两个企业产生的人畜粪便污水、厨房含油废水，未经任何处理直接排入二水厂取水口上游110米处的凤坪溪流入㵲水河，从而对二水厂取水口附近的水质造成相对程度的污染。

改善饮用水源保护区水环境质量，整治饮用水源保护区周边的农村环境污染源，制定《怀化市饮用水源一级保护区环境污染综合整治方案》。方案针对凤坪溪流域的污染现状和居住户的分布状况，采用沼气池—自然生物处理法分两种情况实施整治，对分散的散住户生活污水修建沼气池，综合利用废物防止外排；对人口分布集中的村落生活污水实施自然生物处理法进行处理。该工程项目投资100多万元，于当年年底竣工并投入使用。通过对市二水厂周边盈口乡凤坪村等地的生活污染源进行了环境综合治理，改善二水厂的取水环境质量。

2008年，为保护下游地区的水环境质量，关停了金洋造纸厂、鸭嘴岩造纸厂、红岩造纸厂、龙连秀塑料厂等5家排污企业，并安排资金30多万元对怀化市旅游学校、怀化职业技术学院的生活废水进行了达标治理。

2010年，政府投资30万元，对怀化市二水厂取水口上游50米处的回水湾进行治理，在不影响水流、河道等水体自然生态系统的前提下，采取填埋、疏导等方式，解决水面垃圾、残渣、悬浮物对水质的影响。

污水处理厂 2005年，位于太平溪出口处的污水处理厂完成三通一平施工，2008年5月建成运行。采用二投式生物膜接触氧化法，日处理污水10万吨，总投资1.8亿元。其配套工程有：㵲水河东岸截流干线管道5.4千米，管道直径1.5米；污水提泵站2座；建成太平溪截污管道20.5千米。另规划在河西建设第二污水处理厂，设计日处理能力达4万吨。

二、大气污染整治

工业废气整治 “八五”期间（1991—1995），1991年怀化市磷肥厂实施生产废气治理项目，投资1.74万元，年处理能力3074.4万标立方米，减轻污染；怀化市化工厂配套建设废气治理设施2台（套），投资2.9万元，年处理能力27144万标立方米，实现达标排放；怀化市第一大米厂配套建设生产粉尘布袋除尘器2台，投资1万元，年处理能力4665.6万标立方米，实现达标排放；5月怀化市地区铁合金厂对冶炼废气进行治理，投资8万元，年处理能力120万标立方米，减轻污染；6月怀化市针织总厂车间生产废气采用滤尘器治理，投资12.7万元，年处理能力3030万标立方米，实现达标排放。1992年5月怀化市汽车零部件总厂配套建设窑炉烟气麻石水磨除尘器，投资4.5万元，年处理能力4200万标立方米；12月，怀化市粮油工贸公司实施生产粉尘治理系统，投资15万元，年处理能力14200万标立方米，实现达标排放。1993年10月行署怀园宾馆对食堂大灶进行改造，投资1.2万元，年处理能力80万标立方米，实现达标排放。1994年8月怀铁机务段调机整务所处理场实施锻工炉烟气处理工程，投资2.9万元，年处理能力25万标立方米，减轻污染。

“九五”期间（1996—2000）：1996年7月怀化市化工厂对脱硫工段废气采用硫酸铵装置治理，投资35万元，年处理能力400万标立方米，处理后废气实现零排放。1997年8月怀化市玻璃钢化工厂实施废气治理项目，投资0.8万元，年处理能力15万标立方米，减轻污染。2000年7月莱孚铝厂82台电解槽的烟气采用吸附、过滤方法治理，投资400万元，年处理能力398226.6万标立方米，经处理后的烟气沥青尘、氟实现达标排放。

“十五”期间（2001—2005）：2002年9月林都森工股份有限责任公司建设高效旋风分离水雾除尘设施，投资2.7万元，年处理能力1094万标立方米，减轻污染。2003年10月瑞邦森工股份有限责任公司实施干煤机旋风分离器3级除尘技改项目，投资108万元，年处理能力9460万标立方米，实现达标排放。

“十一五”期间（2006—2010）：完成211台套锅炉窑炉、大灶的达标治理，拆除淘汰严重无法治理锅炉32台（套），在肯德基丽都宾馆、天宏大酒店等20多家企业安装油烟净化设施，完成西南宾馆、怀化宾馆、怀化三中、市一医院等12家单位锅炉治理项目竣工验收。

烟控区废气整治　鹤城区烟尘控制区的范围为怀化市区城市建成区，东至阳塘、西至世纪广场、北至怀铁职工医院、南至原玻璃厂，面积35平方千米，并随着城市建成区面积的增加而扩大。

锅炉废气整治　2005年以来，为改善大气环境质量，在摸清城区所有锅炉、窑炉、散煤大灶底子的前提下，明确领导机构，完善工作机制，按照“整体推进、分片监管、责任到人”的思路和“宣传与调查并行，普查与监察并抓，治理与增效并举，服务与执法并重”的原则科学地开展工作，使烟控区管理取得阶段性的成果。通过全面实施烟控区锅炉专项整治，大力治理改造锅炉和全力推广清洁能源，一些污染严重的锅炉得以更新改造和拆除。2005—2010年，共完成达标治理任务211台（套），停、封32台（套），使城区锅炉冒黑烟的现象得到有效改善。

饮食业油烟整治　针对怀化市中心城区油烟污染问题日益突出的现状，2007年后，全区制定并实施《怀化市中心城区饮食业油烟污染治理工作方案》，怀荣宾馆、怀化大酒店、湘水人家、金牛角王中西餐厅、陶然居风味阁、四喜酒楼、人民公社食堂、恒达酒楼、丽都宾馆、天宏大酒店、红星路大碗厨等60多家规模餐饮企业已安装油烟净化设施，并已通过环保部门达标验收。城区饮食业安装油烟净化装置，不仅有效净化城区空气质量，也成功解决纠缠多年的环境污染纠纷问题。

三、噪声污染整治

工业噪声整治　1986年，怀化市日用玻璃厂对2台鼓风机进行降噪治理，噪声效果值下降6分贝（A），声环境达标；部属国有855厂对压缩机进行降噪治理，噪声效果值下降7分贝（A），声环境达标。

1994年10月，怀化市磷化总厂投资8万元，对鼓风机进行降噪治理，噪声效果值下降25分贝（A），声环境达标。

1995年6月，怀化市地区工商银行空调机噪声采用站房吸音、隔音治理，投资5万元，噪声效果值下降10分贝（A），达到居住、工作声环境标准。

生活、建筑噪声整治　1996—2004年，环保、公安部门先后联合执法11次，对溆水路、芷江路、迎丰路、潕水一桥等路段的露天卡拉 OK、歌舞厅、溜冰场等娱乐场所的噪声扰民行为进行查处，查扣各类音响影视设备 30 多件（套）、收缴光盘、磁带、录像带等 300 多张（盘）。环保部门下达整改通知书 50 多份。经过整治，露天卡拉 OK 等娱乐场所噪声扰民的群众投诉明显减少，改善市民的生活居住环境，也增强经营者的环保意识。

2005 年，湖天桥下的天河歌舞厅，采取降低设备音量、缩短夜间营业时间、设置隔音墙、实施全封闭式经营等措施进行治理，噪声效果值下降 5~10 分贝（A），减轻噪声污染。

2009 年，红星路五彩缤纷歌舞厅采取设置隔音墙、实施封闭式经营等措施，噪声效果值下降 10 分贝（A），实现达标排放。

2005—2010 年，每年的 5—6 月，为在高考期间给学生创造一个安静的学习、考试、休息环境，根据上级部门的要求，从实际出发，对城区的环境噪声进行综合整治。环保、公安部门联合发布《关于对中、高考期间噪声污染监督管理的通告》，并将《通告》送达到所有排放噪声的企业或项目，同时面向社会公布了举报电话，接受社会各界监督。几个部门共同行动，对城区内的建筑工地、歌厅、迪厅、网吧等娱乐场所，特别是考点周围进行联合检查，发现问题及时责令业主进行整改，有效地控制噪声污染。每年 6 月 7—8 日，环保 110 全体出动，24 小时不间断在考场周围和城区一些重要地段、重要施工场所等进行现场监督和巡查，发现违规情况立即制止。

交通噪声整治 采取两手抓的方法，一是在城区范围取缔了三轮摩托。由于三轮摩托噪声大、污染重、有很大安全隐患，在 2002 年 6 月时，怀化市一举取缔了城区近 1200 辆机动三轮车。二是加快城区道路建设。近年来，城区道路建设得到飞速发展，修建了环城路、天星路、绕城线、湖天南路，对城区的迎丰路、人民路、红星路、潕水路、正清路、锦溪路、舞阳路等主次干道进行油化改造，减轻车辆在运行中产生的摩擦噪声，大大缓解了交通噪声问题。

第四节　环保执法

一、管理机构

1991—1998 年，机构名称为怀化市（县级）环境保护局。

1998 年，撤地设市后，机构名称变更为怀化市鹤城区环境保护分局。

2005 年后，整体上收到怀化市环境保护局，成立怀化市环境保护局鹤城区分局，实行怀化市环保局与鹤城区政府双重领导，以市环保局垂直管理为主的管理体制。局机关设置办公室、法制宣教科、污染管理科、生态办、监察大队、农村环境管理站、环保 110 共计 7 个科室及二级机构，在编人员 48 人。

二、污染减排

2006 年后，鹤城采取淘汰落后生产能力、治理突出污染问题、削减城市生活污染等措施，共确定化学需氧量减排重点项目 4 个，二氧化硫减排重点项目 3 个。为了确保减排项目的顺利推进。积极深入到各减排单位进行监管，跟踪减排项目的进展，督促企业抓紧时间，筹措资金落实减排项目的实施。

“十一五”期间，通过全城污水处理厂的建设并投入运行，以及关停怀化市火电厂等措施，截至 2010 年底共完成二氧化硫减排 2400 吨，削减率 47.46%，化学需氧量减排 7865 吨，削减率 86.95%，超额完成“十一五”主要污染物减排任务。

三、环保宣传

2005 年以来，怀化市环保局鹤城分局在《中国环境保护报》《湖南环境信息》《怀化日报》《边城晚报》等刊物上发表新闻稿件 146 篇，其中头版 30 篇；在怀化电视台、怀化电台、鹤城新闻中心播出环保专题新闻报道 64 次。2010 年，在怀化电台交通文艺频道开设了环保宣传专栏，每天上午8:00和下午5:00以及每周四的为民热心节目期间，不间断的播报以节能减排、生态创建、污染防治等为主题的环保信息和科普知识。

2005年8月率先开通全市首家环保信息网，充分利用互联网的传播优势，先后在信息网上发布各类环保信息、公告1000余次，每年接受访问近万人次。开辟手机环保宣传新阵地。2009年后，每年的6月5日向怀化城区30多万移动手机用户群发环保公益短信。

每年以“六五”世界环境日、“三湘环保世纪行”等活动为契机，紧紧围绕污染减排、生态创建、城区环境整治等中心工作，大力开展一系列有影响、有效果的主题宣传活动。通过在电台和电视台播放环保公益广告、作环保系列活动报道，向群众和市民发放宣传资料，在市区主要街道悬挂横幅标语，在城区人口集中区域广场设立环保咨询台、与市民开展互动活动，组织机关、企业、学校和社会团体开展各类大型宣传活动等方式，营造了良好的活动宣传氛围，增强社会各界关心环保、参与环保、监督环保的工作热情和责任心。

2009年8月，成立怀化市鹤城区环境科学学会，发展会员单位68个。坚持以学会交流为载体，深入开展学会经验交流及环保论文征集评比活动。

四、环保执法

2009年后，组织开展饮用水源保护专项行动、整治违法排污企业保障群众健康环保专项行动、中高考禁噪专项行动、危险化工行业清查专项行动、重金属污染整治专项行动5大专项行动。对全区范围内重点污染源和项目等开展专项检查，排查各类污染隐患，确保城区环境安全。日常巡查监管。采取例行检查、突击检查、重点抽查、明查暗访和夜间、节假日巡查等形式，对重点污染企业每月至少进行1次现场监察，一般企业一年至少进行4次现场监察。严格执法。2009—2011年，共立案查处各类环保违法行为230起，罚款113.82万元，关停不符合国家产业的政策或严重污染环境的小造纸、小炼油、小炼钒、小塑料等企业15家。同时狠抓执法规范化和标准化建设，实行法律文书五级审批制度，制作环保违法行为标准案卷，最大限度保证全局执法的规范性和准确性，严控行政复议和诉讼的案例，更没有发生行政败诉案件。

处置环境污染纠纷和投诉。2005年5月1日，设立环保110执法大队，开通“12369”热线电话并实行24小时值守。负责受理群众来信、来访。办理领导批示件、人大批评意见、建议和政协提案。依法及时处理各类环境污染投诉和纠纷，为群众排忧解难，维护社会稳定和谐。针对群众反映较多的餐饮服务单位油烟污染、建筑工地夜间施工影响环境的信访问题，平常加强监管和宣传，使工地负责人和餐饮业主了解相关环保法律、法规，自觉守法，合法经营，力求有效遏制油烟扰民和建筑工地夜间施工噪声污染的产生。特别防护期环境安全检查。在节假日、主汛期、枯水季、中高考期间，组织环境执法人员深入现场开展环境安全检查工作，督促排污单位有效整改一大批环境安全隐患，有效遏制环境污染事件的发生。

2005—2010年，全区没有发生一起环境污染事故和涉环群体事件。办理市区两级人大、政协议案60多件，受理办结各类环境信访、投诉1588件，做到事事有回复、件件有落实，办结率达到100%。

五、项目管理

在项目建设管理上，认真落实《环境影响评价法》、“三同时”制度及国家有关产业政策，贯彻执行建设项目环境保护分类管理、分级审批制度，把好项目环保准入关，严格环评审批程序。对符合条件的项目做到快、好、优办理，对不符合条件的坚决不批，严格执行“四个不审批”，即未做环评的建设项目不审批，违反国家产业政策的建设项目不审批，选址不合理的建设项目不审批，环评报告中污染防治措施达不到要求或不切合实际的不审批。简化审批程序，畅通绿色通道。在建设项目环境影响评价审批中，采取“一站式”服务方式，创新工作机制和服务方式，简化审批程序，压缩办理时限，实行“领办制度”“跑办制度”，力争在最短的时间内办好项目审批手续。

2005 年后，鹤城区重点项目环评审批率达 100%。

2009 年，鹤城共向上争取环保专项资金 1000 多万元。

六、生态创建

2002 年 10 月，中共怀化市委、市政府提出建设“生态秀美的新怀化”的战略目标，正式提出要创建全国生态示范市。

2003 年 6 月，环保总局批准将怀化列入全国第八批生态示范区建设试点单位。是年 11 月，全市创建全国生态示范市正式启动。是年 12 月成立鹤城区协调创建全国生态示范市工作领导小组和鹤城区生态建设规划编制委员会，正式启动示范区创建工作。

2004 年 12 月 21 日，怀化市二届人大常委会第十三次会议审议通过《怀化市生态区建设规划》文本，并作出决议，从下一年的 1 月 1 日起，由鹤城区政府负责组织《规划》的实施，标志着鹤城区创建全国生态示范区工作全面实施。

2005 年 6 月 3 日上午，怀化市鹤城生态示范区创建工作会议在怀化大酒店召开。怀化市委常委、鹤城区委书记王志群，怀化市委巡视员、市生态创建领导小组副组长李铁岩等相关领导出席，区属各职能部门的党政一把手和各乡镇负责人参加的生态示范区创建工作会议，鹤城环保局等 23 个相关职能部门向区委书记王志群递交生态示范市创建工作目标责任书。

2005—2008 年，鹤城区各职能部门在生态创建领导小组的带领下，以 26 项考核指标为工作中心，围绕生态做文章，狠抓生态农业、生态工业、生态林业、生态文化、生态旅游建设工作，2008 年底，全国生态示范区的 12 项基本条件和 26 项考核指标全面达标，规划中的生态建设重点工程项目基本得到实施，初步实现环境保护与经济发展的“双赢”。

2009 年 6 月 10 日，环保部委托省环保厅对鹤城区生态示范区创建工作进行验收。省环保厅专家组采取察看现场、听取公众意见、查资料、听汇报等方式，最终一致认定鹤城生态示范区创建工作验收达标。

2010 开始，启动鹤城区生态创建第二阶段的工作，即创建全国生态区和配合市政府创建全国环保模范城。

第三篇　交通　邮政　电信

第一章　交　通

鹤城区交通是中国东中部通向西南地区重要的交通要塞，铁路呈“大”字形交会于此，城乡公路、国省道、高速公路呈网状结构，交通的快速发展，推动境内经济社会长足发展。

鹤城区内有沪昆铁路、枝柳铁路、渝怀铁路，三条铁路交会于市区。2010 年 3 月，沪昆客运专线（高速铁路）在贵阳市宣布开工建设，计划在 2014 年 12 月通车。沪昆铁路怀化段，1972 年 10 月通车。2001 年沪昆铁路湖南株洲至贵州六盘水区段复线及电气化工程竣工。枝柳铁路怀化段，1978 年 12 月通车。枝柳铁路湖北枝城至湖南牙屯堡区段复线工程竣工；枝柳铁路怀化至张家界区段电气化工程竣工。渝怀铁路，2006 年 1 月全线开通，2007 年 4 月开通客运。四条铁路在鹤城区辖区内建有怀化车站、怀化南站（后改为怀化西站）、怀化东站、象鼻子站、同田站和高铁怀化南站。其中怀化东站、象鼻子站、同田站是怀化铁路枢纽前方小站。铁路客运有怀化车站和高铁怀化南站；铁路货运有怀化南站和怀化东站。怀化车站。1971 年 10 月建成。怀化车站于 2003 年、2005 年进行两次改扩建，改建后的怀化火车站总面积有 12830 平方米，候车厅分上下两层，面积有 4452.8 平方米，售票厅面积 530 平方米、设有 12 个售票窗口。怀化站始发和经过的旅客列车有特快 3 对，快速 48 对，直快 3 对，普客 4.5 对，共计 58.5 对，其中，怀化始发列车有 14 对，年均接送旅客近 900 万人次。怀化南站。该站系货运、货物列车编组站，1974 年建成，1982 年底配套设施工程全部竣工。站内装卸线轨道 27 股，货场面积 74700 平方米，有货仓 7 栋，有货物站台 6 座、货物装卸轨道 5 股、货位 76 个、堆货容量 3928 吨；日编组能力 9000 辆；年均装车 12478 辆、卸车 20094 辆，货物发送 67.22 万吨。

鹤城区境内有呼和浩特至北海（G209 和上海至瑞丽（G320）两条国道过境；三角坪至怀化（S223）和湘乡至怀化（S312）两条省道直达市区。1991—1997 年，怀化市（县级）有县乡公路 11 条，通车总里程有 136.06 千米；乡村公路 156 条，通车里程 713.84 千米。1998 年鹤城区设立后，境内有区乡公路 19 条，通车里程 203.91 千米；村道 102 条，通车里程 289.2 千米。另有两条国防公路过境。2007 年 11 月，沪昆高速怀化段（邵阳至怀化、怀化至新晃）建成通车。邵怀高速连接鹤城段 6.18 千米同时通车。该连接线起于鸭嘴岩乡花背村与岩头园村交界处，途经花背村、溪坪村、李公湾村、跨 㵲水河止于池回村与怀黔公路交界处。2010 年末，鹤城区境内尚有吉怀（吉首至怀化）、溆怀（溆浦至怀化）高速公路和绕城高速公路正在建设中。境内公路在市区设有怀化中心汽车站、怀化东站、怀化西站、怀化南站4个城区站及黄金坳、芦坪、贺家田、凉亭坳、黄岩5个乡、处农村汽车客运站（点）。1991—1997年，怀化市（县级）公路汽车客运线路10条，运营车辆386辆，年发送旅客420万人次。1998年后，鹤城区境内公路汽车客运线路193条，其中，跨省线路7条，运营车辆1365辆，年发送旅客1400万人次。境内公路汽车货运在1991年前，以国有专业运输企业、企业厂矿、个体（联户）并存的公路汽车货运格局。1991—1997年，国有汽车专业运输企业逐步淡出、退出汽车货运市场转行经营其他行业，个体汽车货运成为境内公路汽车货运市场主体，区辖各乡镇农民筹资购车参与汽车货运。1998—2010年，境内汽车货运市场由个体（联户）所占领。

鹤城区境内有 㵲水河过境。㵲水河自芷江县公坪镇进入鹤城区境，由西向东流经盈口、榆树湾，再由北向南穿越城区经三角滩进入中方县。㵲水河在公路交通不甚发达时，其货运业务曾经辉煌一时，怀化境内的原煤、木材、桐油、粮食和其他农副产品，通过船舶运达沅江直至洞庭湖区。自境内陆路交通的迅速发展和水利工程的兴建，㵲水河水上客运和货运基本停止，仅有红岩电站以下至三角滩电站以上之间河道，农民赶集运输农副产品的短途运输。1991年三角滩电站建成后，三角滩电站以上至盈口河段由于水位上升成为平湖，加上 㵲水河两岸风光带的建设、美化，该河段平湖已成为鹤城区市民水上游览、休闲胜地。

第一节　公路

一、公路建设

1990年末，怀化市（县级）共有通车公路224条，1121.72千米。1997年末，境内有G209、G320两条国道过境，有S223、S312两条省道直达市区。进入21世纪，国家和地方政府加大对农村公路建设。2010年末，鹤城区形成以高速公路和国、省道为主干线，县乡道为支线的城乡路网。

（一）国道

呼和浩特至北海线（G209）　在鹤城区境内，北起麻阳苗族自治县与鹤城区交界的大坳，南至鸭嘴岩红岩溪桥。里程桩号K2424+751~K2474+747，境内里程49.996千米（1997年前为62.196千米）。城区路段经1992—1993年、1995—1997年、2001年，三次改建，建成城区街道。

1998年11月至2002年6月，省、市、区共同投资，实施怀黔高等级公路工程，改建湖天桥至鸭嘴岩7.52千米路段，改建后路基宽15米，路面宽14米，水泥砼板厚24厘米。2002—2005年，投资550万元对K2424至K2459路段进行改造，完成路面沥青表处13万多平方米，挡土墙等防护工程3100立方米。

上海至瑞丽线（G320）　上海至瑞丽线，在鹤城区内起自鸭嘴岩红岩溪桥，止于鹤城与芷江交界的顺溪铺，里程桩号K1599+731~K1617+412，境内里程17.681千米，其中，K1599+731~K1612+505即红岩溪桥至城区麻阳路口，共计12.744千米与G209线重合，与省道S312在红星桥连接，与S223线在太平桥连接。几经改造，城区路段变为街道。

2000年，怀化市城建部门贷款（在顺溪铺设站收费还贷）投资，市环城路建设指挥部组织设计和施工，改建芷江路口至莱孚铝厂1.99千米，为水泥砼路，路基宽12米，路面宽8米。2001年，创建文明样板路，改建K1616+912~K1617+412长0.5千米路水泥路砼，路基宽12米，路面宽8米。

（二）省道

三怀线（S223）　三怀线起自沅陵县三角坪与国道319线连接处，鹤城路段起自石门乡阳塘村（1997年前，境内起于花桥游家坳），止于市内太平桥，里程桩号K88+719~K99+370，境内里程10.651千米（1997年前境内里程32.6千米），其中石门新街至太平桥5.851千米属城市干道，阳塘至新街4.8千米属郊区公路。

1993—1994年，省公路局、地区公路总段投资2072.90万元，改建市区太平桥至石门新街路段，路基宽38米，机动车道宽15米，非机动车道宽 2×5.5 米，均为水泥砼路面，隔离带宽 2×2.5 米，人行道宽 2×5.5 米。

1996 年，省公路局、地区公路总段投资 288 万元，改建市郊阳塘至石门新街 4.8 千米水泥路，砼板宽 8 米，厚 23~24 厘米，硬质路肩 2×2 米。

2000 年，改建太平桥至板桥铺 2.5 千米，机动车道拓宽为 20 米，非机动车道拓宽为 2×3.5 米，以铁制护栏为隔离设施。2001 年，市公路局贷款 34.30 万元，对石门新街至金海路段进行 30# 水泥砼硬化，宽 2×1.5 米，厚 20 厘米，并对两侧边沟进行浆砌或浇筑片石砼。2007 年，投资 31 万元，对石门路段的水泥路进行维修改造，完成沥青表处 6130 平方米。

湘怀线（S312）　湘乡至怀化线，在鹤城区境内起自与中方县岩门溪交界的分水坳，止于市内红星桥，里程桩号 K326+863~K342+143，境内里程 15.28 千米。

1997—1998 年，怀化市（县级）湖天开发区管委会垫资 1000 余万元，改建城区长泥坡老屋至红星桥 1.869 千米，建成水泥砼路面，长泥坡老屋至化工厂路面宽 15 米，化工厂转盘至红星桥机动车道宽 15 米，为水泥砼路面，隔离带宽 2×2 米，非机动车道宽 2×5 米，为砂土便道。2001 年，续建为水泥砼路面。2002 年 5 月，省交通厅批准怀化至新建三级公路开工建设，怀（化）新（建）公路起于鹤城区杨村乡大屋桥。至新建与老线相接，线路全长 25.22 千米，其中鹤城路段长 11.63 千米，分水坳隧道长 440 米。全线按山岭重丘三级公路技术标准建设，路基宽 7.5 米，路面宽 6 米，设计行车速度 30 千米/小时，工程投资 1.2 亿元。

2010 年，投入 130 余万元，对 K330~K336 和国道 G320 线 K1614~K1617 路段进行维修，完成沥青表处 21000 平方米，浇筑水泥混凝土路面 5900 平方米。

（三）县乡道

1991—1997 年，怀化市（县级）有县乡公路 11 条，通车里程为 136.06 千米。乡村公路 156 条，713.84 千米。1998 年，鹤城区设立，境内共有跨县区道 4 条，45.61 千米，乡道 15 条，158.3 千米，村道 102 条，通车里程 289.2 千米。2002 年，黄岩、芦坪、贺家田 3 条通乡公路列入砂改油计划，黄岩 26 千米公路砂改油工程 2003 年 7 月动工，2004 年 10 月竣工，改造后的公路技术标准为山岭重丘四级公路，路基宽 6~6.5 米，路面宽 5 至 5.5 米，其中水泥砼路面 18.4 千米，沥青路面 8.173 千米，工程预算 1300 万元，实际投资 1354.8 万元。2005 年，黄金坳至芦坪段 6.434 千米，纳入全省县到乡镇公路改造计划，技术标准为山岭重丘四级水泥砼路，国家和省投资 250 万元，2005 年动工，2006 年 10 月竣工。2007 年 5 月，改造凉亭坳板栗垅，途径凉亭坳乡，止于辰溪县五里堆，公路全长 3.559 千米，改造后的路面宽 5~6 米，技术标准为水泥砼路。2006 年，农村公路建设投资 2462 万元，完成芦坪至贺家田乡公路投资 890 万元。完成老寨溪村、谭家村等 5 个通达公路 28.4 千米。完成金海村、双村村等 18 个通畅工程投资 1288 万元，建成通畅工程水泥砼路面 64.44 千米。2007 年，全年共完成农村公路建设投资 1864 万元，贺家田至芦坪乡公路投资 560 万元，板坡村 1 个通达工程投资 42 万元，建成通达公路 5.5 千米。方石坪村、新家庄村等 20 个通畅工程投资 1262 万元，建成通畅工程水泥砼路面 63.1 千米。2008 年 7 月，农村公路建设投资 942.5 万元，凉亭坳至大水田 2 千米通乡公路投资 118 万元。屋家溪通达工程投资 52.5 万元，建成通达公路 10.5 千米。江垅溪村、大桥村等 8 个通畅工程投资 772 万元，建成通畅工程水泥路面 36.2 千米。2008 年 8 月底，共新修改建公路 217 千米，全区公路总里程达 593.1 千米，农村公路总里程达 493.1 千米，全区 93 个行政村全面实现村村通公路，黄岩旅游度假区实现村村通油路。2008 年底，实现乡乡通水泥路，建成村级水泥公路 109 千米，新增 26 个行政村通水泥路，改建砂石路 68 千米，新建农村客运站场 3 个，桥梁 3 座。

（四）高速公路

2003 年 9 月，沪昆高速公路邵怀段（即邵阳市隆回县周旺铺至怀化市中方县竹田）在中方县竹田举行开工典礼。建设里程 79.3 千米。邵怀高速连接线鹤城段 6.18 千米，其中，高速公路 5.24 千米，一级公路 0.94 千米，起于鸭嘴岩花背村与岩头园村交界处，途经花背村、溪坪村、李公湾村、跨溉水河，止于池回村与怀黔公路交界处。高速公路路面宽25.5米，一级公路路面宽26米，高速公路中央隔离带宽2米。

2003年12月，沪昆高速公路怀新段（怀化市中方县竹田至新晃）开工建设，建设里程97.5千米，投资规模42.7亿元。2007年11月10日建成通车。

2010年末，鹤城区境内尚有吉怀（吉首至怀化）、溆怀（溆浦至怀化）、绕城高速公路在建设中。其中，吉怀高速公路主线长60.8千米，连接线1.3千米，投资估算约48亿元，2008年9月26日正式开工。溆怀高速公路线路全长92.5千米，总投资估算为76.61亿元，2010年6月17日正式开工。怀化绕城高速公路设计全长24千米，投资约18亿元，东起点接溆怀高速公路泸阳互通，经怀化东互通，杨村互通，城南互通，止于邵怀高速公路连接线怀化南互通，2010年12月3日正式开工。

（五）桥梁、涵洞、隧道

桥梁　1997年末，境内公路有各类桥梁123座，总长3042.62延米，其中长20米以上的桥梁45座，50米以上的有湖天桥、红星桥、三眼桥、堆子桥（位于铜湾镇堆子村的市乡公路柳树冲至铜鼎线路上）。1998年鹤城区分设，境内国道上共有桥梁15座，省道上共有桥梁6座。

狮子岩桥　位于鹤城区南郊，跨越溉水河支流太平溪，是连接城市进出口和国道G209线的重要路段，该桥为钢筋混凝土组合T型梁桥，桥长204米，共10孔，每孔长20米，桥面净宽15米，桥高13.5米，设计载荷为载重汽车20吨，拖挂车100吨。该桥1999年3月开工，2002年1月竣工，工程投资816.1万元。2009年改建时，桥面加宽至32米。

毛家溪桥　位于鹤城区南郊，与狮子岩桥相距400米，与狮子岩桥同样是跨越溉水河支流太平溪，是连接城市进出口和国道G209线的重要路段，该桥为预应力组合T型梁桥，桥长124米，主桥6孔，每孔长20米，桥面净宽15米，桥高13.5米，设计载荷为载重汽车20吨，拖挂车100吨。该桥1999年3月破土动工，2001年3月竣工，工程投资343.3万元。2009年改建时，桥面加宽至32米。

湖天中桥　城区南郊，跨越溉水河支流太平溪，是连接城市进出口和国道G209线的重要路段，该桥为钢筋混凝土组合T型梁桥，桥长104米，主桥5孔，每孔长20米，桥面净宽20米，桥高13.5米，设计载荷为载重汽车20吨，拖挂车100吨。该桥1999年3月动工，2001年12月竣工，工程造价463.84万元。2009年改建时，桥面加宽至32米。

青山溪桥　位于鹤城区南郊，跨越溉水河支流青山溪，为进出怀化市区连接国道209线的重要桥梁。该桥设计为空心板梁桥组合，跨经为三跨组合，单跨16米，跨径总长48米。2001年5月建成时桥面净宽15米，2010年加宽改造至32米，1999年3月动工，2001年5月竣工。

红星桥　位于省道S312线与国道G209线交界处，东接湖天区正清路，西与市区红星路相接，跨越太平溪，是省道进入国道的必经之路。原红星桥是1964年修建的一孔石拱桥，桥面宽仅7米，未设人行道。1996年改建，改建后的红星桥设计为预应力砼双肋系杆拱桥，主桥为一孔，拱肋净跨50米，全桥总长61米，桥面宽30米，人行道2×2米。1997年7月建成通车，工程总投资516.28万元。

三眼桥　位于省道S223线迎丰东路，跨越太平溪，是石门连接市区的重要通道。该桥始建于1989年，桥宽12米，为双孔跨，每孔20米，全长55米，桥高8米，设计载荷为载重汽车20吨，拖挂车100吨。1995年该桥改建，改建后的桥面宽38.6米，人行道2×5米，改造后的桥梁上部结构采用2×20米跨混凝土预制T梁，桥台为U型桥台，桩柱式桥墩。

鹤城区境内国道、省道、乡道的桥梁自1991—2010年都进行改扩建。

国道G209线上，位于凉亭坳乡境内的友谊桥，黄金坳乡境内的座岩桥，和平桥随着G209线的改建而拓宽和加固；位于盈口乡境内的象鼻子桥及位于溉水路老糖厂地段的糖厂桥因城区道路改建均改建拓宽加固为地下涵洞。

国道G320线上，位于盈口乡境内的长冲垅桥和胜利桥因怀化至芷江路段的改造而加宽加固；位于盈口乡境内的盈口桥因城区沿河路建设而拓宽和加固。

2010年鹤城区主城区桥梁一览表

表3-1-1

序号	桥梁名称	跨越河溪	所处路段	桥长（米）	桥宽（米）	建成时间	改建时间
1	石门桐木桥	太平溪	金海至双村路	33		1975年	
2	石门新街桥	太平溪	石门至山下路	33		1975年	
3	三眼桥	太平溪	迎丰东路	40	39	1989年	1995年
4	锦溪桥	太平溪	锦溪南路	38.5	15	1972年	1976年
5	香洲桥	太平溪	香洲路	120	12	1996年	
6	湖天桥	太平溪	湖天大道	334	15	1994年	
7	红星桥	太平溪	正清路	61	30	1964年	1997年
8	天星桥	太平溪	天星东路	90	42	2010年	2001年
9	湖天中桥	太平溪	本业大道	95.58	32	2009年	
10	狮子岩桥	太平溪	本业大道	206.8	32	2009年	
11	毛家溪桥	太平溪	本业大道	126.08	32	2009年	
12	高枧桥	潭口溪	209国道	10	12	1956年	
13	黄山冲桥	潭口溪	环城北路支线	10	15	2009年	
14	云溪一桥	潭口溪	环城北路至黄金坳	40	27	2007年	
15	云溪二桥	潭口溪	环城北路至黄金坳	37	27	2007年	
16	云溪桥	潭口溪	环城北路	70	24	2006年	
17	板溪桥	潭口溪	迎丰中路（人行）	17	39	1972年	1989年
18	桥梁桥	板木溪	怀化至新建（桥梁）	31.2	8	1963年	2003年
19	杨村桥	板木溪	怀化至新建（桥梁）	23.4	8	1963年	2003年
20	岩堰溪三桥	岩堰溪	顺天南路	25	24	2006年	
21	朝堰溪桥	岩堰溪	锦溪南路	25	24	2006年	
22	大屋桥	岩堰溪	正清路	26	28	1963年	1991年
23	花溪路桥	岩堰溪	花溪路（香洲广场）	25	11.8	2004年	
24	青山溪桥	青山溪	本业大道	40	32	2009年	
25	㵲水一桥	㵲水河	㵲水路至舞阳大道	250	20	1994年10月	
26	㵲水二桥	㵲水河	天星中路至天星西路	260	24	2000年4月	

省道S312线上，位于杨村乡境内的桥梁桥及杨村桥因怀新国防公路的改建而拓宽和加固；位于杨村乡境内的大屋桥因正清路修建而拓宽和加固。

省道S223线上，位于迎丰中路和迎丰东路交界处的板溪桥因迎丰路的改造而加宽加固。

各乡乡道桥梁随着农村公路的建设，进行加宽加固，分别是黄金坳乡境内的和家村桥、江口院桥、水环口桥、红卫桥、立新桥；芦坪乡境内的长潭桥；贺家田乡境内的王水场桥、皂泥溪桥、青山溪桥、岩山湾桥、板栗垅枫木凉桥；盈口乡境内潭口桥、水库桥、炉天冲桥、黄家堰桥、凤坪桥、方石坪桥、五三村桥、通古坪桥；团结桥凉亭坳乡境内罗家溪桥、反帝反修桥；石门乡境内新街村石门桥（又称学优桥）、双村村桐木桥；黄岩旅游管理处境内的田家村桥、奋坡桥、太阳庙桥、清水桥。

鹤城区城区内的太平溪、潭口溪、板木溪、岩堰溪、㵲水河上架设多座桥梁。

涵洞 1990年底，域内公路主要涵洞13孔，总长3056米。其中位于国道G209线7孔，G320线4孔，1802（后改为S223线、251线）省道2孔，另有48孔涵洞在市区公路及市乡公路线上，其中在城区公路线上有19孔。1991—1997年，境内新建公路涵洞61孔。1998年后随着城区道路的改、扩建以及国道、省道、国防公路的改建，原公路低洼地段增建排水涵洞。

毛家溪排水涵 位于国道G209线怀化市鹤城区南郊原玻璃厂处，桩号K2469+391，钢筋砼圆管涵，全长27.16米，孔径1.5米。2001年5月建成使用。

青山溪排水涵 位于国道G209线怀化市鹤城区南郊原玻璃厂处，桩号K2469+467，钢筋砼圆管涵，全长28.7米，孔径1.25米。2001年5月建成使用。

桥梁过水涵 位于省道S312线杨村处，桩号K50+712，盖板箱涵，直径1米。2003年12月建成使用。

隧道 域内市区外公路隧道1座，即分水坳隧道，中心桩号K495+807。隧道全长440米，衬砌内廓线为单心圆，建筑限界净宽8.8米，净高7米。隧道于2002年8月开工，同年12月23日凿通，2003年4月建成通车。总投资1202.5997万元。

市区公路人行地下隧道有7处：迎丰中路怀化市四中门口、迎丰中路怀化市三中门口、湖天大桥占迎丰路交叉处、迎丰中路新源里路口、迎丰中路华天酒店门口、四通人行地下隧道、怀化火车站前迎丰西路至飞达新世纪广场处、人民南路中国移动手机市场门市部处、天星东路与湖天大道交叉口处。街道穿越铁路线隧道：迎丰中路迎丰市场大门口、迎丰中路绿源宾馆地段连续有三处过枝柳线隧道、湖天北路靠锦溪小学旁、天星东路靠红星路小学地段连续有三处过枝柳线隧道、铁北南路嫩溪垅过湘黔线隧道、新源里路至太平桥迎丰中路有2处过湘黔线隧道、锦溪北路过湘黔线隧道（单孔）、怀西路往中坡山北路过湘黔线隧道、怀西路往老水泥厂路过湘黔线隧道、红星路往中转库路过枝柳线隧道、城南老玻璃厂处过枝柳线隧道、富城路至红星路路段（原怀化农机厂处）过湘黔线隧道、环城南路通往青山溪路段过枝柳线隧道、环城南路犀牛塘去杨村路段过湘黔线隧道。

二、车站建设

域内有怀化汽车中心站、怀化汽车东站、怀化汽车西站、怀化汽车南站4个城区站及黄金坳、芦坪、贺家田、凉亭坳、黄岩等5个乡、处农村汽车客运站。

怀化汽车中心站 前身系榆树湾汽车站，始建于1939年，1970年由三角坪迁至怀化市人民路15号，改称怀化汽车站。1995年，为合理利用中心站场地，做好进站归点工作，由省交通厅投资856万元，企业自筹350余万元，对怀化汽车站进行改建，1997年底交付使用，更名为怀化汽车中心站。改建后的站场面积1.46万平方米，其中发车坪面积8000平方米，主站房面积6633平方米。怀运集团投资130余万元，对车站大楼进行整体装修，形成集售票、候车、住宿、购物、餐饮、休闲于一体的综合服务建筑。1998年，开通怀化至沅陵、辰溪、溆浦及贵州铜仁等4条线路的直达快客班车，日发37个班次，日均发送客运量900余人次。2002年，收购个体营运车辆。2004年，经省交通厅评定为一级甲等社会公用型汽车客运站。2008年，开通怀化至长沙、湘潭、娄底、邵阳、邵东高速客运班线。2010年1月，怀化汽车中心站向东开行的车辆划归怀化汽车东站，向南开行的车辆划归怀化汽车南站（新南站），开往溆浦的车辆划归怀化汽车西站。仅有怀化至石宝、新路河、铜湾、铜鼎、接龙、龙潭、金石桥方向的车辆仍在怀化汽车中心站始发。2010年4月，怀化汽车中心站被市政府列入棚户区周边区域改造项目——壹线国际商业街。

怀化汽车东站 怀化汽车东站位于城东芦林路（后改为武溪大道）与省道S223交会处东南角。2000年动工，主站房2003年10月竣工，工程投资2000万元，车站占地面积5.062万平方米，整个工程2006年6月竣工。2010年1月，车站经营辰溪、沅陵、常德、益阳、桃江、桃源、安化等35条线路的发班，日均发送旅客3000人次。

怀化汽车西站 1991年9月，怀化市（县级）交通局在芷江北路（现怀西路）征地建成停车场，时称茶园垅停车场。1995年9月，停车场与市客货运输总公司合并。1997年6月，更名为怀化汽车西站。西站占地面积1.04万平方米，其中车坪8000平方米。为使企业走出困境，车站多方筹集资金200余万元，将大部分车坪改建为鞋类批发市场出租。2000年4月，怀运集团兼并汽车西站，采取适当补贴经营户的办法，搬迁鞋类批发市场，恢复西站的本来面貌和功能。2001年1月1日，撤销火车站临时客运经营点，将此处经营的车辆和大部分职工转入西站。车站的服务设施、服务功能及各项管理不断加强，先后开通了怀化至新晃、麻阳、凯里、岑巩、镇远、铜仁、清远、广州、潮州、汕头、温州、珠海、昆明、深圳、桂林等多条线路的直达快客班车。2001年，由三级站晋升为二级乙等站，2010年1月，与怀运集团鹤城分公司合并，是年6月，晋升为二级甲等站。

怀化汽车南站　怀化汽车南站（老）位于红星南路火车南站货场对面，1995年4月建成并投入使用，隶属于怀化长途货运分公司，以经营客运为主，兼营货运业务。主要经营怀化开往绥宁、通道、会同、安江、洪江、黔城、托口等地的客运班线。2000年，为适应开行直达快客班车的需要，怀运集团投资11.2万元，改建108平方米的空调候车室，开行怀化至安江、洪江、会同、靖州4条直达快客班车线路，成为市域内快客班车发送最多的车站，为二级乙等站。2009年底，新汽车南站建成，老南站废止。2010年1月24日，老南站营运搬迁新南站。新南站占地面积107亩，总投资4680万元，主站房为三层，总建筑面积6435平方米，站前广场3200平方米，停车区8600平方米，同时可停放车辆290台。车站主要承担怀化发往向南各省、市及周边地区的高速客车及长短途客运业务，包括怀化至福州、西安、宝安、杭州、武汉、长沙、邵阳、洪江、安江、会同、靖州、通道、黔城、托口等客运班线。

农村客运站　贺家田乡客运站。该站位于贺家田乡政府旁，属农村公路建设配套工程，按五级车站要求建设分为房屋建筑、停车场及相关附属设施建设三大部分。其中水泥停车场590平方米。2007年1月动工，9月竣工。

黄金坳镇客运站　该站由黄金坳镇政府部分办公楼改建而成。2008年底动工建设，2009年1月竣工。车站按五级车站要求建设分为房屋建筑、水泥停车场及相关附属工程。其中改造站房2间33平方米、水泥停车坪1138平方米、公厕45平方米。

黄岩旅游管理处客运站　该站由鹤城区交通局与黄岩旅游度假区管理处采取联合建设的方式实施建设，建筑面积170.6平方米，水泥停车坪996平方米，公厕24平方米，2007年7月竣工。

凉亭坳乡客运站　该站由鹤城区交通局与凉亭坳乡联合建设，2009年11月竣工。站场总投资24.8万元，水泥停车坪1050平方米，附属设施有32平方米公厕和农村客运站标志牌等。

芦坪乡客运站　该站为芦坪乡旧汽车站改建，属农村公路建设配套工程。建筑面积1067平方米，其中站房候车室43平方米，停车场面积1024平方米，2006年5月动工，10月竣工。

三、公路运输

（一）运输企业

怀化交通运输（集团）有限责任公司　长途客运企业，由1954年的搬运服务小组逐渐壮大起来的。1973年3月成立为怀化县搬运公司，1994年更名为怀化市装卸运输公司。2002年6月，与怀化市客运服务中心共同发起组建成立怀化交通运输（集团）有限责任公司（简称交运集团），经省交通厅批准为道路旅客运输三级资质企业，主要从事道路旅客运输和铁路搬运装卸业务。2010年底，拥有营运线路38条，客运车辆98台，其中跨省线路8条，8台车；跨区（怀化市境内）线路2条，5台车；区内（鹤城区）线路28条，83台车；另有2台待备车。

怀化市汽车运输公司　长途客运企业，1971年11月，怀化县交通邮政局组建公共汽车班。1978年11月，在公共汽车班的基础上成立怀化县汽车队，经营客货运输。1981年将原公共汽车班3辆客车与湘运49车队斟换3辆解放牌货车，此后专营货运。1982年1月更名为怀化县汽车运输公司，1983年怀化县市合并，更名为怀化市（县级）汽车运输公司。1985年，购置客车4辆，继续经营客运。1990年客车增至8辆。1995年6

月，更名为怀化市汽车运输公司。2000年11月，由怀化公路运输集团公司兼并，更名为怀化公路运输集团有限责任公司鹤城分公司。

怀化公路运输集团有限责任公司 公司前身是湖南省怀化汽车运输总公司。1981年，黔阳地区经国务院批准更名怀化地区，原湖南省汽车运输管理局黔阳分公司更名为湖南省汽车运输管理局怀化公司（简称湘运怀化公司）。1984年4月，湘运怀化公司更名为湖南省汽车运输公司怀化分公司。1987年10月15日，根据省政府决定，湖南省汽车运输公司撤销，原湖南省汽车运输公司怀化分公司下放地区管理，更名为湖南怀化汽车运输公司，原辖属二级单位，由“县公司”更名为“分公司”。

1996年底，90%以上的车辆实行租赁经营，多种经营项目、网点40多个，年收入320万元。新添豪华中巴、高档卧铺车80台，中巴车166台。12个县级车站全部对社会开放，提高站场设施利用率。1998年5月组建湖南怀化公路运输集团有限责任公司（以下简称怀运集团公司），总资产为1.31亿元，净资产0.47亿元。

1999年，投资500万元购置高档豪华快巴车12辆，同时新增运力38台，增加座位1065个，开通怀化至沅陵直达快巴客运线路，市场占有率提高50%。年末，怀运集团公司实现收入8131万元，实现利税889.2万元，20个经营单位有12个单位盈利，占60%。怀运集团公司从组建开始到2002年底，先后兼并靖州汽车运输公司、新晃汽车运输公司、会同汽车运输公司、通道汽车运输公司、洪江汽车运输公司、怀化市汽车运输总公司、怀化汽车西站，收购五强溪个体汽车站。2001年怀运集团公司先后开通怀化至辰溪、溆浦、麻阳、新晃、芷江、安江、洪江、会同、靖州、通道县溪直达班线的客运快巴车，怀化至铜仁的跨省直达客运班线快巴，快巴拥有量130台。2002年12月，怀运集团公司斥资对芷江至怀化专线个体客车整体收购。2003年先后对安江、洪江、沅陵、辰溪、新晃、麻阳等6条区内普通客运的个体车辆实行全面收购。公司运营车辆总数上升至300台。2005年，怀运集团公司开始全力着手开行高速公路客运前的各项准备工作。2007年11月，伴随着邵怀、怀新高速公路的贯通，怀化至长沙高速客运如期开行。2008年又先后开行怀化至湘潭、娄底、邵东、凯里等多条省内、跨省高速客运线路。2010年末，集团公司拥有员工近6000人，固定资产3.12亿元。拥有运营客车796辆，城市公交车24辆，出租车436辆，旅游车11辆。下辖25个分支机构，经营二级以上汽车客运站17个，其中一级站2个，二级客运站15个。跨省客运班线74条，辐射至粤、桂、琼、沪、闽、苏、浙等东南沿海省（市、区）及鄂、渝、川、黔等邻省市，年发送旅客1400万人次，年营业收入1.86亿元。2010年5月，在新中国成立61周年“推动怀化经济，影响市民生活”的60个品牌“推介活动”评选中，“怀化湘运”当选为影响“怀化市民生活的功勋品牌”。同年11月，怀运集团公司获评湖南省“交通杯”劳动竞赛先进单位。

（二）客运

1990年，域内从事汽车客运的企业、个体（联户）共110家，从业人数306人，参与客运的车辆194辆，开行班线72条，日发客运班次594个，年客运量531.72万人次，办理客运的车站有怀化中心汽车站和辖属的泸阳、花桥、中方、竹田、黄金坳5个区乡站及新建、袁家、铜湾、新路河、石宝、铁坡、桐木、牌楼坳、芦坪、聂家村、凉亭坳、接龙12个代办站。

1991—1997年，境内先后增开怀化至桐木丰坡、蒋家、铜鼎、龙场、细面垅、芦坪包家、活水、中方桥亭、下坪等10条线路的汽车客运。1991—1997年，境内聂家村、花桥、泸阳、石门、杨村、鸭嘴岩、中方、牌楼坳、桐木、黄金坳、芦坪、凉亭坳、新建等乡镇参与客运的中巴车有140余辆。至1996年底，湘运怀化汽车运输总公司新增豪华中巴、高档卧铺车80辆，中巴车166辆。境内从事中巴车客运人员有2000人。

1998年，怀化市客运服务中心协助市公交总公司先后对市内2路（怀化至石门）、4路（怀化至鸭嘴岩）、6路（怀化至市一医院）、7路（怀化至泸阳）、8路（怀化至桥梁）、9路（怀化至迎丰公园）6条线路的个体中巴车实施整体收购。1998年，怀化汽车中心站开通怀化至沅陵、辰溪、溆浦、铜仁4条直达快运班线，日发班次37个，日均发送旅客900余人次。2001年，怀化汽车西站，开通怀化至新晃、麻阳、贵州铜仁、广东、浙江、云南、广西等地15条直达快运班线，日发班209次，日均发送旅客4000余人次。怀化南站在2009年营业后，开通洪江、通道、福州、西安、杭州、武汉等地跨省、省内高速客运班线，日均发车300多班次，日均发送旅客6000余人次。2010年末，境内汽车客运经营企业有怀化交通运输（集团）有限责任公司（简称交运集团）、怀化公路运输集团有限责任公司。怀运集团公司开行跨省长途客运班线74条，辐射至粤、桂、琼、沪、闽、苏、浙、鄂、渝、川、黔等省，年发送旅客1400万人次。个体（联户）客运有黄金坳、芦坪、凉亭坳、贺家田等乡镇中巴车队。

（三）货运

1990年末，域内拥有货运车辆总数1865辆，其中湘运141车队45辆，怀化市汽车运输公司8辆，厂矿企业1001辆，个体（联户）811辆；汽车年货运量总数588.87万吨，其中湘运141车队2.7万吨，怀化汽车运输公司0.97万吨，厂矿企业526万吨，个体（联户）59.2万吨。

1991—1997年，域内汽车货运市场运力过剩，货源不足，专业交通运输企业141车队和怀化市汽车运输公司逐步淡出和退出汽车货运市场，转行经营其他行业。这一时期境内各乡镇农民筹资购车参与汽车货运，主要担负辖区内企业生产资料购进和产品销出的运输。石门乡农民购车担负城市建设，房屋建筑材料片石、碎石、红砖、河沙的运输。芦坪乡及黄金坳乡农民购车担负四十湾、岩冲、荷宝田煤矿产煤的运输。花桥镇农民购车担负本镇产煤、磷矿石、瓷砖的运输。泸阳镇农民购车担负磷肥厂生产所需煤炭和产出磷肥及泸阳水泥厂生产所需原料和产出水泥的运输。盈口、榆树、杨村乡农民购车担负城区服务于商业物资的短途运输。

1991—2007年怀化交通运输（集团）有限责任公司运输业务统计表

表3–1–2

年度	货运量（万吨）	货运周转量（万吨千米）	装卸量（万吨）	客运量（万人）	客运周转量（万人千米）
1991	1.17	50.14	16.11	24.94	1045.30
1992	0.54	46.02	15.08	14.91	1079.91
1993	6.54	56.57	17.06	15.01	715.92
1994	6.55	99.6	27.85	95.33	3797.46
1995	10.59	116	29.74	103.51	4874.49
1996	2.23	67.3	39	104	3687
1997	4.38	40.13	32.07	173.48	5502.99
1998	6.21	51.88	37.33	181	5580.38
1999	4.66	50.91	29.48	31.60	1879
2000	1.48	32.49	32.76	39.90	1912.21
2001	0.78	28.07	48.02	28.81	2806.18
2002	—	—	51.02	60.84	4861.99
2003	—	—	39.89	57.77	4512.75
2004	—	—	46	77	6265
2005	—	—	27	66.4	6793.9
2006	—	—	33	65.4	7071
2007	—	—	36.3	68.4	7068

说明：2002年以后没有了货运车辆，故没有货运量及货运周转量统计

1998—2010年，专业运输企业及厂矿企业退出汽车货运市场（怀运集团在2007年组建货物快运公司）。汽车货运市场全部由个体（联户）所占领。境内汽车货运市场车辆由小型向重型发展。由老解放牌逐步转向“一汽二代”“东风”“拉煤王”“后巴轮”等重型车辆，货运吨位随之提高，从几吨、十几吨到20吨、30吨甚至更重吨位。货运服务逐步向专业化方向转变。有专门从事建筑材料的水泥、石灰、红砖专用车，专门从事片石、碎石、炭粉的专用车，专门从事建筑工地土、石方运输的专用车等。

四、公路养护

（一）公路养护管理机构

1959年2月，黔阳地区公路运输局在榆树湾成立怀化县公路养护段。1990年末，怀化市（县级）市乡公路设有18个工班。1997年1月，怀化市（县级）公路段改称为怀化市公路局。1998年2月，怀化市（县级）公路局分设为鹤城区公路局和中方县公路局，同时撤销怀化市（县级）公安局公路派出所，分设鹤城区公路局路政管理大队和中方县公路局路政管理大队。鹤城区公路局有干部职工186人，为正科级事业单位，辖养护分局、综合办公室、财务股、机务安全股、路政大队、中心养护站，设超点及交通流量观测站。

（二）国省道养护

鹤城区公路局管养的国道有G320、G209线，省道有S223线、S312线。国道养护里程67.677千米，省道养护里程26.931千米。公路养护目标：全面养护、科学操作、稳定路况、确保畅通。养护要求：深（水沟）、平（路面）、“光”（路肩）、美（路旁）。养护重点：冬季防冻防滑，确保春运安全。抗洪抢险，确保公路畅通。抓住时机，开展养护大会战7月、8月、9月三个月高温季节，砂路保稳定、油路处治病害，提高路面质量。10—12月砂路大修补，水沟大清挖，路肩大整容，全面提高路面质量。严格操作规程，坚持科学养路，举办基层领导干部养路操作技术比武活动，促使基层领导重视，遵守养路操作规程，增强科学养路的意识。

2005年7—10月，鹤城公路局投入资金500余万元，对辖区内G209线和G320线的路缘带、水沟墙、路肩进行改造和路面沥青摊铺。

在搞好平时养护外，参与灾害损毁公路抢修，2008年初，怀化遭受百年一遇的冰冻灾害，国、省道遭受严重破坏。鹤城区公路局不等不靠，自筹资金投入灾后修复重建工作。2008年6月23日，鹤城区普降暴雨，山洪暴发，省道S312线多处出现塌方、泥石流。最严重的险情出现在K328+350隧道口处，1000余立方米泥石流堆积在路面上达3米多高，封住了整个隧道口，交通被迫中断。接到险情报告后，鹤城区公路局及时启动防汛抢险应急预案，调动装载机、自卸车等工程机械设备赶赴现场进行清除，经过5个多小时奋战，在当天下午1时50分，清理出一条单边行驶车道，安排专人指挥车辆单边通行，下午6时许，路面完全清除干净，道路交通恢复畅通。

（三）县（区）乡道养护

域内县（区）乡道养护里程136.06千米，1998年后，鹤城区养护里程45.61千米。1993年前，境内县乡道养护由怀化市（县级）公路段实行主干线、支线分级管理养护责任制。1993年，全省交通实行投入产业承包，经费切块包干。1998年，地方公路管理体制进行改革，明确地方公路分级管理体制，即县道县管，乡道乡管，村道村管。重点县道由区交通主管部门负责重点管理和常年养护，一般县道由区人民政府采取民工建勤、民办公助和民办、建勤与养护经费定额补助相结合的形式养护，对管养人员实行定编、定岗和效益工资制。

2002年，县乡公路养护实行劳动用工和收入分配制度改革，实现人员优化组合聘用制，竞聘上岗，落聘待岗，工资实行保底工资、计件工资、浮动工资等分配形式。浮动部分不少于工资总额的70%。

2003年，交通部实行县到乡镇公路改造工程建设。鹤城区的农村公路通过8年的全面建设，实现乡乡通水泥路，94%的行政村通水泥路。2010年5月，区政府制定《鹤城区农村公路管理养护办法》，明确区、乡、村公路管理养护机构、职责和经费，境内公路的养护工作步入制度化轨道。

五、公路施工企业选介

鹤城区内有怀化市公路勘察设计院、湖南省怀化公路桥梁建设总公司、怀化市交通建设总公司三家市级驻鹤城区的公路施工企业。

怀化市公路勘察设计院　该院前身为黔阳专区交通局道路技术队，成立于1958年9月。1988年10月，更名为怀化地区公路勘察设计院。1995年12月设计院并入怀化地区交通建设总公司，与总公司实行一门两牌，保留设计院牌、章及工作职能。1998年5月，随地改市改称怀化市公路勘察设计院。1999年3月，取得乙级工程设计证书，成为省内各地州市中唯一具有乙级资质的公路桥梁专业勘察设计单位。2000年，获得乙级测绘资格证书。2002年9月，取得乙级工程勘察设计证书，10月，通过ISO 9001质量管理体系认证，12月取得中国工程咨询协会颁发的乙级工程咨询资格证书。怀化市公路勘察院自成立以来，共完成5000多千米等级公路和100余座大中桥梁的勘察设计工作，并组织完成一系列公路建设项目的施工以及工程监理、咨询业务。其设计的工程曾获省、市颁发的多项奖项。设计的怀化市 潕水大桥是境内首座、全省第二座单跨最大的中承式桥梁，并首次在国内采用“钢拱柔梁”体系，列为省重点交通科研项目，获1998年怀化市优秀设计一等奖、湖南省优秀设计三等奖。怀化市湖天北大桥设计获1998年怀化市优秀设计二等奖。怀化至新建三级公路设计获2004年怀化市优秀设计二等奖，获省优秀工程设计三等奖。

湖南省怀化公路桥梁建设总公司　其前身为黔阳专区公路总段桥梁工程队，成立于1960年9月。1995年11月，公司与地区公路总段脱钩，具有独立法人资格，为自主经营，独立核算，自负盈亏的企业管理经济实体。该公司是一家从事各等级公路、桥梁、隧道工程总承包一级资质专业化施工企业。拥有各类成套先进的公路、桥梁施工设备1000余台（套），固定资产总额达1.58亿元，各类专业技术人员229人，其中，工程技术专业人员181人，高级职称24人，中级职称5人，初级职称104人。有一级建造师4人，二级建造师17人。有一级项目经理22人，技师7人。2002年6月，一次性通过ISO 90012000版国际质量体系认证。2005年7月，再次通过GB/T 19001—2000—ISO 9002000质量、GB/T 28001—2001职业健康安全、CB/T 24001—1996—ISO 14001环境三个国际标准管理体系认证。公司曾参与省内外107国道湖南段，320国道莲易高等级株洲段、长潭、长常、京珠、潭邵、衡枣、京珠广东粤北、广—深—株、邵怀、怀新、常吉、福建龙岩至长汀，醴陵至湘潭等多个合同段高速公路工程建设。修建辰溪沅水、五强溪沅水、广深高速公路东洲、长潭高速浏阳河、广西龙滩、邵阳资江、岳阳洞庭湖、常长三标“三湘第一互通”等一批深水、地质结构复杂以及设计新颖等科技含量高且有影响的特大型桥梁。先后组织调派9批专业工程技术及施工人员共100余人，前往尼泊尔、巴基斯坦等10多国家参与援外路桥建设和承包工程施工。1992年至2005年，公司先后建成国内外各类大、中型桥梁120余座，修建高等级以上公路1000多千米，合同金额达28.36亿元。先后获省、市政府及主管部门多次奖励。1991年7月、1993年6月荣获省交通厅、省科委科研进步成果二等奖、三等奖；1993—2003年，被省政府、省建委、省劳动竞赛委员会授予“先进施工单位”称号两次、“省劳动竞赛先进单位”“建筑业对外开拓先进单位”称号。

怀化市交通建设总公司　1992年11月成立，下设路桥、路航、工程3个专业公司和综合贸易、物资供应2个经营服务公司。3个专业子公司与交通局下属的公路勘察设计院、航务管理处、公路管理处合署办公。1993年，总公司先后发展沅陵、溆浦、会同、芷江、洪江等县（市）分公司，职工总数达267人，注册资金1400万元。1994年5月，总公司与地区交通局脱钩，具有独立法人资格，实行独立核算，自主经营，自负盈亏的企业管理。1995年12月，怀化地区公路勘察设计院并入总公司，同时保留公路勘察设计院牌子，实行“一门两牌”。总公司辖公司勘察设计部、工程部、经济计划部、安全机料部、工程师室和办公室等6个部室，编制45人。2002年，总公司下设怀化市公路工程监理公司。形成勘测、设计、咨询、施工、监理为一体，为公路建设提供全方位技术服务。

第二节 铁路

鹤城区内铁路有沪昆线、枝柳线、渝怀线。1972年10月，沪昆线湘黔段全线通车，1978年12月，枝柳线建成通车，2006年1月，渝怀铁路建成通车，三条铁路成“大”字形交会于市区。

一、铁路建设

沪昆铁路怀化段 沪昆铁路1972—2004年称湘黔线，2005年10月改称现名。全线东起上海，终于云南昆明，全长2677千米。怀化市（县级）境内36.6千米。1978年8月，铁道部决定对湘黔铁路实行电气化改造。1990年2月，怀化至大龙堡段的电气化施工设计由铁道部第四勘测设计研究院完成。1990年7月开工，1992年8月18日怀化至大龙堡段电气化工程竣工交付运营。

1998年，株六铁路（株洲至六盘水铁路湖南段）复线及电气化工程，1998年5月25日开工。株六铁路全长1141千米，怀化铁路总公司管内娄底至大垅段长425千米，新建复线（含电气化）330千米，车站37个。2002年12月2日复线与电气化全线贯通。

焦柳铁路怀化段 焦柳铁路，其中枝柳段北起湖北枝城，南至广西柳州市，全长2395千米，湖南境内571.5千米，怀化市（县级）境内长65.4千米。

枝柳铁路复线 于1994年5月动工。1998年12月，枝柳铁路枝城至牙屯堡复线全部贯通。2007年1月28日，怀化至张家界区段电气化铁路正式开通。电气化开通后，列车牵引吨位，由小列的1600吨、冬季大列的2800吨、夏季大列的2700吨，提高到3500吨。

渝怀铁路 渝怀铁路起于重庆枢纽襄渝铁路K808-000处，在麻阳郭公坪乡进入怀化，境内经锦和、舒家村、江口墟、贺家田止于湘黔铁路怀化站西鹤城区盈口乡新家庄地段。全线总长624.522千米。在重庆、贵州、湖南等省市境内长度分别为461.684千米、95.47千米、67.368千米。全线共设计桥梁348处，长66496.58延长米，有隧道178座，总长225千米，其中，最长的圆梁山隧道长11.068千米。2000年12月动工建设。2002年9月29日在盈口乡新家庄举行渝怀铁路东段铺轨仪式。2003年8月，怀化至酉阳段铁轨铺通。2005年12月全线竣工。2006年1月15日渝怀铁路全线开通，2007年4月18日开通客运。

2010年3月28日，沪昆客运专线（高速铁路）在贵阳市宣布开工建设。

二、车站建设

域内铁路车站有怀化车站（客运和存车）、怀化东站（原坨院站）、怀化南站（货物列车编组）、象鼻子站（枢纽前方站）、同田湾站（枢纽前方站）五个车站。

怀化车站 站址坐落在怀化市鹤城区迎丰西路北侧，位于沪昆线K440+834米处，占地32.5万平方米，1993年前为二等客运站，1994年为客运一等站。

1992年末，怀化站有站线29.98千米，其中到发线8股，6584米，牵出线2条，客车整备及检修线8条及机务整备转头线；客运房室5946平方米，其中候车室1191平方米，站台3座，长1444米，雨棚3座，长1113米，地道两处长78米。1998—2003年，怀化站在株六复线建设的同时进行改扩建，改建后，该站东起K439+900，西至K442+069，车站全长2.169千米，有20股道（包括客车整备场），新建一个站台，共有4个站台，总长2200米，原来进站地道废弃，新开通一个出站地道净高3.5米，宽4.5米，全长76米；新开通邮政地道-处，净高3米，宽5.2米，长77.5米：新增一处行包地道，长77.5米，宽5.2米，高3米；新增一座人行天桥，宽5米，高3.5米，长76米；有行包房846平方米，售票厅1个430平方米，候车室两层1116平方米。站内正线2条，有效长873米，其他线路37.064千米。站线到发线8股道，总长7998米，其他站线总长14.361千米，段管线总长14.603千米。特别用途线1条，长102米；道岔78组，其中，正线31组，站线41组，段管线6组。

2005年，怀化车站重新改造，改造后，怀化火车站有站台4座，基本站台为高站台，有进站天桥一座、有出站地道、行包地道、邮政地道各一处。站房为钢结构通透式站房。2007年1月15日正式投入使用，总面积为12830平方米，设有候车大厅、售票厅、行包房、贵宾室、音乐茶座、军人母婴候车专区，其中候车厅分上下两层4452.8平方米，售票厅面积530平方米，设有12个售票窗口，采用计算机联网售票。

怀化南站　又称编组站、货站，是全国铁路四十六大编组站之一，位于怀化市鹤城区红星南路西侧。车站1970年开工，1974年基本建成，1982年底配套设施工程结束。怀化南站有站线61.022千米，货物仓库7栋8028平方米，货物站台6座、12029平方米，货物装卸道5股、长1292米，货位76个，堆货容量3928吨。2003年该站日编组能力全场9000辆，最高峰达1万辆，固定接发列车88列，为货运一等站。

怀化东站　原称坨院站，2000年改名为怀化东站，每日直通列车36对以上，并新建货场一个及怀化东机务折返段。1993年前，只有4股道，先后进行站场扩能改造，1993年后，增加到10股道，站房重新修建。该站正线2条，1线856米，2线972米，共1828米。站线全长12149米，其中到发线8股道、长8879米，其他站线16股道，长3270米，段管线6股、3097米，道岔52组，正线20组，站线25组，段管线7组。

象鼻子站　是怀化枢纽前方车站，原为3股道，2002年扩能改造，增加1股，改为4股。站内Ⅱ道正线长1199.45米，到发线3股道，长3247.39米。特别用途线3股道，长289.81米，煤气专用线路，长140米。道岔10组。其中正线4组，站线5组，岔线1组。

同田站　是怀化枢纽西北方向渝怀线上的前方车站，2003年建成，位于渝怀线DK618+320米处，线路长3898.86米，站内有6股道，2道是正线，有效长895.86米。1、3、4道是到发线，长2843.8米。5、6道是安全线，长160.06米。道岔8组，其中正线4组，站线4组。

焦柳线沿途设有凉亭坳、黄金坳、鸭嘴岩(后停用)3个小型车站。

三、铁路运输

客运　域内铁路客运始于1971年。1991年4月21日，调整列车运行图，怀化至广州管快列车北延至张家界，怀化至广州另增开1对经湘黔线、京广线运行的管内快车。1993年4月1日，全路实行新图运行，开行怀化至上海直普旅客快车一对。1996年10月1日，怀化至郑州的直通旅客列车延伸进北京西站，之后直至2003年末铁道部实施提速调图。1999年7月1日，怀化铁路总公司开行怀化（经枝柳线转石长线、京广线、浙赣线）至无锡435/436直通客车一对。列车途径湖南、江西、浙江、上海、江苏5个省市，把“人间天堂”苏杭和中国第一都市上海与享誉海内外的风景明珠张家界、猛洞河连成一线，为人们外出旅游观光提供极大的方便。2000年10月21日，全路实施第三次提速调图。2004年后又经过几次提速调图，怀化站始发和经过的旅客列车特快3对，快速48对，直快3对，普客4.5对，共计58.5对，其中怀化站始发列车14对，7272/7271怀化至梅江，普客，每天7时10分发车；7266/7265怀化至澧县，普客，每天7时05分发车；7275怀化至新晃，普客，每天7时25分发车；7269/7270怀化至塘豹，普客，每天7时50分发车；K268/267怀化至北京，快速，每天9时15分发车；T8304/8303怀化至长沙，特快，每天9时25分发车；K534/533怀化至上海南，快速，每天9时50分发车；K9062/9061怀化至深圳西，快速，每天13时25分发车；1608/1607怀化至安康，直快，每天13时40分发车；K1374/1373怀化至上海南，快速，每天14时27分发车；K9054/9053怀化至深圳东，快速，每天15时10分发车；K808/807怀化至上海南，快速，每天16时15分发车；K9058/9056/7怀化至深圳西，快速，每天17时25分发车；K810/809怀化至武昌，快速，每天22时08分发车。1973年，怀化站发送旅客297.8万人，接运旅客239.7万人。1990年发送旅客632.2万人，接运旅客627.5万人。1992—2003年，共发送旅客7501.47万人，共接运旅客9255.6万人。

1973—2003年怀化车站旅客到发情况表

表3-1-3　　单位：万人

年度	旅客发送	旅客接运
1973	297.8	239.7
1990	632.2	627.5
1992	715	881.7
1994	942.3	1106.6
1995	917.6	1142.8
1997	917.7	1267
1998	902.2	1148.7
2001	1134.27	1318.9
2002	990.7	1281.6
2003	981.7	1108.3

1982—2003年怀化车站行李、包裹运输情况表

表3-1-4　　单位：万件

年度	发送行李	到达行李	发送包裹	到达包裹
1982	6.859	7.141	30.500	36.591
1988	5.758	6.085	118.311	168.882
1991	2.858	2.891	43.112	71.609
1994	2.319	2.594	36.404	63.579
2002	1.166	0.528	61.938	84.340
2003	0.952	0.407	62.660	78.642

1991—2003年怀化车站运输情况表

表3-1-5

年度	旅客发送（万人次）	进款收入（万元）	货物发送（吨）	年装车（辆）	年卸车（辆）
1991	155.95	2350.8	2626	52	1705
1992	175.73	4081.0	4757	88	1545
1993	204.35	3255.0	18218	325	1650
1994	231.31	6156.1	15307	268	1789
1995	239.54	7893.5	10156	177	1703
1996	234.64	10151.0	19252	373	1961
1997	246.17	10692.2	15930	325	1664
1998	236.17	11177.0	8159	172	1585
1999	283.62	14349.4	6536	128	1195
2000	313.15	15878.9	25552	493	1596
2001	322.53	17015.6	11651	247	700
2002	326.21	20670.9	10426	217	1487
2003	325.9	20996.6	11290	192	4162

1991—2004 年怀化南站运输情况表

表 3–1–6

年度	办理车（日均）	进款收入（万元）	货物发送（万吨）	年装车（辆）	年卸车（辆）
1991	3638	—	78.9	14951	15378
1992	4091	—	82.32	15042	15483
1993	4446	—	87.86	15884	13838
1994	4760	2042.02	81.7	14683	14942
1995	4916	2040.26	81.97	14704	17688
1996	5106	3027.74	84	15271	20394
1997	4965	3761.27	64.3	12056	18745
1998	5115	3573.44	74.4	14449	19847
1999	5320	2702.20	39.56	7723	17809
2000	5836	2776.09	41.08	7943	19331
2001	3424	—	—	—	—
2002	7147	3291.95	46.85	8789	29237
2003	8474	3770.03	53.01	9464	29678
2004	9125	4980.87	63.89	11264	28858

2007 年，怀化客车段输送旅客 1239 万人次，运送行包 151 万件，完成车补收入 8210 万元，餐饮销售收入 1883 万元。2008 年，怀化客车段输送旅客 1650 万人次，完成车补收入 8380 万元，餐饮销售收入 1883.3 万元。怀化火车站发送旅客 534.6 万人，完成运输收入 4.05 亿元。2009 年，怀化客运段输送旅客 1506 万人，完成车补收入 5186 万元，餐饮销售收入 1476 万元。怀化火车站发送旅客 551.15 万人，完成客运收入 3.28 亿元。

2010 年 7 月 15 日，广铁集团公司党委、集团公司决定撤销怀化站、怀化南站独立建制，划归怀化车务段管理，下设客运营业站 21 个。2010 年，发送旅客 895.6 万人，运输收入 3191.6 万元。

货运　域内铁路货运主要是怀化南站经营。货场总面积 74700 万平方米，货仓 4 栋，建筑面积 4332 平方米，使用面积 3032 平方米，堆场面积 3060 平方米。1992 年，湘黔线电气化和复线建设竣工，机车牵引吨位提升，单机牵引吨位由 1200 吨提升至 1800 吨。1993 年，双机牵引吨位提升至 3400 吨。1997 年双机牵引吨位提升至 3800 吨。2000 年双机牵引吨位提升至 4000 吨。枝柳线 1997 牵引吨位提升至 3000 吨。怀化南站 1991 年装车 14951 辆，卸车 15378 辆，货物发送 78.9 万吨。1996 年，装车 15271 辆，卸车 20394 辆。货物发送 84 万吨。2004 年，怀化南站货物发送 63.89 万吨。怀化站在做好客运业务的同时，兼营货运业务，1991 年，货物装车 52 辆，卸车 1705 辆，货物发送 2626 吨。1997 年，货物装车 325 辆，卸车 1664 辆，货物发送 15930 吨。2003 年货物装车 192 辆，卸车 4162 辆，货物发送 11290 吨。

2007 年，怀化南站共接入列车 45988 列，发出列车 47520 列，车站日均办理 11041 辆，年装车 12961 辆，年卸车 37932 辆，发送货物 75.2 万吨，运输进款收入 6678 万元。

2010 年 7 月 15 日，怀化站、怀化南站划归怀化车务段，下设 9 个车间 55 个车站，客运营运站 10 个，货运营运站 21 个，管内涉及湖南、贵州、重庆两省一市 16 个市、县、区。2010 年车务段货物发送341.7 万吨，运输收入 9.435 亿元。

第三节　水路

一、航道

鹤城区境内航道河流有沅水支流 㵲水河。

沅水干流 沅水全长1033千米，在怀化市（县级）境内长34千米，水面平均坡降0.34‰，河床宽在200~400米。1998年，境内沅水航道归属中方县管辖。

㵲水 㵲水源出贵州省瓮安县的凹山，经芷江县公坪镇入鹤城境内，由西向东流经盈口、榆树湾，再由北向南流经鸭嘴岩进入中方，境内长25.5千米。

二、水路运输

运输企业 怀化市航运公司，其前身为怀化县木帆船运输合作社，成立于1956年6月，属集体企业，成立时有社员132人，木帆船49只522吨位。1973年，成立怀化县航运公司，1980年更名为怀化市（县级）航运公司，时有钢质机动船24艘635吨位。1994年更名怀化市（县级）建筑材料总公司，从事砂石采集和化工材料生产，同时兼营城区客运中巴车的代理服务工作。挂靠的16台中巴车于2001年8月，统一转户到怀化市交运集团。2003年4月，恢复怀化市航运公司，同月，在公司院内扩建一停车场，兼营交警部门暂扣的停车业务。2005年9月，市交警支队在河西新建一大型停车场，把停放在航运公司院内的车辆全部带走，经营的停车业务停止。2010年底，公司有在册职工131人，其中，退休75人，下岗52人，在岗4人，公司仅靠出租门面和厂房的收入维持运转。

水上客运 域内水上客运1958年前由个体船经营短途、赶场日的客运业务。1984年，由于陆路交通面向农村集镇，水路旅客流量减少，怀化客班船停开。至2010年，境内㵲水的旅客短途运输由个体小帆船自由经营（多为农民赶集旅客）。

水上货运 域内水上货运当地为城乡物资交流开行的短途“赶场船”居多。1959年后，怀化县小煤窑开采发展迅速，境内花桥、泸阳、岩冲、荷包田、四十湾等地原煤调出，主要集中在榆树湾港口，通过船舶运至洪江、安江，境内㵲水货运业务曾辉煌一时。1990年，怀化市（县级）航运公司鉴于交通条件的变革，沅水长途货源逐年减少，又无固定港口，于是变卖长途运输船舶筹资转行另谋生路。至2010年，境内水上货运仅保留㵲水红岩电站以下至三角滩电站之间河道农民赶场运输农副产品的短途运输。

第四节 交通管理

一、运输管理

（一）铁路运输管理

管理机构 域内铁路运输管理1993年3月前由怀化铁路分局及其有关段、站履责。1993年3月至2005年3月由广州铁路（集团）公司怀化铁路总公司及其辖属有关段站履责。2005年3月，铁道部决定实行铁路局直管站、段，成立广州铁路（集团）公司怀化铁路办事处。怀化铁路办事处及其有关段、站履行辖内铁路运输管理职责。

怀化铁路办事处，前身为怀化铁路分局，1973年8月，广州铁路局怀化分局正式成立。怀化分局辖新化、怀化两个车务段、电务段、工务段、列车段。1990年，怀化铁路分局设运输、货运、客运、机务、工务、电务、计划、安全、监察、劳动工资、人事、财务、设计室等职能科室33个，分局下设二等以上站段、院36个，共有职工24306人。

1993年3月6日，怀化铁路分局改为怀化铁路总公司。2005年3月，铁路管理体制改革，怀化铁路总公司撤销，成立广州铁路集团公司怀化铁路办事处。下设综合办公室、安全监察室、离退休人员管理室和运输协调组，定编49人。

先后被湖南省授予“民主管理先进单位”称号，被铁道部授予“火车头奖”、全国先进基层党组织称号。连续11年保持“全国思想政治工作优秀企业”称号，获国家运输企业管理最高奖——金马奖，被全国总工会命名为模范职工之家。1999年10月22日，怀化铁路总公司被授予“全国精神文明建设先进单位”称号。

2010年，怀化铁路办事处完善、落实各项安全监督和地区维稳工作制度，协助集团公司完成办事处机构改革和怀化地区站段撤并工作。积极投入春运，开展百日安全专项督查活动，深入开展施工、防洪和路外安全宣传、安全检查活动。每月召开安全例会，每季召开车机联控、路外安全、施工协调、劳动安全、轨道电路分路不良等有关安全协调会议，认真分析存在安全问题原因，积极开展协调工作，确保辖内行车运输安全和职工队伍稳定。

怀化机务段，隶属于广州铁路（集团）公司，1973年7月1日成立。2005年1月与原张家界机务段合并，2010年8月与原株洲机务段娄底地区、益阳地区整合，设行政办（保卫）公室、党群办公室、人劳科、计统科、财务科、安全科、运用科、技术科、材料科、职教科、集团驻段验收室、化验室12个科室。设怀化运用、怀化检修、怀化整备、洛湛运用、沪昆运用、设备、救援7个车间。2010年末在册职工4488名，其中，干部378人（在岗干部301人，调研员5人，业务指导72人），工人4110人。配属机车182台，支配机车162台。拥有各类机械动力设备683台，其中主要生产设备483台，起重运输设备157台。固定资产总值为16.32亿元。2010年获得集团公司“安全生产先进单位”称号，职工米永全获全国劳动模范称号。

怀化电务段，隶属广州铁路（集团）公司。1972年8月成立。设行政办公室、党群办公室、人事劳资科、计划财务科、安全调度科、信号技术科、职工教育科、质量检查科、材料设备科9个科室；设车载设备、电子设备、信号中修、信号检修、怀化、怀南驼峰、石门、张家界、吉首、靖州、溆浦、铜仁12个车间；下设68个生产班组。怀化电务段属技术密集型单位，2010年末在册职工1195人，其中，干部311人，具有技术职称的287人（工程系列：高级5人，中级53人，初级192人；政工系列：中级6人，初级12人；经济系列：中级6人，初级3人；会计系列：中级2人，初级8人）；工人技师52人，高级技师5人。2010年末固定资产总值69475.89万元。怀化电务段被评为集团公司2010年度职工教育优秀单位、合理化建议先进单位、档案工作优秀单位；被评为电务系统信号设备中修、信号检修所、信号连锁管理、信号微机监测管理优秀单位；怀化电务段溆浦信号车间被评为2010年度集团公司安全生产先进集体，谭冬妮获“全路优秀团干”称号。全面质量管理成果《减少自动化驼峰间隔制动位短轻车低速出口》夺得部“京铁杯”质量管理邀请赛优胜奖。

怀化供电段，1990年9月1日成立，是广铁（集团）公司管内的一等段。段机关设行政办、人劳科、计财科、安全科、技术科、教育科、材料科、业务科；党群组织有党委、纪委、工会、团委。下设供电调度车间、怀化供电车间、低庄供电车间、铜仁供电车间、吉首供电车间、张家界供电车间、石门供电车间、怀化供电检修车间、辰溪供电检修车间、大修车间、怀化变电检修车间、怀化电力车间、怀化供水车间、怀化轨道车车间等14个车间。2010年末在岗职工1952人，其中干部206人、工人1746人。具有技术职称的185人，其中高级2人、中级61人、初级122人。主要担负沪昆线团结山至大龙堡区段、渝怀线梅江至怀化区段、焦柳线西斋（不含）至怀化区段的牵引、运输生产和职工生活供电、给水及焦柳线怀化（不含）至牙屯堡（不含）运输生产和职工生活供电、给水任务。管辖20个牵引变电所、23个配电所、21个给水所、1526.85接触网延展千米牵引供电设备及3183.705换算千米电力设备。固定资产总值15.91亿元。

怀化车务段，1972年8月成立。2010年7月15日因运输生产布局调整，广州铁路集团公司党委、集团公司决定撤销怀化站、怀化南站独立建制，划归怀化车务段管理，组建新的怀化车务段。下设行政办公室、党群办公室、安全科、客货运科、技术统计科、职教科、人劳科、计划财务科、信息技术科9个科室。下设9个车间55个车站：怀化客运车间、怀化运转车间、怀化乘务车间、怀化行装车间、怀化南调度车间、怀化南运转车间、怀化南设备车间、怀化南货运车间、怀化南货检车间；一等站客运站1个，一等站货运站1个，二等站1个，三等站2个，四等站32个，五等站18个。其中，客运营业站10个。货运营业站21个。管内涉及湖南、贵州、重庆两省一市16个市、县、区。2010年末在册职工2771人，其中干部325人，工人2446人，具有技术职称的155人，其中高级职称1人、中级职称29人、初级职称125人。

客运管理 自1993年3月起，域内铁路客运管理由怀化铁路总公司、怀化火车站、怀化客运段履责。怀化铁路总公司是广州铁路（集团）公司的核心企业之一，具有自主经营、独立核算、自负盈亏的独立法人资格国家二级企业。1998年末，有从业人员33004人，其中，职工25645人，拥有固定资产68.169亿元，净值45.262亿元。湘黔、枝柳两条铁路营业干线跨越娄底、邵阳、益阳、怀化、常德、张家界、吉首、湖北荆州等地州市，沿途经过涟源、新邵、冷水江、新化、安化、溆浦、辰溪、怀化（鹤城）、芷江、新晃、湖北松滋、澧县、临澧县、石门、慈利、张家界市永定区、永顺、古丈、吉首市、泸溪、凤凰、麻阳、黔阳、会同、靖州、洪江、通道27个县市区。管界里程：湘黔线东起K131+800米处与长沙铁路总公司交界，西至K544+097米处与贵阳铁路分局交界；枝柳线北起K789+451米处与襄樊铁路分局交界，南至K1370+069米处与柳州铁路局交界。营业里程981.404千米。

怀化铁路分局下设怀化火车站、南站、怀化机务段、怀化电务段、怀化客运段、怀化铁路公安处等站、段、处，履行铁路运输管理职责及服务。1998年8月26日怀化铁路总公司成立客货营销中心，8个运输站、段先后成立营销运输部，明确划分两级营销机构的职权、职责和专兼职营销队伍及新老货源。总公司先后出台《营销工作指导性意见》《客货营销攻关奖励办法》。先后组织开行交1/2、3/4次和817/818次三趟短途便民自理车，上座率达95%以上。在经营管理上，优化运输组织，开展运输收入攻关，组织分界口大接大出，狠抓客运，以客补货，全年完成运输进款收入6.39亿元，实现运输清算收入14.024亿元。1999年怀化铁路总公司落实生产经营责任制，规范管理，强基达标，狠抓客货营销和经营管理，在困境中努力推进总公司改革和发展，全年货物发送811.8万吨，旅客发送1042.3万人，完成运输进款收入6.58亿元。2002年、2003年，发送旅客974.5万人、1037.1万人，分别完成货物发送1010万吨、1122万吨。运输进款9.0283亿元，10.569亿元。货物周转量255.4亿吨千米，296.79亿吨千米。

2005年3月，撤销怀化铁路总公司，成立广州铁路（集团）公司怀化办事处，境内铁路运输管理由广州铁路（集团）公司怀化办事处和有关铁路站、段履责。2007年，怀化办事处下设综合办公室、党群工作办公室、安全监察室、财务室、社会保障管理部和离退休干部管理部6个部门，有干部职工68人，办事处管理调研、离岗休息人员238人。

2005年3月后，域内铁路客运管理由怀化客运段履责。怀化客运段担当怀化至北京、上海南、深圳西、武昌、茶陵、澧县、塘豹、梅江等11对列车的乘务工作。2007年，怀化客运段被铁道部授予“火车头”奖杯，该段职工袁建雄荣获“火车头”奖章。该段选择ISO 9002全面质量管理模式，建立规范高效的服务质量管理体系，做好整章建制，完善质量体系，强化客运管理，年内进行内部审核2次，车队、车间每季组织一次对标检查，对查出的问题全部按闭环管理原则跟踪整改。同时以铁道部“树标塑形”活动为契机，落实工作标准，拓展服务领域，提升服务质量，提高作业标准，怀京、怀沪、怀深、怀武列车被评为集团公司红旗列车，怀沪列车被评为铁道部红旗列车，怀京、怀沪列车被铁道部评为“树标塑形”品牌列车。该段深化“开边城文化车，架民族连心桥”服务主题，以红旗车厢评比竞赛、无烟车厢管理、列车门岗标准、列车长办公席管理、规范餐饮经营为龙头，制定完善列车长领导下的分工负责制、首问首诉负责制、旅客满意度测评办法、列车晚点通报道歉制度等一系列管理制度。对内强调忧患意识，爱岗敬业，以优良的工作业绩回报社会，对外注重换位思考，以人为本，实现社会、经济效益双丰收。全年安全输送旅客1293万人，安全运送行包151万件，完成车补收入8210万元，餐饮销售收入1883万元。收到旅客表扬信159封、锦旗12面，受新闻媒体表扬130余次。2008年，客运段继续坚持2007年的工作思路和工作措施，狠抓队伍素质，路风建设两大工作。坚持“标本兼治，纠建并举”，狠抓内部整治，塑造良好形象，促进路风建设的稳步发展。开展路风路誉教育，重点组织干部职工学习集团公司《严禁以票谋私若干规定》，人人签订承诺书。对本段《路风管理办法》进行补充完善，加强路风制度建设，组织开展以“绿皮车”为重点的路风专项整治活动，着力解决以票谋私、粗暴待客、违规经营等惯性路风问题，确保全段路风稳定。在春运、暑运、黄金周等重点关键时期，客运段从机关抽调人员组成检查组上车进行查堵，严防死守，有效地防止路风问题的发生。深入开展“大学习、大练兵、大比武”活动，全段掀起学业务、钻技术的高潮，涌现一大批业务尖子，在集团公司系统客运职业技能竞赛中，获得团体第三名，取得列车长理论、实作、全能、团体和列车员理论、实作、全能、团体8个第一名的好成绩，受到集团公司通报表彰。2008—2009年，客运段分别输送旅客1650万人、1506万人，完成车补收入8380万元和5186万元，餐饮销售收入1883.3万元和1476万元。2010年7月15日，广州铁路集团公司党委、集团公司决定撤销怀化站、怀化南站独立建制，组建新的怀化车务段。境内铁路客运、货运管理统归怀化车务段履责。2010年，怀化车务段重点抓好全段标准化作业评价体系的健全和完善，为每一名职工建立标准化作业档案，实行定期考评，选树标杆，以点带面，提高标准化建设的高度，提升全段作业水平。2010年，车务段货物发送年计划288万吨，实际完成341.7万吨，完成年计划的118.6%，旅客发送年计划930万人，实际完成895.6万人，完成计划的96.3%，运输收入年计划84855万元，实际完成94348万元，完成计划的111.2%，超计划9493万元。

货运管理 1993年3月起，境内铁路货运由怀化铁路总公司及怀化南站、怀化站负责管理。怀化南站为湘黔、枝柳、渝怀三大干线五个方向的汇合点，主要任务为货物列车的解编、中转作业，是单向混合式二级四场自动化驼峰的区域性编组站。2007年，怀化南站顺利完成“4·18”第六次大面积提速调图的各项工作，确保提速调图期间的运输畅通，在此基础上，大力挖潜提效，化任务压力为工作动力，克服站场能力有限、自然灾害、施工干扰、车流积压、货源下滑等各种困难，优化运输组织，积极开展中停时及货运营销攻关活动，确保主要生产任务指标的顺利完成。2008—2009年，怀化南站加强软件设施建设，车站综合管理信息SMTS2.0系统正式投产使用，升级运行指示调度命令管理系统，升级保价和事故处理等系统也先后使用，运输生产现代化的逐步实现，促进了货运业务发展，2008年车站共接入列车47676辆，日均办理车11855辆，同比增加454辆，年装车12715辆，卸车34162辆，货物发送75.03万吨，运输收入8232.7万元。

（二）公路运输管理

管理机构 境内公路交通运输管理机构在1991—1997年期间为怀化市（县级）交通局及其辖属有关所站。1992年5月，撤销怀化市（县级）客运附加费征收站，成立怀化市（县级）交通规费征稽所。1994年10月，成立怀化市（县级）客货车辆站场管理所。1997年末，境内公路运输管理由交通局统管，运输市场管理由交通运输管理所、客货车辆站场管理所、交通规费征稽所，各司其职、各负其责。

1998年，鹤城区交通局成立，设鹤城区公路运输管理所、交通规费征稽所、客货车辆站场管理所、交通综合服务中心、客运服务中心、出租车服务中心等管理、服务机构。1998年6月，鹤城区公路运输管理所被怀化市公路运输管理处全面接管，更名为怀化市公路运输管理处鹤城所。1999年9月，鹤城区客货车辆站场管理所撤销。2009年1月1日，国家成品油税费改革方案实施，即日起停止对交通规费的征收，11月，鹤城区交通规费征稽所撤销，成立鹤城区交通建设质量安全监督管理站。2010年11月，怀化市鹤城区交通局更名为怀化市鹤城区交通运输局。2010年末，鹤城区交通运输局机关设办公室，计划基建股、运输管理股、财务审计股、安全监督股、交通战备办公室，辖8个企事业单位。

运输市场管理 1991年后，境内客运市场空前繁荣，国有运输企业大客车，个体、联户中巴车，私人二、三轮摩托车竞相上阵，抢占市场，一度出现车辆乱停乱摆、拉客抢客现象，堵车、碰车等事故频发，严重影响城区交通。为扭转客运市场这种管理混乱局面，1994年10月，怀化市（县级）成立客货车辆站场管理所，负责客运车辆秩序管理。在中心汽车站负责中方、桐木、铁坡和沅陵、辰溪方向车辆的客运秩序管理。在汽车西站负责黄金坳、芦坪、凉亭坳、贺家田和芷江、麻阳方向车辆的客运秩序管理。1995年10月18日，对境内干线、热线实行客运线路有偿使用的收费办法。在各汽车站设立客运管理办公室，配备专职运管人员，加强客运市场的源头管理，使道路客运市场日趋规范化。1997年11月，怀化市（县级）客货车辆站场管理所分设为客运管理服务中心和出租车管理服务中心，分别管理境内中巴车、出租车的运输事项。客运管理服务中心配合怀化市公交总公司先后完成城区2路、4路、6路、7路、8路、9路等线路运营中巴车收购，城区中巴车与公交车争位抢客现象得到遏止。

1991—1997年，域内公路汽车货运管理由怀化市（县级）交通运输管理所负责管理，对从事道路货物运输经营户的经营资质、质量信誉和从业人员进行资质管理；履行道路货运市场的经营监督与违章经营处罚；对道路货运市场运输质量纠纷进行调解；开展道路货物运输行业调查与统计。

1998年，怀化市政府明确城市出租车管理权属归口交通部门，市交通运输管理处对怀化市城区出租车经营行为进行整治。对经营标志、车身颜色统一规范，实行打表计费。

同年，鹤城区交通运输管理所上收到怀化市交通运输管理处，成立怀化市交通运输管理处鹤城所，鹤城区所负责辖区公路交通运输管理。鹤城所当年狠抓城区货运车辆无证、无牌运营及摆放无序等问题，坚持货运车辆及从业人员资质必须合格。1999年，对货运市场进行认真的调查摸底，基本上弄清货源、运力、货运企业、货运中介服务市场情况。鹤城所货管办摸清城区13家货运代理企业情况，提出整改方案。在搬运装卸市场进行清查的基础上，在城区主要街道划定人力板车停放处60处，使板车待货停放基本有序。市交通运输管理处在鹤城区城南征地40亩，创办集货运仓储、货运配载、货运信息为一体的货运服务中心。

2002年，境内运管机构对道路客运企业实行资质评审，实现企业按资质定级，客运经营线路按企业经营资质分工。对经营资质与经营线路难以对应的客运车辆另行安排线路，或由具备经营资质的企业收购，或报废不予更新等方式使其退出客运市场。是年6月下旬开始，取消城区机动三轮车运行和禁止二轮摩托车载客营运，近4000台三轮和二轮摩托车退出城区载客。

2006年，境内交通运输管理部门重点开展农村客运市场整顿，城区货运市场规范和客运市场秩序整顿工作，较好地解决了火车站和石门等地以路为市、经营混乱的问题。

2007年，鹤城区认真贯彻怀化市政府《关于加强道路运输市场管理工作的通知》，推进农村客运网络建设，严把营运客车及危货车辆承运人责任险投保关，投保率达100%。

2010年，域内运输管理部门重点抓规范旅游客车的技术状况的审核，年审核率达99%，合格率均达100%，保证客运安全。城区拥有客运车辆455台，总座位数14442个，年客运量1432.48万人，年客运周转量91901.08人/千米。

2007年，市交通运输管理处印发《关于加强怀化城区货运市场管理工作的通知》，明确货运配载专线经营的事故赔偿保证金由以前每户3万元调整到110万元。对10家危货企业进行质量信誉考核，对存在问题的单位下达限期整改通知。2008年，市交通运输管理处下发《关于加强客货运输市场管理的通知》，进一步规范市郊道路客运与城市公交客运、货运代理市场管理和农村客运网络化建设，确保运输市场的健康、平衡、有序发展。到2010年末，城区拥有货运车辆 7579台，总吨位达36815.48吨，年货运量1482.23万吨，年货运周转量20.319万吨千米。

运价管理 汽车运价分客运和货运两部分，运价的制定和管理由省交通厅、省物价局负责。

客运运价，1989年12月1日起，在1987年票价基上，汽车客运票价平均提高41.7%，其中，一级路面提高37.3%，二级路面提高46.3%，三级路面提高52.9%。普通客车票一级路线为0.035元/人·千米。

1992年，域内成立公路运输价格监督检查站，加强客、货运输市场价格管理。1994年起，境内客运车辆实行明码标价，并公布监督电话号码，接受社会监督，客运价格管理趋向规范化。1996年，运输价格出现乱价现象，公路运输价格监督检查站，组织开展对境内客运市场的全面治理整顿，通过整治，客运价格得到稳定。

1998年8月，执行交通部、国家发展计划委员会，对公路客、货运输价格规定，空调客车票0.212元/人·千米，卧铺客车票价为0.182元/人·千米，普通客车票价为0.1208元/人·千米。2002年12月，高等级客车公路票价调整为0.25元/人·千米。

货运运价，1986年1月6日起，货运按货物等级，分路线计价。普通货物分为三等，路线分为两级，特种货物不分等级和路线。普通一等货物一级路线运价为0.18元/吨·千米，特种货物运价为0.25元/吨·千米，零担货物不分路线级别，不分货物等级，运价一律为0.25元/吨·千米。

1990年12月，货运价格和其他杂费项目作出调整，普通货物一级路线运价为0.28元/吨·千米，二级路线为0.35元/吨·千米，普通零担货物运价省内为0.35元/吨·千米，省际为0.38元/吨·千米。

1998年，交通部、国家发展计划委员会颁发《汽车运价规则》，对公路客、货运价进行统一调整。除客运价格基本保持不变外，货运价格则普遍实行市场价格（议价）。

（三）航政管理

航政管理由港务航运管理所、航道管理站（航养费征稽所）和港航监督所负责。2009年11月，三个机构合并为鹤城区地方海事处。未合并前，港航所负责港口的规划、建设和管理，管理主要内容是装卸搬运市场、安全生产、水路运输管理费收缴等。航道管理站负责对航道及其设施的规划、建设、维护、管理，收取航道养护费和客货运输附加费。港航监督所负责交通安全、船舶检验及证照发放。1998年鹤城区成立后，航政管辖范围：潕水河28千米水域及各乡镇、大型水库。成立海事处后，上述工作一并由海事处负责。

二、安全管理

（一）铁路安全管理

1991—1992年，域内铁路安全管理由怀化铁路分局及其有关段和怀化铁路公安处共同履责。1993年3月至2005年3月，境内铁路安全管理由广州铁路（集团）公司怀化铁路总公司及其有关段和怀化铁路公安处共同履责。2005年3月后，境内铁路安全管理由怀化铁路办事处负责宏观协调、指导、督导、监督有关段、处落实安全责任。

1991—1997年，怀化铁路分局、怀化铁路总公司始终坚持安全第一的指导思想，以完善和落实安全逐级负责制为主线，以确保客车安全为重点，深入开展“查两违、整设备、抓秩序、保安全”活动，全面落实干部包保班组，建立健全安全管理的控制体系，实现由以活动促安全转变为以制度规范保安全，确保每年春运、防洪安全。1997年底，总公司实现行车安全1431天，跨入全路安全先进行列，实现劳动安全2545天，居广州铁路（集团）公司首位。

1999年，怀化铁路总公司落实生产经营责任制，规范管理、强基达标，狠抓客货营销和安全管理，实现行车无责任重大事故2161天，跨入全路先进行列。劳动安全实现3275天，居广铁（集团）公司首位，全路（指全国铁路）第5位。当年，怀化铁路总公司获全国“五一劳动奖状”。

1999年1月13日18时止，怀化机务段实现行车安全无重大事故20周年。

1999年12月16日止，怀化电务段胜利实现行车安全14周年。

2002年，怀化铁路总公司坚持“快速、有序、优质、高效”的方针，狠抓规范管理，落实各项安全措施，实现无责任行车重大事故3257天，无责任行车险性事故220天，无责任重大路外伤亡事故10865天，无责任员工因工死亡事故4377天，创历史纪录。

2003年，怀化铁路总公司扎实开展安全生产专项整治和安全大检查活动，集中解决一批影响安全生产的突出问题，确保客车、施工、道口、货装和劳动安全。年末实现行车安全224天，劳动安全4736天。经受住湘西北特大暴雨，造成的巨大泥石流袭击枝柳线考验，保障运行安全。

2007年，怀化铁路办事处切实加强安全监督。建立安全风险考核制度，监察指标按日量化到人，对未完成量化指标的人员按月进行考核。强化结合部协调，坚持每月召开安全例会，每季召开车机联控、施工协调、劳动联控、轨道电路分路不良等有关安全协调会议，认真分析存在的安全问题，下发会议纪要和有关安全整改销号制度。全年召开10次安全例会，4次安全联控、联劳协调会议。下发安全例会纪要10期，协调属地内轨道电路分路不良，施工组织、日常结合部等102个问题。安全监督上，办事处领导带头落实月度添乘检查和节假日值班制度，认真抓好安全工作的安排部署和属地内的重点安全工作的盯控，全年共添乘检查94趟，下现场309天，发现协调处理问题519个。安监人员每月人均下现场15天，下发安全监察通知书103份，编发安全简报11期，通报安全问题915个。在重大节庆期间，组织开展安全大检查、大整治，共发现、通报、整改安全问题851个。在春运、暑运、提速调图及“黄金周”期间，把运输安全作为重点，做好防火、防爆、防破坏和防旅客意外伤害工作。

2008年，面对年初的冰冻灾害和汶川特大地震的严峻考验，按照集团公司统一部署，安排人员下到作业现场，对重点地段，关键作业进行24小时检查，确保冰冻灾害期间的运输安全。强化结合部协调，坚持每月召开安全例会，每季召开安全协调会，通报安全情况及研究解决安全隐患及问题的办法和措施。强化安全监督，认真抓好安全工作的安排部署和属地内的重点安全工作的盯控。全年组织开展春运安全监察包保，奥运安保活动、“十一”黄金周、路外安全宣传等一系列活动，有力地促进管内运输安全。

2010年，怀化铁路办事处投入春运，开展百日安全专项督查活动。深入开展施工，防洪和路外安全检查活动，共有415人次深入现场，步行蹲点和添乘机车。共检查施工单位10个，检查班组、岗点91个，发现问题65个，全力确保节假日和重大运动赛事期间运输安全。组织全体监察，成立6个包保检查组，326人次下基层检查，添乘机车296人次，添乘客车201趟，夜间检查188人次，发现问题387个。严格安全问题分析，调查有关安全问题200多件，定性定责事故37件，按照有关规定进行处理和整改。

怀化南站以规范新体制下安全管理为主线，以确保第六次大面积提速安全为重点，努力做好安全管理工作，努力构建考核严格、控制有效的安全管理体系。建立安全生产目标考核和责任追究等一系列安全管理制度，结合“4·18”提速要求及新《技规》、新《行规》的实施特点，修订完善《站细》，明确信号楼多方向接发列车及轨道电路分路不良区段调车作业时的卡控办法，发挥制度作用保证安全。关键节点搞好控制，严格落实节日、两会及十七大等关键时期、沪昆西线设备整治及驼峰顶涵施工、车辆动静态防溜、货捡“双人双面”等关键作业和关键环节的重点盯控把关，确保现场作业有序可控。开展“反违章违纪、保运输安全”等安全专项检查和整治活动。采用督导模式，抽调专业干部组成接发列车、调车及货装货检等三个安全检查组，深入现场巡查，有效控制和解决安全生产中诸多典型性、倾向性的问题和隐患，夯实安全基础。到2007年底，怀化南站没有发生责任货运事故、火灾爆炸事故、战备交通及路外伤亡事故，实现行车安全210天，劳动安全354天。

怀化铁路公安处担负着沪昆、枝柳、石长和渝怀四大铁路干线1176.382千米线路、114个车站、778座桥梁、582座隧道以及进京、进沪、进穗等11对旅客列车的安全保卫任务。2007年，怀铁公安处以春运、两会、提速安全保卫、追逃、“四打”、“内整队伍、外整治安”等专项行动为重点，坚持严打、严防、严管、严治，确保管内政治、治安大局稳定和运输生产安全。全年立治安案件538起，查处536起，查处违法人员612人。立刑事案件914起，破880起，抓获犯罪嫌疑人404名。抓获网上在逃人员642名。查处倒卖车票案件380起，抓获炒票贩子490名，缴获有效车票3802张、票面价值42万余元，假车票2334张、票面价值60余万元。“4·18”铁路第六次大面积调图提速期间，落实上级“非提速区段要比照提速区段一样全力确保线路治安稳定”的指示，及时成立领导机构，实行包保负责制，坚持将警力向一线倾斜，处机关除少数人员留守外，其他人员全部下到站、车一线开展工作，分9批各抽调50名警力增援邻近公安处另从机关和管内所队抽调130余人组成工作队深入沿线，开展为期半年的线路治安防控工作，处领导、联系点干部、所领导与工作队民警、警务民警同吃、同住、同工作、同考核，全处干部民警共巡线4.1万余人次，巡线里程54万余千米，确保管内铁路运输安全。

2008年，公安处坚持以铁路运输生产安全为中心，以抗冰救灾、援藏援疆、抗震救灾、奥运安保四大战役为主线。强化观念更新，严密落实措施，创新工作机制，以超强的工作态度、力度、强度、措施和作风，全力以赴，严格落实突出安检口查危。加强站区封闭式管理，强化外围控制，构筑列车查危防线等措施查危防爆。严格小站卡控堵防，落实行包货运安检，加强货运监管，强化各项专项检查，全年开展安全专项检查活动38次，检查发现各类安全隐患745处，当场督促整改576处，限期整改169处。

2010年，公安处坚持以铁路运输生产安全为中心，按照“高标准、讲科学、不懈怠”的要求，紧密围绕春运、两会、暑运、世博会和亚运会安全等重点开展工作。树立“线路安全是命根子”思想，认真开展专项整治，加强线路安全防控，强化车站治安整治，深化日常打炒工作，坚决防止因线路治安问题引发行车事故。年内共查处治安案件2097起，治安处罚1692起，治安拘留169人。广州亚运会期间，怀化公安处除留守值班人员外，处领导和联系点干部全部下到各包保点，深入怀化、吉首、张家界、铜仁、溆浦等大站，添乘旅客列车，帮助所队开展工作。抽调人员组成消防安全、职务状态、安检查危等专业检查组，深入一线开展相关工作。抽调人员组成添乘工作组和打流小分队，在进穗列车上巡回跟班作业，协助乘警开展查缉、查危工作。通过协调联系，督促落实沿线各车站共组织211名安检力量投入亚运安保。在世博会期间，怀化公安处编印《世博安保工作手册》，从处机关抽调48名干警充实到怀化、吉首、张家界、铜仁、溆浦等进沪列车沿途停靠站帮助开展世博安保工作。组织40人的小分队护乘，处主要领导上车督导，配强配齐手持安检仪、防爆毯，佩带“安全检查”袖标，对进沪列车旅客落实重点卡控，对始发站乘车旅客、中途上车旅客在分类引导基础上，由护乘小分队逐人检查，确保无一遗漏。督导各警组落实“三乘”联控制度，警组和护乘小分队对可疑旅客行李实行开包检查，及时清理无安全标识行李，有效杜绝列车各类隐患，确保世博期间运输生产安全。

怀化工务段切实抓好设备监控，坚持钢轨探伤。使用探伤仪器检查线路13107.97千米，道岔10804组次，共查出轻伤钢轨748根，检查无缝接头24072头；对原有的无缝线路热焊接头及厂焊接头检查2遍，共发现重伤钢轨772根。坚持手工探伤，每个月线路工区对管内钢轨进行一次手工检查。工区巡道工坚持125米钢轨手工检查制度，每周主任领员工进行不少于2次检查，线路主任及维修技术员坚持每月不少于4次的全线添乘检查制度。对添乘发现的问题，及时传达到各责任工区，问题处理后向调度汇报。同时建立添乘台账，对同一地段重复出现二、三级或重复晃车现象的地段进行调查分析，并深入到工区指导进行处理，线路质量不断提高。推行修养分开，成立3个重点维修车间，分别配置小型捣困机、拉碴机等设备。采取小机群作业与集团大型捣困机相结合，对全段管内线路进行综合检修。全年共完成线路维修772千米，优良率91%，合格率100%；完成道岔维修779组，优良率91%；完成专用线维修10.2千米，合格率100%。为保证作业质量，推行作业“工号制”和“记名修”，采取“维修”和“状态修”相结合的方法，对病害进行强化整治，要求做到扣件无失效，防爬设备无失效，各类标志无缺少，全年高质量地完成线路保养，合格率100%。在抓常规安全的同时，先后两次开展安全“四大”活动及再反思活动。活动期间，共检查发现问题458个。对查出的问题，坚持边查边改和“五定”的原则，制定整改措施，落实整改部门，整改时间和整改责任人。年末，已整改销号问题458个，整改率100%。注意安全重点问题的控制，成立安全生产隐患排查治理专项行动领导小组，印发《关于开展安全生产隐患排查治理工作的通知》《关于开展安全生产百日督查专项行动的通知》，制定安全生产隐患排查治理专项行动的实施方案和细化措施，落实检查整治责任，有序推进安全生产隐患的排查治理工作。全年排查出重大安全隐患20处，支付整治费用2652万元。做好设备日常维修保养，全年共维修桥梁83座9831.55米，维修隧道112座36564.9米，维修渠涵91座26098.84米，综合维修优良率93%。完成新增公铁并行段防护栏、防撞墙13处750米，完成桥隧大修工程8件，防洪及预抢工程10件，整治隧道漏水15座，整治桥梁横隔梁板断裂5座，优良率100%。设备整治，沪昆线换长轨条11千米，沪昆西线换碴30千米，组织完成线路中修15千米，清挖翻浆12千米，沪昆线4个站更换曲磨轨16.2千米。完成路基9件防洪预抢工程，桥隧1件大修工程。完成沪昆东线5座桥上换碴专项任务，完成枝柳线接头换碴2.1千米，配合大机捣困3.5千米，开展人工清筛5.8千米。对新接管娄底工务段的线路更换扣件3万多套。完成怀化南站14股道计18.36千米站专线整治及中修，换新枕及再用枕7860根，换轨186根。完成怀化机务段库内11股道计1.7千米站线整治及中修，换新枕及再用枕1430根，换轨46根。切实抓好枝柳线集中维修工作，段领导组织人员将集中修15项施工任务层层分解到每位分管领导、相关科室负责人、每位专业管理干部和每位施工作业人员，组织技术部门对段担当的施工任务进行汇总，按照日完成进度进行分解推进。在施工时，成立施工安全检查组，专门负责检查组施工中的作业安全，同时组织8名安全监控人员负责盯控施工现场，监控施工过程中每一个作业环节，抓好施工安全和质量，确保各项施工安全保质。全年组织完成更换道岔141组，线路大机捣困56.47千米，基床翻浆封闭处理1.2千米，道岔大机捣困147组，钢轨焊联604头，道岔焊联138组。大机清筛37.491千米，成段更换长轨条49.4千米，钢轨打磨92.2千米，所有项目的施工质量均达到优良。

怀化车务段针对3个单位整合后安全工作的新情况新特点，采取相应措施加强安全管理。实行站区为主管理模式，将全段划分为12个站区，推进管理重心下移，发挥大站优势，让大站对附近小站就近实施直接、有效的管理控制，提高突发情况的应急处置能力，强化现场管理人员作用发挥，对车间、中间站管理人员干什么、怎么干、没干好怎么办进行明确规定，充分发挥车间、中间站自我管理、自我控制作用。抓好现场安全控制，开展调车作业、接发列车、施工安全、货装安全、劳动安全专项整治活动。盯紧全段329个重大危险源安全关键点控制措施的落实。狠抓安全薄弱环节整改，对各车间、中间站最不放心问题、最不放心岗位、最不放心的人员每月进行一次全面排查，制定针对性帮教措施，狠抓整改。抓好作业标准化建设，重点抓好全段标准化作业评价体系的健全和完善，为每一名职工建立标准化作业档案，实行定期考评，选树标杆，以点带面，不断将标准化建设推向深入。抓好安全基础建设，按照安全管理规范化，物品摆放定置化，安全重点明显化，人员作业标准化要求，对全段41个车站信号楼、调车组、工具棚等进行全面整治，改善一线生产条件，促进全段安全管理与现场作业水平不断提升。

怀化电务段落实“3+2”安全管理办法，大力开展安全专项检查，夯实安全基础，加强安全管理。开展车间月度安全质量综合排名，实行月度“减故障压延时保安全”攻关，严格安全生产责任追究等措施，确保运输生产安全。2010年末，实现无责任一般C类及以上事故508天，劳动安全无重伤以上事故545天。信号设备故障率每百组换算道岔0.19，设备故障平均延时36分钟，均控制在集团公司规定目标内。

（二）公路安全管理

1991—1997年，境内公路安全管理由公安局交警队、交通局共同履责，在建立健全安全管理制度基础上，对从事公路运输的企业及公路运输人员的资质管理。严格汽车站场管理、公路运输车辆的审验、审核工作，确保参加公路运输的车辆技术状况良好。1998年5月，鹤城区交通局成立，局机关内设安全监管股，配备专职安全监督员1名，1名副局长分管交通安全工作。

1998年，鹤城区交通安全管理部门，认真落实区交通局和局直单位安全第一责任人进行政绩考核制度，实行风险抵押，强化各级领导对安全工作的责任感。狠抓春运安全，圆满完成春运任务。在“安全生产周”和“三违（违章操作、违章指挥、违反劳动纪律）”安全月活动中，查处一批事故隐患。抓渡口和渡船的清理整顿。1999年，境内开展安全管理专项活动，促进行业和企业安全管理，相继开展“安全生产周”和“百日安全无事故”活动，杜绝重大、特大事故发生，促进安全管理工作跃上新台阶。2002—2003年，境内交通安全从强化安全基础管理工作入手，落实安全生产责任制和责任追究制，狠抓安全目标管理。加大对非法客运车船从事旅客运输、超范围经营和违章超载、人货混装等违章行为的打击力度，减少安全隐患。狠抓重要施工路段和危险路段的安全设施完善。加大对重特大事故责任追究力度，严肃查处事故责任人。重点把好运输经营者市场准入关，把好车辆技术状况关，把好营运驾驶员从业资格关。加强汽车客运站场的安全监督，防止超员、超限、超载车辆出站，严禁易燃易爆等危险品上车。切实建立风险化解机制，车辆保险全面到位，脱保、欠保车辆严禁参运。2006 年，交通安全机构强化安全管理，抓好“公路安全保障工程”、运输车辆 GPS 全球定位系统、“三品”安全检查等公路安全运输工作，促进道路安全工作。2008 年，组织有关部门对受冰灾破坏的道路进行抢修，确保道路畅通。组织专门力量，重点加强重要节会和活动的安全监督。加强反恐安保稳定工作，开展安全隐患排查、百日安全督查专项行动和安全生产月活动，确保交通安全形势持续稳定，全年道路运输企业事故率为 0.11 次/百车，同比下降 67.6%。2010 年，市运管处派出督查组，深入客运站场、运输企业进行检查，现场发现隐患 9 个，下发整改通知书，督促及时整改到位。公路运输部门对怀化至上海客车加强 GPS 动态监控和各客运站场严格按照规定对进沪旅客实行实名登记制管理，确保上海世博会安全。广州亚运会期间，公路运输部门认真做好进入广州的营运车辆、从业人员的安全源头检查和运输安全监控工作。开展“安全生产年”活动，开展以桥、隧道施工为重点的交通基础设施施工安全和交通安全执法检查专项整治，促进交通安全。

三、交通规费征收

1993 年 12 月25 日，怀化地区成立交通规费征稽处，随后怀化市（县级）成立交通规费征稽所，负责辖内交通规费的征稽工作。1995 年，拖养费（拖拉机养路费）划由征稽处、所征收。2003 年，由公路处办理的小四轮、六轮农用车、拖拉机、摩托车养路费（含货运附加费）由交通规费征稽机构统一征收。2004 年 12 月 31 日，车辆购置费改由国税局征收。2009 年 1 月 1 日，国家成品油税费改革，各种交通规费归入油费内，境内停止交通规费征收。

公路养路费　怀化市、鹤城区公路养路费先后由市养路费征收站、区交通规费征稽所征收。1991 年，交通部、国家计委、财政部、物价局联合下发《公路养路费征收管理规定》，省交通厅、物价局、财政厅 1992 年、1995 年下发通知，调整养路费收费标准。按照 1995 年调整通知，7 月 1 日起，按费额计征养路费的货车（含专用车、特种车、三轮摩托车）由每月每吨 160 元调整到 180 元。客车由每月每吨 180 元调整到 200 元。各种拖拉机比照货车标准计征，每月每吨 180 元。二轮摩托车由每月每辆 8 元调整到 10 元，一次性全年交清每辆 100 元。侧三轮摩托车由每月每辆 10 元调整到 15 元，一次性全年交清每辆 150 元。1991—1997 年，怀化市（县级）征收汽车养路费 1.1564 亿元，征收拖拉机及农用车养路费 737.69 万元。1998—2008 年，鹤城区征收汽车养路费 2.9994 亿元，征收拖拉机及农用车养路费 2181.2 万元。

1991—1997 年怀化市（县级）交通规费征收统计表

表 3-1-7　　单位：万元

项目/数额/年度	养路费		运管费	车辆购置费	客运附加费	货运附加费	备注
	汽养费	拖养费（含农用车养路费）					
1991	1615.57	29.3	78.72	11.62	64.96	—	
1992	1037.85	38.84	115.38	7.35	170.73	—	
1993	2176.42	—	170.42	—	301.08	173.94	
1994	1469.74	93.87	209.27	78.41	704.91	193.90	
1995	1763.80	101.52	283	107.68	992.45	221.75	
1996	1760.63	231.68	303.85	63.34	708.12	247.41	
1997	1704.26	242.48	325.17	82.18	1459.52	228.16	

1998—2008年鹤城区交通规费征收统计表

表3-1-8

单位：万元

年度	养路费		运管费	车辆购置费	客运附加费	货运附加费	备注
	汽养费	拖养费（含农用车养路费）					
1998	1597.52	168.58	266.78	59.68	1078.12	201.42	
1999	1483.85	192.90	289.66	41.13	1056.73	165.95	
2000	1511.82	215.24	287.31	34.47	1058.49	191.10	
2001	1442.42	190.05	266.03	14.87	998.04	157.76	
2002	1889.87	205.00	247.38	—	938.88	186.03	
2003	2028.34	215.68	246.85	—	774.05	182.44	
2004	2356.79	218.94	248.83	—	897.40	203.99	
2005	3567.43	281.06	260.88	—	—	—	
2006	3841.86	294.86	308.18	—	—	—	
2007	4732.50	71.99	420.65	—	—	—	
2008	5542.00	126.90	522.16	—	—	—	

说明：1、2002年8月后，车辆购置费由市征稽处统一征收；

2、2005年以后的汽养费中包括了客运附加费和货运附加费，2007年以后的拖养费不包括农用车养路费；

3、2009年1月1日，国家成品油税费改革，从当年起停止对交通规费的征收

车辆购置附加费 1985年4月，国务院发布《车辆购置附加费征收办法》，5月1日起，对所有购置车辆的单位和个人，包括国家机关和军队，一律征收车辆购置附加费。1993年11月，国家对征收标准进行调整，将车辆购置附加费由原车辆生产（组装）厂和海关代征改为车辆落籍地交通征管部门直接向义务缴纳人征收，费率由原国产车10%、进口车15%统一为10%。2000年12月，国家税务总局、交通部下发《关于做好车辆购置税工作有关问题的通知》规定，在车辆购置费征稽机关未移交前，暂由交通部门所属车辆购置费征稽机构代征。从2001年1月起开征车辆购置税。2005年1月1日，车辆购置税移交怀化市国家税务局车辆购置税务征收管理分局。1991—1997年，怀化市（县级）征收车辆购置附加费350.58万元；1998—2001年，鹤城区征收车辆购置附加费150.15万元。

公路客运货运附加费 1991年7月，省政府下发《关于解决公路重点建设资金有关问题的通知》，决定从9月1日起提高客运附加费，由每人每千米3厘提高到1分，新增加的7厘专项用于重点建设项目。1993年4月，省政府下发《关于解决公路客运附加费征收标准有关问题的通知》，决定客运附加费征收标准由原来每人每千米1分提高到2分，除在城市固定路线上行驶的城市大型公共汽车（不含中、小型公共汽车和各种出租车）客运附加费征收办法比照养路费征收范围执行外，其他一切从事客运的车辆，均须按该标准代征缴纳客运附加费。凡与长途车辆在同一线路上行驶的大型公共汽车，因过去全额未征或未征足客运附加费造成票价矛盾大的，一律按全额开征客运附加费。1993年2月，省交通厅、财政厅、物价局联合下发《关于公路客运附加费计收、解缴有关问题的通知》规定，为简化客运附加费计收方式，决定将原按收入和按人千米以及按计费座位计收客运附加费统一改为按座位计收，计收标准为每座每月80~120元。由各地征稽机构根据具体情况核定，报当地交通、财政、物价部门批准后执行。

1992年12月，湖南省物价局、财政厅、交通厅联合下发《关于开征公路货运附加费的通知》，从1993年1月1日起开征公路货运（车）附加费。规定凡车籍在湖南省的公路运输企业（车队）、个体（联户）车主、自货自运的车属单位和调驻湖南省的各类货车、挂车、专用特种车及参加运输的拖拉机，除暂定免征的以外，均应向交

通部门缴纳货运附加费。货运（车）附加费实行价外征收，按每月每吨30元包干缴纳。

1991—1997年，怀化市（县级）征收公路客运附加费4401.57万元，征收公路货运附加费1065.16万元。1998—2004年，鹤城区征收公路客运附加费6801.71万元，征收公路货运附加费1288.69万元。

公路运管费　怀化公路运输管理费征收，始于20世纪50年代，1992年以前公路运管费采取差额上解，即征收单位自留60%，余额部分上解到市运管处。1992年，实行统收统支，收支两条线。运管费收入实行全额上解、按规定比例下拨的办法。2000年，为提高基层征收的积极性，确定三种分成办法，完成基数按62%下拨，超过基数至保证目标数的部分按76%下拨，超过保证目标数以上的按85%下拨。此办法促进基层抓好征收管理工作的积极性。

1991—1997年，怀化市（县级）征收公路运管费1485.81万元。1998—2008年，鹤城区征收公路运管费3364.71万元。

第二章　邮　政

第一节　邮政网点

一、邮政机构

1975年，黔阳地区邮电局从安江迁至怀化县城，怀化县内的邮电业务，由县局和地区局共同经办，到1997年底，怀化市（县级）邮电经营机构59处，邮路总长度2055千米，分设54个邮政投递线路。1998年10月，邮政、电信正式分营，分别成立地级怀化市邮政局和怀化市电信局。各类邮政业务由邮政营业分局、邮政代理金融业务分局、邮政报刊发行投递分局承担。

邮政营业分局主要承担鹤城区内函件、包件、报刊收订、特快专递（简称为EMS）等邮政业务。主要分支机构设人民路邮政支局、火车站邮政支局、红星路邮政支局、潕水路邮政支局、怀东邮政支局、茅谷冲邮政支局、香州桥邮政支局、迎丰路邮政支局、三角坪邮政支局、石门邮政支局、河西邮政支局、嫩溪垅邮政支局、锦溪桥邮政支局、天星西路邮政支局、湖天邮政代办所、财校邮政代办所。

邮政代理金融分局主要经办鹤城区内个人储蓄存款、代理保险、金融理财、代收代付、邮政汇兑（国际国内）等业务。2006年12月经国务院同意，中国银监会正式批准成立中国邮政储蓄银行。2007年3月，中国邮政储蓄银行正式挂牌。中国邮政储蓄银行怀化市分行鹤城区内的主要营业机构有鹤洲路营业所、香洲桥营业所、嫩溪垅营业所、三角坪营业所、潕水路支行、经济开发区支行、红星路支行、锦溪路支行、石门支行、天星西路支行及杨村、黄金坳、凉亭坳、贺家田、芦坪邮政储蓄代办点。

报刊发行投递分局主要承担鹤城区内报刊收订和投递业务。分支机构设火车站报刊发行投递一部和城东报刊发行投递二部。

二、邮政设施

2010年末，主要邮政设施由邮政运输车辆、邮政营业所和邮政投递网点三部分组成。城区有9台邮政运输车辆。区内设16个邮政业务营业网点，其中自营网点14个，代办网点2个。内设10个邮政储蓄营业网点，其中，代理网点5个，二级支行5个。城区邮政投递网点共设38个段道，单程投递里程955千米。

1997年怀化市（县级）邮电业务量统计表（邮政、电信分营前）

表3-2-1

序号	项目		单位	数量
1	函件业务	国内平常信件	万件	184.95
		国内挂号信件	万件	7.83
		机要邮件	万件	0.27
		国内平常印刷品函件	万件	2.21
		国内挂号印刷品函件	万件	0.13
		台湾平常函件	万件	0.16
		港澳平常函件	万件	0.13
		国际平常函件	万件	0.17
		邮递广告	万件	31.32
		国内大宗函件	万件	27.61
		邮政商业信函	万件	32.23
		邮资广告明信片制作	万件	13.54
2	物品邮递业务	国内包裹	万件	2.13
		直递业务	吨	0.25
		邮购业务量	万件	1.51
		邮购商品销售	万元	41.57
3	特快专递业务	国内异地特快信件	万件	2.29
		国内同城特快信件	万件	0.06
		国内异地特快物品	万件	0.03
		国内同城特快物品	万件	0.61
		邮政礼仪业务	万件	0.48
4	汇兑业务	国内普通汇票	万张	4.51
		国内电报汇票	万张	0.27
		国内普通汇票金额	万元	7045.18
		国内电报汇票金额	万元	457.89
5	报刊业务	报纸发行	万份	728
		期刊发行	万份	41.78
6	邮政储蓄	定期储蓄余额	万元	25183.71
		活期储蓄余额	万元	8561.25
7	集邮业务	集邮业务量	万枚	219.23
		集邮品册数	册	11.21
8	电话业务	长途电话业务总量	万元	708.82
		本地电话业务总额	万元	2574.72
		数据通信业务量	万元	251.23
9	电报业务	电报业务总量	万份	10.18
10	移动电话业务	移动电话用户	户	32203

第二节 邮政业务

截至2010年，主要邮政业务有函件业务、包裹业务、报刊发行业务、集邮业务、电子邮政业务、机要通信业务、代理金融业务。

2010年鹤城区邮政业务统计表

表3-2-2

序号	项目		单位	数量
1	函件业务	国内平常信件	万件	19.59
		国内挂号信件	万件	4.07
		机要邮件	万件	0.48
		邮递广告	万件	36.14
		国内大宗函件	万件	16.69
2	包裹类业务	国内普通包裹	万件	3.21
		国内快递包裹	万件	0.74
3	特快专递业务	国内特快专递信件	万件	14.5
		邮政礼仪业务	万件	0.012
4	汇兑业务	国内汇票	万笔	15.1
		开发汇票金额	万元	36563.87
		兑付汇票笔数	万笔	2.21
		兑付汇票金额	万元	6273.25
5	报刊业务	报纸累计发行份数	万份	736.11
		杂志累计发行份数	万份	61.38
6	邮政储蓄	邮政储蓄平均余额	万元	133505.58
		邮政储蓄期末余额	万元	146207.25
		定期储蓄期末余额	万元	72229.56
		活期储蓄期末余额	万元	73977.75
7	集邮业务	集邮业务量	万枚	19.98
		集邮品册数	万册	1.12

第三章 电 信

第一节 机构设施

一、机构

中国电信股份有限公司怀化市分公司 1991年2月1日至1998年10月22日，电信与邮政合营。怀化地区邮电局设怀化市人民路，怀化市(县级)邮电局设三角坪区域。怀化市农村电话管理站行政上归口怀化市经委管理，业务由怀化市邮电局指导。1993年12月27日，成立怀化地区电信总公司和怀化地区邮政总公司，电信业务和邮政业务分离经营。1997年3月6日，为加快多媒体通信业务发展，怀化数据通信分局与怀化图像通信分局合并，成立怀化地区多媒体通信局。1998年4月，怀化地区邮电局变更为怀化市邮电局。6月23日，成立湖南多媒体影像有限公司怀化市分公司，经营影像点播业务和影像加密业务及设备设施维护管理。10月，正式成立怀化市邮政局和怀化市电信局，仍然维持政企合一的经营体制。

怀化市电信局承接固定电话(市话和农话)、移动通信、多媒体通信、多媒体影像传输、无线寻呼、长途电话、电报等业务。鹤城区内未设立电信独立经营机构，所有业务由市电信局直营。1999年6月18日—7月6日，根据国家信息产业部、湖南省电信管理局的要求，单独设立中国移动集团股份有限公司怀化市分公司。2000年9月，湖南省电信公司怀化市分公司正式成立，2001年1月，撤销原怀化地区各县农村电话管理站。2004年，变更为中国电信股份有限公司怀化市分公司，并起用新标识。从2007年5月17日起，停办普通电报业务。2008年，收购中国联通公司CDMA移动网络。10月14日，怀化市区域内CDMA移动网络系统割接成功，怀化电信分公司重新获得移动业务经营资格。2009年1月8日，CDMA移动电话189号段正式开始放号。2010年4月，怀化电信分公司开展“电信网络升级，小灵通直达3G”小灵通业务停办。先后承接“数字怀化”“教育信息化”“智慧怀化”“宽带中国光网城市”“信息化乡镇”等信息化工程。由传统基础网络运营商发展为现代综合信息服务提供商。

中国移动通信集团湖南有限公司怀化市分公司 1994年3月成立怀化移动通信分局，1996年8月更名为怀化市移动通信局。1999年7月，怀化电信进行业务重组，移动通信业务分离，正式成立中国移动湖南公司怀化分公司。怀化移动负责境内基础通信的规划、建设与运营管理。2008年前，主要经营移动通信业务，从2008年10月开始，经营业务范围扩大到固网、宽带、信息化等全业务领域，全力开展通信网络能力建设。具有自主知识产权的3G(TD.SCDMA)网络，覆盖全市各县城区和较大的乡镇。WLAN网络覆盖各县城区的大部分热点、重点区域，启动4G运营，提前进入4G时代和移动互联网时代。在全市范围内建成4G基站2049个。4G网络已覆盖各县市城区、乡镇和大部分行政村。在保持传统业务稳步发展的同时，全力推动移动物联网、云计算、电子政务、数据机房等信息化智能工程建设。2010年底，全市移动客户发展到139.62万户。拥有全球通、动感地带、神州行三大客户品牌。

中国联通怀化市分公司 中国联通怀化市分公司于2000年5月成立，负责经营怀化市行政区域内的基础通信增值电信业务，包括移动通信业务，国际国内长途通信业务，本地固定电话业务、数据通信业务、互联网业务、IP 电话业务、卫星通信业务，形成市级、县级、乡镇级三级经营管理模式。2009 年在湖天南路修建新办公大楼。公司自成立以来，相继推出网上银行、掌上股市、炫铃、如意信箱、网络传真、呼叫中心、宽视界一眼神等亮点业务。建立分别面向个人、家庭、商务、青少年四大群体的沃 3G、沃家庭、沃商务、沃派、沃服务五大全业务品牌体系。拥有无线 WLAN、116114 语音查询、手机电视、可视电话、宽带商务、宽视界、沃商店等业务。实现 2G 客户品牌到 3G 客户品牌的过渡。2009 年中国联通获发 WCDMA 网络运营牌照，发展第三代移动通信（3G）业务，推出手机办公、手机购物、手机网游等 3G 核心业务。承接鹤城区电子政务平台、怀化市司法矫正平台、平安校园等信息化工程项目。

中国铁通怀化分公司　成立于 2001 年 7 月 18 日。中国铁通是中国移动通信集团的全资子公司。到 2010 年底，中国铁通怀化分公司共有员工 235 人，从事技术工作的员工为 122 人。办公地址设怀北路。基础传输、业务传载、管理支撑三大基础网络在全国范围内的总体布局，高速发展各类业务。适时推出智能网、光时速互联网业务。高速宽带 IP 网络可提供语音、图像、传真、数据及多协议标签交换虚拟专网、宽带 10G 的骨干中继，其网络核心交换能力达到 320G。基于异步传输模式技术的宽带多业务综合数据网，其骨干宽带达到 2.5G，覆盖全国。与移动公司推进全业务经营模式，从简单的产品捆绑向产品融合转变。对双业务支撑系统中存在的问题通过梳理后设计解决方案。2010 年，怀化铁通主营业务收入完成 5832.3 万元，与上一年相比增长 20%。宽带新增用户 22082 户。有效有线固话新增 4573 户。

二、设施

1991 年，怀化地区邮电局开始实施《怀化地区“八五”通信发展战略目标规划》，1991—1992 年，累计投入 6.5 亿元，完成多项通信基础设施建设项目。建成怀化电信综合大楼。从比利时、美国、英国等国家和中国台湾地区引进先进通信技术，购入先进通信设备，完成数字程控电话“75”通信工程，建成怀化地区县城以上数字程控交换网、长途数字程控传输交换网、移动电话网、无线寻呼网、分组交换网、可视电视网、语音信息服务网等七大现代通信网络，进入数字化通信时代。农村电话甩掉“摇把子”，实现市话、农话自动转接，农话台转换被淘汰。建成怀化—长沙 1920 路干线微波，怀化—辰溪—溆浦、怀化—辰溪—沅陵 780 路专线微波，怀化—黔阳—洪江市—会同—靖州—通道 480 路微波，怀化—吉首—张家界 1920 路微波。建设成都—贵阳—长沙—南昌—杭州—福州国家一级数字光纤干线怀化段 200 千米。

1996—2000 年，投资 15 亿元，建设“3518”通信工程。主要内容：建设覆盖城乡的程控电话网络、程控电话交换机总容量达到 35 万门。建成以怀化市为中心，以信息高速公路为主体的宽带传输网、宽带交换网、多媒体社会综合信息服务网、图像通信网、GSM 数字移动通信网、智能通信网、7 号信令网、数字同步网、监视监控网、综合信息管理网、电信生产管理网以及农村电话 1210 工程，完成国家一级数字化光纤干线呼和浩特—北海怀化段 270 千米工程任务。2000 年，面对电信市场激烈竞争的状况和移动通信业务迅猛发展的新形势，投资 2.4 亿元，建设 10 万门电话工程，新增程控电话交换机 15.3 万门，长途交换容量 19000 线，数据与多媒体端口 1704 个。建成 DDN 分组交换，163、169 电子商务，160、168 可视电话，政府上网、企业上网、远程教育、远程医疗、视频点播等 14 个全数字化、程控化交换传输平台和智能化信息通信平台。移动业务独立经营后，从 2000 年开始，中国移动怀化分公司投资 4.8 亿元实施“168”移动通信重点工程建设规划。

2001 年，中国电信怀化分公司投资 1.13 亿元，新建技术项目 357 个，其中，程控电话交换机增容 53012 门，新增电缆线 980 皮长千米，本地网光缆 207.95 皮长千米，新建怀化市宽带城域网，建成本地网账务系统和 1000 业务平台。

2001—2002 年，建成移动综合大楼 10000 平方米，建设三大移动电话网、三大新业务网、三大移动电话支撑网，新建基站 74 个，新建信道 6720 个，新增用户容量 14 万户、实现 GSM900 兆和GSM1800兆双频资源共享。2001年7月，中国联通怀化分公司成立后，建成130GSM数字移动通信网，193、17911/17910长途数据通信网、165互联网，推出电信基础业务和增值业务。2004年完成GSM第一期至第五期建设任务，解决基站与主业的协调问题，新建一个CDMA交换局及配套设施。2005年开工建设GSM网第6期工程，开工C网（CDMA网）一期工程建设，完成C网一期工程机房装修，完成CDMA5.5万门程控交换机的安装调试，开通C网30个基站。C网第六期工程建设完成，开通16个基站。交换机的总容量由2004年的G网（GSM网）6.7万门扩充到9万门。C网（CDMA网）新增容量5.5万门。完成黔城—靖州管道光缆接续及怀化—沅陵段管道光缆接续，完成中心机房、怀林大厦等地622MBIT/S光传输设备安装和IP前置交换机的安装与调试。开设193、165、IP电话业务。开通怀化至长沙155M骨干传输，为网吧宽带接入打下基础。制作怀化医专校园网。铺设城区19.5千米光缆，怀化—沅陵150千米、黔城—靖州108千米光缆。完成寻呼基站搬迁。完成42个卫星基站建设、完成股票交易系统安装调试并投入使用。

2002年，中国移动怀化分公司完成固定资产投资1亿元，新建基站30个，扩容88个，新增载频190个，交换机容量扩容7万门，HLR扩容5万门。完成GSM第七期及B阶段工程建设与扩容，部分区域网络布局不合理，话务量分布不均衡的问题得到解决。提高网络设备利用率。每载频创收水平、每基站创收水平、MSC单位容量创收水平、HLR单位容量创收水平四项指标排全省第一位。建立多媒体查询系统、经营分析系统和大客户服务系统。传输建设起步，完成省工程线路复测150.586千米，铺设管道光缆156.33千米，光缆接续33头。完成本地干线电路复测190.5千米，单盘测试463.014千米，铺设光缆81千米。2003年，中国移动怀化分公司投资1.1亿元，新建基站25个，扩容基站140个，新增载频216个，新增网络直放站37个。新开通一个交换局，交换机容量达到40万门。全市基站总数达到285个，载频1770个。传输建设完成省干线网、本地网和部分城域网累计全长光缆525.91皮长千米，建成电路283条，接入自建传输网的基站达到51个。实现BOSS集中化割接。实现基站、直放站、边际网有机结合。

2003年投资2.59亿元优化传输网，发展宽带接入网，应用宽带网、数据通信网、智能网、IP网络、无线市话网等工程。2003—2005年投资4.26亿元，完成城市以宽带为主，农村以固定电话为主的通信工程建设。继续优化传输网、发展宽带网，无线市话网、无线农村农话网等技术改造工程。

2004—2005年，中国联通怀化分公司完成G网第七期至第十二期建设任务，完成C网第三期第四期建设任务。建成经营信息分析系统、集团客户管理系统、终端管理系统、渠道管理系统、客户服务系统等支撑平台。

2005年，中国移动怀化分公司完成固定资产投资3亿元，全面完成GSM9B、9C、10C工程建设，村通工程一期、二期、三期建设，建设基站352个，新增载频686个。2006年，中国移动怀化分公司固定资产投资2.3亿元，新建基站193个，新增交换机容量8万门，新增载频1276个，新增传输光缆1077皮长千米，自建传输网线6000皮长千米。完成村通工程第四期工程，完成湘黔铁路怀化段沿线通信能力建设。2006年，中国联通怀化分公司新建自营厅9个，新建合作营业厅6个、乡镇通特许店35个、社区代办点98个。完成G网第13期工程建设，新建成39个基站。完成本地网第四期220千米光缆引接工程。完成G网第14期工程建设，新建基站38个。2007个中国移动怀化分公司在怀化主城区建设65个自控营业厅和110个指定专营店。农村乡镇自建他营营业厅43个，指定专营店210家，A级服务站648个，B级服务站1745个。大规模实施网点专线接入工程，接入网点280个。全年完成固定资产投资1.92亿元。完成GSM第13期、传输网优化、无线网优化、MAS接入、基站搬迁、自然村村通工程。新增交换机容量77万门，新增载频1991个，新增BSC2个，新建基站223个，新建传输光缆1860皮长千米，新建“SDH380”39套，“SDH 320”252套。

2006年，中国电信怀化分公司投入1.15亿元，新增交换线26752线，宽带17440线，无线农话81个载频，净增容量89100线。

2007年，中国联通怀化分公司实施“百店千柜”计划，新增30个手机卖场。开拓行业集团客户市场，发展怀化市海事局、中石油怀化分公司为大型集团客户。完成G网第十五期、本地网二期、C网第6期工程、数据接入工程。完成GSM网118个基站建设，完成光缆线路建设420千米，管道工程建设15千米。完成41个CDMA网基站建设。

2007年，中国电信怀化分公司投资1.156亿元，建设怀化ADSL终端设备工程、综合接入工程、本地传输工程、管网下地工程、“百千万”行业信息化“321”工程。建设怀化市本级电子政务外网项目工程。2008年，中国电信怀化分公司投资1.059亿元，建设高带宽业务管理体系和异网宽带监控体系。建设怀化市本级电子政务内网工程，建设怀化市级（鹤城区纳入怀化市本级）及12个县（市、区）治安电子体系工程，完成“光（缆）”进铜（铜芯电缆）退百纤工程。2009年，中国电信怀化分公司投资2亿元，引进新技术，购入新设备，淘汰落后的传统基础网络运营的旧技术旧设备，推进CDMA和3G移动通信网络建设，建设政企客户民用工业服务支撑体系和技术支撑体系。2010年，中国电信怀化分公司投资1.9亿元，加速推进互联网向实体经济和传统产业渗透，服务信息化和工业化整合，互联网与物联网融合。实施光纤网络快速转化、宽带提速、三网融合、传感器、云计算、IP、工厂新技术新设备引进，实现3G和三网融合。建设怀化市电子政务工程、电子商务工程、企业信息化工程、农村信息化工程、旅游产业信息化服务工程、平安怀化工程、城市信息化工程、科教信息化服务工程、医疗信息化服务工程。

2008年，中国移动怀化分公司完成GSM14A、GSM14B及村村通工程，完成EDGE扩容工程建设。全年新增VLR容量25万门、HLR容量55万户，新建BSC2个，新建基站196个，新增载频1758个，新埋铺光缆1200皮长千米。

2008年中国联通怀化分公司完成自成立以来最大的GSM网络建设任务。全年累计完成工程建设投资12449万元，开通基站256个，铺埋光缆900千米，完成数据接入点52个，提高全网承载能力，通信能力进一步提高。2009年，中国联通怀化分公司重点加强移动和宽带网络能力建设，满足重点业务发展需要，抢抓3G发展新机遇。全年开通2G基站150个，3G基站100个，室内覆盖70个。完善城区网络，扩大乡镇网络覆盖。全市完成10个校园网、12个县市网，完成怀化境内高速公路、国省道、铁路线网络测试和调整。

2009年中国移动怀化分公司完成GSM15A扩容工程、数据网第1期工程、TD第三期工程及村村通工程建设任务。完成本地波分系统建设工程、传输网络优化工程，室内分布系统建设工程、传输线路大迁改工程、省干传输扩容工程、超级基站建设工程、CMNE第五期建设工程、IP承载网扩容项目。全市全年新建G网基站170个，TD基站16个，室内分布系统70个，新建传输光缆1200皮长千米，新建管道97千米，改造超级基站13个，建成数据宽带骨干网357千米，完成211个单位530千米的接入网工程。新建BSC一套。对100个基站进行小区分裂及扩容。2010年完成GSM网络扩容工程、村村通工程、TD网络扩容工程年度建设任务。

2010年底，中国联通怀化分公司建成2G网络基站900个，3G基站400个，全市本地传输网光缆800皮长千米，联通信号实现乡乡通，行政村和自然村信号覆盖率达到90%，3G业务进一步扩展。

第二节　电信业务

一、固定电话

1991年初，怀化市固定电话限于党政机关、企事业单位使用，城市居民家庭固定电话拥有率还比较低。农村电话为有线模拟信号和磁石电话，市话拨打农村电话需要通过农话台转接，设有怀化市农村电话管理站，市级设农村电话交换总台，每个乡镇设一个农村电话转接台，城市与农村之间的通话按长途通话计费。是年，怀化地区实施电信业“八五”发展计划，启动万门程控电话建设工程。11月15日，怀化地区邮电局市话由纵横制自动电话交换机改制割接为程控自动电话交换机。首期完成4000门程控电话改制任务。从11月15日零时开始，怀化市话网由五位升为六位，原2XXXX电话号码改制升位后改为23XXXX。长途480线割接成功，市话实现国内长途直拨。市话初装费下调30%~50%。1992年3月1日，怀化市列为全国首批开通国内长途对端114查号业务的市。分配给怀化市的长途区号为07402，农村电话改装数字蜂窝电话，不再区分市话、农话资费。5月17日国际电信日，在怀化地区邮电局综合营业厅举行程控电话新功能演示与邮电业务咨询服务周活动。7月8日，省邮电局批准怀化市开通固定市话国际长途直拨。8月20日，正式开通固定电话国际长途直拨。1993年，怀化市114查号台成立，正式面向国际国内开通固定电话查询业务。12月27日，成立怀化地区电信总公司和怀化地区邮政总公司，开始酝酿电信、邮政业务分营。

1995年6月15日，组建怀化地区C3本地电话网。经国家邮电部电信总局批准，10月15日零时（北京时间）怀化地区本地网建成，固定电话全部升为7位。怀化市固定电话在原6位号码前加“2”。全区固定电话升位后，全地区12个县、市统一起用长途区号0745。全区移动电话在“90”后插入“0”，同时升为7位。21日起，怀化地区本地网内不再区分市话、农话资费，怀化市拨各县、市及农村收费标准统一。

从1999年7月6日起，怀化市电信公司分离出移动通信业务，专营固定电话通信业务。2000年5月中国联通进驻怀化。2001年7月，中国铁通进入怀化，两家电信运营商均获得固定电话通信业务资质。与中国电信怀化分公司共同经营固定电话通信业务。从2003年开始，取消固定电话初装费。1997年，怀化市（县级）固定电话用户数为36715户。2010年，鹤城区固定电话用户数为112318户。

二、移动电话

1993年10月18日，怀化地区移动电话工程怀化基站16信道安装工程正式开通投入使用，开始移动电话放号和售机。当时，移动电话被叫作大哥大，主要机型品牌为摩托罗拉和诺基亚，为蜂窝式电话，体形大，质量重，单个重量在500克左右。售价高，单机售价在20000~30000元，一般只有正科级单位主要领导，企业老板才用得起，成为特殊人群的专宠。移动电话发展初期，通信费用高，双向收费，即主叫和被叫均须付费，市话通话费在0.75~1.5元/分钟。1995年市话升位，移动电话同步升位，在“90”加“0”，号码由6位升为7位。1996年6月28日，怀化地区12个县、市移动通信与全省联网，开通139号段全球通数字移动电话，全地区建成12个数字移动电话基站，13个移动载频。1997年后开通131、132、134、135、136、137、138、149、150、151、158等号段。随着技术进步和升级，移动电话不再称之为大哥大而改称为手机，机型变小，质量变轻，向多功能、智能化方向发展。通信资费不断调低，由双向收费改变为单向收费，实现移动电话村村通工程。到2010年底，移动电话已覆盖全市农村100%的行政村和96.78%的自然村，消灭电话盲村。

1999年7月19日，怀化电信分公司分离出移动通信业务，成立中国移动通信集团湖南有限公司怀化分公司，专营移动通信业务。2000年后，成立中国联通怀化分公司，移动通信市场进一步开放。2008年10月，中国电信收购中国联通CDMA移动通信网，再次获得移动通信业务经营权。11月14日，CDMA移动通信网络系统完成割接和业务交接，电信分公司完成与联通分公司的人员、业务、资产交接工作。2009年8月，中国电信移动通信189号段正式向社会公众放号售机。移动通信市场进一步开放，怀化境内形成电信、移动、联通共同经营移动通信业务的“三国鼎立”局面，开展有序竞争，业务不断推陈出新，并向纵深发展。到2010年底，全市移动电话总户数达到215.78万户。其中电信分公司20.73万户，移动分公司139.62万户，联通公司55.43万户。中国电信怀化分公司、中国移动怀化分公司、中国联通怀化分公司分别占移动通信业务64%、10%、26%的市场份额。鹤城区移动通信用户近70万户。

三、无线电寻呼

1991年11月25日，怀化地区无线寻呼台开通。开始对外销售寻呼机，开办无线电寻呼业务。

开通126、127两个无线寻呼台。126台为人工台，127台为自动台。无线电寻呼系统仅是一种单方向的移动通信设备，通过一种小型接收机，俗称为BB机或BP机，单方向地接收寻呼者经过寻呼台发来的简单的文字信息。寻呼技术改进后，可以在寻呼机显示屏上接收寻呼者简单的留言，类似于手机短信。怀化地区无线寻呼台出售的寻呼机长约5厘米，宽约3厘米，厚度约1厘米，有一个显示屏。每台寻呼机有一个编号，也称之为编码，共10位数，频段为126、127。20世纪90年代初期，被人们称为大哥大的移动电话普通市民和工薪阶层无法消费得起。无线电寻呼具有独特的寻人功能，售价在1000~2000元之间，寻呼费同市话相当，当时受到城市居民和工薪阶层的普遍欢迎。1991年怀化市销售寻呼机1287只。怀化地区邮电局人工寻呼系统由寻呼中心（或称为寻呼台）、基站和寻呼接收机三部分组成。怀化地区邮电局开通的自动寻呼台，整个寻呼过程由计算机完成，使用160MHZ无线频段。

1995—1997年，寻呼机与语言信息配套使用，为寻呼机用户提供存取语言信息服务。主呼用户按照规定程序将留言存入语音信箱后，被呼用户按规定输入密码，可以从语音信息中提取留言。1997年，怀化市无线电寻呼达到最旺盛的时期，寻呼用户达到45173户。1998—2000年，移动通信市场快速发展，无线电寻呼单一的通信功能已不能满足人们的通信需求和信息交流，市场不断萎缩。2000—2004年，手机价格和通信资费标准不断下降，方便、快捷、高效的移动电话逐渐取代无线寻呼，2004年后，无线电寻呼彻底退出市场。

2009年，怀化电信公司正式恢复办理移动通信业务。小灵通业务开始停办，一部分小灵通用户转入电信公司的CDMA，一部分小灵通用户停止使用。2011年小灵通PHS基站正式关闭。2009年，中国联通怀化分公司曾推出移动大灵通业务。大灵通SCDMA技术与小灵通相比是一种完全不同的技术。是3G技术之一的TD-SCDMA的2G版本。其特点是覆盖范围更大，可以覆盖城市郊区的农村部分地区，可以提供灵通呼出、来电显示、一号通、IP长途、短信互发服务等业务类型。2011年大灵通退网。

四、电报

电报主要用于传递文字信息。1991年后，随着电话的普及和通信形式的多样化发展，通信技术不断进步，电报的使用量越来越少。电报按字数计收费用。计费标准为每字0.05~0.15元。1992年12月20日起，怀化地区邮电局调整电报资费标准，从每字0.07元调整到每字0.13元。社会公众拍发和接收的电报都是明码电报。发报人将草拟的电报稿按规定的手续写好交付业务经办人员，由电信业务人员完成电码翻译、发报，收报人就可以收到中文电报。密码电报主要用于军事、办案等保密活动。电报还区分普通电报和加急电报。主要区别在时间的长短。普通电报一般2~8小时内送达，夜间停送。加急电报1~2小时送达，夜间照送不误，但费用较普通电报高。党政机关和企事业单位还有一个电报挂号，是电报经营机构编制用于代替电报用户地址和机构名称的号码。1997年，怀化市电报业务总量4.2万份。进入21世纪后，随着通信科技的不断发展进步，电话得到普及，电报已不再是主要的通信手段。互联网进一步发展，电子邮件广泛应用，手机短信功能发挥到淋漓尽致，飞信、微信功能不断完善，电报被进一步取代。2000—2007年，怀化电信分公司电报业务量锐减，每天只发出3~5份电报。从2007年5月17日起，中国电信怀化分公司停办电报业务，电报正式告别通信市场。

五、传真

使用电报技术用于传递图像资料、证件资料以及内容繁杂的文字资料，称为传真。1986年1月28日，中国工商银行怀化地区中心支行购置第一台传真机。1988年后传真设备在地、市两级党政机关和规模较大的企事业单位安装使用。1990年6月，怀化地区第一台公众传真机安装在地区邮电局，为公众提供服务。党政机关的传真设备主要用于收发带保密性质的文件资料，其他功能较少使用。

六、电信新业务

电话订票 2006年12月，广州铁路集团怀化客运段遵照铁道部的统一安排部署，开通95105105，进入铁路火车票订票系统。按1字键进入订票选项。按语言提示输入相应信息和选项完成订票程序。订票成功后3天内持有效身份证件到火车站售票窗口或火车票代售点取票。铁路火车票订票系统可以预订3~12日内的各车站火车票。异地预订火车票须在95105105前加拨火车站所在地区的长途区号。2010年推出电话机票业务。

电话银行 2005年，各商业银行相继推出电话银行业务，通过电话把客户银行紧密联系起来，拨通电话银行的电话，可以得到银行提供的交易查询、利率查询、技术申请等服务，操作简单，服务便捷。

掌上股市 通信运营商接入沪深股市交易系统，客户利用智能手机联通即时行情和交易系统，可以在手机上收看股票交易即时行情，在交易系统下单完成股票及其他证券的买卖。

手机银行 手机银行也称为移动银行。在手机上办理相关银行业务，银行业务更加方便快捷。手机银行由手机、GSM短信中心和银行系统三部分构成。从2008年开始，中国银行、中国工商银行、中国建设银行、中国农业银行、交通银行与中国移动、中国联通等移动通信运营商合作，相继推出手机银行业务。手机银行以手机客户为终端，可办理银行业务查询、转账、汇款、缴费、消费、投资理财等业务。交易使用动态口令、采用两级密码对客户和银行数据进行两级加密，确保手机银行交易安全。

第三节 信息开发应用

一、电脑联网

1994年4月20日，中国正式加入国际互联网。1996年，怀化地区邮电局电信分公司启动计算机联网工程建设。投入资金14亿元，建设宽带传输、宽带交换、多媒体网络、移动通信网络等现代化通信网，初步完成计算机联网工程建设任务。2000—2010年，电信市场进一步放开，中国电信、中国移动、中国联通、中国铁通在怀化设立的分公司，全面承接互联网宽带接入业务。2010年底，怀化城区互联网宽带用户达到37068户。

二、企业上网工程

2004年，境内电信运营商根据市政府启动的企业上网工程建设的要求，协助规模较大的工商企业建设网站，塑造企业形象，打造企业品牌。2010年，共有258家工商企业建立了自己的网站。

三、政府上网工程

2005启动政府上网工程。市、区两级政府及各行政机构、事业单位开始建立门户网站。2010年，市一级副处级以上机关事业单位、区一级副科以上机关事业单位全面完成门户网站建设。

第四篇　工　业

1991—1997 年，怀化市（县级）时期，市属国有、集体工业企业集中布置在天星坪区域、湖天区域、城南盈口乡、泸阳镇内。

1991 年，怀化市委（县级）、市政府继续贯彻中央“治理经济环境、整顿经济秩序”的宏观调控政策，银根抽紧，市场萎缩，工业经济进入最困难的时期，国有工业第二轮承包经营进入第一年，只有 35%的企业完成首年承包经营的各项经济指标。产品销售不畅，相互欠款，形成解不开的三角债。1992 年 10 月，中共十四大召开，确立中国经济体制改革的目标是建立社会主义市场经济体制。在中共十四大精神指引下，工业经济各项改革全面启动，工业企业转换经营机制条例实施，第二轮承包经营终止。企业成为独立的市场主体。按照产权明晰、责权明确、管理科学、政企分开的要求，开始建立现代企业制度，工业发展出现转机。中外合作、合资工业，股份制企业稳步推进试点。以个体、私营为主要内容和形式的非公有制工业有所发展。纺织、食品、医药、建材等四大产业形成一定规模，成为区域工业经济中的支柱产业。

鹤城区成立初期，工业经济一直徘徊不前，国有、集体企业普遍活力不足，产品单一，科技含量低，效益低下，市场竞争力严重不足，80%的工业企业处于停产半停产状态，一些企业严重资不抵债。2003 年出台《鹤城区国有企业产权改革实施办法》，国有企业实施改制。2004 年区委经济工作会议提出“商贸立区、工业强区”发展战略，确定开展工业园区建设，随后鸭嘴岩工业园启动。工业产值从 1998 年的 4.62 亿元，增长到 2005 年的 18.89 亿元，8 年间增长 4 倍多。

2007 年 8 月，区委扩大会议（又称黄岩务虚会）重新明晰鹤城经济发展思路为“一个目标，两个跨越，三个加速推进”。其中两个跨越就是商贸物流业和工业经济实现跨越式发展，将工业确定为鹤城区经济工作的重点。2010 年 12 月，中共鹤城区委三届四次会议确定“商贸主导、工业支撑、城乡一体、和谐富裕”的发展战略，工业与商贸物流产业确定为鹤城经济的两大支柱产业。2007 年，鹤城区工业经济实现恢复性增长，当年工业总产值完成 27.65 亿元。2010 年全区完成工业总产值 128.48 亿元，工业经济的支撑作用开始显现。

第一章　结构与规模

第一节　结构

1991—1997年，怀化市（县级）工业以公有制为主导。1991年，全市共有全民所有制和集体所有制工业企业290家，1997年增加到407家。1991年，全市个体、私营工业2194家，大都是作坊式加工，或前店后厂的生产经营模式。1997年，全市个体、私营工业发展到7320家。鹤城区成立后，大力发展非公有制经济，提出以改革推动、城建启动、市场拉动、开放带动、民营促动的“五动”发展思路，推进非公有制工业快速发展。重点促进民营科技型工业发展。对民营科技型工业企业通过重点扶持和引导，对做出突出贡献的企业和个人给予奖励，推荐参选市、区两级人大代表，或吸收为市、区两级政协委员参政议政，提高政治待遇。2000年，区属国有工业推进产权制度改革，通过两个置换、市场竞争，国有资本全部退出。非公有制工业快速发展，到2010年，鹤城区年销售收入在500万元以上的非公有制工业企业发展到56家，年销售收入86.87亿元。

一、所有制结构

国有工业　1991年，怀化市（县级）内共有全民所有制工业企业39家，其中，部属企业3家，省属企业1家，地属企业7家，市属企业28家。2010年，境内国有企业通过破产改制，仅剩怀化市电机厂、怀化市织染厂、怀化市岩冲煤矿、怀化市电子工业公司、怀化市矿山物资公司5家，处于停产或半停产状态。

集体工业　1991年，有市属集体工业13家，乡镇、街道集体工业企业241家。行业涉及纺织、服装、鞋帽、造纸、包装、印刷、皮革、塑料、家具制造、农产品加工、采矿、建筑施工等行业。1991年后，国家鼓励发展个体、私营经济，集体工业通过租赁、承包、协议转让等方式转变为民营，或个体、私营企业。1996年，怀化市皮件厂、怀化市服帽湘绣厂参照《中华人民共和国破产法》的相关规定，向人民法院申请破产。鹤城区成立后，加速城市扩容提质步伐，2000年，推进东兴街改造，区域内皮鞋厂、包装厂等集体工业企业，根据《集体企业法》的有关规定改制退出，让出生产经营场地用于发展商贸物流产业。2000年后，区内部分集体企业参照国有企业改制的政策完成改制。到2010年底，仅有怀化市家具厂、怀化市塑料厂两家集体工业企业未完成改制。

个体私营工业　中共十三大首次肯定个体、私营经济，怀化市（县级）个体、私营工业开始起步。1990年11月，国务院批准怀化地区为全国农村改革试验区。1991年，怀化市（县级）出台并实施《城市开发与改革试验方案》，1992年出台《关于加速发展个体、私营经济的决定》，推出“让码头、让资源、让税利、优化服务”倾斜政策。1993年在总结上述决定的基础上，又出台《关于加快私营经济发展的若干规定》，加之户籍制度改革及其他优惠激励政策，设立湖天、河西、城东三个开发区作为平台，个体、私营工业进入快速发展时期。1997年针对新的发展瓶颈，怀化市人民政府又出台关于支持民营经济发展的政策。1998年，成立鹤城区民营经济办公室，个体、私营工业经济发展的政策环境、投资环境、服务环境极大改善。市外境内城乡居民中的一批能工巧匠纷纷到怀化投资创业，兴办个体、私营工业。周边各县市的服装加工个体户来怀化开办服装加工店，少数发展成较大规模的服装加工企业，如远度服饰有限公司、红华制衣公司、鹤城区阳光服装有限公司等。个体、私营工业涵盖服装鞋类、食品加工、机械制造、竹木加工、家具制造、五金建材、石材砖瓦、建筑安装、机械修理、农产品加工、电工电器、采矿、化工、烟花爆竹、水电开发、塑料制品等行业。2004年确定商贸立区、工业强区发展战略，将机电、纺织、医药、食品、饲料作为发展重点，引进外来资本投资办厂。2010年，全区个体、私营工业发展到1124家，从业人员15782人。

中外合资合作工业　从1991年开始，实施对外开放战略，加大招商引资力度，鼓励兴办中外合资、合作企业。1992年10月，与泰国正大集团签约，成立中泰合资经营的怀化正大有限公司。泰方投资780万美元，拥有85%的股权，怀化市（县级）人民政府以108亩“三通一平”土地使用权作为出资，拥有15%的收益分红权，合作兴办年产18万吨浓缩饲料加工企业。1992年7月，香港兰艺发展有限公司与曾昭亮创办的个体工业——怀化市日用化工厂合资创办湖南天龙医药化工实业有限公司，日用化工厂取得控股地位。1994年，引进台商资金创办中外合作湖南新亚鞋业有限公司。1995年3月引进澳大利亚资金1500万美元，合作创办湖南莱孚铝业有限公司。2000年，进一步加大招商引资力度，引进外资及市外境内资金创办28家独资、合资、合作工业企业。2010年，鹤城区合资合作工业企业64家，从业人员7850人，年销售收入39.86亿元。

二、行业结构

1991—1997年，按行业细分，怀化市（县级）辖区工业涉及电力、能源、化工、电子、采掘、冶炼、机械、建材、食品、医药、纺织等39个行业，其中电力、电子、化工、食品、医药、纺织为支柱行业。1991年工业总产值4.89亿多元，采掘业总产值2696万元、食品加工7630万元、纺织业4751万元、化工5232万元、医药1996万元、电子及通信设备制造4503万元、机械制造3821万元、电力及其他产业3396万元。1998年撤地设市后，鹤城境内工业通过改制重组，部分行业弱化，象纺织行业比重明显下降。1998年鹤城工业总产值（当年价，以下同）4.62亿元，其中，煤炭采选业2512.3万元、食品加工业13610.4万元、纺织业448.4万元、化工5175万元、医药1921.4万元、电子及通信设备制造104.5万元、电子机械及器材制造业1715.9万元。2010年工业总产值128.48亿元，规模以上工业总产值86.87亿元。

按轻重工业分，1991—1995年占比如下表。1994年轻工业首次超过重工业。1998年国有企业及销售收入500万元以上非国有企业轻工业总产值（当年值）19.29多亿元，重工业总产值26.92亿元。随着国有企业的改制和重组，工业经济得到一定的增长，轻、重工业的比例产生一定变化，2010年规模以上轻、重工业总产值分别为27.37亿元、28.02亿元。

1991—1995年怀化市（县级）轻重工业结构表

表4–1–1

项目＼年份	1991年	1992年	1993年	1994年	1995年
乡及乡以上工业总产值（万元）	41750	56922	81992	109246	133009
轻工业产值（万元）	19344	25690	34855	62286	74283
重工业产值（万元）	22406	31232	47137	46960	58726
轻重工业比例（%）	46.33：53.67	45.13：54.87	42.51：57.49	57.01：42.99	55.85：44.15

第二节　规模

一、工业发展及布局

怀化市（县级）在20世纪90年代工业是在探索中发展的，90年代初工业企业受“三角债”和生产过剩双重影响，大部分企业面临重重困难。1995年底，市属53家国有企业，亏损面达64.2%。面对国有企业亏损，大力发展私营企业和三资企业，并对国有企业进行改革，逐渐形成以纺织、食品、医药、建材为支柱的四大产业，保证了在国内生产总值比重不断增加。1991年工业占国内生产总值20.6%，1997年占比为61.5%，1998年区县分设后，部分企业上收市政府管辖，部分企业划归中方县管辖，鹤城国有及年销售收入500万元以上非国有企业仅有32家，工业总产值为4.62亿元（当年价）。鹤城成立之初工业是比较薄弱的，正视工业薄弱现状，奋起发展。2000年始对国有、集体工业企业实行改制，盘活资产。2003年提出“商贸立区、工业强区”发展思路，2007年提出要实现工业跨越式发展，是年工业总产值达到27.65亿元，是1998年6倍。随后又将商贸物流、工业作为鹤城两大经济支柱。2010年国有及年销售收入500万元以上工业企业达56家，全区工业总产值达到78.88亿元，三次产业中占31.4%。

1991—1997年，怀化市（县级）工业布局大都是沿街道两侧，市级企业集中区在天星坪一带，国家及省、地企业建在迎丰路、锦溪路、红星路两侧。2003年实施“工业强区”及后来“退二进三”（退出第二产业，转型发展第三产业）等战略举措后，开始工业园区建设。2005年设立鸭嘴岩工业园，园区占地面积1.75平方千米，入园工业企业有金益环保机械、恒裕钢构、华亚数控机床等。后因城市功能区调整，鸭嘴岩工业园部分企业迁入市工业园。2008年启动阳塘科技·物流园，规划面积13平方千米，以发展电子科技、环保产业、机械加工、新型能源等工业门类。2010年末，入园项目有湖南大鼎四万吨钢构生产厂、怀化市微华录光电子有限公司等。

1991—1997年怀化市（县级）工业发展基本情况表

表4-1-2

项目＼年份	1991年	1992年	1993年	1994年	1995年	1996年	1997年
乡及乡以上工业企业和生产单位数（个）	290	324	346	353	371	386	398
全部工业总产值（万元）	48065	66091	101454	144670	201635	232758	261824
乡及乡以上工业总产值（万元）	41750	56922	81992	109246	133009	158467	181372
乡以上工业总产值（万元）	6315	9169	19462	35424	68626	74291	80452

二、技术改造扩大规模

公有制工业　怀化市（县级）的交通优势和区位优势得到人们的高度认同，省属、地属、县、市属国有工业纷纷通过技术改造扩大规划。

20世纪90年代初期，国家实施“八五”计划，市属国有工业实行技术改造，经委内设技改办专抓国有工业技术改造工作，科委、计委联合审批技术改造项目，重大技术改造项目须报地区相关职能部门审查批准后方能实施。技改项目资金按计划配置，切块安排。技术改造的主要内容：一是扩大产能；二是技术升级，提高产品的科技含量和市场竞争能力；三是行业战略转移，新上一批市场前景好的工业项目，退出市场前景看淡的工业项目。1991—1997年，怀化市（县级）属20家国有工业共完成技术改造项目28项，投入技术改造资金1.97亿元。工业经济形成一批新的增长点。开发新产品25项，其中6项达到国内先进水平，投产率达到95%。重大技改项目，怀化磷肥厂技术改造新建一条年产1000吨的工业黄磷生产线并成立黄磷分厂，1990年5月正式投产，1996年后，黄磷年产能扩大到4000吨。1994年技改新建年产能为4000吨（其中工业级2000吨，食品级2000吨）85%的磷酸生产线，同时成立磷酸分厂。1996年技改新建一条年生产能力为10000吨的五钠（磷酸盐）生产线，同时成立五钠分厂。钙镁磷肥生产能力，经过3次技术改造，由最初的年产6万吨，提高到年产16万吨。怀化磷矿于1991年在鸭嘴岩乡创办怀化市电石厂。1993年，怀化针织总厂技改修建成衣大楼，成立两家中外合资服装生产企业，并对漂染车间进行技术改造。怀化市床单总厂对“三防”帆布生产线，床单生产线进行提质改造。怀化市毛纺织总厂易地改造扩大产能，整体搬迁至天星坪园艺场，生产场地扩大3倍。怀化市彩色包装印刷厂技术改造新建高档瓦楞纸包装生产线。怀化肉联厂技改新建分割肉车间、自动化生产线及污水处理设施，扩建冷冻车间，新建冰淇淋生产线。怀化市机床总厂技改开发数控机床。怀化市生物化工厂技改新建单宁酸生产线。怀化市美术印刷厂兼并怀化市儿童用品厂后，扩建彩色包装生产线。怀化市三化厂技改新建雷公藤素提取生产线。怀化市平板玻璃厂技改建成镀膜玻璃生产线。

非公有制工业技术改造　撤地设市后非公有制工业经济得到快速发展，工业技术改造呈现新的特点。在追求产能扩张的同时，按照新型工业化的要求和企业长远发展目标，更加注重节能环保、高新技术的研发运用，更加注重产品的科技含量和市场份额。新能源、新材料、新工艺、新技术，以及科研成果的孵化成为工业技术改造的重点。中外合作湖南莱孚铝业有限公司1998年开始停产整顿，投入8000万元，改湿法为干法，改自焙槽为预焙槽，实现环保达标。湖南明城电器有限公司投资3亿元，建设LED学校节能灯项目。金益环保公司瞄准工业除尘和废气废水处理领域开展技术改造，其工业除尘设备已广泛应用于水泥生产企业和矿山开采领域。湖南湘鹤电缆科技股份有限公司技改新建光伏项目，得到国家金太阳工程资助。湖南正清制药集团股份有限公司建立博士后科研工作站，对博士草（鱼腥草）进行深度研究和开发，成功研制开发鱼腥草注射液，“植物抗生素”的药效得到充分发挥。投入3.5亿元资金在怀化市工业园征地300亩，整体搬迁进行技术改造，按照GMP新版要求，重点建设鱼腥草注射液生产基地，实现“四个十亿”目标。湖南本业机电有限公司重点瞄准科研院所和高校研发中心，加大科研成果孵化力度，与南京农业机械研究院合作，在怀化市工业园区投资1.5亿元，孵化农业机械新成果，建设年产5万套（台）新一代的农业机械生产线。怀化绿色妈妈科技开发有限公司成功开发“绿色妈妈”空气净化除菌剂系列产品，瞄准中药抗衰老保健品领域，投资6000万元，开发中药抗衰老保健品。怀化市洪源农林科技开发有限公司与北京中科前方生物技术研究所合作，建立油茶中试与孵化基地，开展油茶精深加工，开发高端保健食用茶油和生物医药等共20个油茶系列高附加值产品。湖南湘虹葛业股份有限公司技改目标集中在葛根产业，研制生产葛根饮料、葛根茶、葛根食品、葛根药品系列高科技产品。

2006—2010年，鹤城规模工业企业41家增加到56家，千万元以上的26家，销售收入过亿元企业达11家。

三、工业园区建设

2004年2月，鹤城区确立“商贸立区，工业强区”发展战略。2004年7月，决定上马鹤城区鸭嘴岩工业园。工业园选址在鸭嘴岩镇池回村和李公湾村，位于怀黔公路两侧，邵怀高速公路连接线两边，规划面积为10平方千米，分三期开发，第一期规划1.6平方千米，位于池回村，重点发展机电汽车工业、机械和医药食品工业。二期、三期分别规划面积为5.1平方千米、3.3平方千米。2004年，恒裕钢架构件厂、旭丰锰业、正久兽药、恒福车业、怀仁制药、凌云机电等相继签约。2007年，鸭嘴岩工业园更名为鹤城区工业小区。2009年，入园项目14个，已投产8个。

2009年启动建设石门阳塘工业小区，开展前期的有关项目。2010年，根据怀化市城市整体规划布局调整要求，鸭嘴岩池回工业小区调整为商贸物流小区。2010年5月正式启动阳塘科技物流产业园。2010年6月，池回工业小区与阳塘物流产业园合并组建怀化工业园鹤城分园。阳塘科技物流产业园位于石门乡阳塘村和金海村，东临中方县泸阳镇，西与城东新区相衔接，南抵怀化火车东站，北至凤皇山边。S223省道和娄怀高速公路连接线穿境而过。总规划面积13平方千米，第一期规划面积4平方千米，优先发展电子科技、环保制造、机械加工、新型能源、循环经济、工业物流、仓储物流等新兴产业。二、三期分别开发5平方千米、4平方千米。怀化市2010年49号市长办公会议将阳塘科技物流产业园更名产业区。是年9月底产业区详控规划通过市规委会评审，区内主次干道8条，总长12110米，路网建设采用BT模式。

第二章 企业体制改革

第一节 经营机制改革

一、实施第二轮承包经营

1990年8月，根据湖南省人民政府《关于工业企业完善发展承包经营责任制的通知》的有关要求，怀化市（县级）制定《国营企业第二轮承包细则》。按照“包死基数、确保上交、超收多留、欠收自负”的十六字方针，确定工业企业第二轮承包经营方案。承包期限为三年（1991—1993年）。第二轮承包经营的总原则是“三保一挂”。“三保”，即保上缴利润、保技术改造、保企业增收。“一挂”，即企业工资总额与经济效益挂钩。在工业企业第二轮承包经营中，实行上缴利润递增包干制，年递增比例为8%~10%。对于政策性亏损企业，则实行亏损总额包干，多亏自补，减亏全留。承包经营的指标分为考核指标、考评指标和参考指标三种，以考核指标为主。考核指标主要有上缴利润指标和实现利润指标两项。考评指标有企业技术进步、企业升级、固定资产增值、归还银行贷款、安全生产等项内容。参考指标有产值和销售收入两项，实行分类指导。第一类为生产经营比较稳定、经营环境、经营市场变化较小，发展前景比较清晰的企业，承包期为3年。第二类是受市场价格等客观因素影响较大，利润变化较大的企业，承包指标一年一定。第三类是不愿意实行承包经营的企业，可以按利改税的有关规定开展生产经营。1992年7月23日，国务院发布《全民所有制工业企业转换经营机制条例》，怀化市（县级）人民政府于同年10月制定《关于贯彻执行“全民所有制工业企业转换经营机制条例”有关问题的通知》，强调落实企业自主经营权，把企业推向市场。从1993年2月开始，根据企业自愿的原则，可以终止第二轮承包经营合同。1993年5月，工业企业全部终止第二轮承包经营合同。

二、重组

兼并 1991年4月23日，湖南省体改委批复怀化地区行署，同意湖南省维尼纶厂（湖南湘维公司）兼并怀化市（县级）林化厂。兼并后的怀化市（县级）林化厂的隶属关系划入湖南省纺织工业厅，为首例跨隶属部门兼并。1992年10月21日，怀化市（县级）政府批准市美术印刷厂（市属预算外国营工业企业）兼并市儿童用品厂（集体工业企业），兼并形式为承担债务式，为跨所有制兼并案例。同年12月22日，怀化地区体改委批准新晃卷烟厂兼并怀化市（县级）红星机砖厂。兼并后的红星机砖厂成为新晃卷烟厂开展多种经营的一个基地。1993年2月3日，湖南省劳改工作管理局批准怀化安兴工业总厂兼并怀化市（县级）农村电话管理站，后因遗留问题得不到妥善处理而于同年7月23日宣布撤并。1998年1月6日，怀化市（县级）人民政府批准湖南天龙医药化工实业有限公司兼并怀化市（县级）医药公司饮片加工厂，以购买方式兼并。按照双方达成的兼并协议和补充协议，由兼并方出资140万元，取得怀化市医药公司饮片加工厂7.1亩土地使用权及其地上附属物产权，被兼并方的债权债务及职工安置由怀化市（县级）医药公司承担。其他兼并事件有怀化机床总厂兼并附属维修厂、怀化市（县级）磷肥厂兼并附属塑料编织袋厂、怀化市彩色包装印刷厂兼并怀化市（县级）陶器厂等。

合并　1992年8月17日，怀化市（县级）人民政府批准市酒厂与市水利水电工程队合并。两个企业合并后，实行一个机构、两个牌子。市水利水电工程队成为市酒厂的一个分支机构而独立存在，其经营范围不变，实行独立核算。合并后的经济实体为预算内全民所有制企业，归口怀化市（县级）轻纺工业局管理，但水利水电工程队方面的业务，仍然接受怀化市（县级）水电局的指导，其年度生产经营计划仍由怀化市（县级）水利水电局下达。1992年，市红岩水轮泵水电站与市水电综合营业大楼合并。因行业跨度大，管理难度大。1997年10月，2家企业撤销合并。

收购　1997年7月7日，白云山正清制药股份有限公司零价格收购怀化市（县级）食品总厂破产资产。1996年12月，湖南民生农业发展有限公司出资180万元，收购怀化市（县级）日用玻璃厂破产资产（国有土地使用权）。

第二节　股份制改造

域内从1994年7月开始实行企业股份制改革。

怀化市（县级）彩色印刷总厂股份制改造　1994年5月31日，批准怀化市（县级）彩色印刷总厂股份制改造方案，改制成立怀化市（县级）集成企业有限责任公司。公司采取法人参股的方式设立，吸收职工个人入股，总股本450万股，每股面值人民币1元，实收股本金450万元。其中，国有股180万股，企业法人股180万股，职工个人股90万股，全部为普通股，不设优先股。职工个人股由公司工会设立职工持股会统一管理。

怀化市磷化工总厂股份合作制改造　1997年5月，怀化磷化工总厂确定股份合作制改造方案。1997年12月9日，怀化市（县级）人民政府同意怀化市磷化工总厂改组为股份合作制企业。在改组过程中按买断职工身份的1∶0.36比例在厂内职工中进行扩股。新成立的股份合作公司股份全部由职工持有，暂不设国有股。一次性以经营性净资产买断国有职工身份后，职工原参加的社会统筹养老保险予以保留并连续计算，但职工如以国有身份调出企业，须将买断其国有身份资产部分形成的职工身份股金转为国有资本金，由怀化市国资局国有资产投资经营公司持有和管理，并按规定收取国资占用费。

怀化市针织总厂股份制改造　1997年5月，成立怀化市（县级）针织总厂股份制改革领导小组，同年8月26日，市政府批准针织总厂股份制改革方案：针织总厂停产整顿；由湖南福星针织服装有限公司、湖南富生针织服装有限公司、怀化市（县级）经济建设投资公司和职工合股基金会联合出资，组建设立新的怀化市（县级）富华实业有限公司。股本构成为2个合资公司占总股本的30%，怀化市（县级）经济建设投资公司出资额占总股本的10%，职工合股基金会占总股本的60%。

怀化市酒厂股份制改革　1997年9月10日，成立湖南红豆食品有限责任公司，总股本186万股，每股面值人民币1元，共计186万元，其中，国有股155万股，计155万元，怀化市（县级）酒厂以部分经营性净资产折价入股，由怀化市（县级）国有资产投资公司持有，自然人丁小平持股31万股，计31万元。公司成立后，主要产品有枸杞子饮料、玉壶春牌中高度白酒，年销售收入300万元。2003年改制。

第三节　产权制度改革

从2000年开始，鹤城区按照中央的要求，国有工业企业推行产权制度改革。对完全丧失市场竞争能力的国有工业实施破产改制或出售，通过各种途径和方式筹措改制经费，妥善安置职工。工业用地改变性质和用途，转变为商业或商住用地，城市规划区内工业企业全部退出（服装、鞋帽等部分加工业除外），“退二进三”发展商贸物流产业。对部分具有一定竞争优势的国有工业，如怀化汽车零部件总厂、怀化机床总厂，通过破产改制的形式，保留资产。将部分经营性资产采取公开拍卖的方式出售给民营机构，退城进园，异地新建生产线。2003 年，怀化汽车零部件总厂破产改制后成立的怀化市开元汽车零部件有限公司转让给恒裕实业。怀化市床单厂破产改制后，剥离出“三防”帆布生产线，出售给肖开红等民营投资者，成立怀化市顺天塑业有限公司，搬迁至鹤城区鸭嘴岩工业集中区异地技术改造。怀化市机床总厂破产改制后，将数控机床生产线通过拍卖的方式，出售给深圳华亚科技公司，成立怀化市华亚数控机床制造有限公司，搬迁至鹤城区鸭嘴岩工业集中区异地改造，成功认定为湖南省高新技术企业。到 2010 年底，区属国有工业企业已基本完成改制，彻底退出市场。

改制中，以“全面退出、全面置换”为工作重点，推动国有企业产权制度改革。“全面退出”就是国有资产全面退出市场竞争领域，除政策有特别规定的，不再保留区属国有企业。“全面置换”就是采取经济补偿的方式，全面置换企业职工的国有身份，对严重资不抵债的企业依法实施破产，通过破产卸债，将企业资产保留下来用于职工安置。对资产状况比较好的企业，以公开拍卖的方式处置资产安置好职工。先期在怀化市汽车零部件总厂、怀化化工厂试点并取得成功。2001 年 7 月 23 日，怀化市人民政府为规范全市国有企业产权制度改革工作，下发《怀化市国有企业产权制度改革试行办法》。对依法处置资产、合理设置股权、置换职工全民身份、分离社会职能、社会保障措施、实施社区管理、严格操作程序等 7 个方面进行清晰界定和严格规范。2003 年 8 月 3 日，为适应国有企业产权制度改革的新形势新要求，根据国家对国有企业改革政策的调整，怀化市人民政府对全市国有企业产权制度改革的有关问题进行调整、补充和完善，颁布《怀化市人民政府关于国有企业产权制度改革有关问题的通知》。鹤城区人民政府根据此文件有关要求和精神，结合鹤城区实际，为进一步加快区属国有企业产权制度改革步伐，理顺劳动关系，规范操作程序，实现改革平稳过渡，2003 年 8 月 27 日，印发《怀化市鹤城区国有企业产权制度改革实施办法（试行）》。该《办法》结合鹤城实际，对企业产权制度改革的相关规定进一步细化、延伸和创新。2010 年底，90%区属国有、集体工业企业完成产权制度改革。

第三章 电力工业

第一节 电能开发

一、火电

榆树湾镇仙人桥岩尾冲，1970 年 8 月兴建 1500 千瓦火电厂。经过几年扩建，1988 年，装机容量达 1.8 万千瓦。1992 年 12 月，装机容量为 3000 千瓦的六号机组投产发电。装机容量达到 2.1 万千瓦。1993 年 6 月，一号机组报废，1994 年 6 月，三号机组报废。2006 年 2 月，按照国家政策要求，怀化火电厂关闭。

二、水电开发

1991 年底，怀化市（县级）共建成小水电站

34处。

1986年11月，三角滩水电站动工兴建。设计安装3台单机为5000千瓦的发电机组，总装机容量为15000千瓦。1991年，一、二号机组投产发电，1993年三号机组投产并网发电。1997年11月，湖南莱孚铝业有限公司以承债方式收购三角滩水电站，1998年4月完成收购。莱孚公司破产后，2009年8月，怀化市宇隆水电发展有限公司通过公开竞拍方式，以1.06亿元的价格获得三角滩水电站产权，并全额以现金方式支付竞买款。2011年，宇隆水电公司在电站右岸原水轮泵站扩建增容一台新发电机组，装机容量为9500千瓦。

2002年，鹤城区修建龙岩江一级电站。该电站地处黄岩旅游度假区管理处田家村，是接引田家村灌溉渠道流水修建的一座引水式电站。引水渠道全长2700米，最大引用水量每小时0.7万立方米，最高主水头232米，引水渠落差222.5米，装机3台，总容量为1040千瓦，设计年发电量为364万千瓦时，设计年利用时间为3500小时。同年修建鸭梨江电站。该电站地处黄岩旅游度假区管理处大坪村，直接引用森林半坡的溶洞水。引水渠长320米，压力管长320米，流水落差151.8米。装机2台，容量为520千瓦，设计年发电量为367万千瓦时，设计年利用时间为4380小时。2003年，修建杨村趴坡电站。该电站地处杨村乡趴坡村，为引水式电站。引水渠道全长4000米，压力管长356米，水头116米，装机2台，总容量为520千瓦，设计年发电量为241万千瓦时，年设计利用时间为4636小时。2004年，修建龙岩江二级电站。系接引田家村灌溉渠道流水修建的一座二级梯级引水式电站。引水渠道全长1900米，形成自然水头61米。装机2台，总容量为325千瓦，设计年发电量为145.4万千瓦时，设计年利用时间为4473小时。2010年，对红岩电站扩容，投资4050万元，装机容量从7050千瓦增加到10200千瓦。

1991年怀化市（县级）集体小型水电站（装机100千瓦以上）统计表

表4-3-1 单位：千瓦

水电站名称	所在乡镇	所在溪流名称	产权与管理	建成年月	装机容量
竹林坪	凉亭坳乡	罗家溪	（集体）乡管	1982年7月	640
老里碑	凉亭坳乡	罗家溪	（集体）乡管	1978年12月	400
尹家岭	凉亭坳乡	罗家溪	（集体）乡管	1976年6月	250
毛州一号	凉亭坳乡	罗家溪	（集体）乡管	1977年5月	375
毛州二号	凉亭坳乡	罗家溪	（集体）乡管	1977年5月	250
团结	新建乡	新建溪	（集体）乡管	1979年9月	200
西牛潭	龙场乡	龙场溪	（集体）乡管	1979年9月	890
梅树冲	花桥镇	花桥溪	（集体）乡管	1978年4月	250
五星	鸭嘴岩乡与中方镇交会处	茅利溪	（集体）乡管	1973年6月	625
五龙溪	牌楼镇	五龙溪	（集体）乡管	1978年10月	250
三星桥	牌楼镇	五龙溪	（集体）乡管	1973年6月	200
裕鸿	石门乡	太平溪	（集体）乡管	1974年11月	250
黄溪	铜湾镇	黄溪	（集体）乡管	1972年9月	400
大垅潭	袁家乡	新建溪	（集体）乡管	1978年1月	250
江坪	铁坡乡	湾溪	（集体）乡管	1976年1月	100
垄溪	接龙乡	大蒲溪	（集体）乡管	1976年11月	125
金坪	锦溪乡	小蒲溪	（集体）乡管	1979年4月	250
通江	活水乡	溆水	（集体）乡管	1979年6月	100
湾溪口	新路河乡	湾溪	（集体）乡管	1974年11月	200
黄莲洞	蒿吉坪乡	大蒲溪	（集体）乡管	1991年8月	200
白良	牌楼镇	五龙溪	（集体）乡管	1984年	110
枫木潭	贺家田乡	汪家溪	（集体）乡管	1979年10月	110
鱼垅桥	石宝乡	湾溪	（集体）乡管	1976年1月	125

第二节 电网建设

一、地方电网

20世纪70年代以前，怀化县用电由发电单位自发自供，没有建设电网。怀化县城榆树湾镇自1971年8月起，由怀化电厂供电。怀化电厂组成15人线路队，担负供电线、杆的架设与维护任务。1975年8月，成立黔阳地区怀化供电所，发电与供电开始分离。怀化电厂线路队并入怀化供电所。1978年1月，红岩水轮泵水电站首台机组投产发电，同年7月，与怀化电厂联网运行，由怀化供电所经营供电，形成怀化县小区域电网。1980年，怀化县长泥坡变电站开工建设。红岩、芷江两回35千伏线路及怀化电厂两回10千伏线路分别进入长泥坡变电站。1982年，芷江县春阳滩电站首台8800千瓦机组投产后并入怀化电网，形成一个跨县域的小区域电网。1981年4月，架设怀化至黔阳双溪110千伏线路。黔阳县螺丝塘电站并入怀化地方电网。1982年，怀化供电所、安江供电所、怀化火电厂合并，成立怀化地区小水电公司，作为怀化地方电网的经营机构，负责区域性网架建设、网架经营、电力电量调度及供电业务。怀化地方电网覆盖三县（黔阳、会同、芷江）两市（怀化市、洪江市）。1987年7月，怀化湾潭变电站建成，直接连通芷江、洪江、长泥坡3个变电站，成为怀化地方电网的中心枢纽变电站，地方电网的网架结构初步完善。1989年，架通怀化至溆浦刘家坪110千伏输电线路，溆浦县加入怀化地方电网。

1991年11月18日，成立怀化市（县级）小水电公司，为怀化市（县级）预算外全民所有制供电企业。供电区域为全市大部分乡镇、河西新区（后设立为怀化市经济技术开发区）、城区部分区域。1992年1月，怀化市（县级）小水电公司正式运作，当年供电量3559万千瓦时。1998年4月，怀化市（县级）小水电公司撤销，分别成立鹤城区供电公司和中方县供电公司。鹤城区供电公司供电区域调整为河西新区、黄金坳镇、石门乡、鸭嘴岩镇。同年7月，鹤城区供电公司上划为怀化市水电局管理，更名为怀化市鹤城供电公司。1999年1月，鹤城区供电公司接管贺家田乡供电负荷。3月10日，与怀化市电力有限责任公司签订直管合同，正式成为市公司的直属分公司。2000年怀化地方电网与南方电网在贵州境内并网。2006年4月，鹤城区供电公司接管芷江路、沿河路及城南部分供电区域。2010年8月，鹤城区供电公司接管凉亭坳乡供电负荷，成立凉亭坳供电所。2010年供电量2.6亿千瓦时，销售收入1.56亿元。

二、国家电网

1981年8月，国家电网公司怀化电业局正式成立。1982年成立怀化电业局怀化供电所，接管沅陵供电所的所有在怀业务。1984年，架通怀化—会同110千伏高压输电线路，联通洪江火电厂。1990年，湘黔铁路电气化改造，国家电网怀化电业局承担电网网架建设施工和供电任务。在石门乡阳塘村建设220千伏变电站，为湘黔铁路电气化改造的配套工程。1991年8月建成投入使用。同年9月，建成110千伏石门新街变电站。国家电网公司在怀化市境内网架基本形成。2000年怀化地方电网与国家电网并网。

国家电网进入怀化初期，主要为军工企业和“三线”企业提供供电服务，1986年，国家电网在嫩溪垅开始架设供电网络，给地方用户供电。怀化地方电网同时在该区域架设供电线路，形成两网竞争供电市场，摩擦时有发生。

2009年，怀化市政府与湖南省电力公司酝酿怀化地方电网与国家电网合并。2011年9月8日，怀化地方电网与国家电网正式合并。

三、变电站建设

20世纪70年代初期，怀化境内没有变电站。城区供电采用怀化电厂发电机出口两条10千伏母线。一条供城区居民生活、工商企业用电，一条供怀化铁路分局水电段。1980年12月，怀化供电所建成第一座变电站——长泥坡35千伏变电站，装2台主变压器，分别为16000千伏安、8000千伏安。至2010年底，境内建成220千伏变电站2座，110千伏变电站7座，35千伏变电站7座，总投资9.57亿元，年交换电量60亿千瓦时。

2010年鹤城区220千伏枢纽变电站统计表

表4-3-2 单位：亿元

变电站名称	所处位置	建设年限	投资总额
湾潭变电站	城南街道池回村	1985年8月至2006年10月	2.7
阳塘变电站	石门乡阳塘村	1991年2月至1995年12月	1.8

2010年鹤城区110千伏联络变电站统计表

表4-3-3 单位：万元

变电站名称	所处位置	建设年限	投资总额
长泥坡变电站	杨村乡长泥坡村	1980—2000年	5000
新街变电站	石门乡新街村	1991—1992年	4000
市政变电站	应民路	2009—2010年	6000
城中变电站	沿河路1号	2003—2005年	8000
河西变电站	怀化市经开区	1992—2008年	10000
火车站地下变电站	怀化火车站南侧	2010—2011年	3920
石门变电站	坨院犀牛村	1992—2006年	7000

2010年鹤城区35千伏变电站统计表

表4-3-4 单位：万元

变电站名称	所处位置	建设年限	投资总额
大观园变电站	侗文化城娱乐区	2001—2004年	100
鸭嘴岩变电站	中方县中方镇铜锣村	1979—1991年	1100
四四厂变电站	中方县中方镇	1985—1993年	200
黄金坳变电站	鹤城区黄金坳镇	1979—2012年	1280
铜湾变电站	中方县铜湾镇	1987—2010年	300
贺家田变电站	鹤城区贺家田乡	1999—2001年	350
怀化纺织厂变电站	金丰纺织公司内	1991—1992年	200

四、输电线路建设

1975年，开始建设输电线路，到2010年底，共建成220千伏输电线路3条，110千伏输电线路32条，35千伏输电线路14条。输电线路总长963.61千米，投资总额4.8亿元。

220千伏输电线路3条，湾大线（湾潭变电站—贵州玉屏大龙变电站）、湾洑线（湾潭变电站—大洑潭水电站）、湾玉线（湾潭变电站—贵州玉屏卓林变电站）。

2007–2010年鹤城城区主干道强电入地统计表

表4–3–5

单位：米

序号	道路名称	起点地址–终点地址	电缆沟	电缆管	建成年月
1	舞水路	怀化电厂—芷江路、武陵路	4200	4600	2007年2月
2	人民路	天星假日酒店—边城海鲜店	4080	5370	2007年2月
3	天星路	长泥坡变—正清路、湖天南路	10400	3200	2007年8月
4	红星路	福兴数码广场—汽车南站	3550	1800	2007年8月
5	人民东路	中心汽车站—华桥宾馆	1020	1130	2007年2月
6	迎丰路	怀化商城—卢林路口	11190	7300	2007年2月
7	河西	河西变—河黄线、河城线	2300	8600	2009年7月
8	府前路	市政变门口—紫东桥路口	1200	300	2010年10月
9	应民路	市政变门口—紫东路路口	340	80	2010年10月
10	紫东路	紫东桥路口—迎丰路路口	1740	224	2010年10月
11	顺天北路	环城路路口—迎丰路路口	1864	320	2010年10月
12	云集路	长泥坡变—锦溪路上杆	1100	500	2010年6月

五、城区电网改造

2006年5月，对芷江路、舞水路、人民路3条主干道线路一律实行管线入地，2007年2月完工。从2006年到2008年，城市改造建设中，管线一律入地。至2010年8月，城区12条主干道10千伏输电线路全部下地，开挖电缆沟43699米，埋设电缆管33424米。主干电缆长148000米，分支电缆长39440米，分支配电箱6个，环网柜105个，箱式变电器50台。

六、农村电网改造

1998年，国务院要求用3年时间（1998—2000）实施农村电力体制改革、农村电网改造，实现农村、城市用电同网同价，简称“两改一同价”。鹤城区农村电网改造纳入怀化地方电网改造计划，由怀化市电力有限责任公司作为项目业主，担负业主责任，改造资金实行“统贷统还”。

1998年，鹤城区供电公司列为湖南省第二批农网改造项目承担单位。1999年6月，正式启动首期农网改造工程，投资1308.8万元，完成的主要项目：河西变电站续建工程，增加一台6300千伏安的主变压器，安装控制屏。新建贺家田35千伏安变电站，新装主变2000千伏安。新建和改造10千伏输电线路84千米，0.4千伏输电线路160千米。新建或更换配电变压器101台，总容量7270千伏安，新装表到户4989户，2001年底完成。二期工程于2010年1月启动，投资13610万元，新建110千伏变电站1处，主变容量31500千伏安。改造增容3处，增容71000千伏安，新架设线路17千米，改造61.1千米。新建35千伏变电站1处，新架设35千伏输电线路2110米，改造线路19.3千米。新架设10千伏线路30.4千米，改造51.75千米。低压配电线路197.5千米，改造线路171.41千米，完成调度自动化1处，安装电容补偿65000千瓦。完成8个村384个台区改造，抄表到户完成9991户。石门乡16个村农网改造由城东供电分公司负责实施。杨村乡、黄岩管理处农网改造由城中供电分公司组织实施。2010年底完成。

第三节　用电管理

一、电价管理

1991年，统一管理电价。物价部门、电力管理部门测算核定电价，报怀化地区行署批准执行。上网电价，丰水期为 0.07 元/千瓦时，枯水期为 0.13 元/千瓦时。火电上网电价为 0.27 元/千瓦时。电网销售价格，居民生活用电 0.26 元/千瓦时，非居民照明用电 0.45 元/千瓦时，1~10 千伏工业用电 0.345 元/千瓦时，农业用电 0.19 元/千瓦时。电炊丰水期 0.2 元/千瓦时，枯水期 0.35 元/千瓦时。1996 年上调上网电价，水电上网电价丰水期为 0.075 元/千瓦时，枯水期 0.15 元/千瓦时，火电上网电价 0.345 元/千瓦时。2000 年，市政府批准市物价局、市水电局联合下发关于调整地方电网销售电价，建立农网改造付息资金意见的通知，适当调整地方电网销售电价。农网改造还本付息资金的提取标准和范围在规定电价之内，除高能耗产品的生产用电，网上交换电量和农业排灌用电不提取，煤炭生产用电按每千瓦时 0.003 元（含增值税）提取，其他用电则按每千瓦时 0.002 元提取。2003 年，按照国家计委有关要求，怀化市价格成本调查队会同怀电集团对集团自供自管农村供电营业所实际成本进行全面调查审核，同时对直供自管区域城乡居民生活用电价格成本进行审核测算，确定城乡居民生活用电同网同价方案。2003 年 10 月，省政府批复，城乡居民生活用电同网同价水平为每千瓦时 0.548 元。2009 年，城乡居民生活用电同网同价为每千瓦时 0.588 元。2011 年实施城乡居民生活用电阶梯电价制度，确定夏季、冬季高负荷时不同的用电消费基数和差异化的电价标准。

二、供电营业区管理

2006 年底，怀化地方电网、国家电网在城区内交叉供电区已由 1998 年的 14 处增加到 33 处，另增加与中方供电公司（由国家电网代管）交叉供电区 4 处。区域管理重叠，造成人力物力浪费。2011 年 9 月，地方电网、国家电网合并，供电营业区管理问题解决。

鹤城区供电分公司　1998 年 4 月，地改市，区、县分设后，怀化市（县级）小水电公司拆分为鹤城区供电公司和中方县电力公司。1998 年 7 月，鹤城区供电公司上收归口怀化市水利水电局管理，更名为怀化市鹤城区供电公司，供电区域为怀化市经济技术开发区、黄金坳乡、石门乡、鸭嘴岩镇。2006 年，根据怀电集团安排，接管芷江路、沿河路、城南部分供电区域。2010 年接管凉亭坳乡供电负荷，同时成立凉亭坳乡供电所。2010 年实现供电量 2.6 亿千瓦时，完成销售收入 1.56 亿元。

城中供电分公司　办公地点设怀化市红星北路怀电集团总部院内。负责湘黔铁路以南、㵲水河以北区域供电，占城区供电区域的 70%，用户超过 3 万户。管辖 18 条 10 千伏供电线路和长泥坡、湾潭两座 110 千伏变电站。输电线路总长 144.7 千米，年供电量 1.8 亿千瓦时。2005 年 1 月，沿太平溪至天星东路交会处以东及天星东路以南供电区划归鹤城区供电分公司管辖。2006 年 2 月，长泥坡、湾潭两变电站移交电网通信公司管理。2009 年 6 月，怀电集团再次明确天星东路与湖天南路交会处至城南入城线青山溪路口以西的供电营业区划归城中供电分公司管理。调整后的主营业辖区为湘黔铁路以南、㵲水路以东、天星路以北、湖天南路以西绝大部分城区，以及杨村乡、黄岩旅游度假区管理处。总用户 44485 户。管理公用变压器 228 台，专用变压器 350 台，配电总容量 203940 千伏安。26 条 10 千伏供电线路共 244.8 千米，经营管理固定资产 7495 万元，年供电总量达到 3 亿千瓦时以上。

城东供电分公司　2002 年 5 月，城东供电分公司成立。办公场所设怀化市迎丰东路 103 号城东电力综合大楼。供电营业区以石门变电站为供电接入点，以湘黔铁路以东为分界线，担负着城区迎丰东路、锦溪北路、城东新区、石门乡、盈口乡供电任务，年供电总量 9000 万千瓦时。2003 年 1 月，湘黔铁路桥以东供电区域划归城东供电分公司管理，管理公用变压器 196 台，专用变压器 241 台，10 千伏供电线路 29 条，127 千米，用户 33000 户，固定资产 5727 万元。年供电量 2 亿千瓦时，年供电收入 1.2 亿元。

第四章　机械电子

第一节　机械制造

一、化工机械

1970年11月，在石门乡建黔阳地区怀化化工机械厂。1990年，工厂产品销往湘江氮肥厂、株洲化工厂等省内大型化工企业。职工总人数117人，年总产值达到260万元，设备达到150台(套)。拥有除土地使用权外的固定资产270万元。主要生产设备77台（套），生产蒸煮锅、蒸馏罐、铜液再生器、水分离器、甲醇分离器、饱和热水塔、冷凝器、低压水洗塔、反应罐、二氧化碳冷却器、氨冷却器等产品。1997年工厂全面停产，2008年改制注销。

二、机床

1959年，黔阳地区在境内创办通用机械厂，1978年更名为怀化机床厂，生产普通机床。1984年，怀化机床厂与安江机床厂合并，成立湖南省怀化机床总厂。

1997年10月，亚洲金融危机爆发，机床行业遭遇寒流，怀化机床总厂全面停产。2002年，怀化机床总厂破产改制。改制时，共有在册职工669人，其中，离退休305人。经审计企业总资产1831万元，总负债2670万元。2006年破产改制完毕，其经营性资产以公开拍卖并附加异地改造重建条件，由深圳华亚数控机床有限公司竞买成功，在鹤城区鸭嘴岩工业集中区征地60亩，成立怀化市华亚数控机床制造有限责任公司，被认定为湖南省高新技术企业。

三、汽车零部件

1986年，安江汽车配件厂和怀化市机械厂合并，成立怀化汽车零部件总厂。合并设立的怀化市汽车零部件总厂成为湖南省机械工业厅定点生产汽车发动机飞轮齿圈和汽缸套的专业厂家，中国汽车零部件工业公司成员厂。1986—1990年，通过技改，主要产品：汽车飞轮齿圈70多个规格型号、飞轮总成6种型号规格、汽缸套8种型号规格、转向节主梢6种型号规格、飞轮齿圈同40余家主机厂配套。CA系列、EQ系列、BJ212系列、康明斯系列飞轮齿圈被评为湖南省优质产品。产品销往全国31个省、市、自治区，通过中国设备进出口公司和深圳对外窗口销往美国、古巴、新加坡等国家。

2001年，怀化汽车零部件总厂完成破产改制，重组成立股份制企业——怀化市开元汽车零部件有限公司。2003年9月18日，怀化市开元汽车零部件有限公司整体转让给湖南恒裕实业有限公司。公司主要生产飞轮齿圈，有4条具有国际先进水平的生产线及全套检测设备，年生产飞轮齿圈200万件，飞轮总成50万件。

四、农机

2008年，湖南本业机电有限公司成立，坐落在怀化市鹤城区本业大道288号，公司占地4万平方米。公司旗下的本业牌农机于2009年被评为农民满意十大品牌农机。2008年，以“本业”商标从事农业机械的生产和销售。主要农机品种有小型耕作机械、烟田管理机械、大型茶叶烘干机械、谷物烘干机械。2010年，与农业部直属南京农业机械研究所签订合作协议，在怀化工业园征地168亩，建设成果孵化基地，实现新型农业机械科研成果市场化、规模化。

五、电机

1991年，安江电机厂搬迁至盈口乡井坪村异地技术改造，成立联营电机厂，归口怀化市（县级）工业局管理，为省内唯一的多速电动机生产厂家，定点生产中、小型电动机。厂区占地3.75万平方米，生产区建筑面积8469平方米，设备76台（套），年电动机生产能力10万千瓦。主要产品有Y系列电动机33个型号，YD系列多速电动机22个型号，TFW–160、TFS–160型发电机及机组。其中，Y160M–4型电动机，经湖南省行业检查验收，确定为一等品，1989年，被评定为湖南省优质产品，采用国际标准和国外先进技术组织生产。1998年，工厂全面停产，未改制。

六、环保设备

1998年，株洲客商谷金秋创办怀化市金益环保设备有限公司。生产工业除尘设备和节能输送设备，主要产品PPW系列、DMC系列布袋除尘器、NE提升机、FU、DS节能输送机、XZ型空气输送斜槽以及新型干法旋设备配件。重点客户群为各地水泥生产厂家。

2003年周述均创办怀化市环保设备厂，生产医院污水处理装置。2005年，组织专业技术人员经进一步研究，推出HSW全自控医院污水无害化处理新工艺及其控制装置，在鹤城区人民医院、怀化市妇幼保健医院、怀化市第二人民医院、洪江区中医院推广使用。经环保部门检测，其处理的污水水质优于国家环保标准。2007年，通过环保部评审，确定为“国家重点环保实用技术示范工程”，录入“国家环保实用技术推广书名册”。2009年，创办怀化市康宁环保科技有限公司。科研成果在湖南省第三届科技活动周上被评为金奖，2010年，获得国家科学技术部创新基金扶持。

七、节能设备

1989年，成立湖南怀化市奇效节能科技有限公司，为高效节能产业领域的科技型生产企业，与湖南大学建立合作关系，研制生产节能移动炉灶，节能环保型热水锅炉，高效节能热水机，多功能高效节能燃煤炊事机组、高效燃煤喷火炉等“奇效”牌系列节能专利产品。获得12项国家发明专利，多项专利为国内首创。承接多种场合的热水系统，中央空调系统的节能技术改造工程。公司实施品牌战略，通过国际质量管理体系认证，获得国际节能环保协会（IEEPA）国际会员资格认证书。公司制定的《节能环保型热水锅炉》企业标准（Q/VACF001–2008）通过质量技术监督总局的检测验收并备案登记，热效率等多项节能指标高于国家行业标准10%以上，公司按照自定的标准组织各类节能产品的生产与销售，备案国家第三批节能服务公司，合同节能管理项目得到国家财政资金资助。

八、钢结构制造业

2000年，区内钢结构制造业起步。2005年，湖南中铁五新钢模有限公司成立，其前身为中铁五局加工厂，注册地怀化市，总部设长沙市星沙大道205号。公司主要从事起重设备的设计、制造。公司下设长沙桥隧机械厂、湖南中铁五新重工有限公司，长春中铁五新钢模有限公司、四川中铁五新路桥设备有限公司、怀化桥隧机械厂、贵阳五新钢模厂等子公司。主要产品为大型箱梁全液压模板、无砟轨道设备、门式起重机、移梁台车、隧道衬砌台车、公路及铁路桥梁、钢模板等。公司加入中国钢模板协会和中国钢结构协会，通过ISO 9001国际质量管理体系认证。钢结构加工、制造能力为年72000吨。研发一批具有自主知识产权的设备和钢模具，拥有专利技术75项，其中发明专利11项。境内钢结构制造企业还有恒裕钢结构工程有限公司、湖南勇利钢结构有限公司、众建机械有限公司、联兴钢结构有限公司、湖南大鼎钢结构科技发展有限公司等企业。

九、公路养护机械

1981年，黔阳地区公路总段在怀化市（县级）创办筑路机械厂。厂址设杨村西路，现为正清西路46号，占地8968平方米（合13.46亩）。有切削机床和锻压设备等共28台（套）。1981—2002年，共生产沥青拌和机440台，1~4吨滚筒式压路机79台，复摆式碎石机443台。随后承担湘筑1型自卸车后桥制造。同时开展汽车大修、汽车保养服务。年汽车大修量200辆次，汽车保养300辆次。2003年，企业破产关闭。

十、汽车修制

1988年，怀化地区汽车维修管理办公室成立，负责汽车维修市场管理。多次组织开展全行业质量信得过用户评选达标及业务竞赛活动。1999年，根据交通部的要求，组织全市一、二类汽车维修企业开展优质服务月活动。2001年，组织汽车维修企业参加“道路运输管理年”活动。通过有效规范和管理，建立公平、公正、竞争、有序的汽车维修市场。2001年后，汽车已进入家庭，私家车不断增多，汽车维修行业迅速发展，至2010年城区有各类汽车维修厂74家。

十一、国有汽车维修企业选介

怀化市第一汽车修理厂　怀化市第一汽车修理厂位于怀化市沿河路5号，占地7.2万平方米，1991—1997年为怀化市（县级）全民所有制企业。前身为黔阳地区林业机械厂。1995年，归口怀化市交通局管理。1995年后，业务不断萎缩。2004年，完成改制，退出市场，由民营企业收购经营性净资产，成立怀化市鹤飞车业有限责任公司，注册地怀化市迎丰西路289号，汽车维修业务保留，同时经营汽车销售、汽车配件销售等业务。2007年后，汽车修理业务搬迁到本业大道290号。

怀化客车厂　1991年，修配厂更名为怀化客车厂，承接湘西地区及黔、桂、川等省邻界工区各种车辆新制、大修，二、三级保养及部分配件制造，部分保修机具制造。怀化客车厂承担云汽、云内、云箭、江发、夏利、宇通、金龙等汽车制造厂三包服务代理，组装662型大客车、6600型轻型客车、1010型载货车。取得中汽联和湖南省汽车生产许可证、车辆改装合格证。1991年，改装卧铺客车150辆。1992年，怀化汽车运输公司修配厂完成技术改造，建成客车改装生产线，具备大中型客车改装改型生产能力。1992—1994年，生产“三发”牌中巴车200辆，销往贵州、云南等省。2001年10月，经湖南省交警总队批准为怀化市车辆改装定点厂。2002年4月，组建快巴维修服务中心。2004年，怀化客车厂停产停业。

怀化汽车修制厂　怀化汽车修制厂位于怀化市迎丰东路162号，成立于1976年11月，占地5.28万平方米。主要设备设施：烤漆房、行车、搪磨机、汽车发动机电子检测仪、高压油泵、油嘴试验台，各类设备共计126台（套）。达到部颁大修配套标准的90%，设计年维修能力为大修300辆、三保800辆次、二保2500辆次，实际未达到设计能力。1993年，改造200辆CA-10B型老解放牌汽车四大件，组装CA-10C型载重汽车3辆，HJ-130型嘎斯车24台、HJ212型轻型越野车31台。与长春中国一汽、南京汽车制造厂、神龙汽车制造有限公司、无锡柴油机厂、大连柴油机厂等建立联合维修站，附带经营汽车零部件。1993年，建成机动车辆综合性能检测站，能对各型汽车的性能和安全状况开展综合性能检测，精确度高达0.1%FS水平。主要检测设备采用光、机、电一体结构，以计算机为主体的管理系统，检测过程实现自动化。在册职工253人，年工业总产值400万元。2004年停产停业，未改制。

第二节　电子

20世纪70年代“三线”建设时期，国家安排一批电子企业在境内落户，相继兴办有建南机器厂、华峰电子集团、湘光电子厂、湖光电子厂等。90年代中后期，国家建立市场经济体制，境内电子工业在信息利用、科技创新、产品研发、人才培养、发展环境等方面远不及沿海省市，企业发展受到各方面制约，逐渐陷入困境。进入21世纪，企业通过改革，主辅分离，“退城进园”，寻求再生蜕变之路。

电子企业选介

建南机器厂　1970年国家第四机械部拟建建南机器厂，1973年正式开工。1976年，工厂由鸭嘴岩乡搬迁至锦溪南路103号，占地51.2万平方米，确定为国家计算机磁记录设备专业生产厂家。1983年，投资2350万元，引进法国磁盘生产专用设备。开发生产6大系列10多个品种的磁记录设备，广泛运用于国防、能源、交通、邮电、科研、教育等领域。1984年，建成一条年生产500台固定头盘机生产线和一条年产300台8英寸软磁盘机生产线，改造磁带机生产工艺，形成年产250台磁带机的生产规模。工厂先后与中国长城计算机集团、华中工学院（现为华中科技大学）、电子工业部（现为工业与信息化部）、五二所等20多个教学、科研、生产单位建立松散型或紧密型联合关系，借用外部力量强化科研实力，缩短产品升级换代和开发时间。1990年，开发生产JN-PC/XP系列微机，跻身国家100家重点电子工业企业行列，成为国家二级企业、一级计量单位。10多个产品先后获得国优、部优，其中，2PC-107磁带机荣获国家银质奖，JN-150A/520A软磁盘机获得电子工业部优质产品奖。1985—1989年，在深圳经济特区创办深圳建南电脑有限公司、深圳建昌机电设备有限公司、深圳建康机电设备有限公司、深圳微科电子有限公司、深圳康博电子仪器有限公司、深圳新建南电子科技有限公司等独资或合资公司，走出一条科技型、外向型的企业发展之路。

20世纪90年代初，国有建南机器厂生产经营出现严重滑坡，1994年主产品停产，生产经营活动大幅萎缩，企业陷入困境，人均负债超过10万元。1995年5月，中国长城计算机集团公司开始对国有建南机器厂进行全面治理整顿和深化改革。1997年，扭转企业连续7年亏损的局面。从4家深圳公司收回投资3112万元。转让深圳法人股获得资金1.44亿元，卸掉沉重的债务包袱。

1998年，企业研制和生产智能仪器仪表。从日本、德国引进先进生产设备，提高产品运行稳定性和数据计量的准确性。2007年，按照国资委提出的“主辅分离、辅业改制”要求，企业进行改制重组，成立湖南怀化建南机器厂有限公司。在引入战略投资后，公司在怀化工业园征地建厂，重组智能仪表产业和汽车零配件产业，投资新建离网型微风风力发电设备、风光互补路灯系列产品。该项目属国家节能减排重点推广的节能产品项目。2010年，公司已形成年产80万台智能电表和30万台预付水表生产能力。产品通过“3C”强制认证。智能仪表产品获得“国家重点新产品”“湖南诚信品牌”“湖南省优质产品”称号，连续多年入选《国家经贸委产品推荐目录》。受国家电工仪器仪表标准化技术委员会邀请，参与起草《IC卡预付费电表及售电系统》国家标准GB/T 18460，以及《低压电力线载波抄表系统》国家标准的制定。建南牌智能仪表产品销往北京、天津、河北、河南、内蒙古、湖南、江西、广东、广西、四川、贵州等十多个省、市、自治区。

华峰电子集团　1975年9月，工厂正式投产，1988年，生产的产品被评为国家电子工业部优良产品，KJJ系列键盘开关为当时中国计算机国产化填补一项空白。在引进、消化、吸收的基础上，华峰相继开发10多种键盘，形成军品与民品键盘2万台的生产能力。0520、0530系列主机键盘、VDU显示键盘等技术性能在当时国内处于领先地位。0520和286等微机键盘分别荣获湖南省电子产品科技进步奖和湖南省优质新产品奖，曾用于北京亚运会体育比赛。1988—1990年，引进KDC电源开关生产线，并被列入国家“七五”计划重点技术改造项目。从日本、意大利等国及中国香港地区引进热固性注塑精密调整冲压设备和高精度、长寿命工装及关键装配、测试设备，采用日本松下关键技术，自行装配KDC-AO4和KDC-AO5两条生产线，产品质量优于台湾、香港地区同类产品，与日本松下公司产品质量相当。华峰的产品广泛应用于通信、军工、卫星与导弹发射及民用产品领域。最先研制成功的纵横制接线器，成为中国最早生产ZI纵横制接线器的厂家之一。1991年，获电子元器件国内最高奖——国家质量银质奖。KDCA02、A04、A04K、A05通过国家质量管理认证，可免检出口。1995年，成立华峰电子集团，承担数十项为国防重点工程配套的新品研制任务，满足国家重点工程的配套需求。2007

年，按国务院国资委要求改制，成立湖南华峰新宇电子有限公司，在怀化工业园征地新建。

怀化市电子工业公司 怀化市电子工业公司的前身是怀化市华兴橡塑制品厂，为榆树乡榆市村村办企业，1988年5月创办。1991年10月，怀化市（县级）计委批准成立怀化市电子工业公司，归口怀化市（县级）工业局管理，为市属全民所有制预算外企业，位于怀化市迎丰西路兴隆街3号，占地4000平方米。主要生产ET-I型电子学习机，空调、冰箱压缩机连接器插头。ET-I型电脑学习机、集计算机功能与游戏功能于一体，具有计算机运算、音乐谱曲与演奏、打字练习、留言、BASIC程序设计、图表制作、利用背景图形绘图、自编游戏程序、益智游戏、绘制卡通图片、数据资料写读等功能。内存72K×8系统软件，配备增强型FBASIC语言，内设BS学习系统，设有电视信号RF输出口，可与家用PAL/D等多种制式彩色电视机或黑白电视机联机作终端显示，配有60针游戏带插口，适用容量为24K-10M的各种游戏卡带。电脑学习机适用于青少年学习和家庭娱乐，并为使用计算机打下基础。该产品接近或超过国内同类产品水平。与航空工业部608研究所联营办企业，新建电子仪器厂，生产当时市场旺销的电子石英钟。2001年，公司停产，未改制。

第三节 家用电器

家用电器生产起始于20世纪90年代。1995年，怀化职业中专物理老师袁明发明电暖器，创办湖南明城电器有限公司。2006年12月，获得湖南省科技厅颁发的湖南省高新技术企业称号，明城牌被湖南省工商行政管理局评定为湖南省著名商标，其产品先后被评为怀化市名牌产品、湖南省名牌产品，并获得中国国际专利与名牌博览会金奖。公司发展成为湖南省明星民营科技型企业，下设明城高新技术研究所、湖南怀化市明城电子仪器厂、广东顺德市明城电子仪器厂。公司主要从事取暖器和照明电器的研发生产。取暖电器系列主要产品有新高密材质系列电取暖器、王者风范系列电取暖器、豪华钛铝合金沙发取暖茶几、微电脑全塑学生电取暖器、豪华钛铝合金型材电取暖桌、豪华钛铝合金无级调温电取暖器。照明电器主要有学生用LED节能灯具。公司储备31项国家认定的技术发明专利，依靠科技进步发挥专利优势。2010年，公司已发展成为注册资金1333万元，固定资产总额3000万元的科技型民营企业，产值突破4000万元。产品已进入北京、上海、江苏、浙江、广东等20个省、市、区。相关产品通过国家3C强制认证。

湖南天佑科技有限公司 公司拥有包括供暖设备、消防设备、安防设备等技术领域外籍专家在内的强大科研团队。生产天佑牌电取暖桌和电取暖器。已投入市场的有电热转换用于家庭供暖的涡旋电感应热发生器（电暖桌）、电热转换涡旋液流动力热发生器（电暖器）。

第四节 电线、电缆

20世纪80年代初，域内电工电器工业起步，90年代得到较快发展。进入21世纪后，电工电器工业得到迅猛发展，涌现湖南湘鹤集团电缆科技股份有限公司和怀化恒裕实业集团有限公司等民营高科技企业，产品占有湘、鄂、渝、黔、桂五省边区市场。

企业选介

湖南湘鹤集团电缆科技股份有限公司 1997年1月，浙江温州客商王茂卿创办湘鹤电缆厂。1998年8月正式注册湘鹤牌商标，同年10月怀化市工商行政管理局评定为“重合同守信用单位”。2000年10月，被评为湖南省民营科技型企业。2001年5月，企业通过ISO 9001国际质量管理体系认证。2002年7月，产品获得国家科技部“国家级星火计划项目”。9月19日正式成立怀化市湘鹤集团。2003年2月产品列入国家电力系统采购产品推荐目录。2005年9月，湘鹤牌产品获得“怀化市名牌产品”荣誉称号。2006年12月，湘鹤牌产品获得“湖南省名牌产品”称号。2009年6月，湘鹤集团成为湖南省电线电缆行业协会副会长单位。2010年5月，湘鹤集团主要生产线搬迁至怀化市工业园。11月，正式成立湖南湘鹤集团电缆科技股份有限公司，并被列入湖南重点上市后备企业资源库。公司现有高压电线电缆生产线5条、低压电线电缆生产线2条、3.5万伏三层共挤交联电缆生产线1条，以及高空绝缘抗老化低烟无卤环保型电缆生产线和橡套电缆生产线。主要产品有聚氯乙烯护套、无护套系列产品，阻燃、耐火电线电缆系列产品获得国家3C强制认证。电力电缆、控制电缆、交联电缆产品获得全国工业产品生产许可证。配套产品为全套开关生产线和塑钢型材系列产品。公司具有先进的生产技术工艺和全套的先进生产设备、先进的全屏蔽装置和从德国进口的测偏仪等检验和试验设备。高、低压电线电缆的年生产能力为80万千米，塑钢型材年生产能力为1万吨。公司已发展成为湘、鄂、渝、黔、桂五省边区高低压电线电缆最大的生产厂家和唯一的塑钢型材生产厂家。

第五章 化 工

第一节 基础化工

一、化肥

氮肥 1970年9月，投资兴办怀化县氮肥厂。1973年9月，建成投产，投资总额320万元，更名为黔阳地区化工厂。主要氮肥产品为碳酸氢铵、硝酸铵、氯化铵、增效碳铵。初期产能为年产4500吨，后经多次技术改造扩大产能，达到年产40000吨的生产能力。1980年，建成硝酸铵生产线，投入资金510万元，因产品无市场销路而没有实际投产。2002年，化工厂破产改制后关闭。

磷肥 由怀化磷化工总厂生产，主要产品为钙镁磷肥。怀化磷化工总厂于1998年上收怀化市政府管理，开发13%、16%的含铁磷钾肥过磷酸钙等产品，2010年，钙镁磷肥年产能16万吨，钙镁磷钾肥年产能2万吨，过磷酸钙年产能5万吨。

复混肥 1984年底，怀化磷肥厂在农业部门的积极配合下，对怀化地区的土壤状况进行调查分析，根据经济作物的营养元素和微量元素的需求及肥效试验结果，得出生产多元素复混肥适应农业生产的市场需求的判断。1985年12月13日，正式向怀化地区化学工业局递交请求定点生产复混肥的报告。1986年2月，得到怀化地区计委的批复，3月，开始筹建复混肥分厂。1987年，复混肥正式投入市场，年生产能力为3000吨，1987年12月，年产能扩大到10000吨。1990年，复混肥产品获得怀化市科技进步一等奖。2000年，注册红艳艳牌和星牌商标，生产红艳艳牌和星牌系列复混肥。其中红艳艳牌黑珍珠控释复混肥、红艳艳牌钙镁磷钾复混肥、红艳艳牌黑元素活化复混肥深受市场欢迎。1990年，怀化化工厂研制生产复混肥，单独成立怀化市复混肥厂。2002年，怀化化工厂破产改制后，怀化市复混肥厂转为民营企业。新建企业有怀化市远东化肥有限公司、湖南邦尔昌化工有限公司，生产各种型号复混肥。

二、化工原料

磷矿石 磷矿石是生产钙镁磷肥的主要原料，由怀化磷矿采掘，年采掘能力为16万吨，含五氧化二磷平均值为20%。

工业黄磷 1988年，怀化磷肥厂投资640万元，建设年产1000吨黄磷生产线项目，建设工期12个月。1989年9月，工程正式破土动工，1990

年4月，土建工程完工，5月27日，开始生产，至29日完成72小时连续试生产运行，生产成品2460千克，产品纯度达到99.9%，符合国家GB 7816—87标准。1994年，黄磷生产线产能扩大到4000吨。

电石 1987年，怀化磷矿投资240万元，在怀化市鸭嘴岩乡建成年生产能力为5000吨的怀化电石厂。1998年停产。

水玻璃 1986年，怀化磷矿建成年生产能力为500吨的水玻璃生产线。1991年停产。

纯碱 1986年，怀化化工厂投资250万元，与怀化地区化肥公司联营，在原硝酸铵生产线的基础上进行技术改造，建成年生产能力为10000吨的纯碱生产线。后随化工厂破产而停产。

磷酸 1993年10月，怀化磷化总厂筹建年产4000吨磷酸生产线，由江苏徐州东方化工厂承担工程设计和施工。项目总投资185万元。1994年3月，正式开工建设，5月，土建工程竣工，开始设备安装。1994年10月19日，正式投产，产品质量达到国家一级品的标准。11月14日，项目工程通过竣工验收。年生产能力为85%的磷酸4000吨（其中食品级2000吨）。

五钠 1996年3月12日，五钠项目工程正式破土动工，项目总投资443万元，同年9月底竣工，10月，开始试车生产，10月19日，五钠生产线正式投入生产，日产量达到设计能力。

松香 松香产品由湖南省维尼纶厂怀化分厂、怀化市松涛林产化工有限公司生产。怀化市松涛林产化工有限公司拥有2条蒸汽法松香加工生产线，松香年加工能力为10000吨。改制后停产。

橡胶软化剂 怀化市华亿创新科技发展有限公司生产橡胶软化剂、天然香料、硬脂酸等化工原料产品。公司生产的橡胶软化剂以骏泰浆纸公司松材脱脂液、菜籽油、茶籽油下脚料为原料，经过物理方法制取。年生产能力为15000吨。

第二节　精细化工

UV531紫外线吸收剂 1992年，怀化市化工厂与武汉大学合作，投资100万元，成立怀化市精细化工厂，成功研制“UV531”紫外线吸收剂并投入生产。2002年，怀化市精细化工厂与怀化市化工厂同时推进改制后注销，产品不再生产，生产期间年产量20吨左右。

羧甲基纤维素钠 1994年，成立怀化市化工助剂厂，为纯民营企业，占地15000平方米，建成一条年产量为5000吨的羧甲基纤维素钠生产线。2005年，技改扩大产能，生产能力提高到年产10000吨。主要客户为美国宝洁中国有限公司、广州立白企业集团等全国多家大中型合成洗涤剂生产企业。2008年，怀化市化工助剂厂进驻怀化市工业园，征地62亩，技改新建一条生产能力为10000吨的高精制级食品级羧甲基纤维素钠生产线，项目总投资7200万元。2010年，怀化市化工助剂厂改制设立怀化市奥晟科技有限公司，注册资本金2000万元。

空气净化除菌系列产品 2003年1月，隆回客商尹琼剑创立怀化绿色妈妈科技开发产业有限公司，为高科技企业。公司致力于纯天然中草药的研发、生产，推出高科技绿色环保产品——“绿色妈妈”空气净化除菌系列产品。

卷烟胶系列产品 以怀化市有机化工厂为基础，2001年，改制设立怀化市大自然化工有限公司。公司主要产品有高速卷烟包装胶、卷烟接嘴胶、卷烟搭口胶、嘴棒成型中线胶、卷烟薄片黏合剂等卷烟胶系列产品，聚乙烯醇缩丁醛树脂（PVB）系列产品，聚醋酸乙烯酯乳液（乳白胶）系列产品，苯醋、叔醋等建筑涂料专用乳液，水性纸塑覆膜胶、复塑包装盒（箱）胶系列产品；新型高效甲醛阻聚剂及其他精细化工产品。其主导产品——维白牌卷烟胶系列产品得到国内大多数卷烟厂家的长期使用，特别适用于普洛托斯、帕希姆等高速卷烟机组，部分产品出口美国、俄罗斯、越南、柬埔寨等国家和中国香港、澳门地区，公司拥有5条自动化生产线和1条中试生产线，年生产能力为10000吨。

涂料 2010年，宝庆经济互助会成员刘建学创办湖南康瑞涂料科技有限公司，生产油性油漆、水性涂料、干粉涂料、特种涂料、砂壁涂料、外墙保温涂料系列产品，油漆涂料进入现代高科技化学合成时代。

混凝土外加剂 湖南瑞特建材有限公司生产混凝土外加剂，主要产品有砂浆宝、早强剂、减水剂、泵送剂、膨胀剂、速凝剂等产品。

第三节 塑料皮革制品

一、塑料

1993年，怀化市床单总厂增设阻燃帆布生产线。2004年，床单厂改制后床单产品全部停产，阻燃帆布生产线保留下来，迁往盈口乡井坪，注册成立怀化市鹤城区佳欣帆布厂。2006年10月，佳欣帆布厂联合中方县天地帆布厂、天蓬帆布厂、蓝天帆布厂成立怀化市顺天塑业有限公司。拥有涂塑帆布生产线4条，年产涂塑帆布1500万平方米。

2000年，区内城乡接合部的盈口乡新家庄村及城区至芷江公路沿线集聚20多家塑料制品加工企业。规模较大的有怀化市西南塑料制品厂、怀化市明华塑料厂、怀化市昌泰塑料包装厂，主要生产各种PET油瓶、酒瓶、饮料瓶、矿泉水瓶、各种塑料水桶、手提袋、塑料包装用品、引水管、塑胶给排水管等。

该区域内的怀化市诚路炬丰新型材料有限公司专业生产塑料功能材料，工厂占地12000平方米。常年聘请塑料功能性材料研究技术总顾问，采用双螺杆挤出工艺，主要生产纳米级高光透明材料、塑料拉力料、碳酸钙母料、增强增韧防老化黑色母、纳米级超细粉体超料等五大类产品，产品性能稳定、塑化效果好。各种功能材料广泛应用于PE、PP吹膜、管材成型。超细方解石粉体材料主要用于生产PVC管材及各种型材、母料填充料、橡胶、造纸、涂料、油漆等领域。产品钙含量高、白度效果好、不含金属物质，能为各类客户量身定做，满足其对产品差异化和个性化需求。

二、皮革

1992年，成立怀化市（县级）皮革塑料公司，生产皮革产品20余种。生产工艺落后，产品技术含量低，缺乏市场竞争力，销售受阻。1993年，生产处于停滞状态。1996年，企业申请破产，1997年破产程序终结。

怀化地区制革厂创建于20世纪50年代中期，1988年，由安江镇搬迁到怀化市盈口乡狮子岩村。主要生产原皮革、合成革、皮革制品等系列产品及皮革制品的批发零售业务，鼎盛时期，企业职工人数达到233人。2005年，企业改制后注销。生产场地用于开发怀化华桥钢材大市场。

第六章 建筑材料

从20世纪70年代开始，发展水泥生产及水泥预制构件，预拌商品混凝土、建筑用平板玻璃、镀膜玻璃、中空玻璃等新一代建筑材料。2000年，国家推广应用新型墙体材料，塑钢型材、PVC给排水管，碳质、硅质、钙质页岩砖瓦等新型建筑材料广泛应用，建筑物向节能、环保、智能化方向发展。

第一节 水泥及其制品

一、水泥生产

20世纪70年代初期，域内开始生产水泥，主要产品为普通硅酸盐水泥。产品规格有325#、

425#、525#三种，用于房屋建筑、水泥预制构件、预拌商品混凝土及道路、桥梁建设和水利工程建设。水泥生产企业有怀化市水泥厂、怀化市水泥一厂。怀化市水泥厂为地方国有小型企业，2003年，改制关闭。怀化市水泥一厂为乡镇集体企业，改制后成立湖南金大地材料股份有限公司，区、县分设后划归中方县管理。

怀化市水泥厂 原名黔阳军分区水泥厂，建于1971年，1973年8月，将水泥厂移交给怀化县管理，1981年，与五一化工厂合并。工厂位于沿河西路86号，国道320线从厂前一千米处穿过，有专用公路直通厂区。占地69603平方米，建筑面积8071平方米，生产用房建筑面积5144平方米，生活用房2927平方米，固定资产原值187.7万元，年生产普通硅酸盐水泥能力2.2万吨。2000年12月，渝怀铁路穿厂区而过，工厂处于停产，属不符中央政策的“五小企业”。2001年全面停产，2003年改制，退出市场。

湖南金大地材料股份有限公司 其前身是怀化市水泥一厂，1994年10月创办。重庆钢铁股份有限公司、怀化地区乡镇企业局、怀化市泸阳镇人民政府三方合作，在泸阳镇五里村建设年产10万吨普通硅酸盐水泥厂。1995年10月，建成投产。1998年，对外招商承包，进行首次技术改造，产能扩大到50万吨，生产325#、425#、525#正圆牌普通硅酸盐水泥。2001年，公司改制为金大地水泥有限公司，年生产能力提高到150万吨。2007年始，相继投入12亿元，进行技改，分别于本部和靖州建日产2500吨、3000吨新型干法生产线，年生产310万吨普通硅酸盐水泥。

二、水泥预制构件

怀化市（县级）、鹤城区水泥预制构件产品主要包括人行道板水泥彩砖、水泥钢筋预应力管件、钢筋预应力混凝土空心盖板，异形水泥构件等。

湖南怀化市通力钢模水泥预制管厂 专业从事钢模板和钢筋混凝土排水管生产，拥有20多年的钢模板生产历史。公司具有独特的设计、加工制作和安装经验。产品设计合理，生产工艺先进，模板装拆方便，具有精度高、强度大、刚性好等特点，为基础道路建设提供优质产品。主打产品钢筋混凝土排水管，产品规格内径从300~2000毫米的一级管、二级管、三级管及钢管，为怀化市污水处理厂一期工程提供产品和服务。

三、预拌商品混凝土

2008年，怀化城区推广使用预拌商品混凝土。随着城市化进程的加快，预拌商品混凝土工业快速发展，有效减少城市环境粉尘污染和噪音污染，加快工程建设进度，保证工程质量，节约资源，加快文明城市创建进程，提高综合社会效益，散装水泥得到广泛应用。2010年，经市本级行政许可证备案并已投入生产的预拌商品混凝土企业达到11家，年预拌商品混凝土生产能力630万立方米。

怀化市大汉龙城商品混凝土有限公司 2010年5月24日成立，总投资2600万元，生产区位于城北北环路旁边，能生产C10~C60各种强度等级的商品混凝土。拥有国内先进的“三一HZS 180”混凝土生产线2条，年生产能力为60万立方米。生产流程全部采用计算机自动控制。主要生产设备有中联日野10立方米商品混凝土搅拌运输车14台、中联47米泵车2台、中联车载泵2台。拥有全套先进的实验检测仪器设备、计算机管理系统。实验检测手段先进，有效控制原材料及各强度等级混凝土的质量。

第二节 石灰 石材 砖瓦 玻璃

一、石灰

域内历来有烧制石灰的习惯，主要用于农业生产和房屋建筑，石门、泸阳、下坪、盈口等乡镇，大量烧制石灰。2000—2004年，随着水泥的广泛应用，石灰的用途用量越来越少，加之烧制石灰易破坏生态环境、造成空气污染，2004年后，停止烧制石灰。

二、石材

域内盈口、石门、泸阳、下坪、花桥、活水、新建等乡镇石灰石、大理石、花岗石储藏量丰富，为各种建筑用材料、装饰用材料提供广泛的原料。1991年2月，成立怀化市石材厂，为全民所有制预算外企业。主要生产花岗石、大理石荒料（又称为初料）、板材、石米等，年产花岗石板材2万平方米，大理石板材9500平方米，产品以出口为主。1992年，在怀化市石材厂的基础上引进外资，成立中外合资湖南蓝宝石石材有限公司，投资总额290万美元，年生产花岗石、大理石板材7万平方米，可生产各种规格的大理石板材。2001年，怀化市闽南商会会长黄衍汉创办怀化市新厦康石材有限公司，投资总额520万元，主要产品为花岗石板材、饰材和石雕产品。

三、机制粘土砖瓦、碳质页岩砖瓦

机制黏土红砖　一般规格为240×113×53（毫米）。选择粘性土壤，机械压制成型。境内农村中个别村民采用木匣作模，手工制作成型坯砖。红砖烧制采用立窑和隧道窑。农村中采用立窑的方式较多。规模较大的机砖生产企业采用隧道窑生产实心黏土红砖。境内生产的实心黏土红砖一般抗压强度为750个标准大气压，适用于各种层次的房屋建筑工程。机制煤渣砖符合国家建设部颁布新型墙体材料标准要求。1992年，怀化化工厂建成年产600万块煤渣砖生产线，标准规格为240×113×53（毫米），适用于五层以下砖木结构、砖混结构建筑物或构筑物。怀化市（县级）红星机砖厂创立于1970年，原名黔阳地区盈口机砖厂。年生产机砖能力达到1000万块，1995年关闭。1992年后，怀化市个体、私营办砖瓦厂迅速发展，集中布点盈口、石门、杨村、黄金坳、花桥、泸阳等乡镇。2000年，国家推进墙体材料改革，限制使用实心黏土砖，实心黏土砖的生产越来越少。

页岩砖瓦　鹤城区内页岩为碳质页岩，适合生产页岩砖瓦。页岩砖瓦主要品种有多孔、空心、实心、清水砖瓦等。具有重量轻、强度高，热控性能优良。2010年，经国土资源部门审查批准，获得生产经营许可证的页岩砖瓦企业共29家。

四、玻璃

1980年，筹建怀化市平板玻璃厂，1983年3月，正式竣工投产，主要产品为3毫米厚窗用平板玻璃，年生产能力为20万重量箱，生产线为小平拉式。1990年，全国平板玻璃产能严重过剩，于1990年9月全面停产。为摆脱企业困境，经多方努力，筹措资金50万元，从上海同济大学引进镀膜玻璃生产的专利技术，开发镀膜玻璃产品。1991年5月，镀膜玻璃生产线竣工投产。镀膜玻璃年生产能力为13万平方米，企业同时更名为怀化市镀膜玻璃厂。工厂生产的热反射镀膜玻璃选用国产优质浮法玻璃为原片，采用镀膜技术镀制，能反射阳光中的紫外线，遮阳隔热能力是茶色玻璃的2~3倍。产品适用于现代建筑门窗或外墙的装潢。品种有青灰色、金青色，规格为2200×1600（毫米），厚度3~10毫米。2005年，怀化市镀膜玻璃厂完成改制后注销。

装饰玻璃　域内兴龙玻璃、吉驷玻璃、金星玻璃、惠泰玻璃、俊宏玻璃等装饰用玻璃生产企业生产和加工LOW.E中空玻璃、平弯钢化玻璃、夹层玻璃、防火玻璃、彩釉玻璃、防弹玻璃、银镜玻璃、烤漆玻璃、节能门窗等产品。同时兼营大型建筑玻璃幕墙施工。共有平弯结合水平钢化玻璃生产线8条、干法夹胶玻璃生产线50条、LOW.E中空玻璃生产线20条。普通中空玻璃生产线24条、烤漆玻璃生产线4条，铝镜生产线11条、镀膜生产线20条，钢丝印刷生产线12条。兴龙玻璃公司的兴龙牌商标先后被评为湖南省著名商标和中国驰名商标。金星玻璃公司的“金星”商标被评为湖南省著名商标。从业人员600余人，年创产值8000万~10000万元，年创利税1500万~2000万元。已形成玻璃产业集群。

第三节　装饰材料

一、装饰面板

域内木材资源丰富，为生产装饰面板提供原

材料保证。木材加工企业以个体、私营为主，规模不大，主要产品为木方、木条、木板、胶合板、中密度纤维板等。属规模较大的企业有2家。怀化市湖天裕宏装饰面板厂生产中密度装饰用面板、电脑桌面板、家丽板、华丽板、三聚氢氮贴面板。可以根据客户的要求，生产厚度为3~25毫米的各类装饰面板。2010年，自筹资金和银行贷款1000万元开发新产品，新上一条UV板材生产线，扩大生产规模，年销售收入1500万元。

林都森工股份有限公司 1997年，怀化市通过招商引资，引进广东客商投资3000万元，收购怀化市木材公司贮木场和专用铁路运输线，成立湖南林都森工股份有限公司。2003年，湖南瑞邦投资有限公司收购林都森工股份有限公司经营性资产，成立怀化市瑞邦森工有限公司，主要生产中密度纤维板，年产量为5万立方米。按照GB/T 11718：1999、GB/1858：2000标准组织生产。主要产品有1220毫米×2440毫米×9毫米、1220毫米×2440毫米×12毫米、1220毫米×2240毫米×15毫米、1220毫米×2440毫米×18毫米共4个规格。公司被认定为湖南省级高新技术企业和省级农业产业化龙头企业。2012年公司迁往贵州。

二、装饰用涂料

怀化美多邦涂料科技有限公司生产双飞粉、腻渍粉、仿瓷粉质涂料，主要用于室内装修。湖南康瑞涂料科技有限公司生产的环保型墙漆广泛应用于现代家居、办公室内喷涂、产品质量标准达到环保部的要求。生产建筑物外墙漆，色泽鲜艳，附着力强，抗污及防风蚀、雨蚀效果好。

三、墙面瓷砖

1995年，怀化市花桥镇利用优质陶土资源，开发生产釉质墙面瓷砖、广场地板瓷砖。其产品销往湘、鄂、渝、黔、桂50多个县、市、区，用于建筑物外墙装饰装修、广场等公共场所地面装饰。1998年，成立中方县，花桥镇由中方县管辖。

四、塑钢型材及塑钢门窗

2007年，湖南湘鹤集团在怀化市建成首条塑钢型材生产线，年产量10000吨。塑钢门窗的制作以个体私营企业为主。鑫派丽门业年生产塑钢门10000张，塑钢窗框20000套，年销售收入1000万元以上。个体加工店采取来料加工定制的方式加工制作塑钢门窗。

五、竹质装饰材料

1989年2月，怀化市（县级）盈口乡创办建筑装饰制品厂。1990年4月，上收为怀化市属工业企业，定性为全民所有制性质，归口怀化市工业局管理。主要产品为竹珠系列建筑装饰制品，包括半自动遮阳挡雨防护棚、竹条地板、司机瞌睡报警器等产品。其中竹条系列地板产品取得国家发明专利，工厂有生产设备7台套。1997年，处于停产状态。2010年完成改制，企业注销。

第七章 纺织服装

经过二十世纪七八十年代大力发展工业，纺织业逐渐成为怀化市（县级）工业中的支柱产业。1993—1997年，受市场经济的冲击，纺织企业全面陷入困境，处于停产状态，少数企业资不抵债，处于破产边缘。境内服装、鞋帽业起步早，数量多，但规模小，自动化、现代化程度低，以城镇集体工业的形式存在。

第一节　纺织

1991—2010年，纺织产品以国有为主。棉纺织企业有湖南纺织印染厂怀化分厂、怀化织染厂、怀化市床单总厂、怀化市装饰织品厂4家及街道办集体企业怀化市城中织布厂，毛纺织企业有怀化市毛纺总厂，丝织企业有怀化市丝绸厂、盈口丝织厂（集体企业）2家，针织企业有怀化市针织总厂。2010年纺织业总产值3.43亿元（当年价）。

怀化金丰纺织有限公司　怀化金丰纺织有限公司由怀化纺织印染厂改制后重组设立。1990年，新建怀化纺织厂，拥有32000枚纱锭，504台布机，技术与装备达到国际先进水平。

2000年，怀化纺织厂压锭12000枚，完成国家压锭减产提质增效目标任务。2001年，怀化纺织厂进行产权制度改革，采用经济补偿的方式全面置换企业职工的全民身份，把企业推向市场，引进战略投资者组建怀化金丰纺织有限公司。主要设备达到国内先进水平。主要精锐设备国内的有CWF1203型清梳联、JWF1425型粗纱机、JS-FA288型高效精梳机、F1268型高效精梳机、SXF2598型高速细纱机。从国际纺织市场进口的先进设备有意大利产Saviopolar_M10型自动络筒机，德国产AUTOConer5/RM型自动络筒机、aQura棉结和短纤维测试仪、纱线条干均匀度测试分析仪、纱线强度测试分析仪。公司通过ISO 9001国际质量管理体系认证。主要产品：纱线莫代尔、天丝、天竹、麻赛尔、圣麻粘胶等新型纤维，生产7~60支精梳、普梳各类纱线。广泛应用于纬、经编机，各类横机，有无梭织机等领域。布类产品主要有纯棉精梳系列、纯棉普梳系列、涤粘混纺系列、粘胶系列、纯涤系列、麻棉系列，适用于制作牛仔服、内衣、运动装、商务装、衬衫、袜类等服饰产品和床上用品、毛巾、装饰布等家纺产品。年销售收入从2007年的3430万元提高到2011年的54589万元。

怀化针织总厂　1978年8月，筹建怀化针织厂，1981年1月1日，企业正式投产。主要产品为棉质运动服、休闲服、针织内衣，是年完成707700件。1992年技改投入800万元，建成建筑面积10000平方米的五层成衣大楼。成立湖南福星针织服装有限公司和湖南富生针织服装有限公司2家中外合资企业。1993年，招入沅陵五强溪库区移民中的青年农民进厂，共招工380人，集资200万元。1997年，企业职工总人数1518人。1998年，技术市场等因素影响，企业陷入停产半停产状态。2001年9月，企业破产改制。2004年12月，完成改制，安置员工1277人。

第二节　服装

1987年，全市有个体服装加工店302家，从业人员356人。1992年，中心市场建成开业，其中试验商场2楼建成服装加工一条街，服装加工个体户216户。以来料加工、看样订货、服装定制为主要经营服务形式。分散在城区各街道，2001年，达到1015家。规模较大的有怀化市飞丰华制衣公司、怀化市红华服装公司、怀化市鹤城区阳光制衣厂。2007年，鹤城区承接沿海地区产业转移，招商引进凯盈服饰（香港）有限公司，投资2亿元，选址怀化市工业园区，征地100亩，创办湖南西部服装科技园。2010年，生产各类服装1000万件，销售收入达到10亿元，提供就业岗位5000个。

怀化市服装一厂　1953年，在西兴街创办服装一厂。1983年，更名为怀化市第一服装厂，搬迁至怀化市迎丰西路15号，修建建筑面积1630平方米的服装生产、办公大楼。工厂占地面积4130平方米，总建筑面积4004平方米。1991年，更名为怀化儿童用品厂。1992年10月，由怀化市美术印刷厂兼并，同年12月30日，经批准为市属预算外国有企业。2002年，工厂改制。

怀化市服装二厂　1983年，由原怀化镇服装厂更名为怀化市服装二厂。1987年，修建综合楼一栋。1988年与上海大达服装厂联营，生产“大达”牌衬衫，产品打入江苏、福建、上海、浙江等东部沿海服装市场。1991年，工厂占地3101平方米，建筑面积2964平方米，职工总人数145人。主要生产设备有高速缝纫机、高速包缝机、多用绣花机、钉扣机、电剪机、钻孔机、蒸汽熨斗、槽桐机、小线机、宝塔线机等100余台

(套)，分设技术设计、裁片、缝制、锁眼、钉扣、整烫、机修共6个车间，生产30余个服装产品。1996年，工厂整体改制出售，成立鹤城区服装有限公司。

第三节 鞋类

1993年以皮鞋箱包制作闻名的隆回县高坪镇、新邵县迎光镇3000余人到怀化投资创业，开设皮鞋、箱包个体加工作坊和私营皮鞋厂，集中在嫩溪垅商贸区、中心市场、经济开发区鞋业市场、三角坪地域、采取前店后厂的模式生产经营鞋类箱包，自发形成皮鞋、箱包专业街。怀化市电子工业公司将部分生产用地开发怀化鞋城，批零兼营，经营户大多来自周边县、市。

布鞋 1990年，怀化布鞋厂更名为怀化市福利布鞋厂，招收残疾人就业，享受国家福利企业优惠政策，同年，企业组织产品参加全国首届鞋文化博览会，五个注塑布鞋品种获得银杯奖。1990年，企业产值达到168.28万元，1993年达到218.62万元。1995年，受市场变化和个体私营经济快速发展的冲击，生产、经营萎缩。2000年，企业改制，工厂关闭，生产经营场地转让。1986年，榆市村创办三家村办布鞋厂、一个鞋楦厂，生产布鞋和鞋模，曾经辉煌一时，1994年解体，转为私营企业。

皮鞋 1980年，怀化县轻工业局与榆树乡榆市村联合创办皮鞋厂，专业生产男、女式皮鞋。1985年，皮鞋厂因经营不善而关闭，部分职工与怀化市皮件工厂联合，创办怀化市皮鞋厂，另一部分职工与榆市村自由组合，创办8家个体、私营性质的作坊式小皮鞋厂。怀化市皮鞋厂成立后，选址东风街，占地2110平方米，生产区、生活区建筑面积2000平方米。职工287人。主要生产设备有电动缝纫机、皮鞋机、高速压合机、烫鞋机、削边机、打磨机、炼胶机、龙门下料机、电邦机、电焊机等共39台（套），年生产能力3.64万双。产品主要有三接头式皮鞋、劳保皮鞋、女式中高跟皮鞋、男式太空皮鞋。面料以牛皮革、猪皮革、羊皮革、合成革、仿羊皮革、仿牛皮革、软牛皮革为主。2000年，改制注销。

第八章 食　品

第一节 粮油加工

粮油市场放开以后，各种类型粮油加工企业兴起。2010年底，全区共有稻谷加工企业39家，分布于各乡镇、村及城市郊区，年加工稻米能力约为6万吨。

面粉加工 1979年，怀化地区粮食局投资创办怀化面粉厂，从意大利奥克里姆联合制粉机械股份公司引进年产25000吨面粉成套设备和生产加工技术，固定资产投资总额3771万元。面粉厂占地60000平方米。1988年从泰国引进面条生产线一条，年产面条1200吨。高筋小麦粉又名强力粉，系采用硬质小麦研磨而成，蛋白质含量大于12.2%，灰分含量小于0.45%，水分含量小于14%，面筋质含量大于32%，砂量小于0.02%，其精细度全部通过145微米筛绢，留存132微米筛绢不超过10%，脂肪酸值在80以下。1988年，荣获中国食品博览会银质奖和部优产品称号，特一粉、特二粉被评为湖南优质产品。其他小作坊式的面粉、面条加工企业广布于农村乡镇、城市社区。

食用油生产 1999年，邓运春创立怀化市油脂化工厂。企业位于鹤城区鸭嘴岩工业集中区，2004年，改制设立怀化市富源油业有限责任公司。公司主要生产“运春”牌植物油，“湘福源”牌保健食用油和天然菜籽油、天然核桃油、精制茶籽油等系列产品，年生产能力15000吨。运春牌植物油具有科技含量高的特点，开发运春牌保健油。2004年1月，创立怀化市盛源油脂有限公司，专业从事食用油研发、生产、销售。企业位于鹤城区盈口乡新家庄村，占地30亩，建成日产80吨低温冷榨、日产50吨浸出、日产20吨精炼、日产20吨灌装生产线及配套的辅助生产设施、办公设施、生活设施。油脂年生产能力10000吨。主要产品有茶籽油系列及其副产品，产品被评为怀化市名牌产品，获湖南省第三届农博会金奖，专供佳惠超市，获优秀供应商称号。

第二节 酒类、饮料

一、酒类

1965年，怀化县副食品公司在豆腐加工厂的基础上兴办怀化县酒厂，最初只有5个工人。到1990年底，酒厂有职工88人，固定资产总值（不含土地使用权）176万元，占地3730平方米，建筑面积3368平方米，当年生产各类酒2350吨，产值395.5万元，实现利润14.10万元。1992年，怀化市（县级）酒厂扩大生产经营规模，兼并怀化市（县级）水泥电杆厂，生产区搬迁到郊区湾潭，开发高端白酒玉壶春系列，借用唐代诗人王昌龄《芙蓉楼送辛渐》中“一片冰心在玉壶”诗句，取名玉壶春。玉壶春系列白酒投入市场。20世纪90年代中期，知名白酒厂家迅猛扩张，玉壶春系列白酒市场份额越来越少。1997年，玉壶春系列白酒停产。2003年，怀化市酒厂改制后注销。

20世纪80年代初期，怀化地区制药厂研制生产“飞山牌”天麻酒，又名益寿琼，以优质白酒为原料，配置优质天麻，同时配入一些人参、枸杞、熟地、生地等滋补药品，加入酒中浸泡。1984年，被评定为湖南省优秀新产品，1987年，获湖南省优质产品称号，1988年，获湖南省首届医药产品称号，1990年，北京第十一届亚运会购物中心获优秀产品荣誉证书，畅销全国并销往东南亚国家和地区。1997年停产。

1999年，田茂金创办怀化西南九九科贸有限公司，生产㵲水河牌系列白酒。2003年7月14日与怀化市工业园签约，落户怀化市工业园。2004年，更名为湖南金银花酒业有限公司，建成年产量为5000吨的白酒生产线，生产金银花牌系列白酒产品，为中低档白酒，产品主要销往怀化市各县、市、区及周边县、市。1999年，成立怀化雨虹酒业有限公司，总部设在怀化市东兴街写字楼，生产杜家醇牌白酒。2001年雨虹酒业陷入经营困境。2003年10月，雨虹酒业变更登记，2006年，成立湖南千年湘西酒业有限公司。2004年，向工商行政管理部门申请注册千年湘西商标。是年，聘请麻阳锦江泉酒厂副厂长胡棉南，2006年，聘请新晃酒厂工程师龙小峰，技术力量壮大，专业技术人员从10人增加到70人。2008年，开拓怀化13个县、市区以及湘西州、张家界等广大市场。一方面重金打造千年湘西文化品牌，公司白酒已发展到5大系列16个品种，酱香系列有千年湘西——酱香妙品、千年湘西——酱香尊品，洞藏系列有千年湘西·洞藏十年、千年湘西·洞藏十五年、千年湘西·洞藏二十年3个品种，窖藏系列有千年湘西·五星窖藏、千年湘西·四星窖藏、千年湘西·三星窖藏、千年湘西·二星窖藏共4个品种，蕴系列有千年湘西·福蕴、千年湘西·禧蕴、千年湘西·地蕴共3个品种，流通系列有千年湘西·福酒礼盒、千年湘西·富贵吉祥礼盒、千年湘西·福禄礼盒、千年湘西·湘西小调礼盒共4个品种。2008年，迁往洪江市洗马乡。

德宏酒业公司生产五溪神窖系列黄酒，其酒曲由10多种草本植物研制而成，主要原料糯米为雪峰山高寒山区所产的纯香糯米，用水为清洌甘甜的山泉水。生产工艺为民间秘传，经长期（五年以上）窖藏发酵而成。2010年12月，五溪神窖系列黄酒经省、市质量技术监督局检验，被确定为优质产品，各项技术指标全部合格。五溪神窖系列黄酒窖香浓郁，酒味甘绵，色泽鲜亮，醇和可口。公司研制的高产节能双桶酿酒设备获国家知识产权局颁发的第十届中国专利技术新产品博览会金奖和特别金奖两项大奖。

1987年，怀化市食品总厂投资620万元，引进技术和设备建设年产10000吨规模的啤酒生产线。1990年正式投入生产，是年生产啤酒500吨，销售收入 92.34 万元，当年即亏损 7.10 万元，1996 年，企业申请破产还债。

2006 年 7 月，创办怀化市舒心啤花露酒业有限公司，国内啤酒专家仇心苏投资创建。2009 年和 2010 年，连续两年获得怀化市鹤城区“十佳民营企业”称号，2010 年，获得湖南省工商行政管理局颁发的湖南省著名商标。公司有员工 120 人，大专以上学历 28 人，年生产能力 5 万吨，年销售收入6000 万元，年创利税 900 万元。

二、饮料

1985 年3 月，怀化地区农科所与四川天府可乐集团公司联营，创办怀化天府可乐饮料厂。厂址位于怀化市迎丰东路 3 号，厂区占地 500 平方米，建成 2 条全自动碳酸饮料生产线。设计年生产能力为 5000 吨，实际年生产能力只有 2000 吨，生产天府可乐系列饮料 32 个品种规格。同时生产豆奶饮料，获得怀化地区 1990 年新产品奖，产品曾销往贵州、重庆、广西等省、市、自治区。以优质糯米为原料，酿造黄酒，曾一度受到消费者的肯定，有一定的市场知名度。“今古”牌黄酒既可以饮用，还可以用作炒菜调料，被授予湖南优秀新产品称号。由于市场的原因，1996 年，关闭停业。

1989 年，怀化市食品总厂生产犀牛牌杨梅矿泉液。主要原料为杨梅原汁、白糖、柠檬酸、优质矿泉水。产品液体为天然杨梅色，营养丰富、酸度适中。糖度 10°~12°，酒精度 3°，为果汁饮料佳品，曾被指定为全国篮球赛专用饮料，1991 年，被指定为全国青年排球赛、全国女子排球表演赛、张家界全国航模赛专用饮料。1992 年，获湖南省优秀新产品称号。

2007 年 3 月 9 日，怀化市工业园管委会与汇源集团公司在北京签署入园协议。北京汇源集团怀化有限公司投资 3 亿元人民币，征用土地 384 亩，建设年产 20 万吨果汁饮料生产基地。2009 年建成投产，消化 50 万亩果园所产鲜果。

1997 年 9 月，设立湖南红豆食品有限公司，以宁夏优质枸杞子为原料，在怀化培育枸杞子生产基地，经科学配方生产“劲”牌枸杞子功能饮料。

2008 年 5 月 25 日，娃哈哈集团恒枫饮料有限公司投资 3000 万美元，在怀化市工业园征用土地 200 亩，建设年生产能力为 5.1 亿瓶的碳酸饮料、乳汁饮料、茶饮料、果汁饮料生产基地。2009 年 10 月，建成投产，年销售收入 18 亿元，年创利税 1.98 亿元。

第三节　肉禽蛋加工

怀化市肉类联合加工厂经营生猪屠宰、鲜肉（猪肉、牛肉、羊肉）冷冻、蛋品冷藏、冰淇淋系列产品，肉食罐头、水果罐头、竹笋罐头等。1999 年，成立怀化市家康股份合作食品加工厂，为民营独资企业，主要生产具有浓烈湘西地域特色的芷江炒鸭系列产品，年生产能力 500 吨，产品畅销广东、江苏、上海、北京等省、市、区，年销售收入 3000 万元。

2001 年，陈黎明创办湖南大康牧业股份有限公司。经营肉类产品加工业务。2007 年 12 月，创办怀化市夜郎志大食品开发有限公司。2008 年 6 月建成投产。公司按照高品质、高品位、健康生态的要求，以地道新晃黄牛为原料，生产“夜郎人”牌休闲牛肉系列高端食品，年生产能力 150 吨。2010 年投资 1600 万元进行技术改造，年生产能力扩大到 600 吨，年销售收入 8000 万元。产品获湖南省西部地区第五届农产品博览会金奖，畅销广东、湖北、贵州、重庆、广西等 10 多个省、市、区。产品秉承传统制作方法，融入现代食品加工技术，具有独特风味。共有 3 大系列 30 多个品种。

2000 年，创办怀化市贵龙食品有限公司，独家从事猪肉皮食品深加工，注册“贵龙响皮”商标，产品获湖南省农产品博览会银奖，畅销湖南、广东、上海等 10 多个省、市、区，年销售收入 1000 万元。

第四节　糖果糕点

1986 年，怀化市（县级）糕点一厂、二厂合并，更名为怀化市（县级）国营糖果糕点厂。1991 年，从北京、上海等地引进日产量为 2~2.5

吨的紫外线饼干全自动烘烤机及全自动酥心糖果生产线，建成年产600吨水果硬糖生产线3条、年产酥心糖300吨生产线2条、年产200吨饼干生产线1条、年产600吨葡萄糖液生产线1条、年产100吨的全脂奶糖生产线1条，配套烘烤设备、辊印设备。糖果糕点类主要产品分糖果类和糕点类两大类。糖果类有硬质水果糖、软糖、酥心糖、冰片糖、饴糖、全脂奶糖等，糕点类产品主要有饼干、月饼、蛋糕、面包等。年销售收入在300万~500万元。1995年，市场放开后，个体工商户和私营企业积极进入糖果糕点加工领域，采取灵活的生产经营方式，1996年国营糖果糕点厂停产。

1989年，怀化市食品总厂建成糕点生产线一条，生产饼干、月饼、蛋糕、面包等糕点类食品，年生产能力500吨。2001年，在鹤城区鸭嘴岩工业集中区创办万利隆食品加工厂。年生产加工能力400吨，年销售收入1000万元。2004年，成立怀化市多喜来食品有限公司，生产糖果糕点。

2005年，鹤城区引进小丫丫食品有限公司，选择怀化市工业园，征地42.8亩，投资2800万元，建设年产6000吨糖果的食品加工厂，年销售收入1.8亿元，年创利税2440万元，增加就业岗位110个。

第九章　其他工业

第一节　煤炭

一、煤炭资源

经地质勘探查明，怀化市（县级）域内煤炭储藏总量约2638.5万吨，其中，95%以上为烟煤，储量约2518.5万吨，无烟煤和白煤储量约120万吨，约占总量的5%。保有储量约2369.7万吨，其中烟煤2269.7万吨，无烟煤和白媒为100万吨。全境含煤地层总面积约200平方千米，大致可分为6大煤层区。境内地质条件十分复杂，煤炭开采难度大，三大煤系群多数不具备规模化开采条件和开采价值，少数地质条件较好的煤层可适合乡镇、村及个体建小煤窑开采。四十湾煤矿改制后转为民营，未达到新颁发的开采条件，一直停产。2001年岩冲煤矿停产。

二、技术设备

20世纪70年代后至90后年代初，国营岩冲煤矿和四十湾煤矿开始使用机械采煤。煤炭出井采用单钩串车提升，单车容量为一吨。供电采用新家庄变电站至矿区的1万伏和3.5万伏输电线路，岩冲煤矿石门矿区采用长泥坡变电站3.5万伏输电线路供电。井下照明采用低压供电。井下通风设备，岩冲煤矿采用中央并列式通风机，四十湾煤矿采用中央边界式通风机。井下排水设备，岩冲煤矿建有1号和2号泵房，装抽水泵9台，每台抽水泵排水量为每小时155立方米，每小时最大排量为1395立方米，正常排水量为每小时930立方米。四十湾煤矿井下排水为平洞自流式。

三、煤炭生产

1991—1998年，鹤城境内年产量在1万吨以上的乡（镇）、村办煤矿共3个，分别是鸭嘴岩乡岔湖煤矿、芦坪乡和尚洞煤矿、黄金坳乡仇家村煤矿。乡（镇）、村办煤矿煤炭年均开采量约为22万吨，最高年份产量达到42万吨。村办煤矿主要分布在黄金坳、芦坪、石门、黄岩旅游度假区管理处。整顿后关停。

鹤城区成立后，区属国有煤矿有岩冲煤矿。2008年，完成改制后转为民营企业，年煤炭开采量为2万吨。

四、矿山安全管理

煤炭在开采过程中存在的主要自然灾害有瓦斯、水害、顶板（底板）、火灾、粉尘五类，在煤炭的开采过程中还有爆破、机械操作、用电方面易发生的人为灾害。在安全管理方面主要采用安全教育、生产监督管理、矿山救护、责任事故处理等措施。安全防范措施得当，境内未发生大的安全责任事故。

五、非法小煤窑治理

1991—2010年，根据国务院、省政府关于非法小煤窑整治的有关规定，从1991年起，对境内非法开采的小煤窑实行强制性封闭和炸毁。对非法办矿者依法追究责任。2000年，加强对乡（镇）、村办小煤矿安全生产管理，共组织7次安全生产大检查，炸毁非法小煤窑30口，捣毁工棚50处，拆除私建乱搭供电线路3300米，关闭无证小煤窑67座。2010年，在公安、安监、工商及各乡镇的大力支持和配合下，采取强有力的措施，取缔关闭不具备开采条件和安全生产条件的小煤窑5座。组织96人次，炸毁不合要求的井筒10个，捣毁各类生产设备560台（套）。治理期间，治理非法矿井520口。

第二节　饲料

20世纪90年代以前，粮食加工企业将副产品米糠、麸皮混入含淀粉质的块根类、切茎类、糟渣类及其他禾本科籽实，加工制成畜禽饲料，为初级形态的饲料，也称为能量饲料。20世纪90年代后，发展浓缩饲料。1992年10月怀化市与泰国正大集团在怀化市签约，成立中泰合作经营的怀化正大有限公司。泰方投资780万美元，拥有85%的股权，怀化市（县级）新区开发实业有限公司提供“三通一平”土地108亩作为出资，享有15%的分红权（合作经营期间）。公司年生产能力为浓缩饲料18万吨，项目于1994年5月竣工投产。有2条生产线，分别从美国MEC公司和WEM公司引进，建有专用铁路线1条，长1.8千米，直达生产区，方便发送原材料和产成品。公司主要生产正大牌、鹤城牌、狮子牌猪、鸡、鸭、鹌鹑等系列饲料，销往湖南、贵州、重庆、广西、云南等省、市、区。生产全过程实行电脑控制和自动计量检测，生产设备性能达到世界先进水平。产品获得湖南省名牌产品称号，进入湖南省免检产品序列。企业获得“湖南省先进技术型企业”“外来投资先进企业”“湖南省维护消费者权益先进单位”称号。从1994年投产至2010年，累计生产饲料200万吨，实现利润4400万元，贡献税费7000万元。2008年，正大牌猪饲料、禽类饲料获得中国名牌称号。

饲料生产企业还有怀化市湘珠饲料公司、华氏饲料公司、大康九鼎饲料公司等。

第三节　医药

域内中药材资源丰富，有28万亩山地适宜培植中药材，是湖南省中药材生产基地之一。传统培植的中药材品种有54种。20世纪80年代以来，中药材生产开发得到快速发展。形成一条政府发动、示范带动、市场牵动、科技推动、基地滚动的中药材生产开发之路。1996年，怀化地委、行署制定医药产业化方案，确定为怀化地区最具发展潜力的五大支柱产业之一。采取中药材种植科技示范户引领，国有医药公司基地示范，创造出公司（国有医药公司）+科技示范户+基地+农户的中药材生产模式，在铁坡、蒿吉坪、黄岩、芦坪、炉亭坳、贺家田建立9个中药材生产基地。

20世纪80年代中后期，怀化地区制药厂、怀化地区制药二厂相继进行技术改造，搬迁入驻怀化市（县级）。1992年，怀化市（县级）日用化工厂与香港艺兰发展有限公司高天龙先生合资成立湖南天龙医药化工实业有限公司。怀化地区医药管理局与广州白云山制药总厂联营，在怀化地区制药二厂的基础上成立白云山制药总厂怀化分厂，成功引进沿海开放地区先进的管理、技术和人才，医药工业经济较快发展。从1994年起，连续三年进入湖南医药工业三强。湖南正清制药集团股份有限公司连续4年、湖南天龙医药化工实业有限公司连续3年被评为湖南省医药工业“十佳企业”。1998年，怀化正好制药有限公司跨入全省医药工业十佳行列。吴飞驰、曾昭亮、王和良成长为优秀企业家。

正清制药通过一系列并购重组，资本运营、建立现代企业制度，建设独特的企业文化，加强内部管理，成长为湖南省三大医药集团之一。依靠科技，医药研究取得明显效果。正清制药集团、天龙公司按照GMP标准要求，进行技术改造。1995年2月，正清制药公司与湖南中医药研究院合作，成立湖南正清新药开发中心，先后开发出20多个新特药。2003年11月4日，经人事部批准，设立湖南省首个制药企业博士后科研工作站，专业从事鱼腥草谱效学研究，探索建立一种全新的中医药研发平台，解决中药成分难定、原理不清、疗效不稳的世界性难题。正清风痛宁、玉清抗宫炎片等7个产品列入国家中药保护品种。

1996年，林承雄创办首家民营药品流通企业怀仁大药房。2002年，成立怀仁大药房连锁有限公司，直营店和连锁加盟店超过400家，跻身中国连锁药店100强。2011年位于中国连锁药店100强的第38位，年销售收入突破15亿元。龙源药业、广济医药、一杆秤药业公司、平价大药房等医药物流企业发展壮大。2010年，区内从事药品、医疗器械批发、零售的现代医药物流企业总数达到17家，药品流通总量20亿元。

湖南正清制药集团股份有限公司　1992年12月，广州白云山企业集团与湖南怀化地区制药二厂采取横向联合的方式，成立广州白云山制药总厂怀化分厂，成为当时湖南省内首家内联企业。1994年8月，由广州白云山企业集团、怀化地区医药集团、怀化地区山地经营公司、怀化市红日电脑公司、怀化地区国有资产管理局联合对广州白云山制药总厂怀化分厂进行股份制改造，成立白云山正清制药股份有限公司。1994年11月至1997年10月，正清股票在怀化、长沙、衡阳、郴州、张家界市上柜交易。1997年12月，正式成立湖南正清制药集团股份有限公司。出资收购怀化地区制药厂破产后1800万元经营性资产，组建怀化正好制药股份有限公司，生产玉清抗宫炎片和天麻酒等产品，接收员工292人。收购怀化市食品总厂3000万元破产后的经营性资产，重组成立湖南福乐得有限公司，生产正清纯净水、正清鲜啤、休闲食品。投入现金、产品和技术，控股长沙医学高等专科学校湘卫制药厂，持股比例为55%，更名为湖南正雅制药有限公司。剥离重组湖南天天食品厂，并投入现金，成立新的湖南天天食品有限公司。与零陵制药厂、冷水江制药厂、慈利县江垭林场开展联营协作。1997年，正清公司总资产扩张到5.16亿元，净资产扩大到3.05亿元，年销售收入2.75亿元，年创利税6400万元。

正清集团将科技作为第一车间，优先投入物力、财力、人力全面进行研发和科研创新，增强产品的科技含量和市场竞争优势。形成新药开发中心“青藤碱（正清风痛宁）”优化研究与开发全国协作组、全国科研协作网。

通过科研协作、联合攻关，推出一批高科技产品，诞生正清风痛宁和玉清抗宫炎片等7个国家中药保护品种。正清风痛宁开发出第二代产品——正清风痛宁注射液，第三代产品——正清风痛宁缓释片。1999年10月，正清风痛宁在北京协和医院、上海仁济医院等多家著名医疗机构完成多中心双盲双模拟试验，试验结果正清风痛宁对类风湿治疗与世界金标准药物甲胺蝶呤疗效相当，副作用更小。

2003年11月4日，以鱼腥草研究为突破口，探索建立全新的中医药研发平台，解决中药成分难定、原理不清、疗效不稳定的世界性难题，开发鱼腥草注射液产品。2005年，鱼腥草注射液单个产品实现销售收入3亿元。2006年6月，因发现部分患者注射后有不良反应，国家食品药品监督管理局下发通知，在全国范围内暂停使用鱼腥草注射液。

湖南德天集团怀化正好制药有限公司　1998年，创立怀化正好制药有限公司。2002年，技改投入1亿元，搬迁到怀化市经济技术开发区政通路189号。公司以“传统中药+现代制药”为主导发展模式，拥有洁阴止痒洗液、八味痛经片、芪仙升白颗粒、金刚藤丸4件发明专利和正好、玉清、月友、感博士、百络林、红色因子、七仙女、青春百分百、正好红格格等商标和其他服务商标共计24件，其中“玉清”商标为湖南省著名商标。公司通过GMP认证，生产片剂、颗粒剂、丸剂、糖浆剂、煎膏、口服液、酒剂、酊剂、外用剂共九大剂型110个品种。主要有以金刚藤糖浆、金刚藤丸和抗宫炎片为主的玉清妇科药系列，以脑得生片为主的正好专科药系列，以小儿咳喘灵口服液为主的一体儿科药系列，以风寒感冒颗粒为主的感博士抗感冒药系列。玉清抗宫炎片、金刚藤糖浆为国家中药保护品种。湖南省名牌产品金刚藤糖浆为第1个侗民族药。拥有2009年版国家基本药物和地方增补品种20个，国家基本医疗保险目录药品34个，湖南省农村合作医疗目录药品31个。公司被认定为湖南省高新技术企业，“十一五”“十二五”少数民族特需药品定点生产企业。公司已被湖南省知识产权局确定为知识产权工作试点企业。公司先后获得省、市科技进步奖7项，其中玉清抗宫炎片生产工艺技术研究获得湖南省科技进步奖三等奖。

第四节　工艺制品

一、雕塑

2001年，谢开喜创办艺喜怀化雕塑工作室，为酒店、宾馆、学校、政府机构、宗教场所创作雕塑，包括圆雕与浮雕艺术体，水泥构件、假山、假树制作等。主要代表作品有：中华人民共和国第一大将粟裕策马驰骋立体雕塑，当代神农袁隆平头像雕塑，会同连山高达4.8米的炎帝雕塑，使用材料为玻璃钢（树脂）。鲁班雅苑小区的鲁班雕塑，使用材料为钢筋水泥。为钟秀学校、河西学校创作孔子雕塑，为怀仁集团公司创作药王孙思邈、李时珍雕塑，为火车东站、怀铁供电段创作工作场景浮雕，为五三五医院办公大楼创作白求恩工作场景浮雕，为城东中学、黄岩中学、潕水路小学创作文化墙系列浮雕和圆雕作品。天工雕塑院、湖南绿雕园艺有限公司等机构，以浮雕、圆雕艺术品创作为主。石雕厂和石材加工厂均为民营性质，为一些实力机构，如银行、学校、政府机构、住宅小区、宾馆酒店、大型卖场雕刻创作石狮，一般为一对一公一母的狮子。狮子采用圆雕体，材质以花岗岩为主，个别采用金属材料的。形体以半蹲半趴式为主，个别雕体采用立式或全图式。公狮子前足玩弄绣球，表现悠闲自得的感觉，母狮子前足抚弄小狮子以表现享受天伦之乐的感觉。狮子雕体一般以大理石为基座。2010年，为凯邦万象城创作一对以汉白玉为材料的大象圆雕体艺术作品，基座为大理石，按照中国儒家的和谐文化主题配置为一公一母，憨态可掬。

2010年，鹤城区政府将怀化三中旁临街门面拆除，建成长达百余米的以沅水风情为主题的文化墙。文化墙是一组以花岗石为材料的大型浮雕，雕刻工艺精湛。浮雕生动再现了排山倒海的涛涛沅水、高亢嘹亮的排工号子，旧中国沅水岸边纤夫的苦难岁月，和平城受降历史场景，以及古城、古镇、古村神韵。雕刻创作者为福建工艺美术创作机构。

二、建筑沙盘

2000年8月，怀化市建雅模型制作中心成立。2011年8月，更名为怀化市华雅模型有限公司。随后成立怀化锦泓文化传媒有限公司，专业从事房地产开发领域的建筑沙盘模型制作和城市规划沙盘模型展示。有模型制作工场1500平方米，其沙盘模型设计制作业务覆盖怀化市13个县、市。公司以引进先进技术和人才为向导，常年聘请高级模型设计制作师30余人。2012年，成立怀化市旭升尚品模型设计制作有限公司，高起点参与沙盘模型设计制作。

国内、省内在怀化市设立的模型制作机构主要有深圳市华筑模型设计制作有限公司怀化办事处、武汉建兴元模型公司怀化制作中心、贵州雨佳模型公司怀化办事处、北京安鼎丰模型制作公司怀化办事处、长沙永创模型公司怀化分公司、长沙华野模型公司怀化分公司、长沙华凯创意模型公司怀化办事处、湖南省精筑模型公司怀化联络处等机构。现代建筑沙盘模型设计制作采用高科技表现手法，将声、光、电、数字技术有效融合，虚实结合，适度夸张。利用计算机智能控制技术制作的建筑沙盘模型具象更为逼真，而且有一定的观赏价值，展示的沙盘模型能从各个侧面表现建筑物及环境的整体轮廓线和各种功能布局，有效弥补因观赏距离造成的视觉弱化。

三、金银首饰品

1978 年，金银首饰加工业开始恢复。1987 年，怀化市（县级）境内有 3 人从事金银首饰加工，且为兼职，零星承接来料加工。1991 年，境内金银首饰加工业有较大发展。1992 年，怀化中心市场建成开业，来自双峰县的个体金银首饰加工户到怀化市创业，形成专业一条街，以承接来料加工为主，自备首饰图案样本，供客户选择。图案选定后按客户所需加工定制。1997 年，城区共有个体金银首饰加工店、摊位 101 家。进入 21 世纪后，上海老凤祥及香港周大福、周六福，深圳周大生金银珠宝首饰机构进入怀化市开设营销服务网点，其先进的金银首饰加工技术，逐步取代怀化城区个体金银首饰加工的业务空间。2010 年，城区个体金银首饰加工店、摊减少到 75 家。

第五节 印刷包装 陶瓷

一、印刷包装

1991 年，电脑打字进入办公系统。1995 年，市内印刷包装企业引进激光照排系统排版印刷书刊和包装材料。建南机器厂印刷厂首家采用激光照排系统印刷书刊，怀化日报印刷厂紧紧跟进，不再使用铅字印刷，1996 年，市内印刷包装企业停止铅字排版印刷。2000 年，通过企业产权制度改革，国有集体印刷包装企业纷纷退出市场，民营印刷包装企业成长壮大，通过技术改造，并以其灵活的经营机制发展为武陵山片区内重要的文化产业。2010 年，鹤城区内共有印刷包装企业 78 家，年总产值超过 5 亿元。较大规模的印刷包装企业主要有怀化市鸿裕印务有限公司、怀化市百草园印务有限公司、怀化日报印刷厂等。

怀化市彩色包装印务有限公司

怀化市彩色包装印务有限公司的前身为怀化市彩色包装印刷总厂，建于 20 世纪 80 年代初期，企业地址位于怀化市府星路 193 号，占地面积 87.9 亩，生产用房、办公用房、职工生活用房共计 30000 平方米，下辖彩色印刷厂、彩色包装厂、包装物资公司、印刷物资公司、国际大酒店等 5 个分公司，在册职工总人数 548 人。1994 年 7 月 14 日，股改成立怀化市集成企业有限公司。1995 年，公司进行技术改造，印刷设备引进日本三菱四色胶印机、连拷机、美国苹果公司桌面印刷系统。国产设备双、单包胶、凸印机、自动模切机、自动烫金机、覆膜机、上光机等先进设备，主要印刷业务为商标、烟酒包装品、书刊、各类收据等，年生产能力 6 万张。包装设备引进具有世界先进水平的中型瓦楞纸板箱全自动生产线，年生产能力达到 1630 万平方米，成为中国包装总公司定点一类瓦楞纸板生产企业。2007 年，公司整体改制后关闭。

二、陶瓷

1991 年11 月，怀化市瓷厂与香港富陶瓷业有限公司合资成立湖南金马瓷业有限公司。1993 年后，生产经营形势不断恶化。1994 年，工厂全面停产，部分生产线租赁经营。2005 年完成改制，实现“两个置换（职工置换身份、企业置换资产）”，生产区划归鹤城区鸭嘴岩工业集中区。

第五篇　农业与农村经济

1990年，三次产业中农业占67%，怀化市（县级）农业经济占据半壁江山。在大力发展庭院经济和进入全国山区农业综合改革试验建设中，农业得到进一步的发展，至1997年，农业总产值达4.76亿元。主要农产品产量分别为：粮食16.54万吨、蔬菜11.26万吨、水果1.09万吨、猪肉2.72万吨、牛羊肉0.16万吨、禽蛋0.13万吨、禽肉0.45万吨、水产品0.28万吨、牛奶0.013万吨。1998年，三次产业中农业占比11.21%，农民产业收入为2007元。

1998年，怀化撤地设市后，新设立的鹤城区辖8个乡镇。农业在大力加强基础设施建设，加速发展城郊高速农业、设施农业，发展规模化种养殖和农村合作经济组织，开展新农村示范点建设，农村和农业得到快速发展。到2010年底，全区投入新农村建设资金1.2亿元，完成新农村建设项目48个。硬化、油化进村进组公路129.18千米，建成石门、黄金坳、贺家田无公害蔬菜基地11500亩；建成杨村杨梅、芦坪礼品西瓜基地17800亩；建成石门、黄金坳、芦坪3个养殖小区，规模养殖场发展到54个。农业总产值达8.25亿元，粮食总产量5.35万吨、肉类总产量1.77万吨、蔬菜总产量16.89万吨、水果总产量2.02万吨、水产品总产值0.52万吨、禽蛋产量0.049万吨，农民人均纯收入6557元，三次产业中农业占比3.6%。

第一章　农业经营体制改革

第一节　土地流转制度改革

一、土地流转

1993年，针对农村经济发展的新形势，怀化市（县级）提出“稳定土地承包权，强化土地所有权，明确土地发包权，搞活土地使用权”的农村土地流转思路。在完善和稳定家庭联产承包责任制的基础上，推进农村土地流转制度改革。到1997年底，全市有1.5万农户转包或租赁耕地3.8万亩，涌现专业种植户137户。以耕地入股的形式参与农村股份合作制经济组织，农村股份合作经济组织发展到5200户。鹤城区成立后，进一步规范完善农村土地流转制度。2008年，成立鹤城区农村土地流转工作领导小组。2009年、2010年鹤城区先后出台《加快农村土地流转实施办法》和《怀化市鹤城区农村土地承包经营权流转管理实施细则》。乡镇成立农村土地流转服务中心，村级成立土地流转信息服务室，并建立门户网站，及时发布土地流转信息、政策动态。土地流转集聚生产要素，土地向优势产业、经营大户集中，形成一村一品、一乡一业的现代农业发展格局。芦坪乡通过土地流转，发展无公害蔬菜、优质水果、中药材生产基地。一批农业产业化龙头企业、农民专业合作社通过土地流转做大做强。

二、山地流转

1990年11月23日，国务院批复同意怀化地区列入全国农村改革试验区。地委、行署将山地流转制度建设列为重点试验项目，相继出台《关于山地制度建设若干问题的暂行规定》《山地有偿转让管理办法》。提出“山上建基地、山下办工厂、山外找市场、科技创高效”的山地开发新思路。实施“八亩山地做文章，综合开发奔小康”的发展战略。怀化市（县级）实施地委、行署关于山地流转改革的相关规定，结合市情贯彻落实，出现多种投入主体的造林形式。租赁开发成为山地综合开发的重要形式。机关企事业投入山地开发。市林业局在牌楼镇陈家湾村、杨村乡水垅村联营造林15000亩。首钢集团1990年兼并怀化市（县级）综合农场后，又投资2580万元在杨村、石门等乡开发四季水果基地4307亩。1993年，共青团怀化地委通过山地流转途径在中方镇集聚荒山植树造林，营造用材林7800亩、经济林3100亩。

第二节　农村税费改革

2001年3月，鹤城区农村税费改革工作正式启动。成立农村税费改革领导小组，从区财政局、区经管局等职能部门抽调20人，组成农村税费改革工作组。将鸭嘴岩镇作为农村税费改革试点镇。不久，中共中央、国务院对农村税费改革政策做出重大调整，5月全区农村税费改革工作暂停。

2002年，中共中央、国务院确定农村税费改革的主要内容为“三取消两调整一改革”。“三取消”，即取消乡镇统筹费、农村教育集资费等专门面向农民征收的行政事业性收费和政府性基金、集资，取消屠宰税，取消统一规定的积累工和义务工；“两调整”，即调整现行农业税政策，调整农业特产税政策；一改革，即改革村提留征收使用办法。3月，鹤城区重启农村税费改革工作，重新组建农村税费改革工作领导小组及办事机构，并对工作组人员重新调整。通过宣传发动、方案审批、制定配套政策和组织实施四个阶段的工作，农村税费改革工作任务完成。农民负担明显减轻。农村税费改革前，全区农村农业税、农业特产税、乡统筹、村提留、屠宰税、教育集资等项合计955万元，人均87元，农村税费改革后新的农业税、农业特产税及附加征收总额为526万元，人均46元，人均减负41元。

鹤城区从2006年开始，全面取消农业税、农业特产税及附加费，全面落实“三补贴”政策，农民负担减轻。

第三节　农业产业结构调整

1991—1997年，怀化市（县级）立足市情，面向市场，引导、帮助农民积极调整农业产业结构，走优质、高产、高效农业发展之路。实现由传统农业向现代农业、农业产品向商品经济、派耕派种向主动耕种转变。在稳定粮食生产的同时，推进农业综合开发。实现四项调整：调整耕地结构，大力发展经济作物；调整品种品质结构，发展名、特、优、新、稀等高端农产品；调整种、养结构，大力推广优质杂交水稻、三元杂交猪、乌骨鸡等种、养业优良品种，推行农、牧、渔共生，粮、油、经间作，畜、鱼、禽套养；调整农业整体结构，加快农村二、三产业发展步伐。把农村产业结构调整纳入农村工作目标管理，建、整、扶、调统一抓。抓住怀化地区列入全国农村改革试验区的契机，围绕专业化、区域化目标，按照合理布局、相对集中、高产高效原则，推进农产品基地建设。建设用材林、水果、中药材、畜牧水产、特种养殖等11个农业商品生产基地，建成四大特色产业基地：以马尾松为主的工业原料林基地，以杜仲、天麻为主的中药材生产基地，以三元杂交猪为主的生猪产业基地，以山羊、肉牛为主的草食动物基地。大力发展公司+基地+农户的一体化经营模式，建立一批产、加、销，贸、工、农于一体的产业实体，农产品商品率稳步提高。到1997年，建成中方、盈口、铜湾5万亩吨粮田，铁坡、黄岩、炉亭坳3万亩中药材基地，石门、中方、黄金坳2万亩优质蔬菜基地，10万头瘦肉型猪饲养基地，50万亩速生丰产林基地。农村单一的种、养模式逐步向二、三产业转移，特色产业、订单农业、创汇农业比例提高。

1998年4月，鹤城区成立后，农业结构调整步伐加快，推进农业产业一体化进程，发展规模农业、效益农业。走专业化生产、产业化经营之路，向一村一品，一乡一业方向发展。1999年，启动石门高效农业示范区和特色农业产业区建设。在石门、黄金坳、鸭嘴岩建设4个优质稻生产基地，面积6万亩，油菜、油茶生产基地3万亩，推广优良品种86个。石门建成草莓基地2000亩，杨村花卉苗木、杨梅、鱼腥草基地15000亩。2001年，怀化市启动“怀黔现代生态农业示范走廊”和“环城高效生态农业圈”（以下简称一线一圈）建设。一线一圈建设工程涉及鹤城5个乡镇、1个街道办事处、1个旅游度假管理区，共66个行政村。当年启动15个建设项目。开展“扶一户、带一片”科技帮扶活动，培养种养大户776户。发挥专业大户带动作用，形成“一人致富百人跟，百人致富兴一片”的农业发展良好格局。2002年进一步推动一线一圈范围内专业村、专业户、专业基地建设，建成黄岩延季蔬菜基地等一批蔬菜基地。2003年启动一线一圈特色农业产业基地建设项目15个，区域性特色农业板块示范点建设取得新进展。2004年，全区启动23个农业建设项目，现代特色农业建设加快。2005年完成14个专业园建设。2006年，实施农业标准化生产和产品认证，完成番茄、丝瓜、茄子、礼品西瓜、无籽西瓜共5个无公害农产品认证工作。杨村、石门、盈口6000亩杨梅基地被认定为无公害基地。大宗农产品优质率提高，水稻优质率达到90%。以冰糖橙、脐橙、杨梅为主的优质水果占水果总量的30%。

2007年，结合城市周边的地理条件，石门乡、盈口乡、杨村乡、鸭嘴岩镇逐渐融入城市，农业经济逐渐融入城市经济产业链，农业用地不断压缩，逐渐向休闲农业方向发展，淡出传统的种养业。2008年2月，区委、区政府站在鹤城区建设成为怀化市“双中心”排头兵的高度，推出“4+1”农村经济发展战略。即把黄金坳镇、芦坪乡、贺家田乡、凉亭坳乡及黄岩旅游度假区管理处等5个发展相对滞后的乡镇作为城郊型农业发展的重点，将该区域建设成为怀化市未来的无公害蔬菜基地、水果基地、生态养殖基地。“4+1”区域相对集中，且不是城市扩容的方向。把该区域建成怀化市的菜园、果园和养殖场，适时适地。到2010年底，通过示范引领，“4+1”片区建成现代种养业基地85个，面积7万亩，建成芦坪生猪、黄金坳肉牛、凉亭坳和贺家田山羊、生态山鸡养殖基地，黄金坳、芦坪无公害蔬菜基地，黄岩旅游度假区延季蔬菜基地及高端休闲农业基地。实现城市郊区农业产业结构优化升级，发展基地化规模农业、订单化市场农业、保障怀化城乡农产品供应。

第四节　集体林权制度改革

鹤城区在坚持集体林地所有权不变的前提下，依法将林地承包经营权和林木所有权，通过家庭承包的方式，落实到集体经济组织内的农户，确立农民作为林地承包经营权人的主体地位。林地的承包经营权为70年。承包期满后，按照国家法律法规的有关规定继续承包。集体林权制度改革是农村家庭承包经营制度从耕地向林地的拓展和延伸，是对农村土地经营制度的丰富和完善。

2007年8月，集体林权制度改革在杨村乡试点。同年11月，成立林权制度改革工作领导小组，出台《怀化市鹤城区集体林权制度改革实施意见》，集体林权制度改革工作全面铺开。主要内容是明晰产权、放活经营、规范流转、保障收益。

2008年8月，全面完成集体林权制度改革任务，明晰产权71.4万亩，完成率95%；规范流转行为26宗，流转林地7200亩；规范林业税费收取，取消不合理收费项目，林业税费每立方米木材下降45~50元；实行公示制度，落实林木采伐指标进村入户。实现产权归属明晰、经营主体落实、责权划分明确、利益保障严格、流转顺畅规范、监管服务有效。

2010 年 12 月鹤城区集体林权制度改革统计表

表 5-1-1

乡（镇）名称（含带农村的街道）	林业用地面积（亩）	明晰产权完成情况						林权发证						林权纠纷调查情况		
		集体林地面积（亩）	其中													
			自留山面积（亩）	家庭承包山面积（亩）	村、组集体经营面积（亩）	其他方式经营面积（亩）	权属争议面积（亩）	现场核实面积（亩）	核实率（%）	数据进机面积（亩）	输机率（%）	已发林权证面积（亩）	发证率（%）	权属争议总面积（亩）	已调处面积（亩）	调处率（%）
合　计	733011	695963.1	217.5	593345.6	46217.7	56182.3	29604.6	695963.1	95	695963.1	95	441669.9	60	35254.6	29605	84
鸭嘴岩	59898	56304.1	217.5	47686.6	3899	4501	2960.7	56304.1	94	56304.1	94	25336.8	45	3591.5	2960.7	82
凉亭坳	99000	65040	/	91840	3200	/	3183.9	95040	96	95040	96	61777	65	3922.1	3183.9	81
盈　口	110197	103585.2	/	88185.2	7114	8286	3010	103585.2	94	103585.2	94	67099.4	65	3751.1	3010	80
杨　村	41931	39834.5	/	31434.5	3102	5298	2031.6	39834.5	95	39834.5	95	20998.1	53	2515.9	2031.6	81
石　门	53429	49689	/	28939	4550	16200	2596.6	49689	93	49689	93	25016.5	50	3205.7	2596.6	81
黄　岩	72234	69344.6	/	56044.6	5878.7	7421.3	3678.4	69344.6	96	69344.6	96	35138.9	51	4334	3678.4	85
芦　坪	81455	78196.8	/	66996.8	6125	5075	3909.4	78196.8	96	78196.8	96	44800.2	55	4887.3	3909.4	80
黄金坳	76400	73344	/	57844	6099	9401	3606	73344	96	73344	96	52782.5	69	4165	3606	87
贺家田	235163	128537.9	/	122287.9	6250	/	4475	128537.9	95	128537.9	95	107599	79	4729	4475	95
坨　院	2492	2087	/	2087	/	/	153	2087	85	2087	85	1121.5	45	153	153	100

第二章　农村经济管理

第一节　承包合同管理

1989 年 8 月 1 日，湖南省人民政府发布《湖南省农村合作经济组织承包合同管理办法（试行）》。为抓好管理办法的落实，怀化市（县级）经管站举办三期以“完善双层经营，搞好农村承包合同管理”为主题的培训班，共培训承包合同管理人员 198 人。选择花桥镇试点农村承包合同规范化管理工作。在总结花桥试点经验的基础上，经过广泛调研，市经管站向市委、市政府提交《关于农村责任田土反映强烈的几个问题的调查报告》。制定《关于完善双层责任制中几个具体问题的处理意见》，促进农村承包合同规范管理。1991 年完善农村田土承包合同。以乡镇为单位，明确田土承包合同签订各方的权利与义务。田土承包合同书由乡、村及农户三方签字盖章，一式三份。是年底，全市共签订农村田土承包合同 84551 份，占应签订户数的 100%。签订专业承包合同 1511 份，占应签订户数的 100%。全市统一印制规范的承包合同档案。32 个乡镇，302 个行政村建立规范化、标准化的农村承包合同档案室，由各乡镇经管员和各行政村会计负责管理。32 个乡镇按要求制定《农村承包合同制度》《农村承包合同监督检查制度》《农村承包合同档案制度》《农村承包合同档案管理制度》。为保证农村合作经济组织依法行使生产服务、管理协调和资产积累三大职能的充分发挥，市、乡（镇）、村三级分别成立合同管理委员会，302个行政村成立农村承包合同管理小组。市、乡（镇）成立农村承包合同仲裁委员会和仲裁小组，配备185名专兼职仲裁员。2010年，鹤城区成立农村承包纠纷仲裁委员会，农村土地承包合同管理更加规范。

第二节　村级财务管理

一、会计培训

为规范和加强农村会计工作，保障会计人员依法行使职权，发挥会计从业人员在加强农村经济经营管理中的作用，1991年初，怀化市（县级）经管站、审计局联合对各乡镇审计事务所负责人进行为期7天的培训。各乡镇对全体审计人员进行业务培训，共培训557人次。1992年3月，对29个乡镇经管干部，257名村会计进行为期10天的业务培训。从1993年开始，根据第八届全国人民代表大会常务委员会第五次会议《关于修改〈中华人民共和国会计法〉的决定》，每年定期开展农村会计业务培训工作，定期对新任村组会计和乡镇经管员进行业务培训。1996年，根据《农村合作经济组织新会计制度（试行）的通知》的要求，市经管局分2批对全市所有村会计人员和乡镇经管人员组织培训，共培训农村新任会计人员和乡镇经管站人员119人。1997年，组织开办会计培训班2次，培训297人。2004年，鹤城区组织会计培训91人次，电算会计业务培训50人次。全区经过专业培训的在岗村会计和乡镇经管站管理人员共计110人。

二、农村财务管理

1991年为全省农村财务管理年，7月，市经管站组织专业力量，选择花桥镇车坪村开展审计工作试点。在完成该村财务审计工作后，按照财务规范化的要求，帮助该村规范整理财务档案，完善财务管理制度。经过试点和全面推广农村财务审计工作，全市83.7%的村实现财务规范管理目标，建立"五统一"农村财务管理规范。"五统一"，即统一核算方法（借贷记账法）、统一会计科目、统一会计报表、统一账薄凭证、统一财务管理制度。为进一步加强村级财务管理规范化，市经管站派出8名业务骨干到桃源县实地考察学习。借鉴先进地区的经验，制定《怀化市村级财务管理规范化建设实施办法》《村级合作经济组织财务制度实施办法（试行）》。组织开展财会月活动，试行村会计集体办公制度。每月月初组织村会计到乡镇经管站学习业务、互查联审、记账做报表，时间安排2天。通过开展财会月活动，全市302个行政村有287个村能按月报送报表，32个乡镇全部能够按时上报报表。1996年开始试行"村账乡管"制度，即按村设账、村账乡管、分村核算、乡管村用的村级财务管理模式。

2002年，为适应农村税费改革新形势新变化的要求，鹤城区制定《关于进一步规范村级财务管理意见和农村税费改革后村内举办集体生产公益事业筹资管理办法》。2007年试行村账乡代管。是年，全区有61个村实行村账乡代管。2009年7月23日，鹤城区成立"村账乡代管"工作领导小组，制定"村账乡代管"改革实施方案，明确指导思想、基本原则、实施范围及具体操作办法、工作步骤，并在石门乡试点。取得成功经验后全区推广。2010年，全区所有行政村实行"村账乡代管"制度。

三、农村财务清理整顿

20世纪80年代初，农村实行家庭联产承包责任制，农村财务管理采取一种松散的模式，实行村账村记，村钱村管，由村级组织直接对财务收支和村级资产记账管理，乡镇设一名财务辅导员负责业务指导。随着时间的推移，积累的问题逐渐增多，直接导致农村干群、党群关系紧张，滋生腐败，发生违规违纪案例，影响社会和谐稳定和农村经济发展。为克服农村财务中的缺陷，1990年取消生产队会计，组建村会计室，建立乡镇经管站。1991年，全市32个乡镇设立审计事务所，配备专兼职审计员53人，履行农村村级审计职责。是年，在全市农村组织开展以"十清十查"为主要内容的财务清理整顿工作。经严格清查，全市村级组织有固定资产1553.8万元，现金存款312.4万元，各种往来账款424.5万元，查出有各种经济问题的资金92.9万元，追回贪污挪用款34.16万元，收回各种欠款73.4万元。为302个村配备387名专业会计人员，试行注册管理，凭证上岗制度。开展“一月一活动、一季一报表、半年一总结”的财会活动日制度。1991年后，每年定期对全市所有村级组织进行轮流财务审计及对有人民群众来信来访的村级组织进行财务清理整顿，为集体和群众挽回经济损失8000余万元。1998年后，每年定期审计30%的村。

第三节　农村减负监督

一、农业减负政策

1991年，国务院发布《农民承担费用和劳务管理条例》，为加强对农民负担的监督管理，怀化市（县级）成立减轻农民负担领导小组及其办公室，办公室设市经管站。对涉农负担文件进行清理，废止有关涉及负担项目39个。印发减轻农民负担通告4200份，发放至乡、村、组，制定《怀化市农民负担暂行规定》。严格村提留、乡统筹等涉及农民负担的审批，保证村提留、乡统筹标准不超过国务院的规定。1993年6月，市委、市人大、市政府、市政协联合下发《关于开展农村价格大检查，切实减轻农民负担的通知》，同时制定《关于禁止乱收费的规定》，转发怀化地委办、怀化行署办《关于取消和停止第一批实际农民负担项目的通知》。1994年、1995年连续两年开展物价大检查，重点检查涉农物资乱收费、乱涨价等违反物价政策和物价纪律方面的问题。1996年，市政府下发《关于进一步抓好减轻农民负担工作的通知》。从1996年开始，每年组织开展农业法规和农民减负监督管理培训活动，对乡镇干部和乡镇经管员进行减负政策培训，提高乡镇干部的政策理论水平和思想认识水平，提高执纪执法能力。1997年，下发《关于切实做好减轻农民负担的通知》，开展农民减负政策的宣传工作。从1998年开始，每年组织开展“送政策下乡”活动。从1999年起，省委、省政府将每年的5月份定为“全省减负宣传月”，此后鹤城每年5月组织各种宣传力量，下乡开展减负政策专题宣传。

二、农民负担监督管理

20世纪80年代末90年代初，农村中开展各类达标活动，农民负担加重。怀化市委、市（县级）政府针对农村乱收费、乱罚款、乱摊派现象，下发《关于切实做好减轻农民负担的通知》。规定农民负担控制标准，即以乡镇为单位人均村提留乡统筹控制在上一年人均纯收入的5%以内，严格执行，不得突破。农民总负担不得超过国务院的规定。

1992年，推行农民负担监督卡制度。将农户当年应该缴纳的合理费用，于每年年初填入卡内，一户一卡，按卡交费。并告知持卡农户，除卡内要交的费用外，其他任何收费都可以拒绝。教育部门的学杂费收取实行明白卡制度。对涉农收费文件进行清理规范，废除不合理收费文件和收费项目。1991—1997年共查处不合理收费和超标准收费56.49万元，并予以清退或上缴财政，对收费单位罚款7.13万元。

1998—2001年，农民收入增长缓慢。为进一步减轻农民负担，1998年，鹤城区政府下发《关于进一步抓好减轻农民负担的通知》，1999年下发《关于切实做好减轻农民负担的通知》，明确规定农民负担三年不变，对农民负担实行“一个漏斗向下”的管理原则。2000年，抽查6个乡镇、35个村、116个组、253户农户，经测算，全区农村村提留乡统筹费用比1998年减少14万元，农民人均减轻负担48.32元。

2001年，实行行政事业单位涉农收费公示制度，将清理规范后涉农收费项目的名称、文件依据、收取标准制成公示牌，分发到各乡镇及村委会，让群众掌握政策，监督收费行为，明明白白交费。将省政府对乡镇干部及涉农收费执收人员依法文明行政的规定制成警示卡，人手一卡，时刻提醒。

2002年，试点农村税费改革。2003年，农村税费改革全面铺开，废除村提留乡统筹，改税免费。农业税、农业特产税减半征收，农民负担大幅度下降。村组兴办公益性事业所需资金和劳务实行临时性筹资筹劳。

2004年，中央相继出台各项惠农政策，全面取消农业税和农业特产税。国家建立农业补贴制度，对农民实行粮食直补、良种直补、农机具购置补贴和农业生产资料综合补贴，多措并举减轻农民负担。

2005年，建立经常性的审计监督制度，清理村集体债权债务。处理不良债务。开展村级财务清理整顿，对村委会主任进行任期和离任审计，对村级转移支付进行审计。

2005—2010年，农村社会和谐，农民收入稳步增长。实行村务公开，村集体事务透明度提高，干群关系和谐融洽。2010年，农民人均纯收入达到4830元。

第三章　农业综合开发

第一节　农村能源开发

1984年，成立怀化市（县级）农村能源开发建设领导小组及其办公室，归口市农委管理。1997年10月，怀化市政府出台《关于切实加强城乡能源建设的意见》。明确农村能源办的主要负责城区和乡村生活用石油液化气、生活用煤、薪炭，计划调配和生产经营管理及微小水电、沼气及生物能源、太阳能等可再生能源开发建设的综合规划、开发利用、技术推广、技术培训、市场监管和行政执法工作。1998年5月，成立鹤城区能源办公室，定为副科级事业单位。1998—2010年，农村能源开发与利用主要在沼气、太阳能、秸秆气化技术引进应用与推广，机制木炭技术的引进与推广，无桥省柴灶的普及，节煤炉灶的普及，节煤砖窑技术应用，醇基环保液体燃料节能减排技术的应用方面取得重大突破，可再生能源开发建设取得一批科研成果。相当于植树造林1万亩，节省标准煤7万吨，减少有害气体和生活污水排放10万吨。2005年，鹤城区能源办被评为湖南省为民办实事先进单位，杨季春被评为先进个人并记二等功。

一、沼气技术的开发利用

1992年，怀化市（县级）农村沼气用户发展到1128户。1993年4月，农村能源办因班子问题，农村沼气推广应用工作受到一定影响，发展步伐放慢。1997年，出台措施抓农村能源开发建设，并成立怀化市（县级）农村能源建设领导小组，组长由市委分管农业和农村工作的副书记陈兴中兼任。各乡镇成立相应的组织领导机构，农村能源开发建设，尤其是农村沼气技术的推广应用得到较快发展。

鹤城区成立后，区级财政异常困难，农村能源开发缓慢。2005年，鹤城区列入国债项目建设区，农村沼气技术开发建设列入全省为民办实事任务。是年，鹤城区15个项目村完成1590户沼气池建设任务，通过省、市为民办实事协调工作领导小组办公室验收。2007年全区18个项目村完成2500户沼气池建设任务，通过省市两级为民办实事办公室考核验收。到2010年底，全区共在42个项目村完成5440户沼气池建设任务，中央财政累计投入资金689.2万元。

2004年9月，区农村能源办派出3名技术骨干参加全省在娄底市举办的生活污水处理沼气池净化工程技术培训班。2005年12月，在盈口乡凤坪村指导怀化市旌旗牧业有限公司建造容积为120立方米的生活污水沼气净化池，通化净化处理，生活污水可循环利用。2006年在石门乡清水井村康盛、大唐2个规模养猪场建设容积均为800立方米的大型沼气工程池，促进资源循环利用和农村生态环境改善。

二、节能省柴灶推广

1983年，国家计委、农牧渔业部、商业部联合下文要求农村使用节能省柴灶。到1991年底，全市农村省柴灶普及率达到89%。1993年农村省柴灶普及率达到98%。1996年，农村燃煤用户增多，沼气技术得到推广普及。电力、石油液化气等清洁能源开始在广大农村应用，以柴薪做燃料的农户逐年减少，农村使用省柴灶的居民不多。

三、节煤技术推广

20世纪70年代，城镇居民开始使用蜂窝煤球。1998年，节煤炉灶向农村推广。2010年，节煤炉灶在农村的普及率达到40%，在近郊农村的普及率达到70%。

20世纪90年代，怀化市农村能源办委托能源服务公司对境内小土窑烧砖技术进行改造。改造后的小土窑建造工艺简便，操作方便，省工省时，比传统老式小土窑节煤51%。2010年，郊区30座小土窑全部按节能省煤技术标准建造，普及率达到97%。

四、生物质气化炉研制应用

2005年，能源科技专业人员杨修早、杨四川在鹤城区农村能源办的大力支持下，投入20万元开展技术攻关，生物质气化炉研制成功，获得发明专利。专利号为ZL20050050544.5及ZL20050050543.0。同年12月注册“乡村牌”商标，正式批量生产。产品主要销往鹤城区盈口乡、中方县石宝乡、新晃新店坪镇等地以及邵阳、永州、衡阳等地农村地区。成立怀化市杨帆乡村能源有限公司，开办中国乡村能源网站，每年为全国各地培训气化炉制作技术专业人员200余人。鹤城区人民政府授予杨修早“可再生能源开发先进个人”称号，接受“中国视协农村电视委员会‘千县工程’摄制组人物”专访。

五、机制木炭制作技术

2000年，鹤城区内有工商户从日本进口机制木炭制作机械，生产机制环保木炭。2002年韩国松、周启良在城郊鸭嘴岩镇开办机制木炭厂。2010年鹤城区内有机制木炭生产厂家8家，年产量1200吨，部分产品销往日本等国及东南亚国家。

六、开发新型环保醇基液体燃料

刘桥兴等一批科技人员，利用湖南大学的技术支持，经过10年技术攻关，2003年发明新型环保醇基液体燃料，可以替代柴油、燃料煤，用于大型宾馆、酒店。该新产品似水透明，不易挥发，气味微小。2003年，经湖南省环保监测中心和湖南省燃气燃具及能源产品质量检测中心检测，符合国家排气污染综合标准。申报取得国家发明专利。2005年，城区怡园酒楼、西南宾馆、王朝食府等70多家酒楼、餐饮机构使用新型环保醇基燃料，同时将产品推向长沙、东莞、杭州市场。2005年，醇基燃料产量达到60万吨。可替代柴油40万吨，燃煤60万吨。鹤城区人民政府授予该公司“可再生能源开发先进单位”，授予公司董事长李小宁“可再生能源开发先进个人”称号。

第二节　中低产田改造

1991年5月，成立怀化市（县级）农业综合开发领导小组及其办公室，为临时性机构，归口农村工作委员会管理，1995年4月，被确定为正式工作机构，为正科级事业单位。1998年4月，成立鹤城区农业综合开发办公室。

农业综合开发项目主要为中低产田改造项目和高标准农田建设项目。1992—2011年，共组织实施中低产田改造和高标准农田建设项目31个，投资共计7614.78万元，改善农业生产条件。

1998年，国家农业综合开发项目由一定三年改为一年一定，怀化市实行轮空制。是年，鹤城区轮空，只有水毁工程项目。1998年水毁工程修复项目于是年12月通过省、市农业综合开发办公室审核批准，1999年组织实施，通过省、市验收合格。该项目区涉及石门乡、杨村乡和中方县中方镇3个项目区，投资20万元，全部为中央财政资金投入。改造水毁中低产田700亩，衬砌渠道3300米，年增加粮食生产能力27万千克。

1992—1997年怀化市（县级）中低产田改造项目统计表

表5-3-1

项目实施年度	项目范围	项目投资		开发内容	项目效益
		财政投资	农民自筹		
1992—1994年	中方镇、牌楼镇、桐木乡、杨村乡4个乡镇，40个行政村，6.5万人	440.3万元	149.82万元	改造中低产田3.13万亩，新开耕地3900亩，土地平整3940亩，营造防护林4.1万亩，疏浚渠道8000米，衬砌渠道182千米，修机耕道10.4千米，修电灌站1座，修渠系建筑物8座，购置农业动力机械25台、仪器设备5台，农业技术培训21500人次	年增粮食生产能力890万千克，油料35万千克，新增种植业产值3129万元，农民年人均纯收入增加315元
1995年	中方镇8个村，石门乡6个村1.2万人	235.24万元	142.95万元	改造中低产田1.67万亩，改良土壤1500亩，营造防护林2800亩，扩建拦河坝1座，衬砌渠道42.4千米，新修机耕道8500米	年增加粮食生产能力346万千克，油料15万千克，年新增种植业产值285万元，农民年人均纯收入增加143元
1996年	中方镇、炉亭坳乡、鸭嘴岩乡、石门乡、盈口乡6个乡镇12个村1.4万人	269.6万元	108.45万元	改造中低产田1.61万亩，改良土壤3000亩，建良种基地3000亩，营造防护林4000亩，农业技术示范推广5000亩，建苗圃20亩，衬砌渠道50.7千米，修机耕道4500米，建仓库2000平方米，新修电灌站1座，修渠系建筑物8座，购置农业动力机械50台、仪器设备30台，农业技术培训1500人次	年增粮食生产能力330万千克，油料20万千克，新增种植业产值268万元，农民年人均纯收入增加110元
1997年	中方镇、牌楼镇、桐木乡、下坪乡、鸭嘴岩乡、杨村乡、石门乡、盈口乡8个乡镇，28个村，2万人	250.82万元	141.7万元	改造中低产田2.22万亩，建良种基地3000亩，营造防护林5300亩，农业技术示范推广3000亩，疏浚渠道40千米，衬砌渠道85.5千米，新修桥涵闸渡槽1座，购置农业动力机械240台、仪器设备4台，农业技术培训1600人次	年增粮食生产能力460万千克，油料20万千克，新增种植业产值378万元，农民年人均纯收入增加112元

1999—2010年鹤城区中低产田改造项目情况表

表5-3-2

项目实施年度	项目范围	项目投资		开发内容	项目效益
		财政投资	农民自筹		
1999年	石门乡、坨院办事处、黄岩旅游度假区管理处13个行政村1.05万人	191万元	95万元	改造中低产田1.4万亩，改良土壤8000亩，建良种基地2000亩，营造防护林3000亩，农业技术示范推广1000亩，扩建加固拦河坝8座，开挖疏浚渠道39千米，衬砌渠道182千米，修机耕道5500米，购置农业动力机械50台，建仓库320平方米，农业技术培训1000人次	年增粮食生产能力129万千克，油料15万千克，新增种植业产值215万元，农民年人均纯收入增加123元
2000年	黄金坳镇的仇家村、岩冲村、沙溪村、汪家4个行政村，5000人	187万元	51万元	改造中低产田9000亩，建苗圃30亩，开挖疏浚渠道7600米，衬砌渠道23.5千米，溪流整治1900米，修机耕道1600米，营造防护林1000亩，新修电灌站2座，购置农业动力机械30台，农业技术培训1000人次。开展生态示范试点建设一项	年增加粮食生产能力130万千克，油料15万千克，年新增种植业产值210万元，农民年人均纯收入增加194元
2001年	黄金坳镇谭家村、败泥冲村、黄金坳村、水环口村、江口院村、沙溪村、汪家村7个行政村9000人	278.4万元	78万元	改造中低产田1.2万亩，改良土壤7000亩，营造防护林3000亩，建苗圃30亩，示范推广美国西芹1000亩，开挖疏浚渠道8600米，衬砌渠道36.5千米，修建排洪沟4200米，修机耕道2280米，扩建加固小型水库1座，修建拦河坝4座，新修电灌站6座，购置农业动力机械30台，农业技术培训1000人次	年增粮食生产能力232万千克，油料46万千克，新增种植业产值308万元，农民年人均纯收入增加202元

续表 5-3-2

项目实施年度	项目范围	项目投资		开发内容	项目效益
		财政投资	农民自筹		
2002 年	石门乡的清水井、板山、双村、新街、月塘、桐形、四方田 7 个行政村，1.2 万人	158 万元	72 万元	改造中低产田 1 万亩，改良土壤 5000 亩，平整土地 400 亩，营造防护林 1000 亩，新建苗圃 20 亩，示范推广大棚蔬菜 140 亩，扩建加固小型水库 1 座，修建拦河坝 3 座，新修电灌站 3 座，衬砌渠道 27.3 千米，修机耕道 4930 米，购置农业动力机械 50 台（套），建成喷灌基地 140 亩，农业技术培训 1000 人次	年增粮食生产能力 225 万千克，油料 18 万千克，其他农产品 125 万千克，新增种植业产值 235 万元，农民年人均纯收入增加 229 元
2003 年	盈口乡的朱溪村、新家庄、团结、白岩、黄家山、凤坪、板坡 7 个行政村，1.2 万人	254.4 万元	74 万元	改造中低产田 8000 亩，改良土壤 1000 亩，营造防护林 3000 亩，扩建加固小型水库 3 座，修建拦河坝 3 座，新修电灌站 4 座，建沼气池 20 口，衬砌渠道 29.1 千米，修机耕道 5500 米，购置农业动力机械 20 台（套），农业技术培训 1000 人次	年增粮食生产能力 94 万千克，油料 10 万千克，其他农产品 32 万千克，新增种植业产值 248 万元，农民年人均纯收入增加 100 元
2004 年	鸭嘴岩镇长远、鸭嘴岩、池回、李公湾、溪坪、花背、坳背 7 个行政村，4400 人	303 万元	148 万元	改造中低产田 8400 亩，改良土壤 700 亩，营造防护林 1000 亩，开挖疏浚渠道 16 千米，衬砌渠道 27.43 千米，扩建加固小型水库 1 座，修建拦河坝 5 座，新修电灌站 6 座，架配套输变电线路 3000 米，建沼气池 30 口，购置农业动力机械 20 台（套），农业技术培训 100 人次	年增粮食生产能力 120 万千克，油料 13 万千克，蔬菜 20 万千克，新增种植业产值 322 万元，农民年人均纯收入增加 436 元
2005 年	石门乡、杨村乡、坨院街道 4 个行政村，1400 人	75 万元	25 万元	改造中低产田 2000 亩，改良土壤 300 亩，营造防护林 200 亩，开挖疏浚渠道 3800 米，埋设管道 4300 米，修建机耕道 1800 米，新修电灌站 1 座，农业技术培训 500 人次	年增粮食生产能力 32 万千克，油料 3.5 万千克，蔬菜 20 万千克，新增种植业产值 90 万元，农民年人均纯收入增加 400 元
2006 年	黄岩的大坪村、南家坪村、白马村、田家村 4 个行政村，4200 人	240 万元	120 万元	改造中低产田 6000 亩，农业科技示范推广 2000 亩，扩建加固小（2）型水库 1 座，修建拦河坝 3 座，新修电灌站 2 座，配套输变电线路 3000 米，修建渠系建筑物 21 座，扩建加固小型蓄排水工程 3 座，修建机耕道 3000 米，购置农业动力机械 30 台（套），建沼气池 30 口，营造防护林 1000 亩，购仪器设备 2 台，农业技术培训 500 人次	年增粮食生产能力 90 万千克，油料 10 万千克，其他农产品 30 万千克，新增种植业产值 258 万元，农民年人均纯收入增加 338 元
2007 年	芦坪乡坪星、莨远、芦坪、张家、长潭、刘家、江龙湾 7 个行政村，5300 人	252 万元	124.8 万元	改造中低产田 5900 亩，改良土壤 100 亩，营造防护林 1000 亩，示范推广礼品西瓜 200 亩，扩建加固小（1）型水库 1 座，新修电灌站 2 座，配套输变电线路 2000 米，开挖疏浚渠道 20 千米，衬砌渠道 18.8 千米，埋设饮水管道 7300 米，扩建加固山塘 2 座，修建渠系建筑物 2 座，修建机耕道 1800 米，购置农业动力机械 30 台（套），建沼气池 30 口，农业技术培训 1000 人次	年增粮食生产能力 94 万千克，油料 10 万千克，其他农产品 30 万千克，年新增种植业产值 274 万元，农民年人均纯收入增加 247 元
2008 年	芦坪乡芦坪、张家 2 个行政村，3000 人	170.5 万元	64.2 万元	改造中低产田 3100 亩，营造防护林 400 亩，示范推广礼品西瓜 100 亩，新修电灌站 1 座，配套输变电线路 1000 米，衬砌渠道 6100 米，扩建加固山塘 1 座，新建供水工程 3 处，修建机耕道 1600 米，购置农业动力机械 8 台套，建沼气池 10 口，农业技术培训 500 人次	年增粮食生产能力 35 万千克，油料 8000 千克，其他农产品 20 万千克，农民年人均纯收入增加 307 元
2009 年	芦坪乡坪星、楼城坳、壮丁、芦坪 4 个行政村，5300 人	300 万元	100 万元	改造中低产田 4200 亩，营造防护林 1000 亩，示范推广礼品西瓜 1000 亩，扩建加固小型水库 1 座，新修电灌站 2 座，开挖疏浚渠道 20 千米，衬砌渠道 21 千米，修建机耕道 3000 米，购置仪器设备 3 台，农业技术培训 1000 人次	年增粮食生产能力 40 万千克，果品 70 万千克，蔬菜 39.9 万千克，油料 11.6 万千克，年新增种植业产值 195.04 万元，农民年人均纯收入增加 211 元
2010 年	贺家田乡的贺家田、板栗坪、高桥、老寨溪、枫木潭、潮泥溪、屋家溪及黄金坳的沙溪、仇家 9 个行政村，7600 人	280 万元	100 万元	改造中低产田 3500 亩，改良土壤 2000 亩，营造防护林 500 亩，示范推广优质稻 300 亩，扩建加固拦河坝 6 座，新修电灌站 3 座，架设输变电线路 2000 米，开挖疏浚渠道 20 千米，衬砌渠道 10.7 千米，新建山塘 1 座，供水工程 3 处，修建机耕道 1300 米，购置农业动力机械 30 台（套），建沼气池 30 口，农业技术培训 1800 人次	年增粮食生产能力 32 万千克，果品 50 万千克，蔬菜 36 万千克，油料 11 万千克，年新增种植业产值 179.4 万元，农民年人均纯收入增加 184 元

2009—2010 年鹤城区高标准农田建设开发项目统计表
（优质超级稻标准化生产基地建设）

表 5-3-3

实施年度	实施地点	投资规模	建设内容	
2009 年	芦坪乡、黄金坳镇、石门乡	385.1 万元	优质超级稻标准生产基地规模 1 万亩，其中，芦坪乡 5000 亩，黄金坳镇 3000 亩，石门乡 2000 亩，配套推广农机 21 台（套），渠道防渗 21 千米，新修机耕道路 6000 米，举办技术培训班 6 期，培训 4015 人，项目区农业生产条件改善	验收测产，亩平均产量 642.5 千克，亩均增产 81.2 千克，项目区总产量增加 81.2 万千克
2010 年	贺家田乡、芦坪乡、黄金坳镇、石门乡	394.8 万元	优质超级稻标准生产基地规模 1 万亩，其中，贺家田 2000 亩，芦坪乡 3000 亩，黄金坳镇 3000 亩，石门乡 2000 亩，配套推广农机 20 台（套），渠道防渗 26 千米，新修机耕道路 12 千米，举办技术培训班 4 期，培训 1600 人次，项目区农业生产条件改善	验收测产，亩平均产量 658.8 千克，亩均增产 97.5 千克，项目区总产量增加 97.5 万千克

第三节　农村扶贫开发

怀化市（县级）于 1986 年 12 月启动农村扶贫工程，成立农村扶贫开发办公室，负责全市贫困乡、贫困村扶贫规划的制定、实施、监督、检查，协调部门关系，沟通方方面面的情况。

一、贫困状况

据 1986 年普查，怀化市（县级）人均纯收入在 200 元以下、人均口粮在 225 千克以下的贫困户共 13375 户、71277 人，占全市总人口的 22%。1987 年，确定贺家田乡、凉亭坳乡、丁家乡、新路河乡、蒿吉坪乡、锦溪乡、龙场乡共 7 个乡为整乡贫困乡。7 个乡共有 58 个行政村、528 个村民小组、12203 户、49968 人，国土总面积 70.44 万亩（合 469.6 平方千米）。7 个贫困乡人均耕地 0.9 亩，人均山地 13.2 亩。

1998 年，鹤城区成立后。根据国务院有关部门制定的贫困标准，年人均纯收入低于 635 元的为贫困户，辖贺家田乡的老寨溪村、高桥村、屋家溪村、贺家田村、板栗坪村、潮泥溪村、枫木潭村，凉亭坳乡的尹家岭村、杨潭村、蒿菜坪村、曹家坡村、邓家冲村、罗家溪村、杨地坪村、大竹林村共 15 个行政村确定为贫困村。2002 年，农民人均纯收入低于 869 元的为贫困村。鹤城区 6 个乡（镇）共 7 个行政村认定为贫困村。它们是凉亭坳乡尹家岭村、杨潭村、贺家田乡老寨溪村、芦坪乡远垅村、黄金坳镇里山元村、黄岩度假区管理处白马村、盈口乡板坡村。2007 年，农民年人均纯收入低于 785 元的绝对贫困人群和年人均纯收入低于 1067 元为相对贫困人口群确定为贫困村。根据这一标准，鹤城区 7 个乡（镇）15 个行政村确定为贫困村，分别是凉亭坳乡的杨地坪村、尹家岭村、杨潭村、大竹林村，贺家田乡的板栗坪村、老寨溪村、高桥村、贺家田村，芦坪乡长潭村、刘家村、远垅村、大门溪村，黄金坳镇里山元村、杨村乡的趴跛村、盈口乡板坡村、黄岩渡假区管理处白马村。2010 年，规定农民年人均纯收入低于 1274 元的村为贫困村。根据这一标准，确定凉亭坳乡的罗家溪村、邓家冲村、曹家坡村，贺家田乡的板栗坪村、枫木潭村、高桥村、屋家溪村，芦坪乡长潭村、刘家村、大门溪村，黄金坳镇里山元村为贫困村。

二、扶贫措施

从 1991 年开始，市财政每年拨款 10 万元，作为重点扶持的贫困乡的开发启动资金，由市扶贫开发办统筹管理使用，有计划地用于扶持贫困乡的基础设施建设，发展乡、村集体经济，增强贫困乡村的自我发展能力。对贫困乡申请的贷款优先安排，并按最低档计算利息。农行营业所、农村信用社外勤人员每年联系 3~5 户贫困户，帮助他们选择生产项目、合理贷款，获取最佳经济效益。对贫困乡的物资供应，优先下达计划指标，其品种、规格尽量满足需要，价格就低不就高。

1990—2010 年，各级政府和社会力量共投入扶贫资金和各种物资折合 1791 万元，贫困乡、村民人均纯收入从 1986 年的 200 元左右提高到 2010 年的 2258 元。

鹤城区成立后，改救济式扶贫为科技扶贫和开发式扶贫。1998—2010 年，全区共举办针对贫困乡、村的各类实用技术培训班 35 期，培训各类实用技术人员 10978 人次。注重引进先进、成熟适用的技术，通过技术引导农村扶贫。先后引进香菇栽培、鱼腥草栽培、油茶林低改、速生原料林、机制木炭、生态养鸡、山羊养殖、肉牛繁殖等 31 项适应性的农业科技技术。通过农业、科研、教育三者的有效结合，达到既治穷又治愚的效果。建立农村科普网络，开展科普宣传，弘扬科学精神，提高农民素质。推行科技特派员制度。全区确定 273 名以党员为主体的农业技术人员、乡土专家、科技示范户的科技特派员队伍，分派到全区 91 个行政村。建立科技特派员工作站，指导农民调整产业结构，实施品种改良，发展规模种植业和养殖业，为农民提供零距离科技服务。杨村乡蒲天垅村科技特派员工作站联合湖南农业大学、正清制药公司、海联公司大力推进鱼腥草示范基地建设，基地发展到 2600 亩，年户均增收 3000 元。积极开展开发式扶贫。充分利用贫困村的自然资源进行开发式生产建设，逐步形成贫困乡、村和贫困户的自我积累和自我发展能力，通过自身力量达到脱贫致富的目的，使农村扶贫工作从单向输入资金到向资金、技术、物资、培训相结合的综合性输入和配套服务转变。芦坪乡坪星村、张家村周围群山环抱，山清水秀，风光旖旎，植被覆盖率达 60%以上，是集天然、绿色、环保原生态中药材生产的绝好基地。2010 年在区农办的扶持帮助下，示范栽植“九丰一号”金银花，建成 2000 亩金银花基地，成立芦坪乡金银花产销专业合作社。

三、开发项目

土地治理项目　1992—2011 年，利用农业综合开发的契机，为贫困乡、村农户共实施土地治理项目 21 个。其中，低产田改造项目 18 个，高标准农田建设项目 3 个。投入资金 1014 万元，改造中低产田 1.66 万亩，建成优质超级稻生产基地 4000 亩。

交通项目　抓住中央实施新农村建设的契机，采取民办公助的方式，实现村级公路水泥硬化村村通的目标，为贫困乡、村、组投入资金 3200 万元，新修整修村级公路 631 千米，为 11000 人解决出行难。

产业开发项目　实施蔬菜、畜牧业、油茶、中药材种植等项目 29 个，投入资金 387 万元，年新增农业产值 2480 万元。

第四章　种植业

第一节　耕作制度

一、水田耕作制度

双季稻　农村建立家庭联产承包责任制后，农民生产积极性被调动起来，加之农业科技的推广应用，水稻单产逐年提高，双季稻面积逐年减少，复种指数逐年降低。1991年，怀化市耕地复种指数为216.1%，与历史最高纪录的1976年235.3%相比，下降19.2%，1998年复种指数下降到175.85%，为二十年最低值，以后复种指数恢复性提高。2010年鹤城区耕地复种指数再度提高到211.1%，达到正常状态。

1991年，怀化市（县级）推广两系杂交早晚稻配套栽培，示范面积2834亩，平均亩产870.1千克，比三系杂交早晚稻配套栽培每亩增产51.5千克。牌楼镇阳合垄村黄名和种植两系杂交早晚稻2.1亩，亩产达到1127.8千克。1991—1997年，怀化市（县级）双季稻种植面积在6.46万~8.56万亩。1998年鹤城区双季稻种植1.36万亩，仅占稻田面积的9.9%。2000年，在市场机制作用下，调整种植业结构，推广优质稻，减少双季稻种植面积，扩大种植玉米、大豆及蔬菜等农作物面积，双季稻种植面积进一步减少，2010年，境内无人种植双季稻。

水旱轮作　稻田一年两熟制或一年三熟制。一年两熟制模式有早稻—秋薯（马铃薯、红薯）或秋豆（泥豆、红豆）或秋玉米；早中稻—绿肥或秋荞（混种萝卜、绿肥）或油菜或大小麦或蔬菜或蚕豆等轮作方式。一年三熟制的有稻—稻—油、稻—稻—菜、稻—稻—麦、菜—稻—菜等连作或轮作模式。1991年，怀化市稻田种植秋冬作物24.2万亩，占全市稻田总面积的75%。1994年，稻田种植秋冬作物27.78万亩，占稻田总面积的86.1%。1998年鹤城区稻田种植秋冬作物8.67万亩，占稻田总面积的63.7%。秋冬季作物以油菜、蔬菜为主。双季早稻改旱作。一年两熟制的有春玉米、春大豆、西瓜、草莓、蔬菜（黄瓜、四季豆等）与晚稻轮作。一年三熟制的有春菜—晚稻—冬菜、春马铃薯—晚稻—秋马铃薯轮作模式。2001—2002年，鹤城区石门、盈口、杨村、鸭嘴岩、芦坪、黄金坳6个乡镇实施《稻田改制高效综合配套技术》丰收项目计划。累计实施8.45万亩，经考核验收，亩均创产值1777元，比改制前每亩产值增加746元。其中，早稻改旱作2.46万亩，共三种模式旱玉米—晚稻0.306万亩，亩均创产值1544元；西瓜—晚稻0.352万亩，亩均创产值1819元；春夏菜—晚稻—越冬菜1.805万亩，亩均创产值2449元。该项目于2003年获湖南省农业丰收奖二等奖。2009年鹤城区推广早玉米—优质稻、西瓜—优质稻、春马铃薯—优质稻、春菜—优质稻—冬菜模式4.4万亩。

天水田改制　天水田改种早稻。1991—1997年，境内44%的稻田为天水田。为有效规避夏旱对水稻生产的危害，在组织兴修水利的同时，示范推广早熟高产水稻品种，改变以往耕作习惯，天水田改中稻为早稻，水稻成熟期提早，早稻基本不会遭旱灾的影响。1991年，怀化市（县级）天水田改种早稻5.33万亩，平均亩产336千克，产量略低于中稻，其中，杂交早稻平均亩产378千克，高于一季中稻的产量。1998年，鹤城区天水田改种早稻2.1万亩。2005年天水田改插早稻1.65万亩。2006年后，天水田不再作稻田用，改种旱土作物或退耕还林、水稻旱种和播种陆稻。

中稻蓄留再生稻　再生稻俗名重荪禾、替禾。遇上大旱之年，头季失收后，遇上秋雨，原蔸重发禾荪，抽穗结籽，亩均可收获稻谷 100 千克左右。1991 年，怀化市（县级）示范推广杂交中稻再生稻 5210 亩，平均亩产 127.4 千克。1993 年全市 18 个乡镇蓄留再生稻 8871 亩，选择分蘖能力强的杂交中稻组合，加强培管，在保证头季丰产的同时，适当追施化肥，蓄留的再生稻保持叶绿、杆壮、苗青的良好长势，平均亩产达到 135.8 千克。袁家乡袁家村 6 组彭宋柏试种 1.3 亩再生稻，头季平均亩产 640 千克，再生稻平均亩产 325.5 千克，两季合计 996.3 千克。1996 年 7 月 26 日，怀化市（县级）在黄金坳乡召开再生稻种植技术专题研讨会。是年，全市推广中稻蓄留再生稻 10534 亩，平均亩产 115 千克。黄金坳乡汪家村 3 组梁庄育用 1.8 亩中稻蓄留再生稻，头季平均亩产 550 千克，再生稻平均亩产 357.2 千克，两季合计平均亩产 907.2 千克。

稻萍鱼　域内有部分农民利用水源方便，不受洪水影响的稻田放养鲤鱼、鲫鱼。1991 年怀化市（县级）试验垄栽稻萍鱼。石门乡新街村李传友试验示范 2.4 亩。稻田四周和田中开挖深宽各 50 厘米的围沟和“井”字形沟，垄面浅水种水稻，垄沟深水养鱼，水面放养红萍，平均亩产稻谷 647 千克，鲤鱼 229 千克，出售鱼苗 4 万尾，每亩创产值 1333 元，红萍作肥料用。是年，全市推广稻萍鱼 1550 亩。境内还进行过早稻—荸荠、早稻—席草及双季稻—棉花—灰萝卜—草籽，两年五种四收及蔬菜—甘蔗—油菜—中稻—蔬菜两年五熟等栽培模式示范，但未取得明显成效，也未推广。

二、旱地耕作制度

1991—1997 年，域内旱地耕作制度为一年两熟或三熟制，种植模式为间种、套种、混种等复种模式。一年两熟制模式前作主要品种为红薯、棉花、玉米、豆类、花生、烟叶、西瓜、香瓜、茄科类蔬菜、甘蔗等，后作搭配油菜、大小麦、蚕豆、豌豆、秋马铃薯及秋菜、早春菜等品种。一年三熟制模式前作春马铃薯套种玉米，春玉米间种春大豆、花生、绿豆或套插红薯，春菜套栽棉花等，后作主要为油菜、大小麦、蚕豌豆、越冬菜等。另有春菜—玉米—秋马铃薯、春菜—西瓜—秋冬菜、春菜—烟叶—秋冬菜、春马铃薯—大豆或花生—蔬菜、春玉米套大豆或花生、绿豆—秋马铃薯和玉米套种小米—蔬菜等栽培模式。两年五熟制栽培制有春菜—玉米—油菜—辣椒或茄子或空心菜或红薯—冬菜，适合于专业菜地，塑料大棚蔬菜和农家小菜园，主要采取混种模式、套种模式栽培速生菜。小白菜四季可播种采收达八次之多，芽苗菜一年可播种采收 10 次以上。鹤城区成立后，农村旱地耕作制度沿袭之前作法。

利用幼龄期的果园、茶园、桑园和坡度小于 15 度的新造幼林地与疏残林地间种矮秆作物，以短养长。以豆科作物为主，可改良土壤，培肥地力。春夏之间种大豆、绿豆、红豆、花生、香瓜、西瓜、辣椒、烟叶、生姜、马铃薯、草本类药材等，秋冬季可间种蔬菜、蚕豌豆、油菜、绿肥（草籽）。1991 年后，境内新开发的果园、部分新造的幼林，基本都间种了适应市场需求的各类农作物良种，既增加当年收入，又改良土壤结构，提高土壤肥力，便于果树提前挂果和幼林抚育。

第二节　粮食作物

一、水稻

1991 年，怀化市（县级）水稻种植面积 38.8 万亩，占粮食总面积的 81.94%，稻谷总产量 15.58 万吨，占粮食总产量的 94.21%，单产平均每亩 402 千克。1992—1997 年，实施农业综合开发、土地治理以改造中低产田为主，重点改造背阴冷浸田，普及推广三系杂交稻优良品种，试种示范两系杂交稻。条件优越的双季稻种植区实施“吨粮田”工程，推广测土配方施肥，推广高产栽培技术，强化病虫害综合防治，水稻种植面积稳定在 38 万亩左右，总产和单产持续提高。1997 年怀化市（县级）水稻种植面积 38.95 万亩，总产量 16.41 万吨，单产平均每亩 421 千克，建成吨粮田 15 万亩。1998—2010 年，水稻生产更新普及三系杂交水稻高产新组合，推广两系杂交水稻组合，同时推广高产综合栽培技术。2000年，鹤城区种植水稻12.36万亩，占全区稻田总面积的80.97%，稻谷总产量5.86万吨，占粮食总产量的90.7%，单产平均每亩474千克。2001年后，围绕城市后勤保障基地建设，大力调整种植业结构，稻田改种蔬菜。加之重点工程，城市扩容，天水田改做旱粮及其他经济作物，退耕还林，水稻种植面积逐年减少。2005年鹤城区水稻种植面积为9.24万亩，与2000年相比减少3.12万亩，稻谷总产量4.19万吨，与2000年相比减少1.67万吨，单产平均每亩454千克，与2000年相比下降20千克。2006年，实行粮食直补、良种补贴、农资综合补贴及农机具购置补贴等强农惠农系列措施，鼓励发展优质稻和超级稻。2010年，鹤城区水稻种植面积9.8万亩，其中优质稻7.5万亩，占水稻种植总面积的76.53%，超级稻4.1万亩，稻谷总产量4.98万吨，单产平均每亩508千克。种植面积、总产量、单产较2005年均有所增加或提高。

二、旱粮

1991年，域内旱粮播种8.55万亩，总产量（折合成稻谷，下同）0.96万吨，仅占粮食总产量的5.79%，平均亩产111.9千克。随着杂交玉米等优良品种的推广，旱粮产量逐年提高。1997年，播种旱粮10.23万亩，总产量1.41万吨，占全市粮食产量的7.91%，单产平均每亩137.8千克，与1991年相比提高23.15%。1998年，鹤城区旱粮种植面积2.09万亩，总产量0.33万吨，单产平均每亩156千克。2000年，鹤城区旱粮播种面积2.91万亩，总产量为0.6万吨，单产平均每亩206千克。2005年，鹤城区旱粮播种面积2.86万亩，总产量为0.64万吨，单产平均每亩224千克。2010年，鹤城区旱粮播种面积2.81万亩，总产量为1.12万吨，单产平均每亩400千克，是1998年的2.56倍。

豆类 域内豆类品种以大豆为主，占豆类播种面积的90%。其他豆类品种有绿豆、饭豆、豇豆、红豆、黑豆、蚕豆、豌豆、粽线豆等，均零星种植。1991年，怀化市（县级）豆类作物种植面积3.074万亩，总产量2853吨，单产平均每亩92.8千克。1998年，鹤城区豆类作物播种面积0.78万亩，产量754吨，单产平均每亩96.7千克。2010年，鹤城区豆类作物播种面积0.585万亩，总产量774吨，单产平均每亩132.3千克。

薯类 1991年，怀化市（县级）薯类作物播种面积3.39万亩，产量5000吨，单产平均每亩147.4千克（折合成稻谷）。1998年，鹤城区薯类播种面积0.9万亩，总产量1649吨，单产平均每亩183.2千克。2010年，鹤城区薯类播种总面积3300亩，产量644吨，单产平均每亩195千克。

麦类 1991年，怀化市（县级）种植小麦9224亩，总产量653吨，单产平均每亩70.2千克。1997年，种植小麦1.3万亩，产量1380吨，单产平均每亩106.2千克。鹤城区仅在山坡旱地零星种植小麦。大麦又名谷麦、米麦。1997年，怀化市（县级）种植大麦1000亩，总产量70吨，平均亩产70千克。鹤城区内无人种植大麦。燕麦主要为野生。荞麦既做旱粮又做蜜源和药用，有苦荞、甜荞之分。甜荞为野生。甜荞品质好、食味好，苦荞食味差、耐寒耐瘠，常用于加工制作糖尿病人保健食品。1991年，怀化市（县级）播种荞麦3556亩，总产量241吨，平均亩产68千克。鹤城区成立后，仅贺家田乡部分村组仍保留种荞麦习惯，2010年种植370亩，总产量55.5吨，平均亩产150千克。

高粱 1991年，怀化市（县级）种植高粱3390亩，产量350吨，单产每亩103.2千克。2009年，鹤城区芦坪乡壮丁村建立100亩高粱基地，供四川泸州老窖酒业公司用于酿酒。

小米 又称粟米，地方品种为糯粟。有龙爪粟、狗尾粟、红壳粟、白丝糯粟等品种，属旱土谷物类。遍种于山冈丘地。多数为“刀耕火种”，培管粗放。一般利用造林地种植，先年冬季练山砍杂，农历正月下种，简单除草间草，不施肥，秋后采收。也有与玉米、豆类混种的。封山育林和造林加速后，境内少有种植，只有黄岩、贺家田、凉亭坳个别村零星种植。

第三节　经济作物

1991年，怀化市（县级）经济作物种植面积13.58万亩，其中，一年生经济作物种植9.41万亩，多年生经济作物种植4.17万亩，经济作物总产值3848万元。1991—1997年，调整农业产业结构，加大山地资源开发力度，发展水果生产。经济作物总面积达到19.35万亩，比1991年增加5.77万亩，增加幅度达到42.5%，其中，一年生经济作物10.97万亩，多年生经济作物8.38万亩，经济作物总产值达到1.7亿元。1998年，鹤城区经济作物总面积8.21万亩，其中，一年生经济作物总面积4.46万亩，多年生经济作物面积3.75万亩，总产值0.87亿元。进入21世纪后，扩大经济作物面积。2010年鹤城区经济作物播种面积达到11.51万亩，与1998年建区时相比，增加3.3万亩，其中，一年生经济作物6.97万亩，多年生经济作物4.54万亩，经济作物总产值1.85亿元。

一、油料

1991年，怀化市（县级）油料播种面积7.58万亩，总产量5189吨，单产平均68千克。1997年，油料播种面积10.21万亩，总产量8331.36吨，单产平均81.6千克。1998年，鹤城区油料播种4.34万亩，总产量3490.2吨，单产平均80.42千克。2008年，油料面积达到最高峰值，总面积达到5.06万亩，总产量达到4096吨，单产平均81千克。2005年，根据“一线一圈”农业结构调整的要求，油料作物面积有所减少。2010年，鹤城区油料作物面积4.4万亩。

木本油料树种多为常绿或落叶乔木，分为食用油类和工业用油类。食用油料主要有油茶、山核桃、花椒，工业用油类主要有油桐、乌柏、山苍子等。

油菜 20世纪90年代，域内引进优良品种甘蓝型油菜。1991年，油菜播种面积7.09万亩，菜籽总产量4831吨，单产平均68千克。1993年，推广秦油二号新品种，采用育苗移栽法，改施硼肥，是年，油菜播种面积11.4万亩，菜籽总产量9120吨，单产平均80千克。1997年，油菜播种10.2万亩，菜籽总产量7752吨，单产平均76千克。1998年，鹤城区油菜播种3.92万亩，菜籽产量2591吨，单产平均66.2千克。进入21世纪后，鹤城区推广“双低”（菜油中芥酸含量低、枯饼中硫苷含量低）油菜和杂交优质油菜新品种，推行保优栽培技术，出油率提高，油品质量提高。2010年，鹤城区播种油菜3.87万亩，菜籽产量2808吨，单产平均72.6千克。中稻收割后翻种整地播种油菜，一年油—稻两熟制。

油茶 油茶是世界四大木本食用油料作物之一（其他三种为油橄榄、油棕榈、椰子油），为常绿小乔木，也有人归为灌木类，主要分布于红壤地区。1991—1997年，油茶分布全市所有乡镇。据普查，1991年，全市有油茶林10.2万亩。后因疏于抚育管理造成病虫害侵袭，植株老化，产果率低，出油率降低，遭大量砍伐，改种水果。1997年，怀化市（县级）油茶林急剧减少到7.82万亩。进入21世纪后，油茶的价值被重新发现挖掘，油茶产品走向产业化开发之路。鹤城区确立贺家田、凉亭坳、芦坪、石门建设万亩优质油茶林基地。

油桐 油桐是境内另一种木本油料，用于工业和装饰。油桐树为高大落叶乔木，主茎可高达10米以上，树冠可覆盖30平方米。境内农民修建木板房有采用桐油外涂用于防腐防霉，提高房屋使用年限。境内所有乡镇均有分布，尤以贺家田、凉亭坳分布最多。

花生 1991年，播种花生4113亩，总产量389吨，单产平均92.6千克。鹤城区种植花生最多的年份是2005年，是年，种植花生5400亩，总产量827吨。2006—2010年，花生播种面积稳定在5000亩左右，单产平均为153千克。

芝麻 俗称油麻。芝麻油又叫香油，为调味佳品。境内栽培的芝麻有白芝麻和黑芝麻两种，均为农户自发的零星种植，没有形成产业，种植规模非常小。多间种于黄豆、红薯、棉花、蔬菜行间或是田边地角。也有在河滩成小片撒播种植的或小坡地零星种植，一般只锄草不施肥除虫。培管粗放，产量低。1991年芝麻种植面积757亩，产量200吨，亩均产量26千克。2011年黄金坳镇黄金坳村尧冲湾组村民丁忠育种植芝麻2.3亩，平均亩产100千克。

二、水果

据果树资源普查资料统计，域内野生果树有16科、19属、72个品种。栽培果树有13科、20

属、392个品种。1991年，果园规模达到3.46万亩，总产量5479吨。1991—1997年调整果树品种结构，引进繁育杨梅、葡萄、梨、桃、李、草莓、板栗等果树优良品种，发展时鲜水果，改造劣质弱化果树和果园，更新品种，水果种植形成产业。1997年，果园面积达到8.38万亩，总产量达到3.24万吨。

1998年，鹤城区继续淘汰低产劣质果树，改造低质果园，引进名、优、特、新果树品种。2010年，全区果园发展到4.54万亩，总产量3.5万吨。

柑橘 域内有野生柑橘10万株。1991年，怀化市（县级）柑橘面积3.08万亩，占水果总面积的89.05%。其中，温州蜜橘占90%，温州蜜橘中迟熟品种占温州蜜橘总量的80%，是年，柑橘产量达到4008吨。1994年开始试行高接换种，推行品种更新换代。1997年，柑橘发展到5.31万亩，总产量2.25万吨。1998年，鹤城区柑橘总面积2.76万亩，产量1.08万吨。1999年迎来柑橘丰产年，大量劣质品种滞销。随后大力改良柑橘品种，提高品质，减少面积。2005年，柑橘面积减少到1.6万亩。2010年柑橘面积再次压缩到1.45万亩，产量1.56万吨，只占果园总面积的31.94%。

葡萄 域内栽植最早的葡萄品种是桐木乡的刺葡萄，又名山葡萄、紫葡萄、野葡萄，后取名湘珍珠葡萄。20世纪80年代，引进推广良种鲜食葡萄30个品种。20世纪90年代中后期，引种巨蜂系列葡萄品种，提高单产，亩产达到1500千克。1998年，鹤城区葡萄栽种600亩，产量137吨。2005年，葡萄发展到3000亩，产量2100吨。2010年，鹤城区葡萄栽种2100亩，产量2500吨。省级劳动模范单家刚采用塑料大棚加遮阳网，栽培高端优质良种葡萄美人指、无核白、红提、黑提等，单产每亩达到5000千克。

梨 俗名禾梨，传统地方水果品种。域内梨以麻梨、香水梨、四川梨、金棒梨4个品种为主，果体大、产量高、甜脆可口。坨院村麻梨，果体大，色泽鲜润，汁多肉脆，清代即为朝廷贡品。1991年，有成片梨园2699亩，产量434吨。20世纪90年代后，品种退化，病虫害侵蚀严重，品质下降，市场销售不畅。通过杂交嫁接培育金秋梨，色泽光润，果形规则，果肉香脆，代替其他梨种，成为梨类中的精品。1998年，鹤城区梨园面积2000亩，产量1000吨。通过改良品种和改造低产梨园，2006年，面积发展到1.01万亩，产量1.13万吨。随后果品市场结构调整，低产劣质梨种淘汰，低产梨园改种其他果树，2010年鹤城区梨园面积大幅减少为5820亩，产量9500吨。

桃 域内地方名优桃品种有香水桃、鹰嘴桃、早禾桃、扁桃、毛桃等5个品种。从溆浦、浙江等地引进水蜜桃系列、黄桃系列、油桃系列、冬桃系列优良品种。1991年，建有桃园2100亩，产量285吨。20世纪90年代以后更新品种，改造劣质低产桃园。1998年，鹤城区有桃园2000亩，产量1800吨，单产每亩900千克。由于桃树树势容易衰老，品质容易退化，桃园面积逐年减少。2010年，鹤城区有桃园1060亩，产量1300吨，单产每亩1226千克。

李 域内各乡镇均有零星栽植。主要地方品种有黄蜡李、玉和李、马口李、六月李、麦李、血粑李、黄瓜李、水生李、灰茄李、算盘李、香李、庆加李、日本李共13个品种，品质较好的有6个品种，引进的李树品种有朱砂李、芙蓉李、白糖李、奈李、太平果等品种。栽培管理粗放，单产较低，市场价格亦不看好。1991年，域内有李园2475亩，产量145吨，单产每亩158.6千克。1991—1994年发展奈李项目，杨守俭从湖南省农科院引种40株，试种于盈口乡包家冲百果园艺场成功。奈李香甜肉脆，口感甚佳，且速生丰产，很受市场青睐。1991年正式立项，全市有14个乡镇，57个村开发奈李5495.9亩，定植奈李苗26.4万株，初果期总产量1190吨，单产每亩425千克。2000年后，水果市场变化快速，消费者口味调整，奈李逐渐被淘汰。2000年，黄金坳镇果农梁利明引进繁育美国布朗李品种系列的黑宝石、红宝石、蓝宝石、紫琥珀等品种，配套高产栽培技术，李果市场有好转，2010年该品种产量198吨，但未形成规模和产业。

杨梅 域内野生杨梅品种资源丰富，分布于盈口片区、铁坡片区、铜湾片区各乡村。盈口乡凤坪村曾有成片野生杨梅1000余亩。杨梅主要地方品种有乌梅、白梅、红梅3个品种。1986年，农业局从浙江引进大红袍、黑炭、荸荠杨梅品种。从靖州县引进东魁和木洞光叶杨梅品种。通过嫁接繁殖，在杨村乡发展杨梅基地400亩，随后又在石门乡犁头园村、杨村乡桥梁村、盈口乡凤坪村、团结村、黄家山村发展杨梅产业。2005年，鹤城区杨梅发展到6100亩。年产量6050吨。凤坪村得到怀化职业技术学院技术支持，杨梅基地发展到5000亩的规模，成为一村一品特色样板示范村。

草莓　草莓为野生资源，又名蛇莓。人工栽培草莓始于20世纪80年代中期。1987年，农业局果木良种繁育场与中国农业科学研究院农业气象研究室合作开展草莓开发试验示范成功。浙江草莓专业户在石门乡新街村租用稻田，采用塑料大棚覆盖种植草莓，后向盈口、杨村、黄金坳、鸭嘴岩等乡镇推广草莓。境内栽培的草莓主要品种有宝交、早生、丽红、春香、丰香、幸香等6个品种。2004年，通道县奇星绿色发展有限公司石立忠在石门乡新街村试种四季草莓赛娃、美德莱特2个品种，月月有果，经济效益颇佳，但未大面积推广。

其他水果　境内其他水果有枇杷、枣、柿、板栗、核桃、石榴、樱桃、苹果、树莓、银杏、猕猴桃、人参果、无花果等，均零星栽植。枇杷地方品种有甜枇杷、酸枇杷2个品种，后从福建、浙江引进大红袍、太城4号、大五星等优良枇杷品种。2005年，鹤城区种植枇杷200亩，产量30吨。枣类地方品种以木枣居多，亦有少量沙枣、糖枣、鸡蛋枣，其中，鸡蛋枣较佳。1991年，产枣38吨。1998年，引进浙江义乌大枣、台湾大青枣、梨枣、冬枣等品种。2005年鹤城区有枣园300亩，产量100吨。2010年，鹤城区枣园面积扩展到470亩，是年枣产量167吨。柿类地方品种有糖柿、腰带柿、介柿3个品种。糖柿少籽或无籽，含糖分高，水分少，宜加工成柿饼，腰带柿成熟迟，含水分多。1991年，柿产量157吨。1998年引进日本脆柿、无籽大盖柿等优良品种。1991年，板栗产量55吨，地方品种有油板栗和毛板栗2个主打品种。以花桥镇、贺家田乡的油板栗品质为佳，籽粒大而饱满，肉质香脆微甜。2005年，鹤城区有板栗园500亩，产量50吨。核桃有油核桃和铁核桃2个地方品种。铁核桃壳厚肉味苦涩且取肉难，不受欢迎。1991年，核桃产量9.3吨。随后引进云南、贵州、山东、新疆核桃品种。高级农艺师王大故引进美国薄壳山核桃品种试种成功，但未大面积推广。石榴与樱桃，境内栽植极少。2000年，洪江市果木专业户钦万福及湖南银龙园林绿化公司周深培等人在石门乡金海村租用稻田240亩，建立红巨蜜石榴，先锋、黑珍珠樱桃、大五星枇杷水果示范基地。猕猴桃又名滕粒果，为山中野生水果，1990年，开始人工栽种。2005年，鹤城区下岗职工向红在黄金坳镇仇家村8组租地32亩，建猕猴桃基地，推行规范化栽培管理，亩均产量2500千克。人参果为引进品种，在黄金坳、凉亭坳等地有少量栽种，产量甚微。树莓、银杏、无花果，试种过一些较为优良的品种，但量少分散，不成主流。

果用瓜　境内果用瓜品种有西瓜、香瓜（又名甜瓜）两大类。西瓜地方品种为普通食用的杂皮瓜、籽多味差，引进品种有杂交一代西瓜（二倍体）、无籽西瓜（四倍体）。1991年，西瓜种植面积5482亩，产量5646吨。90年代中期，推广先进栽培技术，西瓜种植面积增加，产量提高，品质提优。1998年，鹤城区西瓜种植1.5万亩，产量3万吨，单产每亩2000千克。2000年后，开始研究西瓜无公害种植，引进推广袖珍型礼品西瓜。2000年，周深培在石门乡金海村种植84亩红小玉礼品西瓜，产量207吨，单产亩均2464千克。芦坪乡礼品西瓜生产成为鹤城农业结构调整的一大亮点，常年保持3000~5000亩的生产规模，产品远销贵州、广东、广西市场，品质优良。黄金坳镇仇家村梁候前试验一年三熟制西瓜成功。2010年，鹤城区西瓜种植面积1.2万亩，产量2.78万吨，单产亩均2317千克，创产值3204万元。香瓜品种有白皮香瓜、黄皮香瓜两种，与夏菜同时收播，常年规模1000亩。

三、中药材

域内中药材资源极为丰富，分为木本类和草本类，有180个品种。境内各乡镇均有分布。其中黄岩、贺家田、蒿吉坪、锦溪、活水、炉亭坳、新建、下坪、花桥、牌楼等为中药材重点产地。1991年，怀化市人工繁殖栽培的中药材达到158种，其中，从外地引进栽植的有30个品种，地方自有品种128个，种植面积2095亩。种植面积最大，产量较多，渐成规模的中药材品种有白术、茯苓、天麻、玄参、白芍、川牛夕、生地、金银花、菊花、枳壳、黄柏、厚朴、杜仲、大黄、续断、罗汉果等。21世纪后，发展玉竹、黄姜、银杏等中药材品种。

鱼腥草 药食兼用，境内野生鱼腥草资源十分丰富，田头地边广泛生长。1993年，杨村乡蒲天垄村10组彭宏恩将野生鱼腥草根、茎剪成小段进行人工栽培，先在旱土人工驯化栽培。1994年，进行稻田驯化栽培均获得成功。2003年，杨村乡开始规模化栽培鱼腥草，与湖南正清制药集团股份有限公司签订合作协议。正清公司设立博士后工作站，对鱼腥草的药用价值进行深度研究开发，发现鱼腥草有“中药抗生素”的功效，将鱼腥草命名为博士草，以优化种植和谱效研究为突破口，创造性地利用中药指纹图谱技术开展科研攻关，开发鱼腥草注射液。2007年，杨村乡桥梁村彭先文成立鑫龙鱼腥草农民专业合作社，注册“鑫龙牌”商标，鱼腥草种植走向产业化之路，在石门、黄金坳、芦坪、贺家田、凉亭坳等乡镇推广扩大鱼腥草种植规模。2010年，鹤城区鱼腥草种植规模达到5000亩。

金银花 学名忍冬，为忍冬科常绿或半常绿缠绕类灌木，又名山银花。金银花一名出自《本草纲目》。金银花初开时为白色，后转为黄色，因此得名金银花。域内金银花均为野生。2007年，列为农业产业化开发项目，在黄岩管理处、杨村乡、芦坪乡、贺家田乡开发金银花基地3500亩。2011年11月，芦坪乡刘家村成立鹤城区久丰金银花农业专业合作社，为专业合作社成员提供种苗、技术及市场开发服务。

四、其他经济作物

甘蔗 域内甘蔗主要有肉蔗、腊蔗和溆浦清水蔗3种。后引进印度甘蔗290和古巴蔗。1991年，甘蔗种植面积420亩，全系鲜食果蔗。20世纪90年代后，引种广西黑皮果蔗。此种甘蔗茎粗皮薄，肉嫩质脆、汁多味甜，糖分含量高，蔗渣松软，颇受消费者欢迎。1993年，甘蔗种植面积达到5000亩，但因气候、土壤条件限制，生长慢，蔗身矮小，市场优势不敌广西甘蔗，域内甘蔗种植渐次退出。鹤城区成立后，区内不再种甘蔗。

葛根 多年生草本植物，藤类，药食两用，开紫色花，根花可入药，藤质纤维可做纺织原料和造纸原料。境内葛根均为野生，广布于山坡、旱土边。鹤城区大力扶持葛根产业开发。成立鹤城区民丰葛根农民专业合作社，发展葛根规范化和规模生产，葛根产业朝市场化、产业化方向发展，不断做大做强。2008年，芦坪乡张家村张晓云成立怀化市山川秀美生态农业开发有限公司，开展葛根规模种植，引种良种，种植规模发展到300亩。

棉花 主要分布在沅水、潕水两岸丘陵、沙滩地，主要品种为中棉种，分光子和毛子两类。光子有籽棉常紫1号，毛子有山花、籽花、黄棉花等。棉花种植最多的乡镇是铜鼎乡。1991年，铜鼎乡种棉花3332亩，总产497吨，单产149千克。全市棉花种植面积4875亩。鹤城区成立后，种棉极少。1998年，鹤城区棉花种植面积仅为150亩。2010年，鹤城区无人种植棉花。

麻 又名园麻，分布于凉亭坳、芦坪、泸阳镇、鸭嘴岩等乡镇，零星种植于菜地边或空坪隙地，面积少产量低。1991年，全市种麻360亩，产麻3吨，单产亩均83千克。1993年全市种麻500亩，产量210吨，单产亩均420千克。1998—2001年，区内年均种麻150亩，产量60吨。随后境内农民已不再种麻，2010年，区内已见不到麻园。

桑 栽桑养蚕曾是境内传统产业。野生桑树资源丰富，山冈丘地、溪河两岸桑树广布，沅水、潕水两岸曾有成片的人工桑树园，以铜鼎乡居多。品种有油桑、黄桑、荆桑、花桑、插桑、灰桑、白桑等品种。油桑叶大肉厚产量高，且系高大乔木。1991年，有桑园274亩，蚕茧产量2.5吨。2004年，杨村乡政府与怀化市达新蚕丝有限责任公司合作开发建设蚕桑生产基地，开发桑园300亩，种植桑树30万株，但经济效益并不明显。

茶叶 茶叶栽培历史悠久，主要品种为安化种群和沅陵种群。重采轻管，经营粗放，产量很低。1991年，有茶园面积330亩，茶叶产量18吨。1993年，茶园面积扩展到1200亩，茶叶产量61吨。茶叶加工技术水平不断提高，加工能力增强，能加工绿茶、茉莉花茶、红茶等品种，产品销往19个省、市、区。重点改造桐木茶厂，年加工能力提高到25吨。由滕树解、袁素敏、汤华汉3人研制的雪笋茶，连续4年被评为省优。1994年，被评定为全省8个新名茶之一，精制“雪针茶”“白眉茶”于1994年5月获得湖南省首届湘茶杯名优茶评比银奖。鹤城区内无茶园。

烟叶　境内地方品种有枇杷叶、蒲扇叶、牛舌子光叶、秀山叶、小花青、香烟叶等。20世纪60年代试种烤烟，产量低未推广。后推广良种烤烟桂丹一号、金叶6067等品种。1989年，烤烟生产达到最高峰值，面积3998亩，产量423吨，单产亩均106千克。1993年，因烟叶价过低，挫伤烟农积极性，烤烟种植面积减少到3000亩。后因烤烟质差价低，烟田面积不断缩减。鹤城区成立后，境内不再种烤烟，也不再种其他烟类品种。

第四节　蔬菜

一、蔬菜种植

地方蔬菜品种分为三大类：栽培品种、野生品种、半栽培品种。

栽培品种　茄果类有辣椒、番茄、茄子3类共7个品种。瓜类有黄瓜、南瓜、瓠瓜、丝瓜、苦瓜、佛手瓜、冬瓜7类，共10个品种。豆类有豇豆、菜豆、豌豆、扁豆4类，共6个品种。根菜类有萝卜、胡萝卜两类，共4个品种。白菜类共有3个品种。芥菜类分茎用、根用、叶用，共有3个品种。绿叶菜类有3个大类7个品种。薯芋类有3个类9个品种。葱蒜类有3大类7个品种。

野生菜品种　境内野生菜资源丰富，品种繁多。主要野生菜品种有蕨菜、鱼腥草、水芹菜、鸭脚板、地菜、竹笋、野葱、松菌、椿木芽、香叶、藕、茭白、苦菜、紫背菜等品种。

半栽培蔬菜品种　境内半栽培蔬菜多为野生状态。20世纪70年代后，资源被充分挖掘利用，采用人工栽培方法扩繁种类和族群。20世纪80年代后，部分种类大面积扩繁，20世纪90年代到21世纪初扩大栽种规模，形成产业。主要品种有鱼腥草、魔芋、管荷、苦荬菜、香菇6种。

引进品种　随着农业科技的进步，科技交流日趋频繁，范围扩大。一些经济效益差的地方蔬菜品种逐渐淘汰，陆续引进一些优良蔬菜品种，蔬菜品种发生根本性变化，传统栽培技术被颠覆。主要引进品种大白菜类9个品种，甘蓝类2个品种，根菜类以萝卜为主，有5个品种，瓜类有29个品种，茄果类有13个品种，绿叶菜类有7个品种，豆类有11个品种，其他类有17个品种。

从1991年起，由抓一线基地，二线补充基地转移到抓农区商品菜基地。调整农业结构，扩大蔬菜种植面积，推广科技种菜。以抓集中连片300亩以上的蔬菜基地生产为重点，农区蔬菜基地扩大到石门、杨村、黄岩、中方、黄金坳等乡镇。1995年，对早春菜上市执行奖励政策。即对年内种植辣椒、茄子、西红柿、空心菜、苋菜、黄瓜、西葫瓜、苦瓜等8个品种第一个上市的菜农，经蔬菜办验收，每个品种奖励现金180元。蔬菜上市奖励政策执行到1997年止。

怀化市（县级）政府开征蔬菜基地建设基金，开发建设新蔬菜基地。到1997年底，全市专业蔬菜基地达到6104亩，分布在11个乡，28个行政村，108个村民小组，职业菜农达到5474户。1998年4月后，鹤城区继续抓蔬菜基地建设，在全区6个乡22个行政村建设蔬菜基地11500亩，其中远郊基地3200亩。

2001年，鹤城区成立无公害蔬菜生产领导小组。蔬菜办组织专业技术人员编写《无公害蔬菜生产技术操作规程》，无偿发放给菜农，共发放10000余册。按照无公害蔬菜生产的规范化要求辅导全区蔬菜生产。举办无公害蔬菜生产培训班16期，参训400余人次，培养蔬菜专业技术骨干120人。印发无公害蔬菜生产宣传资料《农药使用安全手册》3000份、《蔬菜病虫害防治技术》挂图500套，印发张贴《严禁在蔬菜生产上使用剧毒农药、高残留农药》布告5000份。推广蔬菜生产综合技术措施，引进优良蔬菜品种，使用温汤法、盐水法、药剂法对蔬菜种子进行消毒处理，推广温床育苗，实行轮作、套种、消除菜地残株杂草，改施面肥为施底肥，改施生肥为施熟肥，推广设施栽培，植物激素等先进园艺措施，推广生物农药和生物技术。加强蔬菜质量和农药残留检测，成立无公害蔬菜监测所，配备蔬菜质量检测化验设备和专业质检员。2002年，区蔬菜公司批发市场成立蔬菜质量检测站。同年，国务院要求注重蔬菜品质，省政府要求加强放心菜基地建设，严格控制农药使用，推广多抗性、高产、优质蔬菜品种，实施“放心菜”工程。2003年，在团结村建成省级放心菜基地，清水井蔬菜基地建成市级放心菜基地。2004年，清水井蔬菜基地、黄岩蔬菜基地、杨村蔬菜基地通过省农业厅无公害蔬菜基地认定。清水井蔬菜基地的辣椒、苦瓜、香菇、冬瓜、长豆角、茄子、番茄和黄金坳的大白菜等8个蔬菜品种经省农业厅认证为无公害“品牌蔬菜”。在中心市场、太平桥市场、迎丰市场、佳惠超市、好多乐超市设立无公害蔬菜销售区，并在每个超市设立无公害蔬菜（放心菜）销售专柜。在城区蔬菜批发市场和各大生活超市实行蔬菜市场准入制，由市、区蔬菜质量监测中心联手定期和不定期开展检查、监督。2004年，开展无公害蔬菜产地认定和产品认证。农业、环保部门根据《无公害蔬菜产地认定程序》，对无公害蔬菜产地开展审查和审核，杨村鱼腥草基地、清水井苦瓜基地被认定为无公害蔬菜基地。

二、基地建设

1991—1997年，域内按照四季菜园标准建设蔬菜基地，投入300万元财政资金，建设1045亩四季菜园。

1998年后，鹤城区重点抓蔬菜基地专业化、标准化、规模化建设。到2010年底，在6个乡镇完成蔬菜基地建设10970亩。

1998—2010年鹤城区各乡镇蔬菜生产基地建设统计表

表5-4-1

蔬菜生产合作组织或企业名称	所在乡镇	面积	主要种植品种	各乡镇总面积（亩）
怀化市鹤翔农业发展有限公司	芦坪乡坪星村	1100亩	茄子、辣椒	2520
怀化市传丰农业科技有限公司	芦坪乡楼城坳村	520亩	白菜、芹菜、辣椒、花菜等四季菜	
怀化市鹤城区芦坪明忠瓜果蔬菜种植农民专业合作社	芦坪乡坪星村	600亩	辣椒、毛豆	
鹤城区芦坪乡蔬菜协会	芦坪乡	300亩	白菜、芹菜、苦瓜、南瓜、辣椒等四季菜	
怀化梦回湘西农业科技有限公司	石门乡清水井村	580亩	白菜、芹菜、苦瓜、南瓜、辣椒等四季菜	1180
怀化市金大农业科技有限公司	石门乡岩添村	600亩	白菜、芹菜、苦瓜、南瓜、花菜、辣椒等四季菜	
黄金坳仇家村村富蔬菜合作社	黄金坳镇仇家村	370亩	白菜、黄瓜、苦瓜、南瓜、辣椒等四季菜	2370
怀化市三友蔬菜种植农民合作社	黄金坳镇仇家村	300亩	白菜、芹菜、苦瓜、南瓜、辣椒等四季菜	
怀化市鹤春农业发展有限公司	黄金坳镇仇家村	1000亩	白菜、芹菜、苦瓜、南瓜、辣椒等四季菜	
怀化市鸿祥蔬菜种植农民专业合作社	黄金坳镇岩冲村	700亩	生姜、葱、丝瓜、白菜	
怀化鹤城宏兴农业产业综合开发有限公司	贺家田乡	500亩	香菇、白菜、萝卜	1100
怀化景山农业开发有限公司	贺家田乡	600亩	香菇、白菜、萝卜	
鹤城区凉亭坳乡尹家岭村蔬菜种养协会	凉亭坳乡尹家岭村	200亩	榨菜、白菜、辣椒、大蒜	200
黄岩蔬菜协会	黄岩处	2400亩	白菜、黄瓜、苦瓜、芹菜、四季豆、香菜、辣椒等四季菜	3600
怀化亚飞农业开发有限公司	黄岩处白马村	1200亩	生姜、芹菜、四季豆、香菜、辣椒等四季菜	

蔬菜基地建设项目资金筹措，以项目实施单位自筹资金为主，财政部门及相关部门扶持为辅。项目实施单位自筹资金比例要求占项目总投资的70%以上，财政部门及相关部门扶持资金比例占项目总投资30%左右。财政部门及相关部门扶持资金筹措方案及资金来源如下。

财政扶持资金。区财政局通过申请省市专项扶持资金等方式，每年安排蔬菜建设专项资金200万元。

部门扶持资金。部门扶持资金按照项目管理程序，坚持“渠道不变、管理不变、统一规划、共同投入、确保到位”的原则，由区蔬菜办做好协调，向区国土、农业开发、物价、农机、水利、农业等部门进行项目申报，争取相关部门给予资金和政策支持。部门资金来源渠道有国土部门农村土地综合整治项目资金、农业综合开发办土地治理项目资金、物价部门价格调节基金、农机部门农机专项资金、水利部门水利建设专项资金、农业部门绿色农业建设专项资金、其他部门相关专项资金。

财政专项资金主要用于专业蔬菜基地基础设施建设补助，适当安排平台建设。

补助范围和标准。对新建及已建面积达到300亩以上集中连片，新增基础设施和生产设施的专业蔬菜基地。

补助内容。重点对机耕道、灌排水渠、水粪池路系水系的提质硬化；供水管、基地电路、大棚、喷灌、冷藏等基础设施，均按当年项目实施主体资金投入情况，经验收合格后给予相应比例的补助。

第五节　良种推广

一、良种繁育

农作物杂交制种始于20世纪70年代。1990年安江农校选择桐木乡进行杂交籼稻“两系法”制种试验。1991年，铜鼎乡开展棉花杂交制种试验。最早开展农作物杂交制种的品种是三系杂交籼稻制种试验。1990年，怀化市（县级）在铁坡乡、锦溪乡、活水乡、炉亭坳乡13个村制种3913亩，种子总产量755.2吨，单产平均每亩193千克。1996年，铁坡、锦溪、活水、龙场、桐木5个乡镇制种2500亩，种子产量400吨，亩产150千克。1998年，成立鹤城区种子公司。1999年，在芦坪乡4个村和黄岩管理处制种2000亩，因花期相遇不佳导致种子产量不高，单产每亩为100千克。2000年，芦坪种子基地1120亩，平均亩产224.7千克。2003年、2004年，湖南农业大学在芦坪乡分别制种300亩和200亩，获得丰产，单产平均每亩315千克。其他农作物杂交制种有玉米类和果树类。

二、良种推广

水稻良种推广　经历四次。第一次“劣改良”，废弃劣质稻种，推广优良稻种。第二次“高改矮”，由高秆稻种改为矮秆稻种。第三次双季晚稻“籼改粳”。第四次“常规改杂交”，将常规水稻品种改为杂交水稻品种高产组合。自1991年以来，不断引进更新三系杂交籼稻高产新组合，水稻单产逐年提高。1997年，水稻单产平均每亩421千克，2000年，平均每亩474千克，2010年，平均每亩508千克，示范推广多个三系杂交籼稻高产组合。按不育系（母本）分，主要有威优系列、籼优系列、金优系列、Ⅰ优系列、Ⅱ优系列等，金优系列米质最佳。按恢复系（父本）分，早熟组合主要有16、35、38、48、49、402、438、474等。中熟组合主要有64、77、647、207、217、227、198等。迟熟组合主要有46、58、63、晚3、圭33、圭34、6号、62、多系1号、838等。还有湘优2号、湘优24、中浙优1号、川香8号、国稻1号、科超3399、骆优8号等当家品种。两系杂交组合早稻品种有安农S-1X402、安农S-1X314、安农S-1X648、安农S-1X22、安农S-1X408等。安农S-1X402品种产量最高，小面积单产验收达到每亩603.6千克。两系杂交组合晚稻品种主要有安农S-1X312、W6154SX312、W6154SX特青等9个品种，其中，以W6154SX312品种最优。1992年，牌楼镇阳合垅村黄名和早稻种安农S-1X402，亩产615.4千克，晚稻种S-1X312，亩产达512.4千克，两季合计亩产

1127.8千克。1994年8月22日，全国两系杂交稻栽培示范经验交流现场会在怀化市（县级）召开，国家科委、农业部、中国生物工程开发中心、省政府有关领导和南方稻区省（市、区）农业科研、农技推广单位专家、教授及袁隆平院士共128人莅临交流会现场。

1998年，鹤城区种植两系杂交稻2.1万亩，平均亩产606千克。2010年，鹤城区两系杂交稻种植面积占水稻种植总面积的50%。种植面积较大的当家组合主要有两优系列的1号、2号、7号、25、3399、5218、3218、新两优5号、杨两优6号、皖稻153、华两优1548、株两优02、淮两优608、深两优5814、广两优香66、两优4826、两优4326、株两优112、株两优58、株两优120、香两优68、培两优288、培两优马七等。

高级农艺师潘雄杰退休后潜心研究开发两系杂交稻新组合。经多年配组筛选，选育出适合鹤城、中方栽培的培矮64-S/98-198和培矮64S-99-197两个优质高产新组合。通过几年的示范栽培，平均亩产650千克以上，被农民称为鹤城1号和鹤城2号。在普及推广三系法和两系法杂交稻新组合的同时，还引进推广高产、优质、抗病虫害能力强的常规早稻良种湘早籼13号。1994年，试种3.4万亩，平均亩产454千克。

引进湖北荆州地区农科所用辐射诱变育成的籼型稻良种荆糯6号，在13个乡镇选择23个村试种71.5亩，经测产亩产达到558.7千克。对比传统糯稻，每亩增产159.2千克，增长幅度为39.85%。大面积推广后，亩均产量亦达到542.7千克，取代其他糯稻品种，直到2010年仍是糯稻主栽良种。

旱粮良种推广 红薯主要良种引进推广的有浏阳红皮、胜利百号、南瑞苕、南薯双八、湘薯15、湘薯16、湘辐1号、81-9、86-21和保健功能红薯良种川山紫、花生黄、橙色之恋（香蕉王）、瑞拉普、湘黄1号等品种，红薯的嫩茎叶被香港市民誉为“蔬菜皇后”，口感比苋菜好。引进和推广的优良马铃薯品种主要有中寨黄皮、黔薯5号、东农303、怀薯6号、中薯5号、新芋4号等。

大豆引进推广的主要优良品种有云易早、密粒早、湘豆5号、湘春豆13号、15号、16号等。蚕豆推广的优良品种有启东1号。

玉米推广的优良品种有晋杂1号、73单交、京早7号、京早8号、湘玉1号、湘玉6号、掖单4号、掖单13号、掖单14号、掖单51号、临奥1号、农大108、屯玉27、长玉13、湘超甜1号、甜香1号、甜香2号、北玉16、东单60等。2003年，黄金坳镇仇家村示范种植甜香1号、2号玉米20亩，卖鲜玉米棒创亩产值4500元。

小麦引进推广的良种主要有杨麦3号、杨麦15号、山农205、万年2号、绵阳2号、绵阳11号、绵阳13号、绵阳15号、绵阳21号、湘麦2号、湘麦12号等。

葛根优良品种推广的有葛博士1号、宋氏超级粉葛、湘葛2号、美国黄金葛等。优良品种的不断更新与推广普及，旱粮单产从亩均111.9千克（1990年）提高到亩均400千克（2010年）。

经济作物良种推广 1990年以来，油菜引进推广的优良品种主要有71-39、224-2、湘油10号、湘油11号、秦油2号、单杂1号、秦油3号、KW33、湘油13号、湘油14号、湘油15号、湘油16号、湘杂油1号、华油2790、油研7号、油研9号、油研10号、亮油9号、中双8号、豫油4号、希望98、希望258、津油730、德油730、德油8号、津油5103、丰油730、丰油701、湘杂油780号等。以“71-39”生命力最强，种植年限长达20年。花生引进推广的优良品种有红安直立、湘潭小子、油果花生、芙蓉花生、白沙1060、山花2000和9020小花生等。

棉花引进推广的优良品种有岱红岱、4108、湘棉2号、湘棉10号、泗棉2号、湘棉15号、杂交棉转基因抗虫棉等。

甘蔗引进推广的优良品种主要有广西黑皮蔗、古巴蔗等。

西瓜引进推广的优良品种有西农九号、湘杂3号、新澄1号、湘蜜、蜜桂、蜜宝、西农8号、雪峰无籽304、雪峰花皮无籽、雪峰蜜红无籽、雪峰蜜黄无籽、湘西瓜9号、洞庭1号无籽、洞庭3号无籽、红大、聚宝8号、新红宝、绿宝8号、麒麟8424、黑蜜王无籽等。小果型礼品西瓜有红小玉、黄小玉Ⅱ、小玉红无籽、洞庭4号、黑美人、特小凤等。

香瓜推广引进的优良品种有东湖1号、青玉运蜜1号、黄金宝等。

金银花良种有湘蕾系列。

三、种子管理

种子质量检验　种子检验技术人员在种子繁育关键时节到育种基地，指导育种人员严格去杂去劣，在种子收购调运的过程中进行检验和分级处理。对不符合质量标准的种子，一律做商品粮处理。各级种子仓库建立严格的防杂保纯制度。种子公司专营种子业务，购置3台种子精选加工机械，建立农作物种子生产田间档案，开展田间检查、鉴定，严格去杂去劣，保证种子纯度达标。农业行政主管部门专设种子站负责农作物种子检验、鉴定，并制定和实施种子质量标准。

种子经营　1991—1997年，杂交水稻种子由怀化市（县级）种子公司组建制种基地，指导农户制种，统一收购销售。常规品种及旱粮、蔬菜、经济作物种子、苗木全面放开经营，境外调入的种子、苗木须经农业、林业部门检验检疫合格后方能投放市场。1998年，成立鹤城区种子公司，主要负责水稻与旱粮作物杂交种子的繁殖与经营，建立杂交水稻制种基地，签订种子包销合同，指导农民制种，统一配制和供应制种所需的亲本种子。为规范种子市场经营秩序，1999年初，区农业局种子管理站在工商、供销部门的配合下，建设湖南西部种子批发市场，将分散的种子经销户集中经营，为种子市场合规经营、监管执法和种子产业化发展创造良好环境。2000年12月1日，《中华人民共和国种子法》实施，农作物常规种子、杂交种子生产、经营全面放开，但严格市场准入。凡具备种子生产经营法定条件的单位和个人，都可以向各级农业行政主管部门申请种子生产与经营许可证，鹤城区种子公司于2008年改制注销。2010年，鹤城区种、苗市场经营粮食、油料、瓜菜、水果、花卉、中药材等各类作物种、苗1000多个品种。

三证一照（种子生产许可证、种子经营许可证、种子质量检验合格证、营业执照）管理。对种子繁殖基地和种子经营市场进行定期执法检查。2002年，鹤城区农业、工商联合开展“打假护农保春耕活动”。查处违法生产、经营种子案件128件，没收假冒伪劣种子6.5吨，捣毁无证生产、经营种子窝点18处，销毁非法制种143.5亩，铲除影响杂交水稻制种的隔离区中稻738.5亩，挽回经济损失85万元。督促种子经销商发放“种子质量信誉卡”2万份，指导种子生产者、经营者建立生产经营档案，规范种子生产经营管理。举办种子管理培训班，年培训300~700人次。2010年，区农业局、区工商分局联合开展“315打假扶优保春耕”活动，印发宣传资料45000份，处理种子索赔案86件，挽回损失66.5万元，查处违法经营种子案件31起，没收假劣种子16.45吨，货值196万元，查处未审先销种子124个品种，总量110.5吨，送检种子样本40个。

第六节　农业技术推广

一、栽培技术推广

水稻栽培技术推广　水稻育秧推广合式秧田水育秧法、湿润秧田法、通气秧田法、隔层秧田法、农膜与地膜低拱覆湿润育秧法、场地育秧带土移栽法、晚稻旱地育秧法、早稻蒸汽育秧法、早稻无泥育秧法。1991年，引进试验日本旱地调配耐寒育秧技术，每亩水田只需育秧场地18~20平方米。1992年进行多点示范。1994年推广8100亩，1995年推广1.21万亩，1996年推广到30个乡镇，面积10.1万亩。对比试验亩均增产粮食幅度为11.5%~18.6%。1996年引进塑料软盘旱育抛秧技术。旱育抛秧技术是将农民从“脸朝黄土背朝天，弯腰屈背几千年”的繁重劳作中解脱出来的轻松栽培技术。1997年示范1000亩旱育抛秧，亩均增产14.3%~24.1%。2005年鹤城区引进旱育保姆无盘抛秧技术，在黄金坳、芦坪、凉亭坳、贺家田、石门等5个乡镇示范100亩，经抽样验收，增产幅度为22.9%。水田耕整推广水耕水整、三犁三耙、牛力或人力耕整。20世纪90年代中后期，推广施肥后即插架子秧的做法，农业生产责任制后采用随手插秧法。按照南方稻作区的农耕规律，普插“满月秧”，双季早稻在立夏前插完秧，中稻在芒种前插完秧，双季晚稻在每年的8月1日前插完秧。晚稻插秧过晚，抽穗杨花时节可能遭遇寒露风影响产量。1995年，推广“双两大”栽培技术，即采取两段育秧，培育分蘖壮秧，大蔸大行，每蔸插2粒种谷秧。“双两大”栽培技术是山荫冷浸田水稻综合增产技术项目的配套栽培技术，平均亩产（单季）均超过500千克，实现山区水田“千斤建设项目”目标。稻田灌溉技术，常规稻推广“寸水活蔸、浅水分蘖，够苗晒田、有水打苞抽穗、干干湿湿壮籽”的灌溉技术。由于杂交稻对水分过分敏感，推广晒田不至坼，分蘖末期露田保持湿润，抽穗扬花后以湿为主，全程灌“跑马水”直至成熟收割。

蔬菜栽培技术推广 蔬菜推广地膜覆盖，大棚栽培技术，提高单产和复种指数，提早或推迟蔬菜上市时间，保证蔬菜供应淡季不淡，旺季不烂。从2001年开始，蔬菜育苗推广非试管快繁育技术。将现代计算机智能控制技术与生物技术有机结合，运用植物生长模拟计算机为植物创造最适宜的温、光、气、热、营养、激素环境，植物快速生根出苗，实现工厂化快速育苗，15~20天即可生根移栽，不受季节和自然环境限制，一年可繁殖10~20批次的蔬菜幼苗。2006年，怀化市丰原现代农业科技有限公司从浙江省丽水市农业科学研究所引进“植物非试管快繁育苗技术”，在石门乡新街村创办蔬菜育苗基地，获得成功。

果树推广高位嫁接改良品种。金秋梨和葡萄推广套袋技术，防蚊蝇叮咬，减少烂果，提高水果品质。

二、施肥技术推广

集中施肥 将肥料集中施放在植物根系或种子附近。水稻插秧时用磷肥、火土灰沾秧根。禾苗转青时，用碳铵、磷肥、腐殖酸肥及腐熟的农家肥，混合均匀，制成珠粒状肥塞禾蔸。旱土作物播种时施“种肥”，用灰粪盖种，用人畜粪尿水“冲灰包子”。幼苗移栽时在栽植沟、穴内施底肥，栽后浇施定根肥、追肥，用肥点蔸。集中施肥可以减少养分挥发、流失，节省肥料用量提高肥效。2000年以来，农业科研单位和一些大型种子企业将各种肥料元素、农药成分、缓释剂、保水剂等经科学配方制成种衣剂，将种子包裹后播种，如旱土保姆育秧式，省肥、省药、省工，种苗生长粗壮稳健，叶片青秀无病虫。

肥料深施 按照农作物根系的分布规律和深度，结合深耕整地或开沟挖穴将肥料深施于土层内。水稻插秧前，将氮肥、磷肥混合或用复合肥均匀撒入犁坯行中，然后耙平田面，把肥料埋入泥内。插秧后用“球肥”深施泥中。旱土作物开沟挖穴施足底肥后，盖一层表土，然后播种或移栽定植幼苗。追肥时，先在行间开沟，将各种肥料均匀撒入或把液态肥浇入沟内，立即盖土。20世纪90年代后示范推广肥料深施技术已被农户普遍接受。

叶面追肥 又称之为根外追肥。按照农作物不同生长发育时期对肥料溶液的适宜浓度，将能溶解于水的常用化肥、微量元素肥料、植物生长调节剂等放入一定比例的水溶液中，经搅拌完全溶解后，用喷雾器喷洒于农作物叶片上。20世纪90年代开始示范推广，90年代后推广普及到所有农户和所有农作物，主要用于水稻和禾谷类作物抽穗后的壮籽肥。油菜类花期叶面喷施硼肥防“花而不实”，瓜类、水果和茄果类喷施叶面肥可保花保果，促进果实长大或膨大。叶面追肥肥料直接喷在叶片的正、背面，吸收快、用量少、利用率高，不被土壤固定，适宜大面积机械化喷洒，省肥、省工。发生旱、涝灾害时，作物根部很难从土壤中吸收养分，叶面追肥是最有效的补救措施。

测土配方施肥 根据农作物的需肥规律，对各种营养元素的需求数量，土壤养分特别是有效养分的含量，供给能力和各种肥料养分的利用效率，测算出氮、磷、钾和各种微量元素肥料的适宜用量和合理比例进行科学配方，指导肥料生产商按照各种农作物在不同土壤种植的需肥配方，科学配制生产专用配方肥供给农户施用，或者指导农户按照配方比例，将各种肥料充分混匀后施用。测土配方施肥通过取样测土，科学配方后，将配方交肥料生产商按方生产专用配方肥供应农户，或者指导农户严格按照配方提供的数量比例施肥。1985年，在炉亭坳乡进行测土配方施肥与常规施肥双比试验，共试验示范620亩。测土配方施肥经验收亩产443.8千克，常规施肥亩产为393.5千克。测土配方施肥平均每亩增产50.3千克，增长幅度为12.8%，1997年，怀化市（县级）

推广测土配方施肥 11.2 万亩。由水稻扩大到旱粮、油菜、瓜果、蔬菜和果树等多种作物。丁家乡丁家村 20 亩红薯采用测土配方施肥，平均每亩增收 850 千克，增幅为 63%。鸭嘴岩镇试验 1000 亩早稻测土配方施肥技术，对比常规施肥，平均每亩增产 105.8 千克，增幅为 28.3%。1999 年开发瓜菜专用有机配方肥，在凉亭坳乡试验示范推广 1000 亩无籽西瓜、辣椒等蔬菜，增产效果明显。2005 年开展测土配方春季行动，示范推广 8.38 万亩，经测产验收，平均每亩节约成本增效 51.30 元。2009 年，完成 16 万亩主要农作物种植土壤的取样检测，2010 年示范推广测土配方施肥 10.5 万亩。

1991—2010 年重点农业科技推广统计表

表 5-4-2

序号	项目名称	项目推广完成单位	项目推广完成人员	获奖情况	推广时间
1	高效复合肥推广应用	怀化市（县级）经济作物站	陈昌庭、丁仁国、周成福、袁素敏、王忠贵	怀化地区农业科技成果推广二等奖	1991 年
2	地膜瓜稻连作栽培	怀化市（县级）农业局	朱贤林等 7 人	怀化地区科技进步二等奖	1992 年
3	吨粮田开发推广	怀化市（县级）农业局粮油作物站	梁利清、李佐生、廖国全、杨英云、陈再明	怀化地区科技进步一等奖	1993 年
4	杂交玉米高产栽培技术推广	怀化市（县级）农业局粮油作物站	邹利民、尹秀华、杨绍祥、夏占成、梁国良	怀化市（县级）科技进步三等奖	1993 年
5	怀化地区百万亩杂交中稻综合丰产栽培技术推广	怀化市（县级）农业局粮油作物站为参与单位	黄泽智等共 17 人	获国家农业部丰收计划二等奖	1993 年
6	怀化市（县级）中方项目区农业综合开发项目	怀化市（县级）农业综合开发办公室	邓原生、潘先武、尹全德、周常贵、潘云英、杨英云	怀化市（县级）科技进步一等奖	1995 年
7	怀化市（县级）中方等 7 个乡镇山阴冷浸田水稻综合增产技术	怀化市（县级）农业技术推广中心	钱如洗、李佐生、徐喜阳、刘光泉、张化兴、鲁如成、戴业驹	湖南省农业报三等奖	1996 年
8	绿茶系列产品开发	怀化市（县级）茶厂	滕树解、汤华汉、袁素敏、潘存义、汤朝春	怀化市（县级）科技进步一等奖	1996 年
9	草莓栽培技术推广	怀化市（县级）盈口乡科委	杨隆太、吴学能	怀化市（县级）科技进步三等奖	1996 年
10	稻田养鱼高产技术推广	怀化市（县级）农业局水产工作站	李永泉、唐思跃、黄德明、鲍永先、周小芬	怀化地区科技进步二等奖	1997 年
11	油稻综合增产技术推广	鹤城区农业局粮油作物工作站	陈键银等 9 人	怀化市科技进步二等奖	1999 年
12	怀化市 4 县（市）14 乡镇 10 万亩稻田改制高效综合配套技术推广	鹤城区农业局为参与单位	王益志、陈键银、周生海等	湖南省农业丰收二等奖	2001 年
13	五千亩鱼腥草配套栽培技术推广	鹤城区农业技术推广中心，杨村乡农技站	彭先勇、潘伯荣、张国爱、彭慧燕	怀化市科技进步二等奖	2003 年
14	怀化市郊区蔬菜商品化生产综合配套技术推广	鹤城区农业技术推广中心、中方县农业技术推广中心合作完成	余红舞、张天立、陈世健、刘江峰、杨巍、周牛海	怀化市农业丰收奖一等奖	2006 年
15	礼品西瓜综合配套技术推广	鹤城区农业技术推广中心，芦坪乡、黄金坳镇农技站	刘蓉珍、张天立、周生海、余红舞、谭玉刚、彭先勇	怀化市农业丰收奖二等奖	2008 年

主要农作物施肥技术　水稻推广“前促、中控、后补”的“V”字形施肥法，即“基肥足、面肥速、追肥早（插秧后 5~7 天），分蘖肥控（一般不施肥）、穗肥稳、粒肥补”，达到“前期轰得起、

中期稳得住、后期不早衰”的目的。杂交玉米推广“基肥足、面肥速、穗肥重、粒肥巧”。大豆推广钙镁磷肥拌土木灰盖种和增施钼肥。薯类作物增施磷钾肥。棉花推广“基肥足、苗肥早、蕾肥稳、花铃肥重、秋桃肥补”。油菜推广播种时用粪水冲“灰包子”和早施苗肥、重施腊肥、稳施苔花肥和增施硼肥。西瓜、香瓜等瓜类作物视苗情早施或少施提苗肥、巧施出藤肥、预施结果肥、狠施壮果肥、补施根外肥。果树类早施萌芽肥或花前肥（萌芽前10~15天），巧施蕾花肥或稳果肥，重施壮果肥，早施采果肥，冬季施有机肥。

第七节　化肥农药

化肥　从20世纪90年代开始，怀化市（县级）农作物不再单一施用氮肥、控制氮肥的施用量，防止农作物徒长，开始推广使用二元、三元、多元复合肥，包括化合复合肥料、混合复合肥料和掺和复合肥料三种类型。注重氮、磷、钾三元素的调配施用。1991年，怀化市（县级）农业化肥总施用量达到18649吨，亩均施用51.8千克。怀化市（县级）农业局土肥站利用土壤普查成果，与怀化磷肥厂合作，开发生产专用多元混配复合肥。主要有水稻专用型复合肥、水果专用型复合肥、油菜专用型复合肥三种。复混肥和专用配方肥含有三种以上农作物所需要的营养元素，能够满足不同土壤、不同作物和其他农业生产条件的需要，既达到增产提效的目标，又节约化肥施用量。1997年，怀化市（县级）推广测土配方施肥20万亩，施用有机配方肥2180吨。2010年，鹤城区推广有机配方肥7200吨，涵盖杂交水稻、超级稻、蔬菜、西瓜、水果等主要农作物品种。

农药　1991年，推广农药新配方、新品种。境内推广使用较多的杀虫剂类有扑虱灵（又名噻嗪酮）、敌敌畏、乙酰甲胺磷、吡虫啉、哒螨灵、混合油乳剂和拟除虫剂菊酯类与有机磷类的复方农药。灭菌剂类主要有强氯精、甲基托布津、多菌灵、百菌清、甲霜灵锰锌、三环唑、稻洁、咪鲜胺等。着重示范推广对人畜安全、无残留低毒的生物农药。主要有以菌治虫的阿维菌素、PT乳剂、百僵菌、杀螟松杆菌、芽孢杆菌、灭幼脲和植物性杀虫剂藜芦碱、苦参碱等。有以菌灭菌的井冈霉素、春雷霉素、农用链霉素、多抗霉素、克菌王等。灭鼠剂主要推广对人畜安全的敌鼠钠盐和败血杀鼠剂。1996年，农田灭鼠15.05万亩，2010年，鹤城区农田灭鼠7.8万亩，禁止使用毒鼠强等急性剧毒并能产生二次中毒的鼠药。2001—2010年，国家和各级政府把农产品安全和食品安全列入重要议事日程，一批剧毒高毒和使人致癌、致畸、致病变的农药被禁止生产使用。继续推广普及高效、低毒、对人畜和环境比较安全的化学农药和生物农药。引进推广的新农药品种杀虫剂主要有甲维盐、毒死蜱、啶虫脒、吡呀酮、康宽、氯苯氰氰、氯虫苯甲酰胺、多种低毒复配剂和生物农药氟铃脲、多角体病毒、石油醚乳剂等。杀菌剂主要有碘制剂、核苷酸、氨基寡精素、醚菌酯、丁子香粉和生物农药申嗪菌、中清菌、海澡素、壳聚糖等。除草剂有30%草甘膦、草甘膦粉剂、卡嘧磺隆等。植物生长调剂素有云大120、氨基酸多维素、海澡素类、膨果龙等。灭鼠剂有猫下岗、溴敌隆。2010年，鹤城区农药总施用量288.77吨，其中杀虫剂169.09吨、杀菌剂73.08吨、除草剂42.39吨、其他农药4.31吨。

第八节　植物保护

一、农作物主要病虫害

水稻病虫　20世纪90年代以前，主要有三虫：稻飞虱（又名蠓虫、盈虫），以褐飞虱发生量最多，危害十分严重；稻螟虫（又名钻心虫），以二化螟、三化螟发生较重，大螟较轻；稻纵卷叶螟（又名小苍虫）。“二病”：纹枯病和稻瘟病。阶段性和局部性发生严重的有黑尾叶蝉（又名浮尘子）、稻秆潜蝇、稻苞虫、黏虫和白叶枯病、稻典病等，其次为稻蝽象、稻蓟马、白翅叶蝉、稻芽、稻象甲、负泥虫和恶苗病、紫杆病、黄矮病、小球菌核病、稻粒黑粉病、细菌性褐条病、胡麻叶斑病、鞘腐病。导致水稻烂秧死苗的有立枯病和绵腐病以及生理病害。1991年以后，随着双季晚稻的急剧减少和杂交水稻的推广普及，水旱轮作制的扩大，境内水稻病虫害的发生危害有所变化，病害以纹枯病发生面积最大，危害最重。常年发生面积7.9万~8.5万亩，危害严重的禾苗在抽穗时倒伏，颗粒无收。稻瘟病只在老稻瘟病区局部发生，常年发生面积0.5万~0.8万亩，其中，稻曲病常年发生面积0.3万~0.35万亩，水稻霜霉病在杂交水稻制种区发生较多，危害严重，1999年发生0.5万亩，2000年发生1.5万亩。南方水稻黑条矮缩病自2008年以来发病面积逐年扩大，2010年发生1.5万亩，其他病害发生较轻。虫害仍以稻飞虱和稻纵卷叶螟发生面积最大，常年发生8万~8.5万亩。其次是二化螟，常年发生4万~5万亩。三化螟、大螟发生较轻。稻象甲年发生面积4万~5.1万亩。赤斑黑沫叶蝉在山坡边脚稻田发生严重，1999年，发生4万亩次，2006年，发生2.1万亩次，成灾70亩。其他虫害发生较轻。

旱粮病虫　红薯主要病害是贮藏期间的软腐病、灰霉病和生理性病。虫害有红薯飞蛾、麦蛾和鼠害。马铃薯的主要病害有青枯病、晚疫病、病毒病等。虫害有地老虎、蛴螬、二十八星瓢虫。玉米的主要病害有大叶斑病、小叶斑病、丝黑穗病等。虫害有玉米螟、蚜虫，苗期小地老虎通常造成苗断垄，黏虫、大螟、红蜘蛛亦有发生。麦类的病害重于虫害，以赤霉病危害为最重，其次是锈病、白粉病、散黑穗病、腥黑穗病和毒麦病。虫害主要有麦蚜虫、麦蜘蛛和黏虫。豆类的主要病害有花叶病、菟丝子（盲根藤），虫害有豆蚜虫、豆荚螟、豆芫菁（鸡公虫）、红蜘蛛等。

经济作物病虫　油菜以病害为主，主要有菌核病、霜霉病、病毒病和白锈病。虫害主要有蚜虫、潜叶蝇、猿叶虫和菜青虫（菜白蝶、菜粉蝶）等发生普遍。棉花病虫害主要有立枯病、角疽病、红腐病、枯萎病、黄萎病、红叶茎枯病、留斑病，虫害有棉铃虫、棉蚜虫、红铃虫、红蜘蛛、棉叶蝉（叶跳虫）、地老虎、金刚钻、盲蝽象、小造桥虫、斜纹夜蛾等。西瓜、香瓜病虫害主要有立枯病、枯萎病、蚂蚁、黄守瓜等。甘蔗病虫害主要有虎斑病和蔗蚜、蔗螟、蚧壳虫等。金银花病虫害主要有白粉病、白绢病、褐斑病、炭疽病、根腐病、中华忍冬圆尾蚜、尺蠖、咖啡虎天牛、豹纹木囊蛾等。鱼腥草病害主要有白绢病、立枯病、炭疽病。

蔬菜病虫　蔬菜病虫主要有软腐炭疽病、白锈病、病毒病、菌核病、根肿病等病害和蚜虫类、小菜蛾、大小猿叶虫、菜螟、斜纹夜蛾、甜菜叶蛾、菜青虫（又名菜粉蝶）、跳甲等虫害。茄科类蔬菜病虫主要有立枯病、猝倒病、病毒病、灰霉病、青枯病、番茄早晚疫病、辣椒炭疽病等病害和棉铃虫、烟青虫、蚜虫类、二十八星瓢虫、黄斑螟、螨类等虫害。葫芦科类蔬菜病虫主要有黄瓜霜霉病、瓜类枯萎病、猝倒病、白粉病、花叶病等病害和黄守瓜、蚜虫、螨类等。豆科类蔬菜主要病虫有锈病、立枯病、枯萎病、根腐病、褐斑病、疫病、蚕豆赤斑病等病害和豆荚螟、大豆食心虫、美洲斑潜蝇、潜叶蝇等等病害。食用菌病虫主要有褐腐病、褶腐病、猝倒病、黑腐病、金针菇从菇病、黑斑病、锈斑病及污染菌种与种植袋的常见杂菌链孢霉、木霉、曲霉、毛霉、根霉等病害。虫害主要有菇蚊、瘿蚊、蚤蝇、果蝇、螨类、蛞蝓等。其他蔬菜病虫主要有葱蒜叶枯病、生姜腐败病等，虫害有葱蓟马、韭蛆、葱蝇等。地下害虫主要有小地老虎、蝼蛄和蛴螬等。

果树病虫　柑橘病害主要有炭疽病、树脂病、疮痂病、溃疡病、脚腐病、烟煤病及果实贮运中的青霉病、绿霉病。虫害主要有螨类（红蜘蛛、黑蜘蛛、锈壁虱）、蚧类（矢尖蚧、吹棉蚧、红蜡蚧、糠片蚧）、潜叶娥、凤蝶、花蕾蛆、大果实蝇、橘蚜、尺蠖、蓑蛾、卷叶蛾、天牛、吸丁虫等。葡萄病害主要有黑痘病、霜霉病、炭疽病、白粉病、蔓枯病。虫害主要有透翅蛾、金龟子、吸果夜蛾、二星叶蝉。梨树病害有轮纹病、黑星病、锈病、黑斑病、白纹羽病、白绢病等。虫害主要有梨黄粉蚜、大小食心虫、梨虎、梨网蝽、梨茎蜂、吸果夜蛾等。桃树病害主要有炭疽病、褐腐败、干枯病、流胶病、根癌病。虫害主要有桃蛀螟、桃蚜等。杨梅病害有褐斑病、干枯病、枝腐病、枯梢病等。虫害主要有蚜虫、红蜘蛛、果蝇、蚧壳虫等。其他有枣病、枣锈病、枇杷叶斑病等果树病害。

二、防治方法

以预防为主，推行综合防治。因地因时制宜，合理运用化学防治、生物防治、物理防治等综合措施，达到经济、安全、有效地控制农作物病虫害。1991年，怀化市（县级）实施水稻病虫害综合防治技术21.8万亩。怀化市（县级）农业局植保站在杨村乡水垄村举办双季稻病虫综合防治示范样板片3000亩。1991—1997年，实施“稻瘟病监测和综合治理技术推广项目”，选用抗病品种，普及种子消毒，加强水肥管理，适期施药防治等综合措施，综防区对比非综防区，亩产增收35.8千克。

农业防治 农业防治是预防和减轻农作物病虫害发生最常用最基本的措施。清洁田园。作物生长期及时清除田间杂草和中间寄主，及时打枝摘心和整形修剪。将修剪摘除的枝叶与病虫果实及时消除出园，集中深埋或销毁。作物收获后，结合翻耕，及时清理秸秆残茬，铲除田土周围杂草。冬季果园实行“三光（上光、下光、侧光）”，深翻、埋施基肥，树干刷白石灰，捣毁病虫越冬窠穴。1996年，发生柑橘大果实蝇，果农采取摘虫果、捡落果、清果园、挖坑埋的方法，铲除虫害。选用抗病虫良种。不断淘汰更新抗性退化和易感染病虫的农作物品种。贺家田乡是老稻瘟病区，1993年改种抗病力强的V402、V404、V77、I优77等水稻新品种，稻瘟病得到有效控制，水稻增产39%。实行轮作种植，品种集中成片。作物种类不同，所发生的病虫害也有所不同。实行西瓜晚稻轮作，既解决西瓜枯萎病死苗，又减少杂草，改良土壤。2001—2002年，芦坪乡、黄金坳镇、鸭嘴岩镇、杨村乡、盈口乡、石门乡示范推广瓜稻、菜稻、薯稻、玉米稻、草莓稻等水旱轮作模式，减轻病虫害，亩均增加收入746元。同时实行一村一品连片种植，不留中间寄主桥梁田块，也是减轻病虫发生危害的有效措施。合理密植。实行宽行密株和宽窄行栽培，增加通风透光。加强田间管理，实行健身栽培。旱作采取窄幅分厢，深开“三沟”和起垄栽培，排除地下渍水，降低田间湿度。稻田开“丰产沟”实行浅水勤灌，适时露田、晒田和湿润灌溉，促进作物根系发育，增加吸收运送养分能力，能减少稻飞虱的发生和纹枯病的发病株数。控制氮肥的施用量，防止徒长，增施有机肥和磷钾肥，保证稳健生长，增强抗病虫能力。嫁接防病。将西瓜幼苗与抗枯萎病的瓠瓜或南瓜幼苗嫁接后育苗移栽，可以避开土传枯萎病的危害，实现西瓜可以同一块地里连年种植。

生物防治 助迁天敌。每年油菜小麦收割前，将七星瓢虫、蜘蛛等天敌助迁到邻近发生蚜虫的棉田、果园、菜地，既保护天敌，又达到“以虫灭蚜”的目的。铜鼎乡棉花生产基地，每年在棉花幼苗期，助迁繁殖七星瓢虫、草蛉、食蚜螨等天敌防治蚜虫效果显著，棉花苗期一般不用药灭蚜。保护利用青蛙、鸟类、蛇类等有益动物食害虫。一只青蛙一天可捕食害虫70~200只，每年捕食期长达7个月，年可捕食害虫2万只以上。鸟是捕食害虫的能手，蛇是鼠类的克星。养鸭治虫。一只200克重的小鸭一小时能啄食稻飞虱250~650只，虫口密度大时可啄食900~1200只稻飞虱，同时还啄食稻纵卷叶螟、稻包虫等多种害虫。境内农民在水稻抽穗前有放鸭吃虫的做法。以菌治虫。1978年，示范推广井冈霉素防治纹枯病。1991年，示范推广白僵菌、PT乳剂（又名苏金杆菌）、阿维菌素等生物杀虫剂防治稻包虫、稻纵卷叶螟、螨类、菜青虫、小菜蛾、潜叶蛾、斑潜蝇等。推广春雷霉素、多抗霉素、农用链霉素、克菌王、申嗪菌、申清菌、壳聚糖等生物杀菌，防治多种作物病害。

人工物理防治 灯光诱杀成虫。在害虫成虫盛发期，动员组织农户在田间地头点灯诱杀成虫。推广黑光灯诱虫。在盈口、石门等无公害蔬菜基地示范推广括式灭虫灯诱杀成虫。太阳晒种。播种前晒种1~2天，利用紫外线杀死附在种子表面的病菌。温汤浸种。棉花在播种前，用“三开一凉”温汤浸种三十分钟，水稻种用“两开一凉”或50℃~55℃温水浸种。树枝杷诱蛾。在棉田菜地，插树枝杷诱杀棉铃虫、斜纹夜蛾等害虫的成虫。色板诱蛾。利用蚜虫的趋黄习性，在菜地、果园悬挂涂有机油的黄色塑料或厚纸板诱杀蚜虫。人工捕杀。人工摘卵块、捉稻苞虫、黏虫、棉铃虫、地老虎、菜青虫等害虫，用铁丝钩取果树树干中的天牛幼虫。果实套袋，防止虫害侵害果实，已在梨、桃、葡萄等普遍施用。用石灰水刷白果树，防止害虫爬入树干老皮缝隙中越冬。

监测与防治 1991—1997年，每年年初对主要病虫害测报对象进行一次全年发生趋势分析，全年印发中、短期《病虫情报》10~19期。1998—

2010年，每年印发《病虫情报》8~12期，指导农民用药适期的防治方法。

三、植物检疫

依据《植物检疫条例》，植物检疫工作包括植物检疫对象普查、产地检疫、市场检疫、调运检疫和对象防治五大部分。

植物检疫对象普查　20世纪90年代以前，先后进行6次普查。查明植物检疫对象有蚕豆象、豌豆象、玉米咖啡象、玉米干腐象、马铃薯块茎蛾、柑橘大实蝇、桑螨、柑橘瘤壁虱、红薯小象甲、红薯黑斑病、柑橘吹绵蚧、小麦线虫病、毒麦、柑橘溃疡病、小麦腥黑穗病、水稻白叶枯病（1988年10月20日被农牧渔业部取消）、水稻干尖线虫病、棉花枯萎病和黄萎病等19种。1996年，组织第7次大普查。水稻以制种基地、大田两系杂交稻种植区以及铜鼎、铜湾、袁家3个乡镇细菌性条斑病传入区为重点，柑橘以大果实蝇、溃疡病，蔬菜以美洲斑潜蝇为主要普查对象。对疑似病株送安江农校检验核实，对350亩发病稻田对症施药防治，防止疫情扩展蔓延。在杂交稻制种区检疫中未发现检疫对象。1997年，为聘请的60名兼职检疫员发放执法证、检疫证、收费证和工作制服。2003年，鹤成区疫情普查发现原有检疫对象的危害程度减轻，范围缩小。2005年，按照国家农业部《关于开展红火蚁疫情的调查通知》和湖南省农业厅《关于进一步开展红火蚁疫情普查的通知》的要求，组织60人次，对金海广场、五溪广场、怀化学院、迎丰公园、新世纪广场、怀化职业技术学院等地开展普查未发现红火蚁疫情。2007年，对6个乡镇的柑橘大果实蝇发生情况进行全面普查。普查受害面积3000亩，造成一般落果20%~30%，严重的落果60%~70%，个别果园绝收。2010年，对西瓜细菌性果斑病、扶桑柿粉蚧、稻象甲、葡萄根瘤蚜等有害生物进行全面普查，均未发现危害。

产地检疫　从1991年起，每年组织植物检疫技术人员、杂交稻制种技术人员、种苗繁殖基地技术人员，采用重点检查及逐丘、逐块全面踏查相结合的办法，对水稻杂交制种基地在种子验收前和果树、花卉等繁育基地在苗木出圃前进行1~2次产地检疫。1991—1997年，一般每年杂交水稻制种检疫面积0.23万~0.4万亩，各种苗木10万~100万株。1992杂交水稻制种产地检疫2350亩，烟草产地检疫362亩，苗木检疫98万株。1995年杂交水稻制种基地检疫3450亩。对棉花、蔬菜生产基地和葡萄园、柑橘园进行产地检疫。1999年，鹤城区杂交水稻制种产地检疫3200亩，均未发现检疫对象。2000年，杂交水稻制种产地检疫1120亩，果树苗木繁育基地320亩，对91万株苗木进行产地检疫，均未发现检疫对象。2004年，对湖南农业大学在芦坪的200亩杂交水稻制种基地和石门高效农业科技示范园苗木、草皮繁育基地进行产地检疫，均未发现检疫对象。

调运检疫　对经营农作物种子、苗木执行严格的检疫制度。凡需调运出境的种子、苗木，经营者必须到植保植检站办理种苗调运检疫证书。凡需调入的种苗，必须到种苗生产基地所属县级植保植检站办理调运检疫证书。种苗入境后将植物检疫证书及时交植保植检站进行复检后方可销售。凡设有调运检疫证明的依法处罚。1991—1997年，怀化市（县级）每年经检疫调出杂交稻种150~250吨，销往全国13个省47个县（市、区），调入杂交水稻种子50吨左右。每年经检疫调出果苗5万~10万株。1995年2月24日，查处违章调入的柑橘苗1.42万株予以销毁。与火车南站订立规章：所有的植物和植物产品等繁殖材料的承运计划，必须有植物检疫证书方可承运，调入的必须凭植物检疫证书方可出站。1996年，怀化市（县级）机关园艺场从广西桂林市尧山苗圃调入沙田柚苗1.26万株，复查发现溃疡病苗，退回原处并处罚款，挽回经济损失30200元。1999年，鹤城区开出调运检疫证书200份，调出种子150吨，并与贵州省铜仁市烟草公司达成“烟叶调运复查”协议。2000年，区种子公司经检疫调出杂交稻种30批170吨，调入2批18吨。湖南西部种子批发市场40个批次，总量120吨，省际调出蔬菜种子210个批次，数量70吨。经检疫调出苗木112个批次，56万株，主要为柑橘、金秋梨、杨梅苗。2010年，全区经检疫调运种子683.63吨，其中粮食种子669.68吨，蔬菜种子13.95吨，省内调运种子118.89吨，省际调运种子564.74吨。

市场检疫　对城内各农贸市场、各乡镇农贸市场、集市上出售的苗木、柑橘、果实和蔬菜批发市场等实施检疫。对发现有检疫对象及无检疫证的果实和苗木依法酌情销毁、封存、退回或罚款处理。城区内由植保植检站具体负责市场检疫，销售旺季临时抽调或聘请兼职检疫员协助。各乡镇农贸市场、集市由各乡镇兼职检疫员负责检疫。1991 年以来，每逢春节后，植物检疫技术人员坚持对城区和各乡镇集市的种苗市场进行检疫。1998—2010 年，鹤城区植保植检站与种子管理站对蔬菜种子经营店进行 3 次抽样检疫，共抽检 124 品种，未发现检疫对象。

疫病处治 从 1991 年开始，采取综合防治措施，强化植物检疫，禁止疫区繁育柑橘苗，疫区果实一律销毁，禁止上市。销毁病种，重栽抗病良种或其他果树。高接换种，嫁接抗病能力强的温州蜜柑中的早熟优良品种。加强肥水管理，适时喷药。在春、夏抽梢期喷洒农用硫酸链霉素或可杀得 2000 等药剂进行保护，有效控制柑橘溃疡病的蔓延，疫区控制在 8 个乡镇内。鹤城区对复发的柑橘大果实蝇采取综合防治措施。诱杀成虫，5 月上中旬成虫羽化时，用 90%的敌百虫 800 倍溶液，或 25%灭扫利 1000 倍溶液加 3%的红糖混合后，用竹筒或塑料瓶杯装药液，挂放在枝叶茂密、结果多的树冠上诱杀。或用猎蝇 15~20 倍液挂杯诱杀。喷杀成虫。5 月中下旬成虫盛发期，用 48%的乐斯本 800 倍溶液或 5%百事达液加 3%红糖水加 10%的白醋，隔株半冠喷杀成虫，也可以用敌敌畏、灭扫剂、杀虫威等杀虫剂兑水喷洒。摘、拾、埋有虫的果实。将摘下的和地面捡拾的虫果集中挖坑深埋，采取虫果加生石灰粉加呋喃丹加 10 厘米左右土层的方法依次一层一层堆沤坑中，踩踏紧实。2006 年共处理虫果 15 万千克。翻耕灭蛹，对美洲斑蝇采取水旱轮作，选用抗虫蔬菜品种，加强田间培管和适时喷药防治。

第五章　养殖业

1991—1997 年，域内农村家畜养殖以生猪、牛、羊为主，个别农户养兔，但规模不大，而且分散。家禽饲养以鸡、鸭、鹅为主，水产品以养鱼为主。1997 年，全市生猪饲养量达到 57.6 万头，其中，出栏 35.9 万头，存栏 21.7 万头。养牛 5.8 万头，其中，出栏 0.8 万头，存栏 5 万头。养羊 7.51 万头，其中，出栏 3.2 万头，存栏 4.31 万头。家禽饲养 474.98 万羽，出笼 317 万羽，存笼 157.98 万羽。猪肉产量 24960 吨，牛羊肉产量 1350 吨，禽肉产量 4275 吨，禽蛋产量 1268 吨，水产品产量 3640 吨。

1991—1997 年怀化市（县级）畜禽饲养统计表

表 5-5-1

年份	生猪（万头）		牛（万头）		羊（万头）		禽（万羽）	
	出栏	存栏	出栏	存栏	出栏	存栏	出笼	存笼
1991	21.79	24.86	0.16	4.09	0.66	0.54	183.34	98.6
1992	23.09	24.98	0. 14	4.1	1.57	0.69	190.11	99.98
1993	26.04	20.49	0.27	4.32	0.22	0.39	178.5	100.3
1994	27.9	21.2	0.38	4.41	0.5	0.81	255	120
1995	28.62	21.8	0.41	4.5	1.01	0.85	265	211.84
1996	23	28.9	0.48	4.5	1.5	2.35	285	145
1997	35.9	21.7	0.8	5	3.2	4.31	317	157.98

1998—2010 年鹤城区畜禽饲养统计表

表 5-5-2

年份	生猪（万头）		牛（万头）		羊（万头）		禽（万羽）	
	出栏	存栏	出栏	存栏	出栏	存栏	出笼	存笼
1998	12.82	8.21	0.0431	1.37	1.22	0.81	122	62
1999	11.4	8.1	0.35	1.1	1.32	1.12	130	67
2000	16	10.8	0.6	1.32	2.00	1.14	170.6	62.4
2001	16.8	10.8	0.65	1.29	2.06	1.16	172.4	64.32
2002	17.5	11.4	1	3.5	2.07	2.63	260	87
2003	17.96	12.45	1.02	3.51	2.18	2.21	253	88.62
2004	19.37	13.32	1.1	3.51	2.26	2.28	261	90.37
2005	21.12	13.88	1.21	3.58	2.42	2.77	286	94
2006	21.9	13.9	1.25	3.62	2.62	2.88	290	96.08
2007	21.88	12.9	1.27	3.63	2.65	2.9	298	97.1
2008	22	13.1	1.2	3.45	2.5	2.3	258	80
2009	12.84	7.56	0.21	0.98	1.27	0.66	175.3	68.2
2010	13.95	8.2	0.23	0.99	1.31	0.69	185.6	71.5

1998—2010 年，鹤城区家畜养殖仍以生猪、牛、羊为主，兼以养兔。家禽饲养以鸡、鸭、鹅为主，水产品以发展河道、水库网箱养鱼为主。2010 年，全区生猪饲养量达到 23.15 万头，其中，出栏 13.95 万头，存栏 8.2 万头。养牛 1.22 万头，其中，出栏 0.23 万头，存栏 0.99 万头。养羊 2 万头，其中，出栏 1.31 万头，存栏 0.69 万头。家禽饲养量达到 257.1 万羽，其中出笼 185.6 万羽，存笼 71.5 万羽。肉类总产量 11697 吨，禽蛋总产量 388 吨。水产品产量 10200 吨，养殖业总产值 2.02 亿元。

第一节　畜禽饲养

一、家畜饲养

养猪　1991 年，生猪饲养量达到 46.65 万头。1996 年，筹办万头养猪场，选址杨村乡张家垴，占地 30 亩。1997 年 7 月，因故迁址鸭嘴岩镇池回村，占地规模扩大到 99 亩。1998 年年底建成猪舍 7 栋，共计 6200 平方米。1999 年 10 月，万头猪场转让给怀化市外贸畜禽产品开发有限公司。2007 年，国家为鼓励生猪养殖，加大对生猪养殖的扶持力度。鹤城区利用国家支持政策，开办能繁母猪保险，保险费为每头 60 元，其中 48 元由国家财政和省财政负担，12 元由养殖户自筹缴纳。保额为 600~1000 元。随后，国家财政又给予能繁母猪养殖补贴。2007 年为每头 50 元，2008 年为 100 元，2009 年后停止财政补贴。从 2007 年开始，国家对标准化规模猪场给予扶持。是年，鹤城区获得中央扶持资金 220 万元，扶持 8 个规模养猪场。2008 年获得中央扶持资金 120 万元，扶持 7 个规模养猪场。到 2010 年底，全区规模养猪场达 103 个。规模养猪场生猪出栏 10.26 万头，全年生猪饲养量 22.15 万头。2007 年，制定养殖业“三区”规定。“三区”，即禁养区、限养区、宜养区。禁养区内的养殖场要求全部搬迁至宜养区，限养区内不得新建、扩建养殖场。至 2010 年底，禁养区内的养殖场搬迁完毕。

2010年鹤城区养猪500头以上的规模养猪场统计表

表5-5-3　　单位：头

序号	养殖户姓名	养猪场地址	养猪总量	存栏				出栏
				总数	母猪	仔猪	肥猪	
1	李传付	黄金坳水沙溪村	600	480	93	107	280	120
2	黄秋华	石门阳塘村	510	400	70	280	50	110
3	朱金峰	石门新街村	620	500	50	220	230	120
4	张向东	石门新街村	1680	1300	150	680	470	380
5	王治华	石门金海村	660	500	60	280	160	160
6	王治文	石门金海村	670	500	60	320	120	170
7	周绍华	盈口岩头村	660	600	0	500	100	60
8	廖恒亮	盈口岩头村	600	600	0	300	300	0
9	周昌	盈口凤坪村	850	430	0	100	330	420
10	龙永东	鸭嘴岩李公湾	880	500	0	0	500	380
11	廖茂刚	鸭嘴岩李公湾	640	240	0	0	240	400
12	谢黄生	鸭嘴岩池回村	560	410	0	0	410	150
13	杨小明	鸭嘴岩池回村	1200	900	0	0	900	300

养牛　耕牛是农村传统耕作的主要畜力。1991年，全市耕牛存栏达到30469头。进入21世纪，农机开始进村入户。2004年起，国家为强农惠农，实施农机补贴政策，耕牛数量急剧减少。2010年，区内仅存栏耕牛0.99万头。2004年，孙卫青创办怀化市振鑫牧业公司，以肉牛养殖为主。公司地址位于黄金坳镇仇家村，占地300亩。2005年从山东省嘉祥县引进西门塔尔牛、夏洛来牛、利木赞牛和鲁西黄牛杂交后代共21头，冷配繁殖高代次杂交肉牛。2010年，公司存栏肉牛180头。2007年、2008年，有养殖户从山东批量引进高代次杂交肉牛，因所引进的肉牛种源复杂，管理不善发生牛结核病而失败。城郊个人饲养奶中，到2010年底，全区存栏奶牛30头。

养羊　1991年，全市存栏山羊4244头，出栏山羊2016头。2004年，引进金堂黑山羊24只，在鸭嘴岩镇李公湾村饲养，2010年，存栏30头。2005年12月，引进浏阳黑山羊50只，在凉亭坳乡饲养。农村还有个别养殖户引进过波尔山羊、南江黄羊，均未规模化养殖。

养兔　域内家兔养殖均为农户零散饲养，以地方品种为主。成兔体重一般1.5~2.5千克。家兔毛色杂乱，以白色、褐色、灰黄、黑色居多。家兔繁殖能力强，繁殖周期短。母兔产后一个月即可再次受孕，俗称“血配”“月月兔”。

二、家禽饲养

养鸡　20世纪90年代，全价配合饲料广泛应用，不断引进外地优良品种，外地鸡种与本地鸡杂交，养鸡业快速发展。引进国外肉鸡品种有：艾维茵、AA、迪高黄三个品种。其特点是生长速度快，经济效益高。全程采用全价配合饲料舍养，日均增重50克，50天可以出笼上市，料肉比达到1.9∶1。农户散养的艾维茵鸡，雏鸡采用全价配合饲料，成鸡用农家饲料喂养，成熟肉鸡最大体重9千克。引进的国内肉鸡品种有九斤黄、快大黄、快大青脚鸡等3个品种。全程可用全价配合饲养舍养，一般60~70天即可成熟上市。成熟鸡体重在1.3~2.5千克不等。外地鸡种也与本地鸡种杂交。1995年，以雪峰乌骨鸡为母本，以其他生长速度快的鸡种为父本杂交而成的“快大乌鸡”，在各乡、镇推广。一些养鸡专业户采用舍养的方式饲养“快大乌鸡”，全程使用全价配合饲料，70天左右成熟，肉鸡重达1.4~2.6千克，料肉比达到2.5∶1。2000年，农户用谷物、杂粮饲养的乡鸡、土鸡深受消费者青睐。2010年，农户利用山坡林地开展生态养鸡。采取放养的形式，以谷物、杂粮为主要饲料，不使用全价配合饲料。是年，在芦坪、盈口、杨村、贺家田等乡镇推广生态养鸡。生态鸡 180 天后成熟上市，营养丰富味道鲜美，生态环保，无兽药残留，受到消费者欢迎，经济效益也比较理想。

2010 年鹤城区养鸡专业户统计表

表 5-5-4　　单位：羽

序号	养鸡户姓名	养鸡户地址	鸡	
			存笼	出笼
1	曾忠华	鸭嘴岩镇花背村	9000	1000
2	周冬青	鸭嘴岩镇花背村	12000	0
3	尹承强	贺家田乡贺家田村	10000	8000
4	尹全来	贺家田乡老寨溪	20000	15000
5	杨世兵	芦坪乡壮丁村	8000	3000
6	谭子超	芦坪乡楼城坳村	3000	1800
7	杨卫旺	石门乡双村村	50000	15000
8	彭先林	石门乡大桥村	7000	2000
9	周小兵	盈口乡井坪村	50000	1000
10	周明安	盈口乡朱溪村	30000	800
11	余绍久	黄金坳镇江口院村	5000	850
12	谢开云	黄金坳镇沙溪村	5400	0

养鸭　域内农户有养鸭的习惯，品种主要是麻鸭，一年饲养两批，分为早水鸭和迟水鸭。早水鸭立春后到清明节期间开始饲养，端午节前后上市。迟水鸭一般于农历 5 月底至 6 月初开始饲养，中秋节前后食用或上市。农户散养为主，较少规模饲养。2001 年，从广西梧州、南宁等地引进杂交鸭苗“大麻”“四点花”“四点麻”三个品种。广西杂交鸭以麻羽为主，雏苗期适当喂食全价配合饲料。成苗后以谷物、杂粮为主料，全饲养期约为 60 天，成熟期公鸭重量最大 4 千克。境内本地麻鸭个体偏小，生长速度慢，生长周期长，种鸭逐渐淘汰。

养鹅　域内农户有养鹅的习惯，以散养为主，鹅属草食性禽类，体形大、生长速度快、耗料少、自觅食力强、适口性好。凉亭坳乡、芦坪乡、黄金坳镇有部分农户养鹅。2004 年，下岗职工李梅花在鸭嘴岩镇承包 40 亩土地养猪、种菜兼养鹅，共养鹅 400 余只，品种分为白鹅和麻鹅。

三、特种畜禽饲养

鹌鹑　20 世纪 90 年代，域内有 16 家鹌鹑养殖场，每年饲养鹌鹑 18 万羽，每年可向市场提供 20 吨鹌鹑蛋。2001 年，暴发禽流感，鹌鹑为易感染动物。畜牧水产管理部门加强对鹌鹑养殖的管理，与鹌鹑养殖户签订禽流感疫病防疫责任书，督促养殖户加强对鹌鹑的疫病管理，一旦出现禽流感立即采取措施，无条件捕杀鹌鹑，经济损失自负。

肉鸽　20 世纪 90 年代，域内有人养鸽子，但以信鸽为主，肉鸽很少。1995 年，畜牧水产局种鸡场引进美国王鸽数十对进行繁殖。1996 年，农户在鸭嘴岩乡李公湾村建南机器厂农场及盈口乡井坪村兴办肉鸽养殖场，每年可向市场提供商品肉鸽 4000 羽。

海狸鼠　海狸鼠系杂食性动物，形体像老鼠，但比老鼠体型大 4~10 倍。海狸鼠肉可供食用，皮可以制革，脂肪可用于生产化妆品。1993 年，从四川引入种鼠。肉联厂开展规模化养殖海狸鼠。采用基地+养殖户的模式。基地先将成年海狸鼠一对（雌雄各一）以 3000~5000 元不等的价格出售给养殖户，然后回收养殖户繁殖的海狸鼠幼崽，并确定回收价。据当时行情及一对海狸鼠的繁殖能力，养殖户一年可获得 2000~3000 元纯利。后因市场萎缩停止养殖。

中华竹鼠、豪猪 2008年，鹤城区从广西、常德等地大批量引进中华竹鼠、豪猪。养殖户分布在贺家田乡板栗坪村、老寨溪村、黄金坳镇汪家村、石门乡板山村以及黄岩旅游度假区白马村等地。黄金坳镇汪家豪猪养殖场起步最早，提供种苗，成熟豪猪销往广州市场。

域内有个别农户从事果子狸、七彩山鸡、竹鸡、长毛兔、獭兔饲养。2010年，石门乡、芦坪乡农民从贵州省丛江县引进43头香猪饲养。

四、饲草饲料

草场 域内山地草丛类草场。分布于海拔300米以下的丘陵、山冈坡地。主要牧草有野枯草、芒草、硬杆子草、白茅草、葛氏草、鱼腥草、大叶胡枝子、黄背草、茵陈蒿等品种。灌木草丛类草场，分布于海拔300米以上的低山地区。主要牧草有大叶胡枝子、山竹类、白羊树、野枯草、白茅草等品种。疏林草丛类草场，分布于林木密间度在0.8以下的草场。主要牧草有芒草、白茅草、硬杆子草、黄茅草、黄背草、槲栎等品种。林间草丛类草场，分布于油茶、油桐等经济林区。主要牧草有芒草、白茅草、大叶胡枝子、野菊花、黄茅草、满天星、千里光、蕨黄背草、茅叶荩草、腹水草等品种。农林隙地类草场。分布于田坎、地边、溪旁、林地边缘等地。主要牧草有狗尾草、牛筋草、芒草、青麦娘、马唐草、假俭草、狗牙根、鹅冠草、荩草、白茅草、马鞭草。境内草场牧草具有草质柔软细嫩汁多、牲畜适口性好，营养丰富、利用率高、碳水化合物含量高等特点。

牧草 域内自然生长的牧草有180余种，禾本科牧草占65.6%，豆科牧草占10.9%，菊科牧草占6.7%，其他杂草占16.8%。引进栽培的牧草有红三叶、白三叶、黑麦草、墨西哥玉米、菊苣、矮象草、皇竹草等种类。

饲料生产 1986年，畜牧水产局开始加工混合饲料。1988年，怀化大米厂开始生产粉状混合饲料。1994年，泰国正太有限公司与怀化市（县级）人民政府合作，成立怀化正大有限公司，投资780万美元，新建年产18万吨饲料生产线。生产全过程采用电脑控制和自动计量检测，生产设备具有世界先进水平。1997年10月，新希望集团与岩冲煤矿合作，成立怀化湘珠饲料有限公司，生产“湘珠”“国雄”牌猪、鱼、鸡、鸭四大系列饲料。年生产量为5万吨，年销售产值1.2亿元，产品辐射湘、黔、渝、鄂等省份。1992年，怀化华氏饲料有限公司的前身——正丰饲料厂投产。1997年，注册成立怀化华氏饲料有限公司，建成年产量达3.8万吨的饲料生产线。2004年，湖南大康牧业股份有限公司建成年产6万吨饲料生产线。2010年，境内有饲料经销商96家，年饲料销售量达到50万吨。

五、品种改良

20世纪90年代，家畜方面主要对生猪、肉牛、山羊进行品种改良。家禽方面主要对鸡、鸭进行品种改良。

生猪品种改良 本地猪种为“黔邵花猪”和“湘西黑猪”。1991年，先后引进长白、大约克、杜洛克等猪种，通过人工授精技术，繁殖生长速度较快的土杂猪。建立人工授精站9个，包括一个中心站。引进“湘白一系母猪”50头、杜洛克公猪1头、湘白一系公猪5头、大约克公猪2头，人工授精2.07万头次，推广长大杂三元杂交瘦肉型猪和优良种公猪。2010年，全区有人工授精点1个，饲养三元杂交瘦肉型猪10.26万头，三元杂交率达到74%。

肉牛品种改良 肉牛地方品种为滨湖水牛和湘西黄牛两大品种。2004年，怀化市振鑫牧业公司在黄金坳镇仇家村饲养高代次杂交肉牛。2005年，采用“冷配”技术，将引进的利木赞牛、西门塔尔牛、德国黄牛、夏洛来牛中的精液与本地滨湖水牛、湘西黄牛配种繁殖杂交牛。2010年，繁殖杂交牛200头。

山羊品种改良 先后引进黑塘山羊、波尔山羊、南江黄羊品种，与地方品种武雪山羊、马头山羊杂交配种，繁殖杂交山羊，改良山羊品种。

肉鸡品种改良 引进的蛋鸡品种有米杭、星布罗、星杂288、京白88、罗斯、伊莎褐、海兰白等。引进的肉鸡品种有九斤黄、迪高黄、艾维茵、AA、皖南黄等品种。将引进品种与本地雪峰乌骨鸡杂交配种，对本地鸡品种进行改良。

鸭种改良　1990年，引进樱桃谷鸭、狄高鸭、金定鸭等品种。1996年，引进广西大麻鸭、四点花、八点黑等品种，与本地麻鸭杂交配种，改良本地麻鸭。

鹅种改良　本地鹅种为小种鹅，从麻阳、溆浦引进麻阳白鹅、麻鹅，形成地方鹅种。1990年，引进四川白鹅、湖北鹅、贵州鹅种，与本地鹅种杂交，改良本地鹅种。

第二节　水产养殖与捕捞

一、水产资源

水域资源　域内江、河、塘、库水面众多。1991年，怀化市（县级）水域总面积14.19万亩，占区域国土总面积的4.33%。其中，可养殖水域面积2.25万亩，占水域总面积的15.9%。可养殖水面中，水库10893亩，山塘11650亩，境内还有宜渔稻田8万余亩。1998年，鹤城区成立后，区域内总水域面积为56505亩，可利用的水域养殖面积12260亩，其中，水库3590亩，池塘8670亩。另有宜渔稻田25000亩。2010年，区域内养殖水面增加到19755亩，其中，水库9225亩，池塘10320亩。另有众多的河湖库适宜网箱养鱼或围栏养殖鱼类。

鱼类资源　域内水域所栖鱼类经普查有100余种，分属于6目、10科、10亚科、44属，以鲤科为主。主要鱼种有鲤鱼、湘华鲮、青鱼、草鱼、鲢鱼、鳙鱼、鲫鱼、鳊鱼、鳍鱼、赤眼鳟、瓣结鱼、鲟鱼、鳡鱼、蛇鮈、泸溪直口鱼鲮（又名油鱼）、鲶鱼（又名鲶胡子）、黄颡鱼、翘嘴鳜（又名鳜鱼）、刺鲃、南方马口鱼（又名红车公）、彩石鲋（又名鳑鲏、苦扁式）。引进的鱼类品种有埃及胡子鲶、草胡子鲶、尼罗罗非鱼、日本白鲫、斑点叉尾鮰、黄尾鲴、芙蓉鲤、二元杂交鲤、工程鲫、工程鲤等。

小水产资源　域内小水产资源有泥鳅、黄鳝、鳖、龟、虾、蟹、螺、蚌等。

水禽水兽资源　域内水禽水兽资源很少，主要有鸬鹚、野鸭、鹭鸶、鸳鸯、大鲵（又名娃娃鱼）、水獭等种类。

二、水产养殖

苗种生产　域内沅、㵲两水沿岸渔民有捞鱼卵的习惯。每年3—5月鲤鱼繁殖季节时，以竹木编床吊细树根或伸筋草放水中，捞取鱼卵，置池、田中孵化鱼苗。家鱼苗种主要从外地引进。1990年，怀化市（县级）鱼苗鱼种场水面达50亩，有齐全配套孵化设施，年产鱼苗4000多万尾。2003年，鹤城区鱼苗鱼种场改制撤销，郊区红星渔场有水面30亩，繁殖鱼苗，培育鱼种。随着城市建设的发展，两处鱼苗鱼种场被征用，到2004年，已全部停止生产。养殖所需鱼种从芷江县、洪江市两地购进，水花的购进主要来自广西。

池塘养鱼　1991年，怀化市（县级）共有池塘11650亩，产鱼1717吨，其中，精养鱼塘2600亩，产量427吨。1998年，鹤城区有池塘8670亩。池塘养鱼是传统的养殖方式，实行鲢、鳙、草为主的混养模式，亩产鱼400~750千克。1999年，推广工程鲫等优良水产品种。为推动池塘养鱼发展，畜牧水产部门引进推广水产新品种和新技术，调动养殖户的积极性，提高水产品产量和经济效益。2002年，建立鸭嘴岩红岩溪名优水产苗种繁育基地。2010年，区内池塘面积达到10320亩，养殖的鱼类除了一些常规的品种外，名特优品种的养殖逐步发展并形成规模。杨村乡板木溪水库的鲟鱼养殖，芦坪乡鑫龙公司的生态黄鳝养殖，盈口乡新家庄村的仿野生甲鱼，石门乡金海村的鲈鱼养殖，都已形成规模。全区水产养殖年产5000吨以上，其中名特优品种的年产600吨左右，占年水产生产总量的8%以上。

水库养鱼　1991年，全市有上型水库140座。1998年，区内有上型水库42座，面积9225亩。水库远离城市，水质好，所产鱼品质高，口感好，市场价格好。从20世纪90年代开始，水库养鱼逐步发展。至2010年底，境内所有水库都已养鱼，品种增加了大口黑鲈、鲟鱼等，平均产量达每亩190千克，开展垂钓、休闲、农家乐旅游等项目，提高养殖效益。

稻田养鱼　域内农户有稻田养鱼的习惯，以养殖鲤鱼为主，1991年，全市稻田养鱼3.6万亩，产鱼290吨，培育鱼种45万尾，1993年，推广模式化稻田养鱼技术，指导农户在稻田中合理开沟、管理，提高稻田养鱼产量。1998年，区内稻田养鱼面积25000亩，产量500吨。

网箱养鱼 1991年前，各水域开展网箱养鱼数量较少。从1992年起，省农业丰收计划项目“节粮型网箱养鱼高产技术推广”项目在怀化市实施。政府采取资金、技术服务、奖励等一系列措施扶持网箱养鱼。1994年，“节粮型网箱养鱼高产技术推广”项目被评为省农业丰收计划项目三等奖。全市当年共放养网箱800余口，其中鸭嘴岩镇500口。1998年后，区内网箱养鱼实现规模化，规模小的十几口，规模大的几十口。选择利于防洪地点，较大的水库也有网箱养鱼，或作为暂养、囤鱼的场所。2010年，区内网箱养鱼400余口，产量200吨。

养殖品种 除传统的青鱼、草鱼、鲢鱼、鳙鱼、鲤鱼、鳊鱼等鱼外，先后引进罗非鱼、斑点叉尾鮰、牛蛙、美国青蛙、工程鲫等品种。黄鳝、甲鱼、河蟹、鲈鱼、鳜鱼、鲟鱼的养殖发展很快，已发展为高品质、高效益的养殖品种。

三、水产捕捞

渔场鱼汛 域内有良好的天然捕捞场所。沅水段有澄渡江、小湾坪、渡江坡、堆子溪、龙坡，㵲水河段的上湾、湾潭、河沙溪、铜湾、宋信溪等。1998年，区内仅剩上湾、湾潭等天然渔场。冬春气候寒冷，水温低，鱼类进入深水域越冬，为捕鱼的旺季。夏、秋气候炎热，水温高，鱼类四处游动，是捕鱼淡季。当地渔民习惯在春季鲤鱼产卵季节捕鲤鱼，对产卵群体危害较大。

1991—1997年怀化市（县级）水产养殖统计表

表5-5-5

年度	水产养殖面积（亩）				水产品总产量（吨）	水产养殖产量（吨）				捕捞产量（吨）		
	合计	池塘	水库	其他		总计	池塘	水库	其他	总计	鱼类	其他
1991	22159	12187	8142	1830	2619	2584	1689	142	753	167	78	89
1992	22340	12346	8350	1644	2894	2713	1847	136	730	181	80	101
1993	22590	12450	8350	1790	2972	2490	1850	151	489	482	202	280
1994	22590	12450	8350	1790	2980	2650	2136	154	360	330	180	150
1995	22620	12480	8350	1790	3250	2982	2429	167	386	268	160	108
1996	23500	13360	8350	1790	3640	2685	2180	180	325	955	555	400
1997	23800	13360	8350	1790	3650	2850	2250	190	410	800	535	265

1998—2010年鹤城区水产养殖统计表

表5-5-6

年度	水产养殖面积（亩）				水产品总产量（吨）	水产养殖产量（吨）				捕捞产量（吨）		
	合计	池塘	水库	其他		总计	池塘	水库	其他	总计	鱼类	其他
1998	12260	8670	3200	390	2300	2105	1691	115	299	195	100	95
1999	12260	8670	3200	390	2500	2211	1778	122	311	289	165	124
2000	12260	8670	3200	390	2625	2335	1890	135	310	290	160	130
2001	12260	8670	3200	390	3031	2382	1910	150	322	373	190	183
2002	12260	8670	3200	390	3386	2658	2126	160	372	728	420	308
2003	19110	10140	8835	135	3465	2723	2168	168	387	742	646	96
2004	19110	10140	8820	150	3800	2958	1853	668	437	842	744	98

续表 5-5-6

年度	水产养殖面积（亩）				水产品总产量（吨）	水产养殖产量（吨）				捕捞产量（吨）		
	合计	池塘	水库	其他		总计	池塘	水库	其他	总计	鱼类	其他
2005	19245	10200	8880	165	4100	3250	1871	861	518	850	756	94
2006	19395	10275	8925	195	4300	3370	1880	890	600	730	769	161
2007	19530	10320	9000	210	4400	3460	1900	930	630	940	771	169
2008	19680	10320	9150	210	4850	3910	2060	1120	730	940	771	169
2009	19725	10320	9195	210	5100	4160	2110	1230	820	940	771	169
2010	19755	10320	9225	210	5500	5060	2460	1750	850	440	328	112

渔具渔法　沅水、㵲水渔民习惯以渔船为家，上、下游迁移捕鱼。渔具有卡钩、挂钩、牛屎钩、刺网、铺网、拖网、手网等。有些船上养有鸬鹚捕鱼。民间还有竹制的虾钢、虾笼等。田间捕捉黄鳝使用竹夹子。业余爱好者以手杆、海杆钓鱼，捕获量不大。由于渔业资源的萎缩，一些不法分子违法采用电力捕鱼及茶油枯饼、农药等毒鱼方式。水库捕鱼一般以“拦、赶、刺、张”联合渔法。竹林坪水库采用联合渔法，捕鱼时间一般月余，起鱼约 5 万千克。

捕捞队伍　1991 年，铜湾、鸭嘴岩、铜鼎乡（镇）渔业队及市畜牧水产局渔业队。1998 年后有区畜牧水产局渔业队和鸭嘴岩乡渔业队。鸭嘴岩乡渔业队 2010 年因行政区划调整到城南办事处，更名为城南办事处渔业队，分别居住在㵲水河漩水塘和城南办事处池回村。区畜牧水产局渔业队有 144 人，城南办事处渔业队有 36 人。由于地少人多，渔业资源减少，生活困难。许多人弃渔外出打工，或改从其他职业。2006 年，国家开始对有渔业捕捞许可证的机动渔业船舶发放燃油补贴资金。

第三节　疫病防治

一、畜禽主要疫病

高致病性蓝耳病　由猪繁殖与呼吸综合征（俗称蓝耳病）病毒异株引起的一种急性高致病性疫病。仔猪发病率可达 100%，死亡率可达 50%，母猪流产率可达 30%以上，育肥猪也可发病死亡。主要特征是出现高热、眼结膜炎、眼睑水肿，有时伴有咳嗽、气喘、呼吸困难，耳朵、四肢末梢和腹部皮肤发绀，偶见后躯无力、不能站立或共济失调。此疫情共发生三次。1998 年，全区高度重视，防疫工作人员采取多种有效措施控制疫情。

布氏杆菌病　布氏杆菌病是一种接触性传染病，病因为布氏杆菌，存在病畜体内，尤其是流产的母畜。此病主要发生在牛、山羊、绵羊和猪中，人和其他动物也可感染。其症状特征为生殖器官和胎膜发炎、流产、不孕和各种组织的局部病灶。孕畜怀孕后期发生流产，流产后呈现胎衣滞、子宫炎。流产的胎儿水肿大，病公畜发生睾丸肿大、后肢关节肿胀。区内由于从外地引种，未经检疫而传入，共检出阳性病猪 8 头，采取就地扑杀措施，此后未发现此疫情。

常见畜禽传染病还有鸭瘟、鹅感鸭瘟、鸭传染病（表现有神经症状）、猪弓形体病、仔猪大肠杆菌病、鸡传染性法氏囊病、鸡慢性呼吸道病等。

常见畜禽的寄生虫病，有牛羊肝片吸虫、前后盘吸虫、小牛新蛔、小牛白痢、牛锥虫、球虫、鸡蛔虫、细颈摇尾幼虫、羌片虫等。

二、免疫

1991—2010 年，常见、多发的畜禽传染病主要有猪丹毒、猪肺疫、鸡新城疫、狂犬病、猪瘟等。每年开展春秋两次集中免疫，平时补针补免，疫情得到有效控制。1998 年，鹤城区继续以春秋两次集中免疫为主，2004 年，在春秋两次集中免疫的基础上，开展常年免疫。

1991—2003年对口蹄疫、猪瘟、新城疫进行强制免疫，1991—1999年，仅对猪瘟进行强制免疫，2000年增加口蹄疫，2005年，增加高致病性禽流感强制免疫，2007年，增加高致病性蓝耳病强制免疫。招聘33名专职动物防疫员，村级配备不脱产防疫员。建立区、乡、村三级防疫机构。2004年，区政府与乡镇人民政府签订责任状，实行重大动物疫病防控工作目标管理。2006年出台《鹤城区重大动物疫情应急预案》，成立防治重大动物疫病指挥部，组建应急处置预备队，专职负责重大动物疫情控制。2008年秋季，全区实行动物防疫监管行政、技术责任人制度，负责大中型养殖场动物防疫监督。行政责任人由乡镇分管农业的副职兼任，技术责任人由乡镇专职防疫人员担任。大中型养殖场明确行政、技术责任人，负责责任场的日常监管，监管防疫、诊疗、建立台账等工作。家畜家禽病死率逐年下降。

1998—2010年鹤城区动物重大疫病强制免疫统计表

表5-5-7

年份	猪（万头）			牛（万头）	羊（万头）	禽类（万羽）
	猪瘟	口蹄疫	高致病性蓝耳病	口蹄疫	口蹄疫	高致病性禽流感
1998	21.03	—	—	—	—	—
1999	19.50	—	—	—	—	—
2000	26.80	26.80	—	1.92	3.14	—
2001	27.60	27.60	—	1.94	3.22	—
2002	28.90	28.90	—	4.5	4.7	—
2003	30.41	30.41	—	4.53	4.39	—
2004	32.69	32.69	—	4.62	4.54	—
2005	35.00	35.00	—	4.79	5.19	380.00
2006	35.80	35.80	—	4.87	5.5	386.08
2007	34.78	34.78	34.78	4.9	5.55	395.10
2008	35.10	35.10	35.10	4.65	4.8	338
2009	20.40	20.40	20.40	1.19	1.93	243.5
2010	21.79	21.79	21.79	1.22	2.0	257.1

三、防治

对传染病防治的总方针是“预防为主，治疗为辅”。具体措施是从预防、繁殖、检验、治疗、封锁、隔离、消毒和处理8个方面着手。对不同的传染病途径及其危害性执行时侧重点不同。对人畜共患的炭疽病、口蹄疫、高致病性蓝耳病、高致病性禽流感等急性、烈性传染病，采取紧急、严厉的强制预防、控制、扑灭等措施，按照早、快、严、小的原则，8个方面的措施同时执行。对常见多发的猪瘟、鸡瘟、巴氏杆菌、猪丹毒等，侧重于定期防疫或程序免疫、检疫、补针，并辅以消毒、治疗等措施。严禁使用带病种畜，采取检疫、隔离、淘汰或育肥宰杀。严格检疫，选育良种，坚持自养自繁培育健康的种畜群。对散发性、地方流行病且有高效治疗药物可治的，将病畜个别隔离治疗。接种疫苗防治。对常见畜禽线虫类涤虫、牛羊肝片虫及羌虫等体内寄生虫病采用高效低毒的盐酸左旋咪唑片、阿苯达唑（抗仔敏）、硫氯酚、硝氯酚、驱虫精等内服外涂预防性驱虫。

2004年以前，动物防疫员和兽医人员均可治疗动物疫病。2004年以后，动物防疫员专职动物防疫，兽医人员专职动物治疗。2010年，实行执业兽医和乡村兽医制度，从事动物疾病治疗。动物疾病主要防治工作：鹅感鸭瘟、鸭传染病（表现有神经症状）鉴别诊断与防治、猪弓形体病的防治、猪高致病性蓝耳病活疫苗应用推广实验防治、仔猪大肠杆菌病的防治、鸡传染性法氏囊病的防治、鸡慢性呼吸道病的防治等。

四、检疫

1991—1997年，怀化市（县级）畜牧水产局家畜疫病防检站负责检疫工作。主要负责市场肉类检疫、交通运输检疫、食品公司储仓检疫、家禽仓的生猪调运检疫和市场畜禽检疫、屠宰场检疫。1998年，城市检疫职能上交，由怀化市畜牧水产局负责检疫。2009年，根据《关于将怀化市城区部分畜禽及畜禽产品检疫监督职能委托授权给鹤城区畜牧水产局实施的批复》，城区检疫由鹤城区畜牧水产局负责。是年，区畜牧水产局成立综合执法大队，负责市场、公司储仓等检疫工作。配有6名检疫人员，防检站、饲料办、渔政站协助检疫和执法。

第六章 林 业

第一节 森林资源

境内地貌类型多样，山地、岗地、丘陵、河谷平原、山谷盆地均有分布，以山地为主，平均海拔208米。气候为亚热带季风性湿润气候，气候温和，四季分明，日照充足，无霜期平均为282天。降雨充沛，多年平均降雨量在1180.6~1535.8毫米之间。境内溪河广布，有沅水干流、沅水一级支流㵲水、沅水二级支流太平溪，水资源丰富。优越的自然生态条件，良好的生态环境，繁育生成丰饶的森林资源。

一、林业用地

1991年，怀化市（县级）林业用地220.91万亩，占国土总面积的67.34%，其中，有林地面积194.16万亩，森林覆盖率59.1%。1995年，怀化市（县级）开展森林资源调查，查明全市林业用地228.94万亩，有林地面积198.72万亩，森林覆盖率60.6%。2004年，开展森林资源规划设计调查（又称“十五”二类资源调查），鹤城区有林业用地74.87万亩，人均林业用地2.25亩。按林业用地使用权划分，国有林业用地8181亩，集体林业用地63534亩，个人林业用地67.71万亩。有林地面积55.92万亩，占全部林业用地的74.68%。其中，用材林面积39.38万亩，经济林面积75108亩，防护林面积11.72万亩，特种用途林面积38780亩，竹林面积8405亩，苗圃用地面积509亩，四旁树林面积5433亩。森林覆盖率62.88%。2001年，完成全区森林分类经营规划设计工作，初步划分为商品林和公益林两大类。全区生态公益林32.2万亩，商品林面积43.6万亩。2010年，森林资源统计年表显示，鹤城区林业用地为74.592万亩，有林地面积61.55万亩，森林覆盖率60.33%。

二、森林蓄积

据“十五”森林资源规划设计调查，2004年，全区活立木蓄积总量103.61万立方米，人均活立木蓄积总量3.17立方米，亩均活立木蓄积总量1.38立方米。存山毛竹114.27万株，亩均143株。另有散生毛竹7360株，各种杂竹13.73万株。

森林资源蓄积特点 中幼林多，可采伐资源少。中幼林活立木蓄积总量78.1万立方米，成熟可采伐林活立木蓄积量22.60万立方米。单位面积活立木蓄积量低，杉木每亩蓄积量3.57立方米，松木每亩蓄积量2.74立方米，阔叶林每亩蓄积量0.94立方米，引进国外松每亩蓄积量3.95立方米。各乡镇森林资源蓄积量差距大，活立木蓄积量最丰富的贺家田乡为29.84万立方米，活立木蓄积量最少的坨院街道办事处2402立方米。

2004 年鹤城区森林蓄积分布表

表 5-6-1

单位：万立方米

总蓄积量	按林木起源分			按林种分		按所有制结构分		
103.61	天然林	人工林	其他	用材林蓄积	其他林蓄积量	国有蓄积量	集体蓄积量	个人蓄积量
	50.29	50.39	2.931	72.46	31.15	2.4	17.75	83.46

2010 年 12 月鹤城区森林资源主要树种统计表

表 5-6-2

类　别		树　　种
普通用材林树种		杉木、马尾松、檫木、香椿、樟木、柏木、枫木
珍贵用材林树种		香樟、香楠、楸木、银杏、铁杉、香柏、木荷
经济林树种	木本粮食树种	板栗、柿树、枣树、锥栗、白栎
	木本油科树种	油茶、山核桃、花椒（食用油料）、油桐、乌桕、山苍子、樟树（工业用油料）
	木本药材树种	杜仲、黄檗、厚朴、黄连木、苦栎、五加木、桂皮
	工业原料树种	栓皮栎、漆树、马尾松、环肤木（五倍子）、棕榈、厚皮香（烤胶）、竹类
	林果类树种	柑橘、柚木、桃树、李树、梨树、银杏、杨梅、猕猴桃、无花果树、茶叶树
庭院绿化树种		樟树、罗汉松、广玉兰、夹竹桃、木芙蓉、铁杉、柳杉、桂树、冬青、海棠、翠柏、云柏、龙柏、圆柏、香柏、梧桐、苏铁、七里香

三、树种

境内属于华中森林植物区系，森林树种繁多复杂。据 2004 年“十五”森林资源规划设计调查，区域内树木种类共 96 科、278 属、719 种。特有树种怀化秤锤树，是一种优良的观花观果植物，落叶小乔木。2006 年，在鹤城区贺家田乡首次发现，株高 4~5 米，主径 2~10 厘米，伴生在高大乔木边、溪边、沟谷等阴凉地带。4 月开花，9—10 月果实成熟，呈金黄色，落叶后宿存于枝头，宛如秤锤，故名秤锤树，颇具野趣，具有极高的观赏价值，为园林绿化的新秀。其果实由于坚硬的内果皮给种子萌芽造成障碍，天然更新十分困难，加之人为破坏严重，导致树种濒危，自然分布极为稀少。经普查，自然状态下的秤锤树，仅贺家田存 30 株。鹤城区林业局采取扦插育苗方法进行人工繁育，已获初步成功。在盈口乡潭口村栽植苗木 4000 株，发育状况良好。

境内有国家一级保护树种银杏、香果树、南方红豆杉、水杉等 8 种。国家二级保护树种有刺木楸、胡桃、木瓜红、江南油松、华南栲、厚朴、福建柏、鹅掌楸、杜仲、香楠等 23 种。国家三级保护树种有专线柳、檫木、香榧、湖南山核桃、天师栗、紫竹、天竺桂、青绚栲、红楸树等 28 种。

境内引进树种　用材林树种有华山松、云南松、泡桐、柳杉、湿地松、火炬松、黑松、欧美杨、桤木、桉树等。经济林树种有攸县油茶、江西油茶、泸溪葡萄桐、溆浦大枣子、沅陵油板栗、靖州木洞杨梅。林果类树种有冰塘橙、碰柑、奈李、金秋梨、猕猴桃等。庭院和街道社区绿化区、绿化带树种大部分为引进树种。

四、古树名木

树龄在一百年以上的认定为古树，其中树龄在三百年以上为一级古树，其余均为二级古树。珍贵、稀有、具有历史价值或者具有重要历史意义的树木称为名木。古树名木由林业部门建档拍照挂牌保护。据 2004 年“十五”森林资源规划设计调查，境内共有百年以上的古树名木 554 株。其中树龄在 300 年以上的国家一级保护的古树名木28 株。

2010 年怀化市鹤城区挂牌保护的古树名木调查建档统计表

表 5-6-3　　　　单位：株

百年以上（含 100 年）古树名木				300 年以上古树名木
株数	科	属	种	株数
233	金缕梅	枫香	枫香	6
26	漆树	黄连木	黄连木	4
44	柏	柏木	柏木	4
31	松	松	马尾松	—
25	杉	杉	杉木	2
24	银杏	银杏	银杏	3
4	蔷薇	石斑木	石斑木	1
9	蝶形花	槐树	槐树	—
11	壳斗	栗	板栗	—
6	蝶形花	黄樟	黄檀	—
5	壳斗	锥栗	栲树	2
6	壳斗	栗	锥栗	—
13	樟	樟	樟树	—
2	樟	樟	香樟	—
3	壳斗	栎	白栎	—
1	楝	榉树	榉木	—
8	山毛榉	栎	麻栎	—
5	大戟	乌桕	乌桕	—
16	榆	榉树	榉木	—
8	壳斗	栎	青冈栎	—
6	壳斗	栎	岩栎	—
1	杨柳	柳	旱柳	—
6	杨梅	杨梅	杨梅	—
1	蒺藜	霸王	霸王	—
1	木樨	木樨	金桂	—
3	木樨	木樨	桂花	1
2	榆	朴	朴树	—
6	壳斗	栎	栓皮栎	—
1	樟	楠木	桢楠	—
1	樟	樟	楠木	—
3	壳斗	栲	苦槠	—
1	黄杨	黄杨	小叶黄杨	—
1	木樨	白蜡	白蜡树	—
1	壳斗	栲	甜槠	—
1	蒺藜	白刺	白刺树	—

续表 5-6-3

百年以上（含100年）古树名木				300年以上古树名木
株数	科	属	种	株数
2	蔷薇	石楠	石楠	—
1	梧桐	梧桐	梧桐	—
1	豆	皂荚	皂荚	1
3	金缕梅	继木	继木	1
3	柿树	柿树	柿树	—
1	榆	糙叶树	榆树	1

说明：300年以上古树还有大戟科、重阳木属、重阳木1株；壳斗科栎属赤桐1株

第二节　育林造林

林业生产大致可分为林业采种、育苗、护林、采伐和更新、木材及其他林产品的采集、加工等几个环节。林业生产周期长，定向培养难度很大，区域内林业种子全部从外地调入。《中华人民共和国种子管理条例》规定，对从事林木种子生产的单位和个人核发经营许可证，以保证林业种子专业化、质量标准化、造林良种化。林木种子必须达到种子纯度、优良度、千粒重、染色、芽率5个主要项目检验合格，由林业部门颁发“种子质量检验证书”，通过市场准入条件后用于育苗。育苗成苗后，省级质量技术监督管理部门颁发林木苗木标准证书，省级林业部门对苗木进行检验检疫，发放检验检疫证书。带有虫害、病害的苗木和三类标准苗，一律不准上山造林。

一、种苗

苗圃　1994年，怀化市（县级）国有苗圃分设为国有苗圃、茅谷冲苗圃和油茶研究所三个国有事业单位。2002年，因河西新区开发建设的需要，国有苗圃撤销。2007年，鹤城区茅谷冲苗圃改制，机构撤销，管理人员按有关政策妥善安置，经营场地用于房地产开发。2009年经省国土资源厅批准，改变用地性质，将林业生产用地变更为城市建设用地，通过公开拍卖的方式，转让给房地产开发公司开发高端住宅地产骏达曦城和社会发展项目钟坡钟秀学校。2008年，完成集体林权制度改革，油茶科学研究所撤销。

育苗　域内育苗树种以马尾松、杉木、湿地松、桤木、枫香、油茶苗为主。由林业部门统一调拨种子，承担育苗技术指导。林农出土地和投工投劳，采取个体承包的形式进行合同育苗。成苗后由林业部门全部按合同定价收购。育苗场地从山地移至水田。水田育苗保水保肥条件优于山地，光照条件也比山地优越。一般春季播种，以撒播为主，部分条播。1998年，鹤城区采用马尾松容器育苗10万袋。2002年起，连续3年对楠竹实施生苗育苗25亩。2005年，推广马尾松切根育苗技术，马尾松造林成活率大幅度提高。1998—2010年，区内育苗4146万株。

花卉苗木基地建设　怀化市鹤城区花卉苗木基地位于杨村乡桥梁村，2003年9月开始启动，项目总规划面积1万亩，完成建设500亩，完成总投资560万元。花卉苗木基地以自然景观和人文景观两大类景观形成自然美景，拥有花卉苗木80科100种，划分为6大功能区。轴线景区。有林荫观光带、月亮湖、松涛迎客、喷泉等景观。现代温室花卉区。引进和培育一批高档次名贵花卉品种，有蝴蝶兰、仙来客、五彩凤梨。花卉展区。品种有兰花、菊花、玫瑰、三角梅等。绿化大苗区。品种有桂花、广玉兰、红枫、日本樱花、樟树及极富特色的香味植物培育区。名特优经济园区。引进杂木、青枣、五星枇杷、奥柑、南方柑橘、葡萄、油茶等，突出新、特、奇、优，园区月月有花香，季季有果摘。休闲娱乐区。基地珍贵花卉品种有香水莲、胎生睡莲、黄花瑰、香

水百合、红叶石楠、马来西亚阳桃、台湾石榴、金本一号枇杷、金木星女贞、花叶桂、四季红、早红桂、丹桂状元红、金满堂、金迎桂、花叶桂等。

二、造林

人工造林　1990—1993年，怀化市（县级）提出通过人工造林消灭宜林荒山的奋斗目标。从1990年开始，各乡镇组织村民，利用空闲时间，在荒山、荒地、采伐迹地、火烧迹地、河岸滩涂地、沙荒地和废矿山等宜林地炼山整地造林。造林树种以杉木为主，兼造软质阔叶林。马尾松以飞播方式造林。为有效防治森林病虫害，根据林木生长规律，进行混交造林，针叶林与阔叶林混交，杉树林与马尾松林混交，有效防治松毛虫。人工造林经过炼山整地、挖穴栽植、幼林抚育等阶段。1991—1993年，人工造林37.68万亩，1993年，成功实现消灭宜林荒山的目标。1992年，共青团怀化地委在中方镇建立万亩共青林基地。1997年，怀化市（县级）在鸭嘴岩乡龙形村、长远村营造万亩楠竹基地，实际完成7979亩基地建设任务。是年，市直各机关单位与乡、村联营造林31500亩。

1998年，鹤城区实施世界银行贷款造林工程。2000年，盈口乡、黄金坳镇、芦坪乡建立4个股份制林场。2001年，国家开始实施退耕还林，区内对自然条件较差的坡耕地实施退耕还林，改种用材林和经济林，是年，区退耕还林1万亩。为保证湖南泰格林纸集团怀化骏泰浆纸项目的原材料供应，2007年开始启动工业原料林基地建设工程。根据安排，三年内需完成3.9万亩工业原料林造林任务。为全面完成工业原料林基地建设任务，建立区、乡（镇）、村三级联动工作机制，将造林任务层层分解落实到区直各机关单位，签订目标管理责任状，并将该项工作作为一把手工程，实行一票否决制。区林业局组织工作人员对全区宜林荒山、迹地更新地进行全面摸底。全区136个区直机关单位及各乡（镇）工业原料林造林任务17824亩，与各村、组完成签约。种苗成本、炼山整地和村民造林生活费由区直机关各单位提供，林木产权归村、组及林农。确保优良苗木供应，区林业局成立苗木调运工作队。区委成立工业原料林建设督查组，对落实计划措施不力，进度缓慢的予以通报批评、限期整改。2010年启动油茶林基地建设工程，规划建设10000油茶林基地，重点乡镇为贺家田、凉亭坳、芦坪、石门、盈口。1998—2010年全区完成造林22万亩。其中，退耕还林11.9万亩（退耕地造林4.3万亩，世行贷款造林1.36万亩，工业原料林造林完成5.5万亩，“三边”（城边、路边、河边）造林1.43万亩，油茶林低改3300亩），实施封山育林9.3万亩（其中长江防护林封山育林1.35万亩、退耕还林封山育林1.65万亩、三边绿化树封山育林6.3万亩）。完成幼林抚育22.7万亩。

工程造林　境内工程造林专指长江防护林工程，包括造林和封山育林两项内容。1989年，国家正式启动长江中上游防护林体系建设工程，强化水土保持，维护长江流域生态环境和国家经济建设可持续发展。工程区域范围共涉及11个省271个县，实施时间1989—2000年。国家实施长江防护林建设的结果，有林地面积增加1亿亩，增加林地面积1.88万亩。

义务植树　1991—1997年，怀化市（县级）年均义务植树50万株，年均参与义务植树15000人次。2008年3月12日，区直单位在盈口乡朱溪、井坪、凤坪等村开展义务植树活动，栽植桂花树1300株、杨树7000株。1998—2010年，鹤城区有97.5万人次参与全民义务植树，义务植树380万株。

国有造林　国有泸阳林场土地面积45045亩，建于1957年3月。1991年，实行以木集资，以资兴林政策。林场出资金、技术、苗木，乡、村出土地，以场造乡管的方式，林木主伐后，林场按每亩提取3个立方米商品材的标准，其余归乡、村和责任山主所有，与周边乡、村及农户联营造林1220亩。所造林30年内由林场使用，包造包管，砍伐按一定比例分成。1998年，泸阳林场由怀化市林业局管理。

三、绿化

城市主干道绿化　鹤城区城区主干道迎丰路、正清路、天星路、𣻗水路、人民路、红星路、湖天路、顺天路、五溪路等绿地使用木本类园林植物43种。其中乔木类12种（行道树9种，做基础背景栽植的共6种），灌木类24种（用做下目的17种，做地被模纹8种、造型用9种），木本质藤木类3种。用作行道树最多的是香樟，占行道树总量的70%，其次是广玉兰。做模纹应用的观花类有夹竹桃、木芙蓉、含笑、紫微、杜鹃等。用做观叶类的有南天竹、红枫等。正清路两侧绿地景观带、湖天路两侧绿地景观带、红星南路至怀黔路段两侧绿地景观带使用木本植物16种。观花类为杜鹃、木槿、山茶、红花木、小叶栀子、海桐等。观叶类为红枫、红继木、红叶石楠、金叶女贞、小叶黄杨、金叶黄杨等。观枝观花类为香樟、罗汉松、苏铁等。通过植物组合以达到四季景观变化、景观效果良好的目标，植物配置合理，季季有花，花容果色多姿多彩。

城市小区绿化 鹤城区城市小区平均绿地率为29.71%，绿地率最高的为天龙御园小区，绿地率为38.75%。绿地率最低的为鲁班雅苑，绿地率为21.8%。紫园别墅区使用64种植物种类，北国之春小区仅使用15种植物种类。各小区内共使用木本类园林植物116种，其中，常绿乔木类25种，落叶乔木类19种，常绿灌木42种，藤木类9种，竹类6种。小区内绿化所使用的品种中以湖南及周边地区常见种类为主，较少使用新、特、优品种及果木类品种。乔、灌、草分层，常绿树与落叶树搭配。

城市公园绿化 钟坡国家森林公园、迎丰公园已建成对外开放，迎丰公园二期扩容提质改造工程于2011年2月启动，扩容470亩。湖天公园及怀化市青少年活动中心于2011年10月开工建设，面积800亩。经济开发区舞阳公园、岩门冲公园、杨村公园已列入城市建设总体规划，占地5000亩。占地12000亩的钟坡国家森林公园内沟谷纵横，溪流淙淙，森林景观绚丽多姿，环境清新怡人，有2818亩保存完好的原始次生林。经普查，钟坡森林公园森林覆盖率达到96%，树种达561种，草类38种。针叶阔叶混交林构成天然植被群落，季相变化明显，呈现百花闹春，绿叶抢夏，红叶迎秋，翠柏伴冬的迷人景色。山野情趣浓厚，人文景观与自然景观交相辉映。新建的五溪园集怀化民俗风情与特色建筑为一体。侗族风雨桥、侗家鼓楼、苗族图腾柱、芙蓉楼、燕子洞等特色景点缩微景观与自然山水相融。大花红山茶园占地70亩，为全国唯一的植物新种。

“三边”绿化 20世纪90年代初，铁路部门每年投入50万元用于铁路两侧绿化，至1993年，境内湘黔、枝柳铁路全面完成绿化工作。

1993年，域内宜林国、省道绿化率达到58%。从1995年开始，公路管理部门自建苗圃育苗造林，绿化公路两侧。树种以高大挺拔的杨树为主，兼以法国梧桐、塔松、柏树。

2009年，怀化市委、市政府作出决定，加快城市周边、公路两边、河流岸边绿化工作步伐。计划从2009—2011年，三年时间内投入资金6000万元，完成三边宜林荒地及残次林新造20万亩，封山育林300万亩，补植造林60万亩。同时取缔“三边”范围内的砖瓦窑、石灰窑、采石场、采砂场，恢复植被，达到城边绿化成片，路边绿化成块，河流岸绿化成带的效果。鹤城区将“三边”山林确定为生态公益林，按照“山权不变、林权不变、收益不变”的原则，落实生态补偿主体，列入市、区两级财政预算。鼓励社会各界购买冠名权等多种方式投入“三边”绿化生态建设，关闭“三边”范围内采石场9家、砖瓦厂27家。2010年3月，鹤城区全面完成“三边”绿化工程，造林面积8028.5亩，其中，城市周边造林2443.2亩，公路两边造林5585.4亩。潕水河两岸、太平溪两岸已纳入城市风光带改造计划。

第三节 林产品经营

一、木材生产

1984年，林业三定（稳定山权林权、划定自留山、确定林业生产责任制）后，林地的使用权和林木的所有权大部分明晰到农户。木材生产以个体为主，木材采伐采取小块皆伐方式，个别采用择伐。生产木材的树种以松、杉为主，占总量的95%。生产的材种以原木、条木为主。产品由公路、铁路运输销往全国各地。凭证采伐，申请木材采伐许可证的单位和个人，由乡镇人民政府签署意见后，报县级林业行政主管部门审批。县级林业主管部门委派林业技术人员对伐区进行勘验、规划后，与主伐单位和个人签订林木采伐责任书，下达采伐限额指标。并对采伐活动全程监督。采伐后组织验收、检尺测方，严格控制采伐面积和采伐量。并把当年采伐迹地与翌年更新造林结合，采伐迹地次年必须完成更新造林，并组织验收。1991—1997年，怀化市（县级）下达林木生产计划42万立方米，实际生产木材18万立方米。1998—2010年，鹤城区下达木材生产计划34万立方米，实际生产木材14万立方米，年均生产量为1.08万立方米。

二、木材经营

1991—1997年，境内木材经营由木材公司和林工商公司两家国营单位负责。1998年，开放木材经营市场，集体企业、民营企业、个体工商户开始涉足木材经营领域，木材经营的单一模式被打破。1998年，鹤城区内竹木生产、加工、经营单位达到198家，林融、瑞邦森工业区内规模型木材生产经营机构。2004年，林工商公司破产改制后注销。2007年，鹤城区木材公司破产改制后注销，国有企业全面退出木材经营市场。2010年，鹤城区有竹、木加工经营单位162户，其中加工单位90户，经营单位72户，木材生产经营总收入4.29亿元。

三、林副产品

茶油 1991年，怀化市（县级）油茶林面积61.65万亩，当年油茶产量601.6吨。1991年后，加速毁茶种果。进入21世纪后，茶油的保健作用被人们重新认识，油茶林的价值被再度挖掘。2008—2010年，石门、凉亭坳、芦坪、贺家田乡开发油茶基地2万亩。

桐油 1991年，怀化市（县级）桐林有所恢复，面积达到2.1万亩，桐油产量277吨。进入21世纪后，油桐再度被忽视，鹤城区桐林面积为2000亩左右，年产桐油20吨左右。

松脂 1991—1997年，境内松脂年产量平均为400吨。鹤城区成立后，松树资源减少，松脂产量剧降，年产量只有6吨左右。贺家田松树资源丰富，年产松脂3.6吨。随着过熟松林的减少，松脂产量逐年下降。

木炭 1991—1997年，境内木炭主要产于东半部的新建、铜湾，蒋家、袁家、丁家及西半部的贺家田等乡镇，年产量为500吨左右。进入21世纪后，加快封山育林步伐，薪炭林建成生态公益林，不再生产木炭。

其他林副产品有生漆、五倍子、笋干，产量小，没有形成产业。

第四节 森林保护

一、森林防火

山林火情 1991—1997年，域内年均发生森林火灾16.8次。1992年11月下旬，泸阳林场发生特大森林火灾，过火面积180平方千米。1998—2010年，鹤城区境内共发生火警火灾164起，其中，森林火灾66起，火警98起，烧毁或受害森林面积3865亩。

护林防火体系建设 1998年，成立鹤城区森林防火指挥部及其办公室，办公室工作人员纳入财政全额拨款编制。9月组建规模为50人的森林防火应急分队。从1998年开始，将森林防火工作纳入乡镇工作目标管理考核内容。2003年，制定区级森林防火预案，健全森林防火机制。2005年，全区92个村，每村招聘一名森林防火信息员，负责森林防火宣传教育、信息收集和火情报告工作。每年利用电影、电视、广播、墙报、专刊、标语等形式开展森林防火、安全用火宣传。组织宣传车到各乡镇、村逢赶集市日开展集中宣传和重点宣传。在冬、春季和清明节期间等森林火灾易发多发区开展巡查。野外用火严格执行“六不准”（不准在林区内吸烟，不准乱丢烟蒂和火柴梗、不准在林区内燃放烟花爆竹、不准上坟燃烧冥纸焚香点蜡烛、不准在林区内玩火取乐、不准痴呆弱智患者进入林区活动）、“六不烧”（防火线不严格不烧、风力在三级以上不烧、火险天气在四级含四级以上不烧、防火人员及灭火工具不到位不烧、用火单位领导不在场不烧、上山火不烧)，野外生产用火不经申报批准一律不得实施。2001 年，在凉山林区查封炭窑 4 座，处分 4 人，没收木炭 250 千克。2005 年查封炭窑 15 座，处罚野外违规生产用火 21 起。2003 年投入 4 万元，在黄金坳镇岩冲村高介林场建设 6 千米防火林带，为扑火应急分队购置森林灭火服装和扑火工具。2004 年，鸭嘴岩镇建设 12 千米生物防火林带、投入森林防火经费 6.2 万元，购置灭火设备，制作 170 块永久性森林防火警示碑牌。2005 年，投入资金 13 万元，建设区、乡、村三级防火网络。排查隐患，减少损失。2005 年，根据省森林防火指挥部的要求，开展两次森林消防隐患排查，做到责任不落实不放过、隐患不查明不放过、隐患整改不到位不放过的“三不放过”。建立森林防火联动机制，提高森林防火综合控制能力。

森林火灾处置 制定森林防火应急预案。发现森林火灾，及时组织人员扑灭。2004 年 2 月 20 日，石门乡月塘村发生森林火灾。同年 3 月 10 日，盈口乡炉天冲村象鼻子发生森林火灾，武警消防部队、公安干警、乡镇干部、附近村民及时出动上山扑灭山火。依法严厉惩治森林火灾犯罪。2004 年，查办森林火灾刑事案件 3 起，判刑 3 人。2005 年 3 月，开展为期一个月的“火案一号”行动，查办森林火灾案件 10 起，立案 3 起，抓获犯罪嫌疑人 5 人，判刑 2 人，林业行政处罚 3 人。2007 年 6 月 13 日，鹤城区人民法院以失火犯罪判处谭某早有期徒刑 3 年，缓刑 4 年。

二、病虫害防治

森林主要病虫害 境内森林常见病害有杉木枯病、杉木根腐病、杉木炭疽病、松树萎病、油茶炭疽病、油桐烟灯病、檫木叶斑病、柑橘溃疡病、柑橘烟灯病、桃树黄化病等。森林常见虫害主要有马尾松毛虫、马尾松梢螟、马尾松毒蛾、马尾松针红蜡蚧、杉梢小卷蛾、杉梢双条天牛、杉角蜡蚧、油茶毒蛾、油茶果象、油茶尺蠖、油桐尺蠖、油桐黄刺蛾、柑橘大果实蝇、桃树金龟子、板栗果象。

森林病虫害防治 从 2004 年起，各乡镇设立固定预测预报点，定期预测预报森林病虫害发生情况，提供防治依据。从 2001 年开始，建立区、乡、村三级森林病虫害测报网络。森林病虫害防治采取化学药剂防治、生物防治、物理防治等方法。2002 年，根据测报，用化学药剂及时杀灭 500 亩松林害虫。2004 年，全区开展马尾松毛虫和肖氏松茎森林虫害普查。2005 年，检疫入境松木板 1 万张、松材 3000 立方米。1998—2010 年，鹤城区发生松毛虫害面积 1.04 万亩，松梢螟 4.8 万亩，均得到有效防治，及时杀灭害虫。检疫调运入境原木 4.8 万立方米，调运入境板材 2600 万张，调运入境花卉苗木 45.6 万株。产地检疫原木 5040 立方米，花卉苗木 3.96 万株。发布森林病情、虫情预测预报 27 次，设置固定观测点 21 个，固定标准地 35 个。常年监测路线 122.9 千米，临时监测路线 25 千米。森林病虫害在境内局部地区偶有发生，发现早、预防及时、施治得当，没有发生大面积灾害。

三、封山育林

进入 21 世纪以来，封山育林受到高度重视，加大生态公益林管护力度。全区划定国家级公益林 9.38 万亩，省级公益林 10.02 万亩。按照商品林放开、公益林严管的原则，全区聘请 53 名护林员对生态公益林实行封山管护，严禁砍伐天然次生阔叶林。为保护树种多样性，林分结构多样性，对黄岩、贺家田、凉亭坳乡境内天然次生阔叶林禁止采伐，实行封山管护。开展工程封山育林。1998—2010 年，全区共实施工程封山育林 9.3 万亩。其中，长防林工程封山育林 1.35 万亩，退耕还林工程封山育林 1.65 万亩，“三边”绿化工程封山育林6.3 万亩。

第五节 林政管理

一、山林经营管理

营林管理主要职责为营林调查、规划设计、技术指导、质量监督、新技术推广。从育苗、炼山、整地、烧荒到树种规划选择、中幼林抚育全过程进行规范管理。采伐管理实行限额采伐、分层管理。持“林木采伐许可证”依法采伐林木。林政资源管理部门进行伐前设计、伐中监督、伐后验收。凭“采伐许可证”和检尺码单缴纳林业规费，办理“林（竹）经营（加工）许可证”及工商营业执照、税务登记后依法经营、加工木材竹林。林政资源管理部门定期对“林（竹）经营（加工）许可证”进行年检年审。凡进入流通领域的木材、竹材，须持“林（竹）运输证”，木材检查站对照“林（竹）运输证”上所列材种、数量、运输证有效时间，逐项检查核对，对不符合事项依法处理。1999年，成立山林纠纷调处办公室，依法调处山林纠纷。2003年，建立区、乡（镇）、村三级山林调处网络。对县际之间、乡镇际之间、村际之间山林纠纷进行分级管理、分级调处。1999—2010年，鹤城区调处山林纠纷1129起。2000年，成立林业行政案件执法组。2001年，成立林业行政执法稽查组，监督行政执法，实行错案追究制。2008年前，林业行政案件由林政、木材检查站、林业公安、乡镇林业站等部门按照各自职能分别处理，存在一定的职能交叉。为解决林业行政职能交叉问题，2008年，成立林业综合执法大队，集中办理林业执法案件，杜绝多头执法、重复执法。1998—2010年，处理林业行政案件3.2万件。对林区盗砍滥伐、盗伐盗窃木材、无证运输经营木材、森林火灾、非法贩运野生动物等构成刑事犯罪的，由森林公安机关立案侦查。

二、乡镇林业站建设

乡镇林业站承担乡镇的营林、造林、育苗、中幼林抚育、林政管理和林业行政执法工作。1997年，怀化市（县级）设6个经济联络处，每个经济联络处设中心林业站，32个乡镇设林业工作站。鹤城区成立初期，仍设盈口、黄金坳2个经济联络处，设2个中心林业站，设10个乡镇林业工作站（含黄岩旅游度假区管理处、坨院街道办事处林业工作站），共有林业工作人员95人，具有初级以上林业专业技术职称人员17人。2000年，各乡镇林业工作站工作人员轮流参加《中华人民共和国森林法》《中华人民共和国森林法实施细则》《湖南省林业条例》等林业法律法规的培训学习，提高基层林业执法人员素质，规范执法行为，加强执法监督检查，实行错案追究制，基层林业行政执法步入规范化、制度化轨道。2003年，中心林业工作站，各乡镇林业工作站实行政务公开制度，持证上岗，增强行政执法透明度，提高林业行政执法效率。2004年，加强基层林业站基础设施建设，开展站务达标活动。区林业局投入28万元，维修基层林业站站房、添置办公设施、通信设施。各基层林业站按照规范化的要求明确工作职责，制定考勤制度，公布辖内森林资源分布图，绘制林业生产进度图表，做到站务工作标准化。同年，鸭嘴岩镇林业站被评为全国优秀基层林业站。同年6月，鸭嘴岩、黄岩两个基层林业工作站实行公开评聘上岗。2003年8月，从各乡镇基层林业工作站抽调1~2人参加鸭嘴岩镇长远村林地林权登记换发证试点工作和全区“十五”森林资源规划设计调查工作。2004年，开展乡镇林业站创建“文明窗口”活动，共有280人次参加营林技术、行政执法、电脑操作等培训学习。2006年撤销盈口经济联络处和黄金坳经济联络处2个中心林业站。2008—2010年，区林业局筹集资金为黄岩、贺家田、芦坪三个乡林业站修建新站房。2010年，全区设11个基层林业工作站，其中7个乡镇林业工作站、3个含农村的街道林业工作站、1个旅游度假区林业工作站，共有林业工程师7人、助理林业工程师12人、技术员5人、普通职工33人。

三、依法治林

1998年，成立怀化市鹤城区公安分局林业科，定编8人，后增加到12人。1999年9月，鹤城区公安分局林业科更名为林业公安大队，定为副局级单位、计划单列，编制增加到16人。2002年，遵照湖南省林业厅的规定，鹤城区林业公安大队更名，正式成立怀化市鹤城区林业局森林公安分局。2008年，根据集体林权制度改革的安排，成立林业综合行政执法大队，鹤成区森林公安分局不再办理林业行政执法案件，专职负责森林防火和林业刑事案件的侦查与处理。2010年，鹤成区森林公安分局升格为正科级单位，同时设立党组。1998—2010年，森林公安分局办理各类林业案件

2778起，其中林业刑事案件8起，批捕起诉判刑7人。办理林业治安案件5起，处罚16人；扑灭森林火灾66次。办理林业行政案件2694起，没收非法经营木材9922立方米。

监督检查木材经营流通市场 1998年，怀化市林都森工中密度纤维板有限公司在贺家田乡收购无证薪材5000立方米，经林业公安立案侦查，将犯罪嫌疑人予以刑事拘留，没收非法所得并处罚金4000元，责令林都公司补缴林业规费20万元并限期整改。

打击乱砍滥伐森林资源 1999年，贺家田乡高桥村发生多起无证砍伐、偷盗林木案件，森林公安立案查处。区林业局开展林业专项整治行动，侦破林业治安案件3起，林业行政案件27起，处罚36人，没收木材163立方米，保护森林资源，维护林区社会稳定。

保护野生动物 2001年，开展保护野生动物专项清查，检查市场12处，餐饮、宾馆46家，查获国家级保护动物果子狸、穿山甲、红腹锦鸡等野生动物8只，蛇类150千克，青蛙250千克。

监管林（竹）经营、加工单位 对林（竹）经营和加工单位进行林业政策、法规的日常宣传教育，建立档案，定期进行年检年审。2010年，年审林（竹）经营单位293户，取消经营加工资格5户，限期整改11户，没收非法木材400立方米。

调处山林纠纷 从2004年起建立区、乡镇、村三级山林纠纷调处网络，规范调处程序。2010年，调处山林纠纷11起，面积500亩。

征占用林地管理 2000年，成立鹤城区林地管理领导小组，下设林地管理办公室，负责占用占地审批，收取林地植被恢复费，开展林地管理执法。1998—2010年，共办理征占用林地项目172个，面积12118.5亩，征收林地植被恢复费4015.7万元，编制完成《鹤城区林地保护利用规划》。

查处森林火灾案件 1998—2010年，共查处森林火灾案件66件。

四、育林基金管理

1986年9月6日，湖南省林业厅、财政厅联合颁发《湖南省集体育林基金、更新改造基金、林政管理费（两金一费）管理办法》。1994年5月，将更新改造基金改为维简费，林政管理费改为林业保护建设费。“两金一费”改为“一金两费”。

征收对象 育林基金、维简费的征收对象木材、竹材、薪材、木竹制成品、半成品和以木竹为原料的各种林副产品、经济林产品、生产林化工产品的原料、食用笋等。林业保护建设费的征收对象为木材、竹材。

征收标准 “一金两费”的征收标准为林业部门的木（竹）经营单位，按其销售价（或制定的计费基价的20%计征育林基金、维简费，其中，育林基金的征收比例为12%，维简费的征收比例为8%。其他木材经营单位，按其销售价的20%计征育林基金、维简费。其中，育林基金的征收标准为销售价的10%，维简费的征收标准为销售价的10%）。林业保护建设费统一按每立方米5元计征，小杂竹免征维简费和林业保护建设费。木竹保护价格和计费基价，由林业局和物价局共同制定，报上级业务主管部门备案。

基金使用 育林基金使用分为生产性支出和非生产性支出两大项。生产性支出项目包括造林、育苗、良种及繁育、中幼林抚育、封山育林管护、造林规划设计和验收、采伐迹地更新、营林生产配套设施和设备、营林贷款利息和贴息、森林资源管理、森林资源调查、森林病虫害防治、专业护林员工资、森林防火、林业科教、成果推广。非生产性支出项目包括林业执法、林政宣传和发证、各种专业会议费、专业印刷费和办案费、林业管理员经费、设备设施购置及维修费、征管业务费、奖励费、县（含县）以下林业站、科技推广站、营林站、森保站、基金管理站、木材检查站等林业基层单位的房建补助费。生产性支出比例为60%~70%，维简费主要用于森工采运企业固定资产折旧，林业部门设备更新和技术改造、新产品开发、林区道路建设延伸与养护、防洪保安工程等项目的补助费。林业保护建设费集中用于林政管理、森林防火和对林区中幼林抚育砍伐的道路建设。建立征管机构，征管人员依法亮证征费，规范收费行为。设立专户储存，林业、财政部门共同管理。1998—2010年，鹤城区共征收育林基金（含两费）合计4986万元，征收数额最多的年份为2007年，征收总额为822万元，征收数额最少的年份为1998年，征收总额为88万元。2008年完成集体林权制度改革后，征收标准降低，可伐资源减少，征收额呈下降趋势。

第七章　水　利

第一节　水利设施

一、水库工程

1991—1997年，怀化市（县级）没有新修水库工程，域内所有水库工程均修建于20世纪50年代末至80年代初期。域内共有中型水库2座，有效灌溉面积6.8万亩；小（1）型水库29座，有效灌溉面积12.59万亩；小（2）型109座，总灌溉面积7.202万亩。鹤城区成立后，扩建天星塘水库，新修石门乡清水井水库。

天星塘水库1958年修建，坝高15.2米，实际灌田400亩。为增加水库灌溉面积，决定扩建天星塘水库。2000年10月8日动工，2001年2月4日竣工。主坝加高2.68米，副坝加高1.5米。涵卧管、防水闸门、溢洪道等枢纽工程全部更新改造。完成土方21000立方米，浆砌石280立方米，干砌石660立方米，砼150立方米，投资45万元。水库扩建后，控制流域面积108平方千米，坝高17.9米，灌溉面积增加560亩。

清水井水库2002年11月23日动工修建，工期5个月，2003年3月下旬全部竣工。完成土坝1座，最大坝高15.3米；Φ600钢筋混凝土预制管涵洞1处，长60米，设计流量0.5立方米/秒。Φ400钢筋混凝土预制管放水设备1处，长28米。宽浅式溢洪道1处，长100米，溢洪道长6米，宽3米，最大下泄流量8.2立方米/秒。大坝内外坡全部用块石和草皮护坡，完成灌区第一批配套工程。主排洪沟1条，长1280米；田间排洪排渍沟4条，600米。机耕路1500米。自流喷灌设施1套。共完成土方26780立方米，石方2097立方米，浆砌块石298.4立方米，干砌石465立方米，砼95立方米，大坝内坡铺砌块石1280平方米，外坡铺草皮1960平方米，总投资260万元。水库建成后，控制流域面积66平方千米，正常库容17.5万立方米，灌溉面积1500亩。

水库维护　病险水库除险加固。板木溪水库，1958年8月16日正式开工修建。由于历史、施工设计等原因，该工程断续历时22年，1980年春季工程竣工。该水库控制流域面积为14.02平方千米，来水溪干流长度7.1千米，坝高39.2米，总库容39.1万立方米，正常库容32万立方米，实际灌田7020亩。因为时间、自然、人为等一些因素，该水库到20世纪90年代末出现了险情，大坝和新、老涵洞严重漏水，大坝漏水量最大1处达0.05~0.08立方米/秒，压力涵洞有3处漏水直径达7.5厘米以上，漏水量为0.06~0.1立方米/秒，溢洪道砼底板被洪水冲烂，大坝内外坡没有整形，高低不平，有滑坡的隐患，严重威胁水库大坝的安全，属典型的病险水库。为确保水库安全，1999年，对大坝进行灌浆处理，2001—2003年，连续三年对老涵洞采取上堵下排，加固处理，压力涵洞灌浆加固，大坝内外坡整形，用草皮和预制块砼护坡，对进库公路扩建整修。完成开挖土石方3850立方米，填筑土石方23060立方米，浆砌块石1000立方米，干砌块石8910立方米，砼350立方米，帷幕灌浆51米，补强灌浆49米，投入经费67万元。

竹林坪水库在修建时，没有呈报省水利厅批准，建成后一直作为小（1）型水库对待。2000年6月，重新整理资料呈报省水利厅，下文批复确定为中型水库。存在的主要问题是大坝渗漏严重，内外坝坡没有整形，没有设置排水沟，溢洪道底板、导墙及冲刷坑被洪水冲烂，压力隧洞严重漏水，大坝心墙高度没有达到设计要求。2000年8月，省水利厅鉴定为三类坝，是一座隐患较为严重的病险水库。1999—2002年连续四年对坝身上部心墙部分采用混喷桩防渗，压力隧洞采用灌浆加固，溢洪道进口段、导墙用钢筋混凝土加固处理。完成土石方开挖7091立方米，回填4741立方米，钢筋混凝土1955立方米，土混喷桩铺设800平方米，帷幕灌浆2010立方米，投资105万元。

红岩水轮泵站拦河坝除险加固。红岩水轮泵站位于盈口乡方石坪村，1966年开工修建，为中型水轮泵站，控制流域面积9237平方千米，拦河坝坝型为钢筋混凝土支墩空腹薄壳溢流坝，最大坝高6.5米，以提水灌溉为主，航运等综合型的水利工程，灌溉1.03万亩。该工程存在的主要问题溢流面板下游段被洪水冲毁，保护层脱落，钢丝网锈蚀，横梁断裂，木质活动闸门启闭不灵活，坝后消能基岩冲刷严重，冲刷坑最深达2.0米左右，船闸闸室部分边墙淘空，下游人字闸门被洪水冲毁，出水压力钢管锈蚀严重，在运行中多次发生爆裂。2000年8月，省水利厅鉴定为四级坝，急需除险消除隐患。2001年，对空腹薄壳溢流坝左岸80米，高程218米以下部位进行浆砌石回填，溢流面板下游平台由2米增至5米，并浇筑钢筋混凝土护坡，投资120万元。2003年，冬修时对拦河坝右岸60米进行浆砌石回填，投资50万元。

二、引水工程

简易引水工程 1997年底，怀化市（县级）有简易引水工程6199处，渠系总长732千米。鹤城区成立后，灌溉设施不断改进，简易引水工程大部分废弃，到2010年底，区内简易引水工程仅存157处，简易渠总长21.6千米。

现代引水工程 虹吸管1100米，渡槽300米。1991—1997年，开挖疏浚渠道48千米，衬砌渠道360.16千米，修建渠系管护维修建筑物8处。1998—2010年，鹤城区开挖疏浚渠道145千米，衬砌渠道466.78千米，修建渠系管护维修建筑物23处，新建引水管道17.3千米，修建饮用供水工程15处，新修拦河水坝15处，维修加固拦河坝27处。

三、提水工程

电灌站 1991—1997年，怀化市（县级）建成电灌站3处，有效灌溉农田3481亩，1998—2010年，鹤城区建成电灌站38处，灌溉耕地31422亩。

小型抽水站 1997年，怀化市（县级）有家庭式小抽水站191处，可灌溉耕地15190亩，果园10500亩。2010年，鹤城区有家庭式小抽水站39处，灌溉耕地3670亩。

境内还有建于二十世纪六七十年代的红岩水轮泵站、五星水轮泵站。

四、防洪工程

境内中小型水库均具备蓄水防洪功能。2006年10月，启动城市防洪工程建设。

太平溪防洪工程 太平溪防洪工程全长14.18千米，起点为力普吉油库，西向经三眼桥，两次穿过东环路，过顺天桥、锦溪桥、香洲桥、新湖天桥、再折向南经红星路、天星东路跨溪大桥、刘塘路跨溪大桥，九曲回肠后再折向西，三次穿越红星南路，终点为㵲水河入口。到2010年底，完成治理面积246.61万平方米，其中，水域面积88.14万平方米。完成混凝土防洪堤工程18.26千米，拦水坝3座，总长度1128米，清水平台21.56千米，两岸风光带76.12万平方米。建成丰溪苑植物园、鹤鸣洲广场、浅水湾风景区、听涛阁仿古塔重要景观节点。

㵲水河城区段防洪工程 总投资30亿元，起点为西环路张家湾 㵲水大桥（㵲水四桥），顺流而下至吉怀高速公路怀化南入口 㵲水大桥。河道中心线全长11.2千米。两岸防洪控制线为左岸80米，右岸86米。2010年8月，正式启动防洪工程建设。防洪工程包括修建混凝土亲水平台和防洪堤。配套工程包括截污干管工程、道路工程、景观工程。以水为脉，以绿为主，以文为蕴，以人为要，突出城市生态特色。通过截污、清淤，实现濉水河清流本色。通过沿河道路堤防建设，达到百年一遇的防洪标准。通过两岸沿线及重要节点广场园林绿化、景点雕塑、旅游设施建设、营造功能齐全，清水近绿的濉水河风光带，实现濉水河城区段水清、岸绿、景美，强化城市防洪功能、提升城市品位。濉水河城区段防洪工程配套建设一个文化公园湘西文化公园，两大活动节点水上广场、稻作文化庆典广场，三段主题分区原乡风情、城水相融、生态水岸，十项展示区域观景、戏水、休闲、散步、生态、运动、科技、广场、垂钓、表演。

第二节　水土保持

一、水土流失情况

根据2000年国土详查和实地调查，全区水土流失面积达221.2平方千米，占全区土地总面积的30.2%。年侵蚀量94.7万吨，平均侵蚀模数每平方千米4280吨。

按水土流失侵蚀形态分面蚀213.5平方千米，占流失面积的96.5%，沟蚀7.7平方千米，占流失面积的3.5%。

按流失程度分：轻度67.74平方千米，占流失面积的30.5%，年侵蚀量11.8万吨，平均侵蚀模数每平方千米1750吨。中度66.45平方千米，占流失总面积的30%，年侵蚀量27.6万吨，平均侵蚀模数每平方千米4160吨。强度以上87.51平方千米，占流失总面积的39.5%，年侵蚀量55.3万吨，平均侵蚀模数每平方千米6320吨。

二、水土流失分布

中部及南部低山丘陵强度侵蚀区　主要包括盈口、石门、鸭嘴岩、杨村、坨院5个乡镇，总土地面积321.61平方千米，占全区土地面积的43.9%，水土流失面积133.1平方千米，占区域总面积的41.39%，占全区水土流失总面积的60.17%。

北部低山中度侵蚀区　主要包括黄金坳、凉亭坳、芦坪等3个乡镇，总土地面积246.12平方千米，占鹤城区土地面积的33.63%，水土流失面积61.7平方千米，占区域总面积的25.07%，占全区水土流失总面积的27.89%。

西北部低山轻度侵蚀区　本区主要为贺家田乡和钟坡森林公园区域，总土地面积108.67平方千米，占鹤城区土地面积的14.85%，水土流失面积17.6平方千米，占区域总面积的16.20%，占全区水土流失总面积的8%。

东南部中山轻度侵蚀区　本区主要为黄岩旅游度假区，总土地面积55.44平方千米，占鹤城区土地面积的7.6%，水土流失面积8.8平方千米，占区域总面积的15.8%，占全区水土流失总面积的3.98%。

三、水土流失治理

在治理水土流失中，坚持以"预防为主，治管结合，全面规划，综合治理以及治理与开发相结合，国家投资与地方配套资金相结合"为原则，以"固坡治本"为方略，采取"高山、远山水保林，近山矮山经果园，岗丘平地修梯田"的措施布局。以"山顶戴帽，山腰系带，山脚穿裙"的方式进行治理。即山顶种植水土保持林，乔、灌、草一齐上。山腰营造经济林、果木林。山腰土质肥沃，坡度平缓的地带，修筑高标准水平梯田。同时根据地形条件，配置排水沟、蓄水池、沉沙池等坡面水系工程。山脚沟各处设置谷坊、防护墙等拦蓄洪水工程和防冲工程，有条件的地方，修建小型水库，解决人畜饮水和农业生产用水。2001—2010年，全区共完成坡改梯工程257.3万平方米，水保林10000亩，经济、果木林2850多亩，种草近5000亩，封禁治理2.7万亩。配套修建坡面水系塘库247座，容积190万立方米。蓄水池48口，容积942立方米。沉沙函（池）8016个，容积48636立方米。排、灌水渠80千米，机耕道20千米，其他挡墙32千米，总投资9628.89万元。平均每年治理流失面积13.01平方千米，共治理水土流失面积221.2平方千米。通过治理水土流失，保持全区农业人均基本农田1亩，经果林0.3~0.5亩，人均粮食自给有余，人均达到600千克，农民人均收入达到3000元。林草覆盖率由治理前的58.9%，增加到87.8%。溪河年输沙量由治理前的94.7万吨，减少到11.9万吨。生态环境得到进一步改善，进入良性循环。

第三节 防汛抗旱

域内从3月上旬开始，春雨绵绵。4—9月为境内降雨量集中的时间段，称为汛期。根据多年气象资料记载，5—7月为降雨量集中的时间区。一般情况下，每五年发生一次旱情，10年发生一次大旱灾，20~40年发生一次特大旱情。当年秋冬季降雨量多，次年夏秋季出现旱情的可能性为90%。

防汛抗旱成为当地党委政府重要工作。区级成立防汛抗旱专项工作领导小组，由分管农业的副区长任指挥长，财政、水利、国土、发改等相关职能部门为领导小组成员。各乡镇成立相应的工作机构，并落实工作经费。每年汛期旱期来临前，要召开三次以上的专题会议，研究防汛抗旱工作，并落实相应的工作措施。落实“四个一”的总体目标，即建设一个坚强有力的前线指挥阵地，建设一支应急处置能力强大的防汛抗旱队伍，储备一定数量的防汛抗旱应急物资，搭建一个现代化、信息化的防汛抗旱指挥平台。

一、防汛

洪灾特点 境内降水量最为集中的是5—7月。三个月的降雨量一般情形下占全年降雨量的50%~70%，这个时间段是主要防汛期。汛期内容易出现暴雨、大暴雨和特大暴雨，8月以后出现暴雨的概率极低。1991—2010年，特大暴雨发生于1996年7月16日，24小时内平均降雨量达到191.1毫米。最大降雨量发生于怀化市（县级）铜鼎乡，从7月16日至7月18日，连续降雨量达到712.8毫米。

1991—1997年怀化市（县级）日最大降雨量统计表

表5-7-1

年份	日期	降雨量（毫米）	暴雨等级
1991年	4月18日	72.4	暴雨
1992年	6月16日	110.1	大暴雨
1993年	7月20日	49.0	大雨
1994年	6月12日	85.9	暴雨
1995年	6月30日	96.5	暴雨
1996年	7月16日	191.9	大暴雨
1997年	5月12日	67.3	暴雨

1998—2010年鹤城区日最大降雨量统计表

表5-7-2

年份	日期	降雨量（毫米）	暴雨等级
1998年	6月16日	169.6	大暴雨
1999年	6月23日	97.9	暴雨
2000年	6月21日	67.9	暴雨
2001年	7月15日	99.4	暴雨
2002年	7月24日	146.4	大暴雨
2003年	7月6日	104.9	大暴雨
2004年	7月19日	180.1	大暴雨
2005年	6月18日	125.9	大暴雨
2006年	5月5日	124.6	大暴雨
2007年	6月1日	112.7	大暴雨
2008年	11月1日	91.6	暴雨
2009年	4月19日	45.7	大雨
2010年	6月23日	60.4	暴雨

1991—1997 年怀化市（县级）洪灾统计表

表 5-7-3

年份	受灾（亩）	成灾（亩）	绝收（亩）
1991 年	—	—	—
1992 年	1050	975	600
1993 年	16575	11175	4710
1994 年	10005	6900	2205
1995 年	24000	16515	1905
1996 年	34095	27180	9000
1997 年	—	—	—

1998—2010 年鹤城区洪灾统计表

表 5-7-4

年份	受灾（亩）	成灾（亩）	绝收（亩）
1998 年	9300	1950	1500
1999 年	7500	2140	315
2000 年	—	—	—
2001 年	3450	1203	298
2002 年	2415	1174	217
2003 年	1750	1142	271
2004 年	2430	1127	252
2005 年	—	—	—
2006 年	3750	2126	157
2007 年	7050	2479	312
2008 年	—	—	—
2009 年	3300	1617	249
2010 年	3150	1650	—

防汛措施　从 20 世纪 80 年代开始，国家先后颁布《中华人民共和国防汛工作条例》《中华人民共和国防洪法》。省人民政府对防汛抗旱工作制定行政首长负责制，建立岗位责任制。从 1991—2010 年，每年在 3 月初下文成立防汛抗旱指挥部，市委书记、区委书记任政委，市长、区长任指挥长，分管农业的副市长、副区长、人武部部长、水利局局长任副指挥长，政府办、发改（计划）、水利、交通、电信、民政、水文、气象、公安、建设、财政、供销、物资、粮食、农业、农机、畜牧等部门主要负责人为指挥部成员。指挥部办公室设水利局，分管防汛抗旱的副局长任办公室主任。各乡镇成立防汛抗旱领导小组，乡镇党委书记任组长。为强化对防汛抗旱工作的组织实施，1998 年 8 月，经鹤城区编委批准，区防汛抗旱办公室定为常设机构，核定编制 2 人。2002 年 9 月，为进一步强化防汛抗旱工作，防汛抗旱办公室增加编制至 6 人，工作经费为财政全额拨款。为加强防汛抗旱的指挥协调，配齐现代办公设备，防汛抗旱工作走向规范化、制度化、正规化轨道。4—9 月为汛期，其中 5—7 月为主汛期。在汛期尤其是主汛期，防汛抗旱指挥部办公室及防汛抗旱指挥部成员单位、各乡（镇）、村；水库、大坝实行 24 小时轮流值守制度。防汛抗旱指挥部一周召开一次汛情分析调度会，听取天气情势分析和水利工程运行情况汇报，研究部署防汛救灾工作措施。小⑴型以上型号水库除汛期 24 小时轮流派人值守巡查外，还将水库防洪保安责任落实到副区

级领导，实行首问责任制。一旦出现险情，一小时内必须报告给防汛抗旱指挥部，采取应急处置措施在最短时间内排险保安。防汛抗旱指挥部与各乡镇、各水库管理单位签订防汛责任状，分解责任，细化工作要求，明确奖惩措施，增强各级各部门防汛减灾的责任感和积极性，思想上一丝不苟，责任上一环不漏，措施上一抓到底，指挥上一着不失。每到防汛期，制定防洪预案和各类应急处置预案。强化责任和措施督查。采取分片包干、责任到人的方式，在汛前、汛期、汛后开展定期检查，重点对上型水库、铁路、公路沿线水利工程天天巡查，十天一次检查。发现险汛及时采取应急处置措施整改到位。水利冬修时，对病险水库及其他病险水利工程进行除险加固，确保安全度汛。

二、抗旱

旱灾特点 1991—2010年，境内春旱、夏秋连旱和冬旱等均有发生。春旱比较少，夏秋旱和夏秋连旱居多，冬旱现象也较为普遍。20年内，春旱发生一次。夏旱发生7次，平均每三年发生一次夏旱。秋旱发生10次，平均每2年发生一次秋旱。冬旱发生2次，平均10年发生一次冬旱。最为严重的旱灾发生在1997年和2003年。

1991—1997年怀化市（县级）旱灾情况统计表

表5-7-5

年份	受灾（亩）	成灾（亩）	绝收（亩）
1991年	—	—	—
1992年	10950	5100	1500
1993年	27450	6600	—
1994年	—	—	—
1995年	—	—	—
1996年	—	—	—
1997年	58650	34500	13650

1998—2010年鹤城区旱灾情况统计表

表5-7-6

年份	受灾（亩）	成灾（亩）	绝收（亩）
1998年	—	—	—
1999年	4459	1268	312
2000年	5550	2550	544
2001年	1800	451	126
2002年	—	—	—
2003年	7280	3127	915
2004年	—	—	—
2005年	1920	725	142
2006年	2179	628	139
2007年	3170	1058	241
2008年	4150	1271	262
2009年	3186	1231	279
2010年	3571	1329	267

抗旱措施　强化水利基础设施建设。每年冬季开展水利建设维修运动，对病险水库进行除险加固，解除渗漏隐患，整修山塘溪坝，对灌溉渠道进行清淤疏通，提前做好放水抗旱准备。动员机关事业单位出资出劳支援农村水利工程建设。结合农业综合开发中的土地整治工程建设一批电灌站、抽水站、山塘溪坝、灌溉渠道。组织技术人员下乡、村检修抗旱设备以及电力设施，主动防御旱灾。一旦旱情发生，农口各单位深入灾区督促指导抗旱，村、组群众自发采取措施投入抗旱。对遭受严重旱灾造成农业减产减收的乡、村减免部分农业税费，对重灾乡、村给予救助。当出现大面积持续干旱时，政府及时制定抗旱减灾方案并实施，统一部署抗旱救灾工作。加强抗旱用水管理，合理调配抗旱水源。组织机关干部下乡、村支援农村抗旱。在资金、物资方面保证抗旱所需。选择合适的时间段实施人工增雨作业，以缓解旱情。发展节水农业，建设节水灌溉工程。节水灌溉包括对灌溉渠系进行防渗技术改造。改变灌溉方式，变漫灌为喷灌、滴灌等方式的湿润灌溉。提高渠道水量利用率，降低渠系供水过程中的损耗，达到节约用水目的。喷灌适用于旱粮、蔬菜及其他旱土经济作物，城市公共绿地、人工风景园等。采用压力水，喷头360°自动定时旋转喷洒，均匀喷洒于灌溉对象。建压力池贮水，分管送水至每个喷头，也有直接引高位水，敷设管网至各喷头。石门乡清水井村无公害蔬菜基地全部采用喷灌技术。市民服务中心、鹤城区行政中心公共绿地亦建有喷灌设施。滴溉适用于果园，埋管于每棵果树下，环形水管钻小孔，形成滴漏，大旱天气保持果树周围土壤湿润，提高果树抗旱能力，达到保果壮果的效果，节约灌溉水量。

第四节　水务管理

水源管理、水利工程管理、用水管理共同构成水利经营管理体系。

一、管理体制

1981年全国水利会议召开。怀化地区贯彻落实全国水利工作会议精神，把水利工作的重点转移到管理上来。管理的中心从单纯的工程管理逐步转向经营型管理。随着农村改革的深入推进，水利管理同步实行承包管理责任制。在坚持水利工程设施所有权不变，坚持统一管理水资源不变的前提下，各乡镇均成立水利水电管理站，各水库建立管理所，对水利工程实行承包管理。各水库管理所工作人员常年以水库为家，以管水为业，完善配套管理制度，水利工程所发挥的效益日渐提高。农村实行联产承包经营责任制以后，水利工程和水利设施做到“所有制性质不变，统一管水不变，灌溉范围不变、合理负担政策不变”。坚持谁建、谁管、谁受益的原则。坚持以灌溉为主、综合利用、因地制宜。根据工程类别，工程规模和管理体制的不同，综合责、权、利，围绕“定、包、奖”实行综合承包、专业承包、单项承包、季节性承包及大包干等5种形式。水利承包管理沿袭至今。

二、灌溉管理

从20世纪80年代开始，中型水利工程普遍推广“计划用水，按方收费”的管水制度，促进计划用水，节约用水，科学用水。

统一水权　在全灌区范围内实行库、塘、坝、井、机电等水利设施联合运用，统筹安排。

水量预分　按亩配水灌溉前由受益单位首先提出用水计划，然后由水库管理站深入灌区，核实基础水量和灌溉面积。并根据水源情况，对供、需水量综合平衡，编制年度用水计划，经灌区代表大会或管理委员会讨论通过后，作为灌溉用水依据。

流量包段　分级送水灌溉前，根据渠道长度按受益面积统一将渠道的维修，养护和通过的流量分段包干给各受益单位，实行流量维修包段。灌溉期水库管理站（所）负责分水到乡，并送水至支渠。乡管理所分水到村，村管水员统一引水灌田。

按方收费　每次灌水结束后，即进行水量结算，根据用水单位实用水量计收水费。

三、经营管理

20世纪80年代至90年代中期，农村推行联产承包责任制后，水利工程虽然得到一定发展，但有很多小型水利工程建成后的管护经费难以落实，致使很多工程“有人建、没人管、没钱修”，为充分解决这一问题，各乡镇的水利工作站和水库管理所同当地政府共同协商，统一组织乡、村及管理所人员上门入户计收水费，取得一定效果。其中芦坪、黄岩等乡镇水费收缴率达70%，其他乡镇在40%以上，水费收缴在一定程度上缓解工程管护经费难的问题。20世纪90年代中后期，为确保水管单位自身的发展，重点抓好红岩泵站和板木溪水库管理所的综合经营。红岩泵站和板木溪水库管理所充分发挥水面和山地优势，逐步实现种、养、灌、发电为一体的开发模式。理顺经营方式后，红岩泵站年产柑橘2.5万千克左右，发电收费48万元，全站在还贷18万元的情况下，保证职工工资按时发放。板木溪水库管理所在保证灌溉的基础上，利用水面养鱼年净增利润0.8万元，山地开发黄桃、柑橘年产1万千克以上，年实现综合经营效益2.5万元。

四、水利经营管理体制改革

鹤城区成立后，为进一步提升水利经营管理水平，充分发挥水利工程效益，促进农村经济发展，根据国办公厅文件精神，区委、区政府对全区小型水利工程的管理体制进行改革和机构设置改革。各乡镇、坨院办事处、黄岩管理处设立的水利工作站实行“条块结合”，以乡镇为主的管理体制，区编委核定为二级事业机构，具有独立的法人资格，站长为法人代表，由区农办任命。水利工作站人员的工资纳入区财政预算，实行全额和差额拨款。区直接管理的红岩水轮泵管理站、板木溪水库管理所、竹林坪水库管理所等3个单位，区编委核定为二级事业机构，隶属区水利局管理。站、所长分别由区政府和区农办任命，属独立法人单位。经费来源实行自收自支。乡、镇管理的水库，规定小(1)型水库配备不少于3名专职管理人员。小(2)型水库根据实际需要配备1~2名专职管理人员。所长由乡、镇人民政府聘用，管理人员的工资从水费收入及多种经营收入中解决。制定水利工程拍卖试行办法，将工程的使用权、经营管理权面向社会进行公开拍卖、租赁、承包以及实行股份制经营管理，水利行政管理部门具体组织实施。

第八章　农业机械

第一节　农机种类与数量

1997年底，怀化市（县级）农业机械总保有量9131台，总动力达到15.94万千瓦。其中，柴油机械保有量4516台，总动力12.75万千瓦。汽油机械保有量2315台，总动力1.86万千瓦。电力机械保有量2148台，总动力1.24万千瓦。其他动力机械保有量152台，总动力766千瓦。以耕作类机械和运输类机械为主，大中型拖拉机172台，变形拖拉机172台，小型手扶拖拉机720台，农用小四轮301台，耕整机413台，机械牵引犁413把，机械牵引耙413把。

1998年，成立鹤城区后，农业机械的推广应用出现新变化。农业运输机械增加，客货运输市场同步发展。随着国家西部大开发战略以及湖南省西线开发战略规划的实施，农村中创富致富农民开始购置挖掘机、推土机、装载机、炮机、动力采砂船从事工程承包、河道采砂等业务。到2010年底，鹤城区农业机械保有量达到16181台，总动力17.7万千瓦。其中，柴油动力机械7260

台，总动力119995千瓦；汽油动力机械3648台，总动力9944千瓦；电动机械5273台，总动力12295千瓦。

耕作机械　域内耕作机械主要有耕田兼做运输的小型手扶拖拉机、水田耕整机、机械牵引犁、机械牵引耙。1997年底，怀化市（县级）耕作机械保有量413台，以柴油作动力，机械牵引耙413把。是年，机耕面积51600亩。进入21世纪后，农村劳动力大量转移就业，国家实施农机购置补贴政策，农机推广力度加大，成效明显。到2010年底，鹤城区耕作机械的保有量发展到3666台（套），总动力14424千瓦，其中，机械牵引犁3666把，机械牵引耙2657把。是年，机械耕作面积73650亩，机耕率为46%。

插秧机械　2001年，芦坪乡农机爱好者张化碧研制发明三行自走式插秧机，全部采用硬质木材，机体笨重，操作难度和强度大，维修成本高，未能在农村推广。2006年，国家实施农机具购置补贴政策，插秧机械在农村推广。2010年，全区有手扶步进式二行小型插秧机4台，手扶步进式四行插秧机12台。一人操作一天可完成水田插秧30~50亩。

植保机械　域内农村植保机械以手动喷雾器为主。2010年全区共有手动喷雾器16928台。平均每3户有一台手动喷雾器。动力喷雾器虽然有工作效率高的优点，但购置成本高，使用频率低，在以家庭经营为主的山区农村难以发挥规模效益。

排灌机械　域内排灌机械主要用于抽水灌溉，极少用于抽水排涝。山区水源充裕，主要以溪河截流筑坝自流灌溉为主。抽水灌溉作业的抽水机的配套动力机械包括柴油机、汽油机、电动机。农村实行联产承包经营责任制后，大型抽水灌溉机械已无用武之地，抽水灌溉机械转向小型化。165F（10马力）、195型（12马力）、198型（8马力）、1105型（10马力）、1115型（15马力）等小型抽水灌溉机械深受农户欢迎。小型潜水泵得到应用推广。到2010年，鹤城区排灌动力机械保有量达到5878台，总动力8006千瓦。其中柴油机1157台，动力2703千瓦，电动机3031台，动力2682千瓦，农用潜水泵5878台。2010年抽水灌溉耕地22950亩。

2010年鹤城区农业机械保有量统计表

表5-8-1

乡镇	农业机械保有量		排灌机械		收获机械		加工机械		运输机械		其他农业机械	
	数量（台）	总动力（千瓦）	数量（台）	总动力（千瓦）	数量（台）	总动力（千瓦）	数量（台）	总动力（千瓦）	数量（台）	总动力（千瓦）	数量（台）	总动力（千瓦）
石门	2930	34066	994	1063	13	496	296	925	340	25074	1287	6508
坨院	218	2961	36	112	6	198	32	188	45	1320	99	1143
杨村	502	5253	96	198	1	33	87	549	73	3412	245	1061
盈口	2663	48364	938	1639	9	239	365	1178	420	19100	931	26208
贺家田	903	5960	206	353	3	93.5	346	1205	82	3269	266	1039.5
芦坪	2854	11801	1343	1203	2	87	312	1300	175	4727	1022	4484
凉亭坳	933	3665	367	1158	1	3.5	465	1156	20	771	80	576.5
城南	171	1160	43	32	1	45	3	7	47	872	77	204
河西	3113	15497	1344	1044	21	379	475	2900	163	4358	1110	6816
黄岩	362	2478	88	232	—	—	78	412	12	960	184	874
黄金坳	1532	11029	423	972	6	355	282	2002	126	5095	695	2605
合计	16181	142234	5878	8006	62	1884	2741	11822	1503	68958	5996	51519

收获机械　域内粮食作物以水稻为主，收获机械主要以人力打稻机、动力打稻机和联合收割机为主。人力打稻机具有结构简单、操作方便、脱粒彻底快捷等特点，工效比传统扮捅脱粒提高3~5倍。到20世纪90年代中后期，人力打稻机发展到全盛时期，家家户户都有一台人力打稻机。

1997年底，农村拥有量达到91218台。进入21世纪，因人力打稻机劳动强度大，动力打稻机开始在农村推广应用，并受到农户的普遍欢迎。动力打稻机在人力打稻机的基础上改进而成，在滚筒旁装配一台3–5马力汽、柴油机作动力，通过三角皮带、链条或直接带动打稻机滚筒旋转脱粒，不需要人力踩动，劳动强度减轻，最适合山区小丘块耕地的水稻收割。2000年，推广谷物类联合收割机。能一次性完成谷物类农作物收割的脱粒、分离茎秆、清除杂余物等工序，进一步减轻农民的劳动强度，提高农业劳动生产率。2010年，鹤城区有水稻联合收割机62台，动力1884千瓦。其中自走式53台，半喂入式6台，年机收面积33000亩，机收率21.1%。

加工机械 大宗加工机械集中在粮食加工领域。碾米机用于加工稻谷，磨面机用于加工小麦，榨油机用于压榨茶籽、菜籽油，饲草切割机用于加工饲料。农村电网改造后，碾米机以电动机作动力，操作简便、价格低廉，普及到户。2010年，鹤城区有各类农业加工机械2741台，其中粮食加工机械2189台，油料加工机械542台，棉花加工机械10台。年加工粮食53.89万吨，油料15.01万吨，棉花100吨。

运输机械 农村运输机械有载重汽车、农用运输车、机动运输船。1997年，怀化市（县级）农村载重汽车保有量612辆（柴油车514辆），动力51038千瓦。汽油车98辆，动力11297千瓦。农用运输车是在农用拖拉机的基础上发展起来的，其性能和结构介于载重汽车和农用拖拉机之间，载重量一般在1.5吨以下。1997年，怀化市（县级）变型拖拉机保有量172台，总动力4443千瓦，小型手扶拖拉机用作运输机械的保有量720台，总动力10584千瓦。单一的农用运输车503辆。其中汽油车58辆，总动力1721千瓦。柴油车445辆，总动力16073千瓦。1997年，怀化市（县级）机动运输船143艘，总动力1043千瓦。2010年，鹤城区农用运输车保有量1503辆，总动力68958千瓦。动力运输船已退出农村运输市场。

工程机械 进入21世纪以来，盈口乡、石门乡、杨村乡部分先富起来的农民，自筹部分资金，再通过银行按揭贷款购置挖掘机、推土机、装载机等工程机械，从事工程承包。2010年，鹤城区拥有各类工程机械1315台（套）。

第二节 农机应用与推广

一、农机制造

域内现代农机制造企业仅有湖南本业机电有限责任公司1家。

湖南本业机电有限公司成立于2008年，坐落在怀化市鹤城区本业大道288号，公司占地4万平方米。公司旗下有湖南大丰机电有限公司、湖南本业机电有限公司、贵州本业农机有限公司、怀化市农业机械化技术综合服务中心四家公司。公司是一家集投资建设、研发生产、生产销售、进出口贸易为一体的现代化企业。公司主要业务涉及农业机械及机电类产品的生产销售。公司旗下的本业牌农机于2009年被评为农民满意十大品牌农机，“创丰”牌机电连续十年获得消费者信得过产品荣誉称号。公司长期坚持诚信为本、业精于勤的生产经营理念。2008年，以“本业”商标从事农业机械的生产和销售。主要农机品种有小型耕作机械，烟田管理机械、大型茶叶烘干机械、谷物烘干机械。公司所属的农机行业是扶农惠农行业，国家政策重点扶持，生产的农业机械已全部列入国家农机具购置补贴推广目录。每台农业机械国家财政补贴金额从200元到30000元。2010年，与农业部直属南京农业机械研究所签订合作协议，在怀化工业园征地168亩，建设成果转化基地，把各种新型农业机械市场化、规模化。

公司拥有10项发明专利，所有产品质量优良性能稳定可靠，先后通过国家3C强制认证和ISO 9001—2008质量管理体系认证，连续多年被评为AAA级诚信单位，质量信得过单位和消费者满意品牌。力伟和创丰牌电机2006年获得怀化市名牌产品称号，“本业”商标获得湖南省著名商标称号。

二、农机推广

农机服务体系建设 1991年，怀化市（县级）

在农村各乡镇成立6个片区农机服务站。其主要任务是帮助乡镇农机站发展农机事业，推广农机新产品、新技术，开展经营服务、技术服务、宣传教育、检查监督及油料管理等工作。推广水稻机械化综合增产技术。1992年，怀化地区农机局、怀化市（县级）农机局在杨村乡联合开展水稻农机化综合增产技术推广试点。开展送农机具下乡暨现场演示活动。2009年9月24日，市、区农机管理部门联合在坨院办事处犀牛、坨院、塘底村举办油菜免耕机械化直播技术培训及现场演示活动。区内涉农部门主要负责人、各乡镇负责人、部分种粮大户、农机制造公司参加现场演示活动。2010年8月3日，区农机局在芦坪乡坪星村无公害蔬菜基地开展送农机具下乡暨农机具现场操作技术演示活动。

农机技术承包。1999年，区农机局组织全区20名耕整机手成立机耕服务队，承包无耕牛、无农机具、无劳动能力的“三无户”1万余亩耕地代耕代种。区农机局管理股与9个乡（镇）签订2万余亩耕地农机技术承包合同，为农民节约生产成本10万余元。区内16个农机维修网点与150名农机手签订维修保养合同，保障农机具小故障不出村，大故障不出乡，及时维修。

推广购机补贴。国家为加快推进主要农作物生产关键环节机械化，发展设施农业，从2004年开始，对推广先进适用、技术成熟、安全可靠、节能环保的农机具实施购机补贴。农机具购置补贴为农机具市场销售价格的30%，单机购置补贴不超过5万元。但插秧机和育秧设备的购机补贴可提高到50%。2006年，鹤城区首次实施农机具购置补贴政策，当年发放补贴资金10万元，2007年为10万元，2008年为50万元，2009年为130万元，2010年达到170万元。

农机员培训　农机管理部门设有农机培训学校。在20世纪90年代，农机培训学校主要负责拖拉机驾驶员和内燃机操作员培训。1995年后，农机培训扩大范围，提高覆盖面，发展成职业技术培训。以集中办班定期培训为主。进入21世纪后，随着改革开放的深入推进，农村青年外出务工增多，改变培训方式，拓展农机技术培训范围，提高培训质量。坚持以市场为导向，采取定期培训和不定期培训、集中培训与分散培训相结合机动灵活的方式开办农机培训班。家用机动车驾驶员培训实行流水作业式培训，随到随学，定期集中考试发证。普通农机手的操作培训以乡镇或村为单位集中短期培训，个别上门培训。

联合培训与劳动保障部门、农业技术部门联合开展农机职业技能培训。与中等职业技术学校联合办班，开展工程机械操作培训，提高农村青年外出务工的劳动技能。坚持农机培训与新农村建设、与农村群众需求相结合，培训工作与安全生产相结合，结合农机监理把安全生产融入农机培训工作中。2000年3月，区农机局聘请怀化市农业机械化学校3名专业老师开办农业机械培训班，共培训农机操作技术人员400人次。受训农机操作技术员不仅能熟练操作各类农机具，还能及时排除农机具的一般性故障。2006年，全区培训农机驾驶员102人，与劳动保障部门联合开展阳光工程培训100人，普通农机手培训140人，再就业培训30人。

第三节　农机维修

1991—1997年，怀化市（县级）农机公司设有农机修理厂，各乡镇设立农机维修站，实行承包经营。1997年，有个体农机修理网点18个，农机修理从业人员107人。农机销售服务部门排除机械故障就地解决，起到对农机手和农机操作人员进行维修培训的作用。1998年始，农机经营服务进一步市场化，个体工商户从事农机经营服务逐年增多，农机经营服务网点同时开展维修服务。市、区农机公司改制退出市场后，国有企业职工全部转为个体经营，维修与经营同步推进。经营门店扩展到哪里，维修服务就跟进到哪里。经营规模较大的门店，派人上门开展维修服务，并向农户持有者传授一些农机维修保养知识。

2000年后，随着国家一系列扶农惠农政策的实施，农业机械的普及推广速度加快，对农机维修行业提出了更高的要求。大型农机制造企业纷纷在鹤城设立售后服务站开展售后维修服务，对重点农机产品实行1~3年的三包服务。到2010年底，全区共设立16家规范化的农机维修服务站。

第四节　农机经营管理

一、安全监理

农机管理部门设农机监理站，负责区域内农机安全监理工作。主要业务为农用运输车、拖拉机年检。为杜绝农村机动车带病运行，按照《农用车安全运行技术标准》的有关要求，开展年检年审工作。1991年，怀化市（县级）应检的农村拖拉机907台，实检874台，年检率96%；应审正式驾驶员1085人，实审1031人，年审率95%。对农村新机动车与驾驶员进行考核，杜绝不合格人员取得驾驶证。2007年，动力为14.7千瓦以上的农用运输车年检年审工作交怀化市交警队管理，全区700台农用运输车年检工作上交，农机安全事故调处工作职能一并移交。手扶拖拉机、变型拖拉机、14.7千瓦以下动力的农用运输车年检年审工作仍由区农机安全监理部门负责。2010年，年检农用拖拉机、运输车847台，年检率100%，年审农用运输车驾驶证829本。

二、农机产品打假

2000年，组织开展全区农机产品打假活动，抽样检查农机产品106件，确定合格农机产品98件，合格率92.5%，维护农机经营市场秩序。

三、农机产品质量监管执法

2006年，组织联合执法3次，执法220人次，检查农机产品经营户47家，对区内农机维修网点和农机经销网点开展调查摸底，建立档案、规范管理，确保区内农机产品质量安全、性能优良、排除安全隐患。

第九章　乡镇企业

1991年，怀化市（县级）有乡镇企业5804家，从业人员19062人，乡镇企业总收入16971万元。1992年7月，市政府出台《关于大力发展个体、私营经济、股份合作制经济的若干规定》，各乡镇向市政府递交发展乡镇企业目标责任书，乡镇企业进入快速发展时期。1996年4月，怀化市（县级）荣获湖南省发展乡镇企业先进县（市）荣誉称号。鹤城区成立后，继续贯彻落实省、市关于发展乡镇企业的政策、措施。采取多轮驱动、多轨运行的方法，大力发展乡镇企业。1998年，全区共有乡镇企业6201家，营业总收入达到21.36亿元。2000年，区政府出台《关于进一步加快全区乡镇企业发展的决定》。坚持以结构调整为主线，以体制创新和科技创新为动力，大力发展园区经济、特色经济和科技型新型经济，着手乡镇企业示范园建设。从2000年开始，对重点乡镇企业推行产权制度改革，庆怀铁合金有限公司因高耗能和产品市场弱化，依法破产。乡镇企业供销公司、矿产品公司、乡镇企业招待所按照市场法则出售转让，通过经济补偿的方式置换职工身份，企业职工得到妥善安置。对华丽服装批发市场进行股份制改造，实现村民持股，企业活力得到释放，经济效益提高。2005年，撤销乡镇企业局，改设为农业产业化局。2009年，鹤城区启动生态休闲农业科技示范园、农产品加工仓储配送物流园建设。到2010年底，通过产权改革、资源整合，按照国家产业政策要求，关闭高耗能、高污染的“五小（小煤矿、小炼油、小水泥、小玻璃、小火电）”企业，全区乡镇企业总家数为1985家，从业人员12721人，营业收入14.32亿元。

1991—2010 年鹤城区（县级怀化市）乡镇企业基本情况统计表

表 5-9-1

年度	企业个数（个）	从业人数（人）	营业总收入（万元）
1991	5801	19062	16971
1997	3838	20629	179197
1998	6201	20869	213557
1999	7362	23862	249356
2000	7119	25829	269575
2001	7258	26345	274966
2002	7306	26608	277715
2003	7373	26874	280492
2004	6983	24345	263570
2005	6268	23315	251868
2006	6132	24642	293134
2007	6236	25568	313269
2008	2091	16147	162349
2009	1839	14648	135534
2010	1985	15721	143151

第一节 所有制形式

怀化市（县级）、鹤城区利用当地资源，采用多种形式大办乡镇企业，对当地经济发展和就业发挥重要作用。

一、集体企业

投资主体为乡镇、村及村民小组，企业资产归投资主体集体所有，依法登记为集体企业。1991 年，怀化市（县级）共有乡镇办、村办（村民小组办）集体所有制乡镇企业 109 家。其行业范围涉及农业、工业、饮食服务、交通运输、建筑业等领域。农业领域涉及造林、果园开发、养殖业。工业领域涉及矿产品加工、建筑材料、农产品加工等行业。1998 年，鹤城区集体所有制乡镇企业 233 家。从业人员 5763 人，营业收入 71044 万元。2010 年，鹤城区集体所有制乡镇企业 136 家，从业人员 2381 人，营业收入 15040 万元。

二、个体企业

由自然人投资设立或由自然人投资控股或自然人联户联办的企业，统称为个体企业，包括私营独资企业、私营合伙制企业和个人独资企业三大类型。1984 年，中央决定把农民联户企业和个体办的企业都纳入乡镇企业范畴。湖南省委、省政府《关于立志改革、大力发展乡镇企业的规定》，要求各级各部门要十分重视鼓励和支持家庭或工场、作坊和个体企业的发展，个体私营企业得到快速发展。1998 年，鹤城区有个体企业 4818 家，营业总收入 113527 万元。个体企业通过积累和创新，不断做大做强。石门乡四方田村个体养殖户投资 2000 万元，建立香猪养殖基地，从事香猪仔猪繁育和香猪肉猪养殖。2010 年，繁育仔猪 1.2 万头，香猪商品肉猪 1 万头，创产值 6370 万元。2010 年，鹤城区有个体企业 3866 家，经营总收入126840 万元。

1991—1997年怀化市（县级）集体所有制乡镇企业基本情况统计表

表5-9-2

年份	企业个数（个）	从业人员（人）	营业总收入（万元）
1991	109	3319	11297
1992	117	3451	12819
1993	114	3516	14591
1994	122	4047	21587
1995	165	4209	34225
1996	206	5021	50178
1997	218	5213	61599

1998—2010年鹤城区集体所有制乡镇企业基本情况统计表

表5-9-3

年度	企业个数（个）	从业人数（人）	营业总收入（万元）
1998	233	5763	71044
1999	190	5248	61414
2000	235	6187	71789
2001	242	6310	73224
2002	247	6349	73356
2003	231	5938	62495
2204	211	4109	43214
2005	209	3232	28634
2006	203	3107	31790
2007	205	3334	32489
2008	201	3144	32025
2009	92	2455	16044
2010	136	2381	15040

三、股份制企业

1994年，《中华人民共和国公司法》颁布实施。股份制企业中，怀化市（县级）庆怀铁合金有限公司1996年被评定为全省乡镇企业出口创汇大户，获得乡镇企业先进单位奖。

2010年，乡镇企业按照《中华人民共和国公司法》的要求改制或设立的股份制企业共22家，从业人员736人。股份制企业的典型代表是湖南大康牧业股份有限公司。

四、合作制企业

合作制企业也称为股份合作制企业，以合作制为基础，由企业职工共同出资设立的一种股份制企业。职工具备双重身份，既是企业职工，又是公司股东。个别规模大的股份合作制企业吸收一定比例的社会资金投资入股。股份合作制企业遵循市场经济规律的规范化要求，实行自主经营、自负盈亏、自担经营风险、共同劳动、民主管理、按劳分配和按股分红相结合。2010年，全区乡镇企业中有股份合作制企业13家，职工631人，年销售收入3.81亿元。怀化市家康股份合作食品公司是股份合作制企业的典范。

第二节 生产行业

一、种养企业

域内乡镇企业大多是以农业资源为依托，从种养业开始起步。“一种二养三加工”是乡镇企业发展的初始模式。农村实行家庭联产承包责任制以前，各公社、大队均办有集体林场、园艺场，个别生产队也办有林场、果木场。养殖业以家庭个体为主，分散养殖，没有形成规模。进入20世纪90年代后，倡导推行统分结合的双层经营体制，大部分农村依托山区资源办起集体林场、果木场、养猪场、渔场等一批集体种养企业。进入21世纪后，农村合作经济制度被重新认识和评价。在坚持家庭联产承包责任制的同时，大力发展农村合作经济。2006年，《中华人民共和国农民专业合作社法》出台，农村以种、养、加为主体的合作经济组织如雨后春笋般涌现。农民专业合作社组织较之传统的乡镇办、村办、组办集体企业在制度上更具创新机制，体制更灵活，应对市场风险的能力更强，产业化程度更高，产品不断推陈出新，产业发展模式更加符合农村基本经济制度和市场经济规律的要求。一般采取公司（或专业合作社组织）+基地+农户的基本模式。公司利用联系广泛优势，打开产品销售市场，并与广大的农民结成坚固的联盟，抵御市场风险的能力不断增强，怀化金茶科技开发有限公司创建于2010年8月，在芦坪乡张家村通过土地流转开发1100亩优质油茶基地，200亩优质金银花基地，年销售收入1000万元。

1991—1997年怀化市（县级）乡镇农业企业发展统计表

表5–9–4

年度	1991	1992	1993	1994	1995	1996	1997
企业个数（个）	206	228	250	289	287	308	259
营业收入（万元）	675	891	1263	2057	1978	6043	6367

1998—2010年鹤城区乡镇农业企业发展统计表

表5–9–5

年度	1998	1999	2000	2001	2002	2003	2004	2005	2006	2007	2008	2009	2010
企业个数（个）	91	245	85	109	117	128	135	339	348	132	107	113	141
营业收入（万元）	1653	8337	7579	8477	8935	9399	6579	5570	6481	19 173	21412	22726	25909

1991—1997年怀化市（县级）乡镇工业企业发展统计表

表5–9–6

年度	1991	1992	1993	1994	1995	1996	1997
企业个数（个）	2194	2560	3314	3421	3226	3727	7320
营业收入（万元）	5296	6851	16056	29374	29374	66088	53694

1998—2010年鹤城区乡镇工业企业发展统计表

表5–9–7

年度	1998	1999	2000	2001	2002	2003	2004	2005	2006	2007	2008	2009	2010
企业个数（个）	2000	1776	2054	2077	2085	2096	2006	1642	1682	1737	1146	1129	1124
营业收入（万元）	119479	106286	127640	128538	128999	129461	129241	113870	134547	136481	93605	85181	93078

二、工矿企业

域内乡镇工矿企业以自然资源为依托，对农产品进行深加工，对金属矿和非金属矿进行粗放式开采加工。1991年，乡镇工矿企业涉及17个行业。包括煤炭开采、黑色金属矿（铁矿）开采、有色金属矿开采、非金属矿开采、石材、木材、竹材采伐、加工，竹藤棕草品加工制造、食品加工、饮料（果酒类）加工制造、纺织品加工制造、化工原料及化学制品、有色金属冶炼、石材加工等。

采矿业 域内大部分乡镇矿产资源丰富。具备一定储藏量和开采价值的有煤、石料、瓷泥、铁、锰、铀、铅、锌、黄金、白云石、花岗石、大理石、石灰石、膨润土、铝土矿等20余种。从20世纪90年代开始，一部分乡镇办企业采矿以煤炭、石材开采加工为主。花桥、芦坪、下坪、泸阳、黄金坳、鸭嘴岩、桐木、铁坡等乡镇均有乡镇办、村办小煤窑。石门、泸阳、下坪等乡镇石灰石资源十分丰富，20世纪80年代初开始办采石场，以私营个体为主。花桥镇陶土资源丰富且优质，吸引境内外资金，开办陶瓷生产企业，生产墙面砖、地板砖、建成花桥镇陶瓷工业加工园。石门乡有大型采石场12家，生产碎石、块石，带动商品砼产业集中发展。

加工业 20世纪80年代初，乡镇办、村办加工企业以粗加工为主，主要领域为粮油加工、酿酒、家具制造，农机具制造等。进入21世纪后，乡镇办、村办加工企业行业扩展到小型轧钢、塑料制品、有色金属采选、冶炼加工、饲料加工、食品加工，服装、医药化工等领域。2010年，鹤城区加工企业1124家，从业人员15000人，销售收入93078万元。

轻化工业 主要行业有黄金坳镇的陶器，花桥镇的建材陶瓷，盈口乡的塑料制品加工，石门乡、盈口乡的烟花爆竹，已具一定规模和市场占有率。

建材工业 各乡镇利用当地自然条件，发展多种建材企业。石门乡以石材开采、机制砖瓦、商品砼、预制构件三大建材产业为主。盈口乡建材工业以机砖、机瓦生产为主，发展预制构件，有较大规模预制构件厂10家，白岩、新家庄村建有两家大型页岩机砖厂。页岩砖是建设部2001年推荐的新型节能环保建材产品。

三、建筑企业

1991年，各乡镇均成立集体性质的小型建筑工程公司，从业人员发展到3000人。石门乡东郊建筑公司、盈口乡建筑公司是乡镇建筑企业的优秀代表，固定资产达到2000万元，施工设备设施较全，施工队伍技术力量较强，能够进入县城竞标承包房屋建筑施工和道路工程施工。个别实力强大的乡镇建筑企业发展成为房地产开发公司。

1991—1997年怀化市（县级）乡镇建筑业企业发展统计表

表5-9-8

年度	1991	1992	1993	1994	1995	1996	1997
企业个数（个）	94	121	152	196	173	231	47
营业收入（万元）	598	1048	2575	4010	5556	12002	39093

1998—2010年鹤城区乡镇建筑业企业统计表

表5-9-9

年度	1998	1999	2000	2001	2002	2003	2004	2005	2006	2007	2008	2009	2010
企业个数（个）	120	118	116	139	147	158	146	115	115	117	101	10	13
营业收入（万元）	21875	25456	27053	27954	28412	28877	26057	23327	24277	29114	20321	4939	5345

四、交通运输业

20世纪70年代，农村交通运输业开始起步，1991年，怀化市农村有运输车辆156台，拖拉机（作为运输工具）105台，动力运输船200艘，年物资运输量606吨。农村交通运输业的发展，能够及时运送农村各种生产生活资料，增进城乡交流。20世纪90年代中后期，客运市场政策放宽，国有客运企业收缩战线，让出部分农村客运市场，个体客运业兴起。个别乡镇组建集体性质的客货运输公司。2010年，全区农村有运输车辆（客、货）2521台，年营业收入15360万元。

五、商业服务企业

1991年前，农村个体、私营商业服务以商品零售、饮食服务业为主，集中在乡镇政府驻地附近。1991—1997年，人口相对集中的乡纷纷撤乡建镇，人口更趋集中，为农村商业服务业发展带来机遇和空间。21世纪后，城市建设快速推进，城镇化率迅速提高。盈口、石门、杨村、鸭嘴岩等乡镇大部分区域纳入城市发展规划，土地不断被征用。无地、少地农民增多。失地农民、返乡创业农民工、复退军人、回乡大学生纷纷依托自然条件和交通优势，创办投资规模不大，经营方式灵活的商业零售业和饮食服务业。盈口乡狮子岩村土地被征用后，一部分农民依托华桥钢材市场发展物流服务业。2008年，启动城中村改造，失地村民将政府配置的生活保障用房开办商业服务和饮食服务门店。鸭嘴岩镇地处中方新县城和怀化城区的结合部，商业服务和饮食服务业迅速发展，原在鸡公界的野味店纷纷迁入落户，建成特色饮食服务业一条街。

1991—1997年怀化市（县级）乡镇交通运输企业发展统计表

表5-9-10

年度	1991	1992	1993	1994	1995	1996	1997
企业个数（个）	1148	1293	1516	1770	1940	2168	472
营业收入（万元）	1574	2372	4730	6588	9890	16476	10220

1998—2010年鹤城区乡镇交通运输企业统计表

表5-9-11

年度	1998	1999	2000	2001	2002	2003	2004	2005	2006	2007	2008	2009	2010
企业个数（个）	1786	1965	1898	1921	1929	1940	1871	1630	1634	1665	331	232	282
营业收入（万元）	25967	37409	37378	38276	38734	39196	33774	32991	39024	38801	16197	14884	15360

1991—1997年怀化市（县级）乡镇商业服务、饮食服务业统计表

表5-9-12

年度	1991	1992	1993	1994	1995	1996	1997
企业个数（个）	2062	2484	2576	3846	4216	4399	892
营业收入（万元）	2586	3616	6748	6874	10477	20925	12003

1998—2010年鹤城区乡镇商业服务、饮食服务业统计表

表5-9-13

年度	1998	1999	2000	2001	2002	2003	2004	2005	2006	2007	2008	2009	2010
企业个数（个）	2040	2718	2529	2552	2560	2572	2521	2335	2339	2490	404	351	421
营业收入（万元）	33023	66890	63488	64386	64844	65306	62486	71633	81305	84420	20479	17650	13402

第三节　经营管理

一、管理体制

1991—1995年，怀化市（县级）设置乡镇企业经济委员会，1995年改为乡镇企业局，作为全市乡镇企业行业主管部门。内设企业管理、生产管理、安全管理、财务管理、统计、人事管理等职能股室。乡经委、乡镇企业局管理乡镇的主要方式是综合协调、生产调度、人事任免、财务统计，按照计划经济的管理体制履行管理职能。乡镇企业还要接受政府其他职能部门的管理。财政、审计部门要对乡镇企业进行财务规范化管理，对财务从业人员进行资格认定、从业准入。卫生行政部门对餐饮服务业进行卫生达标和行业准入管理。工商行政管理部门核准企业经营项目和经营范围，凡有前置准入条件限制，需取得前置许可后才能核发营业执照。安全生产管理是企业最重要的管理环节，重点管理消防安全、采矿安全、施工安全、交通运输安全、食品药品安全等。1998年，鹤城区成立后，乡镇企业局更名为农业产业化局，2005年再次更名为农业产业化办公室，对乡镇企业的管理职能进一步弱化，只列为政府协调机构，不再列入政府职能机构。市场化改革步伐加快，按照市场经济规律要求，乡镇企业接受相关政府职能部门综合管理。

二、安全管理

1991年，乡镇企业贯彻落实《湖南省工交企业安全性评价实施办法》，乡经委下发《关于安全生产的通知》，要求各企业建章立制，狠抓安全生产，在工矿企业和交通运输企业中开展安全生产竞赛活动，提高企业和职工的安全生产意识。

1995年，怀化市（县级）政府设立安全办，更加重视企业安全生产。1996年，市政府推行一票否决制，对企业安全生产不达标的实行一票否决，企业和厂长、经理一律不得评先评优。鹤城区成立后，区安全办升格为安全生产监督管理局。各企业每年与区政府签订安全生产目标管理责任状，继续实行和强化一票否决。对发生安全责任事故的企业实行挂牌整改，严管重罚。对安全生产重点管理企业开展定期和不定期执法检查，减少直至杜绝安全隐患。

三、财务管理

1993年，怀化市（县级）乡镇企业经济委员公贯彻落实《乡镇企业会计制度》，规范乡镇企业会计制度和管理行为，推广借贷复式记账法和会计核算制度，乡镇企业财务管理开始走向规范化。审计部门对重点乡镇企业开展审计监督和审计服务，督促企业依法照章纳税。税务部门对重点企业开展稽查，堵塞偷、漏税行为。财政、统计部门每年对重点乡镇企业开展一次财务、统计人员培训工作，提高乡镇企业财务人员的业务水平和依法管理企业的责任心。2000年，实行会计证制度，财务人员必须持证上岗，没有从业资格证的一律不得从事财务会计工作，财务管理更加规范。

第六篇　商贸服务　旅游

20世纪70年代交通枢纽形成，促进商贸服务业的快速发展。特别是改革开放后，当地人们抢抓机遇，逐步形成了湘、黔、桂、鄂、渝五省市边界地区商贸物流中心。

1990年，怀化市（县级）有国有企业公司62家，经营网点339个，职工6498人；供销合作专业公司13家，经营网点335个，从业人员2343人；个体商户5356家，从业人员6272人。随着市场经济体系不断完善，经济体制改革全面推进，境内商贸服务业呈现出独特发展态势。

通过基础设施建设，改善经营环境；大力开展招商引资，引进战略投资；出台优惠政策，鼓励民营经济发展壮大。这一系列措施，促进商贸服务业的快速发展，至2010年，形成“一区（中央商务区）”“三园（狮子岩物流园、鸭嘴岩物流园、阳塘物流园）”功能区。发展了冷链物流、建材物流、汽车物流、日用商品物流、粮食物流、制造物流、商贸物流经营户1.55万户，从业人员逾10万。年货物吞吐量1000万吨，商贸服务业年成交额230亿元。与之相配套酒店、餐饮业等得到快速发展，宾馆达到123家，家庭宾馆76家；餐饮业1848家。汽车修理、文印广告、美容美发等服务行业一应俱全。2010年，第三产业国内生产总值174.76亿元。其中，批零、住宿和餐饮业总额为46.31亿元，租赁和商务服务业为8.35亿元。

第一章　商贸经济成分

第一节　国有商业

一、国有商业行业

国有商业管理机构　1995年前国有商业由商业局管理，1995年商业局更名为商业行业管理办公室，并加挂国有资产（商业）经营公司。1998年，区县分设时，怀化市（县级）商业行业管理办、国有资产（商业）经营公司未分设，归怀化市鹤城区管理，更名为怀化市鹤城区商业行业管理办公室、区国有资产（商业）经营公司。2001年，怀化市鹤城区商业行业管理办公室、区国有资产（商业）经营公司更名为怀化市鹤城区商业事务管理处。主要职能是加强国有商业企业管理，指导国有商业企业经营，确保国有资产保值增值。

国有商业经营机构沿革　1990年，怀化市（县级）国有商业有百货、纺织品、副食品、五交化、肉食水产、蔬菜、饮食服务、烟草、外贸、石油、煤炭、粮食、盐业、医药、木材等专业公司62个，隶属于怀化市（县级）商业局管辖的有百货、纺织品、副食品、五交化、肉食水产、蔬菜、饮食服务等。1991年，商业局辖国有商业企业有13家公司，即饮食服务公司、百货公司、纺织品公司、糖酒副食品公司、百货大楼、五交化公司、肉食水产公司、蔬菜公司、国营商场、雪峰大厦、怀化肉联厂、糖果糕点厂、怀化旅社。1992年10月，怀化地区粮油直属仓库兼并怀化市糖果糕点厂，糖果糕点厂归属粮食商业企业。同年12月，成立制冷设备公司。1994年3月，怀化旅社更名为旅行服务公司。1996年6月，纺织品公司实行批零分家，原纺织品批发部和仓库场地从公司剥离出来，组建装饰品商场。1996年7月，市商业行业管理办公室对糖酒副食品公司进行分离重组，从原公司划出一部分经营场地及部分人员，组建糖酒饮料公司。1997年，怀化市（县级）人民政府蔬菜工作领导小组办公室，将蔬菜公司纳入其辖属机构。1998年2月，地级怀化市成立，怀化市（县级）肉类联合加工厂、肉食水产公司上收，不再属于新设立的鹤城区商业行业管理办公室管辖。2000年末，鹤城区商业行业办辖属的商业经营机构公司级单位有14个，即旅行服务公司、糖酒饮料公司、百货公司、商业批发公司、纺织品公司、百货大楼、国营商场、副食品公司、雪峰大厦、五交化公司、装饰品商场、饮食服务公司、制冷设备公司、商业零售公司。2001年12月实施改制，历经7年时间，鹤城区国有商业经营机构14个公司全部实行改制。处置资产26521.1万元，改制成本23931.3万元，安置职工2832人，其中，退休939人，退养612人，置换身份（买断工龄）1281人。

国有商业改革　商业经营、价格、分配、用工改革。1992年3月，市百货公司等13家单位，全面推行经营、价格、分配、用工“四放开”改革。1993年，怀化市（县级）商业系统内全面推行“批零一体化”的经营改革，批发直接管零售，批发、零售实行统一经营，统一作价，统一核算。全系统118个独立核算单位，实行“批零一体化”的有97个，占82.2%。1994年，糖酒副食品公司在工资分配上实行“一定四挂”，即定利润指标，实行工资总额与实现利润、上缴利润、有问题商品率（3%以下）和库存商品损耗率（1.5%以内）四挂钩。其中实现利润和上缴利润各占40%，有问题商品率和库存商品损耗率各占10%。奖金、岗位津贴、职务津贴随工资按月小结，年终结算。视其完成当月实现利润和上缴利润的情况，工资按完成的比例计发；而奖金、岗位津贴、职务津贴予以取消。通过工资分配改革，极大地调动了干部职工的工作积极性，公司全年完成销售1850万元，实现税利92万元，上缴税利63万元，分别比上年增长39.1%、41.5%、80%。1994年，肉食水产公司采取领导分片负责制，将公司经营单位分为四大片，由经理、副经理各负其责，实行经营单位的经营成果与负责人的直接利益挂钩，使公司的责、权、利真正落实。公司各经营部、门市部的负责人不再由经理任命，由职工投票选举产生。选举产生的各部门主任，对职工可以择优上岗，而对于那些责任心不强，经教育仍不改正的职工，报请公司予以辞退。通过用工用干制度的改革，调动职工的积极性，提高企业的经济效益，公司全年完成销售640万元，上缴税利23.1万元，实现利润2.8万元。

股份制改革。1995年4月，商业局针对糖酒副食品公司实际，实施现代企业制度改革。8月，体改委初定糖酒副食品公司和百货大楼为有限责任公司改制的试点单位。1996年4月，组建糖酒饮料经营公司，对资产、人员进行重组，银行给予启动资金。公司加强责任性、加速资金周转、优化库存结构、组织适销对路商品，扩大市场占有率，两个月，实现商品销售收入101.4万元，创毛利7.26万元，实现利税4.68万元。实现“资本重组，调整结构，盘活存量资产”改革目的。

产权制度改革。2001年7月23日，怀化市人民政府颁发《怀化市国有企业产权制度改革试行办法》。《办法》对依法处置资产、置换职工全民身份、社会保障措施、实施社区管理、严格操作程序等7个方面进行清晰界定和严格规范。2003年8月3日，国家对国有企业改革政策调整，怀化市人民政府颁发《关于国有企业产权制度改革有关问题的通知》。《通知》对全市国有企业产权制度改革有关问题进行调整补充和完善。鹤城区人民政府结合鹤城区实际，颁发《怀化市鹤城区国有企业产权制度改革实施办法》。2001年12月旅行服务公司实施改制。2002—2008年，鹤城区体制改革委员会先后批复同意国有商业企业糖酒饮料公司、百货公司、商业批发公司、纺织品公司、百货大楼、国营商场、糖酒副食品公司、雪峰大厦、五交化公司、装饰品公司、饮食服务公司、制冷设备有限公司、商业零售公司等13家企业按其所报方案实施改制。

2001—2008年鹤城区国有商业企业改制情况一览表

表6-1-1

单位	改制方案时间	体制改革委员会批复时间	处置资产（万元）	安置职工（人）			
				总数	退休	退养	置换身份
旅行服务公司	2001年9月17日	2001年12月10日	1038	130	53	0	77
糖酒饮料公司	2002年3月10日	2002年3月13日	435	166	101	17	48
百货公司	2002年3月24日	2002年6月19日	2410	468	197	58	213
商业批发公司	2002年5月9日	2002年5月14日	321	142	50	27	65
纺织品公司	2002年6月2日	2003年2月19日	1720	218	30	63	125
百货大楼	2002年10月16日	2002年10月17日	2112	380	83	124	173
国营商场	2003年3月4日	2003年3月10日	1402	159	54	26	79
副食品公司	2003年5月26日	2003年6月21日	528	132	10	18	104
雪峰大厦	2003年8月10日	2003年12月5日	1602	228	47	73	108
五交化公司	2004年6月3日	2004年6月21日	5000	291	52	85	154
装饰品公司	2005年5月20日	2005年9月29日	360	32	16	10	6
饮食服务公司	2005年5月30日	2005年6月25日	9376	357	199	82	76
制冷设备公司	2006年12月27日	2006年12月27日	0	49	5	12	32
商业零售公司	2008年5月5日	2008年5月9日	220	80	42	17	21
合计			26524.1	2832	939	612	1281

商业流通体制 商品购进渠道。计划经济时期，怀化市（县级）国有商业所属经营网点商品购进，均在商业部门的省、地、县（市）三级批发站进货。1992年后，商品流通打破行政区划和行业界限，基层商业网点可以有选择的在全省范围内的二、三级批发站进货，可以直接到生产厂家进货，也可以到邻近省（市、区）地区的批发单位进货。1992年，商业系统商品购进总额10.4084亿元，其中，从省外购进1.5176亿元。

商品销售渠道。1991年始，怀化市（县级）商业系统经营单位，可向本市基层供销社系统及个体经营者进行商品批发业务。1991年商品销售额中有4.5473亿元属批发业务，其中省内批发3.5556亿元，省外批发9917万元。1992年商品销售额中有5.0574亿元属批发业务，其中，省内批发3.7057亿元，省外批发1.3517亿元。

零售。1991年，商业系统采取多种形式促进商品零售。承包经营零售。五交化公司运用专业经营、简政放权、明确分工、二级核算、三级管理、按效分配、拉开档次的方法，把购销经营权、资金管理、人员调配权、资金分配权下放给部门。把部门及职工工资、奖金同各项指标挂钩，超利受奖，欠利受罚，上不封顶，下不保底，公司与部门按年初签订的承包经营责任书，月月兑现。公司全年完成销售3300万元，实现利润40万元，上缴税利110万元。抓旺季市场销售，集中主要人力、物力抓好两个节日的市场供应。糖酒副食品公司，在两节期间，公司所有行管人员，一部分到柜组，与营业员跟班营业，每天连续工作12小时以上，最长的达15小时；实现销售738.8万元，创利润8.1万元。拓宽范围开展联营。百货大楼开辟儿童用品商场，增设“海浪球”“充气垫”“旋转坦克”等项目，吸引大批不同层次的顾客进店游玩、购物。1991年，全年增加营业收入495万元。开展多种形式的促销活动。百货大楼通过开展“迎新春大酬宾”、为“三八”妇女节出生女同胞赠送生日蛋糕、“为残疾人义卖”以及时装表演等促销活动，取得明显效果。正月十五举办“元宵灯会有奖猜谜活动”，吸引大批顾客进店赏灯、猜谜、购物，创大楼日销售过10万元。1991年怀化市（县级）商业系统召开各类小型供货会42次，成交金额1254.8万元；组织职工上街摆摊1650付，摊担收入203.2万元，送货上门4128车次，营业收入208.8万元。全系统1991年实现零售营业收入7230万元，实现利润96万元。

二、国有粮食行业

机构及改革 1991年5月，国家体改委、商业部、财政部等部委决定推进粮食流通体制改革。怀化市（县级）结合实际，建立平价粮油购销公司，与粮食局一个机构、两块牌子。公司是独立核算的经济法人，统一经营管理平价粮油，承担平价粮油政策性亏损。基层粮站为公司代理收购、储存、调运、销售平价粮油。1992年11月，国务院要求加快粮食购销体制改革，进一步向粮食商品化、经营市场化的方向推进，粮价全面放开，结束粮食部门40年执行的统收统支的计划体制。1996年，按照“政企分开、专储与经营分开、中央与地方责任分开、旧账与新账分开、平议价格并轨”的粮食体制改革要求，怀化市（县级）粮油储运公司，金源公司并入第一粮油食品公司。怀化市粮油经济开发公司、怀化市粮校并入市粮油饲料工贸公司，9月，组建怀化市粮食连锁企业。

1998年3月，怀化市粮食局分设为鹤城区粮食局和中方县粮食局。鹤城区粮食局辖第一粮油食品公司、国有粮食连锁公司、粮油饲料工贸公司、粮油贸易公司、黄金坳粮油购销公司，加上区粮食局机关6个独立核算单位，职工665人，离退休人员149人。担负着鹤城区18万非农业人口，驻怀部队以及流动人口的粮油供应工作和8个乡镇的粮食收购，以及929户3704人水淹区移民粮食供应。2002年4月提出区内国有粮食企业职工买断工龄，转换全民身份，粮食企业按市场经济要求进行重组，买断或转让产权，转换国有性质的改革方案。2003年10月底，签订解除劳动合同职工达453人，占应解除劳动合同职工的95.6%，对女满40岁、男满50岁的职工进行内退内养安置，共159人。12月15日，对原有的5个国有企业进行整合重组为两家国有独资企业，继续发挥粮食部门粮食购销主渠道作用。黄金坳粮站整体并入城郊粮站，更名为鹤城区国有粮食购销公司；区粮油贸易公司更名为鹤城区军粮供应站。2004年1月1日新组建的国有粮食购销公司和军粮供应站正式运行，有合同工69人。2005年8月，成立怀化市鹤城区粮食监察大队，与鹤城工商分局联合开展以规范粮食市场为目的的专项整治活动，督促区内64家粮食经营户建立粮食经营台账及按期报送统计报表。2004年始，区内粮食流通领域除国有粮食购销公司和军粮供应站继续进行粮油购销外，其大部分粮油购销经营逐步由私营经营户及各类超市实施。粮食部门根据国家有关法规，履行粮食购销宏观调控和保障区内粮食流通正常运行及推动辖内粮食经济创新发展。

粮油仓储 怀化市（县级）粮食系统有粮食仓库116栋，仓容量8.024万吨。1998年，鹤城区粮食系统有粮食仓库10栋，仓容量2.18万吨。1998年，国家投资3000多万元，进行5000万千克仓容扩建。仓库占地面积20亩，仓库25栋，仓储容量12.1万吨，钢板食油罐容量1万吨，拥有资金1.95亿元，其中，固定资金5250万元。2010年，鹤城区共计粮食仓储19.7132万吨。

三、国有物资行业

物资行业管理机构 1990年，怀化市（县级）物资局辖金属材料、轻化建材、金属回收、机电设备4个公司和物资贸易中心，全系统有干部职工178人。1995年5月，分为物资行业管理办公室和国有资产（物资）经营公司，物资行业管理办公室为行政管理部门，有干部5人，国有资产（物资）经营公司是独立企业法人，由市政府授权经营物资系统的国有资产。1998年5月，怀化市（县级）国有资产（物资）经营公司更名为鹤城区物资总公司，职能不变，机关内设办公室、财务室。怀化市（县级）物资行业管理办公室更名为鹤城区物资行业管理办公室。2001年11月，物资行业管理办公室与鹤城区物资总公司合并，组建物资事务管理处，属事业单位，定编15人。

物资行业经营机构 怀化市（县级）、鹤城区物资行业有金属回收总公司、轻化建材总公司（1993年3月后与民爆器材专营公司一个机构、两块牌子）、物资贸易总公司、金属材料总公司、机电设备总公司五家经营机构。

金属回收总公司。于1991年1月成立，成立时有干部职工12人。1992年升格为市国有二类企业。1993年更名金属材料总公司。1996年9月，公司重组为金属回收有限责任公司，员工25人。1998年5月，更名为鹤城区金属回收总公司。2007年7月末，公司累计亏损185万元，负债350万元。8月，公司申请企业改制，9月，实施改制。改制时公司有职工38人，退休10人，安置退养7人，置换身份（买断工龄一次性经济补偿）21人。

轻化建材总公司。1983年9月成立，有职工20人。1993年10月，更名为轻化建材总公司，辖化工轻工、橡胶轮胎、建筑材料、民爆器材专营4个子公司。1998年5月，更名为鹤城区轻化建材总公司。1999年3月，轻化建材总公司根据上级管理部门关于民爆器材经营实行专营的要求，设立鹤城区民爆器材专营公司（以下简称民爆专营公司），与轻化建材公司实行一个机构、两块牌子，共有职工58人。

物资贸易总公司。前身为生产资料服务公司，成立于1984年7月，有职工8人。1985年5月更名为物资贸易总公司，辖汽车经营、机电设备、金属材料、轻化建材、物资贸易、综合开发、装饰材料7家分公司。1998年5月更名为鹤城区物资贸易总公司。2008年6月末，公司累计亏损277万元，职工工资、医保及社保两金、住房公积金等费用无力保障，7月，实施改制。公司职工41人，退休7人，安置退养9人，置换身份（买断工龄一次性经济补偿）25人，公司资产由政府统一处置。

金属材料总公司。成立于1983年9月，有职工16人。1996年4月末，公司负债735万元，负债率高达195%。5月，经怀化市人民法院裁定宣告破产，并依法指定成立破产清算组，进入破产清算程序。公司破产后，资产进行拍卖，拍卖所得资金，优先安置职工，公司43名职工，退休7人，36名职工置换身份（买断工龄一次性经济补偿）。

机电设备总公司。1983年8月成立。1993年更名为机电设备总公司，辖电线电缆仪表、汽车经营、综合经营、机械电器4个分公司。1994年9月，机电设备总公司重组为机电设备成套经营有限责任公司，发动职工入股，租赁老公司部分门面进行经营，业务人员从老公司职工中聘用（95%被聘用），极少数未被聘用人员由老公司发给生活费。新公司按现代企业管理制度运作，从成立到是年末，实现利润1.25万元。2004年9月末，公司负债640万元，资产仅150万元，经职工大会讨论，同意申请改制。10月，实施改制。改制后资产由政府统一处置。公司有职工41人，退休7人，安置退养12人，置换身份（买断工龄一次性经济补偿）22人。

物资流通体制 1991年，物资行业物资流通破除传统的区域、行业界限，物资购进由单一分配体制逐步转向多种渠道。物资销售由单一的按计划指标供应转向自行销售、定点配送等灵活多样的销售方式。1994年，物资行业由于各类个体、民营企业兴起，国有单位经营状况日趋淡薄。1995年，除轻化建材公司与民爆器材专营公司专营民爆器材外，其他物资经营单位先后实施改制退出物资流通领域。

物资购进。怀化市（县级）物资资源购进主要有少量计内分配、大量计外组织、部分地方资源、协作串换及金属回收公司废旧利用几个渠道。1991—1994年，物资系统购进钢材22677吨，属国家合同分配的1323吨，占总数5.8%。属地区计划内分配的436吨，占总数1.9%。属物资系统计外自行组织货源的有20918吨，占总数92.3%。在计外组织货源的总数中，物资部门到生产厂家直接进货的有8713吨，占钢材购进总数的38.7%；物资部门通过协作串换方式购进的有10224吨，占钢材购进总数的45.1%。

物资销售。怀化市（县级）物资行业物资销售主要方式有按计划指标销售，就厂、就港、就站直接调拨，定点配送，横向协作配送等。1990—1994年，物资系统销售钢材22498吨，属按计划指标供应的有1350吨，占销售总数的6%；属就厂、就港、就站直接调拨销售的有1216吨，占销售总数的5.4%，其余为配送，占88.6%。

1992年，配送物资总额达3200万元，占当年销售总额的60%以上，其中配送钢材6709吨、水泥5356吨、轮胎8954套、汽车110辆。物资系统相关公司还把物资销售渠道伸向周边邻省地区。1993年，物资贸易、金属材料、轻化建材公司先后与四川省的潜江（后为重庆市管辖）电站和贵州省的大垅火电厂签订物资配送协议，为他们提供钢材、水泥、机电等物资。配送水泥1500吨、钢材600吨，机电设备价值300万元，配送总额4000万元。

第二节　集体商业

供销社机构沿革　1990年，怀化市（县级）集体商业供销系统有专业公司8个，27个区、乡供销社，16个综合性分销店，20个代销代购店。有固定资产1804万元，自有流动资金325万元，职工1589人，股金16.7万元。1991年，供销总社辖农业生产资料、棉麻土产、日用杂品、废旧物资回收、食杂果品五大公司和贸易中心、化学试剂和玻璃仪器采购供应站、工业品采购供应站等营业单位。1994年，盈口供销社更名为供销社综合贸易公司。1991—1997年，供销社辖泸阳、中方、牌楼、铜湾、新建等5个经济区社和25个乡镇供销社和直属五大公司、贸易中心及两个采购供应站。

1998年后，鹤城区供销社辖石门、杨村、鸭嘴岩、黄金坳、芦坪、凉亭坳、贺家田供销社及综合贸易公司和原市供销社所属的5大公司及贸易中心、化玻采购站、工业品采购站（其中贸易中心1998年改为丽都贸易股份有限公司），有职工1184人，其中在岗211人，退休332人，内部退养4人，下岗职工637人。2006—2007年，石门供销社、综合贸易公司改制完成，职工除退休进入社保外，其他职工买断工龄，一次性经济补偿，解除劳动关系，2家企业注销。2007年，农业生产资料公司、化工原料公司成功改制，两家企业注销。2010年，因行政区划调整，鸭嘴岩供销社划归中方县供销社管辖。2010年末，鹤城区供销社保留棉麻土产、日杂、废旧物资、果品、工业品、丽都（为股份公司）6家公司，黄金坳、芦坪、凉亭坳、贺家田、杨村（黄岩供销社已出售给4位职工）5个供销社，在职职工715人，其中，在岗职工66人，退休职工324人，下岗职工325人。企业停止经营业务，只留经理、书记和财务人员及少部分职工，经管企业资产，管理退休人员，收取门店租金，发放下岗人员生活费。

供销流通体制改革　随着改革深化，商品流通领域实行多种经济成分、多种经营方式、多条流通渠道、减少流转环节、城乡一体的新体制。国营商业与供销合作社之间逐步打破地域封锁，城乡分割和商品销售分工的界限。

商品购进渠道。1992年后，基层供销社可以在全省范围内的二、三级批发站进货，也可以直接到生产厂家进货及就近在邻省批发单位进货，打破地域界线，行业壁垒，拓宽流通渠道。1992年，供销系统完成商品总购进额9671万元，完成年计划105.7%，其中，农副产品购进901万元。1998年11月，供销社修建的怀化副食批发城（西大门公司）竣工开业，有省内外200多家副食批发大户进场经营，与300多个厂商有着密切的业务往来和稳定的进货渠道。

商品销售渠道。1990年怀化市供销系统有批发机构29个，批发的商品有烟、酒、小百货、副食品和日用工业品。

零售是供销系统经营的大头。供销系统根据市场的变化采取流动销售送货上门，开展物资交流、集会促销，利用节假日、赶集日摆摊设点，让利酬宾，摸奖促销等多种措施促进零售业务。1992年供销系统商品销售总额1.03亿元。同时，采取联营联销，其形式有远购远销，棉麻土产公司、食杂果品公司，每年从四川、贵州、云南等省购进木耳、花生、干辣椒、干红薯片等土特产品销往浙江、上海等地。东进西出，中转购销，与贵州的岑巩、思南、江口、玉屏、铜仁、松桃、天柱等20多个县及重庆市的秀山、酉阳、黔江等多个县市的商业供销部门建立横向联系，每年销售给对方的针棉纺织品、糖果、鞋类、瓷器、铁锅、草席等生活用品总额100余万元；销售内蒙古的葵花籽，山东、山西的苹果、梨子500万千克。厂商联营，代理经销，工业品采购供应站与广西开关厂签订合同，代销电风扇，四年时间，销售电风扇10400台，总金额156万元。系统联合，联购联销，基层社直接从工厂组织适销商品，在辖区内各分社之间进行联购联销，分购联销，辖内农副土特产品，由基层社组织收购，上调给市供销社辖属的有关公司，有关公司集中向外销售。

第三节　民营商业

1990 年，怀化市（县级）有个体商户 5356 家，从业人员 6272 人，商品零售额 4453 万元，占全市商品零售总额的 13.8%。

1991 年，正当各地经商户涌入怀化，当地人意识应及时给他们提供平台。个体商贩陈惠凤等人在紧邻怀化火车站的嫩溪垅兴建成衣市场，搭建简易摊位 400 多个。随后，榆市村建“华丽服装批发市场”，市电子工业公司改造本单位房屋兴办“鞋类批发市场”。政府因势利导，在该地段创办“自由贸易区”，经营摊位扩至 1348 个，日夜营业，日交易额达 80 多万元。1992 年 6 月政府融资 7000 多万元，修建占地 4.9 万平方米的大型综合贸易市场——怀化中心市场建成开业。该市场建筑面积 8 万多平方米，有商业门店 1000 多间，各类摊位 3000 多个，开业当天日成交额 280 多万元。市场开业后，先后引进外来个体经商者 3000 多户。

为加速个体、私营经济的发展，1992 年 11 月，出台《关于加速发展个体、私营经济的决定》，进一步放开经营范围，简化办照（证）手续，统筹安排经营场地，制止“三乱（乱罚款、乱收费、乱摊派）”，减轻个体工商户、私营企业负担，同时鼓励银行、信用社对个体、私营企业的发展给予资金支持。推出“让码头、让资源、让税利、优化服务”的“三让一优”倾斜政策，吸引周边地区以及沿海经济发达地区的客商来怀办厂、开店、经商，初步走出一条以招商引资，农民进城为主要特色的发展个体、私营经济新路子。

1993 年 4 月，在总结经验的基础上，又出台了《关于加快个体私营经济发展的若干规定》，明确个体私营企业在贷款、税收、用地等方面与国有、集体企业同等，政治上享有同等待遇，还提出了对个体私营经济合法权益的保护措施。5 月，召开发展个体私营经济工作会，动员全市，解放思想，加大力度，放手发展个体私营经济，市四大班子（市委、人大、政府、政协）主要领导成员深入基层，参加各乡镇、街道的动员大会，走访个体工商户、私营企业主，宣传省委“不限制发展比例、发展规模、经营范围、开业条件”的政策和市委、市政府的有关政策规定，鼓励个体商户、私营企业大胆投入，加快发展。1993 年底，全市有个体工商户和经营企业 8259 户，从业人员 13438 人，注册资金 3225 万元，总产值（营业额）1.66 亿元，上缴国家税金 1500 万元。当年，怀化市（县级）政府被评为“全省发展个体私营经济工作先进单位”。

1994 年，成立私营经济工作领导小组。进一步优化个体、私营经济发展环境，加大治理“三乱”力度，加强各级、各部门协作，形成多层次、多内容、多形式的社会化服务网络，促进个体、私营经济发展。1994 年底，全年个体、私营经济户已达 12162 户，从业人员 21688 人，注册资金 6459 万元，年总产值（营业额）达 2.21 亿元。在这支庞大的队伍中，来自广东、浙江、上海、福建、四川、贵州等 18 省、市和本省邵阳、长沙等地的经营者达 9121 户、17348 人，分别占全市个体私营总户数和总人数的 75% 和 80%。

1995—1997 年，通过加快基础设施建设，推进各类商贸场地建设和不断优化政策，1997 年底，全市个体工商户发展到 24954 户，私营企业发展到 251 户，实现产值（营业额）7.5 亿元。

1998 年，行政区划调整后，鹤城区范围缩小，一部分经过多年培育、大力扶持的上规模、上档次的个体私营企业或划归中方县，或上收到地级怀化市。1998 年，鹤城区有个体工商户 9312 户，私营企业 244 家。面对新形势，鹤城及时印发《关于大力发展个体私营经济的实施意见》，要求乡镇、街道各级党委、政府提高认识，更新观念，落实措施，注重服务，优化环境，加快推进个体私营经济发展。自始，鹤城区个体工商、私营企业进入良性高速发展期。2001 年始，国有、集体商业机构先后实施产权制度改革，给个体工商、私营企业的发展带来更多机遇。2010 年末，全区有个体私营商贸企业 2.8 万家，从业人员 6.5 万人。

第二章 市 场

1990年，怀化市（县级）老城区有城北市场、迎丰市场、团结路小商品市场及小水果夜市、人民路成衣市场、新街市场、嫩溪垅农副产品批发市场、火车站商业区等8个集贸市场。1991年后，随着人流增加，交通辐射能力增强，采取招商引资等多项措施，市场建设加快，形成生鲜农产品交易市场、各类专业批发零售市场及各类超市为格局的市场体系。1997年末，有各类市场51个，其中，农贸市场27个、综合专业市场24个。

1998年，鹤城区成立，怀化市（县级）51个市场，鹤城区占32个。1998—2005年，城区基本形成三大市场体系，即以专业市场、商业步行街、商业广场（超市）、专营连锁店、品牌专店一条街为主体的商贸流通市场体系；以副食批发城、蔬菜批发市场、嫩溪垅成衣批发市场以及河西各类批发市场为主体的商贸物流配送体系；以餐饮住宿、信息通信、文化娱乐、金融保险、休闲健身等为主体的商贸服务体系。通过商贸物流中心建设，组织实施总体规划中“一区”（中央商务区）、“三园”（狮子岩物流园，鸭嘴岩物流园，阳塘物流园）、“一场”（城区农贸市场）建设，商贸体系更加完善。

经过10多年的建设，2010年底，鹤城区区域内共有各类市场65个，其中，商贸市场44个，农贸市场21个，营业面积90余万平方米。各类营业网点1.3万多个，营业面积90余万平方米，其中，大型购物广场、连锁超市、便利店、专卖店、特许加盟店等新型经营业态场所230余家，营业面积在1000平方米以上的有25家，城区人均商业零售面积1.8平方米。市场建设总投资23.5亿元，其中，政府及主管部门、国有集体企业投入2.4亿元，民营经济投入21.3亿元。

第一节 综合市场

境内综合市场有怀化中心市场、迎丰市场、太平桥市场、城东市场等。

怀化中心市场 1989年，怀化市（县级）在榆树湾三眼井地段用地4.9万平方米兴建中心市场。市场建筑面积80000平方米，总投资7000多万元（政府融资6000多万元，市工商局投入市管费800多万元）。拥有住房800多套，商业门面1100间，经营摊位3000个。主要经营农副产品，兼营服装、百货、日杂、糖果副食等10多类万余种商品。年营业额约30亿元，上缴税费达千万元。当时是湖南省乃至西南五省（市、区）周边城市最有影响力的综合市场之一。1991年，“湖南省西部地区第五届商品交易会”在此举行，全国商贾云集，生意十分红火。随后，有广东、浙江、四川、江苏、湖南各地等13多个省、市的4000多国有、集体、个体工商户在市场购租房摊，市场有10000余种商品。

2000年，怀化市工商行政管理局将中心市场移交市商务局市场服务中心管理。中心市场标准化改造列入商务部2006年、2007年、2009年“双百市场工程”支持项目。通过3年改造，设施改善、功能增强，市场更加繁荣。先后获得“省级文明市场”“国内贸易局ISO9000质量认证市场”“农业部定点市场”“中国五星级商品交易市场”“推进流通现代化重点联系市场”“湖南省重点市场”等多项荣誉。

迎丰市场 位于市区迎丰中路、公园路东侧，怀化市委、市政府西侧，现占地面积13亩，建筑面积1.8万平方米。1984年4月动工修建，1985

年元月正式投入使用。1995年进行扩建改造，市工商局投入资金200多万元，市场营业面积扩大一倍，摊位门面800多个。1997年市场年成交额突破亿元大关。2000年怀化市工商局将迎丰市场移交市商务局市场服务中心管理。2008年，市场服务中心投资2500万元，对市场进行升级改造，改造后市场经营面积扩大到2万多平方米，比改造前增加3倍。2009年8月22日市场正式营业。共安置老经营户200户，新接纳经营户110户，新安电子监控系统，新修公厕1座。

太平桥市场　始修建于1993年，1995年5月正式营业。总投资3000多万元，占地面积15亩，市场拥有门面165个，摊位1000余个。原属怀化地区工商局管理，2000年整体移交市商务局市场服务中心管理。该市场1号楼为市场主要交易楼，由4层楼构成，占地面积2200平方米，建筑面积约9000平方米。一层为农产品经营区，主要经营蔬菜、肉食、粮油，兼营百货、服装等商品；二层为佳惠超市。2009年，市场服务中心自筹资金700多万元，对三、四层楼私人摊位产权进行按成本回购。2010年市场服务中心对太平桥市场进行标准化改造。

城东市场　市场位于迎丰东路，1990年8月由市开发公司融资1860多万元修建。1994年1月29日市场正式营业。市场占地面积88亩，建筑面积11.5万平方米。中心交易大棚由市工商局投资90多万元修建，设摊位693个。场内共有门面摊位1000多个，商品住房900套。2000年，市工商局将城东市场移交给市商务局市场服务中心，主要经营蔬菜、肉食、水果、水产、粮油、副食品等商品。

河西宝庆商贸城　位于河西舞阳大道。1995年，由宝庆经互会投资1.8亿元，修建宝庆商贸城。该商城占地142.8亩，总建筑面积8000平方米，拥有门店摊位1051个，1996年10月建成开业。

河西天凯综合大市场　天凯综合大市场位于河西，2005年建成。市场（一期）占地面积102.48亩，建筑面积4.38万平方米，总投资4981万元，拥有摊位门面200个。

第二节　专业市场

一、各类专业批发市场

怀化茶园垅蔬菜水果批发市场　位于怀化中心市场西北角。1992年，怀化茶园垅蔬菜水果批发市场建成。1998年下半年，鹤城区政府投资48万余元，对市场进行扩建改造，货场建起了钢架货棚，货场中央安装了电视屏幕，随时显示全国16大蔬菜市场各类购销信息。改建的蔬菜水果批发市场经营面积1.3万平方米，1999年3月21日市场隆重开业，从业人数400人，日成交量在100吨以上，年成交量50万吨以上，交易额6.3亿元。2000年，政府又投资3471万元进行改造升级，年交易达3亿多元。

沿河路蔬菜水果批发市场　初级农副产品冷链物流，经营面积1.6万平方米，年销售量10万吨，年交易额1.8亿元，辐射本市、县、区及贵州、重庆、广西周边区域。

金帝商业批发市场　金帝商业批发市场总建筑面积为21865.28平方米，2003年开始修建，分地下一层为百货批发，一楼为针棉、床上用品，二楼为男装，三楼为女装，四楼为童装，五楼为精品女装，共有800个经营客商，两部流通滚动扶梯直通五楼。有大型中央空调、有全方位电子监控系统和全自动消防监控系统。自2005年4月18日开业以来，年销售额约1亿元。

怀化南站供销水果批发市场　有仓储面积1.88万平方米，其中恒温仓库1.6万平方米，冷库2800平方米。2008年仅供销中转库储存配送肉类、禽蛋、蔬菜、水果、农副产品、速冻食品等，年销售量11.5万吨，辐射本市、贵州、重庆、广西周边区域市场。

怀化副食批发城　1994年，怀化市（县级）供销社在潕水中路生资、副食品仓库原址修建怀化副食批发城，投资1500万元。1998年11月16日，怀化副食品批发城举行开业典礼。怀化副食品批发城占地47亩，总建筑面积5.8万平方米，拥有门面365个，仓储容量1000余吨，安排

1000多人就业，在㵲水路有半边街是副食品批发市场。2009年，怀化副食品批发市场迁河西副食品批发城。

华桥钢材批发市场 位于盈口乡狮子岩村区域，总投资12亿元，占地721亩，总建筑面积65万平方米，其中经营面积47万平方米，为湖南省第二大钢铁批发市场，仅次于长沙。主要经营钢材经销、型材加工、仓储配送、商务宾馆、信息服务等，为湘、黔、渝、桂、鄂五省市区周边区域钢材物流中心。2008年动工，2009年10月部分投产。

小百货批发市场 位于嫩溪垅迎丰西路北侧，由宝庆经济互助会的颜坚生等人投资200多万元，1994年兴建，拥有门店、摊位400多个（后称怀化商城）。

鞋类批发市场 位于嫩溪垅电子工业公司原址，由怀化市工业公司融资200多万元，1994年兴建。主要经营各种鞋类批发，兼营鞋、帽零售。

河西粮油批发市场 位于河西舞阳大道北侧。占地22.35亩，总建筑面积2800平方米，投入资金3000万元，拥有门店130个，1995年始建，1998年建成营业。

河西湖南西部建材批发市场 占地124.43亩，建筑面积10万平方米，总投资1.5亿元，拥有门店摊位380个。1999年建成营业。

河西农产品批发市场 占地23.56亩，建筑面积1.2万平方米，总投资1500万元，拥有门店摊位120个。2000年建成营业。

华丽服装批发市场 位于怀化火车站嫩溪垅城东路，由榆市村投资300万元兴建，1993年9月建成开业，主要经营服装批发。

二、各类专业营业市场

鹤城区城区专业营业市场，按行业分类有服装纺织品市场、建材市场、家电市场、粮油市场、小商品市场、医药市场、汽车摩托车市场、电脑电子市场、首饰品市场、古玩市场、花鸟宠物市场、农机农资市场、文化图书市场、家具市场、通信市场、再生资源回收市场和烟草批发市场等。

服装纺织品市场 除金帝商业广场和华丽服装市场外，其他还有迎丰、太平桥、城东等综合市场内以及步步高、大润发、飞达、佳惠、家加佳等超市，㵲水路纺织市场和东兴步行街等20余个市场，年销售总额在14亿元以上。

建材市场 主要分布在河西、城南以及中心汽车站原电影公司路段。其主要市场有河西天凯材料城占地27.77亩，建筑面积1.5万平方米，总投资6800万元，拥有门店摊位240个。河西五金建筑型材料大市场占地42.73亩，建筑面积5.03万平方米，总投资5000万元，拥有门店摊位160个。河西五金水暖机电大市场占地123.77亩，建筑面积19.06万平方米，总投资1.58亿元，拥有门店摊位460个。河西西南陶瓷洁具城，占地51亩，建筑面积6.5万平方米，总投资8000万元，拥有门店摊位200个。河西金都精品陶瓷市场，占地29.57亩，建筑面积4.93万平方米，总投资4963万。商品有本地的木枋、广州木线、木板、地板，有福建的石材和瓷砖、广州的瓷砖、上海的铝材和油漆、四川的塑管等，城区经营户1100户，年销售额14亿元。

家电市场 怀化家电城。位于嫩溪垅武陵路南侧。1994年，怀化地区商业局辖系百货、纺织、副食品三家公司融资600多万元，建成怀化家电城，拥有门店摊位500多个，吸引全国各地名牌家电企业来该城经营。后扩大占地13亩，投资达2.8亿元，营业面积3万平方米，经销商80多家，年销售额6亿元。河西家电城。位于河西桥头舞阳大道南侧。1998年，民营企业尹老板等人融资800万元，该家电城占地61.59亩，建筑面积6万平方米，拥有门店摊位180个。苏宁电器有限公司。位于人民南路198号。2007年成立，经营面积2.8万平方米，2010年营业额1.1亿元。有3家连锁店，员工450多人。怀化通程电器怀化中心市场旗舰店。位于人民南路。经营面积8800平方米，从业人数350人，2009年开业，2010年营业额5000万元。

粮油市场 主要依托火车南站的中储粮怀化直属库、怀化市第二粮油储备和河西粮油批发市场牵引，各农贸市场和各超市的粮油专柜等相配套。2010年销售额约7.5亿元，其中，粮食约5亿元。

小商品市场 1993年，宝庆经互会投资200多万元，在嫩溪垅兴建小百货市场，有摊位铺面400多个，从业人员1200余人，商品来自全国各地，以浙江义乌和湖南省的邵东为主，还有当地生产的日用品。1999年，河西建百货市场，占地27亩，建筑面积2.9万平方米，总投资6000万元，拥有门店摊位410个。2008年，河西建湖南西部小商品市场，占地104.04亩，建筑面积9853平方米，总投资1.006亿元。

医药市场　城区有医药批发企业17家，医药零售门店1100多家，医疗器械生产企业10家，经营企业67家。上规模的有怀仁、龙源、济源、康源、双鹤等。龙头企业是怀仁大药房，怀仁大药房创建于1996年，2002年成立怀仁大药房连锁有限公司，是集医药零售、批发配送、医疗服务、健康体检为一体的医药企业。公司有资产3亿多元，员工3000多人，有连锁店300多家。遍及湖南、贵州、江西、湖北、浙江、广西等6省区27个地级市和50多个县城以及乡镇。2008年居中国连锁药店百强企业第56位，2011年位居第38位。

汽车摩托车市场　城区有红星路汽车贸易市场，中国西部汽车产业综合服务中心及怀化工矿机械汽车业大市场。红星路汽车贸易市场占地60亩，2002—2010年，该市场内有顺铃、全盛、中兴、安特、风行、伟兴、英轮、东风、小康、长城、北京、奔驰、比亚迪、凯龙、宏顺、五菱、长安、宏辉、鹤飞等44家经销公司；摩托车有五羊、豪爵、钱江等24家公司，以及相关的美容装饰、配件销售、维修服务171家，从业人员达3550多人。中国西部汽车产业综合服务中心由湖南汽车城永通有限公司投资23亿元，征地2000亩。分两期建设，一期占地804亩，投资10亿元，由广州丰田、东风本田等24家汽车商投资兴办湘西南地区级汽车4S店，2010年已完成投资4.5亿元。修建集汽车4S店配件及用品批零销售、仓储物流、综合售后、国际商业会展、商务办公、酒店为一体、配套设施完善的大型汽车产业综合服务中心。怀化工矿机械汽车业大市场，位于鸭嘴岩工业园区内，由怀化华团集团投资6.3亿元，征地897亩，兴建工程机械汽车4S店于一体的大市场。已有12家汽车4S店正式建设，其中，有4家4S店已营业。2010年销售各类汽车2万台，其中销往当地1.6万台，销往外地4000台，销售额达18亿元，带动汽车配件销售额过亿元。年销售摩托车9.3万台，交易额4.6亿元。2007年，河西建汽配城，占地50.43亩，建筑面积4.21万平方米，总投资4735万元，拥有门店128个。2008年，沿河路5号，国泰汽配城开业，从业人数800人，营业面积3万平方米，2010年营业额5000万元。

电脑电子市场　有银河电脑城和福星数码广场。福星数码广场2006年开业，占地面积2172平方米，经营面积为25351.7平方米，从业人数2100人，2010年营业额20亿元。

首饰品市场　怀化城区有金行和金银、玉器珠宝店（柜）。其中，有人民路的怀化金行、鹤州路的金银首饰店、在迎丰西路有华盛堂珠宝店。特别是步步高市场第一楼设金银珠宝专营区，区内有吉盟、周大生、周六福珠宝、恒伟玉业等名牌珠宝专柜，其首饰品种繁多。

古玩市场　古玩市场开始在火车站旁开业，后迁东兴街的步行街，最后迁至老街坊古玩市场，主要经营古玩、奇石。

花鸟宠物市场　1998年在三角坪出现花鸟市场，经销鲜花、八哥、鹦鹉、花眉鸟、金丝雀等，宠物市场内有金鱼、哈巴狗、乌龟，还有饲养藏獒的。2009年在原副食品批发城开办花鸟宠物市场，并成立花鸟协会。

农机、农资市场　2010年各类小型农机销售额9亿元，大型农机（含农机工程机械）销售额突破20亿元。怀化市农业机械有限公司，名列全国农机行业百强之第18位，年销售额过2亿元。随着国有企业的改革不断深入，农资个体经营户逐年增多，2010年城区有各类农资经营网点153个，从业人员340多人，年经营额达5亿元以上。农资专业市场每年供应化肥50万吨，交易额达12亿元以上。

文化图书市场　1995年前，城区只有新华书店，后与怀化地区新华书店合并。1995年，图书销售额330万元。1996年火车站西侧的雪峰大厦一、二楼开办雪峰书社，有10多家文化图书商家经营。2008年，在新街修建怀化西南图书、音像城，雪峰书社的大部分商家迁进，已成为怀化最大的文化图书市场。

家具市场　境内有市场经营面积10万平方米。主要有德天家俱世界。2009年，河西建成德天家具世界，占地54.18亩，建筑面积75475平方米，总投资1.2亿元，拥有门店摊位800个。武陵城家具城，2000年，河西建武陵家具城，占地14亩，建筑面积3.7万平方米，总投资3000万元，拥有门店摊位70个。还有全友家具市场、南方家具市场、掌上明珠家具市场、顺天国际家具城等。2010年销售额1.8亿元。

通信市场 在鹤州路与人民南路交会处的电讯邮政大楼内设有通信市场、专卖手机。

再生资源回收市场 怀化城区从事以回收废旧金属为主的再生资源经营企业16家，规模经营户40家，零散经营户600余家，从业人员约1万人。2010年，废旧物资行业交易量为35万吨，交易额18亿元，实现税收6000万元。较具规模的有怀化金泰再生资源开发有限公司，经营面积1.2万平方米，从业人数400人，2002年开业，2010年营业额3.96亿元。

烟草批发市场 怀化有烟草公司专营烟草批发，年销售量16万箱，交易额8亿元。2009年，由怀化市烟草专卖局（公司）投资1.327万元，在狮子岩物流园内征地100亩，修建怀化烟草物流中心，总建筑面积3.4万平方米，集订货、仓储、分拣、配送于一体的烟草物流中心。

三、城区农贸市场

城区有各类生鲜农产品交易点58个，其中，背街小巷农贸市场17个、临时农贸市场8个、固定农贸市场7个、标准化农贸市场3个、农产品批发市场2个、生鲜超市（超市生鲜区）21个，其中，农贸市场营业总面积5.25万平方米，超市1.15万平方米；生鲜农副产品年销售100万吨以上，年销售额14.96亿元，从业人员1.4万人。已经基本形成农产品批发市场、集贸市场、超市生鲜区、便民生鲜网点和大卖场主副食品供应网络体系。为保障供应，方便市民生活发挥重要作用。

超市生鲜区 城区有佳惠、步步高、东兴步行街、佳加家等21个超市开设生鲜区，经营面积1.15万平方米，日销售额34万元，占城区生鲜农产品销售总额的20%。

背街小巷农贸市场 城区有各类临时及背街小巷市场25个，总营业面积2.09万平方米，摊位8800个，从业人员1万余人，年销售额1.62亿元。

2010年鹤城区城区农贸市场一览表

表6-2-1

序号	市场名称	市场性质	市场业主	市场地址	总投资（万元）	占地面积（平方米）	门面（个）	摊位（个）	从业人员（人）	年销售额（万元）	管理形式
1	老街坊市场	私有	深圳成建物业公司	梨园路	700	1200	40	90	120	4000	物业公司管理
2	区蔬菜公司蔬菜果品批发	集体	区蔬菜公司	茶园路4号	500	10000	—	160	240	50000	国有企业管理
3	市供销储运总公司果品批发	集体	市供销储运总公司	沿河南路9号	325	20000	70	—	210	55000	—
4	城东新市场	固定	金启改	城东新区学院对面	120	1500	40	160	80	280	业主自主管理
5	怀南市场	固定	彭祖秀	红星中路	40	900	—	90	110	800	—
6	华丽市场	固定	嫩溪垅社区	原区民政局楼下	100	600	—	105	120	1000	—
7	城北市场	固定	谭明水	铁北家家福超市背后	300	1700	24	220	360	4500	—
8	西站市场	固定	区工商联	汽车西站背后巷	90	1100	24	120	110	800	—
9	杨家田市场	临时	王东海	芷江路	30	650	—	82	180	1500	—
10	化工厂市场	临时	丁世龙	正清路与湖天南路交汇处	50	1600	—	112	400	2000	—

续表 6-2-1

序号	市场名称	市场性质	市场业主	市场地址	总投资（万元）	占地面积（平方米）	门面（个）	摊位（个）	从业人员（人）	年销售额（万元）	管理形式
11	红星市场	临时	贺耀华	红星路华光食府对面	30	700	25	37	80	100	—
12	石门市场	临时	李东田	迎丰路石门路段	85	4000	—	360	400	3500	业主自主管理
13	桥下市场	临时	曾应文	湖天大桥桥下	—	2000	30	220	300	3500	—
14	毛纺厂巷市场	临时	天星坪社区	天星东路	7	700	—	40	80	—	社区托管
15	桐形市场	临时	桐形村	怀化学院本部对面	15	500	—	64	80	400	—
16	汽贸巷市场	背街小巷	彭开应	汽贸市场旁边	—	500	—	40	90	—	—
17	中岔里巷市场	背街小巷	三角坪社区	沿河路	—	200	—	20	40	—	—
18	二建巷市场	背街小巷	东兴社区	茶园路	—	700	—	80	150	500	—
19	中坡后山市场	背街小巷	彭定钢	芷江路	—	700	—	60	130	—	—
20	西兴街口市场	背街小巷	—	迎丰路	3	200	—	29	50	—	无人管理
21	武陵市场	背街小巷	—	武陵路	—	200	—	15	40	—	—
22	玻璃厂临时市场	背街小巷	—	怀黔路	5	250	—	16	40	—	—
23	国粮储巷市场	背街小巷	—	沿河路	—	400	—	21	50	—	—
24	锦南市场	背街小巷	—	锦溪路	—	400	—	60	50	—	—
25	湖天一色路口市场	背街小巷	—	正清路	—	600	—	47	130	—	—
26	城北加油站市场	背街小巷	—	武陵路	—	150	—	13	30	—	—
	合计		—	—	2400	51450	253	2261	3670	127880	—

四、货物仓储

1985 年 1 月，火车南站正式投入营运后，怀化市供销、商业、物资、粮食系统均修建货物中转库。经过 20 多年的改建、扩建，中转库容量不断增加。2010 年，中转库货物库容 3.8 万平方米，其中，冷冻库容 1.8 万平方米，经营户 55 家，年销售量 10 万吨。拥有 130 型改装冷冻物资 22 种，主要有肉类、动物内脏速冻食品等。冷冻仓库中还有保鲜仓库，专为水果、蔬菜保鲜服务。怀化市副食批发城，内设货物仓储库，容量达 1 万余吨。1998 年后，河西开发区修建仓库 11 万平方米，可容纳副食品、百货、建材、粮油、家电、医药等各类商品的存储，年物流吞吐量 1000 万吨。湖南佳惠百货有限公司辖属的湖南惠农物流有限责任公司在鹤城区盈口乡井坪村修建佳惠物流配送中心，设置仓储库容 5 万平方米的万吨智能冷冻库。

第三节　集市

1990年末，怀化市（县级）有农村集市33个。区县分设后，鹤城区辖区有石门、杨村、黄岩、鸭嘴岩、黄金坳、芦坪、贺家田、凉亭坳8个农村集市。主要从事粮油、肉类、禽类、水果、蔬菜、豆制品和日常用品等交易，年交易额在2亿元以上，其中，最大的是石门集市。

石门集市　石门集市最初为老街（今芦林路两旁一带）。1975年因石门垅搞田园化，集市房屋搬迁，移往当时供销社、铁工社之间的长约120米、宽约20米左右空坪（即怀化汽车修配厂入口处）。1985年，石门乡政府拨款，在原集市旧址旁重修市场。2000年，因规划扩建石门市场，将新街村泸家滩组（现新街三组）紧挨市场的稻田填了约50余亩，新扩建市场摊位。20世纪70年代，随着学校、居民入驻石门，人口剧增，集市基本上是“百日场”。石门集市场期为农历“一、六”，每逢赶场日，人数有5000人左右。石门市场内有粮油、百货、家电、服装、鞋类、副食、新鲜水果等人们生活资料超市20余家。还有附近菜农和个体户经销各种生活资料和新鲜蔬菜、豆类制品、新鲜鸡鸭、肉类、禽蛋、活鱼、各种小吃等。年商品交易额逾8000万元。

黄金坳集市　每逢农历每月二、七为赶集日。2010年，由社会集资改建，占地面积2828平方米，有固定摊点门面630余个，临时摊点150个，经营从业人员200余人。经营主要商品有蔬菜水果、肉类、禽蛋、粮油和日用品等，年成交额2500万元。

芦坪集市　芦坪市场古在张家村枫木树湾。1926年陈祖虞在现市场建店，曾名新店场。1990年，市场改造，占地面积1400平方米，有摊位120个，辐射芦坪、黄金坳、泸阳、辰溪大水田等乡镇周边3县6乡近10万人。逢农历每月一、六赶集，年交易额800万元。2008年投资380万元，扩建新市场，共占地3000平方米，拥有固定经营摊位和临时性摊位800个，市场内有交易铺面房、交易大棚、电子磅秤、公共厕所和治安消防等一系列较为完善的交易服务设施，有来自本地和外地经营商、批发商800多户。主营蔬菜、干菜、水果、肉类、禽蛋及其他农副产品，年交易额达2000万元以上。

黄岩集市　位于黄岩旅游度假区，2005年4月新市场开业，经营面积800平方米，拥有固定资产50万元。有管理人员4人，有固定摊位82个，临时摊位50个，从业人员200人。主要经营蔬菜、水果、肉类、禽蛋及其他农副产品，年交易额2000万元。

杨村集市　杨村市场逢农历每月三、八为赶集日，1972年修通怀化至袁家公路，人们在杨村修建一条300多米长的街道，以马路为市。后怀化至铁坡公路改道修建，市场固定。赶集人数600~700人，主要经营蔬菜、肉类、烧柴、禽蛋及其他农副产品，年交易额2000万元。

凉亭坳集市　位于凉亭坳杨谭村，逢农历每月五、十为赶集日。2009年12月新市场开业，经营面积1000平方米，拥有资产200万元，有管理人员6人，年收取市场管理费10万元，有固定摊位400个，临时50个，从业人员320人。主要经营蔬菜、水果、肉类、禽蛋及其他农副产品，年交易额600万元。

贺家田集市　又名瀑溪市场，开业之初，逢农历每月三、八为赶集日，1979年8月1日后改为农历每月四、九为赶集日，有摊铺50余家，临时摊位70余个，主要经营蔬菜、肉类及其他农副产品，赶集人数千余人，年交易额800万元。

鸭嘴岩集市　鸭嘴岩集市始于清代，每逢农历每月四、九为赶集日，1990年市场上出现亦农亦商户153家，主要经营蔬菜、水果、肉类、鲜鱼、禽蛋及其他农副产品，年交易额3000万元。2010年划归中方县管辖。

第三章　商品经营

第一节　生产资料经营

一、工业生产资料经营

怀化市鹤城区工业生产资料由物资部门主管，专营工业生产资料。供销系统按照国家有关规定经营部分工业生产资料。废旧物资回收公司经营废旧金属、旧橡胶、旧轮胎、旧塑料；棉麻土产公司经营棉花及一些工业原料；日杂公司经营木材等品种。

1991—1997年，怀化市（县级）供销系统工业生产资料销售总额6604万元；1998—2010年，鹤城区供销系统工业生产资料销售总额2.1205亿元。1991—1997年，购销木材3510立方米。1991—1997年，销售废钢铁9580吨；1998—2010年，销售废钢铁8775吨。

二、农业生产资料销售

1987年前，怀化市（县级）农业生产资料供应，全部由供销社负责，供销社设农业生产资料公司，每个乡镇供销社设农资门市部、专柜和专业仓库。1992年，增设村级农资销售服务网点115个，直达村组和地头的化肥农药达1600吨。是年，全市供销系统农资商品销售额达1528万元，比1991年1317万元增长16%。其中化肥销售19145吨，比1991年18787吨增长2%。1993年，随着整个流通体制改革的深入，农资市场也随之放开。化肥、农药的生产企业、各乡镇植保站、土肥站、农技推广站及一些行政部门相继办起经济实体经营农资产品。财政、粮食、农业部门和蔬菜部门掌握的专项化肥一般不再通过农资公司和基层供销社，这些部门直接批发或零售。1995年2月，印发《关于加强农资市场管理，整顿农资流通秩序的通知》，组织以工商局为主的五大部门检查组，对辖内部分乡镇的农资市场进行检查整顿，及时查处和严厉打击非法经营农资商品的行为，混乱的农资市场秩序得以好转。是年，全市供销系统农资销售额达1608万元，比1994年的1240万元增长29.2%。1998年，国家放开化肥流通，打破以往由供销社独占农资市场的格局，供销社农资经营连年下降，经营农资的个体商户逐年增多，规模不断扩大。1999年，鹤城区供销系统农资销售额仅91万元，只有黄金坳、芦坪、凉亭坳、贺家田供销社经营农资商品，其余基本处于停业状态。2006—2007年，供销社所属农业生产资料公司、经济贸易公司（盈口供销社）、石门供销社经过长期的停业后相继改制。2008年，原农业生产资料公司职工经营的城南农资公司挂靠供销社，继续经营农资产品。是年，销售氮肥1370吨，碳酸氢氨850吨，磷肥600吨，钾肥950吨，复合肥600吨。

1991—1997年怀化市（县级）主要农业生产资料销售情况一览表

表6-3-1

年份	农资销售总额（万元）	尿素（吨）	碳铵（吨）	磷肥（吨）	钾肥（吨）	复合肥（吨）	化学农药（吨）	农药械（件）	农膜（吨）	柴油（吨）
1991	1346	4635	4166	5305	195	4488	238	4400	55	
1992	1508	4888	3332	4804	512	5614	235	3700	46	1249
1993	1316	3693	1677	3043	292	5804	236	4400	41	1084

续表 6-3-1

年份	农资销售总额（万元）	尿素(吨)	碳铵(吨)	磷肥(吨)	钾肥(吨)	复合肥(吨)	化学农药(吨)	农药械(件)	农膜(吨)	柴油(吨)
1994	1240	3440	1085	2008	893	4519	172	3280	34	453
1995	1608	3600	2180	3470	1038	3374	189	200	42	448
1996	1241	7588	2895	2475	1065	368	291	2800	21	786
1997	988	4698	3845	3824	272	3869	150	1600	16	186

1998—2010 年鹤城区主要农业生产资料销售情况一览表

表 6-3-2

年份	农资销售总额（万元）	尿素(吨)	碳铵(吨)	磷肥(吨)	钾肥(吨)	复合肥(吨)	化学农药(吨)	农药械(件)	农膜(吨)	柴油(吨)
1998	397	1001	376	522	452	411	13	—	—	24
1999	91	273	193	228	5	303	1	—	—	5
2000	121	388	138	281	7	615	5	—	1	—
2001	214	722	326	469	135	916	15	—	4	—
2002	216	754	137	62	64	490	21	—	1	—
2003	187	635	122	21	23	620	14	—	4	—
2004	—	580	—	100	60	410	6	—	7	—
2005	143	396	60	110	65	376	2	—	3	—
2006	—	850	105	123	237	1057	12	—	4	—
2007	2461	630	130	160	430	1665	5	—	3	—
2008	1957	1370	850	460	950	3180	10	—	4	—
2009	1145	1295	466	191	263	532	1	—	4	—
2010	1678	2550	650	399	800	700	—	—	—	—

第二节　生活资料经营

汽车、摩托车经销　20 世纪 80 年代，人们的交通工具主要是自行车。年轻人结婚礼物是“三转一响”，即手表、缝纫机、自行车和收音机。1991 年后，少数家庭开始购置摩托车、小汽车。2002—2010 年，境内红星路有汽车经销店 44 家，摩托车经销店 24 家。2008 年销售汽车 1.04 万辆，摩托车 7.223 万辆，总销售额 14.25 亿元。2009 年国家应对世界经济危机，在国内扩大内需，促进经济发展，进行汽摩销售补贴，推行“汽摩下乡”销售。是年，黄金坳、盈口、石门、杨村、芦坪、贺家田、凉亭坳、黄岩等乡镇共销售 1171 辆，政府财政补贴 104.32 万元。2010 年，向农民销售汽摩 23.04 万辆，国家财政补贴 216.37 万元。2010 年全区共销售各类汽车 2 万辆，其中，销往当地 1.6 万辆。城北街道办事处调查显示，2708 户中，拥有私家小车 231 辆。

家电经销　电器产品进入家庭，主要品种有彩色电视机、电风扇、空调、电冰箱、电磁炉、电饭锅、洗衣机、电取暖器等。1988 年，怀化市（县级）销售电视机 12728 台、收录机 5835 台、电风扇 21751 台、洗衣机 5215 台、电冰箱 1739 台。1991—1992 年，辖区内商业、供销系统销售电视机 27349 台、收录机 9779 台、电风扇 43248 台、录像机 2655 台、照相机 1508 部、电冰箱 7358 台。1994 年，嫩溪垅兴建怀化家电城，年销售额 6 亿元。2002 年，一部分经销商迁河西家电城，年吞吐量达 30 万台（件）。2007 年，怀化苏宁电器有限公司成立，年销售家电商品额近 2 亿元。2009 年，实行“家电下乡”，国家补贴政策，全年在辖内农村共销售家电 37657 台，销售额 6768.96 万元。2010 年销售 58286 台，销售额 1.23 亿元，政府财政补贴 453 万元。

20 世纪末，电脑进入普通居民家，2001 年，太平桥迎丰中路建银河电脑城，2006 年，红星路

2号修建福星数码广场，年销售各类电脑及配件总额近20亿元。

纺织品经销　1991—1992年，怀化市（县级）商业系统购进各类棉布480.47万米、汗衫背心49.13万件、棉毛衫裤128万件、卫生衫裤6.92万件以及各类服装71.48万件。1991—1992年，销售各类棉布322.66万米，为购进数的67.2%；汗衫背心37.35万件，为购进数的76.02%；棉毛衫裤31.38万件；卫生衫裤3.87万件，各类服装80.98万件，为购进数的113.3%。1993年后，逐步转为个体、私营企业经销，无统计资料。

食品副食品经销　1991—1992年，调进生猪2.95万头，鲜蛋264吨，水产品110吨。肉食水产品销售，1985年后，由肉食水产公司独家经销逐步改变为众多个体户与肉食水产品公司共同经销。1991—1992年，怀化市国有商业销售生猪2.62万头，鲜蛋919吨，水产品78吨。糖、酒副食品商品的经销，1990年前，主要由怀化市糖酒副食品公司负责营销。1991—1992年，怀化市商业系统购进食糖2136吨，各种卷烟239.04万条，各类酒15517吨。销售食糖4133吨，各种卷烟239.04万条，各类酒15517吨。各种卷烟30.15万条，各类酒3548吨。随着改革开放的深入，流通领域全面放开。国有商业企业独家经营人民生活资料的格局被打破。激烈的市场竞争，使商业企业经营每况愈下。1995年1—6月，商业系统营业收入额仅6108.7万元，比1994年同期7759.99万元下降21.28%，利润减少581.4万元，增亏661.4万元。1995年底，商业局辖属13家公司，有6家单位亏损，亏损最多的单位达70万元。经营方式的转变，商业企业商品经营额和商品购销量也无法准确统计。特别是1996年后，国有商业企业开始股份制改革，2001年后，又实行产权制度改革，商业企业全部实施改制，完全退出流通领域，商品经营业务终止。

专营品经营　食盐经营。1984年3月，成立湖南省盐业公司怀化公司，盐业实行专营。1989—1992年，怀化盐业公司采取预付和托收相结合的办法，扩大销售网点，开展多渠道、多层次供应。1993年，盐业系统深化企业内部改革，转换经营机制，坚持促销经营，确保食盐安全供应。怀化盐业公司按照国家《中华人民共和国盐业管理条例》《食盐加碘消除碘缺乏病危害管理条例》《食盐专营办法》和《湖南省食盐管理条例》加强盐业行政执法，制止和纠正盐业违法行为，查处工业用盐为食品用盐的违法行为，实行不准无证经销，不准销售散装食盐，一律采取350克的小包供应，在包装中按规定加碘元素，以防止甲亢病。食盐采取定点、定人经销、盐业公司专车配送。1994年后，食盐经营渠道放开。

卷烟经营。1984年5月，成立怀化市（县级）烟草局，1985—2000年烟草统一由烟草局独家经营。烟草经销户办理烟草经营许可证，方能经销。2000年以后，烟草统一由烟草公司配送，经销户填报进货单，烟草公司按进货单专业送货上门。2002年，怀化市实行“城网讲标准，农网讲实效”，启动农村远程pos系统，经销订单到户，送货上门。

石油经营。1990年9月，怀化石油公司由中方迁至市区迎丰东路。1993年前，辖内农用柴油由地、县层层下达指标，基层供销社负责供应。农用柴油主要用于抗旱、加工、打米以及拖拉机之用，其指标为专用，不得转移用途。随着改革开放的深入，允许私人搞长途运输，柴油汽油经销也随之放开，实行计划指标和高价经营双轨制。1993年后，石油流通放开，供销社退出石油经营市场，由各加油站经销各种汽油、柴油。2010年，鹤城区有加油站30个，其中，中石化公司辖13个，中石油公司辖7个，社会个体加油站10个。

第三节　农副土特产品经营

怀化市（县级）供销系统农副产品收购额自1991年后，逐年下降，1991年收购总额1091万元，1997年仅291万元，减少800万元，下降73.3%。主要农副产品的收购量同样呈下降，如柑橘，1991年收购量为3818吨，1997年仅129吨，减少3689吨，下降幅度达97%。1998年，鹤城区成立后，区供销系统的农副产品业务基本终结。

一、主要农副产品收购

棉花收购　1990年，收购达200吨以上。

1992年，国家放开全部二、三类农副产品，棉花属一类物资，仍由棉麻土产公司专营。政府为了保证棉花收购不打白条，市财委、市供销社、棉麻土产公司积极筹措资金，当年收购棉花245吨。随着国家对一类农副产品的逐步放开，供销系统的棉花年收购量逐年下降。1997年，仅收购87吨，较1991年，减幅63.8%。1991—1997年，怀化市（县级）供销系统共收购棉花1049吨。1998年，棉花主产区铜鼎乡划归中方县，鹤城区供销系统的棉花收购基本终结，1999年仅收购28吨。

茶叶收购 1991年，怀化市（县级）有桐木、牌楼、接龙、石宝、锦溪5个乡镇茶场，面积359亩，年产茶叶2万千克。1991—1993年，年收购量分列为8300千克、9310千克、1200千克。1994年后供销系统停止收购茶叶。

柑橘收购 1990年，怀化市（县级）有柑橘面积30787亩，当年收购柑橘3494吨。1991年收购量3818吨，创全地区供销系统柑橘收购最高纪录。随着流通体制改革的深入，1994年，供销系统柑橘收购业务快速滑坡，1997年仅收购129吨，比1991年降幅达97%。1991—1997年，供销系统累计收购柑橘11136吨。1998年后，供销系统无柑橘收购业务。

二、小土特产品收购

怀化属于山区兼丘陵地带，适合多种土特产的生长，湖南省供销社主管的小土特产品568种收购目录，境内出产的就有260多种。供销系统收购小土特产品的有干辣椒、棕片、蜂蜜、桐油、木炭、小杂竹、枳木条、杂木棒、杂柴和竹木副产品，还有主产于山区的野生纤维原料、野生中药材等。1992年，流通领域全面放开，二、三类农副产品由供销社独家经营的局面被彻底打破。1993年，供销社在内部实行社有民营，职工自主经营，很多收购部放弃了农副产品收购而改行做别的生意。1996年供销系统全面退出收购领域。供销系统1991—1995年收购小土特产品有木材4727立方米、牛皮84张、蚕茧5400千克、桐油1143吨、枳木条529吨、棕片66吨、干辣椒60吨、蜂蜜734千克、野生纤维671吨、木炭7084吨、小杂竹5427吨、杂木棒5275根、杂柴212吨、中药材58吨。

第四节 粮油经营

一、粮油购进

1991—1997年，境内粮油购销由粮食局管理。1991年，全国粮价改革，实行购销同价，境内粮食定购任务与供应平价化肥、柴油、发放预购定金挂钩。是年，全市粮食定购任务11725吨，实际收购11738吨。1992年，为调动农民种粮积极性，国务院决定再次提高粮食定购价。是年11月，粮价全面放开，当年入库定购粮11638吨。1993年，统购统销改为签订购销合同，与农户签订粮食收购经济合同，落实粮食定购任务12000吨，完成定购任务的60%，由粮食部门从外调入粮食完成入库任务。1994年，粮食经营实行政策性业务和商业性经营两条线运行机制，继续实行粮食定购，粮食收购由粮食部门统一经营，共收购粮食10932吨，完成任务95%。1995年，是中国实行“米袋子”省长负责制的第一年，也是粮食流通体制推行“双线”运行的第一年。境内粮食购销管理体制及财务管理体制改革全面展开。进行“三包一定”改革，即粮食定购包干、粮食销售包干、粮食调拨包干、一定三年不变。粮食定购任务既是国家任务，又是农民应尽的义务。是年底，入库定购粮食11500吨，较上年增加568吨，增幅5.2%。1996年，受粮油市场和自然灾害等影响，粮食收购面临不少困难，通过努力是年10月底，提前完成粮食定购粮入库11420吨，为地区分配任务101.5%。1998—2000年，国家粮食定购价普遍高于市场销售价，粮食收购预示着企业新的亏损。但为保护农民利益，切实执行好敞开收购农民余粮的政策，鹤城区粮食系统两个购销企业、11个点库做到常年敞开收购，随到随收，不拒收、不限收、不停收、不催收，做到依质论价，优质优价，共收购粮食10172.5吨。2003年，粮食企业改制全面展开，区粮食局按照“积极稳妥、循序渐进、逐步推行”的指导思想，对国有粮食企业进行改革，当年收购粮食1030吨。2004

年，实行“放开收购市场，直接补贴粮农，转换企业机制，维护市场秩序，加强宏观调控”的政策，实现粮食购销市场化和市场主体多元化。之后国家出台最低收购价政策，至2008年收购稳定在2000多吨。2009—2010年，域内粮食收购由于多方因素影响，收购量骤减至650吨左右。1991—2010年，共收购食油1.05万吨。

1991—1997年怀化市（县级）粮油收购销售情况一览表

表6-3-3

年度	收购（原粮，吨）	销售（贸易粮，吨）	收购食油（吨）	销售食油（吨）
1991	11738	29662	4285	209.3
1992	11638	19751	2199	106
1993	7200	11017	2186	107.75
1994	10932	52267	931	1211
1995	11500	22333	250	2.5
1996	11420	2345	250	4.2
1997	15848	8020	取消食油定购任务	4.85

1998—2010年鹤城区粮油收购销售情况一览表

表6-3-4

年度	收购（原粮，吨）	销售（贸易粮，吨）	收购食油（吨）	销售食油（吨）
1998	2230	16143	无收购	5.6
1999	3372	16143	无收购	6.8
2000	4171	28404	无收购	10.5
2001	10306	11263	无收购	10.9
2002	1375	8398	无收购	11.8
2003	1030	2237	无收购	17.05
2004	2000	2010	1.5	18
2005	2079	2407	无收购	16.2
2006	2150	8612	16.75	80
2007	1258	2500	53.95	190.3
2008	2240	3100	83.45	337.95
2009	697	538	237.1	573.05
2010	652	705	无数据	625.45

二、粮油销售

1991年1月，国务院颁发《关于调整粮食购销政策有关问题的通知》，确定在“八五”期间，粮食工作坚持计划经济与市场调节相结合，粮食体制改革由传统的统购统销体制向市场体制转变。1991年5月，国家决定对粮油统销价格作出调整，稻谷平均50千克提价10元，提价幅度达67%。境内当年共销平价贸易粮29662吨。1992年起，全面放开粮食售价，取消城乡居民定量粮油平价供应和农村粮食统定统销平价供应，各种粮票、粮券指标、划拨证、居民粮证结存的粮油指标不再流通，当年共销平价贸易粮19751吨。1993年，粮食企业转体，粮食贸易步入市场，全年粮食系统共调入粮食10116吨，食油1631.6吨；批发粮食11017吨，零售45856吨。1994—1997年，粮食生产流通体制实行“米袋子”省长负责制，继续实行政策性业务和商业性经营“双线运行”。1994年粮食销售价格每斤标二早籼米0.87元，标二中籼米0.97元，大米销售按国家质量标准划分为标二、标一、特制米三个等级，等级差价全省统一规定每斤0.05元。当年粮食销售52267吨，食油1211.2吨。安排农村灾销粮3550吨，水淹区移民粮287吨，解决205个村，1486个组，24879户，87454人的缺粮问题。1995年，销售定量限价供应的粮食22333吨。1996年，随着粮食体制改革，粮油调运由送货制改为接货制，农村售粮每50千克早籼稻谷57.2元，中籼稻谷60.1元。大米按国家定购现行挂牌价降低3元定价。1997年，由于粮食产量增加，供大于求，市场粮价下跌，粮食销售不畅，全年销售粮食8020吨。

1998年，鹤城区设立后。粮食销售惨淡，库存大量积压，收购仓容严重短缺。为减轻粮食库存压力，缓解新粮收购仓容紧张的矛盾，提倡吃“皇粮”的机关企事业单位干部职工买“皇粮”吃；大中院校、技校、集体就餐的中学食堂，统一从粮食部门购粮。动员区内以粮食为原料的餐饮、酿造、饲料、制药、食品加工行业等用粮单位采购消化区内粮食，全年销售粮食42103吨。2000年，根据非农业人口、事业用粮、水库淹没区人口等方面情况，严格执行计划、限价限量供应粮食，全年销售粮食28404吨。2002年，粮食购销体制改革，以粮食购销市场化为取向，保护主产区，放开销区，稳定储备，全年销售粮食8398吨。2003年，粮食企业全面改制，实行粮食产业化经营，粮食企业面向市场，转换机制、保障市场供应、维护市场稳定。

1991—1997年，怀化市（县级）销售14.5395万吨，1998—2010年，鹤城区销售10.206万吨。累计销售食油3549.2吨，其中，1991—1997年，怀化市（县级）销售1645.6吨，1998—2010年，鹤城区销售1903.6吨。

鹤城区粮食企业2003年全面改制。2004年，粮食流通领域从事粮油经营批发户有46户，从业人员138人，从事粮油私营企业10家，粮油零售店有410家。

第五节　物资经营

一、物资经销

1990年后，域内物资经销单位有物资系统经营机构、各类个体、私营及民营企业。物资经销方式除市物资系统仍有部分物资有少量的计划分配外，绝大多数物资完全实行市场调节。1990—1994年，怀化市（县级）物资系统经营机构经销的物资主要品种有钢材、水泥、汽车、轮胎及各种轻化建材等。购进钢材22677吨、水泥15802吨、汽车389辆、轮胎31156套、机电设备购进额1998万元。销售钢材22498吨、水泥15939吨、汽车387辆、轮胎29033套、各种机电设备销售额2855万元。1994年后，物资系统经营机构逐渐淡出物资经销市场，物资经销由个体、民营企业所替代，物资经销全面市场化。1996年，宝庆集团来怀兴建河西德天建材市场后，城区各类建材市场应运而生，这些市场承担了各类建材物资的经销。各类建材经营户1100户，年销售额14亿元。城区钢材市场多集中于火车南站一带，有50多家经销商。2010年，销售各类钢材80万吨，销售额达35亿元，创税收1200万元，带动就业4000人。

1990—1994年怀化市（县级）物资系统主要物资购进情况一览表

表6-3-5

项目及物资名称	1990年	1991年	1992年	1993年	1994年	合计
钢材（吨）	2744	4350	6434	5959	3190	22677
其中国家合同	—	796	391	136	—	1323
计划分配	436	—	—	—	—	436
自行组织	2308	3554	6043	5823	3190	20918
水泥（吨）	2805	3896	5636	3465	—	15802
其中计划分配	176	100	—	—	—	276
自行组织	2629	3796	5636	3465	—	15526
轮胎（套）	4212	9146	9969	7829	—	31156
自行组织	4212	9146	9969	7829	—	31156
汽车（辆）	21	80	114	89	85	389
其中计划分配	—	—	4	10	—	14
自行组织	21	80	110	79	85	375

续表 6-3-5

项目及物资名称	1990 年	1991 年	1992 年	1993 年	1994 年	合计
机电设备（万元）	322	653	907	116	—	1998
其中计划分配	—	—	—	91	—	91
自行组织	322	653	907	25	—	1907

1990—1994 年怀化市（县级）物资系统主要物资销售情况一览表

表 6-3-6

项目及物资名称	1990 年	1991 年	1992 年	1993 年	1994 年	合计
钢材（吨）	2634	4366	6709	5273	3516	22498
其中按指	864	325	147	14	0	1350
直拨	186	391	639	0	0	1216
自销	1584	3650	5923	5259	3516	19932
水泥（吨）	3164	3896	5636	3243	0	15939
其中按指	500	0	0	0	0	500
直拨	128	140	1219	0	0	1487
自销	2536	3756	4417	3243	0	13952
轮胎（套）	4432	8322	8954	7325	0	29033
其中按指	0	0	0	0	0	0
直拨	0	0	0	0	0	0
自销	4432	8322	8954	7325	0	29033
汽车（辆）	25	79	110	81	92	387
其中按指	8	0	2	0	0	10
直拨	0	0	0	0	0	0
自销	17	79	108	81	92	377
机电设备（万元）	377	647	890	941	未统	2855
其中按指	55	0	21	0	未统	76
直拨	0	0	0	0	未统	0
自销	322	647	869	941	未统	2779

说明：1. 按指是按计划指标销售；2. 直拨是就厂就站直接销售；3. 自销是物资系统自行销售

2002 年，汽车摩托车经销成为鹤城区物资经销的闪光点。汽车摩托车市场兴起。至 2008 年，各类汽贸市场销售各类汽车、摩托车 82630 辆，其中汽车 10400 辆，销售额达 14.25 亿元，实现车辆购置税 1.14 亿元，增值税 997 万元。2009 年，销售汽车 2 万辆，其中，销往外地 4000 辆，销售总额达 18 亿元，实现车辆购置税收 1.8 亿元，车辆保险费 2.2 亿元。带动汽车配件销售额过亿元。销售摩托车 9.3 万台，销售额 4.6 亿元。

民用爆破器材专营公司自 1999 年成立后，克服困难，积极深入渝怀铁路和高速公路项目部签订爆破器材销售、配送、储存服务合同。1999—2010 年，民爆器材销售额达 5160.3 万元，2010 年实现利税 126.1 万元，其中，净利润 11.9 万元。

二、废旧物资经营

1998 年，鹤城区供销社废旧物资回收利用公司，经营的废旧物资共有 75 个大类，1400 多个品种。1999 年，区供销系统废旧物资收购总额由 1991 年的 205 万元下降到 23 万元。废钢铁回收由 1991 年的 1467 吨下降到 253 吨。2003—2005 年，废旧物资回收业务量开始回升，2005 年，废旧物资收购总额达 2800 万元。废钢铁收购量也回升至 1000 吨以上。2007 年，供销系统全面改制，废旧物资回收业务终结。全区的废旧物资收购由个体或私营企业经营。

第四章 餐饮服务业

独特的交通、区位优势，促使怀化市鹤城区社会服务行业快速发展，宾馆、旅社、招待所、旅行社等旅馆业，酒店、饭店、小吃、冷饮店等餐饮业，美容美发、洗浴洗涤、照相摄影、修理服务、文印广告等服务业，遍布城区大街小巷。其数量由少到多，规模由小到大，品位由低档向高档发展。统计口径中的服务业，2010年国内生产总值为174.76亿元，三次产业占比为63.85%，住宿和餐饮业总值6.06亿元。

第一节 酒店餐饮业

1991年前，怀化市（县级）餐饮业以个体小饭店为主，辅之有少量酒店。较有名气的有宴宾、怀苑、雅泰、石林、华光等酒店（楼）。1991年后，各路商贾云集怀化经商，企业入驻，人口剧增，餐饮业迅速发展。火车站、汽车站、学校、医院、各类市场，特别是农贸市场周边各种粉面馆、饭店、小推车摊点等饮食争奇斗艳，生意红火。2010年，鹤城区城区从事餐饮业的有1848家，其中，各种粉面馆415家，各类饭店593家。各种酒店196家，小吃店（点）186家，各种小推车饮食摊98部（个），从业人员逾1.53万人。

2010年鹤城区城区饮食业分布一览表

表6-4-1

单位：个

地　段	粉面馆	饭店餐馆	小吃点	小吃车摊
城东新区	26	32	3	—
迎丰东路石门路	18	24	—	—
迎丰东路	9	11	3	5
迎丰中路	14	11	7	—
迎丰西路	13	31	9	17
怀西路	17	25	1	4
人民南路	7	10	6	—
鹤州北路	1	1	1	—
鹤州南路	8	10	5	—
梨园路	4	4	2	—
富程路	2	—	—	—
榆市路	21	31	9	—
潕水路	7	7	1	5
茶园路东路	1	3	—	—
茶园西路	11	5	8	11
嫩溪垅东路	5	9	0	12
嫩溪垅西路	6	14	—	—
裕丰巷	4	2	—	21

续表 6-4-1

地段	粉面馆	饭店餐馆	小吃点	小吃车摊
西都巷	2	2	—	—
四方巷	—	7	—	—
北中坡山路	4	4	—	—
铁北南路	8	8	2	—
铁北中路	13	15	14	—
铁北北路	4	3	3	—
怀北路	21	16	9	—
府星路	12	13	4	—
天星中路	—	2	2	—
天星西路	—	6	—	—
顺天大道	8	18	1	—
锦溪北路	18	19	8	—
锦溪南路	17	27	5	—
湖天花溪路	11	6	7	—
湖天玉溪路	4	6	2	—
湖天云集路	9	22	4	—
湖天云集路西段	1	5	—	—
湖天香州路	10	18	5	—
湖天锦园路	11	30	21	—
湖天锦园居巷	3	2	3	—
湖天锦丰巷	—	—	1	—
湖天正旺巷	2	2	1	—
湖天南大道	1	10	—	—
湖天正清路	8	17	5	—
怀化一中门口路	5	1	1	7
城北瑞丰路	3	7	4	—
三角坪上吉巷	5	8	2	—
红星南路	33	36	11	3
城南本业道	1	5	—	13
沿河路	9	15	5	—
永济路	2	—	—	—
怀北路南段	4	5	2	—
河西舞阳大道	2	4	1	—
河西滨江北路	1	11	2	—
河西宝庆路	—	—	—	—
河西德善路	1	4	1	—
河西万兴路	1	6	1	—
河西神龙路	4	2	3	—
河西凤园路	1	—	—	—
河西金利路	—	—	—	—
河西政通路	—	—	—	—
锦溪路分平安路	3	1	1	—
合计	415	593	186	98

第二节　旅馆业

1991年后，怀化市（县级）旅馆业竞争日益激烈。城区旅社繁多，各乡（镇）供销社也都附设招待所，城区和乡（镇）有大小旅社近百家。上档次的有人民路人民旅社、火车站旅社（后改为雪峰大厦）、潕水路东风旅社、人防旅社等。1992年，以铁路企业为实体的铁道宾馆在火车站旁开业，为怀化市首家三星级宾馆。继铁道宾馆开业后，怀化地区第一招待所、第二招待所先后更名为迎宾馆（第一次名怀园宾馆）、西南宾馆，鹤城区政府招待所更名为鹤城宾馆，80305部队招待所更名为怀荣宾馆。随后有怀化宾馆、怀林宾馆、长城宾馆、绿源宾馆、金苑宾馆、河西的宝庆宾馆、金桥宾馆、金鼎宾馆相继建成开业。2002年，境内开始出现经营方式灵活，价格较为合理，服务态度热情的家庭宾馆。2010年，鹤城区城区有各类宾馆123家。其中，三星级宾馆有怀化迎宾馆、西南宾馆、金苑宾馆、铁道宾馆、怀化宾馆。家庭宾馆75家。此外，还有小型旅社、招待所15家。

怀化华天大酒店　2005年动工，2008年4月2日正式对外营业，投资近2亿元。是怀化唯一一家五星级标准酒店，位于迎丰西路。酒店是怀化市标志性建筑，主楼高27层，总建筑面积6万平方米，有员工400余人。有大型地上、地下停车场，能同时容纳车辆300余辆。有豪华客房399间，品味高雅，房间配备中央空调、卫浴、闭路电视、宽带网络、国际国内直拨电话、商务电脑。酒店配备商务中心、洗衣中心、叫醒服务、贵重物品保险柜和大巴车辆租赁等一系列服务。有中、西餐馆和豪华包厢以及同时容纳1000人的用餐大厅，特聘大师主理湘菜和天下美食。酒店还设有棋牌、足浴、保健按摩、KTV、桑拿中心。

怀化大酒店　位于火车站广场西侧，1998年修建，2000年11月1日开业。占地8000平方米，主楼高21层，为三星级酒店，258张床位，有豪华商务会议室，有多功能宴会厅，有高档桑拿健身中心，有大型室内停车场。

王府大酒店　是一家三星级豪华酒店，主楼高49.8米，共14层，总建筑面积1万平方米，该酒店位于火车站东侧。酒店集客房、餐饮、休闲、会议接待功能于一体，有128间豪华客房、标准房、商务房、休闲房、豪华套房和丽人房。有风格独特的餐厅，有精致的湘菜，口味正宗，18小时送餐服务。

旺源·天凯大酒店　隶属怀化天凯房地产集团，位于河西舞阳大道168号。酒店主楼高8层，占地面积2000平方米，气势宏伟，风格独特，集现代化装饰和民俗传统于一体，采用全电脑智能化管理，中央空调及观光电梯。可为国内外宾客、旅游团队、商务洽谈，提供客房、餐饮、娱乐、休闲健身等全方位服务。是怀化对外开放的标志性建筑和一家由民营企业合资兴建的高档次、现代化的商务型精品酒店。酒店一楼为大堂，豪华明亮，设有服务总台、商务中心、程控电话、外设中型停车场多种服务项目；二楼是集各种美味佳肴于一体的中西式餐厅，可供200人同时用餐，餐厅为怀化河西一家观光式茶餐厅，可览河西风貌、潕水夜景。餐厅包房以湘菜为主，川粤菜搭配，冷热兼备，色鲜味美，厨师实力雄厚，热情的吧师将随时为宾客提供各色美酒及西式佳肴。酒店客房陈设高雅，温馨舒适，分设在3—7楼，有豪华单人间、豪华双人间、豪华商务单人间、豪华商务标准间、豪华3人间共10余间（套），床位70张，设有可容纳10~20人的小型商务会议室。

明珠大酒店　隶属于明珠实业有限公司，由广州星期天酒店管理协会管理，是怀化唯一四星级涉外酒店，位于潕水一桥桥头。酒店主楼高17层，拥有包括行政套房、残疾人房间在内的普通客房100间（套）、豪华客房100间（套）。房间内设中央空调，IDD国际电话、卫星电视、因特网通信等设施一应俱全；各式餐厅、咖啡厅、酒吧、多功能厅8个；豪华仿古包房11间，商务中心、花店、书店、商场、票务中心、美容洗浴中心等各种配套设施齐全。酒店于2002年1 0月8日启动二期工程，分别设置近万平方米的桥头绿化广场，同时容纳1000人的现代化会议室，一次性可容纳600人就餐餐厅，还设有网球场，水上娱乐中心等。

2010年鹤城区城区酒店分布一览表

表6-4-2　　　　单位：家

地　段	酒店数量	酒　店　名　称
富程路	2	夜湘石锅美食坊、天宏大酒楼
城东新区	6	煌族国际大酒店、天恒唐人酒吧、仁仁缘酒楼、宜园食府、莲珠酒家、倚天成大酒店
锦溪北路	2	长城大酒店、文华大酒店
锦溪南路	2	鸿锦酒店、瑶乡农夫酒家
嫩溪垅东路	1	7天连锁酒店
怀西路	4	爵士精品酒店、金爵大酒店、星期天连锁酒店、四季酒店
迎丰东路	8	金铭商务酒店、回味酒店、星期天精品酒店、日升酒店、顺天酒店、裕和商务酒店、晨龙如家酒店、鸿顺美食城
迎丰中路	4	皇庭大酒店、山泉商务酒店、星尚·金苑酒店、湘水人家
湖天玉溪路	1	湘州酒店
湖天花溪路	2	武陵城大酒店、唯度现代精品酒店
石门路	3	瑧朋酒楼、帝槐时尚酒楼、华祥大酒家
湖天云集路	1	希思塔尔精致酒店
正清路	5	佳晨商旅酒店、味全大酒店、德隆大酒店、湘西大佬厨酒店、善行天下
迎丰西路	15	丽景酒店、晨龙168酒店、金丰大酒店、君源华天大酒店、琼天大酒店、国贸大酒楼、怀化大酒店、峻达大酒店、世雄大酒店、枫丹百露大酒店、丽都大酒店、怀铁大酒店、王府大酒店、凯奇快捷酒店、华光食府
红星南路	6	邹太婆大碗菜红星店、神龙迷你酒店、热带雨林酒店、华光酒楼、朝辉大酒店、湘缘食府
顺天大道	3	斕雅轩酒店、明华世家酒店、泓完酒楼
潕水路	5	福丽华大酒店、王朝食府、人民公社食堂、重庆陶然居风味庄、维多利亚中西餐厅
府星路	1	富豪大酒店
榆市路	8	今天连锁酒店、红辣子食府、宏丰酒楼、锦都酒店、绿色时尚酒店、乡里人家、天合大酒店、恒达酒楼
河西舞阳大道	4	明珠大酒店、天府大酒店、宝缘酒楼、天凯大酒店
河西凤园路	1	衡阳人家酒店
河西德善路	2	壹号商务酒楼、鸿业大酒店
河西神龙路	3	金禹大酒店、鸿锦大酒店、更生酒楼
河西天星西路	3	华庭酒店、鑫宇中西餐厅、火龙食府
沿河路	8	炉老大食府、红丰酒楼、福星海鲜楼、中粮大酒店、湘聚缘酒楼、静宇酒楼、宏兴大酒店、鸿业大酒店
顺天南路	1	园中园大酒店
铁北南路	2	边城风味楼、星期天假日酒店
铁北中路	2	金箔金酒店、华辉酒楼
铁北北路	1	力力渔港
怀北路	1	天湘缘酒楼
湖天锦园路	7	御景园会所酒店、宏旺酒店、我爱酒店、品诺轩中西餐厅、重拳酒吧、鸿湖精品酒店武陵城酒店
湖天锦园居巷	2	紫廷精品酒店、灶火锅柴火渔馆
湖天锦丰巷	1	沐微酒吧
湖天南大道	4	扶凤酒楼、宜家休闲公寓、百世大酒店、红门大酒店
天星中路	5	凯乐迪大酒店、天星假日酒店、爱上酒吧、风源海鲜楼、邵怀酒楼
合　计	196	

2010年鹤城区城区宾馆分布一览表

表6-4-3 单位：家

地　段	宾馆数量	宾　馆　名　称
石门路	2	战旗宾馆、金都宾馆
梨园路	3	鑫源宾馆、新苑宾馆、朝阳宾馆
富程路	1	上上宾馆
城东新区	5	君成宾馆、天地宾馆、惠群宾馆、金帝宾馆、宜园宾馆
锦溪北路	2	天天居宾馆、崇文宾馆
锦溪南路	4	阳光宾馆、恒骏宾馆、泉记平价宾馆、万代宾馆
裕丰巷	1	金城商务宾馆
怀西路	9	禧达商务宾馆、9天宾馆、蓝雅宾馆、嘉实宾馆、新悦快捷宾馆、万豪宾馆、都利宾馆、宏泰宾馆、鑫雨宾馆
迎丰东路	6	金都宾馆、城东宾馆、东都宾馆、晨龙宾馆、凯天宾馆、凯威宾馆
湖天玉溪路	1	金辉宾馆
湖天锦园路	2	华林宾馆、金辉时尚宾馆
云集路	1	枫林宾馆
正清路	5	飞龙宾馆、香洲宾馆、美程宾馆、谐和宾馆、兴达宾馆
迎丰中路	4	法苑宾馆、益鑫宾馆、西南宾馆、地委院内迎宾馆
迎丰西路	13	金苹果、阳阳、千寻、天府、绿园、希达尔、方园商务、怀荣、雄风、怀化、怀仁、中意快捷、怀林
红星南路	16	同缘、汽配、红星、金豪、铂金、财源、都顺、春天凯禧、华辉、新城、爵世风华、怀南、汽贸、百姓福、新世代、9天快捷
顺天大道	1	金缇香宾馆
潕水路	5	尚品宾馆、晨龙宾馆、万豪快捷宾馆、凯瑞达宾馆、365快捷宾馆
鹤洲北路	5	金源宾馆、鹤洲宾馆、华丽时尚宾馆、巴厘岛快捷宾馆、白天鹅宾馆
人民南路	10	锦华宾馆、洞天宾馆、春天时尚宾馆、紫缘宾馆、宝庆快捷宾馆、春天快捷宾馆、永兴宾馆、通达宾馆、花园宾馆、军人接待站
府星路	2	富临商务宾馆、嘉宴宾馆
榆市路	10	金星宾馆、杨氏365快捷宾馆、长城宾馆、旭日宾馆、福星快捷宾馆、嘉宾宾馆、金花园宾馆、金帝宾馆、金泰宾馆、康乐宾馆
上吉巷	1	金福宾馆
舞阳大道	4	金华宾馆、逸臣宾馆、宝庆宾馆、顺达宾馆
河西宝庆路	1	海洋时尚宾馆
河西德善路	1	金雨宾馆
河西万兴路	1	和谐宾馆
河西天星西路	2	7天快捷宾馆、黄金岛宾馆
鹤洲南路	1	商务宾馆
铁北中路	1	城北铁路宾馆
怀北路	3	怀鑫宾馆、新佳宾馆、源辉商务宾馆
合　计	123	

2010年鹤城区家庭宾馆分布一览表

表6-4-4 单位：家

地段	宾馆数量	宾馆名称
城东新区	1	金溪
锦溪南路	3	丽竹苑、顺和、欣蘭
武陵路	3	子缘、大发、星辉
嫩溪垅西路	6	和谐、半边天、华意、富翔、实惠、永发
富程路	2	威虎山、惠丰
裕丰苑	13	丽苑、实惠、佳强、华鑫、金源、金龙、宏远、魏星、民族、辰溪、惠通、金泉、云山
嫩溪西都巷	3	丽城、长泰、建华
怀西路	3	西站口、安居、159号
湖天花溪路	1	佳明
湖天玉政路	1	绍刚
湖天云集路	1	云华苑
湖天正清路	1	春兰
迎丰中路	1	宏慧
迎丰西路	6	宏光、晓晓、唐老鸭、国贸、惠丰、爱民
红星南路	4	汽配、怡鸿、雪儿、湖天
㵲水路	5	新三和、金泰、天龙、天宏、众鑫
茶园西路	1	天星
茶园东路	1	兴隆
鹤洲北路	2	怀化第一、迎宾
府星路	2	大福、瑶乡
榆市路	4	星源、满意、吉星、金山
上吉巷	1	兴隆
河西滨洒北路	1	商城
河西宝庆路	1	百货城
河西德善路	2	金鹤、恒兴
河西万兴路	1	金鑫
河西神龙路	1	神龙
城南本业大道	2	惠平、锦海
铁北南路	2	无各、慧林
怀北路	1	长虹
合计	75	

天庆大酒店 隶属天庆集团旗下，位于舞阳大道与德善路交会处，是一家四星级酒店。主楼高25层，建筑面积2.5万平方米，拥有99间客房，设有大型地下停车场，配有豪华餐饮包厢，还有独特的观光西餐厅。设计时尚高雅、现代的会议设施和完善高档的宴会场所。

2010 年鹤城区旅社、招待所分布一览

表 6-4-5　　　　单位：家

地　段	宾馆数量	宾　馆　名　称
嫩溪垅东路	2	邵怀招待所、湘春招待所
嫩溪垅四方巷	1	贵州万山招待所
怀西路	1	惠源招待所
鹤州北路	1	华霞招待所
榆市路	4	红楼旅馆、书院旅社、荣乐招待所、城中旅社
上吉巷	2	常乐旅社、华缘旅馆
宝庆路	1	河西招待所
迎丰西路	3	沅陵旅社、流连旅社、宏源招待所
合　计	15	

怀化迎宾馆　隶属怀化市委办公室，是市委、市政府主要的接待型星级宾馆，坐落在怀化市委大院内。宾馆拥有高中档客房 100 余间，设施齐全，配备中央空调、国内国际长途直拨电话，门锁采用 TM 卡电子感应锁。有各式宴会厅、西餐厅、中餐厅 11 间，餐位 460 多个，可接待各种类型宴席、酒会，供应名菜美点和湘、粤、川等菜系。配套服务项目有歌舞厅、美发厅、大型停车场。

西南宾馆　1979 年从安江镇迁入，为黔阳地区行署招待所。位于怀化市迎丰中路 328 号。1993 年，招待所投资 500 万元进行改造，更名为湖南省怀化地区西南宾馆。1997 年 8 月，宾馆进行了第二次改造，建成了豪华的宴会大厅，同时建成了怀化地区一流水准的 2 个分别可容纳 360 人、120 人的会议大厅。增设美容美发厅、医务室、商场、商务中心等设施。2000 年始，属“三星级旅游涉外饭店”。西南宾馆拥有高、中、低档各类套房、豪华单间及标准房共 132 间（套）；各种大、中、小会议室 8 个，有中西餐厅、咖啡西餐厅、10 个豪华型 KTV 包房和 1 个超豪华的“西南第一包”，16 个具有诗情画意的玉食宫包房、同时容纳 600 多人就餐。有购物、保健桑拿、美容美发、卡拉 OK 厅、英式台球、保龄球、出租车队、商务中心、票务中心、停车场等综合服务设施。1997 年以来，成功接待了省部级会议 50 余次；接待了美国、德国、日本等 15 个国家 200 余人次外宾。

怀化金苑宾馆　宾馆位于怀化市中心繁华路段迎丰中路与红星路交叉口东北角，环境优美、交通便捷。宾馆主楼高 14 层，裙楼高 8 层；内设有 100 多车位的大型停车场，配有大型中央空调系统、豪华电梯、直拨国内国际先进通信设备、多频道闭路电视系统；拥有各类豪华客房 100 余套，大小会议室多间。宾馆一楼设有邮电所、商务中心、咖啡厅及大型商场；二楼有豪华餐厅和大小雅座。可承办各种规格档次的宴席和接待各种会议，提供可口的湘、粤、川等风味菜肴和精美的早晚茶系列；三楼提供美容美发等服务。

怀化宝庆宾馆　隶属于怀化宝庆集团有限公司，地处怀化繁华的河西新区。宾馆集住宿、饮食、娱乐、休闲为一体，设有高中档各类客房 72 间，共 150 个床位。宾馆设有中央空调，高雅舒适的客房，设施齐备的豪华 KTV 包房；拥有新式的高档家具，闭路电视、电话，成套的消防报警、喷淋设施及大型会议室。

第三节　休闲服务

一、洗浴保健

1992 年，怀化市（县级）国际大酒店（坐落在人民南路中心市场西侧）开始开展桑拿按摩、跳舞、唱歌等休闲娱乐服务。后城区先后兴起保健按摩、桑拿浴、盐浴、桶浴、洗脚、修脚、理发按摩、盲人医疗按摩等休闲服务项目。2010年，城区有各类休闲服务场所92家。其中，有多功能休闲场所33家，有足浴休闲场所23家，有专业洗脚修脚场所7家，有专业保健按摩场所14家，有专业洗浴场所4家，有保健养生休闲场所4家，有专业娱乐休闲场所2家，有盲人按摩店5家。除以上休闲服务网点外，各宾馆、旅馆还附设有保健按摩等休闲服务项目。

二、美容美发

怀化市鹤城区的理发行业自改革开放后，逐步向美容美发、美体、养生等方面发展，各种现代化理发店，美容美发店、养体店及会所遍布城区大街小巷及各乡镇市场，仅城区拥有各式理发店69家，各式美容美发店222家，总计291家。

三、洗涤

为适应人们对衣服着装的保洁，专门的洗涤保洁服务项目应运而生。2010年，城区有各类洗涤门店49家。各乡镇市场的缝纫店也配有类似的干洗机械，为乡村居民的着装进行保洁。

四、摄影

随着改革开放的深入，人们生活品位的提高，照相业随之蓬勃发展，照相网点逐步增多，照相技术迅速转变且提高，从使用胶卷、底片照相到运用数码照相，从照相发展到摄影。从简单的生活照发展到婚纱摄影、儿童摄影等项目。2010年，城区有各类照相、摄影、扩印门店40家，其中，有婚纱摄影门店6家，儿童摄影门店6家。

第四节　其他服务业

修理服务　2010年，城区有修理服务门店149家，其中，家电维修门店24家，汽车修理厂（店、行）74家，摩托车修理店（部）36家，不锈钢修理加工店3家，其他修理店22家。家电维修和摩托车修理在城区各路段均设有门店。

中介服务　2010年，城区有中介服务业10家。其中，劳务中介业有怀化市万和家政服务有限责任公司、怀化鹤桥信息中心、怡桥信息劳务中心、城北家政服务中心、洁净美家政服务中心、湘爱月嫂服务中心、博洁家政中心。婚姻介绍业有怀化市金缘婚介中心、圆缘婚介所、鹊桥婚介所。

电脑文印服务　2010年，城区有电脑文印广告服务门店（部）93家。其中多为电脑文印广告综合服务，专门从事文印服务的仅3家。

其他服务　2010年，鹤城区还有擦鞋、修锁、开锁服务以及婚庆、礼仪策划服务19家，擦鞋门店17家。

第五章　对外经贸

第一节　对外贸易与经济技术协作

一、对外出口贸易

1991—1997年，怀化市（县级）经营出口的企业有床单厂、内衣厂、花岗石材厂、机床厂、瓷厂、中方斗笠厂等，出口商品有文化衫、坯布、内衣、床单、硅锰合金、电解金属锰、花岗石材、牛头刨床、菜板、榉木、羽绒、斗笠、瓷器、维肤膏、立颖香料等。1995—1997年，三年出口创汇1265.3万美元。1998年，怀化市（县级）出口商品中的中方斗笠、电解金属锰、榉木等商品归属中方县。鹤城区外贸系统根据新形势，立足实际，不断改善企业出口经营环境，促使企业开拓国际市场。1998年，鹤城区在保持原有出口商品的基础上，增加单宁酸出口，创汇96.2万美元，工业硅创汇85万美元，铬铁创汇41.3万美元，当年实现出口创汇419.2万美元。1999年，由于区属针织厂、内衣厂、床单厂先后改制，导致原出口商品文化衫、坯布、内衣、床单等退出出口领域，鹤城区出口贸易面临严峻考验。2000年，先后增加黄岩天麻、华亚数控机床、铁合金等商品出口。1998—2010年，鹤城区出口贸易总额1948.9万美元，年均出口额149.9万美元。

进口贸易，1997年，怀化市进口贸易额690万美元，1998—2010年，鹤城区进口贸易额7884.4万美元。主要进口商品有湖南莱孚铝业有限公司生产所需氧化铝粉，怀化正大饲料有限公司生产所需豆粕及鱼粉。

二、经济技术协作

1992年，怀化市（县级）召开第二届横向经济联谊会，共签订协议、意向项目15个，协议引资8867万元。同年，参加湖南省西部地区第六届商品交易会，商品交易成交额1.17亿元，首次突破亿元大关。1995年，参加湖南省第五届对外经济贸易洽谈会，签订6个外资项目，2个土地转让合同，1个内联项目。签订利用外资项目2个，投资额6068万美元，其中，合同利用外资5780万美元，是历届港交会利用外资额总和的7倍。1997年，参加怀化'97商品交易会暨经贸洽谈会，1991—1997年，内联引资项目67个。

1998年，鹤城区政府把经济技术合作工作列入重要议事日程，科学研究决策，精心组织领导。政府和有关职能部门及相关企业多次参加省、市和全国性各种招商、经贸、投资洽谈、贸易展览、商品博览等会议，利用外来资金及技术，促进区域经济快速发展。1998—2010年，鹤城区先后派员参加中国对外经济贸易与合作洽谈会、越南国际贸易展览会、深圳投资洽谈会、中美经济合作湖南洽谈会及湘粤、湘浙、湘渝、湘沪及湘港经贸洽谈会、湖南西部经贸洽谈会、怀化农博会等经贸投资洽谈、商品展销活动近50次。共签约项目145个。

在经济技术协作方面，1998年，鹤城区针织厂向美国塞斑UTC制衣公司派出19名技工传授内衣制作技术。1998—2006年，鹤城区向国外劳务输出415人，其中，属中高级技工39人。1998—2002年鹤城区举办人才招聘会118次，有1.2万人次进入市场求职登记，为2712人在区内实现就业，为沿海城市及区外输送各类人才2062人。

第二节 招商引资

一、招商引资政策

怀化市（县级）的招商引资源于1984年。是年8月，颁发《怀化市振兴经济的若干特殊措施》。措施就对外开放、引进人才、引进资金等方面制定若干具体优惠政策。1988年，颁发《关于对外地来怀化办厂开店者实行优惠的规定》《怀化市关于引进技术、人才、资金的若干规定》《关于加快怀化市开放开发步伐的若干政策规定》。1991年，颁发《关于对外来怀化办厂实行优惠政策的若干具体规定》，1992年11月9日，颁发《关于加速发展个体、私营经济的决定》。1993年4月，颁发《关于加快个体私营经济发展的若干规定》，1996年5月，颁发《关于进一步发展民营经济的若干规定》。1999年1月，城东新区出台6条投资政策，2002年为鸭岩工业园区建设专门制定优惠政策。2006年，颁发《关于进一步加大招商引资力度鼓励外来投资的若干规定》。对外来投资者来怀经商、办厂、开店等在土地使用、税收、信贷、安家落户等方面出台了若干优惠政策。

用地政策 凡在城区开发、办厂的，需要使用土地的，可以优先选址，可以采取出让租用和以土地实行出资入股方式供地，需要出让的，其土地实行保本出让。也可由投资者自行选址，直接与市土地管理部门洽谈，优先满足投资者需要。土地使用年限，可根据投资经营项目和有利企业发展的原则具体商定。入驻鸭嘴岩工业园（怀化工业分园）的工业项目，享受怀化工业园同等优惠政策。

税收优惠政策 凡符合城区商业网点规划的新建项目，企业吸纳鹤城区执有“再就业优惠证”的下岗职工再就业（签订合同1年以上）人数达到企业总人数30%以上的，本地企业通过增资扩股、合资合作、以商招商、新办企业等方式扩大企业规模的，年自营出口实绩达到10万美元以上的企业，按照适当的比例予以奖励。对于获得省级以上驰名商标，给予企业法人代表5万元一次性奖励。

其他优惠政策 放开经营范围，除国家明令禁止或限制经营的行业或品种外，其他的全放开；工商等部门简化办证手续；外资、个体私营企业在贷款、交费等方面享受国有、集体企业同等待遇；外资、个体私营企业人员可以在怀安家落户，并且享受一定费用的优惠。

二、重大引资项目

怀化市（县级）重大引资项目 1991—1997年，共签订招商引资项目67个，其中境外13个，境内54个。合同引进资金15.5096亿元，实际到位资金7.4128亿元，其中，境外合同引进资金8.7769亿元，实际到位资金4.1975亿元。

1991—1997年怀化市（县级）招商引资重点项目一览表

表6-5-1　　　　单位：万元

年度	合计			境内资金			境外资金		
	项目	合同引资	实际到位	项目	合同引资	实际到位	项目	合同引资	实际到位
1991	4	690	690	3	340.6	340.6	1	349.4	349.4
1992	2	21900	21900	1	19512	19512	1	2388	2388
1993	2	684	684	1	396.9	396.9	1	287.1	287.1
1994	4	1230	1230	2	1470	1470	2	10830	10830
1995	5	50428	8802	3	2668	2042	2	47760	5860
1996	34	19694	9652	30	12140	5902	4	7554	3750
1997	16	49400	20100	14	30800	1500	2	18600	18600
合计	67	155096	74128	54	67327.5	32153.5	13	87768.5	41974.5

1992年10月，泰国正大有限公司与怀化市经济建设投资公司合营怀化正大饲料公司，总投资1176万美元，其中，外商投资780万美元。1997年，人民医院向奥地利政府贷款100万美元，购置彩色B超和X光机等医疗设备。

鹤城区重大引资项目 1998—2010年，鹤城区共签订招商引资项目405个，其中，区内23个，区外382个。合同引进资金204.31亿元，实际到位资金120.01亿元，其中，境内合同引资33.77亿元，实际到位资金33.38亿元。境外合同引资170.53亿元，实际到位资金86.71亿元。

1998—2010年鹤城区招商引资项目一览表

表6–5–2　　单位：亿元

年度	合计			境内资金			境外资金		
	项目	合同引资	实际到位	项目	合同引资	实际到位	项目	合同引资	实际到位
1998	10	0.4386	0.5037	6	0.2244	0.2895	4	0.2142	0.2142
1999	24	1.3813	0.9215	3	0.1515	0.2289	21	1.2298	0.6926
2000	29	1.3964	0.8904	3	0.4836	0.5769	26	0.9128	3.1344
2001	23	3.3600	1.9738	2	0.2200	0.2200	21	3.1400	1.7538
2002	14	2.5407	1.0162	2	0.7407	0.1020	12	1.8000	0.9142
2003	47	16.5705	2.3206	—	—	—	47	16.5705	2.3206
2004	40	3.2000	2.9000	1	0.1200	0.1200	39	3.0800	2.7800
2005	54	5.9400	8.1700	—	—	—	54	5.9400	8.1700
2006	33	13.0000	8.1500	1	0.0500	0.0500	32	12.9500	8.1000
2007	18	7.6000	10.5000	2	2.4800	2.4900	16	5.1200	8.0100
2008	43	75.7800	43.6000	3	29.3000	29.3000	40	46.4800	14.3000
2009	35	20.5600	17.4500	—	—	—	35	20.5600	17.4500
2010	35	52.5400	21.7000	—	—	—	35	52.5400	21.7000
合计	405	204.3075	120.0962	23	33.7702	33.3774	382	170.5373	86.7188

第六章　旅游业

交通运输网络的畅通，为怀化市鹤城区旅游产业的开发、拓展提供了基础条件。

第一节　旅游资源

鹤城区旅游资源十分丰富，区内有气候宜人、洞谷惊人、景色迷人、服务感人的黄岩旅游度假区；有峰洞千奇百怪、水域风光秀美，人文景观丰富、旅游服务周全的钟坡山国家森林公园；有水绕山转、碧水晶莹、气势磅礴、景观秀丽的竹林湖生态公园等自然景观。有历史悠久、建筑奇特、保存完整、唯独一绝的芦坪乡荩源古村和新建的五溪文化广场、太平溪风光带、杨村休闲农业示范园等人文景观。

一、自然景观

怀化钟坡山国家森林公园　地处怀化市鹤城区城北钟坡山，公园最近处距市区仅0.5千米。古人以其山的形状像庵院里的大铁钟而取名“钟坡山”，由于后人喜欢省写，将“钟”字惯用为“中”字，现大多数人称其为中坡山。1992年，经湖南省人民政府批准，在原怀化林科所的基础上组建省级森林公园。2006年8月，成为首批获得中国国家森林公园专用标志使用授权的国家级森林公园。园区面积24320亩，森林覆盖率94.1%。园区自然景观资源丰富。有山、水、峡谷、林木等。园区内核心为钟晖、钟瓠、钟泰、钟毓、钟秀、钟韵、钟情等景区。

黄岩旅游度假区　位于鹤城区黄岩旅游管理处境内，距城区中心21千米。地处凉山之腰，平均海拔850米。景区内众峰兀立，群山环抱，气候宜人，云雾缭绕，飞瀑流泉，溶洞异景，莽林深云，景色迷人。该度假区为省级风景名胜区，是集赏花、度假、娱乐、森林游览、农家乐、观赏为一体的综合性风景区。景区有一湖、一潮、一林、四门八塘、七十二洞自然景观。夏季平均气温为25℃，一年一度的黄岩“杜鹃节”吸引无数游客，是夏季避暑休闲的理想胜地。度假区旅游配套设施较为齐全，有玉壶山庄、凉山湖山庄及农家乐餐馆等接待设施，让八方来客犹如在家一样的舒适和温馨。景区一年四季均可游览，春可观花，夏可观云，秋可观日，冬可观雪，四季景色各异。

竹林湖生态旅游公园　位于鹤城区凉亭坳乡尹家岭村，依托竹林湖水库建设而成。2005年被评为省级水利风景区。景区距城区31千米，209国道从其入口处穿过，交通便捷。竹林湖总面积2418.5亩，水域面积2352.7亩，总容量2060万立方米，为中⑵型水库。整个湖面呈多枝形，水绕山转，流长8.5千米。景区内以自然资源为主，景观秀丽，水质清透，碧水晶莹，四周群山绵延，气势磅礴，山水相融，相映成趣。湖区树种丰富，湖泊尽头溪间更有原始次森林。每当下雨之时，溪涧的白石山瞬间变成红石山，山势雄伟、险峻。悬崖峭壁，泉水叮咚，蔚蓝的天空，秀丽的山川，鲜艳的花朵，鸣啼的小鸟，纯自然的田园风光，幽雅恬静，现代文明与乡间风情在此融为一体。还有望夫岩、月仙岛、神龙潭，草王射箭的动人传说，为竹林湖蒙上一层神秘的面纱。2002年10月2日，怀化市首届鱼文化节在景区成功举办。

二、人文景观

五溪文化广场　位于城区东郊，占地320亩，总投资4900万元。广场建设以五溪流域历史和民族文化为背景，以人工湖和植物造园为主要内容，充分利用自然空间，巧夺天工，创意相应的绿化、山石、水景、建筑小品等环境艺术，展现了自然生态、人文景观和现代气息水乳交融的深厚内涵。整个广场分为七大功能区以中心广场区为中心，合拥老年活动区、儿童娱乐区、青年活动区和水上娱乐区，背倚民俗风情园和江南风情园。广场景点设计倚山就势，曲直随态，点上成景，环上成带。广场内的五溪柱、千鹤湖、音乐旱喷泉、五溪人物墙、大型电子显示屏、水幕亭等大型人文景观相互映衬，相得益彰，构成了一幅融湖光山色、民族风情、自然生态为一体的城市文化画卷。整个广场注重“人性化”设计，广场内的主要通道都安装了盲板，修建了无障碍通道，卫生间安装了残疾人专用卫具。整个广场体现了“以人为本，道法自然，天人合一”的理念。

杨村休闲农业示范园　鹤城区的休闲农业主要是依托怀化城区，沿国道320、209，省道312、223发展起来的。2010年，全区投资规模以上休闲农庄达到58家，重点在杨村片区。杨村建成观光、餐饮、娱乐、度假为一体的30多家休闲农庄，其中，花卉苗木生态园，2006年，被湖南省休闲农业协会授予“五星级休闲农庄”称号。

荩远古村　位于鹤城区芦坪乡境内，距市区21千米。荩远古村始建于明朝初期，距今已有600余年历史。古村山抱水环，山水相依，古村如珠，山水如手，远远望去有如佛手握珠之状，为古代风水学中的佳地，秀美之极。古村整体布局错落有致，古巷道、古井、古建筑的门楣、门柱、墙头上的书画雕刻，内容风格各异，反映出不同时代风貌和不同主人境界及情趣的明清古建筑群。

第二节　旅游开发

怀化市（县级）旅游开发始于1996年，是年4月，成立黄岩旅游开发指挥部，黄岩旅游开发正式启动。先后兴建了万亩杜鹃花区，改建了景区有关设施，修建了玉壶山庄、凉山湖山庄及多家农家乐，1997—2002年，连续举办六届黄岩杜鹃节。2002年第六届黄岩杜鹃节期间，共迎来国内外游客2.3万人。

2000年，邵阳三阳公司投资800万元，开发凉亭坳乡竹林湖。2007年竹林湖旅游区新建旅游公路7.1千米。竹林湖开发后，景区面貌一新。2002年10月2—5日，区政府、区旅游局、凉亭坳乡、怀化三阳商贸公司在竹林湖生态旅游公司联合举办怀化首届竹林湖“鱼文化节”，吸引大批游客前来观光、钓鱼、旅游。鱼文化节期间，还进行了钓鱼、抓鱼、烹鱼、品鱼等群众性文体活动。

2002年，对钟坡山国家森林公园进行开发，对4千米长的盘山公路重新改造并对路面实行硬化，修建园区便民店、公厕等设施，大大方便游客观景、旅游、健身。是年，麻子寨旅游度假区已经市计委批准立项，进入实施阶段和总体规划设计，总投资已达100万元。

2008年，招商引资开发，竹林湖引进资金206万元，麻子寨富州古城引进资金1000万元，两个景区逐步完善基础设施建设。经过调研，区旅游局推出4条城区旅游精品线路，分别是怀化至黄岩、怀化至侗文化城、怀化至荆坪、怀化城区一日游。5月1日，区旅游局在步步高琼天广场举办引爆城区旅游启动仪式，上千人参加启动仪式活动。

2009年，区旅游局按照旅游六要素分类及评定标准，严格挑选，创建青山寨、湘水人家、神鹤养生堂等十家城区旅游示范点，完善区域内旅游线路链建设，从而促进城区旅游精品线路的发展。2009年，共接待旅游人数426万人次，旅游总收入达12亿元，同比分别增长12%和15%。

2010年，区旅游局为全面推动城区旅游，创建青山寨旅游购物，怀化学院易图镜美术馆，太平溪风光带等景点和购物点。叠翠兰亭被省旅游局评为“五星级乡村旅游”示范点。2010年，共接待游客550万人次，旅游收入16亿元，同比，分别增长29%和33.3%。

第三节　旅游服务

一、管理机构

鹤城区旅游管理机构在2006年前为怀化市鹤城区旅游局，2006年，组建鹤城区旅游外事侨务民族宗教局，负责全区旅游外事侨务民族宗教工作。2007年，怀化市旅游外事侨务局下发《关于理顺市、区旅游管理职能的批复》，从而使鹤城区旅游工作改变了多年来有局无职能的局面。

二、营业服务机构

鹤城区旅游营业服务机构包括旅游接待酒店、宾馆、旅行社等。

旅行社　1992年成立怀化（张家界）国际旅行社。1993—1997年，怀化市先行旅游有限公司、怀化国大旅行社有限公司、怀化国联旅行社有限公司先后设立。2000—2010年有27家旅行社相继成立。2010年末，境内共有旅行社31家。怀化（张家界）国际旅行社2002年经国家旅游局批准，成为怀化唯一有中国公民出国（境）旅游经营权的国际旅行社，是中国旅游协会理事单位。旅行社经营接待张家界、猛洞河、湘西凤凰和全国各地风景名胜区的国内旅游业务。2003年开发九寨沟—黄岩—长江三峡—厦门旅行线路，并可直接经营外国游客入境旅游业务。旅行社设有办公室、财务部、计调部、国内部、海外部和票务会务中心等职能部门，有干部职工54人，总资产787万元。旅行社自成立后，年均接待游客上万人次。2004年共接待组织游客17173人，其中，出国（境）1374人，接待入境游客468人。其余30家旅行社经营境内旅游业务。1998年后，旅游从业人员5000余人，年接待国内外游客550万人次，营业收入近16亿元，上缴税收1.28亿元。

1992—2010年怀化市（县级）、鹤城区旅行社一览表

表6-6-1

旅行社名称	省局批复时间	办公地址
怀化铁路（张家界）国际旅行社	1992年3月27日	迎丰西路嫩溪垅7楼南2号
怀化市先行旅游有限公司	1993年2月24日	红星路福兴数码广场7楼A10号
怀化国大旅行社有限公司	1995年3月15日	人民南路281号
怀化国联旅行社有限公司	1997年6月25日	锦溪北路军分区长城大酒店1楼
湖南怀化西南旅行社	2000年4月11日	迎丰中路328号
华运旅行社	2001年9月22日	迎丰西路178号
怀化春秋旅行社有限公司	2002年9月5日	红星路福兴数码广场9楼B05号
怀化风光旅行社有限公司	2002年9月5日	迎丰中路88号金路宾馆内
怀化恒丰教育旅行社有限公司	2009年9月5日	迎丰中路育才巷12号市教育局院内
怀化青年旅行社有限公司	2009年9月5日	怀化火车站
怀化森林旅行社有限公司	2003年6月24日	迎丰西路市林业局院内
怀化阳光假日旅行社	2003年9月18日	红星北路130号刘霖房产大厦4楼
湖南省中青年怀化旅行社	2004年5月18日	红星路福兴数码广场11楼C01号
怀化和平之旅旅行社	2004年6月18日	迎丰西路12栋
怀化市武陵山水旅行社	2004年10月29日	湖天开发区锦园北路48号
怀化天下游国际旅行社	2005年10月9日	迎丰中路琼天广场1603室
怀化世雄旅行社	2006年4月13日	火车站广场东侧团结巷18号
怀化大湘西旅行社	20006年3月1日	迎丰中路金桥宾馆2楼
怀化天福缘旅行社	2006年1月2日	鹤州北路82号农业银行5楼
怀化公交旅行社	2007年6月17日	人民东路72号
怀化潇湘民族旅行社	2007年6月29日	迎丰中路琼天广场1403B室
怀化普能电力旅行社	2007年11月6日	怀化大厦国际名品城18楼17室
怀化新康辉旅行社	2007年12月28日	红星路福兴数码广场7楼A07室
怀化湘中旅行社	2008年4月14日	琼天广场1701室
怀化途易旅行社	2008年4月26日	金桥宾馆2楼
湖南海外旅游怀化有限公司	2009年3月.4日	迎丰中路208号
湖南金鹰旅行社	2009年3月23日	府星路178号
怀化华天旅行社	2009年3月4日	迎丰西路208号
怀化顺风旅行社	2009年4月23日	琼天大厦1007室
湖南西南风情旅行社	2010年1月25日	迎丰中路100号
怀化福之旅旅游有限公司	2010年1月25日	迎丰中路228号建筑设计院

2010年鹤城区接待涉外旅游的酒店、宾馆一览表

表6-6-2

名　称	星　级	办公地址
怀化迎宾馆	三星	怀化市迎丰中路665号
怀化西南宾馆	三星	怀化市迎丰中路328号
怀荣宾馆	三星	怀化市迎丰中路148号
怀化金苑宾馆	三星	怀化市迎丰中路88号
怀化铁道宾馆	三星	怀化市火车站
丽都大酒店	三星	怀化市迎丰中路28号
国际大酒店	三星	怀化市火车站
怀化大酒店	三星	怀化市人民南路198号
怀化宾馆	三星	怀化市人民北路70号
怀化鹤城宾馆	三星	怀化市鹤州北路1号
园中园大酒店	三星	怀化市教师新苑12栋
王府大酒店	三星	怀化市迎丰西路153号
武陵城大酒店	三星	怀化市湖天花溪路世纪花园旁
怀铁大酒店	二星	怀化火车站
世雄大酒店	二星	怀化市人民路团结巷18号
金桥宾馆	二星	怀化市迎丰西路221号
怀林宾馆	二星	怀化市迎丰西路31号
金鼎宾馆	二星	怀化市锦溪南路18号
宏运宾馆	二星	怀化市迎丰西路178号
明珠大酒店	二星	怀化市河西一桥头
锦溪宾馆	二星	怀化市迎丰中路573号
长城大酒店	二星	怀化市锦溪北路152号
华天大酒店	二星	怀化市迎丰西路215号

三、旅游宣传

怀化市鹤城区的旅游业起步较晚，境内旅游景区开发滞后，1996年，继开发黄岩旅游区，钟坡山公园、竹林湖、芦坪尽远古村相继开发。为提升怀化市、鹤城区旅游知名度，1997年4月，在黄岩旅游区举办首届中国湖南黄岩杜鹃节，以后每年举行一次。2002年10月，在凉亭坳竹林湖举办竹林湖鱼文化节。

2007年，十一黄金周与怀化市旅游局联合开展了康龙黄岩野外生存大挑战活动，产生轰动效应，扩大鹤城区旅游在全省市场上的知名度。

2008年，区旅游局建立了鹤城旅游网站，利用互联网进行网上宣传，及时上传旅游信息，使更多的游客了解鹤城区旅游特色。为揭开黄岩鸭丽江原始大峡谷的神秘面纱，宣传推介生态原始山水，9月，区旅游局牵头，组织怀化市百名摄影家参与创作，怀化电视台《新闻60分》《怀化边城晚报》《怀化广播电视报》等媒体跟踪报道庆祝怀化建市10周年“黄岩首届生态摄影大赛”，大赛取得圆满成功，奖励均为黄岩特色农产品，具有浓厚的乡土气息，宣传推介了黄岩景区特色。9月16日，怀化市大型原生态民族赛歌会暨首届旅游商品展销会在侗文化城举行，鹤城区选送，由阳戏剧团演出的“唱得阳花遍地红”荣获一等奖，送展的“明友”牌旅游商品荣获优秀旅游商品奖。

2009年，区旅游局在叠翠兰亭举办了以宣传

旅游资源为主题的少儿画展，举办了为高考学子减压的趣味比赛，如划船、抓鸭子等。此次活动被怀化电视台《happy 怀化》栏目全程直播，使更多的人了解鹤城旅游景点。

2010 年，区旅游局积极开展旅游宣传促销活动。各景区、旅行社与电视台联系拍摄景区风光片，通过媒体进行宣传促销。组织学习开展“清明节”祭扫活动，推动红色旅游。组织举办声势浩大的“登凉山，观日出，览胜景”大型旅游促销活动。10 月 8—15 日，鹤城区政府组织辖区旅游企业负责人及旅游界代表，远赴上海、杭州、江苏等地进行旅游宣传促销活动。

四、旅游从业人员培训

怀化市鹤城区的旅游业起步之初，境内旅游景区导游人员多为本地较为熟悉景区经过自学进行导游的本地农民，随旅游业兴起，各旅行社的导游人员或通过怀化市旅游学校培训，或招收专门学校毕业生。

2007 年，怀化市旅游外事侨务局下发《关于理顺市、区旅游管理职能的批复》后，鹤城区旅游局开始重视旅游行业的管理，加强对旅游从业人员的培训工作。

2008 年，为全面提高全区旅游行业素质，增强服务意识，为企业营造良好的发展“软”环境，对各旅行社、星级宾馆、饭店、农家乐和旅游景区（点），实地查看接待服务，提高旅游从业人员服务素质。

2009—2010 年，分别在叠翠兰亭、射雕山庄、明珠大酒店对辖区内宾馆、旅行社、景区景点管理及导游人员进行培训。培训内容主要是旅游行业管理、旅游服务、旅游企业营销、旅游职业道德规范、旅游安全等。

第七篇 财政 税务 金融 保险

1991—2010年，财税、金融、保险体制历经多次改革。财政收入平稳，支出侧重经济建设、民生事业，金融、保险业务快速发展。

财政。1991—1997年，怀化市（县级）作为经省政府办公厅批准的计划单列市，执行 “定额上交、递增包干、超收全留”的财政体制。乡镇、街道财政体制，1991—1994年为“定收定支、收入上交、超收分成、短收分担、支出下拨、超支不补、节余留用”。1995—1997年为“核定收支基数、收支挂钩、定额递增上缴或定额递减补贴、一定三年不变”。1998年后，市、区两级财政体制多次调整，确保鹤城财政收入平稳。1997年，怀化市（县级）本级财政收入1.4358亿元，财政支出1.5806亿元。鹤城区1998年，本级财政收入2676万元，财政支出4901万元，其中经济建设费支出354万元，占比为7.2%；文教卫事业费支出2049万元，占比为41.8%；社会保障支出112万元，占比2.3%。2010年，本级财政收入3.39亿元，财政支出8.09亿元，其中经济建设费支出9635万元，占比28.4%，比1998年增长21%；文教卫事业费支出2.36亿元，比1998年增加2.23亿元；社会保障支出1.94亿元，占比24%，比1998年增长21.7%。

税收。1991—1994年9月，怀化市（县级）境内税收不分国税、地税，只分税种。1994年9月，分设国家税务局和地方税务局。1998年4月，怀化市（县级）国家税务局分设为怀化市国家税务局一分局、二分局、中方县国家税务局。地方税务局分设为鹤城区、中方县地方税务局。鹤城区境内国税由国税一分局、二分局征收。地税由鹤城区地税局、湖天分局、涉外分局、直属分局征收。2001年6月，国税一分局、二分局合并成立鹤城区国税局。税务部门在执行国家税务政策的同时，积极开展支援地方经济发展，增强地方经济发展后劲。

金融。1993年12月，国务院颁发《关于金融体制改革的决定》，决定建立政策性银行，实行政策性业务与商业性业务分离，以解决国有商业银行身兼二任的问题。1994年6月30日，中国农业银行怀化地区中心支行的政策性业务划转农业发展银行（1996年12月，中国农业发展银行怀化地区中心支行成立）。1995年5月10日，《中华人民共和国商业银行法》颁布，境内各国有商业银行实施商业化转轨改革。2005年，中国工商银行怀化市分行、中国农业银行怀化市分行进行股份制改革，按照现代商业银行模式开展业务经营，对鹤城区城区营业网点实行“扁平化”管理，所有网点人员、业务统归各自的分行直接管理。2007年，经湖南省农村信用社批准，鹤城区农村信用社一级法人联社成立，所辖信用社属分社、不具法人资格。2010年，鹤城工行、农行、农村信用社共有存款107.68亿元，贷款余额76.78亿元。

保险。1994年前，有中国人民保险公司怀化市公司。1994年后，平安保险公司进驻怀化，打破了中国人民保险公司独家经营保险市场的格局。2010年末，境内保险机构发展到20家，其中，寿险公司8家，产险公司12家，年保费总收入19.98亿元，赔付共计3.89亿元。多家保险公司在城区形成竞争态势，通过竞争促进保险业的不断拓展，为鹤城经济、社会发展，人们安居乐业发挥了一定的保障作用。

第一章　财　政

第一节　财政体制

一、县级财政体制变化

1991年，省政府办公厅批准怀化市为计划单列市，其财政计划实行全面单列，包括追加追减各项预算指标单列，财政总决算的结算及决算批复单列等。并规定计划单列市继续执行“定额上交、递增包干、超收全留”的财政体制。

1994年，经济体制实行重大改革，财税制度随之进行改革，实行分税制。怀化地区财政局对怀化市（县级）财政管理体制实行“递增包干”，以1993年应上解地财政数额为基数递增上解。原属市财政的地方税和增值税的25%部分，全部留给市财政。税收返还的基数部分全额返还市财政，1994年度起增长部分，除省集中1∶0.1外，地集中1∶0.05调剂使用，返还市财政1∶0.15。资源税（不含盐税和中央、省属企业交纳的资源税），土地增值税，城镇土地使用税，除省集中50%以外，地集中10%。国有土地有偿出让收入作为地市共享收入，分成比例为地按20%，市按80%。耕地占用税，以1993年为基数（包括中央、省45%）1994年起超收部分由地区集中15%。屠宰税以1993年为基数，地财政集中5%调剂使用。城市维护建设税，从1994年起，以原来地区集中的3%为基数，以后年度增加部分，地区集中10%。

1998年4月，怀化市印发《关于确定市与中方县、洪江市、鹤城区财政体制的决定》，对鹤城区确定的财政体制为：划分收支、核定基数、定额补贴、超收分成、短收自负、自求平衡。1998年6月，怀化市财政局《关于确定鹤城区财政体制的通知》，进一步明确鹤城区财政体制“一定五年”，确定鹤城区财政一般预算收入基数为3000万元，税收返还基数439万元，支出基数为4900万元，收支相抵后，市财政定额补贴1461万元，并规定区财政超收部分按市、区4∶6比例分成。鉴于国家财税政策不断调整和鹤城区财政运行艰难的实际情况，市政府自2000年起，先后8次对市、区财政体制予以局部调整，自2000年起将超收部分分成调整为超收全留。2001年区国土局等单位上划市管后，重新确定定额补贴为1438万元，调减补贴基数23万元。2002年所得税分享改革后，重新确定了企业所得税市、区收入级次，凡冠名“怀化市XXX”名称的企业和企业所在地在鹤城区内的中央、省属企业，所缴纳的企业所得税35%地方部分全部划为市级收入（2003年后为28%），明确鹤城区内的储蓄存款利息个人所得税剔除中央、省按比例分享外，市区按6∶4比例分成。2003年9月，市财政局通知，将契税收入全部上收作为市级收入，给鹤城区定额补助17万元；将耕地占用税收入下放鹤城区征管，确定收入基数159万元上解到市级。实际执行中市里又要求超159万元基数的超收部分再按15%上解市级。2005年5月17日，市政府确定鹤城区国有改制企业契税收入的50%入市级库，50%入区级库，用于企业改制，土地出让全部用于企业改制。2005年6月10日，市政府重新明确市级收入范围和市级收入的纳税企业。2007年4月29日，市政府通知，对市、区税收级次进行调整，将原来由企业行政隶属关系划分收入改为按税种确定市、区收入，明确市级固定收入8项，鹤城区固定收入2项，即耕地占用税和鸭嘴岩工业园税收；确定鹤城区在鸭嘴岩工业园外的新增年纳税额在100万元以上的项目，市、区按2∶8比例分成；市区9项共享税收中剔除增值税按7.1∶2.9比例分成外，其他税收都按6.7∶3.3的比例分成。2007年6月13日，市财政局通知，市给鹤城区银行利息个人所得税固定补助185万元，从2007年1月1日起执行。2009年12月，市财政局通知，将市级与鹤城区地税共享税收分成比例由原来的6.7∶3.3调整为6.3∶3.7，从2010年1月1日起执行。

二、乡镇财政体制

1991年，怀化市（县级）继续执行1986年确定的乡（镇）财政“定收定支、收入上交、超收分成、短收分担、支出下拨、超支不补、节余留用”的财政体制，确定包干基数277.3万元。为照顾贫困乡，实行“收支包干、定额上交、超收分成、短收分担、超支不补、节余留用”的财政管理体制。对正确处理市、乡（镇）间分配关系，调动乡（镇）政府当家理财的积极性，促进农村经济及各项事业发展起到良好的推动作用。1995年6月，怀化市第五届人民代表大会第三次会议通过《关于乡（镇）、街道办事处的财政体制问题的决定》，对乡（镇）实行“核定收支基数，收支挂钩、定额递增上缴，或定额递减补贴，一定三年不变”的财政体制。收入范围划分：乡镇辖区内的收入分国家税收，地方固定税收和农业税收三大部分。中央、省、地、市属企业各项税收属市级财政收入。具体划分是：乡镇辖区内按分税制规定为地方固定收入的地方税。国家税收，属乡镇中央固定收入的消费税和中央共享增值税一律按规定比例上划，属地方分享部分留给乡镇。农业税部分，按1995年市规定的价格正税留给乡镇，附加上缴市财政。农业特产税、契税、耕地占用税除按规定比例上缴地、市财政外，其余留给乡镇。核定的基数全留给乡镇，乡镇超收部分，中央返回部分的1∶0.3部分，除省集中部分外，全部留给乡镇。新开征的资源税和涉及大局的农业税提价收入，实行市、乡镇8∶2分成。核定支出基数：乡镇财政支出范围包括乡镇行政人员，农机站、农技站、经管站、文化站、广播站、计划生育、区乡卫生院、财政所、民政抚恤费、司法所离退休人员，按照编委核定编制人员人头经费，村干在职和退职经费、公费医疗、遗属补助、定编人员的公务费、福利费等，核定年度支出基数。对政策性新增支出，按“事权与财权相结合，分级负责”的原则，相关的人财物管理全部下放给乡镇，属乡镇负责的，由乡镇自行消化。

1998年后，将乡镇财政体制确定为“划分收支范围，核定收支基数，定额上交（或定额补贴），超收分成，短收超支不补，一定三年，自求平衡”的分税制财政管理体制。

1999年，对乡镇财政体制进行微调，进一步放权让利于乡镇，将屠宰税划为乡级收入，降低区财政参与乡镇超收分成比例。1月份鹤城区所辖的8个乡镇财政所设立金库，区乡两级财政分灶吃饭。金库业务由人行、农行、财政三家共同负责指导，逐步建立收入缴纳、划分、退库等各项制度。加强财政、银行、税务部门之间的工作协调，调动乡镇聚财、管财的积极性。8个乡镇全部超收，实现消赤减债410万元。2001年12月29日决定，从2002年1月1日起，乡镇财政体制变为:“划分收支、核定基数、定额补贴、超收分成、短收超支不补、自求平衡、一定三年”的分税制财政管理体制。2004年12月14日，对乡镇财政体制延长一年，并调整税收超收分成比例，将原规定“超基数8万元以内1∶9分成，8万元以上7∶3分成”调整为“从2003年起，超总基数40万元以内，区财政不参与分成，40万元以上实行7∶3分成”，优惠政策为一年。

三、街道财政体制

1995年6月，怀化市（县级）第五届人民代表大会第三次会议通过《关于乡镇街道办事处的财政管理体制问题的决定》，对街道办事处实行“核定收支基数，收支挂钩，定额递增上缴或定额补贴，一定三年不变”的财政管理体制。

2001年，对街道办事处实行“核定收支基数总额分成或超收分成”的财政管理体制。确定收支基数。以2000年实际完成数为2001年税收基数（因街道辖区范围内没有农业特产税，主要靠征漏、查补、稽查等征收办法，故确定基数较低），城北、城中、红星、迎丰四个街道办事处收入基数为4万元，坨院街道办事处为2万元。分成比例。对完成基数任务内按20%提成，超收部分按40%提成，完不成任务的，分成在原比例上降低5个百分点计算。计算办法。按农税收入实际入库数为依据计算。兑现办法。实行年底算总账，一次兑现，由区财政核发到各街道办事处财政所。

第二节 财政收入

财政收入主要来自工商税收、农业四税、企业上缴利税及其他收入。1990年，怀化市（县级）财政收入4591.2万元，其中工商税占86%，农业四税占6.5%，企业收入占1.9%，其他收入占5.6%。1991—1997年，财政总收入6.3585亿元，其中工商各税收入4.7578亿元，占74.8%；农业四税收入4577.3万元，占7.2%；专项收入占2.6%；预算调节基金收入占0.5%；行政费收入占4%；罚没收入占10.1%；国有土地有偿出让收入占0.4%；其他收入占0.7%。

1998—2010年，鹤城区财政总收入13.3982亿元。其中，工商各税收入8.4676亿元，占63.2%；农业各税收入2.2584亿元，占16.9%；专项收入700万元，占0.5%；国有资产经营收益3137万元，占2.3%；行政性收费1.7471亿元，占13%；罚没收入5563万元，占4.2%；其他收入1030万元，占0.7%。

一、工商各税收入

1991—1997年，怀化市（县级）财政局工商各税收入4.74亿元，占财政总收入74.8%。

1991—1997年怀化市（县级）财政工商各税收入统计表

表7-1-1 单位：万元

项目	1991年	1992年	1993年	1994年	1995年	1996年	1997年	合计
产品税	311.5	438	719	—	—	—	—	1468.5
增值税	460.3	493	1018	1191	1307	1509	1494	7472.3
营业税	2234.2	2596	3640	2311	2917	3466	3728	20892.2
工商统一税	3.7	11	10	—	—	—	—	24.7
集体企业所得税	65.1	65	57	—	—	—	—	187.1
城乡个体户工商所得税	8.7	17	30	—	—	—	—	55.7
个人收入调节税	10.3	30	69	—	—	—	—	109.3
个人所得税	—	—	—	287	448	732	1516	2983
城市维护建筑税	225.4	299	429	357	663	714	707	3394.4
车船使用和牌照税	21.6	22	23	27	29	42	41	205.6
房产税	228.6	249	265	348	392	580	709	2771.6
屠宰税	41	26	11	36	126	172	132	544
资源税	—	5	6	3	39	30	8	91
城镇土地使用税	106.9	103	101	202	209	201	162	1084.9
国有企业奖金税	16.6	11	12	—	—	—	—	39.6
国有企业工资调节税	16.9	11	33	—	—	—	—	60.9
集体企业资金税	6.1	3	5	—	—	—	—	14.1
印花税	46.5	49	58	76	86	152	183	650.5
固定资产投资方向调节税	—	368	492	997	1146	877	866	4744
建筑税	373.8	140	—	—	—	—	—	513.8
牲畜交易税	0.7	1	1	—	—	—	—	2.7

续表 7-1-1

项目	1991 年	1992 年	1993 年	1994 年	1995 年	1996 年	1997 年	合计
工商税收滞纳金收入	11.8	9	12	9	8	5	6	60.8
土地增值税	—	—	—	—	—	1	3	4
外商投资企业和外国企业所得税	—	—	—	—	—	10	10	20
合计	4189.7	4946	6991	5844	7370	8491	9563	47394.7

1998—2010 年鹤城区财政工商各税收入统计表

表 7-1-2

单位：万元

项目	1998 年	1999 年	2000 年	2001 年	2002 年	2003 年	2004 年	2005 年	2006 年	2007 年	2008 年	2009 年	2010 年	合计
增值税	242	342	368	443	463	538	624	859	1087	1441	1947	2230	2296	12880
营业税	995	1458	1850	2026	2433	2488	2672	3364	4287	5249	6075	8213	7273	48383
企业所得税	8	59	52	3	27	16	16	12	24	160	433	541	756	2107
个人所得税	380	513	587	844	503	415	441	468	523	527	744	1122	1324	8391
资源税	1	4	2	6	5	—	2	11	3	4	11	14	22	85
固定资产投资方向调节税	191	85	37	—	—	—	—	—	—	—	—	—	—	313
城市维护建筑税	20	34	1	2	2	1	—	—	—	—	103	137	448	748
房产税	185	104	193	160	194	373	521	545	613	677	757	852	1011	6185
印花税	4	11	11	12	20	18	12	32	43	81	236	330	474	1284
城镇土地使用税	17	1	4	14	2	6	7	12	27	50	91	192	1013	1436
土地增值税	2	—	1	—	—	—	2	1	4	24	118	179	1330	1661
车船使用和牌照税	15	—	16	8	2	11	29	29	33	56	208	285	335	1027
屠宰税	37	20	56	16	11	—	—	—	—	—	—	—	—	140
合计	2097	2631	3178	3534	3662	3866	4326	5333	6644	8269	10723	14095	16282	84640

1998 年，鹤城区成立后，866 户税源单位和 8698 户集体、个体工商户上收怀化市，1998 年工商税收入 2097 万元。1999 年，贯彻省地方税务局、省国家税务局、省工商局规定，凡有缴纳地方营业税或其他地方税义务的单位和个人，必须到主管地方税务机关办理税务登记。有缴纳增值税、消费税或营业税、所得税义务的单位和个人分别到主管国税和地税机关办理税务登记。财政与税务通力合作，年年超收。1998—2010 年，鹤城区工商各税收入 8.46 亿元，占财政收入的 63.2%。1993 年前，工商各税共有 24 项税目。1993 年政策变化，停征建筑税。2002 年 2 月 21 日，省财政厅、省地方税务局、省计委通知，从 2000 年 1 月 1 日起，暂停征收固定资产投资方向调节税，对其在 2000 年 1 月 1 日前发生的实际完成投资额应按规定征收投资税。2002 年 4 月 28 日，省财政厅、地税局、农村税费改革领导小组办公室通知，取消屠宰税及附征的其他收费项目(按国家规定的检疫费等合法收费除外)。当年直接向农户征收的屠宰税转作农业税，并抵顶农户当年应上交农业税任务。2003 年，鹤城区工商税有增值税、营业税、企业所得税、个人所得税、城市维护建筑税、房产税、印花税、城镇土地使用税、车船使用和牌照税九项税种。1991—2010 年工商各税收入详见统计表。

二、农牧业税收入

农牧业税收包括农业税、农业特产税、耕地占用税、契税等四项税收。1991—1997 年怀化市

(县级) 财政共征收农牧各税 4577.3 万元，占同期财政总收入的 7.2%。1998—2010 年鹤城区财政共征收农牧各税 2.2584 亿元，占同期财政总收入的 16.9%。

农业税　2002 年进行农村税费改革。经过 7 个月的工作，基本完善第二轮土地承包责任制。测算常年产量和计算农业税额到田到户，经群众评议、张榜公布、分户签字，填发农业税纳税手册到户，整理资料和组卷归档。全区农田面积减少 1.5 万亩，农民亩平减负 39 元，减负率 45%，人平减负 38 元。全区农业税的税率统一定为 7%，附加为正税的 20%，没有突破中央规定的比例。2004 年，国务院、省政府规定，农业税税率降低 3 个百分点。降低税率前，全区农业税正税 364 万元，附加 72 万元，合计 436 万元。降低税率后农业税正税 210 万元，附加 41 万元，合计 251 万元，减少农业税 185 万元。其中，正税减少 154 万元，附加减少 31 万元。全区按时按要求完成新的农业税造册到户。2005 年起农业税全免。

农业特产税　1983 年 11 月，国务院颁布《关于对农业特产收入征用农业税的若干规定》。规定税率的幅度及确定适用税率的政策依据，明确提出农业特产税收入的税负不低于粮田实际税负的原则。1991 年，怀化市（县级）32 个乡（镇）都不同程度征收各项农业特产税。8 个乡（镇）属于林区，木材是特产税的大头，其计税额占全市的 70%。其次是柑橘，分布于盈口、中方、泸阳等丘陵地区。其他征税产品还有茶叶、果用瓜、鲜鱼等。征税办法，对竹、木、炭、柴农业特产税的大头发挥林业部门基层机构点多面广的条件委托其代扣代缴。对柑橘及其他零星分散、产量较少的农特产品，实行到源地评产计征。1991 年征收农业特产税 38.4 万元。2004 年 2 月 5 日，财政部、国家税务局总局规定从 2004 年 1 月 1 日起，对农业院校进行科学实验所得的农业特产品收入，在实验期间免征农业特产税。6 月 30 日，财政部、国家税务局总局规定，取消除烟叶以外的农业特产税。2005 年，鹤城区农业特产税全免。

耕地占用税　由财政部门征收。1988 年 1 月，怀化市（县级）人民政府发布《怀化市耕地占用税试行办法》规定凡是占用国家所有和集体所有的土地建房或从事其他非农业建设的单位或个人都应该缴纳耕地占用税。耕地占用税税额标准：以乡（镇）为单位，人均面积在 1 亩以下的每平方米稻田为 7 元，旱土为 6 元，人均耕地面积 1 亩以上的每平方米稻田为 6 元，旱土为 5 元，占用城郊区专业菜地每平方米为 10 元。耕地占用税收入由中央、省、市三级分成。1989 年中央为 30%、省为 15%、市为 55%。

1993 年，怀化市（县级）规定，用地单位必须先到财政局交纳耕地占用税后，国土局才给办理用地通知，严格控制未税先占，对一些拖欠单位通过银行扣缴入库。2003 年 7 月 25 日，省财政厅规定在县级及县到乡镇公路建设中，凡在原路基上拓宽或裁弯取直占用耕地的，按现行耕地占用税减免报批程序，全额免征耕地占用税。2004 年 2 月 5 日，财政部、国家税务局总局关于教育税收政策的通知，对学校、幼儿园经批准征用的耕地，免征耕地占用税。

2005 年，加大对耕地占用税征管力度，全年完成耕地占用税 893 万元，比上年增收 383 万元，增长 75%。主要是对历年非农业建设用地和跑、冒、漏、逃税进行大检查，全年共查处非农业建设用地未纳税单位 50 家，共追缴耕地占用税 30 万元，查处跑、冒、漏、逃税 4 笔，追缴耕地占用税 173.6 万元。

三、契税

随着市场经济的发展和住房制度的改革、不动产交易日益增多，契税不断增加。1981 年，怀化市（县级）恢复契税征收。1991 年，房产转移变动 49 件，面积 8900 平方米，成交额 65.7 万元，征收税款 3.8 万元，全部是个人交纳的。集体单位已按政策规定免征税款。1992 年，房产转移变动 67 件，面积 7036 平方米，成交额 101 万元，税率 5.9%，征收税款 6 万元。1993 年，契税由房地产交易所代扣缴。在房地产交易不景气的情况下，完成契税 3 万元，占任务的 30%。1994 年，征收契税 3 万元，与上年持平，主要是房产部门代收代扣，结合重点清查，保证税款足额征收入库。

1998 年撤地设市后，代收契税大户房地产管理局、国土局均上收怀化市，鹤城区契税征收逐步减少。

1991—1997年怀化市（县级）农业四税统计表

表7-1-3　　单位：万元

年度	农业税	农业特产税	耕地占用税	契税	合计
1991	295	38.4	26.1	3.8	363.3
1992	315	38	41	6	400
1993	299	22	66	3	390
1994	548	71	89	3	711
1995	365	121	55	36	577
1996	838	44	15	104	1001
1997	778	100	132	125	1135
合计	3438	434.4	424.1	280.8	4577.3

1998—2010年鹤城区农业四税统计表

表7-1-4　　单位：万元

年度	农业税	农业特产税	耕地占用税	契税	合计
1998	303	11	5	23	342
1999	250	22	24	12	308
2000	250	33	30	11	324
2001	205	47	42	14	308
2002	239	27	84	18	368
2003	265	27	24	9	325
2004	171	—	510	—	681
2005	—	—	893	214	1107
2006	—	—	798	125	923
2007	—	—	1514	22	1536
2008	—	2	2213	—	2215
2009	—	1	2957	314	3272
2010	—	8	10798	69	10875
合计	1683	178	19892	831	22584

四、国有资产经营收益

1998年始有此项收入，1998—2005年共完成368万元。其中，1998—2004年完成153万元，加大征收力度后，2005度完成215万元，比上年增收202万元，2006—2010年完成2769万元。

五、企业收入

怀化市（县级）预算内企业有工业企业、商业企业、农林水企业。1984年，实行第二步利改税以后，盈利企业的收入用税收的形式上交。而企业亏损，价差补贴，归还银行贷款，利润留成都要从实现利润中抵减，企业收入逐年下降。1995年，企业亏损58万元，财政得不到企业收入，还要拿出部分资金支持企业更新改造和用于特困职工生活补贴。1996年，企业亏损109万元，其中，企业所得税完成85万元，剔除企业所得税退税25万元，实际完成所得税60万元，为年度预算的50%，比上年减少50%。国有企业经济效益差，欠税严重，据国、地两个税局统计，1996年末，共欠税款4060万元，其中国税欠缴2560万元，地税欠缴1500万元。1991—1997年，怀化市国有企业7年中有3年交利227.2万元，有4年亏损补贴314万元，盈亏相抵后亏损补贴86.8万元。

1991—1997年怀化市（县级）财政企业收入统计表

表7-1-5 单位：万元

年度	工业企业	商业企业	农林水企业	交通邮电企业	文教卫企业	其他企业	合计
1991	-81.8	51.7	5	0.5	0.9	84.2	60.5
1992	-13	47	5	1	—	63	103
1993	-140	11	-55	2	—	46	-136
1994	-61	29	-2	—	—	97	63
1995	-107	-40	-6	—	—	95	-58
1996	-119	-37	-6	—	—	53	-109
1997	-84	-34	-6	5	—	108	-11
合计	-605.8	27.7	-65	8.5	0.9	546.2	-87.5

说明：其他企业，包括粮食企业，预算外企业

1998—2010年鹤城区财政对国有企业计划亏损退库补贴统计表

表7-1-6 单位：万元

年度	工业企业	商业企业	农林水企业	其他国有企业	合计
1998	-104	-57	-3	—	-164
1999	-104	-15	-3	-10	-132
2000	-104	-14	-3	-13	-134
2001	-104	-15	-3	-14	-136
2002	-112	—	—	-19	-131
2003	-104	-17	-3	—	-124
2004	-99	—	-2	-23	-124
2005	-104	—	—	—	-104
合计	-835	-118	-17	-79	-1049

说明：1. 农林水企业亏损补贴是补给园艺场；2. 工业企业亏损补贴是补给煤矿

1998年，区内有预算内工业企业13户，商业企业18户。由于外部环境影响，工商企业均不景气，亏损严重，资不抵债。1998年，把民有民营作为优化企业外部发展环境的切入点和着力点强势推进，每年组织20多名区级领导带队，从区直各部门抽调50多名副科级以上干部，进驻企业抓改革，对企业进行改制，依法破产；整体买断，职工一次性买断安置；整体由民营企业租赁承包；整体兼并；组建有限责任公司，按照民营企业机制运作。为企业核销银行老贷款，1998年，为瓷厂、织染厂等企业核销4200万银行贷款。1999年，为酒厂等企业核销2900万元银行贷款。2000年，为电机厂、彩色包装印刷有限公司、针织总厂等企业剥离1800万元银行贷款。为企业减轻包袱，鹤城区财政对国有工商企业、农林水企业实行计划亏损补贴，1998—2005年共亏损补贴1049万元。

六、行政性收费收入

行政性收费收入包括劳动、人事、工商、教育、公安等部门行政性收费及其他行政性收费收入。1995年开始有此项收入，怀化市（县级）财政1995—1997年共完成2403万元，1998—2010年鹤城区共完成17471万元。

七、罚没收入

市、区财政历年来的罚没收入项目有公安、司法、检察、税务、工商、卫生、交通、物价、林业、城建以及纪检、审计等部门，查出的违犯财经纪律而没收的款项。怀化市（县级）财政1991年收罚没收入376.8万元，1997年收罚没收入1914万元，7年共完成6429.8万元。鹤城区1998—2010年共收罚没款5563万元。

八、专项收入

专项收入，包括教育费附加、排污费收入、城市水资源费收入三项。

1991—1997年怀化市（县级）财政专项收入统计表

表7-1-7 单位：万元

年度	排污水费	教育费附加	城市水资源收入	合计
1991	55.5	61.4	—	116.9
1992	48	93	44	185
1993	40	135	48	223
1994	66	217	47	330
1995	156	223	50	429
1996	122	201	50	373
1997	—	—	—	—
合计	487.5	930.4	239	1656.9

说明：怀化市财政1997年教育费附加收入147万元，排污收入134万元，城市水资源收入56万元，没有列入财政总收入，故专项收入表中没有列入

1998—2010年鹤城区财政专项收入统计表

表7-1-8 单位：万元

年度	排污水费	教育费附加	城市水资源收入	合计
1998	55	60	—	115
1999	4	15	—	19
2000	15	28	—	43
2001	20	12	—	32
2002	22	16	—	38
2003	23	41	—	64
2004	59	73	—	132
2005	—	—	—	—
2006	—	—	—	—
2007	—	—	—	—
2008	—	67	—	67
2009	—	105	6	111
2010	—	66	13	79
合计	198	483	19	700

1991—1997 年怀化市（县级）财政收入统计表

表 7-1-9　　单位：万元

年度	工商各税	农业各税	企业收入	专项收入	预算调节资金	国有资产经营收入	行政收费	罚没收入	国有土地出让收入	其他收入	合计
1991	4190	363	61	117	147	—	—	377	—	—	5255
1992	4947	400	103	185	76	—	—	293	26	20	6050
1993	6991	390	-136	223	70	—	—	220	26	6	7790
1994	6024	711	63	330	35	—	—	562	—	—	7725
1995	7307	577	-58	429	8	—	500	1154	26	—	9943
1996	8491	1001	-109	373	—	—	674	1910	26	35	12401
1997	9565	1135	-11	—	—	—	1229	1914	131	395	14358

1998—2010 年鹤城区财政收入统计表

表 7-1-10　　单位：万元

年度	工商各税	农业各税	企业收入	专项收入	预算调节资金	国有资产经营收入	行政收费	罚没收入	国有土地出让收入	其他收入	合计
1998	2133	342	-164	115	—	20	120	94	10	6	2676
1999	2631	308	-132	19	—	20	94	101	40	9	3090
2000	3178	324	-134	43	—	22	110	144	—	15	3702
2001	3534	308	-136	32	—	25	111	209	—	4	4087
2002	3662	368	-131	38	—	33	111	136	—	17	4234
2003	3866	325	-124	64	—	20	120	277	—	5	4553
2004	4326	681	-124	132	—	13	—	275	—	9	5312
2005	5333	1107	-104	—	—	215	161	468	—	27	7207
2006	6644	923	—	—	—	213	945	611	—	743	10079
2007	8269	1536	—	—	—	324	2106	576	—	195	13006
2008	10723	2215	—	67	—	75	4092	764	—	—	17936
2009	14095	3272	—	111	—	1028	4950	893	—	—	24349
2010	16282	10875	—	79	—	1129	4551	1015	—	—	33931

九、其他收入

其他收入有国家资源管理收入、公产收入、国库利息收入、其他利息收入等。1991—1997 年，怀化市（县级）其他收入 456 万元，1998—2010 年，怀化市鹤城区财政其他收入 1030 万元。

十、国家预算调节基金

1989 年，财政部颁布《国家预算调节基金征集办法实施细则》。怀化市（县级）1991—1995 年共征集预算调节基金 336 万元。1996 年起，停止征收国家预算调节基金。

第三节　财政支出

在财政支出上坚持紧缩方针，调整支出结构，减轻财政负担，保上级配套资金，保居民价格补贴。预算内财政支出有经济建设费、文教卫科学事业费、行政管理费、优抚和社会救济费、价格补贴与政策性补贴、社会保障支出、其他支出 7 大类。各项支出的科目随需要常有增减，名称也时有改变，部分财政支出，在不同的年度里列入不同的费类。财政支出指标分配到单位和项目，一年一定，预算内资金不足，用预算外资金弥补。怀化市（县级）1991—1997年财政总支出7.114亿元，其中，经济建设费支出占18.8%，文教卫科学事业费支出占34%，行政管理费支出占34.9%，优抚救济费支出占2.7%，价格与政策性补贴支出占2.7%，其他支出占6.9%。鹤城区1998—2010年财政总支出33.4325亿元，其中，经济建设费支出3.428亿元，占10.25%；文教卫科学事业费支出9.7092亿元，占29.04%；行政管理费支出10.8795亿元，占32.54%；优抚救济费支出6723万元，占2.01%；价格与政策性补贴支出496万元，占0.15%；社会保障补助支出7.0192亿元，占21%；其他支出1.6747亿元，占5.01%。

1991—1997年怀化市（县级）财政支出统计表

表7-1-11　　单位：万元

年度	经济建设费	文教卫科学事业费	行政管理费	优抚救济费	价格与政策性补贴	社会保障支出	其他支出	合计
1991	950	1944	964	172	588	—	438	5056
1992	1160	2193	1365	138	485	—	554	5895
1993	1421	2749	1696	198	222	—	941	7227
1994	2319	3516	2848	272	176	—	911	10042
1995	2006	4142	4169	293	111	—	1028	11749
1996	2457	4251	5903	389	173	—	857	14030
1997	3032	5338	6583	435	182	—	236	15806
合计	13345	24133	23528	1897	1937	—	4965	69805

1998—2010年鹤城区财政支出统计表

表7-1-12　　单位：万元

年度	经济建设费	文教卫科学事业费	行政管理费	优抚救济费	价格与政策性补贴	社会保障支出	其他支出	合计
1998	354	2049	2149	109	80	112	48	4901
1999	495	2093	2522	175	44	575	95	5999
2000	556	2287	3308	233	59	386	376	7205
2001	558	2514	3852	287	40	919	441	8611
2002	832	3402	4968	524	54	1013	1077	11870
2003	764	3322	4950	874	36	1569	345	11860
2004	1107	4012	5923	1121	21	1804	1529	15517
2005	1425	4708	7458	1446	43	2217	1867	19164
2006	1779	5131	9562	1954	119	2972	2208	23725
2007	3946	8498	9845	—	—	11305	1213	33807
2008	5856	14128	12884	—	—	14194	1402	48464
2009	6973	20585	17344	—	—	14743	2652	62297
2010	9635	24363	24030	—	—	19383	3494	80905
合计	34280	97092	108795	6723	496	70192	16747	334325

一、经济建设费支出

经济建设费包括基本建设支出、企业挖潜改造资金、城市维护费、农业事业费、科技三项费用、工业交通部门事业费、简易建筑费、城镇青年就业经费、流通部门事业费、地质勘探费等10个类级科目。怀化市（县级）财政1991—1997年经济建设费支出1.3345亿元，占同期财政支出18.8%。鹤城区财政1998—2010年经济建设费支出3.428亿元，占同期财政支出10.25%。

基本建设投资 基本建设支出包括国有企业、行政机关、事业单位房屋建筑、机器设备、生产工具的购置和安装费、电站、农田水利工程费用，以及为基本建设工程支付的勘察设计费、土地征用费、拆迁补偿费、生产人员培训费等。中共中央十一届三中全会以后，财政支出作了重大改革和调整，逐步压缩基本建设投资，对有偿还能力的单位实行“拨改贷”，怀化市财政只在1991年投入基本建设5.5万元，鹤城区财政2006年支出173万元。

1991—1997年怀化市（县级）经济建设费支出统计表

表7-1-13　　单位：万元

年度	基建建设支出	企业挖潜改造资金	城市维护费	农业事业费	科技三项费用	工业交通等部门事业费	简易建筑费	城镇青年就业经费	流通部门事业费	地质勘探费	合计
1991	5.5	52.7	283.3	565.7	14.5	24.4	—	3.9	—	—	950
1992	—	47	285	749	23	32	20	4	—	—	1160
1993	—	35	385	915	23	27	35	1	—	—	1421
1994	—	461	704	1016	23	60	54	1	—	—	2319
1995	—	165	562	1130	33	76	40	—	—	—	2006
1996	—	169	738	1340	55	72	83	—	—	—	2457
1997	—	166	796	1852	62	144	12	—	—	—	3032
合计	5.5	1095.7	3753.3	7567.7	233.5	435.4	244	9.9	—	—	13345

1998—2010年鹤城区经济建设费支出统计表

表7-1-14　　单位：万元

年度	基建建设支出	企业挖潜改造资金	城市维护费	农业事业费	科技三项费用	工业交通等部门事业费	简易建筑费	城镇青年就业经费	流通部门事业费	地质勘探费	合计
1998	—	—	—	318	17	18	—	—	1	—	354
1999	—	1	4	426	4	21	—	—	39	—	495
2000	—	2	4	441	22	19	30	—	38	—	556
2001	—	7	4	432	9	25	16	—	—	—	493
2002	—	17	6	687	9	38	—	—	65	10	832
2003	—	15	11	608	12	42	—	—	76	—	764
2004	—	8	18	921	13	49	—	—	93	5	1107
2005	—	28	22	1159	13	41	—	—	152	10	1425
2006	173	10	75	1258	20	15	—	—	228	—	1779
2007	—	—	—	2373	—	873	—	—	700	—	3946
2008	—	—	—	4572	—	307	—	—	977	—	5856
2009	—	—	—	5474	—	932	—	—	—	567	6973
2010	—	—	—	6096	—	1400	—	—	1328	811	9635
合计	173	88	144	24765	119	3780	46	—	3697	1403	34215

企业挖潜改造资金 企业挖潜改造资金是在企业现有的基础上，对厂房、生产设备进行技术革新，技术改造以达到充分挖掘企业生产能力，提高经济效益为目的的财政拨款。怀化市财政1991—1997年支出企业挖潜改造资金1095.7万元，占经济建设费支出8.34%。鹤城区财政1999—2010年支出企业挖潜改造资金88万元，占经济建设支出0.3%。

城市维护费 城市维护费主要用于城镇原来设施的维修和保养。怀化市财政1991—1997年支出城市维护费3753.3万元，占经济建设费支出28.55%。1998年撤市设区后，城市维护上收地级怀化市管理，城市维护费也上缴怀化市财政，鹤城区财政只拨给区建设局少量的人头经费。1999—2006年城市维护费支出144万元，占经济建设费支出0.4%。

农业事业费 农业事业费支出，包括农、林、水利、气象部门事业费和支援农业生产支出二个大项目，怀化市（县级）财政1991—1997年支出农业事业费7567.7万元，占经济建设费支出56.7%。鹤城区财政1998—2010年支出农业事业费2.4765亿元，占经济建设费支出72.2%。

科技三项费用 科技三项费用是财政为支持科技事业发展而设立的新产品试制费，中间试验费，重大科研项目补助费。开支范围设备购置费、能源材料费、资料印刷费、租赁费、差旅费、鉴定验收费、管理费、其他费用。怀化市财政1991—1997年科研三项费用支出233.5万元，占经济建设费支出1.78%。鹤城区财政1998—2010年科研三项费用支出119万元，占经济建设费支出0.3%。

工业交通等部门事业费 工业交通等部门事业费，主要用于工业、交通、商业等主管部门所属的勘察设计、科学研究、技工学校等事业机构经费。怀化市财政1991—1997年工业交通等部门事业费支出435.4万元，占经济建设费支出3.31%。鹤城区财政1998—2010年工业交通等部门事业费支出3780万元，占经济建设费支出11.5%。

简易建筑费 1978年以前此项支出列入商品流通费，1979年设立此科目，主要用于商业、县以上供销部门修建简易货棚、仓库的费用。1992—1997年，怀化市财政简易建筑费支出244万元，占经济建设费支出的1.86%。鹤城区财政2000—2001年简易建筑费支出46万元，占经济建设费支出0.1%。

城镇青年就业经费 1969年，怀化县城镇知青、干部、居民大批到农村安家落户。1974年止，下放到农村落户的有2950人。自1979年起，下放人员先后回城镇就业，城外人口下放经费改为城镇青年就业经费，包括安置费、就业训练费、业务费、扶持生产等费用。怀化市财政1991—1994年城镇青年就业经费支出9.9万元，占经济建设费支出的0.07%。鹤城区财政无此项支出。

流通部门事业费 流通部门包括物资管理、粮食、商贸等部门的事业费，支出范围：交通费、差旅费、会议费、福利费、维修费等。怀化市财政无此项支出。鹤城区1998—2010年支出3762万元，占经济建设费支出11%。

地质勘探费 2002年支出10万元，2004年支出5万元，2005年支出10万元，2009年支出567万元，2010年支出811万元，共支出1403万元，占经济建设费支出的4.1%。

二、文教、科学、卫生事业费支出

怀化市（县级）的文教、科学、卫生事业费，按照1985年国家预算支出科目，包括文化、出版、文物、教育、党校、卫生、体育、科学、地震、广播电视、公费医疗等事业费。怀化市财政1991—1997年文教、科学、卫生事业费支出2.4133亿元，占财政总支出34%。鹤城区财政1998—2010年文教、科学、卫生事业费支出9.7092亿元，占同期财政总支出29.04%。

三、行政管理费支出

怀化市（县级）、鹤城区财政支出的行政管理费，主要是行政、公安、司法、检察、民主党派、人民团体、行政事业单位的事业费、干部离退休费。怀化市财政1991—1997年行政管理费支出2.4864亿元，占财政总支出34.9%。鹤城区财政1998—2010年行政管理费支出10.8795亿元，占同期财政总支出32.54%。

1991—1997年怀化市（县级）文教、科学、卫生事业费支出统计表

表7-1-15　　单位：万元

年度	文化事业费	文物事业费	体育事业费	档案事业费	广播电影电视事业费	党政群干部训练费	科学事业费	教育事业费	卫生事业费	公费医疗	行政事业单位医疗费	其他事业费	合计
1991	59.8	0.8	26.7	7.9	48.4	13.7	4.9	1314.8	195.1	113.7	—	106	1891.8
1992	52	1	10	5	67	15	5	1520	231	102	—	130	2138
1993	60	1	10	8	66	19	6	1834	323	202	—	165	2694
1994	77	1	24	13	82	30	8	2368	427	235	—	187	3452
1995	96	3	24	30	88	47	6	2726	512	283	—	226	4041
1996	98	2	20	10	113	58	8	2731	627	206	—	252	4125
1997	179	4	25	29	132	36	8	3482	785	250	—	861.2	5791.2
合计	621.8	12.8	139.7	102.9	596.4	218.7	45.9	15975.8	3100.1	1391.7	—	1927.2	24133

1998—2010年鹤城区文教、科学、卫生事业费支出统计表

表7-1-16　　单位：万元

年度	文化事业费	文物事业费	体育事业费	档案事业费	广播电影电视事业费	党政群干部训练费	科学事业费	教育事业费	卫生事业费	公费医疗	行政事业单位医疗费	其他事业费	合计
1998	56	—	19	9	15	21	6	1637	120	88	—	78	2049
1999	60	—	15	21	13	19	7	1613	141	105	—	99	2093
2000	58	1	22	19	15	17	5	1782	134	—	115	119	2287
2001	66	3	22	14	21	25	7	2045	163	—	34	114	2514
2002	98	—	24	15	19	24	10	2752	205	—	49	206	3402
2003	89	1	27	16	9	23	11	2696	205	—	41	204	3322
2004	89	1	28	16	3	24	6	3159	260	—	52	374	4012
2005	184	1	39	17	16	3110	10	3521	335	—	91	463	4708
2006	—	—	—	—	—	—	17	3761	622	—	—	731	5131
2007	—	—	426	—	—	—	82	6856	1134	—	—	—	8498
2008	—	—	530	—	—	—	105	10328	3165	—	—	—	14128
2009	—	—	647	—	—	—	125	14533	5280	—	—	—	20585
2010	—	—	838	—	—	—	192	17381	5952	—	—	—	24363
合计	700	7	2637	127	111	184	583	72064	17716	193	382	2388	97092

1991—1997年怀化市（县级）行政管理费支出统计表

表7-1-17　　单位：万元

年度	行政支出	党派团体补助支出	公安支出	司法支出	法院支出	公检办案费用补助	检察院支出	其他部门事业费	其他重要支出	行政事业离退休费	合计
1991	426.7	184.6	141	23.7	46	—	30.9	110.7	—	—	963.6
1992	578	357	175	28	54	—	26	147	—	—	1365
1993	482	273	156	49	52	—	47	1696	277	—	3032
1994	1050	560	197	75	90	340	74	462	—	—	2848
1995	1552	501	263	77	122	765	75	814	—	—	4169
1996	2242	602	768	77	199	—	542	1473	—	—	5903
1997	2766	679	1174	117	201	—	164	1440	42	—	6583
合计	9096.7	3156.6	2874	446.7	764	1105	958.9	6142.7	319	—	24863.6

1998—2010 年鹤城区行政管理费支出统计表

表 7-1-18　　单位：万元

年度	行政支出	党派团体补助支出	公安支出	司法支出	法院支出	公检办案费用补助	检察院支出	其他部门事业费	其他重要支出	行政事业离退休费	合计
1998	513	386	—	38	67	—	41	130	—	974	2149
1999	750	421	—	30	77	—	47	160	—	1037	2522
2000	913	420	—	29	74	—	48	572	—	1252	3308
2001	1095	463	—	35	83	—	57	557	—	1562	3852
2002	1418	570	2	36	102	—	57	819	—	1964	4968
2003	1486	532	2	45	107	—	137	635	—	2006	4950
2004	1584	609	4	58	151	—	110	1137	—	2270	5923
2005	1963	684	16	63	170	—	292	1851	—	2419	7458
2006	3243	—	30	—	850	—	—	2158	—	3281	9562
2007	8354	—	—	—	—	—	—	385	1106	—	9845
2008	10001	—	—	—	—	—	—	1302	1581	—	12884
2009	12035	—	—	—	—	—	—	3331	1978	—	17344
2010	15867	—	—	—	—	—	—	5467	5467	—	24030
合计	59222	4085	54	334	1681	—	789	18505	10451	16765	108795

四、抚恤和社会福利救济费支出

抚恤和社会福利救济费，包括抚恤费、安置费、农村及其他社会救济费、城市居民最低生活保障费、社会福利、残疾人事业费、自然灾害求助等费用，其中，抚恤费和居民最低生活保障费支出较多，其他几项经费支出较少。怀化市财政1991—1997 年，抚恤和社会福利救济费支出1897.5 万元，占财政总支出 2.7%。鹤城区财政1998—2010 年，抚恤和社会福利救济费支出 6723万元，占同期财政总支出 2.01%。

1991—1997 年怀化市（县级）抚恤和社会福利救济费支出统计表

表 7-1-19　　单位：万元

年度	社会救济福利事业费	自然灾害救济事业费	离休费	退休费	其他民政事业费	残疾人事业费	城市居民最低生活保障	政策规定费用	合计
1991	39.8	18	24.7	13.8	8.4	—	—	67.8	172.5
1992	30	9	18	16	4	—	—	61	138
1993	25	37	12	31	28	—	—	65	198
1994	36	71	18	35	33	—	—	79	272
1995	54	70	22	35	22	—	—	90	293
1996	21	116	21	43	55	—	—	133	389
1997	88	83	70	21	51	—	—	122	435
合计	293.8	404	185.7	194.8	201.4	—	—	617.8	1897.5

1998—2006 年鹤城区抚恤和社会福利救济费支出统计表

表 7-1-20　　单位：万元

年度	社会救济福利事业费	自然灾害救济事业费	离休费	退休费	其他民政事业费	残疾人事业费	城市居民最低生活保障	政策规定费用	合计
1998	34	7	—	—	4	2	—	62	109
1999	65	14	—	—	13	7	—	76	175
2000	63	20	—	—	12	9	—	129	233
2001	147	19	—	—	4	7	—	110	287
2002	334	57	—	—	3	10	—	120	524
2003	61	53	—	—	6	8	540	206	874
2004	61	80	—	—	97	10	679	194	1121
2005	86	112	—	—	9	12	901	326	1446
2006	1954	—	—	—	—	—	—	—	1954
合计	2805	362	—	—	148	65	2120	1223	6723

五、价格与政策性补贴支出

1979 年，国家实行改革开放政策，对农副产品及生活必需品价格逐步放开，农副产品收购价、销售价相应提高，国家对生活必需品粮、油、蔬菜、猪肉采取价差补助办法；暗补，限定商品销售价格，经营单位造成的亏损，由财政拨款给经营单位，或由单位抵交财政利润。明补，不限制商品销售价格，根据商品上涨幅度，财政直接补贴现金给个人。为帮助国有企业改制，提高经济效益，减少企业亏损，财政建立粮食风险基金、副食品风险基金、煤炭风险基金，对粮食加价款，粮食政策性挂账消化款，粮食政策性财务挂账利息进行补贴。1991—1997 年怀化市财政支出价格与政策性补贴 1936.5 万元，占财政总支出 2.7%。1998—2010 年鹤城区支出价格与政策性补贴 496 万元，占同期财政总支出 0.15%。

1991—1997 年怀化市（县级）价格与政策性补贴支出统计表

表 7-1-21　　单位：万元

年度	居民肉食价格补贴	平抑肉食市价价差补贴	平抑蔬菜市价价差补贴	民用煤销售价差补贴	地方粮油价外补贴	其他政策性补贴	副食品风险基金	粮食加价款	粮食政策性财务挂账利息补贴	粮食政策性挂账消化款	粮食风险基金	地方煤炭风险基金	农业生产资料价差补贴	合计
1991	195	57.3	50	119.7	165.5	—	—	—	—	—	—	—	—	587.5
1992	196	11	50	86	162	—	—	—	—	—	—	—	—	505
1993	96	17	50	20	39	—	—	—	—	—	—	—	—	222
1994	96	8	50	20	1	1	—	—	—	—				176
1995	—	9	50	20	8	—	14	—	—	—	—	—	—	101
1996	—	19	45	40	60	—	17	—	—	—	—	—	—	181
1997	—	11	32	40	93	—	22	—	—	—	—	—	—	198
合计	583	132.3	327	345.7	528.5	1	53	—	—	—	—	—	—	1970.5

1998—2006年鹤城区价格与政策性补贴支出统计表

表7-1-22　　　　单位：万元

年度	居民肉食价格补贴	平抑肉食市价价差补贴	平抑蔬菜市价价差补贴	民用煤销售价差补贴	地方粮油价外补贴	其他政策性补贴	副食品风险基金	粮食加价款	粮食政策性财务挂账利息补贴	粮食政策性挂账消化款	粮食风险基金	地方煤炭风险基金	农业生产资料价差补贴	合计
1998	—	128.3	—	—	—	6	—	24	30	10	—	—	—	80
1999	—	10	—	—	—	26	2	2	—	—	11	—	—	44
2000	—	3	—	—	—	42	5	—	—	—	11	—	—	59
2001	—	1	—	—	—	26	3	—	—	—	11	—	—	40
2002	—	—	—	—	—	41	2	—	—	—	11	—	—	54
2003	—	—	—	—	—	36	—	—	—	—	—	—	—	36
2004	—	—	—	—	—	15	1	—	—	—	—	5	—	21
2005	—	—	—	—	—	40	—	—	—	—	—	—	3	43
2006	—	—	—	—	—	119	—	—	—	—	—	—	—	119
合计	—	14	—	—	—	351	13	26	30	10	44	5	3	496

六、社会保障补助支出

社会保障补助支出，包括财政对社会保障补助支出，社会保障经办机构经费，城镇就业补助费，国有企业下岗职工基本生活保障和再就业补助，国有企业关闭破产支出，1998—2010年，鹤城区支出7.0192亿元，占同期财政总支出21%。

1998—2010年鹤城区财政价格社会保障补助支出统计表

表7-1-23　　　　单位：万元

年度	社保基金补贴支出	社会保险经办机构经费	城镇就业补助费	其他社会保障补助支出	国有企业下岗职工基本生活保障	国有企业关闭破产支出	合计
1998	62	—	—	—	50	—	112
1999	301	—	—	37	237	—	575
2000	54	29	—	—	303	—	386
2001	489	27	10	3	390	—	919
2002	746	35	9	7	210	6	1013
2003	1088	53	225	7	196	—	1569
2004	1164	53	397	—	190	—	1804
2005	1436	97	404	—	280	—	2217
2006	—	—	—	2972	—	—	2972
2007	—	—	—	10305	—	—	10305
2008	—	—	—	14194	—	—	14194
2009	—	—	—	14743	—	—	14743
2010	—	—	—	19039	344	—	19383
合计	5340	294	1045	61307	2200	6	70192

七、其他支出

其他支出是指经济建设费、文教科学事业费、抚恤和社会救济费、行政管理费以外的支出。包括支援不发达地区支出等。怀化市财政1991—1997年其他支出4953.9万元，占财政总支出6.9%。鹤城区财政1998—2010年其他支出1.6747

亿元，占同期财政总支出 5.01%。

第四节 财政管理

一、预算编制

财政预算编制一年一次（特殊情况时年中进行微调）。编制的原则、指导思想、项目及数额每年都不雷同。1991—1997 年，怀化市（县级）财政预算编制根据国家预算的有关法律、法规的规定，结合怀化市实际，预算收入立足对现有财源和新的经济增长点进行科学测算基础上，秉着尊重现实、兼顾可能、积极适度、切实可行的原则编制收入预算。贯彻量入为出、以收定支、加强管理、确保平衡的原则编制支出预算。每年的财政收支预算均由市财政局长在市人大会上作财政预决算报告，经人大全体代表审议批准。预算一经批准，严格执行。1998 年是鹤城区设立的第一年，也是鹤城区新的财政体制运行的第一年。由于体制的变化，职能的调整，税源的减少，当年的财政预算编制根据新设立的怀化市财政下达的包干基数，坚持适度从紧，量入为出，量力而行，保工资、保运转、保稳定，压社会集团购买力，压会议费，压一般性的补贴的原则进行编制。

1999 年，收不抵支矛盾十分突出，为了不编赤字预算，挖掘收入潜力，保证必不可少的支出，预算方案几易其稿，经区人大通过后，6 月份召开全区行政事业单位预算工作会议，贯彻执行新的预算方案。2000 年，坚持量入为出、量力而行的基本原则编制预算方案，确保工资发放，确保国家机器正常运转。2003 年 3 月，财政局设立国库股，预算和预算执行两个职能分离。强化预算职能，由预算股按照确定的保工资、保运转、保稳定的原则制定预算方案。

二、决算编报

怀化市、鹤城区根据各个时期的规章制度以及财政体制，按期编报财政决算。

三、国有资产管理

1990 年，成立国有资产办公室。1995 年 2 月，国有资产办公室变更为国有资产管理局。主要职责是管理行政事业单位和国有、集体企业的国有资产。对行政事业单位资产实行统一政策，分级管理，所有权和使用权分离。行政事业单位对占用的资产有使用和维护管理的责任。资产所有权的处置、归属国有资产管理部门。凡国有资产报废、报损、出售、拍卖、转让、变卖、出租、划拨等，均须报国有资产管理部门审查批准。行政事业单位未按规定而擅自处置资产及其收益的，由国有资产管理部门处置资产所得，上缴财政，专项储存，用于建立国有资产保值基金，并由国有资产管理部门按国家规定安排使用。

1992 年，对市属企业单位 128 户办理产权登记，登记国有资产 2.7 亿元。对市国土局、市机床总厂、市毛纺厂、林业局、百货公司、水利工程队、雪峰大厦等 10 个单位的资产报废、转让进行审批。1993 年，对 18 个单位进行资产评估，对 92 个单位进行产权登记。对行政事业单位进行清产核资“公物还家”活动，共清查出漏报国有资产 504 万元，土地面积 1.7 万平方米，流动资产 133 万元。1994 年，对怀化市 282 个行政事业单位制定统一的财产管理制度。与各单位签订管理国有资产责任书。1995 年 2 月设立国资局，对企业进行清产核资工作，共清查资产 82030 万元，负债 67900 万元，资金挂账 7053 万元，处理资产损失 7836 万元。完成 105 个企业的产权登记和年检工作，年检率 100%，共登记资产 15 亿元，其中，国有资本金 2.1 亿元，比上年登记数增加一倍。首次开展行政事业单位非经营性资产转为经营性资产收取占用费的工作，全年征收 44 个单位，收取占用费 32 万元。1996 年，在全市范围内招聘 11 位财务总监，派驻到 30 家工商、物资、城市公用事业单位，加强对企业重大经济行为的监管，维护国有资产使用单位的合法权益。收缴行政事业单位非经营性资产转为经营性资产占用费，组织 6 个工作组，进入各单位，了解情况，核实基数，按有偿使用的原则，以其实际占用的资产总额为基数，按比例征收占用费，收取占用费30万元。1997年，完善国有资产经营管理体系，确保国有资产保值增值。是年查出30家企业账外资产近千万元，入账700万元，30家被监管企业的非经营性费用比1996年下降3个百分点。

1991—1997年怀化市（县级）财政预算、决算情况统计表

表7-1-24　　单位：万元

年度	财政收入		财政支出		结余数
	预算数	决算数	预算数	决算数	
1991	4860	5255.1	5092.4	5055.5	87
1992	5600	6050	6149	5895	-700
1993	6575	7790	7436	7227	-688
1994	7133	7725	10123	10042	平
1995	8361	10006	12006	11749	-380
1996	11804	12401	14302	14030	-225
1997	14356	14358	16147	15806	-200

注：1. 结余数系根据怀化市（县级）财政决算报表说明书统计；2. 怀化市（县级）财政预算内赤字挂账2106万元，转给鹤城区财政

1998—2005年鹤城区财政收支平衡表

表7-1-25　　单位：万元

年度	收入														支出				
	收入总计	本级收入	税收返还收入	所得税基数返还收入	原体制补助	专项补助	转移支付补助	调整工资增加补助	农村税费改革转移支付补助 金额	农村税费改革转移支付补助 其中农村老师工资补助	各项结合补助	上年结余收入	调入其他资金	其他补助	支出总计	本级支出	专项上解	滚存结存	其中净结余
1998	5245	2676	440	—	1461	387	—	—	—	—	—	-45	—	326	5155	4901	254	90	1
1999	6773	3090	476	—	1461	1100	—	—	—	—	—	91	—	555	6360	5999	361	413	0
2000	8293	3702	472	—	1461	1082	327	572	—	—	—	410	—	267	7642	7206	437	651	79
2001	11147	4087	486	—	1461	2149	446	1435	—	—	—	689	—	394	9795	8611	1184	1352	21
2002	14151	4234	489	560	1461	2152	345	1883	478	150	313	2197	—	39	13168	11870	1298	983	30
2003	14801	4553	501	671	1438	3002	576	2080	478	150	384	1046	—	72	13461	11860	1601	1340	0
2004	18154	5312	521	671	1438	3898	1521	2277	478	150	410	1340	—	288	17449	15517	1932	706	0
2005	22741	7207	570	679	1438	4780	3110	2277	478	150	434	172	1050	546	21826	19164	2662	915	0

1998年，鹤城区财政局加强对国有资产管理力度。完成产权登记150户，核实资产16.97亿元，收取国有资产占用费17.96万元。完成资产评估15个项目，评估资产1.1亿元；查出账外资产268万元，入账175万元；查出隐瞒收入及利润60万元。1999年，检查20个行政事业单位国有资产处置情况，查出违纪金额120.3万元，其中，擅自处置资产80.7万元，资产不入账30.3万元，闲置未使用的待处置资产9.3万元。集体企业建立年报统计制度。47户集体企业，完成37户产权登记，年末集体资产总量1235万元，集体资本2669万元，集体资本应享有权益亏1493万元，年末资产总额1.9707亿元，负债1.8155亿元，资产负债率92.12%。2000年，完成85户国有企业产权登记年检工作，年检登记资产总额7.4074亿元，净资产亏3339万元，利润总额为亏4237万元，资

本收益率负25.4%。完成144户行政事业单位资产登记，登记资产总额2.7922亿元。2001年，严格国有资产处置、变更、审批程序，强化征收国有资产占用费，在企业兼并、破产、租赁过程中加强国有资产审计，年末完成国有资产经营收益13万元。2004年，在企业改制工作中，严把企业资产处置关，坚持“四统一”，统一审批程序、统一公开拍卖、统一专户管理、统一使用资金，在国有资产拍卖过程中，由企业申请、主管部门审核，政府批准的程序办理。2005年，制定《鹤城区国有企业改制剩余资产管理暂行办法》。对针织厂、毛纺厂、床单厂的资产进行整体移交接管，并登记造册，对商业系统7个单位剩余资产进行登记造册、移交，委托其主管部门代管，签订委托协议书，明确责任。2007年12户工业企业处置国有资产收入9114万元。18户商业企业处置国有资产收入1.345亿元。

2006—2010年鹤城区财政收支平衡表（收入）

表7-1-26 单位：万元

预算科目	2006年	2007年	2008年	2009年	2010年
①本年收入小计	10079	13006	17936	24366	33931
②返还性收入	1288	1338	1396	1484	4449
增值税和消费税税收返还收入	609	659	717	805	803
所得税基数返还收入	679	679	679	679	679
③财政性转移支付收入	10889	14776	20400	21896	25046
体制补助收入	1438	1438	1438	1438	1438
一般性转移支付补助收入	4040	2848	9384	11156	10112
取消农业特产税降低农业税率转移支付补助	452	—	—	—	—
调整工资转移支付补助收入	3562	4847	4847	4847	4847
农村义务教育补助收入	29	304	460	441	2252
农村税费改革补助收入	478	956	943	943	943
缓解县乡困难转移支付补助收入	452	680	1009	—	314
结算补助收入	330	205	1709	412	591
企事业单位预算划转补助收入	38	63	63	59	283
其他财力转移支付收入	70	435	489	50	4266
城市转移支付收入	—	—	—	58	—
④专项转移支付收入	6141	8241	15240	21221	20310
专项补助收入	6084	8211	15020	17793	18310
增发国债补助收入	57	30	218	1928	—
省补助计划单列市收入	—	—	—	1500	2000
⑤国债转贷收入	—	—	—	—	—
国债转贷资金上年结余	—	—	—	—	—
国债转贷转补助	—	—	—	—	—
⑥上年结余	915	1388	2131	2444	6638
调入资金	—	—	—	—	—
1. 政府性基金	—	—	—	—	—
2. 预算外调入	—	—	—	—	—

续表 7-1-26

预算科目	2006 年	2007 年	2008 年	2009 年	2010 年
3. 其他调入	—	—	—	—	—
总　计	29312	38749	57103	71411	90374

说明：1. 2010 年，返还性收入还有成品油价格和税费改革税收返还收入 372 万元，其他税收返还收入 2595 万元；

2. 2010 年其他财力转移支付收入包括一般公共服务转移支付收入 20 万元，公共安全转移支付收入 325 万元，医疗卫生转移支付收入 87 万元，社会保障和就业支付收入 3600 万元，农林水转移支付收入 135 万元，其他一般性转移支付收入 99 万元；

3. 2009 年财政转移性收入还包括县级基本财力保障机制奖补资金收入 1105 万元，村级公益事业“一事一议”奖励资金收入 70 万元，一般公共服务转移支付收入 20 万元，公共安全转移支付收入 144 万元，教育转移支付收入 514 万元，社会保障和就业转移支付收入 697 万元。

2006—2010 年鹤城区财政收支平衡表（支出）

表 7-1-27　　　　单位：万元

预算科目	2006 年	2007 年	2008 年	2009 年	2010 年
①本年支出小计	25977	33450	50323	65433	83259
财力性转移支付	—	—	—	3	3
体制上解支出	—	—	—	—	—
出口退税专项上解支出	—	—	—	—	—
②专项转移支付	1947	3168	4336	-667	4340
专项上解支出	1947	3168	4336	-667	—
计划单列市上解省支出	—	—	—	—	—
增设预算周转金	—	—	—	—	—
拨付国债转贷资金数	—	—	—	—	—
国债转贷资金结余	—	—	—	—	—
调出资金	—	—	—	4	2
③年终结余	1388	2131	2444	6638	2770
其中：本级	1388	2112	—	—	—
减：结转下年的支出	531	1338	2386	5933	—
其中：本级	531	1338	—	—	—
净结余	851	793	—	705	—
其中：本级	851	774	—	—	—
总　计	29312	38749	57103	71411	90374

四、预算外资金管理

国家预算外资金是由各单位根据国家有关规定，自行使用的未纳入国家预算的资金。对行政事业单位预算外资金实行专户储存，计划管理，财政审批，银行监督。制定《行政事业单位预算外资金管理办法》。对各单位取得的预算外资金收入，实行财政“专户储存”，按收支两条线原则，设“收入专户”与“支出专户”。“收入专户”只进不出，不准转移支付。“支出专户”只出不进，不准挪作他用。1991 年，对单位“小金库”进行清理。“专户储存”103 户，金额 2661 万元，比上年增长 33%，储存率达 100%。是年，预算外资金收入 5073 万元，比上年增长 12.3%。1997 年，实行票据缴销与资金缴存同步，各收费站所开收据的存根联金额必须与收缴金额相等，防止坐支挪用。实行收费政策公开，新的收费项目，收费标准以及调整情况分别在收费现场公布，让政策直接与征收人员，交费人员见面，增强透明度。加强清查管理，坚持“以查促收，从查促改”，共查出各项违纪金额 187.4 万元。是年，征收各项预算外资金1.0442亿元。2001年，整顿规范预算外资金收入。凡是进入专户储存的预算外资金，必须为政府统筹管理。是年84户专户储存额6380万元。2002年3月，预算外资金管理局更名为非税收入管理局。是年末，全区非税收入专户储存额9202万元，比上年增长32%。在支出管理上，按照“核定收支比例拨付”的原则，统筹安排，合理分配非税资金。是年安排工资支出1458万元，弥补预算内财力缺口，减轻财政压力。2003年1月1日起将部分行政事业性收费纳入预算管理。物价、人事、经贸、外贸等17个单位107个行政事业性收费项目，不再作预算外资金管理。对非税收入支出实行预算化管理。

五、财务管理

1991—1997年，怀化市（县级）建立和完善财务管理制度，开展对企业、行政事业单位的财务管理。

企业财务管理 建立固定资产管理制度，从1991年1月1日起，适当提高固定资产折旧标准。企业凡购建单位价值在800元以上，使用年限1年以上的房屋建筑物，各类机器设备，可列入固定资产，不具备上述条件的，纳入低值易耗品管理。同时规定，企业固定资产综合折旧从1991年1月1日起改为分类折旧。1994年，财政局制定《国有企业固定资产折旧计算呈报表》，由国有企业填报，从1995年1月1日起执行。全市国有工业企业固定资产账面原值1.940亿元，净值1.8506亿元，年折旧率为5.05%，年折旧额为984万元。1996年为防止国有资产流失，规定企业利用闲置机器设备、厂房、营业用房、门面等与其他单位和个人搞联营或承包的，应报国有资产管理部门确认。

1998年，鹤城区预算内工业企业12户，固定资产8223.6万元，累计折旧2226.4万元，固定资产净值5997.2万元。财政在检查中，发现个别企业对固定资产缺乏完善的内部管理机制，厂房、设备租赁后，租金收不回来，固定资产保管不善，损失浪费严重。1999年预算内工业企业处于停产半停产状态，有些企业由于资金紧张，想方设法变卖原国有资产。依照国务院颁布的《国有资产监管条例》，所有涉及国有资产处置的，必须先报经国有资产管理部门批准。

流动资金管理 自1983年7月1日起，国有企业包括预算外企业的流动资金改由银行统一管理，企业所需流动资金，由各银行按信贷政策供应，财政不再增拨流动资金。过去财政拨给企业的流动资金70.5万元，全部移交给农业银行、工商银行分口管理。1996年，规定企业购建固定资产、门面装修、改造等一律报主管局会同财政审批，不允许用流动资金上项目。1998年，召开政府、银行、企业联系会，制定“企业申请、联合调查、银行评估、专户管理、封闭运行，确保归还银行贷款本息”的封闭式贷款管理办法，分期解决企业流动资金缺口。怀化市工商银行发放600万元流动资金贷款，解决化工厂、汽车零部件总厂、水泥厂等企业流动资金。

成本（费用）管理 1991年以前，财政规定企业8种开支可列入成本。为制造产品而耗用的各种原料、材料、燃料、动力、外购半成品；生产工人、管理人员的工资和按照工资总额提取的福利基金；固定资产基本折旧基金，大修理折旧基金和固定资产的中小修理费用；应当列入生产成本的低值易耗品购置费；应当列入生产成本的停工费用；废品损失等；产成品的包装和销售费用；其他生产费用如管理费、运输费、材料、产品盈亏、利息支出等。1992年省财政厅通知：按规定发给国有企业职工的各种副食品价格补贴，由原来一半进成本改为全部从成本中列支。对粮油补贴，物价补贴也改为从企业成本中列支，计入工资总额，作为计提职工福利基金的基数。中央、省统一政策以外各企业自行增加的物价补贴，仍在企业留利中列支，不得转入成本费用。1996年，统一企业差旅费标准。1998年，鹤城区有预算内工业企业12户，其中林汽厂、化工厂、汽车零部件总厂、水泥厂4家企业实行生产承包责任制，强化内部管理，每年节约成本300万元。

利润分配管理 1991年前，怀化市（县级）财政对国有企业实行区别对待的利润分配管理模式，即对盈利较多的企业实行“包死基数，上缴利润，递增包干”，工资总额与实现利润挂钩；对一般盈利企业实行“包死基数，定额上缴”，工资总额与实现利润挂钩；对亏损企业实行“亏损指标包干，减亏全留，超亏不补，按比例分配留利”，工资总额与实现利润挂钩。1991年，除平板玻璃厂外，对47户国有工商企业签订第二轮承包合同，改变第一轮承包的“定额上缴”为“基数内定额上缴，超收按比例分成”的办法。对工业企业，改“实现利润与工资挂钩”为“上缴利润和工资总额挂钩”的办法，促企业及时定额上缴税利。对低值易耗品采用一次性摊销法，克服企业短期行为。1992年，落实企业自主权，终止第二轮承包。对第二轮承包期满的，不再延续承包，未满的由企业自主决定是否终止承包。延续承包的有20家企业，1992年，应上缴财政的利润仍以所得税形式按月缴纳。对签订终止承包合同的工业企业及其他预算外工业企业，按15%的固定税率计征所得税。除工业企业外其他企业一律按25%的固定所得税计征。1995年采用完善工业企业与效益挂钩的办法，把扭亏增盈，提高经济效益，调动职工积极性结合起来。对计划内亏损企业，实行亏损基数一定三年不变，减亏部分按一定比例计算效益工资；对计划外亏损企业，实现扭亏增盈后的盈利全部或大部分作为效益工资；对不能满负荷生产及半停产企业，按实际上班人数核定工资总额。1998年，鹤城区有预算内工业企业12户，利润为负810.8万元，比上年同期数减亏9.52%，完成减亏8%的全年目标管理任务，各部门的扭亏增盈工作由行政一把手负责，实行目标管理和目标考核，完成指标，奖金一次兑现。

行政事业财务管理 采用全额管理方式，1991年有全额管理单位486个，工资开支人数5945人，财政与单位签订经费包干合同，实行超支不补，结余留用。1992年支出口子增大，粮食补贴、煤炭补贴由暗补改为明补，个人岗位责任奖翻番，财政资金高度紧张，对急需要用的资金及时拨付，能缓拨的就缓拨。1993—1997年，对行政单位推行经费与编制挂钩包干，按编制确定支出指标，执行结余留用、超支不补的管理办法。

1998年，撤市设区，1—2月财务支出仍按原财政体制运行，3月份以后按鹤城区财政体制运行。区财政收入减少，总的原则是依据财力，合理分配预算支出资金。在保吃饭、保运转、保稳定的基础上，对行政事业单位“核定支出指标，定人、定项、定补贴、超支不补、结余留用”的管理办法。预算内支出指标，经过人大通过的年度预算，按计划、按进度、按用途开具拨款通知，经局长审批后，交预算股办理拨款。2000年，财政收支矛盾愈来愈大，收不抵支，财政局制定《鹤城区本级公务接待管理暂行办法》《鹤城区财政负担人员工资发放管理办法》《鹤城区行政事业单位车辆维修及经费管理办法》《鹤城区会议费管理暂行规定》等管理改革措施，并具体落实：从本年起对财政拨款单位个人工资由“工资发放中心”在银行开设的个人工资存折户，发给个人。全区开设工资存折6000多户，确保工资及时到位。对行政事业单位人员进行清理，共清理查出不属财政开支人员，自收自支人员，差额人员挤入财政全额发放工资的70余人。推行政府采购，压缩会议费，压缩车辆维修费。2001年，以建立公共财政为目标，推进财政改革与发展，随着财政刚性支出不断增长，财政支出的压力越来越大，在财务管理上重点“保工资、保稳定、保运转”。压缩会议费、招待费等非生产性支出，推行会议费、车辆维修费经费包干，控制进人编制，对学生毕业分配和退伍军人安置，根据用人单位的编制情况妥善安排，属于差额编制和自收自支编制的，财政不进行全额拨款。2002年，对单位临时追加经费进行严格审查，全年共审核单位追加报告61份，金额146万元，最后审批金额53万元，比单位报告减少93万元。在核编中发现有些学校在职人员外出任教，共查出吃空编任教人员80人，财政多列工资支出60多万元，按政策停发外出人员工资、保证工资发放严肃性。2003年7月10日，印发《鹤城区财政局财政专项资金管理办法》。专项资金包括纳入财政部门管理的所有财政专户资金，财政收入过渡户资金，其他财政性资金，不含预算外财政专户资金。实行“集中管理，统一账户，分户核算，专款专用，监管分离”的原则，由国库股负责管理，其资金性质不变、使用权限不变。各单位、业务主管股室负责执行管理。财政专项资金的拨付实行先收后支，专款专用，不许透支。国库股根据专项资金用款计划、项目进度及专户存款情况，审核拨付资金。12月末，工资统发户135个，统发人员4580人，全年发放工资4069万元。代扣住房公积金135万元，养老保险金108万元，医疗保险费75万元，失业金27

万元，防洪基金31万元，民兵训练费8万元。清出吃“空缺”60人，并对教育系统20人给予除名处理，为财政追回直接经济损失30多万元。通过一系列的防墙防漏措施，全年共为财政节约工资性支出115万元。2005年，加强专项资金管理，确保项目顺利实施。全年专项改造投资402万元，其中中央、省拨危房改造资金114万元，教育寄宿制建设专款100万元，转移支付用于教育危改资金25万元，自筹资金163万元，共改造中小学危房8栋，5071平方米，改扩建校舍面积8470平方米。

公费医疗管理 1991年前，公费医疗实行“定额包干，定点医疗，违章自负，结余留用，超支不补，核算到人，节约提奖，超支分担”的管理办法。1991年，完善公费医疗管理制度，逐步推行以医疗单位管理为主，适当与享受单位和个人利益挂钩，将医疗经费按享受人数定额包干到医疗单位，由医疗单位包干到享受单位，对超支部分由医疗单位、享受单位和财政各负担三分之一。1992年10月1日，公费医疗由医院承包改革方案正式出台。10月10日，市直行政事业单位全部实行公费医疗承包管理，享受公费医疗11439人，公费医疗支出102.4万元，人均89元，比上年下降9.4%。1993年，公费医疗由定点医院承包后，“一人享受、全家报销”现象有所好转，全年公费医疗人均支出170.54元。1994年，继续深化改革公费医疗管理体制，把住院和门诊分开，适当提高个人负担比例。门诊包干到医院指标的40%。因病需住院的，必须经过医生开具入院通知单后，经公费医疗办同意，方可入院。公费医疗经费由财政拨到公费医疗办，公费医疗办把门诊费拨到单位，住院费按人数拨到医院，超支的由医院与单位各负50%。1995年享受公费医疗人数11179人，人均支出253元，1996年人均支出253元，1997年人均支出223元。1998年5月20日，鹤城区公费医疗委员会与财政局联合印发《怀化市鹤城区区直单位公费医疗管理办法（暂行）》，对区直属单位、乡镇政府、经济联络处及其所属全额拨款的行政事业单位，实行医疗费用大包干，每年按人均100元标准拨给，节余留用超支不补。区直单位采取门诊和住院分开管理办法，门诊费按每人每年60元包干到单位，住院必须到定点医院即怀化市第三人民医院。2003年，印发《怀化市鹤城区离休干部医疗保障管理实施细则（试行）》规定：享受公费医疗的全额拨款单位、差额拨款单位、自收自支单位、企业单位离休干部医药费均实行统筹管理；离休干部医药费、由区医保局在城镇职工基本医疗费保险统筹之外，纳入单独的社会保障基金财政专户，实行财政两条线管理，专户存储，专款专用，任何单位、个人不得挤占挪用；统筹办法：全额拨款预算管理的行政事业单位的离休干部医疗药费由财政和所在单位共同负担、差额拨款和自收自支的事业单位以及企业单位离休干部医药费由所在单位负责筹集；筹集标准：由区劳动和社会保障局、区财政局、区委老干局一年一定。2003年，按以下标准筹集：财政全年预算安排50.5万元用于缴纳离休干部医药费；财政全额拨款的行政事业单位标准由财政和离休干部所在单位分别负担，标准每人每年7600元，超支部分由财政和离休干部所在单位分别负担50%；差额拨款、自收自支的事业单位以及企业单位离休干部医药费筹集，有效益的单位按每人每年7600元缴纳，超支部分由离休干部所在单位全额解决。停产、半停产及严重亏损不能正常发放工资的企业单位财政按每人每年3800元予以补助、单位自筹3800元，超支部分由离休干部所在单位全额解决。

差额管理 1991年，怀化市（县级）差额补助全民单位11个，集体单位53个，补助的国家职工998人，集体职工1968人，差额补助费179.6万元，其中：补助医院经费43.8万元，农村卫生院经费47.4万元，中医院经费40.9万元，殡葬事业费14.1万元，幼儿园经费7.7万元，艺术表演团体20.5万元，其他5.2万元。1991—1997年，行政事业费支出总数39104.7万元，其中差额补助1183.2万元，占总支出的3.3%。1998年，鹤城区对差额预算管理单位和自收自支单位财务管理进行调整。差额改全额的有农广校、体校、机关幼儿园和黄金坳、芦坪、凉亭坳、贺家田乡、黄岩广播站。由过去30%改为70%的有农业局、矿管办和盈口、石门、杨村、黄岩乡、鸭嘴岩乡广播站。由过去30%改为60%的有乡镇企业局、水电局、乡企局技术培训中心。由过去30%改为50%的有畜牧局、林业局、妇保所、新技术推广中心、科技局、剧团、教育局、乡镇的林管站、农机站、农技站、水管站、国土所、兽医站。由过去70%改为30%的有结核病医院、红十字医院。乡镇卫生院维持30%的差额补助比例不变。差额拨款的单位共涉及12个局级单位的44个二级机构523人。1998年增加人员经费支出4.77万元(增加支出24.5万元，减少支出19.73万元)。

六、财政监督

湖南省财政厅明确规定财政监察工作范围，凡与本级财政有预算关系、行政关系、投资关系、上缴利润关系的，均可进行检查。怀化市（县级）财政监察工作进行重点与一般相结合的检查，凡发现贪污、挪用公款、隐瞒上交、虚报支出等严重违反财经纪律案件重点清查，一般违纪问题，在每年的财务大检查中处理。1991年，有罚没收入的市直单位应上缴财政罚没收入259.05万元。在检查中发现，执行罚没收入管理好的有市计量局、检察院、物价局等10个单位。13个单位存在不同程度的违纪问题，违纪金额45.49万元，按有关规定作出处理。1992年，财政监察工作同廉政、勤政相结合，坚持“内外监察并重”的原则，检查41个单位，查处各种违纪金额88.52万元，收缴入库18.45万元。重点对18个乡（镇）财政所“五税”及其征收经费和农业税票证管理进行检查，查出违纪金额23万元。1993年，市财政局聘请32名兼职财政监察员，分布在32个乡镇，负责财政检查工作，对10个乡镇1992年财务收支情况进行检查，有2个乡镇财务收支基本合格，其他乡都存在不同程度的违纪问题，最大的一笔是石宝乡干部借支款11089元，均作结论和处理决定，限期扣回。1994年在检查乡镇财务中，9个乡财政所有违纪行为，违纪金额2.17万元，其中，截留农业特产税600元，超标发放各种补贴2400元，挪用农业税款18700元。1995年对各单位“小金库”进行清理检查，检查14个乡镇财政所，发现违纪金额19.1万元，应交财政7.8万元，全部上交；检查行政事业单位11个，发现违纪金额8.3万元，应交财政3.8万元，全部上缴。1996年，组织26个检查组，75人参加，历时3个月，对40%的单位进行财务检查，收缴违纪金额20万元。并对7个乡镇和1个街道办事处进行全面检查，发现违纪金额17万元，均作处理。1997年11月，组织财务检查组19个，60人参加检查，收缴违纪金额43万元。检查3个乡财政，查出各种违纪金额30.3万元，应收缴金额5万元，全部入库。

1998年，区财政局对石门乡1997—1998年度财务收支情况进行检查，发现有漏交税款12832元，干部重领补助9820元，私设小钱柜4320元等违纪问题，均作处理。1999年，区财政局对鸭嘴岩乡1997—1998年度财政财务收支情况进行检查，发现漏缴税金2081.1元，使用白条和不正规收据收费18382元，超标发放降温费1860元等违纪问题，均作处理。

2000年7月，《湖南省财政监督条例》施行。区财政局积极开展日常监督检查，作好内部监督。是年，对黄金坳等4个乡，2个办事处及黄岩旅游管理处的财政收支进行监督检查，发现未纳入财政专户管理的收费款68966元，违反票据管理收费74108.5元，白条支出13741元，坐支屠宰税1800元，救灾款未落实到农户8000元。均向有关单位提出整改意见进行纠正。2001年对2000年度农业税减免款分配落实情况检查，全区只有杨村乡按政策全部落实到农户手中。发现截留挪用的有黄金坳镇政府19000元，芦坪乡政府19700元，盈口乡政府16000元，黄岩旅游管理处5000元，石门乡财政所13000元，共计截留72700元，占总数46%。对杨村乡进行通报表扬，对黄金坳等乡镇进行通报批评，并一律限期在2001年7月1日前改正。2002年，以整顿和规范财经秩序为目的，开展财政监督检查。全年检查54个单位，查处违纪单位30个，违纪金额450万元，收缴入库3.4万元。同时，对财政局内部的3个二级分局，13个职能股室，7个财政所的财务收支进行监督检查，发现7个财政所违纪金额12万元，按规定进行处理。

2003年，规范财政监督，避免重复检查，各股室凡是以财政名义进行监督检查活动的，必须将检查计划交监督股，由监督股汇总上报局长办公会议批准后，才可组织实施检查。检查组每检查一个单位，须向监督股提交《财政检查报告》，监督股严格把好检查报告审理关。对事实清楚，证据确凿，依据准确，处理处罚适当，程序合法的，按《中华人民共和国行政处罚法》作出处理决定。全年共检查40个单位，查处违纪单位21个，违纪金额483万元。2004年，对区内14个执法单位着装进行清理，清理出8个单位违规着装245人，着装经费支出11.04万元，收缴各类服装标志890个，财政部门带头纠正违规着装行为，除农税局按政策着装外，其他人员主动上缴着装标志。2005年，财政监督检查35个单位，查处违纪单位6个，违纪金额301.6万元，收缴入库26.5万元。查处私设“小金库”单位2个，金额15.7万元，全部收缴入库。2006年，区财政局对全区计划生育经费进行专项检查，共查出违纪金额74万元，收缴入库0.5万元。在全区会计信息质量检查中查出违纪金额100万元，收缴入库5.5万元。开展对教育系统“政府采购”资金的专项检查，查出违纪金额28万元，收缴入库0.5万元。2007年以整顿和规范财经秩序为目的，开展财政监督检查，共检查单位及离任审计40个，查出违纪金额260万元，收缴入库3.95万元。2008年检查行政事业单位39个，内部审计3个（已结案2个），共查出违纪金额1112万元，纠正违法、违规、违纪资金1023万元。查补财政收入73万元，收缴入库2.2万元。2009年，区财政局会同区纪委、监察局、审计局对全区30个单位进行重点检查，查处“小金库”4个，违纪违规金额180万元，收缴入库4.5万元。在对政府采购专项检查中查出违反政府采购规定的单位4个，查出违纪违规金额77万元，收缴入库3.4万元。在规范津贴及非税收入完成情况大检查中，查出非税收入未入财政专户的单位6个，查出违纪违规金额145万元，收缴入库4.5万元。2010年，区财政局会同区纪委、非税局、政府采购部门对全区40家单位进行重点检查，查出违纪违规单位7个，查出2个私设“小金库”单位，金额45万元，违纪违规金额201万元，收缴入库14万元。

第二章 税 务

第一节 税制改革

1978—2010年，怀化市（县级）和鹤城区历经计划经济时期、社会主义市场经济初期、社会主义市场经济逐步完善时期三个阶段税制改革。

第一阶段，计划经济时期（1978—1993），1983年1月1日起，怀化市（县级）对国有企业实行利改税。是年，实行利改税的国有企业125户。1985年，全面实行第二步利改税。第二步利改税的国有企业165户，盈利企业132户，其中，省属企业22户，地属企业20户，市属企业90户，实现利润1867.5万元。当年应纳税额为1597.6万元，缴纳所得税738.3万元，其中，中央企业4.6万元，省属企业242.5万元，地属企业213.2万元，市属企业213.5万元。

第二阶段，社会主义市场经济初期（1994—2000年），其间，税制改革实行分税制。1993年12月15日，国务院发布《关于实行分税制财政管理体制的决定》，自1994年1月1日起施行。分税制改革的主要内容重新划分中央税、地方税、中央地方共享税；重整税收结构，取消一些不合理的税种，代之比较符合市场化改革的税种；施行税收返还制度。1994年9月，怀化市税务局分设怀化市国家税务局和怀化市地方税务局，分别负责国税、地税的征管工作。分税制实施以后，国税局负责征收增值税、消费税、车辆购置税、金融保险类企业营业税和企业所得税、外商投资企业和外国企业所得税、储蓄存款利息所得个人所得税。地税局负责征收营业税、城市维护建设税（不包括上述由国家税务局系统负责征收管理的部分)、企业所得税、个人所得税（不包括对银行储蓄存款利息所得征收的部分)、资源税、城镇土地使用税、耕地占用税、土地增值税、房产税、城市房地产税、车船使用税、车船使用牌照税、印花税、契税、屠宰税、筵席税、农业税、牧业税及其地方附加，地方税的滞纳金、补税、罚款。

第三阶段，社会主义市场经济逐步完善时期(2001—2010年)，税制改革的内容主要是调整税种和实行农村税费改革。2001年1月1日起，暂停征收国有资产投资方向调节税。2002年4月28日，省财政厅、地税局、农村税费改革领导小组通知，取消屠宰税及附征的其他收费项目。2004年6月30日，财政部、国家税务总局通知，取消除烟叶以外的农业特产税。2004年，省政府规定，农业税税率降低3个百分点。全区是年征收农业税251万元，比税率调整前减少185万元。依据中共中央、国务院《关于促进农民增加收入的若干政策意见》中提出“有条件的地方，可以进一步降低农业税税率或免征农业税”的精神，省政府决定从2005年起，免征农业税，自始，鹤城区无农业税收。

第二节　税款征收

一、国税征收

1991年至1994年9月，境内税收征收不分国税、地税，只分税种。征收的税种主要有产品税、增值税、营业税、国有企业所得税、能源交通建设基金、国家预算调节基金及集体企业所得税、城市建设维护税、房产税、城镇土地使用税等。1994年10月设立国家税务局，其负责征收的税种有增值税、消费税、营业税、企业所得税、外商投资和外国企业所得税等。1998年4月撤地设市，境内的国税由地级怀化市国家税务局一分局、二分局分别征收。2001年6月，市国税一分局、二分局合并成立鹤城区国家税务局，负责征收境内的增值税、消费税、营业税、企业所得税、个人所得税、外商投资和外国企业所得税、车辆购置税等。

1991—1993年怀化市（县级）税务局税款征收统计表

表7-2-1　　单位：万元

年度＼经济类型	合计	产品税	增值税	营业税	国有企业所得税	能源交通建设基金	国家预算调节基金	其他税种小计
1991	7687.2	676.2	522.1	3241.6	729.7	553.3	402.4	1561.9
1992	8412.6	725.3	804.9	3828.7	638.2	432.3	305.1	1678.1
1993	10111.5	947.7	1104.2	4989.9	642.8	329.8	235.9	1861.2
合计	26211.3	2349.2	2431.2	12060.2	2010.7	1315.4	943.4	5101.2

注：其他税种包括集体企业所得税、城市建设维护税、房产税、城镇土地使用税等

1995—1997年怀化市（县级）国家税务局税款征收统计表

表7-2-2　　单位：万元

年度＼经济类型	合计	增值税	消费税	营业税	企业所得税	外商投资和外国企业所得税	其他税种小计
1995	8844.3	8359.2	63.4	50.3	226.4	15.3	129.7
1996	11670.5	10560.0	105.3	117.5	732.2	62.1	93.4
1997	12907.1	12022.4	97.8	278.9	329.0	20.0	159.0
合计	33421.9	30941.6	266.5	446.7	1287.6	97.4	382.1

1999—2000年怀化市国家税务局一分局税款征收统计表

表7-2-3　　单位：万元

年度＼经济类型	合计	增值税	消费税	营业税	企业所得税	外商投资和外国企业所得税
1999	4876.4	4460.3	2.6	150.9	202.4	60.2
2000	5333.6	4830.6	3.3	189.8	234.6	75.3
合计	10210.0	9290.9	5.9	340.7	437	135.5

1999—2000年怀化市国家税务局二分局税款征收统计表

表7-2-4　　单位：万元

年度＼经济类型	合计	增值税	消费税	营业税	企业所得税	外商投资和外国企业所得税
1999	5928.2	4956.8	1.5	512.6	452.8	4.5
2000	6204.8	5145.9	2.2	600.6	450.1	6.0
合计	12497.8	10102.7	3.7	1113.2	902.9	10.5

注：一分局二分局税收合计数同比减少原因包括中方县成立税源管辖变化

2001—2010年鹤城区国家税务局税款征收统计表

表7-2-5　　单位：万元

年度	税收合计	“两税”（增值税、消费税）	企业所得税	营业税	外商投资和外国企业所得税	个人所得税	车辆购置税
2001	12130	10599	720	636	175	—	—
2002	14084	11749	897	289	100	1049	—
2003	16257	13563	1127	2	458	1107	—
2004	17323	13690	2286	—	4	1343	—
2005	19537	15577	2358	—	18	1544	40
2006	26282	17942	6128	—	70	2061	81
2007	32079	20941	8438	—	352	2221	127
2008	39318	27609	9305	—	1042	1196	166
2009	46740	32900	11662	—	1658	431	89
2010	59759	47102	11820	—	758	78	1
合计	283509	211672	54471	927	4635	11030	504

二、地税征收

1994年9月，地方税务局成立。1998年，鹤城地税局辖鹤城局、湖天区局、涉外分局、直属分局。1994年地税收入6806万元。1999年，鹤城地税局地税收入4631.1万元，2000年，4495.1万元，2001年，4817.3万元，2002年，5576.9万元，2006年，地税鹤城局地税收入3559万元。地税湖天分局地税收入1747万元，合计5306万元。2007年，鹤城区地税收入6535万元，2008年，地税收入8451万元，2009年，地税收入1.147亿元，2010年，地税收入1.5654亿元。

第三节　税务管理

一、管理机构

1991—1994年，怀化市（县级）税务局辖城中税务一所、二所，迎丰、红星、集贸、泸阳、中方、铜湾、黄金坳、铁坡等10个基层税务所，干部职工269人，1994年10月，怀化市（县级）税务局分设为国家税务局和地方税务局。国家税务局机关内设办公室、政工科、监察室、综合业务科、征收管理科、发票管理所、计划财务科等职能部门。辖一、二、三分局，稽查局，中方、铜湾等6个基层单位。地方税务局机关设8个股室，辖1个分局，10个税务所。

1998年3月，怀化撤地设市，怀化市（县级）国家税务局、地方税务局分设鹤城区、中方县国家税务局、地方税务局。分设后的鹤城区国家税务局机关内设办公室、人教科、监察室、征收管理科、政策法规科、收入核算科、纳税服务科（办税服务厅）、税源管理一、二、三科、信息中心、机关工会、机关党委办等职能部门。辖迎丰、天星2个税务分局。鹤城区地方税务局辖鹤城区局、湖天区局、涉外分局、直属分局。

二、征收管理

1994年，国税、地税未分前，怀化市（县级）税务局实施“一人进厂，各税统管”的传统征管模式。国税、地税分开后，国税局、地税局依据各自的税收工作实际，不断推进税收征管改革。

国税征管 1998年，怀化市鹤城区国税局推行以“双向委托，银行划缴”为主的征管模式，从农村转向城区，建立城区集中化、山区多样化的新征管格局。以提高征管质量为目标，重点加强办税服务厅、税务登记、申报征收、税款预储、税收票证、审批文书、征管档案资料及个体私营经济管理8个方面的征管基础工作。完成4.20版征管资料录入工作，对10万元版专用发票纳入防伪税控制系统。对城区加油站的加油机检查和签封，对税务人员进行计算机运用技术培训，提高税收科技含量。1999年，国税局依据辖内国税税源分布、结构特点，在国家税务总局“集中征收，优化服务，微机管理、重点稽查”的总体模式下，选择“三位一体（办公、办税、网络、征管合一、控大抓小、稽查分离）”的税收征管新模式。强化税收征管质量考核，按照国家税务总局要求，区国税局细化、量化征管质量考核指标，实施登记率、申报率、入库率、滞纳金加收率、欠税增减率、申报准确率、立案率、结案率、处罚率、复议变更率等“十率”考核，并分解到各职能部门，作为年终考核的依据。推行“片管员”管理制度，针对城区个体税收比较集中的特点，按照“统一定税，集中征收，分片管理，微机监控，重点稽查”征管改革思路。在全省国税系统率先对城区个体工商户及未建账的个体私营企业，分市场、分区段全面推行“片管员”制度和专业化管理。具体做法：分片管理，责任分明；统一定税，设点服务；自觉申报，集中征收；以票管税，严控漏税；规范资料，按“率”考核。此制度实施后，各大片的纳税申报和入库率均在95%以上，有的片达到98%。鹤城区国税局一分局全年入库个体“两税”（增值税、消费税）2568万元，比上年增收775万元，增长43.22%；二分局全年入库个体“两税”736万元，比上年增收116万元，增长18.61%。

2000年，新《中华人民共和国税收征收管理法》公布实施。2002—2003年，辖内国税部门深化征管改革，建立“控大抓小，分类管理，集中征收，征管合一，重点稽查”适应怀化本地特色的税收征管新格局。加强税源监控和税源预测，完善纳税户籍管理，夯实征管基础工作，推进超市和个体大户建账，堵塞征管漏洞。开展对发票、加油站、免抵退企业、代扣代缴单位、建筑行业的专项检查，严厉打击涉税犯罪，整顿和规范纳税秩序。2004—2005年，国税系统不断深化征管改革，推行税收管理员制度，加强纳税人户籍管理，加大征管质量考核，征管质量提高。2005年，平均申报率99.58%，入库率99.64%，违规处罚率77.07%，税务登记率100%，滞纳金加收率100%。完成综合征管系统，防伪监控系统，出口退税系统三大系统的整合。推行电子电话申报缴税业务，推广个体税收定位定税系统，整合征管软件，实现协调高效运转，系统数据“零差错”。

2008年，国税系统面临“两税”及个人利息所得税税率下调，化工、冶炼等企业产品市场价格下跌造成税源减少的困难局面。国税系统迎难而上、知难而进，加大征管力度，促使国税收入增加，比上年增长18.05%。加大以票控税力度，加强超市发票管理，32户大型超市入库增值税1248万元。开展利用税控收款器代开普通发票和完税证，通过代开发票补征入库税款2479万元，同比增长94.13%。2009年，开展对个体税收专项清查活动，起征点以上户同比增长30.15%；开展对宾馆酒店和KTV歌厅设立的小卖部兼营货物的专项检查，查补税款；开展对房地产税收、重点工程、农产品收购发票，一般纳税人存货盘底等十项清理，查补税款；创新推广木材、房地产、重点工程等税收管理办法，对木材税收实行“以证控税，委托代征”管理；对房地产税收实行“部门配合，先税后证，以票控税”管理；对重点工程税收由政府发文实行“凭税收征收证明单结算”管理等。新管理办法的实施，有效地堵塞税收漏洞。2010年，强化纳税人户籍管理，对纳税人账薄、凭证、使用的会计核算软件实行备案管理。与公安、财政和地税部门协作，深入开展发票打假活动，共查处发票违法犯罪案件230起，追缴入库税款879.8万元。

地税征管 1998年，加强日常税收征管，对屠宰税、房产税、个人所得税等薄弱税种实行项目管理，加大征管力度，狠抓正常入库。深入开展对漏征漏管户、行政事业单位和建筑安装市场税收进行全面清查，查补入库税款。深入开展税收稽查，查补入库税款。1999年，按照“注重实效，积极试点，分步推进的总体思路和征、管、查相分离的原则”，严格纳税申报，规范征管规程，以计算机网络为依托，集中征收，重点稽查的新的征管模式，实现传统征管向规范化征管的转变。

2002—2003年，夯实征管基础，严格税务登记管理，对已办税务登记的业户进行全面清理认证，使正常户、停歇业户、变更户、注销户的情况一目了然。按照计划检查加列举式加属地管理原则，逐单位分片区对城区三个局的征管范围进行调整，规范征管秩序。推行“三个核对”制度，即核对税务登记名称与经营者身份，税票缴税情况与双定税额及所属时间，双定税额与实际经营情况是否相符。加大税控装置的安装力度，市区服务、娱乐业共安置税控收款机160台，773辆出租车安装控税计价器。

2004—2005年，在抓实税源管理，依法治税的同时，推广科技兴税。通过推广《湖南地税综合软件》个体户电脑定税、网上申报、POS机刷卡缴税等手段，地税系统信息化应用水平提高。对地税系统委托代征工作进行全面、彻底清理，对不具备委托代征资格的予以依法取缔，消除违法、违规隐患，较好地发挥委托代征工作的源头控管作用。

2008年，由政府出台行业税收管理办法：对房地产税收实行“先税后证”源头化管理，强化二手房交易税征管，推行“一体化”管理软件，规范一站式服务流程。对道路车辆税收实行“先税后检”联控化管理，与交警部门协控联管。对重点工程税收实行“先留后拨”集约化管理，所有财政性资金投入的重点项目一律先留税款。对饮食服务业税收实行“分类管理、定额征收、以票控税、专项清查”管理模式。

2009年，对房屋出租税收实行“先税后清”户籍化管理，强化多部门协同联查联清联管。对饮食娱乐服务业税收实行“先税后票”动态化管理，建档到户、以票控税、票外定额、动态监控征管模式。

2010年，推行“五先五后”行业税收征管，即对房地产税实行“先税后证”，对道路车辆税实行“先税后检”，对重点工程税收实行“先税后拨”，对房屋装修装饰税收实行“先税后装”，对饮食娱乐服务业实行“先税后票”。探索“四定四代”零散税收管理办法，对房屋出租税收以“三方协议”为核心，按区域、划路段确定最低征收标准实行核定征收；对个人建房税收按面积、结构和楼层确定最低单位造价实行核定征收；对土地增值税收按销售收入“一刀切”实行核定征收；对房地产企业所得税分行业依利润率测算分析后实行核定征收。对行政事业单位个人所得税委托会计核算中心代扣代缴；对矿产业税收委托矿管办按吨位数核定综合税率代扣代缴；对木材税收委托林业部门按木材方量核定综合税率代征代缴；对零星难点税收委托行管部门代征代缴。

第三章 金 融

第一节 金融体制改革

1993年12月，国务院颁布《关于金融体制改革的决定》，决定建立政策性银行。1995年7月，《中华人民共和国商业银行法》颁布实施，境内国有专业银行工商、农业、建设、中国银行均实施向商业银行转轨。随着国家金融改革的深入展开，境内金融系统开展相应改革。

农村金融体制改革，1993年12月，国务院颁发《关于金融体制改革的决定》。决定建立政策性银行，实行政策性业务与商业性业务分离，以解决国有专业银行政企不分的问题。1996年12月，怀化地区农业发展银行成立，农业银行完成其代理发展银行的信贷业务。1996年8月，国务院为进一步深化农村金融体制改革，颁发《关于农村金融体制改革的决定》，农村信用社与农业银行脱离行政隶属关系，解决农业银行领导管理农村信用社与农业银行自身转变为商业银行存在的许多矛盾和政企不分等问题。当年12月9日，怀化地区农村信用社正式与怀化地区农业银行脱离行政隶属关系。

一、农业银行企业化经营体制改革

为解决金融部门统得过多、缺乏活力的问题，1980年国务院提出专业银行“实行企业化经营”。1991年，推行经营目标责任制，具体考核宏观调控、资金效益、基层建设三大指标即存款增长率、资金成本率等12项具体指标。农行企业化改革，促进了业务发展，农行怀化市支行1994年末各项存款余额17306万元，各项贷款余额19547万元。1998年，农行鹤城支行在经营管理上按照企业化经营模式创新管理体制。全行围绕经营管理逐步走上“经营部门围绕客户转，管理部门围绕客户部门转”的企业化运行轨道。创新用人用工机制，重点培养一批适应市场竞争、能吃苦耐劳、有开拓精神的新世纪人才。1999—2002年，全行提拔中层干部15人，实行中层干部重要岗位轮换49人；在劳动用工上，敞开出口，严把入口，建立员工进入和退出机制，分流人员19人，其中，办理内部退养6人，自谋职业6人，除名1人，开除1人，清退临时工5人。创新企业管理机制，建立以岗位工资为主的基本工资制度，对不同岗位进行工作细化、量化考核；对客户经理实行目标管理，对一线临柜人员实行星级管理，对主任实行目标考核奖惩办法；对内勤主任推行派驻制，实行内控评价考核奖惩，将各种津补贴、效益工资纳入挂钩，按季考核兑现，真正做到拉开收入差距，实现人力资本价值回归。新的企业经营理念及措施，带来了业务经营的硕果，2002年，农行鹤城支行各项存款余额6.6亿元，较1998年净增3.6亿元，增幅120%。各项贷款余额2.4亿元，累计实现利润1000万元。

二、专业银行商业化改革

1994年国务院颁布《金融体制改革决定》，提出国有专业银行尽快转为国有商业银行，按现代商业银行经营机制运行。1995年5月10日，第八届全国人大常委会第十三次会议审议通过并颁布《中华人民共和国商业银行法》，专业银行向商业银行转轨正式启动。

工商银行商业化转轨 工商银行从专业银行的性质由“不像行政单位、不像事业单位、不像企业单位”的“三不像”定格为“企业法人”，明确为金融企业，成为纳税人，员工转变身份成为企业职工。建立了统一法人制度。商业银行依法开展业务，不受任何单位和个人的干涉。以全部法人财产独立承担民事责任转变经营机制实行行长目标责任制，实行集约化经营管理。以地市行为基本核算单位，县支行及其以下机构均为经营单位，各项业务有了较大的发展。市工商银行自工商银行实行商业化运作，2005年末，各项存款余额达52.8811亿元，比专业银行时期的1994年增加39.6687亿元，增长3倍。工行鹤城支行2005年末，各项存款余额6.0827亿元，加上原属鹤城支行辖属的城北分理处（后升格为铁道支行）2005年各项存款2.5541亿元，总计为8.6368亿元，比鹤城支行的前身工行怀化市支行1994年各项存款增加4.2966亿元，增幅98.99%。

农业银行商业化转轨　1995年7月，《商业银行法》颁布后，农行怀化地区中心支行开始探索由专业银行向商业银行转轨的改革。1996—1997年，从改革经营机制入手，开始转变内部经营机制和业务经营方式。在业务经营上，增存控贷，盘活挖潜，适度集中贷款规模，实行集约化经营，拓展业务领域，提高综合效益，为向商业银行转轨积蓄力量。1998—2000年，农行怀化市分行制定《1998—2000年改革与发展纲要》，改革劳动人事制度，创新人本管理机制。对领导干部实行公开竞聘上岗，对员工一律实行劳动合同制。改革金融服务方式，创新服务手段，拓展业务种类。2000年推出潇湘一卡通、代理保险、消费信贷、POS机消费网络等十大服务项目。提高信贷资产质量，加大不良资产清收力度，改善资产质量，实施双优（优势产业、优良客户）发展战略，调整信贷结构，全面起动房地产信贷业务。2001—2003年，农行以改善资产质量，提高经营效益，以控制风险为前提，构建新的市场营销体系。加大营销力度，强化经营负债观念，把增加存款总量和提高存款质量作为全行经营增效的一大重点。拓展政府机构、事业单位类存款等公存款业务。2003年末，农行怀化市分行公存款余额达12.2114亿元。农行鹤城支行2003年各项存款7.1602亿元，比实行商业化转轨前的1994年增长4.1倍。2002年末，农行“三大工程”即农总行的新一代系统（ABIS）、信息管理系统（CMS）、银行联合联网系统（AIPS）全面完成，跨入科技化业务经营及办公自动化新阶段。2003年末，农行基本形成商业银行体制经营机制。2004—2005年，农行坚持科学发展观，把有效发展作为兴行第一要务，稳妥推进经济资本管理及城区实行“扁平化”管理等项内部管理改革。

三、专业银行股份制改革

2005年4月，国务院批准工商银行股份制改革方案。工商银行股份制改革按照现代商业银行的要求，以建立健全现代产权制度和现代公司治理制度为核心，全面加快各项改革进程，转换机制，成为一家资本充足、产权清晰、内控严密、营运安全、政企分开、管理科学、服务和效益良好，主要经营管理指标达到国际同行业中上等水平，具有较强国际竞争能力的现代化大型商业银行。2005年工行怀化市分行及时进行股份制改革前期工作。成立股份制改革领导机构。进行固定资产清查、确权及物业评估。全行上下整体联动，对纳入确权范围的63宗土地、79项房产，全部办理土地使用权证和房屋产权证，确权率达百分之百。对非信贷风险资产进行清理和处置。在全面清理、确定权属的基础上，共剥离非信贷风险资产2.507亿元，核销非信贷风险资产9236万元。对信贷风险资产进行清理处置，共剥离不良贷款计14.331亿元，其中，可疑类剥离10.1066亿元，损失类剥离4.2244亿元。对高级管理人员和全部机构网点进行法律尽职调查、清理和组卷工作。通过调出、内部退养、自谋职业、解除劳动合同等方式，减员819人，分理处只保留了18个，储蓄所只保留了9个，提高人均效益和网点平均效益。2005年11月中国工商银行怀化市分行更名为中国工商银行股份有限公司怀化分行。

农业银行股份制改革，2006年，农业银行股份制改革正式启动，历时3年。2008年，国务院批准农业银行股改方案。农行怀化市分行从改革之初，突出发展提速和经营转型两大重点，推进经营战略转型，转变经营模式和增长方式，优化经营结构，夯实基础管理，提升科技服务手段和网点服务功能。2006年，全行实现经营利润4289

万元，2007年上升为4390万元，2008年经营利为3522万元。3年共消化历史财务包袱2.4602亿元。2006年后没有新发生经济案件和责任制案件，连续实现了3年经营平安年。

农村信用社体制改革。1996年，农村信用社与农业银行脱离行政隶属关系，信用社成为自主经营、独立核算、自负盈亏、自担风险的集体所有制合作金融组织。行社脱钩后，农村信用联社的经营管理明显改善，制定和实施包括劳动管理，资金管理，财务管理等管理制度和办法，信用社经营管理逐步走向制度化、规范化轨道。1997年各项存款余额4.8637亿元，比1996年增加1.0162亿元，各项贷款余额2.5886亿元，存贷比为53.2%。1999年，中国人民银行总行印发《关于改革规范农村信用社工作意见》，鹤城区农村信用联社开展募集股金工作，共募集股金164万元，其中职工个人股340股，股金32.2万元，信用社集体股金131.8万元。联社成立资产负债比例管理委员会、贷款审查管理委员会、内部审计小组。2001年，区联社进行内部体制改革。对城区“四社一部”（即盈口、榆树、湖天、鹤城四个社及营业部）取消法人资格，降格为分社。对所辖32个营业网点按经济区域划分为13个中心分社，实行授权管理、直属区联社管理和核算。农村6个社法人机构不变，实行目标责任考核管理。更名归口管理的新兴、建新两个城市信用社法人机构不变，对领导班子调整充实，按农村信用社的管理办法实行制度化、规范化的管理。优化网点布局，撤销兴达、仇家两个分社及团结巷储蓄所，将公园路分社迁至迎丰市场内。实行以区联社统一核算，对不良贷款实行内部剥离，分账经营。2007年，经湖南省农村信用联社批准，鹤城区农村信用合作联社成为一级法人。

第二节　金融机构

1991—1997年，怀化市（县级）期间，域内金融机构有地级中国人民银行怀化分行，国有专业银行有工商、农业、建设银行怀化地区中心支行、中国银行怀化市支行、中国农业发展银行怀化地区中心支行。县级有工商、农业、建设银行支行。合作金融机构有怀化市（县级）农村信用联社，城中、新兴、建新城市信用社。1998年，怀化撤地设市，境内地级金融机构中国人民银行怀化分行更名为中国人民怀化市中心支行，其他国有商业银行均更名为怀化市某某分行。原县级金融机构均更名为鹤城支行。合作金融机构怀化市（县级）农村信用联社更名为鹤城区农村信用联社。2000年，境内城中、新兴、建新城市信用社经整顿，城中城市信用社资不抵债，按照要求宣布关闭，新兴、建新城市信用社归并到鹤城区农村信用联社。2001年1月，怀化市农村信用联社成立。

2003年，中国银行业监督管理委员会怀化监管分局成立。2006年3月，怀化市农村信用联社改为湖南省农村信用联社怀化办事处。2008年3月15日，中国邮政储蓄银行怀化分行成立。2010年末，境内市级有中国人民银行怀化市中心支行、中国工商银行股份有限公司怀化分行、中国农业银行股份有限公司怀化分行、中国建设银行怀化分行、中国银行怀化分行、中国邮政储蓄银行怀化分行、中国农业发展银行怀化分行、中国银行业监督管理委员会怀化监管分局、湖南省农村信用联社怀化办事处。区级国有商业银行有中国工商银行鹤城、怀兴、迎丰、庆丰、金怀、铁道支行。中国农业银行有鹤城、湖天、迎丰、建怀支行及城东、锦园、城北、天星路、河西、中心市场、怀芷路、锦溪、学院岭9个二级支行。中国银行有鹤城、迎丰中路、红星路、火车站、太平桥、铁北支行。中国建设银行有鹤城、太平桥、铁道、武陵南路、兴隆、宝家山、府星路、城东、河西、天星路支行。中国邮政储蓄银行有迎丰、锦溪、嫩溪垅、红星路、天星南路、石门、德天广场、河西、人民路、怀东、茅谷冲、潕水路、香洲支行。中国农业发展银行有方园支行。合作金融机构有鹤城区农村信用联社。

一、驻鹤城区市级金融机构

中国人民银行怀化中心支行　前身为中国人民银行黔阳地区中心支行，1981年7月由黔阳（安江）迁怀化。1984年10月，更名为中国人民银行怀化分行，同时分设出地区工商银行。1985

年1月起，中国人民银行怀化分行专门行使中央银行职能。1998年12月，中国人民银行怀化分行更名为中国人民银行怀化中心支行。2010年末，中国人民银行怀化中心支行辖沅陵、辰溪、溆浦、新晃、芷江、洪江市、会同、靖州8个支行和麻阳、通道2个办事处，有干部职工180人，中心支行机关设怀化市鹤城区迎丰中路658号。

中国工商银行怀化市分行 1984年10月，从中国人民银行怀化分行分出设立中国工商银行怀化地区中心支行。1993年1月，新设湖天开发区支行。1994年1月设中心支行营业部。1997年6月，怀化市（县级）支行，湖天开发区支行合并到中心支行营业部。1998年6月，中国工商银行怀化地区中心支行更名为中国工商银行怀化市分行。2010年末，中国工商银行怀化分行辖沅陵、溆浦、新晃、芷江、靖州、洪江市、怀兴、鹤城8个一级支行和辰溪、会同、洪江区、铁道、迎丰、庆丰、金怀7个二级支行。其中怀兴、鹤城2个一级支行和铁道、迎丰、庆丰、金怀4个二级支行均设在鹤城区城区，分行机关设怀化市鹤城区迎丰中路247号。

中国农业银行怀化市分行 前身是中国农业银行黔阳地区中心支行。1981年从黔阳（安江）迁怀化并更名为中国农业银行怀化地区中心支行。1998年6月，中国农业银行怀化地区中心支行更名为中国农业银行怀化市分行。2010年末，中国农业银行怀化分行辖沅陵、辰溪、溆浦、麻阳、新晃、芷江、会同、靖州、通道县、洪江市10个农村综合型管理支行及洪江区分理处。在鹤城区城区设鹤城、湖天、迎丰、建怀4个单点型支行及城东、锦园、城北、天星路、河西、中心市场、怀芷路、锦溪、学院岭9个支行。分行机关设怀化市迎丰中路618号。

中国银行怀化分行 前身是中国银行怀化支行，1988年11月成立。1998年1月，怀化分行机关由迎丰西路18号迁址迎丰东路9号。2010年末，辖8个支行，在鹤城区城区设有鹤城、迎丰中路、红星路、火车站、太平桥、铁北6个支行。

中国建设银行怀化市分行 前身为中国人民建设银行黔阳地区中心支行。1979年8月由黔阳（安江）迁怀化，改名为中国人民建设银行怀化地区中心支行。1998年6月，更名为中国建设银行怀化分行。2010年末，在鹤城区城区设有鹤城、太平桥、铁道、武陵南路、兴隆、宝家山、府星路、城东、河西、天星路、火车站11个支行。分行机关设怀化市鹤城区迎丰中路380号。

中国邮政储蓄银行怀化分行 2008年3月15日，中国邮政储蓄银行怀化分行正式成立。2010年末，在鹤城区设有迎丰、锦溪、嫩溪垅、红星路、天星南路、石门、德天广场、河西、人民路、怀东、茅谷冲、潕水路、香洲支行。分行机关设怀化市鹤城区人民南路176号。

湖南省农村信用社怀化办事处 前身是怀化市农村信用联社，1999年12月21日，怀化市农村信用合作社在怀化召开第一届社员代表大会。2000年1月6日，怀化市农村信用合作社联合社正式挂牌营业。2006年3月，更名为湖南省农村信用社怀化办事处。机关设怀化市鹤城区迎丰东路11号。

中国银行业监督管理委员会怀化监管分局 2003年12月，由中国人民银行怀化中心支行内设机构中的银行管理科，合作金融机构监管科，纪委内设的其他金融机构纪检监察科3个科室整体划转成立。2010年，该机构设怀化市鹤城区南环路市人大机关北侧。

中国农业发展银行怀化分行 前身是中国农业发展银行怀化地区中心支行，1996年12月成立。1998年，怀化撤地设市后，用现名。2009年在鹤城区设方园支行，2010年，分行机关设在怀化市鹤城区湖天大道桥南。

二、区级金融机构

中国农业银行鹤城支行 前身是中国农业银行怀化市（县级）支行。1990年末，辖石门、泸阳、花桥、铜湾、中方、铁坡、黄金坳、红星、锦溪桥、人民路、跃进路11个营业所。1992年5月，增设怀正路营业所。1992年8月，人民路营业所更名为鹤州路营业所，1992年9月，增设中转库营业所。1993年5月，增设嫩溪垅营业所。1993年，红星营业所撤销，设立湖天开发区支行。1994年10月，增设新街营业所。1997年末，支行机关内设12个科室，14个营业所（部）、10个储蓄所及1个经济实体。建有工会，女工委员会，房地产信贷部、幼儿园。有干部职工262人。1998年4月，怀化市支行更名为农行鹤城支行。自1998—2004年，农行鹤城支行先后增设河西、城北、锦园3个分理处。2005年，农行怀化分行在怀化市城区推行“扁平化管理”（即网点管理人员职数和业务操作人员进行配置，对业务流程进行整合，实行城区支行管理职能上收与分行部室职能承接），农行鹤城支行辖属的河西、城北、锦园3个分理处升格为独立经营型支行。“扁平化”管理后，鹤城区境内有鹤城支行、湖天支行、迎丰支行（1998年6月由原地农行迎丰办事处升格更名）、建怀支行（2002年由农行市分行营业部撤销而设立）、城东支行（2003年由迎丰支行城东分理处升格为支行）、河西支行、城北支行、锦园支行等8个支行均属农行怀化分行直接管理。2006年末，农行在鹤城区的经营业务服务网点有独立经营型的城东、河西、城北、锦园4个支行及农行怀化市分行直属管理的14个分理处共18个营业网点。服务人员266人，各项存款余额19.7303亿元，各项贷款余额17.1173亿元。2007—2010年，农行鹤城区营业网点维持不变，服务人员分别为257人、254人、257人、250人。各项存款余额分别为22.0209亿元、24.6782亿元、28.5961亿元、32.0713亿元。各项贷款余额分别为20.7677亿元、10.7872亿元、13.1562亿元、18.8918亿元。

中国工商银行怀化市支行 1985年1月，中国工商银行怀化市（县级）支行正式设立，原县、市人民银行人员，业务全部移交给怀化市（县级）工商银行。工行成立时，机关设10股室、辖属15个处所，干部职工230人，各项存款8679万元，各项贷款8616万元。

1997年1月，工商银行怀化市支行、湖天开发区支行与中国工商银行怀化地区中心支行营业部合并为新的中国工商银行怀化地区中心支行营业部，其机构人员、业务由新的营业部统管。

1991—1996年中国工商银行怀化市（县级）支行基本情况表

表7-3-1

年度＼项目	分理处（个）	储蓄所（个）	机关股室（个）	年末职工人数（人）	各项存款（万元）	各项贷款（万元）
1991	6	13	8	367	31421	44662
1992	5	13	8	325	34620	49319
1993	5	13	8	321	47771	54339
1994	4	11	8	283	43402	64619
1995	4	11	8	270	53079	72965
1996	4	11	8	255	74209	84515

中国工商银行湖天开发区支行 1993年1月成立。成立之初有干部职工44人，支行独立，未设分理处及储蓄所。支行机关设5个股室，1993—1994年业务归口工行怀化市（县级）支行。1993—1996年，机关设5个股室不变。人员变化，1994年41人，1995年42人，1996年37人。业务状况，1995年各项存款余额5435万元，1996年各项存款余额9152万元，1995年各项贷款余额5519万元，1996年各项贷款余额5910万元。1997年1月，工商银行湖天开发区支行并入工行怀化地区中心支行营业部。

中国工商银行鹤城支行 2001年12月设立。

2007年，工商银行怀化分行遵照中国工商银行总行和工商行省分行关于推进“扁平化”管理的要求，本着“缩短管理链条，提高决策效率，深化集约经营，提升服务功能”的原则，制定《怀化分行实施扁平化管理改革方案》，报工商银行省分行批准后实施。经过三个月的工作，是年6月底前全面完成扁平化管理改革对城区15个网点管理人员职数和业务操作人员进行重新配置，对业务流程进行整合；实行城区支行（鹤城、怀兴）管理职能上收与分行部室职能承接。工行鹤城支行所属机构，全部上划工行市分行，人员相应减少，支行机关2007—2010年，只设3个股室。2007年末职工人数54人，2008年末职工人数51人，2009年末职工人数48人，2010年末职工人数47人。2007年、2008年、2009年、2010年各项存款余额分别为7.2304亿元、7.7351亿元、10.9711亿元、11.2158亿元。2007年、2008年、2009年、2010年各项贷款余额分别为4.6273亿元、4.921亿元、8.293亿元、10.8125亿元。

2002—2006年中国工商银行鹤城支行基本情况表

表7-3-2

项目 年度	分理处（个）	储蓄所（个）	机关股室（个）	年末职工人数	各项存款（亿元）	各项贷款（亿元）
2002	5	3	7	149	4.6487	5.7088
2003	5	3	7	152	5.0883	5.7981
2004	5	3	7	147	5.9223	5.3034
2005	4	3	3	121	6.0827	3.4930
2006	4	3	3	119	6.6756	4.6919

中国工商银行怀化分行怀兴支行　2002年12月，工商银行怀化分行营业部撤销，成立中国工商银行怀兴支行。

2007年6月，与工商银行鹤城支行同样原因，由于支行管理职能上收，所属机构上划工行市分行。由此，怀兴支行人员减少，2007—2010年末职工人数分别为64人、58人、51人、49人；支行机关保持3个职能股室不变。2007年、2008年、2009年、2010年各项存款余额分别为12.7656亿元、15.21亿元、18.982亿元、22.7488亿元。2007年、2008年、2009年、2010年各项贷款余额分别为25.2496亿元、28.358亿元、27.8235亿元、32.6624亿元。

中国工商银行怀化分行迎丰支行　2005年9月，工行怀兴支行所属中心分理处升格为工行迎丰支行，支行无股室及辖属机构，为独立经营型支行。

中国工商银行怀化分行铁道支行　2005年9月，工行鹤城支行城北分理处升格为工行铁道支行，支行无股室及辖属机构，为独立经营型支行。

中国工商银行怀化分行庆丰支行　2007年12月，工行怀兴支行庆丰分理处升格为工行庆丰支行，支行无股室及辖属机构，为独立经营型支行。2008年、2009年、2010年末职工人数分别为14人、13人、13人；2008年、2009年、2010年各项存款余额分别为3.6485亿元、3.979亿元、5.1634亿元。2008年无贷款，2009年、2010年各项贷款余额均为800万元。

中国工商银行怀化分行金怀支行　2007年12月，工行怀兴支行迎丰中路分理处升格为工行金怀支行，支行无股室及辖属机构，为独立经营型支行。2008年、2009年、2010年末职工人数分别为11人、11人、12人；2008年、2009年、2010年各项存款余额分别为1.7964亿元、2.411亿元、2.2645亿元。2008年、2009年、2010年各项贷款余额分别为4765万元、2686万元、1675万元。

中国银行怀化支行　1988年11月成立，办公营业场地在怀化市迎丰中路56号（原地区博物馆房屋），支行机关设4个科室，1个营业点，员工24人。1990年1月，中行怀化支行迁至迎丰中路74号（原地区医药公司房屋），辖1个县级支行、时有6个营业机构，7个科室，员工63人。1990年8月，中行迁至迎丰中路84号（市政府对面），辖1个支行、9个营业机构，8个科室，员工82人。1993年3月，怀化支行迁至迎丰西路18号（怀化火车站对面），辖3个支行、15个营业机构，13个科室，员工208人。1998年1月，中行怀化分行迁至迎丰东路9号，3个营业机构，16个科室，员工287人。

中国人民建设银行怀化市（县级）支行　1987年12月由建设银行怀化地区中心支行营业部组建成立。支行位于怀化市人民北路21号，成立时有储蓄网点2个，干部职工34人，当年各项存款余额2118万元。1988年增设迎丰市场、太平桥、汽车站、鹤州路、三角坪、嫩溪垅6个储蓄网点，同年成立建行怀化市支行房地产信贷部。1989年增设坨院储蓄所。1991年，增设支行储蓄专柜，1992年6月增设中心市场储蓄所。1994年

1月、7月，迎丰东路、中心市场、坨院、三角坪、太平桥储蓄所升格为分理处。1994年末，建行怀化市支行机关内设5室1部，辖5个分理处，6个储蓄所，职工人数107人，存款余额1.7968亿元。

三、鹤城区合作金融机构

城市信用社 1988年6月，经怀化地区体改委和人民银行怀化分行批准，怀化市城中城市信用社成立，股金10.1万元。1991年12月，经人民银行怀化分行筹建报人民银行湖南省分行批准，怀化市新兴城市信用社成立，注册资金50万元。1995年5月，经人民银行湖南省分行批准，怀化市建新城市信用社成立，注册资金300万元。三家城市信用社建社之初，均实行职工聘任制，实行“早8点到晚8点”及“365天天天营业”的营业制度，深受群众欢迎和其他金融机构效仿。城市信用社曾为地方经济建设、集体企业、民营企业、个体工商经营户的发展发挥积极作用。1996—1998年，宝庆商贸实业发展有限公司在开发怀化市河西副食批发城筹措资金遇到困难向建新信用社申请贷款，先后五次为该公司累计发放贷款1070万元。建新社所放1070万元贷款在2000年10月连本带息全部收回。

1991—1997年怀化市（县级）农村信用联社机构、人员统计表

表7-3-3　　单位：个、人

项目 年度	一级法人联社	两级法人联社	法人信用社	非法人信用社	信用分社	储蓄所	营业部	信用站	年末职工
1991	—	1	32	—	15	12	1	27	263
1992	—	1	32	—	15	12	1	27	284
1993	—	1	33	—	15	10	1	27	296
1994	—	1	33	—	24	5	1	27	325
1995	—	1	33	—	27	6	1	27	358
1996	—	1	33	—	27	6	1	27	389
1997	—	1	33	—	27	6	1	—	384

1998—2010年鹤城区农村信用联社机构、人员统计表

表7-3-4　　单位：个、人

项目 年度	一级法人联社	两级法人联社	法人信用社	非法人信用社	信用分社	储蓄所	营业部	信用站	年末职工
1998	—	1	9	—	27	5	1	—	295
1999	—	1	9	—	27	5	1	—	331
2000	—	1	11	—	35	3	1	—	415
2001	—	1	8	—	38	3	1	—	415
2002	—	1	8	—	36	4	1	—	443
2003	—	1	8	—	36	4	1	—	445
2004	—	1	8	—	35	4	1	—	437
2005	—	1	8	—	35	4	1	—	437
2006	—	1	8	—	34	1	1	—	429
2007	1	—	—	8	26	—	1	—	425
2008	1	—	—	8	26	—	1	—	425
2009	1	—	—	8	26	—	1	—	416
2010	1	—	—	8	26	—	1	—	409

城信社在发展过程中，由于职工队伍素质和内部管理跟不上业务发展需要，经营指导思想偏位，股本金不足，超范围违规（发放手续费）吸收存款，贷款管理混乱，贷款质量不高和内部管理混乱等问题逐步暴露出来。2000 年 8 月至 9 月，国务院和人民银行总行下发化解中小金融机构金融风险的总体原则，湖南省人民政府和人民银行武汉分行、怀化中心支行印发加强城市信用社风险处置工作意见，辖内三家城市信用社进行清产核资工作。经过会计师事务所清产核资认定，城中城市信用社资产为 1.8018 亿元，负债 2.1186 亿元，资不抵债 3076 万元，按照省人民政府和人民银行有关要求，宣布城中城市信用社关闭。

怀化市鹤城区农村信用联社　前身是怀化市（县级）农村信用社联合社。1998 年 4 月，怀化市（县级）农村信用联社分设为鹤城区农村信用联社和中方县农村信用联社。鹤城区农村信用联社辖营业部 1 个，农村信用社 9 个，信用分社 27 个，储蓄所 5 个，正式职工 278 人，临时工 34 人，退休人员 24 人。

1999 年 6 月，经中国人民银行怀化中心支行批复，怀化市农村信用合作营业部（即原怀化地区农业银行信用合作科营业部）并入鹤城区农村信用联社。是年 8 月 27 日，鹤城区农村信用联社召开第一届社员代表会议，选举产生了理事会、监事会。

2007 年 3 月，区联社召开统一法人后的第一届社员代表会，会议通过了区联社（一级法人联社）章程，选举产生理事会、监事会。9 月，怀化市鹤城区农村信用联社（一级法人联社）正式挂牌。2010 年 12 月，区联社召开第二届社员代表大会，选举产生理事会、监事会。2010 年末，鹤城农村信用联社辖营业部 1 个，非法人信用社 8 个，信用分社 26 个及资产部，联社机关内设 16 个部室。职工 409 人，大学本科学历 34 人，大专 231 人，中专 48 人，高中及其以下 77 人。具有中级技术职称 22 人，助师级 234 人，员级 134 人。35 个营业网点全部使用电脑微机办理存、取、结算业务，储蓄业务实现全省通存通兑。有 5 个网点安装 ATM 自动取款机。35 个营业网点营业间全部安装防弹玻璃和电视监控系统，110 联网报警器。联社保卫股安装 ATM 联网远程电视监控系统一套。

第三节　存　款

一、工商银行存款

1991 年，工行怀化市（县级）支行各项存款余额 3.1427 亿元，各项贷款余额 4.4662 亿元，贷款余额比存款余额多 1.3241 亿元。1993 年，工行省分行提出“存款年”的要求，怀化市支行建立揽存责任制，按完成考核任务、计划任务、争取任务日均增长额的 2‰、4‰、6‰进行奖励。配合地工行发行“千家发”有奖储蓄。是年，怀化市支行辖属储蓄所为个体户开展上门服务收储近 4000 万元。各项存款余额 4.7771 亿元。1994 年，工行制定存款计价计酬方案，增长指标与员工“两费一金”挂钩；开展增存百日竞争活动（3 月 20 日至 6 月 30 日），对时间过半存款增量达到全年考核计划及增量同业占比达到 40%以上的行、处，人均增量达 30 万元以上的储蓄所和储蓄专柜，对业余揽储日平均余额 10 万元以上的职工分别予以奖励。工行全部开通电脑储蓄，实现服务手段电子化。1996 年，工行对储蓄业务实施成本管理，着眼于降低成本，提高效益，激发员工的责任心和积极性。年末怀化市支行各项存款 7.4209 亿元，比 1991 年增加 4.2788 亿元，增幅 136.77%。

1998 年，推行“大所战略”，抓好服务硬件建设，使营业场所实现“方便迅速、定位整齐、洁净舒适、安全可靠”的要求。1999 年工行继续推行“大所战略”，开展以增加存款，优质服务，业务开拓，内部管理为主要内容的大所竞赛活动。开通储蓄存款全市、全省异地通存通兑，储蓄牡丹卡全省联网。以“教育储蓄”为牵头，促进储蓄品种创新。年末教育储蓄开户 1.3 万户，存款额达 286 万元。2001 年，工行以“银证通”业务作为拓展的突破口，加大培训、推广和应用力度，先后举办“银证通”业务培训 16 期，培训员工千余人次。全行按每人 6 户分配“银证通”开户任务，并按完成情况给予奖罚，2001 年全年“银证通”业务开户10624户。2004年，利用网上银行代发工资既减轻柜台压力，又培植了大量客户资源，发展理财账户1681户，存款余额达2.5383亿元。2005年9月，怀化市鹤城支行辖属的城北分理处、中心分理处分别升格为支行。各行在巩固和扩大储蓄市场上狠下功夫，在绩效考核上，加大激励力度，实施储蓄存款单项考核，建立万元含量考核办法，将网点存款增长与职工利益直接挂钩，增强考核的直观性，激发全体员工抓存款的积极性。年末，鹤城支行各项存款6.0827亿元，原鹤城支行中心分理处升格后的迎丰支行各项存款9.6142亿元，原鹤城支行城北分理处升格后的铁道支行各项存款2.5541亿元，总计存款18.251亿元。比1991年工行怀化市（县级）支行各项存款3.1421亿元增加15.1089亿元，增幅近5倍。

2007年，工行怀化分行对怀化市鹤城区城区网点实行扁平化管理，城区网点统一由工行怀化市分行直接管理，人员重新组合，继续加大存款力度。到2010年末，鹤城支行各项存款11.2158亿元，怀兴支行22.7488亿元，迎丰支行12.93亿元，铁道支行3.3449亿元，庆丰支行5.1634亿元，金怀支行2.2645亿元，总计57.6674亿元，比1991年工行怀化市支行各项存款3.1421亿元增加54.5253亿元，增幅17.3倍。

二、农业银行存款

1994年，在专业银行向商业银行转变过程中，农行怀化市（县级）支行确立“存款立行”的经营方针，将组织资金工作的重心由农村转向城市，在城区增设网点，先后增设人民中路营业所、新街营业所。新增加储蓄存款存单小额抵押贷款业务等存款种类，开办为机关单位、企业代发工资和企业融资债务等业务；改革技术设备，开办电脑储蓄；全面推行存款目标管理工效挂钩责任制。1994年末，农行怀化市（县级）支行各项存款1.7306亿元。1997年怀化市（县级）支行各项存款2.1858亿元，加上湖天支行8168万元，总计为3.0026亿元，比1994年增加1.372亿元，增幅73.5%。

1998年，农行怀化市支行更名鹤城支行。鹤城支行根据农行怀化市分行提出的增存工作目标，实施“一把手工程”，建立激励机制，推动全行抓存款。实施区域战略，城区加大对农、林、水、电、路等基础设施部门和机关、团体、医院等单位的增储力度。农村运用农行品牌优势、网络优势，大搞务工汇兑，吸收务工储蓄。运用和开发金融产品如银行承兑汇票、贴现、信用卡和其他中间业务等增加存款。2000年末，鹤城区城区内的农行鹤城支行、湖天支行各项存款余额分别达到4.6325亿元、1.9533亿元，总计6.5858亿元，比1994年增加4.8552亿元，增幅2.8倍。2001—2003年，农行鹤城、湖天支行突出抓好银行卡、储保通、银证通、代发工资、务工汇兑等核心产品，瞄准铁路、社保、医院、学校、重点基础设施建设单位等大客户。2002年，农行配备自动取款机（ATM）13台，自动存款机（CPT）1台，自动缴费机（APM）1台，设置5个社区自动银行，把金融服务延伸到客户家门口，全行服务实现质的飞越，使广大客户愿意到农行存款。2004年，农行鹤城支行在一季度精心组织了“比宣传声势，创品牌效应；比全员营销、创有效份额；比合规经营，创管理质量；比优质服务，创文明新风；比敬业爱岗，创团队优势”的“五比”“五创”“金猴之春”增存揽储竞赛活动。2、3季度又开展了“红五月”增存揽储业务营销活动及“爱我农行、从心开始”争先创优营销竞赛活动。年末，农行鹤城支行、湖天支行的各项存款余额分别达到8.7723亿元，4.707亿元，总计13.4793亿元，比1994年增加11.7487亿元，增幅6.7倍。

2005年后，农行怀化市分行对农行城区网点实行扁平化管理，所有城区网点统一属农行怀化市分行领导。市分行印发柜台优质服务标准，文明服务公约，通过服务创新，服务内涵进一步扩大，在一部分条件较好的网点建立6个VIP客户接待室，对高端客户进行差异化服务。按照投入产出原则，继续优化一批物理网点，鹤城区的城北支行、锦园支行“双优工程”的有效实施，存款稳步增长。自2005—2010年，城区农行18个营业网点各项存款达32.0713亿元，比2004年增加18.529亿元，增幅137.9%。

2005—2010 年农行鹤城区城区网点存款统计表

表 7-3-5　　单位：亿元

年度	各项存款	其中			备注
		储蓄存款	公存款	其他存款	
2005	20.9125	1.1764	7.3661	1.779	
2006	19.7307	—	—	—	
2007	22.0209	14.4735	7.5474	—	
2008	24.6782	17.1454	7.5328	—	
2009	28.5961	19.4392	9.1569	—	
2010	32.0713	22.4413	9.63	—	

三、农村信用社存款

1998 年前，辖内农村信用社采取多项措施开展存款组织工作。1992 年 5 月，利用庆祝农村信用社成立 41 周年，树立信用社的良好形象，收到立竿见影的效果，5 月、6 月两个月储蓄存款净增 781 万元，为当年存款净增的 25.2%；开展揽存竞赛，开展优质服务，增设网点，增强竞争力。1994 年，榆树、盈口信用社、联社营业部存款突破 2000 万元大关，铁坡、湖天、锦溪信用社储蓄存款突破 800 万元。1995 年，农村信用社有 278 人参加业余揽存，揽存金额 1.8598 亿元，红星路分社杨修珍个人业余揽存 580 万元，居信用社之首。1997 年末，怀化市（县级）农村信用社各项存款余额 4.87 亿元，比 1983 年的 918 万元增加 4.77 亿元，增长 52 倍。

1991—1997 年怀化市（县级）农村信用联社存款统计表

表 7-3-6　　单位：亿元

年份	储蓄存款	一般存款	总计	年份	储蓄存款	一般存款	总计
1991	0.5058	0.0907	0.5965	1995	2.7036	0.3121	3.0157
1992	0.7936	0.1134	0.9070	1996	3.4224	0.4261	3.8485
1993	0.9715	0.2187	1.1902	1997	2.9458	1.9179	4.8637
1994	1.8785	0.3684	2.2469				

1998—2010 年鹤城区农村信用联社存款统计表

表 7-3-7　　单位：亿元

年份	储蓄存款	一般存款	总计	年份	储蓄存款	一般存款	总计
1998	2.9145	0.1425	3.057	2005	4.7361	2.2718	7.0079
1999	2.3535	0.1826	2.5361	2006	4.9848	2.7962	7.7810
2000	3.7688	0.3420	4.1108	2007	5.2261	3.9281	9.1542
2001	3.3114	0.4527	3.7641	2008	5.8693	4.7904	10.6597
2002	3.6543	0.6915	4.3458	2009	7.2931	6.4948	13.7879
2003	4.1616	1.0267	5.1883	2010	8.8026	9.1354	17.938
2004	4.1081	2.0468	6.1549				

1998年，鹤城区农村信用联社采取多种措施组织存款。采取拓宽组织存款领域，抓劳务输出收入存款，抓城区个体经济户收入存款，抓代收业务增加存款，抓重点工程项目的跟踪服务，使其资金存入信用社，加强信用社内部信贷结算管理，增加信用社派生存款等措施大力组织存款。强化组织存款功能，在原利用电脑单机办理储蓄业务的基础上，积极开办通存通兑业务。2006年3月，农村信用社综合业务网络系统开通，实现信用社存款业务通存通兑。安装ATM自动取款机，方便群众取款，全辖安装ATM自动取款机5台，开通农信银业务，与全国农村信用社联网，实现跨省通存通兑。提高服务质量，创造优美环境，规范服务行为，稳定客户存款。组织储蓄公关专班队伍，开展联“四户”（致富户、专业户、个体户、打工户），跟“三员”（推销员、企业出纳员、采购员），上“三店”（商店、酒店、批发店），进“三门”（企业门、机关门、学校门），收“三款”（集资款、销货款、汇兑款）的揽存活动。2004—2006年，联社组织100名女子揽存队，揽存2.835亿元，其中揽存800万以上3人，500万以上10人。2006年末，鹤城区农村信用社存款余额达7.781亿元，比1998年增加4.724亿元，增长154.5%。

2007年，鹤城区农村信用联社统一法人后，发挥信用社城乡一体化和点多面广及人员优势，采取上门服务，以贷引存，了解市场，了解客户，为客户排忧解难，将河西建材市场，粮油市场，宝庆商贸市场，家电市场，火车站附近的布匹、鞋业市场的广大客户争取到信用社存款。石门信用社开拓城东新区市场，兴隆街中心分社开拓旧城扩建市场，建新信用社开拓兽药饲料批发市场、河西陶瓷市场，鹤城中心分社开拓复合肥料市场等，建立客户群。培育黄金客户，建新社扶持的梦洁专卖店、丽都佳加家超市，榆树社扶持飞达商场，盈口社扶持东鹏陶瓷专卖店。城区内各类商铺店面、公司都是信用社的大额存款客户。创新组织存款的考核激励机制，制定工效挂钩考核方案，发展好客户群，不断扩大信用社存款的市场份额。发行福祥卡，开展各类代理业务等渠道，为行政、企事业单位及城市居民提供全方位金融服务，扩大对公存款业务。2010年末，鹤城区农村信用联社各项存款余额17.94亿元，比统一法人前的2006年增加10.16亿元，增长130.5%；比1998年增加14.88亿元，增长486.8%；比信用社与农行脱离行政隶属关系前的1995年增加14.92亿元，增长494.8%；比信用社第一次体制改革前的1983年的918万元增加17.85亿元，增长194.4倍。

第四节　贷　款

一、工商银行贷款

怀化市（县级）、鹤城区工商银行机构先后有怀化市支行、湖天支行、鹤城支行、怀兴支行、铁道支行、金怀支行。其中，怀化市（县级）支行、湖天支行1997年与怀化分行营业部合并。1997—2001年，怀化市支行、湖天支行无贷款统计，其贷款归怀兴分行营业部统计。鹤城支行2001年12月成立，2002年起才有贷款统计。怀兴支行2002年12月成立，2003年起才有贷款统计。迎丰支行是2005年9月，由怀兴支行中心分理处升格为支行，2005年、2006年没有发放贷款，2007年始，发放少量贷款。铁道支行是2005年9月，由工行鹤城支行城北分理处升格为支行，2006年始，发放少量贷款。庆丰支行是2007年12月由怀兴支行庆丰分理处升格为支行，2008年没有发放贷款，2009年始，发放少量贷款。金怀支行是2007年12月由怀兴支行迎丰中路分理处升格为支行，2008年始，发放少量贷款。2010年，鹤城支行贷款余额为10.81亿元，怀兴支行为32.66亿元，其余支行都不足亿元。

二、农业银行贷款

1991—2010年，境内农行系统先后设有农行怀化市（县级）支行、湖天支行、鹤城支行、迎丰支行、建怀支行、城东支行及河西、城北、湖天、潕水路分理处等机构。2005年，农行怀化分行对城区网点实行扁平化管理，城区18个营业机构业务归农行怀化分行统管。农行发放的各项贷款联结城乡，对象多、投向、用途广。对象涉及全民所有制农业、承包农户、农业企业、农村工商企业、农工商联合企业、个体工商户等各个层面。贷款投向涉及农林牧副渔业及城乡各种生产和流通领域。用途包括生产生活费用短期周转，生产设备的中、短期，还有农业开发及基本建设所需资金需要。2010年末，农业银行鹤城城区共有贷款余额18.82亿元。

三、农村信用社贷款

1991年前，境内农村产业结构调整，农业经济、城乡个体经济、私营企业经济迅速发展。农村信用社针对变化的形势，贷款投向由传统单一支持粮棉油生产向农林牧副渔、加工、运输、服务业转变，由支持传统农业向“两高一优”科技农业转化，由支持小农经济向大力支持村级、乡（镇）级企业、各种经济联合体、个体工商户发展商品经济，促进城乡商品流通。1991—1997年，辖内农村信用社累计发放贷款10.82亿元，其中，支农贷款4.7253亿元，占比为43.7%。支持农户购买耕牛19852头，化肥13104吨，种子366吨，各种农机具18748台（件）。支持石门、泸阳、中方、排楼、鸭咀岩、下坪、花桥、黄金坳乡部分农民发展科技兴农，创办吨粮田示范。支持铁坡、锦溪、活水乡农户杂交水稻制种和“两系杂交”水稻制种500亩。支持各乡农户山地开发，牌楼镇陈家湾村800亩柑橘基地、100亩葡萄。铁坡乡板溪村500亩金秋梨，培风村500亩奈李，锦溪乡金坪村200亩杂交板栗，桃江村3000亩草场养牛，蒿吉坪乡2000窖天麻等。支持芦亭坳乡农户种植药材800亩。支持活水乡农户与外商合资开发麻石加工、销售项目。支持铜鼎乡科技种棉300亩。支持榆树、盈口、泸阳、黄岩四个菜篮子工程。黄岩乡田家村农民滕久成在信用社支持下，发展反季节蔬菜，全年蔬菜收入3万多元，市政府蔬菜办授予科技示范户称号。支持石门鞭炮厂、桐木茶厂，中方、牌楼斗笠厂等一批乡、村办企业。鸭咀岩、新路河、凉亭坳投放贷款98万元，支持186户农户开展网箱养鱼842万尾。

1991—1997年怀化市（县级）农村信用联社贷款统计表

表7-3-8　　单位：亿元

年份	累放贷款	累收贷款	贷款余额	年份	累放贷款	累收贷款	贷款余额
1991	0.5305	0.4473	0.3765	1995	2.8133	1.9915	1.9512
1992	0.6564	0.5568	0.4761	1996	1.7705	1.5427	2.179
1993	0.9244	0.7551	0.6454	1997	2.0150	1.6054	2.5886
1994	2.1109	1.6269	1.1294				

1998—2010年鹤城区农村信用联社贷款统计表

表7-3-9　　单位：亿元

年份	累放贷款	累收贷款	贷款余额	年份	累放贷款	累收贷款	贷款余额
1998	0.7911	0.7097	1.9219	2005	7.3207	6.9936	5.2077
1999	0.3784	0.4216	2.3188	2006	3.3693	2.8418	5.7352
2000	2.014	0.9121	3.4207	2007	3.6435	2.5488	6.8298
2001	1.468	1.4159	3.4728	2008	5.3757	4.4532	7.7523
2002	2.0757	1.711	3.8375	2009	5.1307	2.8936	9.9894
2003	3.3017	2.9359	4.2033	2010	5.8323	2.937	12.8847
2004	4.2692	3.5919	4.8806				

1998 年，鹤城区农村信用联社在信贷服务方面做出“三个”调整，即把信贷投放对象和贷款投向从传统农业向现代农业调整；从分散农户向产业化经营调整；从生产领域向生产流通领域调整。推出“三个”创新：在贷款方式上创新农户小额信用贷款，农户联保贷款，将小额信用贷款延伸到小商户、小企业领域；创新社团贷款，加强同业合作，支持和促进区域经济发展；创新贷款利率定价机制，在人民银行规定的利率范围内，推行差别定价和风险定价。

1998—2010 年，鹤城区农村信用联社贷款投向区内农业生产，支持特色农业，支持石门乡清水井村 3000 亩无公害蔬菜示范园。杨村、黄岩、黄金坳、鸭咀岩、盈口乡团结村特菜种植 6000 亩，反季节蔬菜 5000 亩，杨村乡蒲田垅种植鱼腥草 1000 亩，石门乡种植草莓、草皮及鸭咀岩乡池回村、黄金坳乡水环口村 2000 亩反季节性草莓，石门、杨村、鸭咀岩、盈口乡王家山村、井坪村万亩绿化苗木、花卉生产基地。支持山地开发，支持贺家田乡 1200 头山羊养殖基地，石门乡梨头元村，杨村乡桥梁村，盈口乡风坪村开发杨梅基地，贺家田乡香菇种植基地。支持养殖业发展，支持凉亭坳水库养鱼，杨村乡 300 亩水田养鱼，鸭咀岩乡专业户养甲鱼，盈口乡方石坪村专业户饲养鸽子，黄金坳镇李传福饲养生猪。支持农业企业发展，2008 年投放贷款 500 万元，帮助怀化市复合肥厂发展肥料生产。2010 年为怀化市远东化肥有限公司贷款 500 万元扩建硫酸钾、复混肥生产线。2010 年为怀化城南农资有限公司发放贷款 1000 万元，解决物资调运资金困难。支持中小企业发展，服务区域经济。2007—2010 年累计投放中小企业贷款 2 亿多元。

支持个体经济户开展农产品收购、加工、运输、销售等项目。支持城市建设，2008 年 9 月，为怀化市城市建设投资有限公司承建城区湖天北路工程项目投放贷款 1 亿元，完成湖天北路项目开发。支持发展农村二、三产业，为怀化市佳丽农业科技开发有限公司投放贷款 500 万元，在石门乡清水井村开发休闲农庄项目。在贷款投向转变的同时，农村信用社贷款的方式也随之进行创新。推广农户小额信用贷款方式，执行“一次核定，随用随贷，余额控制，周转使用”的原则，简化手续，直接办贷，为农户解决农业生产中急需资金。推广农户联保贷款方式，试行新的抵押担保方式。推广林权、土地承包经营权、仓单、运单等质押贷款及商户联保货物抵押贷款方式。自 1998—2010 年，累计投放贷款 44.97 亿元，年均累放 3.46 亿元。

第五节　证券

一、企业债券

1991 年 4 月，湖南省第七工程公司因流动资金短缺，经中国人民银行怀化分行批准，在企业内部发行企业债券 20 万元，期限 2 年，利率 12%。实际集资 17 万元，到期全部兑还。1991 年 7 月，怀化铁路分局因流动资金缺口 100 万元，南方大厦改造缺 300 万元。经中国人民银行怀化分行批准，在铁路系统内部发行企业债券 400 万元，期限 3 年，利率 8.5%，实际集资 400 万元，到期全部兑还。1992 年 6 月，怀化地区湘运公司，因车辆、设备更新，经中国人民银行怀化分行批准，内部发行企业债券 300 万元，期限 3 年，利率 9.5%，实际集资 300 万元，到期全部兑还。1992 年 7 月，怀化地区煤炭多种经营公司，因流动资金短缺，经中国人民银行怀化分行批准，在企业内部发行企业债券 15 万元，期限 8 年，利率 12%，实际集资 15 万元，到期全部兑还。1996 年 4 月，怀化市供水总公司，因河西输水主管道安装工程缺资金，经中国人民银行湖南省分行批准，由怀化市证券公司代理发行企业债券 1000 万元，期限 2 年，利率 13.5%，实际集资 1002.9 万元，到期兑还 947.9 万元，55 万元延期兑还。1996 年 11 月，怀化铁路总公司因流动资金短缺，经中国人民银行湖南省分行批准，在企业内部发行企业债券 2990 万元，期限 9 个月，利率 8.7%，实际集资 2990 万元，到期全部兑还。

二、证券

1993 年5 月 10 日，中国农业银行怀化地区中心支行迎丰办事处证券部正式开业。为怀化地区首家证券交易所，该部主要从事代理买卖深圳、上海证券交易所的北京 STAQ 法人股股票及有关证券业务。该部随市场经济应运而生，弥补了湖南湘西、贵州黔东南、四川川南相邻地区无证券交易机构的不足。经过一年的实践，该部用先进的微电脑技术管理，一流的技术设施和宽敞舒适的工作环境，为股东开展证券交易活动，前来开户买卖股票的人数已达 400 多人，累计成交金额 1.5 亿元。该部在湖南证券泰阳证券部开业后停办，所有业务转交泰阳证券怀化营业部。

1994 年 9 月，泰阳证券怀化营业部（办公营业地址为怀化市鹤州北路 3 号）股票交易厅开业。该部是湖南证券登记公司在怀化地区的唯一代理处。该部拥有营业场地 2800 平方米，员工由开业之初的 10 余人发展到 40 余人，其中中级职称以上 6 人，85%以上的员工达到本科以上学历。拥有性能良好、安全可靠的客户终端机 365 台，行情显示机 100 余台。开通电话委托、磁卡委托、自助委托、网上委托等多种委托方式。随着证券业务的不断发展，周边县（市）的投资者随即增加，为方便周边县（市）投资者，1999 年初，泰阳证券部先后在 10 个县（市）设立业务代办点，开通了网上交易与远程交易委托系统，为当地投资者提供即时行情、委托交易、咨询、代办证券登记开户等服务。同时与工行、农行、中行、建行城区支行网点开通了银证联网，即“银券一卡通”业务，极大的方便各县（市）投资者。泰阳证券部坚持“一切为了客户”的服务宗旨，不断开拓业务，给投资者创造方便、安全、高效的投资场所和投资渠道，获得更大的投资效益。从开业到 2006 年，股民开户人数达 5 万多人，年交易额上百亿元。先后承担怀化正清和安塑股份的上市交易，为企业的股份制改造提供了融资渠道和交易场所。

方正证券公司迎丰路营业部。2008 年设立，隶属于方正证券公司。2010 年 9 月改制为股份有限公司。公司注册在湖南省长沙市，总股本 61 亿股，有效客户 200 万户，管理的客户资产规模超过 200 亿元。方正证券迎丰路营业部办理沪深 AB 股买卖、开放式基金代销，代理登记证券股票，开放式基金、权证开户等业务。

第六节 金融监管

一、清理整顿农村合作基金会

1991 年 11 月，怀化地区农村经营管理站组织各县市、区经管站站长和一批乡镇干部在芷江县垅坪乡开展建立农金会试点。1992 年 12 月底，怀化市（县级）32 个乡镇有 22 个乡镇建立农金会，占当时全地区 81 个农金会总数的 27.2%。81 个农金会筹集资金 2654.73 万元，石门乡农金会筹集资金 136 万元，为怀化地区农金会资金筹集总数 5.1%，是全地区筹集资金较多的乡镇之一。1998 年底，鹤城区有农金会 11 个，有营业网点 30 个，其中城区 15 个，乡镇 15 个，从业人员 177 人，储户 62300 户，存款余额 1.8726 亿元。借款户 6000 户，放款本金 1.1725 亿元，占存款额的 62.6%。

1999 年 1 月，国务院发布文件，宣布全国统一清理整顿农村合作基金会。3 月 27 日，省委、省政府召开取缔农村合作基金会专题会议，怀化市下发《怀化市清理整顿农村合作基金会工作方案》。鹤城区于 1999 年 4 月 9 日，对全区农金会实行统一关闭，停止吸收存款、发放贷款和支付会员股金。成立由区长任组长的清整领导小组，领导农金会清理整顿工作。全区共组织干部职工 1000 余人，组成 100 个工作小组，采取行政、经济、法律、集中攻坚等多项措施，稳住股民情绪，避免挤兑风波，维护社会稳定。相继制定下发相关文件 7 个。对借款和担保借款的 6000 多干部、职工实行“三停”（停职、停止工作、停发工资），限期归还，对未按规定还清借款的干部予以辞退。抽调政法干警 130 人，组成巡回法庭 14 个，依法强制收欠。共受理农金会清欠案 685 件，审结 685 件，诉讼标的 7941.7 万元，执行金额 4351.2 万元。对农金会职工进行妥善安置，城区农金会职工于 2001 年 6 月基本安置妥当，共安置 67 人。个别乡镇也实行一次性经济补偿的安置办法。存款兑付按 3 年 6 次分期兑付，2003 年兑付完毕。

二、清理整顿城市信用社

2000年，鹤城区辖内有城市信用社3个，即城中城市信用社，新兴城市信用社和建新城市信用社。2000年8月至9月，国务院和中国人民银行总行先后下发关于化解中小金融机构金融风险的总体原则，湖南省人民政府、人民银行长沙中心支行、人民银行怀化中心支行关于加强对城市信用社风险处置工作意见，三家城市信用社进行清产核资工作。经过会计师事务所清产核资认定，新兴、建新城市信用社资能抵债，资产分别为1.7127亿元和0.3928亿元，负债分别为1.6997亿元和0.3865亿元。两个城市信用社经鹤城区农村信用联社、人民银行怀化中心支行复核认可确属资能抵债后，上报人民银行武汉分行批准，归口鹤城区农村信用联社管理。城中城市信用社资不抵债，按照湖南省人民政府关于加强对城市信用社风险处置工作意见和人民银行关于化解中小金融机构金融风险的要求，宣布关闭。10月19日，成立清收工作组，从区直单位抽调干部200余人，与城信社职工组成3个小组开展清收工作。累计收回贷款1949.1万元。2001年1月、4月城中城市信用社进行个人存款兑付，共兑付资金1.498亿元。至2002年7月12日共收回贷款1949.1万元，对部分城信社资产进行公开变卖、拍卖。2002年底，城信社个人存款全部兑付。

第七节　典当业

中华人民共和国成立后，域内典当行业被取缔。怀化市典当行业恢复较晚，2002年10月17日，由湖南德天投资集团发起设立怀化市金土地典当有限公司，注册资本金为1020万元。从业人员6人，其中执行董事1人（兼），经理1人，会计1人，出纳1人，评估兼业务员1人。成立当年，实现利润8000多元。其经营范围是：房地产典当业务、质押典当业务、限额内典当物品的变卖、鉴定评估及咨询业务、国家商务部依法批准的其他业务。

2010年底，怀化市共核准设立5家典当企业，注册地全部在鹤城区。年发放当金1.5亿元，由怀化市商务局负责监管。

2002—2010年鹤城城区典当企业基本情况表

表7-3-10

企业名称	成立时间	经营地址	注册资金(万元)	法人代表	从业人数(人)
怀化市金土地典当有限公司	2002年2月	德天商业广场	1020	颜坚生	6
怀化市飞天典当有限公司	2008年12月	天星坪	1500	雷邵阳	10
怀化市鑫源典当有限公司	2006年5月	迎丰中路280号	1000	谭芝钦	13
怀化市惠民典当有限公司	2010年4月	人民南路	1500	向丽华	20
怀化市汇丰典当有限公司	2010年3月	经开区西部物流中心	1000	唐志超	19
合　　计			6020		68

第四章 保 险

第一节 保险机构

一、机构沿革

1994年前，境内有中国人民保险公司怀化地区分公司（属财产、人寿综合型保险公司），中国人民保险公司怀化市（县级）支公司。

1994年后，先后有中国平安财产保险、人寿保险公司进驻怀化。1996年，中国人民保险公司怀化地区分公司，分设为中国人民财产保险公司怀化分公司和中国人寿保险公司怀化分公司。

1998年10月，中国人民保险公司怀化市（县级）支公司撤销，组建中国人寿保险公司鹤城区支公司。2003年，保险公司实行股份制改革，境内保险公司更名为中国人民财产保险股份有限公司怀化分公司、中国平安财产保险股份有限公司怀化中心支公司、中国人寿保险股份有限公司怀化分公司、中国平安人寿保险股份有限公司怀化中心支公司、中国人寿保险股份有限公司鹤城区支公司。

2004年后，先后有多家财产保险、人寿保险公司进驻鹤城区。2010年末，境内地级财产保险公司有中国人民财产保险股份有限公司怀化分公司、中保财产保险股份有限公司怀化分公司、中国平安财产保险股份有限公司怀化中心支公司、中国太平洋财产保险股份有限公司怀化中心支公司、安邦财产保险股份有限公司怀化中心支公司、中国大地财产保险股份有限公司怀化中心支公司、天安财产保险股份有限公司怀化中心支公司、中华联合财产保险公司怀化中心支公司、渤海财产保险股份有限公司怀化中心支公司、阳光财产保险股份有限公司怀化中心支公司、中银保险有限公司怀化中心支公司、太平保险怀化市中心支公司。区级有中保财产保险鹤城支公司。地级人寿保险公司有中国人寿保险股份有限公司怀化分公司、中国平安人寿保险股份有限公司怀化中心支公司、泰康人寿保险股份有限公司怀化中心支公司、新华人寿保险股份有限公司怀化中心支公司、中国太平洋人寿保险股份有限公司怀化中心支公司、中国人民人寿保险公司怀化中心支公司。区级有中国人寿保险股份有限公司鹤城区支公司。

二、公司简介

中国人民财产保险股份有限公司怀化市分公司 以下简称“人保财险”，其前身是中国人民保险公司湖南省怀化地区中心支公司。“人保财险”名称曾三次变更；1996年5月，人保总公司实行产寿险分业经营的改革方案，原人保怀化地区中心支公司撤销，设“中保财产保险有限公司怀化地区分公司”（1998年5月，怀化撤地设市改称市分公司）、“中保人寿保险有限公司怀化地区分公司”。1998年10月，国务院批复撤销中国人民保险（集团）公司实施方案，恢复人保品牌，“中保财产保险有限公司怀化市分公司”改为“中国人民保险公司怀化市分公司”。2003年，人保系统实行股份制改造，“中国人民保险公司怀化市分公司”更名为“中国人民财产保险股份有限公司怀化市分公司”。

人保财险的县市区支公司是按行政区设立的，1993年2月在湖天开发区设有支公司，专营运工业务，撤销后业务移交中方县。1996年5月寿险机构分设前有保险干部职工357人，分家232人。2000年9月和2004年5月在鹤城区增设迎丰、红星2个直属营销服务部。办公地址在怀化市迎丰中路538号。

中国平安财产保险股份有限公司怀化中心支公司 1994年12月27日进入怀化，1996年4月实行产寿险分业经营，财产保险和人寿保险分别设立机构。内设机构为总经理室、计划财务部、业务管理部、综合部。总人数27人，其中，管理人员10人，业务员17人。与市农行、市工行、市邮政储蓄银行等建有业务代理关系。办公地址在怀化市迎丰西路金丰大厦三楼。

中国太平洋财产保险股份有限公司怀化中心支公司 2003年5月28日经中国保监会长沙特派员办事处批准在怀化成立营销服务部，2004年1月16日升格为中心支公司。中心支公司辖营销业务一、二部、溆浦业务部。机关内设总经理室、综合部、市场开发部、国内业务部、计划财务部、客户服务部、业务管理部。公司负责人称总经理，营销部、业务部及机关内设部室负责人称经理。与农行、农发行、工行、建行、市财政、邮政、移动通信、供销社、市建委等建有业务代理关系。公司总人数40人，其中，管理人员18人，业务员22人。办公地址在怀化市锦溪南路锦溪大楼二楼。

天安保险股份有限公司怀化中心支公司 2004年7月20日经湖南省保监局批准进入怀化，设立营销服务部，8月7日开业，11月18日升格为中心支公司。中心支公司辖一个业务部，在沅陵、溆浦、辰溪设有业务点。机关内设机构为总经理室、业务管理部、计划财务部、行政人事部。总人数31人，其中，管理人员12人，业务员19人。与市农行、建行、工行、市建委、市供销社建有业务代理关系。办公地址在怀化市迎丰东路249号二楼。

中华联合财产保险公司怀化中心支公司 经湖南省保监局批准，2005年9月26日在怀化成立筹备组，12月20日正式挂牌营业。中心支公司辖二个营业部，机关内设机构为总经理室、业务管理部、综合部、客户服务部，总人数108人，其中，机关管理人员8人，业务员100人。办公地址在迎丰中路202号工商银行大楼三楼。

中银保险有限公司怀化中心支公司 是经中国保险管理监督委员会许可，怀化市工商行政管理局批准，于2008年10月14日登记成立。中银保险有限公司怀化中心支公司除了公司本部外，怀化市区内无其他营业网点。2010年底公司有员工13人（管理人员6人，业务条线员工7人），保险从业人员4人。公司设有总经理室、综合财务部、业务管理部、银保团队、市场团队五个部门。公司地址在怀化市迎丰东路15号中国银行办公大楼八楼。

2006—2010年中华联合财产保险怀化中心支公司业务情况表

表7-4-1　　单位：万元

年度＼险种	车险	财产险	责任险	工程险	货运险	意外险	健康险	种植业	养殖业	信用保证保险	合计保费
2006	2294	183	143	—	4.55	79.8	5.7	—	—	—	2710
2007	3421	393	192	9.8	3.9	306	90	1706	714	—	6835.7
2008	4041	635	298	37	4.35	293	100	2368	1108	2	8886.35
2009	4036	780	343	56	10.4	336	233	3070	797	3.7	9665.1
2010	4368	917	373	20	9.6	342	214	1774	177	—	8194.6

2006—2010年中国大地财产保险股份有限公司怀化中心支公司业务状况表

表7-4-2

年度	保费收入（万元）	增长率%	赔付支出（万元）	赔案件数（件）	满期赔付率%
2006	471	—	50	172	46.63
2007	1352	187.05	486	1272	67.52
2008	1242	-8.14	792	1722	62.92
2009	1131	-8.94	619	1289	58.63
2010	1227	8.49	661	1190	43.7

中国大地财产保险股份有限公司怀化中心支公司 2006年3月成立，新晃、洪江、靖州及太平桥营销服务部。从业人数37人，其中，管理人员19人，业务人员18人。内设综合管理部、客户服务部、业务管理部、销售管理部4个职能部门及直属营销部、营销部、中介渠道部三个业务团队。公司地址在怀化市鹤城区迎丰中路328号西南宾馆玉食宫三楼。

渤海财产保险股份有限公司怀化中心支公司（以下简称渤海保险）2008年12月经湖南省保监局批准进入怀化。中心支公司辖一个业务部，机关内设机构为总经理室、综合管理部、计划财务部、业务管理部、客户服务部。总人数18人，其中，管理人员5人，业务员13人。办公地址在怀化市红星南路645号二楼。

阳光财产保险股份有限公司怀化中心支公司 2006年11月2日，阳光财产保险股份有限公司怀化市中心支公司经中国保监会批准筹建，同年12月19日经中国保监会批准设立，并颁发“经营保险业务许可证”。2007年1月8日经怀化市工商行政管理局登记，并取得营业执照。除市区三个团队外，分别设立辰溪营销服务部、芷江营销服务部、麻阳支公司、靖州支公司4个分支机构。公司各类管理人员15人，平均年龄35岁，本科学历占13%，中级职称以上5人，业务销售人员29人，大专以上学历达到87%以上，市场拓展人员占95%。

中国人寿保险股份有限公司怀化分公司 1991—1995年，人寿保险业务由中国人民保险公司人险科负责经营，开办人身意外伤害保险、简易人身保险和返还性人险（储金）等。1996年5月中保人寿保险有限公司怀化地区分公司成立，为国有独立经营人寿保险业务的专营公司。公司主要经营以人的生命和身体为标的人寿保险、健康保险和意外伤害保险。1996年7月29日，中国人民银行湖南省分行批准设立中保人寿保险股份有限公司怀化地区分公司，各县市设支公司或营业部。地区分公司下设总经理室、办公室、政工部、监审部、计财部、寿险业务部、意外险业务部、系统工会。共有从业人员128人，其中，管理人员42人，业务人员86人，离退休人员3人。

2010年，随着公司内部改革的推进，中国人寿保险股份有限公司怀化分公司共有保险从业人员2385人，其中，管理人员314人（不含退休人员），保险代理人2071人。分公司机关设：总经理室、个险销售部、银行保险部、团体业务部、客户服务中心、财务中心、综合管理部、人力资源部、培训部、监察部。公司地址在怀化市迎丰东路17号。

1996—2010年中国人寿保险股份有限公司怀化分公司业务状况表

表7-4-3 单位：亿元

年度	合计	人寿保险	意外伤害险	健康险	分红险
1996	0.4833	0.3648	0.0947	0.0237	—
1997	0.9276	0.8213	0.1062	—	—
1998	1.0103	0.8292	0.1811	—	—
1999	1.3747	1.1273	0.2474	—	—
2000	1.4912	1.2767	0.2144	—	—
2001	1.5998	1.2106	0.2359	0.0578	0.0955
2002	2.7089	1.0883	0.1585	0.2052	1.2567
2003	4.2145	2.6961	0.2001	0.2096	1.1095
2004	2.802	0.882	0.1089	0.1566	1.6544
2005	3.9663	1.4551	0.2195	0.1431	2.1486
2006	3.8444	1.5535	0.1290	0.2561	1.9057
2007	3.975	1.5627	0.1397	0.287	1.9855
2008	6.4899	1.5861	0.1662	0.3245	4.413
2009	6.3875	1.5604	0.2139	0.3118	4.3013
2010	6.9866	1.5077	0.2163	0.4062	4.8563

1996—2010年中国人寿保险股份有限公司怀化分公司理赔支出表

表7-4-4 单位：万元

年度	合计	年金给付	满期给付	死伤医疗给付
1996	1316.7	6.33	663.09	647.32
1997	3209.27	137.51	2249.11	822.65
1998	6707.98	—	5124.09	1583.89
1999	4433.95	664.49	1360.35	2409.11
2000	4532.4	30.14	2138.54	2363.77
2001	5781.03	1841.04	1667.42	2272.57
2002	5540.44	1995.81	722.01	2822.62
2003	5100.48	1266.23	140.4	3693.85
2004	4546.1	1918.61	355.23	2272.24
2005	5853.01	1533.14	783.63	3518.2
2006	7700.83	1121.22	2551.34	4028.27
2007	17615.81	757.95	13943.5	2914.36
2008	17093.44	1121.21	12803.76	3168.47
2009	14076.28	728.92	9978.56	3368.8
2010	14484.39	2192.92	8686.96	3604.51

2005—2010年中国人寿保险股份有限公司怀化分公司理赔支出表

表7-4-5 单位：万元

年度	保费收入					赔款支出			
	合计	人寿保险	意外伤害	健康险	分红险	合计	年金给付	满期给付	死伤医疗给付
2005	654	7	30	30	587	22.2	0.18	0.02	22
2006	668	38	7	45	578	20	0	0	20
2007	1200	284	16	53	847	63	37	5	21
2008	3874	2223	29	55	1567	59	18	0	41
2009	6122	1185	49	95	4793	435	11	361	63
2010	10161	1289	24	102	8746	305	83	136	86

中国平安人寿保险股份有限公司怀化中心支公司 1994年12月进入怀化。1996年4月实行寿险、产险分业经营，设立中国平安人寿保险公司怀化中心支公司。2003年，股份制改革，更名为中国平安人寿保险股份有限公司怀化中心支公司。公司内设总经理室、计划财务部、业务管理部、综合部。公司地址在怀化市迎丰西路金丰大厦三楼。

中国太平洋人寿保险股份有限公司怀化中心支公司 前身是中国太平洋人寿保险有限公司怀化中支公司，2004年5月成立。股份制改革后，更名为中国太平洋人寿保险股份有限公司怀化中心支公司。公司内设总经理室、计财部、业务部、综合部。公司地址在红星北路209号。

泰康人寿保险股份有限公司怀化中心支公司 成立于2004年3月28日，其前身为泰康人寿保险股份有限公司怀化营销服务部。2008年3月28日经省保监局审批，变更为中心支公司。

怀化泰康是隶属于泰康人寿保险股份有限公司湖南分公司的一家三级机构，办公地点现位于怀化市福兴数码广场A座10楼。公司内设总经理室、营销部、培训部、县城部、银行保险部、银保续期部、保费部、营销本部7个业务部门，及计划财务部、运营部、公共资源部3个后援部门。2010年底，怀化泰康拥有内外勤员工共计568人，其中，银行保险从业人员60人，内勤人员46人，代理业务员462人。

第二节　险　种

境内保险公司承保的险种有财产保险、人寿保险两大类。

财产保险公司承保险种　机动车辆保险、家庭财产险、企业财产险、工程险、货运险、信用保证险、人身意外险、健康险、农业保险、城乡居民大病保险。

人身（寿）险公司承保险种　人寿保险、分红险、万能险、投连险、人身意外险、健康险。

各保险公司开办保险业务时在上述各大类险种的基础上，推出各种保险品种。

中国人民财产保险股份公司怀化市分公司开办的主要险种

财产损失保险类　财产保险基本保险、机器损坏保险、财产一切保险、利润损失保险、财产保险综合保险、锅炉压力容器综合保险、变压器保险、计算机保险、个体工商户财产保险、个体工商户和合作经营组织财产保险、个体工商户财产盗抢保险、公用电话亭保险、电话盗打话费损失保险、银行综合保险、现金保险、建筑（安装）工程保险、建筑工程一切保险、安装工程一切保险、森林火灾保险、烤烟种植保险、网箱养鱼保险、一般机动车辆保险（附加第三者责任险、车上人员责任险、车上货物责任险、火爆自燃险、盗抢险、单独玻璃破碎险、车辆停驶损失险、污染险、无过失责任损失险、不计免赔特约险、不计免赔额特约险等）、机动车定额保险、摩托车定额保险、拖拉机定额保险、农用运输车定额保险、机动车提车保险、沿海内河船舶一切险、货物运输预约保险、物流货物保险、货物运输预约保险（2005）、国内公路货物运输保险、国内水路（陆路）货物运输保险、国内铁路货物运输保险，国内邮包货物运输保险、“千禧马”货物定额保险、出口货物运输保险、国内邮包（件）保险、家庭财产综合保险、金锁组合型家庭财产综合保险、农村金锁组合型家庭财产综合保险、金锁自助型家庭财产综合保险、个人贷款抵押房屋综合保证保险、个人抵押贷款房屋保险、个人贷款抵押房屋保险、个人贷款抵押房屋综合保险、个人贷款抵押房屋保险（2005版）、个人贷款抵押房屋综合保险（2005版）、办公室综合保险、公路综合保险、家庭综合保险、“家兴业旺”家庭财产综合定额保险、家安宝组合保险、家宁宝组合保险、家装宝组合保险、金色盾牌组合保险、神州游组合保险、无冕之王组合保险、自驾游组合保险、步步高升组合保险、银行保险产品——幸福家庭。

信用保证保险类　雇员忠诚保证保险、产品质量保证保险、机动车辆消费贷款保证保险。

责任保险类　注册会计师执业责任保险、注册资产评估师职业责任保险、产品责任保险（国内）、物流责任保险、娱（游）乐场所责任保险、旅馆综合责任保险、广告牌及装饰物责任保险、公出人员责任保险、机动车辆停车场责任保险、建设工程勘察责任保险、驾驶员培训学校责任保险、风景名胜区责任保险、建筑施工企业雇主责任保险、道路危险货物承运人责任保险、道路客运承运人责任保险、雇主责任保险（2004）、工伤责任保险、公众娱乐场所责任保险、电梯责任保险、公众责任保险、校（园）方责任保险、餐饮场所责任保险、供电责任保险、旅行社责任保险、监护人责任保险、爱相随监护人责任定额保险、医疗责任保险、天使医疗责任定额保险。

人身意外伤害及短期健康保险类　乐安康保险、众安康保险、人身意外伤害险、人身意外伤害综合保险、团体人身意外伤害保险、学生（幼儿）意外伤害保险、建筑施工人员团体意外伤害保险、乘客意外伤害保险、住宿旅客意外伤害保险、机动车驾校人员意外伤害保险、人身意外伤害定额保险、学生（幼儿）意外伤害定额保险、机动车驾乘人员意外伤害保险、机动车驾乘人员意外伤害定额保险、“欢乐成长”青少年综合定额保险、“与您同乐”意外伤害定额保险、“百年好合”意外伤害综合保险。

中国平安财产保险股份有限公司怀化中心支公司开办险种

财产损失保险类　有财产保险基本保险、机

器损坏保险、财产一切保险、财产保险综合保险、银行综合保险、现金保险、建筑安装工程保险、建筑工程一切保险、安装工程一切保险、森林火灾保险、机动车定额保险、摩托车定额保险、农用运输车定额保险、机动车提车保险、国内水路、陆路货物运输保险、国内铁路货物运输保险、家庭财产综合保险、个人抵押贷款房屋保险、新世纪家财综合保险（共六款）。

信用及保证保险类 有雇员忠诚保证保险、产品质量保证保险、机动车辆消费贷款保证保险。

责任保险类 有道路客运承运人责任保险、雇主责任保险、公众责任保险、校园方责任保险、供电责任保险、旅行社责任保险。

人身意外伤害及短期健康保险类 有人身意外伤害保险、团体人身意外伤害保险，学生、幼儿意外伤害保险、建筑施工人员团体意外伤害保险、家庭平安保险、四季平安卡（A、B款）、温馨家园（A、B、C、D款）

中国太平洋财产保险股份有限公司怀化中心支公司开办险种

财产损失保险类 有财产保险基本保险、财产保险综合险、普通家财险、个人住房保险、个人抵押贷款房屋综合保险、安居综合保险、家庭财产保险、提车暂保险、摩托车定额保险、机动车辆综合险、国内船舶险、公路货运险、建筑工程险、机器损坏险。

责任保险 有公众责任险。

人身意外伤害保险类 有个人意外险、团体意外险、建筑工人意外伤害险、学生幼儿意外伤害险。

天安保险股份有限公司怀化中心支公司开办险种

财产损失保险类 有财产保险基本险、财产保险综合险、建筑工程一切险、机器损坏险、银行综合保险、抵押商品住房保险、个人抵押住房综合保险、国内水路、陆路货物运输保险、乘用汽车损失险、商用汽车损失险、自用货车损失险、家用汽车损失险、特种车辆损失险、摩托车损失险、汽车盗抢损失验、机动车第三者责任险。

责任保险类 旅行社责任险、雇主责任险、公众责任险、校方责任险、道路客运承运人责任险、医疗责任保险。

人身意外伤害险及短期健康保险类 有乘客交通意外伤害保险（客运汽车）、旅游者人身意外伤害保险、师生平安险、建筑工程团体人身意外伤害保险、执法人员团体人身意外伤害保险、团体人身意外伤害保险、女性安康疾病保险、驾车人员意外伤害保险、愉快人身意外伤害保险、矿业职工团体人身意外伤害保险。

中华联合财产保险公司开展机动车辆保险和附加保险。

中国人寿保险股份有限公司怀化分公司开办的主要险种

1991—1995年，人寿保险业务由中国人民保险公司人险科负责经营。开办险种有人身意外伤害保险、简易人身保险和返还性人险（储金）。2003年改制后的中国人寿保险股份有限公司继续承担原中国人民保险公司和中国人寿保险公司1999年以前保险保单的代理业务。具体险种分为如下几种。

人寿保险类 祥和定期保险、祥运定期保险、附加定期保险（A、B型）、安居定期保险、99鸿福终身保险生存金利息转保特约保险、国寿鸿信消费信贷定期保险、国寿附加豁免保险费定期保险、国寿相伴定期保险、国寿团体定期保险、国寿福馨两全保险、国寿少儿保险、国寿简易人身保险、国寿子女教育婚嫁备用金保险、国寿独生子女两全保险、国寿英才少儿保险、国寿如意两全保险、子女教育保险（A、B）、国寿99鸿福两全保险、国寿恒信理财两全保险、国寿幸福之家两全保险、祥瑞终身寿险、祥瑞还本终身寿险、国寿团体终身寿险、国寿个人养老金保险、国寿养老金还本保险、国寿松鹤养老保险、国寿松柏养老保险、国寿金色夕阳养老年金保险A、国寿养老年金保险、个人转换年金、国寿相伴永远养老金保险、团体年金保险。

分红保险类 国寿分红两全保险、国寿千禧理财两全保险、国寿鸿福相伴两全保险、国寿鸿泰两全保险；国寿鸿运少儿两全保险、国寿鸿祥两全保险、国寿鸿瑞两全保险、国寿鸿星少儿两全保险、国寿鸿鑫两全保险、国寿鸿宇两全保险、国寿裕鑫两全保险、国寿鸿丰两全保险、国寿分红终身保险、国寿鸿盛终身保险、国寿康宁重大疾病保险、国寿鸿寿年金保险、国寿鸿禧年金保险、国寿永泰团体年金保险、团体年金。

健康保险类 国寿生命绿荫疾病保险、国寿关爱生命女性疾病保险（A、B）、国寿康恒重大疾病保险、国寿生命绿荫团体疾病保险、国寿团体重大疾病保险、国寿团体补充医疗保险（基金七里）、附加三大特定疾病保险、团寿康乐、青少年重大疾病保险、附加住院医疗保险、附加意外伤害医疗保险、国寿医疗急救保险、国寿大额疾病医疗保险、国寿出境人员传染病保险、国寿附加整形外科手术意外医疗保险、国寿附加意外伤害医疗保险、国寿健康学生幼儿附加意外伤害医疗保险、国寿健康学生幼儿附加疾病住院医疗保险、附加住院医疗生活津贴保险、附加意外伤害医疗费用保险、附加意外伤害生活津贴保险、附加补偿金保险、国寿住院医疗津贴保险、国寿附加意外伤害住院收入保障保险、国寿康宏住院及手术津贴医疗保险、国寿附加传染性非典型肺炎住院津贴保险、国寿团体传染性非典型肺炎医疗保险、国寿团体女性安康保险、国寿团体传染性非典型肺炎疾病保险、国寿团体医疗保险、附加团体综合医疗保险、附加疾病住院医疗保险、职工团体补充医疗保险、学生附加意外伤害医疗保险、学生附加住院医疗保险、国寿中小学生和幼儿园儿童住院医疗补充保险、团体补充医疗保险 A 型、康宁定期保险、康宁终身保险。

意外伤害保险类 国寿出境人员人身意外伤害保险、国寿观点景点娱乐场所人身意外伤害保险、国寿旅游意外保险、国寿住宿旅游平安保险、国寿母婴安康保险、国寿演员安康保险、航空旅客人身意外伤害保险、国寿参观者人身意外伤害保险、国寿旅客意外伤害保险、国寿公路旅客人身意外伤害保险、国寿个人旅游意外伤害保险、国寿安顺境内意外伤害保险、附加意外伤害保险、人身意外伤害保险、人身意外伤害综合保险、附加指定交通工具乘客意外伤害保险、国寿学生幼儿平安保险、国寿辉煌人身保险、国寿机动车驾乘人员意外伤害保险、国寿乘客人身意外伤害保险、国寿家庭幸福保险、国寿全家福保险（A、B）型、国寿意外伤害急救保险、指定交通工具乘客意外伤害保险、附加残疾保险、国寿附加洗车意外伤害保险、国寿计划生育手术安康保险、国寿公交车上人员人身意外伤害保险、国寿校园意外伤害保险、国寿幸福之神驾驶员意外伤害保险、国寿个人综合意外伤害保险、国寿涉外人员人身意外伤害保险、国寿基本人身意外伤害保险、国寿豁形外科手术安全保险、国寿中国公民境外意外伤害及紧急救援保险、国寿计划生育妇幼幸福安康保险、国寿视力康复保险、国寿燃气用户人身意外伤害保险、国寿安通机动车驾驶员乘务员保险、国寿驾校人员意外伤害保险、国寿安心意外伤害保险（A、B 型）、国寿健康学生幼儿人寿保险、国寿健康学生幼儿附加意外伤害保险、国寿意外安达意外伤害保险、国寿安乘意外伤害保险、国寿团体人身保险、国寿团体人身意外伤害保险、国寿执法人员人身意外伤害保险、建筑工程团体人身意外伤害保险、国寿团体补充工伤意外伤害保险。

第三节 承 保

1991—1994 年，实行制定各类人员职责和业务操作流程，成立营业部（股），负责上门业务的签单、收费，建立台账，同时负责审核保险业务外勤（业务员）的签单的制度，确保承保规范。1994 年，各保险公司完善各类保险业务流程，开展签全优保单、办全优赔案活动，组织业务质量检查。中保财产保险公司怀化中支公司抽查保单 1000 份，查出项目填写不齐、保费计算有误等问题保单 27 份，合格率 97%。1998 年，人保财险湖南省公司出台《防范保险经营风险管理规定》，要求建立完善承保风险评估、监控制度。人保财险怀化分公司在新晃召开防范经营风险现场会，针对洪水灾害，对企业财产处于警戒水位以下企业采取画线承保、比例承保、加成承保，只保基本险或协议承保等多项措施加以限制。1999 年 4 月，推行保险业务员持证上岗制度，所有业务员都须经过省公司统一考试合格发证才能上岗办理承保业务。2002 年 12 月，成立承保中心，2003 年实现所有承保业务电脑签单，承保中心对县、市公司承保签单进行集中核保和全程监控，对于难以在承保前核保的定额保单及部分货运险业务按补录规则进行补录。对个体工商户保险历来态度谨慎，2000 年以后逐步放开，但连年亏损。

2005年采取相应措施加以限制：每个保户保额不能超过2万元，个别大型批发商要求足额投保的，最高按其实际财产的80%承保，并约定20%绝对免赔。对文化娱乐场所的室内外装修实行60%~80%限额承保，年折旧20%。2005年对营运车队做出新规定：投保险种最低承保标准为二个主险二个附险，车损险、火爆自燃险、盗抢险一律按实际价值的80%承保。第三者责任险赔偿限额最高20万元。车上人员责任险每座保额最低4万元，公交车每座保额最低2万元。

平安产险、太平洋产险、天安保险、中华保险注重稳健经营，全部实行电脑签单，实行双核保制度，对保险标的承保条件各家均有严格规定。2005年太平洋产险对机动车辆保险规定：投保单必须由客户亲自填写、签字，私家车还特别约定不改变使用性质，每案绝对免赔500元，固定驾驶员姓名；第三者责任险最高赔偿限额5万元，超限额承保费率上浮；不单保附加险。承保企业财产，必须填写评估表，上年赔付超过保费的，续保时费率上浮20%，上年赔款超过保费60%的设定2000~5000元的免赔。盗窃险按赔款的20%~30%免赔。当年与怀铁总公司洽谈的160万元保费的车险、与辰溪大伏潭电站洽谈的100万元建工险项目，经风险评估后主动放弃。为防大灾、巨额赔款，各家公司都建立了分保机制。2005年人保财险法定分保为5%，两险业务与ALG协议分保20%，车险协议分保7.5%，非车险协议分保15%。

中国人寿保险股份有限公司怀化分公司，在办理承保业务时，依据省公司有关规定，结合怀化实际，按照规范化、标准化、制度化的要求，对危险选择、投保规则、核保、理赔、客户服务环节的业务处理作出了明确规定。对个人购买主险投保时明确规定：中国人寿的祥瑞还本终身保险、祥瑞终身保险、祥和定期保险、祥运定期保险以单纯死亡责任保险为主。因资费水平较低，原则上只承保免体检额度以下的保单。祥和定期、祥运定期保险只能在市政府（鹤城）所在地开展业务。祥和定期保险、祥运定期保险保额在30万元以上报省公司审批。康宁定期、康宁终身保险只能在县城以上城市开展业务。购买附加险投保规定：99版附加住院医疗保险，投保年龄6~65周岁，最低保额5000元，最高保额终身寿险、两全险、少儿险、养老险2万元，定期寿险1万元，附加意外伤害医疗、最高保额终身寿险、少儿险、养老险、两全险2万元，定期寿险1万元。附加意外伤害年龄16~65周岁，最高保额10万元（少儿险保额不得超过保监委5万元的规定）。对投保附加医疗险必须是主险保额或保费达到规定的最低数额时方能投保。同一被保险人投保附加医疗险累计保额最高不超过2万元。农村乡镇（含城市下辖乡镇）不能投保附加住院医疗保险、附加住院医疗生活津贴、附加意外伤害医疗、附加意外伤害医疗生活津贴保险。对高保额20万以上的保单，要对投保人进行医务核保、财务核保，并对特殊投保者做出了明确规定，如无正常固定收入来源者，只能投保寿险，最高累计风险以20万元为限，未成年人（16周岁以下）投保人必须是被保险人父母或法定监护人。对从事下列职业者：服役军人从事高度危险工作，如潜水员、隧道员、布雷爆破员；爆破工人、火药爆竹制造工人、三酸制造工人、乡镇及经营煤矿井下矿工，公司谢绝承保。为确保承保质量，防范危险选择，对业务和管理人员制定防范措施及规定要求，对业务人员、录单、收款、核保、保全、理赔、保险单、赔款送达、归档等岗位，做出了明确规定和考核办法。1996年至1999年9月，承保、理赔、保全由县（市）支公司受理。1999年9月，中国人寿怀化分公司成立业务处理中心、客户服务中心、财务管理中心。对承保、理赔、资金实行统一管理。为确保核保的准确性，聘请了专职医师和定点医院进行核保和身体检查。为方便客户咨询、投保、理赔，公司开通了24小时服务专线电话“95519”。同时还设立总经理（经理）接待日，直接接受客户咨询。按照“成己为人，成人达己”和“用心经营，诚信服务”的理念，不断完善服务，把服务渗透到社会经济的各个领域。开展了服务到永乐“问卷调查”和“客户回访制度”。2001年起，公司结合实际，推出首问责任制、服务承诺制和责任追究制。2002年起，制定“个人代理人业务追踪服务和风险监控规定”“新单电话回访制度”“客户生日祝贺回访制度”“个人业务承保前后生态调查规定”，实行承保质量监控。2002年12月起，配套制定“承保监督工作试行办法”。2004年对员工行为准则又做出明确规定。2005年1月，制定《中国人寿保险临柜优质服务规范》和《员工文明优质服务考核实施办法》，要求员工切实按照“真情暖客户、满意在国寿”的服务宗旨，维护承保人的合法权益。

境内各保险公司严格承保程序，规范各项保险业务，保费逐年增加，中国人民财产保险股份有限公司怀化分公司1998年全年保费5743.8万元，2010年，累计保费1.84亿元，其中，车险保费1.12亿元，财产损失险保费0.33亿元，农业保险0.39亿元。中国平安财产保险股份有限公司怀化支公司2004年实收保费1027万元，2010年，累计保费5139.5万元，其中，车险保费3543.47万元，财产损失险保费1446.93万元，意外险149.1万元。中华财产保险股份有限公司2006年保费2710万元，2010年，各项保费8194.6万元，其中，车险保费4368.59万元，农业保险1952.06万元，非车险1878.93万元。中国大地财产保险股份有限公司怀化中心支公司2006年保费471万元，2010年，保费1227万元。2008年全市产险保费3.36亿元，2010年，全市产险总保费4.541亿元。其中，承保水稻4094.31万元，森林393.64万元，母猪778.39万元，油菜461.47万元，非政策农房保险345.6万元，实现农业保险签单保费6073.41万元，共承担风险13亿元。

中国人寿保险股份有限公司怀化分公司1991年保费3039.5万元，2005年累计保费22.3342亿元，其中，人寿保险保费13.1548亿元，意外伤害保险保费收入2.1182亿元，健康保险保费7693.05万元，分红保险保费6.2649亿元。中国人寿保险公司怀化市鹤城支公司1999—2002年实现保费5203.8万元。中国平安人寿保险股份有限公司1996—2005年保费2.8733亿元，其中，人寿1.9921亿元，意外伤害保险501.32万元，分红保险8350.38万元。2010年实现保费1.766亿元，其中个人首期保费6866.49万元，续期保费1.0793亿元。新华人寿保险有限公司怀化中支公司2004—2005年保费3637.22万元，其中，人寿保险2112.83万元，意外伤害保险32.25万元，健康保险152.64万元，分红保险1339.5万元，2010年实现保费2.2834亿元，其中个人业务规模2177.9万元，银行代理业务总规模1.2737亿元，团体业务263.77万元，续收业务保费7655.93万元。太平洋人寿保险股份有限公司怀化中支公司2003—2005年保费5611.3万元，其中人寿保险1919.7万元，意外伤害保险548.3万元，健康保险150.4万元，分红保险2992.9万元。2010年实现保费1.7亿元。泰康人寿保险股份有限公司怀化中支公司2004—2005年保费1884.54万元，其中，人寿保险615.74万元，意外伤害保险39.61万元，健康保险55.23万元，分红保险1173.96万元。2010年累计实现保费2.35亿元。2010年，境内各寿险公司总计保费达15.4399亿元。

第四节　理　赔

域内保险公司在保险理赔、给付工作中坚持“重合同、守信用、实事求是”和“主动、迅速、准确、合理”的理赔原则，做好保险接案受理、理赔处理、理赔计算、调查取证、上报待批，将赔款送达受益人。各保险公司为做好理赔、给付工作，有的制定《理赔给付规定》，有的制定理赔服务规定及承诺。泰康人寿保险股份有限公司怀化中心支公司率先在全省启动“康乃馨升级版”、“健宝通”、“重疾提前给付”、“3G电子”理赔服务活动，推出3大特色理赔服务：快速的理赔实效；便捷的理赔服务；温馨的理赔关怀。8项理赔承诺：3000元以下小额案件1天内赔付；95522理赔专席，24小时不间断理赔服务；开通理赔服务短信，实施透明化理赔；实施“康乃馨”住院客户探视服务；VIP客户理赔100%上门；开通网上报案，理赔进度网上查询；简化理赔手续，实施三免服务；逾期支付利息。

中国人寿保险股份有限公司怀化分公司，为提高理赔质量，维护公司信誉，保护客户的合法权益，制定《理赔给付规定》。要求各类赔款、退保，满期给付原则上由投保人、被保险人或受益人直接到公司领取。如由业务员代领，要求有受益人身份证明和委托书，城区24小时、农村3天内，将给付款送达被保险人或受益人，每延误1天以给付金额5%的罚款。还制定《理赔结案时间规定》，要求属于保险责任的给付案7天内结案；上报省公司审批的赔案15天结案。

中国人民财产保险股份有限公司在理赔工作中坚持对多灾户及时地理赔。1992年4月，怀化市乡镇遭暴风雨、冰雹袭击。公司领导立即组织15个工作组，带着现金边查勘、边定损、边赔付，仅3天时间，将赔款全部兑现。该公司开展理赔无忧活动，规定5000元以下所有赔案，自保户交齐所有相关单证之日起3个工作日完成理赔核算、核赔并付款。1000元以下小赔案，开设绿色通道，做到客户即到即赔。

中华联合财产保险公司怀化中支公司，在理赔工作中，加强对查勘、定损、核损、报价、医疗审核、打假防骗等环节管理。2010年车险第一现场查勘率89.1%；车险三天及时立案率95.1%；车险立案结案率86.4%；分别排全省系统前3名。

为及时理赔，解除客户困难，2009年11月，经市公安局交警支队、市保险行业协会、各财产保险公司客户服务部负责人联席会议通过，决定成立鹤城区道路交通事故快赔中心。2010年，快赔中心共处理案件208件，涉案金额16万元。为规范境内保险行业行为，市保险协会制定《关于统一学生意外伤害医疗保险给付办法》，下发《关于规范机动车辆保险有关问题的通知》，为境内保险行业行为规范起到促进作用。同时，市保险行业协会加强保险投诉与合同纠纷处理。2008年，处理客户投诉24起，较好地维护保险消费者的权益和保险行业的公信力。为挤干赔款水分，防止人情赔案、假赔案、骗赔案的发生，各家保险公司都制定双人查勘和核批制度，建立内部审计机构，加强赔案审核。人保财险怀化分公司，1995—1999年，分公司设审计科，县市公司设审计员，坚持每案必审。1996年，审计核减赔付84.7万元，拒赔50件，涉及金额350万元。1997年，共审赔案3596件，发现人情赔案、错假案606件，涉及金额73.56万元，审核后挽回损失54.8万元。针对日益增多的运工险诈骗案，1999年开始，人保财险公司与市人民检察院联合成立保险赔案打假诈骗办公室，当年联合办案2起，挽回损失47万元。2002年，成立理赔客户服务中心，内设核算报价岗，实行封闭式作业，搜集各种机动车辆零部件最新市场价格，为准确定损、核赔服务。

境内各人寿保险公司坚持服务至上、诚信保障、回馈社会的经营理念，认真做好寿险理赔给付工作。中国人寿保险股份有限公司自1991—2005年，累计理赔给付支出5.7802亿元，其中，年金给付9393.3万元，满期给付2.2951亿元，死伤医疗给付2.5458亿元。2006—2010年，累计理赔给付支出7.097亿元，其中，年金给付5922.2万元，满期给付4.7964亿元，死伤医疗给付1.7084亿元。中国平安人寿保险股份有限公司怀化中心支公司1996—2005年，累计理赔支付3452.49万元，其中年金给付37.07万元，满期给付1894.42万元，死伤医疗给付1521万元。2010年，共受理理赔案件1500件，共计赔付663.4万元；办理生存领取5830件，给付812.6万元。中国人寿保险公司怀化鹤城支公司自1999年更名后(1998年10月成立)，至2004年，处理各种给付案7225件，保险责任给付550.4万元。泰康人寿保险股份有限公司怀化中心支公司，2005—2010年，累计理赔、给付支出904.2万元，其中，年金给付149.18万元，满期给付497.02万元，死伤医疗给付253万元。2010年，全市保险公司寿险赔款（给付）总计1.7776亿元。

中国人民财产保险股份有限公司2010年受理各种赔案19011件，支付赔款8909万元。中华财产保险有限公司怀化中支公司2010年支付赔款5869.9万元，其中，车险理赔2254.93万元，农业保险2623.28万元，责任险163.95万元，短期人身险193.66万元。中国太平洋财产保险股份有限公司怀化中心支公司，2004年，处理各种赔案947件，支付赔款515万元；2005年赔款支出560万元；2008年赔款支出1236万元。中国平安财产保险股份有限公司怀化中心支公司，2004年处理各种赔案842件，支付赔款770万元；2005年，赔款支出1338.15万元；2010年，赔款支出1206.5万元。中国大地财产保险股份有限公司怀化中心支公司，2006—2010年，累计赔付支出2608万元。2010年，全市保险公司财产保险理赔支付2.1169亿元。

第八篇　经济综合管理

1991—2010年，是怀化市（县级）、鹤城区从计划经济向社会主义市场经济转型的关键时期。随着改革开放的深入，大批国有和集体工商企业，从承包经营，逐步过渡到改革、改制；职工买断工龄，走向社会。私营、个体经济迅速发展壮大；稳步建立并完善社会主义市场经济体系。计划、物价、工商、统计、审计等经济管理部门，进行机构改革、调整职能。经济管理从计划管理、行政管理转型到对经济工作的综合、协调和服务上，为社会主义市场经济的发展壮大提供保障。

第一章　计划管理

第一节　管理机构

一、计划管理职能

计划管理部门由计划委员会变更为发展和改革局，是政府管理国民经济和社会发展的综合部门。其主要职责是编制本地国民经济和社会事业中长期及年度计划；依据本地实际落实上级产业政策；确定区域内固定资产投资规模及资金筹集和管理；组织指导区域经济合作等工作。

随着改革开放的深入，管理的职能随之改变，从管财、管物的行政管理，逐步转移到对经济工作的综合、协调、服务上。主要是加强对经济运行动态的预测、监测、分析和经济信息发布；编制国民经济和社会发展年度计划和中长期规划；合理确定固定资产投资规模、投资方向和投资重点，突出抓好重点项目建设；做好市场发展规划，综合协调财政、金融等经济杠杆发挥作用；发展和完善社会主义市场经济体系。

二、机构设置

1991年，怀化市（县级）计划委员会核定编制13人，主任1人，副主任4人，监察员1人，副科级秘书2人，其他干部职工5人。

1995年，计划委员会更名为计划局，为市政府组成单位。按照精简、统一、效能的原则，怀化市（县级）计划局职能配置、内设机构和人员编制进行调整。

1998年怀化撤地设市，成立怀化市鹤城区计划委员会，属鹤城区人民政府组成单位，全额编制12人。设“四股一室”，即综合股、基建投资股、工业经济股、农村经济股和办公室；加挂项目办、社会发展股、饲料工业办、三产办四块牌子，下辖一个经济信息中心。2001年区计划委员会更名为鹤城区发展计划局，核定编制12人。办公室加挂社会发展股、工交股加挂项目办、农村经济股加挂以工代赈办牌子，下辖经济信息中心。2005年，鹤城区发展计划局改名为鹤城区发展和改革局。设“四股一室”，即综合股、社会发展股、工交能源股、农村经济发展股、办公室（加挂项目办牌子）。

随着机构变化，职能随着变化，主要是对全区国民经济和社会发展总体战略的研究，加强对全区国民经济和社会发展中长期规划的编制和协调实施；对全市固定资产投资总规模、投资方向的研究和调控，促进产业结构的合理化；指导和管理关系国计民生的重要产品和生产资料购销、调拨和储备；培育、发展和完善社会主义市场经济体系，开展调查研究，对经济运行动态进行预测和分析，提出对策和建议。

第二节　计划编制与执行

一、年度计划

1991—2010年，计划部门（发改部门）每年制定年度国民经济和社会发展计划，使国民经济和社会事业稳步发展。

怀化市（县级）年度计划及执行情况

1991年，“八五”计划的第一年，也是继续实施治理整顿和深化改革的极其重要的一年。在坚持贯彻“调整、改革、提高、发展”的方针中，贯彻执行计划经济与市场调节相结合的原则，努力开拓和启动市场。坚持改革开放，加快结构调整，努力提高效益，使怀化市经济建设和社会事业逐步走上持续稳定协调发展的轨道。

主要目标：保持经济的适度增长，国民生产总值增长5.4%，工农业总产值增长13%，其中，区域内工业总产值增长14.4%，市属工业总产值增长7%，农业总产值增长9.7%；提高整体的经济效益，市属工业企业产值利税率、资金利税率分别提高5个百分点。新产品产值率、优质产品产值率分别提高1个百分点。企业产品质量达到本企业历史最好水平，能源、原材料消耗降低2%~3%，各项费用降低5%，企业亏损要扭转50%，流动资金周转天数要加快15天；控制投资总量和调整投资结构。市属全民固定资产投资总额计划1765万元，其中，全民基建投资计划1265万元，全民技措投资计划500万元。全民自筹基建计划700万元，比上年计划增长一倍；社会商品零售物价指数涨幅控制在6%左右。

1991年怀化市（县级）国民经济和社会发展计划主要指标一览表

表8-1-1　　单位：万元

项　目	1989年实际	1990年实际	1990年比1989年增减%	1991年计划	1991年比1990年增减%	备　注
社会总产值	58149	61944	6.5	68000	9.8	1990年为预计数
工农业总产值	40164	42041	4.7	47500	13	
工业总产值	27432	29464	7.4	33700	14.4	
其中：市属	15920	18698	17.5	20000	7	
农业总产值	12732	12577	–1.2	13800	9.7	
国民生产总值	36247	40415	11.5	42600	5.4	1990年为预计数
国民收入（生产额）	26641	27041	1.5	28400	5	1990年为预计数
财政总收入	4253	4620	8.6	4900	6.1	
社会商品零售总额	31633	32361	2.3	35600	10	
外贸出口商品收购额	—	434	—	800	84	
乡镇企业总收入	12483	14597	17	15600	7	
农民人均纯收入	531	653	2.3	680	4.1	1990年为预计数

经济结构调整。一是以实现电气化市为目标，以小水电建设为中心，加强能源建设；二是以集体经济为主体，以山区综合开发为重点，把发展适度的规模经营和集体经营结合起来；三是加强城市道路、交通、通信等基础设施建设，改善城市总体服务功能，增强对外开放吸引力和凝聚力；四是因地制宜地发展原材料工业，大力改组和改造加工工业，努力生产高附加值产品，有步骤地稳妥地发展企业联合和兼并，提高企业的专业化和组织化程度；五是充分发挥交通地理优势，搞活城乡市场流通，加速对外开放，努力提高外向型经济的比重，为经济建设积累和提供足够的物资和资金，促进山区综合开发。

提高产品质量和企业经济效益。加快技术改造步伐，努力开发优质新产品。重点抓好市林化厂聚乙烯醇薄膜生产线，市彩印厂高档瓦楞纸箱生产线和四色胶印机生产线；市瓷厂中外合资扩建出口瓷生产线、市床单厂出口床单后整理生产线、市针织厂内衣出口配套改造、市磷肥厂钙镁磷肥节能技术改造等一批技术改造项目的落实工作。

发展农村经济。把发展农村集体经济作为一项重要的战略措施来抓。把集体经营的优越性和家庭经营的积极性结合起来，增加农业投入、增强农业后劲、实现农业现代化。调整农村经济结构，大抓开发性农业，加强农业综合开发，开发山丘、水面、庭院。增加对农业的投入，下大决心花大力气搞好农田水利等农业基础设施的建设和维护。抓好科技兴农，扩大良种覆盖率，扩大杂交稻种植面积。继续稳定发展农业的各项政策，稳定和完善以家庭联产承包为主的责任制和统分结合的双层经营体制，建立和完善各类农业服务体系，推广和完善农业保险，增强农村抗灾减灾和再生产的能力。充分利用农村改革试验区的政策优势，搞好山区综合开发，在稳步发展粮食生产的同时，大力发展多种经营，办好各类商品基地，加快怀化市名、优、特产品的开发，提高农产品的商品率和农业经济效益。

加强固定资产投资计划管理。有效地调整投资结构，贯彻国家确定的“控制总量、调整结构、整顿秩序、提高效率”的方针，严格执行国家的产业政策，确保国家重点建设项目投资的需要，优先安排农业、支农工业、能源、交通、通讯、短线原材料和教育科技卫生建设项目。优先安排投产、续建、扫尾项目。认真做好开征固定资产投资方向调节税的工作，切实实行投资许可证制度。继续控制非生产性建设项目，全民投资中非生产性建设投资控制在23%左右，其中，基本建设中的非生产性建设投资控制在30%左右。加强“八五”计划及十年规划重点建设项目的前期准备工作，重视并切实做好山区综合开发的项目开发建设。

继续深化经济体制改革，进一步改善经济环境。“八五”计划期间，继续深化经济体制改革。建立计划经济与市场调节相结合的经济运行机制。计划管理必须自觉遵循经济按比例发展的规律和价值规律，考虑市场供求关系。围绕深化经济体制改革，协调配套地搞好企业、流通、价格、财政、税收、金融、计划、投资和劳动工资等方面的体制改革，并加强宏观调控体系的建设。做好经济体制改革的各项工作，以改善经济环境，确保“八五”计划和1991年计划的圆满完成，推进怀化市国民经济和社会事业持续稳定协调地发展。

1991年，实现社会总产值10.978亿元，工农业总产值8.1742亿元，其中，工业总产值4.8809亿元、农业总产值3.2933亿元。国民生产总值7.1164亿元，国民总收入4.9838亿元，财政收入5255万元。社会商品零售总额3.9949亿元，外贸出口总额800万元，乡镇企业总收入1.6971亿元。粮食产量6万吨，固定资产投资5847万元，农村居民人均纯收入705元。

1992年后，年度计划的编制遵循：继续坚持改革开放的方针，确保政治、经济和社会稳定。努力发展经济，提高经济效益，加快农村改革和山区开放开发的步伐，促进国民经济和社会事业稳步、协调地发展，使人民生活水平有一个较大提高。

在安排年度计划中将重点放在工业和商贸服务业上，农业在保持稳定增长上，1992—1996年，工业增长率安排在13%，商贸服务业增长率安排在15%，农业增长率安排在5%。在实现目标的措施中，工业方面以质量、品种和效益作为指标，进行产品结构、产业结构调整，进行技术改造，开发优质产品。后期，推进企业改制，扩大企业自主经营权。在商贸服务业方面提出要实行好

“坐商”和“行商”两方面发展，重点是利用交通优势，挖掘“行商”潜力，扩大商品的辐射范围。农业方面突出发展乡镇企业，把乡镇企业发展作为增强农村经济活力的重要抓手。在发展经济中，以改善投资环境为重点，拓展招商引资渠道；以市场建设和城市基础设施建设为切入点，不断繁荣城市经济。

1997 年怀化市（县级）国民经济和社会发展计划执行情况

1997 年，在农业产业化、企业体制改革、投资结构调整、发展民营经济、实施开放带动战略、争创全国科技先进市、教育“两基”达标和重返计划生育一类县（市）等各个领域取得预期成效。年初确定的国民经济和社会发展目标得以基本实现。国内生产总值 20.3 亿元，完成年度计划的 95.3%，比上年增长 13.4%，比 1991 年增长 84.5%；农业总产值 4.31 亿元，为年计划的 96.9%，增长 4.5%，比 1991 年增长 30.87%；工业总产值 14.3 亿元，比上年增长 17.8%，比 1991 年增长 192.98%；财政总收入完成 1.77 亿元，为年计划的 93.3%，增长 7.9%，比 1991 年增 336.82%；全社会固定资产投资完成 3.85 亿元，为年计划的 85.6%，下降 26%，比 1991 年增长 658.48%；农村居民人均纯收入 1750 元，为年计划的 102.9%，比上年增加 250 元，比 1991 年增长 148.22%；全社会商品零售物价总指数为 103%，较年计划和上年分别低 3 个和 1.6 个百分点，比 1991 年增长 242.91%。国民经济和社会事业各个领域保持良好的发展态势。

1997 年怀化市（县级）国民经济和社会发展综合计划指标一览表

表 8–1–2

指标名称	计算单位	1995 年实际	1996 年实际	比上年增长%	1997 年计划	比上年增长%	备　注
一、国内生产总值※	亿元	15.30	17.9	17	21.3	19	
其中：第一产业	亿元	2.67	2.77	3.7	3	8.3	
第二产业	亿元	4.24	5.07	19.6	6.3	24.3	
第三产业	亿元	8.39	10.06	19.9	12	19.3	
二、工农业总产值※	亿元	14.82	16.22	9.5	19.6	20.84	不含村及村以下工业
1. 农业总产值※	亿元	3.83	4.12	7.6	4.45	8	
2. 工业总产值※	亿元	10.99	12.1	10.1	15.15	25.2	不含村及村以下工业
其中：市属	亿元	9.08	10.76	16.7	12.5	16.2	
三、财政总收入	亿元	1.36	1.64	20.6	1.8	10	
四、粮食总产量	万吨	17.11	17.66	2.86	17.8	0.8	
五、乡镇企业总产值	亿元	11.75	20.24	72.3	26	28.6	
其中：工业	亿元	5.95	10.3	73.2	13.5	31	
六、农民人平纯收入	元	1229	1500	22	1700	13.3	
七、城镇居民人均生活费收入	元	—	4236	—	4660	10	
八、社会商品零售总额	亿元	10.4	11.05	6.1	13.3	20.4	
九、零售物价总指数	%	115.9	104.6	—	106	—	
十、各项存款余额	亿元	13.9	17.2	23.7	20.5	19.2	
十一、城乡储蓄余额	亿元	9.39	11.9	26.8	15	26.1	
十二、各项贷款余额	亿元	14.9	15.9	5.7	20	25.8	
十三、保险费收入	万元	2670	2719	1.8	3200	17.7	

说明：标“※”为按 1990 年不变价计算

鹤城区年度计划及执行情况

1998年鹤城区国民经济和社会发展计划指标完成为：区内生产总值8.8亿元，第一产业增加值0.87亿元，第二产业增加值2.96亿元，第三产业增加值4.97亿元。农业总产值1.65亿元，工业总产值14.5亿元，地方财政总收入0.3亿元，社会固定资产投资1.3亿元，社会消费品零售总额5.2亿元，进出口总额6400万元，农村居民人均收入2000元，城镇居民可支配收入4780元。

1999年国民经济和社会发展计划执行情况

1999年以结构调整为基点，以市场开拓为重点，锐意进取，开拓创新，保持了国民经济的稳定增长和社会事业的全面进步。国内生产总值完成9.9亿元，为年计划的97%，同比增长12%。其中，第一产业增长5.7%，第二产业增长13%，第三产业增长12%，一、二、三产业比重依次为11.1%、35.4%和53.5%。农业总产值完成1.75亿元，增长6%；乡镇企业持续发展，乡镇集体企业发展到237家，从业人员1.9万余人，全年完成新口径总产值11.8亿元、新口径增加值2.86亿元，同期分别增长18%和3%。新口径工业总产值完成3.78亿元，增长18%。企业改制成效显著，经济效益相对好转。预算内国有工业企业盈亏相抵，净亏比去年同期下降15%，其中盈利额提高7.9%，亏损额下降28%。街道经济保持良好发展态势，街道工业总产值达5亿元，增长12%。投资计划管理力度加大，固定资产投资结构有所改善。全年共审批下达基本建设投资计划115个，审批新开工项目66个，投资总规模1.4亿元，其中住宅投资占总投资的60%。市场销售平稳增加，外经贸形势有起有落。全年社会消费品零售总额6亿元，增长10%；物价继续在低位运行，社会商品零售物价总指数下降2%。全年进出口总额1000万美元，其中，出口300万美元；分别比上年降低19.1%和28.4%；实际利用外资99.6万美元，同比下降71.6%。招商引资取得新进展，合同引进外资8743.6万元；签订协议项目4个，引进外资1.3亿元。财政收入稳定增长，金融运行基本正常，地方本级财政总收入3090万元，增长15.5%；金融机构各项存款余额28.5亿元，贷款余额24.5亿元，同比分别增长18.9%和12%。城乡居民收入稳步增加，全区农村居民人均纯收入达2178元，增加171元；城镇居民可支配收入4971元，增加340元。

2000—2001年计划安排的总体要求和调控目标

经济工作总的指导思想：突出抓好国有企业改革和发展、经济结构调整、科技进步和扩大内需；积极发挥改革推动、投资启动、消费拉动、开放带动、民营驱动、科教牵动、城乡联动等七个方面的发展动力，促进经济快速发展，达到“兴区富民”和社会大局稳定的目标，实现国民经济持续健康发展和社会事业全面进步。国民经济和社会发展主要预期目标为：国内生产总值增长10%，计划达到11亿元，其中，第一产业增长4%，第二产业增长12%，第三产业增长11%；农业总产值计划增长5%，达到1.85亿元；粮食总产量达到6.4万吨，增长3.2%；工业总产值（新口径）增长13.8%，计划达到4.3亿元；乡镇企业总产值（新口径）计划增长15%，达到13.6亿元；其中，乡镇企业增加值计划增长15%，达3.3亿元；全社会固定资产投资增长20%，达到1.68亿元；社会商品零售总额增长10%，达到6.6亿元；进出口总额增长5%，达到1050万美元，其中，出口310万美元；实际利用外资100万美元，与上年持平；地方本级财政收入计划增长15%，达到3550万元；社会商品零售物价总指数控制在101%以内；农民人平纯收入计划达到2300元，城镇居民可支配收入达到5220元，分别增长5.6%和5%；国有企业下岗职工人数计划控制在8000人以内，城镇失业率控制在4%以内。

2000年，国民经济和社会发展计划完成为：国内生产总值10.8亿元，年均增长23%；第一产业增加值1.13亿元，年均增长30%；第二产业增加值3.95亿元，年均增长30%；第三产业增加值5.72亿元，年均增长15%。工业总产值18.3亿元，年均增长13%；农业总产值1.85亿元，年均增长4%；全社会固定资产投资1.68亿元，年均增长30%；社会消费品零售总额6.3亿元，年均增长20%。进出口总额7700万元，地方财政收入0.37亿元，年均增长8%；农村居民人均纯收入2350元，年增长15%；城镇居民可支配收入5700元，年均增长9%。

2001年，完成国内生产总值13.4亿元，第一产业增加值2.3亿元，第二产业增加值4.55亿元，第三产业增加值6.55亿元。农业总值1.96亿元，工业总产值20.77亿元，地方财政收入0.4057亿元，社会固定资产投资2.45亿元。社会消费零售总额7.3亿元，农村居民人均纯收入2450元，城镇居民可支配收入5640元。

2003—2010年国民经济和社会发展计划执行情况

2003年，完成国内生产总值17.1亿元，增长10%，其中，第一、二、三产业增加值分别为2.47亿元、6.06亿元和8.58亿元，分别增长5%、11.1%和11%。加快推进三化进程。完成限额以上工业总产值7.5亿元，工业增加值3.22亿元，分别增长16.3和15%；农业总产值3.83亿元，增长5.2%。完成地方财政收入4552万元，同口径增长10%；限额以上工业企业利润1998万元，增长23.72%；城镇居民人均可支配收入6580元；农村居民人均纯收入2760元，分别增长8%和6%。完成全社会固定资产投资2.74亿元，增长14%；社会消费品零售总额8.83亿元，增长10.1%。社会保障体系逐步完善，教育“普九”成果得到巩固提高，爱卫部门防治“非典”工作取得重大胜利，科技、文化、体育、环境保护等各项社会事业均保持良好发展势头。

2004年，鹤城区宏观调控的主要预期目标：经济增长率11%左右，全社会固定资产投资增长16%；社会消费品零售总额增长12%；地方财政收入增长8%；限额以上工业总产值增长15%；城镇居民人均可支配收入增长8%，农村居民人均纯收入增长6%；新增城镇就业人员2000人左右，城镇登记失业率控制在4%以内。

2005年，鹤城区完成国内生产总值21.4亿元，与2001年相比，年均增长12%；第一产业增加值2.45亿元，年均增长1.3%；第二产业增加值7.22亿元，年均增长14%；第三产增加值11.2亿元，年均增长14%。工业总产值34.5亿元，年均增长13.3%；农业总产值2.5亿元，年均增长5.5%；地方财政收入0.701亿元，年均增长14.4%，全社会固定资产投资4.19亿元，年均增长14.2%。农村居民人均纯收入3150元，年均增长5.7%，城镇居民可支配收入7020元，年均增长5%。

2006年，鹤城区完成国内生产总值24.54亿元，第一产业增加值3.06亿元，第二产业增加值8.63亿元，第三产业增加值12.85亿元。工业总产值（规模）16.51亿元，农业总产值4.76亿元，地方财政收入1.0079亿元，社会消费品零售总额14.1亿元，全社会固定资产投资5.3亿元。农村居民人均纯收入3270元，城镇居民人均可支配收入7700元。三次产业结构由13.4∶35∶51.6调整为12.5∶35.2∶52.3。

2007年国民经济和社会发展计划执行情况，全年完成区内生产总值28.16亿元，同比增长12.6%；其中第一、二、三产业增加值分别完成3.73亿元、9.67亿元和14.76亿元，同比分别增长5.1%、12%和14.9%。在经济快速增长的同时，经济质量和效益稳步提高；全年完成地方财政收入12600万元，同比增长20.01%。规模以上工业企业利税总额5000万元，同比增长18%。结构调整和产业升级步伐明显加快，工业强区进程进一步加快。实现规模以上工业总产值26.75亿元，同比增长48.36%；鸭嘴岩工业园区累计引进项目17个；其中大丰机电、绿兴源糖业等7个项目建成投产，大康牧业小区、华亚数控机床等10个项目完成土地平整或厂房建设。农业综合生产能力继续加强。实现农业总产值5.9亿元，增长5.1%；农业产业基地进一步上规模、上档次；农产品优质化、农业产业化发展趋势日益明显。经济增长的内在动力不断增强，投资需求强劲。全年共完成全社会固定资产投资6.57亿元，同比增长24%；消费需求旺盛，实现社会消费品零售总额16.87亿元，同比增长18%。服务业内部结构不断优化，旅游、会展、中介等新兴服务业发展迅速，投资和消费成为拉动经济增长的主导力量。经济和社会协调发展。9件实事顺利实施，大部分考核项目提前实现年度目标。城镇居民人均可支配收入9041元，农民人均纯收入3468元，同比分别增长7.1%和6%。城镇登记失业人员数控制在年度目标之内。社区建设取得重大进展，城乡居民生活环境不断改善，居民文体活动日益丰富。教育、卫生、劳动保障、民政、老龄老干等各项社会事业全面发展。

2008年国民经济和社会发展的主要预期目标，经济增长率13%；全社会固定资产投资增长30%；社会消费品零售总额增长18.8%；限额以上工业总产值增长 23.4%；地方财政收入增长 25%；城镇居民人均可支配收入增长 7%；农村居民人均纯收入增长 7%；万元 GDP 能耗降低 4.4%，主要污染物排放减少 10%。

2010 年国民经济和社会发展计划执行情况，经济总量快速增长。全年完成区内生产总值 45.94 亿元，同比增长 14.8%，超年度计划任务 0.8 个百分点；其中一、二、三产业分别实现增加值 5.81 亿元、17.4 亿元和 22.73 亿元，分别增长 6.5%、17.2%和 13.3%。财政收入增长较快，全年完成地方财政总收入 51869 万元，比上年增加 14406 万元，增长 38.5%，其中一般预算收入完成 33931 万元，比上年增加 9565 万元，增长 39.3%。

产业发展步伐加快。商贸物流产业加快发展。全年完成社会消费品零售总额 32.73 亿元，增长 22%。工业经济稳中求进，规模工业总产值和规模工业增加值分别完成 55 亿元和 17.1 亿元，分别增长 30.6%和 22%。现代农业建设稳步推进。新增各类优质蔬菜基地 2700 亩，建设完成工业原料林 13310 亩、油茶基地 8600 亩、中药材基地 5100 亩，新建生猪标准化规模养殖场 4 个。全年完成农业总产值 8.14 亿元，增长 6.5%。

生活水平不断提高。城镇居民可支配收入和农村居民人均纯收入分别达到 14885 元和 4830 元，同比分别增长 10.1%和 19.6%；城乡居民恩格尔系数进一步降低，分别控制在 35%和 40%。企业养老、医疗、失业、工伤、生育五项保险参保人数新增 7800 余人。

2010 年鹤城区经济、社会主要目标完成情况表

表 8-1-3　　单位：亿元

指标名称	2010 年计划增长%	预计全年完成	预计增长%	比计划增减%
一、区内生产总值	14	45.94	14.8	0.8
第一产业增加值	5.6	5.81	6.5	—
第二产业增加值	13	17.4	17.2	—
第三产业增加值	16.7	22.73	13.3	—
二、规模以上工业总产值	22	55	30.6	8.6
三、农业总产值	5.6	8.14	6.5	0.9
四、全社会固定资产投资	50	25.88	82.5	32.5
五、社会消费品零售总额	22	32.73	22	—
六、地方一般预算收入	25	33931	39.3	14.3
七、城镇居民人均可支配收入	9	14885	10.1	1.1
八、农民人均纯收入	12	4830	19.6	7.6
九、万元 GDP 能耗	–4.4%	–4.4%		
十、主要污染物排放	–2%	–2%		
十一 、城镇失业率	4.2%以内	4.2%		

二、五年计划

1991—2010 年，怀化市（县级）、鹤城区共制定了四个国民经济和社会发展五年计划，即“八五”计划、“九五”计划、“十五”计划、“十一五”规划。

国民经济和社会发展第八个五年计划

主要任务，把搞好农村改革试验区建设放在工作的首位，通过以农业生产结构调整的启动作用，推进农村经济进入全面发展的良性循环；集中力量搞好重点工程建设。下大力气引进资金和技术，建设一批龙头工业企业和农业商品基地，增强经济发展后劲，保持国民经济持续稳定协调发展。积极稳妥地推进城市小区建设，加快山区城市化的进程，强化城市整体服务功能；改善投资环境，增强对外开放，内联外引的吸引力和凝聚力，有计划地进行劳动、人事制度的配套改革，大力引进人才；积极稳妥地搞好金融体制等一系列有助于试验区建设的改革。

坚持不懈地抓好治理整顿，为顺利推进农村改革试验创造良好的经济社会环境。加强城市基础设施和科学教育等重点建设；把提高人民生活水平，扣除物价因素后，居民消费水平平均每年增长6%左右。

主要发展目标，1995年，国民生产总值（1990年价，下同）达到9.7亿元，平均每年增长8%；工农业总产值，1995年达到10.8亿元，平均每年增长10%，其中工业总产值计划达到7.2亿元，平均每年增长13%，农业总产值3.6亿元，平均每年增长5%；社会商品零售总额1995年计划达到5.7亿元，比1990年增长76%，平均每年增长12%；1995年财政收入计划达到0.8亿元，平均每年增长11.6%，财政支出计划与财政收入同步增长，做到收支基本平衡。

实现“八五计划”的重点措施　“八五”期间，将实行结构优化的适度经济增长。为“九五”实现“结构优化的高速经济增长”打好基础。

怀化市（县级）国民经济和社会发展第八个五年计划主要指标一览表

表8-1-4

指标名称	单位	1991年	1992年	1993年	1994年	1995年	年均增长%
国民生产总值	亿元	7.12	7.69	8.30	8.97	9.7	8
国民收入	亿元	5.11	5.51	6.03	6.54	7.10	8.6
工农业总产值	亿元	7.38	8.13	8.90	9.80	10.8	10
农业总产值	亿元	2.98	3.13	3.30	3.46	3.60	5
工业总产值	亿元	4.4	5.0	5.6	6.34	7.20	13
全社会固定资产投资	亿元	2.0	2.4	2.5	2.9	3.2	18
农民人均纯收入	元	660	730	770	820	870	6
财政收入	亿元	0.5	0.59	0.65	0.72	0.8	10.7
社会消费品零售总额	亿元	3.63	4.10	4.55	5.1	5.7	12

深化农村改革，加强农业基础地位　搞好山区农业的综合开发，摸索出一套山区农业发展的优化模式；保证粮食产量由1990年的16.5万吨增加到1995年17万吨。大搞蔬菜瓜果基地建设，尤其注重抓好菜篮子工程。新建果园2万亩，新垦耕地7000亩，改造低产田10.5万亩，低产油茶林30万亩，造林30万亩。

加强工业和城市基础设施建设　“八五”期间，在抓紧现有加工业改组改造的同时，重点是精细化工及围绕纺织工业上档次、上品种进行产业的配套改造。努力搞好以“531紫外线吸收剂”为龙头的精细化工和医药化工的重点建设；抓好床单、内衣、针织、日用瓷等出口配套改造项目，对彩印、高档瓦楞纸箱、2万吨粘胶短纤等一批重点项目抓紧建设进度。建材方面，集中力量抓好中外合资花岗石板材生产线项目。

为适应城市人口增长及经济建设的需要，抓好日产20万吨怀化第二自来水厂的建设，修建好㵲水大桥；建设怀化汽车东站、西站，积极抓好万门程控电话工程。

加快第三产业发展，重点是发展商贸服务业、旅游休闲产业；发展农贸市场、加强批发市场和河西商贸物流中心的建设。

国民经济和社会发展第九个五年计划

“九五”计划要在实现结构优化基础上的高速经济增长。重点是深化农村改革，加强农业基础地位；加强工业和基础设施建设；加快第三产业发展，制定优惠投资政策，加大固定资产投资；加强投资计划管理，加大项目的开发力度，加强项目管理，促进经济社会各项事业的全面发展。

鹤城区（部分县级怀化市）国民经济和社会发展第九个五年计划主要指标一览表

表 8–1–5

指标名称	单位	1997 年	1998 年	1999 年	2000 年	年均增长%
国民生产总值	亿元	7.83	8.8	9.8	11.0	12
第一产业增加值	亿元	0.82	0.87	0.9	0.95	6
第二产业增加值	亿元	2.59	2.96	3.42	3.9	14
第三产业增加值	亿元	4.42	5.0	5.55	6.16	11
农业总产值	亿元	1.54	1.65	1.75	1.885	6
工业总产值	亿元	12.26	14.5	17.1	20.18	18
财政收入		0.3	0.345	0.4	0.46	15
全社会固定资产投资	亿元	1.0	1.3	1.69	2.2	30
社会消费品零售总额	亿元	4.4	5.2	6.14	7.28	18
城镇居民可支配收入	元	4550	4780	5110	5468	7
农民人均纯收入	元	1800	2000	2220	2460	11

说明：1996 年因撤地设市、区县分设，统计数据不详

鹤城区国民经济和社会发展第十个五年规划主要指标一览表

表 8–1–6

指标名称	单位	2001 年	2002 年	2003 年	2004 年	2005 年	年均增长%
区内生产总值	亿元	13.4	15.0	16.8	18.8	21	12
第一产业增加值	亿元	2.3	2.4	2.5	2.6	2.8	5
第二产业增加值	亿元	4.55	5.14	5.85	6.63	7.5	13.4
第三产业增加值	亿元	6.55	7.4	8.36	9.45	10.7	13.9
农业总产值	亿元	1.96	2.08	2.2	2.33	2.5	6
工业总产值	亿元	20.77	23.57	26.75	30.36	34.45	13.5
财政收入		0.405	0.465	0.535	0.615	0.70	15
全社会固定资产投资	亿元	2.45	2.84	3.3	3.83	4.44	16
社会消费品零售总额	亿元	7.3	8.03	8.83	9.71	10.68	10
城镇居民可支配收入	元	5640	5980	6340	6720	7100	6
农民人均纯收入	元	2450	2650	2850	3050	3250	6.5

国民经济和社会发展第十个五年规划

实现“城乡一体化发展战略、民营经济强区发展战略、科技教育兴区发展战略”三大战略。主要措施是：调整优化农业产业结构，加快城郊高效农业进程。改造加强工业，壮大工业经济整体实力；围绕增强企业竞争力，推进企业改革创新，培育和发展主导产业。巩固提升第三产业，增强城区经济的聚集辐射能力。加强基础设施建设和重点工程建设。抓好乡村“三通”工程，加快小城镇建设。全面实施开放带动战略，加速构建外向型经济新格局；进一步优化经济发展环境，拓宽招商引资领域，有效利用资源积极拓宽市场。积极推行科技兴区战略，推动各项社会事业全面进步。重视人口、资源和环境问题，促进可持续发展。产业结构调整取得较大进展，三次产业结构由 2000 年的 17.9∶35.4∶46.7 调整为 12.9∶36.1∶51。

国民经济和社会发展第十一个五年规划

“十一五”期间重点实施商贸立区战略和工业强区战略。商贸立区战略：坚持商贸先行，流通先行，按照大市场、大流通、大商贸的要求，

努力构建比较完善的流通体系，促进商贸物流业的大发展。工业强区战略：以商贸为依托，以市场需求为导向，以体制机制创新和科技进步为动力，以工业园区建设为重点，以招商引资为手段，以全区现有工业为基础，改革盘活国有存量资产，扶持壮大民营工业企业。积极发展机电制造、食品加工以及生物制药三大支柱产业。努力实现工业经济运行质量和效益的整体提升。

鹤城区国民经济和社会发展第十一个五年规划主要指标一览表

表 8-1-7

指标名称	单位	2006 年	2007 年	2008 年	2009 年	2010 年	年均增长%
区内生产总值	亿元	24.77	28.85	32.60	39.48	45.94	13.8
农业总产值	亿元	4.48	4.70	4.95	5.15	5.35	25
工业总产值	亿元	17.50	21.875	27.34	34.18	42.73	4
财政一般预算内收入	亿元	1.01	1.30	1.79	2.43	3.39	36.3
全社会固定资产投资	亿元	5.30	6.57	8.55	14.10	25.88	42.6
社会消费品零售总额	亿元	14.33	17.17	21.60	26.83	32.73	21.9
城镇居民可支配收入	元	8442	9217	10025	13518	14885	14.1
农民人均纯收入	元	3272	3469	3730	4027	4830	9.4

“十一五”期间的奋斗目标是经济发展、社会进步，人民生活质量提高，国民经济和社会事业可持续发展。经济增长率年均增长 11.5%。第一、二、三产业增加值年均增长 2.6%、14.5%和 11%；分别达到 3.16 亿元、15.19 亿元、和 18.53 亿元。三次产业结构调整为 8.6 : 41.2 : 50.2。地方财政收入年均增长 12%；社会固定资产投资 5 年累计达到 20 亿元；社会消费品零售总额年均增长 12%。2010 年科技进步对经济贡献率达到 50%；城镇登记失业率控制在 4.5%以内。高中阶段入学率达到 85%以上，高等教育入学率达到 60%。城乡居民收入稳步提高，生活质量不断改善，到 2010 年城镇居民可支配收入年均增长 7.5%，农村居民人均纯收入年均增长 6.8%。人口、资源、环境与经济发展趋于协调，可持续发展能力增强；全区森林覆盖率达到 68%，工业企业排污达标 85%。

2010 年实际完成区内生产总值 45.94 亿元，五年年均增长 13.8%；一般预算内财政收入 3.39 亿元，年均增长 36.3%；社会固定资产投资五年累计完成 60 亿元，年均增长 42.6%；社会消费品零售总额 32.7 亿元，年均增长 21.9%。产业结构进一步优化，三次产业结构由原来的 14.3 : 35 : 50.7 变为 2010 年的 12.6 : 37.9 : 49.5。新增各类农业产业基地 53 个，完成无公害农产品基地 8 万亩，市以上农业产业化龙头企业 12 家。全区规模工业企业 45 家，基本形成机电、输变电、建材、食品加工等四大产业集群。新增大中型零售网点 25 家，超市、连锁店等新兴经营模式 200 余家。住宿、餐饮、娱乐、房地产等服务业持续发展；汽车、文化、旅游等消费增长加快，消费档次不断提升，消费结构日益优化。硬化背街小巷 110 条，亮化 58 条，完成通畅工程 320 千米，通达工程 40 千米。新建农村客运站场 5 个，村民新建住房 420 余栋。建成拉通城东新区的金海路、顺意路主次干道 10 条，实现鹤城区行政中心顺利搬迁。2010 年城市建成区面积 56 平方千米，城区常住人口达到 53 万人。义务教育保障机制全面落实；“普九”债务全部化解，新建和改扩建河西学校、城东学校、湖天中学等中小学校 9 所。新增学生学位 7100 个，新增校舍面积 12 万平方米；建成农村寄宿制学校 3 所。完成乡镇危房改造 2 处，建设村级组织活动场所 55 个。新建和改扩建乡镇卫生院 7 所，社区卫生服务中心 5 个，农村卫生室 3 个。新增城镇就业人员 2.83 万人，农村转移富余劳动力 1.6 万人。城市农村养老保险和医疗保险全面覆盖。城乡居民的生活水平进一步提高，生活环境进一步改善。

三、长期规划

根据区域内的自然资源、交通状况、区位优势、经济状况、生产条件等多种因素和国家产业政策、区域经济社会发展总体布局的变化，编制长期发展规划，引导一个时期内经济社会发展方向。

国民经济和社会发展九五计划及2010年发展规划

发展战略“九五”计划和2010年规划期间，怀化市（县级）经济发展的总体战略是：尽快实现经济体制由计划经济向市场经济转变，经济增长方式由粗放型向集约型转变。立足现有基础，依靠科技进步，发挥怀化的资源、交通、区位优势；依托本省，承东启西，南连两广，北接长江，抓住机遇，加大招商引资和项目开发力度，选准自己的突破口，树立怀化特色。实行“重工、强农、活商、富民、科教兴怀”十二字方针，稳步发展第一产业，重点发展第二产业，优化发展第三产业。逐步把怀化建设成一个综合性、多功能、现代化的明星城市，建成湖南西部及五省市周边地区的交通中心、物流中心、经济中心、文化中心。

主要任务：全面建立社会主义市场经济新体制，正确处理改革、发展、稳定三者之间的关系，促进国民经济持续、快速、健康发展和社会事业的全面进步。以经济结构调整为重点，以提高经济效益为中心，努力提高国民经济综合实力和市民整体素质。突出重点，狠抓工业，以项目为纽带，以技改为手段，以搞活国有企业，发展股份制企业，建立现代化企业制度为方向；以速度、效益为目标，以冶金、饲料、电子行业为龙头，快速发展新型工业。使怀化市工业成为国民经济中最主要的行业，领先于整个湘西及其周边地区同行业，并进入全省工业强市的行列。以提高农民人平纯收入为重点，加快实现农业产业化。立足实际，加大农业投入；依靠科技进步，面向市场，调整农业产业结构，改良生产方式，壮大集体经济；扩大规模经营，促进农业现代化，农业工业化，乡村城市化。强化城市建设和城市管理，按照高水准，高规格的原则和生态城市、山水城市的要求，统一规划，合理布局。扩大城市规模，完善各项配套设施，健全各项管理制度，把怀化市建成多功能，现代化的明星城市。继续扶持和鼓励乡镇企业、街道企业、第三产业、个体经济、“三资”企业的良性发展，使之真正成为整个国民经济的新的增长点。狠抓招商引资和重点项目开发工作，根据国家政策、市场趋势和本市实际，选准一批高质量、高水准的重点项目，尽快建成投产，连续不断地增强经济后劲。推进科、教、文、卫、体各项社会事业的全面发展，为经济建设培养后备力量和提供良好的社会环境。稳步提高人民生活水平，不断满足人民群众日益增长的物质文化生活需要，缩小城乡差别和怀化市（县级）与其他发达地区的差别。

主要指标安排如下：国民生产总值：2000年计划（1990年不变价，下同）达到26亿元，比1995年增长91.3%，年均增长13.85%。2010年计划达到80亿元，15年间年均增长11.5%，其中第二产业计划达到35亿元，年均增长14.7%。

工农业总产值：2000年计划达到30亿元，比1995年增长102.4%，年均增长15.1%；其中工业总产值达到24.6亿元，年均增长17.5%；农业总产值达到5.4亿元，年均增长7.1%。2010年工农业总产值计划110亿元，15年间年均增长14.3%，其中工业产值达到100亿元，年均增长15.9%，农业产值达到10亿元，年均增长6.6%。

粮食总产量：2000年计划达到18万吨，比1995年增长5.2%，年均增长1.02%。2010年计划20万吨，增长16.9%，年均增长1.05%。

乡镇企业总产值：2000年计划达到30亿元，比1995年增长155%，年均增长20.6%。2010年计划90亿元，年均增长14.5%。

社会消费品零售总额：2000年计划达到18亿元，比1995年增长72.9%，年均增长11.6%；2010年计划60亿元，15年间年均增长12.4%。

全社会固定资产投资总额：“九五”计划期内计划完成40亿元，比“八五”期间累计完成数增长205%。

财政总收入：2000年计划达到3亿元，比1995年预计增长117.4%，年均增长16.8%。2010年计划10亿元，15年间年均增长14.1%。

全市总人口：2000年计划达到65万人，比

1995年预计增长18.2%，年均增长2.36%，其中，城区人口达到30万人，年均增长8.45%；2010年计划达到85万人，15年间年均增长2.94%，其中城区人口50万人，年均增长6.3%。

农民人均纯收入：2000年计划达到2500元，比1995年增长103%，年均增长15.2%。2010年计划达到5000元，15年间年均增长9.8%。

四、湘西地区开发——怀化市鹤城区发展规划（2004—2008年）

湘西地区开发战略是湖南省委、省政府继长株潭一体化战略之后又一重大战略决策。对于协调全省区域经济发展、加快全省全面建设小康步伐具有重大意义。积极呼应湘西地区开发战略，依据区情，科学制定全区发展规划，对于加快鹤城区发展具有继往开来的特殊意义和事关全局、事关长远的重大影响。

开发的战略目标是实施商贸立区和工业强区战略。商贸立区，就是坚持商贸、流通先行的指导思想，按照大市场、大流通的要求，努力构建和形成比较完善的流通体系。建立良好的服务功能、较好吸纳能力，促进商贸物流业的大发展。工业强区，就是坚持以商贸为依托，以市场需求为导向，以提高工业运行质量和效益为中心。坚持以商贸体制创新和科技进步为动力，以工业园区建设为载体，以招商引资为手段，以民营经济为主体，改革盘活企业国有资产。积极发展和壮大机电、纺织、医药、食品、饲料等产业，实现鹤城区工业的新跨越。

开发的原则是突出发展主体，突出产业发展，突出结构调整，突出统筹发展。开发的目标是经济发展、社会进步、人民生活水平提高。

开发重点与主要任务是突出抓好产业开发、基础设施建设、生态环境改善和社会事业协调发展。集中力量在水利、交通、能源、物流、信息、小城镇、生态、农业、科技、教育和农村基础设施等方面建设一批具有较强带动作用的重点工程，扎扎实实推进湘西地区开发进程。积极实施工业强区战略，推动工业园区建设，发展食品、医药、纺织、饲料、汽车配件及机电六大产业。利用有利条件和区位优势，引进绿兴源糖业、怀仁制药、恒裕汽车销售维修、厢体改造，凌云机械、明城数码、庆华锰业、大丰机电等上规模工业企业。推出重点产品，做好做强生物糖浆、中成药、汽车零部件、电线电缆、植物油、饲料、复混肥、铝锭、机电仪表等重点产品。

在城市区抓好“一线一圈一区”建设。“一线”主要是以人民路为主线，以琼天广场、灯饰广场、怀仁医药、邮电通讯、一新百货、佳惠百货、飞达服饰为重点，集中发展大型购物、休闲娱乐、信息服务及品牌代理中心。“一圈”主要是高起点规划好嫩溪垅旧城改造，以副食批发城、东兴商贸步行街、怀化商城、家电城及嫩溪垅市场为主体，集中发展副食、纺织、服装、鞋类、家电、音像、日用百货等物流批零和储运中心，形成现代物流圈。“一区”，即城东新区。总体规划及功能布局要突出发展科技教育、行政中心、物流中转及仓储中心、商业服务、观光旅游和高科技园区。努力把城东新区建设成为怀化市政治、经济副中心，科技、教育、文化、物资中转及仓储中心。加强农业产业结构调整，加强农村保障体系建设，抓好特色农业、推进农业产业化进程。拓展旅游产业，突出生态旅游，环保旅游的特点。依托扩大市民憧憬绿色与回归自然的需求，重点抓好黄岩、白岩旅游度假区建设。积极推进社区服务业发展，进一步拓宽社区服务范围，扩展就业渠道，提升服务质量。抓好基础设施建设，主要是公路建设及运输站场建设；水利建设、能源建设、信息化建设及城市、工业园区、小城镇建设。搞好生态建设，加强环境保护；促进科技、教育、文化、卫生、社会保障各项社会事业的全面发展。

五、怀化市鹤城区主体功能区规划纲要（2008—2020年）

为了逐步形成合理有序、持续高效的国土开发格局，将国土空间统筹划分为功能区，对不同的功能区分别制定不同的产业布局、资源利用、环境保护政策。

主要目标和战略任务是到2020年经济总量120亿元，财政收入9亿元，全社会固定资产投资100亿元，社会消费品零售总额110亿元。三次产业结构调整为5.3∶30.2∶64.5。转变经济增长方式，改善公共服务，体制改革有新的突破，人民生活水平有新的提高。

重点开发区：主要包括主体城区（不含中坡公园和迎丰公园）、近郊盈口乡、杨村乡、石门乡。着力实施两大战略，坚持把发展工业作为鹤城的发展核心。充分把握湘西地区开发有利机遇，以区位、资源两大优势为基础，以机电、纺织、医药、食品、饲料等为重点，以基地和园区为平台，以体制和技术创新为支撑，加快工业发展。积极推行商贸立区战略，商贸经济要在商贸物流、旅游、中介、社区服务等方面拓展空间，把第三产业作为经济的主导，民营经济、改革创新、社会发展、扩大就业、财政和城乡居民增收等都要依托第三产业的优化提升和发展。

限制开发区：主要包括黄金坳镇、芦坪乡、凉亭坳乡、贺家田乡及黄岩旅游度假处。该区域是粮食主产区，是全区重要食品安全保障基地。建立生态型限制开发区，主要是贺家田、凉亭坳乡、黄岩旅游度假处。以适度农业开发为主，避免大规模工业化和城镇化。围绕城市调结构，打造城郊生态农业品牌，重点突出畜牧业发展，无公害蔬菜发展、优质水果发展。建立农业型限制开发区，主要是黄金坳镇、芦坪乡。坚持面向城市、服务城市、努力做好城郊特色农业。推进农业结构优化升级，建好杨村农业生态园，发展鲜花、香果、香菜、香草植物为主。提高农业产业化发展水平。围绕养殖、果蔬、药材、茶油等大宗农产品的开发，建立"科研、种植、养殖、加工、贸易"的综合生产链，提高产品附加值。改善农业生产和生态条件，加强水利设施建设，提高抵抗自然灾害能力。推进农村沼气工程，农村安全饮水工程等生态环境建设。强化农民素质教育，开展农村实用技术培训，提高农民科技知识和生产技能。

禁止开发区：主要是钟坡森林公园、迎丰公园、黄岩原始次森林保护区，不宜进行产业开发。

六、鹤城区水库库区和移民安置区建设与经济发展规划（2006—2026年）

2010年，规划目标：一是建成人均0.5亩以上的旱涝保收基础口粮田；二是解决饮水困难，实现移民饮水安全；三是实现村村通公路；四是移民村有合作医疗室，适龄儿童入学率100%；五是争取每个移民户有1个以上劳动力接受培训，得到输出或农业实用技术培训；六是实现行政村通广播电视、电话；七是实施能源改造和清洁工程，库区和移民安置区生态环境有所改善。中长期目标：结合建设社会主义新农村和全面建设小康社会的标准，达到安置区移民的生活和全区农民同等水平。其主要内容是：基本口粮田及配套设施建设；农村饮水、交通、供电、通信和社会事业等建设和开发；生态环境建设和环境保护；移民区的项目开发等。

七、怀化市鹤城区巩固退耕还林成果专项规划（2008—2015年）

根据国家和省发改委及林业部、林业厅的部署，编制该规划。建设主要内容是：退耕还林区域进行基本口粮田建设、农村能源建设、后续产业发展、补植补造等。项目总投资7387万元，其中中央专项资金3489万元，地方配套资金3898万元。

第三节　计划管理

一、固定资产投资计划管理

在计划经济时期，固定资产投资，必须符合投资计划管理的范围、要求和条件。凡符合国家产业政策，具有一定规模的投资项目，如交通、能源、原材料，以及科技含量高，具有资源、市场优势的投资项目，列入年度、中长期投资计划。固定资产投资计划的分类为大型投资：单个项目投资额在1亿元以上；中型投资：单个项目投资额在1000万元以上至1亿元以内；小型投资：单个项目投资额在50万元以上至1000万元以内。从时间上分为年度投资计划；中期投资计划，1~3年内完成投资计划；长期投资计划，3年以后才能完成的投资计划。固定资产投资采取报批制，由计划部门下达计划，经国土、规划、环保等部门审查后实施。投资计划的实施过程中，确定责任单位和责任人，明确相应的管理班子。建立跟踪调查和调度汇报工作制度，及时反馈信息，以协调解决投资前期工作及建设中所遇到的各种问题。实行科学化、系统化的管理，定期并积极向上级政府和主管部门报告投资进展，争取资金支持。

2004年始，企业投资项目由审批制改为核准和备案制。

1998—2010年鹤城区固定资产投资统计表

表8-1-8

单位：亿元

年度	1998	1999	2000	2001	2002	2003	2004	2005	2006	2007	2008	2009	2010
金额	1.56	1.09	2.16	2.19	2.22	3.4	3.8	4.24	5.3	6.57	8.55	14.1	23.21

二、大中专毕业生分配计划管理

大中专毕业生分配，1991—2001年大中专毕业学生，按照专业对口，分配到用人单位。计划部门制定分配方案，呈报政府领导研究决定，由政府召开用人单位会议，计划部门下达分配计划到用人单位报到。

2002年后，分配安置计划取消，大中专毕业学生自主择业。

1991—1997年怀化市（县级）大中专毕业生分配安置情况表

表8-1-9

单位：人

年度	总数	安置学生			师范类	非师范类	教育系统	其他行政单位	乡镇	公费生	自费生	备注
		本科	大专	中专								
1991	435	47	113	275	162	273	162	233	20	—	—	
1992	426	—	—	—	—	—	272	154	—	—	—	
1993	388	—	—	—	179	199	179	187	12	—	—	
1994	255	9	78	32	—	255	—	—	—	171	49	师范类由教委安置
1995	258	15	85	166	—	258	—	—	—	124	24	师范类由教委安置
1996	272	19	97	156	—	272	—	—	—	200	51	师范类由教委安置
1997	322	32	117	173	—	322	—	—	—	—	—	师范类由教委安置

1998—2001年鹤城区大中专毕业生分配安置情况表

表8-1-10

单位：人

年度	总数	安置学生			师范类	非师范类	教育系统	其他行政单位	乡镇	公费生	自费生	备注
		本科	大专	中专								
1998	260	9	60	157	94	142	—	—	—	—	—	余留44人未能安置
1999	320	—	—	—	83	237	—	237	—	—	—	师范类由教委安置
2000	291	12	49	106	93	198	—	—	—	—	—	余留31人未能安置
2001	23	—	—	—	—	—	—	—	—	—	—	8人未能安置

三、物质分配计划管理

物资计划分配经历从计划分配到半计划分配、半市场的双轨制。1998年后市场经济基本形成，各种物资全面放开，走向市场，以市场自行调节各种物资的需求。

1991年至1997年怀化市（县级）计委实际分配物资如下：1991年分配钢材461吨，其中，农业用277吨、机械制造12吨、轻工市场50吨、生产维修技改50吨、基本建设60吨、水泥制造12吨。生铁15吨、焦炭5吨、钢500千克、铝1000千克、锌500千克。化工产品硫酸34吨、烧碱65吨、纯碱1016吨、橡胶1吨、炸药200吨、轮胎4550套。

1992年怀化市（县级）计委物资分配：钢材316吨，化工产品：硫酸30吨、烧碱60吨、纯碱945吨、炸药200吨、轮胎2800套。专用化肥氮肥147吨、钾肥36吨、混合肥51吨。1994年分配农业生产化肥氮肥400吨、钾肥100吨、农业生产用柴油709吨。1996年分配粮食定购挂钩氮肥2054吨、专用肥分配氮肥3750吨、蔬菜专用肥氮肥52吨、钾肥38吨、农业技术专用氮肥1150吨、棉花专用氮肥11吨。

四、重点项目管理

在区域经济和社会发展具有重大影响的固定资产投资建设项目确定为重点项目。确定为重点项目，对区域经济持续快速健康发展极为重要。2009年，鹤城区成立了重点项目工作办公室。

申报立项，重点项目须经怀化市工程咨询公司（经济技术专家评审机构）。可行性研究报告、编制评审、论证和经济技术的咨询。重点项目确定分为立项审批、核准（备案）、可行性研究报告、下达年度建设计划四个阶段。500万元以下的项目由区重点办会同区发改局提出项目核准（备案）审查意见，呈送区重点项目领导小组批准。500万元以上的项目由区发改局呈报上级发改部门审批。

重点项目责任，重点项目确定法人后。法人对项目负责筹划、筹资、建设、经营、还贷、保值、增值、承担风险。对资金工期合理使用，争取到位项目资金进行专款专用，不能挪作他用，不能滞付工程款。项目单位随时接受领导小组、重点项目办、监察、审计等部门的督查，每个项目都配备1~2名区级领导抓，明确项目的责任单位和责任人。项目每段工程完工后，写出阶段工程竣工报告和年度工程进度情况报告。

2001—2010年鹤城区国家、省投资重点项目资金表

表8-1-11　　单位：万元

年度	金额	年度	金额
2001	320	2007	2581
2002	560	2008	3119
2003	1072	2009	3524
2004	221.6	2010	3755
2005	2498.6	合计	17651.2

说明：2006年资料遗失

重点项目服务工作，列入重点项目笼子的项目，可享受市、区人民政府制定的优惠政策。区项目办负责组织协调重点项目建设过程中出现影响工程进度的突出问题；协调重点项目年度投资计划和应到位资金。国家、省、市重点项目建设过程中出现的涉及地方的问题和矛盾，由建设单位报区重点项目办牵头会同相关部门协商解决。对在重点项目建设过程中造成严重失职，支持纵容不法分子闹事或阻工，搞地方保护主义以致影响重点项目建设的国家公职人员，要依法严肃处理。项目建设投产后，应按国家规定办理竣工验收手续，工程竣工资料及验收由主管部门负责组织项目建设、设计、监理等部门及有关单位共同完成。

怀化撤地设市鹤城区成立后，辖区内先后承担了国家、省、市的重点项目协调工作有渝怀铁路、株六复线、怀化城区环城公路、怀黔高等级公路。相继建设㵲水三桥、㵲水四桥、㵲水五桥；开发城东新区和鸭嘴岩工业园区。改造东兴街旧城和嫩溪龙旧城，扩建副食批发城。

引进新上重点项目：恒裕电线电缆厂、恒裕钢架构厂、大丰机电、怀仁制药、绿兴源糖业、明城数码干衣机、金星特种玻璃、鸿瑞加工小区、恒裕汽车零部件厂、华亚数控、鹤飞车业、服帽湘绣厂、大康牧业等。

鹤城区实施的建设项目有鹤城区行政大楼、鸭嘴岩小城镇建设、黄金坳小城镇建设、农村公路村村通工程、农村安全饮水工程、河西学校、中小学危房改造、农村能源建设；城东新区四方路、船林路、芦林路；还有农网改造、竹林坪中型水库升级改造、鹤城区社会福利院扩建、杨（村）—黄（岩）公路、芦（坪）—贺（家田）公路、区人民医院扩建、检察院技侦大楼、法院审判大楼修建等。

商贸物流项目有佳惠百货、佳惠物流配送中心、宝嬴中心购物广场、英泰国际广场、琼天广场、君源华天大酒店、鸿瑞国际商业广场、昌顺广场、华桥钢材市场、国泰机电汽配物流城、新时代商贸广场、西部轮胎市场、怀南建材物流市场、凯邦万象城、怀化新商城、兴泰财富大厦、怀化大厦国际名品城。

房地产开发项目有府安花园、教师新村、山水阳光城、京御名都、五溪家园、怀仁公寓等。

农业开发项目有石门现代农业高科技示范园、杨村花卉苗圃基地、贺家田·凉亭坳退耕还林、鸭嘴岩生猪标准化养殖场、长江中上游防护林建设等。

第四节　经济社会改革

1998 年鹤城区建立后，进行了一系列改革。

1999 年实施工业企业、交通、商贸、建设等行业改革，国有企业及年销售收入 500 万元以上非国有工业企业完成总产值 3.78 亿元。商业、供销、粮食等下属企业共减亏 1654 万元，建设系统减亏 81%，交通系统实现无亏损。

2000—2010 年围绕国有企业改革，盘活国有资产，推进全区经济不断发展。

2009 年着手人事制度改革，行政事业单位实行“凡进必考”，公开召考各类专业人员 50 名，2010 年召考 160 人。2010 年进行投融资体制改革。组建边城小额贷款有限公司，引进国鼎、成泰融资性金融担保公司。

第二章　统计管理

第一节　管理机构

一、机构设置

1991 年，怀化市统计局设置办公室、法规股、业务股。乡镇、街道设统计工作站，人员由相关单位兼任。1992 年内设职能股室 7 个。1995 年核定行政编 12 名，其中，局长 1 名，副局长 2 名。

1998 年，鹤城区统计局机关核定行政编 5 名，其中局长 1 名，副局长 1 名。成立农村经济社会调查队，负责全区农村住户经济活动情况的抽样调整，为二级事业机构，核定编制 2 名。成立电子计算站，负责全区统计报表的录入汇总及各种普查。调查数据处理，为二级事业机构，核定编制 4 名。

2010 年，内设办公室、综合统计股、经济统计股、法制股（加挂统计稽查办公室牌子），下辖农村抽样调查队、电子计算站、普查中心 3 个二级机构。共有行政编 4 名，其中局长 1 名人，党组书记 1 名，纪检组组长 1 名，副局长 1 名。事业编工作人员 10 名。2010 年 10 月，根据在地统计原则，怀化市统计局相关职能移交鹤城，增加统计专业编制10 名。

二、职能变化

1983 年 12 月，《中华人民共和国统计法》颁布实施，统计工作走上正规化、法制化轨道。

1995 始，从主要为计划经济、直接管理服务转变到为市场经济、宏观调控服务；从偏重反映物质生产活动转变为全面反映一、二、三产业在内的全社会生产经营活动；从着重经济统计转变为全面组织经济、社会、科技统计；从着重全民所有制统计转变为全民、集体、个体、私营、股份制、“三资（独资、合资、合作）”企业等各种经济成分的统计调查。从根本上改革统计调查方法体系：由主要依靠报表、层层汇总，转到以周期性普查为基础，经常性抽样为主体、重点调查、科学推算和全面报表综合运用的统计、调查方法体系上。增强统计信息、咨询和监督的整体功能；开展定量和定性分析研究，为决策提供依据。依靠统计信息自动化系统，实现统计信息的标准化、通用化、系列化。依法运用统计部门综合协调的职能和统计制度，保障统计机构和统计人员独立行使统计调查、统计报告和监督的职权；确保统计数据准确、全面、及时上报。

2010 年，划出国有企业职工下岗统计，交由劳动和社会保障局承担，农村统计和农业普查工作交由二级事业单位承担。将与外经贸局重复进行的“三资”企业统计，调整为利用外经贸局的资料进行综合。增加能源统计、服务业统计、社会发展统计等内容，对乡镇、街道、各部门统计工作进行指导和综合协调，开展对统计调查项目、统计标准和统计数据发布的管理。

第二节　统计调查

一、统计方式改革

随着经济体制的改革，统计工作和统计方式方法进行了重大改革：改过去单一依靠报表，为抽样调查、定期普查结合报表的形式，进行统计分析。对国营工商企业和销售收入在 500 万元以上的规模企业实行定期报表制；销售收入在 500 万元以下的微小企业实行抽样调查。农村和城市的居民生活状况由农调队、城调队按 100 户为基数，进行抽样调查，并 2~3 年进行轮换。调查的项目，力求精、准、细。区统计局常年在石门、芦坪等 4 个乡镇设立农村抽样调查点，随机抽取 100 户农户，以日记记账的形式（每天记录家庭的收入和开支），真实反映农民各项收支情况，考核全区农民年人均纯收入指标。

二、日常统计项目

1991 年，统计调查项目有 14 个方面 31 个科目。14 个方面分别是：人口、劳动力和工资；农业；工业；交通、邮电；固定资产投资；能源、物质；商业、物价、外贸；财政、金融、保险；科技、教育；卫生、计划生育、体育、文化、广播电视；党政、群众团体、司法、民政；安全、环保、档案、市政；人民生活。

1993 年，在农业统计方面将农林牧副渔产业报表，改为农林牧渔业产值报表。将副业产值分别调整到种植业产值和牧业产值中，将农业净产值改报农业增加值报表。

1994 年，工业统计方面，将工业的经济成分划分为国有工业、集体工业、私营工业、联营工业、“三资”工业、城镇个体工业、村办工业、合作工业、农村个体工业 9 个类别。

1997 年，商贸统计实行重大改革，对批发零售贸易业和餐饮业，规定统计限额标准，其中外贸企业一律包括在批发业中。1998 年，改革调整工业统计指标，将独立核算工业实行全面统计，改为对规模以上（产值 500 万以上）工业企业进行全面统计；对规模以下工业企业实行抽样调查。

1999 年，科技统计新增高新技术产品产值，工业企业和非工业企业及事业单位的科技活动、科技项目、企业（单位）办科技机构等情况。

三、统计工作考核

为确保统计信息的准确性，对统计业务进行考核。

建立统计台账，确保统计数据的准确。1991 年，400 多个单位建立劳动工资统计台账，100 多个单位建立商业物质统计台账；300 多家工业企业全部建立“工业企业统计进度台账”和“工业企业历史统计资料台账”。

怀化市（县级）统计局对工业、物质、商业、劳动工资等部门的统计数字进行质量大检查，促进统计数字质量的提高。

建立综合考核制度，统计工作纳入政府签订“双文明目标管理”责任状，分解各项工作任务，年底考核评分，奖罚兑现（2005年后，“双文明目标管理”改为“绩效考核”）。

第三节　专项普查

一、人口普查

第五次全国人口普查　普查的标准时间为2000年11月1日零时，普查登记的口径为常住人口。普查结果：全区的常住人口为34.6万人。0~14岁的人口为6.6万人，占19.1%；15~64岁的人口为26.3万人，占76%；65岁以上人口为1.7万人，占4.9%。全区共有10.18万户，户均人口为3.03人；人口密度每平方千米447人。居住在城镇中的人口为18.5万人，占53.5%；居住在乡村的人口为16.1万人、占46.5%。接受小学及以上文化教育的人口为31万人、占89.6%。人口普查年度的人口出生率为11.38‰，死亡率为5.42‰，自然增长率为5.963‰，预期寿命71.65岁。全区有蒲玉荡、杨满英2位百岁以上老人。

第六次全国人口普查　普查的标准时间为2010年11月1日零时，普查登记的口径为常住人口。普查结果：全区的常住人口为55.26万人。0~14岁的人口为8.5万人，占15.38%；15~64岁的人口为42.96万人，占77.74%；65岁以上人口为3.8万人，占6.88%。居住在城镇中的人口为28.96万人，占52.41%，居住在乡村的人口为26.3万人、占47.59%；接受小学及以上文化教育的人口52.02万人，占94%。

鹤城区第五次、第六次人口普查综合表

表8-2-1　　单位：户、人

年份	总人口	男	女	总户数	家庭户	集体户
2000	346522	178221	168301	107232	102053	5179
2010	552622	281659	270963	171274	162680	8594

鹤城区第五次、第六次人口普查综合表

表8-2-2　　单位：户、人

年份	出生人口	男	女	死亡人口	男	女	民族人口	少数民族	农业人口	非农业人口
2000	3941	2148	1793	1517	863	654	314124	32398	160786	18487
2010	4622	2556	2066	718	441	277	505795	46827	263879	28718

鹤城区第五次、第六次人口普查综合表

表8-2-3　　单位：户、人

年份	受教育程度	研究生	大学本科	大学专科	中专	高中	初中	小学	文盲	婚姻状况	未婚	初婚有配偶
2000	326195	170	5946	21982	38160	46574	110713	86575	11351	26390	6525	17906
2010	520263	1517	32757	63085	—	126716	176799	104686	11702	39024	8996	27678

鹤城区第五次、第六次人口普查综合表

表8-2-4　　单位：户、人

年份	离婚	丧偶	经济活动人口		年龄结构			出离开本区	人均住房	人均住房
			有工作	正在找工作人口	0~14人口	15~64岁人口	65岁以上人口			
2000	353	795	16186	1074	66010	263019	17493	11769	0.78	21.76
2010	894	1456	22046	576	84746	430317	37559	240408	1.04	31.83

二、其他专项普查

第一次全国第三产业普查　普查的标准时间为1992年12月31日，普查对象为从事第三产业的单位和个体户。普查结果，怀化市（县级）共有第三产业单位及个体户2378家，其中农林牧渔145家，交通运输、仓储邮政电信业50家，批发零售餐饮业390家，金融保险业103家，房地产业11家，社会服务业62家，教育文化广播电视业479家，国家机关、党政机关和社会团体969家。固定资产总计857235万元，其中农林牧渔533.1万元，交通运输、仓储邮政电信业13235.8万元，批发零售餐饮业18089.2万元，金融保险业5060.5万元，房地产业11077.1万元，社会服务业4242.6万元，教育文化广播电视业12694.7万元，国家机关、党政机关和社会团体14355.7万元。分行业总产出农林牧渔1194.8万元，交通运输、仓储邮政电信业10593.3万元，批发零售餐饮业21754万元，金融保险业14046.3万元，房地产业2776.4万元，社会服务业3706.8万元，教育文化广播电视业3895.1万元，国家机关、党政机关和社会团体10961.9万元。分行业增加值：农林牧渔554.3万元，交通运输、仓储邮政电信业3501.3万元，批发零售餐饮业11516.6万元，金融保险业61399.9万元，房地产业2492.9万元，社会服务业1458.7万元，教育文化广播电视业2679.9万元，国家机关、党政机关和社会团体5757万元。年末固定资产按经济类型：国有经济62316.7万元，集体经济11323.9万元，私营经济106.1万元，联营经济288.7万元，股份制经济635.7万元，其他经济11052.4万元。

第三次全国工业普查　普查的标准时间为1995年12月31日，普查的对象为全部工业企业；重点是国有工业、乡镇工业和“三资”企业。

第一次全国基本单位普查　普查的标准时间是1996年12月31日。普查的对象：除农户和个体经济以外的所有法人和法人单位所属的产业活动单位。普查内容：单位的基本标识、基本属性、经济活动情况和其他信息。

1995年怀化市（县级）第三次工业普查工业企业和生产单位主要经济指标一览表

表8–2–5　　计量单位：人、万元

项　　目	单位数	产值	产品销售收入	年实缴税金	利润总额	年款固定资产	年未流动资产	实收资本	从业人员劳动报酬	从业人员年未人数
总　　计	331	128839.5	120048.3	7021.4	–3134.6	131611.7	74459.9	40217.1	11449.6	28378
国有经济	55	57068.6	56896.6	4657.6	–4376.7	110257.4	49888.2	29873.1	7363.2	17506
集体经济	262	37002.8	31251.3	1361.7	1179.2	9534.9	9421.0	4083.0	3244.1	9075
私营经济	4	1117.5	1001.5	8.0	–17.5	185.0	51.3	56.6	34.7	99
个体经济	1	200.0	200.0	6.0	3.0	0.5	1.5	1.5	2.4	12
股份制经济	3	7354.8	6556.4	680.2	–211.7	5727.1	5250.8	2675.7	511.6	1180
港澳台投资	6	26095.8	24142.5	307.9	289.1	5906.8	9847.1	3527.2	293.6	506
村工业（乡镇工业）	194	25807.6	21993.6	884.2	1103.4	5340.1	3789.7	2705.2	2539.0	6370
“三资”企业	8	28934.9	25388.8	307.9	48.6	7069.4	10763.9	4560.8	455.6	987
轻工业	157	70314.3	56197.9	2658.6	–378.8	37404.5	33586.4	12799.3	3453.1	12079
重工业	174	58525.2	63850.4	4362.8	–2755.8	94207.2	40873.5	27417.8	7996.5	16299
大型企业	2	5076.3	3989.6	417.1	–271.4	18873.4	7929.3	9717.7	1424.4	2863
中型企业	7	30020.6	34721.4	2771.5	–3058.2	45908.4	25569.8	8869.8	2663.0	4654
小型企业	318	93742.6	81337.3	3832.8	195.0	66829.9	40960.8	21629.6	7266.8	20689
煤炭采选业	31	5874.9	7359.9	285.5	542.3	1928.3	1040.7	854.5	1297.7	2431
黑色金属矿采选业	2	384.5	373.5	16.0	4.2	113.0	54.5	73.0	18.3	47
非金属矿采选业	11	2729.6	2360.1	131.1	59.6	1102.8	1033.3	258.2	379.6	1319
食品加工业	18	33310.0	28700.5	87.9	37.2	10945.3	13281.1	4050.4	481.9	943
食品制造业	5	107.2	409.0	0.8	0.6	3.5	5.8	4.0	17.5	29

续表 8-2-5

项　　目	单位数	产值	产品销售收入	年实缴税金	利润总额	年款固定资产	年末流动资产	实收资本	从业人员劳动报酬	从业人员年末人数
饮料制造业	10	1803.6	1290.6	39.6	–48.0	2074.8	1128.3	885.3	162.6	656
纺织业	8	8732.8	5753.2	653.7	–361.8	7819.7	5902.9	1119.2	813.7	3880
其他纤维制品	9	2571.2	1202.8	68.2	–164.9	398.5	633.2	313.1	150.4	684
毛皮、羽绒	8	3565.3	2611.3	268.0	–44.1	2844.4	1640.6	801.7	163.4	551
竹、散、棕	14	1080.7	524.4	20.3	35.9	92.1	68.1	90.0	69.7	249
家具制造业	17	1259.7	734.3	76.5	57.3	196.6	355.2	119.3	95.8	296
造纸信纸制品业	18	2805.3	2047.7	103.8	–120.6	1279.8	641.2	317.6	156.5	639
石油加工及炼焦业	2	305.1	184.0	18.0	70.0	150.0	120.0	80.0	10.4	25
原料及化学制品	13	12080.5	9597.0	154.7	–285.6	5735.4	3794.5	2664.6	740.1	1586
塑料制品业	7	1585.8	1274.8	44.9	–99.7	951.1	505.3	226.0	71.4	303
非金属矿物制品业	6	4986.3	3687.4	204.1	7.5	1402.5	1032.3	779.5	188.1	490
金属冶炼及压延加工业	6	4986.3	3687.4	204.1	7.5	1402.5	1032.3	779.5	188.1	490
金属冶炼及压延加工业	1	——	——	——	——	——	——	——	48.0	60
金属制品业	12	655.6	671.3	32.3	41.8	74.4	105.4	63.3	74.8	227
普通机械制造业	9	1012.2	999.2	106.0	–79.4	1509.1	1115.0	554.3	177.3	703
自来水的生产和供应	2	1151.3	864.9	125.2	106.8	2135.8	543.7	1028.8	181.8	344

鹤城区第二次全国农业普查表（一）

表 8-2-6

主要农业行业分的农业生产经营单位数量	合计	农作物种植业	林业	畜牧业	渔业	农林牧渔服务业
	139	7	78	45	3	6
乡镇个数（个）	8	乡	镇			
		6	2			
行政村个数（个）	93	村委会	自然村			
		93	758			
有各类市场的乡镇个数（个）		有综合市场的乡镇	有专业市场的乡镇	有农产品专业市场的乡镇		有粮食专业市场的乡镇
		6	2	2		1
有卫生处理设施的村个数（个）	饮用水经过集中处理净化处理的		实施垃圾集中处理的	有沼气池的村	完成改厕的村	
	13		11	33	23	
有农田水利设施的村个数（个）	在正常年景下用水有保障的		有机电井的村	多使用的灌溉用水塘和水库		有排灌站的村
	77		13	68		28
经营耕地面积（亩）	118871	水田	水浇地	旱地	未分类	
		102410	1954	14364	143	
经营园地面积（亩）	17313	茶园	桑园	果园	其他园地	
		691	31	14820	1771	
经营林地面积（亩）	347163	有林地				其他林地
			经济林	用材林	薪炭林	
经营牧草地面积（亩）	23	天然草地	改良苗地	人工草地		
		15	7	1		
农业技术措施应用情况	机耕	机电灌溉	喷灌	滴灌渗灌	机播面积	机收面积
	5100	2085	76	582	39	3491

鹤城区第二次全国农业普查表（二）

表 8-2-7

农业生产经营户数量（户）	合计	农作物种植业	林业	畜牧业	渔业	农林牧渔服务业
	22185	20620	470	1027	48	20
按经营情况分的农村常住户数量（户）	27512	农业生产经户	非农业生产经户	兼营农业和非农业的户		无经营行业的户
		622143	10674	7181		1876
农业技术人员数量（人）	111	村内	农业生产经营单位			
		7	104			
农户年未拥有农业机械数量（台）	大中型拖拉机	小型拖拉机	大中型拖拉机配套农具	小型拖拉机配套农具		联合收割机
	96	320	10	306		24
年未拥有农业生产用房面积	温室面积（亩）		大棚面积（亩）	农业生产用房（平方米）		
	279.4		504.2	392473		
农用薄膜、化肥、农药使用情况	地膜覆盖面积（亩）		中小棚覆盖面积（亩）	化肥购买量（千克）		农药购买量（千克）
	954		33	4045497		99042
农技推广服务机构情况	农技推广服务机构（个）		农技推广服务机构从业人数（人）			
	7		21			
有各类市场的乡镇比重%	有综合市场的乡镇	有专业市场的乡镇	有农产品专业市场的乡镇	有粮食专业市场的乡镇		
	75	25	25	12.5		
有农田水利设施的村比重%	常年景下用水有保障	有机电井的村	使用的灌溉用水和水	有排灌站的村		
	82.8	14	73.1	30.1		
农业生产经营者数量	农业生产经营（户）	农业生产经营单位（个）				
	22185	139				

1999 年 10 月 31 日，鹤城区启动基本单位清查。清查的范围：除居民住户和非工业个体经济以外的所有法人单位和产业活动单位。具体包括各类企业法人、事业单位法人、机关法人、社会团体法人和基层群众组织以及这些单位所属的产业活动单位。清查的主要内容是法人单位的基本情况和所属产业活动单位的主要经济指标。

第二次全国基本单位普查　第二次全国基本单位普查的标准时间是 2001 年 12 月 31 日。普查的范围：是中华人民共和国境内的法人单位和所属产业单位。普查的内容：是单位的基本标识、主要属性、基本状态，主要数据和所属产业单位的经济活动情况。

第一次全国农业普查　普查的标准时间是 1996 年 12 月 31 日。普查的对象是辖区内各类农业生产经营单位、农村住户、乡镇企业、行政村、组。

第二次全国农业普查　普查的标准时间是 2006 年 12 月 31 日。普查对象是鹤城区内农、林、牧、渔业生产经营单位、农村住户、乡村办企业、个体企业、行政村、组。

第一次全国经济普查　标准时间为 2004 年 12 月 31 日，普查对象为境内所有从事二、三产业的法人单位、产业活动单位及个体经营户（包括市级以上的法人单位、产业活动单位）。经普查，规模以上工业企业共 151 家，法人资本 4607.7 万元，工业总产值 45360.8 万元，工业销售产值 43731.3 万元，出口交货值 100 万元，利润总额 3423.2 万元，全部从业人员年平均人数 4124 人，从业人员报酬 3222 万元。规模以下工业企业轻工业共 83 家，工业总产值 16269 万元，工业销售产值 15649.8 万元，利润总额 1150.7 万元，全部从业人员年平均人数 1380 人，从业人员报酬 107.7 万元。规模以下重工业共 88 家，工业总产值 29091.2 万元，工业销售产值 28081.5 万元，利润总额2272.5万元，全部从业人员年平均人数2744人，从业人员报酬2152万元。限额以下批发零售业共16家，流动资产合计30964万元，年初存货11312万元。限额以上批发零售业共166家，流动资产合计13368万元，年初存货4706万元，年末存货7997万元。限额以下住宿业共21家，产业活动单位23个，营业额965万元。限额以下餐饮业共16家，产业活动单位16个，营业额1687万元。

鹤城区第一次经济普查综合表

表8-2-8

服务企业的财务状况（万元）	法人单位	固定资产原价	本年折旧	资产总计	负债合计	实收资本	国家资本	集体资本	法人资本	个人资本
	148	391099	47198	1365883	363298	689612	447668	14732	113763	113449
	损益分配	营业收入	主营业务收入	主营业务成本	业务税金及附加	费用合计	营业利润	利润总额	从业人员	失业
		598468	594622	389330	41744	84014	93413	30194	58695	7674
限额以上批发和零售企业财务状况表（万元）			年末资产负债							
	从业个数(个)	年初存货	流动资产合计	固定资产合计	累计折旧	资产总计	负债合计	所有者权益		
批发业	16	11312	30964	23024	7781	54194	33817	20377		
零售业	13	4706	13368	7048	1590	19649	14184	5465		
限额以下批发和零售企业财务状况表（万元）	从业个数	年初存货	年末存货	资产负债						
				固定资产合计	本年折旧	资产合计	负债合计	实收资本		
批发业	166	18197	7997	17465	1240	65698	49684	14767		
零售业	95	3152	3481	4900	856	13135	6627	6514		

鹤城区第二次经济普查综合表

表8-2-9　　单位：万元

	企业个数	年初存货	年末存货	固定资产原价	本年折旧	营业收入	营业成本	营业税金	主营业务成本	其他业务利润	营业管理财务费用
服务企业财务状况	606	337574	375135	4942677	453160	3102659	1994242	91569	587121	31259	551403
交通运输、仓储和邮政业企业财务状况	37	202114	252775	989356	114462	1004887	799501	16250	127577	28288	159225
信息传输、计算机服务和软件财务状况	176	67902	60838	3749426	325993	1621385	96425	51185	357493	2423	259010
租赁和商务服务业企业财务状况	224	57475	52929	145966	8876	306135	157497	14950	62593	288	77992
科学研究、技术服务和地质勘查企业财务状况	79	1635	1815	21243	1433	75754	28047	4024	0	27574	11000
水利、环境和公共设施管理业企业财务状况	6	10	10	2518	156	5983	3998	175	1075	0	1011
居民服务和其他服务业企业财务状况	47	4901	4716	14383	1437	57597	22522	3054	15190	103	16913
文化体育和娱乐企业财务状况	14	1183	1627	12913	436	15690	7506	847	3497	157	4032

第二次全国经济普查　标准时间为2008年12月31日，普查的对象为在怀化市行政区域内从事二、三产业活动的全部法人单位、产业活动单位和个体经营户。

经普查，2008年末，全区共有法人单位3462个，从业人员119484人，其中，企业法人2037

个、从业人员86068人、资产合计5222663.4万元、全部营业收入2678816.1万元；事业法人744个、从业人员23046人，机关法人190，从业人员6391人；法人团体219个，从业人员613人；其他法人272个，从业人员3366人。规模以上工业企业共66家，资产总计553596.3万元；流动资产总计104271.6万元，工业总产值554947.1万元，工业销售产值555887.1万元，利润总额11903.7万元，全部从业人员年平均人数100137人，综合能源消费总量261134.54吨标准煤，产值能耗0.51，水消费量348.28万立方米。房地产企业共43家，房地产开发完成投资103612万元，住宅完成投资76722万元。当年新增固定资产34305万元，施工面积203.59万平方米，竣工房屋价值32851万元。

第四节 抽样调查与监测

一、抽样调查

抽样调查是统计工作重要方法。1994年，对怀化基本情况进行抽样调查，经全省精确统计调查，怀化市（县级）除人口和农民人均纯收入靠中等偏后外，其他8项指标在全省排名中居前10位左右。2006年9月，开展全国人口抽样调查工作。鹤城区统计局出色完成调查任务，数据准确，汇总上报后受到上级普查办表彰，获评国家级先进个人1人、省级先进个人3人。

1994年怀化市（县级）在全省99个县（市）综合指标排名

表8-2-10

项　目	数量	排名	项　目	数量	排名
土地面积	2187平方千米	35位	职工平均工资	4297元（全年）	11位
人口	52.75万人	53位	农民人均纯收入	952元	69位
国内生产总值	22.9亿元	12位	人均国内生产总值	4385元	6位
第三产业增加值	12.3亿元	2位	医院床位	2110张	3位
社会消费品零售总额	8.86亿元	5位	医生数	1327人	1位
城乡居民储蓄余额	2016（人均）	7位			

2008—2009年鹤城区居民生活（消费水平）一览表

表8-2-11

年度	农村居民人均纯收入（元）	城镇居民人均可支配收入（元）	年常住平均人口（万人）			当年价格居民消费水平（元）			可变价格居民消费水平（元）		
			总人口	农村人口	城镇人口	总水平	农村居民	城镇居民	总水平	农村居民	城镇居民
2008	3705	12433	42.19	11.51	30.68	6304	2650	7675	5736	2595	6915
2009	4027	13518	43.12	11.56	31.56	7617	2819	9375	6809	2709	8312

2007—2009年鹤城区居民消费支出一览表

表8-2-12　　单位：万元

项　目	年度	2009	2008	2007
	代码	丙	1	2
最终消费支出	01		507821	409487
一、居民消费支出	02		265971	217945
（一）农村居民	03	32585	30502	28832
1. 食品类支出	04	18550	18209	17874
2. 衣着类支出	05	1476	1312	1166

续表 8-2-12

项　目	年度	2009	2008	2007
	代码	丙	1	2
3. 居住类支出	06	4862	3672	2773
4. 家庭设备、用品及服务类支出	07	1365	1243	1132
5. 医疗保健类支出	08	1915	1761	1619
6. 公共医疗消费支出	09		0	0
7. 交通和通信类支出	10	2179	1865	1596
8. 文化教育娱乐及服务类支出	11	1825	1934	2049
9. 金融中介服务虚拟支出	12		0	0
10. 金融机构实际服务消费支出	13		0	0
11. 保险服务消费支出	14		0	0
12. 自有住房服务虚拟支出	15		0	0
13. 其他商品和服务支出	16		506	623
（二）城镇居民	17	295867	235469	189113
1. 食品类支出	18	110339	95906	83361
2. 衣着类支出	19	39698	29422	21806
3. 居住类支出	20	29299	22090	16655
4. 家庭设备、用品及服务类支出	21	25361	16751	11064
5. 医疗保健类支出	22	14645	13561	12557
6. 公共医疗消费支出	23		0	0
7. 交通和通信类支出	24	22789	18408	14869
8. 文化教育娱乐及服务类支出	25	43898	32459	24001
9. 金融中介服务虚拟支出	26		0	0
10. 金融机构实际服务消费支出	27		0	0
11. 保险服务消费支出	28		0	0
12. 自有住房服务虚拟支出	29		0	0
13. 实物消费支出	30		0	0
13. 其他商品和服务支出	31		6872	4800
二、政府消费支出	32		241850	191542

2008 年至 2009 年，区统计局农调队、城调队对鹤城区农村和城市居民生活及消费水平进行了抽样调查。

二、小康监测

为了便于搞好农村小康规划，对农村小康建设过程和发展水平进行有效的监测、评价。1994 年 8 月，省有关部门制定了“湖南省农村小康生活水平统计监测评价方案”。

按照国家统计局《全面建设小康社会统计监测方案》，全面小康建设的内容包含经济发展、社会和谐、生活质量、民主法制、文化教育和资源环境 6 个方面，共 23 项指标。2011 年鹤城区全面建设小康社会总体实现程度为 84.3%。

经济发展方面，2011 年实现程度为 86.5%。实现程度过半的指标有四个，其中第三产业增加值占 GDP 比重为 63.2%，已实现全面小康社会目标，实现程度为 100%；城镇人口比重为 66.76%，实现程度 100%；城镇人口失业率为 4.1%，实现程度为 100%；人均 GDP 为 32337 元，实现程度为 100%。R&D 经费支出占 GDP 比重为 0.05%，实现程度为 1.8%。经济发展中的自主创新能力弱，投入的强度明显不足，严重影响经济社会发展的后劲。

社会和谐方面，实现程度为 89.0%。反映居民收入差距的基尼系数为 0.44，实现程度为 100%；城乡居民收入比为 2.90∶1，实现程度为 99.4%；基本社会保险覆盖率为 65.9%，实现程度为 73.2%。

生活质量方面，实现程度为 87.1%。人均可支配收入为 7250 元，实现程度 63.6%；恩格尔系数为 48.4，实现程度 92.6%；城乡居民人均住房使用面积为 36.9 平方米，实现程度为 100%；平均预期

寿命74.12岁，实现程度98.8%；5岁以下儿童死亡率为10.2‰，实现程度为100%

民主法治方面，实现程度为96.0%。从反映民主法制的两项指标看，公民自身民主权利满意度的实现程度为91.1%，社会安全指数为100%。

文化教育方面，实现程度为70.3%。文化产业增加值占GDP的比重为2.80%，全面小康实现程度为56.0%；平均受教育年限为9.32年，实现程度为88.8%；居民文教娱乐服务支出占家庭消费支出比重为6.88%，全面小康实现程度为58.0%。

资源环境方面，实现程度为74.0%。单位GDP能耗为1.1吨标准煤/万元，实现程度为76.5%，环境质量指数为97.00%，实现程度为97.0%。

三、“两纲”监测

妇女、儿童发展纲要统计监测，始于2001年。监测内容涉及妇女儿童在经济、政治、教育、卫生保健、合法权益、生存环境等各个方面的发展状况。根据各项监测指标，一年监测一次并写出分析报告。

2008年妇女儿童发展纲要监测统计显示：卫生经费1134万元，比上年增长78.8%；其中，妇幼卫生经费111万元，防治防疫经费101万元。人口自然增长率6.03‰，优生优育成效明显。鹤城区婴儿死亡率为10.1‰，比上年下降了1.1个千分点；5岁以下儿童死亡率11.4‰，比上年上升了1.2个千分点。孕产妇死亡率，继续全面实施“母亲安全工程”，成立高危孕产妇急救中心，孕产妇死亡率为0.9‰。5岁以下儿童中，重度营养不良患病率7%，未实现目标。计划免疫覆盖率，免疫（四苗/全程）接种率为94.28%。其中，卡介苗接种率为100%；脊灰疫苗接种率为92%；百白破三联制剂接种率为91%；麻疹疫苗接种率为95%。

住院分娩率96.8%，比上年提高0.1个百分点；农村高危孕妇住院分娩率达100%，非住院分娩中消毒接生率100%。孕妇产前医学检查率达95%，孕产妇系统管理率90%。

小学适龄儿童净入学率，随着“科教兴区”战略和“贫困地区义务教育工程”、“希望工程”和“春蕾计划”等助学工程的实施，以及财政对教育的投入逐年增加，小学适龄儿童净入学率达到100%，小学6年巩固率为100%，小学学生辍学率为0，初中阶段毛入学率100%，初中三年巩固率为97%。成人识字率，成人识字率达到了98%，青壮年识字率达到100%。

全社会就业人员174000人，其中，女性83000人，占48%，已经达到“纲要”目标。区人大代表中女性62人，区政协委员中女性33人，分别占35%、19.2%。区级政府、党委领导班子中女干部配备率各为11%；公务员中女性占公务员总数的52%。村民委员会成员中女性比重达44%；居民委员会成员中女性比重达67%，均已实现“纲要”目标。

普及卫生厕所，农村卫生厕所普及率达到56%。农村改水受益率63%，农村自来水普及率26%。

2010年对妇女儿童2001—2010年发展规划进行终期评估，全面收集监测数据，并对各成员单位实施“两个规划”指标情况进行监测统计分析。采用分析评估法、综合评估法和绝对评估法。2010年妇女儿童发展状况监测指标的83项指标中（妇女46项、儿童37项），除区人大代表中女性比例、县级后备干部中女干部比例、农村卫生院产科建设、出生缺陷发生率、婚前医学检查率、城市建成区绿化率6项指标尚未达到预期目标，其他77项指标均达到或超过了《规划》确定的终期目标。

第五节 统计监督与服务

一、统计监督

1993—1999年，以宣传《中华人民共和国统计法》为主，2000年以后，统计监督执法工作得到进一步强化。对统计执法人员一律做到岗前培训、业务考试，合格后办理统计执法证，完全实现持证执法。每年对房地产业、服务业等重点行业统计执法60余次。2001年9月，对鹤城区电影公司进行统计执法检查。2010年7月，针对怀化市大康牧业经常迟报、拒报统计数据行为进行统计执法，督促其按时、按质、按量上报统计数据。

为推进企业一套表暨“联网直报”改革工作，增强企业统计责任意识，2010年，对联网直报企业分批次开展了10次统计培训，并下发法律告知书给联网直报企业。

二、统计服务

统计月报。《鹤城区统计月报》由区统计局按月编印，主要公布全区经济发展状况的主要指标。发放对象是区级领导和相关部门，让区级领导和相关部门及时了解鹤城区经济发展状况。利用统计资料为区委、区政府等决策部门、有关单位、社会各界提供统计服务。仅2009年，鹤城区统计局对外提供统计服务100余次。

统计网络。鹤城区统计信息网对外发布鹤城区的统计信息。内容包括鹤城概况、政务公开、统计要闻、统计数据、统计分析、政策法规、统计知识、大型普查、企业之窗、绩效考核、联网直报等。是外界了解鹤城区的一个最重要最快捷的窗口。

统计分析有进度分析和专题分析。

进度分析，进度分析分为定期和非定期两种，一般以统计快讯形式发布，要求“短、平、快”，体现时效性。服务对象主要是区党政领导和相关部门。其中，综合进度分析由区统计局按季报送党委和政府。

专题分析，围绕党委和政府领导以及社会各界关心的“热点、难点、焦点”问题，在调查的基础上运用现代经济分析法，进行定量分析，形成专题分析成果。

统计公报一般在次年3月份发布。利用统计数据结合统计分析，全面反映本行政区内国民经济和社会发展取得的成绩，揭示区域经济社会工作存在的问题，对经济建设和社会发展起到促进作用。统计公报的内容包括经济综述、农业、工业、建筑业、固定资产投资、国内外贸易、财政、金融、科技、教育、文化、卫生、体育、环保、人口、人民生活和社会保障等主要统计数据和分析资料。

第三章　物价管理

第一节　机构设置

1991—1997年，为怀化市（县级）物价局。1998年6月鹤城区物价局成立，编制4人，设局长1名，副局长1名。

1998年8月，成立价格事务所，为股级单位，负责全区价格认证工作。2002年11月，更名为怀化市鹤城区价格认证中心。1998年8月成立物价检查所。2009年3月，物价检查所升格为怀化市鹤城区价格监督检查局，机构性质由事业变更为行政机构，为副科级单位，设局长1名、副局长2名，行政编制5名。1998年8月，设立怀化市鹤城区价格调节基金征收管理办公室。

2010年，物价局机关编制5名，设局长1名，副局长2名，总经济师1名。

第二节　物价改革

一、价格体制改革

随着计划经济向市场经济转型，开放市场，价格也随之放开。1990年，计划分配，全国定价供应的商品仅有汽油、柴油、钢材、水泥等8种，其他商品及农副产品全部进入市场，价格由市场调节。

1993 年后，工农业产品和其他商品价格基本放开，由市场调节商品价格。为了缓解基础产品价格低的矛盾，较大幅度地提高了煤、电、油、钢材等产品价格。农产品粮、棉、油价格进一步提高，并与肉、蛋、禽、蔬菜一起进入市场。为促进第三产业的发展，放宽流通环节的差率，调整了交通、自来水和公共汽车、医疗、教育等公共事业收费。在转换价格形成机制方面，下放了 185 种（类）生产资料，81 种（类）工业消费品定价权。放开了卷烟、猪肉、煤炭等大批商品价格。由于放开的品种多，全国定价的比重进一步缩小。

1991—2010 年，国家对关乎国计民生的重要商品，如石油、天然气、自来水、电费等实行价格管理或价格指导；对非行政事业性收费如：中小学生学费、旅游景区收费，高速公路和路桥收费实行价格审批。

二、价格调整

1991 年国家逐步开放轻工产品价格，多次调整食盐价格。1992 年食糖出厂价改为政府指导价，零售价格放开。是年，《国家物价局管理价格的轻工商品目录》颁布，怀化市（县级）相应修订了价格管理目录，放开了除少数重要的关系国计民生的商品外的所有商品价格，形成了大部分商品以市场形成为主的价格机制。

1991—1997 年怀化市（县级）居民消费价格指数表

表 8-3-1　　单位：%

	城市居民			零售价格指数	
	消费价格指数	食品	服务项目		食品
1991 年	102.8	102.4	106.7	102.3	102.4
1992 年	109.8	111.3	124.8	107.8	111.3
1993 年	116.2	117.5	131.7	113.6	117.5
1994 年	120.6	130.1	133.6	115.6	131.5
1995 年	117.0	128.8	114.9	115.9	132.0
1996 年	107.4	102.5	114.0	104.5	102.1
1997 年	101.3	98.3	104.4	100.0	99.8

说明：价格指数（以上年为 100）

1998—2010 年鹤城区居民消费价格指数表

表 8-3-2　　单位：%

	城市居民			零售价格指数	
	消费价格指数	食品	服务项目		食品
1998 年	99.6	98.3	106.5	98.7	99.1
1999 年	100.5	98.7	107.5	98.4	98.1
2000 年	100.2	96.6	107.1	99.5	97.3
2001 年	100.9	100.8	105.1	99.6	101.3
2002 年	100.1	101.2	107.8	99.2	104.0
2003 年	101.5	103.1	102.1	101.1	103.2
2004 年	106.8	100.0	109.1	106.3	112.6
2005 年	102.4	105.9	102.6	101.5	105.7
2006 年	102.3	103.2	102.0	102.3	104.3
2007 年	105.8	114.1	104.7	105.0	115.5
2008 年	106.6	116.2	103.8	106.2	117.8
2009 年	100.5	99.6	104.1	99.0	99.6
2010 年	103.4	106.1	102.9	103.5	106.3

说明：价格指数（以上年为 100）

1992年10月6日，湖南省体制改革委员会、省财政厅、省物价局、省粮食局发出联合通知，决定从1992年11月1日起全面开放粮油销价，取消城镇居民定量粮油平价供应和农村粮食统、定销平价供应，并决定从1993年1月1日起，取消粮油订购任务，购销价格随行就市。放开粮油价格的通知发出后，全省粮油价格涨幅较大。

1997年12月《中华人民共和国价格法》颁布。价格管理从单纯以定调价为主转轨到“定规则、当裁判、搞服务”方面；加大价格执法力度，整顿市场价格秩序。

调整药品价格，全面推进基本药物制度改革。2007年，国家发改委和省物价局对药品价格过高、虚高定价等问题，采取一系列调整措施。先后11次发文调整中西药品价格；其中国家发改委9次、湖南省物价局2次，共涉及2000余个药品品种。怀化市物价局先后转发和下发文件，贯彻执行国家和省有关药品价格调整及相关规定。根据省物价局的要求，鹤城区物价部门对各医疗机构新增医疗服务项目进行详细调查；重点检查了部分营利性医疗机构的医疗服务及药品价格公示、“一日清单”、“双处方”的执行情况；对发现的问题给予及时纠正和指导。

2010年2月1日起，鹤城区20个基层医疗机构基本药物全部执行了零差率销售，初步测算，药品价格平均降幅达60%左右。根据国家、省、市相关政策，编印了《鹤城区基本药物价格政策汇编》，免费发放到各医疗机构和相关单位；并会同区卫生局编印《鹤城区实施国家基本药物零差率销售宣传资料》10万余份，免费发放到城乡居民手中。在各医疗机构门诊设立咨询台，建立价格咨询台账，由专人负责受理患者的价格咨询，宣传相关政策，妥善处理医患的价格纠纷问题。督促指导各医疗卫生机构，在醒目位置将307种基本药物价格和省级非目录药品的采购价格及主要医疗收费标准进行公示。并投资30余万元在全区20个基层医疗机构安装了电子触摸查询系统；将卫生院简介、医生简介、卫生院服务项目、就医指南、医疗政策、基本药物查询、医疗服务价格查询等信息资料，输入电子触摸查询系统，方便群众进行价格查询操作。充分利用查询平台宣传和普及法律、法规、医疗健康常识，进一步推进了基本药物价格管理工作。同时在每个医疗机构成立了医疗价格监督检查站，聘请市、区人大代表，政协委员、基层党员干部等具有一定素质的人员为价格义务监督员。悬挂12358举报电话，温馨提示牌和公示价格监督员联系电话，构筑起服务群众、民主监督的平台。

第三节　收费管理

一、收费许可证的管理

1997年湖南省人民政府出台了《湖南省行政事业性收费管理条例》。根据省、市有关规定和文件精神，鹤城区物价局、财政局开展整顿行政事业性收费工作。在清理整顿的基础上，向合格的收费单位核发“收费许可证”。每年对年审单位加强审查力度。年审率达100%，合格率平均在98%以上。对存在收费问题的单位提出整改意见和跟踪检查，规范行政事业单位收费，有效地遏制了乱收费行为。

二、清理规范收费项目和标准

1998年为了保护非公有制经济的合法权益，制止“乱收费、乱罚款、乱摊派”现象，根据《中共中央、国务院关于治理对企业乱收费、乱罚款和各种摊派等有关问题的决定》，对涉及收费的14个部门的收费项目、标准、收费依据进行审核，并会同工商局、监察局展开清查。

从2002年起为规范涉农收费行为，提高涉农收费透明度，对涉农收费进行有效管理和监督，在全区推行涉农收费公示制度。要求全区收费单位对其收费项目、标准、依据、监督电话进行公示。在乡镇及七站八所设立收费目录公示，村组设立公示牌、公示栏。同年开始向全区农户免费发放“涉农收费公示手册”，至2010年共更新三次“涉农收费公示手册”。

规范中小学生收费。1991年，怀化市中小学学杂费按全省统一标准为城市小学每生每期9元，农村小学每生每期6元；城市初中生每生每期12

元，农村初中每生每期 8 元；城市高中生每生每期 15 元。住宿费（限在校住宿生）不分城乡小学每生每期 5 元，初中生每生每期 10 元，城市高中生每生每期 15 元。高中除收杂费外，还收取学费，其标准为重点高中每生每期 50 元，一般高中每生每期 40 元。除此之外，还有部分代收费，如文体卫生费、水电费、图书仪器费和试验费、书籍费、作业本费等，收费标准由教育、物价、财政部门共同制定，按实结算，多退少补。其后三年，中小学收费标准未变。

1997 年 6 月 25 日，湖南省下发文件，规定重点高中每生每期 450 元，普通高中每生每期 350 元，农村每生每期 200 元。计划外学生，除按规定缴纳学杂费外，还应缴纳计划外生费；住宿费由学校主管部门提出意见，报物价部门批准。是年秋季，义务教育收费标准也按省里标准做了调整。小学：一年级杂费每生每期 90 元，代收费每生每期 66 元；二年级杂费每生每期 90 元，代收费每生每期 69 元；三年级杂费每生每期 90 元，代收费每生每期 89 元；四年级杂费每生每期 90 元，代收费每生每期 94 元；五年级杂费每生每期 90 元，代收费每生每期 83 元；六年级杂费每生每期 90 元，代收费每生每期 80 元。

1999 年秋季，中小学杂费由三类标准改为农村、城区两类标准，具体收费标准为农村小学（不分年级）每生每期 70 元，初中生每生每期 90 元，城区小学每生每期 90 元，初中生每生每期 110 元。高中学费按省重点高中、城区一般高中、农村高中三类标准收取，即省重点高中每生每期 800 元，城区一般高中生每生每期 650 元，农村高中生每生每期 450 元。

随后几年收费金额变化不大，但是教育收费情况有所变化；省里下发文件不再规定具体金额，具体收费标准，由各地根据学校的办学条件和当地居民的承受能力在一定标准内确定。如学杂费每生每期小学农村 70 元、城区 90 元，初中农村 90 元，城区 110 元，城区中学不超过 800 元，农村中学不超过 550 元。每年省里下发普通中小学必定书籍课本用书目录，规定价格，防止强制学生订购教辅资料、报刊书籍、学具和音像制品的行为。

2004 年秋季新学年开始，全义务教育阶段学校推行"一费制"，标准由省人民政府制定，明确规定杂费只能用于弥补学校公务、业务、师训、修缮、文体、卫生等公用经费的不足，不得用于学校基本建设和房屋改造等支出，不得用于偿还债务。杂费的收费标准小学生农村每生每期 70 元、城镇 90 元，初中农村每生每期 90 元、城镇 110 元。持有民政部门颁发的"城市居民最低生活保障证"的低保户子女免收杂费，免收部分由同级财政部门补贴。必定课本费按省教育厅颁布的中小学用书目录中的必定书目、省物价局核定的价格和当年度各地实际征订的版本核定，音像教材的具体标准为每生每期小学 5 元、初中 6 元。收取音像教材费后，学校应该向学生提供配套的音像教材，并不得再收费。

2005 年秋季，规范公办中学代收费及民办或企业办中学收费，落实教育收费制度。2007 年，农村义务教育阶段完全免杂费，城区义务教育阶段实行"一费制"。全面推行价费公示制度；做到乡镇有总公示，每个村组有分公示，区直行政事业单位及全区中、小学都有专门的收费公示牌，涉农收费和教育收费公示率达 100%。

2008 年财政部、国家发展改革委下发了关于公布取消和停止征收 100 项行政事业性收费项目的通知，鹤城区教育部门停止征收义务教育借读费、学位证书工本费、高等学历文凭工本费、国家普通话水平等级证书工本费等九项教育收费。

第四节　价格监督与服务

一、价格监测

1998—2010 年，为应对猪肉、肉鸡、鸡蛋、豆油等主要食品价格异常波动问题，物价部门先后 5 次下发文件，以"监测、调查、检查"为主线，加大监管力度、增加监测频次，按照国家、省规定的监测品种实施监测。在节假日派出检查小组开展巡查，对猪肉等副食品价格异动、脱销断档、排队抢购等情况实施有效监控；每月对猪肉、方便面、豆油、鸡蛋、肉鸡生产及供求情况进行跟踪清查，确保市场供应、价格稳定。

二、价格监督检查

1998年5月1日，《中华人民共和国价格法》开始执行。1999年8月1日，国家计委颁布了《价格违法行为行政处罚规定》；鹤城区人民政府颁布实施《鹤城区价格监督检查管理暂行办法》。鹤城区物价部门切实贯彻执行国家、省、市关于物价工作的政策法规，以整顿流通领域，清费、治乱、减负为重点，认真开展各类专项检查、市场检查、举报检查等，严厉打击各种价格违法行为。2008年后，抓住与广大群众关系紧密的价格和收费问题，突出抓好教育收费、农资价格、医疗服务等方面的价格监督检查。对维护消费者合法权益和促进经济发展、维护社会稳定起到了重要作用。共查处价格违法案件49件，罚款上缴财政60余万元。每年春季、秋季，集中力量对教育收费进行专项检查，先后对市一中、二中、四中、五中、人民路小学和潕水路小学、区幼儿园等城区教育收费情况进行检查，查出违价金额90余万元，有效遏制教育乱收费情况。每年联合区卫生局，对全区20个医疗机构进行拉网式全面检查，检查面达100%，保证基本药物价格政策落实到位。另一方面加强价格举报工作。为了有效地保护消费者的合法权益，2001年5月，开通"12358"价格举报电话。举报电话24小时轮流值班。同时制定《价格举报制度》和局长信访接待日等制度，对群众价格举报投诉，接报即查，有报必查，做到件件有答复，事事有回音。自2008年以来，共查处价格举报案件47件，解答群众价格咨询32件，案件办结率100%，获得群众好评。

每年元旦、春节、"五一"、中秋节、国庆节、"农博会"等期间开展零售市场价格的监督检查。为维护节假日和重大活动期间的市场价格秩序，检查人员重点对零售商业、交通运输、餐饮服务、文化娱乐、旅游景点等价格和收费情况进行检查规范，共计检查各类有价单位465家次、对有价格违规情况的114家进行提醒、告诫，对违规情节严重的企业单位下发了整改通知书，限期改正。

监控打击非法涨价。在2003年"非典"、2008年"冰灾"期间，先后对食品、药品市场进行检查，印发《制止以不正当价格行为促使食盐、板蓝根、陈醋等价格上涨的通知》。物价检查人员深入市场调查、对各种借灾害事件哄抬物价、牟取暴利的违法、违规事件，进行严厉查处，坚决打击，确保了城乡市场的正常供应。

2009年始，将价格服务工作向社区全面推进，设立"街道价格工作站"7个，"社区价格监督服务站"45个，设置社区"价费公示牌"45块、聘请"义务价格监督员"45名。编印《怀化市价格服务简明手册》开展价费公示及价费政策的宣传咨询服务，夯实价格服务进社区活动的基础。

三、价格认证

开展价格认证工作是物价部门职能从单一的管理转变为管理服务型的一个标志，秉持"客观、公正、科学"的原则开展价格认证。从价格鉴定、价格认证、价格评估等方面，为企事业单位、行政执法机关服务。认证中心接受公、检、法机关委托，2008年至2010年共完成涉案财物价格鉴定业务7378起，平均每年达2456起。其中刑事案件涉案财物价格鉴定12008起，民事案件涉案财物价格鉴定业务271起。在服务行政方面，价格认证中心2010年完成财政罚没财物价格鉴定6起，完成了市、区政府重点建设项目：怀化火车站站前广场拆迁项目、沃尔玛商业广场改造拆迁工程、中坡园艺场拆迁项目和八一路改扩建征地拆迁项目价格鉴定5起。尤其是怀化火车站站前广场改造拆迁项目，认证中心安排4名工作人员加班加点历时3个月，完成了38户拆迁户的经营性动产（设备设施）的价格评估鉴定，估价额达2992万元。完成企业改制资产价格鉴定5起，工商行政管理部门假冒伪劣产品价格鉴定4起。在服务社会方面，价格认证中心积极围绕调解价格矛盾、处理价格纠纷，积极开展价格合理性认证工作。2008年始，完成酒楼经营户、居民住宅、个体招待所装修价格纠纷认证4起，门面租赁户价格纠纷认证3起，交通肇事财物损坏价格纠纷认证2起，居民住宅及经营户漏水损害财物价格纠纷认证5起。

第四章　审　计

第一节　国家审计

1997年11月，怀化市（县级）审计局分家，时有干部职工24人，分鹤城区15人，中方县9人。1998年5月成立鹤城区审计局，核定行政编制15名。

一、财政审计

1996年以前，财政审计按照“上审下”原则，怀化市（县级）审计对象是乡（镇）财政所财政决算审计。1996年始，根据《中华人民共和国审计法》规定，对同级财政预算执行情况实施审计。

1995年11月，进驻财政局对预算执行情况实施就地审计。

1998年撤地设市后，每年对区财政预算执行情况进行审计核实。重点对再就业专项资金的使用和效益情况，水利专项资金的使用情况以及抚恤、救济、低保专项资金的使用情况进行审计。2009年区财政非税局将防洪保安资金315万元，价格调节基金1万元，土地出让金442.7万元通过预算外资金财政专户列收列支，未纳入基金预算管理。审计责令区财政非税局将上述资金758.7万元缴入国库，纳入基金预算管理。

乡镇财政审计历来是审计监督的重点，每年都安排项目实行审计，从查出的问题看，乡镇财政管理比较混乱，违纪违规较多。

1991年，对花桥镇、榆树乡进行财政收支审计。查出花桥镇财政所除发放上级文件规定的补贴外，人均发放奖金补贴3519.85元。榆树乡政府当年财政赤字23万元，不仅各项补贴照发，还未经任何批准手续，年人均发放奖金1621.8元。

1992年，对芦坪乡、凉亭坳乡、黄金坳镇财政、财务收支情况审计。芦坪乡审计总金额60.7万元，查出违纪违规金额5.49万元；凉亭坳乡审计总金额89.5万元，查出违纪违规金额11.35万元；黄金坳镇审计总金额90.8万元，查出违纪违规金额7.4万元。审计提出，严禁截留、挪用专款、专项资金，滥发奖金、补贴。对违纪违规款项上缴国库，并处以20%的罚款上缴市财政。

2000年，对盈口、杨村、鸭嘴岩3个乡镇财政预算执行和决算，以及预算外资金管理、使用情况进行审计。查明的违纪违规问题及处理情况：

盈口乡，1999年，总收入109.69万元，总支出104.82万元，收支相抵结余4.86万元。违纪违规问题主要是截留三角滩电站农业税款3.14万元，转入乡财政所财务账。审计酌情处以6000元罚款上缴区财政。

杨村乡，1999年预算内总收入97.83万元，总支出97.83万元，预算外收入12.2万元，支出12.2万元。预算内、外收支平衡。查出的违纪违规问题及审计处理情况：1997年底结转下来尚未发放的农业税灾欠减免1.32万元，仍挂乡财政所“应退税款账户”。责令于2000年底前减免到受灾农户。乡企业办转让大楼门面收入3.2万元，漏缴税费1728元，依法收缴财政。重复发放干部电话费、误餐费共880元，依法全额收缴财政。

鸭嘴岩镇，1999年，全年预算内累计实现收入116.58万元，预算支出106.58万元；预算外收入10.1万元。预算内外收支平衡。其问题是财政所门面收入1.01万元，漏缴税费1766元，依法收缴区财政。

2004年区统计局对盈口乡、石门乡财政收支情况和资金管理使用进行审计，存在的问题如下。

盈口乡，预算收入81.72万元，乡计生办收流动人口管理费10.3万元，未纳入乡财政专户；收取社会抚养费13万元，未纳入乡财政预算管理。乡政府业务招待费超标22.02万元。对以上1~3项共处罚款1万元，收缴区财政。

石门乡，欠缴税费1.64万元；乡计生办收取社会抚养费4.7万元，未纳入乡财政预算管理；预算外收入共27.26万元未纳入财政专户储存；业务招待费支出超标21.8万元，依法处以3000元罚款上缴区财政。漏缴税费1.61万元，全额收缴入金库。对其他问题，责令调整账务。

二、税务审计

1994年对怀化市（县级）税务局进行财务收支审计，1992年12月该单位所属经济实体购空调器4台，价值3.62万元，未办控购手续，后移交到局机关，仍未补办控购手续。依法处以10%罚款3620元，按控购商品价款10%补交“调节基金”3620元，共计7240元收缴财政。

1998年根据省审计厅的布置，对区农业税征收管理局农税收入、其他收入及征收经费的提取、使用情况进行审计，经审计调查核实：应缴未缴预算收入9.15万元，其中，农业税收入6.18万元，罚没收入2.96万元。根据省审计方案要求，对国有土地出让金征缴情况进行延伸审计（调查），查出区国土局1998年尚有42.03万元国土出让金未上缴财政。

2001年，对鹤城区地方税务局2000年度税收征管情况进行审计。核实：该局全年征收总额5043.4万元，提退代征代扣手续费及其他税515.3万元，而实际只入库4528.1万元。在提取代征代扣税收手续费方面存在问题。建议今后严格按照法律、法规规定的比例和范围计提手续费。

2004年，对区地方税务局2003年度税收征管及税收政策执行情况进行审计核实：截至2004年底，纳税大厅税收过渡户滞留税款14.76万元，一分局税收过渡户滞留税款76.85万元，合计滞留税款91.61万元未缴入金库，责其于2005年5月底按税收预算级次缴入金库。

2008年，对区地方税务局2007年税收征管及税收征收政策执行情况进行审计。重点抽查了2007年12月税收通用完税证、税收缴款书、税收政策减免资料、主要会计报表，审计了办税服务大厅的税收过渡户情况。审计核实：该局组织收入11637.9万元，占年初计划10089万元的115.35%，比年初计划超收2466.4万元。

2010年，对鹤城区地方税务局2009年税收征管及税收征收政策执行情况进行审计。重点抽查了2009年税收政策减免资料、审阅了主要会计报表。审计核实：该局组织收入19090.2万元，占年初计划18332万元的104.14%，比年初计划超收758.2万元，共完成各项收入19453.6万元

三、金融保险审计

银行审计 1991—1998年，怀化市（县级）连续对银行系统实施审计。其中，1993年上半年对专业银行信贷利率实施审计；下半年又对怀化市人民银行及6家专业银行的资产、负债、损益审计，查出不少违纪违规问题，并依法对其进行严肃处理和处罚。对维护、稳定金融秩序发挥了有效作用。

财务收支审计：1991年，对市工商银行、建设银行1990年度财务收支审计。查出市工商银行违纪违规金额22.65万元，审计依法收缴中央财政1.89万元，上缴市财政2万元，责其调账15.79万元。查出市建设银行违纪违规金额9.34万元，审计处以罚款3669元，责其调账增加收入9.17万元。

房地产信贷部门信贷资金审计总金额615万元，查出违纪违规金额85.38万元。主要是用贷款85万元支持自筹基建；违规多收贷款利息3880元。

1993年，根据国家审计署部署和省、地金融审计工作会议精神，于6月3—17日实施审计。审计查明，除市建设银行外，市工商银行、农业银行及湖天开发工商银行、农业银行均擅自提高信贷资金利率。其中，定额内流动资金贷款利率由原7.2‰提高到9.6‰~12.6‰，提高幅度33%~75%；临时贷款利率由原6.75‰提高到12‰~23‰，提高幅度78%~241%。远超人民银行关于可上浮20%的规定。

1993年专业银行提高利率多收利息金额表

表8-4-1　　单位：元

行名＼月份	1—5月	6—7月	8月1日至9月11日	合　计
市工商银行	1863175	151938	—	2015114
市农业银行	975787	529559	13809	1519156
湖天开发区农行	28811	62445	7759	99016
湖天开区工行	38516	—	—	38516
湖天开发区建行	35898	—	—	35898
合　计	2942190	743943	21568	3707702

1993年，共查出各专业银行违规拆借、挪用信贷资金、私设“小金库”等违纪金额达3702.5万元。

信用社审计　2006年，对鹤城区农村合作信用联合社、新兴农村合作信用社2005年资产、负债、损益情况审计。查明：区信用联社截至2005年12月31日，资产会计报表反映资产总额120759万元，负债总额120559万元，所有者权益总额200.1万元，累计未弥补历年亏损9020.9万元。审计查出的主要问题：违规使用和处置抵债资产193.2万元。审计依法责令区信用联社在2007年6月3日前将其自用的抵债资产155.32万元通过拍卖或其他方式变现，对挂账资产变价收入作出账务调整。违规用贷款充当股本金151万元。审计依法责令区信用联社在2007年6月30日前将充当股本金的贷款全额收回，并由职工用自有资金将应缴存的股本金补足。欠缴税费7.3万元，责令区联社全额追缴入库。应列未列支出2886.96万元，应列未列收入322.26万元，依法责令区信用联社在2007年6月30日前作出账务调整。

保险公司审计　1993年，对怀化市（县级）保险公司1992年度财务收支审计总金额2017万元，查出违纪违规金额4000元。主要问题是假发票报账，审计依法收缴入库中央财政2100元，并限于1993年7月30日前上缴省审计厅审计待缴专户。

1996年对人保公司怀化湖天开发区支公司1995年度资产、负债、损益情况审计核实：该公司内控制度较完善，资产、负债、损益核算基本符合相关规定，会计核算工作较规范。存在的问题是乱列手续费支出，公司在手续费支出账户支出业务招待费9.82万元，业务宣传费7.04万元、管理费14.12万元，共计30.99万元。依法处以10%罚款，计3.09万元收缴财政。

1998年，对中保集团人寿保险公司怀化市支公司1997年度资产、负债、损益情况审计核实：资产总额1250万元，负债总额1743.9万元，所有者权益-1289.22万元，当年亏损43.89万元。查出主要违纪违规问题：漏缴营业税及附加4782元，依法收缴财政。以租代买旧桑塔纳小轿车1辆，价款8.9万元；购BP机10部，价款8300元，合计9.73万元，均未办控购手续，按规定补征专控商品调节基金9730元，收缴财政。

1998年怀化撤地设市后，鹤城区没有银行、保险行业的审计任务，此项工作由市审计局承担。

四、专项资金审计

农业专项资金审计　1998年，对怀化市（县级）农业综合开发办1995—1997年第三期农业综合开发资金运用情况进行审计，审计发现公款转储蓄存款110万元。分两次转出，第一次转出60万元，取出时获利息5166元；第二次转出50万元，该款至审计日尚未转回资金专户。审计依法收缴储蓄利息5166元，并处罚款2万元，合计2.51万元一并上缴财政。

2004年，对鹤城区2001—2003年农业综合开发资金进行审计，鹤城区批准立项的农业综合开发资金项目总额1771万元，财政资金到位1224.18万元，群众自筹326.7万元，银行贷款200万元，共计1750.88万元。查出存在不足的问题：自筹资金现金筹措难度大，自筹资金到位

326.7万元，其中现款只有98.17万元。

林业专项资金审计 1996年对1995年度集体育林基金、维简费、林业保护建设费财务收支审计查出违纪违规问题：欠缴“一金两费”40.29万元，其中木材站欠缴育林基金15.46万元，林政管理站欠缴24.82万元，依法责令限期交清。使用其他票证收取“一金两费”及罚款2.58万元，其中，木材处理变价款1310元，育林基金1.41万元，罚款1.03万元，依法予以没收上缴财政。自立项目收费7.02万元，其中，贺家田乡、黄金坳乡、花桥镇、新建乡林业站分别收取木材指标款5万元，木材管理费1.04万元，木材手续费8268元，责令立即中止收费。

对泸阳林场1995年度财务收支审计查明：欠缴各项税款3.54万元。未办控购手续购买专控商品价5.57万元，按规定补缴10%调节基金，计5576元。以上两项共2.71万元依法收缴财政。

水电专项资金审计 1992年、1993年对三角滩水轮泵水电站1985—1993年8月建设工程投资及财务收支情况审计查明：该工程于1984年9月开始筹建，1986年11月正式动工，1990年11月进行设备安装，1991年正式并网发电。截至1993年8月，累计发电8175.4万千瓦，按现行价计算，实现工业总产值742.3万元。受移民安置影响，发电量只达到设计能力的60%左右。

2003年，对防洪保安资金征集办的防洪保安资金审计，2000—2002年分别征集防洪保安资金25.26万元、33.95万元、35.54万元，收支执行结果，累计结余分别是5.33万元、15.39万元、6.76万元。审计发现财政局农业股截留防洪保安资金1万元，责令将截留的资金全额拨付给原单位。

2007年，对2006年度水库移民专项资金投入、分配、管理、使用和效益情况进行审计。境内三角滩水电站和竹林坪中型水库，移民涉及盈口、鸭咀岩、凉亭坳三个乡镇，共有移民3424人。截至2007年5月31日，移民办应发移民口粮补贴款28.5万元，实发20.53万元，欠发7.96万元。区财政应发移民后期扶持资金157.27万元，实发7.65万元，欠发149.62万元。

环保专项资金审计 1996年对环保局环境保护资金征、管、用情况进行审计。

2002年，2000—2001年排污费征管用审计结果，2000年应征排污费265.5万元，实际征收37.18万元，财政年末结余99.96万元，单位收入合计34.3万元，支出合计53.28万元。2001年，应征排污费157.3万元，实际征收36.4万元，财政年末结余99.96万元，单位收入合计21.2万元，支出合计51.46万元。查出的主要问题应缴未缴区财政排污费385.89万元，对此，责其于2002年9月3日前自行上缴区财政。

1993—1995年怀化市（县级）环境保护资金收支情况表

表8-4-2　　单位：万元、个

年度	排污费收入	治理支出	环贷豁支出	治理项目	
				数量	金额
1993年	52	13.32	44.7	4	25.08
1994年	73	7.04	17.2	4	35.29
1995年	15	20	14	3	43.21

社保专项资金审计 企业社保局存在的问题：从养老基金中核销历年垫付特困企业离退休费285.82万元。1998年收取门面租金2.01万元，未按规定交纳各项税费。滥发钱物8105元。1998年采取空收空付养老金522.95万元，从中按3%提取管理费15.68万元。

2006年度企业基本养老保险基金、医疗保险基金、失业保险基金、工伤保险基金、生育保险基金等五项社会保障基金财务收支情况进行审计，医疗保险管理局违规将其征收的区信用联社职工基本医疗保险基金104.47万元直接存放在区信用联合社盈口分社；截至2006年12月31日，全区累计欠缴三项社会保险基金1.5亿元，其中：企业养老保险基金8231万元，基本医疗保险基金6100万元，失业保险基金676万元。2006年度欠缴社会保障基金1175万元，其中：企业养老保险基金

904万元，基本医疗保险基金224万元，失业保险基金47万元。依法责成区劳动和社会保障局所属社会保障基金办依法对不缴或少缴社会保障基金的单位和个人予以清欠和催缴，并将清欠催缴结果书面函告区审计局。

救灾专项资金审计　2006年，对民政局、财政局、区红十字会2006年抗洪救灾款物实施跟踪审计，重点抽查杨村乡、石门乡救灾款物的发放，走访部分受灾户。查明市财政局、民政局下拨区特大自然灾害救济补助费67万元，区本级财政配套15万元，合计82万元，其中，40万元用于灾区群众紧急转移安置和倒塌房屋恢复重建；15万元用于灾民生活困难及灾后重建；10万元用于政府采购口粮、解决春荒期间灾民生活困难；13万元用于乡镇、街道办事处敬老院建设；3万元用于病虫害防治救助；1万元用于特困户走访慰问。未发现截留、挪用。救灾物资46%未下拨，其原因是有的衣、物破损严重，有的物资不适用。抽查杨村乡发现少拨救灾款2万元，另有几户灾民救济款1080元已造册但未领取。

2008年，对抗冰雪救灾款物进行了跟踪审计。截至2008年5月31日，财政安排救灾资金总计264.8万元，已拨付救灾资金194.8万元，用于发放灾民自然灾害生活补助、抢修电路等救灾物资。尚未拨付的救灾资金70万元，已转入社保资金专户。区民政局收到各地捐赠的抗冰救灾物资计20.58万元，根据2008年冰冻期间四批救济物资分配方案，全部发放至各乡镇。

2008年，根据国家审计署办公厅《关于做好抗震救灾专项款物跟踪审计的通知》，分别对2008年5月30日和6月30日两个时间段社会各界为四川汶川地震抗震救灾捐款进行了跟踪审计。审计核实：第一、二阶段鹤城区社会各界分别为四川汶川地震灾区捐款247.88万元和371.4万元，累计捐款为619.3万元。

计划生育专项资金审计　2003年，计生局总收入203.86万元，总支出203.85万元。存在的问题：社会抚养费未上缴国库纳入财政预算管理22.98万元，责其自行上缴财政金库，纳入财政预算统一管理。无收费项目收费8.39万元处以2万元罚款。招待费支出超支10.21万元，处以10%罚款计1.02万元。以上共3.02万元依法收缴区财政。

退耕还林工程专项资金审计　2001—2005年退耕还林工程专项资金的投入、管理、使用、效益情况经审计核实，退耕还林工程建设任务6.8万亩，实际完成6.8万亩，经省级复查，国家核查验收，造林面积核实率100%，林木平均成活率85%以上。2001—2004年，省拨退耕还林专项资金2360.8万元，市级实拨1730.8万元。截至2005年3月底，本级财政拨各部门、单位1538.41万元，结存资金192.38万元。本级财政从预算外资金安排配套资金18万元。审计查出的问题：区林业局截留退耕还林配套资金5.45万元，存局机关财务账，未付给退耕还林办；结余退耕还林种苗补助费43.11万元用于工作经费。责令将上述资金归还原资金渠道，并对结余种苗补助费用于工作经费的违规行为处以5万元罚款上缴财政。林业局多领退耕还林粮食补助资金2.53万元，审计决定，除全额收缴外，并处罚款2.53万元，合计5.06万元上缴财政。林业局退耕还林办超限额支付现金216.02万元，依法处以罚款5万元上缴财政。

扶贫专项资金审计　2003年，对区扶贫办2001—2002年扶贫专项资金的分配、拨付和管理情况，经审计查明：该办挤占挪用扶贫专项资金5.61万元用于机关行政经费。责其于8月31日前如数追回挪用的资金，归还原资金渠道。另外，资金未按规定“实行专人管理，专户储存，设立专账，封闭运行”，而是放在单位与行政经费一并核算。还有改变上级部门批准原扶贫项目计划和部分报账手续不够完备等情况。

新型农村合作医疗专项资金审计　2009年，对2008年6月至2009年9月新型农村合作医疗专项资金审计。截至2009年9月基金总收入1668.6万元，基金总支出919.14万元，结余749.46万元。农民个人缴费情况：2008年全区农民参合人数为95642人，按照10元/人，应缴个人参合费用956420元，农民实际直接缴纳920110元，欠缴36310元，系部分农民经济困难所致，已由民政局拨付“农村医疗救助资金”补足。2009年，全区农民参合人数为100608人，按照20元/人，应缴个人参合费用2012160元，农民实际直接缴纳1918920元，欠缴93240元，系部分农民经济困难所致，已由区民政局拨付“农村医疗救助资金”补足。2008年，中央、省、市、区四级财政配套资金到位669.5万元。主要问题：无证收费，分两次向部分医疗定点单位收取“赞助费”97736元，用于支付网络管理费等。审计责成新农合办立即停止收取该项“赞助费”。

农村沼气建设国债专项资金审计 2010年，对区2008年农村沼气建设国债项目和2009年新增农村用户沼气建设国债项目审计，根据签订《2008年农村沼气建设国债项目责任书》“一池三改”项目。计划建设2200户（其中，单户2000口、联户100口、养殖小区100口），涉及全区8个乡镇的15个项目村，项目总投资600万元，其中国债资金160万元，区配套资金30万元，农户自筹410万元。根据签订《2009年农村沼气建设国债项目责任书》。“一池三改”项目，计划建设950户，涉及全区4个乡镇的6个项目村。项目总投资336.3万元，其中，中央预算内投资114万元，省级配套11.4万元，市级配套5.7万元，区级配套资金28.5万元，农户自筹资金176.7万元。经审计，2008年，完成农村沼气建设项目2200户，国债资金160万元全部到位，区财政配套资金到位10万元。2009年，完成农村沼气建设项目950户，国债资金到位114万元。审计通过随机抽样的方法，对芦坪乡壮丁、水沙溪2个村的33户建池户进行现场查看和询问。抽查结果显示33户的建池成功率和资金补助到位率都达到了100%，建池农户建档率、沼气技术宣传资料发放到户率和用户满意率都达到了目标要求。

五、固定资产投资审计

固定资产开工前审计 1991年，对自筹资金基建项目签证审计共31项，查出违纪违规金额84.4万元，依法进行处理处罚。

1992年，完成自筹基建签证审计项目44项，开（复）工基建项目签证审计35项。审计单位资金总额17458万元，查出违规金额526万元，上缴财政56.9万元，审计决定落实率98%，审计结案率100%，无复审案例。

1993年，在基本建设开工前审计中，严把“二关”，一是产业政策关；二是资金来源关。审计中，与计委、建委等部门紧密配合。全年共完成开工前审计单位（项目）38项，审计资金总额25095万元，基建投资项目得到规范。

1995年，根据计划安排，对33项固定资产投资实施开工前审计，审计投资总额4276.9万元，规模8.6万平方米，查出计划资金不落实952.5万元，占计划投资总额的22.2%。8—9月，对应办理开工前审计项目进行清查，查出5家应办而未办开工前审计，按规定进行处罚。

2000年，完成固定资产投资稽查项目4个，查出其中二个未按规定办理相关报建手续和未招标投标，欠缴投资方向调节税3.5万元，欠缴劳保基金32万元等。并根据稽查结果，依法下达稽查决定，责令限期补办报建手续，缴纳所欠税费。

固定资产投资项目决算审计 1995年，根据怀化市（县级）政府安排，对二水厂基建工程指挥部1993—1994年度建设工程进行审计。该项工程于1993年7月21日动工，总概算投资6866万元，厂区占地面积173.8亩，至1995年1月底，共使用资金2968万元。除征地、购运转工具列支344万元外，其余项目均未完工。审计查明的问题：1994年，职工内部集资120.1万元，年利率25%。根据湖南省政策规定，职工内部集资利率不得超过银行同期储蓄利率40%，应予纠正。购进价值17万多元的三台水泵，无厂名标牌，铸件表面毛刺多，不像新设备。1993年12月，支付武汉中南设计院设计费、图纸费23.42万元，无正式收据，仅凭本单位一职工证明入账，部分发票内容与实际经济事项不符。

2005年，对区农机管理局吉昌花园基本建设项目进行审计。该项目属联合房地产开发项目，农机局以土地入股形式与中房集团怀化房地产开发公司共同开发，2003年12月经批准立项，计划投资355万元，规模7600平方米，2004年7月开工，2005年8月竣工，验收为合格工程。该项目主体工程施工方送审造价397.34万元，审计核定造价370.25万元，核减工程决算27.09万元。

2005年3月，对城东新区管委会已完工基建项目实施决算审计，共审计管委会办公楼等6项工程。

2009年，对城东新区市政改造维修工程等11个已完工基建项目实施决算审计。

2010年，对鹤城区人民政府行政中心大楼主体维护工程等18个已完工程基建项目实施决算审计。

2001—2004 年鹤城区城东新区基建项目表

表 8-4-3　　单位：元

项目工程名称	乙方送审造价	审定造价	审减造价	备注
管委会办公楼工程	2065748	1740083	325665	审计未发现其他违纪违规问题
金海广场园林绿化	351107	349907	1200	
排水及零星项目	529701	469599	60102	
泸林路绿化工程	4044065	1659842	2384223	
五溪广场绿化工程	3785460	1601335	2184125	
五溪广场及园林、水电	1282702	1156768	125934	

2009 年怀化市鹤城区审计固定资产投资项目表

表 8-4-4　　单位：元

项目名称	送审造价	审计造价	核减造价	备注
鸭嘴岩工业小区望江路道路工程	5939213.25	4738182.49	1201030.76	2009 年 4 月 30 日
城东路灯安装及埋管挖沟、恢复人行道板工程	728392.2	726825.07	1567.13	2009 年 5 月 14 日
城东市政改造维修工程	70880.41	70880.41	0	
城东 3 号小区人行道板工程	831777.95	758560.97	73216.98	2009 年 8 月 20 日
城东金海路、船林路电缆沟工程	1780812.71	1394656.21	386156.50	2009 年 8 月 20 日
鸭嘴岩工业园望江路道路工程	8993469.34	5405698.77	3587770.57	2009 年 10 月 20 日
行政中心办公大楼屋面防水工程	1088086.77	706482.12	381604.65	2009 年 10 月 28 日
湖南大康牧业有限公司望江路边挡土墙损坏工程	645712.86	645712.86	0	2009 年 10 月 28 日
卢林路、金海路道路维修工程	2639481.00	2123922.00	515559.00	2009 年 12 月 4 日
行政中心外墙装修工程	22093416.60	20267904.42	1825512.18	2009 年 12 月 21 日
鸭嘴岩工业园安置区商住楼工程	1525482.3	1109417.32	416064.98	2009 年 12 月 27 日

2010 年鹤城区审计固定资产投资项目一览表

表 8-4-5　　单位：元

项目名称	送审造价	审计造价	核减造价	备注
区人民政府行政中心大楼主体维护工程	454770.00	454770.00	0	2010 年 1 月 14 日
鹤城区行政中心综合楼地下室装修工程	96679.67	96377.50	302.17	2010 年 1 月 20 日
鹤城区城市建设投资有限公司商业一街、泸林路人行道板工程	1285749.96	964035.63	321714.33	2010 年 1 月 28 日
鹤城区城市建设投资有限公司城东新区路灯安装工程（二期）	726916.00	715693.42	11222.58	2010 年 2 月 4 日
鹤城区行政中心、会议中心多媒体系统工程	3096002.60	3009279.13	86723.47	2010 年 2 月 5 日
鹤城区城市建设投资有限公司怀化市四中教学楼等工程	3402398.00	3082714.00	319684.00	2010 年 2 月 8 日
鹤城区城市建设投资有限公司顺意路道路工程	2636690.69	1397529.02	1239161.67	2010 年 5 月 17 日
鹤城区城市建设投资有限公司办公楼装饰工程	583913.00	532308.00	51605.00	2010 年 5 月 18 日
鹤城区城市建设投资有限公司办公楼维修改造工程	194360.00	161455.00	32905.00	2010 年 5 月 18 日
怀化市第四中学教学楼维修工程	1092312.66	1045652.00	46660.66	2010 年 6 月 14 日
芦坪乡四十湾水库北干中低产田改造项目竣工决算	2601258.00	2550000.00	51258.00	2010 年 5 月 21 日
怀化市第四中学高中教学楼维修工程	709098.00	696317.57	12780.43	2010 年 6 月 13 日

续表 8-4-5

项　目　名　称	送审造价	审计造价	核减造价	备　注
鹤城区竹林坪水库除险加固工程竣工决算	5034792.94	5034792.94	0	2010年8月24日市财政局评审
怀化市电机厂家属区安置房挡土墙和场地平整工程	1674529.72	1174443.33	500086.39	2010年12月24日
鹤城区城市建设投资有限公司金海垄弃土场抢险工程	668958.00	338337.17	330620.83	2010年11月22日
鹤城区城市建设投资有限公司怀化市城东金海西路路灯安装工程	478082.00	439168.26	38913.74	2010年11月24日
鹤城区城市建设投资有限公司怀化市背街小巷道路路灯安装工程	317024.00	317024.00	0	2010年11月24日
怀化市旅游学校实验培训楼工程竣工决算	4636056.66	4422412.65	213644.01	2010年11月17日

六、企业审计

工交企业审计　1993年，对烟草专卖局财务收支审计查出：截留罚没收入20.5万元；漏缴个人收入调节税3.05万元；购买轿车少办准购证金额4.3万元，应补缴调节基金6450元。以上截留罚款及漏缴税金合计24.2万元，依法收缴财政。

1996年，对二水厂建设指挥部工程财务收支审计查出该厂付给职工集资款利息24.01万元，未按规定缴纳个人所得税。按照规定补缴20%个人所得税4.8万元上缴财政。

对市供水总公司1996年度财务收支审计查出存在的问题：给总公司职工发放本年度集资款利息13.08万元，未按规定缴纳个人所得税2.61万元；产品销售收入1004.98万元，未按规定缴纳防洪保安资金1万元。以上两项金额合计3.62万元，依法收缴财政。

企业改制审计　2005年，一轻公司破产安置期间财务收支审计，破产清算收入327.08万元，其中，资产拍卖收入420万元，扣除各项费用实际收入326.5万元；其他收入0.58万元。破产清算支出270.85万元，其中，业务支出245.84万元；其他支出25.01万元，应收账款13万元，结余43.23万元。存在的问题是按拍卖合同规定，公司只应支付拍卖公司佣金2.4万元，实际支付7.8万元，多支付5.4万元，建议公司破产安置小组追回此款。

2006年，对工交企业2003年1月—2006年11月改制专项资金收支情况进行审计，2002年纳入工交系统改制企业共28家，截至2006年11月底，已有20家基本完成改制任务，其中终结1家，未完7家。安置人员8431人，未安置人员2225人。国有资产处置资金收支，由财政非税局综合计划股统一核算。改制收入477.2万元；改制支出170万元；政府调剂支出286万元；其他支出2万元，结余资金19.2万元转入国资办。2004年7月至2006年9月由财政局国资办，设专户核算资产处置资金，2006年11月，全部资金转入国库集中支付局，统一支付核算。总收入8057.63万元，总支出6370.53万元，应收账款1663.85万元，专户银行存款余额23.23万元。主要问题：一是工作经费开支达234.09万元；二是借出资金较大。审计建议加强企业改制专项资金的规范管理，做到专款专用，节约开支，及时收回借出资金。

资产、负债、损益审计　对怀化市（县级）小水电公司1995年度资产、负债、损益情况进行审计，资产总额884.13万元，负债总额544.04万元，所有者权益340万元。存在的问题：漏缴税费5508元，依法收缴财政。收电费附加3282元，建设基金3.29万元，共3.62万元，按规定计征税费5788元上缴财政。违规收取调进人员和新招人员岗位培训费7万元，依法责令全额退还职工本人。

2002年岩冲煤矿资产、负债、损益情况审计认定表

表 8-4-6

年度	总资产	总负债	所有者权益	年底共亏损	备　注
2002	2120773	1300282	820491	175301	审计未发现违纪违规问题

1992年，对燃料公司、城市建设开发公司、对外贸易公司1991年度财务收支审计情况如下：审计市燃料公司总金额235万元，认定违纪违规金额31.04万元。审计城市建设开发公司资金总额1316万元，查出违纪违规金额185.23万元。审计对外贸易公司总金额477万元，查出违纪违规金额25.08万元。

1998年，汽车零部件总厂1996—1997年度资产、负债、损益情况经审计核实：资产总额2361.12万元；负债总额1638.99万元；所有者权益总额722.13万元，当年实现利润33.27万元。其问题是漏缴税费7.72万元，依法收缴财政。同时，对少转产品成本6.41万元，责其调整账务。

2001年，对鹤城区电子工业公司1998—2000年度资产、负债和损益情况经审计，资产总额1216.66万元，比财政报表数调增481.36万元；负债总额743.03万元，比财务报表数调增10.66万元，调增亏损15.3万元。漏缴税费合计10.33万元，依法全额收缴财政。

毛纺总厂2004年4月至2005年8月资产、负债、损益情况经审计核实：资产总额1058.61万元，负债总额808.89万元，所有者权益总额249.72万元，累计经营性亏损1293.83万元。审计查出的问题：转让国有资产权益93.46万元，未按规定缴财政专户管理，鉴于此款已用于改制安置职工，此次不作处罚。应缴未缴税费5.63万元，责其向税务机关申报缴纳。违规支付职工身份置换金1.73万元，支付职工押金6000元，违规多报手机和住宅电话费3014元，应由改制工作组责令当事人于2005年9月底前如数退回。

2006年，对商业事务管理处2004—2005年财务收支审计查明：2004年门面租金收入32.64万元，2005年门面租金收入42.68万元均未申报纳税；2005年饭店租金收入直接抵付招待费。以上共欠（漏）缴房产税、营业税、城市维护建设税、教育费附加10.75万元，责令其自行向税务部门清缴入库。对招待支出已结账未入账金额188.98万元及时入账。

商业企业改制审计　2006年对商贸流通企业2003年至2006年11月改制专项资金审计了解到：纳入商贸改制企业共23家，已完成15家，安置人员2833人，未完成8家，未安置人员874人。商贸流通企业改制专项资金总收入12236.72万元，总支出9734.3万元，其他应付款120万元，其他应收款1573.8万元，银行存款余额1048.61万元，其中，财政专户930.13万元，工作组专户118.48万元。其主要问题：一是工作经费支出过大，达88万元；二是2004—2005年，处置资金用于平衡财政支出860万元；三是应收账款余额1573.8万元。审计建议，加强企业改制专项资金的规范管理，做到专款专用，节约开支，及时收回借出资金。

商业企业资产、负债、损益审计　2004年，百货公司2000—2004年7月资产、负债、损益情况经审计核实：累计亏损为1047.97万元。存在的问题：隐瞒营业外收入158.48万元；私设账外账67.87万元，用于开支商场职工养老金和医疗保险等；公款旅游5.13万元；违规支付工会经费6万元；现金白条抵库12.69万元。以上1~5项共处罚款5万元上缴区财政。

2007年，蔬菜公司2001年至2007年5月资产、负债、损益经审计了解到：截至2007年5月，该公司账面反映资产总额1018.32万元，负债总额824.31万元，所有者权益总额194万元，累计亏损363.84万元。

2010年，民用爆破器材专营公司2004年1月至2010年6月资产负债损益审计了解到：截至2010年6月30日，账面总资产520.97万元，总负债445.51万元，净资产75.46万元。总收入3311.8万元，总支出3307.9万元，盈余3.9万元。主要问题有：未代扣代缴个人所得税6.46万元；2008—2009年业务招待费超限额43.3万元；个人拖欠公款长期不还，共计金额19.18万元。

七、行政事业单位审计

定期报送审计　党政机关和司法及文教卫生等行政事业单位经过连续多年定期送达审计后，财经纪律观念明显加强。1991年，经对党校、环保局、工业局、水电局、国土局等41个单位财务收支审计，有28个单位未发现违纪事项，其余13个单位违纪违规金额只有1.4万元，而且多数单位一经指出，便自行纠正。

1993年，对4个行政事业单位1992年1月至1993年8月财务收支实施定期送达审计。查出违纪违规情况如下：房地产管理局违控购置专控商品价1010元；违规发放出勤补贴1.21万元；售旧吉普车1台，收入7500元；收办“收养证”收入1610元；公安局截留罚没收入2万元，用于购小车；违规购置专控商品价5万元；科委挪用科技三项经费10万元用于购置商品房。对上述单位违纪违规问题均依法依规进行处罚。

经常性审计 2001年，对财政局等单位2000年度财务收支审计查出的违纪违规问题和处理情况如下。

财政局，欠缴各项税费2.49万元，依法收缴入区级金库。预算外收入22.33万元，未纳入财政专户储存，责其纳入财政专户储存。

经济局，1999—2000年，单位财务收支相抵，略有节余。2001—2002年则存在的违纪违规问题：私设账外账，1998年至2002年8月，账外账累计收入150.16万元，支出170.73万元。收支不合规资金63.16万元。其中：1998年收管理费1.5万元，并以收抵支直接发放生活补贴；收劳动竞赛奖49.4万元。2000年至2002年8月省拨项目经费58.15万元，为此支出费用24.59万元，其中，以白条领现金12.26万元，无明细费用发票。对上述问题，审计决定处以4万元罚款收缴区财政，并责其于4月底前将账外账并入单位账统一核算。

2005年，对区财政局等单位2004年国有企业资产处置款管理及使用情况，经审计查出违纪违规及处理情况如下：

财政局，2004年区财政局国资办管理的工业资产处置款收入3386.36万元，商业资产处置款5022.85万元，合计8409.22万元。支出工业资产处置款2318.83万元，商业3253.09万元，合计5571.93万元。结余工业资产处置款700.95万元，商业资产处置结余903.75万元，合计资产处置款累计结余1604.71万元。审计查出的问题：从工业资产处置款中调剂区属单位支出66.6万元；从商业资产处置款中列支区属单位工作经费21万元；挪用商业资产处置款860万元，用于预算内周转；挪用100万元，用于基本养老金本级财政配套；挪用111.8万元，借给农业局52万元、民政局55.8万元、就业服务处4万元；挪用89万元，借给黄金坳政府3万元、煤炭局15万元、工业发展委71万元。以上1—6项挤占、挪用工业资产处置款155.6万元，商业资产处置款1092.8万元，合计1248.4万元。责其于2005年底前追回归还原资金渠道，并依法处以4万元罚款上缴金库。

2007年对水利局2003年11月至2006年度财务收支审计查明该局转让门面收入86.5万元未申报纳税，欠缴税费合计4.75万元；业务招待费支出超标合计56.39万元；无依据给离退休人员发防汛补贴累计7.11万元；无依据发下岗补贴2.78万元，责令区水利局及移民办纠正。违规使用票据收取移民粮款合计24万元，责令缴入同级财政管理使用。

司法部门审计 2003年，对法院2002年财务收支审计，查出其超出收费许可证规定标准，多收诉讼费共计34.6万元，依法处以罚款1万元上缴财政。另该院尚有10.73万元罚没款未按规定上缴财政，责其于2003年11月30日前自行上缴财政金库。

2004年，对司法局2001—2003年财务收支审计核实：2003年末资产总额51.87万元，负债总额1.93万元；总收入97.25万元，总支出91.55万元，节余5.7万元。存在的主要问题是连续三年共收门面租金19.01万元，共欠税费2.66万元，责其于2004年10月底前自行向税务机关补缴。

2006年，对法院2004—2005年的财务收支审计查明：该院干警按每人每天80元发伙食补助，共发9.45万元。2005年发误餐、生活等各项补助共2.08万元。当年门面出租收入8.25万元，直接支付基建工程款，欠缴各项税费1.44万元。

教科文卫审计 2005年，对鹤城区跃进路完小等4个单位财务收支进行审计，查出违纪违规问题及处理情况如下。

鹤城区跃进路完全小学，该校无依据收费100.63万元，其中，2003年收费61.92万元、2004年收费38.71万元。责令于2005年9月底前清退原交费者，并处以5000元罚款上缴财政。

怀化市第二中学，2003—2004年，一是超标准收费1.51万元，二是无依据收费35.45万元。对超标和无依据收取的费用，责令于2005年9月底清退原交费者，并处5000元罚款上缴区财政。

鹤城区红星路小学，超标准收取计算机维护费、课本费等2.4万余元；收取学生午托、奥数、校庆三十周年学生捐款等非税收入17.52万元，其中，坐收坐支8.16万元，4.1万元未纳入单位统一会计核算，4万元以借款借据抵账，漏缴税费9.76万余元等问题，对以上问题依法依规进行处罚。

怀化市第五中学，2009年，对怀化市第五中学2006—2008年财务收支审计，主要问题：违规收费，无收费依据向在校学生收取“饮水费”255983元，向怀化凉山水厂支付购山泉水费用187144元，结余68839元；2007—2008年，收取门面租金165710元，欠缴税费28999.26元；2008年5月，从怀化润天科技有限公司购办公用电脑一批，开支91600元，未办理政府集中采购手续。

其他行政事业单位审计　2003年，对区住房公积金清理结果审计查明：2002年1月，经区政府领导同意，公积金管理中心从公积金专户借给清理整顿农金会办公室390万元，用于农金会储户兑现，至2003年2月28日，已归还221万元，尚有169万元未归还，责其收回并归还原资金渠道。旅游费用2.75万元列为事业费支出，依法处以30%罚款计8277元，上缴财政。

城市建设综合开发公司，2001年至2003年4月财务收支审计查明：该单位违规用自购内部收款收据收“管理费”12万元；收技术人员交来工资2.57万元，以上合计14.57万元，漏缴税费合计8018元。另外，2000年12月31日前分别向三个单位长期投资245万元，至2003年6月，账面未反映任何效益。

2005年，对怀化学院及其下属单位2002—2003年的财务收支审计核实：该院账面反映总收入9220.95万元，累计少反映教育费收入2008.6万元，其他收入37.18万元；账面累计反映教育费支出10185.79万元，累计少反映教育事业费支出169.12万元，虚列教育事业费支出5万元；银行存款余额核对结果，共有89.1万元未在总账、明细账和报表中反映，形成账外资金。查出的问题：欠缴各项税费45.96万元；违规收费177.69万元，依法处以罚款2万元，并责其对多收的各项费用自行清退；招待费支出超标102.65万元；用公款支付应由个人负担的费用11.19万元；用教材费、书籍费、服务费发票套取现金列支15.56万元，依法处以罚款1万元。

八、外资运用审计

农贷项目审计　1994年，对世行贷款第四期农贷项目1993年度执行情况审计了解到：第四期农贷项目主要用于第二期农贷项目的水利配套设施和柑橘后期培植和管理。完成总投资90.8万元，其中贷款59.6万元，项目单位自筹31.2万元。经审计，查出农行怀化地区中心支行从世行贷款中挪用2万元办经济实体，转呈怀化地区审计局处理。

审计查明市农行1994年12月31日，占用第二期农业综合开发信贷指标38万元，贷给市粮油工业公司作单位资金周转，责令限期收回此款。

林贷项目审计　1995年，对世行贷款林业项目办1994—1995年国家造林项目审计了解到；第一期工程到1994年度止，计划投资884.37万元，累计完成投资总额1167.63万元。1994年底配套资金到位情况：省级计划配套资金152.2万元，到位108.2万元，地级计划配套资金59.2万元，到位47.1万元，市级计划配套资金162.9万元，到位162.6万元，未到位资金56.4万元。

1998年，对世行贷款林业项目办1997年度国家造林项目执行情况审计核实。至1997年底，国家造林项目已全部完结，累计完成投资11511.21万元，竣工报账面积5037.7公顷，实有面积4926.8公顷。

2006年，对世行贷款贫困地区林业发展项目审计查明：项目于1999年启动，2000年正式实施，至2005年底，累计造林562.5公顷。项目遍布盈口、石门、鸭咀岩、芦坪、黄金坳、杨村6个乡（镇）。该项目累计向世行报账提款169.71万元，占世行贷款额的51.27%。未发现财务违纪违规问题。

九、领导干部经济责任审计

1999—2007年，根据鹤城区委组织部委托，共对118名领导干部经济责任实施审计，其中：科局级领导干部36名；乡（镇）党委书记、乡（镇）长和街道办书记、主任52名；厂长、经理等其他领导干部30名。

第二节　内部审计

一、内审机构管理

机构设置　1985年3月，市直各部门、各单位普遍建立内部审计机构，到1991年底，全市已建立内审机构41个，其中，专职机构10个；配备内部审计人员122人，专职内审人员19人。到1992年，除物资、外贸、建筑安装和城市公共企业等系统未建内审机构外，工交、商业、供销、粮食、农林水、文教卫等系统均建立了内审机构，配备内审人员，内审业务有序开展。由于机构改革等原因，内审机构拆并，到1998年怀化撤地设市后，各单位内审机构名存实亡，工作基本停止。

内审工作具体做法：派出审计业务骨干，深入有关内审单位指导帮助，使内审人员明确审计程序、审计方法与审计重点，边审边学；“请进来”短期培训，重点讲授内部审计的性质、职能、任务，审计程序、步骤、方法，审计人员职业道德、法律责任、审计文书格式及审计档案归集等；组织内审人员到上级审计机关举办的短期培训班学习；组织内审人员参加国家审计署举办的审计师资格考试学习。内审人员通过学习、考试，获得了审计任职资格。

每年初，适当划出一部分审计对象（包括承包企业）给部门内审机构负责审计；要求各专业主管部门根据上级审计部门的指导意见，结合单位实际，制订出年度内部审计项目计划，报同级国家审计机关备案。制度管理：即帮助建立和完善内审制度，包括经济合同审计办法、承包经营责任审计办法、会计报表审签制度，以及各系统内审实施细则和竞赛评比办法，使内审工作逐步制度化。同时，将审计通知书、审计工作方案、审计工作底稿、审计结论与决定等印发到各内审单位，要求各内审单位按照规定的审计程序开展审计工作，按“谁审计、谁立卷”原则，整理归集审计档案。

二、内部审计业务

1991年，各单位内审机构共审计了107个单位（项目），其中，经常性审计项目69个，经营承包、离任审计项目15个。共查出损失浪费金额320.9万元，促进企业增收节支9.1万元；纠正违纪违规金额76万元，其中，增加上缴金额1.9万元，增加留利7.4万元；移送司法机关案件2件。粮食、供销、教委、商业等内审工作实现经常化。市供销社审计室全年完成经济效益审计项目19个，查出榆树供销社弄虚作假，造成亏损100多万元的严重问题。工业局审计人员审计怀化磷矿时，查出违纪金额3万多元，审计市电子公司时查出原厂方亏损180多万元。轻纺局审计人员审计市毛纺厂，查出潜亏138万元。

1992年，各内审机构共完成审计单位（项目）52个，其中：经营承包、离任审计17个，查出并纠正违纪违规金额22.3万元，增加上缴金额10.6万元。

1993年，内审机构共完成审计单位（项目）17个，查出学校乱收费2.2万元；查出“小金库”一个，金额10.4万元；清退多收学生款项1.2万元。

1994年，全市内审机构共完成审计项目32个，查出损失浪费金额549.2万元，纠正违纪问题金额35.7万元，其中：市轻纺局审计人员查出床单厂存在潜亏548.1万元；市教委、市供销社内审各查出贪污案件1件，涉案人员移送检察机关侦办。

1995年，粮食局审计股完成审计单位（项目）9个，审计覆盖面达到66.7%。建设局完成审计项目4个。市供销社审计股出台《供销社内部审计工作暂行规定》和《对企业经理、基层社主任离任实施审计的审计办法》。开展审计项目4个，其中所属的市工业品公司在广东东莞与当地人合办的采石场，由于决策失误，经营不善，严重亏损，对方趁机私分变卖设备，造成国家集体经济损失30多万元的案件得到彻底清查。是年，粮食局、供销社内审机构，被怀化地区评为内审先进单位。

1996年，粮食局、供销社、建设局内审机构，共完成审计项目14个，查出违纪并纠正违纪金额300多万元。审计从单一财务收支审计扩大到经济效益审计、离任经济责任审计、专项资金审计等。

1991—1997 年怀化市（县级）主要审计成果一览表

表 8-4-7　　单位：万元

年度	审计单位(个)	查出违纪情况									查出违纪情况	应上缴财政	已上缴财政	损失浪费金额	百万元以上违纪单位		受党政纪处分(人)	移交司法机关处理(人)	提交审计工作报告	审计工作报告、信息被批示采用(篇)	备注
		合计	隐瞒截留收入	乱挤成本费用	挪用专项资金	偷税漏税	应归还原渠道资金	配套资金不落实	乱收费乱摊派	私设小金库	乱发资金补贴	其他				个	金额					
1991	66	426.3	40.0	—	72.6	—	—	—	—	—	—	313.7	77.4	74.4	—	—	—	—	—	10	2	
1992	50	526.0	72.0	—	167.5	—	—	—	—	—	—	286.5	77.9	56.9	—	—	—	—	—	17	3	
1993	59	3759.8	—	—	—	—	—	—	—	—	—	3759.8	94.7	100.6	14.0	6	3702.0	—	—	23	11	
1994	46	163.7	4.7	—	—	—	—	31.0	—	—	5.6	122.4	113.1	100.3	—	—	—	—	—	23	15	
1995	28	300.8	12.7	22.6	44.6	—	—	—	—	—	—	220.9	51.8	47.5	—	—	—	—	—	20	12	
1996	39	1247.2	—	—	—	—	—	—	6.4	40.0	—	1200.8	86.0	78.5	—	—	105.0	—	—	26	16	
1997	49	1518.1	486.6	—	—	55.5	—	52.7	1.1	—	—	922.2	86.3	79.6	—	—	—	—	—	34	21	

1998—2007 年鹤城区主要审计成果一览表

表 8-4-8　　单位：万元

年度	审计单位(个)	查出违纪情况									查出违纪情况	应上缴财政	已上缴财政	损失浪费金额	百万元以上违纪单位		受党政纪处分(人)	移交司法机关处理(人)	提交审计工作报告	审计工作报告、信息被批示采用(篇)	备注
		合计	隐瞒截留收入	乱挤成本费用	挪用专项资金	偷税漏税	应归还原渠道资金	配套资金不落实	乱收费乱摊派	私设小金库	乱发资金补贴	其他				个	金额					
1998	20	709.0	43.0	60.0	—	54.3	—	4.0	—	11.0	—	536.7	27.0	25.0	—	—	—	—	—	33	18	
1999	25	2342.0	18.0	—	350.0	9.0	—	—	—	12.0	—	1953.0	45.0	31.0	—	—	—	—	—	30	14	
2000	30	1664.0	37.0	—	—	9.0	—	20.0	—	—	—	1598.0	34.0	24.0	—	—	118.5	—	—	20	4	
2001	38	1355.0	—	—	19.0	7.0	—	—	19.0	—	—	1310.0	33.0	28.0	—	—	878.0	—	3	20	10	
2002	48	320.0	—	—	30.0	18.0	—	30.0	—	—	—	242.0	13.0	13.0	—	—	—	—	3	9	4	
2003	49	3017.0	—	—	—	—	—	—	—	—	—	3017.0	46.0	46.0	—	—	—	—	—	20	13	
2004	40	3170.0	—	—	—	—	—	—	—	—	—	3170.0	49.0	49.0	—	—	—	—	—	20	18	
2005	40	4099.0	—	—	—	—	—	—	—	—	—	4099.0	48.0	45.0	—	—	—	1	—	30	26	
2006	35	4644	—	—	—	—	312	—	—	—	—	4332.0	24.0	24.0	—	—	—	—	—	—	—	调账 695 万元
2007	40	6937	—	—	—	—	—	—	—	—	—	6937.0	49.0	49.0	—	—	—	—	—	—	—	

1998年怀化撤地设市后，由于企业大量改制，内审工作处于停顿半停顿状态。

第三节 社会审计

一、社会审计机构

1989年2月，审计事务所成立，核定事业编制5人。在市审计局直接管理指导下，独立承办审计查证和咨询服务业务。国家审计机关依法对社会审计组织进行管理和业务指导。

审计事务所成立后，制定了审计事务所章程，先后制定了财务收支规章制度，执业人员收入分配办法，聘用人员付酬办法以及审计业务服务程序；审计常用业务文书和学习制度等规章制度，均纳入审计机关统一管理范围。从1993年起，实行以目标管理为核心的内部管理制度。每年根据地区审计局下达的目标任务，实行目标管理责任制及工效挂钩制度。其基本内容是权、责、利结合，目标任务到人，个人收入视完成任务多少来定。

1998年，地改市后，审计事务所由市审计局管理，并逐步走向市场。

二、社会审计业务

1991年，审计事务所共验证注册资金108户，比上年增加58户，验资收入7030元，比上年增加3376元。承办各种经济案件鉴定和委托审计事项172项，查出违纪违规金额210.9万元，其中，私设“小金库”7.7万元，贪污金额4.048万元，移送检察机关立案侦查。查增财政收入68.4万元，为各部门收缴资金16.9万元。接受“三查（查银行对账单、查其他往来账、查应收销货款和应付购货款）”委托事项8个，查出肉食水产公司假发票款75.7万元，其他违纪违规金额28.7万元。

1992年，审计事务所承办各种委托审计业务11项，查出违纪违规金额384.6万元。应收缴财政44.8万元。全年实现业务收入5万余元。验证注册资金147户，比上年增加38户，取得验资收入1.3万元。

1993年，审计事务所完成委托审计项目23个，资产评估2个，注册资金验证137户，共创收6.3万元。

1994年，审计事务所共承办验资、资产评估、经济案件鉴证、咨询、委托审计等查证项目159个，审计总金额13550万元，取得社会审计收入14.9万元。其中，资产评估项目3个，评估增值国有资产2211万元。

1995年，审计事务所开展验资、资产评估、委托审计等项目154个，实现收入18.4万元，较上年同期增长24%。

1996年，审计业务量进一步扩大，除新增基建预决算审计外，查证审计、验资审计、资产评估等都较上年增加。共完成委托事项195项，实现业务收入30万元。

第五章 工商行政管理

1991年，怀化市（县级）工商行政管理局辖基层工商所11个。1993年1月，设立怀化市工商行政管理局湖天分局，为副科级单位。1997年12月，怀化市工商行政管理局内设机构13个，挂靠机构2个（怀化市消费者委员会和怀化市个体劳动者、私营企业协会），辖基层工商所17个，干部职工总数325人。

1998年，撤地设市，鹤城工商分局管辖城区和黄金坳等13个工商所。5月地级怀化市工商行政管理局成立。将城区工商行政管理系统实行垂直领导，并于1998年7月，将鹤城辖区划分为三个分局，即鹤城区分局、开发区分局、直属分局和一个市场服务中心。

2001年8月，将火车站工商所、迎丰工商所和榆树湾工商所由直属分局划归鹤城区分局管辖。2006年11月，鹤城工商分局进行编制清理和人员定岗定位工作，鹤城工商分局共有编制人数141名。

2008年1月，怀化市工商行政管理局鹤城分局办公场所，从人民南路319号整体搬迁至城东新区金海西路新址办公。

第一节 工商登记

一、企业注册登记

1989年1月1日，国家工商行政管理局公布《中华人民共和国私营企业暂行条例施行办法》，为私营企业登记管理提供法律、法规依据。

1991年末，怀化市工商行政管理机关登记在册工商企业1205户，从业人员43958人，注册资金55341.55万元。其中，全民所有制企业594户，集体所有制企业597户，联营企业14户。当年企业法人新注册登记112户，注销登记65户，营业单位注册登记181户，注销登记112户。1994年企业总数2112户，从业人员61949人，注册资金86620.82万元，其中国有企业915户，从业人员35942人，注册资金65235.02万元；集体企业1164户，从业人员24503人，注册资金19037.7万元；联营企业19户，从业人员1094人，注册资金137.80万元。新核准注册登记152家，按《中华人民共和国公司法》设立新公司14家。全市有企业法人1267家，营业单位845家。

2010年，鹤城区登记注册企业741户，其中，私营企业638户（有限公司199户）。当年新登记注册企业203户（有限公司74户）。办理个体工商户变更为私营企业23户。在企业改制中，为股份合作制企业办理企业改制类型登记2户，注销1户，提供咨询服务15次。全年共办理农民专业合作社29户，成员总数577人，其中农民成员532人；新办农民专业合作社14户，农民成员100人以上的2户。

二、企业监督管理

1991年，查处企业违章违法案件37起，吊销营业执照3户，罚没金额8.1万元。1992年查处违章违法案25起，罚款7300元。

1994年，成立清理整顿党政机关经商办企业领导小组，对15个部门所办的经济实体进行重点清查，共有84家党政机关组建的经济实体分别实行关、停、并、转、脱。年检企业1104户，年检率100%，查处企业违章违法案件82起，罚没金额4.36万元。注销、吊销“三无”（无生产日期、无质量合格证、无生产厂家）企业营业执照，优化经营环境和市场秩序。

1998年至2004年5月14日，鹤城工商分局共年检换照10331户，其中，企业358户，个体工商户9973户，注销2155户，年检验照、换照率达100%。2004年，个体工商户新办照4355户，企业新办照109户，其中，食品经营户2658户，网吧223户，矿山4户，桑拿按摩53户，烟花爆竹47户，危险化学品57户。查处企业各类案件30起，罚没金额5万元，其中无照经营14起，超核准登记3起。配合有关部门深入鹤城区鸭嘴岩、芦坪、黄金坳等乡镇取缔炸毁非法小煤窑18口，收缴非法搭建的电线2000米。其后几年，将652户企业根据信用情况划分绿牌企业（守信企业）392户、蓝牌企业（警示企业）118户、黄牌企业（失信企业）67户、黑牌企业（严重失信企业）75户。建立企业信用监管数据库，根据企业信用状况，实施企业信用分类监管，建立企业激励机制、预警机制、惩戒机制、淘汰机制。辖区范围内713户企业根据企业信用情况，评出守信企业243户。

2010年，企业实行市场准入制度改革，实行宽进严管、先照后证。

第二节　市场管理

一、市场监管

搞活与管好是工商部门在市场监管中的主要职责，随着计划经济逐渐过渡到商品经济，再到市场经济，在这一过程中，一部分人一夜暴富思想开始冒头，市场上出现了销售假冒伪劣商品，走私商品，非法牟利等行为。1991—1997年，工商部门对违章违法案件进行查处，特别是对与人们生活息息相关的肉食蛋禽类进行重点查处，查处不合格、注水牛肉案件多起。通过整治，1991年，迎丰市场获国家技术监督局，商业部，国家工商局授予“全国计量先进集贸市场”称号，1997年，中心市场和怀化商城被评为“省级文明集市”。

1998—2010年，市场监管工作前移至一线，在城内各大市场建立市场治安执勤室，进行综合执法；根据市场违章违法新变化，每年开展一次农贸市场“红盾打假”专项整治行动；为优化学校周边环境，清理整顿学校周边网吧、电脑屋、电游室、歌舞厅及饮食摊担等场所。

二、个体、私营经济管理

1991年，城镇个体工商户总户数5215户，从业人员6461人，注册资金1109.78万元，商品零售额4838万元。1993年，为推动私营企业发展，出台《关于加快发展个体私营经济的若干规定》。经过几年的大力发展，至1997年，在册个体工商户24463户，从业人员62387人，注册资金19924万元，其中，私营企业244户，从业人员3005人，注册资金6062万元。引导3801名下岗职工加入了个体私营经济的行列。1997年7月20日至9月15日，工商部门成立36个检查组，出动检查人员144人，历时　57天，检查经营户9583户，没收失准衡器238件，处罚81户，罚款21290元，为801户无照经营户办理了营业执照。

1998年，有个体工商户9312户，从业人员16789人，销售额3616万元；私营企业由1996年的207户增加到244户，注册资金6163万元，销售总额15019万元。鹤城工商分局清理整顿无照经营，督促400多户无照经营户办理营业执照。2004—2005年，开展“红盾春雷（元旦、春节期间集中力量整顿扰乱市场秩序突出问题，保障节日市场稳定，维护消费者合法权益。）”专项治理，对无照经营者进行清理，查处取缔严重扰乱市场秩序的无证照经营户。

2006年始，实行个体工商户分类登记监管，将辖区12825户个体工商户及411户私营企业划分为A、B、C、D四级管理；严格按照“谁登记、谁录入、谁检查、谁录入；谁处罚、谁录入”的原则，及时、准确、完整地记录个体工商户的各种信用信息。评出A类经营户8339户，B类经营户13户。清查无照经营530户，补办照286户，取缔128户。

2008年，引导个体工商户变更登记为个人独资企业、合伙企业及有限责任公司，全年共办理个体工商户变更为私营企业28户，核准720户。

2010年鹤城区注册的个体工商户共14202户，新开业5286户，与上年同期相比增加2677户。

第三节　商标、广告、合同管理

一、商标管理

1992年核准商标10件，通过向社会宣传《商标法》，增强人们保护自身合法权利意识，1993年，仅白云制药厂怀化分厂一次上报注册商标7个，全年共申报注册商标60个。每年对商标进行年检，使商标注册更为规范。截至2010年鹤城区拥有注册商标301个。

1991—1997年，商标侵权行为主要有假冒商标、承印仿冒名牌包装物、仿制商品。对此类侵权行为采用罚款、没收物品、销毁物品进行处罚。1998—2010年，鹤城区境内商标侵权行为，由低端的人们日常生活用品，上升到高档酒、汽车配件及药品等物品，2006年查处仿制汽车轴承案；2009年查处假冒茅台、五粮液、剑南春等名酒案。在治理中，采用宣传发动、集中行动，2004年8月开展保护注册商标专用权；2005年4月开展保护知识产权和知名商标专用权集中行动；2008年开展保护奥林匹克标志专用权专项行动。每次开展“打假护牌”专项整治行动都大造声势，扩大影响、震慑侵权不法行为。

鹤城区域内获湖南省著名商标名册表

表8-5-1

企业名称	商标名称	企业地址	联系人
怀化茗中鹤茶业有限公司	茗中鹤+拼音+图形	河西商贸城中心街70号	杨卫东
怀化市川路电子电器有限公司	川路+图形	经济区黄家山路388号	黄泰瑜
怀化怀仁大药房连锁有限公司	图形	开发区	林承雄
怀化市超强化工有限公司	超强+图形	怀化市建材市场14栋	陈步怡
湖南奥谱隆科技有限公司	奥谱隆	河西农副产品交易中心B区8栋	何思红
怀化正好制药有限公司	玉清	经济开发区	宋思才
怀化朝阳生物肥料有限公司	丰仙	鹤城区沿河南路中转库	彭辉照
怀化绿化妈妈科技产业有限公司	绿色妈妈 GreenMami+图形	鹤城区正旺巷31号	尹琼剑
湖南香寨粉业开发有限公司	香寨米粉 Xiang Zhai Rice Noodle+图形	鹤城区鸭嘴岩工业园	周小毛
怀化市家康食品有限责任公司	明友+拼音	鹤城区怀西路513号	彭　珍
湖南省怀化市鹤城区湘福树胶粘剂厂	天剑	鹤城区	雷龙田
湖南本业机电有限公司	本业	湖南省怀化市鹤城区芷江路	蔡夫业
怀化华氏饲料有限公司	华氏	怀化市锦坪路9号锦坪工业园	汪春成
湖南千年湘西酒业有限公司	千年湘西	怀化市石门金海	易遵华
湖南正清制药股份有限公司	正清	怀化市正清路288号	吴飞驰
怀化市明城有限公司	明城	怀化市沿河路仙人桥	袁　明
怀化市恒裕实业有限公司	湘园	怀化市鹤城区鸭嘴岩工业园怀黔路	钱贞秀
怀化星源床垫家具有限责任公司	星源+图形	怀化市人民南路198号	陈方聚
湖南省怀化盛源油脂有限公司	侗歌	怀化市芷江路新家庄村	王　林
怀化美联饲料（北京）有限公司	美联	怀化市井坪路9号	汪永生
怀化舒心啤花露酒业有限公司	山珍	井坪工业区	陈秋慧
湖南锦江泉酒业股份有限公司	锦江泉	鹤城区东兴街	段　钢

二、广告管理

1993年，怀化市有广告经营单位12家，广告经营人员140人；1997年有经营单位38家，从业人员280人，经营额100万元；2010年城区经营单位达200余家。1991—1997年，广告管理内容仅有户外广告牌、纸质宣传单和报刊媒体发布的广告，这期间处理此类广告，采用没收、罚款等手段进行处理。1998年后，随着电脑、手机等现代工具进入千家万户，对广告的监测管理愈来愈难。管理中采用户外和网络监测并重的办法，打击违法广告。大力宣传《中华人民共和国广告法》，专项治理、规范广告张贴场所，治理乱贴乱投广告等行为。对网站进行长期不间断监测，发现不法广告进行立案查处。

三、经济合同管理

经济合同纠纷调处、经济合同鉴证、经济合同仲裁、动产抵押登记为经济合同管理的主要内容。以发布“重合同守信用”企业名单，规范企业行为；1990年始，授予11家企业“重合同守信用”称号，1997年上升到82家。对此类企业进行年检，凡违反《中华人民共和国合同法》或负有合同纠纷责任的企业，当年取消其称号，并向社会公布。1998年后，开展以企业自查自纠，重点抽查及当事人举报、投诉相结合的方式，打击合同欺诈行为。

合同案件，1991年、1992年分别为541件、308件，之后，逐渐减少，对于“三角债”，工商部门在调处合同纠纷中，为企业追讨债务，使部分企业起死回生。1992年检查合同155份，合同金额达11000万元。对不合格合同进行鉴定，对违法合同，进行罚款。1992年4月，查处曹志亮假冒他人名义签订加工合同；查处湘潭工程公司私自转让合同等案。1997年开始实行动产抵押登记。2005年，重点打击利用买卖重要生产资料、农副产品订购等进行欺诈的违法合同，翌年，开展支持订单农业和涉农合同帮扶工作、帮助农产品生产经营者学习法律常识，防止上当受骗，避免不当合同造成经济损失。2010年，对利用独家经营方式，在合同中附加霸王条款的商家，实施打击，视情况采用责令取消、立案查处、实施罚款等处罚措施。

第四节　经济监督检查

一、查处假冒伪劣商品

1991年始，工商部门每年都要组织专门力量对假冒伪劣商品进行查处，1992年查处假冒伪劣商品80多个品种，主要涉及人们日常用品，其中有当年市场供应紧缺的电视机、自行车、音响及进口名牌旧服装和走私汽车，案值达170多万元，为消费者个人挽回经济损失30余万元。其后几年，在打击售假不法商贩的同时，严查制假窝点，到1997年共端掉制假窝点39个；是年出现新的趋势，假手饰现身市场，查扣掺假黄金515.84克。

1998年，鹤城区工商分局在继续查处假冒伪劣产品的同时，清理取缔违章违法生产经营活动；严厉打击商标侵权和虚假广告违法行为。对中介服务市场进行清理整顿，2003年责令72家中介服务组织整改，取缔8家黑中介组织。

2000年始，违法经营野生动物饭店、酒家逐渐增多，黑电游网吧出现在大街小巷。工商部门对此类违法经营进行几年不间断的查处。对涉农假冒伪劣产品进行打击，每逢销售农用物资繁忙时节，组织力量对市场进行清查，严防假冒伪劣农药、化肥坑农伤农。2010年电视台曝光境内“一次性劣质筷子”后，对223户经营一次性筷子的商店，进行详查，查扣问题筷子，取缔无照经营户1户。

二、打击传销活动

1998年始，对辖区内传销组织进行打击，传销活动有所收敛。2000年以后，怀化城区及城乡接合部非法传销活动又猖獗起来，极大地扰乱了社会治安和经济秩序。2001年4月，鹤城工商分局先后多次接到群众举报，反映辖区内有人在从事非法传销活动。工商分局在公安、新闻媒体的密切配合下，组织精干力量，清查芷江路、副食批发城附近的杨家田和武陵南路的4个传销窝点，当场抓获非法传销头目4人，收缴电脑1台、电话3部和大量传销资料、笔记本、会员卡及部分传销商品。先后在辖区内接连捣毁11个非法传销窝点，抓获传销头目10名，没收大量传销资料和物品。

2006年11月，鹤城区政府成立打击传销工作领导小组，成立打击传销执法大队，日常工作人员保持8人，由鹤城工商分局、鹤城公安分局抽调。结合鹤城区打击传销工作实际情况，按照精干、高效原则，确定区直单位及十三个乡镇、街道为鹤城区打击传销工作联席会议成员单位。按照《创建无传销乡镇（街道）目标考核责任状》的要求，全面履行“宣传到位、组织到位、排查到位、管理到位、落实到位、配合到位”的六到位工作职责。

2001—2009年，打击传销工作执法大队、鹤城区工商、公安执法人员先后组织了30多次大的行动，出动执法人员数千人，重拳打击传销窝点。

2010年11月，打击传销执法队在公安部门的配合下成功端掉了“天津天狮”传销会场，抓获传销人员81人，其中，非法传销骨干成员21人，捣毁传销窝点1个。是年，积极推进开展创建无传销社区（村、镇、院校）活动；先后开展打击传销执法行动28次，捣毁传销窝点26个，抓获涉传人员150人。配合怀化市打击传销办公室查获“军圣营销”特大网络传销案件，涉案金额近3亿元，抓捕犯罪嫌疑人14人。

第五节　消费者权益保护

1995年10月，域内消费者委员会成立，1996年8月更名怀化市消费者协会。1998年撤地设市后，于2002年3月成立怀化市鹤城区消费者协会。

消费者委员会、消费者协会成立后，紧紧围绕市场监管和消费者维权两大主题，帮助、引导广大消费者合理消费、科学消费。

建立约束机制，创建消费示范街，营造良好的消费环境。1995—1998年，开展了“千户百店无假货”和“讲文明道德树行业新风”活动，把鹤洲路和人民南路作为“千户百店无假货”活动示范街，把中心市场作为示范市场。以点带面推动消费者活动的广泛开展，并且推行社会承诺制，要求凡在示范街、示范市场从事经营活动的商家商店统一悬挂“本店不售假货”承诺牌，向社会承诺“假一罚十”，加倍赔偿，所有商品实行三包，建立进货台账，堵住假货来源。2002年后，鹤城区消费者协会积极与新闻媒体合作，广泛参与消费领域的社会监督，对重点商品重点消费群体、易发消费纠纷等问题，及时地向广大消费者发布消费警示，引导消费者理性消费、健康消费和科学消费。2004年后，区消费者协会积极穿针引线，先后在银河电脑城、怀化家电城、河西建材市场、华丽服装市场、迎丰摩托车市场和华联钢材市场等行业，建立行业协会，截至2011年鹤城辖区共建行业协会8个。

2005年后，广泛开展建立“一会两站”工作，分别在大型工商企业建立消协分会；在大型超市、学校、社区、乡（镇）设立消费者投诉站，在农村和行政村设立联络站。截至2010年，鹤城区共建立消协分会17个，建立“12315”投诉站和联络站110个。

2009—2010年，鹤城区消费者协会先后被怀化市消费者委员会授予开展“消费与维权”和“消费与发展”主题活动先进单位称号。

第六章 国土管理

第一节 管理机构

1991—1997年，怀化市（县级）国土局辖32个乡镇和5个街道国土管理所。

1998—2010年，鹤城分局辖8个乡镇和5个街道国土管理所。2010年共有干部职工85人，其中，借调33人、临时工4人。局机关设办公室、法规股、用地股、地籍股、地矿股、耕地保护规划股和执法监察大队。

1998年后，主要管理辖区内8个乡镇、黄岩管理处集体土地和乡镇内的国有土地，帮助村民完善土地承包责任制，依法保护耕地。协助怀化市国土局收集整理建设用地基础资料和城区“两违”建筑监察执法、城区重点工程项目。城区的非农业用地、地政、地籍、地矿、土地执法监察、国有土地受益金收缴等土地管理业务归怀化市国土资源管理局直接管理。

第二节 资源管理

一、资源状况

1998年，鹤城国土面积672.7平方千米（不含黄岩管理处，以下同），其中，耕地面积107.07平方千米，占总面积16%，人均0.458亩；园地面积26.87平方千米，占总面积的4%；林地面积405.1平方千米，占总面积的61%；草地面积15.09平方千米，占总面积的2%，城镇及工矿面积为68.94平方千米，占总面积的10%；交通用地面积为13.52平方千米，占总面积的2%；水域及水利设施20.41平方千米，占总面积的3%，其他15.69平方千米，占总面积2%。

域内矿产资源共17种，煤、铀、铁、钒、玻璃用矿岩、石灰石和矿泉水探明储量。已发现的矿产资源部类少、储量小。

二、国土资源管理

地籍管理 1991年8月开展地籍复查，历时两年，组织200人的技术队伍，先后投入500余万元，在城区进行地籍复查，共复查13000余户，查处权属纠纷571起，收回违法违规用地500余亩。

1991—2010年，开展土地权属登记，20年累计发放国有土地使用权证书14380本，面积共计4856.46万平方米。开展土地评查，建立土地评查数据库，完成规划图、现状图、勘测定界图26000份，4370宗土地，总面积113.1万亩。开展农村集体土地所有权确权登记，20年共确定行政权属界线4400条，完成5450宗权属调查。

土地使用 严格把关控制用地规模，20年内共审批村民住宅用地3460宗，面积18390亩；集体用地60宗，面积315.35亩；建设项目用地132宗，面积26015.74亩，其中耕地20348.57亩。2010年，为沪昆高铁线怀化段办理用地912.38亩，吉怀、溆怀高速公路用地4500多亩，绕城高速2005.339亩。严格控制临时用地，20年中，共办理280宗重点项目临时用地，仅2010年沪昆高铁临时用地就达234.91亩。

耕地保护 健全各项耕地保护制度，先后发布《鹤城区乡镇耕地保护巡查制度》《基本农田保护“五不准”制度》《耕地保护巡查图》《基本农田分布图》，建立《耕地保护巡查台账》《基本农田保护台账》，确定乡镇国土所长和村委会主任为耕地保护巡查员，每月巡查 2~4 次，发现问题及时制止并上报。占用耕地落实占一补一硬措施。20 年间，占补平衡项目 400 余个，总面积 16 万余亩，占用耕地 6 万余亩，都采用各项措施，开垦新田补足所占耕地。

土地市场　1990 年，《中华人民共和国城镇国有土地使用权出让和转让暂行条例》颁布后，怀化市（县级）于 1993 年进行首宗土地挂牌竞卖，1993—1998 年，共出让土地 1800 宗，出让土地 37500 亩，收取土地出让金 10 多亿元。1998 年后，对土地市场进一步规范，城区土地由市级进行储备，进入怀化土地储备中心，然后由中心采用招、拍、挂的形式出让土地。2008 年，鹤城区依据市政府规定，实施土地“五统一”管理，即统一规划、统一立项、统一征地、统一审批、统一开发，一律由政府一支笔审批，任何单位和个人都不得越权使用土地。土地的二级市场，按程序依法依规转让流动，开放搞活。1999—2010 年，域内共交易土地 25218.82 亩。

第三节　监督执法

每年在世界地球日、全国土地日、安全月等时间段，利用有效手段宣传土地相关法律法规，20 年中，共投入宣传费用 160 余万元。为依法依规管理土地，针对当地情况，相继出台《鹤城区预防和查处违法用地行为责任追究办法》《关于加强城市规划区外村民宅基地管理的通告》等相关文件 16 件。依据国家、省、市及本级相关法律和文件要求，1998—2010 年，共下达停工通知书 2110 份，立案查处土地违法案件 316 宗，配合城市执法大队强制拆除违章建筑等集中行动。

利用卫星图片查处违法用地。2010 年卫星图片反映境内有 257 个图斑，经实地调查核实，全区共有 18 宗违法用地，涉及市直部门的 6 宗，鹤城 12 宗，两级都进行查处整改。2010 年，鹤城区违法用地面积占新增建设用地面积 4.9%，违法占用耕地面积占新增建设用地的 2.4%。

2010 年，关停“三边”采石场、砖厂和非法开采场共计 11 处。

第九篇 中国共产党地方组织

1991—2010 年，中共怀化市委（县级）、中共鹤城区委坚持发展第一要务，不断保障和改善民生，境内政治、经济、文化、社会和生态文明建设得到持续发展。

在此期间，中共怀化市委（县级）、中共鹤城区委坚持总揽全局，协调各方，把好方向、抓大事、出思路、管干部，对涉及全局性的重大问题，按照民主集中制原则集体讨论决策。全力支持区政府工作，注重发挥区（市）人大、政协的作用，充分调动和发挥各方积极性、主动性，形成以区（市）委为领导核心，人大、政府、政协各司其职，同心协力工作的良好机制。

第一章 党的代表大会

1991—1997 年，中国共产党怀化市（县级）代表大会共召开 1 次，选举产生一届中共怀化市委（县级）。1998—2010 年，中国共产党怀化市鹤城区代表大会共召开 3 次，选举产生三届中共怀化市鹤城区委。

第一节 党代会代表

中共怀化市（县级）、中共鹤城区代表按照《中国共产党章》选举产生。

1992 年 10 月 28—30 日，中共怀化市（县级）第四次代表大会在榆树湾召开。出席大会代表 271 人。

1998 年 3 月 27—29 日，中共怀化市鹤城区第一次代表大会召开。出席会议正式代表 220 名，列席代表 57 名。正式代表中，党员领导干部占代表总数的 71.8%；各方面生产和工作一线代表占代表总数的 19%；妇女代表占 17.2%。年龄在 45 岁以下代表占 51%。

2002 年 8 月 23—25 日，中共鹤城区第二次代表大会召开。出席会议正式代表 281 名，列席代表 55 名。正式代表中，党员领导干部占代表总数的 60.5%；各方面生产和工作一线代表占代表总数的 11%；专业技术人员代表占总数 19.2%，少数民族代表占总数的 3.9%。先进模范党员占代表总数的 9.3%，妇女代表占 19.9%。

2006 年 7 月 5—7 日，中共鹤城区第三次代表大会召开。出席会议正式代表 285 名，列席代表 51 名。正式代表中，党员领导干部占代表总数的 57%；各方面生产和工作一线代表占代表总数的 11.8%；先进模范党员占代表总数的 11.5%；专业技术人员占代表总数 19.7%；代表中妇女占 23.3%；少数民族代表占 3.9%；年龄在 45 岁以下占 50.2%。

第二节　党员代表大会

一、中共怀化市第四届委员会。1992年10月28—30日，中国共产党怀化市第四次代表大会在榆树湾召开。出席大会的代表271人，代表全市16000名党员。大会选举产生了由27名委员、2名候补委员组成的中共怀化市第四届委员会，同时选举产生了市纪律检查委员会。在四届一次全体会议上，选举产生了市委常委，吴宗源为书记。

二、中共鹤城区第一届委员会。1998年3月27—29日，中国共产党怀化市鹤城区第一次代表大会召开，出席大会的代表220人。大会听取《中国共产党怀化市鹤城区第一次代表大会筹备工作委员会的工作报告》，选举产生了中共鹤城区第一届委员会和第一届纪律检查委员会。在一届一次全体会议上，选举傅刚球为区委书记，杨冬英、李毅、舒长喜、杨正坤、马俊哲、王怡乐等6人当选为区委副书记，傅刚球、杨冬英等14人当选为区委常委。

三、中共鹤城区第二次代表大会。2002年8月23—25日，中共鹤城区第二次代表大会召开，出席大会的代表281人，列席人员20人。杨冬英代表第一届区委作题为《与时俱进、加快发展、努力开创鹤城现代化建设新局面》的工作报告。大会选举产生中共鹤城区委员会委员26人，候补委员3人，选举中共鹤城区纪律检查委员会委员13人。8月25日，新选举产生的中共鹤城区委员会举行第一次全体（扩大）会议，选举杨冬英为区委书记，李毅、杨正坤、唐勇、任六生、贺远友、黄跃卿、黄远华为区委副书记，杨冬英、李毅等15人为区委常委。

四、中共鹤城区第三次代表大会。2006年7月5—7日，中共鹤城区召开第三次代表大会。出席大会的代表285人，代表全区16000多名党员。会议听取、审议和通过中共鹤城区第二届委员会工作报告、区纪律检查委员会工作报告。大会选举产生中共鹤城区第三届委员会委员27人，候补委员4人，区纪律检查委员会委员15人。7月7日，中共鹤城区第三届委员会举行第一次全体会议，选举产生区委常委13人，谌贻章当选为区委书记，邓小建、杨正坤当选为区委副书记。

第三节　乡镇党员代表大会

1995年9月，怀化市（县级）23个乡镇分别召开党员代表大会。

1998年11月，鹤城区8个乡镇分别召开第一次党员代表大会，全区共有正式代表878名参加会议。

2002年9—10月，鹤城区8个乡镇分别召开第二次党员代表大会。

2006年3—4月，鹤城区8个乡镇分别召开第三次党员代表大会，全区共有891名正式代表参加会议。

历次代表大会的主要议程：审议通过上届党委工作报告、确定今后工作任务、选举产生本届党委成员和出席上一级党员代表大会代表。

第二章　组织机构

第一节　领导班子

怀化市委（县级）、鹤城区委领导班子由书记、副书记、常委构成。副书记、常委人数依据工作需要设置。

一、中共怀化市第四届委员会常务委员、书记、副书记

常委：尹大春、邓建文、方新琪、田友兴、吴宗源、周一友、易延银、唐波、谢升田、傅刚球、潘仁升、霍苏华

书记：吴宗源

副书记：方新琪、唐波、田友兴、尹大春

二、中共鹤城区第一届委员会常务委员、书记、副书记

常委：马俊哲、王怡乐、李毅、杨冬英、陈才明、杨正坤、张兴尧、张晓洪、周茜、黄跃卿、舒长喜、舒均宏、傅刚球

书记：傅刚球

副书记：杨冬英、李毅、舒长喜、马俊哲、王怡乐、杨正坤

1991—2010年中共怀化市委（县级）、中共鹤城区委领导成员任职情况表

表9–1–1

<table>
<tr><th>届次、时间</th><th>书记、副书记</th><th>姓　名</th><th>任职时间</th><th>常　　委</th></tr>
<tr><td rowspan="15">中共怀化市第四届委员会（1992年11月至1998年2月）</td><td>书　记</td><td>吴宗源</td><td>1992年11月至1993年6月</td><td rowspan="15">尹大春　邓建文　方新琪
田友兴　吴宗源　周一友
易延银　唐　波　谢升田
傅刚球　潘仁升　霍苏华（女）
方新琪　唐　波　田友兴
陈善美（1996年5月免）
聂叙昌（1997年7月免）
傅刚球　陈兴中　邓建文
张晓洪（1994年10月任）
周一友（1997年8月免）
霍苏华（女）
丁友平（1994年6月任）
李先胜（1996年5月任）
银世初
马俊哲（1997年3月挂职）
邹志强（1996年3月至1997年12月）
潘仁升（1996年4月免）
谢升田（1993年7月免）
易延银（1994年7月免）
明光荣（1993年7月任）
向宽书（1995年3月任）
舒均宏</td></tr>
<tr><td>副书记</td><td>方新琪</td><td></td></tr>
<tr><td>副书记</td><td>唐　波</td><td></td></tr>
<tr><td>副书记</td><td>田友兴</td><td></td></tr>
<tr><td>副书记</td><td>尹大春</td><td></td></tr>
<tr><td>顾　问</td><td>谭德全</td><td>1992年12月任</td></tr>
<tr><td>书　记</td><td>方新琪</td><td>1993年6月至1998年2月</td></tr>
<tr><td>副书记</td><td>唐　波</td><td></td></tr>
<tr><td></td><td>田友兴</td><td></td></tr>
<tr><td></td><td>陈善美</td><td>1996年5月免</td></tr>
<tr><td></td><td>傅刚球</td><td>1994年6月任</td></tr>
<tr><td></td><td>聂叙昌</td><td>1997年7月免</td></tr>
<tr><td></td><td>陈兴中</td><td></td></tr>
<tr><td></td><td>马俊哲</td><td>1997年3月任</td></tr>
<tr><td></td><td>银世初</td><td>1997年7月任</td></tr>
</table>

续表 9–1–1

<table>
<tr><th>届次、时间</th><th>书记、副书记</th><th>姓　名</th><th>任职时间</th><th>常　　委</th></tr>
<tr><td rowspan="15">中共鹤城区
第一届委员会
（1998 年 3 月至
2002 年 8 月）</td><td>书　记</td><td>傅刚球</td><td>1998 年 3 月至 1999 年 7 月</td><td rowspan="15">张晓洪（1998 年 3 月至 2002 年 7 月）
舒均宏（1998 年 3 月至 1999 年 3 月）
黄跃卿（1998 年 3 月至 2002 年 8 月）
张兴尧（1998 年 3 月至 2002 年 7 月）
陈才明（1998 年 3 月至 2000 年 1 月）
周　茜（1998 年 3 月至 1999 年 7 月）
何爱国（1999 年 7 月至 2002 年 8 月）
邱志明（1999 年 9 月至 2000 年 11 月）
李传湘（2000 年 2 月至 2002 年 7 月）
宁效洪（2000 年 2 月至 2002 年 8 月）
唐德华（2000 年 11 月至 2002 年 8 月）
饶经理（2002 年 7 月至 2002 年 8 月）
毛运鸿（2002 年 7 月至 2002 年 8 月）</td></tr>
<tr><td>书　记</td><td>陈善美</td><td>1999 年 7 月至 2001 年 12 月</td></tr>
<tr><td>书　记</td><td>杨冬英</td><td>2001 年 12 月至 2002 年 8 月</td></tr>
<tr><td>副书记</td><td>杨冬英</td><td>1998 年 3 月至 2001 年 12 月</td></tr>
<tr><td>副书记</td><td>李　毅</td><td>1998 年 3 月至 2002 年 8 月</td></tr>
<tr><td>副书记</td><td>舒长喜</td><td>1998 年 3 月至 2002 年 8 月</td></tr>
<tr><td>副书记</td><td>杨正坤</td><td>1998 年 3 月至 2002 年 8 月</td></tr>
<tr><td>副书记</td><td>马俊哲（挂职）</td><td>1998 年 3 月至 2002 年 8 月</td></tr>
<tr><td>副书记</td><td>王怡乐（挂职）</td><td>1998 年 3 月至 2002 年 8 月</td></tr>
<tr><td>副书记</td><td>彭良堂</td><td>1999 年 12 月至 2001 年 11 月</td></tr>
<tr><td>副书记</td><td>张晓洪</td><td>1999 年 12 月至 2001 年 11 月</td></tr>
<tr><td>副书记</td><td>唐　勇</td><td>2001 年 12 月至 2001 年 11 月</td></tr>
<tr><td>副书记</td><td>张兴尧</td><td>2002 年 4 月至 2002 年 8 月</td></tr>
<tr><td>副书记</td><td>贺远友</td><td>2002 年 7 月至 2002 年 8 月</td></tr>
<tr><td>副书记</td><td>任六生</td><td>2002 年 5 月至 2002 年 8 月</td></tr>
<tr><td rowspan="14">中共鹤城区
第二届委员会
（2002 年 9 月至
2006 年 7 月）</td><td>书记</td><td>杨冬英</td><td>2002 年 9 月至 2003 年 3 月</td><td rowspan="14">宁效洪（2002 年 9 月至 2003 年 5 月）
唐德华（2002 年 9 月至 2004 年 4 月）
曾　云（2002 年 9 月至 2004 年 4 月）
饶经理（2002 年 9 月至 2006 年 7 月）
谢儒金（2002 年 9 月至 2006 年 7 月）
方　雄（2002 年 9 月至 2006 年 7 月）
毛运鸿（2002 年 9 月至 2006 年 7 月）
姚　宇（2003 年 5 月至 2006 年 6 月）
李述文（2003 年 9 月至 2006 年 7 月）
韩凤贵（2004 年 4 月至 2006 年 7 月）
丁　琼（2004 年 4 月至 2006 年 7 月）
唐德华（2004 年 8 月至 2006 年 7 月）
黄均平（2006 年 6 月至 2006 年 7 月）</td></tr>
<tr><td>书记</td><td>王志群</td><td>2003 年 3 月至 2006 年 3 月</td></tr>
<tr><td>书记</td><td>周　农</td><td>2006 年 3 月至 2006 年 6 月</td></tr>
<tr><td>书记</td><td>谌贻章</td><td>2006 年 6 月至 2006 年 7 月</td></tr>
<tr><td>副书记</td><td>李　毅</td><td>2002 年 9 月至 2006 年 3 月</td></tr>
<tr><td>副书记</td><td>杨正坤</td><td>2002 年 9 月至 2006 年 7 月</td></tr>
<tr><td>副书记</td><td>唐　勇</td><td>2002 年 9 月至 2002 年 12 月</td></tr>
<tr><td>副书记</td><td>任六生</td><td>2002 年 9 月至 2006 年 6 月</td></tr>
<tr><td>副书记</td><td>贺远友</td><td>2002 年 9 月至 2006 年 6 月</td></tr>
<tr><td>副书记</td><td>黄跃卿</td><td>2002 年 9 月至 2006 年 6 月</td></tr>
<tr><td>副书记</td><td>黄远华</td><td>2002 年 9 月至 2006 年 6 月</td></tr>
<tr><td>副书记</td><td>邓小建</td><td>2002 年 12 月至 2006 年 7 月</td></tr>
<tr><td>副书记</td><td>李后军</td><td>2003 年 12 月至 2004 年 4 月</td></tr>
<tr><td>副书记</td><td>张希慧（挂职）</td><td>2004 年 4 月至 2006 年 2 月</td></tr>
<tr><td rowspan="5">中共鹤城区
第三届委员会
（2006 年 7 月至
2010 年 12 月）</td><td>书　记</td><td>谌贻章</td><td>2006 年 7 月至 2009 年 11 月</td><td rowspan="5">唐德华（2006 年 7 月—）
饶经理（2006 年 7 月至 2007 年 10 月）
谢儒金（2006 年 7 月—）
方　雄（2006 年 7 月至 2008 年 6 月）
毛运鸿（2006 年 7 月至 2008 年 6 月）
李述文（2006 年 7 月至 2007 年 10 月）
韩凤贵（2006 年 7 月至 2007 年 4 月）
丁　琼（2006 年 7 月—）
黄均平（2006 年 7 月至 2010 年 4 月）
杨　俊（2006 年 7 月—）
刘德华（2007 年 4 月至 2010 年 8 月）
周　勇（2007 年 10 月至 2010 年 4 月）
杨　玲（2007 年 10 月至 2009 年 7 月）
向秀亮（2008 年 6 月—）
熊　平（2008 年 6 月—）
何隆德（挂职）(2009 年 4 月—)
陈良鹏（2009 年 7 月—）
周　详（2010 年 4 月—）
邹荣华（挂职）(2010 年 4 月—)
杜　杰（2010 年 4 月—　）
钱　军（2010 年 8 月—）</td></tr>
<tr><td>书　记</td><td>易贵长</td><td>2009 年 11 月—</td></tr>
<tr><td>副书记</td><td>邓小建</td><td>2006 年 7 月至 2008 年 6 月</td></tr>
<tr><td>副书记</td><td>杨正坤</td><td>2006 年 7 月至 2008 年 6 月</td></tr>
<tr><td>副书记</td><td>印宇鹰</td><td>2008 年 6 月—</td></tr>
</table>

三、中共鹤城区第二届委员会常务委员、书记、副书记

常委：毛运鸿、方雄、宁效洪、任六生、李毅、杨冬英、杨正坤、贺远友、饶经理、黄远华、黄跃卿、曾云、唐勇、唐德华、谢儒金

书记：杨冬英

副书记：李毅、杨正坤、唐勇、任六生、贺远友、黄跃卿、黄远华

四、中共鹤城区第三届委员会常务委员、书记、副书记

常委：丁琼、邓小建、毛运鸿、方雄、李述文、杨正坤、杨俊、饶经理、唐德华、黄均平、谌贻章、谢儒金、韩凤贵

书记：谌贻章

副书记：邓小建、杨正坤

第二节　工作机构

一、中共怀化市委（县级）工作机构

1991—1997年，中共怀化市委工作机构设有中共怀化市委办公室、组织部、宣传部、统一战线工作部、政法委员会、机构编制委员会办公室及纪律检查委员会。

中共怀化市委办公室内设机构：文秘室、综合信息室、督查室、政策研究室、机要室、后勤财务管理室。人员编制和领导职数：市委办公室机关行政编制23名。其中，办公室主任1名，副主任3名。按有关规定，机关后勤服务人员核定事业编制10名。

中共怀化市纪律检查委员会内设机构：办公室、党风廉政建设室、执法监察室、纪检监察室、案件审理室、信访室、宣传教育室、干部室。市纪委、监察局机关行政编制为30名，其中，市纪委领导成员9名，书记1名、副书记3名（含监察局局长1名）、纪委常委5名（含监察局副局长2名）、室主任8名。按有关规定，机关后勤服务人员核定事业编制2名。

中共怀化市委组织部内设机构：综合组、信息调研组、干部组、组织组、档案组、机关工委。市委组织部机关行政编制26名，其中，部长1名、副部长3名。按有关规定，机关后勤服务人员核定事业编制1名。

中共怀化市委宣传部内设机构：办公室、理论宣传室、新闻文艺室、文明单位建设指导室(对外加挂怀化市文明建设办公室牌子)。行政编制14名，其中部长1名，副部长2名，室主任4名。机关后勤服务人员按有关规定核事业编制1名。

中共怀化市委统一战线工作部内设机构：综合组、干部组、联络组。人员编制和领导职数：机关行政编制8名，其中部长1名、副部长2名，机关后勤服务人员核事业编制1名。

中共怀化市委政法委员会内设机构：办公室、调研室、政工室、社会综合治理办公室。机关行政编制9名，其中专项行政编制2名；领导职数配书记1名，副书记2名（含兼职），正、副主任4名。按有关规定，机关后勤服务人员核定事业编制1名。经市委常委研究决定，政法委占公检法司各1名编制，各抽1人到政法委工作，人头经费由市财政从公检法司中划拨。

二、中共鹤城区委工作机构

1998年，中共鹤城区委工作机构设有办公室、组织部、宣传部、统战部、政法委、编委办6个部门。2001年，中共鹤城区委、区政府先后印发了《关于中共怀化市鹤城区委、怀化市鹤城区人民政府机构设置意见》和《怀化市鹤城区机构改革方案实施意见》，中共怀化市鹤城区委工作机构为中共怀化市鹤城区纪律检查委员会（与怀化市鹤城区监察局合署办公)、中共怀化市鹤城区委办公室、组织部、宣传部、统一战线工作部、政法委、编委办等7个部门。

中共怀化市鹤城区纪律检查委员会内设机构：办公室、党风廉政建设室、执行监察室、信访室(加挂举报中心牌子)、纪检室、案件审理室、宣传教育实验室、干部人事室、廉政机制建设室。

人员编制和领导职数。区纪委机关、区监察局机关行政编制18名。领导职数为区纪委常委7名。其中，书记1名，副书记3名（其中1名兼区监察局局长），区纪委常委3名（其中2名兼区监察局副局长）；区监察局党外副局长1名，室领导职数9名。机关后勤服务人员编制2名。

中共怀化市鹤城区委办公室内设机构：文秘室、政策研究室、督查室、机要室、保密办、政工室、财务室。人员编制和领导职数。区委办公室机关行政编制21名。其中，办公室主任1名，副主任3名，纪检员1名；保密办主任（高配）1名；机要室主任（高配）1名；室（办）领导职数5名。区委领导按实有人数核定，编制在区委办机关行政编制总额内实行单列（如领导职数增加则相应增加编制）。离退休人员服务人员事业编制3名，属行政性质，管理人员参照公务员管理。机关后勤服务人员事业编制7名。

中共怀化市鹤城区委组织部内设机构：办公室、研究室、组织组、干部组、干部信息档案室、直属机关工委。人员编制和领导职数。区委组织部机关行政编制19名。其中，部长1名，副部长3名；机关工委书记1名，组（室）领导职数10名。机关后勤服务人员事业编制1名。

中共怀化市鹤城区委宣传部内设机构：办公室、理论宣传组、新闻文艺组、精神文明建设指导室（加挂精神文明建设指导委员会办公室）及二级机构新闻中心。机关行政编制7名。其中，部长1名，副部长2名；组（室）领导职数4名。机关后勤务人员事业编制1名。

中共怀化市鹤城区委统一战线工作部内设机构：办公室、干部组、党派经济联络组。统战部行政编制5名。其中，部长1名，副部长2名（不含兼职）；纪检员1名；台湾工作办公室主任（副科级）1名。机关后勤服务人员事业编制1名。

中共怀化市鹤城区委政法委员会内设机构：办公室、政工室、调研室、社会治安综合治理办公室（加挂铁路治安工作室牌子）。机关行政编制7名。其中，书记1名，副书记3名（不含兼职）；纪检员1名，综治办主任1名，室领导职数3名。机关后勤服务人员事业编制1名。

中共怀化市鹤城区委编制委员会办公室。怀化市鹤城区机构编制委员会办公室，加挂怀化市鹤城区事业单位登记管理局牌子，为区机构编制委员会的常设办事机构，既是区委的工作机构，又是区政府的工作部门。机关行政编制4名。其中，主任1名，副主任1名，登记局局长1名。

第三章　重要会议　重大决策

第一节　重要会议

一、区委全会

中共怀化市（县级）委员会、中共怀化市鹤城区委员会全体委员会议（以下简称区委全会），每届第一次全委会选举产生书记、副书记、常委。区委全会会议，通常每年召开1~2次，由区委常委会主持；区委全会的出席人员是区委委员、区委候补委员，区纪委委员，区人大、区政府、区政协党员领导以及区级机关各部门、各乡镇（街道）党组（党委）负责人列席会议。

区委全会会议议题：审议通过区委工作要点，总结区委常委会工作报告；对全区经济建设、社会发展、社会稳定、党的建设等全局性重大决策作出决定；制定贯彻执行中央及省、市、区党代表大会决议、决定的措施；对区委常委会及其成员的工作进行监督和评议；决定召开党代表大会；选举区委书记、副书记、常委；通过区纪律检查委员会全体会议选举产生的常委和书记、副书记等事项。

中共怀化市鹤城区委员会，1998—2010年，每年召开1~2次区委全体会议。

1999年2月3日，召开区委一届二次全体（扩大）会议，确定1999年工作思路。1999年3月8日至10日，召开三级干部会议，确定1999年工作重点是围绕建立和发展社会主义经济体制为目标，加速实现资源优势向商品经济优势转化，独特区位优势向对外开放优势转化，狠抓解放思想、转化观念；改善环境、招商引资；廉政勤政、政令畅通三个关键。

1999年12月25日，召开区委一届三次全体（扩大）会议，确定2000年工作目标和思路为推进城郊农业，实现农民增产增收；推进国有企业改革，实现扭亏增盈；推进民营经济全面发展，实现提速增效；推进重点项目建设，实现扩大内需快速增长；推进社会保障和社会化管理，实现社会稳定；推进社会事业全面进步，实现各项工作新发展。2000年12月11日，召开一届四次全体（扩大）会议，确定鹤城今后的工作思路：坚持工业振区、民营活区、开放富区、科技兴区的战略方针和“建城、活城、兴城”的思路。主要抓好：突出城乡结构调整，推动城郊农业发展；突出新区开发，推动城镇化建设；突出所有制结构调整，推动城市经济发展；突出财政增收，推动财政健康平稳运行；突出体制科技创新，推动社会全面进步。

中共鹤城区第二届委员会，2002年8月至2007年，共召开5次区委全体（扩大）会议。这一时期主要围绕“小康鹤城建设”“商贸立区、工业强区”等重点发展战略，进行工作部署和全区大动员。

中共鹤城区第三届委员会，2007年9月至2010年，共召开4次全体（扩大）会议。这期间主要围绕城市建设，市、区两级确定的重点项目进行动员部署，推动商贸物流的发展和调整产业结构。2009年10月26日，区委三届三次全体会议，作出《关于进一步加强党的建设的决定》。

二、常委会议

区委常务委员会在区委全会闭会期间行使全委会职权。区委常务委员会会议（以下简称常委会会议）根据工作需要召开。常委会由书记或副书记主持，根据议题内容，相关部门党组（党委）负责人列席。

1991—1997年，中共怀化市委共召开常委会议、书记办公会议共计283次，定期或不定期举办常委扩大会议。会议一般围绕当时需集体研究决定的重大事项，形成会议纪要70余件。

1998—2010年，中共鹤城区常委会议一般每月2次，除召开常委会外，还召开联席会议、办公会议等。2002年始，增加书记会议。除了研究人事外，大多会议围绕区内各项重大工作进行部署，对区内重大事项进行研究并作出决定。形成会议纪要共计100余件。

第二节　重大决策

一、解放思想　转变观念

从1990年开始，集中3年时间，怀化市在全市农村普遍开展一次系统的社会主义思想教育，主要任务是：用社会主义思想占领农村阵地。完善统分结合的双层经营体制，发展和壮大社会主义集体经济。加强基层党组织建设，充分发挥党支部的战斗堡垒作用和党员在两个文明建设中的先锋模范作用。

1991年10月，怀化市委作出《关于开展城市社会主义思想教育的决定》，提出“一统三促”的任务：用建设有中国特色的社会主义理论统一干部群众的思想，促进经济建设、改革开放和各项事业的发展，促进社会治安和社会风气进一步好转，促进基层党组织和领导班子的建设。

1992年3月中旬，怀化市委召开区、乡（镇）和市直单位党政负责人会议，认真学习“邓小平南方谈话要点”，全面准确掌握其内容，深刻领会其精神实质，不断提高全面贯彻党的基本路线的自觉性，把全市的各项事业推上一个新的台阶。会后，全市在广大党员干部中迅速掀起学习《邓小平南方谈话》的热潮。市委为深入贯彻邓小平南方重要谈话，采取“走出去、沉下去、大培训、大讨论”的方法推动理论学习。邓小平南方重要谈话和江泽民在中央党校的重要讲话，极大地鼓舞了全市人民，广大干部和人民群众的精神更振奋，发展的干劲更足。

2008年4月30日，鹤城区“解放思想、改进作风”动员大会召开。会议要求，全区各级领导班子和党员干部，进一步解放思想、改进作风，全面落实科学发展观，努力推动经济社会又好又快发展。重点解决开放意识不强、发展氛围不浓、工作作风不实、发展环境不优、干部为政不廉的问题。活动共三个月左右时间，分三个阶段进行，即学习宣传阶段（4月30日至5月18日）；讨论调研阶段（5月19日至6月18日）；完善整改阶段（6月19日至7月28日）。

二、实施重大战略

确立“城市开发改革试验”战略 1990年11月，国务院将怀化地区列为全国唯一的农村改革试验区。中共怀化市委、市政府巧借东风，在城镇开发改革试验上，用足用活用好国家给试验区的政策，以改革现行户籍制度为突破口，逐步打破城乡二元结构，允许农民携带生产要素进入城镇从事非农产业，收取适当的福利保障基金，建立起一种城乡合一，不被政府和财政包下来的“城镇户口制度”。在城乡管理体制和户籍制度上，打破了旧框框的限制，为进城农民建立了一种新的福利保障体系，这一做法得到国家和省有关部门的充分肯定。1991年10月，《怀化市城市开发改革试验方案》正式出台实施，主要有：制定优惠政策，强化服务功能，制定《关于外地来怀办厂开店实行优惠政策的若干规定》和《关于办理新区居民户口的若干规定》。城市基础设施建设先行，加快城中商贸区、湖天经济技术开发区建设。拓宽就业渠道，保证新区居民与城市居民的同等待遇。建立和完善社会福利保障体系。建立城镇开发基金会，扶植、支持新区居民从事二、三产业。到1992年，全市有1万多名农民进城落户，筹集的福利保障基金和开发资金2亿元，进城“暂居”的农民达7万多人。市委、市政府在投资体制上进行改革的总原则是拓宽投资渠道，放开投资范围，坚持谁投资谁受益，谁开发谁所有，广泛聚集社会闲散资金，建立多元投资体制。1993年，全市外来人员纳税885万元，占市财政收入的11%。先后从开发基金中拨款500万元，用于改建、扩建红星路、人民路、鹤洲南路等7条城区道路；拨款450万元修建舞水大桥。拨款500万元为市一中、市三中、实验学校等11所中小学改善办学条件；拨款100多万元为市人民医院、中医院改善医疗设施。投资800多万元与泰国正大集团创办怀化正大有限公司；投资805万元用于湖天经济技术基础设施建设，引进工业、商业项目73个总投资7758万元，城镇累计为新区居民发放贷款800多万元。1993年9月，在山东省龙口市召开的全国县级综合改革座谈会上，怀化市农村改革试验区代表市委、市政府作了《引导农民携生产要素进城从事二、三产业，加快城市建设》的经验发言，得到了国家体改委领导和其他代表充分肯定。会后，山东省全省推行这一做法。

确立“建设湖天开发区”战略 1992年春，邓小平南方谈话后，改革开放的春风吹遍大江南北。根据怀化市经济发展战略的要求，参照外地经验，拟建立怀化湖天经济技术开发区（简称湖天开发区）。是年6月10日，市委、市政府向中共怀化地委、怀化行署呈报《关于设立怀化湖天经济开发区的报告》。报告就开发区的范围与条件，开发的战略与目标，开发的步骤与重点，开发的政策与机制等四个方面进行了详细阐述。是年6月16日，中共怀化地委、怀化行署以中共怀化地委文件批复同意中共怀化市委、市人民政府《关于建设怀化湖天经济开发区的报告》。自1992年7月开始，中共怀化市委、市政府在市区太平溪以南区域划地9.5平方千米，建设湖天经济开发区。按照高起点、高标准、高速度，再造一个新怀化的宏伟目标实施开发建设。凭借优越的地理位置，独特的区域优势，便捷的交通条件，大力发展医药、精细化工、新型建材、食品、轻工纺织、机械、电子、金属等产业和建立一批专业批发市场，开创开发区建设的新局面。到1997年底，已完成基本建设投资15.6亿元，建成综合开发面积3.7平方千米，建成和投入运营项目220个，竣工房屋面积60万平方米，累计完成国民生产总值22.6亿元。

确立“推进城市化建设”战略 1979年4月，国务院批准怀化设市。1983年3月，经国务院批准，撤销怀化县，实行县市合并。由此，奠定怀化区域中心城市地位。建设和经营城市是历届党委、政府工作的中心工作。从1985年开始，怀化市先后被列为湖南省山区开放开发试验区、全国农村改革综合试验区、全国县级综合改革试点市和湖南西线开发主阵地。怀化市地处湘、鄂、渝、黔、桂五省（市）交接地带，在中国经济发展战略格局中由东部经济发达地区向西部欠发达地区梯度推移中居“二传手”地位。

1992年邓小平南方谈话发表后，市委、市政府把怀化城市发展定位为建成湘、黔、鄂、桂、渝五省（区）边境地域内经济、流通和信息中心的现代化城市。市委、市政府抽调人员组成了发展战略研讨“智囊团”。经过一年的调查论证和广泛征求意见，决策层敲定了新的发展思路，把传统的“变消费城市为生产城市”的旧观念转变为“变单纯的生产城市为集生产、流通、消费等多功能于一体的经济中心”的新观念。依靠改革总揽全局，发挥交通优势，促进科技进步，面向全国，实现经济和社会发展新的飞跃。目标上：到2000年，国民生产总值达到25亿元，市区建成面积35平方千米，常住人口超过50万人，交通、通信、供水供电等基础设施进一步完善，形成中等城市规模。再往后发展，东至泸阳、南至中方、西至公坪、北至黄金坳、半径10千米的广大区域成为市区，城市人口要达到150万以上。到2010年，建成怀化至芷江高等级公路，与芷江机场（抗日战争时修建使用，解放后停用）改为大型民用机场配套，将形成水、陆、空立体交通网络；新建渝怀铁路编组站，极大地增强怀化的货物吞吐能力，湘黔、枝柳两条铁路干线全部实现双轨电气改造，“双十字”型的铁道在市区交汇；修建湖南省西部地区生产资料市场，为大流通注入新的活力；建成日产5万立方米的煤气工程，从根本上解决城市生产生活燃料问题；修建全长30千米的环城路，使城市的交通更加便利，环境更加整洁；修建装机容量15万千瓦的铜湾水利水电站和装机1.95万千瓦的牌楼电站，完成怀化火电厂异地扩建工程，装机容量120万千瓦，在近年内完成日供水20万吨的第二自来水厂工程，水电供应将更加充裕；修建全长4.3千米、宽46米的湖天大道，为开发区建设创造良好的条件。建立雄厚的工业基础，新建年产5000吨电解铝的怀化电解铝厂；新上特种电机生产技改项目，形成30万千瓦的年生产能力；新建卫生陶瓷厂，年产卫生陶瓷40万件；完成怀化水泥厂异地改造工程，年产量20万吨；新建怀化铜材厂，年产铜材5000吨；建立黄金加工厂，年加工黄金300千克；加快现有企业结构调整和技术改造，尽快形成20个年产值2000万元以上的“龙头”企业，4个年产值1亿元以上的支柱行业，组建食品、纺织、机械、医药、化工五大工业集团，并大力发展乡镇企业和街道工业。搞好农业综合开发，重点抓好10万亩吨粮田、8万亩优质干鲜果、30万亩速生丰产林和10万头瘦肉型生猪、5000亩鱼池、5000亩蔬菜商品基地建设。增添科教文卫设施，兴建市科技馆、13个市属科研机构和少儿活动中心；将怀化卫校、怀化师专和职业中学升级为大专、本科和中专院校；新建一所工业中等专业学校和2所中学；建好儿童医院、群众艺术馆和广播电视剧制作中心。

2006年6月10日，启动城区旧城改造，不断拉开城市的骨架。至2010年，建成区面积由30平方千米扩展到近54平方千米，中心城市人口由30万人增加到55万余人，成功创建省级卫生城市；天星东路、湖天南路、城南入城线、国道绕城线等城区道路相继建成，迎丰路、红星路、人民路、舞水路等经过改造后油化拓宽；先后实施太平溪综合治理工程、强弱电入地工程、美化亮化工程、背街小巷改造工程和五个主入城口综合整治工程，修建了体育中心，城市品位不断提高。

确立“科教兴市”战略 1992年，《怀化市科教兴市实施方案》正式出台。《方案》确定的发展目标是提高科技对经济增长贡献的比重，“八五”期间，争取科技进步对工农业经济增长的贡献率由“七五”期间的30%左右上升到40%以上，到世纪末上升到50%以上。同时，要求加速农业技术发展，加快传统工业企业的技术改造，实行

"科技兴市"。主要任务：切实抓好科教兴农，提高农业综合发展水平；大力推进企业科技进步，提高企业经济效益；积极改革和发展教育，努力提高劳动者素质。为落实好"科教兴市"战略，市委成立了科教兴市领导小组，统一领导全市科教工作。市直机关和乡镇均成立了相应机构，并由科委牵头成立科技经济情报信息研究中心。全市将每年10月定为科教宣传月，由宣传部会同科委、教委等有关部门做好宣传工作，形成"尊重知识、尊重人才"的良好风尚。1995年5月，中央作出了《中共中央国务院关于加速科学技术进步的决定》，随后，市委、市政府发出《关于实施科教兴市战略，加速科学技术进步的决定》，怀化被列为全国山地开发技术市场试点市，乡级技术服务中心、村组科技示范户、技术服务点逐步建立起来，开始实行技术集团承包，使有偿服务走向专业化和社会化。其间，民营科技企业也逐步发展起来，怀化先后有18年家民营科技企业获得《湖南省民营科技型企业资格认定证书》。是年11月，市委常委（扩大）会议听取了全省科技会议精神汇报后，经过认真讨论研究，形成了三项决议：第一，各级领导要牢固树立科学技术是第一生产力的思想，把科技进步因素渗透到工业、农业、城建、环卫等行业、各领域；第二，切实搞好科技信息的传递，着力提高全市科技成果的推广应用率及科技进步因素在经济发展中的比重，市委、市政府对科技成果推广卓有成效的单位和个人将予以重奖；第三，深化科技体制改革必须在"新"与"活"字上下功夫，做到科技创新、管理创新、制度创新、机制变活。同时加大科技投入，完善科技市场。实施"新建一个农科教中心补助1万元、改建一个补助5000元"的奖励措施。1995—1996年，由市财政安排经费100万元，作为全市科技推广的专项基金，通过有偿周转使用，真正达到促进科技推广和资金增值的目的；积极争取科技贷款、鼓励支持企业进行技术开发投入和技术改造投入，鼓励农民自觉进行科技投入，创办科技信用社，提高科技经费在财政支出中的比例，要求每个企业按销售收入的1%提取科技经费。会后，市委组织科技局等有关部门编制出了《怀化市"九五"及2010年科技事业发展规划》。

1998—2010年，共实施科技项目71项，取得科研成果28项，获得专利1147件，授权专利283件，发明专利72件，实用新型专利173件。

确立"商贸立区、工业强区"战略 2004年2月10—11日，全区三级干部会议暨区委经济工作会议召开。会上，市委常委、鹤城区委书记王志群围绕加快鹤城经济发展作了《坚持"商贸立区，工业强区"发展战略，努力实现鹤城经济跨越式发展》的重要讲话。他在讲话中对2003年12月召开的区委二届二次全会提出了"商贸立区、工业强区"发展战略进行了诠释，"商贸立区"就是要坚持商贸先行、流通先行的指导思想，按照发展大市场、大流通、大商贸的要求，努力构建和形成比较完善的流通体系、现代商贸流通机制、良好的服务功能、较强的吸纳辐射功能，去促进商贸物流业的大发展。主要奋斗目标：商贸物流业增加值要以每年15%以上的速度增速。2004年以商贸物流业为主的第三产业增加值力争突破10亿元大关。要通过3~5年的努力，把鹤城建设成为一个区域性、开放式、工贸结合、功能配套、竞争有序的怀化周边五省（市、区）商贸物流中心。"工业强区"就是要坚持以商贸为依托，以市场需求为导向，以提高工业运行质量和效益为中心，以体制创新和科技进步为动力，以工业园区建设为载体，以招商引资为手段，以民营经济为主题，承接全区工业的现有基础，改革盘活企业国有资产，积极发展和壮大鹤城机电、纺织、医药、食品、饲料等产业，实现工业新跨越。其主要奋斗目标是：工业增加值要以每年20%以上的速度递增，2004年工业园区的建设要有实质性地启动，引进规模企业3~5家，要通过3~5年努力，鹤城的规模工业产值翻一番，使鹤城的第二产业在GDP中占有的比例达到40%以上。

强力推进旧城提质 围绕建设生态宜居城市目标，启动了怀化榆树湾棚户区及周边区域整体改造、迎丰路改造和"城中村"改造等一批旧城改造重点项目。迎丰路综合改造项目2010年底基本竣工，有效缓解了中心城区交通压力，营造出良好的人居歪境，提升了城市品位，成了展示怀化城市形象的重要窗口之一。为解决规划区内5万失地少地农民的长远发展问题，引入商贸重点项目、注入发展动力提供有效载体。稳步推进城中村改造，出台了实施城中村改造的系列政策措施，启动了盈口乡胜利村等4个试点村改造工作。

在旧城改造同时快速推进征拆安置。2006—2010年，鹤城区积极履行主体城区职责，敢于面对矛盾困难，集中全区之力，加大依法征地拆迁安置工作力度，全面完成吉怀高速、溆怀高速、太平溪一期综合治理、火车站站前广场改造、市体育中心等30余个国家、省市重点项目建设的征地拆迁安置任务，共完成征地2.1万亩，拆迁房屋52万余平方米，安置村民3600余户，建成村民集中安置区7个，城市建成区面积由“十五”末的39平方千米扩展到56平方千米，为怀化中心城市建设做出了重大贡献；成功创建省级卫生城市，城市卫生跨入全省一类城市行列，顺利通过国家生态示范区验收，完成背街小巷硬化110条、亮化58条；城东组团建设成效显著，建成金海西路、顺意路等主次干道10条，新建项目10余个，区行政中心实现搬迁，新区骨架基本形成；“两违”建设整治取得阶段性成果，共拆除“两违”建设6.3万平方米，及时制止新建8.2万平方米，城市规划区建房得到有效规范；社区建设全面加强，新建或改扩建社区办公用房3.4万平方米，75%的社区办公用房达到省级示范性社区标准，社区办公经费从每年2万元提高到8万元，创建国家示范社区1个、省级示范性社区7个，基层基础作用进一步显现。

确立“商贸主导、工业支撑、城乡一体、和谐富裕”发展战略 2010年12月10日，中共怀化市鹤城区委在三届四次全会上提出今后五年要坚定不移地实施“商贸主导、工业支撑、城乡一体、和谐富裕”的发展战略。商贸主导：坚持把商贸物流产业作为经济社会发展中的主导产业来抓，是把鹤城特殊的区位、交通优势转化为经济优势的客观要求。“十二五”期间，必须坚定不移地坚持商贸立区、富区、强区的发展思路，以构建区域性商贸物流中心为目标，以项目为抓手，加快提质中央商务区，积极推进阳塘科技物流产业园等园区建设，着力培育主导物流产业，改造升级城乡专业市场和农贸市场，努力把鹤城建设成为全国二级物流重点城市、湖南省一级物流城市。

工业支撑：工业是一个地方财力的重要基础，增强鹤城发展后劲，必须突出工业支撑。随着省管县财政体制的实施，市委、市政府作出了合作共建市工业园鹤城分园的科学决策，鹤城工业发展平台瓶颈问题得到根本解决，为加快鹤城工业发展奠定了坚实的基础。“十二五”期间，必须坚持科技引领，依托商贸优势，调整工业经济结构，不断壮大工业总量，提升发展质量，加快新型工业化步伐，为商贸立区、富区、强区和农业现代化提供有力支撑。

城乡一体：鹤城“以城带乡”体制决定了城和乡是不可分割的整体，没有农村的发展，就没有鹤城的发展；没有农村的小康，就没有鹤城的全面小康。“十二五”期间，继续加大城市建设和管理力度，加快城区提质扩容，加速城东组团发展，夯实基层基础；按照统筹兼顾的要求，把农业、农村、农民问题与城市工作同部署、同谋划，转变乡镇工作思路和干部观念，完善以农民增收为主的考核指标，积极促进城市公共资源向农村延伸，全力推进新型城镇化，切实改善农村基础设施，加快推进产业发展，努力拓宽农民增收渠道，不断缩小城乡差别，实现城乡居民共同富裕。

和谐富裕：和谐是基础，富裕是目的。实现鹤城跨越发展、加速崛起，特别是要全面推进重点项目建设，做好征地拆迁安置工作，离不开和谐的社会环境。“十二五”期间，必须牢固树立依法执政的理念，坚持依法依规办事，以解决好人民群众最关心、最直接、最现实的利益问题为重点，加快推进教育、卫生、劳动保障等社会事业发展，在改革发展中努力实现人民群众的利益最大化，构建和谐发展的新氛围，实现富民强区的宏伟目标。

第四章　党办工作

第一节　督促检查

1991—1997年，怀化市委办公室下设市委督查室。重点督查：市委、市政府议定事项的落实情况；市委、市政府督办件，地委、行署，怀化市（县级）委、市政府领导批交办件和市人大代表议案、市政协委员提案的办理情况。为了规范督查工作，1991年2月，市委督查室制定《督查工作细则》《督查工作规范》《决策督查工作规范》《批办督查工作规范》《内部工作规范》等督查工作制度。1994年7月，市委办公室下文明确各区、乡、镇、街道、市直单位90人为督查工作联络员。7年中，紧紧围绕市委、市政府工作重点，开展督促检查工作。共接受省委、省政府，地委、行署领导批办件200多件次，市委、市政府领导批办件400多件次，对每个批办件均做到及时处理，协调到位，不留隐患，办结率100%；共下发《督查通报》80期，有力推动怀化市（县级）委、市政府重点工作的开展。

1998—2010年，区委办公室下设区委督查室，继续承担督查工作的任务。13年中，着眼于维护区委权威、确保政令畅通，认真抓好督查工作，推动区委决策部署深入贯彻落实。2006年以来，针对项目较多的实际，重点加强重点项目督查。共接受省委、省政府，市委、市政府领导批办件150余件，下发《督查通报》40期。

第二节　政策研究

1991—1997年，怀化市委办公室下设市委政策研究室，负责开展调查研究、起草领导讲话稿、起草重要文件等任务。每年印发调研课题，并牵头组织开展重点课题调研活动。在市直机关、街道、乡镇聘任特约政研员，形成了上下相通，左右相连，专业与业余调研队伍相结合的调研网络。7年里，围绕市委、市政府的中心工作，就邓小平南方重要谈话、社会主义初级阶段理论及中共十四大、十五大精神等进行了深入学习和理论探索。并就如何结合区情把市场经济、个体私营经济的理论转化为实践开展了大量调查研究，形成《田土调整造成丘块分割，严重制约农机耕作》等100余篇具有实践性和可操作性的调研成果。其中，多篇获地区优秀调研成果奖。参与起草中共怀化市（县级）委第四次代表大会的工作报告等文稿。

1998—2010年，鹤城区委办公室下设区委政策研究室，负责开展调查研究、起草领导讲话稿、起草重要文件等任务。紧贴区委、区政府中心工作，积极参与谋划全区发展战略、工作思路，认真开展调查研究。13年里，先后完成《工业强区》《一体两翼》《社区建设》等130余篇调研成果；参与起草中共鹤城区委第一次至第三次代表大会的工作报告等文稿，起草各类文稿800多篇；主持和参与区委重要文件的起草和制定，先后起草《关于推进“村改居”工作暂行办法》《关于加快鹤城旅游发展的决定》《关于进一步加强教师队伍建设的决定》《关于进一步加强社区建设的决定》等30余件政策性文件。

第三节　机要保密

机要　1991—1997年，怀化市委办公室下设市委机要局，负责全市机要工作。机要工作坚持24小时值班制度，及时沟通上下级机关的联系，在处理突发事件和自然灾害中发挥重要作用。1994年，开通计算机网络工程，承担了大量的党政信息、文件、材料的传输、加工、处理、存储、调用任务。1996年，开通了4个乡的有线传真通信。1997年，开通了各街道和机关大楼外单位的传真通信。完成了机要微波数字数据传输专用网络终端站，为党政领导机关提供了大容量、高时效的综合信息传输。

1998—2010年，鹤城区委机要局，负责全区机要工作。1998年，区级领导计算机系统正式运行，供区级领导大型数据库的查询、调用信息，为领导决策提供辅助。1999年，开通了传真通信网络，电话会议终端基础设施建设，设置了复印机、速印机、计算机设备，开展了对全区各部门的办公自动化服务。至2010年，开通了党政机关部门数据传输专用网络平台，实现了办公自动化的目标。

保密 1991—1997年，怀化市委办公室下设市国家保密局，负责全市保密工作。1991—1997年，怀化市（县级）国家保密局把保密工作摆上重要议事日程，认真贯彻落实上级有关保密工作的方针、政策、指示，积极开展形式多样的保密宣传教育活动，开展保密制度教育。开展了“二五”“三五”保密普法教育，利用市委党校举办副局级以上领导干部培训班，开设保密教育课14次，接受保密法规知识教育500余人。1995年10月，纪念《中华人民共和国保密法》颁布5周年，在全市范围内开展纪念活动，召开了200人参加保密知识专题报告会。

1998—2010年，鹤城区委国家保密局，负责全区保密工作。1998年9月，纪念《中华人民共和国保密法》颁布10周年，组织全区干部职工群众开展保密法规知识竞赛活动，参赛人员达80人。2003年，纪念《中华人民共和国保密法》颁布15周年，组织开展《中华人民共和国保密法》宣传，张贴宣传横幅、赠送保密法律法规知识材料300余份。2004年，在全区组织开展保密知识竞赛活动，组织机关干部参观国家保密局主办的泄密事件案例展。建立健全区委保密委员会和国家保密局的保密工作制度及领导干部保密工作制度。坚持每年开展一次对全区各单位保密工作进行专项检查制度，杜绝了泄密事件的发生。

20年里，怀化市（县级）、鹤城区直机关、各乡镇（街道）均未发生失泄密事件。

第五章　纪检监察

第一节　党风廉政建设

一、党风廉政教育

1991—1997年，怀化市（县级）的党风廉政教育，主要针对当时党内表现尤为突出等问题。坚持以“教育为主，预防为主”的方针。开展了党规党纪教育；宗旨、理想、前途教育；“讲党性、办实事、树形象”教育；利用孔繁森等先进典型引路和反面教员警示，充分运用新闻媒体进行宣传教育，以树立正确的人生观、价值观、金钱观和权力观。要求广大党员干部要经得起执政、改革开放和发展商品经济、反和平演变的考验。自觉把好权力关、信念关、金钱关、女色关，增强拒腐防变的能力。为增强宣传教育的效果，在全市范围内还开展了“讲党性、讲团结、讲纪律、讲奉献”等内容的演讲比赛活动，共计7场，参赛人员106人，受教育的党员干部达4200人次，受教育面达到98%以上。

1998年撤市设区后，区委更加重视党员干部的党风党纪教育。1998年，紧紧围绕“两个文明”建设，开展“反腐治奢、艰苦奋斗”“创造文明机关”以及《中华人民共和国行政监察法》知识考试等活动。发行《警惕腐败》读本300余本，并将《反腐治奢，艰苦奋斗》必读材料1700本发至各单位学习。1999年，重点抓了各部委办、乡镇领导干部的高标准民主生活会和廉政学习日等活动。并在《鹤城报》上开辟《反腐倡廉在鹤城》专栏。组织全区党员干部观看电教片《中国共产党纪律处分条例》《铁窗下的忏悔》《黄昏歧路》等，受教育人数达2.8万人次。2000年，以党风廉政建设责任制为主要教育内容。全区共举办责任制知识培训班9期，其中区委学习中心组开展了四期党风廉政建设责任制知识专题讲座，是年，共培训领导干部2183人次。区财政拨专款拍摄鹤城区落实责任制工作专题片，在《鹤城新闻中心》和各单位巡回播放。将党风廉政建设责任制文件汇编成册，印发给全区1272名副科以上党员、干部学习。是年，全区各单位共召开党风廉政建设专题民主生活会276次，解决在落实责任制中出现的新问题137个。此外，区委还举办了“党风廉政建设专题文艺晚会”，以通俗易懂的形式宣传党风廉政建设责任制。同年6月，按照中央的统一部署，在全区范围内开展了“讲学习、讲政治、讲正气”的三讲教育活动。区级领导，区纪委、监察局、区委组织部、区委宣传部、区委政法委、区检察院、区法院、区公安分局等单位的领导班子参加了为期3个月的“三讲教育”集中培训。

2001—2002年，主要是抓党风廉政建设责任制的分解和落实。以预防在先、教育在先、警示在先为宗旨。把党风廉政教育纳入大党建、大宣传范畴。开展了“改进作风，拒腐防变”主题教育活动。据统计，全区在这次教育活动期间，一共召开专题民主生活会148次，组织先进事迹报告会3场，受教育党员干部1830人。与此同时，1334名党员、干部与困难企业或贫困对象结成扶贫帮困的对子。党员干部深入基层，为困难企业和贫困群众办了一些实实在在的事情，受到了群众的肯定。

2003—2005年，党风廉政教育内容上主要突出党性、党风、党纪教育和廉政法规教育。围绕这些教育，开展“立党为公、执政为民”的主题教育活动。引导党员干部树立马克思主义的世界观、人生观、权力观、地位观和利益观，坚定共产主义的理想信念。学习郑培民，争做人民的好公仆。并在全区党员干部中，认真组织学习贯彻《中国共产党党内监督条例》和《中国共产党纪律处分条例》。

2006—2007年，为巩固“三讲教育”成果，开展旨在激发党员干部廉洁从政，爱岗敬业的“勤政廉政，富民强区”的主题教育活动和廉政文化进社区活动。建立警示教育基地。

2007—2010年，全区共组织1900多名党员干部走进怀化监狱，听取监狱服刑人员的现身说法。2008年上半年，区纪委和区妇联联合开展家庭助廉活动，举办一期区级干部家属廉政培训班。是年6月，集中开展廉政党课教育，全区各级党政一把手上廉政党课90余场，有2000多名党员干部参加听课。2009年，区财政投资10万余元，建立社区廉政文化示范点，举办廉政文艺节目。是年8月，在香洲广场举办了一次廉政文艺演出。阳戏剧团排练的小阳戏《泪水如歌》，后来在全省组织的廉政文艺节目会演中获三等奖。此外，区委还组织全区1200多名党员干部观看反映勤政廉政的电影《情暖万家》。2010年，开展《中国共产党党员领导干部廉洁从政若干准则》的学习活动，发放《廉政准则》1100余册，做到了科级以上干部人手一册。是年7月下旬和8月上旬，分别组织了县级和科级党员领导干部《廉政准则》知识考试。是年9月、10月，结合学习活动开展纪律作风整顿，全区上“三纪”教育辅导课25场，受教育的党员干部达2800人次。

二、廉政制度

加强廉政制度建设，源头上预防和治理腐败。1991—1993年，怀化市（县级）纪委根据上级纪检监察机关和廉政部门的要求，结合怀化市的实际，制订了《怀化市五项廉政制度》，发至全市党政机关和企事业单位。怀化市（县级）还制定《中共怀化市委常委廉洁自律十条规定》。

1994年，重点是加强民主生活会制度建设。全市112个单位的党委（党组），均按照上级要求，召开以廉洁自律为专题的民主生活会。是年6月，市委常委召开高标准的民主生活会。为提高会议质量，开会之前，广泛征求市人大代表、市政协委员、离退休老干部和其他人员的意见和建议。通过整理出的60多条意见和建议，在市委常委班子民主生活会上向常委们进行反馈，敦促班子成员自查自纠。市纪委、组织部派出了21名干部参加了46个单位的民主生活会。制订《领导干部个人重大事项向组织请示报告的制度》和《党政机关副科以上干部违反廉洁自律五项规定行为的党纪处理办法》等4项规定。

1995—1997年，制订《关于科级干部廉洁自律的规定》《关于党政机关企事业单位小汽车配备和使用管理的办法》《国有企业业务招待费用向职代会报告制度的实施办法》。同时还转发省纪委《关于严格执行公务活动中所受礼品申报制度的通知》等。并将这些规定汇编成册，共印发3000余册，发至副科以上党员干部。此外，还推行办事公开制度、行风评议制度、基建工程招标议标制度、企业领导干部离任审计制度、民主评议领导干部制度、重点岗位轮换和内部权力分解制度等。党风廉政建设由治标向治本深入，防腐治腐逐步向制度化、规范化的轨道迈进。

1998—2000年，中共鹤城区委更加重视抓党风廉政建设。1998年，出台《怀化市鹤城区移动电话和住宅电话使用管理的补充规定》《关于规范党政机关公务活动、制止奢侈浪费行为的若干规定》《鹤城区公务活动接待标准》《鹤城区会议管理暂行规定》《鹤城区会务费预算包干制度》等规定，以从源头上遏制腐败行为。1999年，根据国务院颁布的《关于实行党风廉政建设责任制的规定》，率先在怀化市出台了《怀化市鹤城区关于贯彻落实党风廉政建设责任制的实施办法》，后来被怀化市委确定为全市党风廉政建设责任制试点单位。

2000—2005年，区委、区政府先后出台《鹤城区进一步落实党风廉政建设责任制的实施方案》《区级领导落实党风廉政建设责任制联系定点制度》。2000年，针对责任制建设过程中出现的新问题，制订《关于进一步加强领导干部廉洁自律工作，全面落实党风廉政建设责任制的暂行规定》《关于区委常委转变作风作表率的十条规定》等8个相配套的规定。对41名区级领导实行责任分工，每个区级领导负责一个战线、一个乡镇街道办、一个主管局、一个企业为党风廉政建设责任制联系点。是年5月，怀化市党风廉政建设责任制工作现场会在鹤城宾馆召开，对鹤城区党风廉政建设责任制工作的充分肯定。是年7月，省委常委、省纪委书记孙载夫到鹤城区考察工作，再次肯定鹤城区责任制建设工作的做法。2001年，党风廉政建设责任制工作在上一年的基础上，又先后补充完善《鹤城区党风廉政建设责任制考评细则》和《关于选拔任用干部的暂行规定》等14个规范性文件，明确党风廉政建设实行“一票否决制”。是年，对区林业局、区轻纺局等8个单位实行了“一票否决”，17名党员干部由此受到责任追究，其中党纪处分8人，政纪处分9人。2003年，实行了廉政谈话制度。是年，区委进行3次集体谈话，对75名新提拔任职的领导干部进行廉政谈话，对21个乡镇街道的主要领导和区直单位党政正职进行专题谈话，对8名党员干部进行诫勉谈话。2005年，开始层层签订党风廉政建设责任状。是年，区直机关各系统的牵头单位向区委、区政府递交《怀化市鹤城区2005年党风廉政建设工作责任书》，区四大家领导班子成员均向区党风廉政建设责任制工作领导小组签订《2005年度鹤城区区级领导一岗双责责任书》。此外，实行领导干部重大家事报告制度，并且建立副科以上党政领导干部廉政档案，共1492卷。

2006—2010年，按照上级要求，相继出台一系列的相关制度。2006年，在全区普遍建立领导干部述职述廉制度和领导干部离任审计制度。是年，全区正科级以上单位党政一把手都按要求进行述职述廉，17名干部接受离任审计。2007年，进一步建立健全并且完善了包括行政审批、财务管理、干部人事、政府采购、政务公开等各方面的制度，共210多项，为从源头上预防和惩治腐败创造条件、提供依据。

从2009年初开始，在全区范围内全面推行“三个不直接分管”制度，即党政一把手不直接分管财务、干部人事、工程建设。在执行过程中，发现少数单位领导拒不执行这条规定，后经多次督察，该项制度最终得到落实。是年5月开始，推行人事制度改革，建立新进工作人员考录制度。是年，经严格考录，106名新进工作人员走进区内机关事业单位。2010年，加强政府投资项目资金的监管，年初出台了《鹤城区政府投资项目管理暂行办法》。5月，在干部任用方面，区委出台《干部监督工作联席会议制度和信息沟通暂行办法》，在用人制度上，进一步规范。6月，针对公车管理中存在的漏洞和问题，区纪委、财政局联合下发《关于进一步加强公务用车管理的通知》。对全区行政事业单位和社会团体各类公务车辆的购置、使用、处置、调拨等得到进一步规范。

三、廉洁自律

1992年，设立市廉政办公室，人员由原来的1人增加到4人。

1993年，按照中央的统一部署，在全市范围内开展了反腐败斗争。全市113个单位的领导干部，对照“11个不准和1个不得”的要求，开展自查自纠。是年，市级27名领导干部中，有25人主动清退在公务活动中接收的礼金和其他贵重物品。

1994年，31名市级领导自觉填写了《领导干部廉洁自律自查自纠表》，全市共有60多人次拒收贵重礼品。对全市党政机关和金融部门领导干部违规购买超标准小汽车进行清理，当年发现全市共违规购买15辆豪华小汽车。均按规定进行封存，并且对当事人作严肃处理，1位市级领导因此受到了撤职处分。

1995—1996年，狠刹用公款吃喝玩乐的歪风，作为领导干部廉洁自律的重点。市委、市政府为此专门成立专项治理领导小组。出台一系列具体规定，并且先后3次召开动员大会，部署安排狠刹利用公款吃喝玩乐的歪风。市纪委监察局紧密配合，先后对阳光娱乐中心、国际大酒店、丽都大酒店、广寒宫等61个娱乐场所进行“夜查私访”，并对公安、工商、国土等单位进行检查。经过专项治理，部分单位建立和恢复机关食堂，公款接待费大幅下降，有效扼制吃喝玩乐歪风。

1998—1999年，全区狠抓制止奢侈浪费八条规定的落实。严格清理通信工具，对全区188个副科以上党政机关、行政事业单位的移动电话、住宅电话及话费补助进行清理。1998年上半年，开展清房工作，共清理出有违规问题的住房63套，追缴违纪金额27万余元；下半年清理小汽车，全区共清理小汽车127辆。对违规单位的车辆按照有关规定进行处理，为国家挽回经济损失8.79万元。

2000—2001年，全区认真落实《中国共产党党员廉洁从政若干规定（试行）》，制定下发《区委常委廉洁自律的规定及党风廉政责任制的要求》，通过一系列文件的有力规范，清理小汽车的工作达到预期目标，公车私用和私驾公车现象得到了纠正；清理通信工具的成果得到了进一步巩固，查处违规报销话费3起，违规用公款购买手机1起，收缴违纪金额1.7万元。此外，全区副科以上领导干部共拒收红包礼金38万元，登记上交礼金5.6万元。

实行干部人事制度的改革，坚持和完善民主推荐、民意测验、民主评议和张榜公示制度，扩大群众在选拔任用干部中的知情权、参与权和监督权。2001年公开选拔干部11名，推荐区级领导干部5名；推行办事公开制度，规范政务、厂务、村务公开的标准；继续实行财政专户管理，改革和完善“收支两条线”制度，铲除了滋生腐败的土壤。

2002—2006年，继续清理红包礼金等问题。2002—2003年，党员干部拒收红包礼金共11万元，上交礼金5700元。2004—2005年，对党员干部特别是“一把手”进行监督，主要是采取定期考核、任期和离任经济责任审计、开展民主评议、填写《领导干部廉政情况表》等措施。2004年，共开展各项审计33项，其中，离任经济责任审计8项。狠抓机关作风的整顿，对少数党员干部中盛行的赌博风，以及少数乡镇干部中出现的“走读班”和“自由会”等问题进行治理。2005年，纠正“走读”现象19起。2006年，对党政机关事业单位组织职工修建和团购商品房进行监督检查。

2007—2008年，落实党风廉政建设责任制，推动反腐倡廉深入开展。各乡镇、街道办事处和区直机关各单位结合各自工作实际，制定党风廉政建设和反腐败工作目标责任书，将全年目标任务逐项细化分解，保障反腐败各项工作的具体落实。2009年，对公车配置实行编制管理和登记制度，购车实行“五员会审”。是年，再次规范公务接待，禁止奢侈浪费、挥霍公款。2010年，贯彻落实《中央纪委关于严格禁止利用职务上的便利谋取不正当利益的若干规定》，组织全区广大党员干部认真学习，按照要求自查自纠，纪委对贯彻落实情况进行督促检查。

第二节　查办案件

1991—1997年，怀化市纪委、监察局共受理各种举报659件，办结318件。共立案查处各类违纪违法案件327人，其中给予党纪处分286人，开除党籍129人，给予政纪处分41人。涉及副科级以上干部要案152人，其中万元以上大案共6人。

1998—2005年，鹤城区纪检、监察机关共受理各种群众举报698件，办结451件，共立案查处各类违纪违法案件456人，给予党纪处分237人，其中，开除党籍60人，给予政纪处分129人。涉及副科级以上干部要案79人，其中万元以上大案57人。

2006—2007年，受理各类案件87件，转立案75件，共计有63名党政干部受到党纪政纪处分，其中受党纪处分27人，13人被开除党籍，政纪处分23人。

2008—2009年，继续保持了惩治腐败的强劲势头。两年间，转立案54件。审结46件。其中，查处万元以上大要案6件。给予党纪处分49人，其中,开除党籍21人，撤销党内职务1人，移送司法机关1人，挽回直接经济损失280万元。

2010年，区纪检、监察机关共受理群众举报线索48件，初查23件，转立案20件。全年共立案31件，移送审理26件，处分党员干部26人，其中,乡科级党员干部5人。

第三节　纠风工作与专项治理

1992年，根据中央的统一部署，怀化市由纪委牵头在全市范围内开展了纠正行业不正之风的工作。

1992年，针对当时一些党员干部拖欠公款的现象比较严重，乡村财务管理混乱的现象，在全市范围内进行了清理整顿。全市共清理出1199人拖欠公款，共计金额306.7万元。通过整顿，共有1172人归还所欠公款，共267.9万元。到1993年5月，全市干部职工还清欠款人数达到1189人，占欠款总人数的99.1%，共收回欠款273.12万元，回收率达到96.1%。

1993年7—11月，由市纪委、监察局牵头，从有关单位抽调部分工作人员，组成精干小组对137个行政事业性单位的收费行为进行执法检查。检查中，发现有53个单位有乱收费行为，违规收费项目多达107项，查出违纪金额269.99万元。

1994—1995年，继续加大治理乱收费的力度，共检查了223个行政事业性单位的收费情况，查出违纪金额1185.03万元，为国家挽回经济损失132.6万元，收缴违纪金额97.74万元。此外，在清理党政机关经商办企业问题上，查出全市有8个单位，办各种经济实体22个。通过清理整顿和限期整改，22个经济实体先后与原单位全部脱钩；在清理公费出国出境旅游方面，查处全市共有44人公费出国出境旅游，经费支出多达90万元，其中13人多报补助18352元，追缴财政18300元。

1996—1997年，针对在公路上的乱设卡、乱收费行为，纪委按照市委的要求，组织有关部门一道，先后在G320、G209国道及省、市公路上多次进行明察暗访，下大力气进行重点整治，撤掉乱设的站卡，对继续顶风违纪人员作了严肃处理，基本刹住公路上的“三乱（乱设卡站、乱罚款、乱收费）”歪风。

1998—2001年，撤市设区后的纠风工作紧紧抓住群众反映强烈的热点问题而展开。向国有企业委派财务总监。1998年，对33家企业派出财务总监，实现国有资产的增值目标。11位财务总监共查出账外资产1186万元，挽回经济损失324万元。33家企业共实现国有资产产值890万元，减少管理费用268万元，减少经营性费用251万元。

开展行风评议工作。1998年，对区民政局等6个行业的“窗口”单位进行行风评议。通过此项活动，推动全市行业风气的好转。

全面推行村务公开。全区8个乡镇94个行政自然村全部实行村务公开，使村民自己当家理财。2000—2001年，为企业和农民减负，减轻企业和农民的不合理负担。先后取消不合理的收费项目共18个，降低收费标准11个。农村减少享受补贴的村组干部184人。特别是通过对农村电网的改造和整顿农村电价，减轻了农民不合理的负担。乡统筹村提留人均21元，占上一年度全区农民人均纯收入的1.2%。对8个乡镇统一发放《收费登记卡》，减轻农民负担180多万元。

全区向10家企业委派了减负特派员，向60家企业发放了收费登记卡，对区烟草公司等5家国有企业和鹤城电线电缆厂等4家民营企业实行挂牌保护。取消一批不合理的收费项目，查处加重企业负担的案件4件，挽回经济损失156万元。同年，还进一步治理医药购销环节的不正之风，检查医疗机构300余家，清理出超范围行医68家、不明码标价51家。有关部门依法取缔无证行医诊所150家、超范围行医249家、转卖执照5家，销毁市值1万元过期假劣药品，收缴和罚款共4.1万元。2001年对建筑领域和预算外资金进行了专项治理，规范基建工程公开招投标程序，防止暗箱操作，并且依法查处了一批违章建筑。在预算外资金治理方面，重点检查了多头设户、私设"小金库"、坐收坐支以及公款私存等违纪行为。继续治理中小学的乱收费，区纠风办2001年先后两次组织教育、物价等部门对全区各学校的收费情况进行了督查，督促学校严格按照"一证、一卡、三统一、五不准、两公开、一监督"制度收费。是年，区一中、二中两所学校利用IC卡向学生乱收费，受到纪检监察机关的严肃查处，收缴违纪金额8.7万元，并在全区范围内进行通报批评。

2002—2005年，纠风工作与专项治理采取新举措。2002年，农村开始推行费改税制度，大大减轻了农民负担。税费改革前，全区农民人均负担各种费用85元，亩均负担87元。改革后人均负担下降为46元，亩均负担下降到48元，分别下降为45.9%和46%，全区共减轻农民负担442万元。区政府的政务公开开始走向规范化。2002年，24个行政职能部门全部进入中心，服务项目141项，累计接待群众48000人次，办理事项11800件，为财政收费430万元。2004年在"收支两条线"管理上加大工作力度，全区共清理罚没收费项目103项，撤销项目12项，清理票据18种，废止3种。清理账户124户，撤销违规账户2户，取消收入过渡户8户。全区纳入财政专户管理的单位达到80个，实际财政专户储存收入7070万元，同比增长29%。2005年，区政府成立采购中心，实行首次集中采购，共开展8次业务采购，完成采购金额98万元。

2006—2010年，2006年根据上级反腐败精神的要求，开始治理商业贿赂。是年，查处商业贿赂案件2起，涉案金额7.5万元。遏制商业贿赂在一些地方蔓延的势头。2007年继续治理公路"三乱"，确保区内交通畅通。2007—2008年的纠风工作与专项治理仍然是紧紧抓住教育乱收费、医药购销和医疗服务中的不正之风以及减轻农民负担等方面工作。在治理教育乱收费方面，认真执行"一费制"收费政策，落实"两免一补"和"城市低保子女免杂费"的规定，严格执行"收费公示"和"学生缴费明白卡"制度。坚决制止向学生强行征订教辅材料行为。通过采取以上措施，共为学生累计减负130余万元。2007—2009年三年间，纠正学校乱收费5起，清退违规收费32万元。在减轻农民负担方面，全面落实中央精神，进一步规范涉农收费公示制，推行农民负担卡制度。降低农业税率，发放农民种粮补贴107万元，同时，加大涉农负担案件的查处力度，为农民挽回经济损失623万元，为农民减负1033万元。2008年，根据群众的呼声，大力整治医疗购销市场，完善药品集中招标采购制度。在整治医药购销和医疗市场方面，严格执行药品集中招标采购制度。2009年和2010年，集中采购药品总金额384万元。在参与全市医疗市场整治行动中，两年中检查各类医疗诊所220家，现场处罚违规行医诊所160家，共取缔无证行医130家，没收医疗器械15台（件），药品210箱，案值13万元。

第四节　行政监察

一、执法监察

1993年，将执法监察工作的重点放在减轻农民负担方面。市委、市政府认真贯彻落实国务院办公厅颁发的《农民承担费用和劳务管理条例》，中共中央办公厅、国务院办公厅《关于切实减轻农民负担的紧急通知》，以及监察部、省监察厅

《关于对减轻农民负担问题开展执法监察的通知》等文件精神。全市先后对减负工作做了6次专题调查。严肃查处坑农案件，认真清理涉及农民负担的过期文件，取消不合理收费项目，使广大农民群众得到了实惠。1994年，集中力量治理“三乱”。上半年，市纪委协同物价等有关部门一道，先后三次对群众反映强烈的公安、计委、教委、国土等14个行政事业单位的收费情况进行调查。下半年，会同有关部门，先后两次对137个单位进行了执法大检查。检查的重点是群众反映强烈的公安、粮食、工商、税务、国土、人事等单位。1995年，在继续上述各项监察之外，开展乡村两级财务的清理。经过3年时间的工作，对全市6个区、32个乡镇、302个村的财务进行清理整顿。共查出乡级财务“三违”金额14.57万元，收回13.9万元，收回率达95.88%。清查出村级“三违”金额15.57万元，收回14.69万元，收回率达94.35%。1995—1996年，在治理乱收费、乱罚款、乱摊派上加大工作力度，对少数典型案例进行了严肃处理。为确保救灾款物及时、足额发放到受灾群众的手中，1997年，开展对救灾资金和物品发放的执法监察。市纪委、监察局分别组织2个调查组，深入中方、牌楼、铜湾、铜鼎、丁家5个重点灾区进行调查核实。通过检查，没有发现违纪违规行为。

2000—2003年，始终坚持“以经济建设为中心，为改革、发展、稳定服务”的指导思想，开展对建筑领域、预算外资金管理、农村合作基金会和城市信用社等方面的执法监察。监察过程中发现违纪线索12条，查处违纪案件8件，查处违纪金额285.1万元，为国家挽回经济损失10.8万元，2人受到党纪政纪处分。在对农金会和城信社的执法监察中，发现城信社私设“小金库”5个和财务上的其他乱列乱支等严重违规问题。相关部门依纪收缴违纪金额12万元，处理农金会违纪人员7人，追收部分职工长期拖欠公款28万元，追回农金会欠款18万元，维护了金融秩序，最大限度地减少了国家的损失。对区社保局挤占挪用失业保险资金10万元，挪用社保基金76万元修建职工宿舍等严重问题，纪委、监察局下发监察决定书3份，责成该局将挤占、挪用的专项资金尽快归还到位。2002年，重点抓国债、社保资金的管理使用、建筑领域的招投标、安全生产的执法检查。上半年，区纪委会同财政部门对国家投放的219.5万元国债资金进行了执法监察，严肃查处了贪污、挪用国债资金的违纪行为，处理违纪人员3人。如对使用30万元国债资金维修竹林湖水库工程和使用119.5万元国债资金进行中小学危房改造等问题，进行了全程跟踪监察，保证国债资金的专款专用。年中，会同建设部门对城东新区怀化师专学生公寓楼、市一中教改扩建基建工程进行监督，保证了这些项目招投标过程中的公开、公平、公正。此外，还开展了两次安全生产大检查，对入汛前的全区40个中小型水库、1487个山塘进行了防汛检查。由于各项监察到位，及时排除隐患，全年没有发生任何泄洪事故。是年，还对区内小煤窑进行清理整顿。炸毁不合法小煤窑12家，停业整顿6家，从而消除了事故隐患。2003年，着重抓安全生产和重大责任事故的查处。区纪委会同安监部门对区内小煤矿进行专项清理，下发整改通知书100多份，炸毁非法小煤窑11个，没收非法设备20台，收缴电线2000多米。

2004—2005年，主要围绕企业改制和党员干部在煤矿投资入股等工作开展执法监察，对改制企业在资产清理、资产处置、改制方案等方面进行全程监督。规范改制程序，防止国有资产流失，对在改制中出现的腐败问题严肃查处。2005年，按照中央、省、市的统一部署，开展对党政机关、事业单位工作人员及国有企业负责人投资入股煤矿的专项监察。全区共有5295名干部按要求开展自查申报，其中，包括厅级干部1人，处级干部47人，科级干部649人，一般干部4474人，国有企业负责人121人，均没有投资入股煤矿的情况。

2006—2010年，执法监察工作重点是财务监督、专项资金的监督、安全生产的监督。在以上各项监察中，尤其是在专项资金使用方面问题。对于发现的问题，区纪委、监察局依照法纪，均予以严肃处理。2009年，查处4个单位设有小金库，违纪金额达180万元，收缴入库58万元，5名党员干部和国家公职人员受到党纪政纪处分。

二、效能监察

1998年，开展以购物、节能增效为内容的效能监察。纪委在监察中发现怀化塑料厂采取“货比三家”的购物方式，共节约资金187万元的典型事迹，及时在全区范围内予以推广，取得了一些成效。据不完全统计，全区50多家企业通过开展效能监察，共节约各项资金4000余万元。2000年，成立治理经济发展环境工作领导小组，建立“首问制”和“限时制”办公制度，全面推行社会承诺服务。严格实行持证上岗、亮证执法和错案追究制，优化经济环境。1—11月，全区共引进各类项目28个，引进外资223万美元。

2003年，将民营经济指导协调办公室与优化经济环境办公室合署办公，成立优化经济环境工作领导小组，由区委主要领导任组长，建立联席会议制度。每月召开一次区级领导、相关单位负责人联席会议，专题研究解决优化经济环境中的突出问题。对检查、执法、收费等方面规定“八个不准”，营造和谐的经济发展环境。放弃一些眼前和局部的利益，根据行业特点、项目特性实行“一事一议，一企一议，特事特办”，全区共减免各种费用1000多万元，奖励招商引资有功人员20多人。聘请15名优化经济环境特邀监督员，还从人大代表、政协委员、企业代表和离退休老干部中聘请100多名优化环境评议员，对行政单位的执法行为实行监督。严肃查处了一批哄抬地价、强揽工程、敲竹杠、索拿卡要的案件，共120件，有关人员82人，为邵怀高速公路等重点工程和全区经济发展起到保驾护航作用。到10月底，全区共引进合同资金8.18亿元。

2004年8月，对全区行政机关单位行政不作为、乱作为的行为进行查处，清理全区非税收费项目、标准，积极调处影响经济环境的矛盾纠纷，开展优化经济环境的评议活动。全区的经济环境有了明显改善，全年共调处矛盾纠纷41起，查处行政不作为和乱作为行为，损害经济利益案件4起，制止索、拿、卡、要等行为7起。对48个乡镇和区直单位的优化经济发展环境开展了评议，6个单位受到了表扬，3个单位被黄牌警告。

2005年，共受理有关行政效能和优化经济发展环境方面的投诉42件，办结41件，责任追究10人。对建筑领域拖欠农民工工资进行督促检查，共清理拖欠农民工工资215万元。与此同时，对落实省委、省政府“八件实事”进行督查。对全区10家改制企业的资产处置、工程招标及职工安置工作等进行有效监督，10家企业中有8家属全民企业，共安置职工3644人，盘活资产6337万元。

2006—2008年，根据国务院《全面推行依法行政实施纲要》的要求，继续对区直单位落实优化发展经济环境工作开展了效能监察，进一步推动机关效能建设，强化服务发展意识。2007年4月，抽调30多名区直机关干部，对区内企业周边环境进行整治，解决各类矛盾纠纷40多起，为企业挽回经济损失100多万元。受理相关投诉47件，调查处理47件。2008年推行机关效能建设“九项制度”，成立优化发展环境投资中心。严查损害和破坏经济发展环境案件。

2009—2010年，效能监察的重点，着力解决执行力不强的问题，出台《关于加强全区机关效能建设的暂行规定》。认真受理企业和群众投诉，加大新增投资项目的监管力度，在全区所有机关企事业单位，全面开展优化发展环境评议活动。2010年，为了使效能监察落到实处，纪委派员直接参与太平溪综合治理二期工程、火车站站前广场改造、迎丰路改造等一批重大建设项目，以便及时掌握情况。5月，专门出台《重点项目行政过错责任追究暂行办法》，加大对不认真履行职责，协调不力以及不作为、慢作为、乱作为等行为的追究力度。

第六章　组织工作

怀化市委（县级）组织部、鹤城区委组织部，负责贯彻执行党的组织路线，以及负责对组织工作和干部工作的检查督促，具体管理党员队伍建设、干部队伍建设、领导班子建设和党的基层组织建设。

第一节　党员队伍建设

1990年，怀化市党员总数为16624人。按照中央关于发展党员要“坚持标准、保证质量、改善结构、慎重发展”的方针，发展新党员365人，其中，第一线的劳动者占70.6%，45岁以下的占86.02%，初中文化以上的占68.33%。

1991年底，全市党员总数为16884名，由于当时企业改革尚未起步，农村外出务工人数较少，农村、企业中的党员有9569名，约占60%。为适应新时期党的建设和发展需要，市委制定了《怀化市党员发展五年规划》，拟在五年内发展党员4000名，采取“推优”“培训”等措施发展党员。1994年，坚持在生产一线发展党员，全年发展党员782名，其中，一线党员占55%。1995年底，全市有党员19957名，五年发展党员3333名。1996—1997年，全市发展党员818名，全市党员总数达到21686名。

1990—2010年部分年份怀化市（县级）、鹤城区党员职业结构表

表9-6-1　　单位：人

年份	党员总数	公有经济单位	非公有经济单位及个体	农牧渔业	离退休人员	其他
1990	16624	5380	724	9383	921	216
1995	19957	6917	1244	9885	1685	226
2001	10071	3639	378	3435	1502	1117
2005	10630	3522	261	3609	2101	1137
2010	12282	3906	525	3872	2279	1700

1990—2010年部分年份怀化市（县级）、鹤城区党员性别及民族结构表

表9-6-2

年份	党员总数	性别				民族			
		男	百分比%	女	百分比%	汉族	百分比%	少数民族	百分比%
1990	16624	17129	85	2495	15	16433	98.9	191	1.1
1995	19957	16625	83	3332	17	19624	98.3	333	1.7
2001	10071	7684	76.4	2377	23.6	9721	96.5	350	3.5
2005	10630	8192	77	2438	23	10255	96.5	375	3.5
2010	12282	9469	76.3	2913	23.7	11699	95.3	583	4.7

1990—2010年部分年份怀化市（县级）、鹤城区党员年龄结构表

表9-6-3

年份	党员总数	35岁以下	36~45岁	46~54岁	55~59岁	60岁以上
1990	16624	2677	4728	4674	2335	2210
1995	19957	3914	4750	5076	2488	3729
2001	10071	2305	2085	2511	1030	2140
2005	10630	2243	2376	2254	1159	2598
2010	12282	2727	2971	2224	1128	3232

1990—2010年部分年份怀化市（县级）、鹤城区党员文化结构表

表9-6-4

年份	党员总数	初中及以下	高中	中专	大专以上
1990	16624	12559	1990	1143	932
1995	19957	13010	3389	1970	1588
2001	10071	4556	2319	1366	1830
2005	10630	4538	2202	1306	2584
2010	12282	4098	1932	2025	4227

1998年是建区第一年，全区设立党委26个，党工委6个，党总支18个，党支部421个。当年发展党员292名，全区共有党员9775名。1999年后，全区各级党组织执行了“发展党员计划申报制”的新规定，全区党员质量得到了有力保证。2000年，全区制定了发展党员工作六项制度，即《发展党员工作制度》《入党积极分子培训教育考察制度》《预备党员跟踪教育考察制度》《组织员工作制度》《发展党员公示制度》《发展党员失察追究制度》，有效地促进了发展党员工作的经常化、程序化、规范化。全区确立建党积极分子524名，批准发展116名预备党员，其中生产一线，占70.79%。2001年，全区共确立建党积极分子200名，批准发展80名预备党员。2002年，制定《关于在发展党员工作中试行公示制、审查制、责任追究制的规定》，对所有发展对象进行公示。全年批准发展新党员248名，其中，女党员79名。2003年，印制《发展党员工作程序表》，运用“票推票决”制度发展党员，确保党员质量，改善党员结构。全区全年共发展党员221名，非公经济组织党员9名。2004年，区委强调“党组织要强化服务经济建设，党员要有驾驭经济工作的能力”，全区党员发展对象重点转向“科技示范户、优秀务工回乡人员、致富能手、大专院校毕业生”等高素质人群。全区党员个体素质得到提升，党员队伍建设更具活力。2010年底，全区党员总数为12282名，其中，非公有制经济组织656名，大学本科学历4191名，硕士研究生学历36名，35岁以下青年党员增至2727名。

第二节 基层组织建设

一、农村党组织建设

1990年，怀化市（县级）有32个乡镇党委，301个行政村党支部，党员8771名。

针对农村基层组织建立比较薄弱的问题，开展了以规范化、制度化为主要内容的建设整顿活动，开展“创先争优”活动。制定了基层党委民主生活会和党支部“三会一课”制度。加强党员和党支部书记、村委会主任培（轮）训工作，几年中共培训党支部书记和村委会主任5317人次，党员培（轮）训率达98.90%以上。1994年，怀化市委下发了《中共怀化市委关于建设和整顿农村党支部的实施意见》和《建整工作目标管理考核细则》，全面铺开农村党支部建设和整顿工作。制

定《农村党支部建整工作后盾单位目标考核细则》，把建整工作纳入全市“双文明”考核目标管理。加大对后进贫困村的扶贫工作力度。几年中全市共举办政治理论培训3134期，培养建党对象4816名，确立后备干部712名。1996年，以“创五好、奔小康”为载体，通过开展评选“二十佳农村党支部书记、村主任”“十佳学用科技先进个人”“党员科教先进单位”“党员科教示范户”活动，将农村科技拔尖人才和在“创奔”活动中建立功绩受到市委表彰的3名优秀村支部书记、1名村主任和2名优秀科技示范户录用为国家干部。

1998年，区委下发了《关于开展“创建基层党组织建设先进单位”活动的意见》，在农村党员中开展“星级教育管理”，即学习理论星，文明新风星，无私奉献星，学用科技星，勤劳致富星，遵纪守法星。全区掀起了“创建基层党组织建设先进单位”的热潮。2000—2001年，在92个行政村的村组干部中积极组织开展“三学三提高”活动，把村干部“学习政治理论、提高思想素质；学习政策法规、提高管事能力；学科学技术，提高致富本领”作为加强村组党组织建设的重点来抓。广泛开展“两带头”活动。100%的村都制定了1~3年的党建、社会和经济发展规划，建立和完善了学习制度、民主生活会制度，92个农村党支部开展了民主评议党员活动。

2002年，在农村基层干部选任制度上，逐步建立以竞争上岗为核心的农村基层干部选用制度。针对村委会“海选”后的实际，采取“两推一选”(群众推荐、党员和组织推荐、党员选举）的办法，真正把有觉悟、有威信、热心为群众服务的带头人，密切联系群众、关心群众疾苦的贴心人，有思想、有才干、能带动群众致富的人，选配到党支部书记岗位上，把农村基层党组织建设成为农村现代化建设的战斗堡垒。

2003年后，全区深入开展了“三级联创”活动。2006年12月2日，中共湖南省委下发通报，正式授予清水井村省级党建示范点。

2010年，按照省、市有关会议、文件精神，下发“四议两公开”宣传图画，狠抓村务公开规范化和制度化的建设。积极推进村组织活动场所建设，充分发挥其党员教育培训、村民参政议事、干部便民服务、群众文化娱乐活动主阵地的功能和效用。加强第一书记、科学发展指导员的工作指导，认真落实村干部误工补贴，村支书和村主任每月510元，离任村干部每月60元，大大激发他们的工作积极性。

二、社区党组织建设

1997年，怀化市（县级）有5个街道、35个居民委员会。1998年，鹤城区成立后，新成立城南街道、河西街道，社区居委会增加到57个。社区党建方面健全了指导队伍，规范了全区57个社区党员活动室、“三会一课制度”等。成立党建联系会、协商理事会、居民议事会以及社区一片区、一小区、一栋楼的四级管理网络。为社区基层组织活动开展提供了网络基础和组织保障。

1994年，在街道开展评比表彰“十佳街道居委会党支部书记（主任)”活动，7名支部书记、3名主任受到表彰，并进行了街道居委会换届选举。

1997年，市委制定了《街道基层党建工作管理细则》，着重抓居委会党支部班子建设，解决班子老化和党员发展问题。

1998年，区委制定下发了《鹤城区街道党建工作目标管理考核细则》，对街道居委会的党建工作进行了具体量化和规范化指导。

2003年，区委制定下发了《关于加强社区党建工作的若干规定》和《关于加强和推进社区党建工作的意见》，建立区委常委党建联系点制度，社区党总支书记禹辉沅被中组部、民政部评为“全国优秀社区工作者”。

2005—2006年，开展了对国企改制企业党员移交社区管理工作，把由“企业管理”的党员向“社区管理”过渡，将改制企业党员关系移交临近社区党组织管理。

2010年，进一步建立社区党建指导员队伍，帮助社区规范“三会一课”制度，配齐“六室三站”，即办公室、接待室、警务室、党员活动室、老年活动室、阅览室、社保站、卫生服务站、社会事务服务站。成立党建联系会、协商理事会和民主议事会以及社区一片区、一小区、一楼栋的四级管理网络，为社区党组织党建活动开展提供了网络基础和组织保障。

1990—2010 年部分年份怀化市（县级）、鹤城区基层组织机构一览表

表 9-6-5

年份	基层党委（个）	党组（个）	党工委（个）	党总支（个）	党支部（个）
1990	62	—	6	7	860
1998	26	24	6	—	434
1999	30	36	6	15	397
2002	31	34	6	20	461
2003	29	29	6	22	473
2005	30	32	6	22	453
2010	27	32	8	36	529

三、机关党组织建设

1990 年，怀化市（县级）直属机关 8 个党委，12 个党总支，135 个党支部，党员 3794 名。1998 年区属机关党委 6 个，7 个党总支，115 个党支部，党员 3121 名，2010 年底，区属机关党委 7 个，7 个党总支，131 个党支部，党员 3756 名。

思想政治工作　1990 年起，区直机关党委坚持以邓小平理论和“三个代表”重要思想为指导，创造性地开展机关党建活动，切实加强机关党组织的思想政治建设，至 1995 年，共举办党员轮训班 44 期，预备党员跟踪教育培训班 32 期，参训人数 8100 人次。1996 年，制定下发了《怀化市 1996 年机关党建工作目标管理考核细则》，采取百分制评分标准，分 6 大项和 8 个小项对机关党建工作实行量化管理，同时结合市直属机关实际，还制订了《怀化市直属机关党的支部工作若干规定》，进一步理顺了机关党组织关系。至 2010 年，组织开展了一系列寓教于乐、寓教于知的大型党建活动和以服务经济、服务基层、服务群众为主要内容的“创先争优”活动，有效地促进了机关干部作风转变。所属党总支、党支部，多个单位分别同多个行政村建立扶贫奔小康联系制度，为建整扶贫村支助现金和物资 800 余万元，捐赠农业科普书籍上万册。20 年中，评选表彰优秀党员 1100 人次，优秀党务工作者 584 人次，先进党总支、支部 130 余个，向市、区推荐各类先进典型 104 人次。

党风党纪教育　1990 年起，市直机关党委将党员干部的党风教育纳入年度工作计划和党建工作目标管理考核内容，认真抓落实。同时，建立健全机关纪律检查和党员违纪案件审理小组，建立党风廉政建设责任制。每年举办党员教训班，上廉政专题辅导课，组织观看电教片，以及进行违纪案件剖析。要求各总支、支部按规定开好党员民主生活会和民主评议党员活动，聘请离、退休党员担任特邀组织员，协助党委开展教育、调研、监督工作。至 2010 年，评出优秀党员 900 多名，有 237 名党员评为不合格党员，配合区纪委查处违纪案件，处理党员 237 名。从而进一步纯洁了党的组织。

组织发展工作　为了确保发展党员的质量，机关党委严格把好培养关、考察关、材料关、公示关、谈话关、审批关。1990—2010 年，举办新党员跟踪教育培训班 58 期，培训新党员 1068 名，举办建党积极分子培训班 18 期，培训积极分子 2002 人。着重进行了党员基本理论、基本路线和基本知识教育，做到思想上入党，组织上入党。20 年共发展新党员 380 名，批准新党员转正 385 名，且大部分都成了各部门、各单位、各条战线上的中坚骨干。

四、非公有制经济和社会组织党建工作

2002 年，开展非公有制经济组织党建工作。按照有利于党的领导，有利于党员的教育管理，有利于非公有制经济组织发展的原则，逐步建立和理顺非公有制经济组织中党组织的隶属关系。坚持从实际出发，通过单独组建、联合组建、挂靠组建、村企联建等方式，灵活设置党组织。在

工作机制上，针对非公有制经济组织中党员的不同特点，建立健全党员管理网络和管理机制。2003年，按照省、市委组织部部署，区委成立非公有制企业党建工作办公室，在全区范围内对非公有企业党建工作进行全面摸底调查。区委组织部建立从业人数50人以上非公有制企业党建工作台账，各乡镇、街道也建立了辖区内非公有制党建工作台账。2010年底，全区非公有制党组织达到93个，党员人数656人。

第三节　领导班子

1990年，从有利于市级领导班子建设出发，加强知干（知识型干部）和青干（青年干部）工作，有计划地培养市级后备干部，有2名进入市级领导班子。在1994年领导班子的换届选举工作中，选拔了21名德才素质好的年轻干部担任部、委、办、乡、镇主要领导，配齐38个区、乡（镇）的党委政法委副书记。1996年，按照“四化”方针和德才兼备原则，调整市直单位的乡镇领导6人，调配调整局级领导干部11人，市委制定了《怀化市关于加强乡镇党委建设的通知》，市委组织8个考察组，对30个乡镇和5个街道的领导班子进行一次全面考察，评出优秀公务员43人。

1998年，是鹤城区成立的第一年，4月底，区党委、政府、人大、政协四大家班子相继成立，全区设科、局级行政事业单位116个，其中正局级单位85个，副局级单位31个，2个联络处，8个乡（镇），5个街道，党委工作部门6个，政府组成单位21个，其他科、局级行政事业单位74个。共有在职干部5464人，其中行政机关单位992人，企事业单位4473人，女干部2401人，少数民族干部261人，非党干部3865人，有副科以上干部945人，其中处级领导干部50人，科级领导干部667人。是年11月份，召开怀化市鹤城区乡镇第一次代表大会，选举产生了乡镇首届党委、纪委班子。全区8个乡镇选举产生党委班子成员77名，纪委成员24名，党委书记8名，党委副书记28名，纪委书记8名。

1999年，区委下发《关于开展“创建基层党组织建设先进区”活动实施意见》。区领导每人办一个“创建”活动联系点，局以上单位办一个“创建”活动责任点。全区共办有19个“创建”活动联系点，并将“创建”活动效果作为考察党政一把手的管理水平和宏观驾驭能力的重要内容。制定了妇女干部（1999—2000）发展规划，建立了后备干部档案和名册，确立女后备干部22名。其中可担任党政一把手的女干部3名，后期可进班子的女干部12名，35岁以下有培养潜力的女干部48名。

2000年，按照《党政领导干部选拔任用工作暂行条例》规定，全年任命干部182人次，女干部19人，少数民族干部4人，非党干部7人。2001年，根据省、市关于机构改革文件精神，对116个区直单位的领导班子中625名领导班子成员进行考察，先后同100余人进行了个别谈话，对45个领导班子进行了调整充实。按照《中国共产党基层组织选举工作条例》和实施方案的原则、程序、方法，10月全区8个乡镇相继召开党代会，选举产生鹤城区第二届乡镇党委班子，共选举产生党委班子成员68名，妇女委员3名，纪委成员24名，党委书记8名，党委副书记31名，纪委书记8人。

2003年，按照中共十六大提出加强领导干部“五种能力”建设的要求，坚持“调优、调顺”的原则，区委对3个闹不团结的班子进行调整，对4个软弱涣散的班子配强力量，进一步优化各级领导班子。

2010年，坚持以科学发展观为指导，高质量完成了科学发展观活动整改落实阶段的相关工作。集中排查和解决突出问题304个，人民群众的满意度达到99.6%以上。进一步完善科学发展的体制机制，出台了《关于进一步加强党的建设的决定》《关于处理不合格党员的暂行规定》等政策制度30个，废止了121个不符合科学发展观要求的规章制度，召开了全区深入学习实践科学发展观总结表彰大会，表彰嘉奖了35个先进单位和55名先进个人。鹤城区被评为全市学习实践科学发展观活动先进单位。深入开展“千名干部下基层”“问民意、帮发展、促和谐”活动，全区共建立领导干部联系点195个，结对帮扶对子750多个，化解矛盾纠纷640多起，整顿软弱涣散基层组织6

个。制定《鹤城区调整不适宜担任领导干部暂行办法》和《鹤城区领导班子和领导干部综合考核评价实施办法（试行）》，对5名不适宜担任正职的科级领导干部予以降职、免职处理。认真贯彻落实市委《关于进一步加强培养选拔年轻干部工作的实施意见》，配备了一名“80”后乡镇长，一名“85”后区直单位正职。建立了《鹤城区“双百”工程80后出生干部名册》和《鹤城区“双百”工程85后出生干部名册》。择优选拔一批优秀干部，纳入全区“双百”人才库（100名正科级和100副科级干部后备人才）。

第四节　干部教育

党校教育　1990—1998年，怀化市（县级）委共举办各类培训班168期，其中部门班98期，主体班20期，培训科级、股级、青年干部、妇女干部、村级干部、厂长（经理）、财务管理、企业后备干部、党员、入党积极分子共13184人次。加强了理想宗旨、经济、法制、党建和科技兴农等方面的教育。1994年5月，经批准，在完成培训的基础上，举办函授大专班。1994年9月，开始举办中专、大专函授班，开设法律、行政管理、经济管理等专业。2001年，开通中央党校远程教育网络，到2010年，已毕业中专函授学员461名，大专函授学员2000余名。

远程（电化）教育　1990年2月，成立怀化电化教育管理站，32个乡普遍建立了党员电教管理制度。6月10日至7月10日，开展全市党员电化教育月活动，翻录电教片111盒，共播放900多场，观看电教片的党员达8万余人次。1991—1998年，深入开展“党员电教科技示范村、示范户”创建活动，组织科技、农林、畜牧水产等专家，深入农村利用电教平台传授农业技术知识。共举办培训班312场，发放科技资料10万余份，专家现场指导218场次，使每个农村党员掌握2门以上的实用技术，提高党员带头致富、带领群众致富的能力。树立科技示范村、科技示范户2500个。街道、乡镇行政机关添置电视机、VCD等电教设备86台（件），全区92个自然村、35个居委会及100多个直属机关党组织全部建立了固定的电教室（站）或活动播放点。2000年，加强党员电教播放网点建设，坚持“建立一个点，巩固一个点，规范一个点”的原则，按照“有场地、有机构、有人员、有设备、有播放收看记录”的“五有”要求，所有行政村和社区居委会都建立了电教网点，全区党员受教育面达98.5%。全面实施党员电教科技扶贫“个、十、百、千、万”工程，全年发放“农村致富实用技术”光盘58套290碟，发放各类科技实用技术录像带160多本，保证每年每个党员观看10部以上的实用科技片。

2001—2007年，实现了远程教育站点全覆盖，每个站点配齐了1名合格的操作员，举办首届操作员技能比武，通过比武提高操作技能。远程教育中心组织专家，拍摄制作了一批实用技术电教片，如《优质稻高产高效栽培技术》《水稻、棉花病虫可视化教程》等。引进各类科教片1250多张，为乡镇发展“一村一品”特色农业提供优质服务。2007年，芦坪乡尽远村村主任陈全信兼远教站点操作员，荣获“全省远教学用典型”称号。

2010年，共完成110个红星视频入户推广任务，组织了3700名党员干部通过天网和红星视频收看电教片40余场次，远教工作覆盖面不断扩大。

素质教育　1990年，为提高干部素质，鼓励自学成才，全市约有1500人参加电大、函大、夜大、职大、自考在职学习，其中新路河、石宝等7个乡镇开办了农函大，参学人员235名。1994年，全市32个乡镇有24个党委书记、乡镇长分别担任党员科教领导小组组长，有95%的党支部和85%的党员制订了党员科教工程规划，14名市委常委全年共写理论文章43篇。1995年，省、地干部调训40人次，选送55名企业后备干部到地区经干校深造，办村级后备干部两年制与三个月强化班各一个，参学人员91名。通过培训学习，加强了领导干部的中国特色社会主义理论教育、民主集中制教育、法律知识教育以及专业知识教育。1996—1997年，市委制定《怀化市1996—2000年干部培训规划》，以市委党校为阵地，对干部进行广泛地培训。共举办纪检监察干部班、中青干部培训班、厂长（经理）财务管理培训班、企业后备干部培训班等各种培训班18期，培训学员1348名。分批次组织经济联络处、乡镇、街道党政一把手82人赴地委党校参加培训班，80多名村干部报名报考函授中专班。

1999—2010年，选送10批120名区级领导分别参加中央党校、省、市委举办邓小平理论、“三个代表”重要思想、科学发展观的研讨班。举办党建、党纪党规、学习郑培民活动知识抢答赛41场，全区286个基层党组织普遍参与，受教育党员干部群众达8万余人次。每年组织全区党员干部举办普法考试，参考率达99%。2010年，区委出台《关于进一步做好网络宣传评论小组的通知》，组建了24人的高素质网评网室工作队伍，共向网络论坛、新华网和强国论坛等国内知名网站发表原创网评文章293篇，转帖287篇，跟帖1245篇。组织开展“乡镇党委书记思想工作生活状况研究”等4个课题调研，在中央、省、市内刊物的新闻媒体上稿108篇。

第五节　人才队伍建设

1990年，全市建立知识分子干部档案。1992—1994年，选送1963年出生的优秀干部、职工到华中师范大学脱产学习两年。选派16名市级后备、33名中青干部下村到乡进厂和华西村挂职锻炼，组织36名局级主要领导干部到深圳培训学习经济工作。1994年，组织全市、区、乡、镇长和部分部、委、办、局的负责人分成三个组到深圳、海南、江浙、山东进行市场经济实地参观学习，提高基层领导驾驭市场经济的能力。

1995年，怀化市制定下发《怀化市跨世纪领导干部培养选拔规划》。对选拔青年干部和妇女干部作了具体部署，进一步扩大了选拔视野，拓宽了选拔后备干部的渠道。全年调整补充市级后备干部24人，选拔市直机关、科局级后备干部73人，选拔考察企业后备干部58人，共提拔709人，其中青年干部272人，妇女干部37人，配备党外副局长5名。

1996年，市委成立知识分子工作领导小组，开展了地管科技拔尖人才的选拔工作。选送5名候选人呈送地委组织部审批，30个乡镇全部配齐了科技副乡长。

1998年，召开了中共怀化市鹤城区乡镇第一次代表大会，选举产生乡镇首届党委、纪委班子。8个乡镇16个党政正职平均年龄35.7岁，最大的45岁，最小的27岁。16个党政正职具有大专以上学历11人，高中以上学历5人。班子成员中的女干部12名，其中党委班子中女干部8名，乡长1名，每一个乡镇选举产生一名懂经济、善管理的副乡镇长进入党委班子，培养选拔市级后备干部42人，副局以上单位后备干部96人。

1999年，开始开展公开选拔科技副乡镇长工作。

2006年，全区开展公开选拔科级领导工作，对8个副科级领导岗位进行公开选拔，报名人数达120余人。通过笔试、面试、考察、公示等程序，8名公选干部走上科级领导岗位。

2007—2009年，全区人才资源建设效果显著，年均增加人才800人。为区机关事业单位选拔大专以上学历132人，为区委重点项目建设、农业结构调整、民营企业发展、科技兴区引进高科技人才103人次。截至2010年底，全区人才总量达6943人，其中党政领导人才1318名，专业技术人才4081人，企业经营管理人才1544人，覆盖了大部分学科和科技领域。

2010年，按照《湖南省中长期人才发展规划纲要（2009—2020年）》文件精神，鹤城区拟定《关于进一步加强人才队伍建设的实施意见》，明确目标任务和加强人才队伍建设的主要内容、主要途径和措施，要求到2015年，全区人才总量达10000人。出台《怀化市鹤城区大学生“村干部”管理办法》。开展“3+1”结成帮扶活动，由组织部长、乡镇主要领导和村支部书记负责结对帮扶一名贫困家庭大学生，将大学生“村干部”全部纳入创业园范畴，支持创业。是年，推荐2名土人才进入市级人才库。

第六节　农村建整扶贫

1990年，通过调查，确定全市后进党支部13个，逐一建卡，各基层党委落实专人帮助整顿，把建整情况纳入党委成员的年度目标管理，整顿和转化率分别达到100%和91%。1995—1997年，市委先后出台《建整工作目标管理考核规则》《农村党支部建整工作后盾单位目标考核细则》《农村党支部建整工作队目标考核细则》，市委将建整扶贫工作纳入全市“双文明”目标管理。建整办制定《工作队月工作进度卡》和《工作队政绩卡》，提出建整扶贫“四个扶持”，即扶志、扶智、扶贫、扶技的指导方针。37名市级领导都建立了建整扶贫联系村。几年中，帮助建整村办实事313件，解决资金800多万元。市直116个科局级单位实行包村责任制，全市后盾单位主要领导下村现场办公。建整办组织编印《农村组织建设规范》，对全市村级组织机构设置、党支部工作职责、工作制度、发展党员工作程序、“五好”党支部标准、党员活动室布置以及村民委员会、经济合作社、民兵、妇代会、团支部、计生协会等组织及其成员职责进行了统一规范。全市41个建整村调整支部班子36个，调整支部书记29人，调整支部委员67人。

1998年，按照中央关于农村基层组织建设工作指导方针和“八七”扶贫攻坚计划及省委“决不让贫困村进入二十一世纪”的要求。为加强对建整扶贫工作的领导，区委成立农村党支部建设和整顿小组，区委书记任组长，区委把建整扶贫工作作为确保党的基本路线、方针、政策在农村贯彻实施的大事，纳入“创建基层党组织建设先进区”活动的重要议事日程。要求区级领导亲自办点，担当第一责任人。全区确定了8个建整扶贫联系点（含市委确定的2个联系点），制定“建好基层组织，到2000年消灭贫困村”的工作目标，这8个村人均纯收入不足700元，到1999年底，这些建整村的人均纯收入达到1500~2000元。建整工作队围绕经济发展狠抓基础设施建设，共修路7条共36千米，架桥3座，建人兽饮水工程8处，新建、维修学校3所，建筑面积1130平方米，接通有线电视6个村，建整开发水果经济林1500亩，开发溪水养鱼1100多亩。

2000—2002年，全区共6个建整扶贫点，安排43个后盾单位，抽派18名工作队员，帮助扶贫点，配齐村班子，调整村支书、村委会成员8个，配备后备干部3人，建立高标准党员活动室16个，发展新党员38人，举办各类党员培训班53期，培训党员骨干638人，6个工作队为建整村筹集资金300多万元，实施农业开发项目18个，畜牧养殖13个，开发果园1030亩，兴修水利工程15处，新建村部3个，使建整扶贫点的年人均纯收入增长400~500元。

2003年，区委调整成立以市委常委、区委书记王志群为组长的农村基层组织建设和扶贫开发工作领导小组，各乡（镇）成立以党委书记为组长的领导小组，出台全区农村基层组织建设和扶贫开发工作方案。

2010年，区级领导分别在9个省级贫困村，8个市级贫困村挂点，安排29个后盾单位，9个工作队员。全年挂点区级领导下村帮助解决经济发展资金130多万元，指导工作队为联系村办实事84件，指导调整村级班子5个，29个后盾单位为联系点筹集资金250多万元，确立发展项目11个。

第七章　宣传工作

中共怀化市委（县级）宣传部、中共鹤城区委宣传部，负责组织、指导各级党组织理论教育、学习、宣传、研究工作。研究制定精神文明建设的规划、措施，指导、部署、协调、督促、检查群众性精神文明创建活动的开展，做好精神文明建设工作先进经验的交流与推广。负责引导新闻舆论导向。负责规划和指导文化事业与文化产业的发展等。1991—2010年，宣传部始终把加强党的思想建设作为党建的首要任务和带动其他方面建设的根本性建设，促进人们思想解放和三个文明建设。

第一节　理论学习

1991—1997年，以邓小平南方重要谈话为标志，全党确立邓小平建设有中国特色社会主义理论的指导地位，学习邓小平理论成为全党理论学习重要内容。怀化市（县级）委成立由市委一把手挂帅，主管副书记和宣传部部长主抓的市委学习中心组，局以上单位和乡镇办事处党组织中心组学习制度进一步健全，学习理论制度逐步完善。怀化市委采取中心组集中学习、分级培训、加强调研等形式抓理论学习，以“三个有利于”为标准，用邓小平理论武装全党。先后重点组织学习《邓小平文选》、邓小平南方重要谈话精神、《什么是社会主义市场经济》、市场经济法律法规、党的基本理论、中共十四届六中全会精神等内容。为全市党员干部进一步解放思想，抓住时机，维护稳定，加快改革开放，建立社会主义市场经济，逐步奠定了思想理论基础。注重理论学习、宣传、研究相结合，各级各部门利用电视、报纸、广播、板报等形式进行理论宣传。先后有近3万人次党员干部参加各类理论培训学习，各级领导撰写理论调研文章500多篇。

1998—2003年，以学习贯彻江泽民“三个代表”重要思想为重点，以学习贯彻落实党的十六大精神为主题，结合学习WTO知识以及法律法规等。

建立中心组学习制度，基本上实现了五有：有集中学习场地，有学习资料，有学习园地，有学习机制，有学习记录，从制度上保证学习时间和经费。通过举办专题讲座，加强各级党委中心组学习等形式，把“三个代表”重要思想的学习引向深入，推进理论武装工作。十六大召开后，并成立区学习贯彻中共十六大精神宣讲团到基层宣讲，全区共举办27场专题报告。结合以“讲学习、讲政治、讲正气”为主要内容的党性党风教育加强理论学习。通过学习教育，党员干部树立正确的世界观、人生观、价值观。全区共举办各级理论学习交流会、培训班30多次，发放各种学习资料、理论学习读本5万多份，受益群众11万多人，党员干部撰写各种学习心得3万多份。2000年开始举行党员干部理论考试，连续六年累计6000余干部参加考试，建立副科以上干部理论学习档案。各级领导干部广泛开展理论调研，撰写调研理论文章累计550多篇，市级以上刊物累计发表220多篇。

2004—2010年，开展中共十六大、十七大精神主题宣传教育活动，深入学习邓小平理论、“三个代表”重要思想及科学发展观，开展学习型党组织创建活动。

健全学习制度，开展专题学习、讨论、交流、调研活动。区委中心组集中理论学习累计42次，邀请专家学者为区委中心组作形势报告累计22场。推动各级中心组开展专题调研和成果交流，各级领导干部撰写理论调研文章1200多篇，其中市级以上刊物发表的调研及理论文章累计230多篇。组织学习、宣传中共十六大、十七大精神，学习研究宣传中共十六大以来的重大理论创新成果。明确了科学发展观是指导经济社会发展的根本指导思想，用马克思主义中国化最新成果武装党员干部头脑。结合保持党员先进性教育活动加强理论教育，举办各类讲座、座谈会、研讨会。办好鹤城新闻网理论宣传栏目，刊发理论宣传文章，多层次、多角度满足群众理论需求，扩大理论宣教覆盖面。为落实科学发展观、构建和谐社会营造良好思想舆论环境。组织区委宣讲团和宣讲小分队，深入基层宣讲党的最新理论成果和方针政策，使党的精神进农村、进社区、进学校、进机关。集中宣讲累计210多场，听众3万余人，发放学习宣传资料7万多份。累计50多万人次参与各级各类理论学习。为巩固理论学习成果，推动党员干部理论学习，组织党员干部参与十六大、十七大精神知识竞赛活动。继续举办了干部理论考试，后扩大为干部职工理论学习考试，累计参考人数2万余人次，编写理论学习考试参考资料5本。

积极推动全区各级党组织开展创建学习型党组织活动。2010年区委成立学习型党组织建设领导小组，由区委副书记担任领导小组组长，学习办设在区委宣传部，专门负责学习型党组织创建活动。为保证活动的正常开展，区财政将学习办工作经费纳入财政预算。学习办在全区党组织通过推荐学习书目，建立学习载体，组织学习活动，编写学习资料等形式，大力营造和形成重视学习、崇尚学习的浓厚氛围，建立健全有效的学习制度，探索和完善各种学习形式，使党员干部的学习能力不断提升、思想政治水平和知识素养不断提高。全区涌现了芷江路社区等一批省市创建学习型党组织先进单位和尹文银等一批省市党员学习明星。

第二节　精神文明建设

1991—1998 年，精神文明由怀化市（县级）委宣传部负责协调主抓。改革开放以来，随着农村经济和社会的发展，全市农村文化事业发展较快，取得了比较明显的社会效益。为了进一步加强农村文化工作，巩固农村文化宣传阵地，促进农村精神文明建设，1996 年，出台《关于加强农村文化工作的决定》。1996 年中共怀化市委办公室下发关于认真组织学习《关于加强社会主义精神文明若干重要问题的决议》和江泽民同志发表的重要讲话。明确提出了新形势下加强精神文明建设的指导思想、目标任务、工作方针和重大措施。1997 年为迎接香港回归，对市民进行爱国主义教育，在全市广泛开展以“迎接香港回归”为中心内容的爱国主义教育活动，掀起爱国主义教育的高潮。为进一步加强和规范文明单位管理，中共怀化市委办公室、怀化市人民政府办公室出台了《怀化市文明单位管理办法》。1991—1998 年，全市涌现出一批文明建设先进单位，推动了两个文明建设活动的深入开展，共评出“文明单位”25 个、“文明经营户”17 户、“文明村”4 个。

1991—1998 年怀化市（县级）文明建设先进单位一览表

表 9-7-1

获奖时间	奖励类别	获奖单位
1991 年	文明单位	怀化市舞水小学
		怀化市百货批发部
		怀化市轻纺大楼
	文明村	怀化市鸭嘴岩龙形村
1992 年	文明单位	怀化市迎丰百货商场
		怀化市红岩电站
		怀化市雪峰大厦
1992 年	文明村	怀化市黄岩乡大坪村
		怀化市石门乡清水井村
		怀化市榆树乡胜利村
1993 年	文明单位	怀化市三角滩电站
		怀化市人民路百货商场
	文明经营户	中心市场宏远商场　贺礼初
		中心市场流连丝绸行　吴兰英
		中心市场自选鞋店　武治民
		中心市场布匹批发　谌松柏
		迎丰西路汽车配件公司　李国庆
		人民路乾隆酒楼　刘立新
		迎丰南通有限公司　赖洪烈
		湖天桥蓄电池厂　江兴国
		嫩溪垅朝朝春饮食店　李荷美
		嫩溪垅长乐饭庄　唐兆云
		湖天桥小车出租公司　颜翠兰
		石门双村鞭炮厂　陈发林

续表 9-7-1

获奖时间	奖励类别	获奖单位
1993 年	双文明目标管理先进单位	怀化市红星街道
		怀化市城中街道
		怀化市石门乡
		怀化市杨村乡
		怀化市贺家田乡
1994 年	双文明单位	怀化市榆树乡榆柿村
	双文明目标管理先进单位	怀化市红星街道办事处
		怀化市坨院街道办事处
		怀化市石门乡
		怀化市黄金坳乡
1995 年	文明建设先进单位	怀化市鸭嘴岩乡中心完小
		怀化市鸭嘴岩乡信用社
		怀化市鸭嘴岩乡池回村
		怀化市芦坪乡刘家村
		怀化市黄金坳乡黄金坳村
		怀化市凉亭坳乡杨地坪村
		怀化市杨村乡杨村村
	双文明经营户	怀化市武陵城实业有限总公司　钟生林
		怀化市宏棕互矿机电贸易部　朱吕光
		怀化市大众汽车修配厂　曾　红
		怀化市佳西饼厂　毛学德
		怀化市飞达鞋业有限公司　向东辉
1998 年	区文明建设先进单位	市国家税务局一分局
		区建设局
	市级文明建设先进单位	怀化市舞水小学
		怀化市国家税务一分局
	怀化地区文明家庭	彭冬元、韩正清家庭
		田仁英、刘万民家庭

1998 年 3 月，精神文明建设由鹤城区委宣传部负责协调主抓。为改善市容市貌，改善市民出行条件，不断提高城市品位，2000 年，成功创建迎丰路样板街。2002 年鹤城区学习贯彻江泽民"以德治国"思路，坚持以德治区，深入贯彻落实《公民道德建设实施纲要》，开展"道德规范"系列活动。活动中，将老年人工作纳入其中，2006 年鹤城区被评为全省老龄工作先进单位。为不断改善生活环境，创建生态宜居城市，多方筹措资金改善环境，通过多方面努力，2009 年成功创建全国生态示范区。为在全区范围内营造一种崇尚先进、学习先进、争当先进的氛围，进一步推进全区群众性精神文明创建活动，推动和谐鹤城建设。1999—2010 年，涌现出一批国家、省、市、区级文明单位，其中创建 1 个全国文明单位，4 个省级文明单位，5 个市级文明红旗单位，8 个市级文明单位，29 个区级文明单位，6 个文明村，11 个文明社区(小区)。

1999—2010 年鹤城区文明建设先进单位一览表

表 9-7-2

获奖时间	奖励类别	获奖单位
1999 年	区文明单位	石门乡清水井村
		鸭咀岩乡龙形村
		红星路居委会
		区烟草专卖局
	双文明建设先进单位	地税鹤城区局二分局
	市文明单位	怀化市鹤城区交通局
	区文明建设先进单位	区审计局
		区交通局
		人民路小学
		区交通规费征稽所
2000 年	样板街	迎丰路
	区文明村	盈口乡盈丰村
		石门塘底村
2001 年	区文明村	鸭咀岩桐形村、石门乡金海村
2002 年	市文明单位	鹤城区民政局
	市文明村镇	鹤城区石门乡清水井村
	市文明创建先进个人	区财政局书记徐印兰
	市文明单位	鹤城区财政局
	市文明村镇	鹤城区鸭咀岩乡龙形村
2003 年	省文明小区	怀化市鹤城区世纪花园小区
	省级文明窗口	鹤城区婚姻登记管理处
2004 年	市文明单位	鹤城区人民检察院
2005 年	市文明红旗单位	鹤城区林业局
	全国文明单位	怀化市舞水小学
	市文明村镇	鹤城区鸭嘴岩镇
2006 年	全省老龄工作先进单位	鹤城区人民政府
	省级文明单位	鹤城区财政局
	市文明红旗单位	鹤城区劳动和社会保障局
	文明小区	怀化市鹤城区教师新村
2007 年	区文明红旗单位	区畜牧水产局、石门中学
	区文明社区	铁树湾社区、迎丰社区
	省级文明小区	怀化市鹤城区国税新村
2008 年	区级文明社区	太平桥社区
		长湾里社区
		红星路社区
	省级文明单位	鹤城区国家税务局
2009 年	区级文明小区	慧泉湘渝世家小区
	全国生态示范区	鹤城区
	区文明红旗单位	区物价局
	区文明村镇	杨村乡
2010 年	市文明社区	怀化市鹤城区城中街道芷江路社区
		怀化市鹤城区城中街道天星坪社区

第三节 新闻宣传

1990年，经国务院批准，怀化地区山区开放开发试验区列为全国农村改革试验区，怀化市各项改革和试验加速向全方位推进。全市宣传工作为了适应新形势的要求，打破常规思维方式和工作方式，坚持服从和服务于经济建设这个基本指导方针上，谱写了新的篇章。围绕山区改革开放和经济建设大局，在全市营造了良好的舆论氛围。主要体现在：常规报道有一定位置。相继在湖南日报、省电视台、省广播电台等省级以上主要新闻单位发稿2520条。在《怀化日报》、怀化电视台、地区有线电视台、怀化经济广播电视台发稿13460条。全市战役性宣传有一定声势。组织开展了“开发开放潮”“试验窗”“科技兴怀”“打好工业经济总体战”“深化山地开发行”“深化企业改革行”“维护社会稳定行”等一系列宣传报道活动。同时，坚持内宣外宣并举，把有分量的报道积极向上级新闻单位推荐。积极参加湘交会、海外联谊会、经贸洽谈会的宣传工作，制作宣传展板50余块，发报刊专版4个，电视专访10个，外宣片2个，制作宣传折页20000份。投资指南万余份，接待省内外媒体记者百余次。为加强宣传工作，1995年，经湖南省新新闻出版局批准怀化市创办怀化市委机关报——《鹤城报》，市委常委、宣传部部长周一友兼总编辑，市人民广播电台副台长赵宗根兼执行总编辑。鹤城报社为宣传部内设二级机构，1995年12月出版第一期试刊号。

1998年，鹤城区坚持正确的舆论导向，加大了宣传工作力度。围绕经济建设，开展了开放带动宣传战役、重点发展区街工业宣传战役、优先发展第三产业宣传战役、郊区经济发展宣传战役等；围绕国有企业改革，开展了企业改制和再就业工程宣传战役。同时，精心组织了“撤地设市”、第一次“党代会”“人代会”“政协会”的宣传。通过系列的宣传报道鼓舞了广大干群的信心，促进了全区各项事业的发展。是年，在市报刊、电台、电视台等新闻媒介发稿300余篇，其中省级以上30余篇，完成《湖南日报》头版头条一个。在市有线电视台、广播电台以及《鹤城报》大力宣传了省劳模张满妹、省“人民满意公仆”金万忠等优秀先进人物。同时，在全区建立健全了全区通信网络，近80%的乡镇和区直单位建立了通讯报道小组，定期培训，统一宣传口径。

2000年，全国县市报全面停办，市里同意在怀化电视台时政频道给鹤城区新闻时段设立《今日鹤城》新闻栏目，鹤城报社机构改为鹤城新闻中心，至此《鹤城报》全面停刊。鹤城新闻中心自成立起，始终坚持正确的舆论导向，不断加大新闻宣传的工作力度。围绕全区中心工作，组织开展了全方位的宣传工作。组织开展了“三个代表”重要思想学习教育活动。中共十五届六中全会、区委一届五次全会、区人大、政协两会等重大活动的宣传报道，为凝聚人心、明晰思路、统一思想、振奋精神，营造了良好的舆论氛围。组织开展重点工程巡礼、文明城市创建、治理经济环境、抗洪抢险、工业宣传月等系列报道，声势大效果好，为促进全区两个文明创建发挥了积极作用。组织“特色经济巡礼”“投资拉动看怀化”“十五开局话亮点”等系列报道，针对性强，社会影响力大。开展对典型人物的宣传报道，在全区范围内，重点推介了周福坤先进事迹宣传等。一年中，共播发《今日鹤城》195期，发表电视稿件1330篇。在省、市新闻媒体发表稿件580余篇。其中省以上50多篇，完成《湖南日报》头版头条2条。陈小松采写的《鹤城引民间投资拉动经济增长》一文荣获怀化新闻头条奖。

2006年，鹤城新闻中心突出“四个重要会议”主线，造浓加快发展的舆论氛围。突出迎接、宣传、贯彻十六届六中全会及省第九次党代会，市、区第三次党代会的主线，紧扣全区中心工作，重点围绕全区招商引资和山区新型工业化，组织了“建设者之歌”大型采访活动；围绕创建平安怀化，组织开展了“利剑行动”“政法鹤城行”大型采访活动；围绕社会主义新农村建设和党员先进性教育、纪念红军长征胜利70周年，组织了“新农村建设话亮点”“全民健康行”“纪念红军长征胜利70周年”等一系列报道；围绕加强市直机关作风建设，抢抓发展机遇，组织“抢抓发展机遇、促进社会发展”等战役性报道；围绕创建省级卫生城市，组织了“做文明市民、树鹤城形象”和城区背街小巷改造、道路油化、城区入城口整治等系列报道；围绕落实“四个重要会议”精神，组织开展了“创造新成绩、喜迎党代会”“落实党代会精神——乡镇（街道）书记访谈录”等采访报道。全年共刊播《今日鹤城》196期，发稿1366篇。在上级媒体发稿400多篇。

2008年，鹤城新闻中心围绕区委中心工作，组织开展了“全面贯彻党的十七大精神”“喜迎奥运会”“商贸立区、工业强区”等一系列宣传报道；围绕搞好城市建设的征地拆迁服务，组织开展了“加快城市化进程、当好城市建设配角”的系列报道。围绕强济扶贫，抓好基层基础工作，组织开展了“创建和谐社区”系列报道。围绕庆祝迎接建市建区十周年活动，开展了“辉煌十年”系列报道。突出报道了对城市提质扩容、征地拆迁，实施“商贸立区、工业强区”“4+1”战略中有突出贡献的人和事。报道了为创建和谐平安鹤城而牺牲、流血流汗的人们及在社区建设和管理中的一些先进经验和先进居民。突出报道了基层干部转变作风、扎实做事，政府处置重大事件的纪实等。全年共刊播《今日鹤城》196期，发稿1370篇。在上级媒体发稿380篇。2010年，鹤城新闻中心紧紧扣住“围绕新目标，共谋大发展”的发展思路和深入贯彻落实科学发展观、转方式促发展等主题，抓好工作策划，组织开展了“机关党员干部读书活动”“创先争优进行时”“基层书记访谈录”“三下乡”等系列报道；新闻中心坚持工作重心下移，围绕群众关心的热点难点问题，还设置了“关爱留守儿童”“庆世博、迎亚运、讲诚信、树新风”“我参与、我快乐”等18个经济民生专题。全年共刊播《今日鹤城》195期，发稿1365篇。在上级媒体发稿480篇。同时，成立鹤城网络中心，建立鹤城新闻网。

第八章 统战工作

与党外人士开展广泛联系和民主活动是统战部的重要职能，积极动员各界人士参与社会主义民主政治建设，通过贯彻党的各个历史时期统一战线政策，广泛开辟渠道调动党外人士参与民主决策和民主监督活动，推动全区经济社会全面发展，是统战部门的主要任务。

第一节 参政议政

1991年，组织党外人士赴闽、粤学习考察对外经贸工作，返回后向市委提出建议，发展对外贸易，要制定切实可行投资优惠政策，设立实而精的工作机构，实行外引内联，提高办事效率，实行一层楼或一条龙服务审批程序的工作模式。1994年，发挥民主党派的优势，形成了许多调研成果。“九三学社”提出了改进农村教育落后现状和“充分发挥湘西交通优势，挖掘怀化第二次创业”及其他人士提出的“怀化市个体、私营经济现状及发展对策”“民主党派参政优势在人民政协中的作用”。为了支持非中共人士政协常委便于了解中共和国家的相关政策，市委办下发《关于行政不在市政协机关的市政协常委组成人员阅读文件、生活待遇和其他有关问题的若干规定》，明确非中共政协常委的阅文范围、政治待遇及生活待遇。组织党外人士开展重大政治活动，1995年10月20日邀请各民主党派、工商联、私营企业等代表参加形势报告会。中共十五大召开后，举办民主党派、工商联的骨干学习中共十五大精神培训班，共40人参加。

1998年，区委统战部向市里推荐党外人大代表11名，市级政协委员16名，区人大代表13名，区政协委员72名。1999年，召开全区统战工作会议，明确了全区统战工作思路，“为经济建设服务，‘坚持区委出题，党派调研，政府采纳，部门落实’”的有效形式，发挥统一战线人才荟萃、知识密集的优势，鼓励党外知识分子、专家学者为攀登科学高峰，提高科技创新能力，围绕国民经济发展中的迫切需要解决的关键问题，开展科学研究和科技攻关，为科教兴区战略的全面实施和跨世纪宏伟目标的实现，贡献聪明才智。确定区级领导联系统战对象制度，其中，工商界人士29名，台胞、侨属、归侨共29名。2009年，健全了《鹤城区非公经济人士参政议政》制度。2010年，建立了鹤城区党外代表人士综合考核评价实施办法，使管理进入了制度化、常态化。

第二节 经济统战工作

1991—2010年，围绕全市（区）中心工作，发挥统一战线自身优势，调动各方积极因素，促进经济发展。在产业发展中实施各种项目；坚持“团结、帮助、引导、教育”的方针，引导、教育非公有制经济代表人士爱国、敬业、守业，做好非公有制经济代表人士的思想政治工作，促进民营企业快速发展；支持非公有经济代表人士积极参与光彩事业回报社会。

1991—1997年，大力开展对外经贸活动。1991年，有10户台港商在石材、服装、竹制品加工行业及陶瓷生产等方面投资。是年8月，与港商合资的“金马瓷业有限公司”剪彩开业。开展海外联谊和经贸洽谈活动。1992年10月18—20日，召开联谊洽谈会，与外商签订意向合同、协议11个，协议资金1.4亿元。引进外资768万美元，建成了湖南天龙医药化工实业有限公司、怀化宏新工贸有限公司、怀化市针织厂、怀化正大有限公司、百乐合资企业。为加快和探讨民营经济发展方式，1995年1月，组织成立了民营经济研究会，营造民营企业发展环境。1996年6月，怀化市委、市政府召开表彰大会，表彰了怀化正大有限公司等11个先进民营企业和武治民等民营企业先进个人。保护民营企业合法权益，在市场经济体系不是很完善的20世纪90年代初，侵害民营经济合法权益现象时有发生。1996年，维护和处理合法权益25起。

建区之初，职能和管理范围进行了调整，经济统战工作重点放在巩固原有对象的基础上，对新的工作思路进行探索。1998年，鹤城正处于国有企业改制起步阶段，该部协助工商联开展安置下岗职工再就业工程。是年安排下岗职工21000余人，之后，逐年将该项工作作为服务经济和维护社会稳定重大内容。在招商引资中，利用工商联、台办、海联平台，用亲情介绍鹤城的优势，广泛联系域外工商界人士参与鹤城各方面建设，1996年，为加快东兴街改造，从邵东引资200万元。2004年，台胞夏正华参与国有企业改制，并引进1500万元分别投资湘怀食品厂和兴盛塑料厂。鼓励民营企业加快发展步伐，2004年，向东辉、谢永健、钱吉治三位民营企业家被评为全国“创业之星”，推荐向东辉、汤回成为“怀化市优秀中国特色社会主义建设者”称号。4名纳税过百万元的民营企业家享受政府嘉奖，飞达向东辉、恒裕钱吉治享受政府特殊津贴。在民营企业中开展“万千百十”工程，“万”就是引导民营企业投资3000万元项目1个，是年鹤城区飞达商业大厦和顺意家园开工建设；“千”即民营企业新增就业岗位1000个，是年，落实就业岗位1200个；“百”即资助100名贫困山区失学儿童就学，是年，通过香港有关团体和社会各界为180名失学儿童资助九年制教育费用；“十”即资助和“扶持10户”贫困老人。为民营企业提供良好的服务。1998年，通过服务年，引导投资等活动，不断改善民营企业生产经营环境，协助正久兽药厂贷款30万元扩大规模。2002年，引导赵宜泽到黄岩投资修建小水电站。引进虹瑞集团投资，2010年，建成高标准油菜、种苗基地105亩，葛根种苗基地3个，面积600亩，年产种苗5000万株。湘西黑种猪场1个，占地60亩，年产仔猪6300头，采用绿色循环发展模式，新造和改造油茶林3万多亩，发展葛根基地6万多亩。至2010年底，全区共有工商户14202家，规模以上非公企业56家，非公企业共引进博士、硕士以上科技人才20名，引进科技项目20个。

第三节　非中共人事安排

发挥非中共人士参政议政作用，调动各方人士积极参与地方经济社会各项事业的建设，搭建平台，提供政策保证，统战部做了大量的工作。

一、人民代表大会人事安排

在人民代表中安排适当比例的非中共人士，使代表具有广泛性，优化代表结构，发挥代表所代表的各个阶层群众的不同心声参与地方的重大决策。怀化市第四届代表大会人大代表安排非中共人士 35 名，占 12.9%，各乡镇人大代表共有 481 名，占总数 30.3%。1998 年鹤城区成立后第一届人大代表安排非中共人士 12 名，占 6.8%。2002 年鹤城区第二届人大代表安排非中共人士 32 名，占 18%。2007 年鹤城区第三届人大代表安排非中共人士 42 名，占 23.6%。

二、政协委员人事安排

政协委员的构成更具广泛性，以使充分调动社会各界积极参政议政，有利为当地经济社会发展建言献策。怀化市第四届政协委员会安排非中共人士占 62.5%，共 105 名。第五届政协委员安排非中共人士占 62.8%，共 114 名。1998 年鹤城区成立，第一届政协委员安排非中共人士占 60.63%，共 77 名；第二届政协委员非中共人士占 63.31%，共 88 名；第三届委员中非中共人士占 59.9%，共 95 名。

三、党外人士任职安排

1991 年始，逐步考察非中共干部。1993 年条件逐渐成熟，共安排副县级非中共干部 6 人，科局级 6 人。1994 年，配备非中共副乡、镇长 12 名，全年在岗非中共实职领导达 72 名。1995 年，在岗副科级以上干部达 31 人，并聘请 6 名非中共人士担任特邀监察员和审计员，并向省里推荐 2 名德才兼备干部。1997 年，选配 1 名非中共人士任科局级部门的正职。

1998 年，在行政部门任副职的非中共人士有 19 人，其中副区级领导 7 名，科级 12 人。并建立后备干部培养档案，通过摸底建立了 43 人的后备人才队伍。1999 年，将后备干部队伍建设按照“一职二备或三备”的要求，完整建立起后备干部队伍。2000 年，通过公开招考配备了审计局、司法局、科技局三单位的副职，全区政府各职能部门非中共配比 53.8%上升到 76.8%，其他职能部门配备 6 名非中共副职，8 个乡镇，配备了 4 名副职，乡镇从建区的空白上升到占 50%。至 2010 年底，法院、检察院和政府 12 个工作部门、2 个乡镇选配非中共实职干部，全区共有非中共副县级实职 5 人，科级 29 人，正科级 1 人。

在非中共干部培养和选拔中注重从实际出发，采取多项政策措施。1994 年，市委统战部下发了《关于认真做好非中共科级干部和非中共知识分子调查摸底、登记造册的通知》。是年，市委组织部门下发了《关于加强党外代表人物队伍建设的意见》，加强对党外新的代表人物的培养，各级党组织要注意在实践中培养和提高。是年 8 月，统战部又对非中共干部实职安排制定规划，对干部后备力量进行了充实。2008 年，组织部与统战部联合发文《关于印发〈鹤城区 2008—2012 年党外后备干部建设规划的通知〉》要通过加强教育培训，积极推进多岗锻炼，建立“一带一”的培养机制。每年都在区委党校、区社会主义学校举办一期党外干部培训班。

大力表彰优秀非中共干部，使其发挥示范作用。2001 年，区委表彰了五名优秀党外领导干部：巫培云（区林业局副局长）、王巍（区环保局副局长）、刘新元（区经委副主任）、张振华（区招商局副局长）、彭开和（凉亭坳乡副乡长）。副区长汪辉受到省委统战部作为优秀党外干部表彰。开展经验交流，2004 年 8 月 12 日，在区林业局五楼会议室召开党外人事合作共事经验交流会，鸭嘴岩党委、文化局党组等 2 个单位介绍了先进经验。

第四节　对台工作

1997 年，明确“中共怀化市委台湾工作领导小组办公室（怀化市政府台湾事务办公室，简称市台办）为议事协调机构的常设办事机构，仍为副局级单位，归口市委统战部管理，行政编制2名，其中主任1名，副主任1名”。2002年，明确区委台湾工作领导小组办公室（区人民政府台湾事务办公室）并入区委统战部，保留牌子。2004年，区委明确，台办为正科级单位。

1991年，怀化市台胞有447户，651人；台属449户，1796人。区县分设人员稍有变化。1998年鹤城区共有台胞台属879人，2010年有台胞台属929人。

服务台胞 1991年，共接待台胞539人次，怀化藉91人次。随着台胞到怀化探亲访友和商贸投资考察人员越来越多，为了便于接待，1994年，设立怀化台胞娱乐中心，以接待台胞为主，集住宿、娱乐为一体，地址在雪峰大厦，总面积1000平方米，共投资110万元。是年，共设立7个台胞接待点，指定4辆台胞专用接待车，年内共接待台胞800多人次。搞好接待的同时，搞好其他服务。2008—2010年，共为台属协调小额贷款500余万元，帮助25名台属纳入低保范围。

招商引资 开展招商引资活动是新时期对台工作重要组成部分。1991年8月14日，怀化市统战部召开对台经贸工作会议。是年，与台商就石材、服装、竹品加工以及陶瓷生产等方面的投资合作洽谈。开展与台胞、台属联络工作，1995年建立与台湾高层及广州、深圳、珠海、海南台资企业的联络，以期以企引资。召开经贸推介会，联络各工商界人士，探讨鹤城区台经合作形式，每年都能引进1~2个台资企业。台商投资领域也不断扩大，从建材、服饰、五金加工、食品等领域扩大到旅游、文化等现代服务业。2008—2010年，每年都开展引进台资工作。

涉台宣传 开展亲情交流，台办工作人员热情接待回乡探亲祭祖、旅游观光、经贸考察台胞。春节、中秋等重要节日，召开座谈会，听取台胞意见，通报当地的经济发展基本情况；不定期召开对台工作联席会议，宣讲党和国家对台工作政策、战略、规划；对涉台窗口单位中的旅游、交通、酒店、出入境等部门进行涉台知识学习、培训和指导；自2008年始，在人民网、新华网、中国日报网、华夏经纬网、中国台湾网等媒体宣传鹤城对台工作，树立涉台慈善人士典型。

第九章 党校工作

1990年，中共怀化市（县级）委党校位于鹤州南路钟形坡下4号。2009年，党校迁址沿河路125号。2010年，有专职教师9人，其中高级讲师6人，讲师3人，承担怀化市、鹤城区党员干部培训和学历教育等工作。

第一节 干部培训

干部培训是党校的三大任务之一。自1990年开始，党校学历成为任用干部的一个必备条件，凡未经党校培训，干部不得提升到上一级领导岗位。自此，党校的干部培训工作逐步走上正轨。1995年，中共中央颁布了《中国共产党党校工作暂行条例》，党校的干部培训工作日趋规范，从班次设置到学制、教学内容、考核及档案管理逐步实现了科学化和规范化。2004年以前，党校所办主体班为中青年干部培训班、妇女干部培训班、共青团干部培训班及基层支部书记培训班等。培训时间中青年干部培训班为1~2个月，其他班根据具体情况而定，为7天至1个月不等。2004年以后，组织部门加大了干部的培训力度，实行五年轮训制。主体班有所变化，除中青年干部培训班外，还举办了中层干部培训班、科局级干部培训班、统战干部培训班等，培训时间都为3个月(其中理论培训1个月，其余时间为社会调查和相关专业知识培训)。

主体班课程设置既开设有中国特色社会主义理论体系等基本理论课，领导干部必备的业务知识课和现代科学文化知识课，也加入了鹤城区乃至怀化市的经济社会发展有关专题内容。培训班结业时，学员必须进行理论综合知识考试和党性锻炼考核，并记入个人档案，以备组织部门考察。从1991年至2010年，党校共举办了60多期主体培训班，共培训学员5600多人次，为怀化市、中方县、鹤城区培养了大批的德才兼备的领导骨干，对推进经济社会的发展发挥了应有的作用。

1991—2010年怀化市委（县级）、鹤城区委党校干部培训情况一览表

表9-9-1

校名	年度	主体班名称	培训人数（人）	培训时间
中共怀化市委党校	1991年	怀化市第二期中青年干部培训班	84	3月17日—4月16日
		怀化市城区共青团干部培训班	77	6月10日—6月19日
		怀化市厂长经理培训班	72	8月12日—8月19日
		怀化市第三期中青年干部培训班	42	11月1日—12月31日
	1992年	怀化市农村支部书记学习班	340	2月19日—2月26日
		怀化市城区副局级干部培训班	49	3月4日—4月4日
		怀化市妇女干部学习班	52	3月15日—3月22日
		怀化市第四期中青年干部培训班	58	5月5日—7月4日
		怀化市城区党支部书记学习班	278	10月21日—10月26日
	1993年	怀化市第五期中青年干部培训班	95	7月25日—9月10日
		怀化市农村支部书记学习班	400	不定期
	1994年	怀化市第六期中青年干部培训班	70	5月16日—7月16日
		怀化市第七期中青年干部培训班	64	10月5日—12月4日
	1995年	怀化市街道居委会、农村支部书记学习班	390	2月16日—2月21日
		怀化市副局级干部培训班	58	3月20日—4月19日
		怀化市第八期中青年干部培训班	79	11月12日—12月27日
	1996年	怀化市第九期中青年干部培训班	58	4月1日—5月20日
		怀化市建党积极分子培训班	387	不定期
		怀化市第十期中青年干部培训班	68	8月12日—10月12日
		怀化市企业后备干部培训班	37	9月—12月
		怀化市农村支部书记学习班	337	不定期
		怀化市共青团干部学习班	43	
		怀化市第十一期中青年干部培训班	69	11月7日—1997年1月
	1997年	怀化市农村、街道居委会支部书记学习班	390	
		怀化市第十二期中青年干部培训班	83	4月21日—6月21日
		怀化市第十三期中青年干部培训班	72	10月18日—12月18日
	1998年	中方县第一期中青年干部培训班	37	6月8日—8月7日
		鹤城区人事局计算机培训班	57	
		鹤城区第一期中青年干部培训班	63	9月1日—11月15日

续表 9-9-1

校名	年度	主体班名称	培训人数（人）	培训时间
中共怀化市委党校	1999 年	中方县第二期中青年干部培训班	54	4 月 21 日—6 月 20 日
		鹤城区第二期中青年干部培训班	62	10 月 11 日—12 月 10 日
	2000 年	中方县第三期中青年干部培训班	81	9 月 13 日—11 月 13 日
		鹤城区第三期中青年干部培训班	67	9 月 18 日—11 月 28 日
	2001 年	中方县第四期中青年干部培训班	69	5 月 21 日—8 月 21 日
		鹤城区第四期中青年干部培训班	62	8 月 22 日—10 月 30 日
	2002 年	中方县第五期中青年干部培训班	72	5 月 15 日—8 月 15 日
		鹤城区第五期中青年干部培训班	77	6 月 18 日—8 月 20 日
	2003 年	鹤城区第六期中青年干部培训班	68	10 月 14 日—1 月 14 日
		鹤城区党外干部培训班	40	12 月 1 日—12 月 30 日
		鹤城区妇女干部培训班	39	12 月 1 日—12 月 30 日
	2004 年	鹤城区第七期中青年干部培训班	55	6 月 17 日—9 月 17 日
		鹤城区第一期科局干部培训班	48	10 月 14 日—1 月 13 日
	2005 年	鹤城区第二期科局干部培训班	51	5 月 23 日—8 月 22 日
		鹤城区第八期中青年干部培训班	53	9 月 12 日—12 月 13 日
		鹤城区统战干部培训班	45	9 月 22 日—12 月 21 日
	2006 年	鹤城区第三期科局干部培训班	49	4 月 28 日—7 月 28 日
		鹤城区第九期中青年干部培训班	49	5 月 29 日—8 月 29 日
		鹤城区第一期中层干部培训班	49	10 月 26 日—1 月 26 日
	2007 年	鹤城区第四期科局干部培训班	48	5 月 21 日—8 月 21 日
		鹤城区第十期中青年干部培训班	46	6 月 21 日—9 月 21 日
		鹤城区第二期中层干部培训班	45	12 月 13 日—2 月 29 日
	2008 年	鹤城区第五期科局干部培训班	42	4 月 22 日—7 月 22 日
		鹤城区第十一期中青年干部培训班	60	5 月 20 日—8 月 20 日
		鹤城区第三期中层干部培训班	46	10 月 27 日—1 月 27 日
	2009 年	鹤城区第六期科局干部培训班	44	5 月 13 日—8 月 13 日
		鹤城区第十二期中青年干部培训班	51	6 月 11 日—9 月 11 日
		鹤城区培训干部培训班	43	9 月 1 日—12 月 1 日
		鹤城区第四期中层干部培训班	50	10 月 23 日—1 月 23 日
	2010 年	鹤城区第七期科局干部培训班	48	4 月 13 日—7 月 13 日
		鹤城区第十三期中青年干部培训班	50	5 月 20 日—8 月 20 日
		鹤城区第五期中层干部培训班	46	6 月 17 日—9 月 17 日

第二节 学历培训

学历教育是党校的又一重要任务。经济社会的快速发展，对专业知识和业务能力的要求越来越高。为满足党政干部和职工的提升自身文化素质的需求，1994 年，怀化市（县级）委党校连续举办了四届湖南省委党校函授大专班。1997 年，又连续举办了三届湖南省行政学院函授大专班。

2000年，鹤城区委党校突破局限，开始社会办学。先与吉首大学合作，连续多年举办吉首大学函授大专班。2002年，再次与湖南机电职工大学合作，开始举办湖南机电职工大学函授大专班。为了满足学员们更高的需求，2001年，鹤城区委党校在获得湖南省行政学院及怀化市委党校的批准后，又开始举办湖南省行政学院的本科函授班。到2007年止，共举办七届本科函授班。为提高乡村干部的文化素质，鹤城区委党校还于1996年和1997年先后举办了两届乡村干部中专函授班。2008年根据上级指示精神，党校停办学历函授班。自1994年至2003年共有1800多名学员毕业，分别拿到了中专、大专、本科文凭。（2003年以后因管理不善，资料丢失，数据无法统计）

1991—1997年怀化市委（县级）党校学历教育情况一览表

表9–9–2

校名	函授班名称	学级	专业	人数（人）	备注
中共怀化市委党校	湖南省委党校函授大专班	94级	经济管理	84	
			行政管理	38	
		95级	经济管理	57	
			行政管理	24	
		96级	经济管理	87	
			行政管理	64	
		97级	经济管理	40	
			行政管理	25	
	怀化市乡村干部中专函授班	96级		57	
		97级		25	
	湖南省行政学院函授大专班	97级	经济管理	90	
			行政管理	50	
			法律	41	

1998—2010年鹤城区委党校学历教育情况一览表

表9–9–3

校名	函授班名称	学级	专业	人数（人）	备注
中共怀化市委党校	湖南省行政学院函授大专班	98级	经济管理	67	
			行政管理	63	
			法律	27	
中共怀化市鹤城区委党校		99级	经济管理	22	
			行政管理	31	
			法律	15	
	吉首大学函授大专班	2000级	经济管理	126	
			法律	172	
		2001级	经济管理	167	
			法律	140	
		2002级	经济管理	22	
			法律	10	

续表 9-9-3

校名	函授班名称	学级	专业	人数（人）	备注
中共怀化市鹤城区委党校	湖南机电职工大学大专函授班	2002 级	经济管理	75	
			行政管理	27	
			法律	63	
			供用电	9	
	湖南行政学院本科函授班	2001 级	经济管理	35	
			行政管理	22	
			法律	15	
		2002 级	法律	24	

说明：2003—2010 年资料丢失

第十篇　人民代表大会

1991—1997年，怀化市（县级）人民大代表会共进行了两次换届，召开2届共8次代表大会，选举生产两届人大、一府两院领导。

1998年2月5日，中共怀化地委批准成立鹤城区人大筹备委员会、鹤城区经济工作领导小组。

1998年4月25日至27日，召开怀化市鹤城区第一届人民代表大会第一次会议，选举产生怀化市鹤城区一届人大常委会、人大常委会主任、副主任；选举产生怀化市鹤城区第一届人民政府区长、副区长；选举产生人民法院院长，人民检察院检察长。标志着鹤城区成立。

1998—2010年，怀化市鹤城区共进行了3次人大、政府换届选举，召开了三届共15次代表大会，选举产生了三届人大、政府领导机构。

第一章　人大代表

第一节　区（市）人大代表

一、选举程序

按照中华人民共和国《全国人民代表大会和地方各级人民代表大会选举法》规定，怀化市（县级）、鹤城区及乡镇的人大代表由选民直接选举产生。人民代表大会和人大代表每届任期五年，换届选举时，由市（区）人大常委会根据各乡、镇、街道人口情况划分选区，分配代表名额。

换届选举程序。

选民登记工作，年满18岁的，未被剥夺政治权利的公民，都有选举权和被选举权。在换届选举前，广泛宣传发动，对有选举权的公民进行选民登记，并发给“选民证”；按划分的选区单位，张榜公布选民。县（市）、区以下的人大代表由选民直接选举产生，代表名额由县（市）、区人大常委会按人口比例分配到各选区。

人大代表采用选民联名提名、组织推荐、法人或集团推荐等方法，并保证工人、农民、人民解放军、知识分子和各行各业的先进代表、社会精英、进步人士当选代表，替人民当家做主，吸收一定名额的少数民族代表和妇女代表。

基层人大代表由选民直接投票，并实行差额选举产生。

选举日期，由市（县）区人大常委会依法确定。按照选民登记、选民公布、初选代表候选人和正式代表候选人公布所有的法定程序和规定时间走完后，确定选举日期。

第一届至第三届鹤城区人大代表构成情况表

表 10-1-1

时间	届别	代表总数	工人	农民	干部	妇女	党外人士
1998 年 4 月	鹤城区一届人大	175（人）	14.8% 26 人	16.5% 29 人	52.5% 92 人	14.8% 26 人	6.8% 12 人
2002 年 12 月	鹤城区二届人大	177（人）	8.5% 15 人	16.4% 29 人	66.7% 118 人	15.8% 28 人	18% 32 人
2007 年 12 月	鹤城区三届人大	178（人）	15.2% 27 人	21.4% 38 人	63.4% 113 人	11.2% 20 人	23.6% 42 人

二、代表选举

按照《中华人民共和国人民代表大会和地方各级人民代表大会选举法》规定，依照法律程序，1992 年 12 月，怀化市（县级）人大进行换届选举，选举产生第 5 届人民代表大会代表 271 名，其中党外人士 35 名，占 12.9%；妇女代表 48 名，占 17.7%。32 个乡镇同时换届选举，产生乡镇人大代表 1605 名，其中党外人士 481 名，占 30.3%，妇女代表 215 名，占 13.3%。

1997 年 11 月，国务院批准怀化撤地设市，1998 年 2 月，成立鹤城区人大筹备工作委员会。

鹤城区第一届人民代表大会代表选举工作，在区人大筹委会的领导下，从 1998 年 2 月 22 日区一届人大筹委会召开代表选举工作会议后，经过一个多月的紧张工作，无论城市或乡村都按规定的投票日期，有组织、有秩序地投票选举，于 4 月 1 日顺利地完成了区第一届人大代表的选举。

鹤城区人大代表选举，将五个街道、一个旅游度假区、8 个乡镇，共划分选区 109 个。根据统一的日程安排和工作步骤，没有出现延误法定期限的现象。全区人口总数为 297041 人，18 岁以上选民共 196780 人，参加投票选举的 183305 人，占选民总数 93.15%，直接投票人数 165641 人，占参选选民的 90.36%。

省人大常委会核定鹤城首届人大代表名额为 178 名。区人大筹委会留机动 2 名，选区缺额 1 名，共选出鹤城区一届人大代表 175 名，其中工人 23 名，占代表总数的 13.1%；农民 29 名，占代表总数的 16.5%；军人 2 名，占代表总数的 1.1%；干部 123 名，占代表总数的 70.28%。代表中有知识分子 29 名，占代表总数的 16.5%，党外人士 12 名，占代表总数的 6.8%；妇女 26 名，占代表总数的 14.8%。从年龄结构看：175 名代表，35 岁以下的 18 名，36~40 岁的 18 名，41 岁至 45 岁的 53 名，46 岁至 50 岁的 49 名，51 岁至 55 岁的 27 名，56 岁至 60 岁的 7 名，61 岁以上的 3 名。年龄最小的 27 岁，最大的 66 岁。从文化结构看：大学本科以上的 34 名，大专 63 名，中专及高中的 57 名，初中 19 名，小学以下的 2 名。从民族结构看：汉族代表 160 名，少数民族代表 15 名。

2002 年 12 月，市、县（区）人大换届，鹤城区依法选举产生区第二届人民代表大会代表 177 名，出席怀化市第二届人民代表大会代表 44 名。2007 年 12 月依法进行第 3 次人大换届，选举产生区第三届人民代表大会代表 178 名。

第二节　乡、镇人大代表

1991—1998 年，怀化市（县级）辖 32 个乡镇，5 个街道。乡镇人大代表名额按照《中华人民共和国地方各级人民代表大会选举法》的规定，基数为 40 名，每 1500 人增加 1 名代表名额，各乡的代表名额由人大常委会根据各乡镇总人口确定，一般为 42~60 名。乡镇人大代表由各乡镇选民直接、差额选举产生，每届任期 3 年。2002 年，根据修改后的《地方人大组织法》规定，乡镇人民代表大会每届任期由 3 年改为 5 年，与省、市、县（区）各级人民代表大会任期同步。

1998 年鹤城区辖盈口、石门、杨村、鸭嘴岩、黄金坳、芦坪、凉亭坳、贺家田 8 个乡镇和黄岩旅游度假管理处，城区辖红星、迎丰、城中、城北、坨院5个街道。

1998年10月，举行鹤城区成立后的首届乡镇人大代表选举。

怀化市鹤城区人大常委会下达区属各乡镇第一届人民代表大会代表名额设置及代表构成比例。根据《中华人民共和国全国人民代表大会和地方各级人民代表大会选举法》第九条第四款规定："乡、民族乡、镇的代表名额基数为四十名，每一千五百人可以增加一名代表"和湖南省委提出的代表构成，妇女代表的比例一般应占30%左右，非中共党员代表的比例一般应占35%~40%的规定，经区人大常委会第四次会议确定，报市人大常委会备案，全区各乡镇第一届人民代表大会代表名额设置及代表构成比例如下：

2008年增设鹤城区河西街道，2009年鹤城区与中方县行政区划微调，撤销鸭嘴岩镇设鹤城区城南街道。2010年，鹤城区辖7个乡镇，7个街道，一个黄岩旅游度假管理处。1998年鹤城区成立后至2010年，全区乡镇人大进行了3次换届，共选出了乡镇人大代表1182名。

1998年鹤城区乡、镇人大代表名额构成情况表

表10–1–2　　单位：人

乡镇名称	1997年度人口数	代表名额	妇女30%	非中共党员35%
盈口乡	30915	61	18	21
杨村乡	8729	46	14	16
石门乡	17779	52	16	18
鸭嘴岩乡	9240	46	14	16
黄金坳镇	13958	49	15	17
贺家田乡	4857	43	13	15
凉亭坳乡	10092	47	14	16
芦坪乡	13874	49	15	17
合计	109444	393	119	136

第二章 代表大会

第一节 历届代表大会

1993年以前，县（市）人民代表大会每届任期3年，与乡镇人民代表大会同步换届；1993年后，每届任期5年，与省、市人民代表大会同步换届。

1991—1997年，怀化市（县级）人民代表大会先后召开2届共8次代表会议。1998—2010年怀化市鹤城区人民代表大会先后召开3届共15次代表会议。

一、怀化市（县级）第四届人民代表大会

怀化市（县级）四届人大第二次会议于1991年3月8日至3月13日在市人民会堂召开。出席会议代表267人，议案237件。会议听取和审议市人大、市政府、市法院、市检察院的工作报告；

听取和审议《怀化市1990年国民经济和社会发展计划执行情况和1991年国民经济和社会发展计划（草案）的报告》及《怀化市1990年财政决算和1991年财政预算（草案）的报告》。

怀化市（县级）四届人大第三次会议于1992年1月11日至16日在市人民会堂举行。出席会议代表269人，收到代表议案155件。会期听取和审议市人大、市政府、市法院、市检察院的工作报告；听取和审议《怀化市1991年国民经济和社会发展计划执行情况和1992年国民经济和社会发展计划（草案）的报告》《怀化市1991年财政预算执行情况和1992年财政预算（草案）的报告》。

二、怀化市（县级）第五届人民代表大会

怀化市（县级）第五届人民代表大会从1992年12月至1997年12月，历时5年，共召开6次会议。

五届人大第一次会议于1992年12月28日至1993年1月4日在市人民会堂召开。出席会议代表265人，收到代表议案266件。会议听取和审议市人大、市政府、市法院、市检察院的工作报告；听取和审议《怀化市1992年国民经济和社会发展执行情况和1993年国民经济和社会发展计划（草案）的报告》及《怀化市1992年财政预算执行情况和1993年财政预算（草案）的报告》。会议选举曹子璋为怀化市第五届人大常委会主任；黄昭荣、李友月、曾宪武、曾凡金、游于龙为市人大常委会副主任；方新琪为市人民政府市长，潘仁陞、曹锦华、陈兴中、钟益生、王身杰、刘盛银、刘银林为市人民政府副市长；杨正坤为怀化市人民法院院长；曾昭荣为怀化市人民检察院检察长。会议选举舒进生、杜甫坤、潘伯松、李正国、曾垂庆、尹华钿、柳少牧、李传铁、杨世华、周玉英、杨思辉、罗桂元、曾草原为市五届人大常委会委员，选举尤祥礼、邓成佑、肖时占、吴宗源、贺秀清、曹子璋、潘伯忠为出席湖南省第八届人民代表大会代表。

五届人大第二次会议于1994年1月16日至1月20日在阳光娱乐中心召开。出席会议代表238名，收到代表议案15件。会议听取和审议市人大、市政府、市法院、市检察院工作报告；听取和审议《怀化市1993年国民经济和社会发展执行情况和1994年国民经济和社会发展计划（草案）的报告》；听取和审议《1993年财政预算执行情况和1994年财政预算（草案）》的报告；会议选举唐波为市人民政府市长。

五届人大第三次会议于1995年3月7日至3月11日在阳光娱乐中心召开。出席会议代表245人，收到代表议案158件。会议听取和审议市人大、市政府、市法院、市检察院的工作报告；听取和审议怀化市1994年国民经济和社会发展计划执行情况和1995年国民经济和社会发展计划（草案）的报告；听取和审议1994年财政预算执行情况和1995年财政预算（草案）的报告。

五届人大第四次会议于1996年1月22日至26日在阳光娱乐中心举行。出席会议代表256人，收到代表议案104件。会议听取和审议市人大、市政府、市法院、市检察院的工作报告；听取和审议怀化市国民经济和社会发展“九五”计划及2010年规划建议的说明；听取和审议怀化市1995年国民经济和社会发展计划执行情况与1996年国民经济和社会发展计划（草案）的报告；听取和审议1995年财政预算执行情况和1996年财政预算（草案）的报告。

五届人大第五次会议于1997年1月9日至1月23日在阳光娱乐中心召开。出席会议代表257名，议案91件。会议听取和审议市人大、市政府、市法院、市检察院的工作报告；听取和审议怀化市1996年国民经济和社会发展执行情况与1997年国民经济和社会发展计划（草案）的报告；听取和审议1996年财政预算执行情况和1997年财政预算（草案）的报告。

五届人大第六次会议于1997年12月27日至12月31日在阳光娱乐中心举行。出席会议代表227人，议案9件。会议听取和审议市人大、市政府、市法院、市检察院的工作报告；听取和审议怀化市1997年财政预算执行情况和1998年财政预算（草案）的报告；听取和审议怀化市1997年国民经济和社会发展计划执行情况和1998年国民经济和社会发展计划（草案）的报告。会议选举邓建文、杨松柏、杨俊强、陈章连、贺同新、陶

自珍为出席湖南省第九届人民代表大会代表。

三、怀化市鹤城区第一届人民代表大会

1998年4月成立鹤城区，至2010年，鹤城区人大先后召开3届共15次人民代表大会。

怀化市鹤城区第一届人民代表大会从1998年4月至2002年12月，历时四年多，共召开6次会议。

鹤城区一届人大一次会议于1998年4月25日至27日，在阳光娱乐中心举行。应到代表178名，实到165名，收到议案21件。区人大筹备委员会主任邓建文致开幕词；区委书记傅刚球作《依法行使当家做主权利，努力促进鹤城繁荣和发展》的重要讲话，区长候选人杨冬英作《肩负重托，团结拼搏，为建立一个开放繁荣文明的新鹤城而奋斗》的讲话。会议选举邓建文为区一届人大常委会主任；黄昭荣、谭顺都、谢召连、孙叙孝、罗日顺、陶自珍（兼）为副主任。会议选举杨冬英为区人民政府区长；张晓洪、马俊哲、饶经理、潘平凡、汪辉、王争鸣为副区长。选举蒲东泽为区人民法院院长，舒振碧为区人民检察院检察长。选举产生44名怀化市第一届人民代表大会代表。会议审议通过区一届人大一次会议关于授权区人大常委会审查和批准区人民政府1998年国民经济和社会发展计划和区级财政预算的决议。

鹤城区一届人大二次会议于1999年3月6日至8日，在阳光娱乐中心举行。会议应出席代表178名，实到代表171名，收到议案17件。会议听取和审议区长杨冬英所作的区人民政府工作报告；审查并批准区计划委员会主任丁琼所作怀化市鹤城区1998年国民经济和社会发展计划执行情况及1999年国民经济和社会发展计划（草案）的报告；区财政局局长杨玲所作怀化市鹤城区1998年财政预算执行情况和1999年财政预算（草案）的报告。听取和审议区人大常委会主任邓建文所作区人大常委会工作报告；听取和审议区人民法院院长蒲东泽所作区人民法院工作报告；区人民检察院检察长舒振碧作的区人民检察院工作报告。审议通过《怀化市鹤城区人民代表大会议事规则》。会议增选喻金梅为怀化市鹤城区第一届人民代表大会常务委员会委员。

鹤城区一届人大三次会议于2000年1月13至16日在阳光娱乐中心召开。会议应出席代表178名，实到代表170名，议案18件。会议听取和审议区长杨冬英作的区人民政府工作报告。审查并批准区计划委员会主任丁琼作的怀化市鹤城区1999年国民经济和社会发展计划执行情况与2000年国民经济和社会发展计划（草案）的报告；区财政局长杨玲所作怀化市鹤城区1999年财政预算执行情况和2000年财政预算（草案）的报告。听取和审议区人大常委会主任邓建文作的区人大常委会工作报告。区人民法院院长蒲东泽作的区人民法院工作报告；区人民检察院检察长舒振碧作的区人民检察院工作报告。审议通过《怀化市鹤城区第一届人民代表大会关于治理经济发展环境的决议》。会议选举李晓玲为区人大常委会副主任，增选彭鸣华为区人大常委会委员。会议确认区一届人大常委会第十三次会议通过的《关于接受黄昭荣、李正国辞职的决定》。

鹤城区一届人大四次会议于2001年1月8日至10日在阳光娱乐中心召开。会议应到代表178名，实到代表168名，议案16件。会议听取和审议区长杨冬英所作区人民政府工作报告；审查并批准怀化市鹤城区2000年国民经济和社会发展计划执行情况与2001年国民经济和社会发展计划（草案）；怀化市鹤城区2000年财政预算执行情况和2001年财政预算（草案）。听取和审议区人大常委会主任邓建文所作区人大常委会工作报告。区人民法院代理院长王士平所作区人民法院工作报告；区人民检察院检察长舒振碧所作区人民检察院工作报告。会议审查和批准《怀化市鹤城区国民经济和社会发展“十五”计划纲要》，听取和审议区人民政府《关于鹤城区人民教育基金2000年征集及使用情况的汇报》。会议增选杨文发为区人大常委会委员，选举王士平为区人民法院院长。会议确认区一届人大常委会第二十次会议通过的《接受蒲东泽辞去怀化市鹤城区人民法院院长职务的决定》。

鹤城区一届人大五次会议于2002年1月15至17日在鹤城宾馆举行。会议应到代表178名，实到代表173名，议案19件。会议听取和审议区长杨冬英所作区人民政府工作报告。审查并批准

怀化市鹤城区2001年国民经济和社会发展计划执行情况与2002年国民经济和社会发展计划（草案）；怀化市鹤城区2001年财政预算执行情况和2002年财政预算（草案）。听取和审议区人大常委会主任邓建文所作区人大常委会工作报告。区人民法院院长王士平所作区人民法院工作报告；区人民检察院检察长舒振碧所作区人民检察院工作报告。会议听取和审议区人大常委会副主任谢召连《关于区一届人大四次会议代表建议、批评和意见督办情况的汇报》《关于宣传贯彻区人大常委会<建立鹤城区见义勇为奖励基金决定>的情况汇报》。

鹤城区一届人大六次会议于2002年5月21至23日在鹤城宾馆召开。会议应到代表178名，实到175名。会议选举李毅为区人民政府区长；选举增补杨少华、毛运鸿为怀化市大大代表。会议确认区一届人大常委会第二十八次会议通过的《关于接受杨冬英辞去怀化市鹤城区人民政府区长职务的决定》。

四、怀化市鹤城区第二届人民代表大会

怀化市鹤城区第二届人民代表大会从2002年12月至2007年12月，共召开6次会议。

鹤城区二届人大一次会议于2002年12月28日至2003年1月1日，在鹤城宾馆举行。会议应到代表178名，实到代表171名，议案18件。会议听取和审议区长李毅作的区人民政府工作报告；审查并批准怀化市鹤城区2002年国民经济和社会发展计划执行情况及2003年国民经济和社会发展计划（草案）；怀化市鹤城区2002年财政预算执行情况及2003年财政预算（草案）；听取和审议邓建文作的区人大常委会工作报告；区人民法院院长王士平作的区人民法院工作报告；区人民检察院检察长舒振碧作的区人民检察院工作报告。会议选举张兴尧为区二届人大常委会主任；谭顺都、谢召连、孙叙孝、李晓玲、周可元、陶自珍（兼）为区二届人大常委会副主任。选举李毅为区人民政府区长；饶经理、尹秀武、李后军、闻继霞、江兴明、杨玲、曾大鹏、巫培云为区人民政府副区长。选举王士平为区法院院长；谭建菊为区检察院检察长。选举杨春耕、彭鸣华、杨文发、杨司有、喻金梅、赵儒金、杨殿盛、蒲宏金、梁庄发、曾昭亮、黄秀佳、黄远林、唐小平、唐回成为区二届人大常委会委员；选举产生怀化市第二届人民代表大会代表44名。大会期间，大会议案组共收到代表提出的建议、批评、意见16件，代表联名提出的议案18件。经大会议案审查委员会审查和大会主席团研究，决定将18件议案全部作为建议、批评和意见，由区人大常委会交有关部门和单位办理，并负责答复代表。

鹤城区二届人大二次会议于2003年12月29日至31日在鹤城宾馆举行。会议应到代表178名，实到代表167名，议案17件。会议听取、审议和批准了区人大常委会、区“一府两院”工作报告及计划、财政报告；审查和批准了怀化市鹤城区2004年国民经济和社会发展计划（草案）与全区财政预算（草案）；补选区二届人大常委会委员1名，增选市第二届人大代表1名。会议期间，共收到代表建议、批评和意见28件。

鹤城区二届人大三次会议于2005年1月11日至13日在鹤城宾馆举行。会议应到代表178名，实到代表169名，议案15件。会议听取和审议了鹤城区人大常委会、区“一府两院”工作报告；审查和批准了怀化市鹤城区2004年国民经济和社会发展计划执行情况的报告与2005年国民经济和社会发展计划（草案），审查和批准2004年财政预算执行情况的报告与2005年财政预算（草案）。会议还对2004年度全区先进人大代表活动小组和优秀市、区人大代表、先进人大工作者进行了表彰。

鹤城区二届人大四次会议于2006年1月5日至7日在鹤城宾馆举行。会议应到代表178名，实到代表171名，议案18件。会议听取和审议了鹤城区人大常委会报告、区人民政府关于《怀化市鹤城区国民经济和社会发展第十一个五年规划纲要》的报告；区“一府两院”工作报告；审查和批准了《怀化市鹤城区国民经济和社会发展第十一个五年规划纲要》。会议审查批准2005年国民经济和社会发展计划执行情况的报告与2006年国民经济和社会发展计划（草案）；审查批准了2005年区级财政预算执行情况的报告和2006年区级财政预算（草案）。增选怀化市二届人大代表

2名。

鹤城区二届人大五次会议于2006年7月26日至28日在鹤城宾馆召开。会议应到代表178名，实到代表173名。会议听取和审议区人民政府关于2006年上半年全区经济运行情况的报告，会议选举邓小健为区人民政府区长。

鹤城区二届人大六次会议于2007年1月17日至19日在鹤成宾馆召开。会议应到代表178名，实到代表172名，议案17件。会议听取和审议区人民政府工作报告。审查和批准区人民政府关于2006年国民经济和社会发展计划执行情况的报告与2007年国民经济和社会发展计划（草案）。审查和批准区人民政府关于2006年财政预算执行情况和2007年财政预算（草案），听取和审议区人大常委会工作报告、区人民法院工作报告、区人民检察院工作报告。

五、怀化市鹤城区第三届人民代表大会

怀化市鹤城区第三届人民代表大会从2007年12月至2010年1月，共召开3次会议。

鹤城区三届人大一次会议于2007年12月29日至2008年1月1日在怀荣宾馆举行。会议应到代表178名，实到代表170名，议案25件。会议听取和审议区长邓小健所作《区人民政府工作报告》；审查和批准区人民政府关于2007年国民经济和社会发展计划执行情况及2008年国民经济和社会发展计划（草案）；区人民政府关于2007年财政预算执行情况和2008年财政预算（草案）的报告。听取和审议区二届人大常委会主任张兴尧所作的区人大常委会工作报告；区法院院长王士平所作的区人民法院工作报告；区检察院检察长谭建菊所作的区人民检察院工作报告。会议选举黄远华为区三届人大常委会主任；刘安金、李晓玲、周可元、唐汇凯、黄泽智（兼）为副主任。选举邓小健为区人民政府区长；周勇、丁琼、尹秀武、巫培云、熊平、石兵为副区长。选举刘柱为区法院院长；谭建菊为区检察院检察长。选举丁嘉斌、向玉湘、刘玉成、刘光来、杨映文、杨贵金、何小平、何春梅、张建英、赵毅、黄秀佳、彭宏岩、谢丽华、谭勇为区三届人大常委会委员。大会共收到10名以上代表提出的议案25件，10名以下代表提出的建议12件，根据地方组织法关于议案建议提出和处理办法的规定，由区人大常委会交由有关机关、组织研究处理，并负责答复代表。

鹤城区三届人大二次会议于2008年12月29日至31日在怀荣宾馆召开。会议应到代表178名，实到代表168名，议案21件。会议听取、审议和批准区人民政府工作报告。区人民政府关于2008年国民经济和社会发展计划执行情况和2009年国民经济和社会发展计划（草案）的报告；审议批准区人民政府关于2008年财政预算执行情况和2009年财政预算（草案）的报告。听取和审议区人大常委会工作报告、区人民法院工作报告、区人民检察院工作报告。

鹤城区三届人大三次会议于2010年1月5日至1月8日在城东新区区行政中心大会堂召开。会议应到代表178名，实到代表172名，议案17件。会议听取、审议和批准区人民政府工作报告。审议批准区人民政府关于2009年国民经济和社会发展计划执行情况及2010年国民经济和社会发展计划（草案）的报告；审议批准区人民政府关于2009年财政预算执行情况和2010年财政预算（草案）的报告。听取和审议区人大常委会工作报告、区人民法院工作报告、区人民检察院工作报告。

第二节　乡镇代表大会

一、代表大会

乡镇人民代表大会5年一届（2002年以前3年一届），每年举行一次会议，会期2~3天。大会的主要议题是：听取和审议乡镇人民政府工作报告，乡镇人大主席团工作报告，听取和审议乡镇财政预算和预算执行情况报告，听取审议人大代表的建议、批评意见及办理情况的报告，并作出相应决议。选举或补选乡镇长，副乡镇长；选举或补选乡镇人大主席、副主席。对本乡的经济、文化和公共事业、重点建设项目进行审议并作出决议。制定、修改《乡规民约》。

二、乡镇人大主席团

每届乡镇人民代表大会召开会议时，均选举大会主席团由主席团主持会议，并负责召集下一次代表大会。乡镇人民代表大会闭会期间，乡镇人大主席团作为常设机构，主持人大工作。其职责是：负责联系乡镇人大代表，组织代表开展调查、视察、评议活动，并反映代表和广大群众对本级政府工作的建议、批评和意见，完成上级人大及常委会部署的各项工作，乡镇人大主席定为正科级。

三、乡镇人大职能活动

为了提高乡镇人大主席团和街道人大办公室的工作水平，鹤城区人大常委会制定了《关于进一步加强乡镇、街道人大工作的意见》，要求基层人大组织依法开展工作，不断加强自身建设，充分发挥代表作用。乡镇人大围绕农村产业结构调整，小城镇建设，市、区重点工程建设，社会主义新农村建设，环境治理等工作，发挥人大代表作用。加强人大监督，督促和参与解决热点难点问题。街道人大办公室围绕重点项目征地拆迁，“两违”建筑拆除，背街小巷治理，卫生环保，治安维稳等工作，发挥人大职能作用。

鹤城区人大常委会制定《乡镇、街道人大工作目标管理办法》，促进基层人大工作规范运行。指导基层人大开展代表视察、接待群众、走访选民、参与和谐社区建设等活动。充分发挥基层人大在推进新农村建设，社区管理和基层民主政治建设中的作用。

开展执法检查和评议活动。乡镇人大主席团组织人大代表对乡镇中小学收费、卫生院的业务和收费情况进行监督检查。对国土、财税、计生、林业、工商、公安等执法部门的行政执法和收费进行监督，及时发现和制止滥用职权和乱收费的行为。定期开展对乡镇和街道所属农技站、国土所、财政所、计生办、农机站、畜牧站、林业站、文化站、综治办、水管站、建管站、派出所等七站八所进行工作评议。通过评议打分，促进这些直接面向人民群众的基层单位，依法行政、爱民惠民，不断改进工作。

四、街道人大工作

街道属区人民政府的派出机构，管理辖区街道的各项工作，不设基层政权机构。1991—1999年，街道办事处未设立人大工作机构。2000年，根据省、市部署，鹤城区人大在街道设立联络员1名，后更名街道人大工作办公室，设主任1人，正科级。街道人大工作办公室主要任务是：负责联络辖区内省、市、区人大代表，反映他们的意见和要求，帮助他们解决各种困难。在区人大召开代表大会时，组成街道代表团参加会议活动。参与全区的经济建设、重点工程、社区建设、扶贫帮困等各项中心工作。组织省、市、区人大代表开展各种调研、视察和执法检查活动。完成市、区人大常委会和区委、区政府安排布置的各项工作任务。

第三章　人民代表大会常务委员会

第一节　人大常委会构成

人大常委会是人民代表大会选举产生的人大常设机关，在人民代表大会闭会期间行使代表大会的职权，向代表大会负责并报告工作。人大常委会任期与代表大会相同，市、县（区）1993年之前每届任期3年，1993以后每届任期5年，省、市、县（区）同步换届。

鹤城区人大常委会由主任、副主任若干名、委员若干名组成。下设6个专门工作机构：办公室、选举任免联络工作委员会、科教文卫工作委员会、城建环保工作委员会、财政经济工作委员会、农村经济工作委员会。人大常委会的主要职责是：听取审议人民政府、人民法院、人民检察院（简称“一府两院”）的工作报告和有关单位的专题汇报；对“一府两院”工作进行法律监督和工作监督；讨论决定行政区内的重大事项，根据需要制定地方法规、决定；决定人事任免及其他重要事项；评议领导干部；办理重要的群众来信来访；办理代表大会交办的议案、提案和督促整改落实。

人大常委会讨论决定重大事项，坚持民主集中制的原则、集体行使职权。避免个人或少数人独断专行、滥用权力。

1991—2010年怀化市（县级）、鹤城区人大常委会经历五次换届，共选举出主任4人（曹子璋连任两届）、副主任29人、人大常委会委员72人。

第二节　人大常委会会议

人民代表大会闭会期间，人大常务委员会主持人大日常工作。人大常委会会议分常委会会议和主任会议两种，其中心任务是围绕怀化市、鹤城区国民经济和社会发展、工农业生产、人民生活、城市建设及环境保护、治理经济环境等重大问题进行专题调查研究，依法作出决议决定。对重要部门的工作听取专题汇报并依法监督，依法决定政府部门、人民法院、人民检察院的重要人事任免。

怀化市（县级）第四至五届人大常委会召开常委会会议19次；鹤城区第一至三届人大常委会召开常委会会议135次，主任会议200余次。

一、常委会会议

常委会会议由人大主任、副主任、人大常委会委员组成。由人大常委会主任或受委托的副主任召集主持会议，一般每两月召开一次会议。因工作需要，常委会可召开常委（扩大）会议，吸收人大机关各委室负责人和政府机关负责人、法院、检察院负责人参加会议。

部分重要常委会会议

2001年10月18日，鹤城区一届人大常委会举行第24次会议，会议议程：听取和审议乡镇人大换届选举工作议案；审查与批准区人民政府关于2001年财政预算调整情况的报告；听取区人民政府、区人民法院、区人民检察关于错案责任追究制落实情况的汇报；听取鹤城区民族工作调查情况的汇报；审议主任会议《关于鹤城公安分局拟尽快重新划分，坨院派出所与石门乡派出所辖区的议案》；人事任免。

2003年8月22日，鹤城区二届人大举行第五次常委会议，会议议程：学习《述职评议工作条例》；听取和审议区人民政府2003年上半年国民经济和社会发展计划执行情况的报告；听取和审议区人民政府2003年上半年财政预算执行情况的报告；听取区人大常委会副主任孙叙孝所作的“义务教育执法检查”情况的报告；听取和审议区人民政府对区二届人大一次会议代表建议、批评意见办理情况的报告；审议区人民政府提请《鹤城区行政机关迁址城东新区的议案》，对议案投票表决：同意19，反对0票，弃权0票；审议区人大常委会主任会议《关于对“一府两院”部分工作人员进行述职评议的工作方案》；人事任免：提请任命杨殿盛任区人大常委会办公室主任，投票表决：同意19票，不同意0票，反对0票；会上由区人大常委会主任张兴尧颁发任命书。

2006年4月28日鹤城区二届人大常委会举行第二十二次会议，会议议程：

学习有关法律法规；审议通过2005年区财政决算和2006年区财政预算安排（草案）、区人民政府作2005年区财政决算和2006年区财政预算安排（草案）的报告、区人大财经工委作2005年区级财政决算和2006年区财政预算安排的审查报告，通过批准区人民政府2005年区级财政决算和2006年区级财政预算安排的决定；通过补选鹤城区人大代表的决定，区人大联工委作龙水平等同志辞去区二届人大代表职务的审查报告；通过龙水平等同志辞去区二届人大代表职务的决定（草案）；提出补选区二届人大代表的议案；区人大联工委作补选区二届人大代表的工作方案；通过补选区二届人大代表的选举办法；通过补选区二届人大代表的决定（草案）；补选怀化市二届人大代表，宣读推荐任重、谢正强同志为市二届人大代表候选人的函，并介绍候选人简历；投票表决；人事任免。

2006年6月28日，鹤城区二届人大常委会举行第二十三次会议，会议议程：学习有关法律法规；审议怀化市鹤城区第二届人民代表大会第五次会议筹备工作方案；审议通过召开怀化市鹤城区第二届人民代表大会第五次会议的决定；听取《中华人民共和国环境保护法》，及其相关法律法规贯彻实施情况执法检查的报告；听取和审议区二届人大常委会代表资格审查委员会，关于补选区二届人大代表的代表资格审查报告；补选市二届人大代表；人事任免。

2006年10月31日，区二届人大常委会举行第二十五次常委（扩大）会议，区人大常委会主任张兴尧，副主任谭顺都、谢召连、孙叙孝、李晓玲、周可元、陶自珍及委员出席会议。区委副书记杨正坤，区政府副区长饶经理、江兴明，区法院院长王士平，区检察院检察长谭建菊，区政府办主任石兵，各乡镇人大主席、各街道人大办主任和区人大常委会各工作机构副职及区直相关部门负责人列席会议。

会议听取和审议了区财政局局长唐汇凯代表区政府作的关于2006年1—9月区财政预算执行情况和2006年区本级财政预算调整方案的报告；听取了人大财经工委作的关于2006年1—9月区财政预算执行情况和2006年区本级财政预算调整方案的审查报告；审议通过了2006年1—9月区财政预算执行情况和2006年区本级财政预算调整方案的决议。听取了人大内务司法工委关于2006年上半年区“一府两院”推行执法责任制情况的书面报告。对“一府两院”部分工作人员进行了述职评议，区政府副区长江兴明、龙克军，区财政局局长唐汇凯，区人口和计划生育局局长赵毅作了书面述职，区林业局局长张杰、区审计局局长谭青梅、区农业局局长金万忠、区法院副院长黄弗清、李朝晖，区检察院副检察长田亦农等同志先后进行了述职发言。听取了对述职人员进行述职评议调查的情况报告，并进行了投票表决，其中9人为称职，1人为基本称职。最后进行了人事任免：任命谢丽华为区人大常委会内务司法工委主任、张建英为区人大常委会城市环境工委主任、曾生华为区人大常委会内务司法工委副主任、张军为城中街道人大办主任、陈永国为区监察局局长、丁启镐为区人口和计划生育局局长、陈义强为区工业经济局局长、向玉湘为区商务局局长。

2007年3月16日，鹤城区二届人大常委会举行第二十七次会议，会议议程：学习有关法律法规；审议通过《怀化市鹤城区第二届人民代表大会第六次会议至第三届人民代表大会第一次会议期间常务委员会工作要点》；听取2006年度述职人员关于述职评议整改情况的报告；审议有关议案；表彰“一府两院”推行执法责任制工作先进单位和先进个人以及优秀人大代表、先进人大工作者；区“一府两院”递交2007年执法责任制责任书；人事任免。

二、主任会议

人大常委会主任会议，由人大常委会主任、副主任及办公室主任（秘书长）组成，由主任或受委托的副主任召集会议，主任会议一般每月召开2~3次，因工作需要，可召开主任（扩大）会议，吸收相关常委及机关委室负责人参加会议。

区二届人大部分主任会议

2003年4月23日，由区二届人大常委会副主任谭顺都主持召开人大常委会主任（扩大）会议。会议内容：听取、审议2002年鹤城区财政决算和2003年区级财政预算，及财政预决算审计结果；审议《鹤城区人大常委会人事任免办法》修正案；人事任免。

2003年4月30日，区二届人大常委会主任张兴尧主持召开人大常委会主任（扩大）会议，会议内容：区人大常委会五月份工作安排；听取《传染病防治法》执法检查报告；部署、安排防治“非典”工作；由区人大常委会副主任孙叙孝传达省人大相关会议精神。

2003年7月2日，区二届人大常委会主任张兴尧主持召开区二届人大主任会议，主要内容是研究区人大常委会7月份工作安排：开展全区义务教育执法检查；指导贺家田乡选举区二届人大代表；对“一府二院”执法责任制进行半年工作检查；指导社区居委会换届选举；对民营企业的发展组织调查；继续督办人大代表建议、批评和意见；组建“三湘农产品质量安全行”活动组委会；协助制定“怀化针织厂改制安置方案”；督查区属成员单位开展“环保世纪行活动”。

2004年6月9日，区二届人大常委会主任张兴尧主持召开区人大常委会主任会议。研究区二届人大第10次常委会会议议程；对调出原选区的人大代表辞职作一个决定，补选区人大代表作一个决定；对辖区流动人口每人收取10元计划生育管理费作一个决定。组织开展农产品质量安全行活动，组织开展对农业、农产品执法检查；组织开展对全区税收执法检查；配合市人大开展对规划执法工作的公开评议工作；继续抓好怀化市针织厂的改制工作。

2005年3月14日，区人大常委会主任张兴尧主持召开区人大常委会主任（扩大）会议，主要研究区人大常委会例会筹备情况：2015年4月16日召开常委会会议（例会），主要议题：2005年区人大常委会工作要点；“一府二院”会议述职、书面述职人员名单及实施方案；2004年述职评议人员整改情况汇报；表彰优秀人大代表、基层先进人大工作者，“一府两院”执法责任制先进单位；递交2005年责任状、责任书。人事任免，区民政局长唐平、区检察院李永亮、区法院人民陪审员15名。

2006年6月26日，区二届人大常委会主任张兴尧主持召开区人大常委会主任会议，会议内容：讨论鹤城区第二届人大五次会议筹备方案（草案），鹤城区二届人大五次会议召开时间为7月26日至28日，会期3天，参加会议人员402人。会议有两项主要议程：听取区人民政府2006年上半年经济运行情况的报告；选举区人民政府区长；鹤城公安分局改进作风，建立人大代表联系制度，拟走访部分人大代表；议定省人大代表张兴尧，市人大代表肖调龙、陈云秀、邓求君，区人大代表谭德全、谢丽华、黄远林、张举信。

第三节 人大常委会工作

代表工作 学习培训，提高代表素质。为提高代表的综合素质和履职能力，常委会采取集中授课、以会代训、座谈讨论等形式，紧紧围绕审议报告、执法检查、调研视察，提出议案、建议、批评和意见，闭会期间如何依法执行代表职务等基本知识，组织代表集中学习培训。在开展视察、调研、执法检查等活动前，组织代表学习相关法律法规和有关专业知识，提高学习效果。各乡镇、街道人大办公室结合实际，组织开展分组培训，增强代表履职意识，提高代表履职能力。

代表活动 鹤城区人大常委会建立健全常委

会组成人员联系走访代表，邀请代表列席常委会会议，评选优秀代表等一系列制度。每年都要分组走访，慰问人大代表，广泛收集代表意见和建议；在走访座谈会上民主评选出优秀代表，激发代表的整体活动，提高代表的自觉履职热情。

坚持开展代表集中走访选民，向原选区选民述职和“手拉手”活动。让代表与选民直接沟通，倾听民声、反映民意、为民解困。开展“人民选我当代表，我当代表为人民”的争先创优活动，鼓励和支持人大代表在全区“三个文明”与和谐社会建设中建功立业。鹤城区人大常委会三届中，共表彰先进人大代表活动小组7个，优秀人大代表96名，先进人大工作者51名。

参与中心工作 鹤城区一届人大常委会围绕区委决策部署，积极投入全区重点工作。如怀化针织厂的改制，城中街道办事处联系点，杨村乡趴坡村和黄岩白马村的建整扶贫，怀化饭店的建设，东兴街与嫩溪垅旧城改造工程。“农村合作基金会”的贷款清收，城市信用社的清理整顿，“非典”防治工作，城市管理年活动，维护稳定工作。全区禁毒重点整治，农村卫生服务体系建设，城区医疗市场整治工作，农村村委会与社区居委会换届选举工作等，区人大常委会都圆满地完成了区委统一安排的中心工作任务。

鹤城区二届人大常委会围绕全区中心工作，积极参与各项重点工作：如社区建设、新农村建设。党员干部“双带”活动、背街小巷硬化、工业原料林基地建设、城市管理及临街建筑亮化美化等。帮助仙人桥社区解决了工作场地，区人大机关党员联系12名下岗职工全部实现再就业。

参与经济建设 鹤城区人大常委会在依法履行人大工作职责的同时，又根据区委的统一分工，积极参与经济建设，形成全区经济建设的合力。区人大常委会班子以支持工作为出发点，针对区财政偿还城市信用社遗留的1.8亿元债务难题，积极奔走，多方呼吁，争取得到省政府的支持，给予鹤城区每年拨付2000万元，计划拨付10年的财政补贴。成功化解了城市信用社的债务危机，有效缓解了全区财政压力。区人大常委会班子成员还分别负责协调石门市场改造、山水阳光城住宅小区、火车站站前广场改造、“两违”建筑拆除、云箭集团异地安置区建设、凤凰城商业广场、怀化新商城等项目建设；溆怀高速、吉怀高速、中心市场棚户区改造、钟坡学校建设等重点项目。常委会领导深入现场协调指导，及时解决矛盾和问题。

第四章　职能履行

第一节　行使决定权、任免权

人民代表大会及其常委会按照《中华人民共和国宪法》规定，对政府施政的重大问题依法行使决议、决定权；对政府部门、法院、检察院领导干部依法实行任免权。

一、依法行使决定权

围绕民生行使决定权。1991年初，对群众反映强烈的自来水取水点被严重污染的问题。常委会第9次会议作出《关于及时治理自来水厂豹子湾取水口水源被污染的决定》，市政府及时受理解决。为解决红星路改造工程资金严重短缺的问题，市人大常委会在广泛征求人大代表和广大群众意见的基础上，作出《关于以怀化市城市居民1991、1992两年的肉食补贴作为红星路改建集资费并将

1992年、1993年城市维护费纳入红星路改建资金的决定》。经过全市努力，红星路建成通车，改善了城市交通状况。为了完成省委、省政府关于要在1993年消灭宜林荒山的决定，打好灭荒10.3万亩的总体战，市人大常委会作出《关于限期1993年消灭宜林荒山的决定》。在卫生、教育方面，市五届人大常委会作出《关于贯彻实施湖南省农村初级卫生保健条例的通知》，力争从健康教育、农村合作医疗、改水改厕、卫生防疫、妇幼保健等方面取得新突破。为规范中小学收费行为，市人大常委会作出《关于严格加强中小学收费管理的决定》。

鹤城区一届人大常委会按照“谋全局、议大事、求实效”的原则，围绕全区改革发展稳定中的重大事项和人民群众普遍关注的热点、难点问题，依法听取和审议区政府、区法院、区检察院的工作报告65次，依法作出决议、决定98项，形成审议意见22项。针对建区之初鹤城区体制不顺、矛盾多、困难大，区人大常委会紧紧围绕经济建设这个中心，广泛听取民声、了解民意，深入调研。听取和审议区政府关于工业、农业、教育、科技、文化、卫生、物价、计划生育、社会治安等方面的工作情况汇报，作出相应决定决议：区人大一届一次会议作出《关于依法治区的决定》《关于在全区全面推行执法责任制的决定》，促进公务人员依法行政、政法部门公正司法。区人大一届三次会议作出《关于治理经济发展环境的决议》，着力解决治理经济环境中的难点、热点问题，为鹤城区经济建设保驾护航。决议决定作出后，仅2000年，全区就清理各种行政性、服务性收费1300余项，取消收费项目35项，降低收费标准4项，清退乱收费、乱罚款170多万元，全区经济环境有了明显好转。区一届人大常委会第4次会议针对财政困难对教育的严重制约，作出《关于建立鹤城区人民教育基金的决定》，从1999—2002年，4年共征集教育基金130余万元。所征资金全部用于改善校舍和教学设备，为全区“普九”年检连续三年获省优起到了重要作用。

鹤城区二届人大常委会先后召开31次常委会议，作出决定42项，审议意见65件。为推动鹤城生态建设，常委会第13次会议批准《怀化市鹤城区生态区建设规划》。为推动宪法实施，常委会第9次会议作出《关于在全区深入学习和贯彻〈中华人民共和国宪法〉的决定》。针对农副产品质量安全问题，常委会第11次会议作出《关于在全区进一步开展农产品质量安全行活动的决定》。针对禁毒工作的严重形势，常委会第13次会议作出《关于加强禁毒工作的决议》。为解决法院执行难问题，常委会第14次会议作出《关于加强鹤城区人民法院执行工作的决定》。为了实施“五五”普法规划，常委会第27次会议作出《关于进一步加强法制宣传教育的决议》。

鹤城区三届人大常委会，组织召开代表大会3次、常委会会议32次、主任会议73次。听取审议“一府两院”工作报告53项；审议有关议案33项；形成决议、决定，审议意见书65件。依法作出的《关于同意设立怀化市河西街道办事处的决定》《关于同意将盈口乡盈丰村划入迎丰街道办事处管辖的决定》和《关于同意撤销鸭嘴岩镇和设立城南办事处的决定》，为调整区内行政区划，进一步推进全区城市化进程和城中村改造提供法律保障。为实现教育强区发展目标，缓解教育资金紧缺压力，区人大常委会依法作出了《同意区政府教育租赁融资2000万元和1500万元的决定》。为解决民生项目资金难题，常委会依法作出了《同意区政府转贷发行地方债券2000万元的决定》等等。这些决议、决定的出台，从多方面推进了鹤城经济社会的发展。

二、依法行使任免权

依照《中华人民共和国宪法》和《地方各级人民代表大会组织法》赋予的权力，人大常委会对同级人民政府、人民检察院、人民法院领导成员和工作人员行使任免权。

在市、区人民代表大会上，由全体人大代表投票选举产生市长、区长，副市长、副区长；人民检察院检察长，人民法院院长。

由人大常委会会议任免代理市长、区长，副市长、副区长；检察院副检察长、检察委员会委员、检察员；法院副院长、审判委员会委员、法庭庭长、审判员；政府各局局长、各委办主任；人大机关各委室主任、副主任等。

区人大常委会坚持党管干部和依法任免相结

合的原则，依法任免“一府两院”国家工作人员。仅在区一届人大常委会5年间，依法任免领导干部296人。其中任命副区长、各局局长等244人，免职46人，不予任命6人。先后对8名国家机关工作人员进行了拟任职述职，对所任命的干部进行任前考察、法律知识考试、拟任职务发言和经济责任审计；并对部分被任命人员进行任后述职评议。区人大常委会先后对区政府副区长、区法院副院长、副检察长、区民政局长、司法局长、人事局长等21名国家机关工作人员进行任中述职评议。仅2001年区一届人大四次会议一年内，区人大常委会任免干部29人，其中人大常委会主任会议提请任命3人，免职3人；区人民政府提请任命4人，免职3人；区人民法院提请任命6人，免职10人。

区二届人大常委会按法定程序依法任免干部194人，包括9名副区长、21名局长、法院7名副院长、检察院4名副检察长。

2009年，三届二次人大会议的一年时间内，区人大常委会严格依照法定程序和《鹤城区人大常委会人事任免办法》，先后任免“一府两院”国家工作人员和人大机关工作人员共71人。在任免过程中，严格按照任前考察、任前考法、任前述职和依法表决把关，实现区委的人事安排意图。

第二节　行使监督权

一、工作监督

人大及其常委会对“一府两院”及政府组成部门的工作依法监督。1992年怀化市（县级）人大常委会认真办理人大代表就修建怀化市中心市场向政府提出的质询案，组织专题调查，督促政府加强领导，调整施工方案，筹措建设资金，加快工程建设进度。怀化市（县级）五届人大常委会听取和审议国土局工作汇报，开展土地执法检查，对小市场、小矿厂、小砖窑和路边小店的乱占耕地情况进行重点清查。监督政府和计划生育部门采取过硬措施，加强流动人口计划生育管理。为了促进农业和农村发展，常委会组织力量对全市农民负担、农业生产、农业科技、小水电开发、水果基地建设进行了专题调查。听取和审议并监督市政府，落实减轻农民负担、农村电网改造、发展乡镇企业、山区开发开放、农村扶贫等工作的开展和执行。

为落实企业转换经营机制，推进企业改革、改制工作。鹤城区人大常委会组织人大代表对《中华人民共和国全民所有制工业企业法》《全民所有制工业企业转换经营机制条例》的执行情况进行了监督检查。督促区政府认真落实《中华人民共和国企业法》和《中华人民共和国企业破产法》，加强领导，做好改制企业职工的思想工作；积极清查清退非法侵占的国有、集体企业资产，维护下岗职工的权益，推进企业改革改制的深入进行。

二、法律监督

怀化市（县级）五届人大常委会为了宣传贯彻《全国人大常委会关于加强社会治安综合治理的决定》，三次听取和审议市政府关于扫黄、除六害、反盗窃斗争情况汇报；二次听取和审议市人民检察院关于打击经济犯罪情况汇报；市人民法院关于执行《中华人民共和国行政诉讼法》情况汇报。发现问题，认真督促解决。对久拖不决或有意见分歧的案件，常委会召开有关部门会议进行研究，督促解决。常委会调阅案卷，组织调查，使这起久拖不决的案件得以审结。常委会定期开展执法检查，组织人大代表对《中华人民共和国刑法》《中华人民共和国刑事诉讼法》《中华人民共和国行政诉讼法》《中华人民共和国治安管理条例》《湖南省未成年人保护条例》《湖南省老年人保护条例》贯彻落实情况进行检查。常委会把清理乱收费、乱罚款、乱着装作为检查重点，向被检查单位提出具体整改意见。组织实施《中华人民共和国村民委员会组织法》和《中华人民共和国城市居民委员会组织法》，建立健全了基层组织机构。

鹤城区一届人大常委会先后对农业、林业、财政、交通、劳动、公安、法院、检察院等12个单位执行法律法规情况进行21次执法检查。对《中华人民共和国预算法》《中华人民共和国国土法》《中华人民共和国森林法》《中华人民共和国防洪法》《中华人民共和国环保法》《中华人民共和国教育法》《中华人民共和国劳动法》《中华人民共和国科技成果转化法》《中华人民共和国传染病防治法》《中华人民共和国计划生育管理条例》等法律法规贯彻实施情况分别进行专项检查。对发现有法不依、执法不严、执法不公的问题，责成相关单位认真改正，并限期将整改结果上报区人大常委会。2001 年 3 月对全区预算外资金的征收和管理进行执法检查，收到良好效果。连续多年开展“鹤城环保世纪行活动”，在环境保护和治理工作上取得明显成效。

鹤城区人大常委会通过听取汇报、开展视察、调查等形式，对“一府两院”进行事前、事中、事后监督。一届人大常委会先后听取区政府关于治理经济环境、国企改革、下岗职工再就业、区本级计划和财政预算执行情况等工作汇报 16 次。先后听取区法院关于干警队伍整顿、积案执行难问题；区检察院关于从严治警，区公安分局关于执行《中华人民共和国人民警察法》等汇报 9 次。加强个案监督，共受理群众来信 924 件、来访 6253 人次。依法开展个案监督 65 起，督促处理疑难案件 45 件，有力地维护了人民群众的合法权益，确保全区社会和谐稳定。

鹤城区二届人大常委会在全区推行执法责任制，每年年初与“一府两院”签订执法责任书。所有执法单位层层签订执法责任状，年底评比奖惩兑现。精心组织执法检查。对农业、林业、计划生育、卫生、人防、工会、财政、交通、劳动、公安、法院、检察院等部门开展执法检查。加强计划和财政预决算的审查监督，每年第二季度听取和审议财政预决算报告及审计报告，第三季度听取和审议当年计划执行情况报告。

第三节 代表视察、检查

怀化市（县级）五届人大常委会在组织代表视察、检查中，共提出批评意见 770 件，及时交办“一府两院”和有关部门办理。对重点议案现场办公，分别在铜湾镇、下坪乡、城中街道办事处召开现场办理座谈会，解决饮水工程、卫生设施和道路建设问题。

鹤城区一届人大常委会组织人大代表先后对财政、公安、教育、卫生、畜牧、农业等单位，和莱孚铝厂、正大饲料、天龙医药、明城电子等民营企业以及东兴街旧城改造、城东新区开发、鸭嘴岩万头良种猪场建设，副食批发城改造、黄岩旅游度假区、石门高效农业科技示范园等重点项目进行视察，并提出意见建议。先后对全区治理整顿经济建设环境、预算外资金征收和管理、下岗职工再就业等热点问题进行 8 次调研、检查。

区二届人大常委会组织人大代表参加专门工作组，对全区经济发展环境、重点项目建设、城区教育资源整合、学校布局调整、义务教育收费、农业产业结构调整、社会保障、民营企业发展、医药市场管理等进行专项调查。形成调查报告，为科学决策提供依据。组织代表对黄金坳和鸭嘴岩小城镇建设，嫩溪垅旧城改造进行视察。为了让群众喝上干净水、吃上放心食物，组织开展环保世纪行和农产品质量安全行活动。重点督促潕水河整治、污染企业排污达标，生态环境建设、无公害农产品基地建设。组织开展“鹤城农民健康行”活动，落实乡镇卫生院建设、农村改水改厕、疾病防控等惠民工程。

区三届人大常委会每年组织省、市、区人大代表对城市管理，新农村建设、城中村改造、社区建设、重点工程项目等进行集中视察。通过代表参与，拓宽代表知政渠道，提高代表履职水平。

第四节 代表评议

一、工作评议

怀化市（县级）五届人大常委会组织人大代表开展评议政府工作和评议基层双管单位活动。在全市 6 个区、32 个乡镇开展代表评议基层站所工作。555 名市、乡人大代表对 567 个单位进行了认真评议，共收集建议意见 2804 条，评出信任单位 100 个，基本信任单位 406 个，不信任单位 61 个。鹤城区人大常委会组织人大代表先后对公安、检察院、法院、工商、税务、教育、卫生、农业、林业、畜牧、自来水、电力等涉及民生的单位，进行工作评议打分。并对工作失职失误的地方，提出限期整改意见。

二、述职评议

鹤城区人大常委会制定了《怀化市鹤城区人民代表大会常务委员会工作评议办法》和《怀化市鹤城区人民代表大会常务委员会述职评议办法》，坚持党管干部和依法任免相结合，坚持任前考察、法律考试、经济责任审计、拟任发言，分别对被任命人员进行述职评议。为了加强任后监督，区人大常委会开展了任中述职评议工作。2001年8月15日，区一届人大常委会第19次会议，听取了区林业局局长江兴明和区教育局局长田红旗的述职报告，进行了面对面地评议。常委会组成人员在充分肯定他们在工作中取得的显著成绩的同时，也毫不回避地指出了他们工作中存在的问题和不足。会后，常委会根据评议意见，对两位局长提出了整改意见。这次述职评议加强了区人大常委会对任命干部的任后监督。

2004年10月26日，区人大常委会召开区二届人大第十二次常委会议，人大常委会主任、副主任、全体常委会委员出席会议；区委副书记邓小健、区委组织部部长方雄列席会议。专题对鹤城区司法局长、人事局长、粮食局长、交通局长、区人民法院副院长进行任中工作评议。区司法局局长冯贵友作会议述职发言后，区人大彭鸣华宣读对冯贵友的述职调查报告；区人事局局长岳洋作会议述职发言后，区人大杨映文宣读对岳详的述职调查报告；区粮食局局长周生洪作会议述职发言后，区人大彭光明宣读对周生洪的述职调查报告；区交通局局长丁佳斌作会议述职发言后，区人大杨司有作评议调查组调查报告；区人民法院副院长梁孝常作述职发言后，区人大杨文发作评议调查组调查报告。随后人大常委会主任张兴尧，副主任谭顺都、谢召连、孙叙孝、李晓玲、周可元及全体常委会委员分别对被评议的5人述职报告、本人表现、工作成绩和缺点进行面对面的评议。

按照《评议办法》，对以上5人按称职、基本称职、基本不称职、不称职四等进行打分，评议结果：5人称职。

在工作评议、述职评议的基础上，对整改情况一抓到底，召开常委会会议专题听取整改情况报告。为了实事求是，了解被评议人员情况，还深入单位，开展测评打分，广泛征求基层干部群众的意见。

2006年2月28日，鹤城区二届人大常委会召开第20次会议，专题听取2005年度述职评议人员有关述职评议整改情况的报告。听取副区长杨玲、巫培云述职评议整改情况的报告（书面）；听取区劳动局局长邓求君、建设局局长杨国珍、教育局局长谭勇、科技局局长曾维军、卫生局局长郭子安、法院副院长郑康、黄翔、王伟作述职评议整改情况的报告。

2006年9月8日至13日，区人大常委会副主任孙叙孝、李晓玲及常委会委员杨司有、喻菁梅、杨映文组成调查组到审计局，召开班子成员会议和全体干部职工大会，对审计局局长谭青梅述职评议工作进行动员，参加动员会议的全体干部职工和老干部代表进行无记名投票测评，共发出民主测评票16票，收回16票，其中称职票13票，基本称职3票，不称职0票。评议小组成员分两组与区审计局全体干部职工及老干部代表进行单独座谈，大家一致认为谭青梅是一个称职的审计局长。

2009年，区人大常委会把区人民法院、区林业局、区卫生局、区建设局、区工业经济局列入评议对象。2009年7月组成五个工作评议调查组，由常委会领导带队，深入被评议部门，采取听汇报、查案卷、核数据、实地考察、走访座谈、发放问卷和测评表等方式进行全面调查，形成客观翔实的调查报告，力求评准、评深、评到点子上。区三届人大常委第十一次会议对五个部门进行了综合评议，作出评议意见。上述被评议部门接受人大监督，认真落实评议意见。

第五节　代表议案建议

鹤城区一届人大一次会议至五次会议共收到代表建议、批评和意见235件，办复率100%。代表所提问题得到解决146件，占62.4%；计划解决或逐步解决39件，占16.8%，因政策因素或财力限制暂不能解决50件，占20.8%。区一届人大一次会议上有代表提出在乡镇建立金库，建立乡镇财政体制的建议。区人大交由区政府办理，区政府研究后，在乡镇建立了一级财政体制。区一届人大二次会议上有代表提出修通贺家田至麻阳断头公路。会后交由区政府办理，区政府将此列入2000年八大实事中，并从省交通部门争取资金20万元，修通了这条公路。区一届人大三次会议上有代表提出规范教育部门收费的建议，区人大交由区政府办理，区教育局决定从2000年秋季起取消中小学配套教材，减轻学生负担。区一届人大四次会议上有代表提出把鹤城宾馆二楼餐厅改造为大会堂的建议，交由区政府办理，区政府从财政拨专款18万元，将大厅改成会堂，改变了鹤城区没有大会堂的状况。为办理落实代表提出的黄岩旅游公路改造上等级的议案，区政府从省交通厅先后争取资金60万元，争取省计委下达800万元国债资金计划指标，使黄岩公路顺利实施升级改造。针对代表提出的1998年建区时，市里给区财政体制支出基数偏低、收入基数偏高，使鹤城区财政举步维艰的意见。区人大常委会对此组织人员进行深入调查，形成调查报告报送市人大，引起市里高度重视。市政府向市人大提出《关于对鹤城区财政体制进行微调的议案》，据此，1999年12月28日，怀化市一届人大常委会第10次会议作出《关于怀化市人民政府对鹤城区财政体制进行微调的议案的决议》，有效缓解全区财政困难的状况。

鹤城区二届人大常委会根据中央9号文件和市委7号文件精神，进一步明确代表在人大闭会期间的活动内容，建立健全各项制度。办理代表议案建议157件，办复率100%。如代表提出的《关于解决农村教师医药费和生活补贴的建议》，得到区政府高度重视，从2006年1月起，将农村教师的基本医疗保险中单位应交部分全部纳入财政统筹解决。《关于加强怀化学院西院后门至石门市场路段综合治理的建议》交办后，承办单位做了大量工作，以路为市，占道经营的现象基本清除。

办理代表建议，增强履职实效。鹤城区三届人大常委会围绕全区发展的重大事项和人民群众普遍关心的热点问题，将代表提出的建议和意见集中起来，认真分析研究。按照“一府两院”及有关单位的权责范围，合理确定议案建议的承办单位。明确要求“一府两院”及其有关部门建立“一把手亲自抓，分管领导直接抓，办事机构具体抓”的工作机制。并及时召开议案建议交办会，对办理的程序和方式、质量和目标、时限与要求等提出硬性规定。召开承办单位沟通协调督办会，确保议案建议办理工作不图形式，不走过场。在办理完毕后，邀请代表验收办理结果。对代表不满意的，要求重办。对暂时不能办理或无条件办理的建议作出说明和解释。代表在三届人代会上提出的209件建议和意见均办理完毕，满意和基本满意率达到90%。

第十一篇　人民政府

1990年2月至1997年12月，怀化市（县级）人民代表大会共进行了两次换届，选举产生两届市人民政府，即第四届市人民政府和第五届市人民政府。1998年2月，由怀化市（县级）委书记方新琪、市长唐波及怀化地区有关领导，组成区、县分家协调小组。分家的原则是：怀化市（县级）委、政府、人大、政协、人武部及市直属各局机关工作人员一分为二，鹤城区、中方县各占百分之五十；年龄在50岁以上的原则上留鹤城区，离退休人员全部留鹤城区；财产、办公设备各占百分之五十；办公场地各一半（中方县城建成搬迁后，原房产土地留鹤城区），土地所有权属鹤城区，债权债务留鹤城区。1998年2月，正式启动建区工作，成立中共鹤城区委、区人大、区政协筹备委员会和鹤城区经济工作领导小组（区政府前身），领导区、县分家和筹备建区工作。1998年4月25日，召开鹤城区第一届人民代表大会第一次会议，分别选举产生区人大、区政府领导班子，怀化市鹤城区政府正式成立。其后至2010年1月，先后选举产生鹤城区第二届、第三届政府领导班子。

第一章　政府机构

第一节　政府领导

一、怀化市（县级）人民政府

1990年2月，召开怀化市第四届人民代表大会第一次会议，选举产生第四届市人民政府。市长：李铁岩，常务副市长方新琪；副市长周开亮、孙超、潘仁陞、管仕德、王寄萍、曹锦华。另配调研员龙跃清、范汉泉、杨顺铭、王向敏，市长助理陈兴中。

1992年8月，李铁岩调任怀化地区公安局局长，方新琪任怀化市（县级）代理市长。

1993年1月，怀化市第五届人民代表大会第一次会议召开，选举产生第五届市人民政府。市长：方新琪；副市长：潘仁陞、曹锦华、陈兴中、钟益生、王身杰、刘盛银、刘银林、李锦珂、黄兴国、李先胜。另配市长助理：蒋尚卿、张显米及市政府顾问：王向敏，市政府调研员：杨顺铭、杨隆舜、杨春初、管仕德、谢召琪。

1993年7月，方新琪任中共怀化市（县级）委书记，唐波任怀化市（县级）代理市长。在

1994年1月的怀化市五届人大二次会议上唐波当选怀化市（县级）人民政府市长，任期至1997年12月怀化撤地设市止。

二、鹤城区人民政府

1998年2月，成立“鹤城区经济工作领导小组”，作为鹤城区人民政府成立前的过渡机构，代行政府工作职能。杨冬英任组长，张晓洪、饶经理等任副组长。

1998年4月，召开怀化市鹤城区第一届人民代表大会第一次会议，选举产生怀化市鹤城区第一届人民政府。杨冬英任区人民政府区长；张晓洪任常务副区长；马俊哲、饶经理、潘平凡、汪辉、王争鸣任副区长。另配调研员：张必长、张华兴、李友月；助理调研员：尹秀武、杨华梅、李正国、谢儒金、方雄、周乐哉、杨玲。

2002年1月，召开鹤城区第二届人民代表大会第一次会议，选举产生鹤城区第二届人民政府。区人民政府区长：杨冬英；副区长：张晓洪、饶经理、李后军、闻继霞、曾大鹏、汪辉、周有庚、尹秀武。另配调研员：潘仁陞、舒振碧；助理调研员：周乐哉、丁琼、夏占良、熊平、仇秀泉、刘运进、杨玲、杨隆海。

在2003年1月鹤城区二届人大二次会议后，先后增选江兴明、杨玲、巫培云、龙克军、李雪洪为鹤城区人民政府副区长。

2002年5月，李毅任鹤城区代理区长，2003年1月召开鹤城区二届人大二次会议，李毅当选鹤城区区长。2006年7月，邓小健任鹤城区代理区长。

2007年1月，鹤城区第三届人民代表大会第一次会议召开。选举产生鹤城区第三届人民政府。区长：邓小健；常务副区长：周勇；副区长：丁琼、尹秀武、巫培云、熊平、石兵、丁仁权、周详。另配区长助理：杨国珍；调研员：龙克军；助理调研员：周乐哉、夏占良、杨隆海、刘运进、仇秀泉。

第二节　政府机构

一、怀化市（县级）政府机构设置

1991年，怀化市人民政府设工作部门47个，即政府办公室、经济体制改革委员会、计划委员会、财贸委员会、建设委员会、农业委员会、科学技术委员会、教育委员会、计划生育委员会、体育运动委员会、民族宗教事务委员会（1992年设）、老龄工作委员会。人事局、劳动局、民政局、国土管理局、监察局、审计局、财政局、税务局、工商行政管理局、商业局、供销社、粮食局、物价局、统计局、交通局、农业局、林业局、畜牧水产局、水利水电局、卫生局、文化局、广播电视局、公安局、司法局、档案局、旅游局、环境保护局、物资局、工业局、二轻工业局、轻纺局、房管局、对外经济贸易局、乡镇企业局、农机管理局。

直属事业机构11个，即街道工作办公室、侨务办公室、人民防空办公室、成人教育办公室、蔬菜工作办公室、爱国卫生运动委员会办公室、地方志编纂委员会办公室、法制办公室、园林管理处、环境卫生管理处、市委招待所（接待处）。

中央及省、地垂直机构9个，即中国工商银行怀化市支行、中国农业银行怀化市支行、中国建设银行怀化市支行、中国银行怀化市支行、怀化市农村信用联社、怀化市城中城市信用社、怀化市新兴城市信用社、保险公司怀化市公司、怀化市烟草烟专卖局。

企业管理机构8个（正科级），即怀化市自来水公司、怀化市公共汽车公司、怀化市木材公司、怀化市建材公司、怀化市物质公司、怀化市二轻工业公司、怀化市对外贸易公司、怀化市农业生产资料公司、

对外派驻机构3个，即怀化市驻长沙办事处、驻北京办事处、驻上海办事处，1996年，取消上海办事处，增设驻广州、深圳办事处。

二、鹤城区政府机构设置

1998年建区后，鹤城区人民政府设置工作部门26个，即政府办公室、计划委员会、物价局、建设局、财政局、教育局、科学技术局、司法局、民政局、人事局、劳动局、交通局、农业局、林业局、畜牧水产局、水利水电局、文化局、卫生局、经济委员会、计划生育委员会、监察局、审计局、统计局、物价局、农村工作办公室、财贸工作办公室。市垂直管理局机构4个，即公安分局、工商分局、国土分局、地税分局。直属事业机构5个，即档案局、史志办公室、法制办公室、爱国卫生运动办公室、机关事务管理局。

企业管理机构7个，即粮食局、煤炭局、供销社、轻纺行业管理办公室、商业行业管理办公室、物资行业管理办公室、二轻行业管理办公室。

三、政府机构改革

2002年，根据《中共中央、国务院关于地方政府机构改革的意见》和《中共中央办公厅、国务院办公厅关于市、县、乡人员编制的意见》，制定了《鹤城区机构改革方案》。目的是为了适应社会主义市场经济发展的需要，有利于转变政府工作职能；理顺各级各部门关系；精简公务员队伍，降低行政成本，提高工作效率；逐步建立廉洁高效、运转协调、行为规范的行政管理体制。

更名的部门 计划委员会更名为发展计划局；经济委员会更名为经济局；水利水电局更名为水利局；计划生育委员会更名为计划生育局；财贸委员会更名为财贸局；体育运动委员会更名为体育局；信访办公室更名为信访局。

裁撤、合并、新组建的部门 裁撤经济体制改革委员会、农村改革试验区办公室。其职能划入政府相关部门。物价局并入发展计划局，爱卫办并入卫生局，均对外保留牌子。裁撤劳动局，组建劳动和社会保障局。乡镇企业经济委员会更名为乡镇企业局与农业局合署办公。文化局加挂新闻出版局、版权局牌子；统计局由发展计划局管理；对外经济贸易局加挂招商局牌子。国有资产管理局、预算外资金管理局、农业税征收管理局并入财政局。

撤销企业经济管理部门 不再保留二轻、轻纺、煤炭、商业、物资5个行业管理办公室，其行业管理职能分别划入经济局、财贸局、发展计划局。

保留部门 政府办公室、教育局、财政局、民政局、科学技术局、监察局、司法局、人事局、建设局、农业局、林业局、卫生局、文化局、审计局、粮食局、财贸局、经济局、交通局、供销社。

2008年，根据中央、省、市的部署，鹤城区政府机关再次进行改革，将政府的管理型职能向社会服务型职能转变。

更名部门 发展计划局更名为发展和改革局；建设局更名为住房和城乡建设局；计划生育局更名为人口和计划生育局；劳动与社会保障局更名为人力资源与社会保障局。

撤销、新组建的部门 撤销经济局，组建经济与信息化局，撤销经济贸易局、招商局，组建商务局；新组建旅游外事侨务民族宗教事务局；撤销安全办公室组建安全生产监督管理局。

改革后，区政府设置工作部门（政府组成局）27个，部门管理机构4个，企业管理机构3个；市垂直管理，市、区共同管理部门5个。至2010年底，区政府机构设置保持不变。

第三节　基层机构

一、乡镇人民政府

1991—1997年，怀化市（县级）辖6个区、27个乡、5个建制镇、5个街道办事处；共计301个行政村、36个居民委员会。

1996年，根据省、地部署，撤区并乡建镇，调整行政区划。撤区：撤销铁坡、铜湾、泸阳、黄金坳、中方、盈口6个区公所，改为经济联络处，先由财政负担3年，干部分流和安置完成后，完全脱钩，机构自行消失。并乡：将原盈口乡、榆树乡合并，设盈口乡；杨村乡与黄岩乡合并，设杨村乡。建镇：对符合建镇条件的桐木乡、黄金坳乡、鸭嘴岩乡按程序呈报建镇。撤区并乡，调整行政区划后，怀化市共辖25个乡、5个建制镇、5个街道。

乡人民政府，设乡长1名、副乡长1~3名，乡长助理1人。乡党委、政府机关由乡党委成员、乡政府领导、武装部部长、妇联主任、民政助理、乡办公室秘书等组成，乡镇核定行政编制15~20人。市属各部门的派出机构乡镇七站八所的事业编制20~30名。包括农业技术推广站、林业站、水利管理站、农机站、文化站、广播电视站、财政所、计划生育办、畜牧水产站、农村经营管理站、劳动和社会保障站、企业办、司法所、综合治理办、建设管理站、国土所、统计站等，组成乡政府各个工作部门，成为市（区）、乡双管单位。市派出乡镇的机构还有公安派出所、工商管理所、税务所、区（镇）人民法庭、粮站、供销合作社、中学、中心完小、乡镇卫生院、信用合作社等机关单位。

1997年怀化市（县级）乡镇一览表

表11-1-1

乡镇名称	共辖村、居委会（个）	面积（平方千米）	人口（人）	乡镇政府驻地	备注
盈口乡	21	141.5	29137	原盈口乡政府	盈口、榆树两乡合并，杨村、黄岩两乡合并
杨村乡	11	97.85	11218	杨村	
石门乡	15	74.96	21510	新街村	
活水乡	6	22.72	6052	龙盘村	
锦溪乡	7	45.34	5831	锦溪村	
接龙乡	11	50.33	9437	卧龙村	
石宝乡	9	46.31	9643	鱼龙桥村	
蒿吉坪瑶族乡	7	59.06	5433	罗洪村	
铁坡乡	11	48.45	11355	团一村	
铜湾镇	15个村，2个居委会	71.81	19590	兴华村	
铜鼎乡	10	48.77	12755	铜鼎坪村	
袁家乡	5	43.88	6962	袁家村	
蒋家乡	6	50.74	6700	蒋家村	
丁家乡	8	37.12	5448	丁家村	
新建乡	12	118.02	13058	黄立坪村	
新路河乡	13个村，1个居委会	60.98	11640	合理村	
泸阳镇	13村，3个居委会	81.18	17737	金塘村	
龙场乡	8	49.61	7196	龙场村	
花桥镇	14个村，1个居委会	83.58	11196	车坪村	
聂家村乡	7	36.28	11082	驻聂家村	
下坪乡	8	62.27	7400	下坪村	
中方镇	11个村，2个居委会	93.93	20783	中方村	
鸭咀岩乡	10	83.79	12684	铜锣村	
牌楼镇	10村，1个居委会	102.5	17300	牌楼坳村	
桐木乡	12	101.48	19428	桐木村	
炉亭坳乡	5	52	6571	炉亭坳村	
黄金坳乡	10	78.36	15605	败泥冲村	
贺家田乡	7	103.11	4915	贺家田村	
凉亭坳乡	8	86.58	10185	杨潭村	
芦坪乡	11	81.13	14556	坪星村	

1998年鹤城区成立，辖城区5个街道（城中、城北、迎丰、红星、坨院）；近郊盈口、石门、杨村、鸭嘴岩及北部黄金坳、芦坪、贺家田、凉亭坳8个乡镇。单设黄岩旅游度假管理处。

2002年，乡镇机构进行改革，大力压缩领导职数，每个乡镇党委、政府两套班子包括人大主席、武装部部长等领导职数只配备5~7人。乡镇机关工作人员和七站八所进行职能合并，合署办公。将农业、林业、水利、国土、建设、环卫、民政、劳动保障等进行合并，除计划生育办外，其他站所人员都进行精简分流。区直各局设在乡镇的站所，实行双重领导。人、财、物、事权以乡镇管理为主，区直业务部门实行指导的机构有文化站、计生办、法律服务所、综治办、劳保站、农技站、农机站、水管站、林管站、畜牧站、经管站等。垂直管理，乡镇监督的有国土所、建管站、财政所、学区（小学）、卫生院、信用社、地税所、公安派出所等。

二、街道

1991—1997年，怀化市（县级）辖城中、城北、红星、迎丰、坨院5个街道，共设36个居民委员会（坨院办事处辖3个行政村、3个居委会），居委会下设居民小组。

街道办事处是派出机构。街道办事处设有中共党（工）委和办事管理机构，管理机构由正、副主任组成。其他工作机构有办公室、武装部、妇联、共青团、民政等，行政编制18~21名。市属各局的派出机构与乡镇大体相同。城区内的城中、城北、红星、迎丰4个街道增加了城管、爱卫等机构，增加了计划生育办的工作人员。混合管理的坨院、河西、城南3个街道办事处，七站八所部门的机构设置和乡镇等同。每个街道办事处站所的事业编制在30~40名。

街道办事处根据人口与地域分布、设置若干个社区居民委员会，社区居委会下设居民小组。社区居委会领导班子设党支部委员会、社区居委会主任1名，副主任1~3名。并配有计划生育、劳动保障、环境卫生等专干，社区工作人员一般配备6~10名。社区居委会的职责是：创平安、无毒社区，文明、卫生社区，搞好社区建设；扶贫帮困，帮扶下岗职工，落实城镇居民医保及贫困人员低保；抓好计划生育，流动人口管理；解决民事纠纷、邻里纠纷，帮教“两劳解教”人员，抓好社会治安综合治理；协助城市建设和重点工程建设、协助撤迁安置工作；管理背街小巷的环境卫生，美化亮化工作；完成上级布置的突击性中心工作并入户调查等。

2008年12月，增设河西街道办事处，辖新园、舞阳2个社区居委会，同时，划入盈口乡黄家山村、团结村6、7组，涵盖怀化经济开发区全部，共39个单位。2009年4月鸭嘴镇所辖潕水河西李公湾、溪坪、花背、坳背村（共4个村，43个村民小组、6377人，面积54410.7亩）成建制划归河西街道办事处管辖。后又将盈口乡凤坪、白岩、方石坪、板坡村划归河西办事处。2009年7月，成立鹤城区城南街道办事处，其管辖范围：东以湖天南大道为界，西至潕水河，北临太平溪、天星东路一线，南至池回村牛脑溪与中方县交界。管辖：新桥、西冲、狮子岩、湾潭4个社区居民委员会和池回、龙形2个村民委员会。

2010年，鹤城区辖城中、城北、红星、迎丰、坨院、城南、河西7个街道。

第二章 政务会议

第一节 政府常务会议

一、区政府全体会议

由区长、副区长、调研员、助理调研员、区长助理等政府领导以及政府系统各委、办、局主任、局长组成。由区长或区长委托常务副区长召集会议，讨论决定区政府的重大事项和重要工作；每年2次，一般安排在年初、年终，遇重大情况临时召开。

鹤城区成立后，为了统一党委和政府的工作步调，节约会议成本，建立高效廉洁的工作机制。政府全体会议一般结合区委经济工作会议和一年一度的人大、政协会议一起召开。

二、区政府常务会议

由区长、副区长、调研员、助理调研员、区政府办公室主任组成，由区长或区长委托的副区长召集会议，讨论决定政府工作的重要问题和由政府发布的通告、决定及相关实施细节；讨论决定基层政府和下属部门请求解决的重要事项。区政府常务会议一般每月召开1~2次。

常务会议举要

1998年7月10日，区长杨冬英主持召开第7次区政府常务会议。会议先后听取了教育工作、体育工作、卫生工作和创建鸭咀岩乡镇工业示范园工作的汇报。经过认真研究，对上述工作分别进行了具体部署。区委书记傅刚球参加会议并作了重要讲话。

教育工作，教育是关系到提高全民整体素质，培育跨世纪人才的大事，区委、区政府和各级各部门都要关心支持教育事业的发展。教育部门要结合撤地设市后的实际，在现有基础上尽最大努力办出自己的特色，要采取过硬措施提高教学质量。努力争取把怀化市一中办成省重点学校，把怀化市二中办成重点体育特长学校。促进和带动全区学校的建设和发展。

省中学生田径运动会在鹤城区举办，做好各项筹备工作。整个筹备工作和经费列支要制定一个通盘计划报区委、区政府审定。筹备运动会总的原则是既要大方节省，又要办出特色。

另还研究教育人事问题和1998年秋季中小招生方案，会议原则上同意教育局1998年中小学秋季招生方案。特别是在收费问题上，严禁搭车收费，对特困企业下岗职工子女上学要落实收费优惠政策。

体育工作，原则同意区体委所作的体育工作五年规划。要求区体委在财政紧张、困难多、难度大的情况下，积极想办法多渠道筹措活动经费，办好鹤城区大众体育运动会；组队参加全市大众体育运动会和组织射击队参加省运动会，并且要保持荣誉，发挥优势，赛出好成绩。

卫生工作，同意近期召开一次全区卫生工作会议，会期半天，各乡镇乡镇长和分管领导参加，贯彻全市卫生工作会议精神，部署全区农村合作医疗工作。

鸭咀岩乡工业示范园工作，鸭咀岩乡所处的区位优势、基础条件和面临中方县建县城、怀化市规划建设怀、中、洪“三点一线”经济走廊的特定历史机遇，同意区乡镇企业领导小组和鸭咀岩乡党委、政府提出创办鸭咀岩乡镇工业示范园区的设想。

要组织力量并请教专家重点搞好建园可行性论证报告和建园规划。整体布局要合理，起点要高标准，又要切合当地实际和发展特点。

筹建好领导班子。成立协调领导小组，由杨冬英任组长，马俊哲、张晓洪、潘平凡等同志任副组长，各有关部门负责人为成员，具体运作由马俊哲和潘平凡负责。日常工作由曾云、谢国清和陈建国负责。

对建园需确定的优惠政策，参照怀化市、中方县以及城东新区的优惠政策综合制定。

2005 年 4 月 1 日，区长李毅在区政府六楼会议室主持召开二届区政府第 40 次常务会议。听取全区卫生、爱卫、劳动保障、农村能源沼气建设、乡镇安监站筹建等工作情况汇报。

卫生工作，要全力改建好鸭嘴岩、凉亭坳两所乡卫生院，确保省政府为民办实事工作落到实处。区财政将按每所 1 万元的标准予以经费配套；解决区结核病防治工作经费 5000 元；为确保鹤城区“降消”工作顺利开展，同意“降消”项目经费按 1∶1∶1 比例配套。定于 4 月 6 日召开全区卫生工作会议。

爱卫工作，要抓紧在年内建好杨村自来水厂，确保区政府为民办实事落到实处，同意将水利部门的人畜饮水工程与爱卫部门的改水改厕工程相结合，即将水利部门人畜饮水工程的 40 万元资金用作杨村自来水厂的配套建设资金；为确保鹤城区顺利完成 1000 户改厕任务，同意按 1∶1 的比例配套资金。

劳动保障工作，全力抓好就业和再就业工作，确保顺利完成省政府为民办实事工作；加大社会保险基金征缴扩面力度，进一步提高社会保障能力；组织监察、劳动、财政等部门于近期开展一次清理企业缴纳社会保险基金联合执法行动。

农村能源沼气建设，同意区农村能源办升格为副科级事业单位；为全面完成 200 口沼气池建设任务，区政府将解决部分建设经费。其中区财政解决 8 万元，从扶贫开发资金中配套使用 6 万元。

乡镇安监站筹建情况，将区乡镇企业局烟花爆竹管理职能划归区安监局管理；同意设立乡镇（街道）安监站，实行双重管理，与劳动保障站合署办公，其中盈口乡、黄金坳镇、城中街道办事处各配备工作人员 2 名，其他乡镇（街道）各配备工作人员 1 名，人员从区内现有财政全额拨款人员中调剂解决。

2005 年 4 月 29 日，区长李毅在区政府六楼会议室主持召开第 42 次区政府常务会议。部署落实 2005 年省为民办 8 件实事任务和听取全区计生工作、财政工作、粮食工作、教育工作等情况汇报。

落实 2005 年省为民办 8 件实事任务，定于 6 月份召开落实省为民办 8 件实事和区政府为民办 9 件实事工作调度会；成立鹤城区贯彻落实省为民办 8 件实事工作领导小组。由区委副书记、区长李毅任组长，区委常委、常务副区长饶经理任副组长，副区长尹秀武、闻继霞、江兴明、杨玲、巫培云为成员。领导小组下设考核工作办公室和 5 个具体项目工作组。落实省为民办 8 件实事领导小组考核工作办公室。由区政府办党组书记、主任刘运进任考核办主任，区政府办副主任刘育军任考核办副主任，负责日常工作。

计划生育工作，开展夏季计划生育集中月活动，由联系乡镇、街道的区级领导牵头，从后盾单位抽调人员组成攻坚工作队，带车带经费进驻相关乡镇。明确一名科级领导干部为队长，后进乡镇（芦坪乡、盈口乡、黄金坳镇、贺家田乡）保证 8~12 人，其他乡镇、街道办事处视情况决定，工作时间 1 个月；每个联系挂点后盾单位集资不少于 2000 元，集资总额不少于 1 万元。

夏季集中月活动任务考核，把后盾单位与乡镇捆绑进行，同奖同罚，对不服从安排的单位，给予通报批评，限令按时下乡到位。

加强流动人口计划生育管理。成立流动人口计生管理领导小组，并组成联合工作组，由综治单位各派一名副职和一名专干到区计生局集中办公。区财政拨付 12 万元专项经费，用于领导小组和盈口乡、城中、城北、迎丰、红星、坨院街道办事处的流动人口计划生育管理工作。

加强计划生育工作督查。区委、区政府督查室对夏季集中月活动进展情况定期通报，每星期一次，督促工作落实。

财政工作，一季度，财税部门切实加大征管力度，增强执法刚性，大力组织财政收入，完成财政总收入 1577 万元，增长 15.53%，实现了财政收入的“开门红”；但财政收支矛盾仍很突出，全区各级各部门要继续树立过苦日子的思想。

教育工作，特殊教育学校，同意尽快上收市中心特殊教育学校；教师配备，同意原则上按“退休多少，补进多少”的原则予以配备，由区编办和区教育局尽快拿出意见；低保户子女杂费问题，由区财政、民政、教育等部门从严控制，尽快落实。

粮食工作，积极争取代储省级储备粮；粮食局设立政策法规股和粮食行政执法大队，解决5个财政差额拨款编制，人员从已改制粮食企业主要负责人中挑选。

2009年12月18日，区长邓小建在区行政中心五楼常务会议室主持召开会议，讨论《政府工作报告》，专题研究沪昆高铁、溆怀高速公路怀南绕城线、池黔公路改建工程及招投标、深化医药卫生体制改革等工作。

讨论《政府工作报告征求意见稿》要求，《政府工作报告》在写法上要有创新，突出工作亮点，要融入上级有关文件会议精神；要讲实话、办实事、求实效，要鼓舞人心。对2010年工作的安排，要有政策的支持，要有措施的落实，要有项目的引导；原则同意通过这个报告。

沪昆高铁、溆怀高速公路怀南绕城线、池黔公路改建工程及招投标工作，同意开展沪昆高速铁路、溆怀高速公路怀南绕城线和池黔公路改建项目相关工作。同意成立怀南绕城线项目工作机构，由溆怀高速公路城北线相关人员组成，并新增杨村乡、盈口乡、城南街道办事处负责人为成员。同意成立沪昆高速铁路鹤城段项目指挥部，报区委常委会研究决定。同意成立池黔公路改建工程项目指挥部。以上3项工作具体由区发改局负责做好衔接工作。

关于招标投标工作。同意成立鹤城区招标投标工作领导小组，并以政府名义出台《鹤城区招标投标管理办法》。同意成立鹤城区公共资源交易中心，由区委常委、区政府副区长丁琼牵头负责，并报区大编委会研究。同意成立鹤城区招标投标监委库。

深化医药卫生体制改革工作，同意实行基本药物制度。原则上基层公共医疗事业单位工作人员工资基本上与公务员工资水平拉平，区卫生局要先把账算好，并与财政进行协调；传达贯彻好省医改工作会议精神，按照省政府的统一部署，从2010年2月1日起施行基本药物制度；同意成立医改工作班子，由区卫生局尽快草拟好文稿送交区政府审核。工作经费暂不予考虑，视工作情况再定。

2010年12月1日，区长邓小建在区行政中心五楼会议室主持召开区政府常务会议，研究鹤城区“十二五”规划编制及2011年经济社会发展工作思路、区行政事业单位国有资产处置等工作，审议《鹤城区人民政府与湖南云箭集团国有工矿棚户区改造异地建设项目合作协议书》《鹤城区城市建设项目管理暂行办法》。

鹤城区“十二五”规划编制及2011年经济社会发展工作思路。“十二五”时期（2011—2015年）是全面推进区域经济发展和建设小康社会的关键时期，科学编制和实施好“十二五”规划，对区委、区政府团结带领全区广大干部群众深入贯彻落实科学发展观、继续保持鹤城区经济社会又快又好发展的良好势头、实施“围绕新目标，共谋大发展”发展思路具有十分重要的意义。

原则通过《鹤城区国民经济和社会发展第十二个五年规划纲要（草案）》。区发改局要根据各相关部门提出的意见，进行修改完善，并交区委常委、区政府常务副区长周详审定后，再提交区委常委会研究。

原则通过《鹤城区2011年重点投资项目建议表》，由区发改局修改完善后报区政府领导审定。

区行政事业单位国有资产处置工作，对于区属三类资产处置模式，同意对纳入新商业步行街及市区重点工程的国有资产暂时不处置。对资产结构简单、不能与周边资产实施整体开发、开发价值上升空间较小的资产按现状拍卖，对适宜与周边区域进行整体开发、有较大升值空间的资产采取挂牌联合开发的模式；对于证件不全的国有资产处置问题，根据资产处置有关情况，由区政府与市国土、规划等职能部门进行衔接，争取给予政策上的倾斜；国有资产处置方式。国有资产的处置要尽量实现效益最大化，每宗具体资产处置方式须提交区委常委会议审定。

审议《鹤城区人民政府与湖南云箭集团国有工矿棚户区改造异地建设项目合作协议书》，原则通过《鹤城区人民政府与湖南云箭集团国有工矿棚户区改造异地建设项目合作协议书》；《湖南云箭集团有限公司棚户区异地改造项目委托建设合同》由区政府作为监督方，区委常委、区政府副区长邹荣华同志全权负责相关工作。

审议《鹤城区城市建设项目管理暂行办法》，区建设局对文稿进行完善，由区委常委、区政府副区长邹荣华负责审定。

第一届区政府召开常务会议 56 次，第二届区人民政府召开常务会议 62 次，第三届区人民政府召开常务会议 45 次。研究解决全区经济运行问题、财政问题、工业园区建设、招商引资、重点工程建设、为民办实事等牵涉全区性重要工作 200 多项，短短的 13 年，使鹤城区从建立时的“保工资、保运转、吃财政饭”的状况，发展到综合经济实力在全市名列前茅，各项工作登上了一个新的台阶。

第二节　区长办公会议

区长办公会议由区长或区长委托副区长召集，研究处理区政府日常工作中牵涉面较宽的问题。区长办公会议必须有 3 位以上的区政府领导到会方能举行，区长办公会议一般每周或半月召开一次。

区长办公会议举要

1998 年 5 月 16 日，受区长委托，区委常委、常务副区长张晓洪在市二中召开区长办公会议，进一步落实茶园西路改造工作。在茶园西路改造工程中要坚持以下三个原则：“六统一”原则，即统一组织，统一规划，统一设计，统一开发，统一补偿，统一施工。服从整体，顾全大局，兼顾各方面利益的原则。以开发集资保修路的原则。要实行分工负责。区建设局抓具体的规划测量及设计工作，国土局抓紧进行拆迁安置工作和开发工作。教育局要负责做好二中、跃进路小学的协调工作。工程的总体部署是：拆迁—修路—开发(修门面与房屋，可与修路同时进行)。规划设计路面 12 米宽，整个工程由指挥部负责。

2000 年 4 月 2 日，区委副书记、常务副区长张晓洪在黄金坳镇政府会议室主持召开区长办公会议，区人大常委会副主任李晓玲、副区长尹秀武、区长助理谢儒金及区直相关单位负责人参加会议。会议听取了黄金坳镇党委、政府及区体改委负责人关于该镇小城镇综合改革试点建设工作的情况汇报，针对目前存在的困难和问题进行了讨论研究，并达成了共识。

黄金坳小城镇建设是省级小城镇综合改革试点，也是 2000 年全区重点建设项目之一。必须加强领导，镇党委书记和镇长确定一人专抓。成立领导小组及办公室，体改委副主任周望平专门负责黄金坳镇建设项目的招商引资、项目报批等协调工作。区建设局、国土分局必须安排专人负责。区人大常委会副主任李晓玲专门负责指导协调这项工作。

抓紧时间做好前期准备工作，4 月 15 日前搞好规划评审；5 月底以前搞好设计、征地拆迁安置方案和招商引资方案及水厂选址工作。鉴于黄金坳镇的实际困难，先从财政预算外资金借 2 万元，以后再从防洪保安资金中安排 2 万元，用作改溪前期费用；必须保证专款专用。同时，要做好与农村信用社等金融单位的协调工作争取贷款支持。

2008 年 5 月 6 日，区长邓小建主持召开区长办公会议，专题研究河西学校建设有关问题，决定事项：市国土征地事务所、盈口乡政府及河西街道办事处筹备组要通力合作，尽快完成村民的房屋作价、拆迁安置。黄金坳镇协助负责做好迁坟工作。河西学校筹建办要抓紧时间，房屋建设及附属工程在 8 月上旬全面完工，确保 9 月 1 日学校招生开学。建设资金问题，由河西学校筹建办与开发商协商解决。盈口乡白岩村彭祖均等五户村民的安置问题，由市征地事务所异地征用 1 亩地安置 (征地款由安置对象出)。河西学校协商市经开区管委会按照拆迁户安置标准安排 2 个门面，另支付安置对象 5 万元，由河西学校负责。

2009 年 10 月 19 日，区长邓小建在区政府会议室主持召开区长办公会议，专题研究“山水阳光城” (鹤城区公务员小区) 项目建设有关问题。全力推进项目建设。要求东鹏公司新的法人谢卓凌接续项目建设后，要克服困难，增强信心，加快项目建设进度，加强项目建设内部管理和营销策划工作，打造出宜居的精品楼盘。继续给予政策支持，继续落实 2006 年 3 月 30 日第 51 次区政府常务会议精神，落实项目建设优惠政策。属区直部门征收的部分，按照最低标准执行；属市直部门征收的部分，由区政府报请市政府协调。维持土地拍卖价不变，由区城建投组织专门班子按照当时拍卖公告的要求，把账算好，尽快结算。

2010年4月2日，区长邓小建在区行政中心会议室主持召开区长办公会议，专题研究村民安置区项目建设工作。安置区建设工作完成的好坏，涉及群众能不能有个较好的安身之所和城市建设的发展与稳定，更涉及党和政府执政为民，以人为本，构建和谐社会的总体要求。规划、国土、建设等相关部门要协调配合，全力支持安置区的建设工作。针对安置区建设存在的问题，各有关部门要进行细化，提出解决措施，明确责任人员，确保各安置区按期保质完成。

2009年安置区建设，城北炉天冲、迎丰公园两个安置区建设土地报批工作。由市城建投负责在4月10日前将相关资料报市国土资源局，市国土资源局负责在5月10日前办理批回土地工作。

安置区土地出让问题。考虑建设安置区用地的特殊性，同意安置区土地以协议方式出让，签订土地出让协议，土地出让金由市国土资源局组织评估，建议按基准地价核定出让金，村民承担费用为10万元/亩，超出10万元/亩的出让金由政府全免。

安置区产权证办理工作。由项目部负总责，各项目部明确专人负责尽快整理各安置区的相关资料，积极与市国土、规划、建设、房产等相关部门进行衔接，安置房经质量验收合格后在10日内将国有土地使用权证和房产证等证件办理到安置户手中。

安置区建设质量监管工作。由市质监站和区建设局做好相关工作。

2010年拟建安置区有关问题，原则同意2010年启动12个村民安置区建设工作，具体工作进度和责任人如下：江秀片区杨村村民安置区。在2011年9月交付使用，项目联系领导副区长江兴明、区政协副主席柳少牧，责任人杨中武。江秀片区赵家山1#村民安置区。在2011年9月交付使用，项目联系领导江兴明、柳少牧，责任人张民。江秀片区赵家山2#村民安置区。在2011年9月交付使用，项目联系领导江兴明、柳少牧，责任人张民。太平溪二期（龙田）村民安置区。在2011年9月交付使用，项目联系领导区委副书记唐德华，责任人黄明球。刘塘片区刘塘村民安置区。在2011年9月交付使用，项目联系领导区政协副主席邓求君，责任人张忠勇。刘塘片区禾塘村民安置区。在2011年9月交付使用，项目联系领导：邓求君，责任人谭茂河。青山溪村民安置区。在2011年9月交付使用，项目联系领导：区政法委书记杨俊，责任人马源。紫东片区1#（小田）安置区。在2011年9月交付使用，项目联系领导：区政协主席陈良鹏、副区长龙克军，责任人李先庆。紫东片区2#村民安置区。在2011年9月交付使用，项目联系领导陈良鹏、龙克军，责任人李先庆。应民路村民安置区。在2011年9月交付使用，项目联系领导副区长龙克军，责任人曹敏之。天星东路26户、体育中心、禾塘23户安置区。在2011年9月交付使用，项目联系领导区人大常委会副主任李晓玲，责任人谭茂河。12、紫东片区王古园安置区。在2011年9月交付使用，项目联系领导陈良鹏、龙克军，责任人胡志。

起草《村民安置区建设管理办法》，为更好地规范和促进村民安置区建设工作，要求市（区）征拆办与区政府办协调，结合本区实际，草拟好《村民安置区建设管理办法》，并尽快以文件形式下发。

第一届区人民政府召开区长办公会议44次，第二届区人民政府召开区长办公会议48次，第三届区人民政府召开区长办公会议26次。重点研究解决工业企业、商业企业改制，引进新的企业项目，推进农业产业化，村民安置区、廉租房建设，村改居及棚户区改造等重点工作及项目150多个。鹤城区的工农业生产、交通设施建设、城市建设一年一变样。

第三节 专题会议

专题会议，区长、副区长、区政府调研员，根据各自的职责范围和分管工作，可以召开专题工作会议，研究解决具体问题或处理具体业务。专题会议视政府工作情况，灵活召开，一般以现场解决问题为主。

专题会议举要

1998年7月21日下午，区委常委、常务副区长张晓洪受区长委托，在区委六楼会议室主持召开副食批发城建设问题专题协调工作会议。区委调研员曹子璋、区财贸办、供销联社、土产公司、工业品公司等单位负责人，以及副食批发城禹杰忠、胡光明等10名集资户代表参加了会议。会议首先听取了区供销社负责人和集资户代表关于当前副食批发城改建工程的情况汇报和有关问题及意见，并就提出的问题进行了认真商讨。

2005年5月17日下午，副区长巫培云在区政府六楼会议室主持召开专题会议，研究鹤城区2005年中小学危房改造工作。2005年鹤城区实施中小学危房改造项目共8个，应改造危房5071平方米。8个项目分布在杨村中心完小、杨村长泥坡小学、红星路小学、市四中、黄岩学校、市二中、鸭嘴岩中学、城南学校等八所学校。为了确保8个危改项目顺利完成，切实加强项目协调和联系，对项目进行分工负责。即区教育局重点负责杨村中心完小、杨村长泥坡小学；区财政局重点负责红星路小学、市二中；区建设局重点负责黄岩学校、市四中；区发展计划局重点负责鸭嘴岩中学、城南学校。各联系单位要指导项目学校科学规划，因地制宜，编制切实可行的项目改造计划；要帮助落实有关优惠政策，在立项、报批、报建等工作上，建立"绿色通道"，确保危改项目的顺利实施。同时，要严格危改项目操作程序和工程管理，杜绝腐败现象发生，保质保量完成鹤城区2005年度中小学危房改造任务。

2009年9月5日，区委常委、常务副区长周勇在区行政中心五楼会议室主持召开会议，专题研究鹤城区木材公司改制有关工作。为加快区木材公司改制进度，做好相关工作。国资局要加强区林业系统国有资产的清理处置工作，做到公开、透明；劳动和社会保障局就区木材公司反映的问题摸清情况，做好相关工作；财政局要多方筹措资金，解决相关费用；林业局全力做好职工思想工作。

2010年10月9日，区政府副区长尹秀武在区行政中心会议室主持召开专题会议，研究鹤城区农村公路建设工作。

农村公路规划建设项目提前实施问题。2010年是实施"十一五"规划的最后一年，各有关部门要抓住机遇，加快农村通村公路及渡改桥的改造步伐。在国家计划未下达时，村民修路积极性高且自筹资金到位的行政村，同意经区交通部门现场踏勘核定道路线型或桥梁跨度后，可提前实施规划建设项目。

贺家田乡政府至板栗坪公路改造有关问题。由于当地村民要求改造愿望强烈，该公路2010年改造属提前实施项目。考虑中央投资所占比例相对较小，改造资金需施工单位进行垫资，为顺利推进项目建设工作，同意项目建设采取邀标或议标方式进行，但必须要做到公开、公平、公正，确保按招投标程序进行。

项目建设标准问题。考虑贺家田乡政府至皂泥溪段系贺家田村、皂泥溪村、板栗坪村及枫木潭村的主干道，人流、车流量较大，同意贺家田乡政府至皂泥溪段改建标准按路面4.5米，水泥砼厚20厘米标准实施。皂泥溪至板栗坪段人流、车流量相对较小，加之资金筹措缺口较大，同意皂泥溪至板栗坪段改建标准按路面3.5米，水泥砼厚20厘米标准实施。

项目建设资金问题。区政府按6万元/千米解决农村公路以奖代补资金。国家按10万元/千米解决交通项目计划资金，乡、村自筹一部分资金。考虑项目建设资金缺口较大，为确保项目建设顺利进行，该项目要选择符合资质条件且有垫资能力的施工单位提前实施。

2010年11月8日上午，区委常委、区政府副区长邹荣华、区政府副区长尹秀武在区行政中心五楼会议室召开专题会议，研究汽车北站项目建设工作。

同意成立汽车北站项目建设专门工作班子，从区发改局、区交通局、鹤城规划分局、鹤城国土分局、鹤城环保分局、区交通运输公司等单位抽调精干人员，全程参与整个项目建设工作。

办理项目手续问题。为顺利推进项目建设工作，各成员单位要通力合作，尽快确定好项目选址，争取通过市规划局例会。区交通部门负责与市国土部门衔接，办理好土地储备手续，同时要开展环评、地勘、可研性报告、立项核准等工作。鹤城国土资源分局负责出具到省国土资源厅办理用地手续的所需相关资料清单，具体手续办理工作由交通部门负责。

项目建设资金及规划编制问题。区交通部门要多方式、多渠道筹措项目建设所需资金，确保项目建设顺利推进，并抓紧做好项目规划编制工作，力争年底前完成规划审批。

第一届区人民政府召开专题工作会议35次，第二届区人民政府召开专题会议40次，第三届区人民政府召开专题会议26次。对区委、区政府的中心工作和阶段性的突击工作，遇到的困难和问题现场办公、逐一解决。如计划生育工作、城乡医保及医疗改革及中小学危房改造、国有企业改制、城市重点项目建设、处理环境污染、抗灾救灾、扶贫等问题。为鹤城区的经济建设、社会事业和人民生活水平提高，进行决策部署。

第三章　施政举要

第一节　经济施策

1991—2010年，怀化市（县级）和鹤城区人民政府抓住“山区开放开发、农村改革试验区”的历史机遇和优惠政策，开始了一轮又一轮的艰苦创业，着力打造“湘、鄂、渝、黔、桂5省周边地区中心城市。”1998年，鹤城区成立后，先后实施“强工、活农、兴商、富民”“科教兴区”“商贸立区、工业强区”“构筑商贸物流中心，建设生态宜居城市”等发展战略，围绕战略目标，采取了一系列工作举措。

一、创建工业园区

1991—1997年，怀化市（县级）工农业生产和国民经济进入高速发展时期，综合经济实力，湖南省80多个县市排名中位居第七。

随着改革开放深入，1995年后，市属企业都存在严重的生产、经营困难。怀化市（县级）立足市情，对市属国营、集体企业，以改革产权制度为核心，以建立现代企业制度为方向，以转变经济增长方式为目标，以资产重组为手段；采取联合、兼并、租赁、股份制改造以至破产、拍卖等多种措施，全面推进企业改革、改制。有9家严重资不抵债的企业依法进行了破产，有12家企业兼并重组，有11家企业进行租赁改制，对18家企业实行股份制改造，对2家企业进行了拍卖，共盘活国有资产5.3亿元。

1998年4月，鹤城区人民政府成立，面对财源不多、经济困难的局面，制定了“强工、兴农、活商、富民、科教兴区”的方针；实现了“一个转变，两个开拓”，全面实施“五项战略”。一个转变——即实现工作重心和着力点由农村向城市转变。二个开拓——即开拓郊区经济和开拓区街经济。五项战略——开放带动战略；科教兴区战略；体制转轨战略；第三产业优先发展战略；城乡一体化发展战略。

政府在经济工作中，抓住工业这个龙头，两手抓、两手硬。一手抓老企业提质、改造、改革、改制，帮助企业职工走出困境；一手抓招商引资、引进新型工业企业。在鸭嘴岩池回村，建立鹤城区工业园区，筑巢引凤，引进和建立新的民营工商企业，吸收新鲜血液，培植税源、财源。

从1998年开始，区属国有企业经过艰难的改革改制历程，历时10年，得以基本完成。

为企业解决实际困难，1998年，区骨干企业化工厂、汽车零部件总厂、水泥厂和明城科技公司生产流动资金周转困难。区政府为4家企业解决1100万元流动资金贷款。1998年10月，国家出台为特困中、小企业核销1996年以前的老贷款。区政府召开会议，安排专人运作，两个月时间为怀化瓷厂、怀化日用玻璃厂、怀化织染厂、怀化床单厂、一汽怀化分公司、怀化服帽厂等9家企业核销了4371万元老贷款。1999年上半年又争取为机床总厂、酒厂、皮鞋厂、蓄电池厂、轻化原料厂等7家企业核销2968万元老贷款。

对倒闭企业实行产权制度改革，买断职工身份，企业实行改制。1998年6月，区直各单位46名副科以上干部在21名区级领导带领下，分别进驻化工厂、汽零总厂、电机厂、水泥厂、装饰织品厂、电缆厂等11家企业进行改革、改制试点。通过攻坚克难，电缆厂依法破产终结；装饰织品厂被长沙毛巾集团兼并；电机厂一次裁员173人。2000年区政府利用东兴街旧城改造补偿费1011万元，买断了包装厂、皮鞋厂156名职工的身份和工龄。这2家企业注销，职工成为社区居民。2001年从区体改委和各有关局抽调49人重点对汽车零部件总厂等9家企业、汽零总厂依法破产终结，变现土地资产399万元，“置换”266名职工身份，190名退休职工全部移交社保部门。

2002年以后，大部分企业已资不抵债，改制成本越来越高，许多企业无资金买断职工工龄。区政府采用将企业工业用地，通过市国土局土地储备中心收购，置换成商业用地，再挂牌拍卖，使土地数倍增值，解决企业改制的资金难题。2002年化工厂83亩生产厂区土地，账面价值529万元，会计事务所估价为1419万元，结果以4091万元拍卖成功，比原值翻了8倍。2007年怀化机床厂位于红星路的生产场地，起拍价1800万元，被福兴房地产公司以3390万元竞拍成功；而企业职工的住房，由区政府统一规划安置，修建安置房、廉租房解决。2004年区政府决定对针织厂、床单总厂、毛纺厂三家相邻的纺织企业采取捆绑式改制，但“三厂”改制总费用需1.16亿元，资产总额仅2600万元；区政府将“三厂”土地132亩，让度市国土局土地储备中心收购，支付收购资金5000万元，解决了2678名职工的安置问题。2005年8月，加拿大籍华侨曾昌恩博士到怀化考察投资房地产项目，以7900万元，取得“三厂”127.6亩的土地开发权。2006年3月成立了怀化首家外商独资房地产开发企业——怀化富达房地产发展有限公司，开发了雍景豪庭一、二期工程。截至2007年底，全区28家工业企业已有21家全面完成改制任务，改制面达83%，妥善安置职工8431人。

2008年，电机厂、织染厂、岩冲煤矿、电子公司等7家土地收益不高的企业改制也在有序推进。

1997年怀化市（县级）各项经济指标统计表

表11-3-1

项目	完成产值产量	比上年增长	项目	完成产值产量	比上年增长
国民生产总值	21.3亿元	19%	实现财政总收入	1.8亿元	9.8%
辖区内工业总产值	24.3亿元	17.8%	市级财政收入	1.45亿元	16.9%
五年内完成技改投资	2.9亿元	新增产值6..2亿元，利税1.05亿元	五年内投入城建资金	12亿元	
乡镇企业总产值	30.5亿元	50%实现利税3.2亿元			
街道企业总产值	4.7亿元	42.4%实现利税3400万元	五年内投入教育经费	1.54亿元	
“三资”企业完成产值	3.9亿元	50%实现利税750万元	全市农业总产值	4.31亿元	4.6%
第三产业增加值	12亿元	占国内生产总值59.2%	农民人均纯收入	1750元	
个体工商户私营企业	24954户251家	31.2%共计7.5亿元	粮食总产量	17.5万吨	与上年持平
			畜牧渔业总产值	1.7亿元	与上年持平
各类商品市场年成交额	56个计：26亿元		5年共完成水利投资	4500万元	
消费品零售总额	12.4亿元	6.9%			
各项存款余额	31.3亿元	9.6%	人口出生率	13.15‰	
各项贷款余额	31.2亿元	8%	保险费收入	300万元	10.3%

建区 12 年，工业生产一直保持强劲增长势头，全区工业经济取得前所未有的成就，工业总产值由 1998 年建区时的 9.28 亿元，增长到 2009 年 40.8 亿元，增长 4.5 倍。规模以上工业累计完成总产值，从建区时 2.6 亿元，增长到 2007 年的 27.65 亿元，增长了 10.5 倍。年实现销售收入超亿元的有怀化恒裕实业有限公司、湖南莱葶铝业有限公司、怀化正大有限公司、怀化市旭丰锰业有限责任公司、湖南绿兴源糖业有限公司、怀化华氏饲料有限公司、怀化湘珠饲料有限公司、怀化市旭强特种金属材料有限责任公司 8 家企业，年实现利税超百万元的有恒裕实业、怀化市富源油业有限公司、旭丰锰业、怀化正大、莱葶铝厂、怀化市明城科技实业有限责任公司 6 家企业。

二、推进特色农业产业

怀化市（县级）是一个山区农业市，1988 年，省委、省政府批准怀化为“山区开放开发试验区”。1990 年 11 月，国务院又把怀化列为“全国山区开放开发农村综合改革试验区”。后怀化市陆续被列为全国林业改革实验区、全国县级综合改革试点市、全国山区综合开发试点市。

在农村综合开发中，形成“山上搞基地，山下办工厂，城镇建市场”的全方位开发格局。走出一条山、水、田、林、路综合治理；农、林、牧、副、渔全面发展；农、工、商、贸、加工一体化经营的农业产业化致富路子。

1994 年，市政府确定的山地丘岗开发 6 大任务。林果基地开发：完成人工林 3 万亩，水果基地 1 万亩；中药材开发：新开发药材基地 3000 亩；草场开发：开发 1 万只山羊饲养基地，引进种羊 1000 只；田土开发：完成冬种 32 万亩（其中油菜 10 万亩，绿肥 12 万亩，旱粮 3 万亩，蔬菜和饲料 7 万亩）；水利开发：完成水利工程 1800 处，土石方 270 万立方米；耕地开发：新开耕地 2000 亩，其中稻田 700 亩。

经过几年的山地开发，形成了铁坡油茶基地；炉亭坳中药材基地；石门、杨村城郊蔬菜基地；铜鼎棉花基地；中方、泸阳柑橘基地等产业化龙头开发基地，对全省、全国山地丘岗开发起到了示范作用。

1998 年，鹤城区建立后，根据区情，及时调整农业产业结构，发展郊区特色农业、高效生态农业、加工业、养殖业，为城市服务。

盈口、石门、杨村 3 个乡作为城郊蔬菜生产基地建设。凉亭坳、贺家田等山区乡镇，利用木材资源和气候适宜的优势，发展食用菌。并利用山地丘岗优势，放养（散养）本地土鸡、乌骨鸡、珍珠鸡等优质禽类和特种养殖业。

利用城郊优势，发展休闲生态农业，集观光、休闲、饮食于一体，大力发展城郊“农家乐”产业。盈口乡象鼻子、坨院街道西牛塘、杨村乡农家乐集群，都有 10~20 年延续时间，形成了规模产业。

根据城市绿化、美化的需求，在石门、杨村等地发展苗木、花卉生产基地。

以“公司+基地+农户”的运作模式，初步建成鸭嘴岩现代农业示范区。投资 230 万元建成万头猪场，拥有猪舍面积 1.5 万平方米，集良种繁育、饲料加工、商品猪生产和销售一体化的规模化养殖示范基地，年均自繁自育二元杂交猪 1000 头，出栏商品猪 30000 头，年创产值 1000 万元。在三角滩电站库区—红岩溪，投资 52 万元建成一个面积达 100 亩的优质鱼苗基地。石门高效农业示范区，吸收外来开发大户 26 户，组建“金龙工贸有限公司”“银龙公司”“园林绿化有限公司”等，投入资金 5000 万元，开发面积 4500 亩，种植反季节草莓、优质葡萄、花卉、苗木、草皮、樱桃、石榴等特色种植项目，带动以石门乡金海村为主的 4 个专业村，2001 年实现产值 4500 万元，农民人平纯收入增加 2950 元。杨村、黄岩无公害反季节蔬菜基地，杨村 1500 亩无公害蔬菜基地，建立大棚 38 处，推广高新技术栽培 8 项。黄岩建成 200 亩反季节蔬菜生产基地，2000 亩以天麻、金银花、杜仲为主的中药材基地，10000 亩野生杜鹃花、玫瑰等旅游观赏花卉基地。石门、杨村与盈口的万亩四季果园品改示范基地。在石门乡新街村、杨村乡建立名优果木母本园 250 亩，引进福建、靖州杨梅、安江水蜜桃、金秋梨、五星枇杷、台湾大青枣等名优水果良种。石门梨头园村、杨村桥梁村、盈口枫坪村的杨梅，完成品改 2000 亩。根据城市需求，相继开发清水井的蔬菜、蒲天垅的鱼腥草、禾塘村的肉牛、白马村的天麻、壮丁村的无籽西瓜、花背村的“四点麻鸭”等本土特色产业。

2010年，鹤城区完成农业总产值8.33亿元，是建区时1.65亿元的5倍。粮食总产量5.35万吨，略有减少，经济作物和蔬菜种植大幅度增加。农民人均纯收入4838元，是建区时2007元的2.4倍。

三、推进民营经济

1991年，为了鼓励外地企业家来怀化建厂办企业，怀化市人民政府制定了引进发展民营经济的十项优惠政策。在优惠政策的鼓励吸引下，一批邵阳籍的民营企业家纷纷来怀化投资办企业，在首批投资者的带动下，江浙、福建及省内周边地区纷纷到怀化兴业。

2000年，区人民政府召开声势浩大的招商引资，发展民营经济千人动员大会，并出台《关于进一步加大招商引资力度，加快民营经济发展的若干规定》，营造“人人想招商，人人为招商”的全民招商引资氛围。从2003—2010年，在每年年初的全区经济工作会议暨三级干部会议上，根据文件规定，区政府重奖奖励每年度的招商引资功臣。2003年授予区经济局等13个单位招商引资工作先进单位，对招商引资功臣兑现奖励14.12万元。2004年，对宋爱腾等9名招商引资功臣及区工业发展委员会等8个招商引资先进单位共兑现奖励24.06万元。2005年对城东新区管理委员会等8个单位，授予招商引资工作先进单位，对邓求君等招商引资功臣兑现奖励48.86万元。从2003—2007年累计兑现奖金200余万元。

2000—2006年，历任鹤城区委书记、区长等区领导，东赴上海、厦门；西去西安、重庆；南下广州、深圳；多次参加经贸洽谈和投资贸易、招商引资活动。

2007—2010年，招商引资项目有湖南大汉控股集团与怀化华侨物质有限公司联合投资6.5亿元建设湖南怀化华侨钢材市场。香港英泰工业发展（深圳）有限公司和湖南天泓房地产公司联合投资1.9亿元，兴建怀化大厦国际名品城；贵阳五新钢模有限公司投资5000万元兴建怀化五新钢模桥隧机械厂；香港英泰工业发展（深圳）有限公司投资12.8亿元进行怀化火车站站前广场改造，建设英泰国际商城（承建方为怀化东星集团）。

工业企业的招商引资以建设进驻鹤城区工业园为主。鹤城区鸭嘴岩工业园自创建以来，已完成征地864亩，先后引进500万元以上的规模工业项目14个，基础设施项目5个。其中绿兴源糖业；恒裕钢构件、电线电缆、汽车零部件、旭丰锰业、旭强特种金属、正久兽药、大丰机电8个项目已经投产。华亚数控机床等6个项目正在建设中。2007年鹤城区鸭嘴岩工业园完成工业总产值6.17亿元，上缴税收677万元。鹤城区鸭嘴岩工业园已成为怀化市三大工业园区之一。因城市规划调整，鸭嘴岩工业园改为物流园，受各种因素制约，2008年，区委、区政府审时度势，决定在石门乡阳塘开发鹤城区新的工业园区，该工业园的启动和开发尚有一定的困难。

建区12年，鹤城区共引进外资项目17个，引进资金额4686.27万美元；内资项目309个，引进资金额达45.3亿元人民币。

四、加快城市建设

1991年始，怀化市进行第二次城市扩容，道路拓宽改造建设。11月1日市政府召开改建、拓宽红星路动员大会。改建红星路工程总投资1260万元。为了解决资金压力，市政府报请市第四届人大常委会第十五次会议决定：“将1991至1992年两年全市干部职工的肉食补贴300万元停发，用于改造红星路建设资金”。驻怀部队也积极响应，出资金出机械参与红星路建设。经过11个月努力，于1992年10月1日在红星桥举行红星路竣工通车典礼。

1993年，决定修建㵲水一桥，㵲水一桥投资总概算占当年财政总收入的20%，但为了开发河西，决心还是要修建该桥，同时对㵲水路进行改造。㵲水路是老城区一级主干道，北至嫩溪垅、火车站连接迎丰西路、武陵路（通麻阳）芷江路（通芷江），南过㵲水一桥直通河西，路面宽80米，双向8车道。1995年6月28日，举行㵲水路竣工、㵲水一桥通车典礼。1996年兴建湖天大桥，连通城区与湖天开发区。

2001年后，怀化城区相继修建了环城南路、环城北路等绕城公路，使过境车辆避开了主城区；

2010年，一环线已完工并投入使用。同时打通了迎丰路主干道、迎丰市场和三线桥两处铁路桥瓶颈；并将市区主干道全部铺上高标准油砂，管网线路、强弱电全部入地。2006年开展城市绿化、美化、亮化工程。在城市临街面住户的防盗网（窗）、违章广告牌扁撤除，背街小巷违章撤除和美化亮化工程中先后组织区属机关单位，街道办事处干部，社区工作人员近2000人。通过半年的努力，将临街建筑上乱搭乱建物件清除干净。

为了使怀化城区南延北扩，修建了城市南北向中轴线——湖天大道，北至铁路分局连通北环路，南至高铁南站接南环路，全长近10千米，路面宽80米，以长、宽、平、直位居怀化第一路。以湖天大道为经线，天星东路为纬线，呈“十”字在天星广场交会，天星路东连体育中心，西接 水二桥直达河西，缓解了城市中心区的交通压力。为了加大河西经济开发区的开发力度，打造怀化经济增长极，2006—2011年，相继在 水河上建设了 水二桥、三桥、四桥、五桥，实现一年建一座桥。

1999年1月，怀化市委、市政府批准，开发城东新区，是继湖天、河西后第三个开发区，由鹤城区委、区政府组织实施，开发建设。城东新区位于怀化城市规划区东部、区域面积10平方千米，常住人口3.5万人。2001年10月1日，占地80亩，总投资2536万元的城东新区金海广场建成并投入使用。金海广场是怀化市第一个集休闲、娱乐、健身、集会于一体的大型城市绿化广场。2002年5月占地161亩，总投资7000万元的城东新区“五溪文化广场”破土动工，并于2004年建成投入使用。到2010年以泸林路、金海路为主干道的三纵七横街道建成。先后有怀化汽车东站、怀化二医院、五新钢模等70多个项目入驻，形成了以文教体卫为主体的城市新区。

鹤城区在注重城市交通和基础设施建设的同时，努力加快辖区内县级公路、乡村公路建设和小城镇建设。1998年建区时，区内乡村公路总里程为183千米，通畅率为31%。通过10年的农村公路“通达、通畅工程”及站场桥梁建设，极大改善了鹤城区的农村交通条件。到2008年，新修和改建县乡级公路217千米，使全区公路总里程达到593.1千米，农村公路总里程达到493.11千米。全区93个行政村全面实现村村通公路，黄岩旅游度假区还实现村村通油路。建区12年，共完成交通固定资产投资2.69亿元，乡村公路通达率达到100%，通畅率98%。

第二节　民生事业

一、为民办实事

为民办实事作为政府工作的重要任务，省委、省政府和市委、市政府对为民办实事工作抓得很紧，每年都将任务指标分解下达到各县、市（区），年底进行专题考核。

根据省8件实事分配的任务，鹤城区因地之宜的制定了区政府要完成的9件实事。2005年7月，区政府召开区长办公会议，专题调度省8件实事和区9件实事完成情况，并安排部署下半年的办实事工作，迎接市考核验收。上半年达到进度，下半年继续努力，能完成实事目标。

2008年，省、市下达的鹤城区为民办实事任务共25项。为了切实加强为民办实事工作的组织领导，区委、区政府调整充实区为民办实事工作领导小组。由区长任组长，常务副区长和6名分管副区长任副组长，相关14个责任单位负责人为成员。并制定了“一件实事、一名区级领导、一套工作班子”的工作模式。区直责任部门、各乡镇、街道办事处分别成立为民办实事工作领导小组，明确责任人。形成了主要领导亲自抓，分管领导具体抓，层层抓落实的工作格局。

截至2008年10月，25个项目中，有20项全面完成并通过省、市对口部门单项验收，3项接近尾声，2项待上级资金到位即可完成。

全部完成的指标：2008年城市义务教育学生学杂免除率100%，受益学生近2万人；义务教育阶段合格学校建设全面完成，为任务的100%；农村电影公益放映场次已完成1186场，为年计划的106%；完成村级组织活动场所建设8所，为年计划的100%；村级组织运转经费已拨付334万元，到位率达100%；新增城镇就业人员5862人，为年计划的130%；城镇零就业家庭实现动态就业援助 100%，实现目标任务；农村贫困家庭转移就业援助 900 户，为年计划的 113%；城镇居民医保参保人数 105015 人，为年计划的 114%；改扩建乡镇卫生院 3 所，为年计划的 100%；全区参加新型农村合作医疗人数 9.56 万人，为年计划的 112.8%；5 个社区卫生服务中心已全部完成，为年计划 100%；新建乡镇敬老院 1 所，为年计划的 100%；城、乡低保月人均补助分别达到 109 元和 35.11 元，超过目标任务；新建农村安居房 30 户，为年计划的 100%；新建经济适用房 6800 平方米，为年计划的 100%；城市污水和生活垃圾无害化处理率由市负责，鹤城区积极协助；解决农村饮水不安全人数 9714 人，为年计划的 183%；解决农村电视盲区人员看电视问题 1524 人，为年计划的 100.3%；符合条件的再生育夫妇施行出生缺陷干预工作已完成免费检测 43 例。

2009 年底完成新建农村沼气池 1350 口，为年计划的 96.43%；新建县乡公路 1 千米（预计 12 月 20 日前可全面完成），新建乡镇到村水泥路 35.1 千米，为年计划的 100%；城区城市电子防控系统建设正在进行安装调试。

独生子女伤残家庭扶助金和农村部分计划生育家庭奖励扶助金发放工作等上级资金到位后即可打存折发放。

2005 年湖南省下达怀化市 8 件实事任务分解表

表 11-3-2

事项	考核项目		全市目标	分解任务
				鹤城区
第一件实事	城镇新增就业人员		30000 人	4000 人
	安排下岗失业人员就业		20000 人	3320 人
	其中：大龄就业困难对象再就业		3000 人	380 人
	农村富余劳动力转移就业增加人数		55000 人	4000 人
第 2 件实事	新建与改造县际及县到乡镇公路		188 千米	
	建成通村公路		619 千米	14 千米
第 3 件实事	企业基本养老保险新增参保人数		18149 人	1900 人
	失业保险新增参保人数		8600 人	1000 人
	医疗保险新增参保人数		13000 人	700 人
	财政预算安排“低保”资金增长率 15%（增长额）		15%（160 万元）	15%（11.78 万元）
第 4 件实事	新建农村沼气池		6000 个	200 个
第 5 件实事	农村中小学危房改造面积		89231 平方米	5071 平方米
	其中	D 级危房改造面积	70193 平方米	1983 平方米
		C 级危房改造面积	17888 平方米	3088 平方米
		B 级危房改造面积	1150 平方米	
第 6 件实事	乡镇卫生院建设		6 所	2 所
	解决农村人口饮水困难		6500 人	
	农村部分计划生育家庭奖励扶助金发放及时到位率		100%	100%
第 7 件实事	设市城市污水处理率		15%	
	设市城市建城区绿地率		30.2%	
	新建城镇经济适用房		10000 平方米	4000 平方米
第 8 件实事	扩改建乡镇敬老院		27 所	2 所
	新增集中供养五保户		800 人	60 人

2010年，鹤城区开展“千名干部下基层、问民意、帮发展、促和谐”活动，把为民办实事活动提高到新的层次、更加深入地开展下去。手握手——深入群众大走访。从区直单位、乡镇、街道办事处抽调2241名干部，组成133个工作队，分赴全区91个行政村、42个社区；问政于民、问需于民、问计于民。共走访群众20万人次，召开座谈会200余次，征求意见建议230多条；解决问题，排除矛盾纠纷280余起，帮助群众理出致富路子76条。面对面帮助群众解难题。133个工作队，深入乡镇、社区、广场、开展各类宣传讲座368期次，发放宣传资料5万多份，培训群众5000余人。开展文化、科技、政策、医药、卫生“五下乡”活动。送文艺下乡演出26场次，开办科技、卫生、培训班32期。心贴心融入群众办实事。全体区级领导、区直机关与42个城市社区、91个行政村，结成固定3年的帮扶对子。实行捆绑考核，实打实的为基层解难题，为群众办实事。区教育局出资2万元为红星社区创办绿色网吧，区政法委等单位出资2万余元为坨院村维修水渠。全区266个机关党组织分别与123个农村（社区）党支部结成帮扶对子。确定帮扶对象820户，落实帮扶资金370万元，为民办实事273件。

第三节 救灾扶贫

一、救灾

抗洪救灾 1991—1997年，怀化市（县级）经受三次大的洪灾。分别是1991年、1995年、1996年，灾后，政府组织相关单位和人员，投入抗洪救灾，并且调集救灾物资及钱粮支援灾区。

1998—2010年，鹤城区2004年、2006年遭受洪灾。2006年灾后，组织500人，分成20个工作组，组建40个医疗队赴灾区，紧急调集65万千克大米。

据气象部门资料记载，1998—2010年，境内共出现暴雨89次，以每年的6—8月居多。日降雨量大于50毫米的暴雨59次，日降雨量大于100毫米的大暴雨12次，日降雨量大于150毫米的特大暴雨3次。

抗旱救灾 据气象部门资料记载，1988—2008年，鹤城区出现小旱15次。旱灾最为严重的是2003年7—8月，全区境内近100天持续高温少雨。农作物受旱面积达9.4万亩，2.3万人发生饮水困难。旱情发生后，区委、区政府紧急动员，抽调590名干部，组成8个抗旱救灾工作组，分赴8个乡镇了解旱情，组织和帮助群众抗旱救灾。全区共出动抗旱劳力40390人，投入抗旱经费92.3万元。投入柴油抽水机437台，电动机564台，新建水轮泵站2处，疏通渠道18000米，抗旱面积36300亩。区政府拿出2万元资金，请怀化高炮团支援，由水利局、气象局参加，在黄金坳镇实施人工高炮增雨作业，发射增雨弹80枚，实施人工降雨，缓解旱情。把旱灾损失降到最低，挽回经济损失630万元。

抗击冰冻灾害 2008年1月中旬至2月下旬，鹤城区持续40余天的冰冻雪灾，给全区城乡基础设施，工农业生产和群众生活造成了极大影响和严重损失。鹤城区受灾人口达40余万人，倒塌房屋177户，各类经济损失3.4亿元（不含市管辖的供水、供电及移动机站经济损失）。

灾情发生后，全体区级领导深入重灾现场，了解情况；各局及乡镇负责人坚守岗位，深入一线。确保群众的基本生活物质供应，确保社会稳定。副科级以上单位领导，坚持24小时值班制度，密切注意天气预报和灾情变化，及时上报区政府。紧急调配70台柴油机、60台打米机，用人力运送到受灾乡镇、村组。及时解决偏远乡村3万余人的碾米吃饭问题。

先后出动2万余人次，清除城区道路和背街小巷的冰雪，确保群众出行安全。为了及时打通出城公路，组织300余人的民兵抢险队伍，铲除S209线仇家段和S320线分水坳路段12千米险要隘口的冰雪。恢复国道、省道交通。

民政部门冒冰雪将紧急救灾物资发放到灾民手中。第一批发放救灾资金107万元、大米14000斤、食用油1000千克、棉被2000床、衣物5000件、汽油发电机5台、煤油5000千克、蜡烛36000支，确保群众生活所需。

区政府即时与保险公司衔接，倒塌房屋理赔事宜，第一批查勘94户，理赔44户，赔付金额

7.3 万元。为帮助重灾户重建家园对倒房户区政府每户补助 5000 元，属“农村安居工程”项目，每户补助 10000 元。全区 177 户倒塌房屋户将在 5 月 30 日前完成倒塌房屋户重建，确保 6 月份入住新房。

全区组织 3000 余人投入电力抢修，对冰雪毁坏的供水、供电基础设施进行恢复；对农村病险水库，鱼塘、堤坝进行全面检查，制定抢修方案并组织实施。恢复工农业生产，召开全区工业企业生产调度会，帮助受灾企业全面恢复生产。抽调 100 余名农业技术人员，组成 10 个工作组，驻村入户，为灾后恢复农业、林业生产提供技术服务。共发放技术资料 2 万余份，培训农民 1 万多人次。

组织社会团体、企事业单位和广大干部职工向灾民募捐献爱心，第一批共募捐款项 14 万余元，捐物 2000 余件。有 162 个党支部、1000 余名党员干部与受灾户结成帮扶对子，帮助灾民进行灾后重建，全区形成了抗冰救灾、灾后重建工作的一盘棋。

二、扶贫

1991 年，怀化市（县级）有贫困乡 7 个，丁家乡人均纯收入 281 元，农场乡人均 279 元，新路河乡人均 298 元，锦溪乡人均 334 元，蒿吉坪瑶族自治乡人均 367 元，贺家田乡人均 391 元，凉亭坳乡人均 445 元。为帮助 7 个乡脱贫，从市属相关部门抽调得力干部，组成“扶贫建整工作队”进驻贫困乡，帮助贫困乡村整顿建设基层领导班子，打造强有力的基层党支部、村委会。争取资金，帮助村民兴修水利、修路、架桥、改水改厕、改善基础设施和生存环境。通过几年努力，1997 年，农场乡开发山地资源，大量栽种优质杨梅，成为怀化市郊最大的杨梅生产基地，首先脱贫。蒿吉坪瑶族乡利用老、少、边、穷地区国家政策扶植优势，大力开发山区项目，利用林木资源，兴办企业，也实现了脱贫致富。

鹤城区成立后，全区 8 个乡镇有贺家田、凉亭坳两个区级贫困乡；鸭嘴岩镇坳背村、杨村乡趴坡村、凉亭坳乡蒿菜坪村、杨地坪村、贺家田乡板栗坪村、芦坪乡长潭村、刘家村、黄金坳镇汪家村 8 个省级贫困村。共有贫困人口 3583 户，1.8 万人，占全区农村总人口的 16.8%，其中“三无户”1541 人。区委、区政府下大气力扶贫攻坚。截至 2003 年，全区共投入扶贫资金 500 多万元，其中省、市财政资金 95 万元。新修、维修乡村公路 200 千米；解决 35 个自然村 3800 人的饮水问题，架设桥梁 15 座；解决凉亭坳乡 2500 人的村民用电问题，改造贺家田乡低产田2000 亩；维修村小校舍 10 所，救助失学儿童 500 人。

利用城市的资源、资金、技术、信息精准扶贫，改过去的输血式扶贫为开发扶贫（造血式扶贫）。每年向贫困乡村派驻建整扶贫工作队，并将区直单位与贫困村挂钩，结成帮扶对子。首先改善贫困乡村的交通和基础设施落后状况，将连通 209 国道的乡村公路水泥硬化。打通凉亭坳乡至麻阳县，贺家田乡至芷江县的断头公路。使乡村公路通达通畅，农副产品运输畅通无阻。其次大搞山地开发，在两个乡开发黄桃、葛根、金果林等项目 12 个，面积 2840 亩。贺家田乡森林、牧草资源丰富，根据山区气候特点，开展食用菌、香菇种植；养殖山羊，散养土鸡、珍珠鸡、乌骨鸡，开展特种养殖。通过努力，鹤城区扶贫攻坚取得阶段性成果，全区脱贫人口 9577 人，使贫困人口比重下降 50%。

第四节　争创“国优”

从 1992 年开始，开展创建单项全国先进县（市）活动。

一、创全国体育先进市、区

20 世纪 90 年代初，怀化开始创建全国体育先进市活动，基于群众体育运动开展得好，普及程度高，篮球、乒乓球、山地自行车等项目具有特色。加之怀化市二中毕业的女射击运动员张秋萍，在 1990 年的北京亚运会上勇夺金牌，并在一系列的国际国内比赛中摘金夺银，为怀化人民争光，促进了全市体育运动的开展。1992 年 12 月 4 日，国家体委命名怀化市为“全国体育先进（县）市”。鹤城区成立后，承继创优活动，2009 年分别获评“全国老年体育先进单位”“全国体育先进单位”。

二、创全国卫生城市

1992年8月，成立怀化市创建全国卫生城市领导小组，市长方新琪任组长。市委、市政府下大力气治理脏乱差，提出三年内创“省卫”、创“国卫”的爱国卫生运动创建目标。在全市开展“治理背街小巷”“清运垃圾”“除四害、灭蟑螂”“美化绿化机关庭院”等活动，并层层签订责任状，奖罚兑现。通过三年的艰苦努力，1994年怀化市被评为“省级卫生城市”。1995年12月30日，怀化市获地、县级全国卫生城市称号。在1996年再次检查评比中，继续保持“全国卫生城市”称号。2010年，鹤城区开展争创国家级卫生城市和国家级环保模范城市。

三、创全国婚姻服务先进活动

从1992年开始，怀化市立足市情，大胆改革婚姻登记管理体制，不断拓宽婚姻服务领域，改过去分散登记为全市设点集中登记。探索出一条“改革管理兴服务，办好服务促管理”的婚姻登记工作新路子。使婚姻管理体制改革与婚姻登记配套服务有机融合，相得益彰。1993年、1995年全省婚姻登记管理和婚姻服务现场会在怀化市召开。1995年怀化市（县级）被民政部授予“全国婚姻服务先进单位”称号。1998年后，鹤城区继续保持婚姻服务优质水平，2008年被评为“全国婚姻登记先进单位”。

第四章　综合服务

第一节　信息调研

鹤城区成立后，区政府办经调室始终紧紧围绕政府的全局工作，突出抓好综合调研和信息工作，积极主动深入基层开展调查研究，为领导决策发挥参谋作用。建立健全基层信息网络，各部、委、办、局以及乡镇、街道办事处均配备兼职信息员。先后围绕鹤城区域经济发展，国有企业改革、发展城郊农业，改善经济发展环境、招商引资，促进财政增收，重点工程项目建设等政府重大工作组织力量进行综合调查106次，专项调查研究23次。努力做到思维超前，深刻理会政府决策意图，提出解决问题的新方法、新措施供政府领导参考。建区后，共为领导起草全区性大会报告128份，起草重要文件、规章、决定40份。撰写调研文章300篇，先后在《中国城市经济》《人民日报》《湖南日报》《湖南政报》《湖南经济》《怀化日报》《怀化经济》等市以上报刊发表248篇，其中国家级报刊发表46篇。编辑《决策参考》《工作简报》140期。同时积极建立健全基层信息网络，不断加强信息采集，综合分析和整体开发。编辑大量实事求是有价值的信息，上报信息1400条，其中被国办采用11条，省办采用106条，市办采用521条。

围绕建设“决策参谋型”政府办公室，抓住影响鹤城改革、发展、稳定的热点、难点以及领导的关注点，积极主动地开展前瞻性调研，着力优化领导决策前服务。2008年，先后就解放思想、控制“两违建设”、新农村建设、鹤城教育布局调整、城市建设、征地撤迁等课题。有计划、有针对性地开展了70余次调研，形成调研报告或理论文章90余篇。《鹤城区国有粮食企业改革现状调研情况报告》《解放思想，改进作风专题调研情况汇报》《鹤城区“4+1”片区发展的思考与对策》等一批高质量的调研报告，进入了领导决策圈，对指导实际工作起到了有力的推动作用。在调查研究的同时，积极进行理论探索，推介鹤城典型经验。2008年，在市级以上刊物发表调研报告、理论文章和政务通讯78篇，其中国家级刊物16篇、省级24篇、市级38篇。

在政府办公室内部推行全员信息任务目标责任制、量化考核奖励制、进度完成定期通报制等管理机制。着力提高内部信息刊物编发质量。全区确立了20余个政务信息报送重点部门，新设立了信息报送专用电子邮箱。建立健全了政务信息报送网络、政务信息报送水平大幅度提高。仅2008年，共编发《每周要情》49期，《信息情况通报》49期，《今日鹤城》8期。被市以上采用政务信息193条，其中国务院办公厅3条，省政府办公厅40条，市政府办公室150条。信息质量，上报信息采用率连年上升。

第二节　督查、督办

一、督查

1998年始，政府办在督查工作中，坚持“大、精、实、严”的四字方针，强化政务督查。围绕区政府的工作目标，以确保政令畅通，确保社会稳定，促进经济发展，狠抓督查工作。一是建立督查督办工作制度，规范督查行为。明确区属各级各单位行政一把手为本单位督查工作第一责任人。为规范督查行为，制定督查工作五大原则和三项纪律、三个准则，防止督查活动中的失职或违纪事件。二是突出重点，讲究实效。根据区政府各个时期的中心工作，有针对性地开展督查工作：如1998—2000年的清理、取缔农村合作基金会、扫盲和普及9年义务教育、计划生育、粮食收购；2003年的防止“非典”工作，乡村公路建设等。对这些大型工作的督查，由区级领导亲自牵头。区委、区政府督查室具体组织，抽调相关单位工作人员组成联合督查组，开展全区性大型督查活动。1998—2003年期间，进行大型督查活动93次，完成省、市、区领导交办，转办、批办督查340件，其中领导批办71件。

坚持督查调研，坚持实事求是的原则，既报喜又报忧，如实反映基层存在的问题和现象，为领导决策提供翔实材料。完成督查调研54次，形成调研文章43篇，发督查通报、专报147期。其中市级刊物采用31篇，省级刊物采用10篇。

二、督办

围绕年度人大会议人大代表建议案和政协委员提案进行专项督查督办。1998—2010年，共办理市、区人大代表建议、批评和意见221件，答复率100%，满意率97%。办理市、区政协委员提案379件（其中区政协委员提案347件）。签复率100%，满意率96%。为了按时、保质、办实人大代表建议和政协委员提案，区政府加强办理工作的组织领导，及时召开全区建议提案交办会，层层分解任务，并建立定期跟踪督办机制，确保人大代表建议和政协委员提案办理件件有答复，事事有回音。

2008年，根据年初人大会议和经济工作会议确定的主要任务，对落实省政府下达的“8件实事”、区政府“9件实事”任务，重点项目建设，“春集”计生服务活动等工作开展了全区性大型督查25次。根据区政府常务会议，区长办公会议决定的事项以及区委、区政府主要领导的指示，针对阶段性重点工作，区政府督查室通过明察暗访，回访复查，新闻督查等形式，具体跟踪督促落实。先后对创建省卫生城市、“两违”建筑整治、撤除城市主干道楼房防盗窗网、迎丰路美化亮化等工作开展专项督查50余次。共编发《督查通报》36期，及时向区领导反馈工作落实情况。在督查过程中，督查督办人员敢于碰硬，动真格，务求实效，确保区委、区政府决策部署落到实处，强力执行。

对于上级领导和部门交办、转办、批办的领导指示件，督查办推行“三位一体”负责制。由区政府领导、跟线副主任、秘书调查落实，撰写回复材料，一抓到底。2008年共办结和处理市、区领导交办的督查督办件6件，有效解决各类问题6个。其中《关于杨家田经济适用房相关情况的调查报告》《关于湖天大道中段交通混乱情况的调查报告》受到市、区主要领导的高度重视和充分肯定。

第三节 信访接待

1998年建区伊始，即成立鹤城区信访局，区政府办设信访办公室，专门接待处理群众来信来访问题。信访工作坚持热情接待，文明办信，依法处置的原则，及时准确的处理来信来访。耐心细致做好上访群众的思想工作，积极化解各类矛盾。信访工作的总方针是及时解决各类上访问题，为群众排忧解难，密切党和政府与人民群众的联系。

1998年，共受理群众来信来访2495件次。2000年，受理群众来信来访363批4555人次，其中来信66件；责任信访案件12起，本级立案22起，完成率100%。

信访部门干部牢固树立“信访无小事”的思想。无论是平时接访，还是遇到重大信访情况，都能以认真负责的态度来对待；耐心做群众思想工作，稳定群众情绪，尽快化解各类矛盾。遇到重大、突发信访情况，及时向区委、区政府领导汇报；做到提前预告，超前防范，使矛盾化解在初始阶段。为鹤城区的经济发展、社会稳定保驾护航，2001年鹤城区被评为怀化市信访工作先进单位。

鉴于信访工作面广量大，采取措施处理信访工作，一是领导接待群众来信来访，把关处理。从区委书记到各位区委常委；从区长、副区长到助理调研员，区级领导每周一开始排班，全日制接待群众上访，做到全年、全天候服务。在区行政中心一楼电子屏幕上，打出每天的接访领导和接访时间、地点，使群众一目了然。遇人数较多和重大上访，由多名领导参加，并抽调信访部门和区委、区政府两办人员加强力量，共同处理。二是落实分级负责、归口管理、一级对一级负责的责任体系。一般信访矛盾在基层单位解决，层层签订责任状。三是加强信访网络建设。全区68个单位和乡镇、街道办事处均成立信访领导小组，设立专、兼职信访员。对重点、热点问题，把矛盾化解在萌芽状态。通过一系列的措施，信访量及上访人员逐步减少，信访工作逐步平稳，区领导也逐步摘掉了“救火队长”的帽子。2008年，区政府办共收到群众来信600件，接待来访1000人次。按照“分级负责、归口管理”的原则积极与有关部门联系、并加强督办、狠抓落实，做到“件件有着落、事事有回音”。同时，协调区信访局，努力构建信访工作大格局，畅通信访渠道，确保矛盾纠纷解决在基层，化解在初始阶段。

第四节 法制及其他工作

一、法制工作

1998—2010年，法制工作的重点是确保社会稳定、促进依法行政、维护政府权威。

严格推行行政执法责任制与错案追究制。与全区各行政执法单位签订责任状，规范各行政执法单位的执法行为，坚持依法办事有错必纠。全面审查全区规范性文件。凡是以区政府、政府办下发的文件，都必须经区法制办审查把关。1998年共审查规范性文件16件，至2003年，审查文件上百件，无一件与法律法规、上级文件相冲突。2008年，共审核行政规范性文件13件，确保政府规范性文件的效力和合法性。

开展行政复议、行政应诉工作。1998年，区政府法制办代理行政应诉2起，管理行政应诉案1起，胜诉行政案2起，审结复议案10起。至2003年，共受理行政复议案48起，均在法定期限内审结。其中维持36起，撤销12起，未出现一起因当事人不服行政复议决定而引发的行政诉讼。依法履行行政复议职责，共受理行政复议案件5起，均在法定时效内审理完毕。积极应诉，依法维护政府权威。2008年共办理行政复议应诉案件5起和行政诉讼案件4起，均及时答辩和提交证据材料，未出现一起被法院撤销的案件。

严格依法下发行政裁定。鹤城区建区后，经济建设步伐不断加快，交通和城市基础设施建设全面铺开。土地、林地纠纷成为影响社会稳定的一大隐患。区法制办以事实为依据，以法律为准绳，以政府名义发的各类行政裁定22件，无一件被上级政府和人民法院撤销。当好政府行政诉讼的代理人，做好领导的法律参谋。共代理区政府参与行政诉讼案件12起，并全部胜诉，很好地维护了政府的权益和威信。

认真组织法律培训，2008年4月，举办了国务院《全面推进依法行政实施纲要》培训班，受训人员300余人。积极做好法制宣传工作，仅2008年，区法制办在市以上刊物上发表涉法理论文章10篇，其中国家级1篇，省级3篇，市级6篇。

二、协调处理纠纷工作

1998年始，区政府调纠办公室紧紧围绕改革、发展、稳定大局，充分发挥职能作用，较好地完成了全区的各项纠纷调处工作。仅1998年，调处各类矛盾纠纷862起，结案818起，结案率95%。2000年处理莱孚铝厂污染与周边村民纠纷，及山林纠纷案100余起。还配合其他执法部门调处各类疑难纠纷12起。从2007年以来，新增沪昆高铁和5条高速公路连通怀化，房地产开发每年成几何数字增长。征地撤迁、安置、补偿任务相当大，矛盾纠纷层出不穷。2008年，市委、市政府考虑征地撤迁工作面广、任务大、纠纷多，着手成立市、区两级以区为主的怀化市征地撤迁安置办公室，专门从事征撤工作。另外，城市郊区周边乡镇的土地、山林权属纠纷也相当突出，并且大多数为群体性纠纷。区政府加大调纠工作力度，建立健全区、乡镇、村三级行政纠调工作网络，完善各项纠调工作制度。全区未发生一起因纠纷调处不到位而引发的刑事、民事案件，有力地促进了鹤城区经济发展和社会稳定。

三、应急管理

处置突发公共事件，参与各类重大突发事件的处置。2003年春，全国暴发“非典”疫情，怀化铁路、公路交通便利，日流动人口在8万人以上。区政府紧急组织设卡，在火车站、汽车站对入境人员检测体温，有疑似病例和发热者，由应急办和疾控中心紧急送医院隔离观察。由于严格把关，怀化“非典”疫情未出现。2004年洪灾发生，区政府应急办积极投入抗洪救灾，组织被淹地区的群众转移，抢救公私财物，保证人民群众的生命财产安全。尤其是2008年全省遭遇历史罕见的冰雪灾害，区应急办不折不扣执行区委、区政府关于抗冰救灾的各项决策，全面落实各项抗冰雪、保民生的措施。及时深入一线反馈信息、提供资料、提出建议，为领导决策提供科学依据。2008年，区应急办共编制《鹤城应急快讯》29期，向市里报送应急信息38条，无迟报、漏报和瞒报情况发生。同时，以贯彻落实《中华人民共和国突发事件应对法》为重点，强力推动应急预案的制订、完善和演练工作。加强应急管理工作和处置突发公共事件的宣传贯彻力度，为创平安鹤城、和谐鹤城打下牢固的基础。

第五节　无线电管理

一、机构

怀化市无线电管理委员会成立于2005年，又称为湖南省无线电管理委员会办公室怀化市管理处，为省无线电管理委员办公室的派出机构。接受省无线电管理委员会办公室和怀化市经济和信息化委员会双重领导，业务工作由省无线电管理委员会办公室指导和管理，行政工作归口怀化市经济和信息化委员会管理。内设3个副科级机构：办公室、频率台站管理科、法制科。其主要职能职责：贯彻执行国家、省无线电管理的方针、政策和规章制度，拟定地方无线电管理的规范性文件。负责无线电频率调配，依法监督管理无线电台（站），协调处理军地间无线电管理相关事宜。负责无线电监测、电磁环境测试、无线电设备检测、技术审查、干扰查处，协调处理干扰事宜，维护空中电波秩序。依法组织实施无线电管制、无线电管理基础设施和技术设施的建设及其运行维护。承办怀化市人民政府、怀化市经济和信息化委员会和省无线电管理委员会办公室交办的其他事项。

二、无线电管理

2006年，开始加大无线电台、站管理力度。

对全市范围内的广播电视、公安、气象部门及宾馆、娱乐场所、社区使用无线电设施情况进行清理规范。对全市广播电视“村村通”114个基站进行核查。更新市内各无线电台、站数据库，完成频率台、站费用征缴任务。完成怀化城区社会电台清理工作。2007年，重点开展无线农话巡查整治。对全市农村75个基站开展巡查，16天完成巡查任务。2008年，开展专项整治，集中查处非法生产和使用卫星电视无线电干扰器干扰卫星电视接收信号的非法行为。在怀化电视台发布《关于禁止使用卫星电视无线电干扰器的通告》，公布举报电话。通过明察暗访、群众举报，在广播、电视部门的配合下，查处卫星电视无线干扰器5台。2009年，根据《湖南省2009年无线电管理工作要点》，坚持管理创新，加强无线电管理工作，有效维护怀化市良好的空中电波秩序。对中国铁通怀化通信段内的无线电列车调度指挥通信系统专用频率与台站进行清理核查，共核查设备141台(套)。清理核查22个人防通信无线电台。抽查核查全市公众通信基站830个，审查台站资料134份。建立台站核查长效机制，强化台站有序管理。召开电信、移动、联通、铁通通信中心等相关单位分管领导和经办人员近30人的座谈会，传达学习国家新的《无线电台执照管理规定》。全年核查补办电台执照1870份。全市5600个无线电台、站进入数据库集中管理。2010年，进一步加强无线电台、站管理，维护空中电波秩序，确保合法无线电台、站正常运行。制定《怀化市2010年度无线电台、站核查方案》和《怀化市2010年无线电台、站执照年审年检工作方案》。对各类无线电通信台、站清理核查，对各类无线电台、站执照开展年审年检。抽查公众通信运营商无线电发射设备。审查无线电台、站2956个，检查台、站执照1341份，检测发射机性能52台（套)，查处擅自设置电台（站）事件1起。对鹤城区、中方县、芷江县的移动基站设备进行抽检，共检测基站设备52台（套)。组织专项检查小组对3个县、市的移动、联通、电信三家运营商的公众移动通信基站开展专项检查，共检查无线电基站293个。开展打击违法使用对讲机行为，制定《怀化市关于开展清理违法使用对讲机专项行政执法活动实施方案》及《公告》，监测、压制对讲机频率，完善无线电对讲机数据库。对怀化联通公司2009年所建69WCDMA网新基站、怀化市移动公司2009年8个TD三期工程新建基站及98个GSM15期扩容工程新建GSM900M基站和17个GSM1800M基站的拟建资料进行报批审查。对芷江机场改扩建工程进行电磁环境监测评估，开展无线电管理宣传月活动。

三、无线电监测

加强无线电监测、检测工作，确保无线电频率安全使用。加强日常监测，定时开机、专人监测。2006—2010年，年均日常监测在3000个小时以上。2006年，对怀化市城区重要场所、重要区域的重点地段进行全面普查和电子兼容分析。排查各类干扰源，查处非法无线电台（站）干扰事件11起。查处铁路运输通信无线电干扰案件6起。测试无线电发射设备19台，电磁环境测试20次，恢复监控设备3次。2006年6月5日，联合贵州省铜仁、黔东南州无线电管理处查处电信频率干扰铁路运输调度频率事件，消除铁路运输安全隐患。2008年，查处无线电干扰广播电视信号58起。2009年无线电监测8913小时。其中，固定监测8407小时，移动监测506小时，安排监测值班474人次，5688小时，确保中华人民共和国成立60周年各类庆典活动和节假日无线电安全，确保各级广播电视安全播出。加大无线电干扰排查力度，确保重大任务无线电安全。重大节假日期坚持每天24小时值班监测，确保春运、全国“两会”、国庆、广州亚运会、第四届中国芷江国际和平节等重大活动期间无线电电波秩序安全、畅通。重视监测月报，完善监测月报制度，将监测站的每月的频谱监测分析会议扩大为全处性会议。强化频谱监测数据分析，保证监测数据准确，排除可疑信号。通过有效监测，排查怀化正健医院医疗设备电磁波干扰联通公司基站无线电信号发射。

四、无线电服务

服务社会事业 2005年，利用无线电监测成果，配合教育、组织、司法、人力资源、卫生、财政等部门，查处各类考试舞弊事件，开展常态化服务，维护考场秩序和考试的公正性。在一年一度的高考、职称考试、公务员招考、英语晋级考试、职称英语考试、企事业单位大型招考中，无线电管理工作人员在考场外开展无线电监控服务。在怀化一中、怀化学院等考点发现过舞弊信号，协助主考部门查处15起利用无线电对讲机破坏考试事件，维护考试的公正性和权威性。2008年，运用无线电监测成果查处一起注册会计师考试舞弊事件。

服务经济建设 2008年10月，国家电网公司建设的22万伏高压输电线路通过芷江机场区域。在施工过程中，芷江机场管理处提出高压输电线路可能对民航导航频率造成干扰，要求怀化电业局停工改道。怀化电业局请求无线电管理处对芷江电磁环境进行测试评估。通过对芷江机场区域电磁环境现场测试评估，经过缜密的计算、论证、评估，得出高压输电线路不会对芷江机场航空频率造成影响的结论。避免工程停工损失。

第六节　老龄工作

1998年，鹤城区有60岁以上的老年人2.96万人，占全区总人口的9.9%，离退休人员全部留在鹤城区。区直单位有离休老干部123人，退休干部、职工4460人。城乡五保老人204人，其他暂住老人2.91万人。

1998年，区老龄委成立后，8个乡镇、5个街道及区直80多个单位相应成立老龄工作委员会或老龄工作小组。农村94个行政村和城区36个社区居民委员会普遍成立老人协会。全区上下老龄组织机构初步形成网络，区老龄工作逐步走向正规化轨道。1998年12月实施城市居民最低生活保障，对老、弱、病、残、困难户纳入低保。截至2003年底，全区为4147户，10114人纳入低保范围，累计发放低保经费574.2万元。2009年开始，鹤城区为城市60岁以上老人发放养老金，每人每月55元。

第十二篇　人民政协

1980年11月，政协怀化市一届一次会议召开，谭德全任市政协主席。至1997年，怀化市政协共经历五次换届。

1998年4月，怀化市鹤城区政协第一届一次会议召开，选举霍苏华为政协主席，杨秋元等6人为副主席，标志着鹤城区政协正式成立。至2010年，鹤城区政协共进行了三次换届，选举产生三届区政协领导班子。

第一章　政协委员

第一节　委员产生

怀化市（县级）、鹤城区历届政协委员经过各单位、各阶层广泛推荐、提名，再经过组织考察、民主协商产生。政协换届时，成立换届领导小组，由中共鹤城区委书记或主管党群的副书记任组长，组织部、统战部的领导参加，提出下届政协委员及领导机构的人事安排意见，提交上届政协常务委员会协商决定，择时召开下届政协全体委员会议。

政协委员多为知名人士、社会贤达，涵盖工、农、商、学兵各行各业，以非党（中共）人士为主体。有工业、农业、商业、文化、教育、卫生、科技、宗教、华侨、工会、妇女、共青团、知识分子，少数民族、民主党派、工商联等20多个界别组成，代表各行各业、方方面面的先进分子和优秀人才，既具有广泛性，又具有代表性。

第二节　委员构成

鹤城区政协第一届委员会设主席1名，副主席6名，秘书长1名。第一届委员会总额为160人，共22个界别。第一次会议拟定委员127名，其中常委27名，共22个界别。委员中非中共党员77人，占60.63%；妇女委员21名，占16.53%；具有大专学历的66人，占52%；中级以上职称的55人，占42.5%。委员平均年龄为44.5岁。

鹤城区政协第二届委员会设主席1名，副主席6名，秘书长1名，委员总额为169人。第一次会议拟定委员139名，其中常委29名。设界别23个，委员中非中共党员88人，占63.31%；妇女委员28人，占20.14%；具有大专学历的87人，占62.58%；中级以上职称的78人，占56.11%；年龄50岁以下的105人，占75.5%。

区政协第三届委员会设主席1名，副主席5人，秘书长1名，委员拟配总额为179人。第一次会议拟定委员160名，其中常委30名。设界别24个。委员中非中共党员95人，占59.9%；妇女委员34人，占20.7%；具有大专以上学历的117人，占71.4%；年龄50岁以下的136人，占83%。

1990—2010年怀化市（县级）、鹤城区政协委员构成（界别）一览表

表12-1-1　　单位：人

届次		怀化市（县级）四届	怀化市（县级）五届	鹤城区一届	鹤城区二届	鹤城区三届
时间		1990.12—1992.11	1992.12—1998.3	1998.4—2002.11	2002.12—2007.11	2007.12—2010.1
届首委员数		168	181	127	139	160
界别	中共	9	8	9	8	8
	民主党派	1	3	4	6	10
	工青妇	19	13	4	11	9
	工商联	22	29	18	21	23
	科技科协	24	30	11	10	8
	教育	15	17	12	11	8
	文化体育	7	5	6	8	10
	医药卫生	8	9	7	7	4
	农林水	26	24	9	12	9
	台侨联	3	1	3	7	5
	经济	—	8	23	19	29
	宗教	1	1	1	1	2
	无党派	—	—	2	4	4
	社会福利	1	1	1	2	4
	社科	—	2	2	2	3
	新闻出版	3	4	4	3	1
	特邀人士	27	24	11	7	23
	少数民族	2	2	—	—	—
届内	增	5	13	24	47	20
	减	0	14	4	0	11
届末委员数		173	180	147	186	169

第二章　政协会议

第一节　政协全体委员会议

一、怀化市政协第四届委员会

怀化市政协四届一次会议于1990年2月16日至21日在市委小礼堂召开，来自全市十七个界别的165名委员出席大会。怀化地区政协联络工作委员会主任陈绍斌、怀化市（县级）委、市人大、市政府、市纪委、市人武部的领导，怀化市（县级）政协原主席、副主席、老红军李金龙出席大会，市属各部、委、办、局负责人列席会议。三届政协副主席金加寿致开幕词，市委书记李铭生向大会致贺词。三届政协副主席杨良泽作三届委员会常务委员会工作报告，三届政协副主席黄鄂作三届委员会提案办理情况报告。列席市人大四届一次会议。会议选举产生了怀化市（县级）政协四届委员会领导班子，政协主席张必长，副主席杨良泽、张衍璞、杨华枚、钟益生、金如寿、陈贻炜、黄鄂、谌宏哲，秘书长杨华枚（兼），选举常委29位。

怀化市政协第四届二次会议于1991年3月2日至5日在市委小礼堂召开，来自全市17个界别的171名委员出席大会。怀化地区政协联络工作委员会、怀化市（县级）委、市人大、市政府、市纪委、市人武部的领导、老红军、历届市政协领导出席大会，市属各部、委、办、局负责人列席会议。市政协副主席杨良泽作四届一次会议以来常委会工作报告，市政协副主席张衍璞作四届一次会议以来提案办理情况报告。中共怀化地委委员、怀化市（县级）委书记吴宗源到会讲话。市长李铁岩就《政府工作报告》作了起草说明。会上，梁之高等13名委员分别作大会发言。列席市人大四届二次会议。选举彭姣文同志为市政协四届委员会秘书长。增补倪启长、彭姣文为四届政协常委。表彰了农业、财贸、妇女3个先进政协工作组，肖冬香等47名优秀政协委员。

怀化市政协四届三次会议于1992年3月6日至11日召开。来自全市十七个界别的151名委员（应到委员173人，因事因病请假22人）出席大会。怀化地区政协联工委、怀化市委、市人大、市政府、市纪委、市人武部的领导、市委、市政府顾问、老红军、历届市政协领导，驻怀省政协委员、农工民主党市委负责人应邀出席大会，市属各部、委、办、局负责人列席会议。市政协副主席杨良泽同志作四届二次会议以来常委会工作报告，市政协副主席金如寿作四届二次会议以来提案办理情况报告。中共怀化地委委员、怀化市（县级）委书记吴宗源到会讲话。会上，杨和平等11名委员分别作大会发言。列席市人大四届三次会议。会上，同意钟益生辞去市政协副主席职务，增补王寄萍、黄秀凤为四届政协委员，补选王寄萍为四届政协常委、副主席。表彰了农业、妇女、文体三个先进政协工作组、市卫生局等6个支持政协工作先进单位、市建委等4个办理委员提案先进单位、学习文史委等提案质量较高先进单位、李铁岩等6个先进个人，莫赐玲等53名优秀政协委员。会上，还通报了怀化地区政协联工委表彰的先进集体和个人。

二、怀化市政协第五届委员会

怀化市政协五届一次会议于1992年12月27日至1993年1月1日在市委小礼堂召开。出席会议的有：省、市政协委员169人（应到184人，因事因病请假15人），怀化市委、市人大、市政府、市纪委、市人武部的领导、市委、市政府顾问、原市政协领导，地区政协联工委、地人大、地委组织部领导应邀出席。市直机关及企事业单位负责同志列席会议。会议实到总人数326人。怀化地委委员、怀化市委书记吴宗源到会讲话。张必长、王寄萍同志分别向大会作《政协常委会工作报告》和《委员提案办理情况的报告》。列席怀化五届一次人大会议。选举产生怀化市（县级）政协五届委员会领导班子，政协主席张必长、副主席杨华枚、王寄萍、刘承训、梁之高、李忠阳。闭幕会上，通过了相关决议。

怀化市政协五届二次会议于1994年元月12日至14日在市委小礼堂召开。出席会议的市政协委员，应到186人，实到171人；市直各部办委局97名负责人列席会议；怀化市委、市人大、市政府、市纪委、市人武部领导出席会议。市政协副主席杨华枚、王寄萍分别作常务委员会及委员提案办理情况的报告；怀化市委书记到会讲话。会上，委员们就开展两个文明建设等11个专题，召开高层协商会。列席怀化市五届人大二次会议。增补陈方松为五届政协会常委、副主席；表彰了经科委等4个先进集体、韦正球等44名优秀政协委员。

怀化市政协五届三次会议于1995年3月5日至9日在阳光娱乐中心召开。会上认真审议了市政协五届常务委员会工作报告和提案委员会关于五届三次会议以来委员提案办理情况和提案审查情况的报告；协商了《政府工作报告》和其他报告；表彰了支持政协工作、办理委员提案先进单位和市政协先进工作组和优秀政协委员。怀化市委书记到会讲话。

怀化市政协五届四次会议于1996年1月21日至24日在市政府招待所召开。会上认真审议了市政协主席张必长作的五届常务委员会工作报告、市政协副主席梁之高作的提案委员会关于五届三次会议以来委员提案办理情况和提案审查情况的报告。列席怀化市五届人大四次会议，协商了《政府工作报告》和其他报告。委员们就农业两系杂交等10个专题与市委、市政府召开高层协高会。补选申小青为市政协五届委员会副主席；表彰了12个先进集体和57名优秀政协委员。怀化地委委员、怀化市委书记到会讲话。

怀化市政协五届五次会议于1997年1月17日至21日在市政府招待所召开。会议审议了市政协主席张必长、市政协副主席梁之高分别作的常委会工作报告和提案办理情况报告；14名政协委员作了大会发言；列席怀化市五届人大五次会议。增补任绍友、汪辉、杨隆海、钟光余为市五届政协委员；表彰了16个先进集体，69名优秀政协委员。市政协副主席陈方松作了专题辅导讲话。

三、怀化市鹤城区政协第一届委员会

鹤城区政协第一届一次会议。经怀化地委研究部署，1998年2月成立政协怀化市鹤城区筹备工作委员会。经过两个多月的精心筹备，1998年4月21日至23日，怀化市鹤城区政协第一届一次会议在鹤城宾馆召开。127名委员参加会议；中共鹤城区委、区人大筹委会、区经济工作领导小组、区纪委、区人武部领导出席会议，各乡镇、区直各单位负责人应邀列席会议。会上，区政协筹备委员会副主任杨秋元作筹备工作报告；筹备委员会主任霍苏华致开幕词；大会选举产生区政协第一届委员会领导班子：政协主席霍苏华，副主席杨秋元、杨隆海、梁之高、李传贵、申小青、李忠阳。会议通过相关决议；中共鹤城区委书记傅刚球向政协怀化市鹤城区委员会授牌并讲话，全体委员列席鹤城区人大第一届一次会议。

鹤城区政协第一届二次会议。1999年3月5日至7日在鹤城宾馆召开，会议应到委员138人，实到委员126名。怀化市政协副主席贺达泉、市政协秘书长黄瑜和中共鹤城区委书记傅刚球、区委副书记、区长杨冬英等领导出席会议。区政协主席霍苏华向大会作第一届政协常务委员会工作报告；区政协副主席梁之高作提案工作报告；全体委员列席鹤城区一届人大三次会议，协商《政府工作报告》和其他报告。大会表彰25名优秀政协委员、4个先进政协工作组、3个办理政协委员提案先进单位和3个优秀提案。

鹤城区政协第一届三次会议。2000年1月12日至14日在鹤城宾馆召开。区政协主席霍苏华作第一届委员会常务委员会工作报告；区政协副主席梁之高作提案工作报告。全体政协委员列席鹤城区人大一届三次会议，协商讨论《政府工作报告》和其他报告。通过大会建议案；表彰先进；增补区政协常委。

鹤城区政协第一届四次会议。2001年1月5日至7日在阳光娱乐中心召开。会议应到委员150人，实到142人。区委书记陈善美、区长杨冬英出席。区政协主席霍苏华作政协常务委员会工作报告；区政协副主席梁之高作提案工作报告。委员们协商讨论鹤城区《十五计划（草案）》、《政府工作报告》和其他报告。通过了大会建议案；表彰了先进；增补区政协常委、秘书长。

鹤城区政协第一届五次会议。2002年1月9日至11日在鹤城宾馆召开。区政协主席霍苏华作政协常务委员会工作报告；区政协副主席梁之高作提案工作报告。协商讨论《政府工作报告》和其他报告；通过了《积极应对入世，发展绿色农产品》的大会建议案；表彰了先进；增补了政协常委。

四、怀化市鹤城区政协第二届委员会

鹤城区政协第二届一次会议。2002年12月28日至31日在铁道宾馆召开，大会应到委员139名，实到122名。怀化市政协主席张进成出席会议并致贺词；鹤城区第一届政协主席霍苏华作政协常委会工作报告；政协副主席梁之高作提案工作报告。列席鹤城区人大二届一次会议，协商讨论《政府工作报告》和其他报告。选举产生了鹤城区第二届政协领导班子：区政协主席周有庚，副主席杨秋元、杨隆海、李传贵、谢伯恩、巫培云、王巍；政协常委31人。表彰了在2002年度“建功立业”活动中的优秀政协委员、提案办理先进单位和优秀提案。

鹤城区政协第二届二次会议。2003年12月29日至31日在怀化大酒店召开，大会应到委员150人，实到139人。怀化市委常委、鹤城区委书记王志群、区长李毅等党政领导出席。区政协主席周有庚作政协第二届常务委员会工作报告；区政协副主席王巍作政协第二届委员会提案工作报告；列席鹤城区二届人大二次会议，协商讨论《政府工作报告》和其他报告。区委副书记杨正坤，副区长江兴明、杨玲，区政府助理调研员丁琼、熊平分别就《青少年犯罪情况调查与思考》等6个委员大会发言进行了答复。会议表彰了先进，通过大会建议案；中共怀化市委常委、鹤城区委书记王志群到会讲话。

鹤城区政协第二届三次会议。2005年1月10日至12日在怀化大酒店召开，大会应到委员168人，实到委员156人。怀化市委常委、鹤城区委书记王志群、区长李毅等党政领导出席。区政协主席周有庚作政协第二届常务委员会工作报告；区政协副主席王巍作政协第二届委员会提案工作报告。列席鹤城区二届人大三次会议协商讨论《政府工作报告》和其他报告；副区长曾大鹏、杨玲、江兴明、巫培云等先后就《扩大城东新区用地范围加速中心城市发展》等5个委员大会发言作答复。会议表彰了先进，通过大会建议案。中共怀化市委常委、鹤城区委书记王志群到会讲话。

鹤城区政协第二届四次会议。2006年1月10日至12日在怀化大酒店召开。大会应到委员168人，实到156人。市委常委、区委书记王志群、区长李毅等党政领导出席。区政协主席周有庚作二届委员会常务委员会工作报告；区政协副主席王巍作区政协二届委员会提案工作报告；协商了《政府工作报告》和其他报告；副区长曾大鹏、杨玲、江兴明、闻继霞、巫培云先后就《扩大城东新区用地范围　加速中心城市发展》等5个委员大会发言作答复；表彰了先进；通过大会建议案；市委常务委、区委书记王志群讲话。

鹤城区政协第二届五次会议。2007年1月16日至18日在怀化大酒店召开。区政协主席周有庚作政协常务委员会工作报告；区政协副主席刘安金作提案工作报告。全体委员列席鹤城区二届人大五次会议，协商讨论《政府工作报告》和其他报告；通过了《采取有效措施，解决好“城中村”问题》的大会建议案。

五、怀化市鹤城区政协第三届委员会

鹤城区政协第三届一次全体会议。2007年12

月 28 日至 2008 年 1 月 1 日在怀化大酒店召开。会议应到委员 160 人，实到 159 人。市委县（市区）人大、政府、政协换届指导组领导，鹤城区委、区人大、区政府等在家区级领导、老领导代表应邀出席会议。各乡镇、街道、区直单位负责人列席会议。会上，听取和审议区第二届政协常委会的工作报告和提案工作报告；列席区第三届人大一次会议。选举产生鹤城区第三届政协领导班子：区政协主席周有庚，副主席江兴明、邓求君、肖莉杏（兼）、谭有平（兼）、李朝晖（兼）。会上，委员们分别就《加强劳动保障刚性，促进社会和谐发展》《加快农村经济发展，扎实推进新农村建设》等四个专题大会发言。区委常委、副区长丁琼，区政府助理调研员熊平等分别作答复发言。通过会议相关决议；当选区政协主席周有庚讲话。

鹤城区政协第三届二次全体会议。2008 年 12 月 28—31 日在怀化大酒店召开。会议应到委员 180 人，实到 171 人。中共鹤城区委、区人大、区政府、区政协等在家区级领导、老领导代表应邀出席会议。各乡镇、街道、区直单位负责人列席会议。会上，听取和审议区第三届政协常委会的工作报告和提案工作报告；列席区人大第三届二次会议。会上，补选常委 8 名；委员们分别就《培育加工产业集群，促进区域经济发展》等 5 个专题作大会发言；区委常委、常务副区长周勇，副区长巫培云、丁仁权等分别作答复发言。会上，表彰了科技组等 5 个政协先进工作小组；区政府办等 4 个提案承办先进单位；《加快廉租房建设》等 8 件优秀提案；黄秀佳等 29 名优秀政协委员；杨德华等 6 名优秀政协工作者和杨彦春等 5 名提案办理先进个人。

鹤城区政协第三届三次全体会议。2010 年 1 月 5—8 日在城东新区行政中心召开。会议应到委员 169 人，实到 161 人。中共鹤城区委、区人大、区政府、区政协等在家区级领导、老领导代表应邀出席会议。各乡镇、街道、区直单位负责人列席会议。会上，听取和审议区三届政协常委会的工作报告和提案工作报告；列席区人大第三届三次会议。会上，委员们分别就《加快黄金坳小城镇建设，树立鹤城北大门良好形象》《科学调整社区规划，促进城市跨越发展》等 5 个专题作大会发言；区委常委、副区长丁琼，副区长巫培云分别作答复发言。会议表彰了科技组等 6 个政协先进工作小组、经科委等 5 个政协工作先进单位；区政协办公室等 6 个提案办理先进单位和《关于加强对嫩溪垅西南巷监管的建议》等 10 件优秀提案。表彰唐辉等 31 名优秀政协委员、戴英雄等 4 名优秀政协工作者、戴业驹等 5 名优秀提案办理先进个人，以及《关于加快推进城区路牌、门牌编制安装建设的建议》等 3 个优秀提案。

第二节　政协常务委员会议

政协全体委员会议闭会期间，政协常务委员会主持日常工作。

政协常委会议，由政协主席、副主席、秘书长及全体政协常委组成；政协常委会议由政协主席主持，也可由受委托的副主席主持；一般每季度召开一次会议，必要时可临时举行。常委会议的主要议题：一是准备政协全体会议的工作报告，会议议程，确定会议时间、地点；制定年度政协工作计划、要点，讨论政协各委室的人事安排。二是对政府在经济工作、城市建设、重点工程建设、改善民生等重大问题上，进行协商，民主监督，提出建议意见。

一、怀化市（县级）政协部分常委会议举要

1991 年 1 月 9 日，怀化市政协召开四届政协第九次常委会议。主要议题：贯彻省政协工作会议精神；讨论市委书记吴宗源在市政协工作会议上的报告；讨论 1991 年市政协工作要点；初步议定市政协四届二次全委会议召开的时间、地点及日程。

1991 年 2 月 23 日，怀化市政协主席张必长主持召开四届政协第十次常委会议。主要议题：讨论政协四届常委会工作报告和提案办理情况的报告；初步议定政协四届二次会议在三月初召开；增补政协委员名额；政协机关工作人员任职安排；审议《政协提案办理实施条例》；讨论《政府工作报告（草案）》并提出协商意见。

1991年3月9日，怀化市政协召开四届十三次常委（扩大）会议。对市政府制定的“八五”计划进行认真协商，并提出修改意见、建议。

1991年12月12日，怀化市政协召开四届十八次常委（扩大）会议。就视察 㵲水河的开发、全市庭院经济和 㵲水路个体批发市场等问题与市政府进行协商。

1992年12月30日，怀化市政协召开五届一次常委会议。就“一府两院”领导候选人名单进行协商。吴宗源、唐波等市委、市政府主要领导参会。

1993年9月2日，怀化市政协召开五届五次常委会议。就党政机关宴请开支、公安系统乱罚款情况、全市中小学乱收费现象，部分企业“三乱”情况等问题与市委、市政府进行高层次协商。方新琪、唐波等市委、市政府领导参会。

1994年7月15日，怀化市政协召开五届十一次常委会议。听取市委、市政府关于1994年上半年工作情况通报，并就进一步加强农业工作、对有经济增长点的企业给予扶持、治理“三乱”、文化市场管理、深入开展反腐败斗争等问题与市委、市政府进行协商。市委、人大、政府主要负责人出席会议。

1995年1月10日，政协主席张必长在政府招待所，主持召开五届政协第13次常委会议，主要议题是市政府1994年工作通报会。由市长唐波通报1994年经济工作情况，政协党委、民主党派负责人进行了讨论协商，提出了建议、意见。

1995年9月7日，政协副主席王寄萍主持召开五届政协第18次常委（扩大）会议，由政协副主席杨华枚传达省、地政协工作会议精神，并研究下一段政协工作。

1996年6月6日，怀化市政协召开五届二十四次常委（扩大）会议。审议通过《关于政治协商、民主监督、参政议政的规定》等九项工作制度。

1997年6月12日，怀化市政协在市委常委会议室与市委、市政府就乡镇企业发展、乡级负债情况、宝庆商贸城建设、有关职能部门收费等问题进行专题协商。市委书记方新琪参会并讲话。

1997年9月6日，怀化市政协在市委常委会议室与市委、市政府就学校收费、收入分配、嫩溪垅消防问题、教育“两基”达标等社情民意，城区用水、水质、水源，市场建设及管理现状、乡镇图书馆建设，戒毒所建设情况，计生工作，乡镇中心完小土地权属等问题进行专题协商。

二、鹤城区政协部分常委会会议举要

1999年5月26日，鹤城区一届政协召开第七次常委会会议，政协主席霍苏华主持，主要内容：协商通过“关于在区政协委员中开展建功立业活动的决定”。

协商通过免去刘柏林区政协财贸工作组组长职务，杨贤忠任财贸工作组组长，陈春生、向玉湘任副组长。

1999年9月1日，政协副主席杨秋元主持召开区一届政协第八次常委会会议，主要内容：决定于1999年9月21日上午，在鹤城宾馆召开人民政协成立50周年纪念大会，并同时开展座谈会、联谊活动、知识抢答赛等3项活动；到会常委（23人），一致通过增补于庚华为一届区政协委员，同意于庚华任区政协经济科技联谊委主任，免去文祖荣经济科技联谊委主任职务。

2000年6月8日，召开一届第十次常委会会议。集中学习贯彻江泽民总书记“三个代表”重要思想。区委副书记李毅到会并讲话。

2003年11月21日，召开第二届四次常委会会议。审议通过《关于政协委员认真履行职责的规定（草案）》。

2004年12月21日，区政协主席周有庚主持召开二届十次常委会会议，主要内容：协商讨论区政协二届三次全会筹备情况；讨论宣读常委会工作报告及提案工作报告；介绍政协全会高层协商内容；协商决定增补常委人员名单：杨芳（区妇联副主席）、戴若辉（团区委书记）、周惠英（区监察局非党副局长）、谭有平（区经济局非党副局长）、李绍彪（区委统战部副部长）、周必成（天凯房地产公司总经理）；辞退唐承仆、许刚等区政协委员7名；新增补肖杏莉、尹安伟等27名区政协委员。

2006年3月10日，召开第二届十六次常委会会议，集中学习《中共中央关于加强人民政协工作的意见》。

2008年3月13日，召开第三届一次常委会会议。协商通过《区政协全体会议工作规则》《区政协常务委员会工作规则》《区政协专门委员会通则》《区政协提案工作条例》《民主评议部门工作办法》《反映社情民意工作条例》《关于区政协委员参加区政协活动的规定》等7个工作制度。

2008年12月11日，举行三届第四次常委会会议，主要内容：各专门委员会汇报全年工作；协商通过区政协三届二次全体会议筹备工作；协商审议常委会工作报告及提案工作报告；协商通过会议议程和会议日程；协商通过会议组织机构及各组负责人名单；协商通过各项人事任免，协商决定委员辞退、增补委员，通过增补常委建议名单，协商调整有关小组组长、副组长、专委会兼职副主任等。

2009年12月17日，召开三届第八次常委会会议，政协主席周有庚主持会议，会议内容：协商鹤城区2009年财政预算执行情况和2010年财政预算方案（草案）；区财政局长冯贵友汇报情况。协商审议区民政局民主评议整改情况；区民政局局长丁继金汇报情况。协商通过区政协三届三次全会议程、日程及工作机构名单；协商通过常委会工作报告、提案工作报告。通过相关人事任免：协商基层联工委任免情况；辞退常委、委员。

2010年7月22日，区三届政协召开第十次常委会会议，主要内容：听取区委常委、副区长丁琼通报上半年经济运行情况，并提出建议、意见。民主评议重点提案办理工作：区政府办主任戴业驹汇报1号提案办理情况；市（区）征拆办汇报20号提案办理情况；区城管行政执法大队长刘育军汇报23号提案办理情况；区劳动和社会保障局汇报38号提案办理情况；市食品药品监管局鹤城分局汇报39号提案办理情况；区农业局汇报45号提案办理情况。重点提案人评议发言，票决评议重点提案办理工作。审议通过《区政协关于加强委员管理的暂行规定（草案）》。

2010年10月26日，鹤城区政协召开第三届十一次常委会会议。审议通过《区政协“优秀政协委员”评选暂行规定》。

怀化市（县级）四届政协召开常委会会议20次，五届政协召开常委会会议20次。鹤城区一届政协召开常委会会议20次，二届政协召开常委会会议22次，至2010年，三届政协召开常委会会议12次。对怀化市（县级）、鹤城区的经济建设、民生改善和社会进步起到很大的推动作用。

第三节　主席会议

政协常务委员会会议闭会期间，由主席、副主席、秘书长组成主席会议，主持常务委员会的日常工作。主席会议是政协例会的重要组成部分，根据需要与议程有关的专委会负责人列席会议。主席会议由主席主持，也可以由主席委托的副主席主持。会议议程由主席提出，或秘书长提出报主席决定，一般每月召开一次，如遇特殊情况，可提前、推迟或临时召开。

一、怀化市（县级）政协部分主席会议举要

1991年2月7日，政协主席张必长主持召开四届政协第7次主席会议；初定政协四届二次全体委员会议在三月初召开；讨论修改政协常委会向大会作的工作报告；研究起草提案工作报告。

1992年1月13日，政协主席张必长在政协会议室主持召开四届政协第12次主席会议，传达怀化地区政协主席会议精神，研究政协四届三次全会的准备工作；重点讨论常委会工作报告和提案办理情况的报告。

1992年11月20日，政协副主席杨华枚主持召开四届政协第15次主席会议：审定1992年先进政协工作者名单，研究政协五届一次会议议程。

1995年1月9日，政协主席张必长主持召开五届政协第15次主席会议：审定56位优秀政协委员名单，在政协全会上予以表彰；向政协全会提交三个建议案：重点岗位领导干部岗位异动的建议案；河西开发区建设，加强领导、理顺关系、搞好规划管理的建议案；动员全市领导干部，为希望工程献爱心，每人扶持1~2名失学儿童的建议案。

1995年4月14日，市政协副主席杨华枚主持召开五届政协第17次主席会议。议题：普及九年义务教育的调查；抑制通货膨胀与重农、重粮关

系的调查；关于农民负担反弹问题的调查；液化气价格涨幅的视察。

二、鹤城区政协部分主席会议举要

1999年5月25日，区一届政协召开第10次主席会议，区政协主席霍苏华主持会议，主要内容：协商通过“关于在区政协委员中开展建功立业活动的决定”。协商“关于在区政协委员中开展创先争优活动的通知”。免去刘柏林政协财贸工作组组长（政协活动小组），任命杨贤忠为政协财贸工作组组长，陈春生、向玉湘为财贸工作组副组长。协商内容到会政协主席、副主席一致协商通过。

1999年6月30日，区政协主席霍苏华主持召开区一届政协第11次主席会议，主要内容：研究政协成立五十周年纪念活动；召开各界人士座谈会，22个界别的代表参加，区委、区政府领导参加。1999年9月17日上午，在鹤城宾馆举行纪念大会。9月17日下午，举行委员联谊活动，以活动小组为单位准备节目。组织一场政协知识抢答赛，由政协学习文史委出题目，组织评委打分；以活动小组为单位参加，各委室协助组织好活动。

2004年2月6日，区二届政协主席周有庚主持召开政协主席会议。协商讨论区政协全年工作，确立全年工作重点：围绕一个中心，即围绕鹤城区社会经济发展这个中心开展政协工作。搞好二次评议：初步计划，选择区检察院、区民政局为评议单位。抓好五项工作：抓好提案办理，争取3个100%；抓委员素质的提高和委员作用的发挥；抓好文史资料的收集和整理，社情民意的收集和反馈；抓好中心工作任务的完成；抓好政协机关自身建设。

2006年7月13日，区二届政协主席周有庚主持召开政协主席会议。协商确定7月21日召开政协二届第十七次常委会议，听取区政府半年来经济运行情况，安排下半年工作。召开政协专委会议，听取专委会半年工作情况汇报，听取下半年工作安排意见；组织政协委员列席7月26—28日的人大会议；组织政协机关、统战部的干部学习中央统战工作会议精神。

2009年12月28日，区三届政协副主席江兴明主持召开政协主席及委室主任会议。主要对基层政协年终工作考核检查进行总结，确定2009年评优评先标准；资源环境委主任总体介绍检查工作情况；各检查小组就检查工作进行集中汇报；就政协机关各工作小组和基层政协办公室评优标准和名单进行商定。

根据工作需要，政协还召开专题工作会议，研究解决一些重大问题和难点问题。

1991年4月10日，在政协会议室，政协主席张必长主持召开市平板玻璃厂发展预测论证专题会议。参加会议的有市委书记吴宗源、市长李铁岩，副市长方新琪，人大常委会主任曹子璋等相关领导，地区相关单位领导，厂方负责人，驻厂工作队等。

会议在市政协主席张必长的主持下，针对平板玻璃厂已停产半年，取舍难定的现状，就该厂的发展前途进行了认真的讨论和全面会诊。对市平板玻璃厂发展状况，恢复生产的可能性。考察并引进的几种新产品以及对该厂发展前途所作的预测。

1991年5月20日，市政协组织部分委员就《怀化市新开发区优惠政策》举行专题协商会。参加会议的有政协副主席、常委、委员20多人，政协委员对市委、市政府制定的《怀化市新开发区优惠政策》提出了多条意见建议。应明确“新开发区优惠政策”的出台原因，指导思想，要达到什么目的；同时，还要制定落实这个政策的具体细节。要进行可行性论证。组织有关专家，作大量的调查研究，再提出初步方案，广泛征求意见，使政策更趋民主化，科学化。优惠政策中开放提得多，改革提得少。怀化市发展还很落后，整个怀化市本身就是一个开发区，要立足于整体开发，规划出经济区，文化区，商业区。与老城区相比，新区政策只能有限制的优惠，考虑既能吸引外来资金、人才，又要与老城区保持基本平衡。

怀化市四届政协召开主席会议68次，五届政协召开主席会议72次。鹤城区一届政协召开主席会议71次，二届政协召开主席会议66次，至2010年，三届政协召开主席会议40次。内容涵盖经济建设，城市建设和管理，重点工程建设，民生事业，扶贫救灾等方方面面；政协自身建设对政府的各项工作和政协的自身建设起到了有力的促进作用。

第三章　政协地方委员会常务委员会

第一节　常委会组成

一、常委会的组成

按照《中国人民政治协商会议章程》规定，在政协全体委员会议闭会期间，由政协常务委员会主持日常工作。政协常务委员会由主席、副主席、秘书长（办公室主任）及常务委员组成。常务委员由参加政协的各党派、团体、各界人士协商提名，经全体委员会会议选举产生。每届政协主席均为中共党员，副主席中无党派人士：区第一届占66.7%；区第二届占62.5%；区第三届占60%。常务委员会委员按中共不超过40%，非中共不少于60%的比例配备。怀化市（县级）第四届政协常委29名，第五届政协委员31名。鹤城区第一届政协常委27名、第二届政协常委29名、第三届政协常委30名。

二、常委会的主要职能

召集并主持政协委员全体会议；每届第一次全体会议前召开全体委员参加的预备会议，选举第一次全体会议主席团，由主席团主持第一次全体会议。组织实施政协章程规定的任务和政协全国委员会所作的全国性的决议以及上级政协地方委员会所作的地区性的决议。执行本级政协委员会全体会议的决议。在全体会议闭会期间，审议通过提交同级地方人民代表大会及其常务委员会或人民政府的重要建议案；决定本级政协委员会工作机构的设置和变动，并任免其领导成员。协商决定下一届政协会议的参加单位、委员名额和人选。

第二节　工作机构

一、政协专门委员会

怀化市四届政协委员会设“一室六委”：办公室、学习委员会、文史资料研究委员会、提案委员会、经济科技委员会、文教卫体委员会、群团联谊委员会。

怀化市五届政协委员会设“一室六委”：办公室、文史资料研究委员会、经济科技委员会、文教卫体委员会、学习委员会、提案工作委员会、群团联谊委员会。每届委员会内设办公室及4~5专门委员，每个委室设主任1人，副主任1~2人。

鹤城区第一届政协委员会设“一室四委”，即办公室、文教卫体委员会、学习文史委员会、提案法制群团委员会、经济科技联谊委员会。

鹤城区第二届政协委员会设“一室四委”，即办公室、文教卫体委员会、学习文史委员会、提案法制群团委员会、经济科技联谊委员会。

鹤城区第三届政协委员会设“一室五委”，即办公室、文教卫体委员会、学习文史委员会、提案法制群团委员会、经济科技联谊委员会、人口资源环境委员会。

二、委员工作（活动）小组

怀化市四届政协全体委员分为工业、农业、财贸工商、医药卫生、教育、城建交通、文体、祖国统一、科技和妇女10个工作小组。

怀化市五届政协全体委员分为工业、农业、

财贸工商、医药卫生、教育、城建交通、文体、统一战线、科技和妇女 10 个工作小组。

鹤城区第一届政协全体委员分为文史、学习、教育、文体、医药卫生、城建交通、财贸、工商、科技、农业、妇女、统一战线和政协联络员 13 个工作小组。

鹤城区第二届政协全体委员分为文史、学习、教育、文体、医药卫生、城建交通、财贸、工商、科技、农业、妇女、统一战线和政协联络员 13 个工作小组。

鹤城区三届政协全体委员分为综合、文史、学习、教育、文体、医药卫生、城建交通、财贸、工商、科技、农业、妇女、统一战线和政协联络员 14 个工作小组。

三、乡镇、街道政协联工委

组织演变　2000 年 10 月，在各乡镇、街道设立政协工作联络办公室，配备了专职政协联络员，负责联系辖区内政协工作，级别为正科级。2007 年 5 月，区委出台了《关于进一步加强人民政协工作的决定》，将全区 16 个乡镇、街道办事处政协联络办公室规范为政协联络工作委员会，配备一名政协联工委主任，人员编制纳入区政协，解决其正科实职待遇。

主要活动　2000 年鹤城区第二届政协第一次会议后，政协联工委主任全部担任区政协委员，成立政协联工委小组，列席区政协常委会议。

2007 年 12 月鹤城区第三届政协第一次会议后，区政协进一步加强基层政协组织建设。年初，基层政协联络办与区政协签订《目标管理责任状》，从履行职能、服务委员、自身建设、服务中心工作等 6 个方面量化细化工作任务。按季度、分片区召开现场经验交流会，交流经验，查漏补缺，推进工作。年底，区政协对其工作进行专门考核，评先评优。

政协联络办工作小组积极开展调研视察、反映社情民意等各项履职活动。2006 年，盈口、杨村乡政协联工委提出的《解决城区失地少地农民生活保障问题》的建议，区委、区政府高度重视，把积极探索失地少地农民生活出路问题列入了重要议事日程。2007 年，城中街道政协联工委提出的《进一步加强社区建设》的建议，促使区委、区政府出台《关于加强社区建设的决定》，使全区社区建设一步一个新的台阶。

鹤城区政协联工委工作小组先后组织乡镇、街道联工委主任，赴娄底、宁乡、沅陵等地考察学习。

第四章　职能履行

第一节　政治协商

政协全体委员会议、常委会议、主席会议及专题协商会议是发挥政协整体功能，进行政治协商的主要形式。每年召开一次全体委员会议，听取和审议政协常委会工作报告、提案工作报告、进行高层协商，同时列席区人大会议；听取并协商讨论政府工作报告、国民经济和社会发展计划、财政预（决）算报告和协商“一府两院”人事安排。

怀化市（县级）四届政协共召开全体委员会议 3 次，常委会议、主席会议共 88 次，专题协商会议 12 次。主要协商成果:《加强女职工劳动保护、保护妇女儿童身体健康》《全社会都来关心青少年的健康成长》《关于边、少、贫困乡统招定向培养医务人员问题的建议》《关于创建全国体育先进市、大力发展有线广播电视的问题》《关于怀化市农村医疗卫生工作的几点建议》《树立城市观念，依法治理城市，把人民南路建成文明路》《关于科技兴市的几点建议》《如何进一步改善企业外部环境》《开发庭院经济加快致富步伐》《只有把“双增双节”运动真正落到实处，摆脱怀化市的财政困境才有希望》《增强经济建设项目决策的科学性和民主性》《加强税收征管增加财政收入的建议》《关于加强廉政、勤政建设的几点建议》。

怀化市（县级）五届政协共召开全体委员会议5次，常委会会议、主席会议共92次，专题协商会议15次。主要协商成果:《关于深化改革，促进怀化市国营工业企业走出困境的建议》《关于粮食上台阶，“两系稻”挑重担的建议》《关于禁毒工作的建议》《关于进一步加强怀化市生活垃圾无害化处理的建议》《实现“普九”目标必须在“两率”上下功夫的建议》《厂长经理是企业兴衰之本的建议》《强化管理、缩小差距、稳定发展、全面提高乡镇企业经济效益的建议》《关于深化工业企业改革的几点建议》《关于处理好发展乡镇企业与环境保护的几点建议》《关于加强农业，重视粮食生产的建议》《关于建立“见义勇为奖励办法”的建议》《建议市委、市政府采取有效措施尽快扼制怀化市中小学乱收费现象》《关于落实榆树供销社“兑现合同”的建议》《关于发展怀化市民营经济的几点建议》《关于进一步加强怀化市生活垃圾无害化处理的建议》《关于设立创作奖励基金，繁荣怀化市文艺事业的建议》《关于加强民间职业介绍培训机构管理的建议》。怀化市（县级）政协五届委员会组织部分常委及相关委员参加市委、市政府相关会议，专题协商“九五”计划和“十年规划”“普九”问题、发展畜牧业等，为党委、政府科学决策献计出力。

鹤城区第一届政协共召开全体委员会议5次，常委会会议、主席会议共91次，专题协商会18次。围绕农业品牌战略、农村社保体系、城东新区扩容等20多个课题广泛协商议政，献计献策，形成调研报告35份。并就20个专题在5次全会上进行大会发言，与区委、区政府进行协商，收到了显著成效。主要协商成果有《积极应对入世，发展绿色农产品》《强化养老保险，维护社会稳定》《关于科技兴区的几点建议》《强化社会监督，改进行风评议》《加强文化市场管理刻不容缓》《建立地方税收控管网络势在必行》《关于发展鹤城区林业的建议》《关于发展鹤城区个体私营经济的建议》《调整城区学校布局，解决学生入学困难》《关于加强社区建设的建议》《鹤城区农业产业结构调整的意见和建议》《鹤城区全面推进素质教育所面临的困难和问题》《关于鹤城区国企下岗职工基本生活保障和再就业工作存在的问题建议》等。

鹤城区第二届政协共召开全体委员会议5次，常委会会议、主席会议共88次，专题协商会议16次。围绕社会经济发展规划、财政预决算情况、“一府两院”工作开展广泛协商，提出意见建议。深入开展调查研究，形成调研报告38篇，就31个专题分别在5次全会上进行大会发言，与区委、区政府进行协商；与政法、宣传、统战、计划、工业、教育等20多个单位进行对口协商。推动了相关问题的解决。主要协商成果有《促进鹤城农村教育健康发展的几点建议》《加大“商贸立区”工作力度，积极助推鹤城区经济高效发展》《抓住历史机遇，加快城东扩容，实现超速发展》《把握机遇突出重点实现鹤城工业跨越式发展》《采取有效措施，解决“城中村”问题》《加快国企改革步伐，积极稳妥推进改革》《扩大城东新区用地范围，加速中心城市发展》《采取有效措施，实现“工业强区”战略目标》《加强农民素质教育，促进鹤城“三农”发展》《加强医疗市场监管，促进卫生事业发展》《大力支持依法管理，稳步推进鹤城区民办教育健康持续发展》。

鹤城区第三届政协（2008—2010年）共召开全体委员会议3次，常委会会议、主席会议共52次，专题会议12次。围绕经济社会发展、财政预决算、重点工程项目建设、失地少地农民生活保障、城区学校就学难等问题，深入调研，广泛协商议政，为全区经济社会又好又快发展做出了应有的贡献。主要协商成果有《加强劳动保障刚性，促进社会和谐发展》《加快农村经济发展，扎实推进新农村建设》《社会治安综合治理存在的问题与对策》《理顺体制、加大投入，切实解决城区义务教育学校“大班额”问题》《加强管理，完善制度，扎实推进城镇居民基本医疗保险工作》《加强鹤城区专业技术人才队伍建设刻不容缓》《把握时代脉搏、加快城东发展，全面推进城市化建设进程》《加快黄金坳小城镇建设，树立鹤城北大门良好形象》《科学调整社区规划，促进城市跨越发展》

《挖掘潜力、发挥优势，大力发展鹤城区旅游产业》《加快改造“城中村”，构建生态宜居城》等。

第二节　民主监督

怀化市（县级）四届政协关于恢复市日用玻璃厂生产问题，由市政协经科委牵头，组织委员和有关专家，进行了为期三个多月的实地考察和调查，形成二万余字的论证报告。两次召开有市委、人大、政府和地直有关单位参加的论证会，提出的11条建议，均被政府采纳实施，日用玻璃厂于1990年8月起死回生。1990年以来，市政协先后四次组织委员视察税收征管工作，发现偷、漏税现象普遍而严重，及时将视察情况和建议向有关部门进行协商后，采取有力措施，使税收工作取得较好效益，仅集贸税务所所查的1100户个体户，就补交税款35万多元。1991年政协教育组在全市人民为民办教师基金捐款活动中，发现芦坪乡政府将31150元教育经费挪作他用，群众反映强烈。市政协经调查核实，写出书面建议，向市委反映，市政府及时对芦坪乡政府和当事人进行了处理。

怀化市（县级）五届政协《关于潕水路小学环境污染严重》的提案，市政协会同市环保局、教委多次进行实地调查。与市邮电局反复协商解决办法，市邮局迁移了锅炉位置，使该校污染问题得到了有效解决。

1993年初，发现姓氏宗族活动频繁。怀化市政协及时组织委员进行专题调查，将情况和建议如实向市委作了汇报，引起市委、市政府的高度重视。召开了区、乡、镇、街道办事处负责人会议，政法系统采取了果断措施，并列入农村社会治安整顿的内容之一，在短时间内就制止了这股宗派活动，确保了社会政治稳定。

1995年5月，在办理《关于加强对藕煤质量检查》的提案时，怀化市（县级）政协汇同市质量技术监督局，组织有关职能部门抽调人员对全市46家煤店现场抽样检查。对部分质量低劣的民用煤店责令停业转产，对严重污染环境的东风个体煤厂责令停产搬迁。

1996年7月，在办理《关于兴建立交桥及地下人行通道的建议》提案中，政协召集建设、交通、公安、财政等部门现场察看规划。政府在财政紧张的情况下挤出230万元，分别动工修建府星路、迎丰路人行天桥。

鹤城区第一届政协围绕区改革开放和经济建设的方针政策，国民经济与社会发展计划，精神文明建设等有关国计民生的重大问题；组织开展委员督察活动和参与行风评议，切实加大民主监督力度。1998年，先后有16名委员参加了区法院、检察院、教育局、人事局等部门和单位的行风评议活动。在评议中，委员们如实地讲成绩、大胆地进诤言、中肯地提整改意见，得到了社会各界好评。先后召开2次民主党派和人民团体及各界人士座谈会，倾听意见和建议，转达给相关部门，促进其工作的改进。

1999年4月，因市畜牧局检疫部门对牲畜出入口检疫失控，病牛在全市市场自由交易，造成湖天桥牛市场6头牛隐性感染五号病毒，并迅速蔓延至坨院、石门、盈口、黄金坳等乡镇，严重影响春耕生产。鹤城区政协组织委员深入现场调查研究，了解起因，提出4条建议供区委、区政府参考，区委、区政府采取强有力措施，控制耕牛疫情。

2000年，谭志平等6位委员提出《关于整治梨园路脏乱差的几点建议》提案。区政协结合城市创卫工作，2次与有关部门召开协调会，实行现场办公。一个星期清运垃圾3700多吨，定点设置3个垃圾箱，彻底整治了该路段的环境问题。

2001年以后，政协在全市率先对政府组成局和重要执法部门进行民主评议。首先选择了区人事局和区法院，对党政一把手及其班子依法行政、履行岗位职责情况和工作实绩、勤政廉政等方面进行了全面评议。通过扎实的评议活动，拓宽民主监督渠道，促进被评单位的班子和干部队伍建设。

政协鹤城区第二届政协常委会对检察院、农业综合开发办、畜牧水产局、水利局等执法部门和政府职能部门开展评议。组织评议小组，深入区直有关部门、乡镇、街道等166个单位了解情况，召开座谈会181次，发放征求意见表近20000份，广泛收集各方面意见和建议，开展面对面的评议，促进了被评单位的工作。此外，每年还选派20名社会责任感强的委员担任行风评议监督员、优化经济环境评议员，开展经常性的监督和评议活动。

政协鹤城区第三届常委会对区工业经济局、区民政局、区法院、区卫生局等政府职能部门开展民主评议，评议组深入区直相关部门，走访座谈，发放调查问卷，广泛收集社会各界的意见与建议，开展面对面的评议，边评边改。还分别就重点项目建设、社区建设、农田水利基本建设、文化事业发展、工业园区建设、城镇居民医保、法院积案等开展专项视察活动，积极建言献策，促进相关工作开展。区政协反映的《关于人民币消毒的建议》，这一社情民意，反响强烈；呈送省委、省政府、省政协领导参阅，并上报全国政协办公厅。

第三节　参政议政

怀化市（县级）、鹤城区历届政协，为经济社会的又好又快发展，除在宏观上协助党委、政府领导制定大政方针外，在微观上不定期进行多种调查研究、考察、视察等活动，提出发展工业、农业、商业、城市建设等具体建议，促进各项事业的协调发展。

怀化市（县级）四届政协先后就全市增收节支、农资专营、三角滩电站沿河治理、城市管理、科技兴工（兴农）及发展教育事业、改善农村医疗卫生条件等问题，展开专题调查、视察活动24次。委员联合持证视察58人次，写出专题调查报告及情况反映材料29份，提出近300条意见和建议，为党委、政府决策提供依据，产生了良好的效果。

怀化市（县级）五届政协先后就怀化市非公有制经济现状、中心市场经营情况、“普及九年义务教育”、农民负担“反弹”问题、保护耕地、发展民营经济等问题开展调查、视察活动68次。形成调查报告65份，其中三份调查报告被省委内参转发，一份在省政协的《湘声报》全文刊载。有效地发挥政协组织超前性、针对性、实效性的议政作用。1996年6月，针对部分单位和个人乱占乱控乱批耕地的问题，怀化市政协对此进行调查，提出建议和对策，引起市委、市政府的高度重视。市政府及国土局召开各区、乡镇国土员会议，强化征用土地一支笔审批制度；配合人大执法检查，对上车不补票的用地单位和个人，补办批地手续，对非法转卖土地和非法占用耕地的单位和个人进行罚款处理。

鹤城区第一届政协以工业改革改制、农业产业化、城市建设、民营经济发展为切入点，深入开展调查，视察活动。先后撰写32个调查报告，形成《对实施3412工程的几点建议》《关于推进区属国有工业企业整体民营化的意见和建议》《积极应对入世，发展绿色农产品》等8个建议案和《优化发展环境，加快城东新区建设》等重点提案，与区委、区政府进行专题协商，并被纳入决策程序。促使区委、区政府先后出台了《国有企业改革与发展的若干规定》《关于进一步加快民营经济发展的若干规定》《关于深化科技体制改革，全面推进科技进步的决定》等一系列文件和决策。

鹤城区第二届政协紧紧围绕经济建设这一中心，组织委员就区域经济发展、城市建设与管理、新农村建设、教育布局调整、劳动和社会保障等重大问题，以及和人民群众关注的热点、难点问题开展广泛的调查、视察活动。形成调研报告38篇，提出的意见和建议有较强的针对性，可行性和前瞻性；得到区委、区政府主要领导高度重视，并作出批示，要求相关部门认真落实。2007年，针对社区建设存在的困难和问题，区政协周有庚主席亲自带队，组织委员深入到街道、社区、居民中开展广泛调查研究，提出加快社区建设的建议。区委、区政府采纳了调查建议，出台《加强社区建设的决定》，实施区级领导联系社区制度，从机关单位抽调108名工作人员，连人带编充实到社区工作，并将该年确定为“鹤城区社区建设管理年”，推进社区建设适应社情变化。

鹤城区第三届政协以“讲党性、重品行、作表率”主题教育活动为契机，大兴调查研究之风，切实解放思想，转变作风；加强履行职能的时效性、针对性。先后围绕社会保障、新农村建设、社区建设、商贸物流产业发展、工业园区建设等事关经济社会发展、民生改善的热点难点问题开展调研视察；形成调研视察报告28篇，为党委、政府决策提供参考。2008年，区政协组织委员就城区的教育问题，深入开展调查研究，形成了《强化领导，增加投入，切实解决城区教育问题》的发言材料，在鹤城区第三届二次政协全会作大会发言，与区委、区政府进行协商。2009年初，市、区两级党委、政府出台《振兴城区教育五年行动计划》，计划5年内投入建设资金6.2亿元，新修、改扩建16所中、小学校。全区投入建设资金近两亿元，新建学校2所，改扩建学校2所，新增学位近2000个，基本解决城区中小学校的“大班额”问题。2009年5月，组织开展“城中村改造对策研究”课题调研。认真撰写了《加快改造“城中村”，建设生态宜居城市》的报告，提出具体改造的意见与建议。区委、区政府于当年成立鹤城区“城中村”改造指挥部，全面启动“城中村”改造工作。2010年，区政协组织委员开展新型农村合作医疗专题调研。针对全区“新农合”运行过程中存在的具体困难与问题，提出要建立稳定长效的筹资机制、调整补偿政策、完善合作医疗制度、加强工作监管。区政府采纳了意见，并召开相关会议进行部署安排；使鹤城区的“新农合”工作名列全市前茅。鹤城区农业人口115611人，参加新农合人数115470人，参合率达99.88%。费用报销比例分别是：乡镇医院95%，区级医院75%，市级医院60%。

第四节　委员提案

政协委员提案是政协履行职能的重要手段和载体。办理委员提案，是人民政协加强社会主义民主政治建设的重要形式，是委员行使民主权利，为三个文明建设献计出力的重要方式，是党政部门联系各界人士，集思广益，实现决策科学化、民主化的重要渠道。怀化市政协第四届委员会任期3年，共收到委员提案375件，其中经提案委员会审查立案127件，经主席会议讨论作建议案7件，作为建议意见转有关部门参考的244件，对照政策不予立案的4件。全部提案、建议案分别递交怀化市委、市政府有关部门和人民团体研究办理，办复率达100%。据统计，委员提案得到有关部门采纳已解决的38件，占应办提案的31.6%；有关单位正在解决或纳入计划解决的63件，占52.7%；因条件不成熟或其他原因暂不能解决的19件，占16.9%，提案人满意和基本满意率达80%以上。

怀化市政协第五届委员会任期5年。政协五届一次会议，共收到委员提案108件，经过整理合并为90件。经提案审查委员会审查立案的45件，作为建议意见转有关部门研究参考的45件，作为建议案3件，截至1993年7月15日，立案的45件提案和3件建议案全部办复完毕。办复的提案中解决和基本解决问题的30件，占66%，纳入计划解决的15件，占34%。政协五届二次会议，共收到委员提案61件，经大会提案组整理合并为57件，审查立案19件，建议案4件，38件转为有关部门作为今后工作的参考意见。截止1994年7月15止，立案的19件提案和4件建议案全部办复完毕，办复率达100%。五届三次会议，共收到委员提案98件，经提案审查委员会整理合并决定立案71件，其中全会建议案4件，19件作为建议意见转交有关部门参考。截止1995年12月底，提案办复67件，占交办提案总数的100%，收到全会建议案3件，占75%，1件延迟办理。委员的提案和建议案已被采纳并付诸实施的有52件，占办复提案的57.8%；有关单位纳入计划准备解决的38件，占31.1%；因条件不成熟或其他原因限制暂时不能解决的10件，占11.1%。五届四次会议共收到全会建议案4件，委员提案87件。经提案审查委员会整理合并为77件，立案45件，还有32件作为建议和意见。截至1996年10月底，提案委员会已收到办复函件77件，办复率达100%。提案和建议所反映的问题，已经解决的21件，占27.3%；纳入计划解决的38件，占49.4%；因条件限制和其他原因延后解决的18件，占23.3%；4个建议案纳入市委、市政府的决策。五届五次会议共收到委员提案120件，经大会提案组整理合并为93件；决定立案49件，建议案5件，44件作为建议意见。

政协怀化市鹤城区第一届委员会任期5年。共收到委员提案291件，经提案审查委员会审查，立案235件，另有31件，因受职能限制，转呈市政协（17件被评为优秀提案）。五年中，在政协与承办单位的共同努力和有关单位的大力配合下，共办理提案235件，办复率达100%。其中已经落实的89件，处于落实和计划落实中的101件，占提案总数的80.85%，绝大多数政协委员满意。

政协鹤城区第二届委员会任期5年（2002.12—2007.12），共收到委员提案324件。经审查整理，188件在区本级立案，125件所提问题超出职能范围，由市政协委员成立政协鹤城活动小组转呈市政协办理；11件因立案条件不成熟，转为人民来信，作撤案处理或不予立案。每年6月底，在区本级立案的提案全部办复完毕，承办单位与提案人员见面率达到100%；委员满意基本满意率达97.8%。对办理结果不满意的4件，由政协分管提案工作的副主席牵头，组织协调承办单位重新办理，直到提案人表示满意或基本满意为止。

鹤城区政协第三届一次会议共收到提案73件，经提案委员会认真审查，本级立案29件；转呈市政协39件；2件提案未予立案；2件提案作为人民来信转有关部门参考；13件提案由提案人自动撤案。

政协怀化市鹤城区第一届委员会提案办理情况一览表

表12-4-1　　单位：件

会次	上交提案	立案	建议案	作为建议和意见	转呈市政协	A类	所占比例	B类	所占比例	办复率	满意率基本满意率
一次全会1998年	74	59	2	17	—	15	25.4%	24	34%	100%	70.7%
二次全会1999年	53	31	2	8	11	10	30%	17	18.2%	100%	
三次全会2000年	49	32	2	8	4	11	34.4%	16	15.6%	100%	
四次全会2001年	55	34	2	10	9	15	—	26	—	100%	
五次全会2002年	53	38	2	3	11	10	30%	18	18.3%	100%	

政协怀化市鹤城区第二届委员会提案办理情况一览表

表12-4-2　　单位：件

会次	上交提案	本级立案	转呈市政协	A类提案	所占比例	B类提案	所占比例	C类提案	所占比例	见面率	办复率	满意率基本满意率
一次全会(2003年)	72	61	11	19	31.1%	34	55.7%	5	8.1%	—	100%	100%
二次全会(2004年)	60	38	19	12	31.6%	26	68.4%	—	—	—	100%	100%
三次全会(2005年)	68	34	30	8	23.5%	22	64.7%	4	11.7%	—	100%	100%
四次全会(2006年)	58	26	32	5	19.2%	15	57.6%	6	23.1%	—	100%	100%
五次全会(2007年)	59	29	30	8	—	20	—	1	—	—	100%	100%

政协怀化市鹤城区第三届委员会1—3次全会提案办理情况一览表

表12-4-3　　单位：件

会次	上交提案	本级立案	转呈市政协	见面率	办复率	满意率基本满意率
一次全会(2008年)	73	29	39	100%	100%	98.6%
二次全会(2009年)	102	45	53	100%	100%	97.7%
三次全会(2010年)	130	50	72	100%	100%	100%

第五节　其他专项活动

一、参与经济建设

政协组织和政协委员，积极投身经济建设主战场，有着明显时代特征。

怀化市（县级）四届政协任期三年中，协助18个乡镇建立农科教中心，举办农用技术及妇幼知识培训班6期，接受培训人数达1100多人次；为群众办实事300余件。先后分6次赴咸阳、晋城、郴州、大庸、芷江、玉屏参加政协横向联系会议，为怀化市（县级）引进，输出经济科技项目64个，金额1900多万元。与武汉大学建立长期技术协作联系，引进“紫外线吸收剂UV-531”生产技术，为发展怀化市轻纺工业起到了积极作用。为毛纺厂从江苏省张家港市引进价格8万多元的机器10台。怀化电厂是政协的联系点，市政协积极主动为怀化电厂从安江搬迁至怀化排忧解难，并顺利实现搬迁，减少开支近10万元。市政协委员、归侨林桂昌为市瓷厂引进外资8万美元。

怀化市（县级）五届政协任期5年内，协助党政有关部门，接待回大陆探亲、访友、观光的港澳台胞和海外侨胞29人次，牵线搭桥引进项目6个，资金960万美元。开展“我为振兴怀化做贡献”的“六个一”活动，积极参入经济建设。五年来，开展咨询服务30多次，接受服务对象7200多人次；举办技术培训班10期，培训对象1340人次；扶持乡镇企业3个，引进和协办经济实体7个。协助政府负责二水厂改扩建工程，土地详查工作，牵头开发五倍子基地3000亩，楠竹基地5500亩。市农业推广中心主任、政协委员李佐生同志，带领科技人员两年时间内试种两系杂交稻，由1992年的2000多亩，扩种到6500多亩；粮食产量逐年递增，得到了广大基层干部和农民兄弟的好评。市政协常委、市针织厂厂长欧阳润生领导该厂与港商合资兴办了“湖南惠生针织有限公司”和“湖南福生服装有限公司”，签订销售合同90万打。

鹤城区第一届政协任期5年中，政协委员积极响应政协“建功立业”的号召，在认真履行职能的同时，积极投身经济建设。政协委员牵头投入各项经济建设资金达3.33亿元，项目涵盖工业、农业、水电、建筑、医药、电子、机械和精细化工、生物技术等高新技术产业。积极参与布鞋厂、美术印刷厂、怀化饭店、怀化旅社等国有企业的兼并改制。参与协调怀化大酒店、东兴街旧城改造、飞达商业广场、府安花园、环城路、城东新区建设等。政协委员无偿投入和牵线搭桥引进公益事业建设资金达48.8万元，扶贫帮困资金达12.8万元。牵头联系特困企业床单厂，利用现有厂房和设备，采取租赁、承包等形式盘活资产30多万元，安排200多名职工再就业。在建整扶贫工作中，积极帮助黄金坳谭家冲村、水环口村建整村级班子；千方百计筹措资金10万余元，修建“民心路”“连心桥”，开发建设村林果基地500亩。

鹤城区第二届政协5年中，经济界政协委员投入区域建设项目资金达16.23亿元。重点项目应运而生，为区域经济又好又快发展做出了贡献。向东辉委员的飞达商贸广场、飞达名品店；周必成委员的天凯建材城、河西水暖机电市场和湘西物流大市场；杨辉委员的旭峰锰业等，均成为怀化市、鹤城区的重点工程项目。政协委员们慷慨回报社会，捐赠慈善资金达147.75万元，用于扶助面临失学的大、中、小学生，贫困家庭和孤残弱势群体，捐助299.7万元用于城乡公路建设、学校建设、公共基础设施和抗灾救灾等公益事业。鹤城区政协牵头协调服务区属重点项目——宝赢商贸广场建设；牵头帮扶嫩溪垅社区、迎丰社区和凉亭坳乡，每年帮助解决工作经费2万元。

鹤城区第三届政协响应区委号召，积极参与中心工作。帮助联系点排忧解难，帮助解决实际问题；组织委员开展“献爱心”活动，2008年1月，鹤城区遭受了50年未遇的冰雪灾害，持续时间达40多天，区政协积极开展抗冰救灾活动，帮助灾民灾后重建，组织委员捐款4500多元，肥料4000斤，衣物1000多件，及时送到了芦坪乡、黄岩旅游管理处灾民手中。2008年4月11日晚11时许，鹤城区芦坪乡长谭村1、2组遭受一场意外火灾，烧毁房屋22栋，经济损失达200多万元。鹤城区政协组织机关干部和部分政协委员捐衣

1000多件，捐款3000多元，及时送到灾民手中，帮助他们渡过难关。2008年5月12日，四川汶川发生特大地震灾害，鹤城区政协开展“支援四川灾区抗震救灾”募捐活动，政协委员们慷慨解囊，纷纷伸了援助之手，捐赠款项达28万多元。组织引导部分政协委员参与重大项目建设。如施煜委员开发建设的怀化新商城，投入资金达1.7亿元，委员彭宏早投资3个亿开发建设新源里小区项目等。

二、联络联谊

怀化市（县级）、鹤城区政协围绕团结与民主两大主题，广泛开展联络联谊活动。广交朋友，增进友谊，扩大影响，为地方经济社会发展汇聚正能量，减少负影响。

1992年10月7日至9日，湘黔毗邻十二县市政协第六次联席会议，在怀化市举行。

参加会议的有各成员县市政协的领导及其有关部门的负责人，襄樊市及黔东南自治州政协、铜仁及怀化地区政协联工委的领导出席并指导会议；特邀参加会议的有中南民族学院、武汉大学、航空航天工业部608所、武汉东湖高新技术应用公司、湖南安江农校、怀化地、市科委科协等生产、科研及教学单位的代表；应邀出席会议的有辰溪、麻阳、溆浦、靖州、通道等县政协的领导及有关人员，共142人。此次会议，以“三交流、两搭桥、一研讨”为宗旨，以科技经济交流为重点。将政协工作“寓协商于协作之内，融监督于支持之中”作为联谊活动的主题。活动中附带展览，大会科技展览馆，展出新科技、新产品共2024件(项)。据初步统计，技术转让项目30项，成交金额达150万元，经济交流成交额达1865万元。

鹤城区政协多形式、多渠道开展联络联谊工作，动员社会各界力量，为助推全区经济社会发展献计出力。

每年与统战部、侨办、台办共同举办“三胞三属”中秋茶话会，座谈会，组织学习党的方针、政策，畅谈改革开放以来经济发展的大好形势，增强民族自信心。

组织参加湘黔两省十六县（市、区）政协联谊会20次，相互学习交流，总结经验，推动工作。并于2002年8月和2011年9月与新晃县政协共同承办了第14次和21次联谊会，加强了与兄弟县（市区）政协的联系与交往。

除经常性接受省、(地）市政协检查指导工作外。先后有内蒙古的呼和浩特，重庆的万洲，贵州的铜仁、万山、施秉、镇远、三穗和怀化市的中方、新晃、芷江、会同、麻阳、沅陵、辰溪、溆浦、通道等县（市）政协，到鹤城区（市）考察工业、农业、社会发展、商贸物流和基层政协组织建设等工作。

三、文史资料征集

怀化市（县级）、鹤城区政协把文史资料征集作为一项重要工作来抓。1990年底，怀化市（县级）政协编辑出版了17万多字的《怀化政协十年》，并将政协委员的部分作品载入史册。创办政协委员成果展览，展出了新老委员在两个文明建设中的荣誉证书、奖状、奖杯、论文作品535件，荟萃委员成果，展示委员风采。

1991年怀化市（县级）政协，建立了由政协委员120余人和聘请社会贤达40余人组成的文史通讯队伍。在广征博采的基础上，征稿259篇25万余字。编辑出版《怀化一字号》专辑，刊出稿件100篇12万余字。专辑着重记述了怀化市（县级）中华人民共和国成立以来，各行各业、各种活动场所第一个兴起的概况，记述了部分知名人士为发展怀化，创办或投资兴建的第一项事业，同时还介绍部分名人的获奖作品及先进事迹。全书内容丰富，意义深远，对继承和发扬党的优良传统和作风，缅怀先辈，激励后人了解怀化，热爱怀化，振兴怀化，提高市民意识，起到积极作用。

1990—2008 年政协怀化市（县级）、鹤城区委员会编辑文史资料一览表

表 12-4-4

届次	书名	期数	字数	出版日期	出版数	发行数
怀化市（县级）四届	怀化市政协十年	第四辑	17 万字	1990.11	2000 册	2000 册
	怀化一字号	第五辑	12 万字	1991.10	1500 册	1500 册
怀化市（县级）五届	怀化一字号	第六辑	12 万字	1993.04	1500 册	1500 册
	怀化一字号	第七辑	12 万字	1995.06	1500 册	1500 册
	怀化人物传	第八辑	15 万字	1997.10	1500 册	1500 册
鹤城区一届	鹤城人	第一辑	12 万字	2000.12	1000 册	1000 册
鹤城区二届	变迁（上集）	第二辑	16 万字	2005.05	1000 册	1000 册
	变迁（下集）	第三辑	16 万字	2007.08	1000 册	1000 册
鹤城区三届	建区十年	第四辑	15 万字	2008.12	700 册	700 册

第十三篇　民主党派　社会团体

1988 年 7 月，辖区成立第一个民主党派地方组织——九三学社怀化支社，至 2010 年，辖区内有中国民主同盟、中国民主建国会、中国民主促进会、中国农工民主党、九三学社 5 个民主党派的地方组织。

1988 年 11 月，怀化市（县级）工商业者代表大会召开，工商联工作正常开展，至 2010 年底，辖区各乡镇（街道）均建立商会。

1990—2010 年，区（市）总工会贯彻全心全意依靠工人阶级的方针，服从服务于改革、发展、稳定的大局，加强基层民主制度建设，维护职工合法权益，建立帮困保障机制，依法协调劳动关系，创建职工之家。

团区（市）委以塑造“有理想、有道德、有文化、有纪律”的“四有”新人为目标，以服务党的中心工作、有利青年成长和时代发展需求为出发点，开展“学雷锋、树新风”、争做“新长征突击手”、岗位实践和社会实践教育等活动，引导青年树立正确的世界观、人生观和价值观。

区（市）妇联开展“双学双比”（学文化、学技术、比成绩、比贡献）及“巾帼建功”等活动，努力培养跨世纪女性人才，提高妇女综合素质，重视家庭文化建设，发挥妇女民主参与和民主监督作用，维护妇女儿童合法权利。

第一章　民主党派

1988 年 7 月，怀化市（县级）成立第一个民主党派组织——九三学社怀化支社。以后相继有中国农工民主党、中国民主同盟、中国民主建国会、中国民主促进会在怀化市、鹤城区建立地方组织。2010 年，共有民主党派支部（社）5 个。

第一节　民盟鹤城支部

一、组织机构

中国民主同盟会，简称民盟。1997 年初，发展武思元、李先考、蔡秀槐、王巍等 8 名省直盟员。1997 年 5 月，经组织推荐和民主选举，成立民盟怀化市支部委员会，支部主委武思元，副主委莫敬清、李先考。地改市后，2001 年 7 月，成立民盟怀化市总支委员会，2004 年 3 月，正式成立民盟怀化市委员会，全市时有盟员 55 人。2002 年 3 月，成立民盟鹤城支部，第一任支部委员巫培云。2005 年 11 月，民盟鹤城支部召开第二次盟员大会，选举支部成员，巫培云任主委，时有盟员 16 人，其中女 3 人，文化界 5 人，科技界 8 人，教育界 3 人，中级职称以上有 12 人。

二、主要活动

开展理论探讨。自2007年、2010年分别有两届论文获得民盟优秀论文奖和省委统战系统树立和践行社会主义核心价值体系和征文三等奖。参政议政，关心经济社会发展。每年向政协提交2份以上提案或建议案。2008年，提出的《加强鹤城区专业技术人才队伍建设刻不容缓》得到区委极大的重视。2010年，提交的《改造“城中村”，构建生态宜居城》，在调研的基础上，为“城中村”改造提供可资参考的翔实情况。

第二节　民建鹤城支部

一、组织机构

1996年，民建湖南省委决定在怀化市发展基层组织，经考察并经与中共怀化地委、市委统战部协调，1997年12月16日，钟益生（时任怀化市政府副市长）、田长庚、覃甫建、易青云、谭小玲、黄双元、沈文华、仇成妥等8人被批准为首批会员。是年12月26日，经民建省委批准，正式成立怀化市民建支部，钟益生任主委，田长庚任副主委。地改市后，民建支部上收怀化市。2003年8月15日，经民建湖南省委批准成立民建鹤城支部，肖莉杏任主任，郭东升副主任。建支部时共有会员5人，其中男3人，女2人，文化和职称分别为大学1人，大专4人；高职2人，中职3人。2008年11月，召开支部换届大会，支部主委肖莉杏，副主委余小华。2003年，怀化市鹤城支部成立之初有会员4人，至2010年达19人。

二、主要活动

民建鹤城支部紧紧围绕中共鹤城区（市）委、区（市）政府中心工作，切实加强基层组织建设，认真履行参政议政、民主监督职能，积极开展社会服务，为鹤城经济社会的又快又好发展做出了积极贡献，连续七年被民建省委、区（市）委评选为先进支部或社情民意工作先进单位。其中2005年、2007年被民建省委评为先进支部，2008年、2009年被鹤城区委评选为统战先进单位。有5名会员被民建省、市委评选为先进个人。至2010年，会员向市、区两级政协提交委员提案40多件次，反映社情民意60多篇，开展各类视察活动14次。

参政议政。会员积极参加政协活动，在调查的基础上，撰写优质提案，较有影响的提案：《深化教育体制改革，加快教育事业发展》《关于加强怀化市嫩溪垅街道管理的建议》《关于尽快改造茶园路建设》《关于加强火车站广场管理的建议》《关于撤销顺溪铺公路收费站的建议》等，这些对民生、对城区建设管理起到促进作用。

反映社情民意。会员将平时所见、所思及群众急待解决的问题，编写成社情民意，向上级反映。2007—2010年，累计被中央、省、市民建机关采用社情民意信息稿件30篇，其中杨贤军会员撰写的《加快发展“有灾获赔、无灾受益”的农业保险制度》《清理整顿地方金融机构再贷款转嫁为地方财政债务风险的问题不容忽视》等信息被民建中央采用。并上报《应构建打击传销长效机制》《财政支农资金管理应坚持“三要三忌”》《必须加强基层行政事业单位国有资产管理》等建议。

建言献策。围绕加快地方经济发展，提出许多有分量的建议，如《加大“商贸立区”工作力度积极助推鹤城区经济高效发展—探索鹤城区商贸流通业发展思路》《加快农村经济发展扎实推进新农村建设》。

围绕社区建设，建言献策。民建怀化市鹤城支部在政协怀化市鹤城区三届委员会三次会议发言材料《科学调整社区规划，促进城市跨越发展》，受到区委、区政府高度肯定，2010年1月7日，区政府在《关于科学调整社区规划，促进城市跨越发展的答复》中给予了答复。

围绕民生问题，建言献策。先后围绕城区学校“大班额”、城镇居民医疗保险、专业技术人才短缺、“城中村”改造、社区规划调整、旅游产业发展等8个事关鹤城科学发展的全局性问题，与党委政府积极开展议政活动，提出了许多很有价值的意见和建议，推动了相关问题的解决。2006年，以委员提案的方式提出了城区学校“大班额”问题，引起了区委、区政府的高度关注。2008年，支部组织委员深入开展调查研究，形成调研报告《强化领导，增加投入，切实解决城区学校“大班额”问题》，并将其作为区政协三届二次全会的大会发言材料，《理顺体制，加大投入，切实解决城区义务教育学校“大额班”问题》，鹤城区人民政府副区长巫培云于2008年12月31日在《关于〈理顺体制，加大投入，切实解决城区义务教育学校“大额班”问题〉的答复》中给予了答复。在市区两级党委、政府的共同努力下，从2009年秋季开学开始，怀化城区中小学校的起始班级实现了小班制。充分发挥民建怀化市鹤城区支部参政议政作用，树立了自身良好的社会形象。

支部活动。2007年12月，鹤城支部被民建怀化市委评为先进支部，先进个人6名。2008年12月，鹤城支部被民建怀化市委评为先进支部，先进个人6名。

2008年2月，中国民主建国会怀化市鹤城支部联合怀化市富源油业有限公司、鹤城区妇联、鹤城区团委，对37位困难群众进行走访慰问。至2010年，累计向困难群众捐款捐物价值达140多万元，企业家会员、怀化钟爱一生总经理李春凤与鹤城区福利院结亲，结对帮扶10名残疾儿童，承担抚养责任，每年为他们购买了方便面、矿泉水、大米、食用油等生活物资，给残疾儿童带去了母爱般的关怀，得到了社会各界的广泛好评。企业家会员、怀化佳顺农业发展有限公司总经理彭召才资助怀化学院12名贫困大学生四年的学费，累计达10余万元。2008年初，支部会员积极响应民建中央、省市委的号召，主动投身抗冰救灾一线，组织会员开展募捐活动，会员们通过各种途径捐款捐物价值达10多万元，帮助受灾群众渡过难关。

2008年，汶川特大地震发生后，支部积极组织会员参与抗震救灾工作，支部会员共向灾区人民捐款13万多元，其中企业家会员、怀化家家福集团董事长向纪华个人捐款10万元。在2010年的玉树地震中，支部会员又向受灾群众捐款5万多元，充分体现了民建会员高度的政治责任感和强烈的社会责任感。

第三节　民进鹤城组织

中国民主促进会在怀化发展会员始于2000年，发起人有邓集田、欧阳明、谌广成等，2001年，开始在鹤城发展会员，首批在鹤城发展的会员主要是怀化市一中的王安平、曾庆忠、刘国忠、魏平原、王春华、丁启元等，皆为学校党总支推荐的当时学校的党外骨干青年教师。

在成立民进怀化市委之前，怀化民进组织开展帮扶怀化特殊学校、送教下乡、为灾区学校群众捐款捐物、为怀化发展积极调研献计献策等活动。

民进怀化市委成立于2010年，之后鹤城会员以小组形式开展活动，这期间，鹤城会员中刘志清当选区、市、省人大代表，王安平、曾庆忠等当选区政协委员。

第四节　农工党鹤城支部

一、组织机构

1990年9月，成立农工党怀化市委员会。1997年，共有党员118名，党员分布医疗卫生、科学技术、文化教育等战线32个单位和部门。1998年，鹤城区有农工党员22人（含中方县3人），设教育支部和财政小组两个基层组织。2007年1月13日，农工党鹤城教育支部和财政活动小组正式合并，成立农工党怀化市鹤城区支部，李朝晖任主委，谢绍纯任副主委，杨萍、禹永超、周碧波任委员。

二、主要活动

农工民主党支部自成立后，坚持每月开展一次活动，以思想建设为核心，认真学习邓小平理论和“三个代表”重要思想、科学发展观，明确自身职责，努力为鹤城区（怀化市）经济社会建设作贡献。积极参政议政，向区（市）政协提交反映社情民意的提案。

第五节　九三学社鹤城支社

一、组织机构

1988年7月，成立九三学社怀化支社，共有社员15人。1998年撤地改市后，九三学社上收地级怀化市。是年5月，成立九三学社怀化市第一届委员会。2008年12月8日，成立鹤城支社，蒲丽春任主委，丁金平、王家利任副主委。在成立大会上，就如何合作共事并如何发挥作用等方面交流经验，尹文环、李朝晖、韩晓波、尹淑红4人在会上介绍自己如何在中共党组织的关怀下成长，并如何发挥党外人士的作用和如何加强自身的能力修养等方面介绍了经验

二、主要活动

支社主要社区及社员所在单位开展义务就诊送医送药到农村活动，积极参政议政，撰写政协提案。

第二章　社会团体

第一节　怀化市（县级）、鹤城区总工会

1990—2010年，怀化市（县级）、鹤城区总工会召开4次代表大会，加强以基层民主管理和维护职工合法权益为重点，开展帮困、再就业、技术革新和劳动竞赛等一系列活动。

一、工会代表大会

1990—2010年，共召开了4次工会代表大会。1991年，召开了怀化市第三次工会代表大会。地改市、区县分设后，鹤城区召开了3次工会代表大会。

怀化市第三次工会代表大会。于1991年7月25日，在怀化市小礼堂召开，会期3天，正式代表200人，列席代表20人，特邀代表25人，共计245人。其中先进生产者15人，劳动模范15人，科技人员10人，知识分子10人，行管人员10人，工会干部140人。大会总结了前五年工会工作，讨论研究了今后五年工会工作任务。会议选举产生了怀化市第三届工会委员会。吴祥然任主席，张文芝、莫赐玲（女）、柳少牧任副主席。

怀化市鹤城区第一次工会代表大会。于1998年8月5日，在鹤城宾馆召开，会期2天。鹤城区有基层工会组织190家，会员20686人，选举产生了133名工会代表，列席代表15人，共计148名代表。其中：工交36人，文教卫24人，财贸22人，物资、农、林、水12人，新经济组织5人，区直27人，其他5人，女代表65人。大会选举了第一届鹤城区工会委员会，委员19人，柳少牧当选主席，第一届工会委员会第一次会议增补杨进、梁庄发为本届工会委员会副主席，大会选举了“工会经费审查委员会”，唐蓉（女）任主任。

怀化市鹤城区第二次工会代表大会，于2003年9月4日在鹤城宾馆会议中心召开，会期2天。应到代表156人，列席代表13人，其中：工交36人，财贸21人，农林水8人，文教卫33人，新

经济组织12人。其中女代表76人，占48.7%。大会总结过去五年的工会工作，讨论研究了今后五年的工会工作任务，会议选举产生了鹤城区第二届工会委员会、委员21人，柳少牧任主席，杨进、梁庄发任副主席。第二届二次委员会议增补李沅红为本届副主席，第二届三次委员会议增补田莉（女）为本届副主席。

怀化市鹤城区第三次代表大会，于2008年9月28日在怀荣宾馆五号会议室召开。正式代表153人，特邀代表15人，共计168人。从代表的构成看：工会工作者占61%，工会积极分子、先进模范占17%，科技人员占7%，工人占10%，其他占5%。从产业和系统看：工交占21.7%，文教卫占22.4%，财贸金融占19.2%，物资、农、林、水占10.2%。从代表的性别和年龄看：女代表占48.7%，年龄在40岁以下的占44.9%，40岁以上的占55.1%，从文化程度及技术职称看：大专以上占52%，有中级以上职称的占8%，中共党员占80%，非党人士占20%，少数民族代表占7%。区总工会第三届委员会第一次会议，选举区总工会第三届委员会主席、副主席，主席柳少牧、副主席张春义、李沅红、周利，选举区总工会第三届经费审查委员会主任谢军，选举第三届女工委员会主任齐娟，委员11人。

二、组织建设

1991—1997年，工会组织由289家发展到302家，工会会员共30640人，其中女会员15305人。1998年设立鹤城区总工会后，设系统工会14个，民营组织从1998年67个至2010年发展到206个；基层工会组织338个。会员由1998年10867人，2010年已发展到30964人；民营企业工会会员由1998年的5783人，2010年已发展到21396人；其中农民工入会人数达7652人。到2010年各基层工会组织主席、副主席共403人。

建立健全工会干部培训机制。为了提高工会干部队伍的整体素质，区总工会每年举办两期工会干部培训班，到2010年，共培训150人次。同时每年选派3~4名基层工会主席到湖南省工会干部学校培训学习，仅2006年就选派13名基层工会主席参加总工会在怀化举办为期5天的工会干部培训班，到2010年，参加省总工会培训的共36人，由湖南省工会干部学校颁发《工会干部岗位培训合格证书》。通过培训教育，提高了工会干部的维权能力、工会干部的理论水平、业务素质、管理能力、创新意识、领导艺术、领导技能。

加强工会干部队伍建设。提高工会干部对中国特色社会主义工会维权观的认识，各级工会及工会干部认真学习《中华人民共和国工会法》等一系列法律法规，深刻理解维权观，不断深化对新形势下工会维权特点及规律的认识，牢固树立维权观，不断增强做好工会维权工作的自觉性，不断提高工会维权能力，更好地维护职工的合法权益。

三、日常活动

宣传教育是工会工作的重要组成部分。为了更好地贯彻党的全心全意依靠工人阶级的根本指导方针，充分发挥工人阶级在社会主义现代化建设中心主力军作用，把广大职工群众的积极性和创造性保护好、引导好、发挥好。

2004年在新工会法颁布后，认真组织学习新《中华人民共和国工会法》，共办2期培训班，宣传工会法，落实工会法，使工会法深入人心，人人皆知，用法律维护职工的合法权益。同时还组织学习《中华人民共和国宪法》《中华人民共和国劳动法》《中华人民共和国女职工劳动保护规定》《中华人民共和国企业法》等法律法规。突出依法维权，坚持依法治会，推进工会工作法制化。

加强新时期工人阶级新闻宣传工作，贯彻落实中宣部、全国总工会、省委宣传部、省总工会先后下发的《关于进一步加强新时期工人阶级新闻宣传工作的意见》。

2006年始，在“五一”期间，开展工人阶级宣传月活动，总工会组织基层工会主席赴溆浦向警予故居举办学习班，深入宣传党的“依靠”方针，广泛宣传工人组织的丰功伟绩，大力弘扬劳动模范的先进事迹和优良品德，及时报道各级工会组织开展工会工作取得的成绩。每个单位都举办一场报告会，请本单位党委（党组）书记作演讲报告。用典型带动，弘扬时代主旋律，用身边的先进典型的时代精神吸引人、感染人、打动人。

2006—2010年，每年“五一”宣传月活动中，都悬挂横幅，张贴小标语，在各新闻媒体宣传报道弘扬工人阶级风采，获得极大的社会反响，得到上级工会的赞扬。

专项活动

建设职工之家。“建家就是建设单位，发展单位就得建家”。创建“模范职工之家”是全员性工作，在创建活动中，党政工齐抓管，把“建家”工作纳入本单位的总体规划，成立“建家”领导小组，形成党组织决策，行政支持，工会牵头，全员参与的工作格局。在工作安排上，确定“建家”工作内容和目标，保证“建家”工作有组织，有规划。在经费上有倾斜，在时间上有保证，狠抓落实。1991—2010年，在创建“模范职工之家”活动中，共创建区级（市级）116家，市级（地级）38家，省级7家，全国1家。

2005年，全区共68家企事业单位，7500多名职工开展职工职业道德建设和“创建学习型组织，争做知识型职工”活动，掀起学习新知识，掌握新技能，争做新贡献的热潮。全区在怀化市评选中，鹤城区妇保院被授予“怀化市职业道德十佳先进单位”称号，怀化市四中被授予“怀化市道德十佳学习性组织”称号，星光学校彭跃新老师被授予“怀化市职业道德十佳标兵”称号。

劳动竞赛。为调动广大职工的积极性、主动性和创造性，提高劳动生产率，增加企业效益，组织开展一系列竞赛活动。

“优质杯”竞赛活动。1990—2004年，按照《关于在全市开展“八五”首届“优质杯”社会主义劳动竞赛》的通知，连续15年深入广泛的开展五届“优质杯”竞赛活动。连续五年被怀化地区（市）总工会授予“八五”“优质杯”社会主义劳动竞赛优胜奖。“优质杯”竞赛活动一直延续到2004年。

“非公企业经济技术创新”竞赛。开展新时期非公企业经济技术创新工作，在竞赛活动中，坚持从行业和企业实际出发，深入开展技术攻关、技能比武、发明创造、岗位练兵、技术创新等多种形式的创新竞赛，突出创新、创先、创优、创最高水平，引导非公企业职工干一行、爱一行、专一行。2005年，全区共有9家非公企业共3000多名职工参加竞赛活动。怀化飞达商贸有限公司于2006年获评“湖南省非公企业创新竞赛优胜企业”；湘鹤集团公司获评“怀化市经济技术创新活动先进单位”。

“安康杯”竞赛。2006年开展以安全生产为主要目的“安康杯”竞赛活动，参赛考核内容，按照《2006年湖南省“安康杯”竞赛活动考核表》实施，总结评比表彰，参赛活动进行分级考核，按时上交考核表，并接受上级抽查，对在竞赛活动中表现突出的参赛企业，推荐参加市级、省级或国家级评比。

女职工“芙蓉杯”竞赛。从1991年起，在女职工中广泛开展“芙蓉杯”竞赛活动，开展女职工素质达标活动。开展女职工“芙蓉杯”竞赛活动，其目的是通过帮助女职工自定目标、自我承诺、自加压力、自强拼搏，在思想道德、科学文化、业务能力、技术水平、创新能力、身心健康等方面提高自身素质，实现自我发展。通过开展竞赛活动，实现思想素质达标、文化素质达标、身体素质达标、各项成果达标、“五型”班组达标。

通过连续五轮“芙蓉标兵岗”和“芙蓉百岗明星”的创建活动，取得了骄人的成绩。1991年怀化市总工会女职工委员会荣获省级“芙蓉杯”竞赛优胜单位，市工商银行城北分理处和市国税局获评省级“芙蓉标兵岗”。2004年，鹤城区总工会女职工委员会获评省级“百优女职工集体”，1994年市总工会女工主任杨秋萍获评全国女职工工作先进个人，教育局周红艳和刘志清获评省级“芙蓉杯百岗明星”。1991—2010年，共有9个基层单位荣获市级（区级）“芙蓉标兵岗”，56个基层单位荣获区级（市级）“芙蓉标兵岗”，9名女工干部荣获地、市级“芙蓉百岗明星”，56名女工干部荣获区级（市级）“芙蓉百岗明星”。

“双联”活动，以解决企业、职工实际困难为目的。开展联系企业、联系困难职工活动。“双联”在1999年前称为“扶贫帮困”。2000—2006年改为“双联”工作，2006年9月成立“鹤城区困难职工帮扶中心”。2000年3月15日，召开了全区“双联”工作会议，成立了鹤城区“双联”工作领导小组，区委党群副书记任组长，四大家分管的副职及总工会主席为副组长，领导小组办公室设区总工会，区总工会一名副主席兼任办公室主任，负责“双联”日常工作。

“双联”工作在区委、区政府的领导下，做到“组织领导，宣传发动，规范管理，切实帮扶”四个到位。确立“双联”工作第一责任人，向被联企业派出“双联”工作队，制定“双联”工作实施方案，深入调查研究，走访慰问困难职工，协助企业改制，维护职工队伍稳定。在整个“双联”工作中，开展“献爱心、送温暖”工程，采取“进万家门，知万家情，解万家难，暖万家心”的有效方法。2000—2006年，全区68家国有企业顺利实现改制，帮助32家企业脱困，帮助1786名困难职工脱贫，为862名困难职工实现再就业。慰问困难企业98家，慰问困难职工近900人。发放慰问金达16万元，发放救济大米15吨，在“双联”工作中，表彰了86家先进单位和106名先进个人。每年被评为怀化市“双联”工作先进单位，2002年度荣获湖南省“双联”工作先进单位。

2006年，成立“困难职工帮扶中心”后，紧紧围绕“支、帮、促、送、改”等中心内容，坚持“稳中改，改中稳”的原则，做到组织领导到位，规范管理到位，切实帮扶到位，坚持“双联”和困难职工帮扶与促进企业改革发展相结合，与困难帮扶相结合，与维护社会稳定相结合。建立和完善帮扶阵地硬平台，建立和完善帮扶工作台帐平台，开展造血帮扶，创新思维，拓展困难职工的帮扶工作领域，强化服务为困难职工排忧解困。从2007—2010年，特困职工、困难劳模、因公致残、困公死亡职工遗属累计帮扶24.8万元，发放助学资金2.8万元。

四、文体活动

各单位、企业都有其自身的特点，广大职工平时都在各自不同的工作岗位默默无闻的繁忙工作，为了让广大职工能更多地体会到“职工之家”的温暖。各系统工会、基层工会根据本部门、本行业的自身特点，利用业余时间，重大节日积极组织开展一系列小型多样、内容丰富、健康有益的文化体育活动。如象棋、扑克、卡拉OK、郊游、拔河、羽毛球、乒乓球、篮球、书画、外出参观、学习等活动。

市总工会在1991年纪念建党70周年时，举办了《母亲颂》大型文艺会演，歌颂伟大的中国共产党。1993年12月19—20日，市总工会举办了纪念《毛泽东100周年诞辰》“三颂杯”卡拉OK歌手大奖赛。1994年联合市体育局组织怀化市第四次体育运动会。1997年6月24日，市总工会在怀化地区体育馆举办了庆香港回归，万人歌咏大赛。共14支代表队参赛。庆祝中华人民共和国成立50周年和迎接澳门回归，1999年9月26日，区总工会在怀化市体育馆举办了“祖国颂”万人歌咏艺术表演大赛，共13支代表队参赛，歌颂伟大的祖国母亲。2003年4月30日至5月6日，为庆祝“五一”国际劳动节，区总工会在石门金海五溪文化广场举办了“五溪文化周”万人歌咏艺术大赛，共16支代表队参赛。通过文体活动的开展，加强了单位的文化建设，丰富职工的业余文化生活，陶冶职工情操，促进职工思想交流，增强职工对工会组织的凝聚力和向心力。

第二节　共青团鹤城区委

一、代表大会

1998年5月4—6日，共青团鹤城区第一次代表大会召开，参加会议的正式代表142人。大会听取审议通过区题为《全区青年团结起来，坚定不移地把社会主义事业推向前进》的工作报告；选举产生共青团鹤城区第一届委员会委员11名，其中常务委员5名、书记1名、副书记2名。大会还表彰18个基层团组织、24名优秀团干、20名优秀团员。

2003年4月29—30日，共青团鹤城区第二次代表大会召开，参加会议的正式代表152名。会议听取、审议通过区第二届委员会工作报告。选举产生共青团鹤城区第一届委员会委员13名，其中常务委员7名、书记1名、副书记2名。会议还表彰21个基层团组织、10名优秀团干、10名优秀团员。

2008年5月4—6日，共青团鹤城区第三次代表大会召开，参加会议代表156名。会议听取审议通过《坚持科学发展　夯实基层基础——为推进鹤城经济社会又好又快发展贡献青春和力量》

工作报告；选举产生共青团鹤城区第三届委员会委员21名，其中常务委员9名、书记1名、副书记2名。

二、组织建设

1998年，团区委辖区直团委25个、团总支11个、团支部52个、专职团干14名，团员5121人。1999年辖基层团委34个、团总支51个、团支部407个、专职团干26名，团员发展到7849人。2000年通过党建带团建，农村团建进一步加强，团区委辖基层团委42个、团（总）支部76个；全区团员6212人，青年20110人，团员占青年比例的30%。2010年，全区有基层团委51个，团（总）支156个，团员发展到8124人。

三、主要活动

青少年思想教育　1998—2002年，团区委和各级基层团组织围绕党的中心工作，针对青少年特点，先后开展国庆教育、爱国主义教育和以“党在我心中”“学雷锋精神，做“‘四有’青年”为主题的活动。2002—2010年，先后组织广大团员青年深入学习邓小平理论，学习江泽民的讲话；在各级团组织中开展“讲学习、讲政治、讲正气”宣传教育；学习《中共中央关于加强社会主义精神文明建设的若干重要问题的决议》，坚定团员青年社会主义信念；以中共十五大精神为教材，通过历史教育、国情教育，引导青少年树立正确的世界观、人生观、价值观和强烈的民族精神、社会责任感；举办理论培训班、座谈会、演讲赛、抢答赛等活动50多次。1998年5月，组织团员、青年到芷江和平纪念馆、抗日烈士公墓进行爱国主义教育。以1999年的中华人民共和国成立50周年和建团80周年、支持北京申奥等庆祝活动为契机，对青少年进行社会主义、爱国主义、集体主义的思想教育。2002—2004年，团区委以“兴起新高潮、创造新业绩”为主题，在团干部和各行各业青年骨干中广泛开展“三个代表”重要思想学习教育活动；结合宣传贯彻中共十六大，利用湖南丰富的红色资源，在全区青少年中开展“民族精神代代传”“寻找红色足迹”“青春献祖国”“新青年、新风采”系列活动，激发广大青少年热爱家乡、报效祖国的信心和决心。

服务中心工作　1998年，团区委分别在公交战线开展“青工百日劳动竞赛”和“双能手”竞赛，在农村开展“科技兴农”“学技致富”活动。1999年，开展全区性“八手一队”劳动竞赛，有3700多人参加，成立青年突击队5支，取得直接经济效益12.2万元。

2000年起，团区委在农村广泛开展“五四青年创业就业之星”活动，推广青年星火带头人三位一体经验，大力培养农村科技骨干；组织开展服务万村行动，一大批团员青年、科技人员和青年星火带头人成立科技服务队，为青年农民提供实用技术信息服务。1999—2001年，全区共创建标准的青年科技图书站、五四书屋等，新增科技图书4000多册；培养出省、区级青年就业创业之星带头人20人，区级岗位能手6名，促进了农村经济的发展；各级各类青年领头人12名，推荐安置下岗青年就业50人。2002年起，团区委引导农村青年带头领办特色项目，创建标准化“青年号”农村科技示范基地34个，专业协会21个。宇轩同志被评为2008年度“全国优秀大学生村干部”。

1998年，团区委在全区开展“学雷锋、树新风”活动，全区20多个单位举办演讲会、报告会120多场。2007年3月4日，全区万名团员青少年走向街头和公共场所做好事。成立学雷锋小组12个，做好事近1万件。1999年，组织企业和学校团队开展“学雷锋，创国卫”活动，受到群众和区社好评。

2000年6月，配合区委宣传部组织万人上街清扫活动和“争当’三员’志愿者”签名仪式。

2002年始，实施青年农民培训工程，建立青年创业培训基地4个，实现青年再就业3100多人；开展“社区服务站”活动，推荐城中芷江路社区被评为“全国青年文明社区创建单位”；开展种植“共青林”“保护母亲河”行动；引导教育青年正确认识各种社会问题和热点、难点事件。

2008年，汶川遭受特大地质区害，团区委发动团员青年和少先队员，为灾区捐款18400多元，捐衣和物资16369件，还派遣区“雷锋110”往汶川灾区送钱和物资。1999—2010年，相继开展各类健身活动、校园拒绝毒品活动、反邪教活动，积极配合有关部门“扫黄打非”和整治校园周边环境，提高全社会未成年人保护意识和青少年道德素质修养。

1998年始，结合乡镇、街道，在全区92个村建立团支部办公室，兴建“青年之家”10余个。

1998年始，团区委组织开展各类“希望工程”活动，全区团员青少年为募捐赈灾和“希望工程”捐款，为贫困乡中小学生捐书，还组织开展“1+1帮扶”活动(即1人资助1名贫困失学儿童)。

第三节　怀化市（县级）、鹤城区妇女联合会

一、代表大会

1994年5月24—26日，怀化市（县级）第三次妇女代表大会召开，正式代表362名。大会听取、审议，通过市妇联第二届执委会工作报告；选举产生怀化市第三届妇联执行委员会委员23名，副主任2名，主任1名。

1998年6月18—19日，鹤城区第一次妇女代表大会在鹤城宾馆召开。参会正式代表126人，特邀代表8人。选举产生鹤城区妇联第一届执行委员会委员23名，主席1名，副主席2名。

2003年9月16日，鹤城区第二次妇女代表大会在市农业银行召开，参会正式代表126名；大会听取、审议、通过鹤城区妇联第一届执委会工作报告，选举产生区妇联第二届执行委员会委员25名，主席1名，副主席2名。

2008年10月8日，鹤城区第三次妇女代表大会在怀化市迎宾馆召开，参会正式代表150名(应到159名)，选举产生区妇联第三届执行委员会委员32名，主席1名，副主席2名。

二、主要活动

“双学双比”和“巾帼建功”活动　1991年，遵照全国妇联的统一部署，怀化市在全市农村妇女中开展“双学双比”（学文化、学技术、比成绩、比贡献）竞赛活动。8月2日，成立了以市委副书记唐波为组长，副市长周开亮、陈兴中为副组长的市农村妇女“双学双比”竞赛活动协调小组，小组办公室设市妇联，毛惠龙负责日常工作。乡镇均成立“双学双比”协调小组，制定活动方案，通过经验交流会带动各乡村的竞赛活动。“双学双比”活动中，参赛人达74500人，占成年妇女90%，先进女能手60人，先进协调小组7个。扫盲培训127期，参加1850人，脱盲1750人，与科协、林业、农业、畜牧办班近198期，受训妇女7800多人，全市各类学习班359期，21485人受训，掌握一门以上实用技术1522人，占70%。

1992年妇联参加“双学双比”活动63254人，参加扫盲学习9427名，脱盲7261名。举办各类技术培训班254期，参加人数11648人，掌握一门以上技术妇女9147人，占80%。开展庭院经济达标竞赛活动。全市55000户加入开发行列，盈口、炉亭坳等21个乡、镇99%农户发展庭院经济。推进“三八绿色项目”活动。3月，得到全国妇联贴息贷款30万，建一千亩桐油基地。在城镇妇女中开展做“四有”“四自”女性，为“八五”计划建功活动。市妇联举办各市直单位、厂矿妇委会主任培训四期，受训妇女200多人，开展劳动竞赛、岗位练兵活动。

1993年，围绕山区综合开发将“双学双比”“巾帼建功”活动推向深入，全市办科技培训班193期，受训妇女10273人，部分妇女掌握2~3门技术。全市35250名妇女、农妇发展庭院经济68320亩。全市27个乡镇建立“三八”绿色基地37个，总面积5082亩，投入妇女劳动力31万个，申请30万贷款，建成油桐基地1000亩，在中方镇建立柑橘基地300亩。

1994年参加农村妇女“双学双比”竞赛活动的妇联，参加扫盲学习的妇女有1825人，其中脱盲1410人。举办各类技术培训班127期，培训妇女13680人，获得地、市以上表彰的先进能手83名，先进协调单位6个，协调组织5个，城市“巾帼建功”活动中有3万名女性参赛。

1998年，全区调整“双学双比”活动领导班子，根据实际情况，着力抓好堵盲和巩固提高工作。共办各类妇女堵、扫盲班65个，参学妇女807人，792名妇女脱盲。实施“千万农家女，百

项新技术”推广培训计划，举办实用技术培训班124期，培训妇女6900人，掌握一门以上实用技术妇女6820人。引导妇女大力发展草食牲畜和名优特水产。建立以妇女为主体的养殖联系点8个，养殖示范户80个，养殖万元户800个。截至11月份，全区生猪饲养量达18万头，牛饲养量达1.4万头，山羊11万只，家禽110万羽。

开展“巾帼扶贫”活动。全区44个后盾单位建扶贫联系点6个。重点抓下岗女工再就业工程。通过配合市有线电视台对下岗女工杨建华带领三姐妹创市场、下岗女工郑红创办吴家花园的宣传报道，引导下岗女工转变观念，振奋精神，积极择业。积极开展“岗上”女职工“巾帼文明示范岗”活动。全区建“巾帼文明示范岗”20个。

1999年开展“百村万户巾帼科技养殖”竞赛活动，全区举办各类妇女实用技术培训班136期，培训妇女达6750人次，835名妇女成为乡级科技示范户，86名妇女成为区级科技示范户。是年，鸭咀岩乡被评为湖南省科技兴农先进乡。10月中旬，市有线台对盈口乡团结村梁久妹等3户养殖美国青蛙作了专题报道。开展“巾帼扶贫”活动，全区共建扶贫联系点8个，扶贫联系户50户，全年有600名妇女脱贫走上了富裕。全区各行各业积极开展“巾帼文明示范岗”活动，全区建有“巾帼文明示范岗”20个。全区各中、小学积极投入到“巾帼文明示范岗”创建活动中，开展教学比武，撰写论文竞赛活动。全区有90多篇论文分别获得全国、省、市奖。其中人民路小学副校长舒春娥撰写的教研论文《巧用电的现代教学手段3、3、3智能活动中的尝浅》获中央科教所研究成果二等奖。育才学校先后有15个被授予市、区级优秀教师、“三八红旗手”、“德育工作先进个人”奖。区蔬菜公司在女经理、女书记的带领下，投资40余万元建起1座钢架货棚，促使批发市场经济指标达100多万元，创历史之最。协助政府有关部门做好下岗女工再就业工作。共安置下岗女职工2000多人。

2000年，调整农业产业化结构，建立高效农业示范区。石门、杨村、黄金坳各建立1000亩高产优质高效农业，亩平均产值达2000元，创总产值2000万元。建立了现代畜牧示范区，杨村、鸭咀岩、盈口、石门建立了“四大养殖基地”，接受养殖业技术培训达3460人次。全区98%农村妇女投入到养殖业中。在建立现代农业示范基地，拓宽农村妇女增收致富渠道的同时，开展了巾帼帮困脱贫活动，各乡镇建立扶贫联系点8个，扶贫联系户50户。一是继续开展创建“巾帼文明示范岗”活动。上半年，全区共有10个单位参加市级创建，有21个单位参加区级创建活动。城北钟坡居委会在主任陈亚兰带领下，积极进取，拥有固定资产100多万元，上半年完成产值150多万元，上缴税收15万元，二是协助政府做好下岗女工再就业工作和落实下岗职工基本生活保障金。仅上半年配合政府有关部门筹集资金1.8万元，全部发放给下岗女职工，全区有40%下岗女工重新就业。其中下岗科技人员李忠菊办起了怀化宏远中等专业技术学校，开设了机械工艺等14个专业。

2001年，在农村狠抓农村妇女科技致富工程，全区共建科技培训点18个。以石门农业示范园，杨村蔬菜基地，鸭咀岩畜牧小区三块样板示范基地为龙头，大力发展特色高效的城郊农业，全区98%农村妇女投入到种养中。全区有近30个专业村“巾帼扶贫”行动常抓不懈。全区共建扶贫联系点9个，扶贫联系户60户。继续开展“巾帼文明示范”创建活动，全区有5个集体荣获市级“巾帼文明岗”称号，12个集体获区级“巾帼文明示范岗”称号。潕水路小学被定为全国教育科学教育部课题子课题研究单位。是年3月8日，鹤城区妇联社区服务部正式挂牌成立，全年为280名下岗女工和农村剩余劳力提供中介服务。

2002年精心组织农村妇女参与“双学双比”竞赛活动和加大“巾帼扶贫”力度。是年，将社区工作作为城市妇女工作重点来抓，社区服务部为100余名下岗女工和220名农村妇女提供中介服务。迎丰街道办成立了2个社区服务点，成功为60人提供中介服务，开展家庭特色服务35户。

2003年，联合科技局培训妇女骨干百余人，培训下岗女工652人，培训待业女青年377人，培训后实现再就业近900人。

2005年，举办科技培训班52期，发展女科技示范户5户，举办农村妇女科学文化素质培训班18期，培训农村中青年妇女2000余人。发挥女科技人员、女能手的作用，以点带面，培育新典型。加大“巾帼文明岗”创建活动，“三八”前夕为怀化四中、鹤城区红十字医院授予“巾帼文明岗”称号。争取到省妇联“下岗女职工再就业”培训项目，11月下旬举办了首期“下岗女职工再就业”培训，免费培训下岗女职工100名。表彰了2个“巾帼文明岗”和25名“三八红旗手”。

2006—2009年，每年活动都能取得可喜的成绩。2010年，推荐乡镇、街道妇女干部参加市、区两级培训，提高创业带动能力；与劳动就业部门联合举办创业就业培训班，共100人；举办3期科技培训班，共训700余人，评选出十佳双学双比先进集体和十佳双学双比女能手。巾帼建功活动，创建国家级“巾帼文明岗”1个（潕水路小学）、省级4个、市级2个、区级4个，创建全国学习型示范社区1个，全国妇联基层组织建设示范社区（村）2个，创建市级巾帼示范村2个。

“五好文明家庭”创建活动 1991年4月，表彰省“三八红旗手”1名，地“三八红旗手”15名，市“三八红旗手”63名，地区“五好”家庭17名，市“五好”家庭41名。1994年，肖冬香被评为“省级三八红旗手”。1998年，全区评出“五好文明家庭”户210户，开展了“妇女家园环境”教育活动，举办了“妇女环境”知识比赛。1999年，《怀化日报》对区统计局五好家庭户唐金桂和石门乡五好家庭户李玉莲事迹进行宣传报道，激励更多家庭走向文明进步。并将敬老爱老活动与创建活动相结合，赋予创建活动新内容。2000年、2001年，以实施“家庭文明工程”为契机。全区表彰10名“十佳”女教师，38名“三八红旗手”，18个妇女工作先进集体，18名妇女工作先进个人；表彰“双学双比”和“巾帼建功”先进个人286人，“五好文明家庭134户”。2002年，以宣传贯彻《公民道德建设实施纲要》为契机，推动倡导全区广大妇女积极参与社会公德，职业道德、家庭美德建设，全年表彰了24户“五好文明家庭”。2003年，开展“不让毒品进我家”“反对邪教”“防治非典”活动。评选表彰了20户“五好文明家庭”。“六一”期间表彰了28名“优秀家长”和32名“优秀小公民”。协同区科协开展科普知识进万家竞赛活动，销售发放宣传册160册。是年8月18日，市、区妇联启动“美德在农家”活动，促进健康、文明、向上、和谐的良好家风和社会风气。长远村被评为市、区两级“美德在农家”活动示范点和农村妇女文化活动示范点称号。2005年，围绕创建“无毒村”，“不让毒品进我家”活动，广泛开展禁毒宣传活动，共发放宣传资料2000多份，张贴图画30余张。石门乡塘底村获“无毒村”称号，“五好文明家庭”20户。2007年，以创建“五好文明家庭”为契机，开展了“平安家庭”绿色家庭创建活动，评选表彰“绿色家庭”26户，平安家庭14户。

2010年，以创建国家级卫生城市为契机，开展绿色家庭、平安家庭创建活动，共创造绿色家庭30户，平安家庭30户，全区平安家庭达98%，全区评选出十佳五好家庭，评选出书香家庭，推荐到省、市并获奖。

三、妇女儿童合法权益保障

1991年，建立儿童基金会1个，建立家长学校52所，广播父母学校52年。来信来访97件次，其中来人上访30人，来信67件，处理94件，办结率达96%。4月在市委党校与组织部共同举办妇干学习班，成立由市委副书记夏德甲、市妇联主任霍苏华任副组长的领导小组，学习宣传《中华人民共和国妇女权益保障法》。召开宣传会，参会人数达700多人，讲座7次，听众上万人次。办班56期，5663人受训。乡、镇办事处妇干20人赴京学习《中华人民共和国妇女权益保障法》。1993—1997年，每年都要举办《中华人民共和国妇女权益保障法》学习班，1995年又增加《中华人民共和国母婴保健法》。1998年，在“三八”“六一”期间，积极开展“两法”“两纲”宣传活动。共办墙报宣传栏50期，写标语90余幅，印发资料1200份，广播宣传9次。认真做好信访接待工作。共接待来信来访55件次，来信26件，来访29次，办结率94.5%。1999年，制订了《鹤城区妇女发展规划纲要》，成立了鹤城区妇女儿童工作委员会，鹤城区维护妇女儿童合法权益工作领导小组，鹤城区农村妇女“双学双比”活动和城镇妇女“巾帼建功”活动领导小组等妇女工作领导机构，着力维护好妇女儿童权益。2000年，按照市妇联要求，对1998年建区来落实“两纲”情况进行了自查自纠。配合区公安分局开展“打拐”专项斗争，破获犯罪案件7起，解救儿童44

名，解救妇女112名。2001年编制《怀化市鹤城区妇女发展纲要（2001—2010年）和怀化市儿童发展纲要（2001—2010年）》。建立妇女儿童维权网络，全区开通区、乡（镇）、街道、村（社区）三级维权网络。2002年，颁布实施《怀化市鹤城区妇女发展规划（2001—2010年）》和《怀化市儿童发展规划（2001—2010年）》建立了妇联干部特邀陪审制度，成立了维护妇女儿童合法权益联席合议庭。2003年建立维护妇女儿童权益联席会议制度。2005年广泛开展法制宣传，大力宣传《中华人民共和国婚姻法》《中华人民共和国未成年人保护法》《中华人民共和国义务教育法》等法律法规，继续加强预防和制止家庭暴力网络建设。组织动员县乡村三级干部参与“降消”和“反家暴”宣传发动工作。全区5个街道、8个乡镇、1个旅游度假处和35个行政村均建立了“家庭暴力报警点”覆盖率达100%。在市第三人民医院建立家庭暴力伤情鉴定中心。降消涉及妇女合法权益案件13起。通过走访调查，为156名贫困孕产妇发放救助卡923张，救助贫困孕产妇51名，发放救助资金1.82万元。全区孕产妇死亡率较上年同期下降76.4%，住院分娩率达95.53%，高危住院分娩率达100%，产前检查覆盖率93.5%。5岁以下儿童死亡率降至12.41‰，婴儿死亡率降至11.51‰。2006年3月8日，妇联系统“法制宣传年”在飞达商业门口启动，加大妇女法制宣传教育与维护妇女权益力度。2006年3—6月，联合区妇幼保健院为全区广大妇女干部开展了妇科病普查工作。2007年开展了妇女系列安康保险工作和妇科病普查普治工作。2010年在“反家庭暴力”报警点的基础上，在乡镇、社区设立投诉站、投诉箱，增加“反家暴”110服务功能。在涉及妇女儿童案件审理中参与5起案件陪审，化解矛盾83起，处理重大纠纷1起。

四、少年儿童工作

1991年，检查儿童4561名，健康儿童587名。1992年，建立家长学校144个，开展一年一度儿童身体健康检查13523名，健美儿童400名。少先进工作者60名，五好家长80名，地区级12名，1993年，创办家长学校78所，评选先进儿少工作者60名。举办少儿工作学习班3期，学习人数达406人。1994年，继续办家长学校144所，广播父母学校、电视家长学校48所。1995年，狠抓脊髓灰质炎强化免疫日宣传活动。摸排调查失学女童，并登记在册，全市失学儿童554人，其中女童282人，占失学儿童总数51%。开展“献爱心，我帮一个失学女童重返校园”活动，全市资助失学女童44人，占失学总数15.6%，其中妇联资助34名女童。1995年“六一”儿童节期间，全市组织340多名领导干部走访慰问81所小学、幼儿园的少年儿童。全市机关单位、乡镇共拨款81400元，用于看望残疾儿童、失学儿童。4月中旬至5月下旬，联合市妇幼保健院为45537名0~6岁婴幼儿进行身体健康检查，坚持对有疾病儿童实行边检查边治疗。

1998年“六一”儿童节期间，全区以学区、学校、幼儿园为单位举办了文艺会演、书法比赛、智力赛、体育游戏等庆祝活动。区妇联为区幼儿园捐赠价值800多元的新图书，联合妇幼保健院开展了健美儿童检查活动，对2554名婴幼儿进行健康检查，评选健美儿童360人。1999年，开展了“手拉手、心连心、我为儿童献童心”活动。联系山东奉地集团为黄金坳镇潭家村困难小朋友资助1700元。城区18所学校与18所农村贫困学校或乡镇学校建立“手拉手”关系。城区学校给予农村学校特困学生援助8万余元，捐送学习物品2.3万余件，衣物3.1万余件，救助失学儿童328名，其中女童189名，占57.6%。2000年在少年儿童工作方面，开展了爱国主义教育，举办了形式的多样的庆祝活动。开展了爱心助残赈学活动，为军区福利院孤残儿童送去700元礼物和1200元现金，特殊学校7万元。表彰“三好学生”2320名，优秀少先队员2500名，优秀学生班干部826名。2001年实施“春蕾计划”，全区被救助失学女童达120名。开展了家庭“优生、优育、优教”知识宣传活动，全区共建立16所家长学校。2002年，开展了“春蕾计划”，献爱心活动，筹集捐款达16000余元。2003年“六一”期间，为贫困生送去1200元慰问金。认真落实“小公民道德建设”五年计划，加强教育。2005年，协助成员单位开展“双合格”家庭教育实践活动。表彰“优秀家长”10名，优秀小公民20名。扩大“春蕾计划”救助面，为9名贫困女生每人解决500元学费。9月，为贫困女大学生黄江资助2000元学费，湖南农业银行长沙支行为黄娅、黄杰两姐弟每人捐助学费800元。“六一”前夕，给区社会福利院送去1000元现金和价值2万元的电视机衣服和食品。2006年5月26日，评选表彰21名优秀少儿工作者，122名“优秀家长”，22名“优秀小公民”。2007年表彰优秀少儿工作者25名，“优秀家长”29名，“优秀小公民”28名。2007年市跃进路小学被授予全国流动人口示范家长学校称号。2008年工商联、钟爱一生婚纱摄影馆等10余家单位和企业加入“春蕾计划”爱心队伍。2010年，“春蕾计划”中，资助10名贫困儿童，筹集18000元走访特困儿童。在正清路小学举行“关爱农民工子女”公益行动，为该校进城就读的农村儿童赠送10000多元的学习用品。

五、培养和选拔女干部工作

1991年，提拔副科级女干部41名，提拔7个村妇女干部为党副支书。1992年，配合党委政府部门搞好党代会，人大选举、女代表占20%。市妇联干部7人，乡镇、街道妇联配备干部36人。30岁以下22人，31~50岁19人，51岁以上2人。共产党员21人，共青团员17人。大专文化7人，国家干部27人，招聘16名。1993年11月底，进行了农村妇女干部换届选举，对301个村妇女干部进行了调整。组织部门提拔妇女干部113名，占提拔人数20%，其中城市妇干104名，农村妇干9名。全区有副科级女干部151人，其中大学3人，大专25人，中专55人，高中40人，初中以下28人；女书记（乡长）2人，女局长1人，进入党政机关班子44人。

1998年，下发《关于在党政机关、教科文卫等事业单位建立妇委会的通知》，积极建立健全基层妇女组织，乡村建组织率达100%，城区党政机关建妇会达98%。同时积极协助组织部门做好女干部推荐、提拔工作，全区共提拔女干部20人，占提拔总数的22%。各乡镇街道中50%配有女干部。有女党委副书记1名、女委员4名、女副乡长1名。1999年，通过向上级汇报，使乡镇妇联干部待遇得到保障，8个乡镇妇联有编、有岗、有人。乡村建组织率达100%，城区党政机关建妇代会达98%。使年培养选拔女干部工作跃上了新台阶，在提拔的2批干部中，女性占69位，其中提到党政一把手位位置上有7位，全区共有28名女干部在党政一把手岗位上。全区女干部1926名，占干部总数的35.3%。处级女干部4名，占处级干部总数13%。乡、镇（科）级女领导干部188名，占科级干部总人数的26.3%。行政事业正科级单位中，配备1名以上女干部的领导班子39个，共配备女干部64名，其中党政一把手28名。全区8个乡镇、党委、政府班子共配备女干部12名，其中乡长1名，副乡长3名。全区38个一、二类企业，领导班子中有女干部285名，其中女厂长1名，女经理1名，女书记2名。全区发展女性新党员75名，占发展党员总数的31%。其中农村发展女性新党员28名，占发展数的25.5%。

2000—2001年，乡、村建组织率达100%，城区党政建妇代会98%，并在武陵城集团、天龙医药有限责任公司等“两新”组织中成立了妇委会组织。2002年主动配合组织部门制定《2001—2005年培养选拔女干部工作规划》，村妇代主任进“两委”率达100%。2002年，配合相关部门鼓励妇女干部主动学习现代科学文化知识和职业技术技能，全区有120名副科级以上级干部参加了知识考试。2003年12月，办了女干部培训班，50名妇女干部受训。配合组织部门做好女干部培养选拔工作，实现党政班子各配备1名女干部的目标。2005年3月7日，召开副科级以上女领导干部座谈会，32名女性党政一把手参会。2006年，石门塘底村黄爱美被评为“省优秀党支部书记”。2008年全区共有妇女干部744名，占干部总数的35.4%，其中处级干部4名，占处级干部总数的8.2%。科级干部300名，占科级干部总数的28.4%。99名女性进入村支“两委”，占村干部总数的22.4%。2010年，落实离任村妇代会主任退休金。

第四节 怀化市（县级）、鹤城区科学技术协会

一、组织机构

会员代表大会 1992年5月，召开怀化市科协第二次会员代表大会，杨司坤、滕代军先后担任市科协主席。1996年6月，召开怀化市科协第三次会员代表大会，滕代军担任市科协主席。1991—1997年，市科协先后6次被评为怀化地区科协系统先进集体。1996年被评为全国和湖南省科普工作先进单位。

1998年2月，成立鹤城区科学技术协会筹备领导小组，同年6月召开鹤城区科协第一次会员代表大会，滕代军担任区科协主席。2003年9月，召开鹤城区科协第二次会员代表大会，李远长、宋爱腾先后担任区科协主席。1998—2010年，区科协先后11次被评为怀化市科协系统先进集体。2002年，鹤城区被列为湖南省科普示范城区创建单位。2004年，被批准成为全省10个科普示范城区之一。

学会 1997年，全市有科学技术学会19个，分别是农业学会、林业学会、水电学会、畜牧水产学会、农业机械学会、农业区划学会、轻纺学会、工业学会、二轻学会、土木建筑学会、中医学会、西医学会、护理学会、基础理论学会、统计学会、广播电视学会、环境保护学会、财会珠算学会、青少年学会，共有会员1662人。

2010年，全区有科学技术学会16个，分别是农业学会、林业学会、水电学会、畜牧水产学会、农业机械学业会、轻纺学会、工业学会、二轻学会、土木建筑学会、中医学会、西医学会、护理学会、统计学会、财会珠算学会、基础理论学会、青少年学会，共有会员922人。

科技专业人员。1997年，全市有各类专业科技人员8326人，其中获高级专业技术职称182人，中级专业技业职称1591人，初级专业技术职称6553人。

2010年，全区在职各类专业科技人员3652人，其中获高级专业技术职称106人，中级专业技术职称912人，初级专业技术职称2634人。另外，还有1224名离退休科技专业人员，在挂靠区科协的老年科技工作者协会组织领导下，发挥余热，再做贡献。

乡镇科协 1997年，全市有乡镇科协32个，分别是盈口乡科协、石门乡科协、杨村乡科协、黄岩乡科协、榆树乡科协、中方镇科协、牌楼坳镇科协、鸭嘴岩乡科协、桐木乡科协、炉亭坳乡科协、黄金坳镇科协、芦坪乡科协、凉亭坳乡科协、贺家田乡科协、泸阳镇科协、花桥镇科协、聂家村乡科协、龙场乡科协、下坪乡科协、铜湾镇科协、铜鼎乡科协、新建乡科协、袁家乡科协、蒋家乡科协、新路河乡科协、铁坡乡科协、锦溪乡科协、活水乡科协、接龙乡科协、石宝乡科协、丁家乡科协、蒿吉坪乡科协，共有会员1726人。

2010年，全区有乡镇科协8个，分别是盈口乡科协、石门乡科协、杨村乡科协、黄岩管理处科协、黄金坳镇科协、芦坪乡科协、凉亭坳乡科协、贺家田乡科协，共有会员528人。

街道科协 1997年，全市有街道科协5个，分别是城中街道科协、城北街道科协、红星街道科协、迎丰街道科协、坨院街道科协，共有会员282人。

2010年，全区有街道科协7个，分别是城中街道科协、城北街道科协、城南街道科协、红星街道科协、迎丰街道科协、坨院街道科协、河西街道科协，共有会员498人。

科技咨询中心 1998年，成立的科技咨询服务中心（简称科技咨询中心），是市科协直属机构，主要从事科普宣传、科技咨询和技术有偿服务。

1998年6月，鹤城区科技咨询中心与区科协同时成立，编制4个，定为自筹自支事业单位。2010年，人员编制增至8人，改为工资自筹，免交“三金”（养老基金、住房基金、医疗保险基金）。

二、科普活动

科技知识宣传 1991—1997年，市科协共举

办科普讲座92次，参加人数60120人次；组织科普宣传活动32次，受宣传人数72300人次；举办科普知识竞赛12次，参加竞赛人数10200人次；发放科普资料18256份。市青少年科技辅导协会理事、市五中教师向升荣自筹资金120万元，在迎丰公园建立天文馆，对青少年进行天文知识宣传教育。1995—1997年，前来天文馆参观学习的人数达10430人次，其中青少年达8120人次。市迎丰路小学经常组织学生到天文馆学习、培训，使青少年开阔眼界，开发智力，丰富知识。1996年，学校组织学生开展“三小”（小论文、小制作、小发明和科幻绘画）竞赛活动，推荐作品参加地、市青少年创造发明比赛，获奖6个，并得到怀化市总分第一名，怀化地区总分第二名。

鹤城区成立以后，全区采取财政投入、单位自筹、社会赞助等多种形式筹集科普宣传设施建设资金，先后投入了2000多万元用于改善科普宣传设施，其中投入100万元以上的单位有12个。2010年，全区有大型正规科普活动场所56处、科普宣传橱窗243个、科普画廊（10米以上）28个、科普图书室184个、电子阅览室32个、大型电子显示屏12个。全区充分利用先进的科普设施，围绕宣传科学发展观，广泛开展群众性、社会性、经常性的科普宣传活动。通过开展全国科普日、科技活动周活动，组织科普讲座、科普展览、科普知识竞赛活动，在城乡营造崇尚科学、追求知识、文明生活的社会环境。2002年，围绕《中华人民共和国科学技术普及法》的颁布实施，在城乡组织了6次大型宣传活动，使“科普法”家喻户晓，深入人心。2003年，突出“非典”知识的宣传，发送资料12000份，挂图1000张，为全区人民抗击“非典”起到了积极作用。2004年，在禽流感期间及时送科技下乡，将翻印的10000本《禽流感防治知识》送到广大农民手中，被农村干部群众称赞为防治禽流感的“及时雨”。1998—2010年，全区共举办科普讲座192次，听讲人数19500人次；科普展览64次，参观人数4600人次；科普宣传活动82次，受宣传人数160000人次；科普知识竞赛32次，参加人数26000人次；发放科普资料35256份。湖南省407地质勘探队高级地质师刘金山，30多年利用工作之余收集各种化石、奇石、稀有矿石标本和图片资料，特别是几幅古生物化石和巨大完整的恐龙化石、多枚恐龙蛋化石。他自筹资金180万元建立“金山地质博物馆”，分8个展室，展示地球的演变、生命的起源、人类的进步、富饶的矿场、美丽的湘西，很受广大青少年的喜爱，被市、区科协授予科普宣传示范基地。怀化市一中经常组织学生到“金山地质博物馆”参观学习，青少年科技创新活动成果显著。2002年，怀化市第24届青少年科技创新大赛在市一中召开。同年，经上级专家评审，市一中青少年科技创新活动后来居上，弥补了学校原来的不足，被搁置了一年多的“申重”项目顺利通过，授牌为“湖南省示范性普通高级中学”，成为怀化地区4所省重点中学之一。

科技咨询　市科协利用科技人才优势，多渠道、多层次、广泛性、经常性地开展科技咨询服务，利用科技咨询中心和各学会、协会、研究会咨询点，常年提供咨询服务。1991—1997年，市科协系统共为群众提供科技信息832条，接待咨询人数7408人次，提供技术服务834人次，共完成咨询项目76个，直接发挥经济效益项目52个，创造经济价值8266万元。

科技培训　1991年以后，市科协各学会、协会、研究会发展很快，逐步完善，专业技术教育、培训工作十分活跃。1997年，全市有农业技术学校32所，在校学生2882人，毕业的422人在各乡、村、组成为科技技术尖子。由市科协唱主角的农民函授大学（简称农函大）培训，1991—1997年，共为全市32个乡、镇培训学员1423人，其中有122人获得初级职称证书。市属各学会7年来共举办科技人员培训班943期，培训各类专业技术人员4万余人，通过考核达到技术员水平620人。各乡、镇科协和学会共举办科技培训班132期，培训各类农业技术人员达7万人次。为开发农村经济，促进新技术推广起了重要作用。地处边沿的蒿吉坪瑶族乡，是省级贫困乡。根据当地山多田少的实际情况，市科协与乡科协联合举办天麻种植技术培训班。3年办班52期，培训人数1500人次。全乡有75%的农民掌握了天麻种植技术，80%的农户种植天麻，天麻已成为该乡的主导产业。从1995年起，全乡农民人平纯收入年增长200元以上。

1998—2010年，区科协及各学会、协会、研究会共向群众提供科技信息2632条，接待群众咨询18500人次，提供技术服务13880人次，完成咨询服务项目236个，直接发挥经济效益项目162个，创造经济价值22400万元。盈口乡凤坪村杨梅开发项目就是区科协提供咨询服务的项目。从可行性研究，申请立项，发展规划，到品种选择，栽培技术，产品销售，区科协进行了“一条龙”服务。项目采用“公司+基础+农户”的运作模式，在统一规划下，全村448户，户户搞开发。2002年共引进推广浙江优质杨梅6500亩，加上对原来的1000亩老杨梅进行高位换种，优质杨梅总开发面积达7500亩。2006年杨梅投产，2010年杨梅总产量26万千克，总收入441万元，人均3000元。农民人均纯收入从2001年的980元增加到2010年的10400元，10年增加10倍多。

科技培训与改革创新　以先进适用技术为切入点，突出科学发展观的内容。根据农民的实际要求，增加农业产业结构调整和农民进城务工所需的新知识、新技能。1998年建区以后，根据调整农业产业结构、发展郊区农业的需要，在实用技术培训内容方面，突出葡萄、杨梅、金秋梨、礼品西瓜等畅销水果的栽培技术和无公害蔬菜、大棚蔬菜、反季节蔬菜的种植技术以及优良家禽、家畜养殖技术，使广大农民迅速掌握了这些新技术，涌现了大批技术能手，科技致富能人和种植、养殖专业大户。同时根据农民进城务工人数不断增多的实际情况，增设电工、焊工、泥工技术和缝纫、烹调、汽车修理等技术培训内容，使进城务工人员能够迅速就业。在培训的形式和方法上，充分利用远程教育等现代传播方式进行科技培训，充分发挥各涉农部门，各级学会、协会在培训中的作用，大力支持农村职业技术学校、农业广播电视学校、农村成人文化技术学校、乡镇党校和党员活动室等开展科技培训。1998—2010年，全区共举办各类农村实用技术培训班3092期，培训人数122440人次。通过培训，使95%的乡、村干部和90%的农民掌握了2门以上实用技术。贺家田乡地处边远山区，山高林密，山多田少。过去经济来源主要靠连片砍山，烧木炭，卖木材。不仅经济价值低，而且破坏环境、浪费资源。区、乡科协和涉农部门通过考察论证，认定贺家田乡具有家禽、家畜养殖的优势，发展养殖业是发展经济的主渠道。因此，着力抓好养殖技术培训。通过10余年的努力，贺家田乡的养殖业迅速发展起来了。2010年该乡有万羽蛋鸡场1个，千羽以上养鸡大户2户，养鸭大户3户，养鹅大户2户，百头以上养羊大户2户，养猪大户4户，特种养殖大户1户。家家户户养牛、养羊、养猪、养鸡、养鸭，养殖业成为贺家田乡农民主要经济来源。2010年，全乡人均纯收入达6200元，比1998年595元增加10倍以上。

三、综合技术服务

技术推广　1991—1997年，科协系统在全市共引进推广新技术和新品种112项次。杂交水稻推广1997年，全市杂交水稻播种面积29万亩，平均亩产605千克，比1990年面积增加2万亩，增产24%。优质柑橘、奈李、板栗、金秋梨、猕猴桃等水果项目推广在石门、杨村两乡建立10000亩“四季果园”，同时在全市建成100亩以上的柑橘基地45个，奈梨基地8个，板栗基地2个，金秋梨基地12个，猕猴桃基地5个。天麻、茯苓、杜仲、五倍子等药材项目推广：在炉亭坳建立1000亩药材种植基地，成为湖南省五大药材生产基地之一。全市有天麻生产基地2个，天麻种植户1020户，种植面积5000亩。茯苓、杜仲种植户352户，种植面积1240亩。五倍子种植基地4个，种植面积10.2万亩。牛蛙、山鸡、野猪等养殖项目推广建立了5个特种养殖基地，养殖数量1500头。

2010年，全区共有科技示范户365户，其中省级8户，市级22户，区级105户，乡级230户，共有科技示范基地28个。这些示范户、示范基地，在技术推广中发挥了重要作用。1998—2010年，全区共引进推广新技术、新品种172项次。优质杨梅推广，建立示范基地2个，种植户548户，推广面积9200亩。礼品西瓜推广，芦坪乡建立基地4000亩，种植户365户。无公害蔬菜推广，建立示范基地3个，推广面积12400亩。大棚蔬菜推广，盈口乡团结村建立200亩大棚蔬菜基地，石门乡清水井村建立350亩大棚蔬菜基地，两个基地每年提供16000亩菜苗和550万千克商品菜。反季节蔬菜推广，黄岩建立反季节蔬菜基地2000亩，每年提供西芹、茭白等反季节蔬菜360万千克。鱼腥草推广，杨村乡建立鱼腥草种植基地，种植户382户，种植面积3000亩，人均年收入320元。特种养殖推广，肉牛养殖基地1个，有种牛220头，年提供幼牛120头，提供商品牛80头，创收120万元。野猪养殖基地1个，有种猪350头，每年提供仔猪380头，提供商品猪100头，创收110万元。家猪养殖基地3个，有种猪300头，年销售商品豪猪800头，创收128万元。生态养鸡推广，芦坪乡壮丁村、盈口乡朱溪村、杨村乡水龙村、贺家田乡老寨溪村分别建立生态鸡基地5个，2010年成立生态鸡养殖协会，创立注册“狮子山生态鸡”品牌，产品远销长沙、贵阳、重庆等地，当年出笼80万羽，总收入4000万元。花卉苗木枝木推广，1999年，全区有花卉苗木种植户15户，基地面积120亩，成立鹤城区花卉苗木协会。2000年在城区繁华路段人民南路创办西南五省（市）周边地区首家花鸟市场（怀化花鸟市场)。采取“协会+基地+市场+农户（经营户)”的运作模式，当年营业额80万元。截至2010年，种植经营户发展到118户，基地面积扩大到2000亩，市场年营业额增长到2000万元，经营户资产1000万元以上的有2户，500万元以上的有5户，100万元以上的有12户，50万元以上的有62户，其余都在10万元以上。

学术交流 1991—1997年，怀化市科协和各学会组织学术研讨、交流会61次，学术报告会35次，参加学术活动的科技人员达3500人次。共交流学术论文1022篇，推荐参加省、地学术交流论文203篇，获奖论文45篇，被地级以上刊物转载58篇。林业学会、农业学会、医学会、青少年辅导学会被评为怀化地区优秀学会。林业学会高级工程师梁锦业有3项科研成果、6篇学术论文获地级以上奖励，被评为省级优秀科技工作者，获国务院津贴补助。

1998—2010年，全区共举办学术研讨、交流会185次，学术报告会95次，参加学术活动的科技人7420人次，交流学术论文2422篇，获奖优秀论文605篇，被市级以上刊物转载224篇，被各级政府及部门采用282篇。2001年，区科协撰写的论文《知识经济时代科普工作散论》，不仅在市级学术交流会获奖，还被多家省级刊物转载。区老科协推荐论文《建立可持续发展示范区》，被区委、区政府作为研究制定鹤城区经济发展规划的重要依据。全区共推荐203篇论文参加市级学术交流，获奖82篇；68篇论文参加省级学术交流，获奖21篇；15篇论文参加全国学术交流，获奖2篇。2002年，区农业学会推荐论文《山区农业迎战WTO的基本对策》，区林业学会推荐论文《加入WTO后怀化林业发展策略》，获得全国优秀论文奖。

科技下乡 1991—1997年，全市组织科普集市、科技下乡活动66次，科技人员下乡2360人次，上门技术服务1620人次，现场授课培训12850人次。印发技术资料18240份，捐送科技书籍16250册，赠送医疗药品价值24500元，提供科普设施价值12350元，项目扶贫投入资金213万元。全市8个贫困乡，每个贫困乡有3个学会作为科技扶贫后盾单位，每个贫困户有科技人员联系。全市科技人员联系贫困户912户，截至1997年，有90%的贫困户脱贫。

1998—2010年，全区组织科普集市、科技下乡活动117次，科技人员下乡5100人次，上门技术咨询服务4200人次，现场授课培训2850人次，印发技术资料25000份，捐赠科技书籍31000册，赠送医疗设备和药品价值85000元，提供科技和文体设施价值120万元。项目扶贫投入资金260万元。凉亭坳乡是省级贫困乡，是科技扶贫的重点。区科协在这个乡建立多个联系点，开设科技“110”服务热线，每年都要组织大型科技下乡活动，送资料、送技术、送药品、义诊、义教、免费体检。科技常下乡，促进了经济持续发展。1998年建区后，凉亭坳乡的农业产值和农民人平收入均保持10%以上的增长速度。

第五节 鹤城区侨联

组织结构 1985年11月，成立怀化市侨联。

1999年12月，鹤城区侨联成立。侨务对象共1400人。

随着出国留学、工作、投亲等原因定居国外

人员逐年增多，2002 年归侨、侨属共 2100 人，2006 年增至 8100 多人，至 2010 年已达 9000 余人。

主要活动　积极宣传《中华人民共和国归国侨眷权益法》，通过发放宣传册，利用大会等方式进行宣传。依照法律为侨眷属解决子女升学、子女就业，调处侨属企业矛盾。与华侨大学与暨南大学联系，为侨眷属子女提供较多的高等教育机会。在 2010 年，为侨属赵宜泽解决合同纠纷。参政议政，推荐侨眷属参加政协组织和人大代表工作，全区现有人大代表、政协委员 13 人。政协委员和人大代表站在各自的行业角度，积极建言献策，撰写提案、议案。截至 2010 年，共提交 40 余份提案，有些提案进入政府的决策范畴，如《加强工业园建设的建议》《关于搞好市区环境卫生的几点建议》等。

2000—2003 年，开展招商引资、引智、捐资办学工作，侨眷成安金动员海外亲属捐资兴建黄岩致德希望学校。香港基督教信义会 2001—2002 年，资助 70 名贫困学生，为特殊学校捐资 4.8 万元，两年资助款共计 16.8 万元。

2004—2010 年，广泛联系海外侨胞，通过侨属侨胞牵线搭桥引进资金近 2 亿元。如雪峰山乌骨鸡养殖基地、湖南联想广告策划公司、怀化电力线路器材厂、王府大酒店等都是侨资企业。捐建希望小学 3 所，捐助资金和物品 100 万元，资助贫困学生 500 余名。

1999 年，被授予全省“侨务工作先进单位”称号，侨属赵宣泽被评为全国“归侨、侨眷先进个人”，侨属成安金被评为全省“归侨、侨眷先进个人”。

第六节　怀化市（县级）、鹤城区工商联合会

一、组织机构

1988 年 11 月成立怀化市（县级）工商联合大会。

1992 年，工商联合会有在编干部 5 人，设主任委员 1 名，专职副主任委员 1 名，工作人员 3 名。统战部副部长兼工商联党组书记。

1998 年 8 月成立鹤城区工商联合会，驻会干部编制 3 人，时有会员 260 名，1997 年始，国有企业不再作区会员单位。

2002 年工商驻会干部编制 4 人。

2006 年会员发展 700 多名。

2007 年成立工商联合会会属会员党委会，至 2010 年在私营企业中发展党员 94 名。

2010 年，全区共有各类非公经济组织 18860 户，其中私营企业 2156 户，在区民政局登记注册的工商、经贸行业分会 12 个，区工商联下辖二级分会有农副产品商会、百货商会。

二、代表大会

1992 年10 月 11—13 日，召开怀化市（县级）工商联合会第二次代表大会，全市会员达 607 人，参会正式代表 85 名，选举执委 34 名，主任委员 1 名，专职副主任委员 1 名，兼职副主任委员 5 名，推选名誉主任委员 1 名。

1998 年 8 月 28—30 日，召开鹤城区工商联合会第一次代表大会。会员代表 105 人参加会议，会议听取鹤城区工商联合会（总商会）第一次代表大会筹备工作报告，李传贵当选为会长，丁忠海、李绍彪、谭参军等 14 人当选为副会长，丁忠海当选为秘书长。

2001 年 11 月 28 日，召开鹤城区工商联合会第二次会员代表大会，到会会员代表 68 人，选举产生执委委员 30 人，李传贵当选会长，选举专职副会长 2 人，兼职副会长 11 人。

2007 年 11 月 16—17 日，召开工商联第三次代表大会，出席代表 120 人，选举产生执委 39 名，其中会长 1 名，副会长 14 名（副会长中专职 3 名），1 名专职副会长兼秘书长。

三、主要活动

做好服务会员工作，维护会员权利。至 2010 年，先后为会员企业协调处理各类经济纠纷或侵权案件 50 余起。1996 年开始，工商联与人事局一

起，对非公有制企业中专业技术人员进行职称评审，是年，评审14名初级职称，16名中级职称。第二年又评初、中级11名。此后评审职称走上常规。2009年始，开展双爱双评活动。截至2010年，累计表彰关爱员工优秀企业家20名，热爱企业优秀员工255名。

发挥会员联系广泛的优势，开展招商引资。1996年，将汽车西站背后3.3亩土地出让给工商联办实体。1999年，改办为蔬菜市场，使汽车西站一带以路为市得以改观。2001—2010年，组织会员企业开展商务活动106次，完成境内投资13.8亿元，占全区社会固定资产资金的65.7%。

参与社会活动。积极参政议政，工商联作为政协的组成组织，参与政协组织的部分会员，利用身处经济一线优势，在政协活动中，代表本行业深入调研，自2001年始，工商界别政协委员提交提案386件，其中12件列为重点提案，9件被评为优秀提案。

回报社会，2008年为当地冰灾捐款3.6万元，为汶川地震捐款160余万元。几年中，扶贫助学赞助50多万元，在百企联百村中为乡村公路捐款35万元。

2010年为玉树地震灾区和南方大旱灾区捐款物共计150万元。积极助学、帮扶贫困家庭。特别是一些大型工商企业，积极捐款参与城市改建和亮化美化工程。

第七节　残疾人联合会

1990年12月，召开怀化市（县级）第一届残疾人代表大会，选举产生周龙英同志任怀化市残疾人联合会执行理事长

1990年12月至2000年5月，残联都由同级民政部门代管。

2000年5月，鹤城区残联归口区人民政府管理，级别和人员编制不变。区残联机构独立，不再由区民政局代管，机关人员参照国家公务员管理，实现计划单列、专职理事长。

2000年3月10—11日，鹤城区第一届残疾人代表大会在鹤城宾馆召开，正式代表69人，其中残疾人代表39人。谢儒金当选为区残联第一届主席团主席，周乐哉、宋兆平为主席团副主席，并推举宋兆平为鹤城区残联第一届执行理事会理事长。

2006年12月22日，鹤城区第二届残疾人代表大会在怀化大酒店召开，大会正式代表68人(其中残疾人代表35人)，闻继霞当选为鹤城区残疾人联合会第二届主席团主席，宋兆平、蒲玉英为主席团副主席，推举宋兆平为鹤城区残联第二届执行理事会理事长，蒲孝忠为副理事长。

第十四篇 编制 人事 劳动 民政

第一章 编制管理

第一节 机构设置与管理

一、市、区直属机构设置

1990年，怀化市（县级）共有党政群机关72个，其中党委系统10个，政府系统45个，人大6个，政协4个，检察院1个，法院1个，人民团体5个，局改公司4个，党委副科级机构3个，政府副科级机构2个。

1994年，怀化市（县级）执行“行政单位不招工”“进人先进编”“政策性安置在编制内进行”“一支笔审批”等制度。按照政企分开和精简、统一、效能原则，转变职能，理顺关系，精兵简政，提高效率，推动各项事业发展。改革后，市直党政机构38个，其中市委工作机构6个，政府组成单位22个，政府工作机构10个，比1993年减少20个，行政机构改为事业单位的4个，新设和保留的事业单位6个，设议事协调机构7个，撤销并入有关部门机构13个，转为经济实体的专业经济部门6个。法院、检察院机关改革，主要是清理整顿派出机构和临时雇请人员，调整人员结构，提高人员素质，精简上层，充实基层，加强一线力量。

1995年，在党政群机关和行使行政职能的事业单位全面开展定职能、定机构、定编制（简称“三定”方案）的制定，进行“三定”的党政机构38个，其中党委6个，政府32个，议事协调机构7个，列入改革的行政事业单位14个。

1996年3月底，党政机关机构改革顺利完成。加强的职能65项，理顺转变的职能42项，弱化的职能16项，取消的职能7项。

1998年4月，怀化市（县级）直属机构：广播电视局、人防委员会办公室、技术监督局、房产局、环境卫生管理处、园林管理处上收地级怀化市。1998年，重新明确鹤城区机构。正科级机构有党委机构7个（区委办、区纪律检查委员会、区委组织部、区委宣传部、区委政法委员会、区委统一战线工作部、区机构编制委员会办公室）、政府机构39个（政府办含街道办、房改办、调纠办、老龄办、经济委员会、计划委员会、物价局、建设局、科学技术局、教育局、民政局、财政局、人事局、劳动局、交通局、农业局、水利水电局、林业局、文化局、卫生局、计划生育局、审计局、监察局、农村工作办公室、财贸工作办公室、乡镇企业经济委员会、统计局、工商行政管理局、国土管理局、粮食局、环境保护局、保密委员会办公室、爱国卫生运动委员会办公室、信访工作领导小组办公室、经济体制改革委员会、司法局)、人民团体6个（总工会、团区委、妇女联合会、工商业联合会、残联、科协)、正科级事业机构17个（轻纺行业管理办公室、商业行业管理办公室、二轻工业行业管理办公室、物资行业管理办公室、史志办、档案局、老干部工作局、体育运动委员会、农业机械管理局、畜牧水产管理局、对外经济贸易局、农业综合开发办公室、农村经济经营管理局、供销合作联合社、黄岩旅游度假区管理处、区委党校、城中信用社)、副科级事业机构26个（事业单位登记管理局、旅游局、国有资产管理局、预算外资金管理局、农业税收管理局、扶贫开发领导小组办公室、人民政府蔬菜管理办公室、电影公司、妇幼保健院、省农业广播电视学校怀化市鹤城区分校、中坡园艺示范场、农业技术推广中心、就业服务处、企业社会保险局、机关事业社会保险局、农村养老保险站、建筑设计院、建筑工程招标投标管理办、乡村公路管理办、机关事务管理委员会、地质矿产管理办公室、煤炭行业管理办公室、经济建设投资公司、人民政府招待所、区委接待处、城市建设综合开发公司)。

2002年，鹤城区机构改革按照转变职能，切实把职能转向服务与协调，实行政企分开，推进政事、政社分开，改革行政审批制度，职能调整，理顺党委部门与相关政府部门、人民团体的职责分工，规范本部门与其工作关系，提高工作水平和办事效率。精简编制，区委机关行政编制按20%精简，区政府机关行政编制按25%精简，政法专项编制按10%精简，人大、政协、群团组织机关行政编制按20%精简。精简领导职数，区委、区政府各部门领导职数一般为一正二副，编制较多、任务较重的综合部门和执法监督部门为一正三副，部门管理机构一般为一正一副，纪检组长职数根据有关规定设置。各部门内设股室领导职数按以下原则配备，编制在2名以下的配一名正职，4名以上的配一正一副。精简内设机构，区委各部门内设机构按总量精简15%左右，区政府各部门内设机构按总量精简20%左右，各部门业务股室必须占总数的60%以上。区委设工作机构7个，纪律检查委员会（监察局与其合署办公)、办公室、组织部、宣传部、统一战线工作部、政法委员会（社会治安综合治理委员会办公室与其一个机构、两块牌子)、机构编制委员会办公室。区委设部门管理机构2个，文化局（加挂新闻出版局、版权局牌子)，区信访工作办公室更名为信访局。保密委员会办公室（保密局）并入区委办公室，对外保留牌子。区委办公室挂农村工作领导小组办公室牌子。区政府工作部门20个（监察局与纪律检查机关合署办公列入区政府工作部门序列，不计政府机构个数，编制计入区委总额)，发展计划局（计划委员会更名)、经济局（经济委员会更名)、财贸局（财贸工作办公室更名)、财政局、水利局（水利水电局更名)、建设局、交通局、农业局（乡镇企业经济委员会更名为乡镇企业局，与农业局合署办公)、林业局、粮食局、计划生育局、劳动和社会保障局（不再保留劳动局)、政府办公室、教育局、科技局、民政局、司法局、人事局、卫生局、审计局。政府管理机构2个：环境保护局、物价统计局。改革后的机构总数比原有的30个减少8个，精简26.6%。区委、区政府共有15个副科级以上承担行政职能的事业单位列入机构改革的范围，改革后，精简为12个。精简比例为20%。体育运动委员会更名为体育局，老干部工作局更名为老干部局，对外经济贸易局更名为对外贸易经济合作局，加挂招商合作局牌子，保留区档案局、史志办、农业机械管理局、畜牧水产管理局、农业综合开发办公室、农村经济经营管理局、供销合作联合社、旅游局(副科级)、扶贫开发办公室（副科级)。部门党组织办事机构设置，根据省委提出的“根据党员人数和工作需要合理设置机关党的组织的要求”，凡部门行政编制在60名以上，且党员人数较多的，可单设机关党委；部门行政编制在59名以下的可设立机关党委、总支部或支部，与人事等机构合署办公室。部门纪检（检察）机构设置，根据《中共中央办公厅、国务院办公厅关于我国加入世界贸易组织有关情况的通报》等文件精神，参照省纪委、省监察厅派驻纪检、监察机构的有关规定设置。机关工会、共青团、妇委会等组织按有关章程设立。将二轻、轻纺、煤炭、商业、物资行业管理办公室，分别更名为二轻事务管理处、轻纺事务管理处、煤炭事务管理处、商业事务管理处、物资事务管理处、与各行业国有资产经营公司“一个机构、两块牌子”（物资事务管理处与物资总公司合并），职能不变。

2010年，实行区政府机构改革。区人民政府工作机构称工作部门，设置工作部门20个（区监察局与区纪律检查委员会机关合署办公，列入政府工作部门序列，不计政府机构个数），不再设立部门管理机构。组建区人民政府农村工作办公室（区委农村工作部）实行一个机构、两块牌子，列入区委机构序列。不再保留区委办公室加挂的区农村工作办公室的牌子。同时加挂区农业产业化办公室牌子。组建区工业经济和信息化局，将区工业经济局的职责、区发展改革局经济信息产业管理方面的职责，整合划入工业经济和信息化局。组建区交通运输局。将区交通局的职责、区战备办战备职责整合，划入区交通运输局。组建区人力资源和社会保障局，将人事局的职责、区劳动和社会保障局的职责进行整合，划入人力资源和社会保障局，不再保留区人事局、区劳动和社会保障局，人力资源和社会保障局内设区公务员局（副科级）。将建设局更名为住房和城乡建设局。将区人民政府部门管理机构统计局调整为区人民政府工作部门。撤销区人民政府部门管理机构区财贸局，将区财贸局的职能整合到区商务局，商务局加挂区招商局的牌子。区政府办公室加挂区人民政府法制办公室牌子、政府研究室牌子。发展和改革局加挂区物价局牌子。

二、乡镇、街道机构设置

1990年，怀化市（县级）设街道5个（城中、城北、红星、迎丰、坨院）、区公所6个（盈口、黄金坳、泸阳、中方、铁坡、铜湾）、镇政府5个（泸阳、花桥、中方、排楼、铜湾）、乡政府27个（盈口、石门、榆树、杨村、黄岩、黄金坳、贺家田、芦坪、凉亭坳、下坪、龙场、聂家村、桐木、炉亭坳、鸭咀岩、铁坡、活水、石宝、接龙、锦溪、蒿吉坪、铜鼎、新建、袁家、丁家、新路河、蒋家）。

1995—1996年，按照政企分开和精简、统一、效能的原则，进行乡镇机构改革，撤销了6个区公所，合并了2个乡镇（盈口乡和榆树乡合并为盈口乡、杨村乡和黄岩乡合并为杨村乡）。重新核定乡镇党政群机关行政编制和后勤服务人员事业编制。明确乡镇行政编制的使用范围：党委正副书记、组织、宣传、纪检、武装等委员和共青团、妇联等社团机关人员、人大主席团人员、政府正副乡镇长（街道办事处正副主任）、秘书、民政、土地管理、计划生育、文教卫生、环境保护、建设规划、生产管理、计划统计、科技管理等人员。核定乡镇党委政府领导职数。核定乡镇内设机构，25000人口以上或新定行政编制35名以上的乡镇，内设机构5~7个；不足20000人口的乡镇，内设机构3~5个。开展简政放权，加强乡镇政府的功能，将市直部门延伸到乡镇的财政所、民政站、文化站、农技站、农机站、畜牧水产站、水管站、经管站、交管站、企业办、计生办等13个单位下放给乡镇。

1998年，撤地设市、区县分设。鹤城区有街道5个（城中、城北、红星、迎丰、坨院）、乡镇8个（盈口、石门、鸭咀岩、杨村、黄金坳、贺家田、芦坪、凉亭坳）。

2002年，全区进行乡镇机构改革。明确8个乡镇中，一类乡镇1个，即盈口乡；三类乡镇6个，即石门乡、鸭咀岩镇、杨村乡、黄金坳镇、芦坪乡、凉亭坳乡；四类乡镇1个，即贺家田乡。核定乡镇领导职数，二、三类乡镇领导职数配备不超过9名，四类乡镇领导职数配备不超过7名。乡镇领导职数用于乡镇党委正（副）书记、人大主席、正（副）乡镇长以及纪检书记、武装委员。5个街道的领导职数，比照乡镇的做法。各乡镇（街道办事处）只设一个综合性办公室，加挂计划生育办公室、社会治安综合治理办公室牌子，确定必要的助理员。

乡镇（街道）站所事业单位机构改革。全区乡镇事业单位由原来的11个归并为9个，具体设置为：将原文化事业管理站、广播电视站合并为文化广播电视服务中心；原林业站、水利水电管理站、畜牧兽医管理站、计划生育办公室、农村经济经营管理站、乡镇企业管理办公室、农业技术推广站、农业机械管理站分别更名为林业工作站、水利工作站、畜牧水产工作站、计划生育技术服务站、农村经济经营站、乡镇企业工作站、农业技术工作站、农业机械工作站。改革后，乡镇（街道）的计划生育技术服务站、林业工作站实行区乡镇共管，以区直主管部门为主，其他以乡镇管理为主。

2009年，开展乡镇（街道）机构改革。改革前，各乡镇下设财政所、综治办、司法所、计生办、安监站、文化站、劳保站、民政办、企业办、农技站、农机站、水利站、林业站、经管站、动物防疫站、国土所等16个机构；改革后，整合为“三办一站两中心”，即党群办公室、综合办公室、村镇建设管理站、农村社会事业发展服务中心和农村经济发展服务中心等6个机构，机构精简10个。改革前，各街道下设财政所、综治办、司法所、计生办、安监站、文化站、劳保站、民政办、企业办、爱卫办、城管站等11个机构；改革后，整合为“三办一站三中心”，即党群办公室、综合办公室、城市建设管理站、社会事业发展服务中心、社会保障服务中心、社区经济发展服务中心等7个机构，机构精简4个。改革前，各乡镇、街道有人员918人，改革后904人（城管的14个自收自支人员收归局里），其中，从区直各职能部门下派400名干部职工连人带编到各乡镇、街道(其中全额编制244人、差额编制84人，自收自支编制72人)，占乡镇、街道干部职工44.2%。其中下派299人到乡镇（全额编制175人、差额编制72人，自收自支编制52人），占乡镇干部职工53.1%；下派101名干部职工到街道（全额编制69人、差额编制12人，自收自支编制20人），占街道干部职工29.6%，有效增强了乡镇、街道的工作力量。

三、事业单位机构的设置

1990年，怀化市（县级）各类事业单位695个，其中：教育事业单位401个，科研设计事业单位8个，文化艺术事业单位43个，新闻出版广播事业单位36个，卫生事业单位14个，体育事业单位1个，农牧林水事业单位106个，城市公用事业单位9个，社会福利事业单位5个，机关附属机构4个，交通事业单位3个，公检法司事业单位1个，其他事业单位64个。怀化市乡镇、街道事业单位548个。

1998年，根据社会发展的各项需要，鹤城区共设置各类事业单位368个，其中副科级以上事业单位43个，乡镇街道二级事业机构166个，区直二级事业单位134个，教育事业单位25个。1999年，事业机构从368个增加到373个。2000年事业机构增加到382个。2003年，事业机构减少到330个。2009年，乡镇机构改革精简事业机构64个，2010年，全区事业机构减少到301个。

第二节　编制核定与管理

一、机关（行政）编制核定

1990年，核定市直党政群机关编制数566名，政法专项编制527名，乡镇（街道）机关编制743名（乡镇610名，街道133名）。市直机关核定使用编制总数1093名，其中，党委系统机关编制140名，人大机关编制26名，政府系统机关编制718名，法院机关编制93名，检察院机关编制72名，政协机关编制13名，民主党派机关编制2名，人民团体机关编制29名。1991年，党政群机关编制增加到598名，政法专项编制增加到545名，乡镇街道编制不变。1992年，党政群机关编制增加到599名。1994年，党政群机关编制增加到730名，政法专项编制增加到621名，乡镇街道编制不变。1995年，党政群机关编制增加到734名。1996年，党政群机关编制增加到735名，政法专项编制增加到688名。

1998年，撤地设市、区县分设，核定鹤城区党政群机关编制703名，其中，区直机关441名，街道67名，乡镇机关195名。区直机关核定使用编制总数441名，其中，党委系统机关编制73名，人大机关编制17名，政府系统机关编制332名，政协机关编制10名，民主党派机关编制2名，人民团体机关编制9名。核定政法专项编制152名，其中，检察院48名，法院72名，司法局32名。1999年，区直机关行政编制从441名增加到442名。2000年，行政编制增加到833名。2001年，机构改革行政编制减少到729名，其中，党政群机关行政编制343名，政法部门专项编制135名，乡镇街道行政编制251名（选拔高校毕业生9名，基层财政所33名）。2005年，行政编制增加到736名。2007年，行政编制增加到798名。2010年，增加行政编制13名，其中，检察院增加2名，法院增加5名，基层司法所增加6名，全区行政编制总数增加到811名。

二、事业编制核定

1990年，怀化市核定各类事业编制7788名。1993年，事业编制增加到8647名。1994年，事业编制增加到8916名。1998年，怀化市鹤城区核定事业编制5385名，其中：全额预算3324名（教育事业单位核定财政全额事业2758名），财政差额预算844名，自收自支1217名。

1999年，事业编制从5385名增加到5403名。2000—2009年，每年编制都有增加，2010年，事业编制增加到6413名，比1998年增加了1028名，增长19.1%。

第二章 人 事

第一节 干部队伍

由于人事制度改革不断深入，区内干部来源于5个方面。

一、录取“以工代干”人员

1990年，坚持“公开、平等、竞争、择优”的原则，录用“以工代干”人员，同时，录用机关、企事业单位的工人。至1997年，共录用干部768人，其中“以工代干”人员187人，行政机关工人303人，企事业单位工人278人。根据湖南省委有关文件精神，从1998年4月15日起，人事录用冻结，停止采取“以工代干”方式，录用干部和公务员。

二、吸收乡镇聘用干部

1991年前，怀化市（县级）各乡镇均有合同制聘用干部，多数已聘用多年，有的已经担任乡镇领导职务，工作能力较强，经验丰富。按照历年对合同制聘用干部在“德、勤、能、绩”等方面的考核情况，从1991年起，陆续吸收部分优秀和称职者为国家干部和公务员，至1998年，共吸收乡镇聘用干部149人，此后再无合同聘用干部。

三、安置军队转业干部

1980年，根据上级有关政策，将军队复员干部全部改为“转业”作为干部安置，主要分配到企事业单位任职。

四、招收农村优秀干部和拔尖人才

1995年，按照“公开、平等、竞争、择优”原则，从农村录用基层干部和优秀人才。截至2010年，共有75名农村优秀人才被录用为国家干部，其中农村基层干部56人，拔尖人才19人，均分配在乡镇机关任职。

招收大中专毕业生

1991—1998年，共接收大中专毕业生426人，其中，大专以上毕业生197人，中专毕业生229人。在安排工作上强调专业对口，面向基层，其中，安排在行政机关83人，事业单位107人，企业单位121人，中小学115人。1998年起，大中专毕业生不包分配，由毕业生自选单位联系就业，没有再录用。

第二节　干部管理

一、干部任免

1991—1998年，怀化市（县级）共任免干部738人，其中，呈市人大任免274人（任命副县级领导11人，正局级领导134人，免职副县级领导7人，正局级领导122人）；市人民政府任免126人（任命正局级乡镇长45人，副局级干部24人，免职正局级乡镇长　42人，副局级干部15人）；任免股级干部338人（任命169人，免职169人）。

1998—2010年，鹤城区共任免干部826人，其中，呈区人大任免325人（任命副区级领导24人，正局级领导142人，免职副区级领导18人，正局级领导141人）；区人民政府任免501人（任命正局级乡镇长48人，副局级干部289人，免职正局级乡镇长48人，副局级干部116人）。

二、干部考核

1991年，开始干部考核制度化和规范化，建立了干部考核档案，坚持每年年底同主管单位对照岗位目标责任制进行年终考核，考核结论存入档案，作为管理和使用干部的依据。坚持每年对在考核中结论为优秀和称职者进行奖励，对不称职者和玩忽职守者进行惩戒。奖励除继续采取评选先进单位、先进工作者和劳动模范外，还增加嘉奖、记功、晋级等奖项。惩戒包括警告、记过、降级、降职、撤职、开除留用察看和开除公职等处分。1991—2010年，共评选先进单位303个，奖惩1206人次。

三、干部调配

1989年，由于实行党政职能分开，调配正局（科）级国家干部由市委、市人民政府（县级）共同研究决定，调配副局（科）级以下国家干部由市人民政府决定。1991—1996年，因工作需要，解决干部夫妻两地分居和家庭实际困难等问题，共调配国家干部412人，其中市内调动287人，调出市外、省外49人，外县、市、外省调入76人。1997年起，干部调配采用公务员岗位轮换和人才交流相结合，至2010年，共调配干部487人。

四、干部培训

1991年，市人民政府（县级）为提高国家干部和公务员素质，将干部培训工作列入重要工作日程。至2010年，通过举办学习班，参加技术讲座会等形式，共培训行政机关、事业单位干部和公务员17542人次。

五、离休退休退职

离休。2010年，全区共有离休干部65人，其中行政机关57人，事业单位12人，企业单位14人。按照规定，区内离休干部享受副厅级待遇2人，享受处级待遇47人，享受科级待遇7人，中级职称1人，助理1人，可相应参加有关会议和传阅有关文件，生活待遇从优。

退休。干部、职工退休分正常退休、因病退休、特殊工种提前退休、工伤残职业病退休4种。凡工龄年满10年以上，男满60周岁，女满55周岁（女工人年满50周岁）退休的人员为正常退休；连续工龄10年以上，因病或非因公负伤，男满50周岁，女满45周岁，有县级以上医院证明，经劳动能力鉴定委员会确认退休的为病退；从事井下、高空、高温、体力劳动特别繁重或有害身体健康工作的职工，连续工龄10年，男满55周岁，女满45周岁退休的为特殊工种提前退休；因工伤致残或职业病，有安全委员会工伤认可，经指定医院进行劳动能力体检和劳动能力鉴定委员会确认为1~4级的，属于完全丧失劳动力退休。至2010年，全区有退休人员11010人，其中行政、事业单位干部和工人2421人，企业单位干部和工人8589人。

退职。凡不具备退休条件，又因病或其他原因丧失劳动工作能力，经县级以上医院证明和劳动能力鉴定委员会确认，本人自愿退职的人员，准予退职。至2010年，全区未有人办理退职手续。

六、工资福利

1991年，行政机关和事业单位工资实行结构工资制度。由基础工资和职务工资两部分组成：基础工资每人每月40元，职务工资按职务不同为市长、副市长、局（科）乡（镇）长、副局（科）乡（镇）长、科员、办事员6个级别，每个级别又分为6个档次。1991—2012年，共进行了20次工资调整。

1998年，撤地设市、区县分设后，由于市里几次调整干部职工津补贴待遇，本着同城同酬的原则，区政府分别于2008年1月、2009年7月、2010年1月、2010年10月和2011年4月5次提高干部职工津补贴待遇，至2010年底，全区干部职工津补贴待遇年人均达到21600元。

第三节　专业技术职务评聘

1992年起，根据国家人事部和省、地职称领导小组的部署，实行经常性专业技术职称评审工作，除个别年份外，坚持每年评审1次，做到严格把关，认真评审。至2010年，共评审通过各等次专业技术职称3336人，其中，高级职称362人，中级职称2020人，初级职称954人。凡被评定的专业技术人员，均及时颁发专业技术资格证书，建立了个人档案，作为技术职务聘任的依据。

第四节　人才交流

人事委托代理。1996年，为搞活人才市场，根据国家人事部《关于全民所有制事业单位专业技术人员和管理人员辞职暂行规定的通知》和市人事局《关于流动人事档案管理的通告》精神，开始进行“人事代理”工作。至2010年，共实施“人事代理”10241人，其中国家不包分配的“五大生”3516人，国有企业下岗人员和流动人员档案委托6725人。

人才开发 1996年起，启动人才开发工程，成立人才开发领导小组，创办人才开发服务中心，通过各种渠道，组织人员深入基层单位、乡镇站所、农村第一线，采取听汇报、群众座谈等形式收集人才资源，适时进行人才交流。

第三章　就业保障

第一节　劳动就业

一、用工制度

固定工。1986年，除分配技校毕业生、安置退伍军人外，不再从社会上招收固定工工人。1995年起，所有固定工全部转变为合同制工人。

临时工。1991年，全市有临时工388人，其中计划内临时工126人，计划外临时工262人。1996年，计划外临时工小部分被清退，大部分被转为合同工。

合同工。1986年始，国营、集体企业新招工人一律实行合同制，至2010年，共招收合同制工人达1268人。合同制工人被录用后，必须与用人单位签订劳动合同，规定合同时限、工作任务、工资待遇、劳保福利等内容。合同期满，如用工单位不再聘用，待业期间由劳动部门发给一定数量的失业补助金。

二、就业培训

1991年，怀化市劳动服务公司贯彻执行“先培训、后就业”的原则，采用“中心”培训与用工单位联合培训和上岗培训等多种形式培训待业青年。至1997年，先后举办培训班10多个专业，培训待业青年1.5万人次。随着企业体制改革的不断深入，下岗职工队伍不断庞大，再就业矛盾日益突出，劳动部门就业培训重点逐步向下岗职工再就业培训转移。1998—2010年期间，随着就业政策的不断变化，就业培训先后经历了“培训学员自费培训”“‘三三制’补贴培训”（即下岗职工培训费用由企业承担三分之一、政府承担三分之一、培训者个人承担三分之一）、“就业专项资金补贴培训”三个阶段。主要是“农村劳动力转移就业培训”“下岗职工再就业培训”和“岗前培训”等。至2003年，新增了“创业培训”。1998—2010年，全区先后确立10余家次培训定点机构，开办了10多个培训专业，培训各类人员2.3万余人次。

三、就业安置

1991—1995年，通过企业招工和顶职等方式，安置知识青年。同时，为拓宽就业安置渠道，采取劳动部门介绍，自愿组织经济实体和自谋职业等多种形式进行就业。1996—1998年，各企业进行三项制度改革，在15652名职工中，下岗职工达13304人，占职工总人数的85%。此后，劳动部门将安置工作重点转移到下岗职工再就业上来，对入岗人员再就业实行优惠政策，发给就业优惠证，给予免费培训。在工商登记、场地安排、税收减免，资金信贷等方面给予扶持，为下岗人员实现再就业创造宽松条件。1991—2010年，共安置就业3万人次。

四、劳务输出

1978年后，随着农村家庭联产承包责任制的不断完善，农民的生产积极性空前高涨，富余劳动力逐年增多，每年外出打工的农村青年在2000人以上。针对这一形势，怀化市劳动服务公司服务中心充分发挥职能作用，狠抓劳务输出管理，做到“组织机构配套，内外信息沟通，管理服务一体，培训转移一条龙”，加强对劳务输出人员的组织、引导工作，使劳务输出规模逐年扩大。每年劳务输出都在4000人以上。共向广东、福建、江浙、上海等发达地区输出劳务人员1.5万余人次，其中由劳动部门对用工单位需求，有组织、有计划输出劳务人员1万人，民工自发联系在外打工者0.5万人次。据抽样调查，外出务工人员一年向家中汇款一般在1万元上下，每年累计为农村增加经济收入达1.5亿元以上。

随着市场经济不断完善，全区“民办职业介绍机构”迅猛发展。高峰期全区注册和非注册（黑中介）民办职业介绍机构达到近100家，劳动部门有组织劳务输出竞争力逐渐衰弱，输出人员逐年减少。至2005年，全区劳动部门有组织成建制对外劳务输出基本停止，就业安置工作重点转向市内。对外劳务输出逐步由民办机构和民工自发外出务工所替代。1998—2010年，全区劳动部门有组织新增对外劳务输出8000余人次，常年稳定在外务工2.2万~2.5万。往后逐年减少。至2010年，全区劳动部门有组织输出在外务工人员1万人左右。

第二节　劳动保护

一、安全教育

在每年5月“安全月”期间，除抓好各企业的安全生产外，组织各企业开展　“安全文化月”活动，采取出动宣传车进厂矿宣传、张贴安全生产标语、悬挂过街横幅、散发宣传资料等多种形式，进行安全教育。1998—2010年，由区政府直接同各战线、乡、镇签订安全生产管理责任书、重大安全事故追究责任制，督促基层加强安全教育和安全管理。

二、劳动争议仲裁

1991年，用人制度的不断更新，劳动争议时有发生。为妥善处理劳动争议问题，是年，成立了劳动争议仲裁委员会，由劳动局、总工会、经济委员会三方代表组成，并在上述部门聘请5名熟悉法律的人员担任兼职仲裁员，具体处理日常劳动争议仲裁工作。在处理中，坚持“调解为主”的原则，通过板报、电视广播、举办学习班、认真宣传《中华人民共和国劳动法》和《中华人民共和国企业劳动争议处理条例》，向群众解答劳动争议疑点问题，加强劳动合同管理和鉴证工作，使劳动、用工合法化。在企业中建立劳动纠纷调解小组14个，配置得力调解员68人。1991—2010年，共收到和处理群众来信471封，接待群众来访咨询400人次，受理劳动争议案件256起，仲裁结案256起，结案率100%。为2000余名民工追回拖欠工资1200万元，追回非法收取的劳动风险抵押金365万元，有效地维护了劳动者和企业的合法权益。

第三节 社会保障

一、社会养老保险

机关事业社会养老保险。1994年4月，成立怀化市（县级）机关事业单位社会保险所，核定编制3名，隶属人事局管理，为二级事业单位。1998年8月，成立鹤城区机关事业单位社会保险局。1998—2010年，核定在职人员编制由6名增加至14名，实有人数由4人增加至12人。2001年5月，经费渠道由自收自支变更为全额拨款。2002年7月，鹤城区机关事业单位社会保险局的主管部门重新调整，由人事局的二级机构变更为劳动和社会保障局的二级机构。

养老保险费征缴。1995年12月至2010年12月，参保单位由138个增加到179个，参保人员由701人增至7145人，参保率逐步达100%。基金征缴收入由1995年的16万元增至2010年的5401万元，共计征收养老保险基金4亿元。基金征缴任务年年超额完成，完成率在110%~280%。基金征缴率由1995年的75%提高到2010年的99%。

退休金发放。1998年撤地设市后，退休人员绝大多数留在鹤城区，在职人员年龄结构偏大，二者之比大致为1∶3。其后每年新增退休人员从几十人渐到100多人，至2008年新增退休人数达到240人。新增在职人员每年平均60多人。

1996年12月，发放退休金人员有27个单位382人。1998年区县分设时，发放退休金人员457人，发放退休金224万元。2010年12月，退休人员达2800人，发放退休金7052万元。1998—2010年累计发放退休金3.91亿元，按时足额拨付率达100%。

企业社会养老保险。1991年1月，成立怀化市社会保险事业管理所，隶属怀化市人事局二级机构，1995年9月，更名为怀化市企业社会保险管理局，机构级别为副科级。1998年8月，成立鹤城区企业社会保险局，主管机构变更为鹤城区劳动局，仍为副科级事业单位。主要负责企业职工社会养老保险基金的筹集、管理、支付、和职工社会保险档案的记载、管理，以及离退休职工的管理和服务。

制度建设。1993年9月，实行固定职工离退休费省级统筹。1995年，实行社会统筹与个人账户相结合。1996年前，企业养老保险仅局限于国有企业。1997年12月，企业养老保险扩大到集体企业、外资、“三资”企业和私营企业、个体工商户等其他类型经济企业。是年，全省实现了统一企业和职工缴费比例、统一个人账户划入比例和统一基本养老金计发办法的“三个统一”。2007年，进一步扩大到未参保城镇县属以上集体企业。2009年2月，扩大到灵活就业人员。参保人数由1991年的12300人，发展到2010年的19700人。缴费比例先后从1995年的27.5%（单位24.5%、个人3%），1998年的26.5%（单位22.5%、个人4%）、1999年的26.5%（单位21.5%、个人5%）几次调整后，规范到2001年的28%（单位20%、个人8%）。2000年，开始逐步将离退休人员养老金纳入社会化发放，至2001年7月，实现了100%社会化发放，成为全市第一个实现社会化发放的县市区。截至2010年12月，全区参保单位达217家，参保人员19700人，1991—2010年间，共征缴社会保险费3.188亿元，发放5.76亿元。

基金运行。1993年后，随着国企改革的不断深入，大量企业出现停产、减产甚至破产。2001年，开始正式拉开国有企业改革帷幕，首先在怀化旅行服务公司和汽车零部件总厂实施了改制，对国有资产和企业职工实施“两个置换”。2003年，提出“一年有所突破，二年进入攻关，三年全面收尾”的国企改制目标，过去处于隐性状态失业的体制性冗员大量释放。至2010年底，全区完成改制的国有企业68家，占89.4%，完成身份置换的职工达9700多人。为妥善解决下岗职工的基本生活，全区将下岗职工纳入再就业服务中心，签订托管协议书后由政府承担3年的应缴职工养老保险费，并按照“三三制”原则，即政府、企业、社会筹集各1/3的办法予以保障。

随着企业破产，改制的不断推进，养老保险基金征缴入库率逐年下降。2003年，养老保险基金年征缴入库首次下降至1000万元以下。2005年，征缴基金仅为790万元。而企业离退休人员不断增加，每年增长10%~15%，至2010年达6847人，养老金发放标准不断提高，至2010年达1150元。2010年养老金支付达8900万元。再加上企业清缴职工养老保险费低，2010年，累计欠缴4.2亿元，年收支缺口达3500万元。为确保全区国有企业改革目标实施，企保经办机构通过加大征缴力度，向省、市争取调剂资金和区财政兜底的办法，确保了基金平稳运行。

1991—1997年怀化市（县级）企业社保参保、收缴及退休金发放情况一览表

表14-3-1　　单位：人、个、万元

年度	当年退休人数	退休总人数	发放退休费	参保人数	缴费人数	收缴养老保险费	参保单位个数
1991	184	1420	143	12370	12370	320	316
1992	258	1678	630	12790	12790	470	321
1993	345	2023	970	13180	13180	720	326
1994	230	2253	1640	12540	12540	1120	218
1995	304	2557	1790	12260	12260	1530	175
1996	249	2806	1870	12310	12310	1750	143
1997	300	3106	1930	12470	12470	1810	136

1998—2010年鹤城区企业社保参保、收缴及退休金发放情况一览表

表14-3-2　　单位：人、个、万元

年度	当年退休人数	退休总人数	发放退休费	参保人数	缴费人数	收缴养老保险费	参保单位个数
1998	75	3181	2010	12620	12100	1560	123
1999	85	3266	2070	14600	13460	1480	155
2000	128	3394	2150	14490	9150	800	163
2001	151	3445	2270	14370	8610	910	157
2002	297	3742	2330	12350	7930	1060	151
2003	564	4306	2470	11640	6180	980	149
2004	331	4637	2560	13160	5720	1020	152
2005	287	4924	2950	12170	4300	790	161
2006	341	5265	3690	13480	10340	1480	157
2007	311	5576	4570	14730	12900	1930	145
2008	397	5973	5820	16160	14750	3740	177
2009	422	6395	6850	17720	15170	3530	193
2010	452	6847	8890	19700	15100	4880	217

2000—2010年鹤城区各项医疗保险参保情况一览表

表14-3-3　　单位：万人、万元

年份	城镇居民			城镇职工			生育保险		
	参保人数	征缴基金	发放数额	参保人数	征缴基金	发放数额	参保人数	征缴基金	发放数额
2000	—	—	—	0.358	46	12	—	—	—
2001	—	—	—	0.832	274	179	—	—	—
2002	—	—	—	1.1	580	417	—	—	—
2003	—	—	—	1.152	773	563	—	—	—
2004	—	—	—	1.383	1086	735	0.602	2	—
2005	—	—	—	1.502	1353	985	0.765	32	18
2006	—	—	—	1.854	1275	1244	0.923	33	26
2007	—	—	—	2.25	1876	1440	0.976	56	30
2008	11	1320	305	2.611	2961	1854	1.716	83	40
2009	15.3	1589	621	3.005	3731	2694	2.078	77	66
2010	19.8	2210	1264	3.153	2645	3283	2.216	92	101

二、医疗保险

2000年，成立鹤城区医疗保险管理局。2000年，全区参保单位68家，城镇职工医疗保险参保人数3582人。2007年8月，启动城镇居民基本医疗保险试点工作，由市、区两级财政对城镇居民参保人员给予适当的经费支持；将省拨的网络建设经费用于市本级网络建设。2008年5月，将城镇中小学生纳入城镇居民基本医疗保险。是年10月，将全日制普通高等学校本专科生纳入城镇居民基本医疗保险。自此，鹤城区城镇居民基本医疗保险试点工作全面展开。

2010年4月，调整城镇职工和居民医疗支付政策：降低住院起付标准；调整基本医疗保险基金支付限额。城镇职工基本医疗保险统筹基金最高支付限额由40000元调整为60000元，大病医疗互助费最高支付限额由120000元调整为150000元；调整基本医疗保险基金自付比例；调整住院床位费支付标准；对规定的急诊抢救费用予以支付，急诊抢救在72小时内转为住院治疗的，急诊抢救医疗费用与住院医疗费用合并计算；适当提高体内置放材料限额标准；调整特殊病种门诊医药费用个人自付比例和定额支付标准，在职职工的个人负担比例由30%下调至25%，退休人员的个人负担比例由25%下调至20%。城镇居民基本医疗保险政策调整相关内容包括降低起付标准，提高支付比例、上调统筹基金最高支付限额、居民子女被动物咬伤注射狂犬疫苗的医疗费，按不超过200元的标准限额报销，参保居民且符合政策的生育住院费用给予一次性定额补助，补助标准为平产维持不变，剖宫产由800元调整到1000元，对符合规定的产前检查费用给予一次性定额补助，补助标准80元（妊娠7个月后的门诊检查费用）。

2010年12月，全区参保单位达453家，城镇居民医保参保人数198000人，城镇职工参保人数31431人，生育保险参保人数达到22166人。2010年，征缴城镇居民医疗保险基金2210万元，支付1264万元，征缴城镇职工医疗保险基金2645万元，支付3283万元，征缴生育保险基金92万元，支付101万元。

第四节　工伤保险

2005年9月，设立鹤城区工伤保险管理中心。2006年5月，升格为副科级事业单位。是年10月，成为财政独立核算单位。2008年，在全市率先将行政事业单位、民间组织工作人员纳入工伤保险。2010年，工伤保险纳入市级统筹。

2010年底，全区参保单位358个，参保人数17905人，收缴工伤保险费281.25万元，支付保金130.54万元，累计基金结余360万元。

2005—2010年鹤城区工伤保险基金征缴运行情况一览表

表14-3-4　　单位：家、万元、人

年份	参保单位	征缴基金	赔付人次	支付金额
2005	85	22.09	5	1.48
2006	122	4896	69	15.26
2007	194	83.53	153	66.03
2008	226	121.84	163	77.24
2009	269	164.52	169	69.76
2010	358	281.25	201	130.54

第五节　失业保险

1986年，鹤城区正式开展待业保险业务，由怀化市劳动服务公司组织实施。1991年，共有参保单位344个，参保人数达49165人。单位按职工工资总额的1%缴纳待业保险金，职工个人无须缴纳，全年共收缴保险基金64.86万元。1993年4月，将城镇集体企业、私营企业及其职工，部分机关、社会团体和事业单位及其职工也纳入待业保险范围。是年底，参加待业保险人数为46442人，参保单位362个。收费标准为单位缴纳工资总额的1%，全年收缴基金224.17万元，全年救济待业职工94人，发放标准为63元/月，共发放待业救济金6.34万元。

1999年，改待业保险为失业保险，将缴费比例由原企业工资总额的1%提高到3%，其中单位负担2%，个人负担1%，并按规定调整基金支出结构，把失业保险金由原来的110元/月提高到140元/月，是年参保单位1794个，收缴基金49.4万元，一次性救济特困职工1146人，发放救济金16.04万元。2002年，全区国有企业和事业单位职工已全部纳入失业保险范围。2010年底，全区参保单位223个，参保人数11760人，收缴基金168.21万元，全年发放失业救济金39.04万余元，救济特困职工818人，发放标准为546元/月。基金累计结余573.56万元。

2000—2010年鹤城区失业保险基金征缴运行情况一览表

表14-3-5　　单位：家、万元、人

年份	参保单位	征缴基金	救济人次	支付金额
2000	179	56.39	280	3.65
2001	114	43.29	69	3.03
2002	285	53.34	338	7.44
2003	197	54.48	396	10.12
2004	125	91.6	250	6.38
2005	130	73.77	250	7.33
2006	138	101.79	297	11.92
2007	220	188.31	1096	41.23
2008	222	136.58	1054	40.97
2009	223	158.85	737	30.65
2010	223	168.21	818	39.04

第四章 民 政

第一节 基层自治组织建设

一、村民委员会换届选举

第一次村委会换届选举。1990年6月开始，是年8月完成。306个村，选出村主任306人、副主任153人、委员612人，选举工作严格依照法律程序和规定海选村委会成员。

第二次村委会换届选举。从1993年2月开始，是年4月完成。306个村，选出村主任306人、副主任156人、委员614人。在换届选举过程中，各乡镇、村都严格依照法律和有关文件的具体规定及法定程序办事。选举委员会成员中充实了一批懂经济、善管理、年富力强的致富能手，为发展农村经济、稳定社会、早日实现小康奠定组织基础。

第三次村委会换届。从1996年4月开始，是年6月完成。306个村，选出村主任306人、副主任158人、委员616人，此次换届选举充分发扬民主，严格依法选举。到1996年6月选举工作结束。整个选举工作整体有序地推进，没有出现一起违法乱纪现象和上访上诉事件。

第四次村委会换届。全区农村辖8个乡镇，坨院街道办事处及黄岩旅游区，92个村，943个村民小组，按照省、市政府的安排部署，从1999年2月1日开始，经过区、乡（镇）、村党政组织和全区村民的共同努力，到1999年3月31日结束。在全区52891个农户中，依法选举出新一届村民代表2968名，村委会主任、副主任、委员共294人。

第五次村委会换届。2002年4月开始，是年6月完成。在换届工作中，全区8个镇和坨院街道及黄岩旅游管理处的93个村，957个村民小组、77224个选民，依法选出了新一届村民代表3126名，村委会主任、副主任、委员284人。

第六次村委会换届。2005年3月23日开始，是年5月31日完成。全区8个乡镇93个村、757个村民小组、78221个选民，依法选出了新一届村民代表3128名，村委会成员298人，平均年龄在40岁左右。初中文化程度124人，高中以上文化程度157人，大专1人；村委会主任93人、副主任59人、委员146人（妇女100人）、其中党员220人。

第七次村委会换届。2009年5月开始，截止到7月完成。全区8个乡镇93个村全部一次性换届选举成功，依法选举产生村委会主任93人，副主任59人，委员145人，其中连选连任的主任65人。村委会成员中有党员219人，妇女成员99人，村委会班子平均年龄45.6岁，村主任平均年龄43.1岁。

二、居民委员会换届选举

第一次居委会换届。怀化市（县级）第一次居委会选举工作从1991年6月开始，是年9月结束。经过有关单位、街道、居委会和城镇居民的共同努力，5个街道52个居委会，选出居委会主任52人、副主任104人、委员156人。通过换届选举，增强了广大干部和居民群众的民主法治意识，优化了居委会班子的整体结构，达到预期的目的。

第二次居委会换届。从1994年9月开始，是年12月结束。52个居委会，选出主任52人，副主任105人，委员158人。本次选举产生的居委会班子结构优化，班子成员中充实了一批能力强、善管理的居委会干部。

第三次居委会换届。从1997年8月开始，是年11月结束。52个居委会，选出主任52人、副主任106人、委员160人。

第四次居委会换届。从2000年8月开始，是年9月15日完成。34个居委会（除城中街道新园社区居委会、仙人桥居委会和迎丰街道华锋居委会）依法选举产生居委会成员169人，其中主任34人，副主任35人，新一届居委会班子成员年龄在35岁以下的有37人，占成员总数的21.8%，大专以上文化程度的有13人，占7.7%，中共党员91人，占53.8%。居委会主任平均年龄44.5岁，高中以上文化程度22人，占64.7%。选举日参加中心会场投票的居民小组代表996名，参选率96.9%，直投率100%。

第五次居委会换届。2003年6月开始，是年9月完成。通过民主选票，从247名正式候选人中选出主任35名，副主任6名。同时，35名社区民警当选为社区居委会副主任。同时也选举产生社区居委会成员205人。

第六次居委会换届。从2006年9月8日开始，是年12月8日结束。35个社区居委会，153393个选民，依法选出了第六次居民代表1605名，社区（居民）管理委员会主任、副主任、委员255人，兼职55人，平均年龄在42岁左右。大专以上文化程度的131人，占总人数的51%。其中下派人员当选主任34名，副主任18名，委员37名。

第七次居委会换届。从2009年8月10日开始，是年10月15日结束。45个社区居委会，完成登记选民151299人，依法选出第七次居民代表1494名，选出社区居民委员会主任45名，副主任90名，委员169名。社区新班子文化素质高，304名成员，大专以上195名，占64%，比上届提高13个百分点，并且全部是高中以上文化；45岁以下248名，占81.5%；党员205名，占67%。

三、村民自治

根据《中华人民共和国村民委员会组织法》的规定，农村村民实行村民自治，由村民依法办理自己的事情，发展农村基层民主。各村委会组织按照村民自治的原则和要求，在农村积极推行村民自治创建活动。2009年，确定盈口乡西冲村、芦坪乡芦坪村为全区村民自治模范单位。2011，确定黄岩旅游度假区的白马村为村民自治示范村。

围绕村民自治，以村为单位制定《村规民约》《村民会议制度》《村级财务制度》《村民一事一议制度》《村务公开制度》等，促进了村民自治工作的制度化、规范化。

四、村务公开

1998年，全区有8个乡镇，91个行政村、1个镇辖社区。各村委会组织按照村民自治的原则和要求，在农村积极推行村务公开、民主管理。在公开内容上，主要是：政务公开，村委会的行政、决策过程公开；财务公开，村委会的各项收支公开；事务公开，村里的社会事务，公用事业公开。在公开形式上，实行“三挂牌”（挂牌办公、挂牌上岗、挂牌收费）、“四上墙”（办事机构示意图上墙、办事依据上墙、办事条件和程序上墙、办事结果上墙）。建立和完善了监督约束机制和村务管理制度，加大对村务公开结果的跟踪反馈，尤其是对乡村干部的工作作风、工作质量进行反馈，进一步推进了村务公开。全区村务公开及公开固定栏已达到100%；公开内容达98%；建立村理财小组和村监督小组达100%。

第二节　优抚安置

一、拥军活动

鹤城区人民有优良的拥军传统。每逢建军节和春节，境内各级党政部门采取走访、座谈、发慰问信、送慰问品、放电影、文艺演出、军民联欢等形式，开展慰问部队活动，并为驻地军队建设提供经常性帮助。1991—2010年，区（市）领导走访慰问驻军和地方武装60余次，发放慰问物质和现金，军民关系融洽。

1991年，成立市拥军优属、拥政爱民（简称双拥）工作领导小组，市长任组长。1992年，开展“双拥模范城”创建活动，创造性地开展双拥工作，走出了具有怀化特色的双拥新路子，极大地促进地方经济建设，有效地提高了部队战斗力，实现了军地之间的互利双赢。1991—1997年，怀化市委、市政府向怀化籍现役军人发慰问信，鼓励他们安心服役，为驻地建设做贡献；到驻军营地放电影80场。1998年怀化撤地设市前，怀化市连续3次被命名“全国双拥模范城”。

1998年4月，鹤城区正式成立。鹤城区委、政府继续把多办实事作为立足点，积极开展拥军活动。每年“八一”、春节期间，都召开拥军座谈会走访慰问驻区部队、老红军、烈军属、复退军人、伤残军人和部队离退休干部，帮助驻军解决生活保障、读书就业、军事训练等方面的问题。1998—2010年，区领导走访慰问驻军和人武部24次，慰问物质和现金达720余万元。

建区后，鹤城区积极探索退役士兵安置新思路，实现安置工作从单一安置就业向技能培训、扶持就业、经济补偿和自谋职业方面的转变，有效解决退役士兵安置难的问题。坚持以政策落实为重点，不断完善农村义务兵家属优抚金财政转移支付办法和优抚医疗保障制度，确保优抚金按时兑现落实和优抚标准随当地群众生活水平同步增长。2003年后，在全区广泛开展了“扶优奔康”活动。110户优抚对象先后顺利脱贫，20户示范户走上了富裕行列，并建立石门乡清水井、盈口乡凤坪村、梁氏趴趴虾等“扶优奔康”示范村（户），全区的“扶优奔康”活动正朝着更加宽广的道路阔步前进。2007年8月，建成了全省首个优抚对象疗养培训中心，切实改善了优抚对象的疗养条件。2008—2010年，先后完成了20户农村重点优抚对象“安居工程”，有效地解决了优抚对象住房难的问题。2009年“八一”建军节，区委、区政府、区民政局举办“军民鱼水一家亲”大型军民联欢会，节目丰富多彩。怀化电视台、《怀化日报》《边城晚报》先后报道了鹤城区拥军优属的先进事迹。其间，先后荣获“全国爱心献功臣行动先进区”“省拥军优属工作先进单位”等称号。

二、安置

按照省政府《退伍义务兵安置条例实施细则》关于“从哪里来，回哪里去”的原则，军队转业志愿兵，荣立二等功以上的士兵、革命伤残军人、城镇户口的士兵退役后，一般安排到行政机关、企事业单位就业。退役的农村户口士兵除少数被推荐担任乡村干部、到乡镇企业就业外，绝大多数回出生地务农。由于国有、集体企业改制和事业单位用人制度的改革，企事业单位自身人员需分流和买断工龄，退伍义务兵的安置出现困难。

安置措施。1990—1998年，实行“按系统包干安置”的办法分解安置任务，安置率100%。为城镇退伍士兵发放待安置期间的生活费，对破产企业职工或纯居民子弟的退役士兵、自谋职业的，由区财政给予一次性经济补偿。1998年，区政府实行指令性安置与双向选择相结合，与有关部门协调，为退伍军人牵线搭桥，包干安置任务，确保城镇退役士兵就业；实行乡镇企业招工、乡镇招干退伍军人优先；大胆使用军地两用人才，鼓励农村退伍军人立足农村、勤劳致富，军地两用人才开发使用率达90%以上。但安置压力仍然大，原因是很多单位均由市里上收，全区仅有的安置岗位局限于区直各单位，企业面对改制下岗，无法安置。面对压力，鹤城区积极探索安置改革新路子，每年仍安排一定的比例，实行岗位安置与自谋职业安置相结合，有效确保安置对象合法权益。

三、烈士褒扬

1997年11月28日上午，沈阳军区某部队怀化籍正排职干部向晟为抢救战友牺牲，被中国人民解放军某部队党委追认为革命烈士，并追记二等功。

2004年，鹤城区参与《三湘英烈传》和《湖南省革命烈士英名录》编纂工作，收集整理了全区100余名烈士的生平事迹，完成了“烈士英名录”的撰稿任务。

2006年6月25日，广州铁路公安局怀化铁路公安处民警纪宗岳，在怀化市公坪道口挂有异物的列车排险时光荣牺牲。同年，铁道部公安局给予追记个人二等功一次。2007年6月，省人民政府追认其为革命烈士。

2010年，本着“对历史负责、尊重烈士”的原则，对15个乡镇（街道）35个行政村（居），走访了42名知情人士、6个相关单位进行调查、了解、拍照、取证等工作，对鹤城区内的散葬烈士墓进行了彻底调查。

政府优待。1991年，粮油价格放开后，为保证城镇优抚对象生活不受影响，给城镇复员退伍军人每人每月补助6元。1992年，对解放战争时期入伍的农村复退军人的定补由每月20元调整为24元；对立大功和孤残复员军人，由每月20元调整为26元。1994—1995年，再次提高复员军人的“双定”补助，人月均达45元。1996年，为复员军人增加补助金额，为老复员军人每人每年补助门诊医疗费60元。

从1999年1月起，对在乡老复员军人每月提高生活补助费10元，7月份又再提高10元，人均达到55元。此后定期对优抚对象进行动态跟踪，核定人数，登记建档、消户，进行全面普查，并实行微机管理。对生活特别困难的优抚对象发放临时救济款4500多元，在乡复员军人门诊医疗费由每人每年60元提高到100元。2004年，在及时足额发放各类优抚款的同时，为生活特别困难的优抚对象发放临时救济金。1992—2010年，为解决老复员军人生活困难、住房困难发放补助。

群众优待。从2003年1月1日起，按照《军人抚恤优待条例》和湖南省民政厅、湖南省财政厅《关于城镇义务兵家属优待问题的通知》，对鹤城区城乡义务兵家属实行优待并发给优待金，年标准为1000元，略高于当地人均生活水平。鹤城区一直坚持开展“关爱在乡老复员送医送药”下乡活动，累计共投入资金50余万元。从2010年开始为全区优抚对象相应参加了城镇职工医疗保险、城镇居民医疗保险、新型农村合作医疗保险，极大改善优抚对象医疗难的问题。

四、抚恤

“三属”抚恤。1998年1月1日，对烈属、因公牺牲和病故军人家属（简称“三属”）定期定量抚恤每人每月增发8元。根据省民政厅转发民政部、财政部《关于提高部分优抚对象抚恤补助标准的通知》精神，从2001年1月1日起，为每人每月增发20元，达到154~201元。2002年1月1日起，为居住城镇的“三属”人员每月提高40元，居住农村的每人每月提高25元，月标准达到179~234元。2003年7月1日起，居住城镇的“三属”人员每月提高60元，居住农村的每月提高30元，月标准达209~294元。

五、伤残抚恤

为准确发放伤残抚恤金，2005年，为306名残疾军人换发残疾证。根据省民政厅、财政厅文件精神，1998年1月1日起，一等伤残每人每月增加生活补助8.8元，其他等级增加8元。2000年，按照省、市部署，普查核实全区伤残军人，并对伤残军人进行每年一次的抚恤金标准调整。2010年10月1日起，各类抚恤对象全年抚恤标准分别为：

一级因战28690元，一级因公27780元，一级因病26870元；二级因战25960元，二级因公24600元，二级因病23680元；三级因战22770元，三级因公21410元，三级因病20040元；四级因战18670元，四级因公16850元，四级因病15490元；五级因战14580元，五级因公12750元，五级因病11840元；六级因战11390元，六级因公10780元，六级因病9110元；七级因战8660元，七级因公7740元；八级因战5470元，八级因公5010元；九级因战4550元，九级因公3640元；十级因战3190元，十级因公2730元。

第三节　社会福利

一、福利企业

1990—1993年，怀化市（县级）先后成立了福利企业14家。随着市场经济的建立，行业之间、企业之间的竞争势头加剧，福利企业在激烈的市场竞争中不断处于劣势，加上福利企业内部管理人员素质不高，缺乏科学的管理方法和手段，先后有12家福利企业破产或改制。2010年，仅保留2家福利企业，分别为怀化铁路橡胶制品厂（原怀化铁路分局福利橡胶制品厂）、怀化市鹤城区民政福利公司（怀化市（县级）民政福利公司）。怀化铁路橡胶厂位于市城北路，是广铁集团怀化物质供应段下属的一家集体企业，有员工40人，其中残疾人员16人。怀化市鹤城区民政福利公司是区民政局直属福利企业，有残疾人员13人，占公司职工总数的40%。公司主要靠招待所、门面租金收入维持运转。

1991—2010年怀化市（县级）、鹤城区社会福利企业一览表

表14-4-2

企业名称	所有制形式	企业所在地	开办时间
怀化铁路分局福利橡胶制品厂	集体所有制	怀化市城北路	1990.08.24
怀化市军地两用人才塑料制品厂	集体所有制	天星路14号	1990.08.24
怀化市民政福利公司	全民所有制	怀化市兴隆街	1990.08.24
怀化市桐木福利线带厂	集体所有制	怀化市桐木乡	1990.08.24
怀化市迎丰福利线带厂	集体所有制	市锦溪路10号	1993.08.09
怀化市福利印刷厂	集体所有制	怀化市红星路	1990.08.24
怀化市民武福利印刷厂	集体所有制	杨村乡杨村村一组	1990.08.24
怀化市铜湾印刷厂	集体所有制	怀化市铜湾镇	1990.08.24
怀化市鸭咀岩福利羽绒厂	集体所有制	鸭嘴岩乡铜锣村	1990.08.24
怀化市福利布鞋厂	集体所有制	市人民南路51号	1994.06.17
怀化市花桥民福电器厂	集体所有制	怀化市花桥镇	1993.08.24
怀化市塑料包装厂	集体所有制	中方县牌楼镇	1993.08.24
怀化市城北社会福利织厂长远锑品分厂	集体所有制	鸭嘴岩镇长远村	1996.07.25
怀化市民政福利印刷厂	集体所有制	市茶园东路2号	1993.08.25

二、有奖募捐

鹤城区福利彩票发行高举“扶老、助残、救孤、济困”的公益大旗，坚持“公开、公平、公正”的发行原则，坚持“安全发行、健康发展”的工作方针和“多人少买、量力而行、理智投注”的公益运营方式，坚持“科学发展观，规范管理，加强队伍建设”的工作思路，确保福利彩票安全、健康、快速、有序的发展。从几个位置偏僻的投注站单一销售电脑票，发展到电脑彩票、刮刮乐票、高频彩票的联网销售。2010年底，共有投注站27个，遍及鹤城区的城镇和乡村。实现了发行方式电脑化，发行管理规范化，发行票种多样化，资金运作制度化的历史性转变。

三、福利院

1996年，成立怀化市社会福利院。1998年，改为鹤城区社会福利院，为区民政局管辖的二级事业单位，是城区唯一一所专门收养社会弃婴、孤残儿童的社会福利机构。2000年，院内共有床位28个，共收养服务对象62人。院内服务对象月生活标准为200元/月。2004年、2006年，先后改扩建了育婴楼及荣军楼，总投资约200万元人民币，总建筑面积1556平方米。至此，院内共有床位60个，其中，老人床位8个，孤儿弃婴床位52个；共收养服务对象92人，其中，老人8人，孤残儿童及弃婴84人。院内服务对象月生活标准为220元/月。

2000—2010年鹤城区社会福利院收养情况一览表

表14-4-3　　单位：人、张

年份		2000	2001	2002	2003	2004	2005	2006	2007	2008	2009	2010
收养人数	孤老	无	2	2	2	2	2	8	8	8	8	8
	孤残儿	62	71	74	78	75	88	84	82	87	95	102
	合计	62	73	76	80	77	90	92	90	95	103	110
收养条件	老人床位	无	无	无	无	无	无	8	8	8	8	8
	孤儿床位	28	28	28	28	60	60	52	52	52	52	52
	合计	28	28	28	28	60	60	60	60	60	60	60

2006年，成立鹤城区光荣院，形成了儿童福利院、光荣院、敬老院三院合一的综合性社会福利院，进一步扩大了业务范围。2007年1月，由于监督失控，对正常死亡的婴幼儿未按规定进行火化，进行了全面整顿，加强院内工作人员管理。2007年5月和2008年5月，先后成功举办了两次大型的爱心募捐活动，共募集爱心资金近30万元，其中，投入6万余元对大门进行了维修改造，加大了对绿化区的维修和养护力度，补种了各种花草，使院容院貌得到了根本性改变并荣获当年“市级花园式单位”。2008—2010年，福利院不断开展各项业务，先后为9名弃婴儿进行“明天计划”康复治疗手术，使其部分恢复生活自理能力，增强孩子们的自信心。福利院认真挖掘收养潜力，采取国内送养的途径，安置孤残儿童，2008—2010年，共安置孤残儿童153名。筹资42万元，对服务对象的居住区进行了较大的改造，对院活动室进行了装修，对整个院内进行了粉刷和维修，并添置了书架、空调、电取暖器、电脑、洗衣机、冰箱冰柜、应急装置及医务室等设备，大大提升了护理工作服务水平。2008—2009年两次荣获“全市社会福利工作先进单位”称号；2010年荣获“全省福利院（福利中心）管理服务先进单位”称号。

四、敬老院

怀化市有乡镇敬老院4所，分别在石门乡、花桥镇、铜湾镇、鸭嘴岩镇，都是20世纪70年代修建，到90年代，一直都没有大的资金投入。加上没有专人管理，敬老院基础设施得不到及时修缮，房屋陈旧，破烂不堪，条件极为简陋。

1998年，全区敬老院基础条件不断改善，入住人数不断增加。2004年，投入80万元改扩建了鸭嘴岩镇、石门乡、盈口乡等3所敬老院，入住集中供养五保老人90人，大大提高了五保对象集中供养比例。2005年，投入51万元改扩建了杨村、凉亭坳等2所敬老院，入住集中供养五保老人60人；投入5万元修建了黄岩田家村村级五保之家。2006年，投入30万元改扩建了坨院街道敬老院，入住集中供养五保30人；投入16万元新建盈口乡潭口村和方石坪村村级五保之家。2007年，投资60万元新建芦坪乡敬老院，入住集中供养五保40人；投资14万元新建石门乡双村和梨头园村五保之家。2008年，投入120万元新建黄金坳镇敬老院，入住集中供养五保50人；投资16万元新建石门乡双村、盈口乡板坡村村级五保之家。2009年，投资26万元新建了盈口乡朱溪村、杨村乡蒲天垅村、黄岩管理处白马村三个村级五保之家。

第四节　社会救济

一、赈灾救济

自然灾害救济。1991年，全市因灾干旱、洪涝、霜冻、病虫等灾害导致农作物受灾面积达10万多亩，造成农作物减产面积达38190亩，粮食减产9440吨；当年因灾倒塌、损坏民房2646间，造成经济损失1337万元。成灾人口达73197人，其中特重灾民达4461人，重灾民达20955人，轻灾民达47781人。当年得到国家救济达18600

人次。

1992年，全市因干旱、洪涝、霜冻、病虫等灾害导致农作物受灾面积达19公顷，造成农作物减产面积达135亩，粮食减产13208吨；当年因灾倒塌、损坏民房108间，造成经济损失806万元，成灾人口达82000人，其中特重灾民达7300人，重灾民达21600人，轻灾民达59100人。当年得到国家救济达36100人次。

1993年，全市因干旱、洪涝、霜冻、病虫等灾害导致农作物受灾面积达10799公顷，造成农作物减产面积达86985亩，粮食减产7478吨；当年因灾倒塌、损坏民房2153间，造成经济损失1878万元，成灾人口达105000人，其中特重灾民达11000人，重灾民达39000人，轻灾民达55000人。当年得到国家救济达13187人次。

1994年，全市因干旱、洪涝、霜冻、病虫等灾害导致农作物受灾面积达8653公顷，造成农作物减产面积达90525亩，粮食减产5411吨；当年因灾倒塌、损坏民房372间，造成经济损失1075万元，成灾人口达90370人，其中特重灾民达4416人，重灾民达27100人，轻灾民达58854人。当年得到国家救济达27300人次。

1995年，全市因干旱、洪涝、霜冻、病虫等灾害导致农作物受灾面积达7356公顷，造成农作物减产面积达84585亩，粮食减产4760吨；当年因灾倒塌、损坏民房576间，造成经济损失853万元，成灾人口达69400人，其中特重灾民达7369人，重灾民达29300人，轻灾民达32461人。当年得到国家救济达17500人次。

1996年，全市因干旱、洪涝、霜冻、病虫等灾害导致农作物受灾面积达12010公顷，造成农作物减产面积达16.5万亩，粮食减产50675吨，死亡大牲畜5460头；当年因灾倒塌、损坏民房19472间，造成经济损失10500万元，成灾人口达117600人，其中特重灾民达30670人，重灾民达11500人，轻灾民达75430人。当年得到国家救济达87500人次。

1997年，全市因干旱、洪涝、霜冻、病虫等灾害导致农作物受灾面积达786公顷，造成农作物减产面积达11790亩，粮食减产5400吨，死亡大牲畜200头；当年因灾倒塌、损坏民房145间，造成经济损失470万元，成灾人口达24900人，其中特重灾民达3970人，重灾民达14600人，轻灾民达6330人。当年得到国家救济达17900人次。

1998年全区因干旱、洪涝、霜冻、病虫等灾害导致农作物受灾面积达1300公顷，造成农作物减产面积达12000亩，粮食减产1200吨；当年因灾倒塌、损坏民房450间，造成经济损失160万元，成灾人口达45000人，其中特重灾民达5760人，重灾民达17400人，轻灾民达21840人。当年下拨救灾款33.9万元，得到国家救济达15000人次。

1999年，全区因干旱、洪涝、霜冻、病虫等灾害导致农作物受灾面积达850公顷，造成农作物减产面积达6750亩，粮食减产1000吨；当年因灾倒塌、损坏民房98间，造成经济损失140万元，成灾人口达19860人，其中特重灾民达4005人，重灾民达3285人，轻灾民达12570人。当年下拨救灾款14.4万元，得到国家救济达10000人次。

2000年，全区因干旱、洪涝、霜冻、病虫等灾害导致农作物受灾面积达1002公顷，造成农作物减产面积达10515亩，粮食减产1303吨；当年因灾倒塌、损坏民房174间，造成经济损失176万元，成灾人口达26585人，其中特重灾民达8001人，重灾民达6254人，轻灾民达12330人。当年下拨救灾款21.3万元，得到国家救济达15000人次。

2001年，全区因干旱、洪涝、霜冻、病虫等灾害导致农作物受灾面积达1770公顷，造成农作物减产面积达16200亩，粮食减产1200吨；当年因灾倒塌、损坏民房20间，造成经济损失265万元，成灾人口达23000人，其中特重灾民达5500人，重灾民达6281人，轻灾民达11219人。当年下拨救灾资金34.3万元。得到国家救济达9000人次。

2002年，全区因丁旱、洪涝、霜冻、病虫等灾害导致农作物受灾面积达1030公顷，造成农作物减产面积达11250亩，粮食减产1500吨；当年因灾倒塌、损坏民房120间，造成经济损失160万元，成灾人口达20000人，其中特重灾民达4890人，重灾民达4231人，轻灾民达10879人。当年下拨救灾资金50.5万元。得到国家救济达

22000 人次。

2003 年，全区因干旱、洪涝、霜冻、病虫等灾害导致农作物受灾面积达 986 公顷，造成农作物减产面积达 11835 亩，粮食减产 1300 吨；当年因灾倒塌、损坏民房 156 间，造成经济损失 195 万元，成灾人口达 35890 人，其中特重灾民达 9567 人，重灾民达 10089 人，轻灾民达 16234 人。当年下拨救灾资金 45.6 万元。得到国家救济达 19000 人次，帮助灾民恢复房屋 90 间。

2004 年 7 月 19 日至 7 月 20 日，全区普降暴雨，降水量达 270 毫米，㵲水河最高水位超警戒水位 3.86 米，创有记载以来的新纪录，形成特大洪涝灾害。在“7·19”洪灾中，全区经济损失惨重，有 8.18 万人口受灾，成灾人口达 8.08 万人，被困群众 8000 人，紧急转移群众 1.02 万人，倒塌房屋 4100 余间，直接经济损失近 3 个亿。区委、区政府启动紧急抢险救灾预案，带领全区人民，同心协力，迎难而上，积极开展生产自救，将损失降到了最低限度。灾害过后，区委、区政府号召全区向受灾地区捐款捐物，共收到捐赠款近 50 万元，全部用于灾民生产生活。当年，共下拨救灾款 147.6 万元、棉被 1000 床。帮助 31 户灾民恢复重建住房 103 间，有效维护了灾区的稳定。

2005 年，全区因干旱、洪涝、霜冻、病虫等灾害导致农作物受灾面积达 1025 公顷，造成农作物减产面积达 10515 亩，粮食减产 1308 吨；当年因灾倒塌、损坏民房 209 间，造成经济损失 182 万元，成灾人口达 32591 人，其中特重灾民达 8089 人，重灾民达 10590 人，轻灾民达 13912 人。当年下拨救灾款 82 万元，得到国家救济达 9000 人次。

2006 年，全区受到了旱灾和洪涝灾害的袭击。特别是 7 月 8 号的暴雨降雨量达 150 多毫米，造成全区多处交通中断，部分房屋受损，农作物被淹。受灾人口达 23472 人，农作物受灾面积达 14985 亩，其中绝收 219 公顷，造成损失 434 万元。当年下拨救灾款 108 万元，得到国家救济达 9455 人次。

2007 年，全区自然灾害频发，多次受到洪涝、干旱、虫害的侵袭。全年因灾造成农作物受灾面积达 36750 亩，其中绝收达 22815 亩，倒塌房屋、损坏房屋 292 间；受灾人口达 54861 人次，紧急转移安置 600 人次；因灾死亡牲畜 202 头。直接经济损失 2151 万元，其中农业损失 1895 万元。当年下拨救灾款 133.5 万元，安排救济粮 56 吨，调拨救灾棉被 400 余床，切实保障了灾区灾民的生产生活，维护了社会稳定。

2008 年，全区多次遭受洪涝、干旱、虫害和冰冻灾害的袭击，尤其是 2 月份的特大雨雪冰冻灾害，持续时间长给全区的经济、基础设施、农作物等造成了巨大的损失。据统计，全年因灾害造成农作物受灾达 90465 亩，其中绝收面积达 48855 亩；倒塌房屋 137 间，损坏房屋 322 间；受灾人口达 118926 人，紧急转移安置 380 人；因灾死亡大牲畜 8725 头，死亡家禽 98260 羽。全区 75675 亩经济林受灾面积达 100%，冻死各类花卉苗木 62 万株；185 千米路面受损，塌方 11 处；压倒电杆 2453 根，16.7 万米电线受损，通讯中断十多天，城区大面积停电断水，群众出行困难。厂矿、企业被迫停产，经济损失惨重。各类直接间接经济损失达 3.9 亿元，其中农业直接损失达 1.9 亿元。全年共下拨救灾款 245 万元，调拨救灾棉被 2000 余床、大米 14000 斤、食用油 200 斤、面条 500 斤、发电机 6 台。

2009 年，全区遭受了洪涝、干旱和雨雪冰冻灾害的袭击。因灾造成受灾面积达 41100 亩，绝收 25785 亩；损坏房屋 156 间；受灾人口达 63700 人，紧急转移安置 188 人。各类经济损失达 1324 万元，其中农业经济损失达 1221 万元。全年下拨救灾款 187 万元。

2010 年，入汛后遭受了多次的强降雨过程，给全区的经济、基础设施、农作物造成了一定的损失。据统计，几次强降雨造成农作物受灾面积达 24015 亩，其中绝收面积达 2850 亩。损坏房屋 227 间，受灾人口达 12.5 万人。各类直接间接经济损失达 995 万元，其中农业经济损失 807 万元，全年共下拨救灾款 195 万元。

二、农村特困户救助

农村特困户粮食救济，每年春夏荒，是粮食救济的关键时刻，即春荒一般在 2 月露头，3 月发展，4 月趋向严重，到 5 月小春作物收获，荒情缓解；夏荒一般集中在 7 月小春收获作物吃完、新谷尚未成熟和收成之前。农村的春夏荒主要是依靠群众互济互助、借贷地方积谷、群众自发生产自救度过春夏荒。在发放救济款时，适当照顾到缺粮人口。对无钱购买粮食的特困户，由民政部门调查落实后，发放春夏荒救济款，实施钱粮结合。

三、特殊救济

主要救济20世纪60年代精简退职老职工、城镇定救人员等。

四、募捐

为动员社会各界开展募捐活动，关心支援灾民生产自救，2004年11月10日，成立鹤城慈善总会，主要负责普及慈善文化，增强社会各界和公民的慈善意识；弘扬慈善精神，宣传慈善典型，依法推进慈善事业的健康发展；承办全区慈善活动的组织和开展，从事筹募善款、帮困救助、对外慈善交流与合作等工作。

开展“慈善一日捐”活动。通过“慈善一日捐”活动。设立慈善捐款箱，在社区建立“爱心超市”10家，在城区各大酒店、大型超市及怀仁大药房设立“爱心募捐箱”32个。设立“慈善募捐”专户，对党政机关、群众团体、民营企业、各行业、商会等进行慈善劝募。

五、赈灾救济

2008年2月，全区遭受特大冰冻灾害，受灾人数118926人。全区共有65个机关事业单位、企业和社会各界人士共为灾区捐款14.53万元，捐赠衣物2100件；是年4月，鹤城区芦坪乡发生火灾，烧毁房屋24间，受灾人口达到130人。全区120个单位办为其灾民募集资金10.51万余元，捐赠衣物2000件；是年5月汶川特大地震，全区98个单位及社会人士累计捐款199.74余万元，为地震灾区捐赠新御寒衣被891件。2010年4月，青海省玉树地区发生7.1级强烈地震，全办募集捐款9024元。

六、扶贫帮困

通过不断开展助困、助医、助学、助残、助老活动使1700名重病患者得医疗救助，帮助贫困学生400人，救济贫困家庭1万多户。慈善医疗金叶卡的发放。2006年省慈善总会联合省烟草公司发起“慈善医疗金叶卡”的救助活动。持卡人可在定点医院、药店看病取药，有效地解决了困难群众看病难的问题。2006—2010年，共为特困户、低保对象办理慈善金叶医疗救助卡1931张，每张面值500元，共计价值96.55万元，直接受益患者达1600余人。

贫困助学。通过政府投入、社会捐赠、福利彩票公益金等方式筹集资金，为社会特困家庭的学生完成学业。2006—2010年，共资助贫困学生400名，发放资助金101.22万元，其中帮助圆大学梦131人，资助32万元。

特困户帮扶。2005—2010年，为全区940户特困户落实临时救助金20万元，先后5次发放资金14万元，送去大米、食油、棉被等物资。此外，2009年，与佳惠百货开展送温暖活动，看望福利院的孤残儿童；2010年，携同君源华天大酒店看望红星社区的特困户为他们送去了大米、油等慰问物质和1000元的慰问金；与苏宁电器开展送温暖活动为福利院的孤残儿童送去价值4万元的慰问物质；携手阳光体检中心在全区开展贫困家庭免费体检活动，发放100张价值2万元的体检卡。

第五节　城乡居民最低生活保障

一、城市居民最低生活保障

1998年12月，鹤城区正式实施城市居民最低生活保障制度。根据《怀化市区城市最低生活保障制度实施细则》规定，城市居民最低生活保障标准为每户月人均120元，并实行补差救助。是年，全区及5个街道办事处分别成立城市居民最低生活保障工作机构。并对政策进行广泛宣传，通过调查摸底，至12月，共审定首批城市低保对象51户，发放低保金0.62万元，并建立低保对象家庭档案。

1999年7月，根据《财政部、劳动和社会保障部、民政部关于加强国有企业下岗职工基本生活保障城镇居民最低生活保障资金和企业离退休人员基本养老金使用管理问题的通知》精神，全区城市低保标准从每人每月120元提高至每人每月156元。1999年底，全区共审定城市低保户147户319人，全年累计发放低保资金15.55万元。2000年底，低保人数增至298户636人，年累计发放低保资金49.76万元。2001年底，全区共有在册城市低保对象388户869人，全年累计发放低保资金66万元。

2002年，随着国有企业改革的不断深化，国有企业下岗职工生活保障逐步向失业保险并轨，低保对象重点由老弱病残特困户逐步转向困难职工、下岗职工扩面。是年底，全区在册低保对象增至3796户9591人，全年累计发放城市低保资金203.25万元。

为规范城市居民最低生活保障申请、审批、发放、监督程序，完善低保对象建档、建卡，低保资金建账等制度。2003年，出台了《关于进一步规范和完善城市居民最低生活保障工作的规定》。是年7月，为方便群众，规范资金管理，杜绝低保金延时、挪用、截留等现象的发生，全区正式实行低保金社会化发放，低保资金全部通过邮政储蓄打折发放。2003年底，全区共有在册城市低保对象4982户12069人，全年累计发放低保资金534.95万元。

2004年，为进一步加强低保工作动态管理，出台《城市居民最低生活保障对象家庭分类保障实施办法》，将低保对象分为一、二、三类，实行分类施保；民政局成立了低保工作核查组，全面开展低保对象复查工作，基本形成低保对象有进有出、低保救助金有升有降的动态管理机制。基层民政办公室统一配备电脑，实现低保工作信息化管理。2004年底，全区共有城市低保对象5457户13280人，年累计发放低保金676万元。

2005年，充分发挥各职能部门协同作用，相继为城市低保家庭提供就业、医疗、教育、供水、供电、广播电视、法律等方面的优惠和服务，形成为低保家庭解决实际困难的多部门联动机制。是年年底，全区共有在册城市低保对象5341户12723人，累计发放低保金871.67万元。2006年底，全区共有在册城市低保户5774户12534人，累计发放低保资金1005.37万元。

2007年10月，随着物价上涨趋势，经请示怀化市人民政府批复鹤城区城市低保标准由原来的每人每月156元提高至175元。是年12月底，共审定城市低保对象6361户13657人，累计发放低保金1487.29万元。2008年底，全区共有在册城市低保户6918户14801人，累计发放低保金2036万元。2009年底，全区共有在册城市低保对象7613户16210人，累计发放低保资金2401.41万元。

随着人民群众生活水平的提高和本地物价的上涨，根据国家对特困群体应予以政策倾斜的要求，全国各地都相继提高了城市居民最低生活保障标准。全区参照当时怀化现行生活水平和各地做法，2010年8月，经请示怀化市人民政府批复鹤城区城市低保标准由原来的每人每月175元提高至200元，2010年底共有在册城市低保对象为8191户17232人，年累计发放低保金2605.25万元。

二、农村居民最低生活保障

2006年9月，鹤城区正式实施农村居民最低生活保障制度，将年人均纯收入低于650元的农村居民纳入低保保障范围，其救助补差按家庭月人均25元、15元、10元的A、B、C三类进行分类施保，以货币形式每半年到户口所在地的乡镇（街道）民政办领取低保金。是年年底，共审定农村低保对象464户1003人，累计发放农村低保金8.6万元。

2007年底，全区共有在册农村低保对象1055户2167人，累计发放低保资金40.51万元。2008年底，全区共有在册农村低保对象1726户3634人，累计发放低保资金120.7万元。2009年底，全区共有在册农村低保对象2232户4753人，年累计发放低保资金255.9万元。

2010年7月，出台《鹤城区农村最低生活保障办法》《鹤城区农村最低生活保障工作操作规程》等文件，将农村低保保障标准由年人均纯收入650元提高至1067元，救助补差按家庭月人均75元、55元、45元的A、B、C三类进行分类施保。2010年底共有在册农村低保对象2175户4635人，年累计发放低保资金365.5万元。

第六节　社会事务管理

一、婚姻登记

1992年，开展《中华人民共和国婚姻法》大宣传，严格按照《中华人民共和国婚姻法》的规定，规范乡镇婚姻登记工作。1993年，怀化市政府决定取消乡镇街道婚姻登记，在怀化市民政局设立婚姻登记管理处。从1993年1月1日起，婚姻登记全部集中在婚姻登记管理处办理。同时规定办理结婚登记必须有体检合格证明。启用怀化市人民政府婚姻登记专用章。为方便农村办理婚姻登记，婚姻登记管理部门定时组织婚姻登记员，到黄金坳镇、铜湾镇、铁坡镇政府开展循环登记。1993—1997年，共办理结婚登记17573对，离婚登记1272对，登记执法合格率均达到100%，共建档377册。

1993—1997年怀化市（县级）婚姻登记一览表

表14-4-4

年度	结婚（对）	离婚（对）	合计（对）
1993	3050	220	3270
1994	2970	256	3226
1995	3985	261	4246
1996	3338	269	3607
1997	4230	248	4478

1998—2010年鹤城区婚姻登记一览表

表14-4-5

年度	结婚（对）	离婚（对）	合计（对）
1998	2826	288	3114
1999	3242	326	3568
2000	2411	390	2801
2001	2400	400	2800
2002	2549	499	3048
2003	2698	558	3256
2004	2779	831	3610
2005	2929	1021	3950
2006	3314	1149	4463
2007	3521	1268	4789
2008	3865	1207	5072
2009	4467	1336	5803
2010	3818	1450	5268

1998年，成立鹤城区民政局婚姻登记处，启用怀化市鹤城区人民政府婚姻登记专用章。1998年1月至2003年9月，共办理结婚登记15137对，离婚登记2461对，共建档352册。2003年10月，新《中华人民共和国婚姻法》出台，启用怀化市鹤城区民政局婚姻登记专用章。2004年，率先在全省推行了颁证仪式，得到了全国老龄委李本公（民政部党组成员）及省民政厅厅长余长明的充分好评。2004年，获湖南省民政厅行风评议先进单位称号，2006年，获全国婚姻登记规范化建设窗口单位、怀化市先进单位称号。2007年，被评为怀化市巾帼文明岗、全省先进婚姻登记机关。2008年，被评为全国婚姻登记先进单位。2008年，联合妇联、影楼举办主题“为奥运加油，为奥运喝彩”的“浓情奥运集体婚礼”，旨在通过集体婚礼这种有意义的社会活动激发新人爱国、爱家，珍惜幸福生活的意识。2003年10月至2010年，共办理结婚登记25686对，离婚登记8262对，共建档679册。

二、殡葬管理

1992年，《中华人民共和国殡葬管理条例》实施，改革土葬，节约殡葬用地，实行火葬进一步得到落实。1998年撤地设市以来，全区的殡葬管理工作全部上交到市民政局，鹤城只负责协助其相关工作。

三、地名管理

1992年，对城区道路名称、站牌名称和各种标志名称进行了全面清理，校正了不规范、不标准的地理名称。1998年，城区地名管理职能上收怀化市地名委员会办公室，鹤城区地名办配合其工作。2001年，怀化市地名委员会办公室主持编写《怀化地名志》，区地名办组织人员对域内行政区划和居民地名称、自然实体和人工建筑物名称、革命纪念地、名胜古迹、风景游览地名称等进行了清查整理，登录各种地名114条。2007年经区人民政府批准，城中、城北、红星街道增设命名了7个社区居委会。2008年，编制《怀化市城区社区专项规划（2010—2030)》。2009年7月，城南街道增设命名了西冲、狮子岩、湾潭3个社区居委会。

四、社团管理

社会团体是指全国公民自愿组成，为实现会员的共同意愿，按照其章程开展活动的非营利性社会组织。社会团体成立必须按照《社会团体登记管理条例》之规定，经申请登记、核准登记后，方可进行活动。

2000—2010年鹤城区社会团体登记情况表

表14-4-6

年度	数量	年度	数量	年度	数量
2000	4	2003	1	2004	3
2005	5	2006	5	2007	2
2008	5	2009	3	2010	2

第十五篇 法治 军事

1990年成立中共怀化市委政法工作委员会(简称政法委，后用简称)。鹤城区成立，区委仍设政法委，与社会治安综合治理委员会为一套班子。其主要工作在同级党委的领导下负责组织、协调、指导辖区内政法系统开展工作，支持和监督政法各部门依法行使职权，组织、协调社会治安综合治理工作，协助党委及组织部门管理政法部门的领导班子和干部队伍。

在协调公检法司全面开展法治社会建设中，自身工作的重点放在维护社会稳定上。建立健全维稳责任机制，先后出台了《鹤城区维护社会稳定工作责任制度和相关工作规范》和《鹤城区维护社会稳定工作责任体系图》。明确“属地管”“谁主管，谁负责”的原则，层层签订维护社会稳定工作目标责任状。在化解社会重大矛盾纠纷中，采用区级领导分片包干，深入街道、企业厂矿、乡镇开展矛盾纠纷大排查。1998—2008年，共排查出各类重大矛盾纠纷1033起，化解销号1027起，2009年全年调处重大矛盾纠纷50起，化解48起。

在全系统中加强政法队伍建设与执法监督，开展平安创建活动，社会治安综合治理民意测评2008年全省综合排名为第95位，2010年排位又有所下降。

第一章 政法委及综治

1990年，成立怀化市（县级）政法委，是年成立社会治安综合治理委员会，与政法委合署办公，一个机构、两块牌子。1998年3月，鹤城区政法委成立，社会治安综合治理委员会与政法委合署办公，设立综治办。政法委一直肩负着组织、协调、指导维护社会稳定工作；检查政法部门执行法律法规和党的方针政策情况，支持和监督政法各部门依法行使职权；协助地方党委及组织部门管理政法部门的领导班子和干部队伍，查处政法系统干部、干警中有重大影响的违法违纪案件等方面的工作。

第一节 严打整治

1991年，针对当时社会治安出现的乱源开展重点整治。对全市特种行业进行清理整顿。取缔电游室33家，销毁赌博机110台，抓获违法犯罪人员367人次，净化社会风气，减少社会乱源。1994年，根据中央农村工作会议精神开展“严打”斗争，在全区率先开展整治农村社会治安，先后部署“猎豹”“子夜”“零点”三次拉网和夏季治安严打整治行动，破获刑事案件316起，摧毁犯罪团伙78个，收捕打击对象431名，追回“三逃”人员183名，其中逮捕187名，劳教67人，处决罪大恶极刑事犯罪分子16人。通过一系列专项整顿，农村社会治安形势明显好转，18个乡镇连续三个月无刑事案件，流氓、地痞、恶霸横行乡里的混乱局面得到改观。1994年，针对城区交通秩序混乱问题，成立以市委书记方新琪任组长的“怀化市整顿城市交通秩序领导小组”，集中部署开展城市治安综合整治工作。1995年，决定利用三年的时间，到1997年将怀化市建设成为全地区治安模范城市，部署开展破大案、追逃犯、打团伙三大攻坚战，先后组织统一拉网行动18次，破获重特大案件503起，其中特大案件76起，追回“三逃”人员381名，摧毁各类犯罪团伙151个599人，逮捕879人，处决17人，有效震慑各类犯罪活动。

1998年，鹤城区委、区政府将维护全区社会政治稳定作为全年工作的头等大事来抓，继续推行“三制五创”活动，保持“严打”态势，重拳出击打击“黄赌毒”。在公开场合当众销毁收缴的黄赌毒物品。集中力量整顿铁路治安，制定《鹤城区集中整治铁路重点路段工作方案》《鹤城区铁路治安行动方案》，抓获涉铁犯罪人员51人，盗窃团伙2个，破获涉铁刑事案件22起，查出非法收购店12家，收缴铁路器材21.5吨。查办贪污贿赂、渎职案件11起，11人受到法律追究，挽回经济损失80余万元。1999年2—6月，相继开展“反盗、反扒、反抢、打击车匪路霸”、侦破大会战、春夏严打整治等专项行动。全年破获刑事案件411起，查处治安案件1722起，查获各类犯罪嫌疑人3977人。

2000年，开展“打拐”“禁毒”“打黑除恶”、打击“车匪路霸”严打整治行动，解救被拐卖妇女、儿童112人，社会治安形势进一步好转。2001年，开展严厉打击黑恶势力，“治爆缉枪”，“百日追逃”，打击黄赌毒，打掉涉黑涉恶团伙60个250人。2002—2003年，针对抢劫、抢夺多发性犯罪频发的严重社会治安情况，区委政法委及时协调相关部门开展针对性专项斗争。2002年摧毁以两名违法人员为首的两个“飞车”抢夺团伙。针对社会流散的枪爆危险物品对社会治安形成的严重隐患，加大排查枪爆隐患力度。区委政法委协调有关部门，印发《鹤城区治爆缉枪专项行动通告》，将流散在社会上的枪支弹药、危爆物品实行集中销毁。清查涉爆涉枪单位场所，下达整改通知书1120份，限期整改47家，收缴非法物品分两次进行公开销毁。2005年上半年，在全区范围内重点开展矿山安全整治、危险化学品整治、消防安全整治、交通安全整治工作。清查非法煤矿山26家，关闭部分非法采石场。下发整改意见130条，组织现场咨询、流动宣传活动4场次，受教育人员达到2万多人。2006年下半年，针对严重刑事犯罪活动和突出的治安问题，开展“打黑除恶”“打击盗窃机动车”“两抢一盗”“黄赌毒”“利剑行动”等严打整治专项行动，社会治安形势明显好转。2008—2011年，开展了“使命行动”“春季攻势”“夏季严打”“秋风行动”“打四黑除四害”“重点地域黄赌毒”专项严打斗争，连续四年实现命案全破，连续两年刑事案件破案数和打击处理数排名全市第一。全区刑事发案率持续下降，“两抢”同比下降37.1%。取缔22家色情场所，关停300余家电游赌博室。

第二节　稳定工作

1998年，坚持“发展是第一要务，稳定是第一责任”的指导思想，成立全区社会政治稳定工作小组，区委书记负总责，分管政法的区委副书记具体负责，建立由区委书记主持的维护稳定例会制度。定期分析预测稳定形势，研究稳定工作中出现的新情况和新问题。各部门严格按照《鹤城区维护社会稳定工作责任体系图》，坚持“属地管理”“谁主管、谁负责”的原则，落实维护稳定工作党政领导责任制、部门责任制和单位责任制，层层签订《鹤城区维护社会稳定工作目标管理责任状》。对重大矛盾纠纷，严格落实“一个问题，一名领导，一套班子，一个方案，一抓到底”的工作措施。针对企业改制后出现的新的问题，区委先后5次召开专题会，帮助解决改制企业困难职工生活及再就业问题。1999年，出台《关于进一步做好稳定工作的决定》。全力做好中华人民共和国成立50周年大庆和澳门回归等节点内工作，化解各类纠纷。审结农金会案件568件，收回逾期借款4011.2万元，保证兑付顺利进行。

2000年，下发《怀化市鹤城区维护稳定工作实施意见》《怀化市鹤城区维护稳定工作责任制和相关工作规范》，为全区维护稳定工作实行规范化和量化管理探索新路子。2004年，建立《鹤城区维护社会稳定工作责任体系图》，开展矛盾纠纷滚动排查。全年排查纠纷2710起，化解各类矛盾2690起，其中较大的矛盾纠纷88起，化解68起。2008—2010年，继续保持维稳工作力度和强度，着力提高社会管理创新水平。出台《鹤城区加强和创新社会管理工作方案》，推行“五包一”措施、区域事务“网格化管理”和社会稳定评估工作。3年间，预警重大矛盾纠纷419起，化解416起，清理信访积案178起，化解率83.5%。

第三节　基层安全创建活动

1994年，怀化市全面落实综治措施，全市推行《社会治安综合治理责任状》，市与区、区与乡、乡与村、村与组层层签订责任状。全市各乡镇成立政法、综治领导小组，由党政“一把手”任组长，派出所、武装部、司法、民政等负责人参加。全市建成和完善治保会308个1173人，调解会308个1152人，以民兵为主体的治安巡逻队306个1625人。

1995年，制定《怀化市社会治安综合治理领导责任制和一票否决制实施办法》，对社会治安综合治理不力的乡（镇）和单位实行“一票否决”。1996年，在全地区率先推行“三书督改制”和“综治台账”建设活动。“三书”，即“工作建议书”“限期整改书”“一票否决预告（决定）书”，此做法1997年怀化地区全面推广。深入开展安全文明单位、安全文明小区、安全文明社区、无毒社区、安全文明走廊、安全文明铁道等创建活动。至1999年，安全创建面由1995年的30%提高到94.5%。创建文明小区115个、治安模范单位231个、安全文明乡镇13个。

2000年，开展“政策法规进双家”学法、用法宣传活动，举办禁毒宣传和预防青少年违法犯罪图片展览，参观人数达10万人次。在全区范围内的中小学及民办职业学校聘请法制副校长，开设法制课。2002年，实行重点地区分类管控，加大对治安重点乡镇的“失控村”以及“涉河”（水域地区）违法行为的严厉打击，并将社区治安防范纳入城市社区改革和社区建设的总体规划。部署社会治安综合治理“八件实事”，“两会一队”等基层群防群治组织不断充实完善，基本形成横向到边、纵向到底的社会治安防控网络。至2003年，建成规范性社区警务室23个，组建专业治安巡逻队10个102人，全区8个乡镇和5个街道办事处建立以分管政法的副书记为主任、司法所长为副主任、派出所等单位为成员的司法调解中心，实行“红、蓝、绿”卡登记制度，加大群众纠纷调解力度；建立刑释解教人员落实帮教安置措施，落实率达88%。开展“无毒社区”“无毒乡镇”活动，建成无毒社区3个。清理流动人口，暂住人口实行“两点一证”管理。全面推行社区警务战略，强化社会面控制。全区公安机关按照“六统一”工作要求，至2005年共建立社区警务室28个，落实社区民警55名。对个别治安复杂社区，实行一区多警，社区警务室进一步走向规范，提高街面见警率和快速反应能力，有效预防和打击街头犯罪。其后，建成城区“警灯闪烁工程”，组建一支规模较大的自行车巡防队、电瓶车巡逻队，反扒窃、反两抢中队构成的专业巡防队伍，进行全时空立体巡防。新建和完善900余个治安电子监控探头，规范出城卡口，投资120余万元，建成一个特殊人群收治中心。对特殊吸贩毒人员进行收押治疗。

第四节　政法队伍建设

1991年10月始，怀化市委、市政府每年在全市政法系统开展集中教育整顿，严肃查处政法队伍中少数干警的违法违纪问题。全市有6名干警被调离政法队伍。1992年，在全系统开展争先创优活动，政法委印发《关于在全市政法干警中开展争先创优活动的通知》等3个文件，公安、检察、法院、司法部门相继开展“我为国徽添光彩”“争当人民卫士”等多种竞赛活动，一批干警被各级授予“模范卫士”“模范法官”“模范检察官”“模范司法工作者”荣誉称号，26名干警受到中央、省市政法部门表彰。1994年，开展为期三个月的政法队伍教育整顿活动，重点解决不廉洁、执法不严、群众观念淡薄、事业心和责任性不强等四大类问题，严格实施《关于清理调出不适合做政法工作人员的通知》，将不适于从事政法工作的人员调离出政法队伍。1995—1996年，建立健全综治工作领导小组和办事机构，完善政法、综治基层组织。截至1996年，全市各级各单位普遍建立相对完善的工作机构，配齐专抓政法、综治工作的党委副书记，大多数单位配备专职综治助理员，城区单位内部建立保卫科（室）和护院队、护校队、护厂队，全市335个村（居）委会，建立治保会、调解会和治安联防队。在政法队伍内部实行竞争和择优淘劣机制，全市政法系统全面实施干警聘任制和岗位交流，对检察院和司法局班子进行大幅度调整，聘请40名“干警形象监督员”，两年中，查处违法违纪干警19名，其中辞退5名，纯洁政法队伍。1997年，在全市开展创“十佳民警”“十佳检察官”“十佳法官”“十佳司法员”“十佳乡镇政法书记”的“十佳”竞赛活动和为期5个月的队伍集中教育整顿，在全市政法系统广泛推行双向选择上岗，政法干部的公正执法理念和争先创优明显增强，政法系统各局院召开学习讨论会25场次，702名政法干警参加政法队伍建设条规知识考试，12名干警在双向选择中落聘，8名进行集中离岗学习，查处政法干警违纪违法案件7起7人，清理辞退2人，开除党籍1人。

1998年，鹤城区委为加强全区政法队伍管理，制定《怀化市鹤城区政法系统干部管理实施办法》《怀化市鹤城区关于辞退不适合政法工作人员的规定》《怀化市鹤城区政法干警奖惩细则》，对徇私枉法、损坏政法干警形象、人民群众反映强烈的干警进行严肃查处。2000年，在全区政法系统开展“三讲”教育，面向社会各界广泛听取意见和建议，深入剖析政法部门及班子成员自身在党性党风方面存在的突出问题，全面推行警务公开、检务公开、审务公开，促进政法办案质量提高。2001—2006年，区委把政法部门领导抓队伍建设纳入综治和“双文明”目标管理责任范围，深入开展“一学三带头”和“争创人民满意”活动，举办全区性综治骨干、政法干警培训班，各乡镇、街道分管政法副书记、综治办主任、专干及辖区综治责任单位保卫科长、政法民警参加培训，政法综治队伍素质不断提高。2007—2010年，在全区范围内开展“千名干部下基层问民意、帮发展、促和谐”活动，政法委联系本系统工作实际，切实转变作风，深入基层调研。是年，区委政法委领导下基层调研达300余个工作日，召开各类现场办公会440多次，政法干部走访群众20余万人次，确立帮扶对子1248对。政法系统内部推行“积分督察制”，挂牌上岗制等内部监管管理办法，政法队伍接受群众监督的渠道越来越宽，自觉性不断提高，涌现全国优秀人民警察李先武等一大批先进典型。

1999年始，政法委每年开展执法大检查和专项治理活动，查纠执法活动中存在的问题，建立完善公检法司联席会议制度，确保司法公证。

第二章　公　安

第一节　机构

一、公安局机关

1991 年至 1998 年 4 月称怀化市公安局。1992 年，干部、职工 303 人，其中党员 208 人，设股室队所 16 个，分别是政工室、办公室、通讯股、法制办、行财股、政保股、经济文化保卫股、治安股、预审股、户政股、看守所、拘留所、刑侦队、交警队、治安中队、保安队，派出所等 44 个，后增设黄岩、活水乡派出所。9 月 23 日，坨院所与军事所合署办公，撤销蒿吉坪乡所。1995 年，编制 364 人，实有人数 373 人，党员 194 人。局机关设政工科、通讯科、法制科、行财科、政保科、内保科、预审科、户政科等 10 个股室，看守所、拘留所 2 个所，刑侦大队、交警大队、巡警大队、治安大队 4 个大队。1996 年 4 月 10 日，按照三定原则，设局长 1 名，政委 1 名，副局长 3 名，党委书记、纪委书记、政工科长各 1 名。职能科室所队 33 个。正主任科员 2 名，副主任科员 2 名。1996 年设强制戒毒所。

1998 年 4 月，鹤城区设立公安分局，为市公安局派出机构，在市公安局和鹤城区政府双重领导下开展工作，市公安局管理人、财、物。设局长、政委各 1 名，副局长 4 名（1 名兼纪委书记），政工室主任 1 名（配副科级），直属所（大队）长、教导员共 12 名。纪委与监察室合署办公，政工室、办公室、计划财务装备股、法制股、政保股、户政股、机要通信股、信访股，刑事警察大队、治安警察大队、监管大队、经济文化保卫大队均为副科级机构，治安拘留所为股级机构。2003 年在岗民警 263 名，编制 260 人。设立社区警务室 32 个，增加编制 20 个。2004 年内设机构 36 个，全部升格为副科级单位。4 月 26 日新设城东新区派出所，为副科级机构。2006 年 3 月 2 日，市局公安机关连人带编 100 名划入分局，下沉派出所。设立鹤城巡逻警察大队，负责 110 处警城区巡逻，为副科级机构，专项编制 20 名，领导职数设大队长、教导员各 1 名。2007 年机构调整，内设机构 10 个，指挥中心主任 1 名，高配副科级。政工监督室与纪委合署办公，配主任、纪委书记各 1 名，高配正科级。警务保障室，配主任 1 名。国内安全保卫大队配大队长、教导员各 1 名，高配副科级。刑事侦查大队、治安管理大队、经济犯罪侦查大队、执法监督大队、禁毒大队、人口与出入境管理大队均为副科级机构，配大队长、教导员各 1 名。2010 年编制 436 名，局长 1 名，政委 1 名，副局长 4 名，副政委 1 名，纪委书记 1 名，政工监督室主任（高配副科级）1 名。12 个内设机构：指挥中心、政工监督室、警务保障室、国内安全保卫大队、刑事侦查大队、治安管理大队、经济犯罪侦查大队、法制大队、禁毒大队、人口与出入境管理大队、巡警大队、有组织犯罪大队为副科级单位。除政工监督室、警务保障室主任为副科级（高配），其他大队设大队长、教导员各一名，高配副科级。治安拘留所为股级单位。

二、公安派出所

1991 年度，设城中、团结、广场、迎丰、红星、城北、坨院、军事、郊区、榆树、杨村、盈口、石门、泸阳区、泸阳、聂家村、花桥、下坪、龙场、铜湾区、丁家、袁家、铜鼎、新建、新路河、铜湾镇、蒋家、中方区、桐木、牌楼、炉亭坳、中方镇、鸭咀岩、黄金坳区、凉亭坳、贺家田、芦坪、黄金坳、铁坡区、石宝、锦溪共41个基层派出所，干部、职工300人。其中党员197人。1992年设44个派出所，后增设黄岩、活水乡派出所。9月23日，坨院与军事所合署办公，撤销蒿吉坪乡所。

1998年，派出所改革，建立发案少、秩序好、群众满意为标准的派出所。鹤城区设迎丰、坨院、红星、团结、文化山、城中、广场、城北、郊区、军事、黄金坳、凉亭坳、贺家田、芦坪、盈口、鸭嘴岩、杨村17个派出所，民警137人，设立警务区56个。湖天开发区成立湖天派出所（副科级），河西新区设立河西派出所（副科级）。鹤城分局城区所属广场、城北、城中、文化山、团结、迎丰、红星、坨院、石门、盈口10个派出所升格为副科级机构，各配所长1名，教导员1名。2007年10月机构调整，设置9个派出所，分别是广场、迎丰、团结、城中、新园、湖天、城东、郊区、黄金坳，均为副科级机构，配备所长、教导员各1名（高配正科级），副所长3名（高配副科级），公交派出所，副科级机构，配所长、教导员各一名（高配正科级），副所长2名（高配副科级），至2010年未变。

第二节　刑事侦查

一、刑事犯罪侦察

1991年，怀化市公安局全年共破获各类刑事案件1588起（其中协外破案和破获本市年前积案共328起），挽回损失50余万元；摧毁犯罪团伙140个，查获成员647人；查获窃车犯罪分子108名，侦破盗窃自行车案件430起，缴获被盗自行车301部、摩托车3部，挽回损失66000余元。1992年，共发刑事案件648起，破567起，挽回损失400余万元。648起刑事案件中重大案件251起，破获231起。在202起重大案件中，杀人、抢劫、强奸、爆炸、破坏生产等恶性案件共124起，破120起。1992年，发生特大案件共35起，破33起。

1993年，全市共发各类刑事案件687起，破596起，其中大案348起，破296起，特大案件62起，破47起，抓获刑事犯罪分子共909名，挽回各种经济损失600余万元。开展“321”打击行动和“严打”斗争，打击车匪路霸，打掉犯罪团伙17个，瓦解成员76名，挽回损失10余万元。1993年11月15日至18日，“猎豹行动”抓获违法犯罪分子231名。1994年，全市共发生各类刑事案件550起，破513起。其中，重大案件发案258起，破140起；特大案件发案50起，破48起。1994年，打击处理车匪路霸38名，破案81起，挽回经济损失7万余元；查破各类犯罪团伙91个348人，其中盗窃团伙36个150人，流氓团伙3个9人，诈骗团伙9个29人，抢劫团伙21个76人，强奸团伙1个3人，其他团伙21个81人。

1995年，全年共发各类刑事案件575起，破536起，其中重大案件300起，破284起，特大案件发45起，破40起。一年中，共摧毁各类犯罪团伙103个412人，共挽回经济损失200万元。1996年，全年立各类刑事案件469起，破455起，其中重大案件267起，破255起；特大案件立39起，破36起，挽回经济损失400万元。

1997年，全市共立各类刑事案件569起，破获486起，立特大案件57起，破获48起。破获1996年“6·27”“4·18”等省厅挂牌督办案件及当年“1·10”“3·27”等一批重特大案件，抓获各类作案成员566名，摧毁犯罪团伙67个237人，缴获轿车5台，摩托车29辆，彩电、录像机等高档消费品138台（件），为国家、集体和个人挽回经济损失400余万元。

1998年，开展“一稳定两打击三整治”“夏季严打”“双百会战”三次大规模的集中整治行动，有力震慑犯罪，遏制犯罪高涨势头，确保一方平安。全年共立各类刑事案件399起，破322起，其中，立重大案件139起，破103起，立特大案件48起，破46起。为国家、集体和个人挽回经济损失260余万元。

1999年，全年共立各类刑事案件742起，破368起，其中重大134起，破76起，特大41起，破22起，抓获作案人员512人，打击团伙犯罪22

个 87 人，缴获汽车 5 辆，摩托车 28 辆，彩电、录像机等高档消费品 73 台，为国家、集体和个人挽回经济损失 211 万余元，协外破案 53 起。2000 年，破获刑事案件 375 起，打掉犯罪团伙 35 个 138 人，抓获刑事犯罪嫌疑人 428 名，刑事拘留 434 人，转捕 213 人，转教 80 人，报捕 165 起 253 人，批捕 128 起 213 人，实际逮捕 243 人，起诉 143 起。通过侦查破案，为国家、集体和个人挽回经济损失 74.3 万元。黄金坳、芦坪、凉亭坳、贺家田四所联合查破一起价值 12 万元的盗窃案，挽回间接损失百万元。

2001 年，全局刑侦部门共立刑事案件 1342 起，破 621 起，打掉犯罪团伙 74 个 119 人。抓获刑事犯罪嫌疑人 615 人，刑事拘留 507 人，报捕 314 人，批捕 308 人，劳动教养 102 人，依法执行逮捕 319 人，依法移送起诉 319 人。为国家、集体和个人挽回经济损失 50 余万元。自 9 月 1 日起，在全区范围内开展“百日追逃”行动，抓获在逃人员 62 人，其中部督 1 人，省督 1 人，市督 2 人，涉黑涉恶团伙成员 14 人。

2002 年，立刑事案件 1508 起，破 571 起，其中，立“八类”案件 323 起，破 146 起，破省、市督办案件 10 起，摧毁犯罪团伙 61 个，瓦解成员 230 人。全年共抓获犯罪嫌疑人 568 人，为国家、集体和个人挽回经济损失 500 余万元，社会治安取得明显进步。全年共侦破命案 11 起。7 月 29 日起至年底开展为期 5 个月的打击“两抢”等多发性犯罪专项斗争，破获“两抢”案件 635 起，其中，抢夺 364 起，抢劫 271 起，抓获犯罪嫌疑人 269 人，摧毁“两抢”团伙 30 个，瓦解成员 106 人。对“两抢”犯罪嫌疑人刑拘 243 人，逮捕 162 人，劳动教养 68 人。

2003 年，全区共立刑事案件 1823 起，破 603 起，抓获犯罪嫌疑人 602 人，摧毁犯罪团伙 31 个 90 余人，破获八类严重暴力刑事案件 192 起，其中，杀人 3 起，故意伤害 30 起，抢劫 148 起，其他 11 起。对犯罪嫌疑人刑事拘留 553 人，逮捕 362 人，移送起诉 353 人，呈报劳动教养 197 人，批教 187 人，转捕转教率达 97.3%。为国家、集体和个人挽回经济损失 350 万余元。8 月中旬，开展打“两抢”专项行动，共抓获“两抢”违法犯罪嫌疑人 43 名，其中抢夺 24 人，抢劫 19 人。

2004 年，共立刑事案件 1596 起，破 578 起，破获八类严重暴力刑事案件 186 起，其中，破杀人案 10 起，故意伤害案 35 起，抢劫案 134 起；摧毁犯罪团伙 32 个 136 人，抓获犯罪嫌疑人 958 人，其中，刑事拘留 574 人，逮捕 360 人，移送起诉 400 人，劳动教养 170 人。问讯犯罪嫌疑人安全率达 100%，抓获在逃人员 416 人，为国家、集体和个人挽回经济损失 400 余万元。全年命案发 13 起破 10 起，侦破“12·18”“1·31”“7·26”“8·5”“8·16”“9·26”“10·10”故意杀人案、“5·22”聚众斗殴致人死亡案和“10·11”伤害致死案，侦破积压命案 6 起。

2005 年，共立各类刑事案件 2431 起，破获 754 起，破获八类严重暴力刑事案件 220 起，其中，破杀人案 3 起，故意伤害案 75 起，抢劫案 127 起，抓获犯罪嫌疑人 864 人，刑事拘留 557 人，逮捕 434 人，起诉 32 人，劳动教养 80 人，抓获网上追捕在逃人员 44 人。继续开展为期两年的“侦破命案”专项斗争，成立由局长挂帅的领导小组，明确工作重点和工作目标，制定切实可行的侦破方案，取得较好效果。全年命案发 16 起破 12 起。开展打击“两抢一盗”，打击盗抢机动车辆犯罪，打击涉电犯罪等专项行动，摧毁一批团伙，侦破一批有影响的案件。

2006 年，市区两级公安机关自 2005 年 11 月 1 日至 2006 年 1 月 20 日，开展为期 50 天的“利剑行动”。重点打击持械斗殴、流氓恶势力违法犯罪，“两抢一盗”等侵财型违法犯罪，暴力阻碍执法的非法行帮组织，吸贩毒违法犯罪，刑嫌和“两逃”人员。破获刑事案件 168 起，查处治安案件 399 起，抓获违法犯罪嫌疑人 580 名，刑拘 172 人，治安拘留 257 人，强制戒毒 151 人。2005 年 11 月至 2006 年 10 月，命案发 15 起，破 13 起，并协外省破一起积压命案。

2007 年，开展“冬啸行动”“夏季严打”等一系列专项集中严打行动。全年刑事发案 2451 起，刑事破案 1073 起，抓获各类犯罪嫌疑人 863 名，逮捕起诉 481 人。在逃人员上网 82 人，网上追逃 63 人。为国家、集体和个人挽回经济损失 600 余万元。强力打击“两抢一盗”侵财犯罪，遏制“两抢一盗”高发态势。严格落实命案督办、经费保障、奖惩分明的命案侦办制度。全年共立命案13起，破10起。2008年4月25日至9月20日，公安机关开展严打整治“百日会战”，破获各类刑事案件467起，其中严重暴力案件破61起，“两抢一盗”案件破361起，刑拘230人，逮捕218人，移送起诉244人，打掉各类刑事犯罪团伙42个157人，追捕在逃人员98人，追缴赃车8辆。全年共立刑事案件2453起，破案1047起，抓获各类犯罪嫌疑人669人，刑事拘留530人，逮捕391人，劳教63人，摧毁各类犯罪团伙28个，瓦解成员311人，追缴盗抢汽车15辆。共立八类严重暴力犯罪案件274起，其中抢劫案182起，抢夺案件260起，盗窃案件1305起。

2009年，开展严打整治“金牛行动”，破获各类刑事案件397起，其中“两抢一盗”案件破235起，打掉“两抢一盗”犯罪团伙10个，追捕当地在逃人员24人，外地在逃人员1人。成功破获“1·20”伤害致死案、“2·15”伤害致死案、“4·2”伤害致死案、“4·10”伤害致死案、“4·12”中坡山无名尸案、“5·26”放火杀人案、“7·16”伤害致死案、“7·16”故意杀人案、“9·5”伤害致死案、“9·10”伤害致死案、“10·5”伤害致死案等11起命案，抓获犯罪嫌疑人23人，打掉团伙2个14人，追回命案在逃人员16人。另破1997年故意杀人积案1起，协外破获故意杀人案3起。开展“虎啸行动”“使命行动”等严打整治行动，严厉打击各类违法犯罪活动，全力维护社会治安稳定。据统计，2009年10月21日至2010年10月20日，全区共立刑事案件3675起（其中补立年前156起），破案1102起，其中严重暴力性案件立352起破137起，11起现行命案全部侦破，刑事拘留597人，逮捕436人，起诉75人，劳教50人，追捕各类在逃人员175人，追缴被盗抢汽车11台，摧毁各类犯罪团伙35个，瓦解成员259人，挽回直接经济损失200余万元。

二、打击拐卖妇女儿童犯罪

2000年1—7月开展打拐专项斗争。7个月内共破拐卖人口犯罪案件7起，打击人贩子17名，其中2名逮捕，12名劳教，其他处理3名，解救儿童44名，其中，本地儿童14名，外地儿童30名。解救妇女112名，其中，本地妇女36名，外地妇女76名。2002年，解救被拐儿童3名，救助群众604人，找回走失儿童58名。

三、惩治有组织犯罪

1991—1999年，有组织犯罪归入重大刑事案件。

2000年，组织“扫黑除恶”专项斗争，摧毁带黑社会性质的犯罪团伙35个，瓦解成员138名。2001年，摸清55个流氓恶势力犯罪团伙。摧毁恶势力团伙54个225人，其中，涉枪团伙2个14人。2002年，打掉恶势力团伙47个185人。

2004年，打掉恶势力团伙19个71人。2005年，打掉恶势力团伙35个125人。2006年，摧毁各类犯罪团伙53个，抓获犯罪团伙嫌疑人267人。

2007年4月中旬，成立以“打黑除恶”为主要职能的有组织犯罪侦查大队，在全范围内展开黑恶势力调查摸底工作。边打边摸、边摸边打，全年摧毁黑恶势力团伙7个，破刑案43起，抓获涉黑涉恶犯罪嫌疑人68名，刑事拘留35人，行政拘留22人。2008年，侦破故意伤害、非法拘禁、寻衅滋事等涉恶案件21起，打掉恶势力团伙5个，抓获违法犯罪嫌疑人95人。

2009年，破获涉恶刑事案件27起，其中非法拘禁6起、寻衅滋事2起、赌博案件6起、强迫卖淫3起、故意伤害团伙案件5起，打掉恶势力团伙7个，抓获违法犯罪嫌疑人158人，其中刑拘55人、逮捕41人、行政拘留85人。2010年，破获涉恶刑事案件35起，其中非法拘禁4起、寻衅滋事14起、赌博案件2起、故意伤害团伙案件2起，摧毁黑社会性质组织2个，打掉恶势力团伙5个，抓获违法犯罪嫌疑人172人，刑拘79人，逮捕72人、监视居住1人、行政拘留93人。

四、打击毒品犯罪

1993年，破获中华人民共和国成立以来怀化市最大的贩毒走私案。1995年，查获、破获吸毒、贩毒案件18起，贩毒吸毒犯65人。1997年，破获吸、贩毒案件58起，其中大案6起，摧毁吸、贩毒团伙15个，抓获吸、贩毒人员453名，缴获海洛因358克。1999年下半年，刑侦大队、城中所、广场所、治安行动大队先后统一组织开展多次拉网行动，查获吸、贩毒人员39人次，其中劳教13人，强制戒毒45人。9月中旬，在火车站广场对吸、贩毒人员召开现场处理大会，在电视、报刊等新闻媒体予以曝光，震慑违法犯罪。

2000年，成立禁毒中队。禁毒中队全年查处涉毒案件21起，抓获吸毒人员329名。2001年，开展“扫毒风暴”“百日禁毒”整治行动。查处涉毒案件44起，捣毁窝点11个，抓获吸毒人员675名，缴获毒品314.5克、枪支5支，打掉团伙7个，抓获团伙成员37人。

2002年4月，成立禁毒大队。全年破获毒品违法犯罪案件251起，抓获违法犯罪人员418人，缴获毒品海洛因300余克。2003年，查破贩毒案件353起，抓获涉毒人员475人，摧毁吸贩毒窝点4个。建成“无毒社区”3个，瓦解涉毒犯罪团伙8个20人，抓获吸毒人员458名，缴获毒品海洛因60余克。对吸贩毒人员刑事拘留17人，逮捕16人，劳教48人，强制戒毒306人。对盈口乡赵家山村、石门乡新街村、金海村等城郊接合部三个村列为重点整治村，先后开展4次集中整治行动。

2004年3月5日至4月20日，组织开展“扫毒打抢”专项斗争。2004年8月组织开展“扫毒打抢除恶”专项斗争。2005年，禁毒部门破获涉毒刑事案件41起，其中特大毒品案件4起，抓获涉毒违法犯罪人员310人，其中刑拘19人，逮捕17人，劳教41人。6月6日至6月30日，开展打击以吸贩毒人员为重点的集中收戒统一行动，重拳出击，全员收戒，强制戒毒128人。

2005年11月至2006年10月，破获涉毒案件499起，其中刑事案件78起，抓获涉毒违法犯罪人员536人。2007年是全省为期三年禁毒人民战争的检查验收年，先后组织开展以“扫毒”“打击零包贩毒”“集中强制收戒”为主题的禁毒专项行动6次。重点加强对吸贩毒重点区域、涉毒娱乐场所的整治工作，查破涉毒案件509起。查处毒品行政案件479起，共抓获涉毒人员757人，逮捕33人，劳动教养61人，强制戒毒453人，治安拘留207人。治安拘留、强戒、劳教吸毒人员720人次。

2008年破获涉毒案件358起，其中刑事案件12起，行政案件346起，抓获涉毒违法犯罪人员418人，刑拘16人，逮捕15人，行政拘留403人，强制戒毒227人，劳动教养15人。明察暗访公共娱乐服务场所40余家，查获涉毒人员84人，查处涉毒娱乐场所2家。2009年破获涉毒案件481起，抓获违法犯罪人员590人，其中刑事拘留37人，逮捕32人，行政拘留559人。强制隔离戒毒385人，社区戒毒79人。2010年全区47家“三品”（易燃、易爆、危险品）生产、经营、使用单位采取更为严格的管理，重新建立基础台账，全程动态监控精、麻药品及易制毒化学品的流向，全年没有发生一起“三品”流失案例。在全区涉毒问题娱乐场所建立违法行为警示纪录系统，实行挂牌整治，与娱乐场所签订禁毒责任书。全年共破获涉毒案件468起。

五、经济犯罪侦查

1997年，预防经济犯罪案件5起，侦查破获经济犯罪案件7起，刑事拘留11人，报捕8人，已捕2人，为国家挽回经济损失80余万元。1998年初，实施侦审合一改革。刑侦大队下设6个中队，在各中队间实施竞争机制，调动民警工作积极性，掀起侦查破案高潮。税侦中队自6月份组建以来，狠抓涉税案件的侦破，半年时间，为国家挽回税收损失130万元。1999年1—11月，税侦大队立涉税案件15起，查处15起，抓获犯罪嫌疑人22人，刑事拘留5人、报捕5人、批捕4人、治安拘留4人、警告3人、判刑1人、治安罚款4人，追缴税款221万余元。2000年，税侦大队受理涉税案件36起，查破涉税案件36起，其中，偷税案7起，抗税案1起，逃避追缴欠税26起，其他2起。抓获各类违法人员30余人，其中偷税10人，抗税3人，行政处罚4人，挽回税收损失115.4万元。

2001年，受理涉税案件48起，查破涉税案件48起，其中，抗税案件1起，追缴逃避欠税案件47起，挽回税收损失225万元。2002年，经侦大队和税侦大队加强对经济领域违法犯罪的打击和合法权益的保护。经侦大队共立刑案17起，破16起。立治安、行政案件6起，破6起，抓获违法犯罪嫌疑人35人，刑事拘留5人，逮捕5人，移送起诉5人，其他处理30人，挽回经济损失390万余元。2003年，全局共受理经济案件20起，查处19起，其中，税侦大队查处涉税案件3起，挽回税款损失151万余元。经侦大队立经济案件17起，破16起，其中，破合同诈骗案6起，虚报注册资本案2起，职务侵占案2起，其他6起，挽回经济损失154万余元。2004年，受理经济案件21起，查处15起，抓获违法犯罪嫌疑人员19人，其中，税侦大队立涉税案2起，挽回税收损失168万元。经侦大队破合同诈骗案8起，假币案1起，非法经营案1起，职务侵占案3起，传销1起，挽回经济损失278.6万元。

2005年，经侦、税侦部门受理经济案件16起，立案15起，破案8起。刑拘11人，逮捕4人，挽回经济损失80余万元。2006年，侦破经济犯罪案件19起。2006年4月18日，经侦大队接怀化市农行迎丰支行报案，客户姜某在该行办理金穗贷记卡，恶意透支50余万元。接案后开展侦查。2006年5月16日，在广东省中山市古错镇一出租房内将犯罪嫌疑人捉拿归案。2007年，立案侦查经济领域犯罪案件7起，破获4起，涉案总价值700余万元。2008年，经侦大队受理各类经济犯罪案件22起，破获22起，抓获犯罪嫌疑人17人，刑拘14人，逮捕起诉10人，挽回经济损失1000万元。2009年，受理各类经济案件13起，立案13起，破案9起。抓获犯罪嫌疑人13人，刑拘13人，逮捕起诉7人，取保候审3人，追捕逃犯2人。捣毁传销窝点8个，查处非法传销案件8起，抓获传销违法犯罪嫌疑人20人，遣返传销人员数百人。

2010年，受理各类经济案件17起，破14起，涉案金额868万元。抓获违法犯罪嫌疑人18人，刑拘18人，逮捕11人，取保7人，抓获在逃人员10人，挽回经济损失350余万元。

第三节　国内安全保卫

1991年，根据各个时期党的中心工作、贸易活动进行安全保卫。1996年，做好元旦、春节、国庆等重大节假日的安全保卫工作。1997年，全年完成大型活动保卫5次，大型会议7次，首长视察警卫8次。2001年后，做好两节、两会等节假日的值班备勤和大型活动安保工作，中央领导视察安保工作。2003年参与大型保卫活动23次，出动警力1575人次。2007年出动警力10000余人次，确保两会及重大节庆社会稳定，2009年，以建国60周年庆祝活动安保为重点，确保一年各类保卫工作任务完成。2010年组织参与上海世博会、第四届中国芷江·国际和平文化节安全保卫任务。至2010年，安保工作未出现重大失误。

第四节　治安管理

一、治安防控网络

1991年怀化市公安局加强保卫队伍建设，经济文化保卫股由5名干警增加到9名。加强内部单位保卫科、股力量，新成立2个保卫科、8个保卫股、2个经济民警队，增加保卫力量51人。对原360名保卫人员进行全面考查，89名不适宜做保卫工作人员进行调整。调整后有内部单位保卫力量357人。1992年，内部单位310个，保卫机构129个，新建保卫机构7个，新增保卫干部21人，内部单位保卫干部达359人。积极加强治保会、调解会组织建设。建立健全内部单位治保会477个，共1482人。1993年3月成立150人的治安联防大队，加强全市街面巡逻。1994年，建立群防群治网络，强化内部单位安全防范，在城区狠抓内部单位保卫机构建立健全，强化保卫措施。全市318家内部单位，建立保卫科、股的有130家，其余配备了保卫专干，建立护院守栋队、护厂护校队，新建保卫科、股7个，增配保卫专干5人，增加内部单位保卫力量80人。1995年，全市有106个内部单位保卫科、股，32个经警队，保卫力量527人。

2002年组建保安巡逻队，构筑“点线面”相结合的防控网络。在城区范围内组建10个97人的保安巡逻队。保安巡逻队协助公安机关查破刑事案件83起，查处治安案件181起，抓获各类违法犯罪嫌疑人417名。2007年，着力构建以机动车动态巡防网、治安岗亭重点巡防网、社区联防防控网、单位内部治安防控网为框架的巡防体系。构建以派出所巡片、巡警管面的机动车巡防网络。构建以治安岗亭为依托，岗亭守点，徒步巡线的重点巡防网络。构建以社区警务为载体，专群结合的社区联防防控网络。深入贯彻《内保条例》，构筑“三防”结合的单位内部治安防控网络。2008年，实施立体联动，治安防控不断改进。人防网络更加严密，行业防控不断加强，单位防控更加规范，技防防控大步推进，治安清查主动防控。

二、治安案件查处

1991年，怀化市发生治安案件3356起，查处3275起，查处率99%。查获违法人员5545人，其中，劳教48人，警告2082人，罚款2793人，治安拘留622人，收容教育540人。1992—1996年，共查处治安案件9167起，查处9107起，查处案都在99%以上，并且部分挽回经济损失。

1997年，查处各类治安案件1605起。治安案件构成发生变化，其中调处各类治安纠纷834起，处理重大群体性治安事件42件，查获违法人员4450人，其中罚款2473人，治安拘留895人，警告24人，劳动教养98人，其他处罚960人。

1998—2005年，鹤城区受理治安案件13291起，查处11440起，抓获违法人员33064名，有部分进行调解处理。案件查获率最高达到100%，最低年2004年仅达到75.6%。最高年受理2218起，最少年受理1037起。

三、查禁黄赌毒

1991年，怀化市开展旅馆业清理整顿行动，查获卖淫嫖娼109起218人。查禁旅馆业赌博296人，查获赌博407场1135人，缴获赌资27万余元（包括罚款）。1994年，怀化市公安局会同相关部门，组成文化音像市场稽查队，开展经常性执法管理和清理整顿，先后举办39期学习班，进行法律、政策教育。以《湖南省文化音像市场管理条例》为准则。处理文化、教育部门2名正科级干部，给予劳动教养处罚。下半年集中开展“扫黄打非”专项斗争，组织干警30余人开展集中清查行动。1995—1997年，对涉黄、涉赌、涉毒重点场所歌舞厅、卡拉OK包房、影视厅进行建档建卡，并定期不定期对相关场所进行检查。

1998—2010年鹤城区治安案件情况表

表15-2-1

年度	受理（起）	查处（起）	抓获违法人数（人）	处罚（人）		纠纷调解数（起）
				治安拘留人数	其他处罚	
1998	1512	1512	3812	—	—	3936
1999	1722	1722	3977	—	—	4115
2000	1817	1806	3510	1481	—	—
2001	1712	1552	3170	1223	1592	—
2002	1689	1154	2282	1125	—	1155
2003	1584	1135	1980	937	1043	—
2004	1037	732	1448	913	535	—
2005	2218	1827	2885	1008	1840	—
2006	2744	—	4475	1528	—	—
2007	—	2764	—	共处罚1991人		—
2008	—	3352	—	行政拘留1621人		—
2009	3384	2887	—	—	—	—
2010	—	—	984	430	劳教94	—

1998—2000年，共查处“黄赌毒”治安案件2301起，抓获违法人员6519名。共报批劳教356人，强制戒毒50余人。关闭涉嫌赌博电子游戏场所101家，停业美容美发、按摩场所43家。

2001年，根据省、市禁毒委总体部署，开展“扫毒风暴”“百日禁毒”整治行动。查处涉毒案件44起，捣毁窝点11个，抓获吸毒人员675名，缴获毒品314.5克，打掉团伙7个，抓获团伙成员37个；5月1日联合相关部门，查处卖淫嫖娼等“黄赌毒”案件27起，查获违法人员58人；10月至12月开展为其3个月整顿行动，查处赌博4起，卖淫嫖娼1起，传播淫秽物品案件1起，查获违法人员25人。治安行动队全年查处“黄、赌、毒”案件326起，查获违法人员676人，依法收容教育109人，治安拘留115人，报劳动教养4人，依法罚没款120万余元。

2002—2005年，查处“黄赌毒”案件1189起，收缴淫秽书刊、影碟707本（张），抓获违法人员3180人。2006年，开展一系列禁赌行动。

2008年，破获涉毒案件358起，其中行政案件346起。抓获涉毒违法人员418人，其中逮捕15人，行政拘留403人，强制戒毒227人，劳动教养15人。明察暗访公共娱乐场所40余家，查获涉毒人员84人，查处涉毒娱乐场所2家。摧毁赌博窝点20余处，打掉违法犯罪团伙6个，破获各类涉赌案件52起，抓获涉赌人员205人，没收赌资。查封电游室5家，收缴电子游戏机368台。2009年，破获涉毒案件481起，行政案件454起，抓获违法人员590，其中逮捕32人，行政拘留559人，强制隔离戒毒385人。查处涉赌案件70余起，其中治安案件61起，摧毁赌博团伙11个，抓获涉赌人员325人，行政拘留286人，逮捕20人，移送起诉24人，劳动教养1人，收缴赌博机746台。

2010年，破获涉毒案件468起，其中行政案件436起，抓获吸、贩毒违法人员311人。查处涉赌案件87起，其中治安案件62起，抓获涉赌违法人员412人，行政拘留367人，逮捕32人，移送起诉38人。查处涉黄违法行政案件16起。

四、特种行业管理

1991—1997年，对旅馆业、刻字业、印刷服务和废旧收购业，严格控制审批手续，进行安全管理，取缔非法、无证经营者，特种行业得以有序经营。

2000—2005年，对全区娱乐服务场所开展整顿，关闭和关停不符合规定、超范围经营场所，对典当行业进行规范管理。2006年，按照《娱乐场所管理条例》《湖南省娱乐休闲服务场所硬件设施安全管理规定》，对93家娱乐场所，246家旅馆业进行硬件设施安全检查，下达整改通知书713份，治安处罚41人。对全区废旧收购业进行集中清理整顿，与经营者签订《治安管理责任状》。2007年，贯彻落实公安部“八条措施”，会同相关部门取缔校园周边200米内电游室、网吧，整改各类安全隐患。

2008—2010年，对娱乐、废旧收购门店、服务场所进行常规检查。2010年始，旅馆住宿推行一人一证登记制度，安装旅馆监控系统和治安管理信息系统；网吧安装安全管理系统，加强对网吧线上监控。

五、危险物品管理

枪支弹药管理 1993—1996年，对内保单位枪支要求交与怀化市公安局集中管理。1996年10月，贯彻《中华人民共和国枪支管理法》，加强枪支管理，对全市枪支弹药进行统一清理整顿，共收缴非法民用枪支，查处各类涉枪案件。1997年举办四期持枪人员培训班。1998年在全区范围内开展民间枪支和公务用枪清理登记与收缴工作，收缴民用枪支。1999年，会同相关部门检查城内各派出所、农村派出所枪支管理。在全局范围内进行公务用枪清理登记及收缴统一保管。2005年，加强公务用枪管理，严格审查登记，5月对全局公务用枪进行全面清理检查。2006年，采取新的管理方式，建成枪支信息系统。2001—2010年每年在进行治安整治中都要收缴少量仿制枪支和子弹。

危爆物品及管制刀具、警具管理 1993年，开展危爆物品管理，实行三证，查封违章生产、经营的私人鞭炮厂11家。1995年，对580家危爆物品经销单位建档建卡，发放安全许可证。1996—1997年查处违反民爆物品管理案件5起，抓获违章人员18名，治安处罚16名，劳教2名，销毁伪劣鞭炮烟花120件，整改隐患419处，关闭烟花鞭炮厂1家。对危爆物品单位业主举办法制学习班9期。成立创建文明城市领导小组，制止燃放烟花爆竹159起。举办爆破员、安全员培训班3期，培训爆破员67人，安全员8人。

1998—2010年，对危爆物品、管制刀具、弩箭每年都进行清理，每年都有收缴。2003年始，烟花爆竹实行专营许可制度。2006年建立民爆信息系统。2010年成立具有法人资格的专业爆破服务单位，对流入社会的炸药加大清理力度。

六、治安防范

为达到迅速处置治安案件，1993年，在火车站广场成立综合执法队管理所。1994年强化市区主要街道、车站、码头、公共娱乐场所等复杂地点治安管理，强化社会面上的控制，建立完善巡警巡逻体制，组建33人的巡警队伍。10月份，在城内、城郊接合的主要交通要道、公共复杂场所设立9个治安岗亭，部署警力36人，坚持24小时值班。在320、209国道和省道的交叉口、复杂地段设置8个哨卡，部署警力24人，坚持昼夜巡逻和蹲点守卡。各岗亭、哨卡抓获违法犯罪分子73名。

1998年，全区11个城乡派出所全面实施由打击向防范转移的工作改革，划分出大小警区52个，71%以上的警力下到辖区，确保“一区一警”。完善以派出所为“点”，巡警“110”为“线”，刑侦、治安为面的动态防范网络。2003年，组建夜班警察，将机关50岁以下的民警组织起来，自晚上8时至第二天6时，轮流夜间上岗巡逻，加强对城区主要路段和公共复杂场所的巡逻、监控。2006年，成立社会治安防控体系建设领导小组，制订《鹤城区社会治安防控体系实施方案》，确保社会治安防控体系各项工作顺利进行。整合资源，多措并举，强化人力防控，以出城收费站为依托，设立5个治安检查卡。将全城分为6个巡区、16个巡段。并在城区分区分段设置16个治安流动岗亭，完善巡逻控线段、流动岗亭控区、单位控点、出城收费站控卡的防控机制。加大投入，科学规范，强化物防和技防。建立16个流动治安岗亭，为每个城区派出所购买警用车辆一台。2007年，设置200名保安公益岗位，投入资金购置18个流动治安岗亭，建成城区治安岗亭防控网络。投入资金为城区6个派出所各购买一台电瓶巡逻车，建成电瓶车巡防网络。购置自行车49辆，成立由社区民警带巡的背街小巷巡防队。2010年积极推进城市防控体系建设，扩充巡防力量。

七、处置突发事件

1998年，共制定各种处置突发性群体事件预案8份，预防和处理各种闹事事件30起，排除重大纠纷隐患40处。1999年，制定各种处置突发性群体事件预案4份，预防和处理各种群体性事件20起，排除重大纠纷隐患40处。2008年，组织三次大规模拉网式矛盾纠纷排查活动，排查化解纠纷206起。2009年，共化解各类矛盾纠纷458起，有效化解群体性突发性事件苗头68起。

第五节　户政管理

一、身份证管理

1992年，培训户籍警3名。1993—1997年，共颁发居民身份证17539张。

1996年，推出户政“窗口单位”。全年共办理居民身份证22790个，超计划85%。在对“三口”清理整顿中挖掘出犯罪嫌疑人240名，有效支持刑侦与其他业务工作。户政科被省公安厅户政处、政治部评为“人口信息系统建设先进单位”。

1998年，加强户政管理，完成工作对象的建档立卡，完成身份证纠错工作，为次年实行社会保障号码奠定良好基础。在5—9月的纠错工作中，各派出所查出错证8360个，多证745人，重证1008对，发出清理函件1793份。部、厅、市三级业务部门组织检查验收，取得全市第一名的佳绩，人口管理迈上一个新的台阶。

1999年，继续完成工作对象的档案立卡工作。红星、文化山、广场、迎丰、河西、黄金坳所对工作对象的建档立卡工作取得佳绩。加强身份证管理，建立11个“户政文明窗口”，上门办理居民身份证682个，纠错、换证2280个。

2005年，人口管理大队以实施“一元化”户籍管理、换发第二代居民身份证为契机，加强人口信息质量规范化建设，提高人口信息管理的权威性。2006年，全面推进“二代证”换发工作。2008年，按四星级窗口标准装修新办证大厅，人口与出入境管理大队推行“朝九晚五”工作制度和上门办证服务。

二、常住人口管理

1993年，城市居民人口信息全部进入微机管理，加强人口管理和控制。1994年，办理新区户口4576人。1995年，办理城镇户口4100人。投资建立红星、广场所人口信息微机管理系统。

1996年，城中、团结、迎丰、坨院四所完成人口信息微机管理系统建设工作，17万人口实现信息微机管理。办理小城常住户口2851人，各种类型的农转非3540人。1997年，完成农村户口城市化管理工作。1999年，为贫困群众解决农转非200多个。完善7个派出所人口信息系统，扫描36000余张人口图像。2004年，对15个派出所实施信息联网，全区常住人口信息录库率达100%，图像采集率达90.79%，新建工作对象4861人，为侦察破案提供有价值线索56条。

2006年，加强常住人口登记管理工作，提高了人口信息质量，完成无户人员上户821人，人口信息纠错802人次。

2009年，进行户口清理核对，审批人口信息主项变更1822人次，出生上户502人次，补录上户371人次。

2010年，团结派出所将常住人口全部纳入计算机管理，做到信息“五一致”，16周岁以上常住人口头像录入率达99%，纠正公民身份证号码重号107人。

三、暂住人口管理

1991年4月12日进行“两口（暂住人口、流动人口）”清理整顿工作，排查出违法人员946人。

1992年，对2115户、8837名租房人员及房主进行登记、办证和考察，查处不法经商者118名，处理偷税等人员477名，摧毁团伙犯罪窝点35个。

1993年，实施暂住人口动态管理，1994年，对暂住人口建立申报发证制度，对出租房屋实行许可证制。暂住人口管理步入规范化、制度化的轨道。1997年，加大对暂住人口的管理力度，全市登记暂住人口24153人，办理暂住证21192人。对“三无”人员发函435件，查破各类案件19起，抓获各类违法犯罪嫌疑人38人。

1998年，对暂住人口、流动人口进行清查。查出暂住人口1640人，办理暂住证1640本，暂住人口的办证率达100%。此后，每年针对暂住人口的变化，对出租屋、工棚、家庭宾馆等场馆进行暂住人口清查，并与出租房主签订治安责任状。

2010年，以第六次人口普查为契机，开展户口整顿和出租屋清查。人口大队牵头对全区9个派出所进行流动人口和出租房屋工作检查。全区共清理登记流动人口17722人，清理登记出租房屋3699户，签订治安责任状3699份，办理居住证7855个。

1991—1997年怀化市（县级）人口情况表

表15-2-2

年度	总户数	总人口	男	女	出生人口	暂住人口
1991	132307	498953	260394	238559	7474	11919
1992	138159	508141	265476	242665	5219	—
1993	145664	517010	270021	246989	5092	—
1994	150977	527541	275494	25047	4383	23119
1995	156667	535671	279537	256134	4608	—
1996	—	542922	—	—	—	44890
1997	—	549634	—	—	5467	—

1998—2010 年鹤城区人口情况表

表 15-2-3

年度	总户数	总人口	男	女	出生人口	暂住人口
1998	99846	301482	154649	146833	3300	1640
1999	104173	306911	158088	148823	3529	—
2000	105760	313901	161211	152690	3954	11200
2001	106317	319724	164443	155281	3450	—
2002	110924	326468	167883	158585	3513	—
2003	115834	333763	172161	161602	3591	23403
2004	118763	335808	171715	164093	3743	—
2005	122204	3414429	174768	166661	3640	—
2006	127761	347713	177784	169929	4202	—
2007	132163	351020	179290	171730	3435	—
2008	137449	352386	179861	172525	4022	—
2009	135920	356671	182423	174248	6222	—
2010	139345	357565	182226	175339	4526	7855

四、边境通行证及出入境管理

1991 年，严格外交管理，共接待到怀化市和路经怀化市探亲、旅游、经商、援建的外国人和中国港澳台同胞共 441 人次。对 31 名违章进入怀化市旅游的外国人进行处罚。严格外事管理制度。

1992 年，接待经商、援建的外国人和中国港澳台同胞 23 人次。接待探亲、旅游的外国人和港澳、台同胞 560 人次。严格审查后办理出境人员手续 31 件 33 人次。加强外事管理，纠正 165 名外国人违章旅行。

1994 年，全市共颁发边境证 7998 人次。

1995 年，全年共签发边境证 6808 人次。

1996 年，签发边防证 8285 个。

2000 年，办理边境通行证 2450 个。

2001 年，办理边境通行证 8400 张。

2003 年，办理边境通行证 5800 人。

2005 年，办理边境通行证 150 人。

2006 年，出入境管理及办证业务由怀化市公安局统一办理。

2009 年，办理涉外案件 10 起，其中非法旅行 3 起，不申报住宿登记 3 起，逾期非法居留 4 起。充实“两库”数据，扎实有效开展“两库”工作。

第六节　预审监管

一、预审

1991 年全年由预审部门受理的案件 263 件共计 527 人。通过审理报检察院批准逮捕 360 人，起诉 63 人，其中刑事拘留 163 人，转捕 124 人。全年共收审 592 人。预审报捕、把关、定性定罪等准确率达到规定的标准。通过预审办案，深挖犯罪，查破 66 起积案（其中大案 18 起），追缴赃款和赃物（抵款）25000 元。1992 年，刑事案件预审部门受理案件 220 起 352 人，审结送起诉 219 起 350 人。审结率达 95.8%。审性、定罪准确率达 100%，合法率达 100%。治安案件其中劳动教养 70 人。收审工作严格法律手续，健全制度，全年收审 320 人。1993 年查获各类违法犯罪嫌疑人 5658 人。在深挖犯罪中破获中华人民共和国成立以来怀化市最大的贩毒走私案。1994 年查获各类违法人员 4694 名。收教审核、治安拘留审核率均达 100%。报捕 265 件 543 人，全年受理起诉案件 239 件 402 人，审核 239 件 402 人，审结率

100%。直接起诉案件29人，增捕增诉28人。深挖各类犯罪案件260起，其中，年前积案81起。260起案件中，重特大案件109起，其中，年内重、特、大案件59起。1995年查获各类违法犯罪人员5425名，收审602名，其中收审逮捕217人，劳动教养120人，收审查处率70.6%。全年预审受理、审结案件215起413人，批捕192起342人，刑事拘留107人，审结率100%，准确合法率100%。深挖犯罪破案139起，其中重特大82起，增捕、增诉13人。

1996年共查获各类违法犯罪嫌疑人5040名，其中共收审578名（含1995年未结132人），收审准确率为100%，其中转逮捕199名，转劳教153人（全年劳教166名），直诉8人，转打击处理36人，打击处理率70%。刑事拘留137人，报捕403人，批捕347人。深挖犯罪96起（含协外），其中重特大案件43起。1997年，受理案件345起490人，报捕173起265人，批捕169起236人，起诉178起273人，其中直诉32人，刑拘444人，其中转捕237人，转劳教82人，待处理21人，转捕转教率达到75.4%，逮捕241人，审结241人，审结率达100%，深挖余罪破一般案件46起，增捕增诉7人。

1998年全年共报批劳教109人。1999年，刑事拘留437人，转捕179人，转教98人；报捕167起234人，批捕158起202人；实际逮捕213人，起诉163起225人。2000年，抓获刑事犯罪嫌疑人428名，刑事拘留434人，转捕213人，转教80人，报捕165起253人，批捕128起213人，实际逮捕243人，起诉143起，深挖余罪抓获抢劫人员6名，查破抢劫案42起。

2001年，共抓获刑事犯罪嫌疑人615人，刑事拘留507人，报捕314人，批捕308人，批捕率99%，转捕率60.7%。劳动教养102人，转捕转教率80.8%。依法执行逮捕319人，依法移送起诉319人，移送起诉率100%，移送退查率1.1%。受理治安案件1712起，劳动教养160人，查破经济案件27起，刑事拘留7人，批捕5人，监视居住2人，起诉3人。2002年，抓获犯罪嫌疑人568名，其中，刑事拘留554人，实际逮捕304人，起诉315人，劳动教养203人，深挖犯罪线索21条。2003年刑事拘留570人，逮捕378人，移送起诉353人，呈报劳动教养245人，批教187人，转捕转教率达97.3%。与上年同期相比，立案下降32.9%，破案增加13起，逮捕增加47人。2004年立刑事案件1596起，刑事拘留574人，逮捕360人，移送起诉400人，劳动教养170人，转捕转教率达85.4%。2005年，刑事案件中刑事拘留557人，逮捕434人，直诉32人，劳动教养80人，转捕转教率达84.8%，抓获上网在逃人员44人。2006年刑拘626人，逮捕直诉472人。2007年，治安案件中劳教1991人。刑事案件中，逮捕直诉481人，同比上升28.75%。2008年立刑事案件2453起，其中刑事拘留530人，逮捕391人，劳教63人。2009年，刑事案件中刑拘489人，逮捕380人。2010年刑事案件中刑事拘留597人，逮捕436人，直诉75人，劳教50人。经济案件中刑拘18人，逮捕11人。

二、监所管理

1991年拘留所完成治安拘留人员和收审人员管理教育工作。

1999年，两所民警始终严格遵守“防范在前，安全第一”的要求，注重抓法制宣传教育及监房纪律教育。2000年，治安拘留所开展整改，纠正违规收费。在教育过程中，与在押人员进行思想交流，对监所情况做到底数清、情况明，杜绝事故的发生。

2001年治安拘留所上法律教育课22堂次，清监26次，卫生消毒32次，谈话教育率达76%。2003年，治安拘留所加大硬件投入，加强自身安全。2006年，加强监管场所建设，及时添置、修缮基础设施，加固安全屏障，床位改造、统一标识牌和拘留人员识别服。2007年创建二级所为目标，狠抓责任考核、安全检查、执法执纪、内务管理等规范化管理。2008年，治安拘留所以等级评定标准为依据，积极开展“安全隐患大整治”“两整顿两规范”活动，确保监所管理安全规范。

第七节　消防管理

一、消防机构

1986年5月，怀化地区消防处与武警支队分开办公，编入湖南省公安消防总队序列。1987年，怀化市武警支队消防处改为“怀化地区公安消防大队”，下设12个县、市公安消防股。消防部队由公安机关领导，属武警序列，由现役军人组成。公安局消防股配备消防警官3人，负责城区防火监督工作。1993年，怀化地区公安消防大队升格为怀化地区公安消防支队（正团），怀化市公安消防股更名为“怀化市消防大队”。1997年底，怀化撤地设市后，怀化地区消防支队改为“怀化市消防支队”，怀化市（县级）消防大队改为怀化市鹤城区消防大队，辖怀化市鹤城区消防中队。大队、中队官兵24人，配大队长、教导员各1人，大队参谋2人；中队配中队干部2人，战士18人。2010年，大、中队人数（含官兵、合同制消防员和文职雇员）38人。大队配大队长、教导员各1人，副大队长1人，参谋2人，文职雇员6人；中队配中队干部、学员4人，战士22人，合同制消防员1人，担负鹤城辖区防火监督、火灾扑救和抢险救援任务。

二、器材装备

2010年，鹤城区消防大队共有执勤消防车辆5台，分别为3台6吨，1台8吨、1台12吨水罐消防车，另备1台抢险救援消防车和1台32米云梯车。储备灭火用水29吨，灭火泡沫1.5吨，库存水成膜泡沫5吨。器材装备有个人灭火防护服、避火服、防化服、隔热服、氧气呼吸机、起重气垫、救生气垫、缓降器、开门器、破拆工具组、照明灯组、火场通信器材以及灭火和供水等器材。

三、防火宣传

1992年起，以火警电话号码“119”为标志在每年的11月9日开展的“119消防宣传日”“宣传周”或“宣传月”，消防知识走进家庭，走进社区，走进学校，走进机关、企事业单位，走进乡村，消防宣传教育逐步走进社会的各个角落。1996年，市公安消防股学习宣传江泽民同志关于“隐患险于明火、防范重于救灾、责任重于泰山”的消防论述。

1998年，鹤城区消防大队会同各单位，走街串巷宣传贯彻新《中华人民共和国消防法》。1998—2010年，鹤城区出动消防宣传车3000余次，书写张贴标语和横幅20余万条。2001年4月为贯彻落实公安部《关于定期开放消防站，开展社会消防宣传教育的通知》精神，大队建立和开放消防站、图片展览、业务技能表演、车辆器材装备展示，开展报警灭火逃生、互动学习演练，定期于每月第二、第四两周末对外开放。共对外开放200余次，接待参观人员4万余人次。2009年5月1日，新《中华人民共和国消防法》颁布，向重点消防单位、企业事业单位、社区、学校等等发放新《中华人民共和国消防法》宣传册7万份，悬挂宣传横幅500条。

四、灭火救援

1987—2009年，中队担负着整个怀化市辖区及1998年4月后中方辖区的灭火救援和抢险救援任务。2009年9月，特勤中队正式参加执勤。截至2010年11月，鹤城区消防中队共参加灭火救援、抢险救援和社会救助12000余次，出动车辆24000余车次，疏散和抢救被困群众2000余人。2008年1月，怀化市遭遇特大冰雪灾害，大队官兵积极参与抢险救灾，被市、区多次表彰，多名官兵被省厅评为抗冰救灾先进个人。2008年“5·12”汶川特大地震中，中队3名官兵主动请缨，出色完成抗震救灾任务，被总队荣记三等功。2008年8月，奥运安保工作结束，大队被公安部评为全国公安机关奥运消防保卫攻坚战先进单位，多名官兵被省、市荣记三等功。

第三章 检 察

第一节 检察机构

1990年，怀化市人民检察院内设办公室、反贪污贿赂工作办公室、人事科、刑事检察一科、刑事检察二科、行政装备管理科、法纪检察科、林业检察科、监所检察科、控告申诉科、刑事技术科11个科室，干警75人。1991年设立财政农税检察室、矿产资源检察室。查处国家机关、企事业单位中的贪污、贿赂、玩忽职守、重大责任事故等案件。1992年3月设立木材公司检察室，9月设立经营管理检察室。1993年5月，为加强对贪污贿赂犯罪的惩治力度，经怀化地区编委批准成立反贪污贿赂局。1994年，设立怀化磷肥厂检察室、农业检察室。1995年，分别在建设局、烟草专卖局、鸭嘴岩乡、工商银行湖天开发区支行设立检察室。1996年，设立税务检察局，重点打击偷税抗税犯罪活动。1997年，法纪检察股更名为渎职侦查局，集中查处国家机关工作人员渎职犯罪案件及利用职权侵犯公民人身权利、民主权利的犯罪案件。

1998年，成立鹤城区人民检察院。2005年，内设办公室、政工室、监察室、侦查监督室、公诉室、监所检察室、民事行政检察室、控告申诉检察室、法警队、林业检察室、渎职犯罪侦查局、反贪污贿赂局12个局室队，专项编制40名。2006年渎职犯罪侦查局更名反渎职侵权局。2007年，专项编制增至52名。2009年8月，在城中设立社区矫正检察官办公室。

第二节 刑事检察

一、审查批捕起诉

1991—1994年，刑事检察工作坚持依法从重从快打击严重刑事犯罪的方针，将打击重点放在杀人、抢劫、伤害、拐卖人口、重大盗窃等严重刑事犯罪上，尤其是对车匪路霸、地痞地霸进行严厉惩治。先后开展反盗窃斗争、打击拐卖人口斗争、“三打两整一查禁”以及各种区域性打击活动，共批捕1409人，起诉1481人。开展严厉打击严重刑事犯罪的“猎豹”行动，先后出动68人次配合公安机关开展统一搜捕。

1996年，刑事检察工作以影响大、危害大的累犯、惯犯、车匪路霸和流氓恶势力、带黑社会性质的犯罪团伙及破坏农业生产、直接危害改革开放的犯罪为打击重点。对上述犯罪案件，坚持提前介入，以把握批捕起诉的主动权。重特大案件提前介入率达100%，起诉重点打击犯罪案件125件222人，占起诉案件总数的37%和43.9%。

1998年，根据建区后刑事发案的客观实际，将严重危害社会治安和国家、集体财产以及人民群众生命财产安全的犯罪活动作为打击重点，同时加大对贪污贿赂职务犯罪的打击力度，全年共起诉该类犯罪8人，促进反贪污贿赂、反渎职犯罪的深入开展。

2000年，刑检部门全面推行主诉（主办）检察官办案责任制，批捕、起诉两个部门合署办公。以主诉（主办）检察官为主，从快批捕抢劫犯罪嫌疑人76人，盗窃犯罪嫌疑人80人，杀人犯罪嫌疑人5人，诈骗犯罪嫌疑人17人。2001年，刑事检察工作增强政治敏锐性和工作主动性，积极参加“打黑除恶”专项斗争，始终把打击的锋芒对准危害国家安全和严重破坏社会秩序的黑恶势力和破坏经济秩序的刑事犯罪。

2005年，打击的重点在抢劫、故意伤害、杀人、绑架等严重暴力犯罪，流氓恶势力犯罪，盗窃、抢夺等多发性犯罪，毒品犯罪及破坏社会主义经济秩序犯罪上，共批捕413人，起诉439人。对严重危及人们日常生活、社会影响大、危害大的案件，从严从快审理，震慑犯罪分子，维护社会稳定。

2006—2007年，贯彻宽严相济的刑事政策，对刑事犯罪坚持区别对待，做到该严则严，当宽则宽，宽严协调有度。特别是针对未成年犯罪案件，坚持“教育、感化、挽救”的方针，对未成年案件特案特办，依法做出适当处理。对15名犯罪情节轻微的未成年犯罪嫌疑人做出不捕和不起诉处理。积极运用刑事和解，依法妥善处理轻微刑事案件，对17件案件进行刑事和解，作出不捕决定9人，相对不起诉决定17人。与公安、法院配合开展打击非法传销等专项整治活动。重特大案件坚持提前介入，提前介入案件210件，占受案总数的67.1%。依法批捕、起诉8名非法传销组织头目和组织者。

2008年，经审查批准逮捕252件416人，依法提起公诉285件491人，法院已作有罪判决265件464人。2009年，成功起诉2人25起系列飞车抢夺案，8人系列飞车抢夺、贩卖毒品案，5人20起系列摩托车盗窃案。

二、侦查监督、审判监督

1991年，通过审查批捕、审查起诉、出庭公诉等工作监督公安机关在侦查活动中、法院在审判活动中执法的公正性、合法性，对其中存在的违法行为依法提出纠正意见，督促改正。全年共向公安、法院发出纠正违法通知书3份，对法院判决不当的案件依法提起抗诉6件9人。

1992—1993年，侦查监督工作注重在审查案件中深挖余罪、漏犯，共追捕犯罪分子7人，追诉犯罪分子15人。对公安机关在侦查活动中以及法院在审判活动中的违法情况共提出纠正意见10余件次，依法提起抗诉5人。

1995年，推行“巡访监督”新举措，定期到市区和各乡镇派出所对已作出退补侦查的案件和批捕、不捕决定的人员情况进行查询，在审查案件中深挖漏犯余罪。对公安机关办案超期和其他违法行为提出纠正建议10件次。1996年，对公安机关报捕案件注明“在逃”“另案处理”的被告人、同案人逐个登记在册。追捕罪犯8人，追诉4人，对法院量刑畸轻的案件，依法提起抗诉2件。

1999年，加强对刑事诉讼活动的法律监督。认真开展立案监督、侦查监督、审判监督。对公安机关不及时执行不批捕决定和超期羁押发出4次书面纠正通知书，对公安机关有案不立、有罪不究，共5次向公安机关发出说明不立案理由通知书，促使公安机关予以立案侦查。在办案过程中，共追捕犯罪嫌疑人14人。

2003年，在侦查监督方面，继续开展侦查引导探索实践，坚持重大案件提前介入制度，认真探索侦查引导的新思路、新方式，引导公安机关收集、固定、完善证据。一年来共介入侦查99件次，占受案数的44%，填写《提供法庭证据意见书》149件次，占总受案数的66%。对犯罪嫌疑人的复核率达100%，复核关键证据100余人次。2005年，通过对公安机关提请逮捕的各类刑事犯罪案件的严格审查，重点加强对有案不立、有罪不究、以罚代刑及侦查活动中的违法行为的法律监督。全年共办理立案监督案件2件2人。2006年，办理立案监督案件3件5人，其中1件该立案而不立案的案件犯罪嫌疑人被法院判处有期徒刑14年。2008年，刑事诉讼监督力度加大，通过审查批捕、起诉工作，办理立案监督案件3件3人，追溯漏犯2人，抗诉2件，追捕漏犯20人，其中15人已判刑，10年以上有期徒刑1人，无期徒刑1人。2009年，进一步完善行政执法机关与刑事司法衔接的工作机制，监督应当立案而不立案案件3件3人。在侦查活动中，决定追捕13人，已被判刑6人，其中10年以上有期徒刑2人，无期徒刑1人。对有罪判无罪，量刑畸轻畸重的刑事判决、裁定，提出抗诉3件7人，法院改判2件5人。

2010年，完善行政执法与刑事司法衔接机制，与林业局、森林公安建立执法信息互通机制与涉林犯罪案件移送制度。刑事审判监督中，为规范法官裁量权，使量刑更加透明、合理，大胆探索量刑建议运用，全年提出量刑建议案件5件7人，法院采纳率为60%。

第三节　经济检察

一、反贪污贿赂

1990年，怀化市编委批准成立反贪污贿赂工作办公室，由于机构初设，其作为专门机构的职能还没有得到充分发挥，对内对外仍称经济检察科。重点对贪污贿赂犯罪、偷税抗税犯罪以及假冒商标等经济犯罪进行打击。

1991年，深入重点行业、部门查处贪污贿赂案件。全年共立案50件56人，其中贪污贿赂案件31件35人，挽回经济损失384466元。1992年根据最高人民检察院提出的检察机关要多办案，尤其是要多办大案、要案的要求，立案查处大案要案27件，占立案总数的51%。1994年，抓住群众反映强烈的热点问题，深挖和惩治犯罪，以检察职能维护社会政治稳定。1996年，在查办县处级领导干部犯罪要案上有重要突破。查办7件领导干部重大受贿要案，在社会上引起强烈震动和反响。

1999年，反贪污贿赂工作紧密围绕党委和政府工作大局，结合集中清理整顿农村合作基金会统一行动，相继查办政府经管部门和农金会工作人员贪污贿赂犯罪案件，收回涉案欠款50余万元。为清理整顿农村合作基金会，维护社会稳定作出积极贡献。2000年，将查办贪污贿赂犯罪大要案作为检察机关参与反腐败斗争的重中之重，摆在首要位置突出抓。结合鹤城区实际，重点查办发生在“三机关一部门”和金融证券、房地产、供电供水、建筑工程领域以及困难亏损企业中的贪污贿赂及渎职犯罪案件。2001年，紧密围绕党和政府工作大局，配合中心工作，积极参与整顿怀化市城中城市信用社和盈口乡榆树村“800万元”土地款的清查工作。组成专案组集中力量对两个单位涉嫌的职务犯罪案件进行查处，在近3个月的专项斗争中，为城中城市信用社追回涉案欠款18万元。2005年，立案侦查3件3人，大案率66.7%，挽回经济损失80万元。2006年，针对近年群众反映强烈的药品价格虚高、药品购销高额回扣等问题，将医药购销领域作为打击商业贿赂犯罪的突破口，查办怀化市第一人民医院副院长、怀化市中医院院长受贿等案件。有力打击商业贿赂犯罪，净化医药购销市场。2007年，以全市集中查办城市建设领域商业贿赂犯罪案件为重点，扩大办案规模，确保案件数量，共立案5件6人。2008年，大力开展追捕专项行动，贯彻省、市院部署，加强与公安机关合作，精心组织，强化措施，加大追逃力度，共抓捕在逃职务犯罪嫌疑人3人。2009年，深入查处司法不公背后的职务犯罪，对公安机关有案不立、有罪不究等问题督促整改，深挖案件线索。2010年，针对群众反映强烈的司法不公、领导干部为政不廉问题，重点查办社会影响大的案件，彰显检察机关维护司法公正、反腐倡廉的信心决心。

二、税务检察

1986—1997年，共立案侦查各类涉税犯罪案件162件，通过办案为国家挽回税款损失778万元。十余年间，坚持以办案总览全局，把打击重特大偷税案件、法人偷税案件和利用增值税专用发票犯罪案件作为工作重点，立案查处重特大偷税案和一般偷税案94件。1996年11月，正式成立怀化市人民检察院税务检察室，1997年，新《中华人民共和国刑法》实施后，侦办涉税犯罪案件的职责由公安机关承担，检察机关仍然负责涉税案件的审查批捕和审查起诉工作。

第四节　民事行政检察

1991—1992年，民事行政检察工作由于缺乏具体的法律规定，一直处于调查研究和摸索阶段。1993年，在利用各种渠道向社会广泛宣传民事行政检察工作的基础上，开始受理并办理人民群众不服法院生效的民事行政判决的案件。全年共受理申诉10件。根据相关原则和程序，建议抗诉1件，提出检察建议1件，转办4件。1994年，在探索发展的基础上，积极创造条件，逐步向基层延伸发展。当年3月在迎丰街道成功建立接待站，专人挂牌办公。加大民事行政检察工作宣传力度。全年共受理申诉11件，接待来人来访42次86人。提起抗诉1件，终止审查1件，提出检察建议2件，转办5件。

1996年，推出“三项联系制度”，促进民事行政检察工作由事后监督向事前、事中和事后全方位监督转化。全年共受理申诉案件26件，较上年上升120%，其中提请抗诉8件，建议抗诉3件。加强民事行政检察的监督力度。1999年，共受理各类民事行政申诉27件，立案12件，其中转有关部门办理5件，息诉7件。市中级人民法院发回再审4件，改判2件。2000年，共受理各类不服法院已产生法律效力的判决、裁定申诉13件，立案7件。对上级法院发回再审的4件案件，5次派员出庭支持抗诉，维护当事人的合法权益。2001年，民事行政检察工作针对在执行民事诉讼程序时，法院内部操作运行的关于民行抗诉案件不通知检察机关出庭，判决书不体现检察机关抗诉职能的被动局面，采取积极措施，争取人大、政法委、上级检察机关支持。全年受理民事行政申诉案件16件，其中立案审查8件，息诉8件，法院改判3件。

2002年，提出“立足监督、讲求效益、有限救济、提高效率”的民事行政案件检察执法理念。突出监督重点，把侵害国家利益，社会公共利益，新闻媒体和人民群众关注的判决显失公平的案件，摆在监督的首位，对可抗可不抗的案件，耐心细致地说明解释，做好服判息诉工作，避免浪费司法资源。2006年，将监督重点放在审判人员贪赃枉法、徇私舞弊导致错误裁判的案件、严重违反法定程序导致错误裁判的案件、因地方保护主义导致错误裁判的案件。共立民事申诉案2件，达成执行和解1件，通过说理解释，使申诉人息诉服判7件。2008年，针对民事行政申诉案件案源少的现实困境，坚持一手抓办案，一手抓宣传的总体思路，通过走访律师事务所、开展新《中华人民共和国民事诉讼法》宣传等多项措施，扩大民行检察办案规模。2009年，针对民事行政案件执行难问题，与区法院就执行监督工作共同制定《关于在民事行政案件执行工作中加强监督和配合的若干规定》，从制度层面规范执行监督工作。

第五节　渎职侵权检察

反渎职侵权部门前身为法纪检察部门，负责查处重大责任事故、刑讯逼供、诬告陷害、破坏选举、非法拘禁、非法管制、非法搜查、非法侵入他人住宅、报复陷害、非法剥夺公民信仰和侵犯少数民族风俗习惯、伪证、侵犯公民通信自由、泄露国家重要机密、玩忽职守、徇私枉法、私放罪犯、私自开拆隐匿毁弃邮件电报等十五类犯罪案件。通过查处法纪案件以保护公民的人身权利、民主权利，加强廉政建设，惩治腐败行为。

1991年，共受理各类法纪案件16件，立案查处10件16人，其中重大责任事故案件5件6人，玩忽职守案件2件。1992年，结合区内法纪案件发案特点，加强对徇私舞弊、刑讯逼供、非法拘禁、重大责任事故、玩忽职守等五类案件的查处工作。全年共立案16件，其中五类案件占9件，并展开专项行动。1994年，立案14件20人，其中重特大案件9件10人，通过办案为国家挽回经济损失70万元。

1997年，怀化市人民检察院法纪检察股更名为渎职侦查局，集中查处国家机关工作人员渎职犯罪案件及利用职权实施的侵犯公民人身权利、民主权利的犯罪案件。当年立重特大案件5件5人。2005年，通过对发生在石门乡分水坳采石场的一起重大安全事故的调查，分别以重大责任事故罪、玩忽职守罪对石门乡个体采石业主和石门乡安全生产监督员立案侦查。开展严厉打击安全事故背后的渎职犯罪，维护人民群众的生命财产安全。2007年，立案渎职侵权案件2件4人，为国家挽回经济损失110万元。2010年，反渎职侵权部门加强对重大责任事故和群体事件介入力度，深挖背后的渎职犯罪，对有关监管部门是否存在渎职问题进行调查。

第六节　监所检察

1991年，依照“两劳”检察法规的规定，对劳改劳教单位执行法律法规的情况实行严格的监督。全年共检查出违法行为 7 起，提出纠正建议 32 次。

1992 年，在加强监管场所的制度化、规范化、经常化“三化”建设的同时，坚持天天驻所检察，全年共参加安全大检察 27 次。维护劳改劳教场所的正常秩序。

1994 年，强化法律监督统领监所检察工作，对监管人员出现的违法犯罪问题及时纠正，坚决打击。查办监管场所职务犯罪案件 4 件 6 人。

1995—1998 年，监所检察工作重点放在打击“牢头狱霸”等被监管人员的重新犯罪上，共起诉犯罪分子 30 人。对监管改造活动中的违法情况提出纠正意见 33 件次，开展案件防范检察 708 次，提出口头建议 97 次。

2001—2003 年，以强化监督、公正执法为主题，以加强诉讼时限、刑罚执行、留所服刑罪犯管理监督为重点，全面开展监所检察各项业务，纠正超期羁押 132 起。对减刑提出异议 3 人，对留所服刑提出异议 6 人，对减刑假释、保外就医提出异议 74 人。

2004 年，根据高检院、公安部、司法部的统一部署，对怀化市第二看守所和怀化监狱自 2002 年以来办理的罪犯减刑、假释、暂予监外执行情况逐人逐案进行审查。开展专题检察 3 次。通过审查，发现一些带倾向性的严重违法问题，向监管单位提出纠正意见，帮助整章建制。2005 年，加强对看守所日常监管活动的监督，深入监管现场，调查了解事故隐患和存在的漏洞、随时掌握监内动态，配合监管单位预防重大事故 2 起，发现监管漏洞 15 次。参与清监活动 7 次，清理出违禁物品 40 件。

2009 年，开展社区矫正工作试点，在城中社区筹建社区检察官办公室，明确工作细则和岗位责任，强化对监外罪犯的监督管理，严防托管漏管。

第七节　控告申诉检察

1991—1993 年，控申检察工作牢固树立“三服务”思想。使控申工作紧紧围绕为党的基本路线服务，为经济建设服务，为检察工作的重点服务而开展工作。共办理各类控申案件 45 件，受理来信来访 817 件次。为检察院和有关单位提供案件线索 508 件。1995 年，积极开展文明接待活动，受理群众举报线索 123 件，接待群众来信来访 213 件。1996 年，为拓展案源渠道，鼓励群众举报，筹集资金设立举报奖励基金。1997 年，受理申诉案件 2 件，复查维持原处理决定。受理各类举报 125 件，初查 49 件。受理来信来访 172 件次。

1998 年，鹤城区大力开展举报宣传，受理各类举报线索 156 件。受理 1 件刑事赔偿案件，认真审查后经检察长决定，作出不予刑事赔偿的决定。1999 年，认真落实检察长信访接待日制度，受理群众举报、控告、申诉和上访 325 件次。复查刑事申诉案件 1 件，办理刑事赔偿案件 4 件。

2000 年，认真开展举报宣传和信访接待，下乡巡回宣传 8 次，接待群众 100 余人次，发放宣传资料 600 余份，提供法律咨询 50 余次，受理审查举报线索 105 件。

2001—2002 年，开展举报、刑事申诉复查、刑事赔偿、信访接待等方面的工作，全面发挥控申检察工作职能，为配合“严打”整治斗争，维护社会稳定，树立检察机关形象起到积极作用。对举报线索实行统一归口管理，管理日趋制度化和规范化，共受理职务犯罪线索 99 条。2004 年，坚持“四个并重”、完善“五大机制”，共办理涉法上访案件 4 件，集中解决人民群众反映强烈的突出问题。

2006 年，严格落实首办责任制和检察长接待日制度，积极化解各类矛盾纠纷。同时牢固树立大局意识，积极参与党委统一部署的矛盾纠纷调处和突发性事件处置，维护社会稳定。共接待群众来信来访 12 件次。

2007 年，推行调节和解机制和下访、巡防、联合接访机制，建立承办人、业务科室领导、分管检察长层层接访、息诉的工作方法，形成“大控申”工作格局。2008 年，共受理群众来信来访 9 件次，100%息诉，立案复查申诉案件 1 件。

2009 年，实行“联合接访、重点回访、深入下访、主动约访”四访工作法，在中华人民共和国成立 60 周年期间，认真制定突发事件应急预案，严格执行值班和重大事件报告制度，提高预防和处理公共事件的能力。全年共依法妥善处理群众来信来访26件，立案复查刑事申诉案件4件，息诉2起10年上访老户。

2010年，主动把依法办案工作向化解社会矛盾延伸，建立健全涉检信访内外联动等工作机制。深入开展涉检信访化解专项活动，重大涉检信访、刑事申诉案件及时向党委、政府汇报，召开案件研究会，形成化解矛盾的工作合力。共处理涉检信访案件5件，审查刑事赔偿申请3件，成功息诉一批矛盾聚集的长期上访户。

第四章 审 判

第一节 机构

一、机构沿革

1991年5月，怀化市人民法院增设告诉申诉庭、监察室。1992年8月，刑事审判一庭、二庭合并为刑事审判庭，增设法医技术室。1996年1月，增设司法警察大队。1997年8月，机构改革后，撤销告诉申诉庭，设立立案庭、审判监督庭，法医技术室更名为司法技术室。1998年，成立鹤城区人民法院，2001年7月，执行庭更名为执行工作局。2002年4月，民事审判庭更名为民事审判一庭，经济审判庭更名为民事审判二庭。

二、内设机构

法院现内设14个庭、室、局、队和一个人民法庭。分别是：办公室、政工室、纪检监察室、审判管理办公室、立案庭、刑事审判庭、民事审判一庭、民事审判二庭、行政审判庭、审判监督庭、执行工作局、司法警察大队、林业审判庭、司法技术室、黄金坳人民法庭。2010年12月，鹤城区人民法院有法官和其他工作人员75人，其中法官48人，法官中有高级法官1人、四级高级法官14人、一级法官21人、二级法官3人、三级法官7人、四级法官1人、五级法官1人。法警10人，其中二级警督3人、三级警督5人，一级警司2人，其他人员17人。

第二节 刑事审判

1991年至1998年4月，怀化市人民法院共受理各类刑事案件2367件。刑事审判的重点是情节严重的杀人、爆炸、抢劫、盗窃、强奸、流氓、拐卖妇女儿童及贩卖毒品犯罪分子，特别是惯犯、累犯、流窜犯和犯罪集团的首要分子。共审理8类犯罪案件1611件，判处罪犯2403人，其中判处5年以上重刑的1012人。对重大案件的判决和执行，极大地震慑犯罪分子，有效遏制刑事犯罪特别是大要案上升的势头，促进社会稳定。1996年，怀化市人民法院被省高院授予“全省法院司法行政规范化管理单位”称号。城北、迎丰和泸阳人民法庭被评为“全省规范化建设先进人民法庭”。

1998—2000年，重点打击危害国家安全的暴力犯罪案件、带黑社会性质的团伙犯罪以及抢劫、盗窃等多发性犯罪。1999年贯彻全国人大和最高人民法院、最高人民检察院的《司法解释》。为扩大审判的社会效果和营造“严打”声势。1997—2000年，刑事审判庭开展专项打击、就地审判、集中宣判等行动，先后在怀化市中转库、怀化监狱、怀化师专等地开展“防范金融风险，维护经济稳定”“打击毒品犯罪”等专项公开审判活动，加强以案说法的力度，民众的法制观念和法律意识得到增强。

2004—2005年，法院对未成年人犯罪坚持教育、感化、挽救的方针，逐步完善适合未成年人心理、生理特点的审判方式，注重做好庭审教育和庭审后的帮教延伸工作。

2006年，在刑事审判过程中，法院采用简易程序和普通程序审，提高审判效率。2008—2009年，为优化经济发展环境，维护社会稳定，法院开展“打击两抢”“打击毒品犯罪”专项审判和严打整治工作，重点惩处爆炸、杀人、抢劫、绑架等严重暴力犯罪，盗窃等严重危害人民生命财产安全的多发性犯罪，以及各类经济犯罪。审判过程中，严格落实《最高人民法院关于对经济确有困难的当事人提供司法救助的规定》，对企业下岗工人、低保失业人员、农村贫困人员等经济确有困难的当事人提起自诉案件，严格按照规定执行诉讼收费“减、缓、免”制度，确保弱势群体打得起官司，保障公民平等参与诉讼、维护自身的合法权益。2009年以后，在审理刑事案件过程中，认真落实宽严相济的刑事政策，对主观恶性较小的初犯、偶犯和过失犯，依法从轻、减轻处理。最大限度地降低刑事处罚给家庭和社会带来的震荡，确保法律效果和社会效果的有机统一。2010年，法院按照《量刑指导意见》和《量刑程序意见》的具体规定，与公安、检察就量刑规范化建设的实际操作进行具体衔接，进一步规范刑事审判的自由裁量权。

1998年5月至2010年底，鹤城区人民法院共受理刑事案件2157件。

第三节　民商事审判

一、民事案件审判

1991年，全国人大颁布《中华人民共和国民事诉讼法》，进一步完善民事审判制度，为民事审判提供法律依据。从1991年开始，民事审判在推行直接开庭、强化当事人举证责任、落实合议庭职责的审判方式改革中进行有益尝试。1991—1997年，怀化市人民法院共审结各类民事案件13368件，案件审结率为98.1%，其中大部分为民庭审理结案，占84.68%。据统计，民事案件中以婚姻、家庭纠纷案件最多，经济纠纷案件次之，再次是赔偿和房产宅基地案件。法院在案件审判中坚持“注重调解，耐心疏导，果断判决”原则，有效防止矛盾激化。民事审判工作一改过去坐堂问案的固定模式，深入农村、企业、金融机构巡回办案，走上门服务的新路子。下辖的泸阳、铁坡、铜湾、盈口、迎丰、城北、城中、中方、红星、黄金坳10个法庭，每年平均办理案件2484件，占民事案件总数的35.1%。民事案件注重调解，针对民事赔偿、离婚等案件，加强对婚姻法、继承法、妇女儿童和老年人权益保障法等的法制宣传教育，对每一个案件当事人做耐心细致的调解工作。

1998年后，劳动争议案件大幅度上升。在审理劳动争议、劳动报酬以及职工再就业社会保障等方面的案件中，依照劳动法的规定，坚持有利于社会稳定，有利于建立和维护适应发展社会主义市场经济要求的劳动制度，有利于国有企业下岗职工基本生活保障和再就业工作的原则。加强法庭调解，防止矛盾激化。在民事审判中，力求做到科学审理影响稳定的民商事案件。主动维护农民和其他弱势群体的合法权益。

2002年后，民事审判由民事审判一庭承担，案件审判范围扩大，民事审判依照“能调则调，当判则判，调判结合，案结事了”的原则开展工作。改革民事审判方式，发挥合议庭和独任审判员的作用。完善举证制度，规范当事人举证、质证活动。2002—2005年，审结各类民事案件3111件，其中审结婚姻、家庭、财产继承一审民事案件866件，占整个民事案件的27.83%，审结其他民事一审案件2245件。这个时期法院在审判中切实贯彻“注重调解、力保稳定”的方针。2002年首次受理并审结1起噪音污染损害赔偿案件。2005年，实行案件质量评查制度，认真落实简繁分流审判制度，扩大简易案件受理范围，提高诉讼进度。加强审限管理，建立案件报备制度，对适用简易程序审理二个月内未办结、适用普通程序审理五个月内未办结的民事案件，实行审限跟踪，严防超审限。重视案件的审理效果，立足化解和疏导矛盾，积极采用诉讼调解的方法解决纠纷。将诉前、诉中、诉后调解相结合，充分发挥调解工作的优势，做到“案结事了”。

2005—2007年，共审理民商事案件2692件，审结2462件。2008—2012年，共受理民商事案件5379件，标的额6亿元，其中调解2162件。

二、商事案件审判

2001年，经济审判归入民事审判之中，成为商事审判。2007—2009年，法院受理各类民商案件3282件，审结2756件（含旧存）。商事案件本着公平、公正、高效原则，依法裁判发生在流通领域的各类经济纠纷。及时开展“防范金融风险，维护经济稳定”专项审判活动，保证信贷资金安全、促进经济平稳健康运行，确保社会稳定。充分发挥审判职能为国企改革服务，为适应市场经济快节奏、高效率的特点，提高经济案件办理效率。2003年全年审结劳动争议案件27件，保障有效劳动合同得以履行。2004年，针对新形势下出现的经济纠纷案件，加大审判力度，对企业改制、破产案件、买卖合同、金融纠纷、企业承包、租赁等案件进行细致妥善的处理。对破产案件实行“三个最大限度”，即最大限度保护破产企业的合法权益，最大限度的保护破产企业职工的合法权益，最大限度的保护债权人的合法权益。针对购房纠纷日益增多的现象，及时审理房地产开发经营合同纠纷案件。是年，成功审结一大批不良开发项目案件，以及一系列集团诉讼案件。案件牵涉面广、情况复杂、涉案标的大为历年罕见。2010年，在审理1421件民商事案件过程中，及时审理涉及项目开发过程中形成的纠纷案件，成功审结了一批房屋拆迁、商品房买卖、门面租赁等纠纷案件，及时审理涉及区内大型商贸、工贸企业的劳资纠纷案件，促进区域经济发展，优化发展环境。

第四节　经济审判

20世纪90年代初期，随着社会主义市场经济体制的建立和发展，经济关系日益复杂，各类经济犯罪案件和经济纠纷案件频发，对此，法院进一步强化了调节职能，突出新型经济案件的审理。

一、经济犯罪案件审判

严厉惩处贪污、贿赂、挪用公款等经济犯罪。按照深入开展反腐败的要求，对经济犯罪案件的审判坚持实事求是的原则，严格把握罪与非罪的界限。对事实清楚，证据确凿而群众反映强烈的经济犯罪依法予以严惩，并注重罚金和没收财产等财产刑的适用。为经济建设超常规发展净化社会环境，及时惩治诈骗、投机倒靶、偷税、漏税等扰乱社会主义市场经济秩序的严重经济犯罪。

1991年，法院强化经济审判职能，主动为发展经济服务，共审结各类经济案件394件（其中法庭结案105件），诉讼标的581.91万元。1992年受理630件，诉讼标的1265万元。比上年分别上升了63%和117.7%。1993年共审结各类经济案件967件，诉讼标的1976万元，比上年分别上升了53.5%和41.2%。1994年审结各类经济案件1227件，比上年上升26.65%，诉讼标的1672.54万元。1995年审结各类经济案件2333件，诉讼标的2682.81万元。1996年审结2027件，诉讼标的14198.78万元。1997年受理2006件，诉讼标的6447.65万元。

1998—2002年，五年共审结各类经济案件2819件，其中涉农案件685件，诉讼标的7941.7万元；国企案件177件，诉讼标的2200多万元。2002年4月审判机构改革，经济案件审判由民事审判二庭负责。

二、经济纠纷案件审判

1991年以来，经济占据国民生活的绝大部分，经济的增长也产生了大量的经济纠纷案件。1995年，经济纠纷案件审判围绕省高院“加大为企业服务力度”的会议精神，改变以往坐堂问案的老审判方式，走上门服务的新路子，深入社会各个领域，主动提供法律服务。对年末银行、信用社贷款难收回的实际情况，采取专项服务，两个月内为银行、信用社收回贷款96.5万元。

1998年，认真贯彻执行省委转发省高级法院制定的《关于人民法院为经济体制改革和经济建设提供司法保障和服务的意见》，加大为企业服务的力度，共审结企业在生产流通领域出现的各类购销合同纠纷案件29件，标的342.7万元。企业联营、兼并、承包、出售、股份制改组及破产案件等案件15件。对破产案件，严格依法破产，帮助企业重组，协助政府有关部门妥善安置职工。针对农村合作基金会逾期借款多、兑付困难的情况，按照上级法院的部署，开展防范金融风险、维护农村稳定专项审判活动。通过审理金融领域的经济案件，对保证信贷资金安全、维护经济平稳健康运行起了积极作用。1999年，受理各类经济纠纷案件1221件，审结1111件，诉讼标的8289.88万元。2000年，为适应市场经济快节奏、高效率的特点，提高经济案件办理效率，法院成立“服务国企改革与发展专项审判活动”领导小组，大胆简化程序，改革审判方式，实行“直接开庭、坐堂审案”的方法，解决部分企业的燃眉之急。是年，受理涉国企案件57件，标的453万元，为全区国企改革和发展提供有效的司法保障。2002年，审结劳动合同纠纷案件359件、审结劳动争议案件21件，审理房地产开发经营合同纠纷案件18件。2003年，继续加大审结合同纠纷案力度，共审理267件，审结劳动争议案件27件，审结房地产开发经营合同纠纷案件34件。受理涉国企案件67件，审结53件，标的800余万元。2004年，全年审结合同纠纷一审案件424件，审结劳动争议案件53件，房地产开发经营合同纠纷案件39件，审结涉企案件51件，标的6000余万元。2005—2008年，共受理经济纠纷、合同纠纷、城建纠纷案件912件，审结763件，审结标的8000多万元。

三、林业审判

1991—1997年，共审结各类林业案件3739件，其中，林业刑事案件73件，判处罪犯93人。1991年，法院共受理林业案件313件，比上年上升55.7%，其中林业刑事案件11件，判处罪犯28人；山林权属纠纷案件15件，解决争议面积2794亩；林业纠纷案件254件，诉讼标的128万元，其他案件33件。1992年，林业审判开展专项整治活动，紧密配合公安、检察、林业等部门，深入管理混乱、毁林犯罪严重的乡镇进行全面调查摸底和清理整顿，6—8月共查获毁林案件24起，逮捕和判决罪犯14人，没收木材1784立方米，罚款和追缴木材变价款71.3万元。对公诉机关起诉的毁林案件做到快审快结，就地公判，受教育群众达到4万余人。1993年受理729件，1994年受理612件，1995年受理609件，1996年受理602件，1997年受理604件。法院在林业审判活动中，坚持以惩治林业犯罪为重点，积极协调山林纠纷，及时办理林业纠纷案件，有效地保护国家森林资源，促进林业生产的发展，维护林区社会秩序稳定。1997年后，林业市场经济逐渐疲软，林业案件归入民事案件综合计算数量。1999年以后，随着国家林业政策的调整，林业产权的进一步落实，林业纠纷和林业案件减少。

第五节　行政审判

1991—1997年，怀化市人民法院共受理涉及公安、工商、卫生、交通运输、城市规划建设、房地产、环保等行政案件582件，审结564件，案件审结率为96.9%。法院审理行政案件，行政机关依照《中华人民共和国行政诉讼法》的有关规定，除行政机关依法执行以外，大多数非诉讼案件申请人民法院强制执行。大量行政案件的审理和执行，有效保护公民、法人和其他组织的合法权益。

1999年，鹤城区人民法院受理各类行政诉讼案件327件，审结327件，结案率达100%。受理非诉讼行政执行案312件，执行率达100%，为国家挽回经济损失65万元。2000—2002年，受理行政案件55件，审结53件，结案率为96.36%。在审理诉讼行政案件的同时，加大非诉讼行政案件的审查和执行力度，审结非诉讼行政执行案件201件，确保渝怀铁路、株六复线、东兴街改造等省市重点工程建设进程。2003年，审结各类行政案件33件，结案率100%，当庭宣判率100%，案件合格率100%。全年审查非诉讼行政执行案件135件，确保渝怀铁路、嫩溪垅、麻芷路改造等省市重点工程建设进程。2004年，审结各类行政案件21件，结案率100%。是年，审查交办和协助执结国土、人防、卫生、计生等部门申请的非诉讼行政执行案件210件，促进计划生育、文明城市建设工作的开展。2005年，受理行政诉讼案件39件，审结39件。审查非诉讼行政执行案件281件，协助执行工作局执行非诉行政执行案件249件。在审判中积极做好疏导和协调工作，及时化解矛盾，减少社会不稳定因素。2008年，受理行政争议案16件，审结14件，结案率87.5%；受理各类非诉讼行政执行案件58件，执结58件，执行标的510万元。2009年，全年受理行政诉讼案件140件，执结140件，结案率为100%。是年，法院将非诉行政执行工作作为审判工作的重点，在审判非诉行政执行尤其是房屋拆迁等矛盾较为尖锐的案件时，法院注重加强与政府部门的沟通，仔细研究最佳方案，既保障行政行为的顺利开展，又切实维护当事人实际利益。成功执结一大批非诉讼行政执行案件，为国家挽回经济损失800多万元。2010年受理行政案件，普通程序审限内结案率达100%，其中通过协调方式结案48件，经协调自动撤诉率达72.4%。

第六节 审判执行

1991—2002年，案件执行工作由执行庭专门负责。1991—1997年，怀化市人民法院共计执行各类案件21663件，执行标的达30976.05万元。1998年鹤城区人民法院更加重视执行工作。1999年执行1395件，是年，执行收案312件，执行标的款3930万元，执结303件，为国家、集体和个人收回现金3726万元，其中为行政事业单位申请执行行政案件80件，为交通部门收欠养路规费79万元。执行农经会清收现金案件79件，收回现金680万元。2000—2002年，依法执行1027件，执结958件，执行标的4893.4万元。清理执行积案213件，占全部积案的52%。执行难问题有所缓解。2002年以后，根据审判工作的需要，成立了执行工作局加大执行力度，缓解执行难。区法院把解决执行难问题作为严肃执法的重要工作来抓。针对执行难，集中时间、人力、物力，依法稳妥地执行一批涉及国企、金融、农金会案件，保证债权人合法权益的实现。全年共受理各类执行案件442件，执结428件，为国家、集体和个人挽回经济损失2238.12万元。

2003—2007年，共受理各类执行案件1705件，执结1444件，为国家、集体和个人挽回经济损失4339.64万元。2004年，转变执行方式，司法警察大队在执行警务工作方面完成站庭执勤605次，提押人犯1168人次。在执行中明确执行人员职责，规范案件分流制度；加大积案执行力度，明确法院、当事人的权责，建立宣执平衡运行机制。是年，鹤城法院被评为全市法院系统交叉执行工作先进法院。

2009—2010年，总共受理执行案件538件，执结490件，执结率90.08%，执结标的额5115万元，执兑率89.2%，同比上升14.2个百分点。在执行过程中，严格实行审执分离。灵活运用党委、法院主办，各级配合的工作机制，通过多次协调，将43件涉及政府案件全部执行完毕或执行和解。重点执行一批欠账赖账“钉子户”，对逃、躲、拖、赖债务者果断采取强制措施。利用新的执行手段，成功执结一批有影响及上级督办的旧存积案、难案、大案。2009年在清理积案活动中，法院列入全国清理执行积案专项活动的235件案件全部执结完毕，执结标的额达2574万元。2010年，清理积案200余件，完成中央、省、市督办案件的全部清积工作，受到省高院、省政法委的表彰。

第七节 审判方式与监督

一、审判方式改革

1996年，八届全国人大四次会议通过《关于修改〈中华人民共和国刑事诉讼法〉的决定》，确定新的刑事审判方式。为尽快落实《中华人民共和国刑事诉讼法》，区法院大胆适用简易程序。针对可以适用简易程序的案件，通过审查后，大胆适用，严格把握好庭前准备关，简易程序转化关，缩短审理期限，提高办案效率。落实《中华人民共和国刑事诉讼法》对过去纠问式庭审方式的改变，强调有证在法庭上举，有理在法庭上讲，案件证据的鉴别、事实的查证都要在法庭上展开，保障法官处于据中裁决者的地位。强调对每一事实证据都要通过举证和质证来确认其真实性，对法庭辩论中和被告人最后陈述阶段所提出的新事实和新证据，合议庭在判明情况，确认有必要的，恢复法庭调查。在强化庭审功能的同时，对控辩双方所举证据相互矛盾，合议庭难以鉴别真伪的，以及合议庭对定案证据有疑问的，合议庭运用《刑诉法》赋予法院对证据的调查核实权，休庭对案件的事实证据开展必要的庭外调查核实。

1996年，为适应社会主义市场经济体制的建立和法制建设的不断完善，充分发挥人民法院的审判职能作用，根据最高法院、省高院、地中院的要求，结合实际情况，经过大胆探索，在全地区第一个实行立审分离，改变过去立审合一的旧制，解决群众“告状难”，保护公民、法人和其他社会组织的合法权利，取得较好的效果。

2000年后，坚持法定程序公开，确保实体审判公正。一审案件和再审案件除法律规定不公开审理的案件外，一律实行公开审判。积极推行“排期开庭”制度和申诉听证制度，开展阳光行动。通过申诉听证，提高申诉立案的透明度，促使当事人服判息诉，赢得社会各界的好评。改变审判流程管理，实现立案庭立案、业务庭审案、纪检监察跟案的审判运行机制，严格案件和审限跟踪，对临近审限和超审限的案件实行院长下发督办令的硬措施，督促各庭、各法庭采取措施及时审理，增强主审法官的紧迫感，防止和减少形成新的积案。根据最高法院和省高院有关规定，依法实行审判长和独任审判员的选任工作。严格落实人民法院诉讼费改革办法，规范收费行为。按照省高院规定，自2000年5月1日起实行“法院办案、银行收费、财政管钱”的“收支两条线”的诉讼费管理方式。2002年，严格按照刑事审判、民事审判、行政审判三大审判体系的要求进行机构改革。

二、案件复查

1991年，怀化市人民法院设立告诉申诉庭，承担审理申诉和指令再审案件。1992年，法院办理申诉案件22件，其中刑事申诉13件20人（维持原判9件13人，改判4件7人），民事申诉9件（部分改判3件，维持原判6件）。1993年和1994年，法院坚持“实事求是，有错必纠”的原则，及时纠正撤销确有明显证据不足的案件。1996年成立案件质量检查组，对民、经、刑、行政等案件以及经二审法院发回重审和改判的案件进行质量审查，对于存在差错的案件及时进行纠正，并按照《错案责任追究制》对相应的办案法官进行责任追究。1997年，撤销告诉申诉庭，设立审判监督庭。至2002年，共审结刑事申诉案件62件，申诉无理维持原判32件，对原判决认定事实依据或使用法律确有错误，依法改判30件。审结民事、经济和行政案件192件，其中维持原判106件，改判和部分改判65件，维护了公民和法人合法权益和国家法律尊严。

2003年，集中力量开展“公正与效率”司法大检查活动，对2001年以后审结的各类案件进行抽查，抽查案件214件。重点检查2001年1月至2003年6月怀化市中级人民法院二审发回重审及全部改判或经再审全部改判的34件案件。2004年，成立案件评查办公室，制定《案件质量评查办法》，对案件质量、发回重审改判案件进行审查。2005年，市中级人民法院根据《湖南省人民法院案件质量评查规则》规定和工作要求，组织开展了全市基层人民法院案件质量评查活动。中级法院抽查各类诉讼案件10件，经中级人民法院评查案件平均得分94分，优秀率100%。对2004年10月1日至2005年6月30日期间所审结、执结的各类案件质量开展评查，评查各类审、执案件833件，90分以上的优秀案件110件，优秀率为47.2%，合格率为100%。对超审限案件，按照《怀化市鹤城区人民法院案件质量评查奖惩制度的规定》做出责任追究。

2006年，审监庭，检查案件355件，全部合格；2009年开展案件评查工作4次，全院审结案件1030件，其中3月26日至6月24日全院审结案件420件，优秀328件，良好90件，合格2件。2010年，强化审判管理，提高案件质量，全年评查各类案件2047件，优秀率达97%。

三、监督措施

2004年，为确保司法公正，进一步加强审判监督工作，聘请12名人大代表、政协委员和社会知名人士为执法廉政监督员，制订《鹤城区人民法院执法廉政监督员工作职责》。规范人民陪审制度。根据全国人大常委会《关于完善人民陪审员制度的决定》，认真开展人民陪审员的选任、培训、考核工作，确定16名人民陪审员参加由省高院组织的密封式法律知识培训，接受区人大常委会任命。是年，人民陪审员参与179件案件的审理，人民陪审工作进一步走向规范化。

2005—2007年，为确保公正司法，法院加强审判监督，要求法官在办案过程中严格执行程序法和实体法，对事实不清、使用法律不当或程序违法的审判，按照“有错必纠”的原则，依法提起再审。严格落实内部案件质量监督制度，全面落实立审、审执、审监分立，完善审判流程，强化不同诉讼环节间的相互制约。严格落实案件质量评查制度，2007年，制定《怀化市鹤城区人民法院案件质量评查奖惩制度》，2007年11月经过省高院组织案件质量评查，抽查10件案件，合格率100%，其中9件达到优秀。从2009年开始，进一步加大审判管理工作力度，出台一系列制度性措施，进一步完善《怀化市鹤城区人民法院审判管理实施办法》《裁判文书处罚制度》等文件。建立错案和超审限案件原因分析及目标责任奖罚机制，完善案件质量评查办法和程序，细化评查考核标准，对各类已结案件实行季度评查和通报制度。将380余份法律文书上网公布，以增加案件审理的透明度。2010年，在全省百万案件评查活动中，省高院抽查鹤城法院，案件优秀率达100%。

第五章　司法行政

第一节　法制宣传

根据中央1985年颁布的《关于用五年左右的时间在全体公民中基本普及法律常识的通知》精神，1986年2月14日成立怀化市普及法律常识领导小组办公室（简称普治办），制定具体实施方案，要求全市公民掌握《中华人民共和国宪法》《中华人民共和国刑法》《中华人民共和国刑事诉讼法》《中华人民共和国婚姻法》《中华人民共和国民事诉讼法》《中华人民共和国经济合同法》《中华人民共和国森林法》《中华人民共和国兵役法》《中华人民共和国民族区域自治法》和《中华人民共和国治安管理处罚条例》（简称“九法一条例”）的基本内容。截至2005年，全面完成“一五、二五、三五、四五”普法依法治理工作，“五五”普法于2006年启动，其间，普法办结合鹤城实际制定实施方案。普治办作为全市普法工作协调部门，负责收集整理全区普法情况并及时向市普法领导小组汇报，起草普法文件、通知、工作计划、总结和经验材料，举办普法骨干培训班，协调各部门专业法规的普及等。建立了一支强有力的法制宣传员队伍，由有关部门和基层司法、调解人员担任义务宣传员，并多方聘请有法律常识，热心于法制宣传的兼职宣传员，做到各基层单位、车间、班组、农村村民委员会、城镇居民委员会都有一至两名法制宣传员，在全区城乡形成一个普及法律常识的网络体系。在教育方式上，集中办培训班，利用群众喜闻乐见的文艺表演、法制诗歌朗诵、法制宣传一条街，在广播、电台、报刊开辟法制专栏等形式，大造宣传声势。

第二个五年普法教育工作（1991—1995年）1992年，怀化市全面启动“二五”普法工作，对市依法治市领导小组进行调整，将有部门法的单位负责人充实到市依法治市领导小组，加强依法治市的领导力量。举办第二期经济法培训班、全市城镇待业人员和适龄应征青年法制培训班，召开纪念现行宪法颁布十周年座谈会和报告会。1993年，完成“二五”普法学习资料即社会主义市场经济法律法规发行工作。1995年，完成“二五”普法验收工作。

第三个五年普法教育工作（1996—2000年）1996年，启动“三五”普法工作。1997年8月11日，市委副书记发表新《中华人民共和国刑法》电视讲座，广播、电视播放新《中华人民共和国刑法》讲座12次，《鹤城报》登新《中华人民共和国刑法》知识解答6期。为迎接香港回归编印《香港基本法》知识资料，上街组织法律咨询，散发宣传资料3000余份，接待咨询群众500人次，回答问题近千个。鹤城区紧紧围绕经济建设这个中心，牢牢把握“改革、发展、稳定”大局，不断加大“三五”普法规划的实施力度，全面推进依法治区。成立普法讲师团，区直各战线、乡镇、街道办事处均配备法制宣传员，普法工作层层有人抓、有人管。1998—2000年，在全区8个乡镇、5个街道办事处、94个行政村、37个居委会、20多家厂矿、40余所中心完小以上学校、1000多家商店开展依法治理工作，帮助各部门、各行业、基层建立健全25种职责制度，重点培育和创建22个普法依法治理措施单位。90%的村实施村务公开，初步形成以基层依法治理为基础，地方依法治理为主体，行业依法治理为支柱的依法治区工作格局，全民法律意识不断增强。积极推行《干部普法合格证》制度，组织全区6800余名干部参加年度学法用法考试并取得合格证，逐步把学法用法作为任命、提拔、使用干部的重要条件之一。

第四个五年普法教育工作（2001—2005年）“四五”普法期间，全区各级各部门按照“四五”普法规划的要求，在全民普法的基础上突出重点，做到重点对象重点抓，重点内容重点学，使普法工作落到实处。集中宣传宪法、刑法、行政许可法、反分裂国家法等80余部法律法规，重点宣传《中华人民共和国合同法》《中华人民共和国税法》《中华人民共和国会计法》《中华人民共和国审计法》《中华人民共和国物价法》等经济类法律法规。每年抽调上百名机关干部进村入户开展“政策法律进农家、进社区”活动，发放《农民、居民普法简明读本》等宣传资料近10万册，入户率达93.5%。举办各类培训班200场次，受教育面达20多万人次。从2002年开始，全区普遍开展创“十星级农户”“民主法制示范村”活动，均取得良好的效果。

第五个五年普法教育工作（2006—2011年）“五五”普法期间，成立法制宣传教育活动领导小组，从区直各部门、各单位抽调204人，组建68支法制宣传小分队下基层参与普法活动，对城市社区的居民、党员和村组干部组织集中学习，活动期间，各小分队共组织集中学习140余次，受理咨询7814人次。宣传小分队协助各乡镇、街道办事处调处各类矛盾577起，调处率为81%，妥善移送相关职能部门调处案件2起。活动受到群众一致好评，社会效果显著。2011年，成功完成“五五”普法总结验收工作。

第二节　人民调解

一、调解网络

1992年，将全市23所司法办改建为司法所，扩大乡镇司法所的业务范围。1993年，改革司法员管理体制，理顺司法员管理的关系，对司法员实行“司法局收编收人，派出到乡镇、街道工作，局乡共管，以局为主”的管理办法。1995年，对泸阳、牌楼、桐木、接龙、芦坪等六个乡镇实施乡镇司法所和法律服务所分离试点。全市320个村委会配齐调解主任，80%以上的村民小组确定调解小组长，80%以上的庭院有义务调解员，形成四级调解网络，建立一支庞大的调解队伍。

1998年2月，成立鹤城区司法局，全区司法行政系统形成“大调解”工作格局。全区基础司法行政系统拥有“一个中心两所一委一站一线”五支队伍，即13个司法调解中心、13个乡镇、街道司法所、6家法律服务所、146个人民调解委员会、13个安置帮教站及“148”法律服务专线电话。

2003年，以两办名义下发《关于加强新时期人民调解工作的意见》，对全区人民调解工作提出总的发展思路和具体实施方案，区委、区政府成立以分管政法的副书记为组长的人民调解工作领导小组。为进一步完善组织网络建设，利用村

(居）换届选举的机会对大部分村（居）调委会的人民调解队伍调整充实，积极培养新生力量。同时延伸人民调解网络触角，各行各业、各种场所都有信息员。2006年，根据司法部、省司法厅及怀化市司法局有关“两所一庭”规范化建设的指示精神，将基层司法所规范化建设列为工作重点狠抓落实。制定《司法所规范化建设的实施方案》，全区第一批国债资金投资建设的杨村、凉亭坳、鸭嘴岩、盈口4个乡司法所全面竣工。2010年，建立人民调解委员会373个，调解小组1873个，人民调解员5619人。形成了以区人民调解工作领导小组为统领，以乡镇（街道）调委会主导，以村（社区）、行业、企业调委会为触角的多种形式的人民调解组织网络体系。

二、调解工作

1997年，根据省厅、地局的部署，认真开展了“双百双联一促进”和“百乡千村创‘四无’，十万大军抓排治”活动。坚持“调防结合，以防为主”，抓好矛盾纠纷流动排查。每年开展清明坟山纠纷、春耕生产纠纷、县际边界纠纷等集中排查调处行动。基层两所推行“红、蓝、绿”卡登记制度，建立纠纷信息月报告制度，实行调解工作台账和限期化解销号制，巩固和发展各类联防联调组织100个，防止民转刑案件1450余起。

2005年后，各基层司法所结合各地实际相继推出联合调解工作模式，调动乡镇派出所、综治办、信访办、妇联、团组织等机构的力量，统一对咨询案件实行接待、咨询、分流、处理，实现资源有效整合。2008年，在全系统以专项维稳活动为统揽，进一步开展深入排查、综合调处工作，最大限度排查化解各类矛盾纠纷。坚持标本兼治、长效治理，圆满完成活动确定的预期目标。2009年，深入乡镇、街道，走村入户，认真开展法律法规大宣传、不稳定因素大排查、矛盾纠纷大调处工作。

第三节　律师事务

1990年，司法系统围绕山区经济开发，加大开展法律服务工作力度。担任23家政府、厂矿企业常年法律顾问。担任刑事辩护199件，占同期市法律刑事案件216件的92%。担任经济民事代理104件，占下达任务83件的125%，为委托方挽回和避免经济损失125万元。办理非诉讼法律事务265件，占下达任务27件的140%，挽回经济损失25万元。办理行政诉讼代理4件，代书55件，解答法律咨询1025人次。1991—1994年，继续围绕山区经济开发，结合所开展的各项活动，为群众提供优质、高效的法律服务。

在律师队伍建设中，系统开展律师职业道德教育和政治思想教育，建立健全各项制度，完善目标管理责任制。实行律师事务所全所成员与主管局承包目标管理任务的办法。实行全员承包后，在所内推行包括办案质量、数量、经济收入，出勤率、职业道德等方面的综合目标管理，将任务分解落实到人，年终按综合目标管理分等级评比先进和发放奖金，克服“一切向钱看”偏向，调动律师积极性。

1998年成立湖南鹤洲律师事务所，属国资律师事务所，由鹤城区司法局管理。该所由多位具有丰富业务经验的执业律师和法学院校毕业生组成，有专职人员14名。事务所自成立后，以优质的法律服务积极组织和引导法律服务工作者为广大人民群众提供全方位的法律服务。全区法律工作者累计为500家大小企业担任常年法律顾问，办理各类法律事务。

第四节　公证事务

1981年，怀化县、怀化市分别成立公证处，恢复公正工作。1990—1997年，公证工作重点以办理农村各种承包责任制合同公证为主，注重社会效益。公证处在各乡镇设立农村工作联络室，定期上门服务。1998年，成立鹤城区鹤洲公证处。鹤城公证处自成立以来，根据国家法律，依据当事人的申请，开展公证业务，服务鹤城经济建设，保护公共财产，保护当事人合法权益，预防纠纷，减少诉讼。公证处采取多种方式加大公证宣传力度，集中力量加强对履行公证合同的回访工作，减少违约现象，提高公证信誉。通过一系列活动的深入开展，进一步增强公证人员行使法律赋予职权的崇高责任感、使命感，增强公证质量意识和执业风险意识，提高公证人员的职业道德水平，强化执业纪律观念。

在东兴街旧城改造、株六复线、渝怀铁路等建设过程中，自觉主动为重点建设项目，提供优质法律服务。主动加强与当地民营企业的沟通和协作，深入了解民营企业对公证法律服务的需求，有针对性地开展公证业务。与企业、法院、房产、银行等保持稳定的证源关系。努力拓展证源，积极开展公益性服务，面向学校、面向基层、深入群众，参与信访接待，提供法律咨询，履行公证法律援助义务。1992—2008 年公证处办理各类公证 21300 余起，其中国内公证 18765 起，涉外公证 2535 件，参与投资建设项目谈判 6420 余次，起草修改合同 5660 余份。

第五节　法律援助

2001 年成立鹤城区法律援助中心，中心有专职律师 2 人，遵循“积极探索，循序渐进，边建边干，逐步完善”的指导思想，积极开展法律援助业务。开展法律咨询和来访接待，解答当事人各种法律咨询，引导当事人通过正当途径解决问题。承办法院指定辩护，保障法院审判工作司法公正。接受社会弱势群体的申请，开展法律援助，把受援对象中的残疾人、老年人、妇女儿童、下岗职工及经济困难等特殊群体作为法律援助工作的重点，竭力为他们提高法律援助，取得很好成效。同时，区法律援助中心在开展业务时，始终坚持“四统一”原则，对法院指派的援助案件，及时做好协调工作，保证律师办案时间，对一些疑难复杂的案件组织律师集体讨论，保证办案质量。2001—2010 年，区法律援助中心共接待法律咨询 15000 余人次，承办各类法律援助案件 1235 件，免收当事人诉讼费、非诉讼代理费 520 万元。

第六节　安置帮教

鹤城区刑释解教人员安置帮教办公室设区司法局，与区司法局合署办公。

2002 年，制定《怀化市鹤城区 2002—2005 年刑释解教人员安置帮教工作规划》。认真按照规划要求，加大安置帮教力度。2005 年，将安帮工作纳入社会治安综合治理目标管理，设立依托司法所的刑释解教人员安帮工作管理站，安排人员，落实经费，制定制度，完善办公设施，对刑释解教人员造册登记，加大宣传力度，由部门行为为主逐渐向以政府行为、社会行为为主转变。

2006 年，区安帮办对 2002 年以来的刑释解教人员进行全面排查摸底，重新登记造册，全区共有登记在册刑释人员 988 人，解教人员 876 人帮教率达到 98%以上，重新犯罪率 2%以下。

第六章　军　事

第一节　军事机构

1986 年 6 月，怀化市人民武装部改为地方建制，不冠“中国人民解放军”字样，名称为湖南省怀化市人民武装部（副处级）。1988 年 1 月增设办公室，主要从事民兵预备役工作，受地方政府和军队双重领导。1996 年 4 月，根据中共中央、国务院、中央军委文件精神，武装部重新收归军队建制。收归军队建制后，名称为“中国人民解放军湖南省怀化市人民武装部”，编制等级为正处级，配部长、政委、副部长等主官。1998年4月，组建鹤城区人民武装部，名称为“中国人民解放军湖南省怀化市鹤城区人民武装部”，编制等级为正处级，配部长、政委、副部长。

1981年8月1日，黔阳军分区更名为怀化军分区。中国人民武装警察部队湖南省怀化市支队于1983年3月1日成立，其前身为怀化军分区独立营，隶属湖南省总队和怀化市公安局双重领导。中国人民武装警察部队怀化市消防支队，1986年5月，从怀化武警支队分离组建，隶属湖南省消防总队。

第二节　兵役工作

一、兵役登记

20世纪90年代初期，怀化市征兵工作本着简化程序，缩短时间，改进方法，突出重点，注重实效，提高质量的原则，在实施中进行“六个结合”。自1996年始，实施兵役登记工作，要求机关、团体、企事业单位的适龄公民、待业青年、个体经商者、在校学生及农村中的适龄公民在当年12月31日前年满18岁的男性公民，都应在当年9月30日前，按照市兵役机关的安排，进行兵役登记，女性公民不进行兵役登记。全市兵役登记工作大体按照三个阶段进行。1998年，全区出动12台次兵役登记宣传车上街下乡宣传。2000年，先后通过电视、广播、报纸反复宣传8次，还利用黑板、墙报、电影进行宣传，宣传覆盖面在98%以上。通过对广大干部、群众、青年进行依法服兵役教育，国防教育，爱国主义教育和革命人生观教育，适龄青年能正确处理国家利益和个人利益的关系，自觉进行兵役登记，兵役登记工作逐步实现制度化、规范化。

培训登记工作人员，设立登记站，实施登记工作。兵役登记结束后，各街道、乡（镇）、厂矿、企事业单位人武部对应征公民特别是预征对象的管理和考查作为一项经常性工作，分工专人负责。

二、兵员征集

1997年后，鹤城区兵员征集的方式通常按宣传教育、体格检查、政治审查、审批定兵、交接新兵等几个步骤进行。

宣传教育　征兵前，根据国务院、中央军委命令编印下发宣传教育提纲，运用报纸、电台、电视台等新闻媒体和张贴宣传标语、张挂宣传横幅、办板报、墙报等宣传方式多种途径进行国防教育和依法服兵役的教育。充分发挥宣传、民兵、工会、青年、妇女等组织作用，动员社会力量，有效地进行思想教育，运用请老红军、老八路、复退军人和适龄青年的先进典型的感召力和辐射作用等等。

体格检查　1991年9月29日，国防部颁布《应征公民体格检查标准》，对视力、听力等五官科及外科、内科都作出明确规定。2003年，增加了艾滋病和吸毒检查，2006年，增加心理检测，从而确保兵员质量。

政治审查　1990年以后，政治条件按照公安部、总参谋部、总政治部1990年10月6日颁布的《关于征集兵员政治条件的规定》及有关规定执行。严把政治质量关，鹤城区在政审工作中坚持“五访五查”。把征兵政审工作与平时对应征青年的考察结合起来；把区、乡（镇）、街道办事处及社区、村委会三级政审结合起来；把外出调查与横向联审结合起来，全面细致地了解应征青年的政治表现。政治审查除了查清应征青年的现实表现外，对其文化程度和实际年龄也要进行严格审查。对进站体检青年进行文化测试和对预订新兵进行文化抽查，凡发现假文凭、假学历的立即取消入伍资格。在年龄审查上，严查“三证”（毕业证、身份证、兵役证），防止将不到法定年龄或年龄过大的青年送入部队。2000年以后，鹤城区征兵坚持走访调查制度，坚持“三级把关”，坚持张榜公布制度，坚持复审制度。

审批定兵　20世纪90年代后，在审批定兵时，对体检、政审双合格的青年进行全面衡量。20世纪90年代初，怀化市在审批新兵时，坚持“四方联审，会议定兵”，即由征兵办负责人，政审组负责人，主检医生和接兵部队负责人参加，分别介绍预征对象政治、身体等各方面的情况，然后全面衡量，择优定兵。1993年以后，“坚持六方到堂，择优定兵”，即市征兵办负责人，乡镇、街道、厂矿企业领导，基层单位武装部、接兵部队干部、政审负责人，主检医生六到堂。坚持公平、公正、公开的原则，把符合条件的优秀青年输送到部队去。1995年起，怀化市新制定《关于防止和纠正征兵工作中不正之风，保证新兵质量的有关规定》，严格征兵纪律，抵制征兵工作中的不正之风。强化监督约束机制。开展舆论监督，发挥各种宣传媒体的作用，对征兵中不廉洁的人和事及时曝光。开展组织监督。纪检监察部门坚持派人参加征兵工作，专门受理群众来信来访，设立举报信箱，公布举报电话，增加征兵工作透明度。开展群众监督。下发《告应征青年和家属一封信》，实行“三张榜”“四公开”，即张榜公布送检青年名单、体检合格者名单、预征对象名单；“四公开”指指标公开、条件公开、程序公开、结果公开。制发《廉洁征兵接兵卡》，明确廉洁征兵标准，让征接兵工作直接接受群众监督。加大对征兵违纪问题的查处。兵役机关工作人员违反征兵政策的，立即停止参加征兵工作，并视情节轻重给予严肃处理，且两年内不准参加征兵工作。地方征兵工作人员违反规定的，轻者调离工作岗位，三年内不准参加征兵工作，严重者由所在单位或纪检、监察部门按照规定给予党纪、政绩处分，触犯刑律的绳之以法；其他干部群众参与违纪的，严肃批评教育，并取消相关预征对象入伍资格。部队接兵人员违纪的，函告所在部队纪委、政治机关。

交接新兵 20世纪90年代始，新兵的集中与交接，严格按照国务院、中央军委颁发的《征兵工作条例》和《湖南省征兵工作条例》规定，由接兵部队与市征兵办公室共同进行。

第三节 民兵

一、组织建设

民兵条件 民兵要具备一定政治条件、身体条件和年龄条件，对基干民兵也有具体条件要求。

身体条件要求，一律按照《应征青年体格评选条件》执行，由基层干部和医务人员目测，并向当地群众进行病史调查，然后进行评定。年龄范围，在社会主义建设的不同时期有不同的规定。

民兵编组 编组主要贯彻从实际出发，因地制宜，力求民兵组织与生产、行政、学习组织相适应，以便于领导、便于活动，便于执行任务的原则，实行科学编组。其中，农村民兵、城市民兵、民兵专业技术分队和民兵应急分队编组又各有不同。

编组后严密组织，严格管理教育，健全规章制度，落实保障措施，确保民兵应急分队组织健全、政治可靠、训练有素、装备良好，能够在执行应急任务时拉得出，用得上，起作用。

民兵整组 编组之后，会因为地方行政、生产组织的调整，民兵年龄的增长，政治、身体条件的变化以及人员的流动，干部更换等情况在不断变化。鹤城区民兵组织整顿工作从1998年开始，每年的民兵整组工作都结合中心工作进行，整顿内容主要有宣传教育、出入转队、调配干部、总结工作、健全制度、集合点验。1999年，在民兵整组工作中，以“控制数量、提高质量、抓好重点、打好基础”的“十六字”方针，重点解决民兵组织漏建，人员漏编，班排组织不健全，组训脱节，年龄结构断档和基干民兵“空白村”，以及有组织无活动等问题。2005年2月25日开始，历时45天的全区民兵整组，以完成“十五”期间基干民兵建设规划为重点，着眼适应“战场”和“市场”的需要，按照“规模适应、布局合理、干部齐备、官兵相识、队伍纯洁、制度健全、活动经常”的总要求，坚持农村民兵向乡镇企业拓展，城市民兵向行业系统和民营企业拓展，民兵组织向科研单位拓展。采取“以点带面、整体推进”的工作方法，重点抓好民兵编组配干、专业技术分队、应急分队建设、基层规范化建设和民兵动态管理，研究解决市场经济条件下民兵组织中的新情况、新问题。整组后，达到比较符合鹤城区实际的民兵质量。为保证民兵整组质量，在整组后期人武部对民兵连进行检查，对基干民兵连队逐一进行点验。在验收中对照标准，一般采取听、看、查、点的办法逐一现场打分讲评。

二、政治教育

教育形式　根据民兵既是民又是兵这一重点，鹤城区对后备兵员的政治教育形式主要是抓好两个方面；一是参加全民性教育；二是民兵单独进行的教育。

教育内容　对民兵的教育内容主要有国防教育、爱国主义和革命英雄主义教育、宪法和法制教育、光荣传统教育。国防教育是民兵、预备役人员政治教育的重点。

教育方法　对广大民兵政治教育过程中，围绕党的中心工作和民兵建设实际，以培养有理想、有道德、有文化、有纪律的“四有”新人和合格的后备兵员为目的。采取“四个”结合的具体形式和方法，集中教育同分散教育结合。鹤城区对民兵政治教育以集中教育为主，利用征兵、整组、训练执勤、完成急难险重任务或节假日集中教育的有利时机，保证10%的民兵政治教育时间，对基干民兵一般以连或排为单位每年不少于4次，普通民兵一般以连为单位，每年不少于2次的政治教育。因执行任务，外出打工，生产经营的民兵，不便于集中教育的，采用分散教育的办法，对缺课人员，及时采取补课或采取函授、刊授等办法，完成函授作业灌输同辅助教育结合。为保证政治教育的质量，教员事先搞好课前调查研究工作，摸清民兵思想情况和需要解决的问题，有针对性地确定讲授重点，联系实际，把理论性、思想性、知识性、趣味性结合起来，以形象直观、启发诱导、灵活多样的教学手段，保证教育效果。此外，采用一些辅助教育形式，如参观纪念馆、革命遗址、观看电影、电视、戏剧、演出，讲革命斗争故事，组织有关知识竞赛，演讲会、报告会和文体活动等，把教育搞活。全民教育与“兵”的教育结合。

三、军事训练

根据《民兵工作条例》和《民兵军事训练大纲》的要求，紧紧围绕“必须服从国家经济建设大局，适应国防现代化建设需要。坚持贯彻人民战争思想，立足现有武器装备和训练条件，着眼未来发展，本着突出重点，改进方法，注重实效的原则，实行规范化训练，以提高质量。增强民兵作战能力和为战时储备具有一定军事素质的后备兵员”这一指导思想，抓好民兵军事训练。

四、参与地方建设

抢险救灾　每当水灾、旱灾、火灾等自然灾害发生，各级领导总是把民兵作为抢险救灾的骨干突击力量，放在最困难、最危险、最需要的地方。广大民兵发扬一不怕苦，二不怕死的革命精神，为保卫国家、集体和人民生命财产的安全作出巨大贡献。2002年4月，清明节前后，全区有6个乡镇同时发生山火，区人武部及时组织民兵扑救。2003年7月18日，鹤城区发生有史以来最大的洪灾，全区8个乡镇、5个街道全部受灾。区人武部及时组织民兵奋战在抗洪第一线，投入编织袋6000余条，橡皮艇12艘，冲锋舟3艘，抢救被困群众234名，物质720多吨，把损失降到最低。受到怀化市委、市政府、怀化军分区的表彰，部长韩凤贵被湖南省评为抗洪救灾先进个人，参谋李旭伟被军分区记三等功一次，基干民兵肖龙飞被鹤城区记三等功一次。2005年5月，杨村乡趴坡村发生特大火灾，部长韩凤贵带领民兵奋战37个小时将火扑灭。2007年7月16日，㵲水河突发洪水，4名群众被困水上乐园，情况十分危急，政委刘德华带领轻舟分队立即赶赴现场实施救人，经8个小时的奋力抢救，终于将4名被困群众安全救出。

参加经济建设　城市民兵立足本职岗位，以提高企业经济效益和社会效益为中心，积极参与改革，带头完成生产任务，带头落实经济责任制，为经济建设作贡献；农村民兵把打好农业综合开发总体战略作为主攻方向，带头发展商品生产，带头发展乡镇经济和多种经营，带头开展科技兴农、科技扶贫，以劳养武活动，在急难险重任务中发挥突出作用，使广大民兵成为经济建设的生力军。1999年，鹤城区广大民兵在开展的“双带”（一兵带全家、一排带全村）、“三争”（争创文明单位、争创文明家庭、争当文明民兵）、“两树两服务”（树立民兵形象、为改革服务、树立企业精神、为兴厂服务）的活动中发挥积极作用。

据统计，全区培训科技人才46期，2152人，参加重点工程建设41个连队1.2万人次，参加抢险救灾23个连队2429人。同时，在植树造林活动中，民兵参加植树活动。全年被区以上单位评为先进的有14个，评为文明家庭136户。2000年以后，区人武部围绕区委、区政府以“商贸立区、工业强区”的工作重心，大力开展“一带双推”（民兵带头兴品兴业，推动乡村经济发展，推动基层民兵建设）活动，注重发挥民兵组织的优势，做好典型培养和推广。2002年，重点抓杨村万亩杨梅基地、石门乡万亩蔬菜基地、黄金坳镇万亩水果基地、鸭嘴岩工业园区、芦坪乡礼品西瓜基地等典型。以点带面，进一步调动广大专武干部和民兵投身经济建设主战场的积极性，推动乡村经济工作和民兵预备役建设。鸭嘴岩镇鸭嘴岩村党支部书记、民兵营长谭国带领民兵大搞山地开发，发展种、养殖业，积极引进资金，增收创收。2004年，四次到广西、福建等地，引进四家砖厂、两家胶合板厂，为村民人均增收2006元。盈口乡退伍军人肖龙飞大力发展养殖业，利用在部队学到的技术，退伍后自办生猪养殖场，年收入近20万元。盈口乡退伍军人付招海发展苗木花卉养植，年收入30万元。黄金坳镇里三元村党支部书记、民兵营长丁立军，从部队退伍后，在城里办过工厂，开过店，致富后，他一心想改变家乡落后面貌。2004年，他回到村里，带领村民搞种植、养殖，并自筹资金40万元修建4.8千米的水泥路，被中共怀化市委评为优秀共产党员。

第四节　拥政爱民

据统计，仅2003—2005年，驻怀化部队和民兵参加扑救山林火灾80多次，为国家挽回经济损失上亿元。驻怀部队骁勇善战，敢打硬仗，更注重科学技术的运用。驻怀部队所属各部凭借工程安装技术方面的优势，支援怀化重点工程建设，凭借卫星气象技术方面的优势，为农业生产提供气象资料；凭借测绘、水文地质方面的优势参加电站、水库、工矿选址和技术论证等，积极为地方经济建设作贡献。

第五节　国防教育

一、国防教育

国防教育的目的是使公民增强国防观念，掌握基本的国防知识，学习必要的军事技能，激发爱国热情，自觉履行国防义务。1989年8月，怀化市人大常委会作出《关于开展全民国防教育的决定》，要求全市形成以政府为主导、部门为骨干，社会为课堂、学校和家庭为基础的“四位一体”的教育体制。把普及国防教育不断深化，促进国防教育不断深化，促进国防教育工作制度化、经常化、规范化。1997年《中华人民共和国国防法》颁布后，每年结合征兵对新兵役法进行广泛深入的宣传教育；在中小学校进行学生军训；在党校开设国防教育课程。2001年10月，鹤城区的国防教育及正规化建设工作，为怀化市党管武装现场会提供三个观摩点。

青少年的国防教育，通常将国防教育内容纳入有关课程，除进行国旗、国歌、国徽、首都等方面的教育外，还进行热爱祖国、热爱人民军队和组织学习英雄模范人物事迹的教育。有条件的小学和初级中学，开办少年军校对学生进行军事训练活动。1992年怀化市㵲水小学组建的青少年军校，每年训练学生400多名，并多次代表湖南省进京参加汇报表演，取得较好的成绩。1998年起，鹤城区境内的大专院校入校新生和初、高中新生都要进行军事训练。通过训练，使学生增长军事知识，磨炼意志，学到一些简易的军事技术，进一步增强国防观念和组织纪律性。

二、国防动员

怀化县从中华人民共和国成立初期起，就逐渐建立和完善国防动员机构，开展国防动员的一系列工作。1952年，怀化县就建立人民武装委员会。人民武装委员会由同级地方党委、政府有关部门、群众团体和人民武装部的负责人组成，同级党委书记兼任武委会主任。人民武装委员会对国防动员工作实施统一计划、统一安排、统一部署、统一指挥。1998 年 4 月，在怀化市（县级）人民武装委员会的基础上建立鹤城区国防动员委员会，与人民武装委员会为一个机构、两块牌子。区国防动员委员会下设区人民武装动员办公室、经济动员办公室、综合办公室、政治动员办公室、科技动员办公室、交通备战办公室、信息动员办公室、装备动员办公室，负责和协调有关国防动员工作。区国防动员委员会的主要职责是：贯彻落实党中央、国务院、中央军委和上级动员指挥部门有关国防动员工作的方针、政策和指示，结合本地区情况，研究解决后备力量建设中的重大问题，拟订地方性国防动员工作规划和实施计划，并检查监督贯彻执行情况，调查和掌握国防动员潜力，协调指导政治、军事、经济、社会等方面的国防动员工作。组织实施兵员、国民经济、交通战备、人民防空、科技动员，了解掌握国防动员工作的新情况、新问题，及时提出意见和建议。区国防动员委员会的办事机构设在区人武部，负责日常工作。区国防动员委员会每年定期或不定期召开国防动员委员会全体或扩大会议，由主要领导总结报告前段国防动员委员会工作，部署后段工作任务。

第六节　人防工作

一、人防工程

1973 年，怀化县开始制定县城人防工程建设统一规划。1975 年恢复人防工程施工。1978 年，黔阳地区人防委抽调 18 名工程技术人员，重新拟定怀化城区人防工程建设规划。1979 年，开始修建人防工程。1982 年因经费困难，部分人防工程均停工。

20 世纪 90 年代，怀化是国家要地和交通枢纽，是二类国家人防重点城市。2000 年后，怀化城区人防工程建设加快进度。

二、人防工程管理

管理机构　1962 年 6 月 25 日，成立怀化县战备治安指挥部，由县长徐殿儒任指挥长。1969 年 4 月，成立怀化县革命委员会战备指挥部，由地方和军队主要负责人分别担任指挥长、副指挥长，下设办公室，由军地双方抽人联合办公。1971 年，正式成立怀化县人民防空办公室。1979 年 8 月 27 日，成立怀化市人防领导小组及人民防空办公室。人民防空办公室为市政府的常设办事机构。1982 年 4 月，人防领导小组变更为怀化市人民政府防空委员会。人防办机构名称和职能不变。1998 年 4 月，完成撤地设市后，成立新的怀化市人防办。原县级人防办机构、人员、职能并入新成立的怀化市人防办。

职能职责与内设办公室　贯彻执行国家关于人民防空的方针、政策和法律、法规，制定全市人民防空建设规划和年度计划并组织实施。根据国家批准的防护类别、防护标准，会同有关部门拟定人民防空建设与城市建设相结合的规划并组织实施。审核城市地下空间开发利用规划，负责城市地下空间开发利用兼顾人民防空要求的管理和监督检查。依法对城市和重要目标的人民防空建设进行监督监察。制定城市防空袭方案。指导防空组织（防空专业队）建设和训练、防空防灾演练、疏散体系建设。配合军事部门指导城市防卫工作。战时组织开展城市人民防空袭斗争。组织管理人民防空难度警报和信息化建设。对人民防空通信警报网和信息化建设实施计划、技术和质量管理，确保防空和质量标准，对人防工程（含民用建筑）修建的防空地下室建设实施计划、技术和质量管理。指导全市人防工程维护管理和开发利用。推广人防工程科技成果。会同有关部门开展人防工作宣传教育，普及人民防空知识和技能。组织人防干部教育培训，管理人防经费和人防资产，编制市本级人防经费预决算，并对使用情况进行监督检查。承担应急救援任务。怀化市人防办内设综合科、指挥通信科、工程管理、平战结合科和法制科五个职能科室。

人防工程建设与维护管理　征收防空地下室易地建设费，根据湖南省物价局、湖南省财政厅文件的有关规定，新建民用建筑（工业生产厂房除外）因法律法规条件限制不宜修建防空地下室的建设单位和个人，由人防主管部门征收防空地下室易地建设费。按地面总建筑面积的5%收取，怀化城区（规划控件区）的标准为1400元/平方米。

征收人防工程设施拆除、毁损赔（补）偿费。凡拆除人防工程，或毁损人防工程和人防设施的，市人防办对实施拆除、毁损人防工程和人防设施的单位和个人征收赔（补）偿费。由当地价格认证部门和机构进行实时认证和评估后，按适时造价的150%征收赔（补）偿费，使用湖南省财政厅统一印刷的非税收入票据，并按照规定实行收费公示，严禁违反规定自减免。

第十六篇　教　育

1990年始，怀化市认真贯彻实施《中共中央关于教育体制改革的决定》《中华人民共和国义务教育法》和《中国教育改革和发展纲要》等一系列教育政策和法律法规，不断推进教育改革，努力加大教育投入，改善教育教学条件，巩固教育成果，教育事业发展良好。1991年，怀化市被评为湖南省普及初等教育先进县（市）。1997年，“两基”工作（基本普及九年义务教育、基本扫除青壮年文盲）顺利通过省政府验收，被评为湖南省“两基”工作先进县（市）。

1998年，鹤城区作为地级怀化市的主体城区，随着城市化进程的不断加快，教育事业发生巨大变化。区委、区政府始终坚持教育优先发展战略，充分调动各级和社会各界的积极性，上下联动，全区共举，推进教育人事制度改革，调整城乡学校布局，狠抓校园校容建设，完善教学设施设备，努力促进教育均衡发展，全区教育事业取得丰硕成果，多次获全国、省、市表彰。至2010年，全区有各类幼儿园88所，在园幼儿16178人，有普通中小学63所，共有在校学生75646人。有职业中等专业学校1所，在校学生1433人。全区学前一年入园率81.8%，小学适龄儿童入学率100%，小学毕业升初中达100%。

第一章　教育教学改革

第一节　教育体制改革

一、办学体制改革

1990年起，怀化市教育实施市、乡镇、村三级办学，市、学区、乡镇三级管理，市、学区、乡镇三级统筹的管理体制。形成市办高中、职业学校和城区中小学，乡镇办中心完小、初中和农校，村办初小的格局。市宏观管理“四教”（幼儿教育、普通教育、职业教育和成人教育）；学区统筹管理片区内各乡镇教育；乡镇办好管好中心完小、初中和乡镇农校、管好村级小学；各行政村办好村小学。市、学区两级成立教育委员会，建立完善市、乡镇领导干部联系学校制度和市、乡镇、村三级领导班子议教制度。各级政府对教育发展尽职尽力，全市教育事业成效显著。

1995年，怀化市教委更名为怀化市教育局。1998年撤地设市调整行政区划，鹤城区教育局成立。鹤城区教育结构发生较大变化，一部分中小学析出归地级怀化市管理。实行区政府一级统筹办学，同时引导和鼓励社会力量办学。至2010

年，鹤城区的办学体制得到不断完善，形成“政府主导、社会参与、公办民办并举”的办学格局。

二、管理机制改革

1990—1995年，怀化市教委为怀化市主管教育的行政职能部门。教委设主任一名，副主任3~4名。教委主任由分管教育的副市长兼任，第一副主任主持全面工作。1990年初，市教委设办公室、政工股、普教股、计财股、党委办、纪检监察室、普高、中专招生办、成人考试招生办、高教自学考试办、实验仪器站、电教馆、勤管站、教育科学研究室、成人教育办、工会等15个股室站办，核定行政编制7人，事业编制26人。1996年5月，市教委督导评估室成立，核定编制2人。

1995年，怀化市教委更名为怀化市教育局

1998年6月，鹤城区教育局成立，局机关设办公室、人事股、基础教育股、计财股、党委办、纪检监察室、审计股、招生考试办、电教装备站、勤管站、教育科学研究室、职教成教站、体卫所、政策法规股、工会等15个股室站办，核定行政编制10人，事业编制44人。2007年，为加强学校安全管理成立安监办，与政策法规股合署办公。

三、人事制度改革

1990—1997年，怀化市教育行政干部均由市教育行政部门委任。1997年，怀化市教育人事制度进行改革，推行“校长负责制，教职员工聘任制，岗位责任制，结构工资制”。2002年4—6月，鹤城区教育局机关各行政、业务股室站办干部全部实行竞聘上岗。2010年8月，按照鹤城区委、区政府《关于加强教师队伍建设　提高教育教学质量的决定》精神，区教育局出台《中小学教职员工全员聘用实施办法（试行）》，对校长实行聘任制。坚持“民主推荐、公开竞聘、择优聘任、严格考核、目标管理”原则；对学校教职员工实行“全员聘用制”。坚持“合理设岗、科学定量、综合评价、竞争择优、职务评聘分离”原则，采取“逐级聘用、竞聘上岗、跨校选聘”的办法聘用教职员工。是年8月在怀化市一中、怀化市五中、正清路中学等6所学校先行试点，计划于2011年9月在全区所有学校推行。2009年8月，区属一中、五中2所高中学校进行高中老师整合，通过业务考试后上岗。

第二节　办学主体改革

一、办学体制转变

1985年5月中共中央发布《关于教育体制改革的决定》，1988年9月，怀化市老龄委办公室主任夏良自筹资金创办“怀化市英才中学”，怀化诞生第一所民办学校。

1993年5月，湖南省委、省政府为贯彻落实中共中央、国务院普及九年制义务教育的决定，出台了《关于加快普及九年制义务教育的决定》，《决定》中明确提出“逐步建立以政府办学为主体、社会各界共同办学的体制。”怀化市委、市政府于1993年召开全市义务教育工作大会，会上提出“鼓励社会办小学、初中和职业技术学校，对办学办得好、教学质量高的，政府可给予适当的经费补助和奖励。”1993年末，共有32个单位参与社会办学，年终督查有30个合格。1994年社会办学注册学校有33所（含企事业单位）。1995年怀化市委、市政府出台《关于加快普及九年义务教育的决定》，《决定》提出“积极鼓励和支持社会力量办学。民主党派、社会团体和公民个人等社会力量办学应以职业教育和岗位培训为重点。”1995年6月拥有全面配套教学设施的九年制民办学校——星光实验学校，经教育主管部门批准同意面向社会招生，属第一所民办全日制寄宿学校。1998年，鹤城出台《怀化市鹤城区社会办学管理实施细则》。2002年12月，《中华人民共和国民办教育促进法》颁布实施后，鹤城区政府2006年制定《关于促进民办教育的决定》，同年，区委、区政府下发《关于进一步加强教育工作的意见》。2010年，制定《鹤城中长期教育改革和发展规划纲要（2010—2020)》，上述一系列政策和规划，给民办教育给予同等社会地位，享受同等政策待遇。

二、厂矿子弟学校

1990—1998年，怀化市辖区内共有厂矿子弟学校18所，其中，高中2所，九年制学校9所，完全小学6所。2003年，怀化铁路一完小、怀化铁路二完小、怀化铁路三完小、怀化铁路四完小、怀化铁路第一中学、怀化铁路第二中学、怀化铁路第三中学等移交怀化市教育局管理。怀化铁路第三中学、怀化铁路二完小、怀化铁路三完小、怀化铁路四完小在移交中撤销。2002年，安江纺织厂子弟学校移交鹤城区政府，更名为鹤翔学校。2006年，华峰电子集团子弟学校移交鹤城区政府，2008年停止办学后并入顺天路学校。2007年，省建七公司子弟学校移交鹤城区政府，更名为顺天路学校；2008年，第二炮兵子弟学校育才学校移交鹤城区政府，2009年停止办学后并入东晟学校。2007年，五〇七子弟学校、铁五局子弟学校移交地方，划归地级怀化市管理后停止办学，相继并入怀化市三中初中部和怀化市实验学校。怀化市（县级）良种场子弟学校、四〇七地质队子弟学校、花桥磷矿子弟学校、泸阳磷肥厂子弟学校相继撤并。岩冲煤矿子弟学校于1996年移交怀化市（县级）管理后改为怀化市特殊教育学校，2006年上交给地级怀化市管理。湘运公司子弟学校于1998年移交地级怀化市管理，2007年与怀化市三中初中部合并。

三、民办教育

1988年，怀化市第一所民办学校英才学校开办。1990年，创办第一所全日制学校，即星光学校。1998年，第一所民办幼儿园宝宝乐幼儿园开办。建区后，当地党委、政府高度重视民办教育发展，始终坚持“积极鼓励，大力支持，正确引导，依法管理”的方针，多次制定出台支持民办教育发展，加强民办教育管理的政策措施，民办教育得到长足发展。至2010年，全区共有民办教育机构113个，校园面积56000余平方米，教职员工　2817人，学生32000余人。其中幼儿园86所，在园幼儿15000余人；寄宿制小学1所，在校学生600余人；九年制义务教育阶段学校9所，在校学生8891人；课外培训机构16所，年培训7 600人次。

四、民办学校选介

鹤城区蓝天实验学校　1999年由陈万良等人投资创办，系鹤城区教育局审批的一所九年一贯制民办义务教育学校。址设潕水路西兴街万寿山28号。学校系租赁场地办学，占地9300余平方米，建筑面积7000余平方米，有多媒体教室、图书室、实验室等现代教学设备。学校招生对象主要为进城务工经商的流动人员子女。2010年，在校学生共1912人，42个教学班，在职专任教师90人，其中中学高级教师1人、中级职称26人、初级职称63人。学校始终坚持“只求发展，不谋私利”的办学公益性原则，以“一切为了流动儿童健康快乐成长”为办学理念，形成了“低收费，高质量”的平民学校特色。学校先后获得“湖南省十佳民办中学”“鹤城区中小学目标管理考核先进单位”等荣誉称号。

鹤城区振华学校　2001年创办，始称怀化市鹤城区阳光实验学校。2005年12月被怀化市振华教育集团收购，更名为怀化市鹤城区振华学校。址设麻阳路口老广电局大院（武陵南路9号）。系一所集小学、初中于一体的九年一贯制学校。学校系租赁场地办学，占地面积18767平方米，总建筑面积5000余平方米。2010年，有在校学生1290多人，24个教学班，有在职教师56人，其中专任教师52人，中学高级教师1人，中教一级教师6人，小学高级教师8人、小学一级教师10人。学校自创办始，全面推进素质教育，以服务为宗旨，以养成为导向，以改革创新为动力，明确“爱心献给学生，放心留给家长，与时代同步，树民教典范”的办学理念。遵循“确保办学规模，加强内部管理，提高教育教学质量和服务质量”的基本要求，不断探索教育教学的新方法、新途径，突出“育”“教”办学特色。学校先后荣获“湖南省特色教育实验学校”“鹤城区中小学目标管理考核先进单位”等荣誉称号。

怀化市星光寄宿学校　1994年由彭跃新投资创办，系怀化市（县级）教委审批的一所全日制寄宿制小学。址设迎丰东路62号，毗邻太平溪。

学校占地12500平方米。学校坚持实施现代化的校园建设和规划，实现了“四化”（绿化、美化、净化、香花）、“三区”（教学区、生活区、运动区）建设目标。教学区、生活区、运动区，布局合理，分区科学，给人一种典雅、和谐之感。学校教学设备先进，设施齐全。2010年，在校学生670多人，有15个教学班，教职工70余人，其中专任教师35人，小学高级教师8人，小学一级教师25人。学校坚持“以德立校、全面育人的办学思想。培养学生全面发展”的办学目标以及“让学生在快乐中成长，让教师在快乐中成功”的办学理念，在学校管理、教育教学、后勤服务等方面开拓创新，积极探索，取得了良好的办学效益，成为怀化市民办教育的一个亮点。学校先后荣获“湖南省安全文明校园”“湖南省卫生质量信得过单位”“怀化市安全文明单位”“怀化市民办教育工作先进单位”“怀化市绿色学校”“怀化市花园式学校”“鹤城区示范性学校”等称号。

第三节　学校布局调整

1998年前，怀化市管辖城区幼儿园2所，城区小学5所（㵲水小学、跃进路小学，人民路小学、红星路小学、迎丰路小学）、中学5所（怀化市第一中学、怀化市第二中学、怀化市第三中学、怀化市第四中学、怀化市第五中学）、中等职业学校3所（怀化市职业中专、怀化市农业中学、怀化市中等中医药学校），所辖32个乡镇337所学校（含厂矿子弟学校17所、初级中学45所、完全中学8所）。

2001—2010年鹤城区学校调整变化情况表

表16-1-1

变化单位	变化时间	变　化　内　容
怀化市第四中学	2001年9月	职高（旅游学校）与职中合并，2002年9月开始普高招生，2007年9月停办高中
怀化市职业中专	2001年9月	怀化四中职高部分并入，更名为怀化市旅游学校
安纺子校	2002年5月	移交区管，更名为鹤翔学校
育才学校	2002年9月	上收市管。2008年9月，教职工分散到市直其他学校，学生和校园留给鹤城区，鸭咀岩小学教职工进入，2009年9月并入东晟中学
特殊学校	2006年8月	整体上收市管，并从石门金海搬迁到原怀铁二小校园内
四〇七子校	2006年8月	自动撤销
怀化市第一中学	2007年9月	剥离初中，保留高中
怀化市第二中学	2007年9月	停办高中，保留初中
怀化市第五中学	2007年9月	剥离初中，保留高中
五〇七子校	2007年9月	与市迎丰路小学合并
交通子校	2007年9月	与市三中初中部合并
华峰子校	2007年12月	移交区管，与顺天路学校合并
三公司子校	2007年12月	移交区管，更名为顺天路学校
贺家田学校	2007年9月	停办初中，初中学生移交黄金坳中学
凉亭坳学校	2007年9月	停办初中，初中学生移交黄金坳中学
芦坪中学	2007年9月	停办，学生、教师并入黄金坳中学
盈口中学	2008年9月	并入河西学校
鸭咀岩中学	2009年9月	校园、学生移交中方县管理，教职工由区教育局统一安排到区内其他学校
鸭咀岩小学	2009年9月	校园、学生移交中方县管理，教职工由区教育局统一安排到育才学校
石门中学	2010年9月	并入东晟中学

1998年鹤城区成立，所辖学校发生较大变化，城区学校中迎丰路小学、实验学校、三中等3所学校析出划归地级怀化市管理，中方镇、泸阳镇、花桥乡等22个乡镇所辖学校划归中方县管理。是年，鹤城区管辖城区幼儿园2所、小学3所、中学4所、中等职业学校2所。农村8个乡镇，1个旅游度假管理区所辖学校22所。

随着市区城镇化水平不断提高，外来人口和进城务工经商人员逐年增多，城区学位严重不足。为缓解就学压力，2007年，怀化市、鹤城区两级政府启动“怀化城区教育发展五年行动计划”，加大投入，新建学校，增加学位。2008年，河西学校建成投入使用，2009年，东晟学校投入使用，2010年，钟秀学校投入使用，三所学校共新增学位5000个。

2007年，鹤城区进行农村中小学布局调整，芦坪、贺家田、凉亭坳不再办初中，区域内初中生并入黄金坳中学就读。城市规划区以内的农村学校更名，盈口中心完小更名为锦园路小学，杨村中心完小更名为正清路小学，杨村中学更名为正清路中学，石门中心完小更名为城东小学，石门中学撤销并入东晟中学。

2007年，城区一中、二中、四中、五中进行办学层次调整，四所学校均改为单层次办学，其中一中、五中只办高中，不再办初中，二中、四中只办初中，不再办高中。

2010年，鹤城区管辖城区幼儿园87所，中小学23所，8个乡镇、1个旅游度假管理区农村学校9所，教学点15个。初步形成了“布局合理，均衡发展”的办学格局。

第四节 教学改革与研究

一、教学研究

1990年起，怀化市中小学教学研究逐步由听课、评课向专题研究、课题研究转变，“素质教育”“品德教育”“体艺教育”“实践活动”等校本、自创课题的研究，并将教研教改成果在全市中小学进行推广。

1998年始，教学研究活动更趋活跃，逐步形成了教师全员参与、校校有教研教改项目、人人有教研教改课题的教学研究局面。2010年，全区共有教研课题15个，其中获省级以上奖励3个；获市级奖励23个；被教育部立项、列为国家级研究课题的1个；被省教科院立项、列为省级研究课题的2个；被市教科所推广的3个。

课题选介

“校园网络环境下家校教育互动的研究”为省级课题，于2006年6月在湖南省教科院立项，被列为湖南省教育科学“十一五”规划重点课题。课题研究由人民路小学承担，从开题到结题共历时三年多。经过全体课题研究人员的共同努力，于2010年完成了预定的研究任务并顺利结题。该课题研究目标为：通过信息技术与学校、家庭教育的结合，充分发挥学校、家长、学生的各方面的优势，构建一种“互动沟通、联合教育、资源共享”的理想教育环境；通过信息技术与学校、家庭教育的有效结合，探索新型的教育模式。研究内容为：家校互动网站的构建、网站栏目的设置；家校互动教育资源库的建设及丰富；学生电子档案的建立和合理利用；班级主页的建立与完善；校园网络环境下家长、学校教育互动与促进学生全面发展的关系。取得的研究成果：在校园网络环境下建设了以促进学生全面发展为主旨的“家校教育互动网站”，使之成为三个主体的“感情纽带、学习乐园、共享平台”；校园网络环境下家校互动融洽了学生、家长、教师之间的关系，促进了学生全面发展，使家长和教师的素养也得到相应提升；总结了校园网络环境下家校教育互动“三位一体互动”模式；通过信息技术与学校、家庭教育的结合，可以构建一种“互动沟通、联合教育、资源共享”的理想教育环境，促进了教育大系统的良性循环和健康发展。

二、素质教育

1990年起，怀化市在各中小学确立办学指导思想上面向全体学生，教学目标上注重全面发展，教学内容上重视素质培养的教育原则。严格要求各中小学贯彻执行国家《九年义务教育全日制小学、初中课程计划》及各科《教学大纲》，坚决纠正学校随意增减教学内容，取消小学、初中留级制度，让学生在规定的年限内学完所有规定课程，达到毕业水平。

1998年后，通过深入贯彻实施中共中央、国务院《关于深化教育改革全面推进素质教育的决定》，全区加大力度推进素质教育，在教学中充分发挥教师的主导作用和学生的主体作用，面向全体学生及学生的各个方面。因人而异，因材施教，注重培养学生的综合能力和创新意识，举办各项科技发明、手工制作等竞赛活动，组建各种课外兴趣小组，使学生的个性及特长得到培养。不断改善办学条件，启动教育现代化工程，配齐、配足中小学语音、电脑等设备，为实施素质教育奠定物质基础。全区中小学素质教育成效显著，2007年8月，舞水小学少年军校作为全国少年军校示范校和标兵单位代表湖南省参加在北京举行第六届全国少年军校检阅式。

三、课程改革

2001年，教育部颁布《基础教育课程改革纲要（试行）》。2002年，鹤城区作为怀化市第一个课改实验区启动新一轮基础教育课程改革，通过加强保障、强化师资、注重教研等措施，新课程改革成效明显：建立与新课程相适应的教学管理机制；全面落实国家新课程计划；逐步深化学生评价体系改革；促进教学行为的积极变化；提高教科研的积极性。

第二章　基础教育

1991年，怀化市委、市政府响应党中央和国务院关于在20世纪末“基本普及九年义务教育”“基本扫除青壮年文盲”的号召，出台《关于加强普及九年义务教育的决定》，进行了具体的规划部署。1991—1998年，怀化市普通教育的重点是巩固“普及初等教育”成果，“两基”达标工作。1997年，怀化市适龄儿童入学率为100%，在校学生辍学率小学为0，初中为0.23%，15周岁人口初等教育完成率为99.37%，青壮年非文盲率为99.99%。1997年、1998年、1999年，怀化市、鹤城区“两基”工作接受了湖南省政府的评估、验收和复查，“两基”程度，办学条件，教师队伍建设、教育教学质量等各项指标均达到国家要求，“两基”验收不仅合格，还连续三年被评为湖南省先进单位。

1998年，怀化市（县级）所辖学校一分为三，一部分中小学析出划归地级怀化市和中方县管理。是年，全区有公办学校105所，其中完全中学3所、初中9所、九年一贯制学校3所、完全小学12所、农村村小75所、中等职业学校2所、幼儿园1所；有在校学生46626人，其中高中2527人、初中10676人、小学31662人，中职1761人。鹤城区成立后，特别是进入21世纪后，随着社会经济的发展，城区面积迅速扩大，外来务工经商人员不断增多，人口急速增长，学位紧张压力日益增强，“大班额”日益凸显。为满足人民群众不断增长的教育需求，鹤城区始终把教育作为最重要的民生工作来抓，坚持教育优先发展战略。先后制定《关于建设教育强区的决定》《怀化市城区教育发展五年行动计划》等政策措施，努力加大投入，不断改善办学条件，全区基础教育得到了较快发展，成效显著。2010年，鹤城区被评为“湖南省推进义务教育均衡发展先进县市区”。2010年，全区共有小学20所，在校学生30000余人，适龄儿童入学率100%；有初中10所，在校学生10000余人，入学率98%；有高中2所，在校学生4000余人。

第一节 学前教育

一、体制与规模

1990年，怀化市境有幼儿园15所，50个教学班，在园幼儿1500人，其中，怀化地区幼儿园、怀化市幼儿园、怀化地委行署机关幼儿园、怀化市委机关幼儿园、怀化市政府机关幼儿园为公办幼儿园，其余为驻怀单位、厂矿企业办的幼儿园。1998年后，随着城区人口的不断增多，政府鼓励社会力量办学，开办了很多经审批的民办幼儿园，形成了“政府引导、公办为示范，民办为主体”的学前教育格局。2010年，全区共有幼儿园88所，在园幼儿16178人。其中公办幼儿园2所（市幼儿园为市教育局直管），民办幼儿园86所，省示范性幼儿园2所，市级示范性幼儿园5所。规模较大的有鹤城区幼儿园、河西幼儿园、爱伊尔幼儿园、宝宝乐幼儿园等。

二、幼儿园

园所建设 1998年后，怀化市（县级）幼儿园更名为鹤城区幼儿园，属政府开办的公办园。2006年，鹤城区幼儿园顺利通过省级示范性幼儿园复查验收。2005年，区教育局将教师新村幼儿园委托给区幼儿园管理，办成区幼儿园分园。2008年，区政府将原政府机关幼儿园移交给区幼儿园，办成区幼儿园分园。2010年，区幼儿园共有18个教学班，在园幼儿634人。2010年，经鹤城区教育行政部门审批开办的民办幼儿园共有86所。其中自有园舍场地的有5所，市级示范园2所，区级示范园12所。

师资队伍 建区后，鹤城区建立健全幼师资格认定、幼师培训、考核评价制度。2010年，全区幼师持证上岗率为75%，学历合格率为83%。城区各幼儿园基本实现每班配备2名教师，1名保育员，达到“两教一保”。

教育内容 以活动和游戏为主，贯穿“健康、科学、社会、艺术、语言”五大领域，科学开展保育教育。

三、学前班

1997年底，怀化市境有学前班50个，就读幼儿3000人。1998年，区辖公办全日制小学共附设有学前班46个，就读幼儿2298人。2006年，按照省、市相关文件精神，城区公办小学均取消学前班，腾出资源满足义务教育发展需要。学前班学制一年，采用全日制教学，为适龄儿童做好“幼小衔接”，就读小学一年级打下基础。

示范性幼儿园选介

鹤城区幼儿园 为政府主办的一所省级示范园，创办于1957年，始称怀化县幼儿园。园址在东风街，1958年迁入现址，1984年县改市后改称怀化市幼儿园，1998年撤地设市后更名为怀化市鹤城区幼儿园。现址位于榆市路160号。全园占地面积4633.2平方米，其中建筑面积4810.8平方米，绿化面积1218平方米（含垂直绿化）。2010年，有18个教学班，在园幼儿634人，有在职员工114人（在编73人、外聘41人），其中中学高级职称1人、小教高级职称28人、小教一级职称31人；本科学历49人、大专学历23人。鹤城区幼儿园先后投资700多万元，新建设施一流、功能齐全的现代化综合教学大楼，并对旧教学大楼、食堂、大门等进行大规模改造装修，新配置多媒体电教设备、儿童乐园等大型幼儿活动场所。每班均配置电脑、空调、多媒体一体机、钢琴、照相机、消毒柜、紫外线空气消毒管等设施。成为一所环境优美、充满童趣且设施完备、功能齐全的现代化幼儿园。鹤城区幼儿园以“高标准的办园规划、高素质的教师队伍、高质量的保教水平和高层次的环境设施”为办园目标。本着“一切为了孩子，一切为了家长，把快乐的童年留给孩子”的办园宗旨。坚持保教并重，促进幼儿全面和谐发展。于1995年11月顺利通过省级示范幼儿园评估，1996年被授予“湖南省示范性幼儿园”称号，2006年率先通过省级示范幼儿园复查验收。先后被授予“爱国启蒙教育全国示范幼儿园”“湖南省巾帼文明示范岗”“湖南省语言文字规范化示范校”“湖南省幼儿教育先进单位”等90多项荣誉称号。

鹤城区河西幼儿园 系一所股份制民办幼儿园，创建于2006年6月。位于怀化市河西新区神龙北路，占地面积5190平方米，建筑面积5500平方米，塑胶操场及跑道800多平方米。该园自开园至2010年，总投入经费2000多万元。教室宽敞明亮，功能齐全，每班配备有钢琴、投影仪、电脑一体机、空调、消毒柜等设施。园内拥有电脑室、多功能室、图书室、课改研究室等。并采用最先进的实时远程监控录像系统，是一所高标准、现代化的民办幼儿园。2010年，教学班达16个，在园幼儿600余人，有教职员工78人，其中专职教师44名，大专学历达到100%。办园宗旨是“一切为了孩子，秉承服务于家长”；办园目标是“培养健康、活泼具良好品格的完整儿童”。开园以后，不断健全管理机制，改善办园条件，加强教师培训，强化安全措施等，办园质量稳步提高。先后荣获“湖南省民办教育特色实验幼儿园”“怀化市安全文明校园”“怀化市民办示范幼儿园”“怀化市鹤城区民办示范幼儿园”等称号。

鹤城区宝宝乐幼儿园 创办于1998年7月，为区级示范性民办幼儿园，原名为鹤城区宝宝乐艺术幼儿园。园址位于怀西路199号（原芷江路163号），占地2000余平方米，建筑面积3000余平方米。园内现代化教育设施设备齐全。2010年，宝宝乐幼儿园有12个教学班，在园幼儿426人，有教职工60人，其中本科学历教师占专任教师的8.7%，大专学历占91.3%。自1998年办园伊始，宝宝乐幼儿园一直坚持以培养“聪、明、灵、通”的儿童为办园目标，以“把心放在孩子身上”为办园理念，不断改革和创新，积极引进爱迪生幼儿科学探究室、区角游戏教学、多元宝盒操作、益智棋等先进的教育教学理念。深受家长和社会好评，多次获得“优秀幼儿园”“先进单位”等荣誉称号。

第二节 小学教育

一、规模与设置

1990年，怀化市有小学337所，在校学生51300人，适龄儿童入学率99.45%，巩固率99.12%。1998年，鹤城区城乡共有小学100所（含九年一贯制学校），有教师1280人，在校学生28137人。小学入学率100%，巩固率100 %，合格率99%。2010年，全区共有小学29所（含九年一贯制学校10所），在校学生42604人，小学入学率100%，巩固率100%，合格率100%。2010年，怀化市教育局直管的小学共有3所，在校学生6000人。

2002—2010年鹤城区小学数量与在校学生人数情况表

表16-2-1

年份	学校数	在校学生数	年份	学校数	在校学生数
2002	40	35488	2007	34	38093
2003	40	33874	2008	32	40588
2004	41	32252	2009	31	41172
2005	38	32469	2010	32	48608
2006	35	34183			

说明：1. 学校数含民办学校、市直学校、九年一贯制学校、教学点并入中心完小；
2. 在校学生数含民办学校、市直学校、九年一贯制学校、教学点并入中心完小

二、教学管理

教学管理中，依据《中华人民共和国义务教育法》《中小学校教育教学常规》，每年年初制订学校年度工作目标指导方案，年末进行检查评比。基础教育股负责对学校课程改革、学籍注册登记、思想品德教育、毕业考查考试进行指导管理。各学校在校长领导下，各职能处室分工配合，年级组长、班主任、教研组长、科任教师执行的日常

教育教学管理体系。各学校依据国家法律，制定符合本校实际教育教学管理制度：《教师备课、作业批改考核制度》《学生转出、转入制度》《考试纪律要求》《教育教学科研制度》《教师教学业绩考试制度》《学生评优制度》等。

全区小学均实行六年制，采用全日制施教，按国家教育部部颁教学计划开设课程。课程设置有语文、数学、自然、体育、音乐、美术、劳动、思想品德、科技文化活动、信息技术教育、社会（地理、历史）课，部分学校还开发有乡土文化等校本教材。

三、学校选介

怀化市潕水小学　学校是一所具有悠久历史的百年古校。前身为“钟毓书院”，始建于1853年。校名几经变更，1983年更名为“怀化市潕水小学”。学校现址位于怀化市潕水路289号，占地面积　24833平方米，总建筑面积19557平方米，校园绿化面积3180平方米。2010年，学校有学生4609人，教学班级84个，有教职员工203人，其中在编专职教师200人，工勤人员3人，本科学历教师107人，大专学历教师90人，中师教师6人，中学高级职称2人，小学高级职称150人，小学一级职称44人。学校布局合理，教学大楼、学生餐厅、多功能大礼堂、校园天文台与亭台、雕塑、喷泉、塑胶跑道构成一幅和谐的建筑群。多媒体教室、语音室、乒乓球馆、校园电视台、网络室等使古老的学校焕发出现代化的勃勃生机。长期以来，学校大力推行素质教育，全面贯彻党的教育方针，走科研兴校的现代办学之路，学校各项工作走在同类学校的前列，是怀化市的一所窗口学校，在省内外都享有一定声誉。学校先后被评为全国文明单位、全国棋类教育示范基地、全国三八红旗集体、全国巾帼文明示范岗、全国少先队红旗大队、全国绿色学校、全国和谐校园先进单位、全国少儿音乐艺术教育示范基地、省语言文字示范校、湖湘名校、湖南省名优学校、湖南省四星级红领巾示范岗。

怀化市人民路小学　始建于1978年9月，总占地面积18061平方米，位于府星路飞鹤巷27号。学校现有教学楼及科教楼6栋，音乐、美术、舞蹈、科学实验室等功能室12间，校园绿化面积2000多平方米。2010年，学校有68个教学班，在校学生3773人，有教职员工167人，其中大专及大专以上学历165人，中学高级教师2人，小学高级教师113人，小学一级教师50人。学校坚持以“办现代化特色学校，育跨世纪合格人才”为办学目标，以“电教创特色，科研促发展”为办学理念，不断提升学校的办学水平。学校作为全国第一批国家级“现代教育技术实验校”和市、区两级“示范性学校”，先后被评为全国“少先队红旗大队”、全国“校园环境文化艺术建设先进单位”、省“绿色学校”、省“文明卫生单位”、省“安全文明校园”、省“四星级红领巾示范校”、省“语言文字规范化示范校”、省“十一五”现代教育技术课题研究优秀单位、市第一批基础教育课程改革样板校。学校先进事迹多次在《湖南教育》和《湖南电教》以专版的形式刊登，并被载入《湖南电教三十周年》画册。

第三节　中学教育

一、初中教育

规模与设置　1990年，怀化市有初中43所，在校学生22534人。初中招生7615人，占小学毕业生的98%，巩固率96.8%，毕业率100%。1998年，全区有初中12所，在职教师680人，在校学生9662人，初中招生3516人，占小学毕业生的100%，巩固率98.5%，毕业率100%。1998年起，随着政府新建学校、民办学校逐渐增多以及城区中学办学层次调整，农村中小学布局调整，鹤城区初中教育格局发生较大变化。2010年，全区有初中23所（含市教育局直管初中学校3所），在校学生18104人，初中招生4000人，入学率98%，巩固率97%，毕业率96%。

教学管理　初中学制三年，按国家、省、市的课程计划安排教学，2010年，全区初中开设有语文、数学、英语、物理、化学、生物、地理、历史、思想品德、音乐、美术、劳动实践、体育等13门课程，部分学校开设有校本教材。

2002—2010 年鹤城区中学学校数量、学生人数情况表

表 16-2-2

年份	初中学校数	在校学生数	高中学校数	在校学生数
2002	39	23062	9	6099
2003	40	25501	12	7616
2004	42	24624	10	9217
2005	41	22229	12	11271
2006	39	18494	12	12626
2007	35	170418	12	12965
2008	31	16426	10	11594
2009	24	16988	8	10145
2010	23	18104	7	8934

说明：1. 初中学校数含民办学校、市直学校、九年一贯制学校；高中学校含民办学校、市直学校；
2. 在校学生数含民办学校、市直学校、九年一贯制学校；高中学校含民办学校、市直学校

在教学管理中，基本内容和小学教育教学一致，依据学生的年龄特征，增加了管理针对性。

二、学校选介

怀化市第二中学 学校创建于 1968 年 3 月，始称怀化县榆树中学；1972 年扩建为怀化县第二中学；1973 年正式建高中；1975 年学校改名为怀化镇第二中学；1979 年再次改名为怀化市第二中学。2007 年，鹤城区进行分层次办学体制改革，学校不再办高中，改为完全初中。现地址设怀化市茶园西路 62 号。学校有 1 栋五层 50 间多媒体教室的大型教学楼、1 个 400 米×8 标准田径塑胶运动场、1 个田径塑胶室内训练场、1 栋 4000 平方米的六层综合性科教楼、1 栋 1600 平方米的四层图书馆、可供全校师生用餐的食堂，还配有省级一类中学标准的物理实验室、化学实验室、生物实验室、计算机教室、语音教室。2010 年，学校有 48 个教学班，在校学生 2600 余人；有在职教师 198 人，其中中学高级教师 43 人，中学一级教师 111 人。学校坚持“坚定做学生钟爱的教师、坚持建学生喜欢的学校、坚决办人民满意的教育”的办学理念和“博学、深思、慎取、修身、齐家、治世”育人目标。学校先后获得“第十一届亚运会获奖牌运动员输送单位育才奖”“湖南省体育传统项目学校”“湖南省培养优秀体育运动后备人才重点学校”“湖南省文明美德学校”“湖南省双合格家长学校”“怀化市教育工作先进单位”等荣誉称号。

怀化市第四中学 学校始建于 1981 年 9 月，位于怀化市迎丰中路 411 号。2007 年，鹤城区进行分层次办学体制改革，学校不再办高中，改为完全初中。2010 年，学校占地面积 9000 平方米、建筑面积 12000 平方米；30 个教学班，在校学生 1800 人；在职教职工 123 人，其中高级教师 23 人，中级教师 52 人，研究生学历 8 人，本科学历 99 人，学历合格率 100%。学校始终坚持“面向全体学生，优化教育过程，培养素质特长，促进全面发展”的教育原则，把“求知、创新、发展、责任感”作为学生培养目标。学校先后获得“全国外语实验学校”“国际生态学校绿旗荣誉单位”“省生态文明学校”“省级教师国培基地学校”“省级生态文明示范学校”“省合格学校”“怀化市课改样板校”“怀化市高考优质生源提供基地”“鹤城区目标管理先进单位”等荣誉称号。学校是怀化市城区在校学生人数最多、规模最大、设施设备最齐全、教育教学质量最优质的初级中学。

三、高中教育

规模与设置 1990 年，怀化市有高中 8 所，在校学生 3636 人，参加高考 3000 人，高考录取 500 人。1998 年鹤城区成立，全区有高中 4 所。2010 年，经过办学层次调整，全区有完全高中 2 所，在校学生 3579 人，参加高考 1200 人，录取 300 人，其中本科 100 人，专科 200 人，录取率

25%。区属怀化市一中为省重点高中、区属怀化市五中为市重点高中。2010年，怀化市教育局直管有高中2所（怀化市三中、怀化市铁一中），有在校学生4000人。

教学管理　高中实行毕业会考制度。2007年，改为学业水平测试。高一开设政治、语文、数学、英语、物理、化学、历史、音乐、体育、美术、信息技术、通用技术等12门课程。周课时35节，周活动总量50节。高二加开生物、地理课，停开历史课，周课时35节，周活动总量50节。高三进行文理分科，文课设语文、英语、数学、政治、历史、地理、音乐、体育、美术、信息技术、通用技术等12门课程，周课时35节，周活动总量50节；理科设语文、英语、数学、物理、化学、生物课、音乐、体育、美术、信息技术、通用技术等12门课程，周课时35节，周活动总量50节。

四、学校选介

怀化市第一中学　学校始建于1943年，原名怀化县立中学。1979年，学校被确定为怀化地区首批地级重点中学。2002年，成功申创湖南省示范性普通高中。2007年，鹤城区进行分层次办学体制改革，学校不再办初中，改为完全高中。学校占地面积45093平方米，校园建筑面积35909平方米。2010年，学校有39个教学班，在校学生数2000余人，有教职员工209人，其中中学高级教师76人，中学一级教师105人，高中专任教师本科以上学历达100%，研究生比例不断提高。建校近70年，学校为国家培养各类人才40000余人。先后获得“全国绿色学校”“省文明卫生单位”“中国电教协会现代教育技术教学实验基地”“湖南省现代教育技术实验学校”“怀化市高考突出贡献奖”等荣誉称号。

怀化市第五中学　学校始建于1963年，初为怀化县湖天桥完小，1973年更名为五七中学，19　年更名为怀化市第五中学，现址位于红星南路305号。2007年，鹤城区进行分层次办学体制改革，学校不再办初中，改为完全高中。学校占地面积8000平方米，校园建筑面积16000平方米。2010年，学校有34个教学班，在校学生1567人，有教职员工120人。其中中学高级教师20人，中学一级教师50人，高中专任教师本科以上学历达89%。学校坚持“分层教学，分类发展”的办学理念，教育教学成绩不断提升，音体美特色教育日益凸显。学校先后被列为湖南省体育传统学校、鹤城区音体美特色学校、怀化市青少年科技创新教育示范基地。

第四节　学校体育卫生工作

1998年后，学校体育卫生事业发展迅速，管理进一步加强，各校相继成立体育工作领导小组和爱国卫生领导小组，实施《学校体育工作条例》，执行《中小学生体育合格标准化实施办法》，强调体育教学规范化。重视对“两课”（体育课、卫生常识课）、“两操”（课间操、眼保健操）、“两活动”（课外活动、课间活动）进行考核，2005年起，将初三年级学生体育水平测试成绩列为毕业成绩科目。2009年起，对全区中小学在校学生进行体质健康数据采集统计并上报。1998年起，每年举行全区中小学生田径比赛。1998年10月，湖南省中学生田径比赛在怀化市二中成功举办。卫生工作方面，对校园卫生，食堂饮食饮水，医务室进行规范管理，组织开展学生卫生保健教育，提高自我保健意识，教育、卫生部门密切配合，定期为学生注射疫苗，加强对重点传染病的防控，2003年抗击“非典”，2008年手足口病防控均获得成功。2010年配有校医的学校共9所，共有医生10人。

第五节　普及九年义务教育与两基达标

1993年4月，怀化市委、市政府召开教育工作会议，出台《关于加快普及九年义务教育的决定》并作出具体规划部署，32个乡镇均与市政府签订了“普九”责任书，“两基”工作（基本普及九年义务教育、基本扫除青壮年文盲）开始启动，1997年10月顺利通过省政府的验收。1999年，鹤城区接受湖南省“普九”年检评估验收，被评为“普九年检优秀单位”。2000年、2001年又连续两年被评为“湖南省普九年检优秀单位”。2001年，鹤城区获得“全国普及九年义务教育先进县”称号。全区初等教育阶段适龄儿童入学率为100%，中等教育阶段适龄学生入学率为100%，在校学生辍学率小学为0，初中为0.23%，残疾儿童入学率为95.9%，15周岁人口初等教育完成率为99.34%，青壮年非文盲率为99.99%。“两基”程度，办学条件、师资队伍建设、教育教学质量等各项指标均达到国家指标要求。

第六节　特殊教育

1996年，怀化市岩冲煤矿子弟学校移交怀化市后改为怀化市特殊教育学校。2005年，学校迁入迎丰东路888号办学，占地面积3000平方米，建筑面积5000平方米。2006年，学校由鹤城区移交给怀化市管理。

怀化市特殊教育学校主要招收鹤城区、中方县境内的智障、聋哑儿童入学，办学宗旨是补偿智障、聋哑学生心理和生理缺陷，帮助学生开发潜能、树立信心，培养学生自食其力、适应社会能力。学校除开设语文、数学、体育、自然常识等课程外，还设有烹饪、编织、绘画等课程，同时结合学生的不同年龄特点进行自我服务劳动、家务劳动及简单的生产劳动训练。

2010年，学校有教职员工28人，在校学生300人。

第三章　其他教育

第一节　职业教育

一、职业教育

1990—1997年，怀化市有市属中等职业学校2所，为怀化市职业中等专科学校和怀化市旅游学校（怀化市四中职高部），1997年，共有在校学生2700人。

1998年鹤城区成立后，高度重视职业教育发展，不断加大职业教育改革力度。2001年9月，怀化市职业中等专科学校与怀化市旅游学校合并，更名为怀化市旅游学校，为区属唯一一所公办中等职业学校。2005年，出台《关于大力推进职业教育改革与发展的决定》《关于加快职高与普高协调发展的实施意见》；2006年，制定了《关于大力发展职业教育的实施意见》。全区各类职业教育逐步形成“政府统筹协调、各部门分工实施”的发展格局。

2001—2010年，怀化市旅游学校共招收学生12000人，毕业12000人。1991年设置专业有轻纺、幼师、服装设计制作与工艺、家电。其后根据市场需求开设工艺美术、文秘、财会、机电技术应用、保安、物业管理、电子商务，对失去市场的专业进行停办。2010年开设有旅游服务与管理，导游服务、幼师、铁路乘务、电子电器应用与维修、计算机及应用等专业。

2010年，怀化市城区有中等职业学校12所，市教育局直管及行业主管的有11所，共有在校学生15000人。

二、职业学校

怀化市旅游学校，始建于1983年，前身为怀化市职业中等专科学校。2001年9月，与怀化市旅游学校合并，更名为怀化市旅游学校，是一所省级重点示范性中等职业学校。2008 年 8 月，为缓解城区义务教育学位紧张压力，区委、区政府决定将区委党校与旅游学校合并，区委党校迁入旅游学校办学，旅游学校人、财、物等由区委党校接管，区委党校原校址交由人民路小学用于义务教育。学校位于怀化市沿河西路 125 号，占地面积 43000 平方米，总建筑面积 14333 平方米，校园绿化面积 17200 平方米。学校有教学楼 2 栋，综合楼 2 栋，实训楼 1 栋，图书室 1 个，600 平方米礼堂 1 个，学生宿舍 2 栋。2010 年，学校开设有旅游服务与管理、电子信息技术、学前教育、计算机应用等专业；有 20 个教学班，在籍学生 1800 人；有教职员工 76 人，其中专任教师 53 人，“双师型”教师 12 人，本科学历教师 20 人，大专学历教师 15 人，中学高级教师 15 人，中级教师 35 人。学校始终坚持“以服务为宗旨、以就业为导向”，将职业教育与劳动就业紧密结合，突出抓好学生在校期间和顶岗实习期间的技能培训，努力培养高素质的劳动者和实用人才，各专业学生参加省、市级技能比武，多次获奖。学校办学成效显著，原湖南省省长唐之享曾担任名誉校长，先后获得“湖南省职业教育与成人教育先进单位”“湖南省旅游教育培训示范点”等荣誉称号。

第二节 成人教育

一、农业技术教育

农业广播电视学校 1993 年，怀化市成立农业广播电视学校（简称农广校），址设三角坪文化山。设果树栽培、畜牧等 7 个专业。

乡镇农民文化技术学校 2010 年，鹤城区所辖 8 个乡镇、1 个旅游度假管理区均设有乡镇农民文化技术学校（简称乡镇农校）。乡镇农校主要工作任务为实施农村劳动力转移培训工程，开展农村劳动力转移前的引导性培训，加强农村劳动力转移前的技能培训，提高农民工职业技能水平和稳定就业的能力，实施农村实用人才培训工程。以农校为依托，培养农村实用技术人才，普及农业先进实用技术，提高农民思想道德和科学文化素质。2010 年，鹤城区 9 所乡镇农校共开展农村劳动力转移培训 10 次，参与人次 1200 人；开展农村实用技术培训30 次，参与人次 5000 人。

二、干部职工教育

1990—1997 年，怀化市委党校举办短期轮训班 30 期，培训学员 1200 人。主要学习内容为《邓小平文选》、坚持四项基本原则反对资产阶级自由化、关于建设有中国特色社会主义理论等。

1998—2010 年，鹤城区委党校举办各类培训班 50 期，培训干部 3000 人次。主要学习内容为邓小平理论、社会主义市场经济、“讲学习、讲政治、讲正气”“三个代表”重要思想、党员先进性教育、公务员 WTO 知识、干部任职能力、科学发展观、构建和谐社会、社会主义荣辱观以及中共十六大、十七大精神等。其间，共举办干部主题培训 20 个班次，培训领导干部 400 人次。2002 年，建成远程教育平台终端接收站，对农村党员干部实现现代远程教育，参训党员干部近 5000 人次。

三、自学考试与远程函授教育

自学考试（长线） 湖南省自学考试一年组考两次，分别为每年 4 月中下旬和 10 月中下旬。由于其他教育形式的发展以及长线自考本身比较难，鹤城区长线自考自报名人数急剧下降，2008 年起，鹤城区不再组织考试，只作为一个报名点接受考生报名，组考由市教育局统一管理和实施。

2008—2010 年鹤城区自学考试基本情况表

表 16-3-1

年份	报考人数	报考科次（科）	合格科次（科）	合格率
2008 年 4 月	254 人	580	215	37.07%
2008 年 10 月	244 人	540	189	35%
2009 年 4 月	234 人	564	174	30.85%

续表 16-3-1

年份	报考人数	报考科次（科）	合格科次（科）	合格率
2009 年 10 月	209 人	467	170	36.4%
2010 年 4 月	196 人	478	159	33.26%
2010 年 10 月	166 人	406	135	33.25%

2008—2010 年鹤城区成人高考报名人数及录取率

表 16-3-2

序号	年份	报名人数（人）		录取人数（人）	录取率
1	2008 年	2840	高职专科：2835	2010	70.90%
			高升本：5	5	100%
2	2009 年	2073	高职专科：2070	1317	63.62%
			高升本：3	2	66.67%
3	2010 年	2049	高职专科：2045	1008	49.29%
			高升本：4	3	75.00%

成人高考 成人高考属国民教育系列，列入国家招生计划，国家承认学历，参加全国招生统一考试，各省、自治区统一组织录取。成人高等学历教育分为三种：专科起点升本科（简称专升本）、高中起点升本科（简称高升本）、高中起点升高职（简称高职、高专）。

四、扫盲教育

1990 年，怀化市 15~45 周岁的青壮年文盲有 22515 人，其中女性有 16989 人。1995 年，市政府制定《基本扫除青壮年文盲实施方案》，开展扫盲教育。扫盲教育主要采取分散为主、适当集中、因人而异的办法。村小学举办全日制或半日制补习班，也可让脱盲人员参加小学生班就读，使其到达小学毕业水平；乡农校进行初中文化强化补习，让学员语文达到初中结业水平。对 20~30 岁的文盲，以自然村为单位，由专干、群师进修授课，要求学员认识常用汉字，会写简单应用文，并结合实际学习实用技术和法律知识；对 30 岁以上的青壮年文盲，由群师、中小学生采取办就读班、家庭班或联户办班的形式进行识字教学。县镇农校还举办扫盲提高班，组织脱盲人员学习文化和实用生产技术，以巩固扫盲成果。1997 年，省“两基”评估团进行评估验收，青壮年非文盲率达 99.92%，怀化市达到国家标准，省检合格，被评为“两基”先进市。2000 年被评为全国扫盲先进县（市、区）。

第三节　驻鹤城高等院校

一、怀化学院

怀化学院是 2002 年经教育部批准成立的全日制普通高等学校，初创于 1958 年，前身是怀化师范高等专科学校。学校占地面积 1010 亩，建筑面积近 40 万平方米，分东、西两个校区办学。东校区位于城东新区，西校区位于迎丰东路，校园依山涵湖，钟灵毓秀，楼群林立，满园苍翠。经过多年的建设和发展，学校已拥有文、理、工、经、法、教、管、农等八大学科门类，形成了以本科教育为主，师范教育与非师范教育并重，为地方经济和社会发展培养高层次人才的教学型、应用性、多科性本科院校。学校面向全国 25 个省、市、自治区招生。2010 年，有在校本、专科学生 13400 人，成人教育、函授、自考学生 5000 人。学校突出办学特色，注重积累与创新。设有 19 个教学系、部，设数学与应用数学、信息与计算科学、电子信息科学与技术、计算机科学与技术、生物工程、物理学、化学、科学教育、人文教育、汉语言文学、英语、旅游管理、国际经济与贸易、音乐学、舞蹈学、美术学、艺术设计、体育教育、社会体育、公共事业管理、通信工程、制药工程、广播电视新闻、小学教育、广播电视工程、生物科学、园林、法学、学前教育、物流管理、思想政治教育、音乐表演、工业设计等33个本科专业以及12个专科专业，不少专业在省内外享有较高的美誉度。有在职教职工920人，其中专任教师600多人，含教授60人，副教授183人，博士、硕士361人（含在读），被外校聘为硕、博士生导师5人，省级青年骨干教师30人。教师中15人获得过曾宪梓教育基金奖，5人享受政府特殊津贴，1人获“全国五一劳动奖章”，7人分别获得“全国优秀教师”“全国教育系统劳动模范”称号。学校学习和研究设施齐备，综合办学条件优良。拥有馆藏书近100万册，中外文期刊1400多种。建有数字信息、模拟信息、化学工程、生物工程、运动技术分析、视听欣赏与制作等专业教学实验室，教学仪器设备总值超过6000万元。学校坚持教书育人和学术研究并重，科研能力较强。设有中华传统文化研究所、数学研究所、信息科学研究所等十个科研机构。2000年以来，教师共发表论文5000余篇，其中被《SCI》(科学引文索引)、《EI》(工程索引)、《ISTP》(中文核心期刊)等国际三大检索系统收录近百篇，出版学术专著和教材百余部；获国家级教学成果奖1项，省部级教学成果奖11项；主持省部级（含教育厅）科研项目100多项，其中国家社科基金项目4项，林业部科研项目1项，省社科基金项目16项，教育厅重点项目6项；获国家自然科学奖1项，教育部科技进步奖1项，省哲学社会科学成果奖4项，其他各类奖100余项。2000年以来，学校先后被评为“湖南省文明单位”“湖南省文明高校”“全国精神文明建设工作先进单位”。

二、怀化医学高等专科学校

怀化医学高等专科学校是一所国家公办的全日制普通医学高等专科学校，前身是1924年成立于湖南长沙的仁术护病学校，2000年升格为怀化医学高等专科学校，址设锦溪南路492号。学校占地面积1635.03亩，校舍建筑总面积22.5万平方米。至2010年，有专任教师453人，正高职称教师83人，其中教授55人；副高职称教师139人，其中副教授61人；研究生学历教师182人，其中博士研究生22人，硕士研究生160人。享受政府特殊津贴专家2人，硕士生导师1人，省级优秀教师3人，省级青年骨干教师16人。学校面向全国26个省市自治区招生，在校全日制学生6800余人。教学科研仪器设备值4205.27万元。图书馆馆藏纸质图书62.5万册，电子图书38万册，中外文期刊930种，电子期刊5.3万余种。学校现有直属附属医院2所（三甲医院、三级医院各1所），非直属附属医院4所，共有编制病床5842张，有教学医院10所、实习基地70个。学校设有临床医学系、护理系、药学系、医学检验系、针灸推拿美容系、基础医学部、公共课部、成教部及医学形态实验中心、人体机能实验中心、药学实验中心、医学检验实验中心、医护技能实训中心、针灸推拿实训中心、计算机中心、生物医学研究中心实验室、怀化中医药现代化研究中心、怀化医专侗医药研究所、怀化医专肿瘤防治研究所、国家执业医师临床技能考试基地和高等教育研究室等教科研机构。开设临床医学、口腔医学、医学影像技术、护理、助产、药学、医药营销、医学检验技术、卫生检验与检疫技术、针灸推拿、医疗美容技术等11个专业。学校先后获得了“全国卫生系统先进单位”“全国五四红旗团委”“湖南省文明标兵单位”“湖南省文明高等学校”“湖南省普通高校毕业生就业工作先进单位”“怀化市文明红旗单位”“怀化市先进基层党组织”等荣誉称号。

三、怀化职业技术学院

怀化职业技术学院是由原湖南省安江农校和怀化机电工程学校合并组建的一所公办全日制高等院校。2003年4月经湖南省人民政府批准、教育部备案成立。实行省农业厅与怀化市人民政府共建、市政府为主的管理体制。学院是杂交水稻发源地，中国工程院院士袁隆平为名誉院长。学院位于河西经济开发区，占地面积591629平方米，总建筑面积43101平方米，固定资产总值1.5亿元；教学设备总值1639.9万元，图书29.8万册，中外文期刊300多种。2010年，学院有在职教职工409人，其中专兼职教师260人，具有副高以上职称的100人，具有研究生及以上学位的33人；学院面向全国19个省市招生，有全日制高职在校学生4609人；设有教学系部 9个：机械与汽车工程系、电子与电气工程系、计算机与信息工程系、商贸管理系、环境与生物科技系、动物科技系、基础课部、政治理论课部、建筑工程系。开设了以制造、财经、电子信息、农林牧渔类专业为主，文化教育类专业为辅的28个大专专业，每个专业均有配套齐全的实验实训设备。学院的模具设计与制造专业，通过省级验收，为湖南省高校50个教改试点专业之一。学院有12个实训中心，65个校内实验实训室，校外实训基地40家，校园网1个。有条件较完备的杂交水稻研究所和汽车驾驶员培训学校。学院成立以来，一直坚持“质量兴院、人才立院、科研强院、产业活院”的办学理念，以“崇德、尚能、精业、有为”为训导，着力提高学生的动手能力和实际工作水平，重视学生综合素质的培养。学院校园文化繁荣，现有学生社团30多个。学院设有国家职业技能鉴定所，进行职业证书的培训、鉴定、考试工作，有秘书、会计、电子商务、花卉工、园艺工、车工、钳工、焊工、电工等25个职业工种的技能鉴定资格，培训合格率达90%。毕业生实行多证书制度。学院以服务为宗旨，以就业为导向，加强职业生涯规划与就业指导，重视与国内外知名企业和知名高校的联合办学，与全国数百家大中型企业、十多所名牌高校建立了稳定的关系，进行“订单式”教育，“对口式”深造。合格毕业生100%推荐工作，优秀毕业生均可继续升入名校。历届毕业生就业率稳定，在90%以上，是湖南省招生就业工作先进单位。学院发扬袁隆平院士教学与科研相结合的传统，坚持理论联系实践、教学科研并举的办学思路，形成了教学科研和技术推广一体化的鲜明特色。学校还培养和造就了李必湖（国家级有突出贡献的科技专家、国家特等发明奖获得者）、李玉才（北方棉花大王）、陈锦屏（中国第一位食品科学博士生导师）等一大批出类拔萃的人才。近20年来，学院共获得各类科研成果奖44项，其中8项获国家级奖，24项获省部级奖。学院杂交水稻研究所研究的科研成果，在全国15个省（区）推广，种植面积4.2亿亩，增产粮食350多亿千克，创利税百多亿元，为湖南省乃至全国农业和农村经济的发展作出了重要贡献，在国内外都享有相当高的声誉。

第四章　教师队伍

第一节　教师结构

一、教师数量

1990—1997年，怀化市教师队伍由公办教师、民办教师、代课教师构成。1990年，全市有中小学教师4670人（其中民办教师1746人），至1997年，时有教职工5000人，其中专任教师4300人。

1998年，全区共有教职工3100余人，其中公办教职工2999人，民办教师119人，另有代职代课人员212人。建区后，先后通过民办教师转正、学历达标进修、业务考核、继续教育等方式提高全区教师队伍整体水平，2010年，全区共有教职工3800人，其中专任教师3500人，中学教师500人，小学教师2880人，幼儿教师50人，职业中学教师70人。

二、学历结构

1998年，鹤城区小学专任教师学历合格率为97%，初中专任教师学历合格率为92%，高中专任教师学历合格率为 70.5%。通过组织教师参加学历达标进修及开展教师继续教育等，全区教师学历合格率逐步提高。2010 年，小学专任教师学历合格率为 100%，初中专任教师学历合格率为 95%，高中专任教师学历合格率为 90%。

三、资格认定与职称评聘

资格认定　2002 年，根据全国教师资格制度实施工作会议精神，鹤城区认定全区教育系统内部教师资格 3500 人，其中高级中学教师资格 300 人，初级中学教师资格 2500 人，小学教师资格 1500 人，幼儿教师资格 50 人。2002—2010 年，鹤城区共认定教师资格 6500 人。

职称评聘　1990—1997 年，教师专业技术职务的评定由怀化市教委“职改办”承办，报地区教委审批后再由市教委聘任。1998 年，教师专业技术职务的评定由鹤城区教育局人事股承办，经怀化市教育局人事科审定，市人事局下文批准后再由区教育局聘任。

辖区内普通中小学、职业中学、幼儿园、教研室、培训中心及校外教育机构中实施中小学教师职称的在岗人员及民办中小学校、幼儿园凡符合各类教师水平评价基本标准条件的，都可按规定申报相应的教师职称。1998 年，鹤城区专任教师中有特级教师 5 人，高级职称教师 97 人，中级职称教师 1050 人。2000 年后，教师职称每年评审一次，初级教师职称不再评审，按规定学历、资历、任职条件直接审批。高级职称、中级职称在每所学校应设定的结构比例内下达指标进行申报、评审，指标分配坚持做到“一优先，一倾斜”，即对业绩突出的中青年优先，向农村边远学校倾斜。2010 年，全区教育系统共有高级职称教师 600 人，中级职称教师 1500 人。

第二节　教师待遇

一、工资待遇

1990—2010 年，先后 7 次按政策为教职工大幅度提高工资标准，历次工资套改，教师与党政机关干部一视同仁。为了使教师的平均工资水平高于或等于同级国家公务员平均工资水平，财政积极保障教师工资按月足额发放并且逐步实现了同城同待遇的目标，同时严格落实教龄津贴、班主任和特级教师津贴并于 2009 年 9 月建立农村边远山区教师津补贴制度。对农村初中、中心小学和村小、教学点教职工分别给予每人每月 150 元和 200 元的津补贴。2010 年底，全区有公办教职工 3800 人，人均月工资为 2300 元。

二、福利待遇

2000 年，鹤城区在沿河路征地 35 亩，启动教师新村建设。2002 年，工程竣工，建成教职工住宅 468 套，总建筑面积 54000 平方米。新建住房全部按实际建筑造价优惠出售给全区教职工。

三、政治待遇

进修培训　1998 年鹤城区成立，为提高教师业务素质，区委、区政府高度重视和支持教师的各项进修工作，多次组织开展教师学历达标进修、继续教育、计算机技能培训、选派赴外地进修、集中办班培训等工作。通过教师进修培训，教师的岗位专业技能、学历合格率，校长的任职能力均大幅提高。至 2010 年，全区教师参加各项进修培训达 6000 人次，办有中、短期培训班 50 个，3000 余人获得结业证书。

评优评先　1990—1997 年，怀化市共召开 5 次教师代表大会，表彰优秀教师、先进工作者 300 人次。1998 年鹤城区成立，为继续弘扬“尊师重教”的优良传统，营造全社会关爱教师的良好氛围，每年教师节，市、区、乡镇党政组织都会举行不同形式的庆祝活动，对为教育事业做出突出贡献的教育工作者予以表彰奖励。1998—2010 年，全区教育工作者中受到表彰奖励，被评为国家、省、市、区的优秀教师或优秀工作者的分别为 5 人、20 人、120 人、600 人，其中钟秀学校教师李金刚、濉水小学教师唐小平被评为全国优秀教师。

1991—2010年怀化市（县级）、鹤城区受省部级以上表彰教师名册

表16-4-1

姓　名	性别	出生年月	参加工作时间	工作单位	获奖时间	获　奖　名　称
张茂寿	男	1940.11	1959.6	怀化市五中	1993.9	全国优秀教师
朱冬珍	女	1964.11	1986.6	舞水路小学	2001	全国少年军校优秀辅导员
李金刚	男	1972.10	1990.6	钟秀学校	2003	全国科研型教师
朱冬珍	女	1964.11	1986.6	舞水路小学	2003	第四届全国少年军校检阅式优秀辅导员
谌　桢	男	1981.11	2000.8	怀化二中	2004.12	全国英语奥赛优秀指导老师
刘建华	男	1973.7	1992.7	湖天桥小学	2005.6	全国优秀辅导员
董怀英	女	1966.7	1989.6	怀化四中	2007.10	全国中小学优秀英语教师
朱冬珍	女	1964.11	1986.6	舞水路小学	2007	被共青团中央、全国少工委、解放军总政部授予全国优秀少年军校工作者稳定
邓旭续	女	1969.2	1987.7	正清路中学	2010.4	全国基础教育科研先进工作者
彭　娟	女	1977.9	1996.8	锦园路小学	2010.3	全国基础教育科研先进工作者
唐小平	女	1953.9	1972.2	舞水路小学	1979—2008年多次获奖	曾被评为全国模范教师、全国优秀少儿工作者、湖南省教育系统巾帼建功标兵、徐特立教育基金奖获得者、全国科研型校长、湖南省现代教育技术先进个人等
王　芳	女	1970.7	1986.8	红星路小学	1991.6	湖南省幼儿教育先进工作者
杨永霆	男	1943.7	1964.7	怀化旅游学校	1991.6	湖南省优秀教师
黄其煊	男	1963.12	1983.7	怀化城南学校	1992.6	湖南省三防教育先进个人
丁柳荫	女	1962.12	1980.3	舞水路小学	1992	湖南省骨干教师
高必祥	男	1950.5	1968.9	怀化市四中	1993	湖南省优秀教师
刘荣生	男	1945.1	1967.7	怀化市一中	1993.9	湖南省优秀教师
宁　博	女	1974.3	1993.2	鹤城区幼儿园	1995.5	湖南省培育健美儿童优秀工作者
王志刚	男	1939.6	1958.7	怀化市四中	1995.9	湖南省优秀教师
舒刚伦	男	1940.12	1960.7	怀化市四中	1995.9	湖南省优秀教育工作者
宋恩保	男	1968.8	1986.9	贺家田学校	1995.9	湖南省优秀教师
许远平	女	1947.9	1966.11	舞水路小学	1995.9	湖南省优秀教师
王菊华	女	1953.1	1971.12	鹤城区幼儿园	1996.11	湖南省幼儿教育先进工作者

续表 16-4-1

姓　名	性别	出生年月	参加工作时间	工作单位	获奖时间	获 奖 名 称
高　玲	女	1946.8	1965.1	怀化四中	1998.9	湖南省优秀教师
刘荣生	男	1945.1	1967.7	怀化一中	1998.8	湖南省优秀教育工作者
陈玉兰	女	1973.9	1994.6	怀化四中	1999.6	湖南省优秀教师
王在辉	男	1966.5	1988.5	怀化旅游学校	2000.8	湖南省优秀班主任
朱冬珍	女	1964.11	1986.6	潕水路小学	2000.8	湖南省少儿科技夏令营优秀辅导员
伍琼晖	女	—	—	红星路小学	2001.9	湖南省先进教育工作者
黄　山	男	1966.5	1986.3	怀化一中	2001.5	湖南省优秀共青团员
周红艳	女	1966.10	1988.6	怀化一中	2001.8	湖南省骨干青年教师
刘荣生	男	1945.1	1967.7	怀化一中	2002.12	湖南省特级教师
曾优怀	男	1968.9	1990.7	怀化旅游学校	2002.8	湖南省优秀班主任
董大茂	男	1965.10	1989.7	怀化四中	2003.9	湖南省体育与健康课改先进个人
刘建华	男	1973.7	1992.7	怀化湖天桥小学	2003.4	湖南省十佳辅导员
刘红艳	女	1966.10	1988.6	怀化一中	2003.3	湖南省芙蓉百岗明星
阳桂英	女	1958.6	1974.3	潕水路小学	2003	湖南省优秀少先队辅导员
瞿建华	女	1952.4	1972.8	怀化四中	2004.9	湖南省优秀教师
黄　山	男	1966.5	1986.3	怀化一中	2005.5	湖南省优秀团干
李金刚	男	1972.10	1990.6	怀化钟秀学校	2006.9	湖南省特级教师
曾新东	男	1967.1	1986.7	怀化旅游学校	2006.9	湖南省优秀乡村教师
李　琳	女	1980.12	1999.7	大汉小学	2007.5	湖南省十佳少先队优秀辅导员
卢剑红	女	1964.12	1983.7	鹤城区幼儿园	2009.8	湖南省优秀教育工作者
欧　虹	女	1980.1	1998.7	潕水路小学	2009	湖南省优秀中队辅导员
黄　鹂	女	1978.7	1996.6	大汉小学	2009	湖南省优秀普通话测试员
李素荣	女	1974.1	1992.7	锦园路小学	2009.7	湖南省少先队优秀辅导员
杨永霆	男	1943.7	1964.7	怀化旅游学校	2010.8	湖南省优秀教育工作者
曾　莹	女	1970.6	1989.7	碧桂园小学	2010.5	湖南省优秀辅导员

第五章 教育经费

第一节 教育经费投入

1998年鹤城区成立，是年，全区共落实教育经费投入1862万元，基本保障了教师工资按时发放及学校正常运转。建区以后，随着财政状况的不断改善及上级财政转移支付力度加大，鹤城区逐步建立起以财政性教育经费为主，教育附加费征收、社会捐赠和设立教育基金为辅的教育经费投入体制。2008年起，以落实《怀化城区教育发展五年行动计划》为重点，大力改善全区学校办学条件，加强教育基础能力建设。鹤城区多管旗下，将各类经费捆绑使用、统筹安排，并积极通过银行贷款、租赁融资及BT模式等方法筹措教育经费，加大教育投入。2010年，全区（含市直学校）教育经费总投入为26572万元，其中鹤城区财政性教育经费为17381万元（含城市教育费附加、地方教育附加、地方教育基金）。政府对教育的投入基本达到“两个比例，三个增长”（两个比例：财政性教育经费支出占国民生产总值的比例；各级财政支出总额中教育经费所占比例；三个增长：各级人民政府教育财政拨款的增长应当高于财政经常性收入的增长；在校学生人数平均的教育费用逐步增长；教师工资和学生人均公用经费逐步增长）的要求，保证了教育事业发展的需要。

第二节 教育经费支出

政府财政教育经费支出主要包括人员经费支出和公用经费支出两大块。建区伊始，由于财力紧张，政府财政教育经费支出以“保工资、保运转”为主。随着财政状况的不断改善，用于学校兴建、设备购置、大型修缮等学校基础能力建设方面的教育经费支出不断增长。至2010年，全区共新修学校3所（河西学校、东晟中学、钟秀学校），总投入15000万元，新增学位3000个。2007年起，在校学生生均公用经费按小学每生每期145元、初中每生每期230元标准执行。2010年，鹤城区（含市直学校）教育经费总支出为39786万元，其中人员经费为26435万元，公用经费支出为13351万元。

建设项目选介 2009年，为落实《怀化城区教育发展五年行动计划》，鹤城区政府在钟坡园艺场附近征地投资兴建钟秀学校，该项目总占地面积12000平方米，总建筑面积20000平方米，总投资5000万元，建成后可提供学位1800个。该项目于2009年3月开工建设，是年9月竣工投入使用，有效缓解了附近区域学位紧张的压力。

第三节 财务监督管理

1990年始，鹤城区（怀化市）对教育经费实行分级管理。区财政拨款、城市教育费附加、城市教育基金等归口区（市）管，由区（市）财政、审计、物价、税务等部门检查、审计和监督。农村教育附加费从1998年起实行“乡镇征收、区乡共管、用于教育”改变以往乡征乡管、无人监督的状况。学校学杂费及征收、代收费用由学校收取，其项目及标准由省政府确定，代收部分收费标准由区确定，归口物价部门审批、检查和监督。2006年，为加强学校财务管理，规范财务行为，提高资金使用效益，鹤城区教育局印发了《学校财务规章管理制度（试行）》，对学校财务管理体制、资金预算、收入、支出、资产管理等提出明确要求。2007年，为进一步加强教育系统各单位的财务管理，优化财务支出结构，增强财务调控能力，提高资金使用效益，鹤城区教育局开始实施“校财局管”的体制改革，成立“校财局管”办公室，对区属公办中小学、幼儿园、职业学校及教育局机关经费的支付核算实行集中管理。改革的基本原则是“一个统一，两个取消，三个不变，四个集中”。“一个统一”就是由学校单户设账支付核算变为由“校财局管”办公室统一支付核算；“两个取消”就是取消学校的会计岗位和会计业务；“三个不变”就是学校的财务自主权不变，资金的所有权不变，资金的使用权不变；“四个集中”就是由“校财局管”办公室对各学校的财务收支实行集中开户，集中支付，集中结算，集中核算。

第四节 勤工俭学与学生资助

1990年，怀化市各学区均配备勤工俭学专职干部，共有中小学劳动实践基地2132亩，基本建立一校一地。1997年，怀化市有校办厂、场12个，勤工俭学总产值1000万元。1998年鹤城区成立，是年设立勤工俭学管理站，负责全区各级各类学校勤工俭学工作和校办工厂的管理。随着财政对教育经费的投入加大，学校以勤工俭学收入补贴教育经费的功能逐步弱化，勤工俭学管理工作重心逐渐向学校风险防范、规范教育用品市场转移，校办厂、场陆续停办。至2010年，全区中小学有劳动实践基地995亩，其中稻田3.2亩、水面91.2亩、果园354.92亩、山林415.67亩、旱地103.99亩、菜地26.25亩，总面积相比建区时流失41%，有区级示范性学农基地1个，农村寄宿制学校蔬菜基地5个。

2005年，鹤城区教育局设立捐赠中心，负责联系、接洽社会慈善机构、爱心人士捐资助学、落实国家相关学生资助政策。2008年起，开始对义务教育阶段学生的农村学生及城市低保户子女免费发放教科书；2008年起，开始对中等职业学校学生实行资助；2007年秋季开始对公办义务教育阶段学校学生实行“两免一补”政策，2008年春季将民办义务教育阶段学校学生纳入“两免一补”范围。2010年，全区共发放各类学生资助资金800万元，其中“两免一补”资金600万元、中职学校学生资助资金120万元、免费教科书80万元，区本级财政配套资金200万元。

第六章 教育设施设备

第一节 校园校舍

1997年，怀化市各级各类学校校园总面积为102万平方米，校舍建筑总面积为35万平方米。1998年鹤城区成立，是年全区校园总面积为76.8万平方米，校舍建筑总面积为22.9万平方米。建区以后，为缓解学位紧张压力，鹤城区一方面对现有校舍提质扩容，全面消除D级危房；另一方面积极筹措资金新建学校。2007年，怀化市、鹤城区两级政府启动“怀化城区教育发展五年行动计划”，加大投入，新建学校，增加学位。2007年，河西学校建成投入使用，2009年，东晟学校投入使用，2010年，钟秀学校投入使用，三所学校总投入1.5亿元，总占地面积35000平方米，总建筑面积7.5万平方米，共新增学位3000个。2009年，为加强中小学校校舍安全工作，鹤城区成立由区政府分管领导任组长，区直相关部门为成员单位的中小学校校舍安全工程领导小组，定期对全区中小学校校舍进行安全排查，消除隐患。2010年全区各级各类学校校园总面积为115万平方米，校舍建筑总面积为35万平方米，D级危房全面消除。

第二节　仪器电教设备

1997年，怀化市各级各类学校共有仪器室43间，1600平方米；实验室168间，9000平方米；仪器设备总价值800万元；全市达国家一类配备标准的小学7所，中学5所；达国家二类标准的小学16所，中学12所。1998年鹤城区成立，全区各级各类学校共有仪器室15间，900平方米；实验室60间，3800平方米；仪器设备总价值600万元。建区以后，针对部分学校仪器电教设施设备严重紧缺及新建学校需按标准配备仪器电教设施设备的情况，区委、区政府和区教育部门多方筹集资金，加强实验室和仪器电教设备的建设。2000年，启动“普实”（按省级标准普及实验室）建设。2010年，全区中小学有实验室、仪器室35间，总建筑面积1500平方米；仪器设备价值1200万元，大部分学校均能按教学大纲和教材开展演示实验和分组实验；有计算机网络教室50间，电脑1600台，在校学生与计算机之比中学达30∶1，小学达50∶1；有电子备课室10间，电脑100台；电子阅览室5间，电脑200台；多媒体教室60间，校园网络终端300个，基本实现互联网络校校通；10所学校建有校园闭路电视。全区有计算机专职教师20人，计算机兼职教师60人。全区从小学五年级至高中三年级全部开设信息技术课，4所中小学开设有语音教学课。2010年，全区电教设施设备达一类标准的中学4所，小学4所；达二类标准的中学8所、小学10所；2所学校被评为全国现代教育技术实验学校、5所学校被评为省级现代教育技术实验学校、10所学校被评为市级现代教育技术实验学校。2008年起，为农村学校教师改善办公条件，至2010年，共投入资金300万元，购置办公桌椅200套，配备办公电脑100台。

第三节　图书室

1998年鹤城区成立，加大学校图书室（馆）和图书资料的建设力度。2000年起，实施“普图”（按省级标准普及图书馆）建设，全区各级各类学校采取多种方式筹措资金，加强图书室（馆）硬件建设，更新添置图书资料并配齐专（兼）职图书管理员。2010年，全区各级各类学校共有图书室（馆）30个，总面积达3268平方米；学生人均图书储有量：高中24.6册、初中29.5册、小学22.5册。其中以怀化市一中藏书和生均图书量最多，总图书量达到61435册，生均34.8册书。

第四节　体育卫生设施

1990年，怀化市中小学共有体育场地48万平方米。其中篮球场82个、排球场47个、简易足球场6个、200~400米环形跑道的田径场32个。各中小学均配备有各项达标体育器材共有11万多件。1998年建区后，鹤城区不断加强中小学体育设施设备建设。至2010年，全区中小学体育场地扩大到22万平方米，有篮球场61个，排球场23个，足球场4个，体育器材价值200万元。全区8所乡镇中学，有6所建有200~300米环形跑道，占54.5%。省示范性高中怀化市一中建有非标准的300米塑胶环形跑道田径场。怀化市五中被定为省级体育传统项目学校。全区有2所中学、3所小学体育设施达到省级一类标准；2所中学、2所小学达到省级二类标准；3所中学、22所小学达到省级三类标准。

1998年鹤城区成立后，城区学校开展校园环境美化净化和改善食堂宿舍卫生条件等生活设施建设。农村学校开展以改水改厕为重点的卫生设施建设。全区中小学校均开始卫生知识课，建立疾病预防、传染病防控等卫生制度。由于受编制紧张等因素影响，校医没能得到及时补充，大部分学校校医没有按标准配齐配足。2010年，全区各级各类学校共有医务室9间，专职校医10名。

第七章 教育行政

第一节 行政管理

一、人事管理

1990—2010年，教育人事工作均由区（市）教育行政部门直接进行管理。区教育局设政工股（人事股），具体负责股级干部的考察和承办任免手续，以及教师的调配、工资福利、人事档案管理、退休抚恤、教师资格认证、教师培训、拔尖人才的推选和专业技术职务的评审等。副科级以上的教育行政干部，则由区（市）委组织部管理，区（市）教育行政部门协助考察，区（市）人民政府任命。2010年始，鹤城区实施中小学教职员工全员聘用制改革，对区属公办学校校长实行聘任制，对学校教职员工实行全员聘用制。

二、大中专毕业生分配

1900—2002年，由人事局、教育局、计委联合设立大中专毕业生分配办公室，配编制1名，负责大中专毕业生分配工作，办公地点设在教育局人事股。大中专毕业生按国家计划统招统分政策，全部安排工作。2002年起，随着大中专招生并轨，大中专毕业生分配办公室撤销，由人事局、教育局联合设立大中专毕业生就业指导办公室，办公地点仍设教育局人事股，实行“一个机构、两块牌子”。大中专招生并轨后，大中专毕业生实行按派遣和就业协议书指导就业，并由指导办三年期内保管人事档案。三年期内国家安排一定的编制，按招聘程序择优安排大中专毕业生就业。2006年起，进入行政事业单位工作的大中专毕业生实行“凡进必考，择优录取”。属鹤城区内的大中专毕业生有85%已获得就业机会，找到工作。

第二节 教育工会和职工代表大会

1990年起，怀化市（鹤城区）教育工会委员会机构健全，活动正常。教育工会设主席1人，副主席1~2人。主席由教育局党委委员、副局长兼任，2003年后进局党委班子，为党委委员。工会设办公室，由副主席主持日常工作。教育工会遵循中国共产党的路线、方针、政策和上级工会指示、指令，引导团结全体教职工执行党的教育方针，发挥参政议政和民主管理作用，维护教职工的合法权益。鹤城区教育工会每5年召开一次代表大会，每年召开代表例会。2010年，有会员2352人，占教职工人数的99.6%；有基层工会组织27个、工会干部87人，其中专职干部3人，兼职84人；工会小组9个、工会小组长9人。在27个基层工会中，有9个基层工会建立教职工代表大会制度，18个建立教职工大会制度。教职工代表大会每年举行1~2次会议，进行民主评议干部，审议学校经费，讨论学校发展规划和教育教学计划，决定学校重大问题，监督学校政务公开，同时组织教师开展文体活动和各种健身活动。

第三节 教育督导评估

1990—1996年，教育督导评估工作由教育系统内部设立的教育督导室负责，1996年，成立怀化市人民政府教育督导室，设主任督学、副主任督学和专职督学。1998年鹤城区成立后，区人民政府教育督导室主要负责对辖区内乡镇街道党委、政府及区直部门议教重教、支持教育工作进行督导考核；对区属中小学校、幼儿园的办学方向、管理体制、领导班子建设、教师管理、教育教学、办学条件、教育质量等方面进行督导评估；联合教育纪检监察部门对学校、幼儿园违规办学行为进行纠风治理。

2002年始，教育督导室对区内中小学、幼儿园进行分等级评估，评估结论分三个等级，即示范学校（幼儿园）、合格学校（幼儿园）、不合格学校（幼儿园）。2003年，对18所中小学（其中民办学校7所）办学水平进行评估，有5所学校达到区级示范学校的标准。至2005年，全区中心小学以上学校第一轮分等级督导评估工作全部完成。共评出8所区级示范学校。2005年6月，怀化市教育督导评估团对鹤城区 潕水小学、人民路小学进行评估，认定为怀化市示范学校。

2008年，怀化市正式启动合格学校评估验收工作。2009年，黄金坳中学评估为怀化市合格学校。2010年，怀化市四中、正清路小学评估为怀化市合格学校。2006始，对符合条件，自愿申报示范幼儿园的公民办幼儿园进行评估验收。

2006年，评为市级示范幼儿园的有：府安花园幼儿园、牡丹花园幼儿园、诸子百家红星路园。区级示范幼儿园的有金山幼儿园、世纪花园幼儿园、宝宝乐幼儿园（总园）、东方红幼儿园。

2009年，评为区级示范幼儿园的有：银湾幼儿园、河西幼儿园、爱伊儿幼儿园。评为乡镇中心示范幼儿园的有博士苗幼儿园。评为规范幼儿园的有振华幼儿园、伟才幼儿园。评为合格幼儿园的有小天鹅幼儿园、博士摇篮幼儿园。

2010年，评为区级示范幼儿园的有：宝宝乐幼儿园（铁北园）振华幼儿园、金色年华幼儿园、伟才幼儿园、盛世嘉园幼儿园。评为规范幼儿园的有中心市场幼儿园。评为合格幼儿园的有：华阳幼儿园。

第十七篇　科技　卫生

1991—2010年，怀化市（县级）、鹤城区科技事业得到长足的发展，科技不断进步，促进境内的经济社会各项事业得到快速发展。科技人才队伍不断壮大，2010年底，各类中高级专业技术人员共3838人。其中高级职称292人（教育系统275人，区委党校4人，卫生系统4人，其他系统9人），中级职称912人，初级2634人，享受国务院特殊津贴人数19人。获专利成果奖201项，科技进步项目109项，科技计划项目148项。

1991—2010年，怀化市（县级）、鹤城区卫生事业是以公有制医疗机构为主体、民营医疗机构为补充的办医模式。此期间在省卫生厅“阳光工程”和“三项建设”项目的指导下，实施医疗用房、医疗设备、技术人才的配套建设，基本完善区、乡（镇）、村三级医疗疫防保健服务体系。全区共新建、扩建、改建业务用房23876平方米；配备医疗设备1138台（件），总值376.7万元，引进吸收卫生技术人才176人，全区医疗卫生技术水平逐步改善提高。

2010年末，全区有乡镇卫生院9所，其中中心卫生院3所。城区有社区卫生服务中心9个，社区卫生服务站4个，集体个体诊所365所，民营医疗机构22所，学校厂矿医务室8所，农村有村卫生室111所。全区卫技人员共2769人，其中主任医师31人，副主任医师58人，主治医师237人，执业医师313人，执业助理医师476人，城乡医疗卫生网络已经基本形成。20年间，全区医疗卫生事业，通过省卫生厅评审验收，1994年怀化市（县级）农村初级卫生保健达标，1995年怀化市计划免疫达标，1995年，怀化市人民医院为“二级甲等医院”，1996年，怀化市中医院为“二级甲等中医院”。居民的健康素质明显提高，2010年人均期望寿命75.65岁，男性73.42岁、女性77.83岁，人均比1991年70.9岁增加4.75岁。

第一章　科　技

第一节　机构队伍

一、管理机构

1991年，怀化市科学技术委员会，有工作人员15名，设有3个职能股室，即办公室、计划成果股、管理股（对外加挂技术市场管理办公室牌子），下辖2个二级事业单位，即科技情报研究所和新技术开发中心。核定行政编制7名、机关后勤服务人员编制1名。1995年3月，怀化市科学技术委员会更名为怀化市科学技术局。

1998年5月20日，怀化市鹤城区科学技术局正式挂牌成立。核定科技局机关行政编制6名，机关后勤服务人员编1名，事业编制4名。全局共有干部职工16人，其中退休2人，内设3个职能股室，即办公室、计划成果推广股、管理股(对外加挂专利办牌子)。8月10日，技术市场管理办公室成立，科技情报所更名为科技信息情报研究所，系区科技局二级事业单位。2004年，成立地震办公室，为区科技局二级事业单位。

二、科研机构

正清制药集团博士后工作站 成立于2003年11月，与中南大学合作建立的湖南生物制药行业首家企业博士后科研工作站，是国内唯一一家从事鱼腥草谱效学研究的企业博士后科研工作站。聚集中国著名的指纹图谱专家梁逸曾、著名药理专家周宏浩及中山大学理学博士伍进贤等一批相关领域的专家，从事鱼腥草的谱效学研究。

该博士后工作站以中药鱼腥草的优化种植和谱效学研究为突破口，创造性利用中药指纹图谱等技术解决目前中药成分难定、原理不清、疗效不稳这一世界性难题，为中药走向世界扫除最后障碍。与全国百余科研院所建立了科研协作网，新药研发能力位于世界前列，其开发生产的正清风痛宁系列产品已成为国内抗风湿药的第一品牌。“正清风痛宁”和注射剂等6个品种的产品申请了国家保护，取得注册商标86个，获得专利授权21项。

湖南中铁五新钢模技术研究中心 成立于2008年10月，拥有专业技术人员达94人，其中博士4人，硕士32人。主要从事模板类产品的研发与设计，已经研发出液压箱梁模板设备、隧道施工设备、桥梁施工设备等40多种产品，广泛用于铁路、公路、城际轻轨、城市地铁、水电开发等工程建设。累计申报专利26项，获批22项(其中发明专利4项)。桥梁模板在全国模板行业排名第一。全自动液压箱梁模板成套设备经省科技厅鉴定，技术水平达到国内领先水平，已获怀化市科技进步一等奖、湖南省科技进步二等奖。系科技部中小企业创新基金支持、湖南省工业重点支撑项目。起重机产品已经成功应用在三一重工、中联重科、厦门港、长沙地铁，并出口印度。2010年，与中南大学机电工程学院成立联合研究中心。坚持科技创新和市场营销两条腿走路，每年用于科技研发的费用占销售收入的5%左右。

怀化市医药化工研究所 怀化医药化工研究所其前身为怀化市新技术研究所，成立于1990年，属全民所有制事业单位，为正科级单位，隶属怀化市（县级）科委管理，单位行政领导由市政府任命。办公地点设在天龙医药化工有限公司院内，经费独立，自负盈亏。该所1990年成立至1994年6月，与武汉大学联合，武汉大学智力开发公司龚宗义任所长，曾昭亮、黄涛、邹明乾任副所长。1994年7月武汉大学智力开发公司撤回武汉，于1995年4月，更名为怀化市（县级）医药化工研究所，曾昭亮任所长。该所研制开发的“多功能特效维肤膏”，在1991年中南地区学术研讨会上荣获“国家星火计划金奖”“中国科技之星”博览会金奖；1994年获得美国国际发明专利金奖及国家新产品奖，并被列入国家星火计划发展项目；1999年获湖南省科技进步奖。产品远销日本、英国等国家和地区。曾荣获“93中国科技之星国际博览会金奖”“93全国星火计划成果金奖”“94美国国际发明专利金奖”“94国家级新产品称号”“97湖南省产品质量奖”等多项荣誉。1996年，研制的天龙回春胶囊，一次性通过了湖南省药政局组织的鉴定。荣获了国家“星火计划实施十周年”暨“‘八五’农业科技攻关成果博览会优秀项目奖”。

怀化市风湿病研究所 怀化市风湿病研究所成立于2001年2月，李毅任所长，李鹏任副所长。拥有各类专业技术人员25人，其中：高级专业技术人员5人，中级专业技术人9人，初级专业技术人11人，在科研、财务、病员档案、医疗、人事资料方面实现了微机化管理，并开通了互联网站与相关的医疗机构和科研院所人才、信息、科研成果共享。有营业面积1500平方米，下设新产品开发部、门诊部、实验室、制剂室。2001年4月成立附属医院、制剂室。累计申请专利11项，获药品发明专利证书7项（顽痹胶囊、骨痹胶囊、类风湿胶囊、胃舒胶囊、天麻胶囊、补钙壮骨胶囊、痛痹宁擦剂），实用新型专利1项(多功能药疗腰带)。其中：顽痹胶囊获2005年“湖南省专利优秀奖”，天麻胶囊获2009年怀化市科技进步三等奖，类风湿胶囊获湖南省第二届科博会金奖，“第五届国家专利技术发明一等奖”“第五届国家科技成果进步奖二等奖”。先后被湖南省科委、怀化市卫生局、工商局、消费者协会认定为“优秀民营科技型企业”“医疗质量、医疗安全先进单位”“消费者信得过单位”“消费者零投诉单位”。是目前西南地区规模较大、设施完备、技术先进的专业从事诊疗颈肩腰腿风湿类疾病的非营利性的风湿病研究、治疗、康复中心。

鹤城区中草药外治疗法研究所 成立于2010年11月，位于怀化市鹤城区城东新区金海路商业一街（鹤城区政府斜对面），系民间医学外治疗法。经达几十年的潜心研究和临床应用，以中华民间世袭传承的方药和实践经验积累为基础，开创出“以自然之道，养自然之身，我的健康我做主”的时代理念，以民间医药不可思议的疗法为切入口，确立出独特的民间医药理论和疗效机理，以当代细胞学原理为依据，研发出一种增强人体免疫力的浸洗剂系列产品。以探索人体医疗过程的最佳方式为目的，首创出“不打针、不吃药、不开刀”的外治与顺势相结合的“三奇特色、六字机”。

经过三十年时间的精心研究，采用无毒植物的精华进行体外应用，取得了重大成功。通过熏蒸、浸浴、灌肠调理法，达到排毒、补养、激活细胞潜能来实现人体免疫自我修复，达到健康、长寿效果。并且发明了“洗得康”“枕得康”等系列产品。“洗得康”是获得国家发明专利的产品，专利名称为《一种增强人体免疫力的浸洗剂》。2008年被评为“中医专利最有价值奖”。

1994—1997年，先后成立了科达特种养殖研究所、金秋梨专业技术研究会、果木蔬菜研究会、古溪五倍子研究会、葡萄专业技术研究会、畜牧专业研究会、草莓专业技术研究会。

三、科技学会

1991—1997年，怀化市（县级）设有农业学会、林业学会、水电学会、畜牧水产学会、农业机械学会、农业区划学会、轻纺学会、工业学会、二轻学会、土木建筑学会、中医学会、西医学会、护理学会、基础理论学会、统计学会、财会珠算学会、青少年学会等19个学会。1997年，全市共有会员1662人。

1998—2010年，鹤城区设有农业学会、林业学会、水电学会、畜牧水产学会、农业机械学会、轻纺学会、工业学会、二轻学会、土木建筑学会、中医学会、西医学会、护理学会、基础理论学会、统计学会、财会珠算学会、青少年学会等16个学会。2010年，全区共有会员922人。

四、科研队伍

人才队伍 1991年，怀化市（县级）共有各类专业技术人才11175人，其中，具有高级专业技术职称139人，中级职称1510人，初级职称9530人。1994年，科技人员总数为14646人（含中央、省、地单位），其中教学人员6738人，占46%；社会科技人员4077人，占27.8%；自然科技人员3831人，占26.2%；教育和卫生部门占59.1%，工业和农业仅占26%。1998年，撤市设区后，由于调整行政区划，部分单位和企业上收，区属各类专业技术人才相应减少。2004年，全区科技人员3838人，占全区总人口的1.14%，其中教育战线2632人，占68.9%，卫生战线593人，占15.5%，从事科技活动的专业技术人员仅有595人，占全区总人口的0.18%。从事科技活动的专业技术人员中，具有高级职称的只有18人，中级职称的只有265人。随着人才的不断培养与引进，到2010年底，全区共有各类专业技术人才755人，其中，具有高级专业技术职称292人，教育战线275人，区委党校4人，卫生4人，其他9人，中级职称463人。

人才管理 1990年10月，印发《怀化市专业技术干部管理暂行规定的通知》。1992年，除原设科技进步奖外，又增设科技兴市奖（最高荣誉奖）、科技推广奖、科技创新奖，市财政专列了奖励经费。1992年4月，怀化市（县级）委、怀化市人民政府印发了《关于授予申小青等十七同志为“怀化市科技拔尖人才”的决定》，对专业技术拔尖人才在工资奖金、住房、医疗保健、解决家属子女户口和就业等方面给予特殊照顾。在政治上予以充分信任，各级、各单位领导班子中，均有科技人员担任领导职务。怀化市人民医院申小青断指（肢）再植显微技术，创省内先例，提升为医院副院长、院长，怀化医专副校长，出任怀化市政协副主席。1992年9月，成立“怀化市人才交流中心”，与市人事局干部股合署办公，一个机构、两块牌子。1995年3月，怀化市（县级）政府通报表彰天龙医药化工实业有限公司开发的“维肤膏”和市磷化总厂开发的“多元素硅肥”“药剂法从磷泥中提取黄磷”等三个新技术成果完成人曾昭亮、刘长顺、张旭等10位人员，并分别给予12万元、7万元、3.5万元的奖励。1996年，分别授予梁锦业、潘雄杰、邓厚生、汤华汉、刘长顺、刘志军、王佑清、邓云、唐新平、陈美才等10人“科教兴市奖”，人均获奖金2000元。1997年5月，共青团怀化市委、怀化市科技局分别授予曾大鹏、邓云、唐新平、曾凡海、潘海生、李宏伟、刘文利、唐思耀、张俊思、尹峰等10人怀化市“十佳青年科技标兵”称号。1997年5月，明城电器有限公司董事长袁明、怀化市人民医院申小青获“科教兴怀奖”。

在业务培训上，建立了以市委党校为中心，上联华中师大、中南民族学院、北京经济干部管理学院，下联成人高考和自学考试的培训网络，全市每年有30%以上的科技人员通过各种形式得到了培训。市人民医院青年医师申小青、舒毓高、邓云等通过大医院和高校培训，先后完成了“断指（趾）再植”“巨大垂体及近脑肿瘤摘除”“全喉切除术”等具有较大难度的手术。1996—1998年，先后为187名科技人员解决“农转非”、175对解决夫妻分居、732人子女就业、1200人分配住房。形成了“尊重知识，尊重人才”的社会风气。

1998年后，在科技人才队伍建设中，制定人才强区战略，建立人才选拔、使用、储备机制，打破行政区划、资历限制，按照公平、公正、竞争、择优原则，发掘区内不同层次科技人才，引进区外高新技术人才，加强对科技人员的职称评审、业务培训和继续教育工作。2006年12月，明城电器有限公司董事长袁明、风湿病研究所所长高级工程师李毅获怀化市“科技拔尖人才”荣誉称号。2010年3月7日，鹤城区委组织部、人事局、科技局联合行文《关于进一步组织开展优秀科技人才联系服务基层的通知》。2010年10月28日，怀化市鹤城区人才工作领导小组关于印发《鹤城区科技人才服务基层管理办法》通知。科技队伍整体素质不断提高。享受国务院特殊津贴专家19人，其中，13人享受固定津贴，6人享受一次性津贴。

第二节　科技活动

一、专题活动

农科教结合　怀化市农科教工作从1988年拉开序幕，按照“山外抓市场，山上建基地，山下搞加工，科技创高效”的总体工作思路，实现“一先，两性，三出”的工作目标，即要成为全国农科教结合的先进单位；探索出来的经验和办起来的示范现场，要具有示范性和指导性；农科教结合工作要出经验、出成果、出效益。1989年3月中旬，怀化市在全市科技工作会议上提出了：在全市各乡镇成立乡科委和科技服务中心（由七站一办组成），首先在桐木乡开展了农科教结合试点工作。经过两年的努力，1991年探索出了“一体四系”的农科教结合运行机制，即在乡（镇）府的统筹下，以农科教中心为主体，建立四大子系统：一是科技管理系统，乡镇有科技副乡镇长，村有科技副主任，组有科管员，主要负责农村科技成果实验、示范、推广协调工作；二是科技推广系统，以乡镇七站一办（农技站、农机站、林业站、水管站、经管站、文化站、畜牧畜医站，企业办、乡农校）为骨干，组织科技推广小组、科技示范户，开展科技项目的实施；三是科技培训系统，以乡（镇）农校、村培训点、组学习室为阵地，培训农村技术骨干；四是科技配套服务体系，利用乡镇科技服务部、供销社、信用社、村组服务点各自的优势，为科技项目的实施提供产前、产中、产后的全程服务。四大子系统的级级延伸，层层结合。1991年底，桐木乡农科教中心建立400平方米农科教培训中心大楼，一座地面电视站和5000元教学仪器，有7名专业教师和9名兼职教师，年推广技术10余项，创办经济实体收入5万余元，同时依托安江农校，年培训700余人次。1995年，全省农村党员科教工程现场会在怀化地区召开，怀化市（县级）桐木、杨村、牌楼坳等乡镇被列为参观点。1996年，怀化市被评为湖南省农科教结合工作先进单位，盈口乡、桐木乡、龙场乡被评为湖南省农科教中心先进乡镇。至1998年，全市共有农科教办公场地17365平方米，技术人员660人，推广新技术新品种150余项，共举办中长期培训班109期，短训班435期，培训农村基层干部、党员和专业户5万人次。95%以上的村组干部、79%的农村党员和12%的青壮农民受到了系统培训，1500名村组干部和党员获得了由市委组织部和市科协共同颁发的“实用技术培训合格证”。推广新农药、新化肥、新种子、新材料等“四新”物质2000多吨，农业先进实用技术覆盖面达85%，农作物优良品种覆盖面达93%以上。

创建全国科技工作先进市（区） 1990—1998年，怀化市先后被列为全国科技工作重点联系县（市）、全国农科教结合工作示范市。1992年，确立“科教兴市”的发展战略，出台了科教兴市一系列政策文件，怀化市被确定第一批全国科技工作重点联系县（市）之一。1997年7月，为了进一步增强全民科技意识，推进科教兴市战略的实施，印发了《关于开展创建全国科技工作先进市宣传月活动的通知》。通过切实加强领导、建立目标责任制、召开全民动员会、建立健全科技网络体系、加大科技投入、创新科技工作思路、推广转化科技成果等，各项指标均达到合格。1997年5月，怀化市被科技部授予“全国科技工作先进市”称号。首批实现了湖南西部地区国家级科技工作先进县市零的突破。1998年7月，怀化市鹤城区继续被科技部授予“全国科技工作先进（县）区”称号。2000年12月10日，在长沙召开的全省科技大会上，鹤城区通过科技部复查，继续保持“全国科技工作先进区”称号。

科技再创业工程 2000年，城区共有下岗工人7814人，占全区企业职工总数的64.3%。下岗工人中有一部分有一技之长，针对这一特殊区情，要利用技术优势、资源优势、信息优势，探索实施下岗工人“依靠科技再创业致富”的科技工程，筛选了60多个短、平、快的科技项目，如特种种养殖业、果菜保鲜剂配制、金属焊割器、小型饲料加工机等。组织引导下岗工人走向农村或利用空闲厂房、库区发展生产，依靠自身力量和科技进步来实现自救致富。

二、科普活动

1991—1997年，怀化市（县级）科协共举办科普知识讲座92次，参加人数达60120人次；组织科普宣传活动32次，受教育人数达72300人次；举办科普知识竞赛12次，参加竞赛人数达10200人次。怀化市青少年科技辅导协会理事、市五中教师向升荣自筹资金120万元，在迎丰公园建立天文馆，对青少年进行天文知识宣传教育。1995—1997年，到天文馆参观学习的人数达10430人次，其中青少年达8120人次。迎丰路小学经常组织学生到天文馆学习、培训、使少年儿童开阔眼界，开发智力，丰富知识。1996年，中小学组织学生开展“三小”（小论文、小制作、小发明和科幻绘画）竞赛活动，推荐作品参加地、市青少年创造发明比赛获6个奖项，获怀化市（县级）总分第一名，获怀化地区总分第二名。

1998年，鹤城区设立后，全区采取财政投入、单位自筹、社会赞助等多种形式筹集科普宣传设施建设资金，先后投入了2000多万元用于改善科普宣传设施，其中投入100万元以上的单位有12个。2010年，全区有大型正规科普活动场所56处，科普宣传橱窗243个，科普画廊（10米以上）28个，科普图书室184个，电子阅览室32个，大型电子显示屏12个。全区充分利用先进的科普设施，围绕宣传科学发展观，广泛开展群众性、社会性、经常性的科普宣传活动。组织科普讲座、科普展览、科普知识竞赛活动，在城乡营造崇尚科学、追求知识、文明生活的社会环境。2002年，围绕《中华人民共和国科学技术普及法》的颁布实施，在城乡组织了6次大型宣传活动。2003年，突出了“非典”知识的宣传，发送资料12000份，挂图1000张，为全区人民抗击“非典”起到了积极作用。2004年，在禽流感期间，将翻印的10000本《禽流感防治知识》及时发放广大人民群众手中，被广大人民群众称赞为防治禽流感的“及时雨”。

湖南省407地质勘探队高级地质师刘金山，利用30多年工作之余收集的各种化石、奇石、稀有矿石标本和图片资料，特别是几幅生物化石和巨大完整的恐龙化石、多枚恐龙蛋化石。自筹资金180万元建立“金山地质博物馆”，分8个展室，展示地球的演变、生命的起源、人类的进步、富饶的矿场，美丽的湘西，深受广大青少年的喜爱，被市、区科协授予科普宣传示范基地。

1998—2010年，全区共举办科普知识讲座192次，听讲人数达19500人次。科普展览64次，参观人数达4600人次。科普宣传活动82次，受众达16000人次。科普知识竞赛32次，参加人数达26000人次，发放科普宣传资料35256份。

三、科技培训

1991年，农村科技培训以乡镇农科教中心为主体，七站一办为骨干，科技副乡镇长、村科普员、科技示范户一条龙的科技培训网络。在科技培训活动中，始终坚持“实际、实用、实效”的原则，主要在蔬菜、果树、畜牧水产、商品加工等技术方面。开展农村实用技术培训，如柑橘保花保果技术、金秋梨培管技术、牛蛙养殖、食用菌栽培、天麻有性无性繁殖技术等。与省农学院联合举办短线专业技术学历培训，开办两个专业，即畜牧专业（重点突出蓄医和特种经济动物专业，附加畜产品加工技术）和园艺专业（重点突出蔬菜和果树种植，附加果蔬加工），均为全日制，学制一年半和两年。“党员科教工程”，组织党员大面积推广新技术和发展集体经济，建立科技示范村和党员科技示范户；开办农村建筑培训班，函授期一年，每期集中培训一个月，重点在建筑识图、建筑材料、施工预决算、建筑结构、农村施工建筑技术、房屋建筑施工测量等；农业“绿色证书工程”培训，重点在种养殖业、农业机械、农村合作经济管理、农村环境保护、农产品加工及储藏运输等行业。1996年，怀化市（县级）与地区农业局一道，在新建乡牛眠口村创办了怀化地区第一个绿色证书试点，共107人参加了培训。举办机械、餐厅、旅店服务业专业技术人员等级培训；举办大、中专毕业生岗前培训；对行政机关干部进行教育培训。

1991—2010年，共举办各类实用技术培训班、科技管理培训班、经济技术讲座、电脑操作运用培训班及带项目培训12300余期，培训人员55万余人次。

1991—1997年怀化市（县级）举办各类科技培训班及培训人员统计表

表17-1-1

年份	期数	培训人数（万人次）	年份	期数	培训人数（万人次）
1991	423	3.5	1995	423	4.1
1992	503	4.5	1996	450	4.23
1993	620	4.5	1997	625	5.6
1994	406	3.8			

1998—2010年鹤城区举办各类科技培训班及培训人员统计表

表17-1-2

年份	期数	培训人数（万人次）	年份	期数	培训人数（万人次）
1998	552	4.8	2005	195	1.34
1999	216	1.68	2006	135	1.56
2000	203	1.8	2007	162	1.31
2001	200	1.91	2008	158	1.46
2002	160	1.31	2009	148	1.15
2003	173	1.61	2010	134	1.25
2004	158	1.11			

1991年起，各学会、协会、研究会发展较快，专业技术教育、培训工作十分活跃，到1997年，全市有农业技术学校32所，在校学生2882人，毕业的422人在各乡、村、组成为科协技术尖子。

由科协主办的农民函授大学（简称农函大）培训，1991—1997年，共为全市32个乡镇培训学员1423人，其中有122人获得初级职称证书。各学会7年共举办科技人员培训班943期，培训各类专业技术人员达4万余人，通过考核达到技术员水平有620人。各乡镇科协和学会共举办科技培训班132期，培训各类农业技术人员达7万人次。地处边沿与辰溪、溆浦三县交界的蒿吉坪瑶族乡，属省级贫困乡。根据蒿吉坪山多田少的实际情况，市科协与乡科协联合举办天麻种植技术培训班，3年办班52期，培训人数1500人次。全乡75%的农民掌握了天麻种植技术，该乡80%的农民种植天麻，天麻成为蒿吉坪乡的主导产业。从1995年起，该乡农民人均纯收入年增长200元以上。

1998年，在坚持“实际、实用、实效”的基础上，注重培训内容和培训方法的改革创新。根据调整农业产业结构，发展郊区农业的需要，在实用技术培训内容方面，突出葡萄、杨梅、金秋犁、礼品西瓜等畅销水果的栽培技术和无公害蔬菜、大棚蔬菜、反季节蔬菜的种植技术以及优质家禽、家畜养殖技术。广大农民迅速掌握了上述新技术，涌现一大批技术能手，科技致富能人和种植、养殖专业大户。同时，根据农民进城务工人数不断增多的实际情况，增设电工、焊工、泥工、缝纫、烹调、汽车修理等技术的培训内容，使进城务工人员能够迅速就业找到工作岗位。在培训的形式和方法上，充分利用远程教育等现代传播方式进行科技培训。充分发挥各涉农部门、各级学会、协会在培训中的作用，大力利用农村职业技术学校、农业广播电视学校、农村成人文化技术学校、乡镇党校和党员活动室开展科技培训。从1998—2010年，全区共举办各类农村实用技术培训班3092期，培训人数达122440人次。通过培训，使95%的乡村干部和90%的农民掌握了2门以上实用技术。贺家田乡山高林密、山多田少，具有家禽、家畜养殖的优势，着力抓养殖技术培训，养殖业迅速发展起来。截至2010年，该乡有万羽蛋鸡养殖场1个、千羽以上养鸡大户2家、养鸭大户3家、养鹅大户2家，百头以上养牛大户2家、养猪大户4家、特种养殖大户1家。

四、科技咨询

1991—1994年，每年结合举办送科技下乡、科技活动周、知识产权日等活动开展科技咨询服务活动。1995年4月，印发了《关于成立怀化市（县级）科技专家咨询委员会的通知》，咨询委员会由农业组、工业组和社会发展组组成。2000年6月，《关于成立鹤城区农业科技专家服务团的通知》，分成农业组、水电组、农机组、林业组、畜牧水产组、蔬菜组。科技专家咨询委员会每年组织专家、技术人员深入社区、企业和乡村开展科技咨询服务。内容主要涉及科学普及、医疗卫生、种养殖以及企业发展等方面，其中全区性大型的科技下乡入企活动30余次，相关部门组织开展的科技下乡入企活动60余次，接受各类技术咨询50000人次。

五、科技信息服务

1983年9月，成立怀化市（县级）科技信息所，负责为科技、经济、社会发展提供信息服务，包括搜集、加工科技文献，开展情报调研，建立情报网络。1991年1月，科委与武汉大学智力开发公司，联合共建新技术研究所，龚宗义任所长，邹明乾、曾昭亮为副所长。

1991年，怀化市科学技术委员会、科技局每年编辑《科技信息》《科技简讯》《农业科技》《科技情报》《科技动态》《科普天地》等科技信息期刊。1992年4月，出台《关于科教兴市的决定》后，以市科技情报所为中心，建立市、乡（镇）、村（厂）的科技信息网络。主要利用各种渠道搜集科技文献资料。1995年，在农村建立了以农科教中心为主体的“一体四系”科技运行机制。在城区，35家二类以上企业中有14家设立了科技开发机构和科技推广机构。通过加工整理，定期免费向以科技人员为主体的广大民众开展阅览服务。1996年3月，出台《关于进一步贯彻落实科教兴市的实施意见》，进一步放开技术信息市场，建立以科技信息服务所为中心，上连省和国家科技信息中心，下连企业、乡镇科技信息员，广泛开展科技信息的吸收、整理、传递服务。鹤城区科技情报所，1999 年，向怀化市科委争取了 10000 元科技信息网建设专项资金。2000 年初，建成了鹤城区科技信息网。先后投资 10 万元，购置电脑、数码相机、打印机、传真机等硬件设施，正式开通全国科技系统计算机联网。

2000 年 4 月，“鹤城区科技信息港”正式启用。2010 年，建立以“科技信息‘户’联网”为依托，以互联网和电话（12396）为载体，以农业专家服务团上门服务为支撑，每村配备科技信息员，通过语音、视频和网站，为乡镇、企业提供技术信息。先后与全国 29 个省市的 950 个科技单位建立科技情报交换关系，同时帮助企业联系高等院校开展技术合作，进行校企联合，企业与研究部门联合。明城电器公司与湖南大学计算机系合作，解决了碳纤维技术在电器中的应用，与怀化学院物理系合作，解决了多层滚动码汽车遥控无钥门禁技术难题；五新钢模与中南大学机电系合作，解决了四链杆技术在箱梁模板中的应用；大正绿色科技公司与怀化职业技术学院合作，成功解决了北枣南移技术问题；正清制药有限公司与中南大学合作，解决制药企业自主创新的瓶颈问题。

六、学术交流

1991—1997 年，怀化市科技学会，组织学术研讨、交流会 61 次，学术报告会 35 次，参加学术活动的科技人员达 3500 人次，共交流学术论文 1022 篇，推荐参加省、地学术交流论文 203 篇，获奖论文 45 篇，被地级以上刊物转载 58 篇。林业学会、农业学会、医学会、青少年辅导学会被评为怀化地区优秀学会。林业学会高级工程师梁锦业有 3 项科研成果、6 篇学术论文获地级以上奖励，被评为省级优秀科技工作者，获得国务院特殊津贴补助。

1998—2010 年，鹤城区共举办学术研讨、交流会 185 次，学术报告会 95 次，参加学术活动的科技人员达 7420 人次，交流学术论文 2422 篇，获奖优秀论文 605 篇，被市级以上刊物转载 224 篇，被各级政府及部门采用 282 篇。2001 年，区科协撰写的论文《知识经济时代科普工作散论》，不仅在市级学术交流会获奖，还被多家省级刊物转载。区老科协推荐论文《建立可持续发展示范区》，被区委、区政府作为研究制定鹤城区经济发展规划的重要依据。全区共推荐 203 篇论文参加市级学术交流，获奖 82 篇；68 篇论文参加省级学术交流获奖 21 篇；15 篇论文参加全国学术交流，获奖 2 篇。2002 年，区农业学会推荐论文《山区农业迎战 WTO 的基本对策》、区林业学会推荐论文《加入 WTO 后怀化林业发展策略》获全国优秀论文奖。

七、科技下乡

1991 年开始，每年均组织开展送科技下乡活动。活动通常由区科委（局）、科协、农业局、林业局、卫生局等单位参加。主要是发放技术资料，推广新技术、新品种；举办各种科技讲座，讲授果木、蔬菜、禽畜等种植养殖技术，形式较单一。1998 年后，科技下乡活动，由科技、卫生、文化“三下乡”，扩充为由科技、卫生、文化、教育、司法等多个部门参与“科技赶集—五下乡活动”。以“绿色农业”为主题，以培育新型农民、促进现代农业和新农村建设为目标，开展科技推广、动物疫病、现代物流、金融支持、信息服务等五大体系服务。组织全区农业科技人员走村入户，通过农业科技专家现场答疑、现场指导、现场培训，发放技术资料，并通过电视、广播、报纸等新闻媒体及各种信息网络，围绕现代农业需要，宣讲党的惠农政策，推介技术和品种，现场技术咨询、技术指导等。

1991—1997 年，怀化市（县级）组织科普集市、科技下乡活动 66 次，现场授课培训 12850 人次，印发科技资料 18240 份，捐送科技书籍 16250 册，赠医疗药品价值达 24500 元，提供科普设施价值达 12350 元，项目扶贫投入资金 213 万元。全市 8 个贫困乡，每个贫困乡有 3 个学会作为扶贫后盾单位，每个贫困户有科技人员联系，全市科技人员联系贫困户 912 户。

1998—2010 年，全区组织科普集市、科技下乡活动 117 次，科技人员下乡 5100 人次，上门技术咨询服务 4200 人次，现场授课培训 2850 人次，印发技术资料 25000 份，捐赠科技书籍 31000 册，赠送医疗设备和药品价值达 85000 元，提供科普设施价值达120万元。项目扶贫投入资金260万元。

八、科技周活动

1992年4月20日，印发《关于科教兴市决定》，决定把每年10月第一周定为“科教兴市”宣传周，集中开展科教宣传活动。从1997年起，每年6月举行一次科普宣传周活动，组织农业、林业、畜牧、卫生等学会的科技人员上街下乡入户，开展科普宣传、科技咨询、技术培训。1998年起，科技局和宣传部、卫生局、文化局、科协等单位组织科技、卫生、法律“三下乡”活动。2001年，全国在每年5月的第三周为“科技活动周”，2002年按照科技部、中宣部、中国科协的部署，全国科技活动周统一在5月18—25日举行，其主体是“科技创造未来”。

鹤城区分别由区政府办、政协办、宣传部牵头，组织科技、科协、农办、卫生、文化、司法等单位开展科普一条街、科普进社区、科技专家服务团，送科技下乡、科技培训、技术咨询等各种科技活动。

第三节　科技成果

1991—2010年，通过技术鉴定或已经推广的科技成果730余项，其中工业科研成果230余项，农业科技成果260余项，医疗科技成果180余项。

一、农业科技成果选介

两系法杂交水稻研究　该项目是国家“863”计划重点攻关项目之一，1995年，怀化市种植示范面积为8533.7亩，早、中、晚稻平均亩产585.9千克，比对照亩增产75.7千克，共增产64.6万千克。黄金坳乡仇家村、汪家村两村总稻田面积为3472亩，其中种植培矮64S系列组合和810S系列组合面积达3333.7亩，占96%，平均亩产达602千克。当年8月22日，全国两系法杂交稻现场会在怀化市召开，国家科委、农业部等有关领导和袁隆平院士等国内外专家及代表现场参观考察了两村的两系法杂交稻。1996年湖南省两系法杂交早稻示范现场会在怀化市举行，当年在中方、黄金坳、铜湾、桐木等5个乡镇建立了10000亩两系杂交稻丰产栽培示范片，完成两系稻示范面积5.2万亩，获得了全面丰收。1997年两系稻示范面积扩大到7.1万亩，示范区由14个乡镇扩大到20个乡镇。1998年，国家有关部门确定全国两系法杂交稻示范现场会由怀化市承办，同时决定将其列为全国两系法杂交稻五大中试基地之一。2000年，在鸭嘴岩镇建立了5000亩超级稻示范样板，经鉴定验收，平均亩产达到716.5千克，亩产比对照品种高出110.9千克，增产15.5%，平均每亩节支增效119.77元，达到省内先进水平。

湘早稻13号良种推广　湘早稻13号原名为“怀4077–2”，系怀化地区农科所于1988年培育成功的中杂早籼新品种。该品种全生育期109天，比湘早籼4号短1.5天；高抗白背飞虱，中抗稻瘟病，适应性强，米质较好。1991年在全省试种2万亩。1992年通过省农作物品种审定委员会审定并命名。1992年列入怀化地区重点推广计划；1993年列入湖南省重点推广计划。1990年，怀化市（县级）开始从地区农科所引种。1992—1994年，全市累计推广6.5万亩（怀化地区推广面积最大），增产粮食273.09万千克，增产11.16%，其中1994年，怀化市（县级）推广3.4万亩，经各乡镇抽样验收，平均亩产452.2千克，亩产比对照增产48.82千克，增产12.8%，共增产粮食166.98万千克，增值199.2万元。此项目已达全区先进水平，亦属省内先进水平。1995年获怀化市（县级）科技进步一等奖，1996年获怀化地区科技进步一等奖。

湘早稻14号示范　湘早稻14号即怀早五号，系怀化地区农科所杂优室于1988年培育成功的中熟早籼新品种。该品种全生育期110天，抗稻瘟病，适应性广，米质好。1990年通过地区品种审定小组审定并命名。怀化市（县级）从1991年开始推广，面积1.25万亩，平均亩产422.5千克，比怀早4号增80.5千克，增产10.7%。1992年推广2.04万亩。1993年推广到24个乡镇、187个村、1412个组，面积3.07万亩。三年累计推广6.33万亩，共增产粮食274.6万千克，增加产值329.5万元，为周边地区提供32万余斤优良品种。

1996年获湖南省农业科技进步二等奖，1997年获湖南省科技进步三等奖。

杂交稻V402星火计划实施 V402是安江农校选育的杂交早稻迟熟组合，具有高产、抗性好、适应性广等特性。怀化市（县级）从1990年开始引进推广。先后在31个乡镇、308个村、3090个村民小组推广。三年累计推广5.95万亩，其中1992年推广3.41万亩，平均亩产比对照增51千克，增产12.7%，共增稻谷1739.1吨，新增产值127.7万元，新创纯收入110.95万元。效益显著，居怀化地区先进水平。1993年获怀化市（县级）科技进步一等奖。

油菜良种“湘油13号” “湘油13号”系湖南省农学院油料研究室于89年研发成功的双低油菜新品种。怀化市（县级）从1993年开始引种，两年中，共推广5.6万亩，平均亩产106.1千克，总产菜籽599.51万千克，比对照湘油10号亩产70.5千克，亩增35.6千克，总增产菜籽201.14万千克，新增产值482.7万元。居怀化地区先进水平，1995年获怀化地区科技进步二等奖。

“无公害”蔬菜生产技术 为了解决蔬菜的污染问题，1990年成立了怀化市“无公害”蔬菜推广小组，对蔬菜病虫害采取以农业防治为基础，生物、物理机械和化学防治相结合的综合防治措施。全市首先在榆树乡湖天桥村十组和团结村十组，建立了2个“无公害”蔬菜生产示范片，面积300亩，1991年面积达6018.7亩，占可推广面积的54.72%。两年共生产“无公害”蔬菜1860.91万千克，为保障人们的身体健康起到了良好的促进作用。1992年获怀化地区科技进步三等奖。

蔬菜地膜覆盖及配套技术 蔬菜地膜覆盖栽培始于1982年，以后每年扩大覆盖面积。采用塑料大棚电热温床快速育苗，小拱棚、简易塑料大棚假植和栽培，应用植物激素保花保果等配套技术形成新的栽培体系。它较单项技术、有明显优势，1996年共推广7479亩，平均提高单产576.5千克，较好解决春淡和秋淡蔬菜供应。

遮阳网覆盖栽培蔬菜技术 遮阳网覆盖栽培蔬菜能防止强光、高温、暴雨、大风、霜冻以及鼠类、鸟类等自然灾害，改善和创造适宜蔬菜生长温光环境，缓解蔬菜淡旺季节矛盾，是增加菜农收入的重要措施之一。怀化市于1990年6月开始小面积试验，1991年进行示范推广12800平方米，1992年推广30600平方米。1993年被评为怀化市科技进步二等奖。

水稻增效碳铵 应用增效碳铵又名水稻专用肥，是怀化市土肥站提供配方，由怀化化工厂加工而成的一种多元素颗粒肥料。1991年和1992年在全市31个乡镇、288个村计15.04万亩稻田试用，共增产稻谷785.62万千克，增加纯收入438.15万元。怀化化工厂两年共生产增效碳铵6220吨，1993年被评为怀化市科技进步二等奖。

无公害植物性农药“灭蚧灵” “灭蚧灵”农药系怀化市兴华化工厂研制生产。1989年开始研究，1993年完成配方。1995年，三年共销售产品394吨。1993年10月获上海第二届科技博览会银奖。1995年10月获中国国际新技术博览会金奖，并通过国家检测标准，1995年获怀化市科技进步一等奖。

多效唑在粮油作物上的应用 怀化从1987年开始引进，1990年示范推广面积2万亩。累计推广面积17.72万亩，共增产值402.58万元。其中1991年推广面15.3万亩，共创产值357.11万元，其中在水稻上推广14.25万亩，平均亩产增33.5千克，每亩节约种子0.5千克，共增值321.94万元；在油菜上推广1.05万亩，亩增菜籽12千克，共创产值11.55万元，项目达到地区同类先进水平。1992年获怀化市科技进步一等奖。

节粮型网箱养鱼高产技术 该项目1992—1993年列入湖南省农业丰收计划，由怀化市（县级）畜牧水产局牵头，在新路河、鸭嘴岩、中方、凉亭坳四个乡（镇）组织实施。投放网箱养鱼700箱，产鲜鱼286吨，两年后完成网箱养鱼1177箱，产鲜鱼353吨。实现总产值达233万元，纯收入121万元，新增总产值205万元，新增纯收入107万元。1994年3月经省级验收，各项经济指标达省内先进水平，先后获省农业丰收奖三等奖和怀化地区科技进步三等奖。

万亩稻田养鱼高产技术 1991年，怀化市（县级）在盈口、泸阳、黄金坳等6个乡镇、70个村、630个组、7025户，稻田面积10417亩，进行稻田养鱼高产技术推广试验。经怀化地区畜牧水产局组织地、市、乡有关领导和专家抽样调测验收，共养鱼29.31万千克，亩平28.14千克，收获稻谷 585.59 千克，亩平 562.2 千克。1995 年获怀化地区科技进步三等奖。

瘦肉型猪　1991 年以来，随着人工配种、疫苗防病、配合饲料等先进饲养技术的普及，怀化市（县级）全面引进推广瘦肉型杂交猪，通过开展三元杂交和良种杂交技术的推广应用，生猪生长速度由过去一年出栏一批到一年出栏 3 批以上。1996 年，全市出栏生猪 31.2 万头，其中瘦肉型杂交猪占 70%，而且肉品质量得到大大改善。1997 年，怀化市（县级）畜牧局在鸭嘴岩乡征地 100 亩，投资 700 余万元，建立年产 10000 头三元杂交猪繁育示范场。

山坡林地生态鸡示范　怀化市康源山坡林地养鸡农民专业合作社，于 2009 从洪江市引进雪峰乌骨鸡品种，进行了继代选育、疫病防治、草业种植、鸡肉加工等技术研究，优化形成了一整套完整的生态鸡标准化养殖关键技术与工艺。在国内率先使用规模化野生天然养鸡技术和“合作社+养殖基地+养殖户”生产模式。申报了“鹤城狮子山”商标，进行品牌化养殖。

金秋梨新品种　1994 年怀化市（县级）种植 2300 余亩。1996 年重点抓了活水、石宝、聂家村等乡 1000 亩金秋梨基地建设，全市发展金秋梨 1750 亩。1997 年推广达 6000 余亩。1998 年获怀化地区科技进步一等奖。

奈李开发　1991 年列为怀化市（县级）科委重点开发推广项目。历时四年，全市共推广面积 5495.9 亩，1994 年获怀化市科技进步二等奖。

杂交枸杞人工栽培示范　1997 年，怀化市（县级）首次从湖南农大引进杂交枸杞新品种，在泸阳小坪村试种 108 亩，亩产 260 千克。

绿茶系列产品开发　怀化市（县级）茶厂自 1991 开始研制，1992 年 6 月获怀化地区农业局“地方优质产品证书”，同年 11 月在湖南省科技产品交易会上，获湖南省“科技创新金奖”。1994 年被评为“湖南省名茶”。是年 5 月，绿茶系列产品“雪针茶”“白眉茶”双双获湖南省首届“湘茶杯”银质奖。1997 年获湖南省科技进步四等奖。

飞机播种造林成果　怀化市（县级）于 1992 年，成立了由副市长陈兴中任指挥长，人武部、农委、林业局、财政局、公安局、邮电局、气象局、卫生局等部门为成员单位的飞播指挥部。飞播面积 6.01 万亩，经抽样调查成苗率为 79%，亩平成苗 342 株，平均苗高生长 5.7 厘米，为国家减少投资 210 万元。其规划设计、种子质量、种子药物处理、施工质量等均富有科学性、先进性，飞播后的成苗率、成苗面积等各项技术指标均居 1992 年度全省 16 个飞播县、市之首，超过国家颁布飞播造林一等质量标准，达到国内同类推广项目先进水平。1993 年获怀化市科技进步三等奖。

二、工业科技成果选介

MZ 高产节能双桶酿酒设备　怀化市兴酒业有限公司生产集酿酒、蒸饭、养猪、鱼、做豆腐于一体的多功能设备。该设备包括蒸馏塔和冷凝塔两部分组成，蒸馏塔采用双层结构，冷凝塔的冷凝管为双层同心圆（已获国家实用新型专利）。采用优质专用酒曲，以大米、玉米、高粱、薏米等五谷杂粮为原料（生料熟料均可）生产出具有酒质纯正、无生料味、无邪杂味，不口干、产量高等特点。产品远销贵州、重庆、四川、云南、广西、江西、浙江、新疆等省、市自治区，深受用户青睐。使数百户贫困户脱贫致富。2003 年获怀化市科技进步三等奖。

HSW 全自动医院污水无害化处理系统　怀化市康宇环保科技有限公司与湖南大学共同研制。用 PLC 电脑程序设定、延时开关电路、液位和压力等传感器，实现 24 小时全程无人值守自动化处理医院污水；采用 AD 系列高效微生物菌种培养技术，解决常规微生物菌团活性低、有机物分解不完全技术难题。2004 年获怀化市科技进步三等奖。

高速路用箱梁全自动液压内膜　湖南中铁五新钢模有限公司与中南大学合作研发。采用铰链四杆机构实现模板在箱梁内腔整体收缩，解决传统箱梁内膜脱模时易与混凝土干涉以及传统浇铸过程中模板上浮的技术难题，提高装置利用率，已获国家发明专利 1 项，实用新型专利 2 项。项目已累计实现生产 316 套，2010 年获湖南省科技进步二等奖。

多元素硅肥开发　1993 年 8 月，怀化磷化工总厂利用磷炉渣为原料进行多元素硅肥试制成功，产品经湖南省化肥农药质量监督站检验，全部合格，生产技术达到了国内先进水平，填补了湖南省空白。产品远销福建、河南、江西、山东、广西等省区，用户普遍反映较好。1995 年获湖南省科技进步四等奖。

三、医疗科技成果选介

电视输尿管肾镜下气压弹道碎石取石术 1995 年，怀化市（县级）人民医院毛登久等率先在全省推广应用，上段取石成功率 73%，中、下段取石成功率达 97.1%，膀胱结石全部治愈。同时采取治疗碎石相结合的保证措施，提高了成功率，该项成果省内领先，国内先进。1996 年获怀化地区科技进步二等奖。

多足趾带足背皮瓣游离移植重建手功能 1992 年，怀化市（县级）人民医院申小青等成功开展湖南省首例“多足趾带足背皮瓣游离移植重建手功能”手术。获 1993 年度怀化地区科技进步二等奖和省卫生厅科技进步四等奖。1989 年起，申小青等成功开展“筋膜管桥接修复周围神经缺损”手术，创造性地应用自体深筋膜管套接修复周围神经缺损，取材方便，操作简单，疗效好，优良率 81.1%，开辟了周围神经修复的另一途径。“筋膜管套接术修复周围神经缺损的实验与临床研究”，1996 年获怀化地区科技进步一等奖。

电视鼻窦镜鼻窦手术 1995 年，由怀化市（县级）人民医院邓云等开展的“电视鼻窦镜鼻窦手术的推广”，具有保留鼻腔、鼻窦、安全、疗效高等优点。1997 年获怀化地区科技进步二等奖。

压片组织细胞学在乳腺术中病理诊断中的应用 1994 年，怀化市（县级）人民医院吴勇军等应用压片细胞学方法进行术中病理诊断。至 1997 年底，临床应用 296 例，其中乳腺 168 例，总准确率达 97.02%，缩短了术中病理诊断时间，操作简便、快速、准确。1997 年获地区科技进步二等奖。

治疗类风湿性关节炎、强直性脊柱炎胶囊 类风湿药是以补益肝肾，配合通经活络，提高免疫功能，搜剔沉寒瘀痹之品，以图标本同治。重用中草药细粉混合制成胶囊，对增进脊柱、关节及其周围组织的血液供应，改善营养状态，加速组织的再生能力和细胞活力，疗效确切，安全，副作用少，总有效率 95.9%。2009 年获怀化市科技进步三等奖。

第四节　科技推广

一、农业技术推广

1991—1997 年，科技系统引进推广新技术和新品种 112 项次。杂交水稻推广：1997 年，全市杂交水稻播种面 29 万亩，平均亩产 605 千克，比 1990 年面积增加 2 万亩，增产 24%。优质柑橘、奈梨、板栗、金秋梨、猕猴桃等水果项目推广：在石门、杨村两乡建立 10000 亩“四季果园”，同时，在全市建成 100 亩以上的柑橘基地 45 个，奈李基地 5 个，板栗基地 2 个，金秋梨基地 12 个，猕猴桃基地 5 个。天麻、茯苓、杜仲、五倍子等药材项目推广，在炉亭坳建立 1000 亩药材种植基地，成为湖南省五大药材生产基地之一。全市有天麻生产基地 2 个，天麻种植户 1020 户；五倍子种植基地 4 个，种植面积 10.2 万亩。牛蛙、山鸡、野猪等养殖项目推广，全市建立了 5 个特种养殖基地，养殖数量达 1500 头。

1998—2010 年，鹤城区共有科技示范户 365 户，其中省级 8 户，市级 22 户，区级 105 户，乡级 230 户，科技示范基地 28 个。这些示范户、示范基地，在科技技术推广中发挥了重要作用。全区共引进推广新技术、新品种 172 项次。优质杨梅推广，建立示范基地 2 个，种植户 548 户，推广面积 9200 亩。礼品西瓜推广，芦坪乡建立礼品西瓜生产基地面积达 4000 亩，种植户 365 户。无公害蔬菜推广，建立 3 个示范基地，推广面积 12400 亩。大棚蔬菜推广，盈口乡团结村建立 200 亩大棚蔬菜基地，石门乡清水井村建立 350 亩，大棚蔬菜基地，两个基地每年提供 16000 亩和 550 万千克商品菜。延季蔬菜推广，黄岩建立延季节蔬菜基地 2000 亩，每年提供西芹、茭白等延季蔬菜 360 万千克。鱼腥草推广，杨村乡建立鱼腥草种植基地，有种植户 382 户，种植面积 3000 亩，人均年收入 320 元。特种养殖推广，肉牛养殖基地 1 个，有种牛 220 头，年提供种牛 120 头，提供商品牛 80 头，创收 120 万元。野猪养殖基地 1 个，有种猪 350 头，每年提供仔猪 380 头，提供商品猪100头，创收110万元。豪猪养殖基地3个，有种猪300头，每年销售商品豪猪800头，创收128万元。生态养鸡推广，芦坪壮丁村、盈口乡朱溪村、杨村乡水垅村、贺家田乡老寨溪村分别建立生态鸡养殖基地5个。2010年，成立生态鸡养殖协会，创立注册“狮子山生态鸡”品牌，产品远销长沙、贵阳、重庆等地。当年出笼80万羽，总收入4000万元。花卉苗木技术推广，1999年，全区有花卉苗木种植户15户，基地面积120亩，成立鹤城区花卉苗木协会。2000年在城区繁华路段人民路创办西南五省（市）周边地区首家花鸟市场（怀化花鸟市场），采取“协会+基地+市场+农户（经营户）的运作模式，当年营业额80万元。截至2010年，种植经营户发展到118户，基地面积扩大到2000亩，市场营业额增长到2000万元。经营户资产1000万元以上的有2户，500万元以上的有5户，100万元以上的有12户，50万元以上的有62户，其余都在10万元以上。

二、医疗技术推广

1998年，怀化市三医院邓云、李峰等的“生物碳颗在鼻部手术中的临床应用”，获怀化地区科技进步二等奖。

1998年，怀化市三医院、中心血站彭均、李锐等的“多媒体血液细胞学图谱”的研究，荣获怀化市科技进步二等奖。

1998年，怀化市医药卫生科技信息站、三医院谭常兰、张硕、杨粤湘等的“妇科细胞学涂片快速多项检查染色技术的临床应用与推广”，荣获怀化市科技进步二等奖。市三医院肖湘云、莫敬清等的“血清甘胆酸放免测定评价伤寒及副伤寒患者肝脏功能”，荣获怀化市科技进步三等奖。市三医院李峰、申小青的“急诊足指甲背联合皮瓣行拇指再造及手背皮肤大面积缺损修复”的应用与推广，荣获怀化市科技进步三等奖。

怀化中医院胡大江、付锦秀的“应用中药药膜修补鼓膜穿孔”，1999年荣获怀化市（县级）科技进步二等奖。怀化中医院、怀化市（县级）人民医院王小刚、李锐等共同研究的“聚合酶链反应实验的临床应用与推广”，荣获怀化地区科技进步三等奖。

第五节　科技管理

一、计划管理

1991年至1998年3月，科技项目在农业方面重点围绕山区开发和商品基地建设，工业方面重点围绕化工、电子、纺织、食品、建材等五个支柱产业。1992年4月，围绕“科教兴市”，实施科技项目计划管理。计划先由各领域申报，科委派员考察、筛选、编制年度计划项目报告，报请人民政府审定。1993年，科技项目在计划上，改一次性计划立项为成熟一项，立项一项，实施一项；改坐等上门立项为下基层调研，帮助需方立项；改由科委独家管理为分层负责、协作管理，部门为主管理，重点在项目管理和产品宣传等方面，对企业进行帮助和指导。

1998年4月后，鹤城区科技计划项目管理工作重心，由过去的“工农并举”向“以城市经济为中心”。遵循“依法管理、规范权限、明确职责、管理公开”的原则，实行计划立项权、实施管理权、计划监督三权分立制。在项目评审立项、可行性论证、评估、中期检查、鉴定验收等环节，组织专家咨询活动，以此作为科技计划项目管理与决策的重要依据。

2006年，围绕“自主创新，重点跨越，支撑发展，引领未来”十六字方针，重点在新材料、光机电一体化、生物与医药三大特色领域产品的研发与攻关。由过去的工业、农业范畴，拓宽到文化、教育、卫生、民生等多个领域范畴。

1991—2010年，科技计划项目在原有科技攻关计划（科研计划）、星火计划、科技成果推广计划基础上，“八五”期间推出了软科学研究计划，火炬计划、巨龙计划、培训计划及新产品试制计划。“十五”“十一五”期间增设了高新技术产业发展引导计划，科技条件平台建设计划。初步形成了由科技攻关、科技产业化、科技创新环境建设为主体的各类科技计划相互衔接、优势互补的区级科技计划体系。共组织实施各类科技项目356项，其中，国家级10项、省级20项、地市级135项。

1991—2010年怀化市（县级）、鹤城区部分科技计划项目统计表

表17-1-3

序号	项目名称	起止年限	承担单位	级别
1	筋膜管套接术修复周围神经缺损的实验与临床研究	1991—1993	怀化市人民医院	地级
2	两系法杂交稻栽培示范	1991—1992	怀化市粮油站	省、地级
3	增效碳铵的推广	1991—1992	怀化市土肥站	省级
4	湘白1系猪引进推广	1990—1992	怀化市畜牧工作站	国家、省、地级
5	杉木优良无性系繁育技术推广	1991—1993	怀化市林业技术总站	省级
6	应用云南硅藻土生产钒催化剂	1990—1992	怀化花桥磷矿	国家级（推广计划）
7	BK6065型数控牛头刨床	1991—1992	怀化机床厂	省级
8	三氮唑甲酯及利巴韦林	1991—1993	怀化市金海制药厂	省级（星火计划）
9	耐氟电机专用电器组件	1991—1992	怀化市电子工业公司	省级（星火计划）
10	奈李开发	1991—1992	怀化市经作站 盈口区农技站	市级
11	再生稻栽培技术推广	1991—1992	怀化市粮油站 黄金坳区农技站	市级
12	单宁酸生产技术	1991—1992	怀化市轻化制品厂	市级
13	微机控制包装	1992	怀化泸阳磷肥厂	市级
14	折叠式输液架	1992—1993	怀化市农具厂	市级
15	钕铁硼直流无刷电动机及控制系统	1992—1993	怀化电机厂	省级
16	软膏剂系列产品	1992—1993	怀化市医药化工厂	市级
17	BAC在肺支气管疑难疾病中诊断和治疗	1992	怀化市人民医院	市级
18	APAAP桥联酶标法的临床应用及量子血疗对人体细胞明显、免疫功能影响探讨	1992	怀化市人民医院	市级
19	广增素高级复合肥在果树上的应用推广	1992	怀化市经作站	市级
20	节粮型网箱养鱼高产综合技术推广	1992—1993	怀化市水产工作站	省级
21	五倍子系列开发	1992—1994	怀化市科协	市级
22	乙型肝炎及其病毒携带者的治疗研究	1993—1995	怀化市人民医院	市级
23	高效无毒植物农药	1993—1994	怀化市兴华化工厂	省级
24	皮炎平	1993—1994	怀化市医药化工厂	市级
25	多功能农用纸质地膜	1993—1994	桐木造纸厂	市级
26	93A杂交早稻标准化高产制种	1993—1994	怀化市种子公司	市级
27	湘早籼3号示范	1993—1994	怀化市农业技术推广中心	市级
28	多元素硅肥的开发	1994	怀化泸阳磷肥厂	省级
29	怀化市城镇化改革试验研究	1994—1995	怀化市经济体制改革委员会	市级
30	变压器骨架系列产品开发	1994—1995	怀化市电子工业公司	市级
31	免烧高强度仿陶、搪、玻系列产品开发	1994—1995	怀化市小龙公司	市级
32	水禽、鱼综合养殖技术	1994—1995	怀化市畜牧局	市级
33	泌尿素液电碎石技术的临床应用	1994	怀化市人民医院	市级
34	中药药膜修补鼓膜穿孔	1994	怀化中医院	市级
35	采用PTC工艺生产面、餐巾纸	1994—1995	怀化市造纸厂	市级
36	怀化市科技发展规划	1995	怀化市科技局	市级

续表 17-1-3

序号	项目名称	起止年限	承担单位	级别
37	多功能营养性美容特效维肤膏	1995	怀化市天龙医药化工有限公司	市级
38	稻田养牛蛙	1995—1996	怀化市科协	市级
39	处理场返洗自动报警装置	1995	怀化市自来水公司	市级
40	优质高产湘油 13 号	1995	怀化市农业技术推广中心	市级
41	湖天菌痢神开发	1995—1997	怀化市中兽药厂	市级
42	两优培特 810S x D100 高产制种技术	1996—1997	怀化市种子公司	市级
43	天龙回春胶囊	1996—1998	天龙医药化工实业有限公司	省级
44	怀化无核香柚	1996	怀化市科技局	市级
45	楠竹低改及速生丰产栽培技术	1996	怀化市林业局、有关乡镇	市级
46	蔬菜塑料大棚栽培技术	1996	怀化市蔬菜办	市级
47	医用单宁酸	1996	怀化市生化总厂	市级
48	选择性脊神经后根切断术治疗脑性瘫痪	1996—1997	怀化市人民医院	市级
49	脑血管疾病的超早期诊断与手术治疗	1996—1997	怀化市人民医院	市级
50	“芦苇、竹木”工艺包装制品开发	1996—1998	怀化市茶厂	市级
51	有机配方肥的开发与推广	1996—1997	怀化市土肥站	市级
52	两系杂交稻大面积丰产栽培技术	1996—1999	怀化市农业局及有关乡镇	省级
53	新型防撬门	1997—1998	怀化市明城电子仪器厂	市级
54	枸杞加工及 B—胡萝卜素提取工艺研究	1997—1998	怀化市酒厂	市级
55	板栗特早熟品种及丰产栽培技术研究	1997	怀化市林业局	市级
56	生物碳在鼻部手术中等临床应用引进	1997—1998	怀化市人民医院	市级
57	创建全国科技工作先进市调研	1997	怀化市科技局	市级
58	腹腔镜在妇科手术中的应用	1997	怀化市人民医院	市级
59	应用纳洛酮含片救治急性乙醇中毒	1997	怀化市中医院	市级
60	中药材高产栽培及培训	1997—1998	炉亭坳乡、有关乡镇	市级
61	经腹腔镜胆管切开取石术	1997	怀化市人民医院	市级
62	功能性电视鼻窦镜在鼻窦手术中的推广应用	1997	怀化市人民医院	市级
63	新生儿缺氧缺血性脑病的治疗	1997	怀化市人民医院	市级
64	多功能营养性美容特效维肤膏	1997—2001	湖南天龙医药化工实业有限公司	省级
65	高效低毒农药系列产品开发	1997	怀化市兴华化工厂	国家级
66	杂交枸杞人工栽培	1997—1998	怀化市酒厂	市级
67	天丰素及植物动力 2003 在蔬菜生产上的推广应用	1997—1998	怀化市蔬菜办	市级
68	杨梅新品种的引进与推广	1997—1998	怀化市园林风景处、	市级
69	美国大口胭脂鱼及黄板刁的引进与推广	1997—1998	怀化市水产站	市级
70	高效节能灯	1997	怀化市科技发展有限公司、绿色照明电器厂	市级
71	防伪原子印章	1997	怀化市原子印章厂	市级
72	节能型低热电暖器	1997	湖南明城电器有限公司	市级
73	两系杂交稻、亚种间籼粳杂交制种高产技术研究	1998—2000	鹤城区农技推广中心	市级
74	RO 逆渗透法生产纯净技术	1998	怀化市电子公司	市级

续表 17-1-3

序号	项目名称	起止年限	承担单位	级别
75	金秋梨藏保鲜技术研究	1998	鹤城区科技局	市级
76	新型珠绣工艺品	1998—1999	怀化市珠绣工艺厂	市级
77	美国加州鲈鱼的引进与推广	1998	鹤城区水产站 鹤城区文化局	市级
78	采用中西结合治疗疾病	1998—1999	鹤城区红十字医院	市级
79	防异常开启十字槽弹子锁的开发研究	1998—2001	怀化市明城电子仪器厂	地级
80	骨痹胶囊的研制及临床应用	1999—2002	怀化市风湿病研究所	区级
81	知识农业及其体系创建研究	1999	鹤城区农科教中心	区级
82	运用现代化教育媒体促进小学生环保意识的形成	1999	人民路小学	区级
83	科技信息港网络建设	1999—2000	鹤城区科技局	区级
84	优质稻生产开发	1999	鹤城区农业局	地级
85	科技培训、扶贫及宣传	1999	鹤城区科技局	区级
86	高寒山区反季节蔬菜	1999	区菜办	区级
87	石门高效农业科技示范园建设	2000—2002	石门乡农科教中心	区级
88	仇家生态示范村建设	2000—2001	区农业综合开发办	区级
89	保健植物油	2000—2002	怀化植物油厂	地级
90	良种肉鸽繁育与推广	2000	怀化良种肉鸽厂	国家级（星火计划）
91	蛋用鹌鹑饲养与繁育技术	2000	蛋用鹌鹑养殖场	区级
92	美国青蛙养殖与推广	2000	美国青蛙养殖场	区级
93	防强光照射遮光板的开发研究	2000—2002	明城多种仪器厂	区级
94	类风湿的研制及临床应用	2001—2002	怀化市风湿病研究所	省级
95	优质葡萄栽培技术与大面积示范	2001	鸭嘴岩镇长远村	区级
96	金针菇栽培技术及推广	2001—2002	黄岩旅游度假处农科教中心	区级
97	千亩生态果园示范与产业化开发	2001	凉亭坳乡农科教中心	区级
98	活性乳酸菌酸奶	2001	怀化市电子公司	区级
99	黄葛的栽培及深加工	2001—2002	杨村乡农科教中心	区级
100	农村科技示范村建设	2001	区科技局	区级
101	玉米深加工系列产品开发	2001	怀化市宝鑫公司胖嫂食品厂	省级（星火计划）
102	良种肉兔繁育技术及深加工规模化技术开发	2001—2002	怀化鸿业科技开发公司	国家级（星火计划）
103	科技信息港建设	2001	区科技局	地级
104	优质牧草的引进与推广	2001	鹤城区畜牧站	区级
105	三子强肾胶囊	2002—2004	湖南天龙医药化工实业有限公司	省级
106	高效节能酿酒技术	2002—2003	怀化市兴旺酒业有限公司	区级
107	天麻有性繁殖技术	2002—2003	黄岩旅游度假处白马村	区级
108	抗心瘾戒毒功能产品	2002—2003	怀化正丰生物工程开发有限公司	区级
109	高绝缘抗老化 BV、BLV 电线电缆系列产品开发	2002—2004	湘鹤电线电缆厂	国家级（星火计划）
110	鱼腥草基地	2003	杨村乡人民政府	区级
111	无公害蔬菜综合配套技术及示范基地建设	2003—2005	怀化市东星农林开发有限公司	市级

续表 17-1-3

序号	项目名称	起止年限	承担单位	级别
112	数码无明火电热干衣机	2003—2006	怀化市明城科技实业有限公司	市级
113	植物试管快速繁育苗技术	2004—2005	杨村乡农技站	区级
114	菜籽饼脱毒生物饲料技术开发	2004—2006	怀化双农生物饲料有限公司	区级
115	金银花精提绿原酸	2004—2006	怀化市春芳药材开发有限公司	区级
116	“运春”高级保健食用植物油系列产品开发	2005—2006	怀化市富源油业有限公司	市级
117	金银花种植基地建设	2005—2006	怀化市春芳药材开发有限公司，黄岩南家坪村	区级
118	花卉苗木基地建设	2005		区级
119	生态科技示范乡镇建设	2005—2006	区科技局	区级
120	一线一圈建设	2005—2006	区农办	区级
121	无公害大棚蔬菜基地建设	2006	石门塘底村	区级
122	无公害蔬菜专业技术协会建设	2006	怀化市东星农林开发有限公司	区级
123	科技信息平台及基础设施条件建设	2006—2009	区科技信息所	省级
124	天麻胶囊及其制备方法	2007	怀化市风湿病研究所	区级
125	鹤城 12 号两系杂交稻研究开发	2007	区农业局	地级
126	鱼腥草基地建设	2007	杨村乡禾塘村、蒲天垅村	区级
127	高山葡萄示范基地建设	2007	黄金坳镇谭家村	区级
128	新农村科技示范乡村建设	2007—2008	石门乡人民政府等	区级
129	农民素质教育	2007	区农广校	区级
130	地震学校平台建设	2007—2008	区科技局、区教育局	区级
131	口溃散的研制	2008—2010	怀化市风湿病研究所	区级
132	环保生物农药的研制	2008—2010	怀化市富源油业有限公司	区级
133	新型电磁炉产品开发	2008—2009	怀化市明城科技实业有限公司	省级
134	轻烃燃气推广	2008—2010	怀化市鑫盛达燃气有限公司	区级
135	瓦斯监控技术的推广应用	2008—2010	鹤城区煤矿	区级
136	名特优果林基地建设	2008—2010	怀化鑫达果林科技有限公司	区级
137	礼品西瓜基地建设	2008—2010	芦坪乡	区级
138	知识产权工作体系建设	2008	区知识产权办	区级
139	肉牛品种改良及规模化健康养殖	2009—2010	区畜牧水产局	区级
140	电子商务平台建设	2009	华夏网络有限责任公司	区级
141	科技特派员体系建设	2009—2010	区科技局	区级
142	专利试点和产业化推进	2009—2010	区知识产权办	区级
143	医院污水无害化处理新设备研发	2010—2011	怀化市康宇环保科技有限公司	国家级（创新基金）
144	碳纤维高效电热管研究与开发	2010	怀化市明城科技实业有限公司	市级
145	产学研结合创新	2010—2011	区科技局	区级
146	“12396”科信息“户”联网建设	2010—2011	区科技局	区级
147	中草药外治疗法应用基础研究	2010	怀化丰嘉科技开发有限公司	省西部专项
148	奇效节能环保热水锅炉	2010	怀化奇效节能产品开发有限公司	省级

二、成果管理

1987年7月，怀化市人民政府颁发的《怀化市科学技术进步奖励办法的通知》，把科技进步奖分三等奖，一、二、三等奖金额分别为800元、500元、300元。颁奖单位分怀化市（县级）、怀化地区、湖南省、国家级四个级别。1991年，怀化市（县级）获省科技进步奖1项、怀化地区科技进步奖6项、市本级科技进步奖24项（其中一等奖5项、二等奖10项）。1996年3月，市政府对荣获科学技术进步奖一、二、三等奖金额分别调至为3000元、2000元、1000元。1998年4月后，鹤城区科技成果鉴定、验收和评奖工作上收到怀化市科学技术局，鹤城区科学技术局只申报推荐。2010年，对荣获怀化市科学技术进步奖一、二、三等奖金额分别调至为30000元、20000元、10000元。1991—2010年怀化市（县级）、鹤城区获得地（市）级以上科技进步奖77项，其中获省部奖22项、地市级55项。

1991—1997年怀化市（县级）获科技进步奖部分项目统计表

表17-1-4

序号	获奖年份	项目名称	完成单位	主要研究（完成）人员	奖励等级
1	1991	浸塑“防水、防霉、阻燃”三防布和篷布	怀化市床单厂	范建平 黄惠君 周政文 曾广智	省三等奖
2	1991	显微外科技术在基层医院临床的推广与应用	怀化市人民医院	申小青 李　峰 刘仁寿 杨寿松 丘瑞麟	地二等奖
3	1991	桐木乡经济、科技、社会综合发展规划	怀化市桐木乡政府 怀化市农业区划办公室 怀化市农业区划研究所	黄治民 方　雄 廉清晓 彭立令 王家辉 鲍永先	地三等奖
4	1991	国产硅凝胶人工晶体的临床应用	怀化市人民医院	姜双东 甘世斌 唐美为 杨寿松 谢伯姝	市一等奖
5	1991	吨粮田开发	怀化市农业技术推广中心粮油站	梁利清 李佐生 廖国全 杨英云 陈再明	市一等奖
6	1991	庭院经济开发	怀化市农业技术推广中心经作站	李佐生 张学铁 邓如松 丁仁国 王忠贵	市一等奖
7	1991	植物激素在蔬菜上的应用	怀化市蔬菜办等	王络粮 向子良 梁壮松 潘存财 彭祖友	市三等奖
8	1991	76MJ节能煤烧隧道窑	怀化市瓷厂	张承钊 徐钦森 邹高雄 吴迪功 杨仁轩	市一等奖
9	1991	湖南省首次发现树蕨及其区系研究	怀化市林业局等	梁锦业 陈美高	省三等奖
10	1991	糯稻新品种荆糯六号推广	怀化地区农业技术推广站、怀化市农业局等	张化兴 黄仲泉 陈宗荣 黄贻清 李泽远	地三等奖
11	1991	国产硅凝胶人工晶体的临床应用（推广）	怀化市人民医院	姜双东 李　俐 唐美为 甘世斌 杨寿松	地三等奖
12	1992	电视腹腔镜胆囊切除术在基层医院的应用推广	怀化市人民医院	白　剑 杨寿松 姚　勇 朱智辉 李小复	地二等奖
13	1992	草甘膦化学除草剂在果园中的推广应用	怀化市农技推广中心经作站	袁素敏 丁仁国 陈昌庭 邱德胜 李绍龙	地三等奖
14	1992	76MJ节能煤烧隧道窑	怀化市瓷厂	张承钊 徐钦森 邹高雄 吴功迪 杨仁轩	省四等奖
15	1992	“无公害”蔬菜生产技术推广	怀化市蔬菜办等	彭开武 蒲祖康 何国光 王络粮 向子良 易红莲 杨隆太 梁庄松	地三等奖
16	1992	多效唑在粮油作物上的应用推广	怀化市农业技术推广中心粮油站	钱如浩 李　健 杨银中 杨隆光 谢秀衡 潘仁兰 周永先	市一等奖
17	1992	新洁尔灭羊膜腔引产的临床应用	怀化市人民医院	杨　志 喻淑怡等	市一等奖

续表 17-1-4

序号	获奖年份	项目名称	完成单位	主要研究（完成）人员	奖励等级
18	1992	珠脑速算教学试点及推广	怀化市财会珠算协会等	宋祖德 曾秀英 张敏予 赵君超 夏继宣	市二等奖
19	1992	杉木大穴造林抚育模式研究	怀化市林业局	梁锦业 杨中华 朱德安 杨 觉	市三等奖
20	1993	真空热蒸发装潢镀膜玻璃	怀化市平板玻璃厂	徐明发 谢康毅 欧 鹏 田祖雄	市一等奖
21	1993	自血光量子疗法与 APAAP 桥联酶标技术的临床应用和部分相关的探讨	怀化市人民医院	谌梦奇 郭湘莲 陈金谡 张玉梅 王巧珍	市一等奖
22	1993	武陵山区培植牛黄试验研究	怀化市畜牧局防疫站等	蔡智龄 何国柏 张应忠 彭宇文 彭延凤	省三等奖
23	1993	杂交稻 V402 星火计划实施推广	怀化市农业技术推广中心粮油站	钱如浩 潘玉美 毛超洪 潘先文 潘先武 李 建 陈再明	市一等奖
24	1993	渗透型原子印章	怀化市原子印章查	张纯妹 钟金花	市二等奖
25	1993	增效碳铵在水稻上的应用	怀化市农业技术推广中心土肥站等	廖国全 戴业驹 方元珍 蒲宏贴 刘安亮	市二等奖
26	1993	遮阳网覆盖栽培蔬菜技术推广	怀化市蔬菜办	彭祖友 梁壮松 王络粮 罗 林 向子良	市三等奖
27	1993	电视腹腔镜胆囊切除术在基层医院的应用推广	怀化市人民医院	白 剑 杨寿松 姚 勇 朱智辉 李小复	省四等奖
28	1993	怀化市飞机播种造林	怀化市林业局	李必富 杨智华 陈铁珊 杨 金	市三等奖
29	1993	真空热蒸发装潢镀膜玻璃	怀化市平板玻璃厂	徐发明 谢康毅 田祖雄	地二等奖
30	1993	多足趾带足背皮瓣游离移植重建手功能	怀化市人民医院	申小青 朱智辉 谭加群 舒毓高	地二等奖
31	1993	容器育苗造林技术推广	怀化市林业局等	贺友德 曾令益 王 元 杨智华 刘正仁	地三等奖
32	1993	层次分析法制定林业发展优化对策研究	湖南省怀化市林业局	朱德安 刘正仁 梁锦业 曾云惠	地三等奖
33	1993	自血光量子疗法临床推广及应用	怀化市人民医院等	湛梦奇 刘秋鸣 陈金稷 储学智 杨如乐	地三等奖
34	1993	水稻苗情及产量预报方法的研究	怀化市农业局等	唐秋澄 钟武云 周庭波 熊创亚 唐丽君	省三等奖
35	1994	多元素硅肥开发	怀化磷肥厂	刘长顺 张俊昆 饶经理 夏彪策 陈国芳 杨世华	省四等奖
36	1994	怀化市中方项目区农业综合开发	怀化市农业综合开发领导小组办公室	邓厚生 廖国全 谢永长 戴业驹 刘仁生 邓传生	市一等奖
37	1994	真空热蒸发装璜镀膜玻璃	怀化市平板玻璃厂	徐明发 谢康毅 田祖雄	省四等奖
38	1994	药剂法从磷泥中提取黄磷	怀化磷肥厂	张 旭 易延松 饶经理 杨秀琼 张俊昆	市二等奖
39	1994	高炉电子称量	怀化磷肥厂	杨振尧 陈国芳 邵邦文 幸业仕	市二等奖
40	1994	多足趾带足背皮瓣游离移植重建手功能（推广）	怀化市人民医院	申小青 朱智辉 谭加群 舒毓高	省四等奖
41	1994	Y 系列三相同步电动机节料优化设计推广应用	怀化市电机厂	李忠菊 危风翔 廖明龙 易玉生	市二等奖
42	1994	应用中药药膜修补鼓膜穿孔	怀化中医院	胡大江 傅锦秀	市二等奖

续表 17-1-4

序号	获奖年份	项目名称	完成单位	主要研究（完成）人员	奖励等级
43	1994	湘早籼 13 号示范推广	怀化市农业技术推广中心	徐喜阳 周常贵 杨英云 潘先武 尹全德	地一等奖
44	1994	板栗断胚根断茎尖育苗技术的研究	怀化市林业局	杨望球 杨贤良 倪启和 邓逢春 杨智华	地二等奖
45	1994	自体颞筋膜行鼓室成形并外淋巴瘘修补手术的临床应用研究	怀化市人民医院	邓　云 张小明 杨绍才 黄世凡 唐美为 梁孝福	地二等奖
46	1994	土地利用总体规划	怀化市国土局、洪江市国土局、麻阳苗族自治县国土局、中国土地勘测规划土地利用所	刘志敏 傅奠炳 金川洪 刘　健 董祚继 周文波	地二等奖
47	1994	节粮型网箱养鱼高产技术推广	怀化市畜牧水产局	唐思耀 李永泉 玲　星 王南新 韩　军	地三等奖
48	1994	怀化市《城市区域环境噪声标准》适应区域划分研究	怀化市环保局	李克津 申阳宏 宋泽文 王　巍	地二等奖
49	1995	绿茶系列开发	怀化市茶厂	滕树解 汤华汉 袁素敏 潘存义 汤朝春	市一等奖
50	1995	无公害植物性农药“灭蚧灵”	怀化市兴华化工厂、湖南化工研究院怀化地区植保站	杨家亩 杨登科 吴明英 熊建文 向　青 刘自军 刘　松	市一等奖
51	1995	自体颞筋膜行鼓室成形并外淋巴瘘修补手术的临床应用研究	怀化市人民医院	邓　云 张小明 杨绍才 黄世凡 唐美为	省四等奖
52	1995	特型安全彩色电光鞭炮	怀化市经济技术服务中心	蒋国清 谭参军 杨兴玉 曾平萍 张成翠	市二等奖
53	1995	复合硅酸盐节能保温材料	怀化燎原节能产品厂	潘存森 曾国良	市二等奖
54	1995	工业没食子酸（3、4、5、三羟基苯甲酸）	怀化市生物化工总厂	贺运和 李治尧 姚立荣 李文君 张碧海	省四等奖
55	1995	透皮免疫增调剂苦末叶下株下治疗慢性乙肝病毒携带者疗效观察	怀化市人民医院	谌梦奇 郭奕璜	市二等奖
56	1995	怀化市“八五”森林资源二类调查	怀化市林业局	梁锦业 杨夕宽 曾云惠 李必富 巫培云	市二等奖
57	1995	油菜良种“湘油 13 号”推广	怀化市农业技术推广中心粮油站	邹利民 杨英云 彭开友 潘伯荣 胡开谷	地二等奖
58	1995	优良种源无性系速生丰产配套技术研究及应用	怀化市林业局世行办等	聂远望 曾顺求 马东晓 谢景连 黄鹏飞	省三等奖
59	1995	前 S2 蛋白与 HBV 复制关系的探讨	怀化市人民医院	莫敬清 肖湘云	地二等奖
60	1995	早稻新品种湘早籼 13 号示范推广	怀化市农技推广中心等	王宪美 黄健安 舒福北 徐喜阳 舒象俊 吴志文 蒋远球 王建中 方福荣	地一等奖
61	1995	优质绿茶系列产品开发	怀化市茶厂	滕树解 汤华汉 袁素敏 潘存义 汤朝春	地三等奖
62	1995	万亩稻田养鱼高产技术推广	怀化市水产工作站	李永泉 唐思跃 鲍永先 黄德明 周小芬	地三等奖
63	1996	多功能特效维肤膏	湖南天龙医药化工实业有限公司	曾昭亮 曾大鹏	省二等奖
64	1996	筋膜管套接术修复周围神经缺损的实验与临床研究	怀化市人民医院	申小青 李　峰 熊泽华 吴明宇 徐黎明 谢开汉 闫秀英 向　忠 宋明照	地一等奖
65	1996	板栗优质丰产栽培技术推广	怀化市林业局等	丁建国 袁文选 田定中 谢景连 杨森林 吴思榜 邓必政	地二等奖

续表 17-1-4

序号	获奖年份	项目名称	完成单位	主要研究（完成）人员	奖励等级
66	1996	水稻稻瘟病监测和综合治理技术推广应用	怀化市植保站等	梁德新 刘自君 孟祥丁 潘伯荣 杨山秀 项长征 汪兰香	地区二等奖
67	1996	杂交中稻蓄留再生稻技术推广	怀化市粮油站	吕重宏 李奎娥 郑云晓 杨吉生 吕水生 蒙昌才 毛卫华	地二等奖
68	1996	鼻窦镜在颅底肿瘤切除中的应用研究	怀化市人民医院	舒毓高 朱新洪 邓 云 张小明 杨绍才 唐美为 罗宗晚	地二等奖
69	1996	电视输尿管肾镜下气压弹道碎石取石术在基层医院的推广应用	怀化市人民医院	毛登久 米高松 杨绍才 杨松林 吴 湘 舒毓高 赵有义	地二等奖
70	1996	城市生活垃圾无害化处理生产有机复合肥技术应用	怀化市环卫所等	黄志如 赵荣金 刘卫青 黄德长 田友明	地三等奖
71	1996	聚合酶链反应实验的临床应用推广	怀化市中医院、怀化市人民医院	王小刚 李 锐 肖红英 张荣生	地三等奖
72	1996	医用一次性多功能吸引器及其临床应用	怀化市人民医院	梁建忠 杨绍才 王月华 吴凤琴	地三等奖
73	1997	松类树种富根壮苗育苗造林技术推广	怀化市林业局	王宗仁 王 元 谢东黎 易传湖 曾顺球 米长堆 李先庆	地二等奖
74	1997	缺血性脑血管病患者血浆 D——二聚体 FPA、TM 的测定及临床意义	怀化市人民医院	李益华 张荣生 陈金稷 杨绍才 梁庄求 卢远增	地二等奖
75	1997	电视鼻窦镜鼻窦手术的推广	怀化市人民医院	邓 云 张小明 黄世凡 李小复 谢伯妹 林陆生 唐湘莲	地二等奖
76	1997	压片组织细胞学在乳腺术中病理诊断中的应用（推广）	怀化市人民医院	吴勇军 唐 强 唐美为 肖湘云 李益华 谢立威	地二等奖
77	1997	山区中低产水面综合开发（推广）	怀化市水产工作站	李永泉 黄德明 黄 斌 蒋 文 蒋秀英	地三等奖
78	1997	鼻窦镜在颅底肿瘤切除中的应用研究	怀化市人民医院	舒毓高 朱新洪 邓 云 张小明 杨绍才	省四等奖
79	1997	电视输尿管肾镜下气压弹道碎石取石术在基层医院的推广应用	怀化市人民医院	毛登久 米高松 杨绍才 杨松林 吴 湘	省四等奖
80	1997	带旋髂深血管的髂骨移植治疗 PERTHES 病（推广）	怀化市人民医院	李 峰 申小青 吴明宇 余黎明 俞湘蓓	地三等奖
81	1997	妇科腹腔镜手术在基层医院的推广与应用（推广）	怀化市人民医院	毛嘉利 杨美兰 石艳芳 廉小玲 朱智辉	地三等奖
82	1997	筋膜管套接术修复周围神经缺损的实验及临床研究	怀化市人民医院	申小青 李 峰 熊泽华 吴明宇 余黎明	省四等奖

1998—2010 年鹤城区获科技进步奖部分项目统计表

表 17-1-5

序号	获奖年份	项目名称	完成单位	主要研究（完成）人员	奖励等级
1	1998	大叶榉人工栽培技术研究	怀化市林科所	周丽君 张立军 周晓勤 杨进干 邓良其 张 华 刘家德	地二等奖
2	1998	维肤膏的研制与应用	湖南天龙医药化工实业有限公司	曾昭亮 曾大鹏	地二等奖
3	1998	生物碳颗粒在鼻部手术中的临床应用	怀化市第三人民医院	邓 云 张小明 黄世凡 李 峰 徐绍勤 吴勇军 谢伯妹	地二等奖
4	1998	多媒体血液细胞学图谱的研究	怀化市第三人民医院、怀化市中心血站等	彭 钧 李 锐 彭 巍 王 涌 陈武斌 张 恪	地二等奖

续表 17-1-5

序号	获奖年份	项目名称	完成单位	主要研究（完成）人员	奖励等级
5	1998	妇科细胞学涂片快速多项检查染色技术的临床应用与推广	怀化市医药卫生科技信息站、怀化市人民医院	谭常兰 张 硕 杨粤湘 谭连梅 李 锐 王月华 易至善	地二等奖
6	1998	耐高温防腐玻璃钢制品（水幕除尘烟囱）	怀化市燎原节能产品厂	潘存森 曾国良 周振淼 曾国兴 潘勇刚	地三等奖
7	1998	电视鼻窦镜鼻窦手术的推广	怀化市人民医院	邓 云 张小明 黄世凡 李小复 谢伯妹	省四等奖
8	1998	南方早熟苹果引种栽培试验	怀化市林业局经济林示范场等	丁建国 符政德 王耀辉 陈嘉龙 邓开清	地三等奖
9	1998	血清甘胆酸放免测定评价伤寒及副伤寒患者肝脏功能	怀化市第三人民医院	肖相云 莫敬清 陈金稷 黎红英 刘腊珍	地三等奖
10	1998	急诊足拇甲足背联合皮瓣行拇指再造及手背皮肤大面积缺损修复	怀化市第三人民医院	李 峰 谢开汉 阎秀英 申小青	地三等奖
11	1999	维肤膏的研制与应用	湖南天龙医药化工实业有限公司	曾昭亮 曾大鹏	省四等奖
12	1999	77%氢氧化铜可湿性粉剂	怀化市兴华化工厂等	黄寿欣 曾 扬 潘建平 袁沛元 李瀚麟	省四等奖
13	2001	石英管低热取暖器	怀化市明城科技实业有限公司	袁 明 袁 亮 陈春华 袁 波 陈见光	市三等奖
14	2001	北冬虫夏草实体规模化生产	怀化市益康生物高科技有限公司	张晓君 蔡万年 郑 弘 蔡 文	市二等奖
15	2002	高绝缘抗老化 BV\BLV 电线电缆系列产品开发	怀化市鹤城电线电缆厂	王茂卿 汪振武 田 民	市三等奖
16	2003	细胞计数·形态综合分析仪的研究与开发	怀化天骑医学新技术有限公司怀化第二人民医院	彭 钧 彭 巍 杨华喜 涂小军 刘长荣	市一等奖
17	2004	MZ 高产节能双桶酿酒设备与高效生物发酵酒曲开发应用	怀化市兴酒业有限公司	曾德全 邹雪华 邹同清 康 兵 毛明辉	市三等奖
18	2005	一种防异常开启十字锁	怀化市明城科技实业有限公司	袁 明 袁 亮 陈春华 袁 波 陈见光	市三等奖
19	2006	数码无明火电热干衣机	怀化市明城科技实业有限公司	袁 明 袁 亮 陈春华 陈见亮 逯湘生	市三等奖
20	2009	治疗类风湿性关节炎、强直性脊柱炎的类风湿药	怀化市风湿病研究所	李 毅 李 鹏 李 海	市三等奖
21	2009	新型电磁炉	怀化市明城科技实业有限公司	袁 明 袁 亮 陈春华 袁 波 陈见光	市三等奖
22	2010	医院污水无害化处理新设备研发	怀化市康宇环保科技有限公司	李进军 蔡 莹 唐青山 王智课 易小军 周康生 王安生	市三等奖
23	2010	高速路用箱梁全自动液压内模产业化开发	湖南中铁五新钢模有限责任公	王祥军 毛 聪 胡仕成 周 立 张维友 郑怀臣 王维兵 沈 黔	省二等奖

三、专利管理

1998 年前，怀化市（县级）没有设专利管理机构，只是在市科委配备了 1 名专利代办人。1994 年，科委干部邓金凤取得中华人民共和国专利代理人资格。1998 年，鹤城区科技局内设专利管理股，对外加挂专利办牌子，2002 年，鹤城区科技局设知识产权工作专干。

鹤城区的专利保护工作始于 1998 年，2000

年11月，专利权人怀化市明城电子仪器厂法人代表袁明请求对全市10家侵犯其专利ZL95227293的厂家进行处理，市、区专利部门予以立案，开展调查取证，并通知侵权的10家生产商到市专利局进行公开审理。经过调解，当事双方同意和解，签订了专利实施许可合同，并于事后成立了电取暖器行业协会，共同规范全市的电取暖器生产、销售市场，维护了专利权人的合法权益。至2010年，全区累计申请专利1147件，授权专利283件，其中发明专利72件、实用新型专利173件。

四、经费管理

科技经费主要来源于本级财政拨给的科技事业费和科技“三项费（新产品试制、中间试验、重大科研补助）”，其次是省科技厅、地（市）科技局项目立项专项经费。

1991—1998年地改市前，每年科技“三项费”由财政根据当年科技项目经费安排情况，直接拨付到市科委专项账户，再由市科委拨付到项目承担单位。1994年，怀化市（县级）科学技术委员会、怀化市（县级）财政局出台了《怀化市科技三项经费管理办法》，使用原则为“择优支持、有偿使用、定期回收、适当扶持、滚动增值”。建立科技发展基金，回收的三项经费列为科技发展基金，实行滚动使用。其中有偿使用的科技三项费一般安排在周期较短、能较快转变为生产力、直接产生经济效益的科技计划项目上。每年安排经费数不超过科技三项费的40%，使用期为半年至两年。无偿资助的科技项目经费主要用于新产品试制、中间试验和重大科研补助，每年安排数额占全市科技三项费的60%。1997年12月，市财政下拨50万元科技发展基金，用于两系杂交稻示范项目，1997年科技经费占财政总支出的1.02%。

1998年后，国家、省地项目资金直接拨付到项目承担部门。1998年后，区级科技经费由于财政困难，占财政总支出比例逐年减少。科技三项经费由区财政局和科技局联合行文，由区财政局国库支付局直接拨付到科技项目承担单位。2010年，科技事业费支出192万元。

第二章 卫 生

第一节 卫生体制改革

一、卫生机构改革

1991—1997年，怀化市（县级）医疗机构共50个（其中直属医疗卫生单位9个，乡镇36个，街道5个），均为国家、集体所有制非营利性公益事业单位。1997年，为稳定乡镇、街道卫生事业，根据中央《关于加快卫生改革与发展的决定》和省编办、省人事厅、省卫生厅《关于集体所有制乡镇卫生院转为国有单位的实施意见》，市属26所乡镇卫生院和5所街道卫生院由集体所有制转为全民所有制事业单位，卫生院所有集体职工转为全民职工。1995年，爱国卫生运动委员会办公室从卫生局分离单设为副科级单位。

1998年，怀化市（县级）人民医院、中医院、中医职校、防疫站、皮防所、药检所6个单位，人、财、物整体移交给地级怀化市卫生局及药品监督管理局，鹤城区无公立性综合医院及防疫站、皮防所、药检所。怀化市鹤城区公费医疗办于2001年移交给区社会劳动保障局，更名为医保局，属二级机构。2005年5月，设立鹤城区疾控中心和卫生监督所，为全民事业副科级，归口鹤城区卫生局。2008年，5个街道卫生院改为社区卫生服务中心和社区卫生服务站，增设鹤城区新街社区卫生服务中心和河西社区卫生服务中心。城中卫生院更名城中三角坪社区卫生服务中心，红星卫生院更名为红星社区卫生服务中心，城北卫生院更名为茅谷冲社区卫生服务站，迎丰卫生院更名为锦溪桥社区卫生服务站，坨院卫生院更名为学院岭社区卫生服务站，新兴医院更名为茶园社区卫生服务站，原盈口第二卫生院更名为湖天社区卫生服务中心，原鸭嘴岩镇卫生院更名为城南社区卫生服务中心。

二、人事制度改革

1991年，怀化市（县级）卫生局在全系统医疗机构推行院、所、站负责制，各医疗机构正职由上级任命，副职由正职提名，报上级批准，中层干部由院、所、站长直接聘任。实行院、所、站长负责制，保障和发挥行政一把手人事管理、财务管理、经营管理的权力。

1992年，怀化市人民医院率先在全市范围内实行院长负责制，将懂业务、善管理、医疗技术精湛的知识分子推上领导岗位，院长提名2名优秀年青业务骨干担任副院长，任命一批优秀的技术骨干担任科室主任，同时又较好地维护了院党委在医院的政治核心作用。是年，该院被卫生部授予“全国卫生系统先进集体”称号，院长杨寿松荣获“全国县级医院优秀院长”称号。

1994年，在全市医疗卫生机构破除干部终身制，注重对中层技术骨干的考核与管理，对业务水平不高的中层干部予以更换，将年富力强业务技术骨干提拔到一线领导岗位。

1995年，随着人事制度改革的不断深化，全市卫生事业单位试行设岗定员、双向选择、竞争上岗的人事改革，但此项改革进行极为艰难，因社会关系复杂，因人设岗比较常见，各单位工作人员未减反增。富有人员的分流方式主要有两种：一是因病的单位内部退休，福利待遇参照国家退休年限比例计发；二是停薪留职交纳单位规定的停薪留职费。

1998年，实行工作人员动态管理，从2000年起停止招工，全区卫生系统用人实行“聘任制”。根据工作需要可以编外聘用技术骨干，对编外工作人员实行劳动合同制，用人单位与受聘者签订劳动合同，按照国家《劳动法》的有关规定，逐步完善受聘人员的医疗养老保障，工作人员能进能出，用人制度迈出新的步伐。

2002年，对8个乡镇（中心）卫生院院长选拔进行改革。采取群众推荐、民主测评、组织考核、民主评议、集体研究、择优聘用的办法，把一些爱岗敬业、富有开拓进取的技术骨干提拔到领导岗位上来。从实际出发，竞聘上岗、全员聘用、合理管理，做到定编定岗不定人，建立优胜劣汰、能上能下、能进能出的用人机制，实施绩效工资。

2009年12月28日，制定《鹤城区医疗卫生机构综合配套改革人事编制管理实施方案》《鹤城区卫生系统人事管理方案》《鹤城区基层医疗卫生院院长、主任公开竞聘方案》《鹤城区基层卫生院院长绩效考核方案》《鹤城区乡镇卫生院管理年活动方案》，明确乡镇卫生院、社区卫生服务中心（站）的全民全额性质。根据省编办、省卫生厅、省财政厅、湘编办关于《湖南省医疗卫生事业单位机构编制准则》的文件精神，按照每1000人口配备医务人员1.4人的标准，核定乡镇（中心）卫生院总编制215名（时有编制174名）。各乡镇卫生院人员编制，由区编办、区卫生局根据鹤城人口数量、服务范围、医疗设施、床位等情况确定，实行编制总量控制，人员动态管理。

2010年1月，凡进入鹤城区卫生系统的人员必须严格实行人事招考制度，严禁非专业技术人员进入医疗卫生服务单位。凡年龄在40岁以下中级专业技术职称以上的外地人员的引进，由区人事局、卫生局综合考核确定，凡博士生、硕士生、全日制本科生的引进，一律进入“5127工程”招聘，享受政府有关补贴待遇。凡在职人员参加国家举办的各种正规学历教育，取得大专以上文凭的，由各单位分别给予一定的奖励。

2006—2010年，探索“双推一选”（民主推荐、组织考察、公开竞选的方式，推行院长公开竞选，竞选分为笔试答题、演讲）。在卫生系统基层管理干部选用方式进行了有益尝试，并面向社会广纳贤才。五年中，培养一线专业技术人员38名。设立教育培训基金，专项用于全科医师、公卫医师、全科护士的培训及自学等继续教育的奖励。参加市级以上全科岗位培训达63人。并将继续教育达标作为选聘的重要条件，中层干部轮训不少于4次，取得执业医师资格等作为晋升、聘任、职业再注册的必备条件。奖励医务人员利用休息时间进行自学。5年中，参加培训人员达161人次，村卫生室乡村医师参加省厅乡村医生培训，全部取得省厅颁发的“乡村医师合格证”，做到持证上岗。

三、管理体制改革

1991年后，在医疗卫生单位推行“综合目标管理责任制”，按医疗卫生单位的不同等级制定《卫生工作年度目标管理及考核办法》。考核办法涵盖医疗卫生单位的全面工作，将院、所、站、校医疗制度建设、医疗环境及设备、医德医风、服务态度、服务质量及医护过程中的各项技术指标作为考核内容，设定分值。每年中期卫生局组织相关管理人员和医疗专家到各单位进行检查，年底评分总结，该制度落实后，促进各医疗卫生单位的发展，取得了明显的社会效益和经济效益。

1993年，《卫生技术经济责任制》在全市铺开，人民医院和中医院首先打破奖金分配上的平均化，实行“按劳分配、多劳多得、少劳少得”的分配原则，奖金按科室收入计发，同时与医疗质量、医疗安全、医德医风挂钩。该分配制度到1997年不断探索新的路子，创新激励机制，充分挖掘经济手段在发展医院建设中起了积极作用，奖金向临床第一线倾斜。向医疗骨干倾斜，向高风险科室倾斜，1997年两个医院业务总收入分别是1991年的9.03倍和7.15倍。

1999年后，随着人们对医疗市场的更高要求而出现的新情况、新问题，鹤城区按照《关于医疗质量与医疗安全管理责任制》，把医疗质量与医疗安全放在首位，强化医疗卫生单位内部管理，落实规章制度，卫生局局长与卫生院院长、院长与科主任、科主任与临床医生层层签订责任状，实行责任追究，向管理要效益。

2009年上半年，中央制定《关于深化医药卫生体制改革的意见》和《医疗卫生体制改革重点实施方案（2009—2010年）》。鹤城区出台医药卫生体制改革三年近期目标任务，改革着眼于实现人人享有医疗卫生服务的目标，坚持公共医疗卫生公益性质，坚持预防为主，以农村为重点，中西医并重的方针，创新体制机制，健全制度体系，鼓励社会参与，推进城乡医疗卫生一体化建设。

清理规范行政许可项目，设立行政许可科，许可证办理，全部进入区政务中心，实行“一站式”服务，审批期限由15个工作日压缩至7个工作日，60%的事项当场办结。

四、重大改革项目

实施社区卫生服务 2002—2010年，全区13家社区卫生服务机构全部纳入医保、农合定点机构和基本药物制度实施范围。2003年制定《鹤城区社区卫生服务发展规划》，并将城市社区卫生服务写进《怀化市鹤城区卫生事业发展规划》。先后出台《鹤城区社区卫生规划》《鹤城区城乡基本公共卫生服务管理办法》《鹤城区基层医疗卫生机构公共卫生服务项目考核方案》等政策文件，促进城市社区卫生服务各项工作的顺利开展。针对城市社区卫生服务工作“公益性、非营利性”的特点，每年区财政安排专项资金120万元，用于解决无业务用房的社区卫生机构的房屋租金。仅2010年全区用于城市社区卫生服务机构基础设施建设及配套资金达743.5万元，城市社区卫生服务人员经费提高到人平每年2.4万元。

城市社区卫生服务工作，市级医院对全区13个社区卫生服务中心（站）实行分片负责，责任到单位的办法，建立对口支援和双向转诊制度，每个市级医院帮扶支持1个社区卫生服务中心（站），相互签订对口支援合作协议，每周安排主治医师以上医疗专家到社区服务，基本实现了首诊在社区。

2008—2010年，共组织300多人次社区卫生服务机构的技术骨干参加省市组织的专业培训，加强全科医师的引进，每年从高等医学院校聘用一些全科医学的毕业生，充实社区卫生服务机构人才队伍。3年共引进全科医师16人，初步解决了社区卫生服务机构卫生服务需要。积极转变城市社区卫生服务的功能，为辖区居民提供基本公共卫生服务，同时还开展了健康教育，预防、保健、康复、高血压、糖尿病管理，老年人健康、计划生育技术指导等公共卫生服务。截至2010年底，全区共建立居民健康档案206732份，建档率达66.68%；建立老年人健康档案30913份，建档率达71.3%；个人健康教育179501人次；儿童管理人数为32143人，健康档案29250份，建档率为91%，孕产妇管理人数为4890人，建档率为91.9%；儿童五苗补种人数32143人，五苗补种合格率为100%，2010年作为全省社区卫生服务典型经验进行介绍。

实施基本药物“零差率”销售工作 中共中央、国务院制定《关于深化医药卫生体制改革的意见》，卫生部等九部委局《关于建立国家基本药物制度的实施意见》《国家基本药物目录管理办法（暂行）》《国家基本药物目录（基层医疗卫生机构配备使用部分）》和《国家基本药物零售指导价格》等有关文件精神，制定《鹤城区国家基本药物“零差率”销售实施方案》，“零差率”主要目的是控制药价虚高。

从2009年12月16日至2010年1月3日，为前期筹备阶段，制定实施国家基本药物制度改革相关政策的方案，做好药品盘存，药品采购人员培训。从2010年2月1日至9月1日为初步实施阶段，全区所有社区卫生服务中心（站）、乡镇卫生院全面执行国家基本药物制度，使用的307种国家基本药物实行统一配送，“零差率”销售。

2010年9月1日后，全面推行药物制度改革。在严格执行基本药物“零差率”销售的基础上，积极探索“城中村”卫生室按不高于国家基本药物零售指导价格实行“零差率”销售，建立完善全区医疗体制改革配套系列政策。307种基本药物实行“零差率”销售，开具专用处方和建立专用登记本登记。307种基本药物的零售价格采用公告栏，药品价格明码标价表或价格手册等形式公布，以便患者查询和社会监督，并公布举报监督电话。

社区卫生服务中心（站）、乡镇（中心）卫生院，全部配备和使用基本药物，开展基本医疗卫生服务，未经卫生行政主管部门批准，基层医疗机构不得自主超目录范围经营药品。建立配送药品质量验收制度和配送药品进销记录。

配送企业由区卫生行政主管部门选择中标的且具有现代物流能力的药品经营企业，然后组织基层医疗卫生机构与中标企业签订购销、统一配送合同。

社区卫生服务中心（站）、乡镇（中心）卫生院将本机构首次采购计划的电子文档形式上传至区卫生局职能股室汇总后，发送给配送企业，以后由各医疗卫生机构自行进行网上采购，配送企业对急救用药配送不得超过4小时，一般药品不得超过48小时的时限，将各机构拟购药品配送到位。

社区卫生服务中心（站）、乡镇（中心）卫生院将采购药品验收入库后，由区卫生行政主管部门对其采购计划和实际配送情况进行核实，然后按合同约定期限将药品款汇入配送企业专用账户。

补偿政策，2010年2月1日至8月31日期间，工作人员待遇根据药品差价率及医务人员工资水平，区级财政投入400万元为保障前期启动经费。2010年9月1日后，药品实行零差价后，人员工资、经济支出补助按绩效管理考核办法执行。

卫生行政主管部门负责做好配送企业的供货动态监管，财政部门负责做好各基层医疗卫生机构基本药物“零差率”销售监督工作，按政策及时落实基本药物“零差率”销售的财政补贴，物价部门负责做好基本药物价格公示，加强价格监督、监测分析和跟踪检查，依法查处违反国家基本药物制度的行为。

2010年10月后，扩展到农村卫生室实施基本药物制度，在农村实施国家基本药物“零差率”销售。

实施基本公共卫生服务均等化 鹤城区2009年3月制定《鹤城区公共卫生均等化服务项目考核方案》和《鹤城区基本公共卫生服务项目考核评价标准》。

按照考核方案和考核标准，督促医疗卫生服务机构履行公共卫生服务职能，提升城乡居民健康水平，同时将考核结果作为政府核拨基本公共卫生服务补助经费的依据。基本公共卫生服务均等化考核实行乡、村卫生服务机构，市区两级卫生局、财政局全面检查，一年进行两次。每年6月15日和11月15日前，全区各乡村医疗服务机构，按照考核标准对基本公共卫生服务情况进行自查，并将自查情况上报区卫生局。区卫生局、财政局在6月20日及10月20日前到各医疗卫生服务机构进行检查，将各机构自查情况及考核情况汇总，于6月30日及10月30前报市卫生局、市财政局。市卫生局、市财政局每年11月15日前组织专家对全区乡镇（中心）卫生院和村卫生室进行全面考核，并抽查部分村卫生室，12月份迎接省卫生厅专项抽查。

实施新型农村合作医疗制度 1997年，湖南省人民政府确定怀化市（县级）为全省农村合作医疗普及及试点市。1998年，在鹤城区石门乡开展以“三项保障”为主要内容的合作医疗和乡村一体化管理的村卫生室管理模式的试点工作。2008年7月正式启动运行新型农村合作医疗制度，设立新型农村合作医疗管理委员会办公室（简称区农合办）。定编16人，属鹤城区卫生局二级机构，全额拨款的副科级事业单位。

2008—2010年，在基金使用上，坚持“住院费用公开、补偿费用公开、基金使用情况公开”三公开和“保障适度、略有结余”的原则。以解决农村居民“因病致贫、因病返贫”为着力点，重点从完善工作机制，提高工作效能，科学制定补偿政策，保障新农合基金安全，提高参合农民受益水平。通过制度建设、提高监管水平、规范医疗机构服务行为、简化补偿程序、方便群众报账等方面的规范管理，开展“政策制定科学化、补偿程序简便化、补偿行为规范化、监管审核制度化”四化建设，有效的减轻了广大参合农民的医疗负担，较好地缓解了农村居民“看病难、看病贵”的问题。

2008年，参合人数共95642人，参合率达84.52%，农民个人筹资标准为10元/年·人，各级财政配套资金为70元/年·人，共筹集新农合医疗基金764.14万元；2009年，参合人数共100608人，参合率达90.97%，2009年，农民个人筹资标准为20元/年·人，各级政府财政配套基金为80元/年·人，共筹资新农合医疗基金1006.08万元；2010年，参合人数110218人，参合率95.34%，2010年，农民个人筹资为20元/年·人，各级政府财政配套基金为120元/年·人，共筹资新农合医疗基金1543.05万元。

2008—2010年鹤城区新农合医疗保险发展情况表

表17-2-1 单位：元、人、%

年份	参合农民人数（人）	参合率（%）	个人筹资标准（元）	政府财政配套标准（元）	筹集资金总额（元）	补助参合农民总数（人）	补助率（%）	补助总金额（元）	占总统筹资金比例（%）
2008	95642	84.52	10	70	765.14	3013	3.2	260.08	34
2009	100608	90.97	20	80	1006.08	48200	47.9	1089.15	108.26
2010	110218	95.34	20	120	1543.05	30170	27.37	1311.8	85
合计	306468	均90.28	—	—	33142.27	81383	—	2661.03	—

2008年共补助参合农民3013人次，占参合农民人数的3.2%，统筹基金补助金额260.08万元，占年度统筹基金的34%；2009年共补助参合农民4.82万人次，占参合农民总数47.90%，补助金额1089.15万元，占年度统筹基金的108.26%；2010年共计补助参合农民30170人次，占参合农民总数27.37%，补助金额1311.8万元，占年度统筹基金总额的85%。

三年中，共补助参合农民12.7236万人次，补偿金额2661.03万元。其中免费救治农村儿童先天性心脏病患者11人，补助10.56万元；免费救治农村五保户住院87人，补助16.13万元；免费救助尿毒症患者门诊血透治疗1036人，补助42.77万元。住院实际补偿率由2008年的31.62%提高到2010年的51.15%，提高了19.53%。不断提高参合农民的受益水平，全区统筹地区政策范围内实际住院补偿已达到81.9%，超额完成了省政府为民办实事工作任务目标6.9个百分点。

推进基本公共卫生服务 2010年4月始，在各乡镇（中心）卫生院和社区卫生服务中心（站），通过整合原有的预防接种门诊、妇幼保健、健康教育等功能科室的职能和资源，建设统一的“公共卫生服务项目”，设立鹤城区公共卫生服务管理办公室。利用这一平台统筹推进建立居民健康档案、开展健康教育、儿童保健服务、孕产妇保健、老年保健、预防接种、传染病报告和处理，慢性病管理，高血压、糖尿病管理、重性精神病患者管理等十大类基本公共卫生服务项目。以建立居民健康档案为切入点，对公共卫生服务项目实行精细化管理，规范化运作。运用健康档案，对0~36个月儿童、孕产妇、65岁以上老年人，高血压和糖尿病患者进行重点管理，采取电话预约进行体检及随访服务，每月定期下乡为群众免费体检和建立统一的电子健康档案，全部实行“一人一档”管理，并录入国家系统。

第二节 医疗卫生机构与设施

一、行政机构

1991—1997年，卫生局机关设有办公室、医政股、药政股、中医管理站、人事股、计财股、公医办、爱卫办、红会、卫生工会、纪委（纪检组）、监察室12个股室。

1998—2010年，卫生局设有办公室、纪检、监察、医政股、中医管理站、人事股、财务股、疾控股、法制股、农卫股、公共卫生服务管理办公室、局机关工会、卫生工会、卫生协会、老科协卫生分会。公费医疗办划给区劳动和社会保障局管理，设立鹤城区医保局。

二级机构：疾病预防控制中心、卫生监督所、妇幼保健院、红十字会、新农村合作医疗管理办公室5个副科级二级医疗卫生管理机构。

二、农村卫生机构

1991—1997年，怀化市农村乡镇卫生院28所，区医院（中心卫生院）6所，村卫生室296个，医务人员736人，乡村313人。

1998—2010年，鹤城区成立后，有中心卫生院3所，即盈口乡中心卫生院、黄金坳镇中心医院、杨村乡中心卫生院。乡镇卫生院6所，即芦坪乡卫生院、凉亭坳乡卫生院、贺家田乡卫生院、石门乡卫生院、鸭嘴岩镇卫生院、黄岩旅游度假区卫生院。村卫生室111个、乡镇（中心）卫生院医务人员共112人、乡村医生共122人，执业医师33人，助理执业医师41人，副主任医师2人，主治医师37人。

乡镇卫生院选介

盈口乡中心卫生院 始建于1965年。1983年，怀化县与怀化市合并，更名为怀化市盈口乡卫生院。1996年2月盈口乡与榆树乡合并，更名为怀化市盈口乡第一卫生院。2003年3月，盈口乡第一卫生院更名为盈口乡第一中心卫生院。2005年9月盈口乡第一中心卫生院更名为盈口乡中心卫生院。

2002年，该院自筹资金35万元，修建一栋3层共740平方米的住院楼，2007年省级财政投入28万元，购买了230平方米的业务用房。有业务用房1380平方米，其中门诊350平方米，住院部430平方米，其他业务用房300平方米。编制床位40张，实际使用床位22张。

2010年，在职职工48人，其中卫技人员46人，本科4人，大专21人，市州卫校中专毕业15人，县级卫校毕业6人，高级职称1人，中级职称13人，初级职称24人，执业医师10人，执业助理医师12人。社区卫生服务中心定编8人，其中大专6人，中专2人，转岗培训全科医师4人，护士2人，其他2人。

卫生院拥有200mAX光机，B超、心电图机、蓝光治疗仪、尿液分析仪、全自动血液分析仪、血凝仪、半自动生化仪、婴儿辐射台，双目电子显微镜、多功能手术床、产床、五孔无影灯、离心机、婴儿保暖箱、火焰分光光度机等省厅规定的中心卫生院仪器设备。

卫生院设有内科、外科、妇产科、儿科、影像科、检验科、防疫、妇幼、儿保等科室。能开展常见病、多发病的诊治，妇科病的诊治，儿童常见病、多发病的诊治、下腹部手术等医疗及计划免疫、妇女保健、儿童保健、老年保健、健康教育等基本公共卫生服务项目。建立健康档案21333份（电子档案），建档率达67.3%，儿童建卡2245人（电子档案），新生儿访视2272人次，体弱管理28人，访视126人次；孕产妇管理734人，产前管理3102人次，在产前管理5次以上597人，产后访视1791人次；高血压管理796人，电子建卡768人，建卡率96.5%；糖尿病管理253

人，电子建卡220人，建卡率87%；老年人管理1743人，建卡1443人；免疫接种建卡436人，免疫接种39560人次；精神病管理7人，个人健康教育21178人，群体健康教育12次。

黄金坳镇中心卫生院 始建于1972年7月。1983年，更名为怀化市（县级）黄金坳卫生院。1998年，更名为鹤城区黄金坳乡卫生院。2005年9月，更名为鹤城区黄金坳镇中心卫生院。2010年有各类医务人员32人，其中本科5人，大专20人，中专7人，高级职称1人，中级职称4人，初级职称27人，医师10人，护士10人，卫技人员7人，执业医师5人，执业助理医师10人，执业护士10人，执业药士2人，执业检验人员1人。

卫生院占地5亩，业务用房2800平方米，家属楼480平方米，共3280平方米。1999年，修建三层1800平方米的住院、门诊大楼。

卫生院拥有中央及省厅规定的设备B超、X光机、心电图机、尿液分析仪、半自动生化分析仪、血球仪、阴道镜。

卫生院设病床50张，设内科、外科、妇产科、儿科、痔瘘等科室。能开展常见病、多发病的诊治；妇女儿童常见病、多发病的诊治；能开展计划免疫、妇女保健、儿童保健、老年人保健、健康教育等基本公共卫生服务项目、达到小病不出乡的目标要求。建立电子健康档案12000份，建档率达95%，儿童电子建卡1100人，新生儿访视5600人，体弱管理380人，访视700人次；孕产妇管理350人，产前管理360人次，产前管理5次以上300人，产后访视300人；高血压管理350人，电子建卡350人，建卡率达100%；糖尿病管理400人，建卡400人，建卡率达100%；老年人管理1200人，建卡1100人；免疫接种建卡1200人，免疫接种1800人次；精神病管理30人。

三、城区医疗机构

1991—1997年，城区除地区直属医院、驻军医院、国有大型企业职工医院外，市直医疗机构有怀化市人民医院、中医院、妇保所、卫生防疫站、皮防所、药检所、红十字医院，中医职校7所1站1校。街道卫生院有城中、城北、迎丰、坨院、红星5所卫生院。

撤地设市后，怀化市人民医院、中医院、皮防所、药检所、中医职校、卫生防疫站除分流一部分到中方县外，其余全部整体上收到怀化市。鹤城区只保留妇保所。卫生防疫、疾病控制由怀化市卫生防疫站代管。结核病专科医院，在坨院卫生院的基础上演变而成，2001年，修建环城北路，因该医院正处于环城路中，被撤销。2003年，结核病医院更名为鹤城区新兴医院。1995年，批准红星卫生院更名为怀化市红十字医院，2000年5月，又更名为鹤城区人民医院，2002年，改为股份制人民医院，政府占18%的股份。原盈口区卫生所于1997年，更名为盈口中心卫生院，于2000年更改名为怀化市红十字会医院，由于管理不善，于2010年改为民营医院。

医院选介

怀化市人民医院 怀化市人民医院位于怀化市天星西路，占地面积131200平方米。1997年底，医院建筑面积31867.5平方米，其中业务用房20161.3平方米，生活用房11706.2平方米。职工总数659人，其中主任医师28人，副主任医师63人，主治医师110人，主管护师30人，主管药师10人，主管技师10人。编制床位500张，实际开放病床537张。固定资产1876万元。

1992年1月，被卫生部授予“全国卫生系统先进集体”称号。怀化地委、行署、市委、市政府授予地、市“双文明单位”。1994年6月，医院经过二年多的艰苦创建工作，以优异的成绩通过省分级管理委员会专家的评审验收为“二级甲等”医院。1996年，中共湖南省委、省人民政府授予“全省精神文明建设先进集体”称号。医院管理走上了制度化、规范化、科学化轨道。医疗水平、医疗质量、优质服务、医德医风明显提高，社会效益和经济效益两个效益显著。开通了全省医院第一条120急救电话，成立了全地区第一家医疗急救中心，投资300多万元购置了磁共振成像装置，成立了怀化地区首家磁共振检测中心。“身体颞筋膜行鼓室成形并外淋巴瘘修补术”“多足趾带足背皮瓣游离移植重建手术功能”“全喉切除术”“巨大垂体腺瘤摘除”等一批具有省内乃至国内外先进水平的科研项目获得成功。到1997年底止，业务收入达到1893.7万元。

怀化市人民医院是一所集医疗、教学、科研、预防保健于一体的国家“二级甲等”医院。1998年撤地设市，该院上升怀化市管理，更名为怀化市第三人民医院。

怀化市中医院 怀化中医院位于怀化市迎丰西路，占地面积29370.6平方米，建筑面积17315.5平方米，其中业务用房9619.59平方米。固定资产1048万元，设病床360张，副处级事业单位。1997年底，职工总数476人，其中主任医师17人，副主任医师38人，西医主治医师59人，中医主治医师32人，主管药师15人，主管护师23人，经络师2人，会计师2人，统计师1人，主管检验师3人，小学高级教育1人。

怀化市中医院是在榆树湾中、西联合诊所的基础上建立起来的，于1958年8月正式成立怀化县中医院。至1997年，全院医技人员达476人、行管人员60人，拥有大中型医疗设备50余台(件)，设病室7个，医技科室12个。能开展内科、外科、骨伤、肝病、肿瘤、妇科、儿科、痔瘘、老干、风湿、皮肤、口腔、五官、针灸、急诊等科室，突出中医特色，中西结合，外科能开展人工全髋关节骨置换术。妇科开展假二性畸形阴道成形术等高难度手术。中医治疗肝病、肿瘤、心血管疾病取得满意疗效。口腔科开展了种植、正畸等新技术。同时能成功地开展脑、胸、腹部手术，肝病、痔瘘的中医诊治效果达到全区先进水平。年门诊病人达12万余人次，接诊8000人次。又发展成为怀化地区中医医疗、科研、教学、装备精良、技术力量雄厚的综合性中医院。1998年2月上收怀化市管理。

鹤城区妇幼保健院 2010年，增设内儿科病房、新生儿科病房、产后康复中心等科室，增开产科VIP病房，VIP病房可享受点名医师手术和接生。拥有彩超、X线光机、心电图机、胎心监护仪、电子阴道镜、宫腔镜、利普刀、新生儿蓝光治疗仪、微量元素测定仪、耳声发射分析仪、新生儿经皮黄疸测定仪、全自动生化仪、生长激素测量仪、骨密度测量仪、妇科综合治疗仪、红外线乳透治疗仪等国内外先进仪器设备。

开展服务项目有新生儿科：早产儿培养、新生儿黄疸治疗、新生儿危重疾病救治等；内儿科：成人及儿童常见病、多发病诊治，儿童脑损伤性疾病早期筛查及干预等；产科：产前保健、无痛分娩、全程陪伴分娩、新生儿抚触及游泳、新生儿听力筛查及疾病筛查、产后康复一条龙服务；妇科：常见妇科疾病诊治、无痛及可视人流手术、宫外孕保留生育功能手术、阴道镜检查、LEEP刀手术、BBT消融术子宫切除术，子宫肌瘤摘抄术、卵巢囊肿剥除术、宫颈锥切术等。

红星社区卫生服务中心 1995年，鹤城区红星卫生院，变更为怀化市红十字医院。2000年，新建鹤城区红星卫生院。2010年6月正式更名为红星社区卫生服务中心。医务人员31人，其中本科6，大专15人，中专人10人；医师（转岗培训）7人，护士11人；高级职称1人，中级职称6人，初级5人，执业医师8人，执业助理医师7人，执业护士8人。辖区内有5个社区（居委会）常住人口39111人，流动人口20000人。

中心拥有200mAX光机、B超、心电图机、乳透机、激光治疗仪、心电监护仪、呼吸机、胎心监护仪、半自动生化仪、血球分析仪、尿分析仪等设备。设有内科、外科、妇产科、儿科、影像科、检验科、防疫、妇幼、儿童保健等科室。能开展常见病、多发病的诊治及计划免疫、妇女保健、儿童保健、老年保健、健康教育等基本公共卫生服务项目。

2000—2010年，开展居民健康档案工作，期间共建立居民健康档案24861份、建档率达63%，65岁以上老年人3078人，高血压病人824人，糖尿病人284人，且均已归入电子化管理任务。健康教育，向辖区居民进行健康教育知识讲座13次，参加讲座人数达1958人次，宣传健康教育处方16235万余份；向辖区居民提供义诊11次，义诊人数达740人次；利用宣传栏向辖区居民宣传健康知识，宣传栏每2月更换一次，发放各种宣传资料共6956份，儿童健康管理为0~7岁建立儿童保健手册235本，开展新生儿访视396人次。

开展对孕产妇孕期健康指导及产后访视，2010年为孕产妇开展5次以上孕期保健服务达198人次，产后访视2次以上达352人次，孕产妇死亡率0，新生儿破伤风0。

老年人健康管理，结合建立居民健康档案，对辖区居民内65岁以上老年人进行登记管理3078人，并对其免费进一次健康危害因素病一般体格检查 1892 人次，同时提供自身保健等健康指导，为 65 岁以上老年人进行健康指导服务 1892 人次。

预防接种，中心为辖区内儿童接种国家免疫规划一类疫苗（五苗），宣传二类疫苗。其中接种乙肝 1885 人次，卡介苗 501 人次，脊灰 2069 人次，已在中心健康接种 65029 人，建卡率达 80%，五苗接种率 95%。

高血压病健康管理，为有效预防和控制高血压等慢性病，建立健康档案，开展高血压等慢性病随访管理，康复指导工作，录入电子档案管理 824 人。

糖尿病健康管理，通过健康检控和高位人群筛查检测血糖，发现糖尿病患者 284 人，对确诊的患者进行登记。随访管理，空腹血糖测量、对用药、饮食、运动、心理等提供健康指导，为糖尿病人健档 284 份，随访 1136 人次。

重性精神疾病健康管理，依据相关政策对辖区所有重性精神病人进行登记、建档、随访管理，并协同政府、家庭监护人一起管理，共管理 12 例精神疾病患者。

城中三角坪社区卫生服务中心 原系怀化县城中卫生院，始建于 1975 年。1983 年，怀化县与怀化市合并，更名怀化市（县级）城中卫生院。1998 年，更名为鹤城区城中卫生院。2010 年 6 月，更名为怀化市鹤城区城中三角坪社区卫生服务中心。有医务人员 32 人，其中本科 6 人，大专 21 人，中专 5 人；医师 18 人（转岗培训），护士 11 人，中级职称 6 人，主管护师 3 人，初级 12 人，执业医师 8 人，执业助理医师 5 人，执业护士 8 人，药剂 2 人，检验 2 人。

中心拥有 B 超、心电图机、胎心监护仪、半自动生化仪、血球分析仪、尿分析仪、微量元素分析仪、超短波电疗机、光波数码多功能治疗仪等设备。设有内科、外科、妇产科、儿科、影像科、检验科、防疫、妇幼、儿保等科室、能开展常见病、多发病的诊治及计划免疫、妇幼保健、儿童保健、老年保健、健康教育等基本公共卫生服务项目。

建立居民健康档案，有档案 18596 份，建档率达 85%，65 岁以上老年人 1382 人，高血压病人 493 人，糖尿病人 178 人，且均已归入电子化管理。

健康教育，在辖区居民开展健康知识讲座 11 次，提供保健处方 1 万余份。向辖区居民提供义诊 11 次，利用宣传栏向居民提供健康知识，宣传栏每两个月更换一次，发放宣传资料共 7367 份。

儿童健康管理，为 0~3 岁儿童建立儿童保健手册 2652 本，开展新生儿访视 518 人次。

孕产妇管理，开展对孕产妇进行健康指导及产后访视。2010 年为孕产妇开展 5 次以上孕期保健服务、产后访视 2 次以上达 518 人次。

老年人健康管理，结合建立居民健康档案，对辖区 65 岁以上老年人进行健康登记管理，并对其免费进行一次健康危害因素和一般体格检查，同时提供自我保健等健康指导，为 65 岁以上老年人进行健康指导服务 1382 人次。

预防接种，为辖区内儿童接种国家免疫规划一类疫苗（五苗），宣传二类疫苗，其中接种乙肝 4208 人次，已在中心健康接种 4963 人，建卡率达 100%，五苗接种率达 98%。

高血压病人健康管理，2000—2010 年，为有效预防和控制高血压等慢性病，建立健康档案，开展高血压等慢性病随访管理，康复指导工作，录入电子档案管理 493 人。

糖尿病健康管理，2000—2010 年，通过健康体检和高危人群筛查、检测血糖，发现糖尿病患者 178 人。对确诊的患者进行登记、管理随访、空腹血糖测量，对用药、饮食、运动、心理等提供健康指导，为糖尿病人建档 178 份，随访 1320 人次。

重性精神疾病健康管理，2000—2010 年，依据相关政策对辖区所有重性精神病人进行登记、建档、随访管理，并协同政府、家庭、监护人一起管理，以防病人无端滋事造成本人、他人、社会等不良因素发生，共管理 7 例精神疾病患者。

城中新街卫生服务中心 负责管理 4 个社区，总人口 12102 人，建立健康电子档案 10411 份，建档率达 80%，儿童建卡 2261 人，体弱儿童建卡 16 人，新生儿访视 3192 人次；育龄妇女建卡 27738 人，孕产妇管理 518 人，产前管理 829 人，产前管理 5 次以上 167 人，产后访视 152 人；高血压建卡 515 人，动态管理 467 人，迁出死亡终止管理 48 人；糖尿病建卡 207 人，动态管理 191 人，迁出死亡终止管理 16 人；老年人建卡 1311

人，动态管理 1095 人，迁出死亡终止管理 216 人，健康体检 1862 人次；免疫接种建卡 101 人，免疫接种 19850 人次；精神病管理 4 人；个人健康教育 4443 人次，群体健康教育 16 次。

健康教育，制定健康教育工作计划，成立健康教育工作领导小组，组织开展多种形式的健康教育与健康促进活动。出健康教育宣传栏 12 期，举办健康教育知识讲座 18 次，健康咨询 16 次，产前健康教育宣传资料 18 种 4 万余份，购置投影仪、定期播放健康教育光碟。

四、民营医疗机构

1990 年有个体诊所 84 家。20 世纪 90 年代后期，个体诊所迅猛发展，从 1991—1997 年，发展到 283 家，2010 年增加到 365 家，其中中医 131 家。

民营医院于 1999 年开始兴起，曹晓愚创办了第一所民营骨科医院，到 2010 年已发展 25 所。民营医院有中山医院、现代女子医院、安贞医院、正健医院、风湿病研究所附属医院、长怀医院、协和医院、天健医院、康复医院、华安医院、生殖医学医院、博爱医院、天兴医院、耳鼻喉医院、华峰医院、海联医院、区红十字医院、市红十字医院、仁爱医院、弘济医院、正康脑症病专科医院、滨江医院、金标医学检验中心、大众医学检验中心、阳光医学检验中心。

民营医院选介

怀化生殖医学医院　创建于 2008 年 9 月，由北京英才医院管理有限公司投资兴建。先后在全国开设了北京曙光男科医院、北京不孕不育医院、长沙东方男科医院等 50 多所连锁医疗机构。

占地面积约 1800 平方米，自筹 1000 万元，修建业务用房和购置医疗设备，修建一栋六层和一栋五层楼的医院大楼，其中业务用房达 1400 多平方米，达到国家规定的医院设置标准。有各类医务人员 45 人，其中主治医师 2 人，主管护师 1 人，中级检验师 1 人，副主任医师 1 人，主任医师 2 人；执业医师 5 人，助理执业医师 2 人，护士 10 人，药剂 2 人，检验 3 人，其他医技人员 2 人，行政管理人员 15 人。文化程度，其中中专 28 人，大专 10 人，本科以上 7 人。聘请男科、妇科副主任医师以上专家 19 人。设有妇科诊室、男科诊室、不孕不育诊室、妇科就诊大厅、男科就诊大厅、输液大厅、四楼治疗中心、五楼手术中心。

拥有彩色超声波检查仪、TCT 液基细胞检测系统，男性功能障碍检测系统、全电脑自动化检测仪、高清电子数码阴道镜、生化检测仪、内分泌检验设施、红光仪、利普刀仪等医疗仪器和设备。

主要治疗不孕不育、男科、妇科为主的专科医院。开设了前列腺疾病诊疗中心、泌尿生殖感染诊疗中心、不孕不育诊疗中心、性功能康复中心、包皮、包茎生殖整形中心、妇科及无痛人流等专业化、精细化服务。采用“人类精子优选技术”“人工授精技术”“试管婴儿前初筛与评估技术”“习惯性流产淋巴细胞免疫技术”“生殖内环境再造术（三镜一丝助孕术、中药三期助孕疗法、可控超强促排卵技术）”“精囊腺介入定位灌冲技术”“生殖显微外科技术（输卵管显微吻合术、精索静脉高位扎术、输精管显微吻合术、隐睾下降固定术）”等国内外领先技术。

三年中，先后为 1239 个不孕家庭带来了喜讯和圆梦，开展宝贝风采、宝宝回娘家活动。

第三节　医疗

一、西医

1990—1997 年，域内有医疗机构 50 家，开设病床 730 张，在职职工 1132 人，拥有医疗设备价值 3200 万元，是 20 世纪 80 年代的 32 倍。

1994 年，怀化市（县级）人民医院（后改为地级怀化市三医院），率先建立高起点、高标准治疗体系，使住院危重病人抢救成功率较以往有了很大的提高。为了提高医疗质量，保障医疗安全，提升医院档次，走专科发展之路，市人民医院将大内科、大外科按病种分科，专病专治，将儿科、新生儿科分开设置，将外科分开为骨外科和神经外科。外一科、骨科器械齐全，配置了骨折综合治疗仪、C 臂机、呼吸机、亚低温治疗仪等先进设备，能治疗骨科、神经科常见病和疑难病症。一线青年专家申小青能开展复杂的关节内和关节置换术。在神经外科率先引进微创钻孔颅内出血、粉碎补治术，提高了颅内出血抢救成功率，降低了致残率，填补怀化地区的空白。

妇产科，鹤城区妇保院除能开展住院妇产科手术外，还能开展新的妇产科微创手术，将儿科、新生儿科分设，配置了新生儿蓝光治疗仪，微量元素测定仪、耳声发射分析仪、新生儿经皮黄疸治疗、新生儿危重疾病抢救、儿童脑损伤性疾病等先进技术。

护理工作，1993年3月，卫生部颁发了《中华人民共和国护士管理法》，怀化市以此为契机，进一步加强护士管理，提高护理质量，保障医疗和护理安全。1996年，怀化市妇保所开展整体护理模式，在部分科室试点。整体护理的模式的主要内容是强化护理人员与患者的交流与沟通，规范护理病历、制定护理计划、实施护理计划和评价预期结果。2006年，新的护理模式在全院各科室全面实施，整体护理工作迈上了一个新台阶，病人满意度大大提高。

在全面提高医疗质量的建设中，注重护理队伍建设，深化人性服务，实行了人性化管理，充分激发和调动了护理人员的积极性和主动性。实行高中资护士岗位轮训，引导护士进行职业生涯的设计与规划，并对其进行分层培训，分层使用。坚持“以人为本”，以顺应时代发展和病人的需求为切入点，深化人性化护理观念，制定了“护士的日常行为要求”“护理服务质量考评细则”“推行文明用语、忌语”，在全院模拟训练，技术比武，开展微笑服务，感动服务等活动。

注重护理队伍建设，护理部每月开展四次业务讲座，有计划地选派骨干外出进修学习，适时安排了个案护理查房，健康教育宣传观摩，临床操作考核，接近临床，接近实际，定期组织危急重症知识讲座，每次护理大查房中模拟急诊病人入院现场处置，提高护士应急能力和急救水平，打造一支高素质的护理队伍。每年“5·12”护士节，评选一批优秀护士，如护理部主任李莎莎曾多次被评为区市两级优秀护士。

2008年后，为提高护理人员的专业技术，每年组织护理人员到上级医院参观学习进修，学习护理的新知识、新技术、新观念。同时还进行护理素质礼仪培训，请专家授课，请行家表演示范。通过培训，护理人员着装整齐，用语礼貌、规范，不但展示了职业女性的风采，也树立了医院的良好形象。

至2010年底，鹤城区卫生系统共有护理人员1237人，其中主管护师69人，执业护士988人。

二、中医

1998年，鹤城8个乡镇卫生院有2个乡镇卫生院设立中医专科。1996年，葛晓思创办首家民营怀化市中医骨伤科专科医院，后停办。2000年后，兴起了怀化市风湿病研究所附属医院、怀化市康复医院等中医特色专科医院。至2010年底，共有中医民营医院9家，中医诊所131家，共有中医医疗技术人员217人。其中主任医师13人，副主任医师31人，主治医师65人。民营中医院、中医诊所，归属鹤城区卫生局中医管理站管理。

民营中医院选介

怀化市风湿病研究所——附属医院　怀化市风湿病研究所始建于1997年12月，李鹏任所长兼附属医院院长。设有附属医院、二个门诊部及经过湖南省药品监督局验收合格的医院制剂室、实验室，业务用房共3000平方米，设有病床65张。现有各类专业技术人员共59人，其中本科学历30人，专科19人，中专5人。副主任以上医师3人，主治医师15人，主管药师2人，医师5人，药师5人，执业护士12人，执业医师30人，执业助理医师10人，执业药师5人。

拥有自主知识产权和专科特色的13个医院制剂，累计申请专利11项，已获药品发明专利证书7项（颈痹胶囊、骨痹胶囊、类风湿胶囊、骨舒胶囊、天麻胶囊、补钙壮骨胶囊、痛痹宁擦剂），实用性专利1项（多功能药疗腰带）。其中，颈痹胶囊获2005年“湖南省专利优秀奖”，天麻胶囊获2009年怀化市科技进步三等奖，类风湿胶囊获“湖南省第二届科博会金奖”“第五届国家专利技术发明一等奖”“第五届国家科技成果进步二等奖”。集科研、诊疗、服务为一体的治疗颈肩腰腿风湿类疾病的高新技术非营利性医疗研究、医保定点医院。

建院20多年，治疗万例风湿、类风湿、强直性脊柱炎、骨质增生、痛风、腰椎间盘突出、颈椎病、坐骨神经痛、腰肌劳损、肩周炎、新旧伤痛、偏瘫及各种不明原因的腰腿颈肩痛胃、十二指肠溃疡患者，取得较好疗效。

怀化市钟氏中医烧伤专科 钟氏中医烧伤专科绝活，是怀化中医药学会理事、中医伤科名医钟根极和钟彬医师，在秉承祖传烧伤良药和治疗相结合基础上，独创钟氏烧伤特色疗法，对烧伤患者对症治疗。用特制烧伤中医药，外敷烧伤创面，内服清热毒、补气血。溃烂面经过液化新生，逐步修复烧伤残留肌肤，使烧伤残缺肌肤在原位得到再生，疗效奇特。烧伤患者能平稳安全渡过(疼痛、休克、感染)三大难关。成功地解决了西医药治疗烧伤、烫伤必须要手术植皮的难题，疗期比西药治疗缩短50%。20年中，治愈了省内外上百例30%~60%大面积烧伤、数千例烧伤烫伤患者，治愈率达98%。2010年10月，在北京召开的中医专科病专家会上被授予怀化钟氏烧伤专科“杰出中医烧伤专家”称号。

鹤城区老科协(国医堂)特色中医门诊 朱明远，中医主任医师，9岁学医(祖传)，从小随家人上山采药，从医50余年，中医本科学历。他以专治各种久治不愈的疑难杂症为主，擅长脑中风(脑血栓、脑溢血)、急性中风瘫痪或后遗症；神经元、脑膜炎后遗症，外伤截瘫等神经系统疾病；类风湿、骨质增生及风湿病；肝硬化及腹水；肝内胆管、胆囊、尿路结石等；男女不孕症；乳腺增生、子宫肌瘤、妇科等病；治(脑、胸、腹)各种积水；治皮肤痒症、带状疱疹等各类皮肤病；治强直性脊柱炎、骨髓炎及外伤造成的各种骨病。并对尿毒症、恶性肿瘤等各种疑难病具有独特的研究成果。被卫生部主管的“中国疑难病研究协会”评审为中医“全科医生”。

朱明远多次参加全国及世界级会议，2007年12月参加“中华国际医学交流基金会”，在会上发表的“祖国医学治疑难病优势确切”一文获“优秀论文一等奖”。其治病业绩被专家评为“2007年全国中医药行业最具影响人物”和“2007年全国中医药继承与创新奖”，同时被论坛聘为“副理事长”。

严枫喜皮肤专科连锁怀化店 严枫喜致力于皮肤病的研究治疗和民间中医药验方收集整理、开发创新，在传承中医古典经典智慧的同时结合现代医疗技术，独创皮肤病的新疗法“吃、洗、涂、抹”四联疗法，创新了常规激素药物治疗皮肤病易产生依赖性及副作用的问题，曾受到《湖南卫生》《乡村发现》《晚间新闻》等多家媒体的专题报道，治愈者遍及全国各地。

怀化长怀医院肝病治疗中心 运用91/生物疫苗分子免疫排毒方法治疗，91/生物疫苗疗法评为“国际爱因斯坦金奖”。运用红光微创一次性根治鼻炎、咽喉炎。

第四节 妇幼保健

一、机构设置

1953年12月，怀化县妇幼保健站成立，1986年10月，由妇幼保健站更名怀化市妇幼保健所，址设新街卫生局院内。负责妇幼保健技术服务中心和妇幼卫生业务管理指导中心，承担着全市妇女儿童医疗、保健、健康教育任务。1992年投资50万元修建一栋五层1800平方米的业务大楼，1995年正式启用，1996年开设产科住院病房，1997年挂牌怀化市(县级)爱婴医院。1998年，更名为鹤城区妇幼保健所，2004年11月升级为鹤城区妇幼保健院。2003年在潕水二桥桥头征地11.78亩，2010年投资1020万元，修一栋七层共7875平方米门诊住院大楼，业务用房建筑面积9675平方米。全院编制54人，在编51人，在岗87人，专业技术人员78人，其中高级职称3人，中级职称21人。区级妇幼保健员31人，乡镇、社区妇幼专干28人，乡级妇幼保健医师18人，村级妇幼保健员92人，区乡村三级妇幼保健网络基本建立健全。2010年门诊量66001人次，住院量877人次，全年业务收入764.4万元。设有妇产科、妇女保健科、儿科、儿童保健科、检验科、影像科、基层保健科、药房等科室。拥有阴道镜、利普刀、蓝光治疗仪、彩超、X光机、心电图仪、胎心监护仪、微量元素测定仪、耳声发射分析仪、全自动生化仪、生长激素测量仪、围产期保健治疗仪、产后康复治疗仪、LEEP、BBT消百虫治疗仪、妇科综合治疗仪、红外线乳透治疗仪、新生儿经皮黄疸测定仪等先进仪器设备。能开展妇、儿科常见病、多发病的诊治、住院分娩、孕产妇系统保健、儿童系统保健、儿童口腔保健、儿童眼保健、儿童心理行为发育指导、儿童神经康复项目。

1991年后，为了加强妇幼保健工作的管理，形成了妇联、共青团、教育、民政、计生等部门配合协调的机制。1994年10月《中华人民共和国母婴保健法》颁布实施，成立了以政府主管卫生的领导为组长，卫生、财政、广电、计生、民政等部门参与的贯彻执行《中华人民共和国母婴保健法》领导小组，将妇幼卫生工作列入国民经济和社会发展总体规划。1994年实施“初级卫生保健项目”，推行孕产妇系统管理，0~6岁儿童系统管理，初步完成了基层妇幼网络建设。1998年，通过升级评估验收合格达标，奠定了全区妇女保健、儿童保健工作的基础。2000年起，实施“降消”项目，2009年起推行重大妇幼公共卫生项目。

1991—2010年，妇幼保健院多次获省、市、区妇幼卫生先进单位。先后被授予省级“巾帼文明示范岗”、省级“模范职工之家”，市级“十佳职业道德建设先进单位”、市级“芙蓉标兵岗”、市级“三八红旗单位”、区级“芙蓉标兵岗”、区级“文明红旗单位”。

二、妇女保健

孕产妇系统管理 2000年起，通过落实降消（降低孕产妇死亡率，消除新生儿破伤风）项目，开展贫困孕产妇分娩救助及农村孕产妇住院分娩补助等多种形式，大大提高了孕产妇住院分娩率。2009年起，开展基本公共卫生服务均等化工作，加强社区孕产妇保健管理，推广乡级孕产妇保健门诊和产后访视等服务项目，使孕产妇系统管理不断规范化，走上良性运转的轨道。孕产妇系统管理率由1991年的52.52%提高到2010年的89.72%。住院分娩率由1991年的32.62%提高到2010年的96.92%。高危妊娠筛查率由1991年的15.14%提高到2010年的24.24%，高危孕产妇管理率达100%。孕产妇保健工作得到长足的健康发展。

产科建设质量管理 1998—2010年，建立畅通的孕产妇急救、转诊绿色通道。确定怀化市一医院为鹤城区产科急救中心，确保产妇转诊一步到位，保证母婴安全。同时开展乡镇（中心）卫生院产科建设。从机构建设、设备配套、人员职责、制度建设、质量管理、评估措施等方面进行具体规范，使乡镇（中心）卫生院产科建设达到国家规定的标准。

严格执行产科分级管理制度，统一规范《住院分娩登记》《危重孕产妇抢救登记》等产科相关登记册，规范乡镇（中心）卫生院剖宫产资质准入管理，坚持孕产妇死亡评审，对当年死亡的孕产妇病例逐一分析、评审，制定针对性的预防措施。推行孕产妇死亡一票否决制，凡孕产妇死亡超过全区孕产妇死亡率的乡镇（中心）卫生院、街道卫生院、社区卫生服务中心（站），取消当年评先评优资格。

开展产科质量督查。从2000年起，每年组织产科专家、产科抢救小组和卫生管理人员，对区、乡两级助产机构开展产科质量检查，发现问题及时整改。

鹤城区产科基础设施、仪器设备、人员素质均较1991年有大幅度改善和加强。孕产妇死亡率由1991年的194.2/10万，到2010年降到为0。

妇女病普查普治 2003年起，区妇保院和乡镇（中心）卫生院、街道卫生院为卫生系统女职工购买“两癌”保险，有效地强化了广大妇女“两癌”及常见病的防治。

2008年，鹤城区推广三年一次的农村免费妇女病普查工作，妇保院和乡镇（中心）卫生院自筹资金，在黄金坳镇试点开展妇女病普查工作。2009年，在区农合办的支持下，采取妇科病普查与“新农合”健康体检相结合的形式，在全区乡镇全面开展妇科病免费普查工作。城区，区妇联与妇保院联合，每年举办“三八”妇女保健知识讲座，向区直机关、乡镇、街道、社区、企事业单位女性干部职工宣传日常保健知识，发放宣传资料。鹤城区妇女病普查率由1991年的0.91%提高到2010年的18.88%。

三、儿童保健

儿童系统管理 历史上儿童保健工作基础比较薄弱，自1991年实施“初级卫生保健”之后才略有改观。通过实施“初保”项目，城区落实

“4.2.1（1周岁以内1年体检4次、1~3岁每年体检2次、3岁以上每年体检1次）”体检，农村落实“3.2.1（1周岁以内1年体检3次、1~3岁每年体检2次、3岁以上每年体检1次）”体检。制定儿童系统管理程序，使全区儿童系统管理得到了初步规范。2009年，卫生部下发了《全国儿童保健管理工作规范》及《0~36月儿童健康管理规范》。鹤城区将重点放在新生儿保健上，推广新生儿访视和新生儿窒息新法复苏技术，使新生儿死亡率得到有效遏制。2010年逐步落实高危体弱儿童管理制度，对体弱儿童实行专案管理，定期随访复查。随着儿童保健工作的不断走向规范化、制度化、信息化管理，儿童保健水平得到有效提高。3岁儿童系统管理率由1991年的18.55%，提高到2010年的63.69%；7岁以下儿童保健覆盖率由1991年的51.85%，提高到2010年的71.98%。婴儿死亡率由1991年的55.85‰，降低到2010年的10.26‰。

托幼机构管理 儿童体检从1991年的308人上升到2010年的21531人，幼师体检从1991年的212人上升到2010年的419人，托幼机构保健质量得到提高。

四、妇幼卫生专项工作

妇幼卫生信息监测 1999—2010年，在国家卫生部服务卫生统计报表的基础上，加强妇幼卫生信息计算机网络化管理，使妇幼卫生信息与卫生监测走上了规范化、科学化轨道。保障妇幼工作队伍稳定，解决妇幼专干待遇，规范信息考评机制，将妇幼卫生信息管理纳入妇幼卫生目标责任制考核内容与年终评优挂钩。及时将妇幼卫生信息中存在的问题反馈给乡镇、街道和社区，健全区、乡、村三级育龄妇女、儿童死亡监测，制定逐级质量控制机制，开展补漏调查和各种专项调查，确保妇幼数据真实、可靠。

降消项目 2000年，围绕降低孕产妇死亡率和消除新生儿破伤风（简称降消），健全完善三级保健网络，强化管理人员及专业技术人员素质。每年定期举办妇幼专干及保健员培训班，提高管理人员及专业技术人员业务能力和技术水平，深入开展“降消”项目的宣传及健康教育。实施农村贫困产妇住院分娩救助活动。2000—2010年，孕产妇系统管理率达89.72%，产前检查覆盖率达到93.36%，孕产妇住院分娩达到96.92%，新法接生率达到100%，高危妊娠筛查达到24.24%，高危孕产妇住院分娩率达到100%。孕产妇死亡率为0，新生儿破伤风发生率为0，产科工作人员“三基”考核合格率达到85%以上。

新生儿窒息复苏项目 2008年始，实施卫生部新生儿复苏项目试点，随即在全区推广，结合“降消”项目，对区、乡两级助产机构产科和新生儿科的医生、助产士、护士等开展新生儿窒息复苏培训，培训人数达76人。至2010年底，已基本完成了区、乡两级助产机构的人员培训，累计覆盖了5个乡镇及2个区级助产机构。因新生儿窒息而死亡的情况不断减少，5岁以下新生儿窒息后遗症如智力低下、瘫痪、肢体强直、癫痫、生长发育迟缓等发生率也不断降低。

增补叶酸预防神经管缺陷项目 从2007年开始，开设推广孕前、孕后增补叶酸预防神经管缺陷项目。全区孕产妇叶酸服用人数从2007年的516人，到2009年达到2665人。围绕提高出生人口素质的目标，2010年，启动免费增补叶酸项目。通过人员培训、社会宣传、全区动员、摸底调查、叶酸组织发放、服药情况随访监测、信息报送等，使全区孕妇女和孕早期妇女接受出生缺陷防治的服务质量有了明显提高。2010年，全年全区共发放免费叶酸11156瓶，有3795位育龄妇女服用叶酸（含自费），产妇孕前和孕早期妇女服用叶酸率达90.72%。

农村孕产妇住院分娩补助项目 农村孕产妇住院分娩补助项目于2009年1月1日起全面启动，实行“六统一”，即统一实施方案，统一限价标准，统一补助标准，统一服务包内容，统一剖宫产指正，统一补助报销，保证了补助项目工作顺利运行。2009—2010年，农村孕产妇免费住院分娩项目补助人数达1442人，补助总金额达49.63万元。

预防艾滋病母婴传播项目 2003年始，艾滋病的感染者和患病人数不断增加，为提高艾滋病的母婴传播阻断意识，2010年，正式启动预防艾滋病母婴传播项目。在区、乡两级助产机构推行孕产妇艾滋病免费筛查工作，实行阳性孕产妇及其新生儿报告追踪管理制度。

2010年，全区孕产妇接受HIV抗体筛查（含自费）共2987人，筛查率达71.41%。项目的开展，减少了艾滋病对全区妇女儿童的危害，减少了母婴传播造成的儿童感染。

出生缺陷医学干预项目　实施预防出生缺陷医学干预项目于2007年启动，推行新筛，2008年推行听筛，2009年推行产筛。在抓好区妇保院新筛、听筛、产筛率的同时，将标准下达到各乡镇医疗机构和社区医疗机构，纳入妇幼卫生保健考核的重点，督促Ⅰ、Ⅱ类卫生院必须开展新生儿疾病筛查，鼓励开展新生儿筛查及产时工作。共印发新筛、听筛、产筛宣传资料3万余份。对筛查未通过的儿童严格追踪随访，发现确诊听力缺陷婴儿，及时上报并认真指导。全区新生儿新筛率由2007年的11.72%上升到2010年的67.35%，听筛率由2008年的16.10%上升到2010年的53.06%，产筛率一直稳定在20%左右。

五、婚前体检

1992年，怀化市妇保所与市民政局联合在城区实施有偿婚前医学检查工作。1992年婚前检查103对，到2002年，婚前检查共2343对，婚检率达91.20%。2003年，新《中华人民共和国婚姻法》颁布后，鹤城区婚前健康检查中断，婚前健康检查率直线下降，直到2008年仅为0.46%，婚前健康医学检查的下降，给降低出生缺陷、防止传染病直接传播、出生人口素质等带来了很大隐患，引起当地党委和政府的高度重视。2010年3月，在当地党委、政府的大力支持下，区民政局与区妇保院紧密配合，启动了免费婚前医学检查项目。为辖区户籍的新婚夫妇提供免费婚前医学检查，婚前保健咨询，婚前卫生指导等服务，婚前医学检查率逐步回升。2010年，全年免费婚检1272对，免费婚检率由2008年的0.46%上升到51.9%。

第五节　疾病控制

一、机构设置

机构沿革　1991—1997年，疾病控制工作由怀化市卫生防疫站负责。1998—2004年，鹤城区没有设置疾病防治机构，疾病预防控制工作由怀化市卫生防疫站直管。2003年，"非典"之后，城区传染性疾病防控形势严峻，2005年6月，鹤城区设立疾病预防控制中心，为副科级事业机构。核定全额拨款事业编制9名，内设办公室（加挂卫生宣教股）、流病股、地慢职防股等4个股室。核定领导职数3名，其中主任1名，副主任2名。2006年12月，增编16名，内设办公室、流病科、地慢科、质管科、应急办、健康教育科、免疫规划科、性艾科、卫生监测科、精神科、皮麻科、财务科等12个科室。各乡镇（中心）卫生院和社区服务中心（站）配设防疫专干1~2人，共有防疫专干23人。

2005年，疾控中心成立后，推行科学的综合目标管理制度，制定《鹤城区疾控中心目标管理实施方案》和《鹤城区疾病中心综合目标考核标准》。2006年，制定了《鹤城区疾控中心2006—2010年培训规划》，每年有计划地对疾控中心干部职工和基层防疫专干进行培训。对在业余时间学习的在职人员给予时间安排，毕业后取得高一级文凭的给予适当奖励。2006—2010年，共派出70余人次到省、市参加各类培训，举办了6期防疫专干和主检医师培训班，共培训300多人次。

二、突发公共卫生事件及处置

2007年，区疾控中心成立鹤城区突发公共卫生事件应急处置领导小组，下设五个机动队，具体负责突发卫生公共事件处置工作。

应急办坚持"预防为主"的方针，加强疫情报告管理。根据《突发公共卫生事件与传染病疫情监测信息报告管理办法》的要求，全区32家医疗机构实现各种传染病疫情、死亡病例和各类突发公共卫生事件的网络直报工作。确保疫情报出后24小时内及时审核，至2010年12月底，全区共报告乙、丙类传染病17种3111例。主要以丙类传染病中的手足口病为主，其中乙类11种1165例，丙类6种1946例。乙类传染病数居前三位的是：肝炎（537例）、肺结核（351例）、梅毒（121例）；丙类传染病发病数居前三位的是：手足口病（1265例）、感染性腹泻（462例）、流行性腮腺炎（98例）。乙、丙类传染病报告地区居前三位是：城中（1024例）、迎丰（471例）、红星（340例）。因传染病死亡11例，其中肺结核死亡1例，病毒性肝炎死亡9例，艾滋病死亡1例。

三、传染病管理及预防

甲类传染病(重大传染病) 1990年8月下旬至9月中旬，黄金坳乡江口院和水环口村一带发生一场人畜共患的烈性传染病牛炭疽病（五号病），开始采用深埋，后采用焚烧处置，阻断传播。

霍乱（二号病） 1991—2010年，境内共发两次重大传染病（二号病）暴发流行。

第一次：1994年7月24日—9月4日，怀化市小川型霍乱弧菌引起的霍乱暴发流行，流行时间达44天。形成了1个疫区，7个疫点，共发生91例，带菌者24人。暴发期间暴露人口3896人，无死亡。

疫情发生后，在地委、行署和市委、市政府的领导下，成立了“怀化市二号病防治指挥部”，指挥部办公室设在怀化市（县级）防疫站，负责指挥协调开展对“二号病”的防治工作。组织了专门队伍全力以赴投入“二号病”的防治工作，全市共组织180余名的防治机动队，抽调大小车辆8台，分成流调组、消毒组、医疗抢救组、食品卫生组、检验组、疫情保卫组、宣传后勤供应组等8个组。在指挥部的统一安排部署下，实行包片、包点、任务到组到人的办法，全力投入疫区、疫点、消毒、预防服药，疫区封锁和收治病人及带菌者的防治工作。市财政投入10万元作为专项防治经费。

疫情发生后，做好水的预防性消毒工作，食品卫生组重点抓餐具消毒的监测与疫区疫点食品加工厂的突击检查，查封疫点食品加工厂8家，没收销毁不合格食品259千克。加强对医院污水的监督监测，加强了对流动人口的管理，加强了肠道门诊的监督检查与疫情报告制度。此次防治历时44天，疫情得到控制。

第二次，1998年6月5日至8月23日，鹤城区5个街道及紧邻城区的盈口、石门、鸭咀岩3个乡镇先后发生小川血清型霍乱弧菌感染引起的霍乱流行，实验确诊病例147例，临床诊断10例，病人157例，发病率52.86/10万，带菌者65例，感染222例，感染率74.75/10万，死亡2例，死亡率1.27%。内检索5024份，外检索1006份，检出阳性90份，阳性率2.29‰。

疫情发生后，鹤城成立由党政一把手挂帅的指挥部，各乡、村成立党政一把手为第一责任人的领导小组，层层落实的领导体制。制定了《怀化市鹤城区霍乱防治组织实施方案》《怀化市鹤城区霍乱防治技术方案》《怀化市鹤城区霍乱防治责任状》和开展健康教育、加强流动人口卫生管理、食品卫生监管、确保供水安全及环境卫生、设立健全肠道门诊、严格疫情报告制度、加强霍乱监测等措施。

在整个霍乱防治过程中，共出动车辆8台次，投入防治经费13万元，130余名各级领导及医务人员投入到6个疫点疫区中，投服预防药物3676人份，预防接种4127人份。对食品卫生、学校卫生、公共场所卫生进行严格监督监测。按照《传染病防治法》拟定了特殊防病措施，卫生监督总户数631家，饮食食品行业人员体检1328人次，场地消毒1813处，消毒面积达45.32平方米，水井消毒1675口，水沟消毒2826条，对309座公厕、2137座私厕进行了消毒，对太平溪及㵲水河道进行消毒。据统计全区共用漂白粉13.7吨，漂白精片1763瓶，“84”消毒液1326瓶。8月18日监测未发现感染病人，8月24日未检索出带菌者。

“非典” 2003年3月3日，鹤城区召开全区“非典”防治工作会议，随即成立防治领导小组，相继下发了《关于实施区级领导非典型肺炎防治工作联系点制度的通知》《关于加强食品卫生安全做好非典型肺炎防治工作的紧急通知》《关于进一步加强全区文化娱乐场所非典防治工作的紧急通知》《关于加强全区机关、学校和社会团体非典防治工作的紧急通知》《关于广泛开展爱国卫生运动的通知》《关于开展怀化市城区爱国卫生突击日活动做好非典防治工作的通知》等文件。5月3日成立了鹤城区非典防治指挥部，王志群、李毅任总指挥，杨正坤、闻继霞任副总指挥，指挥部办公室设在鹤城区卫生局。区财政共投入15万元作为非典防治工作专项经费。

在防治期间，鹤城区非典防治指挥部先后制定了防治处理预案、临床诊断标准、领导小组及工作组职责等等措施，指挥部办公室实行24小时值班。2003年8月28日，抗击“非典”任务告一段落。

乙类传染病　乙类传染病是指病毒性肝炎、细菌性和阿米巴痢疾、伤寒和副伤寒、艾滋病、淋病、梅毒、脊髓灰质炎、麻疹、百日咳、白喉、狂犬病、钩体、黑热病、疟疾等。

艾滋病的防治　艾滋病为新发病种，传染渠道特殊，治愈率低。为提高居民防范意识，对党政干部、戒毒所干警、大中学生共1856人进行了艾滋病防治知识培训，艾滋病知晓率从1998年的76.5%，到2010年上升到98%。1998—2010年，每年利用“12·1”世界艾滋病宣传日，市、区两家疾控中心及相关部门上街举行大型宣传活动，在各娱乐场所、宾馆、旅店、招待所实施“100%扩大使用安全套”活动。强化防艾干预措施，开展疫情监测、阻断艾滋病的传播途径。对公安、司法监管人员进行了HIV抗体筛查和相关行为监测，完成检测任务数达96.5%。进行抗病毒治疗，鹤城区共发现艾滋病患者8例，性病696例，发病率为18.27/10万。落实“四免一关怀”政策，为符合条件的7例艾滋病患者进行免疫抗病毒药物治疗。

脊髓灰质炎　1994—1997年，怀化市成功开展了五次十轮消灭脊髓灰质炎强化活动，全市连续7年未发现脊髓灰质炎病毒病例。首轮投服活动中，怀化市（县级）领导参加糖丸投服工作。1997年12月5日和1998年1月5日，两轮投服共分发疫苗5.63万人份，0~4岁儿童实服疫苗4.56万人次，每年投服率均为100%。

1998—2010年，每年1月5日、12月5日实施补漏投服工作，投服率同样均为100%。自投服疫苗后，未发现脊髓灰质炎病毒病例。

人禽流感　疾控中心及时制定下发《人禽流感防治工作预案》《鹤城区狂犬病预防控制方案》《监测方案》。并加强与公安、农林、畜牧等相关部门的联手，及时掌握动物间禽流感疫情，做到信息收集、部门配合、疫情处理三同时。境内均未发生人感染禽流感病例。

丙类传染病防治　丙类传染病是指肺结核、血吸虫病、丝虫病、包虫病、麻风病、流行性感冒、风疹、新生儿破伤风、急性出血性结膜炎、手足口病等。

结核病　1998—2010年，每年在“3·24”世界结核病防治日，组织城区部分医疗卫生单位及乡镇（中心）卫生院、社区卫生服务中心（站）20余家，联合举办大型的宣传咨询活动。全区分设19个宣传点，其中城区10个，乡镇街道9个，发放宣传资料及条幅。落实有效防治措施，利用网络直报及时追踪到位，区疾控中心专门安排了转诊追踪管理人员，设立区疾控中心门诊，专门收治结核病病人。对市、区级以上医疗单位的转诊进行督导，按结核病项目要求，采用统一方案治疗，并落实了DOTS管理。截至2010年底，全区共初诊登记结核病例803例，确诊318例，其中阴性132例（初治126例、复治6例）。

手足口病　手足口病是一种常见病、多发病，为我国法定报告管理的丙类传染病。自1981年在上海发现此病以来，全国各省（市）均有报告。1998—2010年，鹤城区共报告528例，重症15例，均为散发病例，在市一医院、市三医院住院治疗，全部治愈，无死亡病例。

四、计划免疫

1995年12月，经湖南省专家组评审，赴聂家村实地考核，怀化市计划免疫工作，儿童“四苗”（卡介苗、百白破、脊髓灰质炎、麻疹）均达标95%以上，经评审验收合格达标。

1998年后，计划免疫工作由怀化市卫生防疫站负责管理。2005年设立鹤城区疾病预防控制中心，随后成立鹤城区计划免疫规划工作领导小组，制定了《鹤城区预防接种工作实施方案》《工作计划》。各乡镇、社区卫生服务中心（站）也都相应的建立了工作机构，开展计划免疫工作。每年举办2期全区预防接种人员、传染病主检医师培训班提高业务素质。

2006年起，实行了一类疫苗由区疾控中心分发到各预防接种门诊（点），二类疫苗由区疾控中心统一购进，各单位自愿购买的办法。《疫苗流通和预防接种管理条例》出台后，开展宣传，提高了免疫规划知识的知晓率。2008年，不断完善学校及托幼机构传染病防治工作及传染病的管理。开展了入托、入园、入学儿童的预防接种证的查验工作，共查验58所学校，2万余名学生，补证、补种674人次。每年2月份开展对全区各乡镇（中心）卫生院、街道卫生院、社区卫生服务中心（站）、区直医疗卫生单位和各预防接种单位的督导检查，确保计划疫苗各项工作措施落实到位。每年开展免疫规划接种率的调查，2008年11月，随机抽查476名儿童，建证率为100%，建卡率为100%，四苗全程合格接种率达95.24%，乙肝、卡介苗及时接种率95.8%。

2006—2010年，鹤城区共接种39295人次，有效控制了重点传染病在集中人群的传播。

第六节　卫生监督

一、机构设置

1991—1997年，食品、饮食卫生监督由怀化市卫生防疫站负责管理实施。1998—2004年由地级怀化市卫生防疫站代管。2005年6月，设立鹤城区卫生监督所，为副科级事业机构。核定全额拨款事业编制7名，内设机构3个：办公室、市场管理股、执业股。2006年，卫生监督所增加全额拨款事业编制14名，设执业一科、二科，场所一科、二科，学校科、稽查科和办公室7个科室。

二、食品卫生监督

2006年，卫生监督所设立稽查科，配备人员3人。

依据相关卫生行业法律法规，围绕社会、群众普遍关心的食品安全问题，依法行政、秉公执法。

为提高群众食品安全意识，每年召开一次《中华人民共和国食品安全法》学习培训，接待群众咨询服务。开展以“安全饮食、健康生活”为主题的宣传周活动。指导、监督餐饮服务经营者诚信经营，依法保证食品质量、食品安全。

重大活动期间食品安全监管工作。每年的“元旦”“春节”“五一”“中秋”“国庆节”和高考等重大节日，制定工作方案，组织开展联合执法检查，严厉打击制假和有毒、有害食品的行为，消除食品安全隐患。2010年，对管理保健食品的12家单位监督检查、核证，保证保健食品安全的准入。

三、公共场所卫生监督

严格实行卫生许可准入制度　对新开设的“五小”门店、小饮食店，严格按照《食品安全法》《小饮食店管理条例》和《传染病防治法》的要求，严把准入关，经验收符合国家卫生标准，发放“卫生许可证”。2006—2010年，发放“卫生许可证”445家，发放健康证1340人次，人员培训约1340人次，达不到卫生标准的一律不发放“卫生许可证”。

量化分级管理　2006—2010年，量化分级管理覆盖率达80%。对农村饮用水进行卫生评价和水质监测，加强二次供水卫生监管，建立卫生监管档案。自备水厂、乡镇水厂、二次供水单位发证率不低于70%。公共场所情况基本清楚、档案齐备，公共场所监督覆盖率达100%，从业人员健康体检率达95%以上，“卫生许可证”审核率达100%。

放射卫生监督管理　2007年始，放射卫生监督的重点突出放射诊疗合法许可。确保放射诊疗项目设备合法、许可程序合法、许可条件符合要求，引用放射防护状况与放射防护管理量化评定机制。对全区23家放射工作场所进行量化评估。通过量化评估，促进了放射防护管理制度的建立健全，实行分级管理，推进放射防护设施硬件的投入，保障健康监护措施的落实到位。

职业卫生的监督管理　全面开展用人单位监管档案，加强职业病报告管理，加强职业病和危害因素监测网络直报。100%的落实卫生部、省卫生厅相关职业卫生服务机构设置的规定，职业健康监护率和从业人员职业健康检查率分别达到40%和30%。规范有毒有害职业用工企业劳动者职业健康档案管理。开展专项行动，严肃查处违反职业病防治法的违法行为。

四、学校卫生监督

《省级示范食堂创建标准》下发后，鹤城出台《鹤城区创建省级示范食堂工作方案》。

学校卫生监督要求全区所有学校、幼儿园、托儿园食品采购人员、食品卫生安全管理人员必须进行培训，防疫部门会同教育部门重点检查学校食堂卫生许可、餐饮具消毒、采购食品及原料索证、从业人员健康培训等情况，检查营养餐配送单位和校园周边地区食品生产经营者卫生许可和经营条件。督促学校食堂建立健全卫生负责制度，明确学校作为食品卫生、饮用水卫生、传染病防治工作第一责任人，落实相关制度和措施，配备专（兼）职食品卫生管理人员，实施传染病、疫情报告制度、晨检制度，对学校、幼儿园周边食品生产经营单位持有效“卫生许可证”方可经营，防止群体性公共卫生事件发生。

五、五小行业卫生监督

2006—2010年，城区“五小行业”具有范围广、规模小、设施简陋、经营者卫生意识差的共性。大多数“五小行业”未严格执行消毒制度和行业卫生管理制度，无相应的消毒设施和设备，从业人员卫生知识知晓率低，个人卫生差。根据上述情况，区卫监所制定标准，强化培训，分行业专题培训，培训覆盖面达100%。

专项整治，2006—2010年，根据国家级卫生城市的要求和国家法律法规，制定“五小”专项整治标准，除日常监管工作外，开展了“打击违法添加非食用物质和滥用食品添加剂专项整治活动”“小餐饮行业专项整治行动”“工地食堂专项整治行动”“清理一次性筷子专项整治行动”“中秋、国庆节前食品安全专项检查”“餐厨废弃管理和地沟油专项整治行动”“农家乐综合整治行动”“奶制品专项整治行动”“游泳场所公共卫生专项检查”“创建迎丰东路”五小行业卫生管理标准街活动。

对照硬件卫生标准严格审查，对暂未达标的，责令其停业整改，对不具备卫生条件，限期整改仍不能达标的，不予核发“卫生许可证”，予以关闭取缔。

严格实行卫生许可准入制度，2006—2010年，对新开设的“五小”门店、小饮食店，严格按照《中华人民共和国食品卫生法》《中华人民共和国小饮食店管理条例》和《中华人民共和国传染病防治法》的要求，严把准入关。经验收符合国家卫生标准，从业人员持有健康体检合格证和卫生培训合格证后，发放“卫生许可证”，达不到卫生标准的一律不予发放“卫生许可证”。2010年，完成日常监督600余家，处罚10余家，规范和整改100余家。

六、医疗市场专项整治

2006—2010年，按照《中华人民共和国医疗机构管理条例》和《中华人民共和国执业医师法》严格执法。除日常监督执法检查外，每年开展一次到二次的医疗市场专项整治行动，严厉打击非法行医和非法采供血行为。对固定场所无证行医、超范围行医、非法采供血和违法发布医疗广告进行查处，及时消除隐患。建立医疗服务监督管理信息平台，提高信息水平，实现医疗服务执法监管信息共享。逐步健全医疗行政管理与执法监督相结合的民营医疗机构医疗服务信誉质量化分级管理。卫生与公安、工商等部门衔接配合，完善联席会议制度、抽查制度、暗访制度、举报制度、联合办案制度等长效机制，提高监管效能。全面启用个体诊所标识，公告医疗机构违法典型案件，规范医疗机构执业许可范围，规范医疗服务市场。

每年召开一次医疗市场清理整治工作会议，清理整治非法医疗行为。在开展打击非法行医专项整治工作中，联合公安、工商、新闻媒体等部门对非法行医进行严厉打击，依法取缔无证行医。查处非法义诊、利用欺诈手段开展诊疗活动，严重危害人民群众身体健康和生命安全的非法行医行为。2010年，共出动卫生执法550人次，出动执法车辆147台次，监督检查医疗机构435家，对24家未取得《医疗机构执业许可证》擅自开展诊疗活动的诊所予以取缔，没收药品及医疗器械达2万多元。

规范医疗市场广告，对违法医疗广告进行监督管理。

七、稽查工作

2008年，卫生监督所设立卫生监督稽查科，建立卫监稽查体系和卫监稽查工作机制。

根据卫生部《卫生监督稽查工作规范》和湖南省《卫生监督稽查工作考核评价办法》，制定了《鹤城区卫生监督举报投诉调查处理制度》，以提高卫生行政执法能力为出发点，扎实推进卫生监督稽查工作。履行卫生行政许可、卫生监督检查、举报投诉案件受理查办、执法文书使用制作、卫生行政处罚等工作职责。

2010年底，建立稽查各类许可档案200余份，稽查各类书写执法文书300多份，纠正不规范文书40多份，及时有效处理举报投诉案件78起。

第七节　爱国卫生

一、机构设置

爱卫办原属卫生局一个股室，1991年从卫生局分出来，1995年9月，成立怀化市（县级）爱国卫生运动委员会办公室，定为副科级单位。

1998年，鹤城区设爱国卫生运动委员会办公室（简称区爱卫办），副局级，挂靠区政府办。在职干部职工28人，退休职工7人，均属财政全额拨款事业编制。建区后，城市管理职能上收，区爱卫办一直担负着创建省级爱卫城市、除“四害”、防病防疫、健康教育、农村改水改厕、规划部署全区爱国卫生工作；督促、检查和评估各单位爱卫工作；组织开展疾病防治、健康咨询宣传工作，不断提高市民文明卫生意识，实施国家爱卫会规定的农村“两管”“五改”等项具体工作。2006年10月，将爱卫办与城管局合并，实行一个机构、两块牌子，归口区政府街道社区工作办公室管理，核定全额拨款事业编制21人，其职能不变。

2008年2月，区爱卫工作与城管执法工作分开，恢复爱卫办。是年3月，爱卫办升格为正科级事业机构，归口为区政府办管理。确定全额拨款事业编制15名，其中主任1名，副主任2名，纪检组长1名，股（室）领导职数5名。6个街道办事处和8个乡镇爱卫专干，核定全额拨款事业编制14名。爱卫办下设综合爱卫股、城市爱卫股、农村爱卫股、病媒生物股、健康教育所。各乡镇、街道、社区都设有爱卫办、健康教育领导小组、除“四害”工作领导小组和创建文明卫生城市工作领导小组等机构。

二、创卫工作

1998年，鹤城区爱卫办成立，以创建卫生城市为目标，开展爱国卫生运动。

在1997年县级怀化获得国家级卫生城市的基础上，2007年怀化市提出创造省级卫生城市。2009年提出创造国家级卫生城市，围绕创建活动，作为主城区的鹤城开展了一系列工作。

鹤城作为创卫的主战场，承担着爱卫组织管理、健康教育、环境卫生、公共场所卫生、病媒生物防制、社区卫生、单位卫生、城乡接合部卫生。无论是创建省级或国家级卫生城市，党政主要领导都亲自挂帅抓创建，成立了以区长为组长的创卫工作领导小组，设立了专门的工作机构，抽调工作人员。各街道（乡镇）、部门（单位）也相应成立创卫工作专门机构，落实办公场地、设施、人员、经费。呈现了主要领导亲自抓、分管领导具体抓，明确专人落实的工作格局。在此基础上，为了进一步细化管理，将城区划分为501个网格。根据省级、国家级卫生城市标准要求和《鹤城区卫生城市创建工作方案》，将所涉及的各项创卫指标分解到十大片区和相关责任单位，明确相关责任人，分年度签订创卫工作目标责任状。实现创卫工作“一月一例会一督查一评比一公示，一日一巡查制度”。对督查中发现的问题实现“一督办、二通报、三曝光，一票否决”。以消灭白色垃圾、消灭卫生死角、消灭无物业管理为主的环境卫生整治爱国卫生月、周、日活动。

广泛宣传，全民动员，全面落实创卫工作任

务。召开创卫暨第22个爱国卫生月活动动员大会，创卫调度会，路段工作包干工作会和“两违”建筑拆除动员会，创卫全面铺开。为使创卫工作深入人心，形成人人参与的氛围，区、片区、社区二级创卫机构均成立宣传组织配备信息员26名，形成了有效的宣传网络体系。利用电视、报刊、网络等媒介不间断的宣传，编发《鹤城创卫简报》40期、《督查通报》16期，出版《健康教育》16期，宣传专栏306期，发放宣传教育资料120000余份。创卫标语500余条，在报刊电视上综合报道创卫相关信息160余条。

1998—2010年，爱卫办组织发动市民开展“爱卫日”“爱卫周”“爱卫月”等爱国卫生活动。落实“门前三包”，门内达标责任制，对照“卫生单位”“卫生社区”“卫生街道”的标准，每次活动在进行全面调查摸底的基础上，确定活动主题，划分重点整治街巷和区域。在城北和迎丰市场，突出环境卫生整治，清除卫生死角，消灭垃圾。启动志愿者活动，集中整治“脏乱差”。2000年城北办事处启动万名志愿者服务活动，团区委和爱卫办启动万名青少年深入背街小巷践行“十不”“三管住”，争当“三员”创卫志愿者活动，区教育局开展“小手牵大手，共建文明路”的创卫活动。

2009年，全区城乡环境卫生整洁行动的正式启动，农村卫生成为鹤城区爱卫工作又一个重点。区爱卫办在坚持组织开展爱国卫生月活动，实施环境卫生集中清扫整治活动，积极组织干部群众平整村路，集中清理卫生死角，疏通渠道，清除乱丢乱倒垃圾，清除“白色”污染，综合集中整治农村环境“脏乱差”。各乡镇、村支两委在组织机构、基础设施建设、环境卫生综合整治做了许多工作。2009—2010年，共投入经费260万元，修建垃圾中转站2座，垃圾围190个，垃圾焚烧炉9座，配备垃圾清运车辆（含板车）40多辆；乡镇垃圾果皮箱70余个，完成三格式卫生厕4200座。盈口、石门、杨村乡和黄金坳镇配备清扫保洁员40余名。乡村环境卫生面貌得到改善。1998—2010年，先后创省级文明卫生单位（村）63个，市级39个。

推行环卫全覆盖，城区371条背街小巷、293个物业管理小区、150个城中村村民居住点、5个出（入）城口近510万平方米环卫保洁区域、街道全部纳入街道（乡镇）社区（村）管理，共配备保洁员792名。2005—2010年，共组织开展各种环境卫生清扫整治活动60余次，清理卫生死角3000余处，清除垃圾、淤泥、砖瓦块等8000余吨，开展市容市貌整治347次，规范背街小巷农贸市场76处，取缔马路市场340处，流动摊点683个。

健康教育　1998年，全区健康教育领导小组成立，爱卫办设有健康教育所。各乡镇、街道、社区、学校、医院、企事业单位都配备了专兼职健康教育专干，基层网络率达90%。根据《创建省级、国家级卫生城市健康教育工作方案》，开展社区健康教育，启动了“和谐社区健康行”启动仪式，开展社区专题讲座和义诊。

三、农村改水改厕

农村改水改厕工作，是新农村建设的主要内容和民心工程。

杨村乡改水工作　2005年，将杨村自来水厂建设列为民办的九件实事之一。爱卫办筹措资金160万元用于杨村自来水厂建设。2006年又投入资金170万元，使该改水项目进入二期工程。采取高位引流的方式建厂，2007年底竣工。该水厂总投资330万元，受益人口1.3万人。

黄金坳镇自来水厂建设　黄金坳镇由于地质特殊，历年来存在饮水难问题。改水工程于2006年6月动工实施，到12月8日，实现全线通水。工程投入资金58万元，直接受益人口为3400多人。

其他改水工作　2006—2007年，改水项目遍及全区大部分乡镇，总投入改水资金239.9万元，改水7处，自来水受益人口为1.44万人。

农村改厕　农村进行改厕工作，由爱卫办工作人员进行技术指导，乡镇具体组织实施。截至2010年11月，全区共完成卫生厕所25200个，其中，欧盟红十字会资金援助黄金坳镇4个村，建设三格式厕所800个。卫生厕所普及率达67%。

四、除“四害”工作

1997年，怀化市（县级）爱卫办下发《灭鼠、蚊、蝇、蟑螂标准》，做到除害有部署，落实有措施，常抓不懈，持之以恒。通过病媒生物防治达标专项整治，达到鼠窑疫控制在鼠夹法测定1%以下，或鼠夹法测定2%以下，外环境抽查2000米，发现鼠洞不超过5处，重点场所防鼠设施合格率90%以上。蟑螂密度，室内蟑螂阳性率3%以下，有卵房间2%以下，蟑迹阳性率5%以下。

灭鼠 居民区、彻底清扫居民区楼道、停车场环境卫生，用水泥堵塞鼠洞，房前屋后设置灭鼠毒饵站，做到饱和投药，做好灭鼠前后鼠情监测工作，做好记录。公共地段，机关企事业单位，抓好药物器械灭鼠措施的落实。在投放鼠药的同时，还要采用鼠夹、粘鼠板等多种器械灭鼠，以弥补药物灭鼠的不足。重点行业要配备兼职投药员，负责安放防鼠设施、灭鼠器械、按时投药、监测鼠情以达到灭鼠的目的。

灭蟑 单位和居民区要落实“堵两孔”（水管孔、暖气孔）、“清四堆”（煤堆、杂物堆、木料堆、垃圾堆）、“封六缝”（墙缝、门窗缝、天棚缝、地板缝、水池缝、灶台缝）等综合防治措施。对蟑螂主要活动地点（厨房、地下室、卫生间、下水道口）定期进行喷洒药物。灭蟑重点是消灭成虫、若虫、用药物喷洒毒饵药物，消除卵鞘、对滋生场所定期进行全面清理，主要是对橱柜、炉灶、家具、水池壁等缝隙进行检查清理，对清理出现的卵用火烧掉，对杀死的成虫、若虫进行彻底清理。

灭蚊 各个角落，无闲置的积水容器，有防蚊设施（加盖、养鱼）用生物杀虫剂定期喷洒。清理填症污水沟、积水沟、消除杂草，树荫下及所有空地、绿地不得有虫滋生，垃圾房（桶、箱）内不得有蚊生存，废品堆放点和废品收购站的废弃物资堆放处不得有蚊幼及成蚊滋生。灭蚊重点是各单位和居民户，检查房前屋后，室内屋顶等小型积水容器，管好水缸，盆景和花盆内的积水及浇花用水，加强死水塘的管理，疏通下水道，管好废品收购站、汽修厂等，彻底消除上述场所的闲置水，以达到彻底灭蚊的目标。

灭蝇 加强外环境治理，消除各大街小巷的垃圾，彻底消除暴露的蝇孳生物。所有绿地，空地要保持整洁卫生，各类废弃物容器要密闭，经常清理厨房、地沟及各类下水道的污物，消除各类蝇迹。各类房间如有门帘、纱窗、厨房内食品有罩，大小餐馆热食柜必须有纱有罩。各商店、农贸市场出售熟食必须有防蝇罩，出售水产、家畜、肉类的集贸市场，必须有畅通的下水道设施，下水道内无蝇、蛆滋生。灭蝇的重点是加强落实食品加工，餐饮业等防蝇设施，加强特殊行业垃圾，废弃物管理，进行药物消杀。

1991—2010年，爱卫除“四害”按照属地管理的原则，加强除“四害”队伍的培训，每年坚持举办培训班1次。2006年成功创建“灭鼠先进市”和“灭蟑先进市”，2009年成功创建“灭蚊先进市”，2010年接受“灭鼠、灭蟑先进市”复查达标，评审名列全省第五。

第八节 卫生行政

一、农村初级卫生保健

1992年始，全面推广实施农村初级卫生保健，人人享有初级卫生保健。怀化市（县级）采取了“领导抓、抓领导，齐抓共管”的办法，增强各级领导对“奔小康，先得保健康”的认识，先后召开了五次高规格的会议。确保2000年人人享有卫生保健的目标，成立了以市长为主任、副市长为副主任、计划、财政、教育、卫生等12个职能部门负责人组成的怀化市（县级）级卫生保健委员会。分别提出“建立四级（市、区、乡、村）医疗卫生网络，充实基层、合理投入、提高水平”的医疗卫生事业发展思路。健全农村医疗卫生网络，抓好13个乡镇卫生院达到甲级标准和甲级村卫生室建设。充实农村卫生技术队伍、增加卫生事业投入。从1992年7月至1994年4月，怀化市（县级）委、人大、政府、政协先后下发了《关于进一步改革和加强农村卫生工作的决定》《关于县级怀化市农村实现“2000年人人享有卫生保健”实施规划的决议》《关于乡镇向农民收取统筹经费的通知》和《进一步加强初级卫生保健工作的通知》等五个文件。要求各乡镇严格按照上年农民人均纯收入1%的标准收取统筹和提留作为卫生事业费。

健康教育做到"六有"，即市有一份《初保简讯》，乡有一专栏和固定标语，村有一条线（广播开设卫生专题节目），户有一份《健康知识》，村民有一本《健康入门》书，中小学固定一周一节卫生课。

1994年10月，怀化市农村初级卫生保健，经省评审检查组评审，13项质检标准顺利达标，总分名列怀化地区第一名，全省通报表彰。达标后，怀化市（县级）委和政府把"初保"工作列入为民办实事的具体行动，紧抓不放、常抓不懈。继续保持"声势不弱、指标不降、经费不减、班子不散，一切为了农民健康"的要求。

二、乡镇卫生院危房改造

农村实行家庭联产承包责任制后，20世纪80年代按照当时国家统一要求，乡镇卫生院三权下放，归乡镇政府属地管理，卫生行政部门只负责业务指导，农村卫生机构出现了失控，到1991年，又收回到卫生行政部门统一管理。由于合作医疗的经费得不到保障，村办卫生室基本解体，乡镇卫生院也因缺少投入，设施设备陈旧。1992年怀化市（县级）32个区乡（镇）卫生院，就有27所属危房，有的连医务人员基本生活都难以保障，不仅不能适应广大农民的医疗保健要求，同时也影响了卫生院的自身的发展。在这严峻的形势下，提出了"真抓实干、苦战三年、彻底消灭危房"的口号。作出了《关于进一步改革和加强农村卫生工作的决定》。在经费上广开门路，采取了"五个"一点进行筹集，1992—1994年，市财政投入94.4万元；各乡镇政府共投76.3万元；卫生事业经费中安排8万元，对积极性高，进度快的单位给予一定奖励；各卫生院通过增收节支，从积累中筹集了102.86万元；发动职工集资资金360万元；对27所乡镇卫生院进行改造扩建，总面积为23531平方米，基本上消灭危房。

在完成"危改"建设的基础上，通过各种筹资渠道，落实资金50万元，进行了设备更新，逐步改善了农村卫生院医疗仪器装备条件。5个中心卫生院（片区医院），10个乡镇卫生院装备了B超、200毫安X光机、脑电图、心电图、生化检验等较为先进的医疗仪器设备，基本完成了设备配套，提高了诊疗水平，达到了"一无三有"的建设标准。

1991—1997年，为了稳定农村卫生队伍，多次与有关部门联系，争取了200多名招工指标，1997年底，医务人员的子女就业得到全部解决。通过与人事部门衔接，30多名农村主治医师的家属解决了农转非，解决了医疗技术骨干的后顾之忧。

三、农村卫生院建设

鹤城区成立后，乡镇卫生院基础设施陈旧简陋落后，工作效率低，服务功能难以发挥；人员过剩，技术骨干缺少，医疗服务低下；卫生投入不足，生存发展举步维艰。

2003年，鹤城区9个乡镇卫生院中，中心卫生院3个。全区农村卫生院占地面积11005平方米，业务用房仅8788平方米，其中危房2460平方米。仅有B超机6台，其余卫生院仍然使用温度计、听诊器、血压计"老三件"。乡镇卫生院累计负债216.52万元，每个卫生院平均负债21.67万元。出现芦坪卫生院解体，2002年，才收回集体经营管理。

加快农村卫生院的房屋、设备及人才队伍的配套建设，整合医疗资金配置，推进农村卫生院的标准化、规范化建设，成为改善农村医疗条件急迫任务。

房屋建设 2005—2009年，共完成危房改造1640平方米，新建业务用房10949平方米，共计12589平方米。各个乡镇卫生院自筹500万元，财政总投资1500万元，2009年底，已完成各乡镇卫生院改建扩建和新建工程。

设备建设 按照省卫生厅《指导标准》的要求，乡镇（中心）卫生院需要新增下列设备：彩色B超1台、黑白B超13台、心电图机6台、半自动生化分析仪6台、脑电图3台、脑血流图2台、全自动化分析仪4台、救护车2台等，总投资200万元。到2010年底，乡镇（中心）卫生院已全部达到省卫生厅规定的设备标准。

人才队伍建设 提高农村卫生院卫技人员的整体技术水平，重点是加强公共卫生人才的培养。鼓励新进大专院校本科毕业生到乡镇卫生院去工作。对在职医务人员选送到大专院校进行专业知识培训。五年内完成人才队伍的短期培训和离岗脱产进修，提高专业技术水平。共花培训费123万元，培训131人次。乡镇卫生院病床增加323张，共计662张。

四、村卫生室建设

1991—1997年，怀化市（县级）36个乡镇共302个行政村，设立了302个村卫生室，达到了“一村一室”的规定标准。村卫生室是农村三级卫生网络的网底和基层。按照“六有”的建设标准，以集体为主，进行了全面整顿，消灭了空白村。其中150个村达到甲级村卫生室的标准，逐步走上了正规化、制度化和规范化管理轨道。全市已有238个行政村兴办了以合作医疗和预防保健为主的合作医疗。其中合作医疗的村占24.5%，有233个村卫生人员的报酬得到了比较合理的解决。

2009年，国家投入9万元，解决3个村卫生室房屋建设。2010年投入16万元，解决4个村卫生室。

五、卫生执法

每年的元旦、春节、中秋、国庆、高考期间、重大会议期间等，组织卫生执法人员开展卫生执法行动。开展城区中小型餐饮业卫生整治，推广集中式餐具消毒。同时，联合工商、公安等部门开展对学校食品卫生和学校周边食品安全进行专项整治。改变了小作坊加工方式，提高加工食品质量，推行食品卫生监督量化分级管理，使市民吃得放心。对食品生产、经营单位进行评审，对食品生产、经营不合格单位进行停业整顿、对无证食品、经营单位进行查封取缔。对化妆品开展检查，对销售或未取得化妆品批准证书的经营单位进行查处。开展性保健品和保健食品的专项检查，收缴不合格产品并予以销毁。

六、医政管理

1991—2010年，一直将打击非法行医列为保护人民群众身体健康，保护医疗安全的重要工作，常抓不懈。打击非法行医专项整治工作以城区、城乡接合部为重点。严厉打击无证诊所和非法坐堂行医。整治非营利性医疗机构出租、外包临床诊疗科室。依法打击非法接生等。检查各类医疗机构879次，责令限期整改213家，取缔无证诊所146家，药品零售店非法坐堂行医11家，罚款76家，总金额达113430余元。

1993年，执行卫生部下发的《建立健全医院感染管理组织的暂行办法》。怀化市（县级）人民医院、中医院、红十字会医院、结核病专科医院相继成立医院感染控制委员会，院长亲自担任委员会主任。同时，成立“医院感染监控科”，配备专职护士长、兼职医生和检验员。

1994年，根据《中华人民共和国护士管理办法》，对护士进行注册登记，护士注册的有效期为二年。未经护士执业注册者不准从事护理工作，当年有436名护士注册登记。

1995年，卫生部下发《医院感染规范》。根据规范要求，怀化市（县级）人民医院、中医院完善了报告制度、消毒隔离制度和合理应用抗生素等工作。1998年后，鹤城区红十字会医院、结核病专科医院、区人民医院（股份制）以及民营医院相继成立“医院感染科”，不断规范、完善报告制度、消毒隔离制度及合理应用抗生素等项工作。

1999年，根据《中华人民共和国执业医师法》，对持有医生证进行考核、注册和发证工作。鹤城区共有276名医生取得执业医师资格，217名医生取得执业助理医师资格，以后每年举行一次执业医师资格考试和面试考查，都有一大部分医生取得执业医师和执业助理医师资格。

2010年，完成了对全区乡村医生的培训任务，鹤城区卫生局对全区92个行政村的乡村医生，分期分批进行培训，92名乡村医生全部符合条件，由湖南省卫生厅颁发“乡村医师”执业证书。是年，鹤城区医疗机构的医护人员执业率为100%。

七、药政管理

药品监督检验 1992年4月，药检所正式与卫生局分开，搬至卫生局办公楼四楼办公，财政独立核算，除完成药品监督任务外，还开展药品检验工作。陆续添置显微镜、分析天平仪、酸度计、片剂分解仪等设备，到1993年累计购置了近6万元的药品检验设备。能开展一般的中药饮片性状的鉴别检验，初步具备中药、西药、中成药检验能力，并设立中药室、药化室、办公室等3个科室。1994年底，药品检验取得国家《计量认证合格证》。1992—1997年，完成中药、西药、中成药检品450多个，合格率为68.5%，检验不合格的品种不准出厂。

1998年后，鹤城区未设立药品检验机构。

麻醉剧毒药品管理 1991年，扩大麻醉药品使用范围，卫生行政部门对使用麻醉药品的单位，实行一年一度年检制度。重视规定供应麻醉药品手续，统一印制麻醉药品专账、专卡、专用处方。对毒药、限制剧毒药，规定医院要指定专人负责保管，实行专柜、专冰箱加锁贮存、专用登记账簿，并注有明显标志，以备核对和检查。

为贯彻国务院颁布的《精神药品管理办法》，凡使用麻醉药品须经卫生行政主管部门批准，方可领取使用。购买第一类精神病药品安纳加、布桂嗪、氨酚待因、复方樟脑酊须经怀化地区（怀化市）药政部门核发的“精神药品印鉴卡”，经怀化市（县级）卫生局、鹤城区卫生局批准，核定供应级别，在指定的医药公司购买。

游医药贩管理 1994年，怀化市（县级）的药品管理，在卫生局的统一布置下，整顿治理、规范红星路地下药材市场。在辖区四大管区举办伪劣药品展览，参观群众8000人次。与此同时，2005年，鹤城区卫生局、工商局、公安局、市药品监督管理局联合发布《关于严禁制售伪劣药品、取缔游医药贩的联合布告》，在城乡广泛张贴宣传。

1991—2012年，怀化市（县级）卫生局、鹤城区卫生局在公安、工商、医药部门的紧密配合下，取缔游医药贩378人，销毁伪劣药品317种次，没收假证件、假公章175件（枚）。

第十八篇　文化　体育

第一章　群众文化

第一节　文化机构

文化馆　1983年，怀化县文化馆、怀化市文化馆合并为怀化市文化馆，工作人员18人。按文学、美术、舞蹈、摄影、声乐、器乐、曲艺、戏剧、群众文化等门类配备专职干部，馆舍面积420平方米。1994年，扩建馆舍550平方米。1998年，怀化市文化馆分设为鹤城区文化馆、中方县文化馆。开展群众文化活动，培训群众文艺骨干是文化馆的重要职能。1992年，怀化市文化馆组织业余演员排练《断锦》，参加怀化地区比赛，荣获"希望之路"文艺调演一等奖；1995年，组织排练《进舞厅》，参加怀化地区举行的文艺比赛，荣获一等奖；2002年，鹤城区文化馆组织策划"建区五周年文艺晚会"；2004年，组织策划"五溪文化广场"文化艺术周活动；2005年，组织参加"湖南省西部商品交易洽谈会"大型文艺演出周活动。1991—2010年，文化馆每年定期举办业务培训班，为乡镇、街道、机关团体培训文艺骨干，年平均培训500多人次。

电影公司　1988年，怀化市电影公司由事业转为企业，1991年，怀化市电影公司辖三角坪电影院、红星电影院、泸阳电影院、铜湾电影院、火车站电影院。1992年为高级2类企业，实行自收自支管理。1995年火车站电影院被榆市村收归村里。1998年，鹤城区电影公司服务区域仅为8个乡镇和7个街道，当时有6个农村放映队。2010年电影公司进行改制，时有三角坪电影院、红星电影院、花鸟市场及侗文化城开发项目等资产。1991年电影公司放映电影5000余场，观众达405万人次，总收入73.9万元。1998年，放映电影8000余场，观众103万人次，总收入103.6万元。2010年，电影、投影和演出1240余场次，观众31.3万人次，总收入70余万元，农村公益电影放映160场次，观众21万人次。

文化站　1991—1998年，怀化市所辖32个乡镇和5个街道均设有文化站。1998—2010年，鹤城区所辖8个乡镇，1个旅游度假管理区和7个街道均设有文化站，每个文化站都建有图书室。

文联　1982年1月，怀化市文学艺术界联合会（简称怀化市文联）成立，与怀化市文化局合署办公。1995年7月，怀化市文联从文化局分离，隶属中共怀化市委宣传部。1998年6月，鹤城区文联成立。1990—1997年，怀化市文联共召开2次代表大会，有文学、书法、美术、摄影、音乐、舞蹈、戏剧、青少年美术、硬笔书法等9个文艺协会，会员980多人。1998—2010年，鹤城区文联共召开3次代表大会，有作家、书法、美术、摄影、音乐、舞蹈、青少年书画、艺术交流等8个文艺协会，会员786人，主办有《槐花》杂志、“鹤城文艺网”网站。

专业团体　2009年12月，为加强对外交流，打造怀化文化品牌，经市、区两级党委、政府研究同意将鹤城区阳戏剧团更名为怀化市歌舞团、怀化市阳戏剧团。2006年，怀化上河阳戏被列入湖南省第一批非物质文化遗产保护目录，阳戏剧团肩负这一地方剧种的保护、传承、展演任务。2010年底，阳戏剧团共有演职人员123人，其中高级职称（国家二级演员）7人，中级职称15人，排练场地1200平方米。

业余团体　随着经济社会的发展，鹤城区业余文艺团体得到较快发展，机构日臻完善，活动丰富多彩。至2010年底，境内共有文学、美术、书法、舞蹈、戏剧、诗词等各类业余文艺团体20多个，会员2300人。群众参与面广，活动开展频繁的业余团体有老年“夕阳红”演出队、老科协文化分会演出队、鹤城区盈口乡团结民间剧团等。

第二节　文化设施

一、图书馆(室)

图书馆　1983年8月，怀化县图书馆并入怀化市图书馆，馆舍迁入新建成的图书馆大楼。馆址位于人民南路59号，建筑面积1528平方米。分设采编室、社会科学外借处、社会科学阅览室、自然科学外借处、自然科学阅览室、业务辅导室和少年儿童图书分馆等6个部门。至1997年12月，拥有馆藏图书73435册，期刊13395册。

1998年，怀化市图书馆更名为鹤城区图书馆，至2010年底，拥有馆藏图书97104册，期刊20518册，视听资料350种。馆藏文献资源体系为综合性藏书。其中社会科学类占65%，自然科学类占30%，其他类占5%。社会科学类以文学、历史、政治、经济为主，自然科学类以轻工业、食品工业、农业医药卫生为主。收藏地方文献321种，580余册，古籍61种，400余册。1999年8月，鹤城区图书馆被文化部评定为国家二级图书馆，担负着怀化市中心图书馆的职责。逐步发展成为全区的目录中心、藏书中心、图书馆学研究与业务培训中心。

2010年，全国文化信息资源共享工程怀化鹤城支中心在区图书馆成立，拥有4台服务器、34台终端设备、10兆光纤高速网络的电子阅览室投入使用，几万余种电子数字资源免费向社会和读者开放。至2010年底，区图书馆总藏书量10余万册，报纸72种，期刊212种，电子版图书9万余种，各类阅览座席230个，年接待读者28000人次。

少年儿童图书馆　1988年2月，怀化市编委下发文件，同意设立怀化市少年儿童图书馆，列为怀化市文化局二级机构，事业单位性质。粟文英任首任馆长，馆舍位于人民南路文化山东侧。占地面积为200平方米，建筑面积为200平方米，建筑面积431平方米，馆藏图书12011册，设有阅览席位120个。至1997年底，拥有馆藏图书31103册，期刊846册，低幼读物4116册，报纸58种。1998年，怀化市少年儿童图书馆更名为鹤城区少年儿童图书馆。1999年1月，新馆建成竣工投入使用，建筑面积1445平方米。馆内各窗口实行全架开放式免费服务，节假日不休息并开展集体阅读、馆际互借、预约借出、送书上门等多种服务方式。另外还开展心得比赛、特长培训、业务辅导等多种活动，努力为全区少年儿童提供高质量的阅读和学习环境。2008年8月，被文化部评定为三级图书馆。至2010年底，馆藏图书42165册，期刊1938册，低幼读物4832册，报纸72种。

农家书屋　2008年，鹤城区启动农家书屋建设工程。按规划到2012年底每个行政村建立一个农家书屋，全区共有91个点的建设任务，截至2010年，共建成32个。每个农家书屋按2万元/个的投入标准进行建设，配有各种图书1470种，1700余册，光碟50种，130张，报刊15种，专柜书桌及报架1套。

二、书店

新华书店　1988年，怀化地区新华书店与怀化市新华书店合并，由事业单位转变为企业单位，隶属于湖南省新华书店。1998年，更名为怀化市新华书店。2008年12月，湖南省新华书店注销包括怀化市新华书店在内的下属101家市（州），县（市）新华书店的企业法人资格。2009年1月，怀化市新华书店更名为湖南新华书店有限责任公司怀化市分公司，至2010年底有职工205人，图书超市经营面积1200平方米，图书品种5000种以上，年销售总额1.67亿元。

个体书店、书摊 1997年，怀化市在火车站旁雪峰大厦兴建了雪峰书社，共有摊位96个，经营面积1499平方米。2008年，雪峰书社整体搬迁到人民东路新街昌顺广场二楼。至2010年底，共有经营户53户，年销售额1.8亿元。

三、剧院

境内有“人民影剧院”“三角坪电影院”“红星电影院”“火车站电影院”4家专业电影院和市工人文化宫、阳戏剧院、铁路工人文化宫3家多功能文化活动场所。

第三节　文化活动

文艺演出 1995年8月15日，怀化市（县级）组织开展“纪念抗日战争胜利50周年”歌咏比赛，共有18个单位，2200余人登台表演。2001年6月30日，鹤城区组织开展“庆祝中国共产党诞生60周年”歌咏比赛，共有15个单位，1200余人参赛，观众1500多人次。2004年5月，鹤城区委、区政府在城东五溪文化广场举行“庆祝国际劳动节”文化周活动，有200多个代表队参加演出。2006年6月，鹤城区文联与区青少年书画协会举办“城东—我的新家园”现场大赛。共有200余人参赛。是年10月，还组织市、区书画爱好者60余人，在五溪文化广场举办大型现场书画笔会、创作作品200多件。

1991年至2010年底，鹤城区阳戏剧团自编宣讲“计划生育”“社保”“法制”政策及节日喜庆小品等群众喜闻乐见节目220多个，编排及演出的大型剧目有《孔繁森》《天木》《太平村的锣鼓》《斗酒》《哑女告状》等，巡回演出及开展上山下乡慰问部队等活动2100余场，观众达84万人次。

书画展览 1991—1998年，书画展览主要由文化行政主管部门组织实施，除了参与政府部门举办的大型文化活动以外，还举办了各种形式的书画摄影图片展览39次，展出作品4280件。建区后，随着境内书法、美术、摄影爱好者日益增多，书画展览的形式日益多样，内容更加丰富。1998—2010年，区文联、区书法家协会、区美术家协会、区摄影家协会、区老年书画协会等团体通过笔会、艺术联展、多人作品联展等形式举办书画展览61次，展出作品6800余幅。组织参加市级以上展览1280幅，获市级以上奖励达380幅。2004年5月，区文联、区书协在城东五溪文化广场举办“五溪风情”大型书画展，参展作品200余件。2006年6月，为庆祝建党85周年，区文联与区书协联合举办“鹤城区书法及名人书法作品展”，为期6天。2009年9月，首届鹤城区书法、美术、摄影作品在香洲广场举行，张朝洪、王清礼、杨晓明等7人的书法作品入选参加“苏湘清风”庆祝中华人民共和国成立60周年书法联展并被编入作品集。2010年11月，区书法家协会、区美术家协会在怀化博物馆举办首届怀化市城区中小学生“视佳杯”少儿创卫、环保绘画暨硬笔书法大赛作品展。

第四节　广播电视

一、广播

1987年4月，怀化市（县级）在有线广播电台的基础上筹建无线广播电台。调频发射功率为50瓦，天线高度67米，发射铁塔高76米，无线广播节目覆盖怀化市所有乡镇。西半市各乡镇开始改用调频接收机，收听怀化市（县级）广播电台无线台节目。有线广播节目与无线广播节目并存，同步发展，东半市各乡镇仍以收听有线广播节目为主。

1994年5月，怀化地区广播电视局开始筹建怀化地区经济广播电台。同年12月18日试播成功，为地级无线广播电台，结束无地级广播电台的历史。1995年5月，在怀化地区经济广播电台的基础上创办怀化地区人民广播电台。1998年6月，怀化地区人民广播电台更名为怀化市人民广播电台，怀化市（县级）广播电台并入。

怀化市人民广播电台创立后，增加播出传输设备，扩大功率，拥有两套调频广播频率。有线广播调频扩音机总功率2500瓦，在怀化主城区7条主干道及河西新区建有线广播线路25千米，安装10瓦立体声音柱箱280只。无线调频广播节目覆盖鹤城区城乡每个角落。2002年1月，怀化人民广播电台改为频道制，设立新闻综合频道和交通文艺频道。交通文艺频道于同年2月正式播出，1000瓦调频机安装在钟坡电视转播台发射塔，频率为103.8兆赫。新闻综合频道调频发射机1000瓦。2004年9月，增设音乐频道，交通文艺频道更名为交通频道，分离出文艺内容并入音乐频道。2005年5月，音乐频道改为文艺频道。交通频道、文艺频道调频机功率3000瓦。三个频道每天播出19小时30分钟，覆盖怀化市13个县、市、区及贵州、广西、重庆周边地区，广播节目覆盖人口600万。2006年1月，怀化人民广播电台整合频道资源，拓展广播事业发展空间，三个频道实行制片人制度。2007年，怀化人民广播电台实行中心目标管理，内设办公室、总编室、新闻中心、节目中心、技术中心、广告中心。交通频道与文艺频道合并，设立交通文艺频道。搬迁至城东新区怀化广播电视中心大楼办公，安装1000瓦和500瓦两台发射机，作为钟坡山发射的备份。2008年，怀化人民广播电台实行频道交办人制度，两个频道由副台长牵头负责，实行目标管理。新闻频道确定年经营创收目标任务50万元，交通文艺频道为70万元。2009年，怀化人民广播电台实行中心制加频道制的经营管理模式。开展市场调查，明确广播节目细分市场定位，调整栏目结构与栏目形式，规范节目播出，开展场外活动，扩大广播节目的影响力。根据城市化发展总体趋势，将新闻频道细化为“972”新闻频道城市管理广播。2010年，怀化人民广播电台推出“节目立台、经营活台、活动强台”新举措，围绕经济建设中心，把握正确舆论导向，打造精品节目品牌，创新经营管理体制，提高经济效益。加大对重点节目、重点栏目的投入，打造有影响力的栏目。投入60万元购置采访车、发射机、天馈系统、音频工作站和办公用电脑。获得国家广电总局的频率、呼号的正式批文。采取节目、广播活动和专题宣传等方式，经营收入稳步增长。

二、电视

怀化电视台　1989年3月，经广播电影电视部同意，正式成立怀化电视台，定为副处级事业单位，台址设武陵路怀化地区广播电视局内。电视台成立初期设总编室、新闻部、技术部、广播专题部，18名工作人员。局机关办公楼改装30平方米，用作机房和播音室，制作电视节目。发射机安装在钟坡电视转播台，距台址5千米，每天用汽车将录制好的节目带送到钟坡电视转播台播出。1990年，改为微波传送。建台初期，每周播放一次节目，1990年，每周播放三次电视节目。1994年，怀化电视台迁到怀化市迎丰路18号，节目制作和播出用房扩大到2000平方米。1998年10月，建成260平方米的演播厅，能录制大型电视节目。2000年，电视节目改用光缆传送，提高播出质量。2001年3月，怀化有线电视台并入怀化电视台，开设时政、生活、图文信息三个频道，实行中心制。2003年4月，怀化市广播电视局与怀化电视台局台合一，实行频道制，图文信息频道改为信息频道。2004年7月，生活频道改为公共频道。2005年1月，恢复中心制，设四中心（新闻中心、专题文艺中心、播出技术中心、广告中心）两部室（总编室、办公室），干部职工增加到89人。2006年1月，信息频道改为娱乐频道。2007年9月19日，怀化电视台迁入城东新区武溪大道88号怀化广播电视中心。2010年，公共频道改为经济频道。同年10月22日，移动频道试播成功，该频道主要风格为时尚、动感、青春。2010年底，怀化电视台开设时政综合、经济、娱乐、移动共四个频道，干部职工增加到189人。

有线电视台　1990年3月，筹建怀化市有线电视台。1991年8月15日，鹤洲路广播电视大楼建成有线电视网络前端中心机房。1991年，架通主杆线43.7千米，支杆线507千米，200多个单位，16700户用户开通有线电视。开通市委常委会议室、市政府常务会议室、市委小礼堂、大礼堂、怀化人民影剧院电视信号双向传输，为召开电视电话会议创造条件。市区有线网络建成和有线电视台正式开播后，可以清晰收看中央电视台一、二套节目和湖南电视台节目，并可收看云、贵、川等省电视节目。

1991年，怀化市（县级）教育委员会创办怀化市教育电视台，并将电视节目信号切入怀化有线电视网输送到终端客户。教育电视台主要播放与中小学有关的教育教学节目及一些娱乐节目，受众范围仅限于怀化市城区，适当播发自采自编的时政新闻，转播中央台教育频道、湖南台教育频道一些重要节目。

1991年4月，成立湖南有线电视台怀化地区分台筹备处。5月6日，得到湖南省广播电视厅的正式批复。1992年8月，怀化地区有线电视台正式成立，确定为正科级事业单位。1995年升格为副县级事业单位。内部设办公室、新闻部、专题部、工程部、播出部、广告部。1998年，怀化地区撤地设市，怀化地区有线电视台和怀化市有线电视台合二为一，组建成立新的怀化市有线电视台。台址设怀化市天星路188号，实现一城一网。2001年3月，怀化市广播电视局对怀化电视台、怀化有线电视台进行资源重组，撤销怀化有线电视台，组建怀化市广播电视传输网络中心，确定为副县级事业单位，核定自收自支事业编制68名。5月16日，怀化市人民政府与湖南省广播电视厅、湖南电广传媒股份有限公司签订合作协议，组建怀化电广宽带信息网络有限公司，注册资金总额5880万元。怀化市广播电视局以城区有线电视网络作为出资，占51%的股份，湖南电广传媒公司以货币资金出资，占49%的股份。7月24日，正式成立怀化电广宽带信息网络有限公司，怀化市有线电视台终止。

电视转播发射设施 1984年元月筹建怀化钟坡电视转播台。经过一年多的建设施工，1985年8月1日试播成功，9月25日正式开播。1986年建成一座地面卫星接收站，1988年建成第二座地面卫星接收站。怀化市钟坡电视转播台是大湘西骨干转播台之一。发射基地位于风景秀丽的怀化钟坡国家森林公园内。发射塔海拔高度为637米，铁塔高76米，主要承担中央、省、市广播电视节目无线发射任务。能发射7套模拟电视、10多套AVS+国际地面数字电视、5套FM调频广播、1个CMMB频道，播出总功率24千瓦。播出的模拟电视节目有中央一套、中央七套、湖南卫视、湖南经视、湖南娱乐、湖南电视剧、怀化时政综合频道。播出的调频广播节目有湖南人民广播电台经济频道、交通频道、文艺频道、怀化人民广播电台新闻综合频道、交通频道。2004年3月正式开始湖南AVS+国际地面数字电视公共服务，采用DS-30（中心频率650 MHZ）和DS-39（中心频率722MHZ），每天24小时播出AVS+清流公益节目。节目内容包括：中央台综合频道（CCTV-1）、中央台军事农业频道（CCTV-7）、中央台新闻频道（CCTV-13）、湖南卫视、湖南经视、湖南娱乐、湖南电视剧、湖南公共、怀化电视台时政综合频道等10多套高清与标清电视节目。节目覆盖怀化市鹤城区、中方县、芷江县、洪江市、辰溪县、麻阳县、沅陵县部分区域及贵州省铜仁市部分区域300万人口。

有线电视网络设施建设 1988年底，怀化地区广播电视局、怀化市广播电视局各自在怀化城区建设有线电视网络，各自进行闭路电视联网测试。到1990年底，有线电视终端用户发展到8000多户，但有线电视网络不成体系。1991年8月1日，地市联席会议决定：怀化市城区有线电视网络建设由地、市广播电视局共建共管，即一个网络、两个前端、分片建管、共同使用、共同受益，地、市各成立一个有线电视网络建设机构。怀化地区有线电视网络建设机构的主要任务是管理全地区有线电视网络，怀化城区有线网络建设范围为湘黔铁路以北，太平溪以东区域用户，设置总前端，将省、地有线电视信号送到各县市并直接管理区域范围内的终端用户。怀化市有线电视网络建设的主要任务是负责湘黔铁路以南，太平溪以西范围内的终端用户，设置一个前端，传送市办节目，转播上级台节目，原跨区域发展的有线电视网络终端用户，按决议无条件移交给对方。此后，地、市广播电视局各自筹资，购买美国QR540及国产75-12电缆作主干线，采用加拿大林塞公司生产的990系列双向放大器作主线放大器，支干线和用户分配网络采用DE2-27放大器等国产器材设备，75-12、79-9双护套电缆，借用电力部门电杆，使用35-25毫米钢绳吊挂电缆。

怀化地区广播电视局租用怀化行署第一招待所六楼作中心机房，安装前端设备，建成3座直径分别为6米、3.5米、3.1米板状式卫星接收天线。1991年11月，试播电视节目。怀化市（县级）有线电视网络前端设备设鹤洲路广播电视大楼（1995年，搬迁到天星路188号）。1993年怀化地区有线电视网络延伸到城郊石门和地委党校区域，发展终端用户8000户。怀化市广播电视局负责的有线电视网络建设向南扩展到盈口乡井坪玻璃厂、织布厂区域，向西扩展到新家庄村区域，终端用户发展到16700户。1995年，怀化城区有线网络增加美国杰诺德产S550调制器，更换不合格放大器，添置BR22+922采访设备。到1997年底，城区有线电视网络主干线达到46千米，支干线128千米。1998年，市、区有线电视台合并，实现一城一网，启动网络升级改造，传输电视节目达到31套。合并后有线电视总户数达到32000户。2000年，怀化城区有线网络再次升级改造，提高网络传输质量。架设光缆21千米，新建12个光接点和30个光信接口，改造支干线142千米，新发展终端用户5160户，终端用户实现可寻址电脑自动化管理。2001年发展终端用户14400户，新建光接点52个，新铺设光缆网络82千米，电缆支线734公里，为开通数字电视提供条件。2005年，建成星—树结构光缆宽带传输网络，光缆线路总长96千米，开通干线光接点67个，用户光接点2000个。电缆支干线总长达到2630千米，终端用户达到72180户。2007年，全面落实国家广电总局关于有线电视数字化的总体要求，按照省政府提出的“政府推动、市场运作、整体平移、加快发展”的基本思路，投资6800万元，实施怀化城区大规模有线数字电视整体转换。2008年，怀化城区实现有线电视数字化，终端用户发展到87000户。2010年，怀化城区按照对称、独享10MR的标准实施大规模双向网络改造，有线电视网络实现双向交互功能，不仅传输广播、电视节目，还可以开展视频点播、电视回看、电视股票、电视彩票投注，电视上网、电视购物、远程医疗等交易双向互动业务。推出高清数字电视，传送3D电视节目。2010年底，网络改造实现光缆覆盖96760户，设备覆盖73908户，双向互动接入21000户。

电视节目采访录制设备 1989年，初创之时，怀化电视台、怀化市有线电视台采访录制设备简陋，只有半新半旧的摄像机、放像机、编辑机等设备。1990—1995年，随着电视事业的快速发展，各台都添置了一些新设备。1995年，各种摄录设备增加到6套，编辑线增加到3条，自动播出系统一条。1996—1997年，配置一套三维动画制作系统和逐帧控制器。1997年5月，购置Beteam摄像机、编辑机、数字三维特技机、DVR非线性编辑系统和Beteam播出机。同年6月，利用原有设备和新购设备，建成功能完善的中心机房。2001年，淘汰V-MATIC、S-VHS编辑系统，购置DV、DVD系统设备，降低节目制作成本，提高电视节目质量。2004年，投资65万元，对播出系统进行技术改造升级，实现电脑硬盘自动播出。2005年，投资80万元，购置PD190摄像机10台、DSR-Ⅱ录像机2台、EM8800采访话筒6个，新闻采访车2辆。2009年12月26日，《怀化新闻联播》实现直播化，新闻快速反应能力明显提高，主新闻节目时长超过20分钟，当日新闻、直采新闻播出率达到85%以上。

怀化广播电视中心 2002年3月，筹建怀化广播电视中心。2003年1月10日，怀化市广播电视中心奠基。2007年7月3日，怀化广播电视中心项目竣工验收投入使用。怀化市广播电视局、怀化电视台、怀化人民广播电台、怀化广播电视报社、鹤城广播电视工作站等机构搬迁至中心。怀化广播电视中心由主楼、演播厅、附属综合楼构成。主楼高54.75米，15层，楼顶发射塔35米。演播厅设观众席300个，附属综合楼5层，中心建筑面积19406平方米，投资总额1.2亿元。

电视普及 20世纪90年代初，地、市两级在怀化城区建设有线电视网络，电视普及率迅速提高，收看电视成为市民及时了解掌握党中央重大方针、政策的主要渠道，也成为市民文化娱乐生活的重要部分。1998年，怀化地区撤地设市，怀化地区广播电视局与怀化市广播电视局合并成立新的怀化市广播电视局，另设鹤城区广播电视记者站，为财政全额拨款的公益性事业单位，由鹤城区管理，正科级。2003年，上收由怀化市广播电视台管理。鹤城工作站的主要职责是承担鹤城区8个乡镇、黄岩旅游度假区广播电视规划、建设和维护管理工作。负责卫星电视地面接收系统的监督执法管理，广播电视村村通工程实施，担负鹤城区内广播电视宣传通讯员队伍管理、广播电视新闻组稿任务。

1998年，国家启动村村通广播电视工程。由国家、省、市、区和乡镇五级共同投资，以乡镇为单位，建设小片广播电视网络和集体收看室，为看不到和看不好电视节目的“盲村”群众解决收视困难。2003年鹤城区投资91万元，架设电缆主干线36千米，联通鸭嘴岩、黄金坳、芦坪三个乡镇，村民可以清晰收看45套电视节目。2005年8月，启动第二批村村通广播电视工程。采取联大网的方式，建立片网和微波传送系统，集中居住50户以上的自然村落能够收看中央电视台和湖南电视台的各套电视节目。鹤城区架设光缆25千米，实现11个50户以上集中居住的自然村广播电视信号村村通。2007年，国家第三次启动村村通广播电视工程。对山区农村居住20户以上的自然村落，建设微小片区有线电视网络，解决山区农村电视“盲区”收视难。全区12个20户以上集中居住的自然村实现广播电视信号村村通。在推进村村通广播电视工程的同时，国家配套推出家电下乡和补贴工程，对农民购买电视等家电产品给予一定比例的补贴。2010年底，鹤城区农村电视普及率达到81.96%。

电视宣传 鹤城区成立后，区委宣传部成立新闻中心，在怀化电视台时政综合频道开设《今日鹤城》新闻专栏，每周的一、三、五、日准时播出10~15分钟的新闻节目，宣传鹤城区经济建设、环境治理、塑造鹤城良好形象。

1991年，突出经济建设主题，开辟《打好工业总体战》《科教兴怀》《八亩山地奔小康》等新闻专栏，对怀化市（县级）推行农村城镇化改革试验进行重点报道和宣传。以户籍制度改革为突破口的城镇化改革试验取得巨大成功，怀化城市建设投入不断加大，扩容速度加快。1996年，怀化市（县级）遭受特大洪涝灾害，怀化电视台、怀化市有线电视台、怀化市教育电视台及时密集报道党委、政府及广大群众积极抗洪救灾、重建家园各方面的动态新闻。

1998年，围绕改革开放20周年，策划多维度报道怀化改革开放的巨大变化的新闻综深内容，推出一系列专题报道和纵深报道。系列专题《衣着：从单一到多款》《住房：由狭窄到宽敞》《电视：由黑白到彩色》《出行：由步行到车行》等，群众感受到改革开放的巨大变化，真正享受到改革开放的成果。2003年，围绕抗“非典”战役，怀化电视台积极开展正面报道，宣传中央、省、市、区抗“非典”措施和成效，有效维护社会和谐稳定。2005年，围绕湘西大开发，推出《湘西开发写意》专栏。2006年，为促进社会主义新农村建设，推出《弄潮新农村》新闻专栏。2007年，围绕市委提出的“双中心”建设战略，怀化电视台适时推出《“双中心”加速度》《城建E时间》《扬帆致富路》等新闻专栏或新闻专题。2008年元月，怀化遭受百年一遇的特大冰雪灾害，怀化电视台克服重重困难，大力宣传全市上下万众一心积极抗冰救灾的重大举措，为困难群众送温暖的感人场景。现场报道电力部门抗冰保电、交通运输部门抗冰灾，保畅通，解决群众出行难，广大群众积极投入抗冰救灾的各种现场新闻和新闻综合报道，提振信心、温暖民心，坚定战胜冰雪灾害的决心。10月，配合怀化市建市10周年庆典，报道重点工程建设，创建省级卫生城市，迎难而上，战胜国际金融危机对中国的影响等。2009年，以庆祝中华人民共和国成立60周年为契机，重点报道学习实践科学发展观活动，60年经济建设主要成就，推出《经典中国魅力怀化》《向共和国报告》《我和我的祖国》《蜕变2009》等新闻专栏。2010年，配合市委提出的“大干新三年，再创新辉煌”的发展思路，推出《重点项目建设巡礼》《加速推进新型工业化》等系列新闻专题，全市形成“一心一意谋发展，聚精会神搞建设”的浓烈氛围。

第五节　文化市场管理

1991年1月，怀化市文化市场管理办公室成立。1992年5月设立文化稽查队，负责文化市场的稽查管理。1994年6月，经怀化市人大通过，文化市场地方性法规《怀化市文化市场管理条例》出台，1995年，怀化市政府制定出台《怀化市文化市场管理规定》，文化市场管理的法规、制度、体系日趋完善。

1998年，鹤城区成立，文化稽查队被撤销，其职能和人员全部上收地级怀化市文化局。1999年，鹤城区文化局设立乡镇文化稽查队，对辖区农村文化市场进行稽查管理。2003年更名为文化市场稽查大队，定编为15人。2005年扩编至19人。2002年，怀化市文化局下放部分文化市场经营管理项目（书刊出租、打字复印、电子游戏、音像制品出租等）到鹤城区。2006年，又将娱乐场所、营业性演出两块管理职能下放。

审批与市场稽查　随着经济社会的发展，文化市场日益繁荣，歌舞厅、录像厅、KTV、电游、书刊音像制品售卖出租等经营场所不断壮大，以满足人民群众的精神文化生活需求。进入21世纪，网吧、酒吧等新型业态开始占据文化市场主流地位。1997年，怀化市境内共有经审批的歌舞厅33家，录像厅46家，KTV182家，电游室238家，工艺美术店38家，打字复印店38家。1998年鹤城区成立至2010年，随着市场变化，各类文化经营场所此消彼长，歌舞厅、录像厅明显减少，网吧、酒吧逐年增多。2010年，区境内属区文化部门审批管理的文化经营场所有歌舞厅8家，录像厅9家，电游室190家，工艺美术店30家，网吧7家，KTV53家，打字店及印刷厂120家。

文化市场的繁荣不可避免带来了无证经营、违规经营等违法现象，对社会产生不良影响。文化行政管理部门一方面加强法律、法规的宣传，要求经营户依法、守法、合法经营；另一方面加大行政执法力度，促使文化市场规范发展。1994年，怀化市文化稽查队将文化市场管理采取分片包干、负责到人的方式。每个季度联合公安、工商等部门对重点单位进行重点稽查，全年进行6次执法检查。收缴赌博电游主板22块，吊销8家私营放映点及32家电游室的《文化经营许可证》；1995年，组织文化经营户学习班12期，参加学习者达2500人次；1997年，进行大规模突击检查8次，立案查处2个贩卖淫秽音像制品窝点，破获5起放映淫秽录像案。鹤城区成立后，管理权限受到影响，对文化市场的管理相对减少。1999年，鹤城区文化稽查队对区辖8个乡镇的13家网吧进行清理整顿，2004年再次进行整治，对无证无照、违规经营和达不到相关要求的责令限期整改，通过整改，全区农村13家网吧整合为7家；2005年，文化稽查队共收缴赌博电游主板36块，查处噪音过大的舞厅、歌厅4家，立案查处违法案件114起，罚没款总额68000余元。

扫黄打非　1992年5月，怀化市文化稽查队成立，“扫黄打非”工作有了专业对口的执法机构。1996年，怀化市文化局成立“扫黄打非”工作领导小组，全年组织2次专项行动。1997年，在“扫黄打非”专项行动中，收缴非法出版物，并当众销毁。1998年鹤城区成立后，文化、公安、工商等“扫黄打非”成员单位紧密配合，切实履职，深入开展集中行动和专项治理。1998—2010年共收缴、销毁非法宣传品35000余份。

第二章　文艺创作

1990—1997年，怀化市的文艺创作队伍较为稳定，专业和业余创作活动均十分活跃。1992年，在怀化地区第四届文艺创作评奖中，怀化市获一等奖1名、二等奖3名、三等奖7名。是年，市文化馆自编自演的小型侗歌剧《断锦》获怀化地区“希望之路”文艺调演一等奖，在全省文化馆系统乡土文艺调演中获表演二等奖、参赛创作奖；1996年，市阳戏剧团创编的戏剧《斗酒》参加全国小品小戏调演荣获剧本创作二等奖、导演二等奖、表演二等奖。是年，谢伯恩创作的电视剧《希望》、杨振兴创作的阳戏剧本《斗酒》获得怀化地区首届精神文明建设“五个一工程”文艺作品奖。1997年，现代阳戏《天木》参加湖南省新剧目会演荣获“田汉新剧目”奖。至1997年底，怀化市文艺工作者在地区以上刊物发表作品，参加展览、展演、比赛等文艺作品2860件，获奖作品980件。

1998年鹤城区成立后，专业的文艺创作力量有所削弱，业余创作队伍趋于活跃。至2010年，在市级以上刊物发表、出版小说、诗歌、散文、报告文学等文艺作品2270件，展演、展览、参赛文艺作品1807件，其中1216件获市级以上奖励(省级以上获奖作品431件)。

第一节 文学创作

小说 1990—1997年，杨艳芳先后在省、地级公开刊物上发表《一个自然的故事》《湘西铁脚板》等中短篇小说、纪实文学100余篇，作品《赵瞎子》获怀化地区第三届文艺创作二等奖；谢伯恩先后发表《乱世枭匪》《龙潭伏虎记》等中短篇小说数十篇；吴为创作的《疯爷》《两个男人一朵花》《路在脚下有通途》等作品先后发表在《光明日报》《文坛艺苑》等刊物上；吴欢创作的《莫愁啊、莫愁》《等待》等作品分别在《垦春泥》《生活与健康》等刊物上发表。

1998—2010年，小说创作以谢伯恩为代表，在体裁和篇幅上实现重大突破。谢伯恩创作、发表、出版的长、中篇小说有：《乱世雪峰山》(长篇小说，2006年出版)、《土匪世家》(长篇小说，2007年出版)、《护国边城》(长篇小说，2003年出版)、《雪峰山下“蜈蚣王”》《祸黔记》《并案侦查》；游建民先后在《故事林》《故事会》等刊物上发表小小说、短篇小说25篇；李少岩在《怀化文学》上发表了短篇小说《他们的日子》。

散文 1990—1997年，程子厚、杨艳芳、游建民、吴为等作者先后发表了不少的散文作品。程子厚创作的散文《乡情》被《您好，邓小平》专集选用，散文《大同伴小同伴和老同伴》被国内知名刊物《读者》转载；吴为创作的《司机同志，请你谨慎驾车》《信任》等数十篇作品先后发表在《湖南交通报》《青年生活导报》等刊物上；杨艳芳创作的《湘西迷》获怀化地区第四届文艺创作二等奖，在《海口报》《海口晚报》《湖南文化报》等刊物上发表作品数十篇；游建民先后在《人民日报》《千古传奇》《羊城晚报》等刊物上发表作品50余篇。

1998—2010年，散文创作以业余创作为主。省作家协会会员易水寒创作的《清凉城市》《神奇的犀牛塘》《我的两位教师》《胞二章》《仰望与俯视》《一江春水向东流》《生命的守望》《那一条河》《闲情赋》等作品先后在《小溪流》《百家散文》《经典美学》《怀化文学》《怀化日报》《边城晚报》等刊物上发表；陈同昌的作品《沱江游记》在2010年全国散文作家论坛征文大赛中荣获一等奖。

诗歌楹联 1990—1997年，以曾纪岚、程子厚、杨艳芳、杨卫民、杨楚银为代表的作者在省内外刊物上发表了不少诗联佳作。曾纪岚在《诗刊》《词刊》《中华诗词》等刊物上发表旧体诗词《西江月·张家界纪游》《满江红·读稼轩词》等数十首，在《人民日报》海外版等刊物上发表《蝶恋花·农村春晓》《念奴娇·咏林黛玉》等词；程子厚创作的新诗《中国美人鱼》获怀化地区第三届文艺创作二等奖，《假日，嘉陵诙谐曲》入编《湖南省新时期十年优秀作品选》；杨卫民创作的《雨巷》获怀化地区第四届文艺创作三等奖，《山的孩子》发表在《小溪流》上并获优秀作品奖。

1998—2010年，诗歌楹联创作佳作不断。杨楚银在《当代中华诗词》《新中国楹联大观》《中国诗人新作》《百年律诗大典》等刊物上发表诗联1000余首获奖96次，1998年、2003年和2006年先后出版诗文集《拂尘集》《松苍柏翠夕阳红》《知止斋诗文集》；程子厚先后创作发表了《绿之梦》《声情并茂唱大风》《七月的侗乡》等散文诗；易广文出版了个人诗集《黄昏吟》；曾纪岚的作品入选《当代五十佳女诗人佳作选》《世界汉语诗词大典》；崔刚兵参加全国各地征联比赛活动获奖近百次，在《中国楹联报》《对联》等专业刊物上多次发表楹联作品，2007年，荣获“怀化市文学艺术创作突出贡献奖”。

报告文学 1990—1997年，杨卫民、吴为、程子厚、杨艳芳等作者争相创作发表报告文学。杨卫民创作的《草原牧歌》在《开拓者之歌》上发表；吴为创作的《小型巨人之歌》《路在脚下有通途》入选光明日报社编撰的《辉煌十五年·怀化分卷》，《一个普通共产党人的风采》发表在《试验区导报》；程子厚在《辉煌十五年》丛书中发表了《凉山，一支绿色的歌》《天星璀璨》《创作光明的人》等7篇报告文学，与滕晓东合作创作出版了中篇报告文学《新城依依鱼水情》；杨艳芳创作发表了《湘西铁脚板》。

1998—2010年，报告文学创作与时俱进。谢伯恩创作了《湘西一把刀》《建业“教头”》；程子厚创作了《开发者之歌》，与杨儒贤合著《造楼人的梦》；杨儒贤创作了《历十年沧桑，终铸成一剑》；易水寒创作了《一堆燃烧的篝火》《犀牛塘》等。

戏剧　鹤城区剧本创作主要以谢伯恩为代表，他先后创作有影视剧本《雄鹰展翅》《限期破案》《希望》《会战雪峰山》《第（148）号提案》《日落雪峰》《匪巢特工》等；程子厚创作有电视专题片讲解词30余篇，如《怀化，火车拖来的城市》《水中捞起一片月》等。

第二节　艺术创作

以书法、美术、摄影、音乐、舞蹈、戏曲等为主的艺术创作内容广泛，题材多样。1990—1997年，怀化市的艺术创作主要以文化馆和各协会组织的人才为主，不少作者在地区级以上刊物发表作品或在展览比赛中获奖。共举办各种形式的书画、摄影（图片）展39次，展出作品4280件，创作发表歌曲121首，获奖68次。1998年鹤城区成立至2010年，区文联和书法、青少年书画、老年书画、摄影等协会组织年年都开展书法、美术、摄影讲座、笔会、交流展览等各种活动，共举办书画，摄影展41次，展出作品5116件，获市级以上奖励477件。

书法、美术　1990—1997年，以李沅和、杨学位、刘明忠、易先恕、蔡秀槐、张朝洪、左志华、刘清明、江启智、蒋峻、杨世友等为代表的书画爱好者创作出了大量佳作。1991年，刘清明创作的美术作品《鸟语》、左志华创作的版画《新画》以及李沅和、易先恕、杨学位、刘明忠的书法作品参加庆祝建党70周年湖南省书画摄影展；1992年，左志华的《赴约》、刘清华的《人勤春早》、王丹的《牡丹》、江启智的《山水日出》等美术作品，蔡秀槐、张兆洪、王清礼、付科、徐建于的书法作品分别在地区、省以及全国大赛中获奖；1993年，王清礼的书法作品入选全国“纪念毛泽东同志诞生100周年书法精品选”并在“华萃杯”“五台山杯”“精英杯”等全国书法大赛中获奖；1994年，江启智的《秋夜》、蒋峻的《苗族打工妹》、谭一中的《人物》、刘清明的《山乡情》、左志华的《湘西风情》、刘荣光的《她在丛中笑》等美术作品参加怀化地区庆祝建国45周年美展；1995年，左志华创作的美术作品《潕水河畔》《苗山情》被怀化市政府作为礼物馈赠给新加坡访问团。

1998—2010年，书法、美术佳作纷呈。1999年，刘清明创作的版画《藤与树》参加湖南省庆国庆美术佳作会展。2002年，其创作的版画《树》参加文化部“群星奖”评选展览获二等奖，《好大一棵树》《根》《湘西风光》等作品除参加文化部和中国美协美展外，还被选送到日本等国参展。杨晓明、骆天丁、夏吉全、张朝洪等人的书法作品多次参加市级以上大赛并获奖。张朝洪出版个人书法集并获“中国百强书法精品”奖。2009年，周辉、向少华、易晓明创作的美术作品被怀化市选送参加湖南省庆祝中华人民共和国成立60周年书画展，周辉的美术作品《湘西小寨》在省博物馆展出并获奖，易晓明的美术作品在全国比赛中获三等奖，唐光元先后在西安、广州等地举办个人画展，发表了《武陵春色图》《天子凌空图》《莽溪暮渔》等作品。2010年，其创作的《溪山流泉》获文化部第七届“文华奖”最佳创作奖。

摄影　1990—1997年，怀化市有很多优秀的摄影作品发表，参展和获奖。市文化馆摄影专干张首辉先后创作、发表作品60余件，《日子红火话题多》《笙歌滚地龙》《抢花炮》《芦韵绕梁》分获地区二、三等奖和优秀奖，《侗歌悠悠》《西情依依》分获怀化地区第四、第五届文艺创作奖，《龙脊》获湖南省“四风”影展银奖，《丰收舞》在新华社举办的全国摄影比赛中获佳作奖，《大山变奏曲》获“第二届全国群艺、文化馆大赛”优秀奖。刘银师的《老班长》、黄怀荣的《高炉晨曲》分别参加湖南省美术摄影展和全国化工美术书法摄影展。1998—2010年，先后成立摄影家协会和老年摄影协会。摄影家协会会员除了外出采风、学习交流外，主要从事艺术作品创作，参加展览及比赛活动。张平宽、易水寒、杨木行、李培先、戴波涛、刘银师、张应铁、赵国红等先后在《艺术中国》《湖南日报》《怀化日报》《边城晚报》等刊物发表摄影作品，易水寒的《血色天空》，2004年在"群星杯"摄影大赛怀化赛区中获铜奖，李培先的《往事》《城市音符》在第十二届全国当代摄影艺术大赛中获奖。

音乐、舞蹈 1990—1997年，怀化市音乐工作者在地级以上刊物发表创作歌曲121首，获奖68首。1994年，柳少牧创作的歌曲《团结、开拓、拼搏、腾飞》获首届"黄河杯"中国创作金曲展唱铜奖，《重归苏莲托》获"国际家庭年"湖南省综艺大赛二等奖；1997年，吴欢创作的歌曲《当兵的女儿在远方》获湖南省"五个一"工程奖、湖南省"新歌新秀"二等奖。1999年，吴欢演唱的《国旗恋》获湖南省"新歌新秀"二等奖；2006年，曾新元的作品《侗乡杨梅岭》获怀化市歌曲创作一等奖；2009年，由匡晓武作词、李运春作曲共同创作发表了歌曲《腾飞怀化》，由李伊忠作词、宋晨光作曲共同创作发表了歌曲《美丽武陵源》。

舞蹈方面，莎莉先后创编《打新郎》《党啊，亲爱的妈妈》《红军颂》等参加地区以上文艺调演并获奖。1998—2010年，先后有多人创编的音乐、舞蹈作品在全国、省、市比赛中斩获荣誉。2002年，曾晓燕、吴莹、段祖玉等人创作表演的《开火车的哥哥你歇歇脚》，在全国职工文艺调演中获银奖；2004年，在全国"夕阳秀—首届华夏中老年艺术大赛"中，区文体协会创编的《大山茶》获得金奖。

戏曲、曲艺 戏曲、曲艺创作主要以阳戏剧团和文化馆专干为主，先后创编有《状元焚冠》《孔繁森》《周福坤》《过桥》《天木》等剧目，恢复排演《哑女告状》《孟姜女哭长城》等传统剧目十多台；曲艺创作方面，阳戏剧团和社区文艺队伍以城建、爱国卫生、社区建设等为题材，先后创作表演群口快板《逛怀化》《颂鹤城》《赞社区》和《新农村颂》等曲艺作品。

第三章 文 物

1995年，怀化市文物管理委员会成立。是年，在全国第二次文物普查的基础上，组织三个文物普查组对全市文物工作进行了普查，落实市级文物保护单位"四有（有保护范围、有保护标志、有档案记录、有保管机构）"工作。1996年，新增市级文物保护单位4处（孝义坊、伏波宫、中方古驿道、铜湾诸葛城）。1998年鹤城区成立，怀化市（县级）的库藏文物及文物保管仓库移交给中方县管理。1998年8月，鹤城区文物所成立，负责全区文物保护与管理工作。随着城市建设不断推进、三角滩水电站的修建，境内22处文物保护点、6处文物保护单位陆续损毁或淹没。2008—2010年，鹤城区开展了全国第三次文物普查工作，复查并登记了"二普"记录的文物保护点13处，新发现文物保护点55处，其中3处被区政府列为区级文物保护，申报省级文物保护单位1处（芦坪莨远古村）。2010年第三次文物普查工作顺利通过省级验收。

第一节 物质文化遗产

一、古建筑

莨远古村明清古建筑群 坐落于鹤城区芦坪乡莨远村，始建于明末清初时期。古建筑均坐北朝南，为一进至三进不等的穿斗式砖木结构，面阔三间，进深两间，小青瓦双坡顶屋面。二侧为马头山墙，墙头施彩绘。荩远古村落布局合理、错落有致、型制规整、做工考究。古建筑保存尚好，计有明清时期欧式风格建筑 2 处，中式宅院 4 处，民居 30 余处，占地面积 6000 余平方米。石刻基柱、大小石缸、扇形台阶、古家具随处可见。门楣、门柱、墙头、门窗上的书画、雕刻精美考究。荩远古村明清古建筑群历史文化底蕴深厚，对于研究我国明清时期湘西南乡土建筑艺术的形成与发展具有重要的历史、艺术和科学价值。2010 年，区政府将其作为省级文物保护单位申报。

榆树湾老街　由上节、中节、下节、山货场、水码头 5 部分组成。原有三义宫、寿福寺、太平宫、万寿宫、钟毓书院、汇仙桥等古建筑，均为砖木结构、小青瓦硬山顶、马头山墙，部分建筑有重檐顶、瓜柱、花窗。中华人民共和国成立后，随着城市功能变化，古建筑陆续消失。

彭氏宗祠　位于盈口乡新垦村西南，建于清光绪十年（1884 年），占地面积 600 平方米，坐西朝东，中轴线上自东而西依次有大门、戏台、前厅、后殿，两侧为厢房。正殿砖木结构，面宽三间，进深三间，小青瓦硬山顶，穿斗抬梁式混合结构，戏台为歇山顶，天花有八角藻井。

龙井风雨桥　位于盈口乡黄家山村南，古礅木廊风雨桥。始建于清嘉庆九年（1804 年），南北走向，全长 10 米，宽 3 米、桥廊 3 间，高 4.5 米，小青瓦硬山顶，桥头立碑，碑文楷书，载修建事宜。

兴隆桥塔　位于石门乡四方田村南，建于清道光二十四年（1844 年），平面六角三层楼阁，桥上为实心石塔，高 2.5 米，底层边长 1 米，塔基为正方形，边长 2 米，高 0.4 米，葫芦形脊式尖顶，立木结构。

二、古遗址

岩屋滩遗址　位于盈口乡湖天桥村尹家院子，面积为 27000 平方米的二级沿河阶地。经文物部门考查鉴定并经省考古研究所专家现场复核，确定为更新世中晚期（距今约 10 万~20 万年）的旧石器人类居住地点。该遗址的遗存形态，呈多圆（近似圆形）的间隔性分布，有石器制品、半成品或较多碎料灰堆积的地层，还有因火烧、火烤而变质的五件较小的常用石器及两件引火原料—石英岩（灰）。

张家坡聚落遗址　位于盈口乡黄家山村东北，面积 3000 平方米。1986 年发现新石器时代文化堆积层，厚度 0.4~0.6 米，发掘有砍砸器、刮削器等石器及夹砂红陶、夹砂褐陶、夹砂黑陶、泥质红陶和泥质黑陶残片，陶片纹饰为戳印纹，器形有罐、盆等。

唐“鹤州城”遗址　位于盈口乡狮子岩村西南，丰溪（现名为太平溪）与㵲水河交汇处的河边阶地，古称“鹤州”“向氏鹤州”“向家院子”等，是唐朝、五代“鹤州”古城的治所，又名狮子岩古城遗址。

北宋“富州砦”遗址　又名“镇江砦”遗址，位于石门乡梨头园村梁家场组。清同治八年《芷江县志》转抄《方与纪要》记载：“沅州镇东砦在双髻山下，宋初蛮置富州于此，谓之富州新城。熙宁中收复，改置镇江砦，元丰二年并入黔阳县，今乃为戍守处。”“富州”治所面积约为 25 万平方米，传说有跑马场、练兵场、点将台、营房及村院民房。该地标高 800 米，坎岩壁陡，易守难攻。

北宋“盈口栅”遗址　“栅”或“砦”都是指古代的驻军戍守基地，安放有栅栏等防御设施。“盈口栅”遗址位于榆树湾老街以西 2.5 千米处即怀化解放后的盈口仓库处。南临㵲水，北靠钟坡，东连榆树湾，据记载有前后两街、两个码头，遗址地下出土有较多的北宋陶器碎片。

“烟子坡炼铁场”遗址　位于黄金坳镇仇家村，唐宋至元为炼铁场址。该遗址以仇家村的烟子坡为中心，东西长 5 千米（包括西北向的刘家屋场和北向的干屋场炼铁厂、场在内），南北宽 2.5 千米，西南与谭口广垅坡炼铁场相连，面积 12.5 平方千米。经挖掘，铁矿渣堆积厚达 20~30 米，有唐宋人物浮雕盘口型垒坛等文物出土。

第二节　非物质文化遗产

上河阳戏　阳戏是流行于湖南湘西一带的地方小戏，清道光元年（1821 年）《辰溪县志》卷十六“风俗”中记载：“……灯节后，聚钱演戏，名曰灯戏。”“灯戏”在湘西泛指春节期间演唱的小型阳戏或花灯歌舞。阳戏得名有两种说法：一说是种阳春人演的戏，故名“阳戏”，意指阳戏艺人多系农民，长期活动在农村为农民演出，艺人世代相传而沿称至今；另一说法是阳戏的名称与巫傩有关。阳戏长期伴随还傩愿酬神演出并有与傩堂戏同班的历史。巫师冲傩还愿时戴着面具演唱娱神的戏谓之阴戏，也叫傩戏。戏班艺人涂面化装演唱娱人的戏谓之阳戏。早年演唱阳戏的戏班叫作阳戏堂子，艺人把生活、劳动中的动作加以提炼用于表演，音乐则源于山歌、号子、小调等，轻松活泼明快。阳戏以“二小戏”“三小戏”最具特色，用群众喜闻乐见的形式反映社会生活和风俗民情，深受群众喜爱。阳戏在鹤城区得到了很好的传承，保护和发展，1993年收集整理了《民间阳戏剧本与曲谱》，建区后，阳戏剧团恢复排演了《哑女告状》《孟姜女哭长城》等传统剧目十余台，创作编排了一大批新剧目。2006年，“怀化上河阳戏”被列为湖南省第一批非物质文化遗产保护名录。

第四章　档　案

第一节　档案馆室建设

档案馆建设　鹤城区档案馆位于怀化市人民南路399号，拥有档案库房2栋，1号库房为1983年修建，面积528平方米；2号库房为1996年修建，建筑面积936平方米，耗资80.55万元。1998年，怀化市（县级）国家综合档案馆及其馆藏档案全部属于鹤城区。2001年9月，经鹤城区、中方县政府协商，将1号库房移交给中方县。至2010年，鹤城区国家综合档案馆配置档案密集架19列87组，118.5立方米，档案柜（箱）103个，空调3台，去湿机2台，臭氧消毒机1台，并配有温湿计、灭火器、消防栓等保护设施，基本达到档案保管保护的“九防”要求。

档案室建设　1987年，怀化市（县级）各机关、企事业单位大力开展档案整理和档案室定级达标活动。1991年8月，盈口乡联合档案室创建工作顺利通过验收，成为怀化地区第一个省一级乡镇联合档案室。是年10月，湖南省档案局在盈口乡召开了全省乡镇档案管理现场经验交流会。1991年，全市共有37个立档单位建立了综合档案室，并达标定级。1996年，盈口乡榆市村村级档案室规范化建设试点工作圆满完成，该档案室成为怀化地区村级档案室的样板。1997年，怀化市所属机关、企事业单位、乡镇、村档案室共169个达标定级，其中省一级14个、省二级24个、省三级131个。

1998年鹤城区成立后，在继续抓档案馆（室）达标定级升级的同时，对怀化市（县级）达标定级的档案室全部进行重新复查认证，吊销了8个不合格档案室的登记证书。2000—2010年，全区38家国有企业和部分集体企业改制，这些企业档案室的监管工作相应结束。2008年后，对佳惠集团公司、天龙医药公司、吉程汽贸公司12家民营企业档案室建设进行了有效的指导。至2010年底，全区共有省二级档案馆1个（区国家综合档案馆），省一级档案室6个，省二级档案室35个，除个别单位因办公条件所限外，绝大部分单位档案室基本满足档案保管保护的条件。

第二节　收集整理

1991—1997年底，怀化市档案馆共有馆藏档案和资料50000余卷册，其中档案30000余卷。全市有基层档案室180余个，收藏档案和资料20000余卷册。1998年鹤城区成立至2010年底，区档案馆馆藏档案和资料50000余卷册，其中档案30000余卷。全区有基层档案室41个，收藏档案和资料10000余卷册。

机关、事业单位档案的整理　1991年始，每年将机关、事业单位文件材料进行收集、整理、归档。定期进行赛卷评比活动。2002年，湖南省进行文书档案立卷改革，鹤城区随之展开。2008年，全区120个副科级以上单位编制了《文件材料归档范围和文书档案保管规定》，规范文件材料收集范围和保管期限。

社区档案的整理　2004年4月，区委办、区政府办下发了《关于做好社区（居委会）建档工作的通知》。档案局随即制定了《怀化市鹤城区社区档案管理制度》《怀化市鹤城区社区（居委会）文件材料归档范围及保管期限表》。是年9月，怀化市社区档案工作现场会在鹤城区召开。是年底，全区共有30个社区建档。2008年始，为使社区档案工作制度化、规范化、常态化，修改完善了《怀化市鹤城区社区文件材料归档范围及保管期限表》，并在每年年底或年初以街道为单位对社区档案工作人员进行现场操作培训。是年，全区38个社区全部重新建档，社区档案由2004年的400多卷增至2010年的1500多卷。

村级档案的整理　1998年2月，鹤城区农村行政村村级建档工作开始启动。采取先试点、后推进的方式进行。1999年，以建整扶贫工作为契机，完成12个村的建档工作。2000年，区委办下发了《关于加强乡镇、街道办事处、下属各单位档案规范整理的通知》。2009年，对村级档案工作重新清理核实，编制了《怀化市鹤城区村级文件材料归档范围和文书档案保管期限表》。是年底，全区91个行政村全部建档。2010年，村级档案由1998年的960卷增至2010年的2200多卷。

企业档案的整理、移交、销毁　1988年，怀化市（县级）所属国营（有）企业和集体企业建档工作正式启动，至1995年38家市属国营（有）企业全部建档，企业档案工作开展得较为规范。1996—2010年，38家国有企业及部分集体企业陆续停产、改制。2001年9月，鹤城区政府办转发了《湖南省国有企业资产与产权档案处置暂行办法实施细则》。2002年，区档案局转发《关于鹤城区国有破产改制企业档案处置问题的通知》。2006年始，区档案局加强了对境内民营企业档案工作的指导，帮助企业编制企业档案分类大纲。至2010年，与天龙、佳惠、吉程汽贸等12家民营企业建立了业务指导关系。至2010年，区档案馆共接收24家破产改制企业文书档案1300卷，会计档案41746卷（册）。经鉴定，共销毁文书档案52卷、会计凭证11081卷（册）、账本1641卷，报表160卷。

国家综合档案馆馆藏和档案的接收、征集　1983年怀化市档案馆共有馆藏档案2.3万多卷册，其中文书档案2.3万卷册，资料500多册。由于档案馆库房容量不足，1983—2003年新的档案馆库房交付使用前，基本未接收档案进馆。2003年，新的档案馆库房建成，是年4月，鹤城区政府办下发《关于切实做好档案移交工作的通知》，区档案馆开始接收档案进馆。至2010年，区档案馆共设3个全宗系列，一个资料收集类别，全宗为原怀化县的93个全宗，怀化市（县级）的205个全宗，鹤城区的227个全宗；共接收53个单位档案4.8万余卷册，征集整理杨氏家谱8本，怀化阳戏曲目、剧本、剧照、影碟40本、223张，整理国家领导人视察怀化的珍贵照片以及“怀化十年成果展”照片400多张；馆藏文书档案29186卷，会计档案28816卷册，照片档案123卷册，实物档案13件，印章363枚，资料13240册。

2002年9月，经由怀化市人民政府牵头协调，鹤城区、中方县政府协商，将行政区划调整后为中方县所辖的22个乡镇1998年以前的文书档案及山林产权档案306卷移交给中方县档案馆保管。

第三节　档案编研

为开发档案信息资源，更好地服务社会，开展自编和合编两种方式进行档案编研工作。

自编资料　1992—2007年陆续自编了《怀化市大事记》《怀化市档案志》《鹤城区档案馆指南》《档案利用实例》等。2001年起，鹤城区国家综合档案馆每年收集汇编各机关单位的文件，形成各该机关的文件汇编。2003年汇编《原县级怀化市机关演变资料汇编》《怀化县委（1949—1981年）、怀化市委（1975—1981年）内设机构设置和人员重要情况汇编》《鹤城区各单位职能配置、内设机构和人员编制规定文件汇编》《房改文件汇编》《住房制度资料汇编》。

合编资料 2005年，与区政协合编的《鹤城人》《变迁》。2008年，协助区史志办编写《中共鹤城区历史》。

第四节 档案信息开发利用

1990年以前，查阅利用档案的主要是机关、事业单位和干部职工，年查阅量100余人次，出具证明20余份。

随着改革开放的不断深入、经济社会的不断发展，人们的档案利用意识日益增强，对档案需求的范围、数量等也越来越大，查阅利用档案的人群遍布社会各阶层。档案不但是各机关、企事业单位、各社会团体开展工作、编史修志的重要材料，而且是解决矛盾纠纷、维护自身权益的重要依据。1993年，怀化市城区几大主干道翻修工作中，有效利用相关档案资料；2001年芦坪乡张家村利用林权档案解决了300余亩价值150万元林地的权属问题；1999—2003年，在鹤城区农金会、城信社的清理整顿工作中，相关的馆藏档案发挥了不可替代的作用。1990—2010年，鹤城区国家综合档案馆共接待档案查阅24498人次，调阅档案及资料35459卷（册），出具证明2200份。

第五节 保护与管理

1987年，《中华人民共和国档案法》及其实施办法颁布实施，依法治档观念逐渐增强，各立档单位档案保管保护的硬件建设与软件建设逐步加强。在制度建设方面，先后制定和完善《保密守则》《档案查阅制度》《档案员岗位责任制度》《档案室管理制度》《文书处理工作制度》等。1993年始，每年进行一次大规模的档案工作检查。1996年查处了怀化市（县级）食品总厂会计档案丢失案。

1998年，鹤城区成立后，档案工作逐步由过去的以整理档案为主转变成以宣传档案法律法规、指导档案业务、强化档案行政执法为主。1998年，查处了区妇联文书档案丢失案。2008年始，积极构建“领导小组牵头，档案部门负责，战线（主管局）配合，立档单位落实”的大档案工作格局，进一步强化了档案行政执法并将档案工作纳入对各单位目标管理考核的范围。每年10—11月，区人大内司委、区政府法制办、区档案局，对档案工作中问题较大的单位进行执法检查，逐渐杜绝档案遗失的现象，逐步实现全区档案工作规范化、常态化、有效化的管理。

第五章 地方史志

第一节 地方史志机构沿革

1991年5月，怀化市地方志编纂委员会办公室升为正局级事业单位，核定编制5人。1995年2月，怀化市地方志办与市党史办合并为市史志办，时有工作人员7人。1998年8月，鹤城区史志办公室成立，为正科级直属事业单位，核定编制5名。

2010年末，实际在岗5人，2人退休。

第二节　史志编纂

一、党史征研编纂

怀化市企事业组织史资料编纂。1995年3月1日，启动《怀化市企事业组织史资料》编纂工作，同日成立怀化市企事业组织史资料编纂领导小组。

1996年7月，经编纂办公室汇总整理成书，共收入604个企事业单位的组织史资料，全书82.3万字。资料收录范围：自1949年至1995年6月辖内企事业单位党组织、行政组织、工会组织的正副职领导和委员，中高级科技人员和省级以上劳动模范（含先进工作者）。1997年7月印刷成书，印数1500本。

《怀化——火车拖来的城市》编纂。1993年11月，由市委副书记田友兴、市委办主任付刚球主持召开《怀化—火车拖来的城市》编写工作会议，就组织领导、人员安排、专题框架构思、资料征集、编纂经费等问题进行了研究落实。1994年3月，编纂领导小组召开有关单位编写人员会议，部署资料征集的方法和内容，印发了征集提纲。经过2年多时间，共征集资料300余万字，1996年6月完成初稿，7月送市委、市政府有关领导初审，8月邀请赵建章、李先禄等10位老同志及怀化地委党史办领导李彦长参加评审。全书有概述和怀化概况、铁路建设、怀化新城建设、工商企业的崛起、发展中的新城文化、教育与科技、城市建设促进农村经济的繁荣、城市管理、城市人民生活、地区政治经济文化中心、发展远景十一章及附件三个部分，全书23.8万字。1996年12月印刷成书，印数500册。

《我们的足迹》编纂。1999年6月，市史志办根据19位离退休老同志写的25篇革命回忆录，编纂整理成《我们的足迹》一书。书内25篇文章，约14.5万字。文章内容反映了从抗日战争到20世纪80年代各历史时期革命、生产的个人经历，从不同侧面展现了离退休老同志在火热的革命斗争中和社会主义建设事业中大无畏的革命精神，坚定的个人信念；在工作中勤勤恳恳、任劳任怨；在困难面前无所畏惧，勇往直前，始终保持一名革命者，一位共产党员，一个普通老百姓的本色。书中收录的文章，基本上是作者本人所写，史志办在编纂过程中对文章的标题和部分段落进行适当调整，保持了作者本人的语调，读起来朴实有趣。于1999年6月印刷成书，印数500册。

《鹤城建区五年大事记述》的编纂。为及时总结鹤城区建区5年各行各业取得的成就和经验，经区委常委会研究决定由区史志办牵头组织编纂《鹤城区建区5年大事记述》。2002年5月13日启动，经过近一年时间，到2003年4月，区直各单位、各乡镇、街道办事处上交各类重大事件资料稿160多件。资料稿记述了鹤城建区5年来辖内工、农、商、科、教、文、计生及政法、廉政、宣传、统战等各部门各战线5年来发生的160余件重大事件。经史志办编纂，于2003年6月印刷成书。

《中共怀化市鹤城区历史》的编纂。2005年2月21日，中共怀化市鹤城区委发出关于启动《中共怀化市鹤城区历史》编纂工作，编纂委员会人员由王志群、李毅为顾问，邓小建任主任，饶经理、毛运鸿任副主任，区委办、组织部、宣传部、党校、财政局、教育局、档案局、史志办等单位负责人为成员。要求“广征、核准、精编、严审”，力求资料完整、系统、准确、高质量。2006年9月，中共鹤城区委、中方县委就党史正本合编部分的有关事项进行研究和讨论，形成原则性的意见，并各自成立编纂委员会。2007年3月，经怀化市党史研究室衔接，鹤城区、中方县史志部门磋商，决定在“资料合编、经费平摊、成果共享”这一指导原则下合编分家前（即1949—1998年）的历史，1998年后的历史分开编写。《中共怀化市鹤城区历史（1949—2010）》自2007年10月开始编纂，历时3年多，其间，三易篇目，五易其稿。编纂过程中编纂人员注重史实，广征博采，共查阅市志及各种专业志60多本，历史档案2000余卷，复印重要资料近1.5万页。编纂人员除从史志办、档案馆搜集资料外，还走访了一些单位和许多“三亲”（亲历、亲为、亲闻）人员，共搜集、抄录有关原始资料1500万字。2010年7月，中共鹤城地方史正本初稿撰成，分别由刘小云、尹秀岩、向绪平、陈方召、游建民等人撰稿，舒代亮负责主编、审核。《中共怀化市鹤城区历史》初稿送市党史研究室初审，省党史研究室终审后，于2011年10月送中共党史出版社审查出版，印数1000册。《中共怀化市鹤城区历史》全书5篇22章70节244目（条），分为解放初期、全面建设社会主义时期、“文化大革命”时期、改革开放和社会主义现代化建设时期、建立社会主义市场经济和全面建设小康社会时期进行记述。

二、地方志编纂

《怀化市志》的编纂。1989年3月成立市志编纂委员会，市长任编纂委员会主任。编委会下设办公室，开始中华人民共和国成立之后第一轮修志工作。

1991年3月，确定2名市级领导专管，并把市志工作纳入市委、市政府重要工作日程。针对市志编纂缺乏历史资料，当代资料也很分散的难题，市委、市政府进行统一部署，全市38个区乡镇、5个街道办事处、70个市直单位都建立修志领导小组，选定主笔113人，组织收集资料，赶修部门、乡镇志。1991年冬，仍有部分单位强调困难，修志进度比较迟缓，市委、市政府把修志工作纳入1992年全市双文明目标考核管理，由书记、市长分别与全市各级主要领导签订修志责任状，限期年内完成基层志稿任务。市志编委两名专职副主任，一个重点抓城区，一个侧重抓区乡，使修志工作落到实处。1992年9月，全市113部基层志稿基本完成，前后征集资料8000万字，为市志编纂打下坚实的资料基础。1992年，《怀化市志》初稿送市志编纂委员会评审，市志编委及各级各部门提出修改意见，总纂人员进行修改。1993年4月经怀化地区地方志编纂委员会领导和专家初审，7月，召开《怀化市志》稿评审研讨会，省、市地方志编纂委员会及全地区县市志办的领导、专家、修志同仁共100余人参加会议。会议收到论文26篇，提出修改意见和建议1500余条。根据三级评审意见，制定修改方案，全力以赴，由市志正、副主编对志稿进行反复修改。经过4个月努力，志稿于1994年报省志编纂委员会终审验收，批准出版。1994年9月，由北京生活·读书·新知三联书店出版，新华社解放军分社《世界军事》杂志社印刷厂内文印刷，开本787×1092毫米。全书内容有序，凡例，总述，大事记。设30卷137章397节，附录和跋，卷首图照有怀化市行政区划图、怀化市城区图、怀化市地势图和其他彩色照片62幅。全书字数107万字，共印4000册。

《怀化市鹤城区志》编纂。2005年2月，怀化市鹤城区人民政府发出关于切实做好新修《鹤城区志》工作的通知，成立《鹤城区志》编纂委员会。王志群、张兴尧、周有庚任顾问，李毅任主任，邓小建、饶经理、毛运鸿、刘运进任副主任，区直相关部门负责人为委员，区史志办设立编辑部。2005年3月24日，全区修志启动大会召开。2006年10月8日，怀化市鹤城区人民政府督查室发出《关于全区编修（鹤城区志）进展情况的督查通报》。2007年6月11日，区史志办分别向各乡镇及黄岩管理处和各街道办事处印发《关于编写（鹤城区志）资料的通知》，通知就编写资料的内容，资料时间断限，资料稿上报的要求均作明确布置。2007年1月鹤城区财政局上报《怀化市鹤城区财政志》。2008年12月鹤城区武装部上报《鹤城区军事志》。材料收集困难，《区志》未能形成系统志稿。2012年3月，重新启动，调整编纂委员会成员，政府常务会研究决定经费保障。经请示上级主管部门，将志书下限延至2010年。是年4月召开动员大会，并进行为期4天的业务培训。

年鉴编纂。《鹤城年鉴（1999）》由区史志办《鹤城年鉴》编辑委员会主编张小英、副主编向绪平、编辑刘小云、梁松玉负责编纂。《鹤城年鉴（1999）》主要记载1998年鹤城区的建立和鹤城经济社会发展的基本情况。2001年编纂成书内部出版发行，32开本，印数300册，全书24万字。

《鹤城年鉴（2003）》。由区史志办《鹤城年鉴》编辑委员会主编张小英，副主编向绪平，编辑有刘小云、梁松玉、汤明红等。《鹤城年鉴（2003）》主要记载1999—2002年4年间鹤城区内国民经济和社会发展的基本情况和重大事件，分19个部类，417个条目进行编纂。2004年12月编纂成书内部出版发行，大32开本，印数200册，全书37万余字。

第六章　体　育

第一节　机构设施

一、机构与职能

1991—1997年，设立怀化市体育运动委员会，1998年建区后，更名为怀化市鹤城区体育运动委员会，2001年更名为怀化市鹤城区体育局，有干部职工27人，体育局下设“鹤城区老年人体育协会”和“鹤城区体育运动学校”。鹤城区体育运动学校是一所全民所有制公办体育运动学校，其中射击、游泳国家高级教练员4人，国家一级教练员6人，主要开展射击、游泳专项业余培训。老年人体育协会负责全区老年人体育工作。

二、体育场地

1998年建区后，鹤城区体育局为各乡镇、街道、社区安装了45副篮球架，2007年5月20日，区体育局为政府大院安装健身器材。2008年9月1日，鹤城区体育局为10个乡村安装体育器材（篮球板10副、乒乓球10台），9月12日安装完工。同时为6个社区安装了86件体育健身器材。

1995年，怀化市体校（1998年，更名为鹤城区体校），射击场建有50米（60个靶位）运动靶场1个，10米（16个靶位）运动靶场1个。同时建有25米室内游泳馆。2005年将游泳馆改为温水馆。运动员由原来每年下水训练4个月到全年训练，使鹤城区游泳运动迅猛发展，运动成绩快速提高。

2010年规划新建鹤城区青少年体育训练中心。全区共有400米标准足球运动场5个，小型田径场38个，室内乒乓球室75个，老年门球场18个，老年体育活动中心12个，露天体育健身运动广场85个，健身路径15条，长度共2000米。

第二节　群众体育

一、农民体育

1991—1997年，农民体育活动内容广泛，经常开展篮球、乒乓球、羽毛球、秋千、钓鱼、围棋、桌球、台球、象棋以及民间舞龙、舞狮等。1994年5月，怀化市体委举办首届“洲丽杯”龙狮赛，共有13支队参赛。桐木乡的桐木村队、中方镇的毛田村队获并列第一名；铜鼎乡的罗家冲村队、中方镇龙井村队获并列第二名；铜鼎乡的赤岩湾村队、中方镇白井坪村队获并列第三名；农场乡的蛮田村队获第四名。

1996年，鸭嘴岩镇、泸阳镇获怀化市亿万农民健身活动先进乡镇荣誉称号。

2004年和2006年，鸭嘴岩镇举办了两届农民运动会，规模相当宏大，参赛者十分踊跃，比赛增设趣味性项目荡秋千和挑重物，很有特色。

2006年，芦坪乡礼品西瓜成熟时，举办了首届农民西瓜节系列体育比赛活动。此后每年都在西瓜成熟时，举办农民西瓜节体育比赛活动，通过比赛，不仅活跃了农村体育，对西瓜促销也起到了很好的作用。

2006年，凉亭坳乡举办了乡村篮球赛。黄岩乡旅游度假区，举办了钓鱼、抓鱼、打糍粑及千人登山比赛活动。

2006年8月，鹤城区体育局在区政府大院球场和区检察院院内球场举办了声势浩大的首届乡镇篮球赛，共有九支队伍参加，盈口乡荣获冠军。

截至2010年，全区大部分乡镇每两年都举办一次农民运动会，有的甚至每一年举办二次体育活动。

二、职工体育

鹤城区职工体育发展速度快，单位职工开展体育活动的内容较为丰富，形式新颖。职工体育活动的开展，主要采取如下三种形式：一是单位职工自发地参与体育锻炼；二是逢年过节由单位内部举办各种类型的单项体育比赛；三是举行全区性大众运动会或单位比赛活动。凡此类比赛，声势浩大、项目众多。主要项目有篮球、乒乓球、门球、象棋围棋、射击、游泳、集体跳绳、袋鼠跳、同心鞋、拔河、体操、健美健身操、登山、钓鱼等。

1991年，为庆祝中国共产党成立七十周年，怀化市体委与团委共同举办了“跟党走”接力赛。

1993年，为纪念毛泽东同志100周年诞辰，全市各部门、各单位、企业厂矿、学校在12月26日前组织开展体育活动。

1993年5月，怀化地区体委、怀化市体委联合在怀化三中举办支持北京申办2000年奥运会“万人长跑赛”，主要领导率队参与比赛。

2003年11月28日至12月2日，“全民健身大众运动会”由鹤城区委、区政府主办、鹤城区体育局承办。区文化局、区妇联、团区委联办。比赛项目有篮球、乒乓球、射击、象棋、围棋等。参赛对象有各街道办事处、区直机关各单位、各乡镇机关企业干部职工及部分农民队。

2005年6月12日，鹤城区体育局、共青团鹤城区委承办的“怀化市首届激活杯”，全市人民迎省运千人登山比赛活动，共有32支队伍，2800多人参赛。

2007年3月8日，为纪念“三八”妇女节，区体育局、区妇联联合举办了庆“三八”，携手奥运登钟坡活动，共有20支队伍、800多人参赛。

三、老年体育

鹤城区老年体育活动是以个人或团体组织开展锻炼，参加老年体育锻炼的人大多数都是离退休老同志。锻炼形式别异、项目繁多，活动项目多以太极拳、太极剑、腰鼓舞、扭秧歌、篮球、乒乓球、拔河、袋鼠跳、象棋、围棋、健身操、武术、气功、广场舞和门球为主。全区以门球、太极拳、太极剑、健身健美操为主的文体活动队70个，共6700人，全区成立了围棋协会，会员1350人；自行车协会，会员5200人；乒乓球协会，会员360人；羽毛球协会，会员280人；钓鱼协会，会员210人。有各类综合性文体队26支，每支队伍多达280余人。

1993年，怀化市参加怀化地区第七届运动会，老年象棋比赛，怀化市象棋队取得团体第一名，怀化市张正树荣获个人第一名、赵友新获第六名。

2007年8月8日，为了迎接北京奥运会一周年倒计时，鹤城区体育局组织了近千名老同志，在怀化二中举办了“全民健身，与奥运同行”“老年同志健步行”活动。10月，邵怀高速公路通车庆典时，组委会将老年腰鼓队、花扇队和龙狮队调到现场参加迎宾式，受到了省委、省政府参加庆典的领导的高度赞扬。10月30日至11月2日，鹤城区体育局承办了怀化市第九届厂矿、企事业单位老年人门球暨农村老年人门球比赛，分5个赛点进行，共52支队位，近500名老同志参赛，怀铁门球队获冠军。11月，鹤城区委、区政府主办，鹤城区体育局承办的“鹤城区首届社区体育运动会”中，老年腰鼓舞、门球和健身操被列入老年比赛项目。

2008年8月8日，为了迎接北京奥运会胜利举办，鹤城区体育局举办了“亿万老人迎奥运健步走”大型活动，全区共组织了23支队伍，920人参加了活动。

1998—2010年，鹤城区共举办了4届老年门球比赛，参加了3届市老年门球赛和1届全省老年门球大赛，取得市赛2个第一名和1个第二名。

2010年，老年大学在河西德天广场举办首届广场舞联谊赛。

四、社区体育

鹤城区自成立社区之后，每年都组织各社区举办一些单项的体育比赛活动。

2007年7月，鹤城区体育局在板桥铺社区举办篮球赛，参赛队有怀化市委、怀化市政府、怀化市委组织部、怀化市公安局、怀化市农办、怀化市环保局等8个单位篮球队，怀化市农办系统荣获冠军。

2007年8月、12月和2008年7月，鹤城区体育局分别在仙人桥社区和新街社区举办了拔河和“迎奥运”篮球友谊赛。

2007年11月10—16日，举办“鹤城区首届社区体育运动会”。比赛项目设篮球、乒乓球、跳绳、围棋、象棋、门球、健身球、腰鼓舞、爱心传递、和谐并进、同心接物、快乐踩球等。形式分中青组、老年组、家庭组，参赛运动员共1100多人。鹤城区四大家领导亲临运动会场参加开幕式和闭幕式。城中办事处获第一名、红星办事处获第二名、迎丰办事处获第三名。

2009年推广广场舞，到2010年，全区共有35支广场舞队，人数达2000人以上。

第三节 竞技体育

怀化市（县级）、鹤城区开展的竞技体育项目有射击、游泳、田径、羽毛球、围棋、乒乓球。

一、射击、游泳

射击、游泳项目开展于1975年，常年进行业余训练，参加每四年一届湖南省运动会和每年的常规比赛中共获48金、63铜、40银。培养了包括世界冠军张秋萍、朱美在内的54名省级、国家级运动员。1991年来输送省级运动员12名，2002年后，输送到中南大学体育专业优秀运动员5名。2003年，鹤城区被授予湖南省射击后备人才基地。基地培养的射击运动员张秋萍，出生于1963年9月。多次参加国内外重大比赛，获冠军28次，其中亚洲冠军9次，全国冠军19次，超世界纪录3次，破亚洲纪录12次。国家体委授予运动健将称号，1990年湖南省政府授予劳动模范称号，荣获各种荣誉10余次。

怀化游泳正规训练开展于1992年，特别是1998年建区后，鹤城区游泳运动水平迅速提高，参加怀化市运动会，获金牌46枚、银牌51枚、铜牌50枚，团体名次居怀化市（地）之首。参加全省游泳比赛中，获金牌18枚、银牌29枚、铜牌16枚，团体名次跻身于全省三强。2008年被授予湖南省游泳后备人才基地。

2001年，在鹤城区举办的湖南省射击比赛中作为东道主，鹤城区仅仅只拿到了一个单项第二名。此后鹤城区竞技体育运动的重点放在射击和游泳两大项目上。在内部管理上进行大刀阔斧地改革，对所有的教练员一律实行竞聘上岗。发展方向确定之后，多方筹集资金，努力改善运动训练场地，添置训练设备。2003年，鹤城区体育局筹集资金10多万元，为游泳馆架设了热水管道，引怀化火电热水入池，随后花了7万多元将游泳馆进行维修，添置游泳设备。

2003—2008年，鹤城区体育局多方筹集资金共70余万元，全部用于训练场馆的翻修、学生公寓的改造，添置大批的训练器械等。2010年，鹤城区体育局拥有射击训练、比赛用50米靶场、25米靶场、10米靶场各一个，有65组靶位。6道25米长的室内温水游泳馆1个。两个标准场馆不仅为运动员提供了良好的训练氛围，而且还几次承接了湖南省的单项赛事活动。

2003年，在湖南省射击常规赛中，鹤城区运动员一举夺得了5金7银2铜的好成绩，在2004年的同一赛事中，获得5金3银7铜。两次比赛团体排名第四名和第五名。

2003—2010年，鹤城区射击运动员共夺得省级金牌19.5枚。游泳在2003年和2004年怀化市两次游泳比赛中，得金牌总数的一半。在2005年全市“二运会”中，鹤城区游泳再创佳绩，一举夺得了66枚金牌中的35枚。在湖南省2004年游泳比赛中，夺得金牌6枚，2005年6枚，2006年10枚，2007年3枚，2008年17枚，共夺得省级金牌42枚，排行全省游泳前三强。

二、围棋

针对几所小学涌现出来的围棋新苗，决定对围棋加以扶持与培养。2004年2月28日，成立棋类协会，并特别邀请全国女子围棋冠军黎春华来鹤城参加成立大会。其间，安排了黎春华与棋友们举行了1对12人的车轮大赛。

2004年9月17日，特邀聂卫平来到鹤城，不仅与鹤城的棋友们进行了1对8人的车轮大战，还专门安排了一次怀化棋迷见面会。2005年11月8日，邀请中国棋院原院长陈祖德九段到鹤城指导。其间，他不仅为怀化广大棋迷挂大盘讲解棋局，还将中国棋院授予溇水路小学和铁一小全国围棋培训实验基地的牌匾挂在学校。由于棋类协会的努力和名人的指点，鹤城区的围棋水平得到了健康长足的发展。2006年4月，围棋队参加在贵州举办的“中国贵州杜鹃花节第十二届围棋邀请赛”中荣获团体第一名。2007年，围棋队参加在湘西自治州举办的湖南省“魅力湘西围棋大赛”中荣获团体冠军。围棋新秀不断涌现，如溇水路小学的学生宋腾、三完小的舒一笑、铁一小的梁洪章曾多次荣获省少年组围棋冠军。周波成为怀化历史上第一个围棋职业运动员。

三、体育运动学校

怀化市体育运动学校（1998年更名为鹤城体育运动学校），成立于1974年9月，是一所专门从事竞技体育项目培训的业余体校。1993年，湖南省体委将怀化市体育运动学校命名为“湖南省重点体育运动学校”，学校由多项培训调整为射击、游泳两个专项教育与培训。学校一直担负着代表怀化市（地区）参加省级以上射击和游泳大赛的教学与训练任务。学校现有国家级高级教练3人、中级教练5人、初级教练4人、射击队员48人、游泳队员50人。

1993年12月，怀化市业余体校被国家评为“全国群众体育先进单位”。

学校先后涌现了世界射击冠军张秋萍、朱美等50多名优秀射击运动员，他们在国内外重大比赛中荣获世界冠军、亚洲冠军20多个，破世界记录3项次，破亚洲纪录5项次，破全国纪录13项次。朱美2006年5月参加在美国举办的世界杯比赛中荣获冠军，2006年7月参加在克罗地区举办的第49届世界锦标赛中荣获团体冠军。

2004—2010年，学校先后为湖南省射击队输送了邓宇峰、赵飞、彭思恩、刘志国、宋婕、杨佳等一批优秀的射击运动员；为中南大学、湖北武汉大学输送了曾玺、梁艳、郑美华、美佳佳、吴斌斌、梁芳等一批优秀射击学员；为北京体育大学、西南大学输送了王诩宇、龙莉君、龙彦宇等一批优秀游泳学员。体校的教练员有唐仲友、张家全、史李民、宋凌、邹林、滕云、谢玉友、赵中宝、任亚男等。2009年11月8日，因鹤城区政府迁至石门金海广场，体校射击、游泳在怀化市体育中心训练。

第四节　体育竞赛

一、体育交流

为开阔视野，增进友谊，使鹤城区的体育活动更加蓬勃发展，积极开展体育交流活动。2003年，鹤城区体育局与广东省东莞市虎门镇体育局建立了友好单位；2004年，与上海市长宁区体育局建立了友好单位。2007年3月，鹤城区体育局特邀了湖南省健身球教练到鹤城现场为群众传授训练方法，共有300多人参加培训。此外，走出去异地学习交流。从2003—2010年，分别于常德市、贵州铜仁地区、湘西自治州进行了围棋友谊赛；与麻阳苗族自治县、新晃侗族自治县进行篮球友谊赛。通过请进来、走出去的体育交流方式，促进了鹤城区的体育活动深入持久地开展。

二、参加地市以上运动会

1991年8月，怀化市有10名运动员参加湖南省第七届运动会。1991年9月20日，怀化市有52名运动员参加运动会，获得银牌2枚，铜牌2.25枚，第四名4.5块，第五名4.2块，第六名4块。1992—2010年，参加各级各类运动会16次，取得较好成绩。

第十九篇　社会生活

第一章　居民生活

经济的迅速发展，促使人民生活条件改善，2010年末，鹤城区城镇居民人均可支配收入14885元，比1998年的4631元增加10254元，增幅为221.42%。农村居民人均纯收入达6557元，比1998年的2007元增加2665元，增幅为226.71%。生活条件的改善，促使人们的衣、食、住、行、用向高标准、高档次、高品位、高质量的现代化方向迈进。1991—1992年，人们服装从青、黄、灰色为主流的中山装、军装向多花色过渡。1993年后，开始流行西装，风衣、大衣、夹克衫、猎装、牛仔服、T恤衫、针织装等款式，花色品种日趋丰富。女装款式更是变化多端，有裙装、西服、套装、牛仔服、针织装、礼服等。服装的布（质）料由1990年前以各种粗布及“的确良”为主转向腈纶、毛料、尼子、皮料、人造丝、绒、麻等较为高档、时尚的产品。

20世纪90年代前，人们以大米、面粉和普通肉类、蔬菜为主要食品。1991年后，人们的食谱广泛、烹调技术精致，不仅讲究吃得饱，还要吃得好，讲究营养健康。鸡、鸭、鱼、肉、海鲜在餐桌上屡见不鲜。在副食方面，一年四季有各种水果、糖食。婴儿可以哺食各种奶粉。

人们的住房自1991年后发生巨大变化，石门乡新街村18户农户，1991年仅有5户居住砖混结构的平房，人均面积18.2平方米。到2010年，18户全部居住清一色砖混结构楼房，人均面积达71.3平方米。在城镇，1991年，国务院发布城镇住房制度改革通知。1992年，怀化市（县级）出台住房制度改革方案，提出逐步实现住房商品化，改变租金，由住房无偿分配变为有偿分配，建房不再由单位负责。城镇居民通过市场交易购买住房，成为住房消费的主体，豪华、舒适、温馨的居室已成为辖内城镇居民的最大的生活需求。

人们出行大改观，交通工具多样，随着交通事业的发展，特别是新农村建设，村村通公路（且道路硬化），人们的出行观念发生了转变。辖区农村，黄金坳、芦坪（包括延伸至包家）、贺家田、凉亭坳及黄岩旅游度假区均有固定的农村班车往返城区。石门、杨村均有公交车延伸。人们走亲访友、嫁娶聚会、送小孩上学、上市购物、住院看病等基本上行不离车。

人们日常用品中的家用电器、厨房用品、卫生用品、通信工具，不断发展而更新。人们的通信工具变化最快，20世纪90年代初使用座机电话，之后时兴寻呼机，1992年怀化城区使用大哥大（手机）。1995年，小型手机进入干部及企业经理和一些较为有钱的个体户、农民企业家手中。2003年左右，手机已成为辖内人们主要的通信工具。到2010年，人们手机除了通话功能外，增加玩游戏、上网、发短信等功能。2010年，日常炊具，城镇居民多数用液化气、天然气，拥有电冰箱、抽油烟机、电饭煲、微波炉等现代电器产品。

1991—2004 年怀化市（县级）、鹤城区农业总产值、粮食总产量、农民人均收入统计表

表 19-1-1

项目 年度	农业总产值 (亿元)	粮食总产量 (万吨)	农民人均收入 (元)
1991	3.2933	17	685
1998	1.67	—	2007
1999	3.3517	6.1	2178
2000	3.5096	6.4	2301
2001	3.6415	5.76	2450
2002	3.6479	5.73	2590
2004	4.17	5.76	2925

第一节　农村居民生活

一、农村居民收入

1990 年，怀化市（县级）农村居民人平纯收入 653 元。自 1991 年始，逐年增加。2010 年，鹤城区农村居民人平纯收入达 6557 元，比 1990 年增加 5904 元，增加 9 倍多。2010 年人均总支出 6351 元，其中经营支出 1307 元，生活消费支出 4362 元，转移性支出 573 元。

二、居住状况

1990 年，怀化市（县级）境内农村居民人均住房面积 15 平方米。1991 年后，境内农村居民对旧木板房进行装修，黄岩旅游度假区有 80 户农村居民对原旧房进行翻新装修，芦坪乡荩远村的村民对 300 多年前的古村房屋进行维修装饰。2010 年末石门乡新街村 18 户村民，全部修建砖混结构楼房，人均面积 71.3 平方米。石门乡金海村 500 余户村民，2010 年大部分都住上砖混结构的小楼房，自 1993—2010 年，该村新建楼房 308 栋，总计 480 多栋，人均面积 120 多平方米。三层以上楼房有 120 多户，最高的楼房有 5 层。城郊乡镇部分农村居民进城购房，芦坪乡、黄金坳乡均有村民在城区购住房。黄岩旅游区农村居民在城区购住房 96 套，面积在100 至 200 平方米不等，购房总面积约 1.1 万平方米。

三、农村居民消费

境内农民消费水平不断改善和提高。“老三转”（自行车、缝纫机、手表）淡出消费行列。1991 年，百户农村家庭拥有自行车 63.29 部，缝纫机 48.53 部，时钟 13.17 部，手表 131.46 只。1992 年后，境内交通快速发展，公交车线路增多，农村班车线路延伸、拓展。城区出租（“的士”）车数量逐年增多，摩托车数量增加，私人购买汽车逐步增多，购买自行车的人急剧下降，2000 年，购买自行车的人微乎其微。款式新颖各类服装在境内城区各大商场及农村集镇商店随处可见，人们可随时选购合身得体、称心如意、时尚靓丽的各种春、夏、秋、冬装，购买缝纫机自做衣服在 2000 年后已消失。手机大量进入寻常百姓家，具有通话计时等多种功能，2000 年后购买时钟、手表的很少。家用电器、通信、交通工具渐入消费主流，各种家用电器、摩托车、汽车等高档商品成为消费主流。石门乡新街村 18 户村民，1991 年有黑白电视机 7 台，彩色电视机 10 台，2010 年黑白电视机已不再使用，彩色电视机 26 台且全部是液晶平板电视机，18 户有液化气灶 18 台，电能液化气热水器 12 台，太阳能热水器 6 台，洗衣机 18 台，电冰箱 18 台，电脑 2 台，摩托车 4 台，小汽

车8辆，手机60部。芦坪乡茷远村20户，1991年仅有黑白电视机12部，2010年，拥有彩色电视机20部，其中液晶平板电视机7台，手机35部，电风扇50台，电脑2台，洗衣机17台，液化气灶10台，微波炉7台。坨院办事处10户居民，1992年拥有电视机10部，电冰箱4部，收录机2部，电饭锅4台，洗衣机2台。2010年拥有电视机16部，座机电话4部，手机24部，电冰箱12台，洗衣机12台，电饭锅16台，微波炉8个，热水器10台，收录机8部，电脑9台，照相机4部，空调5台。食物消费发生结构变化。1991—2010年，农村居民对粮食的消费下降，趋向追求营养价值较高的副食品、健康的绿色植物食品、各种时令新鲜水果等。石门乡新街村18户，村民粮食消费额占消费支出的30%，鸡、鸭、鱼、肉、糖、水果、饮料等副食品消费额占消费支出的40%。教育消费额急剧上升。芦坪乡茷远村20户，1991年教育支出1640元，占消费支出的7.2%；1999年教育支出8900元，占消费支出的12.4%；2010年教育支出29900元，占消费支出的17.3%。石门乡新街村，儿童进幼儿园一年支出超6000元。医疗支出呈上升趋势。芦坪乡茷远村20户，1991年医疗支出2060元，占消费支出的9.1%；1999年医疗支出6800元，占消费支出的9.5%；2010年医疗支出24500元，占消费支出14.2%。社交支出占比重。芦坪乡茷远村20户，1991年社交支出3060元，占消费支出的13.5%；1999年社交支出14500元，占消费支出的20%；2010年社交支出44200元，占消费支出的25.6%。城市郊区农民的社交开支更大，石门乡新街村二组一村民2010年的社交支出2.4万元。

第二节　城镇居民生活

一、居民收入

1990年，怀化市（县级）城镇居民人均可支配收入1854元。1995年，城镇居民人均可支配收入4208元。1998年和1999年，鹤城区城镇居民人均可支配收入分别为4631元和4971元。2004—2010年，鹤城区城镇居民人均可支配收入分别为：6911元，7686元，8442元，9217元，10025元，13518元，16249元。

二、居住状况

1990年，怀化市（县级）城镇居民人均居住面积8.7平方米。1998年，鹤城区城镇居民人均住宅面积18平方米。2004年，鹤城区城镇居民人均住宅面积34平方米。2010年鹤城区城镇居民人均居住面积35平方米。坨院街道10户居民，1991年，人均居住面积16平方米，2010年人均居住面积63平方米。怀化学院教职工2010年末户平均拥有住房2.36套，人均居住面积超80平方米。

三、城镇居民消费状况

1991—2010年，城镇居民消费发生巨大变化。衣着配饰消费追求时尚。男人着装由青、灰、黄色的中山装、青年装、学生服逐步转向西装、夹克、猎装、休闲装、呢子大衣、各种休闲夏秋装，质料较为好的中山装一套价格上千元，比原来一套中山装价格高出10倍。女人着装更是款式花色多样，裙装、套装、风衣、健美裤、牛仔服等款式新颖的女装为境内城镇女青年所追尚。在配饰上，境内城区男人戴礼帽、扎领带、围围巾、穿皮鞋的随处可见。女人戴耳环、挂项链、戴手镯、戴发卡、挎小包、打太阳伞、穿高跟鞋流行甚广。膳食消费注重健康营养，坨院街道居民年人均大米消费量为250市斤，比20年前消费减少36.9%。其他食物都有一倍甚至几倍的增长，人们的食谱广泛，烹调要求精致，不仅讲究吃得饱，更重视口味、营养和健康，人们的膳食呈现饭量减少，蔬菜为主，荤菜为辅新状态。

日用品　电器产品成为境内城镇居民日常的主要用品，电饭锅、电冰箱、空调、洗衣机、微波炉、电炒锅、电吹风、抽油烟机、饮水机、淋浴、热水器、电动刮须刀等电器产品成为城镇居民日常用品。2000年，汽车开始进入城镇居民家，城北办事处辖内有私家汽车2315辆，平均每十户拥有一辆汽车。

1991—2010年鹤城区坨院街道居民人均食物消费结构统计表

表19-1-2

食物名称＼时间	1991年	1996年	2001年	2006年	2008年	2010年
大米（市斤）	396	300	288	276	260	250
猪肉（市斤）	14	20	28	33	38	56
蛋类（市斤）	5	6.8	9.6	11.2	12	12.5
鱼（市斤）	10	10	10.8	13	14.2	16
鸡鸭禽肉（市斤）	3.6	5	6.8	10.4	15.4	19.36
食糖（市斤）	2.4	4.6	6.4	9	11.2	12.4
蔬菜市斤/种	470/12	456/14	440/15	432/16	416/17	402/18
水果市斤/种	16/10	22/12	32/13	36/14	42/15	46/16

医疗保健支出 2004年城镇居民人均医疗保健支出242元，占人均消费总支出的4.8%，比1991年该项支出提高188元。2005年人均医疗保健支出352元，占人均消费总支出6.1%。2009年，医疗保健支出481元，缴纳医保基金1598元。2010年，医疗保健类支出542元。

儿童教育、生活休闲费用 境内幼儿教育每年花费6000元至10000元。有的家长在儿童自小学到初中阶段，除在学校正常接受教育外，还要求儿童兼学多种课外特长、技术，参加一门课外学习，少则几百元，多则上千元。

20世纪90年代后期，家庭中出现音响设备，后来又更新大屏彩电。文化用品中，从2000年开始，许多家庭购买电脑，部分家庭拥有钢琴等文化用品。2004年，城镇居民人均教育文化娱乐支出838元，占人均消费总支出的16.6%。2005年，该项支出746元，占人均消费支出的12.9%。2006年，该项支出958元，占人均消费总支出的15.3%。2004—2006年，鹤城区城镇居民人均消费水平为5035元、5761元、6255元。

2010年，家庭人均收入16249元，家庭人均支出14248元，其中，服务性支出2843元，食品3749元，衣着1397元，居住1246元，家庭设备用品及服务822元，医疗保健542元，交通和通讯1786元，教育文化娱乐服务1593元，其他商品和服务251元，财产性支出、转移性支出、社会保障支出、购房与建房支出共计2863元。

第二章　婚姻家庭

第一节　婚姻状况

2000年“第五次人口普查”和2010年“第六次人口普查”对婚姻状况的调查只按10%的总人口进行长表普查户申报登记。2000年被抽样调查的15岁及以上人口26390人，其中男性13228人，女性13162人；2010年被抽样调查的15岁及以上人口39024人，其中男性19359人，女性19665人。

一、未婚人口

2000年被抽样调查人口中未婚人口6525人，占被抽样调查人口的24.73%；其中男性3623人，占 13.73%，女性 2902 人，占 11.00%。未婚人口中男性在法定婚龄（22 周岁）前的有 2260 人，女性在法定婚龄（20 周岁）前的有 1810 人；在法定婚龄前的男女未婚人口占全部未婚人口的 62.38%。30~39 岁的人口中有男性 146 人和女性 42 人未婚，分别占未婚男性人口的 4.03%，未婚女性人口的 1.45%和男性同龄人口的 4.69%，女性同龄人口的 1.21%。

2010 年抽样调查人口中未婚人口 8996 人，占被抽样调查人口的 23.05%，其中男性 4706 人，占 12.05%，女性 4290 人，占 11.00%。

二、有配偶人口

2000 年“第五次人口普查”抽样调查人口中有配偶人口 18717 人，占被抽样调查的 15 岁及以上人口的 70.92%，其中男性 9224 人，女性 9493 人，分别占男性婚龄人口的 84.13%和女性婚龄人口的 83.63%。有配偶人口中，初婚有配偶 17906 人，占 95.67%；再婚有配偶 811 人，占 4.33%，平均初婚年龄 23.53 岁，高于 1990 年的 23.37 岁，其中男性平均初婚年龄 25.19 岁，女性初婚年龄 22.33 岁。

2010 年“第六次人口普查”，被抽样调查人口中已婚有配偶人口 27678 人，占被抽样调查的 15 岁及以上人口的 70.93%，其中男性 13730 人，女性 13948 人，分别占男性婚龄人口的 70.92%，和女性婚龄人口的 70.93%。平均初婚年龄 24.94 岁，其中男性平均初婚 26.49 岁，女性平均初婚 23.58 岁，与 2000 年“第五次人口普查”相比，平均初婚年龄、男性初婚年龄和女性初婚年龄分别提高了 1.41 岁、1.3 岁和 1.25 岁，这主要是人们的生活压力太大，生育孩子成本上升，人们普遍选择了晚婚。

三、离婚人口

2000 年“第五次人口普查”被抽样调查人口中离婚而无配偶人口 353 人，占被抽样调查的 15 岁及以上人口的 1.34%，其中男性 165 人，女性 188 人，离婚率 1.89%，比 1990 年提高了 1.29%。离婚人的口的比例随着年龄的增大而上升，到 30~34 岁达到最高值，占到全部离婚人口的 22.66%，以后随着年龄增大而逐步降低，离而无配偶人口中女性多于男性，这说明离婚人口中男性再婚率高于女性。

2010 年“第六次人口普查”被抽样调查人口中离婚而无配偶人口 894 人，占被抽样调查的 15 岁及以上人口的 2.29%，其中男性 396 人，女性 498 人。

四、丧偶人口

2000 年“第五次人口普查”被抽样调查人口中有丧偶人口 795 人，占婚龄人口的 4.44%，其中男性 216 人，丧偶率为 2.46%；女性 579 人，丧偶率为 6.35%。

2010 年“第六次人口普查”被抽样调查人口中有丧偶人口 1456 人，其中男性 527 人，女性 929 人。

第二节　家庭

2010 年有家庭户 162680 户，其中男性 253336 人，女性 246201 人，性别比 102.90，平均每户 3.07 人。2000 年的家庭户 102053 户，308174 人，其中男性 156574 人，女性 151600 人，性别比 103.28，平均每户 3.02 人。

一、家庭规模

2010 年三人户型 48950 户，占总家庭户的 30.09%，二人户型 32247 户，占 23.51%；四人户型 24886 户，占 15.30%；一人户型 21021 户，占 12.92%；五人户型 25621 户，占 15.75%；六人及以上户型共 3599 户，占 2.43%。

2000 年三人户型 34662 户，占总家庭户的 36.9%；二人户型 21893 户，占 21.45%；四人户型 18742 户，占 18.36%；一人户型 11951 户，占 11.71%；五人户型 8376 户，占 8.21%；六人及以上户型共 3429 户，占 3.38%。

二、家庭户的类型

2000年一代户29288户，占家庭户的28.7%；二代户61999户，占60.75%，三代户10490户，占10.28%；四代户及以上的户型276户，占0.27%。

2010年一代户50847户，占总家庭户的31.26%；二代户84493户，占51.94%；三代户27051户，占16.63%；四代户及以上的户型289户，占0.18%。

三、家庭户的居住状况

2000年"第五次人口普查"显示，家庭住户住房间数2.34间，人均住房面积8平方米及以下的户13822户，占13.50%；人均住房9~12平方米的11967户，占11.73%；人均住房13~16平方米的13297户，占13.03%；人均住房17~19平方米的7171户，占7.03%；人均住房20~29平方米的27544户，占26.99%；人均住房30~39平方米的13821户，占13.54%；人均住房40~49平方米的6631户，占6.50%；人均住房50平方米及以上的7800户，占7.64%。

2010年"第六次人口普查"显示，户均住房间数3.18间，人均住房面积8平方米及以下的户4466户，占2.75%，人均住房9~12平方米的5518户，占3.39%；人均住房13~16平方米的9689户，占5.95%；人均住房17~19平方米的9339户，占5.74%；人均住房20~29平方米的42504户，占26.13%；人均住房30~39平方米的29215户，占17.96%；人均住房40~49平方米的22369户，占13.75%；人均住房50平方米及以上的38029户，占23.38%。无住房户1551户，占0.95%。

2010年与2000年相比，人们居住的面积30平方米以上者无论是人数还是比重大幅增长，而人均居住8平方米以下及9~19平方米的比重下降，这反映本区10年来人们的生活水平、生活质量有了很大的进步和提高。

第三节　生育状况

2000年，全区有育龄妇女110731人，出生人数为3944人，其中男2148人，女1796人，出生人口男女性别比为119，出生率为11.38‰，总生育率为35.62‰。根据10%的人口随机抽样调查，被调查的育龄妇女10680人，生育子女296人，其中男孩159人，女孩137人，男女孩性别为116，总生育率27.71‰，总和生育率904.05‰。从分孩次的生育状况看，一孩246人，占83.11%，二孩47人，占15.88%，三孩及以上3人，占1%。从分年龄妇女的生育状况来看，婚龄前妇女生育为0，25~29岁组生育率最高为82.57%，其次为20~24组，为71.43%，其他依次为30~34岁组21.11%，35~39岁组3.79%，40~44岁年龄组1.91%，45~49岁组为0。

2010年，全区有育龄妇女175422人，出生人数4619人，其中男2553人，女2066人，出生男女性别比为123.6，出生率为8.38‰。根据10%的随机抽样调查，被抽样的15~49岁的育龄妇女14829人，生育子女524人，其中男孩298人，女孩226人，男女孩性别比为131.86。从分孩次的生育状况看，一孩371人，占70.80%，二孩140人，占26.72%，三孩及以上13人，占2.48%。从分年龄妇女的生育状况来看，婚龄前妇女生育为0，20~24岁组为125人、生育率为50.22‰，25~29岁组为192人、生育率为90.5‰，30~34岁组为94人、生育率49.32‰，35~39岁组为56人、生育率22.21‰，40~44岁组为39人、生育率17.41‰，45~49岁组为18人、生育率为10.58‰。

第三章 民族宗教

第一节 民族

1990年，第四次全国人口普查，区内有民族26个，其中少数民族25个。2000年，第五次全国人口普查，区内有民族26个，其中少数民族25个；2010年，第六次全国人口普查，有民族32个，其中少数民族31个，较1990年比较，1991—2010年增加7个少数民族，有1个少数民族自然减少。

一、民族人口

1990年，第四次全国人口普查，区内常住人口为48.8343万人，其中汉族人口47.6583万人，占97.59%；少数民族25个，人口11760人，占2.41%。2000年第五次全国人口普查，境内常住人口为34.6万人，其中汉族人口31.4万人，占90.8%；少数民族25个，人口3.2万人，占9.2%。随着改革开放不断深入，鹤城区商贸、物流、民营经济的发展，2000年后，有不少少数民族来鹤城区经商、搞房地产开发，加上干部、职工调入和婚姻关系，居民迁入增多，民族成分发生变化。2010年，第六次全国人口普查，区内常住人口为55.2622万人，其中汉族人口50.5791万人，占91.53%，比1990年增加29208人。苗族19541人，占3.54%，比1990年增加16195人。侗族12722人，占2.3%，比1990年增加9015人。土家族7263人，比1990年增加6287人。瑶族3771人，占0.68%，比1990年增加795人。壮族892人，占0.16%，比1990年增加794人。回族566人，占0.1%。另有白族418人，土族344人，布依族217人，蒙古族111人，傣族110人，彝族107人，黎族86人，哈尼族60人，仡佬族58人，羌族51人，藏族50人，朝鲜族34人，维吾尔族26人，纳西族17人，水族11人，畲族11人，仫佬族9人，锡伯族8人，京族5人，毛南族5人，景颇族3人，佤族2人，高山族1人，撒拉族1人，未识别民族8人，小计1753人，占0.32%。

怀化市（县级）少数民族人口分布在城区及32个乡镇。1989年蒿吉坪乡有瑶族346户、1736人，回族6户、29人，侗族3户、11人，是年11月31日，经省民政厅批准，成立蒿吉坪瑶族乡。1998年，怀化撤地时，蒿吉坪乡划归中方县管辖。

鹤城区少数民族人口分布在城区及8个乡镇。年流动少数民族人口5万人次以上。少数民族流动人口主要来自新疆、青海、四川、贵州、广西、云南及湖南省相邻地区，主要从事具有民族特色的经营活动，其经营形式既有固定门店，也有流动摊点或地摊。

二、民族工作

民族工作机制 1994年8月，怀化市民族事务委员会并入市政府办公室，改为民族事务办公室。1998年鹤城区设立后，区政府办公室内设民族事务办公室。2006年10月，设立怀化市鹤城区旅游外事侨务民族宗教局，主抓旅游、外事侨务、民族、宗教工作。2010年，增加民族识别和民族成分管理工作，协同相关部门负责高考招生中考生民族成分的审核工作。内设5个职能股室，民族宗教办公室，主抓民族宗教工作，负责组织全区有关单位及部门完善和落实少数民族和民族地区的优惠政策。帮助解决辖区内少数民族教育中的特殊困难。联系全区少数民族干部，协助组织、人事等部门做好全区少数民族干部的培养教育和推荐使用工作。办理有关保障少数民族各项权利和处理民族关系方面的有关事务。

民族优惠政策 1996年8月19日，印发《关于进一步做好民族乡及散居少数民族工作的通知》，通知要求城镇机关、企事业单位在招工时，对少数民族应在年龄、文化、考分等方面适当放宽条件；征兵时，在同等条件下要优先招收少数民族青年。财政在1996年安排5万元民族专项资金的基础上，再追加2万元，用于民族团结进步事业费和少数民族医疗减免费。财政每年在核定民族乡的财政收入基数时，为民族乡留20%的余地；乡财政的超收部分全部留给当地。农村少数民族考生初中升高中，参照大中专院校对少数民族招生的降分办法录取。市一中和三中招生时，应对民族乡分配一定名额，并适当提高散居少数民族考生择优录取比例。加强民族乡的师资、卫生等基础工作。鼓励在民族乡工作的人员。

2006年，鹤城区民族工作主要抓"两种考生"资格审查工作，印发通告下发到各学校，严把审核关，防止弄虚作假。民族成分管理中，凡是要求更改少数民族成分的，严格按照文件精神办理，严格管理少数民族成分的纠错问题，共处理纠错问题104人次，计160人。维护了少数民族的合法权益。2007年，共审核少数民族考生200人，经市民委终审全部合格。2008年，深入宣传贯彻民族政策、法律和法规，重点宣传《民族政策宣传大纲》，重心放在宣传活动进社区、企业、学校。对少数民族的生产、生活情况进行调查走访，建立台账。与市、区教育局及有关单位进行衔接，凡需领取"两种考生"审核表的考生，必须凭户口簿、少数民族登记证，"两证"缺一不可，通过严格审核把关，151名少数民族学生的审核工作无一差错，合格率100%。2010年，做好民族团结和社会和谐工作，针对辖内个别少数民族居住区的安全隐患问题，及时下发《关于做好民族领域安全稳定工作的通知》，要求各乡镇、街道、社区对少数民族居住区存在的安全隐患要及时进行认真排查和清除，制定突发事件应急处置预案，落实责任，确保全区少数民族人员安全稳定。区旅游外事侨务民族宗教局民族宗教办公室派员深入少数民族居住区以及少数民族群众中进行调查，综合调查情况，撰写《鹤城区少数民族队伍建设调查报告》和《鹤城民族工作现状》两篇调查报告，为有针对性开展少数民族工作摸清底子。

少数民族成员在体育、文艺等方面有较好的发展，在湖南省第七届少数民族运动会上获得1金6银10铜的成绩。

第二节 宗教

自古以来怀化市鹤城区居民多信佛教、道教。20世纪20年代，基督教进入怀化。1978年后，天主教又传入怀化。1996年3月前，怀化市有泸阳镇骑龙山寺等15处宗教场所，其中有11处宗教活动场所经审核，由宗教事务局登记发证。1997年7月，印发《关于加强宗教活动场所和宗教事务管理的暂行规定》，对宗教活动进行规范管理。

2010年，区内有佛教、道教、天主教和基督教，宗教团体有区基督教会。有合法宗教场所13个。

一、佛教

鹤城区佛教场所共计9个。登岚寺位于鹤城区盈口乡岩头村，1999年7月登记。登岚寺始建于唐朝，最初建在凉山脚下，后因抵御外侵的需要迁址半山腰，寺内和尚、尼姑每天闻鸡习武以防外侵。庙前栽有一棵银杏树，传说树上的银杏能医百病。当时整个怀化地区乃至湘西自治州辖内寺庙极少，邻近市、县的善男信女都到寺抽签拜佛，香火旺盛至极。

白云庵位于盈口乡白岩村与新家庄村交界的白石洞（今莱孚铝厂后面）。1983年建立，占地1亩3分，建筑面积为1亩。每年主要法会活动为3个观音盛会，以此倡导善男信女广结善缘。

学优庵，位于鹤城区石门乡新街村泸家滩冒谷山，2002年建立。每到农历二月十九日、六月十九日、九月十九日（观音生日）去烧香拜佛的善男信女络绎不绝。

6个临时场所：观音寺，位于鹤城区芦坪乡水沙溪村，占地约350平方米，建筑面积为250平方米，1999年7月建立。飞山寺，位于杨村乡桥梁村，2009年建立。松林寺，位于盈口乡新家庄村，1997年建立。回龙庵，位于芦坪乡，1999年1月建立。青山寺，位于黄金坳乡青云山，2004年建立。念佛堂，位于城区怀西路（原芷江路），2009年6月建立。

二、道教

城区有道教场地两处，一处是钟坡南麓正天宫，另一处是武陵路旁的玉皇宫。

2008年10月21日，湖南省首届“罗天大醮”法会在玉皇宫举行。有来自江西、上海、湖北、安徽、江苏、广东、福建、北京、香港及湖南省各地20多个道教团体参加活动。

三、基督教

1988年7月，在榆树湾三角坪兵马坡复堂。1990年10月29日，获准正式成立怀化市（县级）基督教三自爱国运动委员会和怀化市（县级）基督教协会，由黄华林任主席兼会长。1990年底，有教徒350人。1994年，在宗教局的帮助下，成立了以王义安等人组成的基督教会。1997年教会迁芷江路353号（现怀西路353号），是年8月16日，举行献堂典礼。1998年鹤城区设立后，怀化市（县级）基督教会亦更名为鹤城区基督教会。2002年由刘梦江兄弟管理教会事务，2003年，从省圣经学院聘请一位年轻的学生到教会做牧师，兼管教会事务。2010年末，鹤城区有2个已经登记合法的基督教聚会场所，一个是位于芷江路（现怀西路）353号的基督教堂；一个是黄岩基督教聚会点。全区基督教徒有1800多人。

四、宗教管理

1991—1997年，怀化市（县级）设有宗教事务管理局履行辖内宗教管理职能。1998年，宗教事务局归并区政府办公室，为区政府办公室内设机构，对外保留宗教局牌子。2006—2010年，怀化市鹤城区政府设旅游外事侨务民族宗教局，宗教管理工作由该局负责。

1996年4月15日，怀化市（县级）宗教事务局办公室对宗教活动场所进行梳理登记，确定泸阳镇骑龙山寺、中方镇竹田白岩山迴龙寺、袁家乡龙华寺、龙场乡佛裕庵、聂家村乡飞龙寺、接龙乡凤山庵、花桥镇桂花庵、铜湾镇高坡堂庵、铜丁乡佛法寺、下坪乡尖坡寨太坪寺、怀化市基督教爱国运动委员会教堂等11处为宗教活动场所，予以登记发证。对蒿吉坪乡天星堂庵、花桥镇九龙山寺、钟坡太坪庵、锦溪乡尖坡庵4处宗教活动场所暂缓登记。

2006年，对辖内各乡镇、街道的合法宗教场所和非法聚会点及非法活动情况进行全面摸底。严防非法邪教组织反华势力。2007年，鹤城区召开全区宗教场所负责人及宗教界人士代表会，学习国务院《宗教事务条例》，贯彻省、市宗教会议精神，对辖区宗教场所和宗教活动场所进行全面排查摸底，并形成书面材料上报到市宗教局。2009年，鹤城区开展“爱国爱教”和创建“和谐寺观教堂”活动，将7月定为宗教界“爱国爱教”宣传月，同时在全区开展创建和谐寺观教堂活动。鹤城区政府与各乡镇、街道和相关单位签订《宗教目标管理责任状》，做到层层把关，确保稳定。2010年，组织宗教场所教职人员学习《湖南省宗教事务条例》等法律法规，使辖内宗教界人士增强法律意识。区委统战部与各乡镇、街道签订《2010年宗教工作目标管理责任状》，协同政法部门打击各种非法邪教组织和活动，对非法宗教场所进行治理整顿。

第四章　民　俗

第一节　生产习俗

怀化市鹤城区，古属黔中郡；系“五溪蛮地”，尚苗、瑶风俗，民风古朴淳厚，辖内居民沿袭黄河流域、长江流域农耕文化的生产、生活习俗。

一、农事习俗

历史上，农业生产的春耕、秋收主要以农历24节气为指导，根据气候和动植物的生长变化而确定。水稻播种育秧在春分至清明节气之间，选晴天下种。1949年以前，水稻品种生长期缓慢，产量低，且只栽种一季，播种季节相对较迟。20世纪60年代中期，改良水稻品种，提倡种植双季稻，采用薄膜覆盖育秧，播种提前至春分前后。70年代始，全面推广双季稻。20世纪90年代后，大部分农田只种植一季中稻，多为三系杂交水稻，播种期推迟至清明节后。

棉花种植以“谷雨”节气为播种最佳时期，当地有“谷雨前好种棉”和“清明后，立夏前，谷雨时候好种棉”的农时谚语。在农历正月十五元宵节后，即开展积肥、整理农机具等春耕备耕工作。

林业　开荒练山、植树造林，在农历的正月、二月期间，此时农事尚未大忙，栽下的树苗，赶上春天的雨水，容易成活；植树造林，农村以杉树、松树、油茶、油桐为主。城区以街道、公园和国、省道“三边”的风景林为主。改革开放后，农村重点栽种柑橘、杨梅、板栗、桃、梨等良种经济林木。

油茶、油桐的收摘，由于气候和历史上形成的习惯：怀化市（县级）西半市靠“寒露”节气，东半市靠“霜降”节气收摘。东部比西部推迟采摘10~15天。

播稻种　沿袭习俗，育秧播种选“春社”之后，天干逢丁日的晴天播种。下种时在田坎周围插上枫树枝，扎上几个稻草人，用以驱散小鸡、雀、鸟。人民公社化后，集体耕种，推广薄膜育秧，老习俗逐步消失。

插秧　第一次下田扯秧称“开秧门”。先要扯一撮秧苗在手上揉搓拍打几下，以防止“发秧烧”（手指抽筋）。在插秧过程中传递秧苗，须将秧苗丢在田里，不能直接用手传递。历来，当地农民对栽田插秧特别重视，赶季节，赶农时，互相请工，邻里帮忙，在数天内栽完。

擂鼓挖山　农历的六月、七月，是垦复油茶山的季节。为提高挖山效率，人们集中数十名精壮汉子，组成挖山队，挖山队员着短裤、裸上身、腰系汗巾、手持宽边锄头，一字排开，开始擂鼓挖山。几十名挖山大汉伴随鼓声，呐喊声挥锄猛挖，山谷中鼓声震天动地，吆喝声此起彼伏。

二、风景林、祠堂山、茶山禁约

民国时期至中华人民共和国成立初期，各地比较大的姓氏，村落都保留有宗祠的山林、田土和风景林，20世纪60年代“山权四固定”后收归国有。祠堂山、风景林严禁砍伐。民国时期，铜湾至龙场界上的龙罐坡蓄积5千米长近千颗古松，成为远近闻名的一道风景线。

怀化是油茶的主产区，尤其是东半市的铜湾、铁坡区，油茶面积大。自古以来保留严格的《茶山和团管理禁约》。

三、工匠习俗

工匠 怀化当地工匠有木匠、锯匠、铁匠、岩匠（石匠）、银匠、弹花匠、泥瓦匠等，以木匠和锯匠为主。1978年改革开放之前，怀化农村多为木房和砖木结构住房。乡民建房子一般建木房，叫“竖屋”，必须请当地的“锯匠”和“木匠”师傅。竖屋前请人确定新屋的朝向和大门的位置后，还要择吉时兴工动土，重要的是选择竖屋上梁的吉日吉时。开挖屋场时，主人要敬山神土地、祖宗先人。选择吉日请锯匠上山砍树，砍伐大松树数棵，锯开做屋架，砍12棵2尺以上的杉树做屋柱，小杉树做“横条”，松树锯开做“椽子”用以盖瓦。锯匠一般用20多个工日据成一栋屋架，木匠在主人新宅基地，再用20~30个工日加工完成整栋新屋。

四、其他习俗与禁忌

熏猪 养猪是农民最主要的家庭副业，俗话说“穷不离猪，富不离书”。从集市和别人家买来的小猪仔，在放进自家猪舍前，先驱除瘟疫。

阉猪牛 农村喂养的小公牛、仔猪，在成年前必须进行阉割。母猪和大牯牛（公牛）的阉割必须依靠“阉猪匠”。小猪每家每户自己阉割，在10多斤尚未成熟时阉割。

狩猎（赶山） 从民国至20世纪60年代，怀化山区的野生动物很多，以野猪、野兔、野鸡、野羊为主，种类达数十种。村民邀上几个好伙伴，带上猎狗猎枪，上山打猎。狩猎以冬天农闲季节为主，尤其是下雪天，最好抓兔子。当地称猎人为“赶山佬”，他们有整套规矩和暗语。山上打倒的野猪见者有份，师傅拿头，开抢的猎人割一大块“钎子肉”（子弹周围的肉），其余均分。“赶山”时猎人之间的高声吆喝，响彻山谷，局外人不能搭腔，否则容易遭野猪袭击和猎枪误伤。二十世纪五六十年代，境内每年被野猪咬死咬伤数人，也时有猎枪误伤农夫、樵夫的事故发生。

祈雨 民国时期至20世纪60年代，由于水利条件不过关，农业多是靠天吃饭，十年九旱。在大旱年份，人们抬着猪、羊等三牲祭祀，爬上附近最高的山峰，祈求祷告直到下雨。东半市铜鼎乡青市村有一座海拔1000米的山峰，名曰“求雨堂”，是附近乡民用于求雨的专门场所。抬猪求雨在20世纪70年代逐步被舍弃。

舞草龙灯 民国时期至20世纪60年代，由于化学农药治虫尚未普及，水稻的病虫害往往造成大面积减产和失收。发生大的病虫害，人们使用稻草扎成龙灯，俗称“草龙灯”，敲锣打鼓，在田间巡回驱虫。随着化学农药普及，此习俗在“文化大革命”中也销声匿迹。

第二节 生活习俗

一、日常习俗

春社·秋社 二十四节气中，立春以后第5个戊日为“春社”。立秋以后的第5个戊日为“秋社”。春社时值万物复苏、春暖花开；秋社时节天高云淡，秋高气爽。是开展户外活动，外出踏青、游玩的黄金时节；青年男女，面对一片片金灿灿的油菜花拍照留影（有的拍婚纱照），中小学生在老师和辅导员的带领下，到山边、田头、小溪、小河边春游。在农历三月三，用野生“地子菜”煮鸡蛋、鸭蛋。乡间有“社日”野炊的习惯，称“走社”。青少年男女拿上锅子、炉罐、米、油、盐、鸡蛋或鸭蛋，在附近田地里摘些葱、蒜、青菜之类，走到山坡草坪处煮食。饭熟时，每人盛好一碗。此外，一直沿袭“挂社亲”之俗，即在头一年内，对新去世的亲人提前在社日前扫坟挂白，第二年才改为清明扫墓。

敬土地 传说“社日”是土地公公的生日。民国至20世纪60年代，农村村头巷尾都立有土地公公庙堂，称“当坊土地”；在山脚、地头还立有“山神庙”。一年四季，各种节气，都要到土地庙祈求四季平安。

打“三朝”与“满月酒” 旧时小孩出生，不论生男生女，都要举行庆贺活动。新生儿父亲提着鸡和甜酒去岳父家报喜，生男拿公鸡，生女拿母鸡，岳父家一看便知。有的地方还有给新生儿父亲脸上抹黑，听说谁做了父亲，邻居和亲友偷偷将锅底灰抹其脸上，名曰“黑喜”（与老人去世称“白喜”相对应）。岳母家于第三天早上去看望女儿、外甥，称“洗三”。在十天内择吉日备贺礼再去祝贺，谓之“打三朝”。打三朝的礼物有：十几只鸡、几百个鸡蛋、小孩帽子2顶、抱兜2个、衣服、风披、背带一应备齐。其他亲属可送两只鸡或几十个鸡蛋，有的也给钱。在小孩满月时，举办宴会，邀请亲戚朋友喝喜酒，谓之“满月酒”。在喝满月酒时，将小孩眉心点一点锅底黑，抱出与亲朋好友见面，接受长辈的祝福。

留发 婴幼儿理发，一般用剃刀剃1~2次光头，使以后的头发长得快，但儿童的头顶留一片头发，脑后留一绺记性毛，有的还织成小辫子。

草鞋 自古至20世纪70年代，草鞋成为人们上山下地、出门远行的必需品。境内大小集市，沿途客店均挂有草鞋出售。农夫和穷人穿的草鞋系由稻草捶软，搓绳编织。城镇商人所穿草鞋，多用纱麻、布条编织。二十世纪七八十年代，流行废旧汽车橡胶轮胎制作皮草鞋，经久耐用。

二、饮食习俗

辣椒 域内饮食口味重辣，辣椒种植多，产量高。除春夏上市的鲜青椒、鲜红椒外，在秋季将成熟的红辣椒晒干，制成干辣椒，一年四季可食用，并可制成辣椒粉，方便使用。当地的腌辣椒、泡辣椒和剁辣子，以香、酸、辣、脆而远近闻名。

糍粑 是当地春节前后的主要食品之一，腊月初八以后，家家户户忙于打糍粑杀年猪。打糍粑的工具用石臼和木臼。糍粑携带方便，可馈赠亲友。食用时，可烤、可煎、可煮，十分方便。正月间，农民上山挖茶山、造林，或砍山伐木等重体力活，带上几个糍粑，在野外用柴火烤熟，包上一点霉豆腐，是便捷的美食。

粽粑 怀化时兴在端午节包粽子，粽子是用糯米浸泡，加上绿豆、红豆，有的包上腊肉，配以碱水；用山上采摘的粽叶（本地称广叶，专门包粽子），包成三角形状，用粽绳杂紧，放在锅中或蒸或煮。粽粑软糯可口，香甜扑鼻，男女老少皆宜。重阳节包桐叶粑或蒿菜粑。现在一年四季市场和超市都有供应，随时可买。

腊肉 腊月，怀化城乡居民均烤制腊肉，少则几十斤，多则几百斤。农村在火塘上挂上架子，用柴火、茶籽壳等熏烤。城里人搭建简易烤制工具，燃上炭火、谷糠、橘子皮等熏制。色彩金黄透油，味道极佳，可存放半年至一年以上，是走亲访友的必备品和招待客人的首选佳肴。

血粑·豆腐·馓饭 血粑是用生鲜猪血拌以糯米，灌入洗净的猪大肠内，蒸熟晾干。食用时可煎可蒸，滋味鲜美。怀化农村杀年猪时必灌血粑，城里人大多灌制香肠。腊月二十三以后，农村人家必做几桌豆腐，留一半白豆腐过年吃，另一半用茶油炸成油豆腐。油豆腐香软味美，便于保存；当地油豆腐以铁坡的最佳，水豆腐以花桥的可口。“馓饭”是当地的一大特色美食，并出自农村乡下。用糯米浸泡蒸熟，加入红、黄、蓝等颜色；放入一个小竹圈内，用筷子扒平扒圆，做成一个个五彩圆饼，放在太阳下晒干即成。逢过年或结婚、竖屋等喜事时，将馓饭用油炸脆，形同雨伞，故又名“伞饭”，馓饭香脆无比，若用甜酒冲泡，更是风味无穷。馓饭一般做早点，招待新郎官、工匠、亲朋长辈等重要宾客，老少皆宜。

怀化城区的主要美食 米粉是城区市民早餐的主要食物。怀化盛产优质大米，并大量加工米粉；城区可口的粉馆品牌有安江米粉、津市牛肉粉、风味羊肉粉等。芷江鸭：以鸭肥肉紧，鲜辣可口闻名。烹调时加入姜、葱、桂皮、辣椒等佐料。辰溪毛狗、新晃黄牛肉，也是怀化城区饮食的两大品牌。

三、文化习俗

对联（俗称对子） 春节期间，城乡家家户户门前都要贴上红纸写的春联，以示节日喜庆。大门、堂屋门上贴门神，挂大红灯笼。门神种类很多，以前多贴秦叔宝和尉迟恭画像（俗称“把门神”），也有贴钟馗画像。改革开放后，以财神、金元宝、金童玉女或鲤鱼跳龙门为主要内容。2008年北京奥运会以后流行挂中国结。

怀化人红白喜事都有贴对联的习惯，儿女结婚、竖屋、做寿贴红对联，结婚贴“囍”字，做寿贴“寿”字。老人去世在堂屋门上贴白色对联。第二年换成蓝色对联，满三年孝服才恢复贴红对联，以示对老人的追悼、思念。

扭秧歌、广场舞　1949年后和“大跃进”运动时期，当地流行扭秧歌、打霸王鞭。改革开放后，尤其是2000年后群众自发形成广场舞，主要活动对象为中老年妇女。每天早晚，公园、广场、街头巷尾到处是跳健身舞、广场舞的人群。2008年后，省、市、区举办了多次广场舞比赛，鹤城区多次获奖。

唱山歌　怀化的乡民喜好山歌，在劳动中唱山歌可以消除疲劳，排忧解愁。山歌的主要内容是情歌和反映劳动状况和劳苦生活的歌。如“山歌好唱口难开，梨子好吃树难栽，白米好吃田难种，河鱼好吃网难开。”

改革开放后，大批农民进城务工，山歌也被带进了城市。城区三角坪和潕水一桥桥头，长年聚集大批人群（大部分是中老年男女）唱山歌，唱对子歌，场面欢快活泼，很是热闹。

第三节　节气习俗

春节　当地称“过年”（也称“阴历年”与元旦“阳历年”相区别）。怀化民间过年从腊月二十三开始至正月十五日（元宵节）这段时间，人们筹办年货，打扫卫生，合家欢聚，互相恭贺，并有多种欢庆娱乐活动。

腊月二十三，人们要焚香烧纸送灶神，同时要打扫灶屋，火塘上下的卫生。清除房前屋后杂草、淤泥，院墙沟坑可以清理垒砌。当地习俗，春节熟人相见，要互相拜年，恭贺新禧。

腊月二十三以前必须杀年猪，以备熏烤腊肉。砍下几个猪膀蹄以备拜年。接下数天是打年糍粑、做黴饭、磨豆腐、杀鸡宰鸭，准备丰盛的过年物资。杀鸡鸭必须在腊月二十九以前做完，年三十禁忌杀生。

大年三十除夕，家家户户贴春联，贴门神，挂灯笼。而后端上三牲祭礼，焚香烧纸，祭祀祖宗，燃放鞭炮。准备一桌丰盛的年夜饭，阖家团圆，万民同庆。入夜，在乡下和边远山区，农户在火塘烧上粗大的柴火，保留“守岁”的习惯。城市居民或在家，或在酒楼订“年夜饭”，饭后一同欣赏中央电视台一年一度的《春节联欢晚会》。至午夜，“零点”钟声敲响，城市、乡村家家户户鞭炮齐鸣，礼花映红夜空，喜迎新的一年（新春）到来。

拜年　大年初一，早晨开财门，放鞭炮。各家各户主人打开堂屋大门，口念“财门大大开，金银财宝滚滚来”，而后向神龛祖宗作揖。向父母、尊长拜年，再登门拜贺邻居长辈。少年儿童穿着新衣裳，在本村挨家挨户拜年，能拜到一袋袋糖果、瓜子、花生、甘蔗等各种小吃。怀化民间保持“初一崽，初二郎，初三初四随你行（hàng）”的拜年习俗，即初一儿子给父母拜年，子包括儿子、孙子、侄子、干儿子等；初二为女婿（当地称“郎”）为岳父母拜年。女婿结婚后首次给岳父家拜年称“做新客”，相当隆重。“新客”要向岳父家的父母兄弟堂兄弟送上腊肉、白糖等礼品，并每天轮流上一户人家吃饭、做客。到初三初四以后，兄弟姐妹、亲戚朋友、邻里之间互相拜年，并轮流做东，请客喝酒。

舞龙灯　历史上，怀化都有扎制龙灯，正月间舞龙灯的习俗。1949年前后一个村子扎好龙灯，就要向关系好的兄弟村庄（有的相距数十里）送上舞灯帖子。从正月初开始，出发去接受帖子的村庄舞龙灯，以后便结成“灯亲家”。接龙灯的村庄必须准备鞭炮、“三连铳”（即火铳）迎接。舞龙的叫“灯客”，是贵宾，必须盛情招待。有的龙灯队还请有“大戏”班子（主要是辰河高腔和汉剧，也有阳戏），白天唱戏，晚上舞龙灯，男女老少，好不热闹，一派新年佳节气象。有的村庄还组织花灯队表演。有龙船灯、蚌壳灯、狮子灯、结合阳戏表演等，每到一个村庄，同样管吃管住。春节舞龙舞狮和花灯表演一般要进行到正月十五，有的舞到正月满。

元宵节　怀化城区在迎丰公园、钟坡山公园举办数次灯会，人们观灯、猜灯，热闹非凡。各大超市和集贸市场出售元宵，怀化人除吃元宵外，更喜欢“甜酒煮汤丸”。

农村元宵节气氛浓厚，走亲戚，舞龙灯，白天看戏，晚上喝酒，一派和谐景象。乡下元宵节是过年的延续，过去一直流传“正月未满还是年”的习俗。

情人节　由西方国家传入，21世纪初在当地逐渐兴起，2月14日这天青年男女，互送玫瑰鲜花，以示爱情、恋情。情人节晚上，一对对情侣，手捧鲜花，或进电影院、公园游玩，或邀对象共进烛光晚餐。该节日在2000年后，逐步在怀化城区盛行，并迅速普及城乡。农历七月初七，即牛郎织女鹊桥相会，又称“七夕节”，称为传统情人节。

清明节 清明是祭祖扫墓、上坟挂白的传统节日。清明前后，家家户户要准备肉、水果、挂清糍粑等祭品，买好鞭炮、香纸、薄白纸、白灯笼，带上锄头、柴刀到祖先坟地扫墓（当地叫“挂清”）。到坟山墓地后，首先对祖宗坟墓周边清扫，砍去野树杂草，加土垒墓，清理壕沟。然后摆祭品，倒酒水进行祭拜。并在墓堆上插上树枝，挂上薄白纸、白灯笼，最后鸣放鞭炮、花炮、冲天炮。对每一位过世的长辈都要一一上坟祭扫，回家后在中堂再烧纸焚香，燃放鞭炮、祭拜列祖列宗。中华人民共和国成立前后和改革开放初期，怀化曾数度流行以宗族姓氏头人组织的“挂众清”活动。人们抬猪牵羊，准备五牲祭礼，组织几百人，甚至上千人的队伍，祭祀同族“祖公”墓。沿途敲锣打鼓，鞭炮连天，“三眼铳”震耳欲聋，场面蔚为壮观。

从2010年始，流行文明祭祀、环保扫墓，用鲜花代替鞭炮，还有“网上祭扫”等时尚新风。

端午节 当地人称农历五月初五为端午节，又叫“小端午”。五月十五称“五月半”，又叫“大端午”。端午节期间，家家户户门上挂菖蒲、艾叶，用以驱邪，并将大蒜子碾碎，拌以雄黄、酒，称“雄黄酒”，洒于房前屋后，防止蛇蝎毒虫。大人可饮雄黄酒，将雄黄酒抹于小孩额上或手心，可起防疫作用。过端午节（五月半）的时间怀化不尽相同。怀化人在端午节有两项重要活动，即包粽子和划龙舟。

六月六 民间流传“六月六，好晒虫”。农历五月是高温高湿的梅雨季节，家里的衣物、书籍容易受潮长霉。到了六月初六，已至酷暑天气，气温高且比较干燥，故城乡居民习惯将衣服、被子、族谱、书籍等物搬出来暴晒，晒去霉味，以防虫蛀。妇女在这天洗头，家畜赶往溪河洗澡。

中元节 农历七月十五，俗称七月半，又叫中元节，这是民间一年一度敬祖宗、祭鬼神的节日，故又称鬼节。怀化民间一般从七月十二日晚开始烧香纸，祭祀祖宗。祭礼有鸡、肉、时鲜水果等，首先在堂屋祭拜，而后在野外烧“包封”（白纸包的一叠叠纸钱），烧完后放鞭炮，作揖祭拜。

中秋节 农历八月十五，在二十四节气的秋分前后，故叫“中秋”，俗称“八月半”，中秋月圆、阖家团圆，是一个喜庆的节气，家家户户宰鸭子（七月鸡、八月鸭）、吃月饼、赏月，已成为千年的传统习俗。

重阳节 农历九月九日，谓之重阳。古人以奇数为阳，偶数为阴，九为最大的阳数，九九为阳数之最。1987年将九月九日定为老人节。九九重阳，秋高气爽。重阳登高，爬山观秋景、赏枫叶等活动。

重阳时节，一年辛勤劳动的谷物，都已归仓，也是庆贺丰收的节日。民间有九月重阳“杀公鸡”、作“重阳粑”的习俗。杀公鸡、祈祷土地，以求来年丰收。“重阳粑”是用糯米拌少许粳米浸泡，磨成粉，再拌以白蒿菜揉成一个个团子，蘸上茶油滚匀，内包芝麻粉、黄豆粉或瘦肉馅子，用粽叶或桐叶包好蒸熟。重阳粑香软味美很受人们喜爱。重阳节后，田地都已收割，进入农闲季节，故当地有“九九重阳，乱放牛羊”之说。

第四节　婚嫁习俗

民国至中华人民共和国成立之初，怀化的婚嫁还是奉行“父母之命、媒妁之言”，婚姻大事由媒人介绍、父母做主，包办婚姻，封建婚姻现象一度存在。《中华人民共和国婚姻法》颁布后，婚姻状况有所改观，但历史上形成的婚嫁习俗，一直存在，在农村延续至今。

请媒 请媒是婚姻的开始。一般是由男方请媒向女方求婚（当地叫提亲），男方请媒人物色女子或指定求哪家之女。旧社会有“惯媒”，即终身以做媒为职业，能说会道，解放后逐步消失。请媒一般都请有能力的中年妇女或亲朋好友中的女性去“提亲”撮合。

见面 见面又叫“看人家”，是由女方和主事的亲属由媒婆带领去男方家看人、看房屋、看家境，男方要盛情款待。改革开放后，一般由介绍人将男女双方及亲属直接带往饭店、茶厅或酒楼见面，由男方买单招待。见面后男子要准备见面礼（红包），双方如同意，则接受红包，不同意则不接受见面礼。

通庚帖　在农村，男女双方中意后，要将自己的出生年月用红纸写给对方（叫“开红庚”），双方请人相合。但城市青年男女崇尚自由恋爱，他（她）们看电影逛公园，谈情说爱，真正实现婚恋自由。改革开放后，大量男女青年冲破了传统婚姻的束缚，出现大量跨省婚姻、跨国婚姻。

订婚　农村订婚（又叫过门、担膀蹄），是男女双方确定婚姻关系的实质性一步。双方同意，选出吉日，男方备上猪膀蹄数十斤、糖果、时鲜水果等礼品，放鞭炮送去女方。女方家准备筵席，请女方的父母和叔伯兄弟会餐。男方也派出长辈或兄弟做代表，互相认识，农村叫“定亲”。燃放鞭炮，亲戚朋友、乡邻即知道，此女已许配人家，以后媒婆就不必上门求亲了。订婚时，男方要向女方长辈和小孩派“红包”，给女方准备新衣物或布料，并送“红包”。

过礼　即纳彩礼，是男方迎娶之前，向女方纳的结婚大礼。一般由女方开列清单，再由媒人在中间调和。过礼的礼物，主要有猪肉、牛肉、鸡、鸭、鱼等物；糖果数十斤，酒水上百斤，女方衣服2~4套；礼钱数万元不等。所有数字必须是双数，意为“好事成双”。“过礼”时女方宴请自己的亲戚长辈，由其父母与亲属协商分工置办嫁妆，亲戚按亲疏远近、家庭富裕情况，分别承担被子、蚊帐、桌椅、衣柜、箱子、脚盆、马桶等嫁妆。改革开放后，嫁妆有电视机、电风扇、音响、冰箱，礼重的有液晶彩电、空调等贵重家电。这些嫁妆，必须在出闺前一天送到女方家，同时参加女方的出嫁筵席。根据需要，安排送亲队伍。近几年，也有将豪华摩托和小汽车作为嫁妆，陪嫁女儿。

报日子　即确定迎亲日期。在婚嫁六礼中称“请期”。男方请人选取迎亲吉日，用红帖批注，由男方送给女方家。女方父母再请人推算确认，叫“课日子”。城市青年男女结婚，也有请人选取吉日的，但大部分是选择元旦、五一、国庆等国家法定节假日。平常则选择“双休日”举办婚事，有的干脆男女双方家庭一起请客合办婚礼，即省时又热闹。

迎亲　是男女喜结良缘的重大日子。一般择日要求：单日去女方迎亲，双日娶回男方拜堂成亲。男方由新郎的长辈亲属组成十几人的迎亲队伍，抬着猪、羊、肉、酒食并一对鲤鱼（叫对子鱼）、鞭炮等，还要备上数十个大小不等的红包，去女方家迎亲（当地又叫“接嫁娘”）。从民国至“文化大革命”前，普遍实行新娘坐“花轿”，“文化大革命”时期革除。迎亲队伍到达女方村子时，女方邻居、亲属要组织数次阻挡（叫“拦轿门”），必须要给红包、撒零币，始得放行。到女方大门口，女方亲属又一次阻拦（拦“正轿门”），男方必须准备大红礼包，一般在数百元。同时，对双方商定的迎亲肉、酒，进行验收，女方一般要求添加一至二次，意为“添一添，发一千”，讨个吉利。改革开放后，这一风俗得到改观，接亲队伍也能作为客人，一视同仁。

出阁、哭嫁　女方父母准备数十桌“嫁女”筵席，亲朋好友抬着嫁妆、棉被、衣柜、家用电器等前来随礼喝酒。旧时，在闺女出嫁前的晚上必须“哭嫁”，有的提前三天乃至一月，哭嫁的内容是叙述父母养育之恩和离别伤感之情。母亲则对女儿陪哭，劝诫女儿尊老爱幼、勤俭持家、孝敬公婆、夫唱妇随。“哭嫁”的习俗在“文化大革命”中被革除，但边远山区还部分保留。改革开放后，随着妇女政治经济地位的提高，男女自由恋爱，女孩子出嫁，不但不哭，反而是在欢笑声中离开娘家。

女孩在出闺前，必须备办一桌“离娘饭”，由新娘的父母哥嫂宗亲长辈参加。席设女方中堂，由父母对女儿进行教导嘱托，长辈送上祝福，并送上“压衣袋”的礼金红包。在天未放亮时，一般在寅时至卯时出闺。新娘梳头，换上大红嫁衣，将男方准备的“槁把火”（用干竹子和向日葵杆子捆扎）点燃，将女方火桶燃上木炭，叫“发火”。然后鞭炮齐鸣，新娘由兄长背上，由自家的堂屋出门，出门时必打青色或红伞，头披青纱。新娘家组织送亲队伍（当地也叫“脚子”）与迎亲队伍一起，将新娘护送至新郎家。送亲“脚子”在男方家喝酒吃完饭后必须当天返回，不能留宿。新娘的父母不能去男方，选派直属长辈2~3人陪送新娘（当地叫“送客”，也叫“客王”，西半市叫“老王”），“送客”必须住宿两晚，满“三朝”

才回家。

回神 迎亲的花轿到了新郎家大门口。新郎要准备一个礼包（轿门礼），才能从新娘弟或妹的手中接过钥匙，打开轿门。新郎家在大门口摆上香案祭品，地上放一盆炭火，并当场宰杀一只公鸡，洒上鸡血，焚香烧纸，称为“回神”。意为新娘平安到家。新娘必须从燃着的炭火盆上跨过祈求平安。新娘到达新郎中堂门外，新郎要“接伞”，即接过“新娘”与“送客”的伞；“三朝”后，“客王”回家时，新郎要“送伞”，这些礼节都要准备“红包”。新郎家要请亲属或邻居中生有儿子的中年妇女作为“接亲娘子”（当地称“拖嫁娘”）负责搀扶新娘。并为新郎、新娘铺好新床，床上要放些枣子、桂圆等，意为“早生贵子”。其他接亲的“脚子”将嫁妆抬进新郎房中，每一样嫁妆必须由新郎准备一个红包，主嫁妆礼包有新娘新郎的被褥（当地叫“正铺盖”）、马桶（当地叫“聚宝盆”）、蚊帐3样。

拜堂成亲 主要嫁妆搬进房后，新娘新郎按选定的吉时，手牵红布在中堂拜堂成亲。中堂设有香案、案上摆有果品，两只大红蜡烛，明晃晃的燃烧，象征着一对新人喜结良缘，地久天长。新郎新娘按男左女右站立，司礼官高喊：“一拜天地，二拜高堂，夫妻对拜，送入洞房”。

当天下午，要准备数十桌结婚筵席，所有的亲戚朋友、街坊邻居都要前来祝贺，并送上礼金，结婚筵是城乡红白喜事中最隆重、最盛大的场面，一般都有数百人参加。中堂摆上的筵席，上席是新郎的舅父一家为上宾。其他可座本家长辈，本地有“娘亲舅大”，舅爷老子不到，不开席的习俗。新房置办一桌盛宴，要上猪膀蹄、全鸡、全鸭、全鱼，相当丰盛，由新郎陪同新娘和“送客”就餐；“送客”是所有来客中的“客王”（又称“老王”），要加倍热情招待连续3天，要请能说会道、懂礼数的人陪“送客”吃饭喝酒，招待周全。“三朝”后，“客王”回家，新郎家要送猪腿肉和红包。

闹洞房 新郎新娘拜堂成亲的当天晚上，所有的亲戚朋友、街坊邻居都可到新房恭贺嬉闹，叫“闹洞房”。有的讨新娘新郎的喜糖等。新婚夫妇要热情招呼，接受嬉闹，并为客人敬烟点火。客人虽是喜庆性的“胡闹”，也有一定的礼节和规矩，旧时闹洞房要念“四言八句”等祝福词，现在逐渐失传。“闹洞房”的风俗在农村和边远山区，沿袭至今。改革开放后，在城市已不多见。

新娘茶 结婚茶席有两种：一种是新郎父母摆的主家茶，是主人招待客人和帮工跑腿的辛苦茶，系免费享用。而成婚后第二天早上，由新娘带来的糖果，摆的是“新娘茶”。吃新娘茶，必备茶钱，新郎新娘的长辈亲属、父母、哥嫂、必须参加，并赠送几十元、几百元乃至上千元的茶钱；新郎父母必须带头，并送上“白头偕老、天长地久、早生贵子”之类的祝福话。茶钱当面赠送，宾客相互攀比，送得少点的必说：“给得少，发得多”等谦虚吉祥话，新娘的一桌茶席，一般收入上万元。

结婚后的第三天早上，称“满三朝”，新娘要早起，第一次为婆家父母做早餐，履行儿媳妇和家庭主妇的职责。公婆必须在锅中放上一个尾数带8的红包，新娘收取红包，在锅中放入水，把柴火放在灶中点燃（叫烧早火）。这当然是礼节性的习俗，预示着新娘从此肩负着男耕女织、辛苦劳动、孝敬公婆、生儿育女的重任，完成了从闺女变成媳妇的人生转变。

回门 成婚后第三天，俗称“满三朝”夫妻双双回娘家探亲，谓之“回门”。一方面，表示新婚夫妻恩爱，另一方面拜谢女方父母养育之恩。回门不能住宿娘家，必须当天返回婆家。改革开放后，“回门”的习惯基本摒弃，一是刚满“三朝”，男方家很忙，二是有路途远的，当天无法返回。

婚嫁习俗，随着时代的变迁而变化。民国至20纪60年代，基本沿袭旧俗。在“文化大革命”时期，男女双方去人民公社登记，婚礼简单俭朴。改革开放后，又逐步秉承旧习俗，并流行大操大办。近年来，城市和郊区青年结婚，都聘请“婚庆公司”操办主持婚礼，注重婚照、婚纱、婚车，重点是婚房的装饰；结婚后，双双外出旅游，休婚假、度蜜月，形成了隆重、简洁、时尚、文明的婚嫁新风。

第五节 丧葬习俗

民间保留了一套繁杂的殡葬习俗和约定俗成

的规矩。丧葬礼仪以亡者的年龄和死亡的形式不同而异。

送终　老人去世时，即在屋内烧纸（叫落气纸钱），并在堂屋里燃放一封鞭炮；让邻里知道是什么时候去世的，也是向邻居报丧。接着用冷水擦抹逝者身体，在身体僵硬之前，穿好寿衣寿裤。在中堂内架上两张凳子，上搁门板（当地叫柳床）。老人遗体由自己的长子或孙辈背上，众人扶着，头里脚外放上柳床。

设灵堂　老人在柳床停放一至两晚，待直属亲戚基本到齐后，将遗体装殓入棺；棺上盖，暂时不闭合，留待远处的子孙赶来瞻视遗容；若是女性长者，必须待其娘家人看视后，方能盖棺。在棺木前搭上一皮白布，用纸书写逝者出生、死亡的年、月、日时，白布前放置遗像，并置方桌一张，上摆香案、供品，桌下放置铁锅一口，用以烧香焚纸。堂屋门上悬白纸一张，上书慎终堂，两边贴白纸对联，饰以松柏翠叶。比逝者辈分小的所有亲属均披麻戴孝，子女、孙辈穿长孝衣（戴全孝），其他亲属穿孝衣；邻居与道士、抬棺者，皆戴白孝帽。

吊唁　亲朋好友前去吊唁逝者，当地俗称“呷豆腐”。因“白喜事”的餐桌上除牛肉、肉鱼、白菜等荤素外，当地加工的“水豆腐”是必不可少，这道菜是“白事”的象征。吊唁以现金、祭幛、花圈为礼，并鸣放鞭炮。怀化城区、机关单位人员和城市居民去世，多放在殡仪馆吊唁，开追悼会后实行火葬。农村居民沿袭土葬旧俗。

祭奠　老人去世后，“做道场”追悼死者在农村一直流传至今。此习俗在“文化大革命”时被弃，改革开放后恢复盛行。

唱“老人歌”　当地乡俗忌讳死人之说，称“死”了人为“老”了人。有唱“老人歌”（孝歌）的习俗。专门有唱“老人歌”的爱好者，一般为中老年男性。听说哪里死了人，从方圆十几里乃至几十里的地方赶去唱“老人歌”。他们在灵堂外的空坪里烧上一堆柴火，地上铺层稻草，围着火堆一圈，火堆上烧点茶水，弄点炒黄豆，随手抓来吃。所以“人死了”又叫“抓黄豆子”。唱“老人歌”只在晚上进行，主人家免费管饭，在唱歌的最后一晚向逝者亲戚讨“歌钱”，重点是女婿、女儿和在外打拼的有钱亲属。歌钱几元，几十元不限，有的给上百元。唱“老人歌”一是陪伴逝者，二是增加“白喜事”的气氛，减少凄凉；歌词内容一般是唱历史上的古书和老故事为主，由以唐、宋聚多。唱者手持一面小鼓，边敲边唱，互相问；甚至互相讥讽挖苦，诙谐有趣，引得围观者哄笑。唱“老人歌”必须在灵柩“出门”前结束，他们分了钱，乘着黎明前的夜幕各自回家，不戴孝帽，也不参加送葬队伍。

出殡　通过几天几晚的祭奠，临近出殡便是“打散花灯”。“散花灯”须由道士作“散花绕棺法事”；念唱的主要内容是报花名。

道士在绕棺散花临结束时，村中“抬棺者”选8位精壮大汉立于棺材两侧，准备“出柩”（当地又叫“出门”）。“出柩”时相当紧张，子女亲属悲切痛苦，耳不忍闻，抬棺者（当地叫“抬丧佬”）齐声吆喝，呐喊不止。“出柩”时一般在寅时，天未亮，棺木抬出中堂放在路边，用凳子搁上，孝子用棉被盖上守候。待“抬丧佬”到齐后，吃过早点，天放亮时，再行抬棺上山。

在棺材抬离中堂时，儿子们在中堂内立即燃烧杉树刺枝叶，并燃鞭放炮一封，儿子和儿媳，就在堂中分扫“火灰”。

安葬　当地安葬先人，最讲究选地和择日子，因择日耗费人力物力过多，有的实行“撞三葬”的规矩，即不选择日子，在亡后的第3天早上安葬，叫“撞山”。披麻戴孝的子女三步一跪，五步一拜，抬着的灵柩上盖有棺罩，棺罩上绘有彩画，上扎纸人、仙鹤等。抬棺者前簇后拥，大队人马，浩浩荡荡，沿途鞭炮声，锣鼓声，唢呐声响彻天空；“抬丧佬”的阵阵吆喝、呐喊，掩盖了子女的哭泣。送葬队伍逶迤半里有余，恰似一条白龙，情景悲壮而热闹。

火葬　怀化城区在20世纪90年代初建立了火葬场、殡仪馆。并先后开辟了钟坡山、万福陵园等3处公墓，为殡葬改革、推行火葬提供了保障。机关单位的干部职工（尤其是党员）和城市居民，去世后普遍接受并实行“火葬”。在殡仪馆进行吊唁，开追悼会，仪式从简，而后进行火化。既节约了土地，也减少了经济上的负担。据2010年民政部门统计，鹤城区城乡逝世者火化率在30%。

人　物

人 物 传

钟及先（1917—2005）　男，土家族，湖南龙山县人。1935年参加贺龙领导工农红军，后随红二方面军长征，到达延安后，先后担任中央局勤务员、八路军驻西安办事处警卫排副班长、山西野战部队警卫排排长。1938年9月加入中国共产党。在解放战争中，先后担任东北军政学校警卫排长，辽宁办事处管理员等。1950年参加抗美援朝战争，回国后任军运处军代表。1955年6月，被授予三级八一勋章、独立自由奖章、三级解放勋章、大尉军衔。

1958年6月，转战到铁路战线，先后任长青铁路办事处副主任，沈明铁路局三处处长、视察室副主任、广州铁路局怀化分局顾问。1982年离休，享受副厅级待遇。

彭　布（1918—1997）　男，汉族，1918年8月出生于怀化市鹤城区杨村乡。曾就读于湖南省立第九联合中学（芷江）和长沙私立大麓中学。1938年，经人介绍到江西参加了新四军战地服务团，思想进步，上进性强，革命意志坚定，是年8月加入中国共产党。在抗日战争时期，奔走抗日前线，积极宣传抗日思想、唤醒民众，被提升为县工委宣传部部长，后又担任团政治处主任等职务。1940年初，参加茅山、苏南、淮南的反扫荡和清乡斗争，粉碎敌人对抗日根据地的“扫荡”和“蚕食”的残酷阴谋，取得了反“扫荡”“蚕食”和“清乡”的胜利。“皖南事变”中，与敌人激战七昼夜。

1947年，担任某团政治处主任、团长、师政治部主任、副政委等职，带领部队辗转战斗于安徽、山东、福建等地，曾多次参加、指挥安徽、山东、福建等地的解放战争。在战斗中多次负伤。

中华人民共和国成立后，调入中国人民解放军海军，曾任青岛基地快艇支队政委。因在部队政治思想建设工作中成绩突出，他曾几次受党和国家领导人的接见。1955年彭布被授予上校军衔，获三级独立自由勋章和二级解放勋章。

60年代后，彭布转入中国船舶工业研究所，担任中国船舶工业总公司第七研究所701所所长，从事船舶工业的研究，对中国的船舶事业做出一定的贡献。1983年离休，享受副部级待遇，在武汉休养。1997年8月因病逝世。

董希珠（1918—2000）　河北省馆陶县人，男，汉族，1918年7月出生，中共党员，1937年11月参加革命工作，1949年5月加入中国共产党。曾任怀化市（县级）政协副主席。1983年8月离休，2000年5月逝世。

宋鹏举（1918—2006）　河北省清河县人，男，汉族，1918年8月出生，中共党员，1943年12月参加革命工作，1948年6月加入中国共产党。参加过抗日战争、解放战争，1949年2月随部队南下。1949年8月至1950年2月，曾任澧县六区区中队指导员。1950年至1957年，先后在靖县北区、会同连山、靖县西区、靖县公安局、靖县人民政府、靖县供销社工作，曾任靖县供销社主任。1957年5月至1958年5月，曾任黔阳地区畜牧水产站副经理。1958年5月至1968年7月，曾任怀化县商业局局长、财政局局长、手工业管理局局长、县人民银行行长、县委工交科科长。“文化大革命”期间曾停职。1975年2月至1976年2月，任怀化县工商行政管理局局长。1976年2月至离休，任怀化县物资局局长。1982年离休，2006年1月逝世。

支庆福（1919—1992）　河北省献县人，男，汉族，1919年8月出生，中共党员，1939年4月参加革命工作，1940年1月加入中国共产党。参加过抗日战争、解放战争、抗美援朝战争。1939年4月在河北献县参军入伍，成为八路军120师一支队的一名战士，后任侦察班长，参加过抗日战争中的“反扫荡”“百团大战”等战役。解放战争时，曾任副连长、连长等职。1949年8月，随军南下参加湘西剿匪斗争。抗美援朝战争时，参加中国人民志愿军，曾任营长、副团长等职。在战争时期，英勇作战，舍生忘死，多次出色完成战斗任务。1959年12月至1965年1月，担任怀化县武装部部长。1965年1月，转业到地方工作，曾任中共怀化县委监委会书记、怀化县革委会办事组组长、中共怀化县委组织部副部长、中共怀化县纪律检查委员会副书记、怀化县人民代表大会常务委员会副主任等职。怀化市（县级）第二届、第三届人大代表。1983年7月离休，1992年2月逝世。

彭光森（1922—2001）　字奎松，号长生，男，汉族，怀化人号称“彭长子”。1922年8月22日出生于中医世家（其父彭定仲是当时怀化知名老中医），系鹤城区人，住榆树湾东兴街183号（现步行街）。

彭光森幼年读四年私塾，13岁起随父学医，在其父的指点下，潜心攻读了《内经》《伤寒论》《本草纲目》等医药名著，对其他历代医药书籍也有所涉猎。

18岁自设诊所坐堂行医。从医60余年，一直在临床第一线，积累了丰富的临床经验，擅长中医内科、儿科、妇科，对其他各科亦精通，对慢性疾病和疑难杂症有很深研究，在诊断和治疗上有独到见解。在理论上，主张四诊八纲和七情六淫互相合渗。重视审证求因，辨证施治，并结合患者身体素质、性格、职业、生活习惯、患病季节全盘考虑，对不同对象采取不同的治疗措施。重视药理与方剂，认准医与药不能相分，用药如用兵，要随时变化，不能生搬硬套，只有知医明药，医药并用，方能临症不乱，出奇制胜。故对中药的采集、加工炮制亦很精通，有熟练的操作技术，对单方草药治疗疾病有较丰富的经验，并常应用于临床。

注重中西结合，主张以西医病名作诊断，用中医理论去分型。在临床上将尿系结石分为湿热型、气虚型、脾肾阳虚型及肾阴虚型。将胆道蛔虫分为湿热型、虚寒型、寒热错杂型、食积气滞型等。

在实践中探索，不断总结经验，先后撰写了《学习张仲景用药法则的体会》《瘟病的辨证论治》《中医中药的用法》《泌尿系统结石的辨证施治》《小儿疳积》《麻疹治验》《顽性湿疹治验一则》等论文，在中医药学术研讨会上或杂志上进行交流，得到了专家和同道的高度评价。他曾将抗结核、治风湿的验方献给中医院加工制成“抗劳丸”，解风酊，经临床验证，疗效卓著，倍受患者青睐。注意培养中医人才，把自己的临床宝贵经验毫不保留地传授给后学的年轻一代。1980年，在黔阳卫校任教期间，不顾自己年老多病，备课全面系统，授课认真讲解，及时解答学生提出的疑难问题。从医几十年，做到言传身教，赢得了广大师生的好评和赞誉。

彭光森先后担任过怀化县、市中医院院务委员，门诊部主任，怀化市（县级）政协委员、常委，湖南省科协理事等职，多次被评为市、地先进工作者。

2001年10月因病逝世。

李升级（1925—2003）　河北省梁县人，男，汉族，1925年1月出生，中共党员，1940年1月参加革命工作，1940年1月在河北省梁县第一区师尹村参加抗日军队，1945年8月至1949年4月在冀察军区城工部、昌平县南口军管会任组织干事、内勤干事、外勤干事、秘书干事，1949年4月参加南下工作团。1955年2月加入中国共产党。中华人民共和国成立后曾任新晃县五区书记、新晃县二区区政府区长、黔阳地委宣传部副科长、黔阳专科学校党支部书记、怀化县商业局蔬菜公司副主任、怀化市（县级）公共汽车公司主任、怀化市（县级）环保办主任、党支部书记。1985年5月离休，2003年1月逝世。

孟宪辉（1925—2004） 山东省武城县人，男，汉族，1925年11月出生，中共党员，1945年2月参加革命工作，1946年9月加入中国共产党。参加过抗日战争和解放战争。曾任邵阳县人大常委会副主任、怀化县委副书记。

抗日战争时期，孟宪辉曾带领20多名青年民兵组成运输队，为八路军抢运物资。解放战争时期曾带领民兵担架队支前参战，完成任务突出，被团级部队授予“支前模范”。1949年至1950年南下期间，先后任区中队长、副区长。1950年11月至1956年2月先后任区长、区委书记、县政府科员，期间到邵阳干校学文化一年；1956年至1969年3月先后任新晃县委工交部长、县公安局长、农牧技术指导站革委会主任；1969年3月至1970年8月先后任黔阳县革委会常委、县委常委、生产指挥组组长；1970年8月至1981年7月先后任邵阳县革委会副主任、县委常委、邵阳县人大常委会副主任；1981年7月至1983年5月任怀化县委副书记。1989年9月离休，离休后曾任怀化市委（县级）顾问。2004年11月逝世。

周作典（1927—2011） 男，汉族，中专文化，系鹤城区杨村乡杨村村人。他是一位怀化及周边地区有名的骨伤科医生（本地俗称水师）。他从小跟随师傅学艺，医术精湛，医德高尚。一生致力于跌打损伤、骨伤、接骨术的治疗和研究，有着很深的造诣。在多年的行医生涯中谨遵师训“行医救治乃本分，不分富贵贫贱”。

跟从外曾祖父学医术，经过7年的刻苦学习，14岁的周作典学会了配制专门用来治疗跌打损伤的独门药膏，并能单独治疗大小跌打损伤。回到家中的周作典一边读书一边给人治伤，因家里贫困，成绩优异的周作典上不起高中，只能改上芷江师范。师范毕业后，曾被分配到鸭嘴岩新塘村小学任教，后调鸭嘴岩枫木湾中学任教十余年。在教书期间仍然钻研骨伤科，并给师生家属及上门求医者治疗骨伤。1961年因子女多，且家中没有劳动力，经多次申请后离开教育岗位，回家务农和治疗骨伤。1970年任大队合作医疗站主治医生。三子周述荣跟随其学习医术。

1983年，开设周氏骨伤科诊所。2007年修建了一栋四层1700平方米的大楼，挂牌杨村乡杨村村卫生室。以骨伤科为主，内设病房40间，80个床位，每间病房均达到了医院病房的标准，八十高龄的周作典仍坚持坐诊看病。

周作典从医70年，经他治愈的各种伤病患者可达数万例。除怀化本地区的外，还有来自省内各地区各县市区的。周边省有贵州、四川、湖北、重庆、广西等地的镇远、凯里、铜仁、秀山、酉阳、恩施、龙胜、三江的患者前来医治。周作典对特困患者分文不收，对无路费的赠其车旅费回家。截至2010年底，收到病人及家属赠送的锦旗达150余面，感谢信达数千封。

李先珍（1929—2001） 湖南省鹤城区人，男，汉族，1929年2月出生，中共党员，1950年9月参加工作，1953年3月加入中国共产党。先后在怀化县政府、怀化县泸阳公社、靖县铁路建设指挥部、靖县计划委员会、怀化市（县级）人民政府工作。1989年退休，享受正处级待遇，2001年1月逝世。

何　杰（1929—1993） 湖南省芷江县人，男，汉族，1929年10月出生，中共党员，1949年11月参加工作，1954年7月加入中国共产党。先后在会同县、麻阳县、黔阳地委、沅陵县、怀化县、怀化市（县级）工作。1978年10月至1979年6月，任怀化县委宣传部部长。1979年6月至1980年11月，任怀化市委（县级）办公室主任，1980年11月至退休，任怀化市（县级）人大常委会副主任。1986年5月退休，1993年5月逝世。

钟君章（1932—1997） 湖南省沅陵县人，男，汉族，1932年1月出生，中共党员，1951年10月参加工作，1954年3月加入中国共产党。1951年12月至1960年6月，在靖县工作，曾任县委财贸部干事、县委办秘书、公社党委书记。1960年7月至1961年7月，任通道县县委工交部副部长。1961年8月至1969年12月，在靖县工作，曾任县委财贸部副部长、县委办主任、县委工交部部长、县委委员。1970年1月至1975年2月，在洪江县工作，曾任县革委会生产指挥组副组长、财办副主任。1975年3月至退休，在怀化县、怀化市（县级）工作，曾任怀化镇财办主任、镇党委常委、副书记、革委会副主任、怀化市委（县级）常委、市革委会副主任、市人民政府副市长、市人大常委会副主任。1992年退休，1997年1月逝世。

徐殿儒（1932—1992） 河北省人，男，汉族，1948年11月加入人民解放军，1949年7月加入中国共产党，曾任区青年干事。1949年南下湖南后，历任中共沅陵县委组织部干事、中共沅陵县五区区委书记、七区区委书记、一区区委书记。中共黔阳县农村工作部长、县委副书记，黔阳专员公署农垦局副局长。1961年12月至1962年8月任怀化县县长。1962年9月至1966年6月任怀化县委副书记、县长。1966年7月至1970年11月任怀化县委书记。1976年，调任溆浦县委副书记、书记。1983年6月至1985年1月任怀化市委（县级）书记。1985年2月任怀化市顾问、中共怀化地委咨询组成员。

徐殿儒，在怀化县、市工作期间，关心怀化的建设与发展，关心农民群众疾苦，走到一个地方，都要同基层干部群众交谈，问寒问暖，鼓励基层干部好好工作，帮助解决实际问题。

徐殿儒注重培养当地干部。特别是在怀化县、市工作期间，培养了一批农村乡镇干部，提拔了一些乡镇干部担任县级领导。

杨良泽（1934—2011） 湖南省靖州县人，男，侗族，1934年6月出生，中共党员，1951年1月参加工作，1952年8月加入中国共产党。1951年1月参军入伍至1979年12月转业，曾任副排长、排长、高炮营副政委、工兵营政委、团政治处副主任等职。1979年12月至1980年11月，任怀化县革命委员会副主任。1980年11月至1983年6月，任怀化县人大常委会副主任。1983年6月至退休，任怀化市（县级）政协副主席。2011年9月逝世。

杨春初（1936—2000） 湖南省中方县人，男，汉族，初中文化，1936年9月出生，中共党员，1951年7月参加工作，1956年9月加入中国共产党。1959年至1983年，先后在怀化县铜湾公社、新路河公社、凉亭坳公社、黄金坳公社工作，曾任党委副书记、书记、革委会主任等职。1983年至1991年，先后在怀化市（县级）供销社、财委、市政府工作，曾任主任、副主任、调研员等职。1986年5月退休，2000年12月逝世。

唐小平（1953—2008） 女，汉族，怀化市鹤城区盈口乡人，中共党员，小学高级教师，全国模范教师、全国骨干校长。

1972年2月至2008年2月，在怀化潕水路小学工作，历任教师、大队辅导员、校团支部书记、副校长、校长等职。1978年9月至1983年12月湖南教育学院中文函授专科毕业，1991年9月至1994年6月湖南教育学院高师函授本科毕业。1979年获评中国少先队优秀辅导员。1983年获评中国优秀少儿工作者。2001年获全国“模范教师”称号。2002年获全国“骨干校长”称号。2004年获徐特立教育奖。2005年被评为湖南省巾帼建功标兵。在任校长期间，潕水路小学于2001年获评中国少年军校示范学校、全国现代教育技术实验学校、全国素质教育基地、全国教育先进单位。

唐小平一生都在教学及教育管理岗位，主持多个国家级教研课题试验，并被聘为中央教科所“素质教育”研究特邀研究员，担任全国实验学校专业委员会理事。

在教育管理岗位上，组织全校师生开展体育教学实践、语文阅读课教学比武、作文课教学比武、小学语文发展与创新教育比赛课。在上述活动中曾多次获全省甚至全国的一等奖。在教学基础设施建设中，率先迈开集资办学步伐，曾率全体教师到怀化市所辖的100多个单位拜访，请求帮助，得到社会的大力支持。投入近千万元，建立一所集现代教学设施、环境优美为一体的校园。2008年2月因病逝世。

纪宗岳（1965—2006） 籍贯不明，男，满族，1965年11月出生于湖南省靖州县，中共党员，1983年参军入伍，1985年加入中国共产党。

1986年，纪宗岳从部队复员转业到地方工作，被分配到怀化铁路公安处，先后在怀化铁路公安处乘警支队、车站派出所公坪警务区工作。纪宗岳对待工作一贯勤勤恳恳、兢兢业业，忠实履行从警誓言，多次被怀化铁路公安处评为优秀共产党员、先进个人。2006年6月25日上午11时，大雨，纪宗岳在沪昆铁路公坪铁路道口执勤时发现险情，立即进行处置排险，不幸被疾驰的列车撞成重伤，经抢救无效壮烈牺牲。2006年，铁道部公安局追记纪宗岳个人二等功一次。2007年6月，湖南省人民政府追认纪宗岳为烈士。

向 晟（1974—1997） 湖南省鹤城区人，男，汉族，1974年10月出生，中共党员。1992年9月，考入中国人民解放军第二炮兵工程学院学习，1993年6月加入中国共产党。曾任沈阳军区80416部队排长。

1997年11月，向晟为抢救战友不幸牺牲。向晟的骨灰盒安葬于家乡怀化市的万福陵园，其墓前石柱上刻有一副对联："少年壮志才华冠群显英雄本色；舍己救人浩气贯虹为当代风流"，准确的颂扬了其短暂而又光辉的一生。向晟从小就树立起了远大志向，小学、中学期间，德、智、体全面发展，成绩优异，爱好广泛，团结友善，乐于助人。曾被评为怀化地区优秀学生干部、湖南省三好学生。进入大学后，向晟更加刻苦勤奋，好学上进，多次帮助遇到困难和挫折的战友，多次见义勇为，期间荣获嘉奖三次，记三等功一次。大学毕业后，被第二炮兵工程学院免试录取为硕士研究生。在选择毕业去向时，向晟毅然决然的放弃了回到家乡和去大城市的机会而选择到条件较为艰苦的基层连队，他用一句"我还年轻，我要到最艰苦的地方去锻炼自己，到祖国最需要的地方去"回复了亲友的关切。1996年6月，向晟下到沈阳军区80416部队的基层连队。到部队后，向晟时时刻刻用所在连队的"尖兵精神"（不畏艰难的顽强拼搏精神；一往无前的开拓进取精神；以苦为乐的无私奉献精神；众志成城的团结协作精神；志在一流的争先创优精神）激励自己，勤奋工作，从不叫苦叫累，连续两年受到嘉奖。1997年7月，因表现优异，向晟被任命为所在连队二排排长。1997年11月28日上午，大雪，向晟带领战士在吉林省通化市执行任务，当发现战友有危险时，奋不顾身进行抢救不幸身负重伤，经抢救无效壮烈牺牲。1998年1月，中国人民解放军总政治部批准向晟为革命烈士。

前志补遗

唐文辉（1894—1935） 男，汉族，怀化市鹤城区河西街道办板坡村人。

1933年毕业于湖南省立高等师范专科学校，1934年任芷江县副县长，兼任罗平乡乡长。在任期间，训练乡丁，加强防匪、剿匪，整治社会秩序。1935年6月18日，唐文辉到所兼乡长的罗平乡处理公务，到禾梨坳，被土匪杀害，时年41岁。

陈方谁（1899—1948） 男，汉族，举人，系鹤城区芦坪乡苠远村人。

陈方谁立志求学，他铭记"两耳不闻窗外事，一心只读圣贤书"的名言。为了专心读书，陈方谁搬到离家5华里远的"和尚洞"安静地读书，打算过后去长沙考试。在"和尚洞"里，陈方谁从不与外人来往，几次母亲要探望，都被他婉言谢绝了。一年多后赴长沙参加科举考试，中了举人。面试时，被主考官看中，选送日本留学。

三年后，陈方谁留学归来回到长沙，后到陈渠珍驻地，被任命为独立第一团团长兼司令官。随后，又担任芷江、黔阳、新晃、麻阳、溆浦、辰溪等七县的剿匪指挥长，拥军1000多人。

在家乡创办了一所学校，免费供大家读书。陈方谁出资聘请教师和奖励学生，校名定为"芷江县三合乡私立行义初级小学校"。寓意"行程远大应由近起，义理精深须自勤求"。1938年间，行义小学正式上课，陈祖汉任校长，办有4个班，男女兼收（男多女少），贫富不限，不收任何费用，春秋两季招生。每学期期末，学校奖励前三名品尝兼优的学生，每人奖励银圆两元（当时可以买300斤稻谷），一、二、三名奖金都是一样多。1941年三合乡创办完全小学，校址是现在芦坪中学（陈氏宗祠），就停办了行义小学。

1948年，在家病故。

人物名录

表 1

1949年南下怀化县干部名录

建制或来源	姓　名	性别	籍　贯	南下时确定单位和职务	入湘后（第一站）的单位和职务	现（或离休前）的单位和职务（或去向）
晋中四大队四中队	张士林	男	河北省平山县	县委书记	县委书记	省直属机关党委书记
晋中四大队四中队	何　栋	男	河北省灵寿县	县长	县长	河北省石家庄探矿机械厂副厂长
晋中四大队四中队	刘文焕	男	河北省曲阳县	县委宣传部部长	县委宣传部部长	怀化行署顾问
晋中四大队四中队	程毅之	男	河北省深县	区委书记	一区区委书记	中南煤炭管理局
晋中四大队四中队	刘凤兰	男	河北省平山县	区委书记	二区区委书记	省地震局办公室主任
晋中四大队四中队	张英	男	河北省正定县	区委书记	三区区委书记	长沙市经委副主任
晋中四大队四中队	何贵兰	女	河北省曲阳县	区委书记	二区区委副书记	株洲市直属党委书记
华北革大	张震亚	男	北京市	学员	县委宣传部干事	怀化市林业局副局长
晋中四大队四中队	张淑琴	女	河北省正定县	妇联干部	县妇联干部	长沙市经济委员会
晋中四大队四中队	刘富明	男	河北省平山县	通信员	县委会通信员	省建新农场
晋中四大队四中队	王毅山	男	河北省正定县	通信员	县委会通信员	怀化市纪律副书记
晋中四大队四中队	张淑祥	女	河北省深县	妇联干部	县妇联干事	河南省
人民解放军	张元廷	男	山东省	战士	县委会炊事员	
	王建玺	男	河北省灵寿县	县公安局局长	县公安局局长	怀化行署副专员
晋中四大队四中队	代　平	男	河北小正定县	科长	县财政科科长	怀化行署副专员
晋中四大队四中队	唐占国	男	吉林省榆树县		县银行代理	怀化县人民银行行长
晋中四大队四中队	刘　克	男	河北省平山县	区长	一区区长	怀化地区商业局副局长
晋中四大队四中队	张　昆	男	河北省曲阳县	区长	二区区长	牺牲
晋中四大队四中队	张英民	男	河北省赵县	区长	三区区长	牺牲

续表1

建制或来源	姓　名	性别	籍　贯	南下时确定单位和职务	入湘后（第一站）的单位和职务	现（或离休前）的单位和职务（或去向）
晋中四大队四中队	马淑义	女	河北省赵县	妇联干部	到长沙时病故	
晋中四大队四中队	栗荣俭	男	河北省灵寿县	区委组织委员	一区区委组织委员	怀化县直属机关党委书记
晋中四大队四中队	刘进宅	男	河北省曲阳县	区委组织委员	三区区委组织委员	牺牲
晋中四大队四中队	赵　旭	女	河北省曲阳县	县政府科员	一区妇联主任	怀化地区民政局科长
晋中四大队四中队	陈玉蓉	女	河北省灵寿县	干部	县公安局干部	怀化地区检察院
晋中四大队四中队	史云亭	女	河北省平山县	干部	二区妇联干部	省地震办公室
晋中四大队四中队	苏　平	女	河北省灵寿县	干部	县民政局干部	河北省石家庄探矿厂长行政科科长
晋中四大队四中队	常玉贞	女	河北省曲阳县	干部	县新华书店干部	怀化地委党校
晋中四大队四中队	赵　贤	男	吉林省	干部	县武装部干事	溆浦县
华北革大	王维新	男	山东省	学员	二区干部	北京市大兴县旧官乡5号村
华北革大	李惠民	男	河北省获鹿县	学员	二区干部	河北省石家庄国棉四厂科长
华北革大	查少周	男	河北小兴河县	学员	县粮食局会计	
人民解放军	杜玉田	男	河北省	中队长	县公安队副队长	溆浦县委组织部副部长
人民解放军	刘炳华	男	江西省永新县	47军连长	县财政税务局股长	黔阳地区医药公司经理
人民解放军	杨瑞林	男	河北省	140师排长	二区区中队队长	
人民解放军	李玉福	男	辽宁省	140师战士	县粮食保管员	回原籍
人民解放军	侯玉书	男	辽宁省	140师战士	四区干事	
人民解放军	刘宝才	男	松江	140师战士	三区干事	
人民解放军	罗　奎	男	福建省广泽县	140师战士	县贸易公司干部	
人民解放军	张明岐	男	吉林省永吉县	140师指导员	县公安局队长	黔阳县药材公司经理
人民解放军	马世有	男	辽宁省新金县	140师排长	县公安局排长	
人民解放军	王官明	男	山东省昌邑县	140师排长	县公安局排长	
人民解放军	李庆成	男	吉林省永吉县	140师班长	县公安局看守所所长	
人民解放军	武海山	男	吉林省	140师运输队干部	县贸易公司干部	
人民解放军	苏福有	男	黑龙江省依兰县	140师班长	县公安局股长	辰溪五一煤矿
人民解放军	韩　江	男	吉林省	140师副班长	县粮食局干部	怀化市副食品公司副经理
人民解放军	张云南	男	山东省掖县	140师班长	县公安局看守所所长	怀化市粮食局粮站主任
人民解放军	王忠起	男	热河	140师班长	县粮食局干部	回原籍
人民解放军	安玉生	男	黑龙江省富锦县	140师战士	县法院法警	

续表 1

建制或来源	姓 名	性别	籍 贯	南下时确定单位和职务	入湘后（第一站）的单位和职务	现（或离休前）的单位和职务（或去向）
人民解放军	史荣禄	男	河北省	140 师指导员	二区区中队指导员	怀化市文化局局长
人民解放军	李明山	男	河南省方城县	140 师战士	一区武装部干事	
人民解放军	唐树文	男	四川省	140 师战士	县贸易公司	
人民解放军	张玉庭	男	山东省	140 师战士	县贸易公司副经理	
人民解放军	张素鹉	男	山西省	140 师战士	县贸易公司保卫干事	
人民解放军	曹俊	男	山西省	140 师干部	一区税务所长	
人民解放军	贾俊玉	男	山东省	140 师干部	县银行出纳	
人民解放军	李长生	男	黑龙江省	140 师干部	三区武装部干事	
人民解放军	李金庆	男	山东省	140 师干部	五区干部	
人民解放军	杜海洋	男	—	排长	县医药公司经理	怀化地区制药厂厂长
人民解放军	侯忠志	男	河北省安国县	—	县贸易公司副经理	
人民解放军	常春棋	男	河南省	—	县合作科干部	
人民解放军	李向仁	男	河北省	—	县政府秘书室干部	
人民解放军	马风岭	男	山东省	—	县公安局劳改队	
人民解放军	殷中正	男	河南省	—	县公安局劳改队	
人民解放军	刘振正	男	河北省	—	县公安局劳改队	
人民解放军	何中正	男	河北省	—	三区干部	
人民解放军	尹景全	男	河北省	—	四区干部	
人民解放军	白林江	男	吉林省	—	五区干部	
	焦永成	男	吉林省榆树县	—	四区区委组织干事	回原籍
	贾俊兰	女	河北省	—	县银行出纳	
	王明日	男	吉林省	—	县银行农贷员	
	郗喜财	男	山西省	—	县公安局干部	
	田德山	男	山东省	—	县粮库保管员	
	赵 琪	男	山西省浑源县	—	—	
	周福录	男	黑龙江省方正县	—	—	
	郇文彬	男	吉林省舒兰县	—	—	
晋中四大队四中队	王 玉（王光偏）	男	河北省正定县	通信员	县政府通信员	怀化市派出所所长
晋中四大队四中队	马吉镇	男	河北省正定县	通信员	县政府通信员	
晋中四大队四中队	苏七月	男	河北省正定县	通信员	县政府通信员	
晋中四大队四中队	汪俊良	男	湖北省武汉市	学员	县税务局干部	怀化市土麻公司

表 2

从湖南省各地调入怀化南下干部名表

建制或来源	姓　名	性别	籍贯	南下时确定单位和职务	入湘后（第一站）的单位和职务	现在（或离休前）的单位和职务（或去向）
冀东二大队	徐殿儒	男	北京市平谷县	组织干事	沅陵县组织部干事	怀化县委书记、地委咨询组成员
华北革大	黄　杰	女	北京市	学员	黔阳县政府收发员	怀化市税务局
华北革大	刘秀英	女	北京市	干部家属	黔阳县公安局干部	怀化市公安局
人民解放军	范德春	男	吉林省榆树县	股长	晃县贸易公司经理	怀化市干休所
华北革大	全企圣	女	北京市	学员	晃县城关区财粮局	怀化市乡镇企业局
人民解放军	王　珏	男	辽宁省锦县	干部大队	沅陵县五区副区长	怀化市机床厂党委书记
人民解放军	郝　正	男	陕西省榆林县	干部大队	沅陵县一区民政助理	怀化市建委
人民解放军	孙寿乔	男	山东省掖县	战士	麻阳县贸易公司干部	怀化市人民医院
华北革大	段德山	男	山东省威海市	干部	大庸县公安局警卫员	怀化市
晋中四大队	王吉存	男	河北省正定县	警卫员	会同地委会警卫员	怀化市饮食公司工会主席
华北革大	刘文庆	男	河北省临榆县	学员	专署财粮科干部	怀化市商业局纪检书记
晋中四大队	刘　四	男	山西省晋口	警卫员	公安处警卫员	怀化市公安局副局长
中原支队	禹孟全	男	河南省	学员	专署银行干部	怀化市工轻局协理员
晋中四大队二中队	李升级	男	河北省石家庄市	区委副书记	洪江市委副书记	怀化市环保办主任
人民解放军	陈锡鹏	男	辽宁省 47 军供给部	干部	行署财政处粮科副科长	怀化某公司经理
冀南二大队一中队	田　谨	男	河北省清河县	干部	澧县一般干部	怀化市
冀南二大队二中队	高　洪	男	山东武城县	区干事	澧县委民运干事	怀化县供销社
冀南二大队	莫光治	男	山东省夏津县	通信员	桃源县通信员	怀化市粮食局副局长
冀南四大队五中队	黄鸿继	男	河北省隆尧县	干部	常德七区民政助理	怀化地区粮食局副局长
冀南四大队五中队	韩昆山	男	河北省	干部	常德二区农筹干部	怀化县财税科
冀南四大队五中队	张春花	女	河北省新河县	干部	常德县大队干部	怀化市贸易公司副局长
冀南二大队	刘英峰	男	河北省故城县	干部	常德市政府警卫员	怀化市公安局局长
冀南二大队	孙毅	男	山东夏津县		常德军分区司令部通信科参谋	怀化商业局

表 3

鹤城区中华人民共和国成立前参加革命工作老干部名单

单　位	姓　名	出生年月	参加工作时间	入党时间	原任职务	单位性质	离退时间	现享受待遇
区政府办	何永振	1930.33	1946.08	1949.03	顾问	行政	1991.11	正处
	王　仁	1928.11	1945.02	1945.12	文教办主任	行政	1983.11	副处
	杨继宽	1929.12	1949.09	1954.02	副主任	行政	1991.08	副处
	刘予任	1927.05	1949.02	—	干部	行政	1984.01	正科
	龙耀清	1931.01	1949.09	1954.03	助理调研员	行政	1991.01	副处
区民政局	彭宏仁	1933.09	1949.9	—	副主任科员	行政	1994.08	副处
	刘承满	1932.6	1949.3	1954.12	副局长	行政	1992.12	副处
区外贸公司	张春华	1930.8	1945.3	1946.2	经理	企业	1987.5	副处
区招商局	吴克武	1934.3	1949.5	1971.5	主任	行政	1994.4	正科
区人大办	张良彬	1928.12	1949.8	1952.7	副主任	行政	1989.8	副处
	侯少康	1930.5	1949.9	1954.6	副主任	行政	1991.5	副处
区政协办	覃贤茂	1927.4	1949.9	1953.2	副主席	行政	1989.9	正处
区委党校	王代儒	1924.1	1949.1	1949.8	副校长	事业	1984.3	副处
区总工会	王继纯	1929.10	1947.7	1949.6	主席	行政	1992.8	副处
区卫生局	邓镇恒	1931.12	1949.8	1953.6	局长	行政	1992.7	正处
区委宣传部	胡传武	1931.11	1949.9	1949.9	副部长	行政	1993.7	副处
区统战部	刘乃忠	1931.12	1946.4	1946.4	副部长	行政	1988.5	副处
区检察院	夏运琪	1931.7	1949.9	1978	科长	行政	1989.3	副处
区统计局	概　毅	1927.2	1945.10	1950.7	局长	行政	1983.9	副处
区物资事务管理处	江　滔	1928.8	1949.9	1955	副局长	行政	1984.5	副处
区经济和信息化局	孙汇川	1922.12	1945.8	1956.9	副主任	行政	1985.11	副处
	李　岚	1932.10	1949.9	1980.9	书记	行政	1993.6	副处
	焦竞成	1926.8	1946.1	1989.3	副主任科员	行政	1993.8	副处
	李昌权	1933.11	1949.6	1962.1	科长	改企	1992.6	副处
	崔洁明	1928.7	1947.5	—	会计	改企	1985.7	正科
区煤炭事务管理处	罗有敬	1929.11	1949.9	1960.6	纪检组长	行政	1990.2	副处
	陈卓然	1927.12	1949.9	—	干部	行政	1980.12	正科
区轻纺事务管理处	顾冰清	1926.1	1949.9	—	会计	行政	1981	正科
区织染厂	熊志君	1926.7	1949.5	1954.4	干部	企业	1984.5	正科
	武文桓	1928.5	1949.3	—	干部	企业	1993.2	正科
区城镇集体工业联社	刘桂芝	1930.2	1949.6	1949.6	副局长	行政	1980.1	正科

续表3

单　　位	姓　名	出生年月	参加工作时间	入党时间	原任职务	单位性质	离退时间	现享受待遇
区财政局	张治斌	1932.5	1949.4	1953.9	局长	行政	1989.1	副处
区粮食局	李锡庚	1932.11	1949.4	1956.7	书记	行政	1994.8	副处
	张开浩	1930.3	1949.9	1981.5	股长	行政	1998.12	正科
区蔬菜公司	苏　琪	1931.12	1949.5	1949.3	书记	企业	1992.5	副处
区商业事务管理处	张凤歧	1932.5	1949.9	—	主任	行政	1988.4	副处
	刘文庆	1927.10	1949.2	1954.2	书记	行政	1989.2	副处
区木材公司	李贤志	1926.2	1947.2	1948.11	协理员	企业	1985.4	副处
	续志荣	1931.11	1949.8	1966	站长	企业	1991.12	副处
一中	徐　纾	1930.9	1949.8	—	教师	事业	1983.8	副处
二中	黄华林	1926.5	1949.9	—	教师	事业	1988.3	副处
区旅游学校	李　秋	1929.12	1948.11	1984.3	副主任	事业	1990.12	正科
区农产办	全企圣	1930.10	1949.2	—	干部	行政	1986.01	副处
	夏永学	1930.10	1949.9	1953.4	副主任	行政	1992.5	副处
	曾德林	1930.2	1949.9	1951.3	干部	行政	1980.12	正科
区黄金坳镇	毛振南	1927.12	1949.9	—	会计	行政	1985.12	正科

1949—2010年怀化市鹤城区全国劳动模范名录

表4

姓　名	性别	政治面貌	籍　贯	出生年月	单　　位	评选时间
谢荣华	男	—	湖南望城县	1930.10	怀化电务段	1959.10
张保华	男	党员	河北交河县	1935.1	怀化分局局长	1989
宾中立	男	党员	湖南株洲市	1937.1	怀铁总公司总经理	1995
李泽富	男	党员	湖南郴州	1945.1	怀铁总公司总经理	1998
黄费启	男	党员	湖南芷江县	1949	怀化工务段	1993
刘满香	女	党员	湖南连源	1962.7	怀化车站客运员	1988
田丰满	女	党员	湖南芷江县	1953.1	怀铁三中	1995
张振兴	男	党员	湖南湘阴县	1933	怀化铁路分局	1988
柯志云	男	党员	—	—	怀化市政公司	
罗克难	男	党员	湖南邵阳市	1953.1	怀化铁路总公司	2002
张建红	男	党员	湖南芷江县	1967.11	怀化南站	2004
朱永全	男	党员	湖南溆浦县	—	怀化机务段	2003
文连生	男	—	湖南安化县	1939.3	怀铁公安处	1994
王源孝	男	党员	贵州桐梓	1941	怀铁车务段	1990
谌孙懿	女	党员	湖南黔阳县	1956.5	怀铁车站	1983

表5

1949—2010年怀化市鹤城区获省部级劳动模范名录

单　位	姓　名	性别	出生年月	民族	政治面貌	文化程度	职　务	备注
区委办	蒲照发	男	1942	汉	党员	中专	—	退休
潕水小学	马君道	女	1945.9	汉	—	初中	小学高级	退休
汽零总厂	滕秀梅	女	—	汉	党员	初中	工人	
床单厂	杨彩琴	女	1958.4	汉	党员	高中	车间书记	退休
副食公司	李洪君	女	1951.8	汉	党员	高中	书记	退休
区人大	王胜春	女	1938.5	汉	党员	中专	1993年退休	退休
林汽厂	肖长生	男	1937.8	汉	党员	高小	1992年退休	退休
电影公司	张有满	男	1938.5	汉	党员	初中	1995年退休	退休
二中	周绍禹	男	1933.2	汉	党员	专科	1994年退休	退休
供销社	段宜寿	男	1933.11	汉	党员	初中	1994年退休	退休
跃进路完小	张敏予	男	1957.4	汉	—	大学	小教高级	
天龙医药公司	曾昭亮	男	1944.8	汉	党员	大学	总经理	
交通运输公司	杨圣武	男	1971.1	汉	党员	初中	班长	
潕水小学	唐小平	女	1953.11	汉	党员	大学	校长	

表6

1949—2010年怀化市鹤城区获地、市级劳动模范名录

单　位	姓　名	性别	出生年月	民族	政治面貌	文化程度	职　务	备注
雪峰大厦	李新华	女	1954	汉	党员	高中	工会主席	
乡经委	谢国清	男	1956	汉	—	大专	局长	
彩印厂	谭锦新	男	—	汉	党员	初中	—	
进修学校	吴玉芝	女	1940.2	瑶	党员	大学	—	
一中	王佑清	女	1940.7	汉	党员	大学	副校长	退休
区经委	曾凡金	男	1954.7	汉	党员	高小	1987年退休	
新型建筑材料厂	周付生	男	1937	汉	党员	高小	1980年退休	
二中	陈克碧	女	1934.8	汉	党员	高中	1986年退休	
岩冲煤矿	杨进明	男	1941.6	汉	党员	中专	1991年退休	
彩印厂	罗石桂	女	1946.1	汉	党员	初中	1993年退休	
政法委	王连聪	男	1955.12	汉	党员	大学	副书记	
飞达商贸公司	向东辉	男	1959.4	汉	—	大专	董事长	

2010年底前怀化市鹤城区副高以上职称人员名录（不含2015年前已退休和已故人员）

表7

编号	姓名	性别	民族	出生年月	籍贯	参加工作时间	工作单位	职务	职级或职称	评聘职称时间
1	白孝英	女	土	1967.10	湖南龙山	1989.06	怀化市第四中学	教师	中高	2008.11
2	曹建中	男	土家	1972.09	湖南沅陵	1995.07	怀化市锦园路小学	校长	中高	2009.08
3	陈慧	女	汉	1969.02	湖南涟源	1990.07	怀化市第四中学	德育处副主任	中高	2009.12
4	陈良	女	侗	1961.12	湖南新化	1979.08	怀化市第四中学	教师	中高	2006.08
5	陈炳友	男	汉	1954.12	湖南怀化	1972.02	怀化市城南学校	教师	中高	2006.08
6	陈超男	女	汉	1972.11	湖南中方	1994.09	鹤城区畜牧水产局	站长	高级畜牧师	2010.1
7	陈传忠	男	汉	1971.07	湖南中方	1994.07	怀化市第二中学	教师	中高	2009.08
8	陈建科	男	苗	1956.10	湖南武冈	1975.03	怀化市第四中学	教师	中高	2003.08
9	陈健银	男	汉	1963.09	湖南邵东	1987.07	鹤城区农技推广中心	站长	高级农艺师	2006.11
10	陈可兵	男	汉	1958.12	湖南中方	1976.04	怀化市第二中学	教师	中高	2006.08
11	陈清华	女	汉	1966.10	湖南新晃	1987.07	怀化第五中学	教师	中高	2008.08
12	陈艳春	女	汉	1964.05	湖南怀化	1984.07	鹤城区委党校	干部	高讲	1999.09
13	陈涌元	男	汉	1963.05	湖南新化	1983.07	怀化市第四中学	教师	中高	2005.09
14	陈章银	男	汉	1965.08	湖南黔阳	1988.07	怀化市第四中学	教师	中高	2008.08
15	陈正风	男	汉	1962.03	湖南辰溪	1982.06	怀化市第二中学	教师	中高	1997.08
16	谌小平	女	汉	1963.06	湖南溆浦	1983.07	怀化市第一中学	教师	中高	2001.08
17	谌贻兵	男	汉	1969.12	湖南溆浦	1991.07	怀化市红星路小学	校长	中高	2003.08
18	成希文	男	汉	1962.08	湖南湘乡	1982.07	怀化市正清路中学	教师	中高	2007.11
19	邓全生	男	汉	1962.08	湖南耒阳	1981.08	怀化市第一中学	教师	中高	2000.08
20	邓元香	女	土	1962.03	湖南怀化	1982.07	怀化市第四中学	教师	中高	2008.11
21	丁启元	男	汉	1963.03	湖南中方	1984.07	怀化市第一中学	教师	中高	2001.08
22	丁绍满	男	汉	1968.03	湖南鹤城	1993.07	怀化市第一中学	教师	中高	2006.08
23	丁松柏	男	汉	1962.09	湖南怀化	1981.07	怀化市第二中学	教师	中高	2007.08
24	丁小河	男	汉	1964.11	湖南怀化	1984.07	怀化市第二中学	教师	中高	2008.08

续表 7

编号	姓　名	性别	民族	出生年月	籍贯	参加工作时间	工作单位	职务	职级或职称	评聘职称时间
25	董怀英	女	苗	1966.07	湖南洪江	1989.06	怀化市第四中学	教师	中高	2007.11
26	冯兰新	男	汉	1963.07	湖南汨罗	1987.07	怀化市第一中学	教师	中高	2003.11
27	冯晓金	女	汉	1963.02	湖南怀化	1982.07	怀化市第二中学	教师	中高	2007.08
28	付安民	男	汉	1959.01	湖南鹤城	1984.07	怀化市东晟中学	副校长	中高	2008.11
29	高　虹	女	汉	1971.09	湖南沅陵	1992.08	鹤城区委党校	教务主任	中高	2008.02
30	韩爱梅	女	汉	1967.11	湖南怀化	1989.08	怀化市河西学校	教师	中高	2009.12
31	韩学金	男	汉	1963.07	湖南怀化	1984.07	怀化市第四中学	党总支书记	中高	2001.08
32	贺显华	男	汉	1972.06	湖南隆回	1994.07	怀化市第一中学	教师	中高	2010.12
33	胡发玲	女	汉	1963.01	湖南邵东	1985.07	怀化市鹤翔学校	教师	中高	2002.07
34	郇海岩	男	汉	1959.12	山东淄博	1976.07	怀化市第二中学	工会主席	中高	2003.08
35	黄　斌	女	汉	1973.01	湖南洪江	1990.07	怀化市第四中学	教师	中高	2006.08
36	黄　煌	女	汉	1967.10	湖南长沙	1991.07	怀化市第四中学	教师	中高	2007.11
37	黄　俊	女	汉	1967.11	湖南怀化	1990.07	怀化市第四中学	教师	中高	2005.09
38	黄　山	男	汉	1966.05	湖南鹤城	1986.03	怀化市第一中学	副校长兼校办主任	中高	2002.08
39	黄伯安	男	汉	1965.12	湖南洪江	1989.07	怀化市第一中学	教师	中高	2005.08
40	黄楚惠	女	侗	1965.05	湖南通道	1986.06	怀化市第四中学	教师	中高	2001.08
41	黄海鸥	女	汉	1971.12	湖南泸溪	1992.07	怀化市第一中学	教师	中高	2008.11
42	黄建华	男	汉	1967.12	湖南麻阳	1992.08	怀化市第一中学	教师	中高	2009.08
43	黄志农	男	侗	1959.05	湖南怀化	1977.07	怀化第五中学	教师	中高	2003.08
44	姬黔湘	男	汉	1963.03	湖南西平	1986.08	怀化市第四中学	教师	中高	2002.09
45	江贤美	女	侗	1966.11	湖南怀化	1988.07	怀化市第四中学	教师	中高	2008.11
46	蒋　斌	男	汉	1966.04	湖南洪江	1988.07	怀化市第一中学	教师	中高	2008.11
47	蒋元培	男	汉	1957.02	湖南中方	1973.02	鹤城区教育局	干部	中高正科	2008.12
48	瞿绍秀	女	汉	1968.06	湖南怀化	1989.06	怀化市第四中学	教师	中高	2005.09
49	瞿香英	女	汉	1976.09	湖南中方	1996.09	鹤城区畜牧水产局	干部	高级畜牧师	2010.1

续表7

编号	姓　名	性别	民族	出生年月	籍贯	参加工作时间	工作单位	职务	职级或职称	评聘职称时间
50	邝　晖	男	汉	1961.09	湖南郴州	1981.07	怀化市第四中学	党总支副书记	中高	2004.09
51	兰华香	女	汉	1965.07	湖南洪江	1986.07	鹤城区教育局	干部	中高	2008.12
52	雷　平	女	土家	1963.01	湖南龙山	1983.07	怀化市第一中学	教师	中高	2002.08
53	黎显秀	女	汉	1967.04	湖南宁远	1988.07	怀化市第四中学	教师	中高	2006.09
54	李　杰	男	汉	1955.09	湖南鹤城	1975.09	怀化市第一中学	教师	中高	2002.08
55	李　隽	男	汉	1972.05	湖南郴州	1993.06	怀化市第四中学	教师	中高	2006.09
56	李　庆	女	汉	1965.01	湖南邵阳	1987.07	怀化市第二中学	教师	中高	2005.08
57	李　雄	男	苗	1960.09	湖南绥宁	1980.07	怀化市第四中学	教师	中高	2005.09
58	李凡球	女	汉	1967.11	湖南溆浦	1992.07	怀化市第一中学	教师	中高	2006.08
59	李桂珍	女	汉	1963.11	湖南邵东	1981.08	怀化市第四中学	教师	中高	2007.11
60	李冀阳	男	汉	1959.11	河北大名	1976.07	怀化市第一中学	教师	中高	2005.09
61	李金刚	男	汉	1972.10	湖南怀化	1990.06	怀化市钟秀学校	校长	中高	2010.12
62	李立明	男	汉	1957.04	湖南溆浦	1976.07	怀化市第一中学	教师	中高	2001.08
63	李满禁	男	侗	1963.10	湖南通道	1981.08	怀化市第一中学	教师	中高	2002.08
64	李平喜	男	汉	1958.11	湖南芷江	1976.01	怀化市旅游学校	教师	中高	2004.08
65	李青红	女	汉	1965.07	湖南洪江	1985.07	怀化市第四中学	工会副主席	中高	2003.08
66	李太平	男	汉	1969.04	湖南新晃	1994.07	怀化第五中学	副校长	中高	2008.08
67	李小庆	男	汉	1966.02	湖南辰溪	1987.07	怀化第五中学	教师	中高	2007.08
68	李晓玲	女	汉	1965.05	湖南沅陵	1987.07	怀化市第二中学	教师	中高	2003.08
69	李秀群	女	汉	1965.09	湖南怀化	1989.07	怀化市第二中学	教师	中高	2006.08
70	李永来	男	汉	1963.1	湖南中方	1981.07	怀化市正清路中学	教师	中高	2009.11
71	李永庆	男	汉	1956.10	湖南溆浦	1975.03	怀化市第一中学	教师	中高	2001.08
72	李志芳	女	汉	1963.01	湖南怀化	1983.07	怀化市第四中学	教师	中高	2005.09
73	梁小军	男	汉	1964.07	湖南怀化	1983.07	怀化市第四中学	教师	中高	2004.09
74	梁中信	男	侗	1971.08	湖南会同	1994.07	怀化市第一中学	教师	中高	2009.12

续表 7

编号	姓　名	性别	民族	出生年月	籍贯	参加工作时间	工作单位	职务	职级或职称	评聘职称时间
75	廖家旺	男	侗	1966.08	湖南怀化	1988.07	怀化市城南学校	教师	中高	2005.1
76	刘　翠	女	侗	1966.08	湖南怀化	1989.07	怀化市第四中学	教师	中高	2005.09
77	刘　健	女	汉	1967.12	湖南中方	1990.06	怀化第五中学	教师	中高	2007.08
78	刘　琴	男	汉	1969.11	中国湖南	1992.04	怀化市第四中学	教师	中高	2008.11
79	刘安民	男	汉	1959.06	湖南新邵	1977.08	怀化市第四中学	教师	中高	2007.11
80	刘德文	男	汉	1956.09	湖南邵东	1981.07	怀化市第一中学	教师	中高	2003.08
81	刘富荣	男	汉	1957.03	湖南邵阳	1977.06	怀化市第四中学	教师	中高	2009.12
82	刘国忠	男	汉	1962.01	湖南溆浦	1984.07	怀化市第一中学	教师	中高	2005.09
83	刘海燕	女	汉	1979.06	湖南怀化	2002.07	怀化市第二中学	副校长	中高	2007.08
84	刘靖严	男	苗	1962.11	湖南涟源	1984.07	怀化市第四中学	教师	中高	2008.11
85	刘明军	男	汉	1968.05	湖南怀化	1985.03	怀化市第二中学	教师	中高	2010.08
86	刘水莲	女	汉	1972.11	湖南中方	1993.07	怀化第五中学	教研副主任	中高	2008.08
87	刘秀梅	女	汉	1964.01	江苏盐城	1982.07	怀化市第四中学	教师	中高	2005.09
88	刘瑶兰	女	汉	1966.01	湖南新化	1989.06	怀化第五中学	教师	中高	2006.08
89	刘义初	男	汉	1963.09	湖南双峰	1982.07	怀化市第四中学	教师	中高	1992.07
90	刘益红	女	汉	1964.06	湖南涟源	1984.07	怀化市第一中学	教师	中高	2000.08
91	刘芝月	女	汉	1961.02	湖南怀化	1978.07	怀化市第二中学	教师	中高	2005.08
92	龙泊廷	男	汉	1965.08	湖南会同	1986.07	怀化市第一中学	教师	中高	2004.09
93	龙家俊	男	汉	1967.04	湖南洪江	1989.07	鹤城区委党校	干部	中高	2006.12
94	龙宪忠	男	汉	1957.08	湖南中方	1980.07	鹤城区教育局	站长	副科 中高	1994.03
95	卢剑红	女	侗	1964.12	湖南黔阳	1983.07	怀化市鹤城区幼儿园	园长 书记	中高	2008.08
96	陆　琳	女	汉	1972.02	湖南邵阳	1993.06	怀化市第四中学	教师	中高	2007.11
97	陆安成	男	汉	1960.05	湖南新邵	1980.08	怀化第五中学	教师	中高	2007.08
98	吕延伍	男	汉	1964.04	湖南沅陵	1986.07	怀化市第一中学	教师	中高	2007.11
99	罗　康	男	土家	1957.12	湖南古丈	1976.07	怀化市第一中学	工会副主席	中高	2000.08

续表 7

编号	姓　名	性别	民族	出生年月	籍贯	参加工作时间	工作单位	职务	职级或职称	评聘职称时间
100	罗炳和	男	汉	1957.07	湖南洪江	1980.11	怀化市第四中学	教师	中高	1996.08
101	罗红志	女	汉	1967.05	湖北恩施	1989.06	怀化市第一中学	教师	中高	2008.08
102	罗明杰	男	汉	1969.09	湖南怀化	1990.07	怀化市第二中学	副校长	中高	2008.08
103	罗汝玲	女	汉	1966.03	湖南双峰	1988.07	怀化市第四中学	教师	中高	2006.09
104	罗　弢	男	汉	1969.09	湖南邵东	1990.06	怀化市人民路小学	校长	中高	2008.10
105	马进翠	女	土家	1972.10	湖南常德	1995.07	怀化市第一中学	教师	中高	2006.8
106	毛　宏	男	汉	1966.10	湖南道县	1989.07	怀化市第四中学	教师	中高	2008.11
107	毛生贵	男	土	1960.07	湖南怀化	1981.07	怀化市第四中学	教师	中高	2009.12
108	米理明	男	汉	1956.09	湖南中方	1976.03	怀化市第二中学	教师	中高	2008.08
109	聂　军	女	汉	1965.01	湖南洪江	1985.07	怀化市第二中学	教师	中高	2006.08
110	宁佐杰	男	汉	1964.03	湖南隆回	1984.07	怀化市鹤城区黄金坳中学	校长	中高	2008.09
111	欧阳花	女	汉	1965.01	湖南常宁	1984.07	怀化市第四中学	教师	中高	2005.09
112	欧阳慧敏	女	汉	1964.10	湖南双峰	1986.07	怀化市第四中学	教师	中高	2002.07
113	潘存斌	男	汉	1957.07	湖南怀化	1978.03	怀化市旅游学校	教师	中高	2007.08
114	潘存槐	男	汉	1956.01	湖南中方	1974.04	鹤城区教育局	干部	中高 副科	2007.11
115	潘利民	女	侗	1966.08	湖南新晃	1988.07	怀化市第一中学	教师	中高	2010.12
116	彭宏良	男	汉	1962.03	湖南怀化	1981.02	怀化市鹤城区黄岩学校	副校长	中高	2003.08
117	彭宏权	男	汉	1962.06	湖南怀化	1980.08	怀化市锦园路小学	支部书记	中高	2006.08
118	彭金玉	女	汉	1969.01	湖南长沙	1991.07	怀化市第一中学	教师	中高	2007.11
119	彭兰桂	女	汉	1967.06	湖南邵东	1989.08	鹤城区委党校	干部	高讲	2001.07
120	彭孟菊	女	苗	1970.1	湖南怀化	1991.09	怀化市第二中学	书记	中高	2005.08
121	彭先发	男	汉	1963.05	湖南怀化	1982.07	怀化市河西学校	教师	中高	2005.08
122	彭媛辉	女	汉	1968.12	湖南邵东	1991.07	怀化市第一中学	教务 副主任	中高	2003.08
123	彭中菊	女	汉	1973.06	湖南鹤城	1995.06	怀化市第一中学	教师	中高	2010.12
124	彭中英	男	汉	1962.04	湖南怀化	1983.05	怀化市第二中学	教师	中高	2004.08

续表 7

编号	姓　名	性别	民族	出生年月	籍贯	参加工作时间	工作单位	职务	职级或职称	评聘职称时间
125	彭祖幸	女	汉	1968.10	湖南涟源	1989.06	怀化市第四中学	教师	中高	2003.08
126	蒲　平	男	汉	1959.11	湖南怀化	1980.07	怀化第五中学	副校长	中高	2007.08
127	蒲金花	女	汉	1964.01	湖南怀化	1983.06	怀化市第四中学	教师	中高	2009.11
128	蒲声和	男	汉	1962.11	湖南芷江	1982.06	怀化第五中学	教师	中高	2010.08
129	蒲晓菊	女	苗	1968.09	湖南汉寿	1989.07	怀化第五中学	教师	中高	2007.08
130	蒲玉莲	男	汉	1967.03	湖南新晃	1991.07	怀化第五中学	办公室副主任	中高	2010.08
131	祁国强	男	汉	1964.09	湖南中方	1986.07	怀化市第一中学	教师	中高	2001.08
132	齐柏玲	女	汉	1960.12	广东湛江	1981.08	怀化市第一中学	教师	中高	2001.08
133	齐丽华	女	汉	1972.07	辽宁	1995.07	怀化市第二中学	教师	中高	2008.08
134	钱易萍	女	侗	1970.06	湖南新晃	1993.07	怀化市第四中学	副校长	中高	2004.09
135	青亚平	男	侗	1956.05	湖南中方	1974.04	怀化第五中学	教师	中高	2009.08
136	卿前文	男	汉	1964.07	湖南芷江	1984.07	怀化市第一中学	教师	中高	2002.08
137	佘红午	女	汉	1972.04	湖南邵东	1991.07	鹤城区农环站	副站长	高级农艺师	2009.1
138	盛远忠	男	汉	1962.07	湖南湘潭	1983.07	怀化市第一中学	教师	中高	2002.08
139	石　晶	女	汉	1966.05	湖南中方	1989.07	怀化第五中学	教师	中高	2008.08
140	石艳萍	女	侗	1964.08	湖南靖州	1983.07	怀化第五中学	教师	中高	2002.08
141	舒春娥	女	侗	1962.09	湖南溆浦	1981.07	怀化市人民路小学	校长(退二线)	中高	2008.12
142	舒晓德	男	汉	1956.05	湖南辰溪	1975.01	怀化市第四中学	教师	中高	2002.08
143	苏志明	男	汉	1968.08	湖南溆浦	1991.06	怀化第五中学	总务主任	中高	2008.08
144	孙建华	女	侗	1968.05	湖南洪江	1991.09	怀化市第二中学	教师	中高	2008.08
145	谭春敏	女	壮	1962.03	湖南黔阳	1977.09	怀化市第四中学	教师	中高	2002.07
146	谭德铭	男	汉	1968.04	湖南怀化	1983.03	怀化市象形学校	副校长	中高	2008.07
147	谭德铁	男	汉	1964.04	湖南怀化	1980.08	怀化市城南学校	教师	中高	2006.08
148	谭润梅	女	汉	1963.07	湖南怀化	1982.07	怀化市第二中学	教师	中高	2004.08
149	汤朝好	男	汉	1964.10	湖南洪江	1985.07	怀化市第一中学	教师	中高	2002.01

续表 7

编号	姓　名	性别	民族	出生年月	籍贯	参加工作时间	工作单位	职务	职级或职称	评聘职称时间
150	汤广平	男	汉	1966.03	湖南邵东	1988.06	怀化市鹤翔学校	书记	中高	2008.1
151	汤玉红	女	侗	1969.10	湖南益阳	1993.07	怀化市第一中学	教师	中高	2003.08
152	唐　茜	女	汉	1968.10	湖南湘潭	1991.07	怀化市第四中学	教师	中高	2010.1
153	唐永忠	男	汉	1966.06	湖南怀化	1989.07	怀化市第四中学	总务处主任	中高	2007.11
154	唐政晚	男	汉	1964.02	湖南芷江	1982.07	怀化第五中学	办公室副主任	中高	2006.08
155	陶继红	女	汉	1964.11	湖南邵阳	1987.06	怀化市第一中学	校长	中高	2001.08
156	滕　敏	女	苗	1967.01	湖南麻阳	1988.06	怀化市第一中学	教师	中高	2006.08
157	田安生	男	汉	1964.05	湖南沅陵	1985.06	鹤城区教育局	干部	中高	2002.08
158	田冬梅	女	汉	1962.12	湖南洪江	1980.07	怀化市第四中学	教研室副主任	中高	2002.08
159	田岩子	女	汉	1972.09	湖南怀化	1990.07	怀化市第四中学	教师	中高	2007.11
160	汪　洋	女	汉	1971.01	湖南怀化	1993.07	怀化市第一中学	教师	中高	2008.11
161	王　彬	男	汉	1965.07	湖南邵阳	1987.06	怀化市第一中学	教师	中高	2006.08
162	王　磊	男	汉	1960.09	湖南通道	1982.06	怀化第五中学	教师	中高	1996.08
163	王　雄	男	汉	1963.09	湖南通道	1984.07	鹤城区教育局	所长	中高	2000.08
164	王乘胜	男	汉	1965.10	湖南怀化	1988.07	怀化市第一中学	教师	中高	2003.08
165	王春华	男	汉	1965.03	湖南衡山	1989.07	怀化市第一中学	教师	中高	2003.08
166	王纯安	男	汉	1956.10	湖南双峰	1975.08	怀化市第四中学	教师	中高	2010.08
167	王丹平	女	汉	1963.03	湖南中方	1983.09	怀化第五中学	教师	中高	2004.09
168	王丁香	女	汉	1971.11	湖南怀化	1995.07	怀化第五中学	政教主任	中高	2008.08
169	王金香	女	汉	1964.01	湖南邵东	1983.07	怀化市第二中学	教师	中高	2005.08
170	王巧娟	女	苗	1967.11	湖南溆浦	1988.07	怀化市旅游学校	教师	中高	2007.08
171	王晓云	男	汉	1963.12	湖南洪江	1985.08	怀化市第四中学	教师	中高	2005.09
172	王新娜	女	汉	1964.02	湖南溆浦	1981.07	怀化第五中学	教师	中高	2009.08
173	王在辉	男	汉	1966.05	湖南邵阳	1988.05	怀化市旅游学校	副校长	中高	2001.08
174	王志昊	男	汉	1968.09	湖南汉寿	1990.06	怀化市第一中学	教师	中高	2006.08

续表 7

编号	姓　名	性别	民族	出生年月	籍贯	参加工作时间	工作单位	职务	职级或职称	评聘职称时间
175	魏　平	男	汉	1964.08	湖南隆回	1985.06	怀化市第四中学	教师	中高	2007.11
176	魏平原	男	汉	1968.04	湖南辰溪	1990.07	怀化市第一中学	教师	中高	2003.08
177	文亚瑜	男	侗	1960.05	湖南怀化	1984.07	怀化市第四中学	教师	中高	2002.08
178	吴成梅	女	侗	1972.05	湖南靖州	1995.07	怀化市第四中学	教师	中高	2008.09
179	吴梅芬	女	侗	1966.05	湖南新晃	1987.07	怀化市第二中学	教师	中高	2008.08
180	伍求元	男	汉	1962.01	湖南新化	1983.07	怀化市第四中学	教师	中高	2004.09
181	夏隆宝	男	汉	1963.12	湖南怀化	1983.7.1	怀化市城南学校	总务主任	中高	2006.08
182	夏永贤	男	汉	1967.06	湖南怀化	1990.07	怀化市鹤城区凉亭坳学校	校长	中高	2009.08
183	向　勇	女	汉	1968.01	湖南黔阳	1988.06	怀化市第四中学	办公室副主任	中高	2008.01
184	向桂花	女	汉	1962.03	湖南黔阳	1981.07	怀化市鹤翔学校	教师	中高	2001.08
185	向建芹	女	苗	1970.01	湖南沅陵	1992.06	怀化市第二中学	教师	中高	2010.08
186	向太平	男	汉	1966.12	湖南中方	1988.07	怀化市第二中学	教师	中高	2008.08
187	向燕梅	女	汉	1973.01	湖南沅陵	1991.07	怀化市第二中学	教师	中高	2008.08
188	向祚设	男	汉	1966.01	湖南溆浦	1991.06	怀化市第一中学	教师	中高	2006.08
189	肖　慧	男	汉	1967.09	湖南辰溪	1990.07	怀化市正清路中学	党支部书记	中高	2008.11
190	肖建平	女	汉	1965.05	湖南怀化	1986.07	怀化市第一中学	教师	中高	2007.11
191	肖龙生	男	汉	1955.11	湖南鹤城	1974.02	怀化市锦园路小学	教师	中高	2005.08
192	谢爱华	男	汉	1958.01	湖南黔阳	1975.03	怀化市第四中学	教师	中高	1997.08
193	谢冬莲	女	汉	1967.09	湖南洪江	1988.06	怀化市第一中学	教师	中高	2007.11
194	谢绍纯	男	汉	1962.09	湖南沅陵	1983.07	怀化市第一中学	教师	中高	2002.08
195	谢松富	男	汉	1965.09	湖南洞口	1986.07	怀化市旅游学校	总务处主任	中高	2006.08
196	谢允礼	男	汉	1958.01	湖南中方	1977.08	怀化市第二中学	教师	中高	1999.08
197	谢志胜	男	汉	1969.04	湖南洞口	1988.03	怀化市第一中学	教师	中高	2010.12
198	熊付儿	女	汉	1964.06	湖南辰溪	1987.07	怀化市第二中学	教师	中高	2006.08
199	徐　峰	男	汉	1963.03	湖北石门	1986.07	怀化第五中学	教师	中高	2007.07

续表 7

编号	姓　名	性别	民族	出生年月	籍贯	参加工作时间	工作单位	职务	职级或职称	评聘职称时间
200	徐文莲	女	汉	1965.10	湖南娄底	1986.07	怀化市第四中学	教师	中高	2010.12
201	颜小莲	女	汉	1966.11	湖南攸县	1985.12	怀化市第二中学	教师	中高	2005.08
202	晏永红	男	汉	1965.11	湖南隆回	1987.07	怀化市第一中学	教师	中高	2004.09
203	杨　婧	女	土	1969.09	湖南龙山	1992.07	怀化市第四中学	教师	中高	2005.09
204	杨　凯	男	汉	1970.03	湖南怀化	1995.07	怀化市第四中学	办公室主任	中高	2008.11
205	杨　妍	女	苗	1969.06	湖南吉首	1992.07	怀化市第一中学	教师	中高	2005.09
206	杨爱群	女	回	1963.09	湖南怀化	1983.07	怀化市第四中学	教师	中高	2001.06
207	杨柏桦	男	汉	1957.08	湖南沅陵	1981.12	鹤城区教育局	干部	中高 副科	1989.01
208	杨春妹	女	汉	1966.03	湖南怀化	1984.07	怀化市第四中学	教师	中高	2007.11
209	杨贵成	男	汉	1966.07	湖南怀化	1989.07	怀化市旅游学校	副校长兼工会主席	中高	2006.08
210	杨胡妹	女	汉	1965.02	湖南中方	1986.07	怀化市第一中学	教师	中高	2005.09
211	杨怀英	女	汉	1964.10	湖南辰溪	1980.12	怀化第五中学	教师	中高	2005.09
212	杨吉成	男	汉	1964.05	湖南怀化	1984.07	怀化市第四中学	教师	中高	2008.11
213	杨丽萍	女	侗	1968.03	湖南新晃	1990.07	怀化市第二中学	教师	中高	2009.08
214	杨连珠	女	汉	1963.09	湖南怀化	1981.02	怀化市第一中学	教师	中高	2006.08
215	杨柳波	女	汉	1968.07	湖南黔阳	1990.07	怀化市第一中学	教师	中高	1995.08
216	杨美生	男	汉	1965.05	湖南怀化	1985.07	怀化市第四中学	教师	中高	2003.08
217	杨绍举	男	汉	1959.08	湖南中方	1978.01	怀化市跃进路小学	教师	中高	2010.12
218	杨绍良	男	汉	1966.10	湖南中方	1991.07	怀化市第一中学	副校长	中高	2005.09
219	杨松明	男	汉	1963.04	湖南中方	1981.09	鹤城区教育局	站长	中高	2007.11
220	杨万林	女	汉	1968.09	湖南沅陵	1991.08	鹤城区农民素质教育办公室	干部	高级讲师	2008.12
221	杨仙录	女	侗	1965.11	湖南新晃	1988.07	怀化市第一中学	教师	中高	2007.11
222	杨贤长	男	汉	1956.12	湖南中方	1973.07	怀化市正清路中学	总务主任	中高	2007.11
223	杨小红	女	汉	1966.05	湖南洪江	1990.09	怀化市第四中学	教师	中高	2009.01
224	杨志群	男	汉	1961.11	湖南中方	1981.07	怀化市第二中学	教师	中高	2000.08

续表 7

编号	姓　名	性别	民族	出生年月	籍贯	参加工作时间	工作单位	职务	职级或职称	评聘职称时间
225	杨宗山	男	汉	1966.01	湖南怀化	1988.06	怀化市第二中学	办公室主任	中高	2007.08
226	姚　健	男	侗	1962.07	湖南新晃	1981.06	怀化市第四中学	副校长	中高	2003.08
227	易延斌	男	汉	1957.09	湖南洪江	1977.07	怀化市第一中学	教师	中高	2001.08
228	易延泉	男	汉	1964.07	湖南黔阳	1986.07	怀化市旅游学校	教师	中高	2006.08
229	易乙杨	男	汉	1966.08	湖南洪江	1988.06	怀化市第四中学	工会主席	中高	2002.08
230	尹　恒	女	苗	1969.06	湖南芷江	1990.07	怀化市第一中学	教师	中高	2004.09
231	尹　怡	女	汉	1971.12	湖南芷江	1993.09	鹤城区委党校	研究室主任	高讲	2006.11
232	尹安平	男	汉	1967.04	湖南邵东	1991.06	怀化市第一中学	副校长	中高	2003.08
233	尹承长	男	汉	1967.12	湖南鹤城	1990.07	怀化市第一中学	教师	中高	2008.08
234	尹承芳	女	汉	1964.12	湖南鹤城	1984.07	怀化市第一中学	教师	中高	2002.08
235	尹春莲	女	汉	1965.02	湖南中方	1981.07	怀化第五中学	副校长	中高	2006.08
236	尹俊淇	男	汉	1969.11	湖南芷江	1990.06	怀化第五中学	教师	中高	2003.08
237	尹明贵	男	汉	1969.08	湖南怀化	1993.07	怀化市鹤城区黄金坳中学	副校长	中高	2007.08
238	尹庆辉	男	汉	1969.10	湖南怀化	1988.06	怀化市第二中学	教师	中高	2008.08
239	尹文有	男	汉	1962.05	湖南怀化	1979.07	怀化市鹤城区贺家田学校	校长	中高	2008.11
240	尹秀刚	男	汉	1964.08	湖南怀化	1983.02	怀化市正清路中学	校长	中高	2007.11
241	尹秀菊	女	汉	1973.10	湖南辰溪	1996.07	怀化第五中学	教务主任	中高	2010.08
242	尹祝兰	女	汉	1967.04	湖南芷江	1987.07	怀化市旅游学校	教师	中高	2009.08
243	于育梅	女	侗	1966.09	湖南靖州	1988.06	怀化第五中学	教师	中高	2003.08
244	余　鸿	男	汉	1963.10	湖南鹤城	1985.07	怀化市第一中学	工会主席	中高	2001.08
245	余白珩	女	汉	1962.03	湖南洪江	1982.07	怀化市第四中学	教师	中高	2004.09
246	禹屏宇	男	汉	1962.10	湖南邵东	1983.07	怀化市第一中学	教师	中高	2001.08
247	曾　华	女	汉	1972.02	湖南怀化	1993.07	怀化市第一中学	教师	中高	2008.11
248	曾　立	女	汉	1967.03	湖南洞口	1986.07	怀化市旅游学校	教师	中高	2007.08
249	曾　健	男	汉	1962.10	湖南中方	1981.07	怀化市旅游学校	教师	中高	2010.08

续表7

编号	姓　名	性别	民族	出生年月	籍贯	参加工作时间	工作单位	职务	职级或职称	评聘职称时间
250	曾剑锋	男	汉	1963.01	湖南怀化	1985.07	怀化市第一中学	教师	中高	2002.08
251	曾庆忠	男	汉	1968.11	湖南株洲	1992.07	怀化市第二中学	校长	中高	2005.08
252	曾全军	男	汉	1962.08	湖南怀化	1979.03	怀化市舞水小学	副校长	中高	2005.08
253	曾祥云	男	汉	1962.05	湖南 中方	1979.07	怀化市旅游学校	校长	中高	1998.08
254	曾新东	男	汉	1967.01	湖南怀化	1986.07	怀化市跃进路小学	校长	中高	2006.09
255	詹海滨	男	苗	1964.04	湖南黔阳	1985.06	怀化市第四中学	教师	中高	2006.08
256	张　璟	男	汉	1970.05	湖南麻阳	1991.07	怀化市第一中学	教师	中高	2009.12
257	张　葵	男	汉	1968.11	湖南湘潭	1991.07	怀化市旅游学校	书记	中高	2003.08
258	张　玲	女	汉	1968.04	湖南桃源	1989.06	怀化市第四中学	校长	中高	2005.09
259	张大军	男	苗	1971.06	湖南沅陵	1995.07	怀化市东晟中学	校长	中高	2007.11
260	张登科	男	汉	1965.11	湖南沅陵	1988.06	怀化市第一中学	教师	中高	2003.08
261	张良根	男	汉	1965.03	湖南溆浦	1986.07	怀化市旅游学校	政教处主任	中高	2007.08
262	张满群	女	回	1969.01	湖南怀化	1991.09	怀化市第四中学	副校长	中高	2005.09
263	张明生	男	汉	1966.10	湖南怀化	1989.06	怀化市第四中学	教师	中高	2004.09
264	张瑞荣	女	苗	1968.11	湖南麻阳	2000.12	怀化市东晟中学	教师	高级讲师	2006.01
265	张天立	男	汉	1972.11	湖南中方	1995.07	鹤城区农技推广中心	股长 监察室主任	高级 农艺师	2010.1
266	张显再	男	汉	1964.06	湖南溆浦	1984.07	怀化市河西学校	书记	中高	2004.08
267	张绪芳	女	侗	1969.04	湖南芷江	1991.06	怀化第五中学	教师	中高	2007.08
268	张应刚	男	汉	1963.02	湖南鹤城	1979.08	怀化市鹤城区芦坪学校	校长	中高	2009.08
269	张应浩	男	汉	1959.11	湖南怀化	1977.08	怀化市河西学校	教师	中高	2006.09
270	张应华	男	汉	1962.04	湖南怀化	1984.07	怀化市舞水小学	书记	中高	2006.09
271	张应岩	男	汉	1965.04	湖南怀化	1986.07	怀化市旅游学校	副校长	中高	2006.08
272	张志梅	女	汉	1970.12	湖南中方	1993.07	怀化第五中学	教师	中高	2009.08
273	张治军	男	汉	1963.12	湖南怀化	1980.08	怀化市公园路小学	校长	中高	2003.08
274	张中友	男	汉	1962.05	湖南怀化	1986.07	怀化第五中学	教师	中高	2004.08

续表 7

编号	姓　名	性别	民族	出生年月	籍贯	参加工作时间	工作单位	职务	职级或职称	评聘职称时间
275	赵　红	女	土家	1968.07	湖南溆浦	1989.07	怀化市第一中学	教师	中高	2007.11
276	郑　勤	女	汉	1965.10	四川宜宾	1987.07	怀化市第一中学	教师	中高	2007.11
277	钟慧群	女	白	1967.05	湖南辰溪	1991.07	怀化市第二中学	教师	中高	2004.08
278	周　慧	女	苗	1962.09	湖南溆浦	1982.07	怀化第五中学	教师	中高	2008.11
279	周碧清	女	汉	1966.03	湖南怀化	1988.06	怀化市河西学校	副校长	中高	2009.12
280	周福元	男	汉	1957.06	湖南中方	1976.08	怀化市第二中学	教师	中高	2008.08
281	周海燕	女	汉	1962.05	湖南中方	1981.07	怀化市第二中学	教师	中高	2010.08
282	周红艳	女	苗	1966.10	湖南通道	1988.06	怀化市第一中学	党总支书记	中高	2001.08
283	周慧明	女	汉	1960.07	湖南邵阳	1977.07	鹤城区教育局	主任	中高	2003.08
284	周楠良	男	汉	1969.03	湖南辰溪	1991.07	怀化市第四中学	办公室副主任	中高	2004.09
285	朱大明	男	汉	1965.03	湖南邵阳	1988.06	怀化市第四中学	教师	中高	2001.08
286	朱君娥	女	汉	1970.07	湖南双峰	1991.12	鹤城区妇幼保健院	副院长	副主任医师	2001.12
287	朱少秋	男	汉	1962.11	湖南洪江	1982.07	怀化市第二中学	教师	中高	2001.08
288	朱胜明	男	汉	1965.03	湖南道县	1987.07	怀化市第四中学	副校长	中高	2002.08
289	朱松涛	男	汉	1963.11	湖南怀化	1986.07	怀化市第四中学	教务处主任	中高	2005.09
290	朱智强	男	汉	1972.09	湖南怀化	1994.06	怀化市第四中学	教师	中高	2007.11
291	邹立力	女	汉	1966.03	湖南新化	1988.06	怀化市第一中学	教师	中高	2007.08
292	邹小婉	女	汉	1965.05	湖南新化	1987.07	怀化第五中学	督导主任	中高	2004.09

文 献 辑 录

中共怀化地委　怀化地区行政公署《关于建设怀化湖天经济技术开发区的批复》

中共怀化市委、怀化市人民政府：

地委、行署原则同意你们《关于建设怀化湖天经济技术开发区的报告》，望抓紧组织实施。

建设怀化湖天经济技术开发区，是贯彻中央〔1992〕2号文件，进一步深化改革，扩大开发，加快试验区建设步伐的一项重大措施，是落实省委、省政府西线开发战略的一个具体步骤，有利于怀化市城市布局建设和经济发展，有利于促进经济结构的调整和生产要素的优化。

一定要用改革精神办开发区，做到综合改革与开发建设同步，既是城市开发区，又是改革试验区。要采取全新的运行机制，实行干部聘任制、员工合同制、报酬浮动制。从实际出发，运用先进科学技术，制订开发区长远总体规划，搞好近期小区开发计划和小区内的单体设计。既要借鉴外地经验，又要大胆创新。整个开发区建设要充分体现现代化山区的独特的怀化风貌。

开发区的建设实行地市共管，以市为主。成立怀化湖天经济技术开发区领导小组。怀化市委、市人民政府和地直各部门、各单位要按照新事新办、特事特办的原则，积极主动搞好服务，排忧解难，齐心协力。创造良好的外部环境，支持湖天开发区勇于探索，大胆实践，加快发展，力争在较短时间内干出成绩。

中共怀化市委、怀化市人民政府《关于进一步发展民营经济的若干规定》

第一章　总　则

第一条　为了进一步改善投资环境，提高服务质量，促进我市民营经济（非国有制经济）的快速、持续、健康发展，根据国家、省、地有关政策、法规，参照外地经验，结合我市实际，特制定本规定。

第二条　本规定所称民营经济（非国有制经济）：是指除国营企业以外的其他经济组织形式，包括“三资”企业、乡镇企业、街道企业、个体私营企业和联户合作企业等。

第三条　凡三人以上合资、合作兴办或挂靠乡镇、街道的生产加工企业、科技型企业，即为集体企业，享受集体企业的全部优惠政策，任何部门、任何单位不得随意变更其性质。

第四条　市委、市政府成立“发展民营经济领导小组”，定期召开会议统筹解决各种实际问题，形成议事制度。各乡镇、街道办事处和市直有关部门，要以更多的精力抓民营经济，要结合各自的实际，确定目标，明确责任，加强督查，兑现奖罚，促进发展。

第五条　进一步解放思想，创造宽松的发展环境。

⑴ 各部门、各单位都要坚决服从市委、市政府发展民营经济的大局，要在自身职责、职权范围内，最大限度地为民营经济发展创造宽松的良好环境。凡因人为主观因素，阻碍或延缓民营经济发展的，要限期予以纠正；限期内不纠正的，要坚决采取“不换思想就换位置”的组织措施。

⑵ 公安、法院、检察等部门要切实为发展民营经济保驾护航。对损害民营企业合法权益的行为，不论涉及哪个人，都要从严从快坚决惩处，特别是对村民敲竹杠、刮“地皮风”等无理取闹、干扰企业正常生产秩序的违法事件，发现一起，查处一起。

⑶ 建立发展民营经济目标责任制。各乡镇、街道办事处和市直各部门的主要领导为第一责任人，负责本部门、本单位发展民营经济的组织实施和服务工作。要切实解决好政令不畅问题，坚决扭转职能部门少数股所长和经办人员不顾大局，我行我素的现象。对市里确定的有关政策条款，股所长顶着不办或故意找借口拖延的，部门主要领导要及时做好批评教育工作，经批评教育后还一意孤行的，要坚决就地免职或调离该单位，否则要追究部门主要领导责任。

第六条　进一步提高办事效率，优化服务质量，大力推行“一站式审批、一条龙服务”的工作制度。今后申办手续，“三资”企业由市招商局牵头，乡镇企业由市乡经委牵头，街道企业由市街道办牵头，个体私营企业由市工商局牵头。国土、建设、环保等各有关部门要积极做好本身业务范围内的服务。上述部门要本着“公平、简化、便民、灵活”的原则，公开挂牌办公，一个“窗口对外”，尽量简化办事程序，提高办事效率。凡我市权属范围内能够审批的项目，在收到全部申报文件之日起，七天内办理完毕。需报上级审批的项目，组成专门班子尽快办理。

第七条　进一步放宽经营范围。除国家明文规定不准民营的行业和商品以及国家规定实行许可证制度的特殊行业要按国家有关规定办理外，其余全部放开，有关行业主管部门不得以任何借口采取行政手段对民营企业进行“挤、卡、压”，坚决制止借“行业管理”之名，搞独家经营。

第八条　实行税收优惠政策。

（一）民营企业享受下述优惠政策：

1、对于以房地产进行投资、联营的，投资、联营的一方以房地产作价入股进行投资或作为联营条件，将房地产转让到所投资、联营的企业中时，暂免征土地增值税。

2、在企业兼并中，对被兼并企业将房地产转让到兼并企业中的，暂免征土地增值税。

3、对直接从事种植、养殖、饲养的专业用地免征土地使用税，对畜禽繁育场免征固定资产投资方向调节税。

4、引进市外资金（不含银行贷款）改组改造企业新增的所得税3年内由税务征收后，由财政返还，作为财政补充企业发展专项资金。

5、对利用废渣等原料生产的建材产品免征增值税。

6、对福利企业增值税先征后退。

7、对词料、农膜、化肥、农药、农机、种子、种苗等农业生产资料免征增值税。

8、对生产黄金、白银的免征增值税。

（二）“三资”企业除享受本条第（一）款外，并享受下列优惠：

1、对生产型外商投资企业经营期在10年以上的，免征地方所得税、城市房地产税、车船使用牌照税10年；非生产型外商投资企业经营期在10年以上的，免征地方所得税、城市房地产税、车船使用牌照税5年。

2、对外商投资的能源、交通基础设施和原材料基础工业企业，免征地方所得税、城市房地产税、车船牌照使用税。

3、对外商投资企业不征收固定资产投资方向调节税。本市辖区外的国有、集体企业来我市投资，参照上述规定办理，享受本条第（一）款、第（二）款优惠。

（三）乡镇企业除享受本条第（一）款外，并享受下列优惠：

1、对农村的为农业生产的产前、产中、产后服务的行业，即：乡村的农技推广站、植保站、水管站、林业站、畜牧兽医站、水产站、种子站、农机站、气象站以及农民专业技术协会、专业合作社，其技术服务或劳务所得的收入，暂免征所得税。

2、对新办的乡村集体企业的所得税从投产之日起二年内由税务征收后，由财政返还。

3、对乡镇企业用于技术开发和新产品开发的费用，允许按实从成本（费用）中列支，并在计算应纳税所得额时予以扣除。

4、乡镇企业可按应缴所得税款额减征10%，用于补助社会性开支的费用。

5、乡镇企业在农村的投资项目，免征固定资产投资方向调节税，乡镇企业与其他单位在农村合资的项目，其投资比率达50%以上的，比照办理。

（四）街道企业除享受本条第（一）款外，并享受下列优惠：

1、凡属企业有组织地安置富余人员而兴办的企业和后勤服务部门与企业分离后创办的集体企业，从注册登记之日起，所得税前3年免征，后2年减半征收；其缴纳的营业税前3年由财政全额返还，后2年减半返还。

2、企业事业单位进行技术转让，以及在技术转让过程中发生的与技术转让有关的技术咨询、技术服务、技术培训的所得，年净收入在30万元以下的部分免征所得税。

3、特困企业被兼并后，兼并企业新增的所得税，3年内由税务征收后由财政全额返给企业，用于补充企业的自有流动资金。

4、对现代企业制度改革试点企业所得税，由税务部门照率征收，财政按15%的所得税率留存，其余返还企业，用于补充企业的自有流动资金。

5、企业利用废水、废气、废渣等废弃物为主要原料进行生产的，可在5年内减征或者免征所得税。

6、股份制或股份合作企业职工个人的股金红利，属应征的所得税部分，3年内先征收后由财政全额返回给企业作为职工个人股本金。

7、企业遭受风、火、水、震严重自然灾害，经税务机关批准，可减征或免征所得税1年。

8、特困企业实行租赁后，所得税依法征收，3年内由财政全额返回企业作技术改造自有资金。

9、新办的城镇劳动就业服务企业，当年安置待业人员超过企业从业人员总数60%，经主管税务机关审查批准可免征所得税3年。

10、对民政部门举办的福利工厂和街道办的非中途转办的社会福利生产单位，凡安置盲、聋、哑和肢体残疾人员占生产人员总数35%以上的暂免征所得税；超过10%未达到35%的，减半征收所得税。

（五）个体私营企业除享受本条第（一）款外，并享受下列优惠：

1、对在农村新办的从事农业开发和资源加工利用的个体私营企业，免征固定资产投资方向调节税。

2、新办生产性的个体私营企业，前3年缴纳的所得税财政全部返还，后3年返还50%。

3、新办生产性的个体私营企业上缴的增值税、营业税的地方所得部分，前2年财政全部返还，后3年返还30%。

个体工商户的营业收入款（收益额），以税务部门纳税核定的为准。

第九条　减免部分规费。对新办的生产性的民营企业，免征水资源管理费、城市建设配套费、卫生费、通信设施配套费、技术监督管理费。环保部门收取的排污费应返还企业，用于治理环境污染。其他各项规费应按最低标准收取。

第十条　对民营企业使用土地给予优惠：凡投资额在200万元以上的民营企业项目，其所占用土地的出让金按所处地域内的基准地价（评估价）再予优惠20%收取。从事生产性行业的，免交土地使用费8年；从事第三产业（房地产业除外）的，免征土地使用费5年；兴办文化教育、医疗卫生和其他公益事业的，免交土地使用费。

第十一条　对新办的从事种植、养殖和当地资源加工的民营企业，工商部门要及时核发营业执照，3年内免收规费，5年内减半征收。

第十二条　兴办生产性、开发性、科技性民营企业，在兴办资金到位的情况下，可边施工、边办手续，有关部门要积极提供服务。竣工投产前，法院对职能部门有关规费收取强制执行的诉讼不予受理。

第十三条　兴办股份制、合作制民营企业，一方可以以土地直接入股，不须办理土地征用手续。

第十四条　对民营企业的财产，任何单位和任何部门不得任意上收、划走和平调。

第十五条　鼓励民营企业发展跨地区、跨行业、跨所有制等多种形式的经济联合，可以租赁、承包、兼并、购买国有企业，也可以向国有企业参股。

为引导民营工业企业向规模化、集中化发展，湖天开发区创办“民营经济工业园”。

第十六条　进一步放开劳动用工制度。民营企业可以面向社会包括农村招聘职工；全民企业和民营企业职工可以双向流动，经劳动部门审批，并按国家规定交纳养老保险金者，其工龄可以连续计算。

第十七条　逐步健全完善监督机制，建立保护民营经济合法权益投诉中心。投诉中心设在市委督查室，并在市招商局、市乡经委、市街道办和市工商局分别设立投诉点，民营企业的正当权益受到侵犯时，应及时向投诉中心举报。投诉中心从接到举报之日起，应在一个星期内开展调查工作，及时作出有效处理或予以妥善答复。

第十八条　鼓励机关、企事业单位干部职工创办或领办民营企业。积极鼓励机构改革后党政机关的富余人员，特别是有一定特长的年轻干部，下去创办或领办乡镇企业，私营企业、工业企业和从事丘岗山地开发，但必须根据干部管理权限报批，签订留职停薪合同（留职停薪期间交纳其基本工资50%的费用，作为养老保险金），并必须与原单位脱钩，不得借原单位名义去贷款、招收全民合同工等。达到上述要求的，其职称考评、住房、工龄计算仍享受原单位待遇不变（具体操作办法另行文）。积极鼓励大中专院校毕业生到民营企业工作，可以将其人事档案工资关系落在市人才交流中心（干部落在市人事局、职工落在市劳动局）。

第十九条　规范收费管理，切实减轻民营企业负担。物价、财政部门要依据《湖南省行政事业性收费管理条例》和省物价局、财政局所规范的60个部门和行业的收费项目和收费标准以及本文的规定，对涉及民营企业的各类收费进行一次全面清理整顿，按其最低标准及有关减免政策，重新审核收费项目、标准和《收费许可证》，并制定民营企业负担卡。负担卡所涉及的项目与标准必须比现在执行的有所减少，工商、环保、城建、环卫等各执收单位要凭证、亮证收费，民营企业按卡交费，坚决制止越权收费和搭车收费。对于执收单位不亮证收费的和超出负担卡范畴的收费，一律视为乱收费，企业有权拒交，并及时向物价部门举报。街道办、工商联、乡经委、招商局等管理、协调部门要积极协助民营企业进行举报。物价部门要按照举报的内容做到举报一起，调查一起，处理一起，任何单位和个人不得为乱收费行为说情护短。对无证收费和搭车收费的，在严肃查处当事人的同时，要追究部门领导人的责任。

第二十条　进一步引导民营企业朝着健康方向发展。根据发展民营经济“一要放宽、二要管理”的原则，进一步引导民营企业规范经营行为，依法纳税，并建立纳税激励制度，即以上年入库税收为基数，每增加10万元，由市政府奖给民营企业大哥大一台；每增加50万元，奖给北京吉普车一台；每增加100万元，奖给桑塔纳轿车一台。

严肃查处和打击偷税漏税和生产销售“假冒伪劣”产品的行为，加强对欺行霸市、贿赂拉拢、掺杂使假等各种非正当竞争行为的监督和查处。坚决纠正“以罚代管”现象。要充分运用经济、行政和法律手段，规范民营企业的经营行为，使其健康发展。

第二章　关于发展“三资”企业

第二十一条　外商来我市投资，可以采取独资、合资或参股经营的形式，也可以兼并、租赁、承包、购买现有企业。我市在立项审批、项目地址选择、征地拆迁、物资供应、供水、供电以及生活服务方面都予以优先安排。

第二十二条　外商投资兴办企业所需土地，由我市统一征购，优惠转让给投资者或合资、合作企业使用；也可由投资者自行选址，直接与市土地管理部门洽谈，优先满足投资者需要。土地使用年限，可根据投资经营项目和有利企业发展的原则具体商定，确保投资者享有土地使用权。

在我市从事城镇国有土地开发、利用、经营的，按所处地域内的基准地价（评估价）再予优惠20%计收土地使用权出让金。

在我市从事山地、林地开发经营的，按征地的成本费用减半征收出让金，也可按合同约定计收。投资者的土地使用和开发、经营活动受法律保护。

第二十三条　积极为引进企业做好拆迁移民工作。城建、国土和有关乡镇要紧密配合，以最快的速度、最合理的价格、最好的服务，做好征地拆迁移民工作。征地补偿标准，按国家有关文件执行。任何单位和个人不得以任何借口节外生枝，向用地单位索取额外费用。市国土局、有关乡镇要认真、过细地做好农民的说服教育工作，保证用地单位正常施工。

第二十四条　凡外商来怀投资兴办的企业，中方职工的劳务费用由劳资双方协商确定，可比沿海地区低。“三来一补”企业职工缴费可以比沿海地区同类企业平均值减少20%。

第二十五条　外商投资企业经注册登记取得中国法人资格，享有经营自主权。其生产计划、机构设置、人员编制、工资标准、工资形式、奖金津贴、管理制度、职工聘用和辞退等，分别由企业或董事会自行确定。

第二十六条　外商可委托亲友或其他人经营管理其投资企业，受委托人的经营管理权受法律保护，国家规定给予投资者的各项优惠不因委托亲友和其他人经营管理而改变。

第二十七条　积极鼓励同华侨、台、港、澳同胞和外商联系。凡引资成功者，按引资总额的1%~5%分档给予一次性奖励。奖金来源：属独资企业由本级地方财政开支；属合资、合作经营企业，由受资企业支付，并可进入成本。

第三章　关于发展乡镇企业

第二十八条　继续坚定不移地把发展乡镇企业作为第一经济增长点来抓，并以主要领导挂帅，组成强有力的乡镇企业领导班子，具体加强对乡镇企业的领导和组织协调工作，加大工作力度。

各乡镇党委书记、乡镇长作为发展乡镇企业的第一责任人，要切实负起领导责任。

乡镇企业管理办公室作为乡镇主管乡镇企业的工作机构，纳入乡镇政府管理序列。其人员配备，乡镇企业总产值在1亿元以上的可按5~8人安排，产值在1亿元以下的，按3~5人安排。经费从企业按规定上交的管理费和从自办的经济实体中列支。有条件的乡镇可探索组建乡镇农工商总公司，既成为具有独立法人资格的经济实体，又行使乡镇企业管理的职能。

第二十九条　加大对乡镇企业的投入。

(1) 建立乡镇企业发展基金。乡镇企业发展基金主要来源是：①市财政每年从支农周转金中安排一部分。②从乡、村集体企业新增税额中返还一部分，返还比例为地方所得部分的20%，具体由财政部门组织实施。③从乡、村集体企业的销售收入中提取一部分，提取比例为1%。④上级乡镇企业主管部门用于扩大再生产的下拨资金。乡镇企业发展基金由市乡经委专项管理，主要用于乡、村集体企业的技术改造、新产品开发和新上骨干项目。实行有偿周转，不得挪作他用，由财政部门监督。

(2) 银信部门要积极帮助和支持乡镇企业的发展。乡镇企业新上或技改项目需要固定资产贷款，其自有资金比例达到30%以上的，银信部门应尽力予以解决缺额部分的贷款；对年产值100万元以上的乡镇企业应核定定额流动资金。

(3) 国家支持农村的专项资金，如农业综合开发资金、扶贫资金、“两高一优”农业发展资金、农科教资金等，都要保证有一定比例用于支持乡镇企业上项目，并将比例纳入对有关资金管理部门的工作考核目标。

(4) 乡、村集体企业折旧资金及按政策可以提取的有关资金，绝大部分要用于企业的技术改造和扩大再生产

(5) 继续加大引进外地（市外）资金的工作力度。凡是引进半年以上资金（包括设备），可按引进资金总额的1%~3%提取奖金，由受益单位奖给有功人员。

第三十条　抓住机遇，大力推进乡镇企业“东西合作”。坚持因地制宜，优势互补，经济互利，风险共担，共同发展的原则，做到以经济效益为中心，以企业为合作主体，以项目为合作基础，在资金、设备、技术、管理、人才、信息、劳务、商贸等方面进行广泛的合作。

推进“东西合作”要实施优惠政策。凡是东部沿海发达地区与我市联合兴办乡镇企业和支持我市乡镇企业发展的，其新办企业或新上项目都与本市乡镇企业同等对待，对其合法权益给予保护，实行资金结算优先，商品运输优先，生活安置优待。

大力兴办股份合作企业。今后凡是新办的乡、村集体企业或原有企业新上项目，都要以股份合作制的形式去办，以便扩大资金来源。对原乡、村集体企业要加快股份合作制的改造，其改造面近五年内要力争达到60%。继续提倡农民以劳代资或以资代劳进厂。

第三十一条　对乡镇企业要坚持只收税、少收费或不收费原则，坚决制止“三乱”。

第三十二条　乡镇企业税后利润上交比例，坚决控制在20%以内，不得突破。

第三十三条　切实加强乡镇企业内部管理，提高经济效益。要明晰乡镇企业产权关系，认真解决政企不分问题。要引导企业切实加强内部各项制度的建设，尤其要加强成本核算和财务管理，加强扭亏增盈工作。对于新上的骨干项目，一定要加强调查研究和科学论证，加强宏观调控，防止盲目重复建设。

第四章　关于发展街道经济

第三十四条　街道企业与乡镇企业是我市城乡经济发展的两翼，要摆在同等重要的位置，享受政治、经济等方面的同等待遇。街道企业主要经济指标，要纳入全市年度经济社会发展计划，实行目标管理。

第三十五条　街道、居委会经济是城市小街小巷建设和城市管理的经济基础。街道党组织要坚持以经济建设为中心，切实加强对经济工作的领导。要不断探索和总结街道经济工作的特点和规律，抓住机遇，自力更生，加快发展，逐步走出一条具有街道特色的经济发展路子。

第三十六条　坚持处办、委办、合资办和个体私营办“四轮驱动”，拓宽发展的路子。各街道办事处和有条件的居委会，都要建立自己的骨干企业，建立发展基地。

第三十七条　积极推行股份制或股份合作制。新建的街道企业必须按股份制或股份合作制的规范建立。对原有的企业，要按股份制或股份合作制逐步加以改造。在不损害国家、集体利益的前提下，可以把一部分资产以股份形式卖给企业和职工，实行合作经营。

第三十八条　鼓励企业兴办投资少、见效快、劳动密集、直接为生产和生活服务的第三产业。企业成建制或部分转入第三产业的，不受转入单位所属部门和所有制限制。

第三十九条　街道、居委会发展经济需要的人才，劳动人事部门应优先办理手续，并按照人才引进的优惠政策对待。

第四十条　房地产、城建、国土、规划等部门，要帮助解决街道、居委会开办小型工业、商业、饮食服务业所需场地。居委会辖区内的非住宅公房，应优先租给居委会发展经济。

第四十一条　银行和城市信用社要积极支持街道经济的发展。对街道企业技改和新上项目自筹资金比例达到30%的，经对项目评估论证后，解决部分贷款。并尽可能对一批骨干企业核定定

额流动资金。

第四十二条　设立街道企业发展基金。市财政每年安排周转金10万元，并从街道集体、私营企业每年上交的所得税中提取10%，由市财政掌握，会同街道办合理安排，有偿使用，扶助街道企业发展生产。

第四十三条　街道企业按照国家有关规定，对已获得国有土地使用权的闲置土地经市土地评估机构进行地价评估后，可实行有偿转让。转让所得收入可用于发展企业生产。转让土地使用权的增值费减半收取。如企业有困难，经市政府批准后，可将转让金、增值费全部或部分返回企业，用于企业发展生产。

第五章　关于发展个体、私营经济

第四十四条　各级各部门都要把大力支持个体、私营经济作为当前加速我市经济发展的重点之一，列入重要议事日程。要坚决摒弃任何怀疑、限制个体、私营经济发展的思想和做法。

第四十五条　放宽开业条件，除在职的国家干部和职工外，凡申请从事个体、私营经营的，只要凭本人身份证和就业状况证明即可到工商行政管理机关申请办理登记。

边远贫困乡镇申请从事个体经营的，工商部门根据“先放开，后规范”的原则，可以在备案后允许其从事经营活动，不发照，不收费，待条件成熟后再进行登记。

第四十六条　除国家法律、法规规定实行专项审批或许可证的以外，其他部门规定的审批及许可证，一律不作为登记注册的依据。

第四十七条　个体工商户的注册资金按申报数额核准，不需要提供资信证明。

第四十八条　经市工商行政管理局批准，个体工商户在其所在工商所辖区内可以一照多摊。

第四十九条　妥善安排个体工商户和私营企业的生产经营用地。其用地场所审批参照全民所有制、集体所有制企业和乡镇企业同样政策办理。但其规费不参照办理。

机关、企事业单位闲置场地，经向土地管理部门办理有关手续后，可租借给个体工商户和私营企业作为生产经营用地。

第五十条　积极为个体私营经济提供信贷支持。银行要打破所有制界限，坚持效益、安全、周转的原则，加强对个体工商户和私营企业的金融服务，提供公平的贷款支持。

对个体工商户和私营企业信贷资金方面的需要，银信部门可采取抵押贷款、担保贷款、信用贷款等方式给予资金支持。

第五十一条　积极引导个体工商户和私营企业向生产领域发展，建立符合本地实际的有特色的支柱产业。支柱产业的选择应以市场为导向，以农产品开发和加工业、采矿业、建筑建材业等劳动密集型和资源加工型企业为重点。

对民办科技型企业要大力扶持。民办科技企业的重要科技成果和产品，有关部门要积极推广。

第五十二条　个体私营工业的发展要与小城镇和市场建设紧密结合起来。大力推广专业市场+专业村+专业乡镇的经验。

第五十三条　企事业单位的各类科技人员经所在单位同意，可以停薪留职，应聘到个体工商户和私营企业工作，在职科技人员在不影响本职工作和本单位利益的前提下，可以到个体工商户和私营企业兼职，个体工商户和私营企业可以采取技术入股的办法，吸引更多的人才。

在个体工商户和私营企业工作的科技人员的职称评定，城市由市个协、市工商联负责，农村由市乡经委负责，按规定向人事（职改）部门申报、评审。

第五十四条　切实保障合法权益。

对个体工商户和私营企业不得随意变更其所有制性质，依法保护其合法收入、财产。

个体工商户和私营企业的营业执照除工商部门有权依法按规定程序收缴吊销外，其他任何单位和个人都无权收缴吊销。违法收缴吊销应负经济赔偿和法律责任。

个体工商户和私营企业主及其从业人员在参军、招工、升学、评优选模、参与国家政治生活等方面享有国有、集体企业职工同等待遇。

第六章　附则

第五十五条　本规定由市委政研室、市政府经调室负责解释。

第五十六条　本规定自1996年6月1日起施行。

国务院关于同意湖南省撤销怀化地区设立地级怀化市及洪江市与黔阳县合并设立新的县级洪江市的批复

（国函〔1997〕105号）

湖南省人民政府：

你省《关于撤销怀化地区设立地级怀化市的请示》（湘政〔1997〕4号）和《关于撤销洪江市和黔阳县合并设立洪江市并定市人民政府驻地于黔城镇的请示》（湘政〔1997〕5号）收悉。现批复如下：

一、同意撤销怀化地区和怀化市（县级），设立地级怀化市，市人民政府驻新设立的鹤城区迎丰中路。

二、怀化市新设鹤城区和中方县。鹤城区：辖原县级怀化市的迎丰、城中、城北、红星、坨院5个街道和盈口、杨村、鸭嘴岩、石门、黄金坳、芦坪、贺家田、凉亭坳8个乡。区人民政府驻府星路。中方县：辖原县级怀化市的泸阳、花桥、中方、牌楼、铜湾5个镇和炉亭坳、桐木、下坪、聂家村、龙场、铜鼎、丁家、新路河、袁家、新建、蒋家、石宝、接龙、铁坡、活水、锦溪16个乡及蒿吉坪瑶族乡。县人民政府驻中方镇。

三、同意撤销洪江市和黔阳县，合并设立新的洪江市（县级），以原洪江市和黔阳县的行政区域为新的洪江市的行政区域。洪江市人民政府驻黔城镇。

四、怀化市辖原怀化地区的沅陵县、辰溪县、溆浦县、会同县、麻阳苗族自治县、新晃侗族自治县、芷江侗族自治县、靖州苗族侗族自治县、通道侗族自治县和新设立的中方县、鹤城区。新设立的洪江市由省直辖。

怀化市、洪江市的各类机构均应按照“精简、效能”的原则设置，所需经费和人员编制，由你省自行解决。

国务院

一九九七年十一月二十九日

索　引

主题词索引

本索引排列方法，以汉语拼音为序。词条按汉字拼音字母顺序排列。词条右边的号码为正文中所在页码。英文字母（a、b）表示栏别（a、b 两栏）。

A

B

C

D

E

F

G

H

J

K

L

M

N

P

Q

R

S

T

W

X

Y

Z

人物索引

本索引以姓氏笔画排列，主要对人物传和人物简介以及前志补遗中的人物传进行检索。

正文表格索引

本索引采取编表顺序方法排列，如“表 1-1-1”表示第一编第一章第一个表，“表 2-2-2”表示第二编第二章第二个表。

后　记

《怀化市鹤城区志（1991—2010）》（以下简称《区志》）2005年2月启动编修，受各种因素影响，未能成稿。2012年3月，重新启动，重新组建编纂委员会，调整部分篇目，将修志下限延至2010年末。

本轮修志，适逢盛世。在中共鹤城区委、区政府的领导下，上级业务主管部门热心指导，全体编修人员共同努力，搜集近800万字的原始资料，经试写、初写、修改、初评等环节，形成170万余字的评审稿。于2016年9月进行评审，依据评审意见，编修人员进行认真修改，并送当地离退休老领导审阅，形成终审稿，送怀化市地方志办初审，修改后同时送湖南省地方志编纂院和方志出版社审查，根据方志出版社和湖南省地方志编纂院的审查意见，进一步修改，力争做到思想性和可读性统一，为后世留存历史资料，以供借鉴之用。

本志在编修过程中，编辑部全体同仁齐心协力，艰辛笔耕，艰苦索求资料，有的熬白了头，有的年事已高，呕心沥血一心向志。志书得以付梓，得益于中共鹤城区委、区政府的坚强领导，上级业务主管部门帮助，方志出版社安排专人审稿，提出宝贵指导意见，区直各单位和市直相关部门在资料上提供了极大的帮助，这里一并致以诚挚的谢意！同时对市区两级档案部门和统计部门，为查阅资料提供方便予以致谢！对为本志提供资料的如迎丰街道吴祥雄、交通局吴京龙、杨村乡彭友发等各单位供稿人员致谢！书中所刊图片，除署名外，其他均出自档案馆。

盛世修志，志载盛世。本志力求做到全面性、准确性、系统性，但无奈志书横涉百科、内容浩繁、资料缺失，因编纂人员水平所限，本志难免出现纰漏，未尽众意，希社会各界人士批评指正，并请下一轮编修续志时吸纳参考。

《怀化市鹤城区志》编辑部

2020年10月1日